U0949545

北京社会科学年鉴

Beijing Social Sciences Yearbook

2021

北京市社会科学界联合会
北京市哲学社会科学规划办公室 编

北京出版集团
北京出版社

图书在版编目(CIP)数据

北京社会科学年鉴. 2021 / 北京市社会科学界联合会,北京市哲学社会科学规划办公室编. — 北京 : 北京出版社, 2022.4

ISBN 978-7-200-17100-6

Ⅰ. ①北… Ⅱ. ①北… ②北… Ⅲ. ①社会科学—北京—2021—年鉴 Ⅳ. ①C121-54

中国版本图书馆 CIP 数据核字(2022)第 040932 号

责任编辑　杜冬梅
索引制作　何艳艳
责任印制　武绽蕾
封面设计　品欣工作室
版式设计　品欣工作室

北京社会科学年鉴　2021
BEIJING SHEHUI KEXUE NIANJIAN 2021
北京市社会科学界联合会
北京市哲学社会科学规划办公室　编
*
北京出版集团
北京出版社　出版
(北京北三环中路6号)
邮政编码:100120
网　址:www.bph.com.cn
北京出版集团总发行
北京建宏印刷有限公司印刷
*
889毫米×1194毫米　16开本　47.75印张　24页彩插　1511千字
2022年4月第1版　2022年4月第1次印刷

ISBN 978-7-200-17100-6
定价:280.00元

如有印装质量问题,由本社负责调换
质量监督电话:010-58572393

《北京社会科学年鉴》编辑部
地　址:北京市东城区安外西滨河路19号
邮政编码:100011
联系电话:010-64527157
E-mail:nianjian2020@sina.com

《北京社会科学年鉴2021》编纂委员会名单

编辑说明

一、《北京社会科学年鉴》是一部全面系统记述首都北京哲学社会科学事业发展状况和学术动态的年度资料性文献学术工具书，由北京市社会科学界联合会、北京市哲学社会科学规划办公室（简称市社科联、市社科规划办）主持编纂。

二、本年鉴高举中国特色社会主义伟大旗帜，以马克思列宁主义、毛泽东思想、邓小平理论、“三个代表”重要思想、科学发展观、习近平新时代中国特色社会主义思想为指导，坚持为人民服务、为社会主义服务的方向，坚持百花齐放、百家争鸣的方针，坚持立足中国、借鉴国外，挖掘历史、把握当代，关怀人类、面向未来，解放思想、实事求是，与时俱进、开拓创新，客观翔实和较全面记述北京地区哲学社会科学领域的基本情况，力求年鉴编纂的科学性、客观性、全面性。

三、本年鉴从2000年创刊起，每年出版一卷。当年的编纂出版记述上一年度北京哲学社会科学事业各方面的发展状况，收录的资料来自在京的党政机关，社会科学教学、研究和科研管理等机构。

四、本年鉴宗旨：体现市社科联、市社科规划办秉持的“学者为本、学术为根、学会为基、繁荣学术、服务首都”宗旨。努力为党和政府科学决策提供哲学社会科学方面的参考，为哲学社会科学工作者从事学术研究及教学提供资料和借鉴，为国内外了解首都北京哲学社会科学领域的现状和前沿热点提供新的有价值的信息，努力促进首都北京哲学社会科学的繁荣发展。

五、本年鉴采用分类编辑法，包括文章和条目，行文力求规范、准确、简练、流畅。全书除文字表述外，配以彩色照片、表格，力求具体、形象、生动地反映首都北京哲学社会科学的发展面貌。

六、本卷年鉴栏目设置为特载、学科综述、科研课题、获奖成果、学术活动、大事记、附录、索引。

本年鉴在资料收集、编写、出版、发行过程中，得到了有关单位领导、学者、同人的大力支持，谨在此表示衷心感谢！

《北京社会科学年鉴》编辑部
2021年12月

Editing Specification

1. *Beijing Social Sciences Yearbook* is an annual informative academic reference book, compiled by Beijing Federation of Social Science Circles, Beijing Planning Office of Philosophy and Social Science, accounting comprehensively and systematically the development of philosophy and social sciences in Beijing.

2. This yearbook holds high the great banner of socialism with Chinese characteristics, guided by Marxism-Leninism, Mao Zedong Thought, Deng Xiaoping Theory, the important thought of Three Represents, the Scientific Outlook on Development, and Xi Jinping Thought on Socialism with Chinese Characteristics for the New Era. The Yearbook adheres to the direction of serving the people and socialism, the policy of letting a hundred flowers bloom and a hundred schools of thought contend, and the principle of basing itself on China and learning from foreign countries. It explores history, grasps the contemporary, cares for mankind, faces the future, emancipates the mind, seeks truth from facts, keeps pace with the times, develops and innovates. It objectively, accurately and comprehensively describes the basic situation in the field of philosophy and social sciences in Beijing, and strives to be scientific, objective and comprehensive in its compilation.

3. This yearbook has been published one volume every year since its inception in 2000. The compilation and publication of that year recorded the development of philosophy and social sciences in Beijing in the previous year. The materials included came from Party and government organs, Institutions for teaching, research and scientific research management of social sciences in Beijing.

4. Purpose of the yearbook: Embody the tenet of "scholar oriented, academic rooted, society based, prompting academic prosperity and serving the capital" upheld by Beijing Federation of Social Science Circles and Beijing Planning Office of Philosophy and Social Science, Strive to provide reference for the scientific decision-making of the party and the government in philosophy and social sciences, provide materials and reference for philosophy and social scientists engaged in academic research and teaching, provide new and valuable information for domestic and foreign scholars to understand the current situation and cutting-edge hot spots in the field of philosophy and social sciences in Beijing, and do our best to promote the prosperity and development of philosophy and social sciences in Beijing.

5. This yearbook adopts classified editing method, including articles and entries, word and writing should be standardized, accurate, concise and fluent. In addition to the written expression, the book is accompanied by color photos and tables, striving to reflect the development of philosophy and social sciences in the capital Beijing concretely, figuratively and vividly.

6. The columns of the Yearbook of this volume are set as special edition, overview of the subjects, research projects and topics, award-winning achievements, academic activities, chronicle, appendix and index.

In the process of data collection, compilation, publication and distribution, this yearbook has received the strong support of leaders, scholars and colleagues of relevant units. We would like to express our sincere thanks!

Editorial Department of *Beijing Social Sciences Yearbook*
December 2021

8 月 11 日，北京市社会科学界联合会第七次代表大会开幕。会议选举产生北京市社科联新一届委员会、常委会、主席团，市政协副主席牛青山当选为新一届北京市社科联主席

11 月 10 日，中共北京市委宣传部、经济日报社、北京市习近平新时代中国特色社会主义思想研究中心、北京市社科联共同举办“首都理论界学习贯彻党的十九届五中全会精神座谈会”

11 月 17 日，“首都当代中国马克思主义论坛 · 2020”在中国人民大学召开。论坛由中共北京市委宣传部、北京市习近平新时代中国特色社会主义思想研究中心、北京市中国特色社会主义理论体系研究中心、北京市社科联共同举办，主题为“21 世纪马克思主义的理论创新与时代价值”

12 月 18 日，中共北京市委宣传部、北京市习近平新时代中国特色社会主义思想研究中心、中央民族大学共同举办“新发展阶段与 21 世纪马克思主义理论创新论坛”

10 月 17 日，由中共北京市委宣传部，北京市社科联、北京市社科规划办，北京市习近平新时代中国特色社会主义思想研究中心联合主办的第十四届北京中青年社科理论人才“百人工程”学者论坛在北京市社科联举行。本届论坛的主题是“国家治理体系与治理能力现代化：理论创新与北京实践”

10 月 24 日，由北京市社科联、北京市社科规划办，北京师范大学联合主办，北京文化发展研究院承办的“2020・学术前沿论坛——美好生活：全面小康实现与社会治理创新”在北京师范大学举办

10月31日，以“人工智能：风险治理与应急管理变革”为主题的第18届北京两界联席会议高峰论坛在清华大学公共管理学院举办。论坛由北京市社科联和北京市科协联合主办，清华大学公共管理学院和清华大学应急管理研究基地承办

9月24日，由中共北京市委宣传部，北京市科委，北京市扶贫支援办，北京市科协，北京市社科联、北京市社科规划办，北京市西城区委、区政府等单位联合举办的“2020·北京社会科学普及周暨西城区第九届社会科学普及周”开幕。本届科普周首次以线上形式全新亮相，主题为“推进文明实践　决胜全面小康”

9 月 23—24 日，由中国社会科学院当代中国研究所举办的“当代中国研究所成立 30 周年暨新时代当代中国史研究高端论坛”在京召开

10 月 14 日，由中国社会科学院亚洲研究中心主办的第十届亚洲研究论坛——“RCEP 与世界贸易体系：机遇与前景”学术研讨会在京举行，论坛采取线上与线下结合的方式

10月24日，由中国社会科学院经济研究所主办的“后疫情时期的经济高质量发展：面向2025年的中国经济——《经济研究》创刊65周年·《经济学动态》创刊60周年学术研讨会”在京举行

10月30日，中国社会科学院民族文学研究所成立40周年暨学科建设座谈会在京举行

11月10日，由中国社会科学院主办的中国减贫经验学术研讨会暨“精准扶贫精准脱贫百村调研丛书”发布会在京举行

11月11日，中国社会科学院和国务院国资委在京签署战略合作框架协议，联合成立中国社会科学院国有经济研究智库，举办首届国有经济研究峰会

12月5日，由北京市社会科学院主办，以“开启社会主义现代化国家建设新征程”为主题的学习贯彻党的十九届五中全会精神高端论坛在北京市海淀区委党校举办

1月4日，由北京林业大学外语学院和外国文学与生态文化研究中心主办的以“国家公园”为主题的“第二届生态文明建设中的跨学科研究与教育研讨会”在北京林业大学召开

1月11日，由北京师范大学经济与工商管理学院、北京师范大学公司治理与企业发展研究中心和中国管理科学学会联合主办的“第十四届中国公司治理论坛——中国企业高质量发展峰会暨《中国上市公司治理分类指数报告 No.18（2019）》发布会”在京举行

1月11日，中国企业管理研究会新兴技术未来分析与管理专业委员会成立暨学术报告会在北京工业大学举行

4 月 29 日，北京印刷学院“三全育人”全面攻坚敏行工程启动暨十大行动计划发布仪式在京举行

6 月 16 日，中国人民大学国际文化交流学院成立大会暨中文国际教育论坛举办

6月16—17日，由清华大学主办、中国人民外交学会协办的2020世界和平论坛特别线上会议在京举行。本次会议主题为“后疫情时代：中国与世界”

7月6日，中国人民大学举行明德书院、明理书院成立揭牌仪式

7月12日，北京建筑大学召开新型研究机构揭牌会

7 月 17 日，首都经济贸易大学中国 ESG 研究院成立

8 月 28 日，由北京师范大学教育学部、北京师范大学出版集团联合举办的“新时代劳动教育的理论与实践”学术研讨暨《劳动教育论要》新书发布会在京召开

9 月 24 日，北京物资学院、中国大运河智库联盟共同主办的第七届中国大运河智库论坛在北京物资学院召开。论坛的主题为“北京市大运河文化带建设暨大运河智库观察家观察员 2020 秋季报告会”

9 月 25 日，首都师范大学教育学部成立仪式暨新时代教师教育改革的挑战与回应论坛在京举行

9 月 25—26 日，由北京市文物局指导、北京联合大学北京学研究基地主办、首都博物馆合办的“北京中轴线内涵挖掘与文脉传承——第二十二次北京学学术年会”在北京联合大学举行

9 月 27 日，北京外国语大学国际组织胜任力发展中心成立仪式暨高端论坛在京举行

9月29日，中国社会科学院大学2020年开学典礼暨科教融合学院成立大会在京举行

10月3日，中国人文社会科学论坛2020暨“中国人民大学命名组建七十周年”学术研讨会在中国人民大学举办，主题为“培养担当民族复兴大任的时代新人”

10月10日，由中国农业大学人文与发展学院承办的“服务脱贫攻坚与乡村振兴的社会学——北京市社会学学会2020年学术前沿论坛暨常务理事会会议”召开

10月18日，数字经济赋能高质量发展暨北京工商大学70周年校庆高端学术论坛在北京工商大学举行

10月18日，由北京服装学院主办的第三届敦煌服饰文化论坛在京举行

10月19日，北京物资学院在建校40周年之际特别举办主题为“物流时空”对话的2020中国物流论坛

10 月 23 日，由中国艺术学理论学会、中国文艺评论家协会主办，中国传媒大学艺术研究院和中国文联文艺评论中心承办的"媒介视域下的艺术变迁"学术研讨会暨 2020 中国艺术学理论学会年会在中国传媒大学国际交流中心召开

10 月 31 日，由北京师范大学公司治理与企业发展研究中心、北京师范大学经济与工商管理学院主办的"中国公司治理 50 人论坛"成立暨首届主题论坛在京举行

11月7日，由中国国际关系学会经济外交研究分会、外交学院国际经济学院和经济外交研究中心共同主办的中国国际关系学会经济外交研究分会第七届年会暨“大变局下的经济外交”学术研讨会在外交学院举办

11月14日，以“融汇贯通　南北对话”为主题的首届大运河非遗论坛在北京联合大学举行

11 月 15 日，北京市党的建设研究会与北京工业大学联合主办学习贯彻党的十九届五中全会精神，聚焦推进党建引领首都社区治理高端论坛

11 月 21 日，由共青团中央中国特色社会主义理论体系研究中心主办、中央团校承办的“十四五”规划与党的青年工作——学习贯彻党的十九届五中全会精神研讨会在中央团校举行

11 月 22 日，中央财经大学主办的中国财政投融资 2020 年年会在京举行

11 月 22 日，北京大学中国语言文学系建系 110 周年纪念大会在英杰交流中心举行

11 月 27 日，"新一代信息科技与应急管理"研讨会暨北京邮电大学应急管理学院揭牌仪式在京举行

11 月 28 日，由中国工人历史与现状研究会主办、中国劳动关系学院马克思主义学院承办的中国工人历史与现状研究会 2020 年年会暨纪念中华全国总工会成立 95 周年学术研讨会在中国劳动关系学院举行

11 月 29 日，中国人民大学习近平新时代中国特色社会主义思想研究院习近平法治思想研究中心成立

12 月 3 日，北京工商大学联合北京市科协、巴基斯坦科学基金会、巴基斯坦科技信息中心举办第五届“一带一路”中巴科技与经济合作学术论坛。论坛上共同倡议发起“中巴经济走廊科学传播合作网络”

12 月 5 日，由北京交通大学马克思主义学院、北京市习近平新时代中国特色社会主义思想研究中心北京交通大学研究基地、中国马克思主义与文化发展研究院主办的“中国共产党与中华民族伟大复兴”学术研讨会在京召开

12 月 10 日，由京津冀金融研究联盟、首都经济贸易大学金融学院主办的京津冀金融研究联盟年会暨第七届中国金融风险高层论坛在首都经济贸易大学召开

12 月 11 日，北京大学经济学院举办第三届中国百所大学经济学院院长论坛，主题是“新发展阶段，新发展理念，新发展格局——经济学创新与发展”

12 月 11 日，由中国少数民族经济研究会主办、中央民族大学经济学院和中国兴边富民战略研究院承办的“第二届中国兴边富民论坛　中国少数民族经济研究会年会（2020）”暨“新时代西部大开发与民族地区经济社会发展主题研讨会”在京举办

12 月 18 日，由北京第二外国语学院主办，首都对外文化传播研究院、北京对外文化传播研究基地、首都国际交往中心研究院、首都国际服务贸易与文化贸易研究基地承办的“中国经验与国际传播视野下的政府新闻发布”学术研讨会在京举行

12 月 20 日，由《思想教育研究》编辑部、人民网公开课、全国高校马克思主义学院数字化信息平台联盟主办，北京科技大学马克思主义学院、中国农业大学马克思主义学院、北京邮电大学马克思主义学院承办的全国高校“数字马院”联盟年会在京举行

12 月 20 日，由《清华大学教育研究》主办的“新阶段、新理念、新格局教育发展战略学术研讨会”在清华大学举行

12 月 24 日，由北京市地方金融监督管理局和北京市石景山区人民政府指导，中央财经大学主办的 2020 中国金融科技创新国际论坛在京举办

12 月 27 日，由中国人民公安大学首都社会安全研究基地、社科文献出版社、中国发展战略学研究会公共安全战略专委会共同主办的“平安北京建设发展报告（2020）”发布会暨第三届首都社会安全论坛在中国人民公安大学召开

12 月 28 日，对外经济贸易大学第九届校学术委员会委员聘任仪式暨第一次全体会议召开

目　录

·获奖成果·

·学术活动·

政治学　社会学

经济学

法　学

民族学　宗教学

城市科学

语言学　文学

文化艺术（含民俗）

管理学（含人才学、信息学）

教育学　心理学

综合（含新闻、国际关系、其他）

Contents

Research Projects and Topics

Award winning achievements

Academic activities

·特　　载·

《求是》杂志发表习近平总书记重要文章

坚持历史唯物主义不断开辟当代中国马克思主义发展新境界

新华社北京1月15日电　2020年1月16日出版的第2期《求是》杂志将发表中共中央总书记、国家主席、中央军委主席习近平2013年12月3日在十八届中央政治局第十一次集体学习时的重要讲话《坚持历史唯物主义不断开辟当代中国马克思主义发展新境界》。

讲话强调，我们党自成立起就高度重视在思想上建党，其中十分重要的一条就是坚持用马克思主义哲学教育和武装全党。历史唯物主义作为马克思主义哲学的重要组成部分，是关于人类社会发展一般规律的科学。只有坚持历史唯物主义，我们才能不断把对中国特色社会主义规律的认识提高到新的水平，不断开辟当代中国马克思主义发展新境界。要推动全党掌握历史唯物主义基本原理和方法论，更好认识国情，更好认识党和国家事业发展大势，更好认识历史发展规律，更加能动地推进各项工作。

讲话指出，要学习和掌握社会基本矛盾分析法，深入理解全面深化改革的重要性和紧迫性。坚持和发展中国特色社会主义，必须不断适应社会生产力发展调整生产关系，不断适应经济基础发展完善上层建筑。我们提出进行全面深化改革，就是要适应我国社会基本矛盾运动的变化来推进社会发展。改革开放只有进行时、没有完成时，这是历史唯物主义态度。

讲话指出，要学习和掌握物质生产是社会生活的基础的观点，准确把握全面深化改革的重大关系。我们提出全面深化改革的方案，是因为要解决我们面临的突出矛盾和问题，仅仅依靠单个领域、单个层次的改革难以奏效，必须加强顶层设计、整体谋划，增强各项改革的关联性、系统性、协同性。同时，只有紧紧围绕发展这个第一要务来部署各方面改革，以解放和发展社会生产力为改革提供强大牵引，才能更好推动生产关系与生产力、上层建筑与经济基础相适应。

讲话指出，要学习和掌握人民群众是历史创造者的观点，紧紧依靠人民推进改革。要坚持把实现好、维护好、发展好最广大人民根本利益作为推进改革的出发点和落脚点，让发展成果更多更公平惠及全体人民。为了人民而改革，改革才有意义；依靠人民而改革，改革才有动力。

《人民日报》（2020年1月16日第1版）

附原文：

坚持历史唯物主义不断开辟当代中国马克思主义发展新境界

习近平

马克思主义哲学包括辩证唯物主义和历史唯物主义，是马克思主义立场、观点、方法的集中体现，是马克思主义学说的思想基础。马克思说："任何真正的哲学都是自己时代的精神上的精华。"马克思主义哲学尽管诞生在一个半世纪之前，但由于它深刻揭示了客观世界特别是人类社会发展一般规律，被历史和实践证明是科学的理论，在当今时代依然有着强大生命力，依然是指导我们共产党人前进的强大思想武器。

我们党自成立起就高度重视在思想上建党，其中十分重要的一条就是坚持用马克思主义哲学教育和武装全党。学哲学、用哲学，是我们党的一个好传统。1937 年夏，毛泽东同志在延安应抗日军政大学之邀，亲自讲授马克思主义哲学，并为此撰写了《辩证法唯物论（讲授提纲）》。在撰写这个提纲的过程中，诞生了《实践论》和《矛盾论》等体现马克思主义中国化理论成果的重要哲学著作。

中央党校从 1933 年创办至今，马克思主义哲学一直是干部培训的基本课程。我在兼任中央党校校长期间，多次强调党校要把马克思主义哲学作为主要课程。2009 年 5 月 13 日，在中央党校 2009 年春季学期第二批进修班暨专题研讨班开学典礼上，我引用了陈云同志的一段话，他说："学习理论，最要紧的，是把思想方法搞对头。因此，首先要学哲学，学习正确观察问题的思想方法。如果对辩证唯物主义一窍不通，就总是要犯错误。"我还建议大家读一些马克思主义哲学基本著作，掌握科学世界观和方法论，不断增强工作的原则性、系统性、预见性、创造性。

历史唯物主义作为马克思主义哲学的重要组成部分，是关于人类社会发展一般规律的科学。在革命、建设、改革各个历史时期，我们党运用历史唯物主义，系统、具体、历史地分析中国社会运动及其发展规律，在认识世界和改造世界过程中不断把握规律、积极运用规律，推动党和人民事业取得了一个又一个胜利。毛泽东同志提出的以农村包围城市、武装夺取政权的道路，我们党带领人民进行艰辛的社会主义建设探索，新的历史时期我们党科学分析我国社会主要矛盾、果断决定把党和国家工作中心转移到经济建设上来、实行改革开放，都是正确运用历史唯物主义的结果。我们党在实践中不断回答"什么是社会主义、怎样建设社会主义""建设什么样的党、怎样建设党""实现什么样的发展、怎样发展"这些重大历史性课题，也都是正确运用历史唯物主义的结果。历史和现实都表明，只有坚持历史唯物主义，我们才能不断把对中国特色社会主义规律的认识提高到新的水平，不断开辟当代中国马克思主义发展新境界。

现在，我们依然要推动全党学习马克思主义哲学，依然要推动全党掌握历史唯物主义基本原理和方法论。学习的目的，就是更好认识国情，更好认识党和国家事业发展大势，更好认识历史发展规律，更加能动地推进各项工作。1942 年，毛泽东同志在中央党校开学典礼上发表了重要演说，题目是《整顿党的作风》。他指出，要号召我们的同志学会应用马克思列宁主义的立场、观点、方法，认真研究中国的历史，研究中国的经济、政治、军事和文化，对每一问题要根据详细的材料加以具体的分析，然后引出理论性的结论来。他还强调：我们"不应当把马克思主义的理论当成死的教条。对于马克思主义的理论，要能够精通它、应用它，精通的目的全在于应用。如果你能应用马克思列宁主义的观点，说明一个两个实际问题，那就要受到称赞，就算有了几分成绩。被你说明的东西越多，越普遍，越深刻，你的成绩就越大"。我们学习历史唯物主义，也要坚持这样的正确态度。

社会存在决定社会意识。我们党现阶段提出和实施的理论和路线方针政策，之所以正确，就是因为它们都是以我国现时代的社会存在为基础的。党的十八届三中全会对我国全面深化改革作出了总体部署，是从我国现在的社会存在出发的，即从我国现在的社会物质条件的总和出发的，也就是从我国基本国情和发展要求出发的。

下面，我想结合今天的学习，围绕深刻认识全面深化改革规律、更好落实各项改革举措谈点认识。

第一，学习和掌握社会基本矛盾分析法，深入理解全面深化改革的重要性和紧迫性。1883 年，恩格斯在马克思墓前说："正像达尔文发现有机界的发展规律一样，马克思发现了人类历史的发展规律，即历来为繁芜丛杂的意识形态所掩盖着的一个简单事实：人们首先必须吃、喝、住、穿，然后才能从事政治、科学、艺术、宗教等等；所以，直接的物质的生活资料的生产，从而一个民族或一个时代的一定的经济发展阶段，便构成基础，人们的国家设施、法的观点、艺术以至宗教观念，就是从这个基础上发展起来的，因而，也必须由这个基础来解释，而不是像过去那样做得相反。"这段话，十分精辟地阐明了历史唯物主义的基本内涵。中国古人说的"民以食为天""仓廪实则知礼节，衣食足则知荣辱"等，也包含着这样的朴素唯物思想。

历史唯物主义认为，生产力和生产关系、经济基础和上层建筑相互作用、相互制约，支配着整个社会发展进程。生产关系一定要适合生产力状况，上层建筑一定要适合经济基础状况，它们的共同作用构成整个社会的矛盾运动。只有把生产力和生产关系的矛盾运动同经济基础和上层建筑的矛盾运动结合起来观察，把社会基本矛盾作为一个整体来观察，才能全面把握整个社会的基本面貌和发展方向。

坚持和发展中国特色社会主义，必须不断适应社会生产力发展调整生产关系，不断适应经济基础发展完善上层建筑。改革开放35年来，我国经济社会发展取得了重大成就，根本原因就是我们通过不断调整生产关系激发了社会生产力发展活力，通过不断完善上层建筑适应了经济基础发展要求。我们进行经济体制改革，进行政治体制、文化体制、社会体制、生态文明体制和党的建设制度改革，都是出于这个目的。

我们提出进行全面深化改革，就是要适应我国社会基本矛盾运动的变化来推进社会发展。社会基本矛盾总是不断发展的，所以调整生产关系、完善上层建筑需要相应地不断进行下去。我讲过，实践发展永无止境，解放思想永无止境，改革开放也永无止境，改革开放只有进行时、没有完成时。这是历史唯物主义态度。

第二，学习和掌握物质生产是社会生活的基础的观点，准确把握全面深化改革的重大关系。历史唯物主义认为，物质生产力是全部社会生活的物质前提，同生产力发展一定阶段相适应的生产关系的总和构成社会经济基础。生产力是推动社会进步的最活跃、最革命的要素，生产力发展是衡量社会发展的带有根本性的标准。这为我们分析社会发展提供了可靠依据。

我们要明确，社会主义的根本任务是解放和发展社会生产力，这一点任何时候都不能动摇。邓小平同志回答了"什么是社会主义、怎样建设社会主义"这个根本问题，主要是回答了社会主义的根本任务是什么。"社会主义的任务很多，但根本一条就是发展生产力"。"多少年来我们吃了一个大亏，社会主义改造基本完成了，还是'以阶级斗争为纲'，忽视发展生产力。'文化大革命'更走到了极端。十一届三中全会以来，全党把工作重点转移到社会主义现代化建设上来，在坚持四项基本原则的基础上，集中力量发展社会生产力。这是最根本的拨乱反正。"

在全面深化改革中，我们要坚持发展仍是解决我国所有问题的关键这个重大战略判断，使市场在资源配置中起决定性作用和更好发挥政府作用，推动我国社会生产力不断向前发展。我们讲不要简单以国内生产总值增长率论英雄，要看全面工作水平，就是说要按照生产力发展规律去发展，而不要违背规律蛮干。我们要正确运用生产力标准，推动实现物的不断丰富和人的全面发展的统一。

虽然物质生产是社会生活的基础，但上层建筑也可以反作用于经济基础，生产力和生产关系、经济基础和上层建筑之间有着十分复杂的关系，有着作用和反作用的现实过程，并不是单线式的简单决定和被决定逻辑。

世界上的事物总是有着这样那样的联系，不能孤立地静止地看待事物发展，否则往往会出现盲人摸象、以偏概全的问题。正所谓"有无相生，难易相成，长短相形，高下相倾，音声相和，前后相随"。在观察社会发展时，一定要注意这种决定和被决定、作用和反作用的有机联系。对生产力标准必须全面准确理解，不能绝对化，不能撇开生产关系、上层建筑来理解生产力标准。改革开放以来，我们党提出的一系列"两手抓"，包括一手抓物质文明建设、一手抓精神文明建设，一手抓经济建设、一手抓法治建设，一手抓发展、一手抓稳定，一手抓改革开放、一手抓惩治腐败等，都是符合历史唯物主义要求的。

我们在考虑这次三中全会议题时，就提出要制定一个全面深化改革的方案，而不是只讲经济体制改革，或者只讲经济体制和社会体制改革。这样考虑，是因为要解决我们面临的突出矛盾和问题，仅仅依靠单个领域、单个层次的改革难以奏效，必须加强顶层设计、整体谋划，增强各项改革的关联性、系统性、协同性。只有既解决好生产关系中不适应的问题，又解决好上层建筑中不适应的问题，这样才能产生综合效应。

同时，我们也突出强调了要以经济建设为中心、发挥经济体制改革牵引作用。这就是说，要把握住我国现阶段社会基本矛盾的主要方面，重点是发展。只有紧紧围绕发展这个第一要务来部署各方面改革，以解放和发展社会生产力为改革提供强大牵引，才能更好推动生产关系与生产力、上层建筑与经济基础相适应。我国改革开放以来的实践充分证明，紧紧扭住解放和发展社会生产力，就能为其他各方面改革提供强大推动，影响其他各个方面改革相应推进。

这里，我还要说到一个问题。马克思、恩格斯运用社会基本矛盾推动社会发展的规律，对未来社会发展作出了科学预见。《共产党宣言》提出："资产阶级的灭亡和无产阶级的胜利是同样不可避免的。"这就是"两个必然"，是就人类历史总的发展趋势而言的，是历史规律的必然指向。这里还要说到马克思提出的"两个决不会"，马克思说："无论哪一个社会形态，在它所能容纳的全部生产力发挥出来以前，是决不会灭亡的；而新的更高的生产关系，在它的物质存在条件在旧社会的胎胞里成熟以前，是决不会出现的。"马克思的这一重要论点，可以帮助我们理解为什么资本主义至今没有完全消亡，为什么社会主义还会出现苏联解体、东欧剧变那样的曲折，为什么马克思主义预见的共产主义还需要经过很长的历史发展才能实现。学懂了这一认识和研究社会历史发展的科学世界观和方法论，我们就能坚定理想的主心骨、筑牢信念的压舱石，保持强大的战略定力。我们要坚定中国特色社会主义道路自信、理论自信、制度自信，不断提高我国社会生产力发展水平和人民生活水平，使我国社会主义制度优越性不断显现和丰富起来，使中国特色社会主义道路越走越宽广。

第三，学习和掌握人民群众是历史创造者的观点，紧紧依靠人民推进改革。如何认识人民群众在历史上的作用，是社会历史观的重大问题。同历史唯心主义英雄史观相对立，历史唯物主义群众史观第一次彻底解决了这个重大问题，提出人民是历史的创造者。遵循历史唯物主义这一观点，我们党提出了群众路线，并把它作为党的生命线和根本工作路线。

在革命、建设、改革各个历史时期，我们党都坚持紧紧依靠人民。改革开放35年来的历程表明，许多改革都是由基层群众自发推动、自下而上形成的，广大人民群众是推动改革的重要力量。今天，我们全面深化改革，依然要充分发挥人民主体作用。为了人民而改革，改革才有意义；依靠人民而改革，改革才有动力。

党的十八届三中全会在总结改革开放历史经验时强调，要坚持以人为本，尊重人民主体地位，发挥群众首创精神，紧紧依靠人民推动改革，促进人的全面发展；在全面深化改革的指导思想中鲜明提出，要以促进社会公平正义、增进人民福祉为出发点和落脚点。在全面深化改革进程中，我们要坚持马克思主义群众观点，坚持党的群众路线，"以百姓心为心"，把实现好、维护好、发展好最广大人民根本利益作为推进改革的出发点和落脚点，让发展成果更多更公平惠及全体人民。唯有如此，改革才能大有作为。

唐太宗李世民和大臣们在贞观年间总结隋炀帝亡国的教训时说，治理国家"必须先存百姓，若损百姓以奉其身，犹割股以啖腹，腹饱而身毙"。古代封建统治者尚能认识到存养百姓的重要性，我们党的各级领导干部更应自觉坚持全心全意为人民服务的根本宗旨，保持同人民群众的血肉联系，始终与人民同呼吸、共命运、心连心，团结带领人民续写改革新篇章，确保改革取得成功。

在全面深化改革中，我们要处理好尊重客观规律和发挥主观能动性的关系。一方面，要坚持一切从实际出发，按照客观规律办事，一张蓝图抓到底，抓好打基础利长远的工作，不能拍脑袋、瞎指挥、乱决策，杜绝短期行为、拔苗助长。另一方面，要鼓励地方、基层、群众大胆探索、先行先试，及时总结经验，勇于推进理论和实践创新，不断深化对改革规律的认识。我们提出加强顶层设计和摸着石头过河相结合、整体推进和重点突破相促进，这是全面深化改革必须遵循的重要原则，也是历史唯物主义的要求。

最后，我想强调的是，我们党在中国这样一个有着13亿人口的大国执政，面对着十分复杂的国内外环境，肩负着繁重的执政使命，如果缺乏理论思维的有力支撑，是难以战胜各种风险和困难的，也是难以不断前进的。恩格斯说过："一个民族要想站在科学的最高峰，就一刻也不能没有理论思维。"全党都要加强对马克思主义哲学的学习和运用，提高运用马克思主义立场、观点、方法分析和解决问题的能力。学习不是背教条、背语录，而是要用以解决实际问题。党的各级领导干部特别是高级干部，要原原本本学习和研读经典著作，努力把马克思主义哲学作为自己的看家本领，坚定理想信念，坚持正确政治方向，提高战略思维能力、综合决策能力、驾驭全局能力，团结带领人民不断书写改革开放历史新篇章。

（这是习近平总书记2013年12月3日在十八届中央政治局第十一次集体学习时讲话的主要部分。）

《求是》杂志发表习近平总书记重要文章

不断开拓当代中国马克思主义政治经济学新境界

新华社北京8月15日电　8月16日出版的第16期《求是》杂志将发表中共中央总书记、国家主席、中央军委主席习近平2015年11月23日在十八届中央政治局第二十八次集体学习时的重要讲话《不断开拓当代中国马克思主义政治经济学新境界》。

讲话强调，马克思主义政治经济学是马克思主义的重要组成部分，也是我们坚持和发展马克思主义的必修课。马克思主义政治经济学揭示了人类社会特别是资本主义社会经济运动规律，我们政治经济学的根本只能是马克思主义政治经济学，而不能是别的什么经济理论。马克思主义政治经济学要有生命力，就必须与时俱进。我们要立足我国国情和我们的发展实践，深入研究世界经济和我国经济面临的新情况新问题，揭示新特点新规律，提炼和总结我国经济发展实践的规律性成果，把实践经验上升为系统化的经济学说，不断开拓当代中国马克思主义政治经济学新境界。

讲话指出，我们党历来重视对马克思主义政治经济学的学习、研究、运用。党的十一届三中全会以来，我们党把马克思主义政治经济学基本原理同改革开放新的实践结合起来，不断丰富和发展马克思主义政治经济学，形成了当代中国马克思主义政治经济学的许多重要理论成果。这些理论成果，马克思主义经典作家没有讲过，改革开放前我们也没有这方面的实践和认识，是适应当代中国国情和时代特点的政治经济学，不仅有力指导了我国经济发展实践，而且开拓了马克思主义政治经济学新境界。

讲话指出，在风云变幻的世界经济大潮中，能不能驾驭好我国经济这艘大船，是对我们党的重大考验。面对极其复杂的国内外经济形势，面对纷繁多样的经济现象，学习马克思主义政治经济学基本原理和方法论，有利于我们掌握科学的经济分析方法，认识经济运动过程，把握社会经济发展规律，提高驾驭社会主义市场经济能力，更好回答我国经济发展的理论和实践问题。

讲话指出，要坚持以人民为中心的发展思想。发展为了人民，这是马克思主义政治经济学的根本立场，部署经济工作、制定经济政策、推动经济发展都要牢牢坚持这个根本立场。创新、协调、绿色、开放、共享的发展理念同马克思主义政治经济学的许多观点是相通的，要坚持用新发展理念引领和推动我国经济发展，不断破解经济发展难题，开创经济发展新局面。

讲话指出，生产资料所有制是生产关系的核心，决定着社会的基本性质和发展方向。要毫不动摇巩固和发展公有制经济，毫不动摇鼓励、支持、引导非公有制经济发展，推动各种所有制取长补短、相互促进、共同发展。公有制主体地位不能动摇，国有经济主导作用不能动摇。要高度重视我国收入分配中存在的一些突出问题，不断健全体制机制和具体政策，调整国民收入分配格局，持续增加城乡居民收入，不断缩小收入差距。要坚持社会主义市场经济改革方向，继续在社会主义基本制度与市场经济的结合上下功夫，把两方面优势都发挥好。

讲话指出，要坚持对外开放基本国策，善于统筹国内国际两个大局，利用好国际国内两个市场、两种资源，发展更高层次的开放型经济，积极参与全球经济治理，促进国际经济秩序朝着平等公正、合作共赢的方向发展。坚决维护我国发展利益，积极防范各种风险，确保国家经济安全。

《人民日报》（2020年8月16日第1版）

附原文：

不断开拓当代中国马克思主义政治经济学新境界

习近平

今天，中央政治局进行第二十八次集体学习，学习内容是马克思主义政治经济学基本原理和方法论。安排这次学习，目的是加强对马克思主义基本原理的学习和理解。之前，我们已经安排学习了历史唯物主义、辩证唯物主义方面的题目。这次，我们要通过重温马克思主义政治经济学，深化对经济发展规律的认识和把握，提高领导我国经济发展能力和水平。

下面，我讲几点体会。

马克思主义政治经济学是马克思主义的重要组成部分，也是我们坚持和发展马克思主义的必修课。马克思、恩格斯根据辩证唯物主义和历史唯物主义的世界观和方法论，批判继承历史上经济学特别是英国古典政治经济学的思想成果，通过对人类经济活动的深入研究，创立了马克思主义政治经济学，揭示了人类社会特别是资本主义社会经济运动规律。恩格斯说，无产阶级政党的“全部理论来自对政治经济学的研究”。列宁把政治经济学视为马克思主义理论“最深刻、最全面、最详尽的证明和运用”。现在，各种经济学理论五花八门，但我们政治经济学的根本只能是马克思主义政治经济学，而不能是别的什么经济理论。

有些人认为，马克思主义政治经济学过时了，《资本论》过时了。这个论断是武断的，也是错误的。远的不说，就从国际金融危机来看，许多资本主义国家经济持续低迷、失业问题严重、两极分化加剧、社会矛盾加深。事实说明，资本主义固有的生产社会化和生产资料私人占有之间的矛盾依然存在，但表现形式、存在特点有所不同。国际金融危机发生后，不少西方学者也在重新研究马克思主义政治经济学、研究《资本论》，借以反思资本主义的弊端。去年，法国学者托马斯·皮凯蒂撰写的《21世纪资本论》，在国际学术界引发了广泛讨论。他用翔实的数据证明，美国等西方国家的不平等程度已经达到或超过了历史最高水平，认为不加制约的资本主义加剧了财富不平等现象，而且将继续恶化下去。他的分析主要是从分配领域进行的，没有过多涉及更根本的所有制问题，但得出的结论值得我们深思。

我们党历来重视对马克思主义政治经济学的学习、研究、运用。毛泽东同志先后4次集中研读《资本论》，多次主持专题研讨苏联《政治经济学教科书》，强调“研究政治经济学问题，有很大的理论意义和现实意义”。毛泽东同志在新民主主义时期创造性地提出了新民主主义经济纲领，在探索社会主义建设道路过程中对发展我国经济提出了独创性的观点，如提出社会主义社会的基本矛盾理论，提出统筹兼顾、注意综合平衡，以农业为基础、工业为主导、农轻重协调发展等重要观点。这些都是我们党对马克思主义政治经济学的创造性发展。

党的十一届三中全会以来，我们党把马克思主义政治经济学基本原理同改革开放新的实践结合起来，不断丰富和发展马克思主义政治经济学。1984年10月《中共中央关于经济体制改革的决定》通过后，邓小平同志评价说：“写出了一个政治经济学的初稿，是马克思主义基本原理和中国社会主义实践相结合的政治经济学。”30多年来，随着改革开放不断深入，我们形成了当代中国马克思主义政治经济学的许多重要理论成果，比如，关于社会主义本质的理论，关于社会主义初级阶段基本经济制度的理论，关于树立和落实创新、协调、绿色、开放、共享的发展理念的理论，关于发展社会主义市场经济、使市场在资源配置中起决定性作用和更好发挥政府作用的理论，关于我国经济发展进入新常态的理论，关于推动新型工业化、信息化、城镇化、农业现代化相互协调的理论，关于农民承包的土地具有所有权、承包权、经营权属性的理论，关于用好国际国内两个市场、两种资源的理论，关于促进社会公平正义、逐步实现全体人民共同富裕的理论，等等。这些理论成果，马克思主义经典作家没有讲过，改革开放前我们也没有这方面的实践和认识，是适应当代中国国情和时代特点的政治经济学，不仅有力指导了我国经济发展实践，而且开拓了马克思主义政治经济学新境界。

现在，在风云变幻的世界经济大潮中，能不能驾驭好我国经济这艘大船，是对我们党的重大考验。面对极其复杂的国内外经济形势，面对纷繁多样的经济现象，学习马克思主义政治经济学基本原理和方法论，有利于我们掌握科学的经济分析方法，认识经济运动过程，把握社会经济发展规律，提高驾驭社会主义市场经济能力，更好回答我国经济发展的理论和实践问题。

学习马克思主义政治经济学，是为了更好指导我国经济发展实践，既要坚持其基本原理和方法论，更要同我国经济发展实际相结合，不断形成新的理论成果。

第一，坚持以人民为中心的发展思想。发展为了人民，这是马克思主义政治经济学的根本立场。马克思、恩格斯指出："无产阶级的运动是绝大多数人的、为绝大多数人谋利益的独立的运动"，在未来社会"生产将以所有的人富裕为目的"。邓小平同志指出，社会主义的本质，是解放生产力，发展生产力，消灭剥削，消除两极分化，最终达到共同富裕。党的十八届五中全会鲜明提出要坚持以人民为中心的发展思想，把增进人民福祉、促进人的全面发展、朝着共同富裕方向稳步前进作为经济发展的出发点和落脚点。这一点，我们任何时候都不能忘记，部署经济工作、制定经济政策、推动经济发展都要牢牢坚持这个根本立场。

第二，坚持新的发展理念。针对我国经济发展环境、条件、任务、要求等方面发生的新变化，党的十八届五中全会提出要树立和坚持创新、协调、绿色、开放、共享的发展理念。这五大发展理念，是在深刻总结国内外发展经验教训、深入分析国内外发展大势的基础上提出来的，集中反映了我们党对我国经济发展规律的新认识，同马克思主义政治经济学的许多观点是相通的。比如，马克思、恩格斯设想在未来社会"所有人共同享受大家创造出来的福利"，"人直接地是自然存在物"，"自然史和人类史就彼此相互制约"。同时，这五大发展理念也是对我们在推动经济发展中获得的感性认识的升华，是对我们推动经济发展实践的理论总结。我们要坚持用新的发展理念来引领和推动我国经济发展，不断破解经济发展难题，开创经济发展新局面。

第三，坚持和完善社会主义基本经济制度。马克思主义政治经济学认为，生产资料所有制是生产关系的核心，决定着社会的基本性质和发展方向。改革开放以来，我们党总结正反两方面经验，确立了社会主义初级阶段的基本经济制度，强调坚持公有制为主体、多种所有制经济共同发展，明确公有制经济和非公有制经济都是社会主义市场经济的重要组成部分，都是我国经济社会发展的重要基础。我们要毫不动摇巩固和发展公有制经济，毫不动摇鼓励、支持、引导非公有制经济发展，推动各种所有制取长补短、相互促进、共同发展。同时，我们也要十分明确，我国基本经济制度是中国特色社会主义制度的重要支柱，也是社会主义市场经济体制的根基，公有制主体地位不能动摇，国有经济主导作用不能动摇。这是保证我国各族人民共享发展成果的制度性保证，也是巩固党的执政地位、坚持我国社会主义制度的重要保证。

第四，坚持和完善社会主义基本分配制度。马克思主义政治经济学认为，分配决定于生产，又反作用于生产，"而最能促进生产的是能使一切社会成员尽可能全面地发展、保持和施展自己能力的那种分配方式"。从我国实际出发，我们确立了按劳分配为主体、多种分配方式并存的分配制度。实践证明，这一制度安排有利于调动各方面积极性，有利于实现效率和公平有机统一。由于种种原因，目前我国收入分配中还存在一些突出的问题，主要是收入差距拉大、劳动报酬在初次分配中的比重较低、居民收入在国民收入分配中的比重偏低。对此，我们要高度重视，努力推动居民收入增长和经济增长同步、劳动报酬提高和劳动生产率提高同步，不断健全体制机制和具体政策，调整国民收入分配格局，持续增加城乡居民收入，不断缩小收入差距。

第五，坚持社会主义市场经济改革方向。在社会主义条件下发展市场经济，是我们党的一个伟大创举。我国经济发展获得巨大成功的一个关键因素，就是我们既发挥了市场经济的长处，又发挥了社会主义制度的优越性。我们是在中国共产党领导和社会主义制度的大前提下发展市场经济，什么时候都不能忘了"社会主义"这个定语。之所以说是社会主义市场经济，就是要坚持我们的制度优越性，有效防范资本主义市场经济的弊端。我们要坚持辩证法、两点论，继续在社会主义基本制度与市场经济的结合上下功夫，把两方面优势都发挥好，既要"有效的市场"，也要"有为的政府"，努力在实践中破解这道经济学上的世界性难题。

第六，坚持对外开放基本国策。马克思主义政治经济学认为，人类社会最终将从各民族的历史走向世界历史。现在，我国同世界的联系空前紧密，我国经济对世界经济的影响、世界经济对我国经济的影响都是前所未有的。在经济全球化深入发展的条件下，我们不可能关起门来搞建设，而是要善于统筹国内国际两个大局，利用好国际国内两个市场、两种资源。要顺应我国经济深度融入世界经济的趋势，发展更高层次的开放型经济，积极参与全球经济治理，促进国际经济秩序朝着平等公正、合作共赢的方向发展。同时，我们要坚决维护我国发展利益，积极防范各种风险，确保国家经济安全。这其中有很多理论和实践问题需要深入研究。

总之，我们坚持马克思主义政治经济学基本原理和方法论，并不排斥国外经济理论的合理成分。西方经济学关于金融、价格、货币、市场、竞争、贸易、汇率、产业、企业、增长、管理等方面的知识，有反映社会化大生产和市场经济一般规律的一面，要注意借鉴。同时，对国外特别是西方经济学，我们要坚持去粗取精、去伪存真，坚持以我为主、为我所用，对其中反映资本主义制度属性、价值观念的内容，对其中具有西方意识形态色彩的内容，不能照抄照搬。经济学虽然是研究经济问题，但不可能脱离社会政治，纯而又纯。在我们的经济学教学中，不能食洋不化，还是要讲马克思主义政治经济学，当代中国社会主义政治经济学要大讲特讲，不能被边缘化。

马克思主义政治经济学要有生命力，就必须与时俱进。实践是理论的源泉。我们用几十年的时间走完了发达国家几百年走过的发展历程，我国经济发展进程波澜壮阔、成就举世瞩目，蕴藏着理论创造的巨大动力、活力、潜力。当前，世界经济和我国经济都面临许多新的重大课题，需要作出科学的理论回答。我们要立足我国国情和我们的发展实践，深入研究世界经济和我国经济面临的新情况新问题，揭示新特点新规律，提炼和总结我国经济发展实践的规律性成果，把实践经验上升为系统化的经济学说，不断开拓当代中国马克思主义政治经济学新境界，为马克思主义政治经济学创新发展贡献中国智慧。

（这是习近平总书记 2015 年 11 月 23 日在十八届中央政治局第二十八次集体学习时的讲话。）

思政课是落实立德树人根本任务的关键课程

新华社北京 8 月 31 日电　9 月 1 日出版的第 17 期《求是》杂志将发表中共中央总书记、国家主席、中央军委主席习近平的重要文章《思政课是落实立德树人根本任务的关键课程》。

文章强调，青少年是祖国的未来、民族的希望。青少年教育最重要的是教给他们正确的思想，引导他们走正路。思政课是落实立德树人根本任务的关键课程，思政课作用不可替代，思政课教师队伍责任重大。办好思政课，最根本的是要全面贯彻党的教育方针，解决好培养什么人、怎样培养人、为谁培养人这个根本问题。办好思政课，就是要开展马克思主义理论教育，用新时代中国特色社会主义思想铸魂育人，引导学生增强中国特色社会主义道路自信、理论自信、制度自信、文化自信，厚植爱国主义情怀，把爱国情、强国志、报国行自觉融入坚持和发展中国特色社会主义、建设社会主义现代化强国、实现中华民族伟大复兴的奋斗之中。

文章指出，办好思政课，要放在世界百年未有之大变局、党和国家事业发展全局中来看待，要从坚持和发展中国特色社会主义、建设社会主义现代化强国、实现中华民族伟大复兴的高度来对待。我们党立志于中华民族千秋伟业，必须培养一代又一代拥护中国共产党领导和我国社会主义制度、立志为中国特色社会主义事业奋斗终身的有用人才。在大中小学循序渐进、螺旋上升地开设思政课非常必要，是培养一代又一代社会主义建设者和接班人的重要保障。

文章指出，讲好思政课不容易，因为这个课要求高。“经师易求，人师难得。”办好思想政治理论课关键在教师，关键在发挥教师的积极性、主动性、创造性。思政课教师，要给学生心灵埋下真善美的种子，引导学生扣好人生第一粒扣子。第一，政治要强，要让有信仰的人讲信仰。第二，情怀要深，要有家国情怀、传道情怀、仁爱情怀。第三，思维要新，学会辩证唯物主义和历史唯物主义，创新课堂教学。第四，视野要广，有知识视野、国际视野、历史视野。第五，自律要严，做到课上课下一致、网上网下一致。第六，人格要正，用高尚的人格感染学生、赢得学生。

文章指出，要推动思想政治理论课改革创新，不断增强思政课的思想性、理论性和亲和力、针对性。推动思政课改革创新，要做到以下几个“统一”。坚持政治性和学理性相统一；坚持价值性和知识性相统一；坚持建设性和批判性相统一；坚持理论性和实践性相统一；坚持统一性和多样性相统一；坚持主导性和主体性相统一；坚持灌输性和启发性相统一；坚持显性教育和隐性教育相统一。

文章强调，要加强党对思想政治理论课建设的领导。各级党委要把思政课建设摆上重要议程，在工作格局、队伍建设、支持保障等方面采取有效措施。要推动形成全党全社会努力办好思政课、教师认真讲好思政课、学生积极学好思政课的良好氛围。学校党委要坚持把从严管理和科学治理结合起来，学校党委书记、校长要带头走进课堂，带头推动思政课建设，带头联系思政课教师。要把统筹推进大中小学思政课一体化建设作为一项重要工程，推动思政课建设内涵式发展。各地区各部门负责同志要积极到学校去讲思政课。

《光明日报》（2020年9月1日第1版）

习近平在经济社会领域专家座谈会上的讲话

习近平

今天，我们召开经济社会领域专家座谈会，听听大家对“十四五”规划编制的意见和建议。出席今天座谈会的，既有经济学家，也有社会学家。刚才，专家学者们做了很好的发言。大家从各自专业领域出发，对“十四五”时期发展环境、思路、任务、举措提出了很有价值的意见和建议，听了很受启发，参会的其他专家提交了书面发言，请有关方面研究吸收。下面，我就正确认识和把握中长期经济社会发展重大问题讲点意见。

用中长期规划指导经济社会发展，是我们党治国理政的一种重要方式。从1953年开始，我国已经编制实施了13个五年规划（计划），其中改革开放以来编制实施8个，有力推动了经济社会发展、综合国力提升、人民生活改善，创造了世所罕见的经济快速发展奇迹和社会长期稳定奇迹。实践证明，中长期发展规划既能充分发挥市场在资源配置中的决定性作用，又能更好发挥政府作用。

“十四五”时期是我国全面建成小康社会、实现第一个百年奋斗目标之后，乘势而上开启全面建设社会主义现代化国家新征程、向第二个百年奋斗目标进军的第一个五年，我国将进入新发展阶段。凡事预则立，不预则废。我们要着眼长远、把握大势，开门问策、集思广益，研究新情况、作出新规划。

第一，以辩证思维看待新发展阶段的新机遇新挑战。党的十九大以来，我多次讲，当今世界正经历百年未有之大变局。当前，新冠肺炎疫情全球大流行使这个大变局加速变化，保护主义、单边主义上升，世界经济低迷，全球产业链供应链因非经济因素而面临冲击，国际经济、科技、文化、安全、政治等格局都在发生深刻调整，世界进入动荡变革期。今后一个时期，我们将面对更多逆风逆水的外部环境，必须做好应对一系列新的风险挑战的准备。

国内发展环境也经历着深刻变化。我国已进入高质量发展阶段，社会主要矛盾已经转化为人民日益增长的美好生活需要和不平衡不充分的发展之间的矛盾，人均国内生产总值达到1万美元，城镇化率超过60%，中等收入群体超过4亿人，人民对美好生活的要求不断提高。我国制度优势显著，治理效能提升，经济长期向好，物质基础雄厚，人力资源丰厚，市场空间广阔，发展韧性强大，社会大局稳定，继续发展具有多方面优势和条件。同时，我国发展不平衡不充分问题仍然突出，创新能力不适应高质量发展要求，农业基础还不稳固，城乡区域发展和收入分配差距较大，生态环保任重道远，民生保障存在短板，社会治理还有弱项。

总之，进入新发展阶段，国内外环境的深刻变化既带来一系列新机遇，也带来一系列新挑战，是危机并存、危中有机、危可转机。我们要辩证认识和把握国内外大势，统筹中华民族伟大复兴战略全局和世界百年未有之大变局，深刻认识我国社会主要矛盾发展变化带来的新特征新要求，深刻认识错综复杂的国际环境带来的新矛盾新挑战，增强机遇意识和风险意识，准确识变、科学应变、主动求变，勇于开顶风船，善于转危为机，努力实现更高质量、更有效率、更加公平、更可持续、更为安全的发展。

第二，以畅通国民经济循环为主构建新发展格局。今年以来，我多次讲，要推动形成以国内大循环为主体、国内国际双循环相互促进的新发展格局。这个新发展格局是根据我国发展阶段、环境、条件变化提出来的，是重塑我国国际合作和竞争新优势的战略抉择。近年来，随着外部环境和我国发展所具有的要素禀赋的变化，市场和资源两头在外的国际大循环动能明显减弱，而我国内需潜力不断释放，国内大循环活力日益强劲，客观上有着此消彼长的态势。对这个客观现象，理论界进行了很多讨论，可以继续深化研究，并提出真知灼见。

自 2008 年国际金融危机以来，我国经济已经在向以国内大循环为主体转变，经常项目顺差同国内生产总值的比率由 2007 年的 9.9%降至现在的不到 1%，国内需求对经济增长的贡献率有 7 个年份超过 100%。未来一个时期，国内市场主导国民经济循环特征会更加明显，经济增长的内需潜力会不断释放。我们要坚持供给侧结构性改革这个战略方向，扭住扩大内需这个战略基点，使生产、分配、流通、消费更多依托国内市场，提升供给体系对国内需求的适配性，形成需求牵引供给、供给创造需求的更高水平动态平衡。

当然，新发展格局决不是封闭的国内循环，而是开放的国内国际双循环。我国在世界经济中的地位将持续上升，同世界经济的联系会更加紧密，为其他国家提供的市场机会将更加广阔，成为吸引国际商品和要素资源的巨大引力场。

第三，以科技创新催生新发展动能。实现高质量发展，必须实现依靠创新驱动的内涵型增长。我们更要大力提升自主创新能力，尽快突破关键核心技术。这是关系我国发展全局的重大问题，也是形成以国内大循环为主体的关键。

我们要充分发挥我国社会主义制度能够集中力量办大事的显著优势，打好关键核心技术攻坚战。要依托我国超大规模市场和完备产业体系，创造有利于新技术快速大规模应用和迭代升级的独特优势，加速科技成果向现实生产力转化，提升产业链水平，维护产业链安全。要发挥企业在技术创新中的主体作用，使企业成为创新要素集成、科技成果转化的生力军，打造科技、教育、产业、金融紧密融合的创新体系。基础研究是创新的源头活水，我们要加大投入，鼓励长期坚持和大胆探索，为建设科技强国夯实基础。要大力培养和引进国际一流人才和科研团队，加大科研单位改革力度，最大限度调动科研人员的积极性，提高科技产出效率。要坚持开放创新，加强国际科技交流合作。

第四，以深化改革激发新发展活力。改革是解放和发展社会生产力的关键，是推动国家发展的根本动力。我国改革已进行 40 多年，取得举世公认的伟大成就。社会是不断发展的，调节社会关系和社会活动的体制机制随之不断完善，才能不断适应解放和发展社会生产力的要求。

随着我国迈入新发展阶段，改革也面临新的任务，必须拿出更大的勇气、更多的举措破除深层次体制机制障碍，坚持和完善中国特色社会主义制度，推进国家治理体系和治理能力现代化。我们要守正创新、开拓创新，大胆探索自己未来发展之路。要坚持和完善社会主义基本经济制度，使市场在资源配置中起决定性作用，更好发挥政府作用，营造长期稳定可预期的制度环境。要加强产权和知识产权保护，建设高标准市场体系，完善公平竞争制度，激发市场主体发展活力，使一切有利于社会生产力发展的力量源泉充分涌流。

第五，以高水平对外开放打造国际合作和竞争新优势。当前，国际社会对经济全球化前景有不少担忧。我们认为，国际经济联通和交往仍是世界经济发展的客观要求。我国经济持续快速发展的一个重要动力就是对外开放。对外开放是基本国策，我们要全面提高对外开放水平，建设更高水平开放型经济新体制，形成国际合作和竞争新优势。要积极参与全球经济治理体系改革，推动完善更加公平合理的国际经济治理体系。

当前，在推进对外开放中要注意两点：一是凡是愿意同我们合作的国家、地区和企业，包括美国的州、地方和企业，我们都要积极开展合作，形成全方位、多层次、多元化的开放合作格局。二是越开放越要重视安全，越要统筹好发展和安全，着力增强自身竞争能力、开放监管能力、风险防控能力，练就金刚不坏之身。

第六，以共建共治共享拓展社会发展新局面。事实证明，发展起来以后的问题不比不发展时少。我国社会结构正在发生深刻变化，互联网深刻改变人类交往方式，社会观念、社会心理、社会行为发生深刻变化。“十四五”时期如何适应社会结构、社会关系、社会行为方式、社会心理等深刻变化，实现更加充分、更高质量的就业，健全全覆盖、可持续的社保体系，强化公共卫生和疾控体系，促进人口长期均衡发展，加强社会治理，化解社会矛盾，维护社会稳定，都需要认真研究并作出工作部署。

一个现代化的社会，应该既充满活力又拥有良好秩序，呈现出活力和秩序有机统一。要完善共建共治共享的社会治理制度，实现政府治理同社会调节、居民自治良性互动，建设人人有责、人人尽责、人人享有的社会治理共同体。要加强和创新基层社会治理，使每个社会细胞都健康活跃，将矛盾纠纷化解在基层，将和谐稳定创建在基层。要更加注重维护社会公平正义，促进人的全面发展和社会全面进步。

以上我重点讲了几个问题，以及中长期经济社会发展涉及的其他问题，希望大家深入思考，取得进一步的研究成果。

2015 年 11 月 23 日，我在主持十八届中央政治局第二十八次集体学习时专门就马克思主义政治经济学研究作了讲话，最近《求是》杂志发表了这篇讲话。恩格斯说，无产阶级政党的“全部理论来自对政治经济学的研究”。列宁把政治经济学视为马克思主义理论“最深刻、最全面、最详尽的证明和运用”。我们要运用马克思主义政治经济学的方法论，深化对我国经济发展规律的认识，提高领导我国经济发展能力和水平。

理论源于实践，又用来指导实践。改革开放以来，我们及时总结新的生动实践，不断推进理论创新，在发展理念、所有制、分配体制、政府职能、市场机制、宏观调控、产业结构、企业治理结构、民生保障、社会治理等重大问题上提出了许多重要论断。比如，关于社会主义本质的理论，关于社会主义初级阶段基本经济制度的理论，关于创新、协调、绿色、开放、共享发展的理论，关于发展社会主义市场经济、使市场在资源配置中起决定性作用和更好发挥政府作用的理论，关于我国经济发展进入新常态、深化供给侧结构性改革、推动经济高质量发展的理论，关于推动新型工业化、信息化、城镇化、农业现代化同步发展和区域协调发展的理论，关于农民承包的土地具有所有权、承包权、经营权属性的理论，关于用好国际国内两个市场、两种资源的理论，关于加快形成以国内大循环为主体、国内国际双循环相互促进的新发展格局的理论，关于促进社会公平正义、逐步实现全体人民共同富裕的理论，关于统筹发展和安全的理论，等等。这些理论成果，不仅有力指导了我国经济发展实践，而且开拓了马克思主义政治经济学新境界。

时代课题是理论创新的驱动力。马克思、恩格斯、列宁等都是通过思考和回答时代课题来推进理论创新的。现在，在波涛汹涌的世界经济大潮中，能不能驾驭好我国经济这艘大船，是对我们党的重大考验。面对错综复杂的国内外经济形势，面对形形色色的经济现象，学习领会马克思主义政治经济学基本原理和方法论，有利于我们掌握科学的经济分析方法，认识经济运动过程，把握经济发展规律，提高驾驭社会主义市场经济能力，准确回答我国经济发展的理论和实践问题。新时代改革开放和社会主义现代化建设的丰富实践是理论和政策研究的“富矿”，我国经济社会领域理论工作者大有可为。这里，我给大家提几点希望。一是从国情出发，从中国实践中来、到中国实践中去，把论文写在祖国大地上，使理论和政策创新符合中国实际、具有中国特色，不断发展中国特色社会主义政治经济学、社会学。二是深入调研，察实情、出实招，充分反映实际情况，使理论和政策创新有根有据、合情合理。三是把握规律，坚持马克思主义立场、观点、方法，透过现象看本质，从短期波动中探究长期趋势，使理论和政策创新充分体现先进性和科学性。四是树立国际视野，从中国和世界的联系互动中探讨人类面临的共同课题，为构建人类命运共同体贡献中国智慧、中国方案。

《人民日报》（2020 年 8 月 25 日第 2 版）

习近平在中央政治局第二十三次集体学习时强调
建设中国特色中国风格中国气派的考古学
更好认识源远流长博大精深的中华文明

当今中国正经历广泛而深刻的社会变革，也正进行着坚持和发展中国特色社会主义的伟大实践创新。我们的实践创新必须建立在历史发展规律之上，必须行进在历史正确方向之上

考古工作是一项重要文化事业，也是一项具有重大社会政治意义的工作。考古工作是展示和构建中华民族历史、中华文明瑰宝的重要工作。认识历史离不开考古学

长期以来，中华文明同世界其他文明互通有无、交流借鉴，向世界贡献了深刻的思想体系、丰富的科技文化艺术成果、独特的制度创造，深刻影响了世界文明进程

在历史长河中，中华民族形成了伟大民族精神和优秀传统文化，这是中华民族生生不息、长盛不衰的文化基因，也是实现中华民族伟大复兴的精神力量，要结合新的实际发扬光大

新华社北京9月29日电　中共中央政治局9月28日下午就我国考古最新发现及其意义为题举行第二十三次集体学习。中共中央总书记习近平在主持学习时强调，当今中国正经历广泛而深刻的社会变革，也正进行着坚持和发展中国特色社会主义的伟大实践创新。我们的实践创新必须建立在历史发展规律之上，必须行进在历史正确方向之上。要高度重视考古工作，努力建设中国特色、中国风格、中国气派的考古学，更好认识源远流长、博大精深的中华文明，为弘扬中华优秀传统文化、增强文化自信提供坚强支撑。

中国社会科学院考古研究所所长、中华文明探源工程和“考古中国”重大项目专家陈星灿就这个问题进行了讲解，提出了意见和建议。

习近平在主持学习时发表了讲话。他指出，考古工作是一项重要文化事业，也是一项具有重大社会政治意义的工作。考古工作是展示和构建中华民族历史、中华文明瑰宝的重要工作。认识历史离不开考古学。历史文化遗产不仅生动述说着过去，也深刻影响着当下和未来；不仅属于我们，也属于子孙后代。保护好、传承好历史文化遗产是对历史负责、对人民负责。我们要加强考古工作和历史研究，让收藏在博物馆里的文物、陈列在广阔大地上的遗产、书写在古籍里的文字都活起来，丰富全社会历史文化滋养。

习近平强调，经过几代考古人接续奋斗，我国考古工作取得了重大成就，延伸了历史轴线，增强了历史信度，丰富了历史内涵，活化了历史场景。考古发现展示了中华文明起源和发展的历史脉络，展示了中华文明的灿烂成就，展示了中华文明对世界文明的重大贡献。长期以来，中华文明同世界其他文明互通有无、交流借鉴，向世界贡献了深刻的思想体系、丰富的科技文化艺术成果、独特的制度创造，深刻影响了世界文明进程。

习近平就做好考古和历史研究工作提出4点要求。一是要继续探索未知、揭示本源。我国古代历史还有许多未知领域，考古工作任重道远。要实施好“中华文明起源与早期发展综合研究”“考古中国”等重大项目，加强考古资源调查和政策需求调研工作，提高考古工作规划水平。要围绕一些重大历史问题作出总体安排，集中力量攻关，不断取得新突破。二是要做好考古成果的挖掘、整理、阐释工作。考古学界要会同经济、法律、政治、文化、社会、生态、科技、医学等领域研究人员，做好出土文物和遗址的研究阐释工作，把我国文明起源和发展以及对人类的重大贡献更加清晰、更加全面地呈现出来，更好发挥以史育人作用。三是要搞好历史文化遗产保护工作。考古遗迹和历史文物是历史的见证，必须保护好、利用好。要建立健全历史文化遗产资源资产管理制度，健全不可移动文物保护机制，增强历史文化遗产防护能力，严厉打击文物犯罪。四是要加强考古能力建设和学科建设。要坚持辩证唯物主义和历史唯物主义，深入进行理论探索，增强中国考古学在国际考古学界的影响

力、话语权。要积极培养壮大考古队伍，让更多年轻人热爱、投身考古事业，让考古事业后继有人、人才辈出。

习近平强调，在历史长河中，中华民族形成了伟大民族精神和优秀传统文化，这是中华民族生生不息、长盛不衰的文化基因，也是实现中华民族伟大复兴的精神力量，要结合新的实际发扬光大。要通过深入学习历史，加强考古成果和历史研究成果的传播，教育引导广大干部群众特别是青少年认识中华文明起源和发展的历史脉络，认识中华文明取得的灿烂成就，认识中华文明对人类文明的重大贡献，不断增强民族凝聚力、民族自豪感。要运用我国考古成果和历史研究成果，通过交流研讨等方式，向国际社会展示博大精深的中华文明，讲清楚中华文明的灿烂成就和对人类文明的重大贡献，让世界了解中国历史、了解中华民族精神，从而不断加深对当今中国的认知和理解，营造良好国际舆论氛围。各级党委和政府要牢固树立保护历史文化遗产责任重大的观念，关心爱护考古工作者，积极提供人力、物力、财力等方面的支持，为考古事业、文物保护、历史研究创造良好条件。

《人民日报》（2020 年 9 月 30 日第 1 版）

王沪宁在马克思主义理论研究和建设工程工作会议上强调

深入学习研究宣传习近平新时代中国特色社会主义思想 扎实推进马克思主义理论研究和建设工程

本报北京 12 月 10 日电　（记者张洋）马克思主义理论研究和建设工程工作会议 10 日在京召开，中共中央政治局常委、中央书记处书记王沪宁出席会议并讲话。他表示，进入新时代、开启新征程，要牢牢把握工程职责使命，坚持以习近平新时代中国特色社会主义思想为指导，增强“四个意识”、坚定“四个自信”、做到“两个维护”，围绕坚持马克思主义在意识形态领域指导地位的根本制度，扎实做好各项工作，不断把工程引向深入。

王沪宁表示，马克思主义理论研究和建设工程是党的思想理论建设的基础工程、战略工程。要把学习研究宣传习近平新时代中国特色社会主义思想作为根本任务，在深化理论武装、加强研究阐释、开展宣传普及、做好对外宣介上下功夫，推动党的创新理论更加深入人心、更好走向世界。要坚持以重大问题为主攻方向，加强对我国发展和党执政面临的重大理论和实践问题的研究，加强中国共产党百年奋斗史研究，加强重大社会思潮辨析引导，推出更多高水平研究成果。要加快构建中国特色哲学社会科学，更好引领推动学科体系、教材体系、话语体系、评价体系建设。要坚持出成果与出人才并重，创新人才培养选拔机制，重视青年理论人才培养，建强马克思主义理论人才队伍。要加强组织领导，创新组织实施方式，做好优秀理论成果宣传推广，扩大工程的社会影响力。

中共中央政治局委员、中宣部部长黄坤明主持会议。

会上宣读了新增补工程咨询委员名单。中央党校（国家行政学院）、中央党史和文献研究院、教育部、中国社科院负责同志和有关专家学者做了发言。中央宣传思想工作领导小组成员，工程主管单位、中央宣传文化单位主要负责同志，部分工程咨询委员和首席专家，地方党委宣传部负责同志等参加会议。

《人民日报》（2020 年 12 月 11 日第 1 版）

教育部印发纲要

所有高校全面推进课程思政建设

近日，教育部印发《高等学校课程思政建设指导纲要》（以下简称《纲要》）。《纲要》提出，课程思政建设要在全国所有高校、所有学科专业全面推进。

“全面推进课程思政建设，就是要寓价值观引导于知识传授和能力培养之中，帮助学生塑造正确的世界观、人生观、价值观。”教育部高等教育司负责人表示。

解决专业教育与思政教育“两张皮”

“当前，高校中还不同程度存在专业教育与思想政治教育‘两张皮’现象，未能很好形成育人合力、发挥出课程育人的功能。全面推进课程思政建设就是要解决这一问题。”教育部高等教育司负责人说。

据介绍，全面推进课程思政建设工作坚持知识传授和价值引领相统一、坚持显性教育和隐性教育相统一、坚持统筹协调和分类指导相统一、坚持总结传承和创新探索相统一。

教育部高等教育司负责人表示，课程思政内容明确了五个方面的主要内容：推进习近平新时代中国特色社会主义思想进教材进课堂进头脑，不断加强马克思主义理论教育，着力推动党的创新理论教育，增强学生对党的创新理论的政治认同、思想认同、情感认同，坚定“四个自信”；培育和践行社会主义核心价值观；加强中华优秀传统文化教育，大力弘扬以爱国主义为核心的民族精神和以改革创新为核心的时代精神；深入开展宪法法治教育；深化职业理想和职业道德教育。

“好的思想政治工作应该像盐，但不能光吃盐，最好的方式是将盐溶解到各种食物中自然而然吸收。各类课程要以符合自己特点的方式，有机地融入思政元素，达到春风化雨、润物无声的育人效果。”清华大学副校长彭刚说。

各专业课要找到“角色”干出特色

专业课程教学是课程思政的最主要依托。

《纲要》明确，在公共基础课程方面，重点建设一批提高大学生思想道德修养、人文素质、科学精神、宪法法治意识、国家安全意识和认知能力的课程，打造一批有特色的体育、美育类课程；在专业教育课程方面，深度挖掘提炼专业知识体系中所蕴含的思想价值和精神内涵，科学合理拓展专业课程的广度、深度和温度，增加课程的知识性、人文性，提升引领性、时代性和开放性；在实践类课程方面，注重教育和引导学生扎根中国大地了解国情民情，在实践中增长智慧才干，在艰苦奋斗中锤炼意志品质。

上海科技大学纪委书记吴强指出，有的思政元素本身就是专业教育的组成部分，有的思政元素则需要精加工提炼。“有的课程知识天然具有鲜明的意识形态属性，教师就应旗帜鲜明地引导学生用马克思主义立场观点方法加以分析理解。理工农医类等课程，则应更注重培养家国情怀、职业伦理、科学精神、工匠精神、劳模精神等。”

构建全员全程全方位育人大格局

构建全员全程全方位育人大格局，教师队伍是“主力军”，课程建设是“主战场”，课堂教学是“主渠道”。

教育部高等教育司负责人介绍，把课程思政融入课堂教学建设的全过程，首先是要抓好课堂教学管理，进一步指导高校修订课堂教学管理规定，在课程目标设计、教学大纲修订、教材编审选用、教案课件编写等各方面下功夫落实到位；其次是要综合运用第一课堂和第二课堂，特别是深入挖掘第二课堂的思政教育元素，深入开展多种形式的社会实践、志愿服务、实习实训活动，拓展课程思政建设方法和途径；第三是要在教育教学方法上不断改革创新，积极适应学生学习方式的转变，积极推进现代信息技术在课堂中的应用，创新课堂教学模式。

教育部高等教育司负责人表示，要用好评价这根“指挥棒”，将课程思政建设成效纳入“双一流”建设监测与成效评价、学科评估、本科教学评估、一流专业和一流课程建设、专业认证、职业教育“双高计划”评价、高校教学绩效考核等评价考核中。

《人民日报》（2020 年 6 月 6 日第 4 版）

市社科联第七次代表大会召开

本报讯（记者祁梦竹　高枝）北京市社会科学界联合会第七次代表大会昨天开幕。市委书记蔡奇寄语新一届市社科联和首都广大社科工作者，坚持以习近平新时代中国特色社会主义思想为指导，增强“四个意识”、坚定“四个自信”、做到“两个维护”，始终胸怀“两个大局”，牢记初心使命，更好地观察解读时代、推进理论创新、促进学术繁荣、发挥资政作用，奋力书写首都哲学社会科学繁荣发展的新篇章。

蔡奇代表市委市政府向大会召开表示热烈祝贺，对市社科联在研究阐释党的创新理论、服务首都改革发展、社科普及等方面做出的贡献给予充分肯定。他指出，习近平总书记多次就繁荣哲学社会科学发表重要讲话，指明了新时代哲学社会科学前进方向。北京作为全国文化中心，在构建中国特色哲学社会科学中肩负着重大责任。全市社科工作者要开拓进取、砥砺前行，推动首都哲学社会科学发展再上新台阶。

蔡奇强调，要努力打造研究阐释习近平新时代中国特色社会主义思想的高地。坚持把学习贯彻习近平新时代中国特色社会主义思想贯穿到学术研究、成果评价、人才培养等各个环节、各个方面，推动在京华大地落地生根、开花结果，形成生动实践。扎实做好理论宣讲和社科普及等工作，讲好中国故事和北京故事。加大优势学科、重点学科扶持力度，加强社科人才队伍建设。着眼群众需要，解疑释惑、阐明道理，以精品研究成果奉献人民。

蔡奇要求，围绕“建设一个什么样的首都、怎样建设首都”这个时代课题，聚焦“十四五”时期首都改革发展关键问题，多做独创性研究，多提建设性意见。做强首都高端智库，更好发挥资政建言、理论创新、舆论引导、社会服务、公共外交等重要功能。要充分发挥市社科联桥梁纽带作用。健全完善各项工作机制，夯实群团工作基础，广泛团结凝聚哲学社会科学工作者，多同专家学者打交道、交朋友，使社科联真正成为具有吸引力、凝聚力的首都哲学社会科学工作者之家。

市政协原副主席、市社科联主席沈宝昌主持会议，市文联负责人代表市级群团致辞。

市领导杜飞进、崔述强、侯君舒、牛青山出席。

《北京日报》（2020年8月12日第1版）

·学科综述·

概　　述

本栏目收录由北京地区哲学社会科学基础学科学会、特约课题组和部分学者撰写的学科综述文章，以及由基础学科学会推出的“年度推荐论文和著作”。这些学科综述文章和推荐论文、著作较为客观地记述、分析、总结、呈现了本年度相关研究领域的学科发展情况、学术研究状况、学术热点难点问题及前瞻思考等。本栏目还收录了《光明日报》载《2020年度中国十大学术热点》和《北京日报》载《2020年理论学术研究观点要览》《2020年理论视野中的热点问题》等文章。

马克思主义理论

摘　要

2020年，北京地区广大马克思主义理论工作者坚持以习近平新时代中国特色社会主义思想为指导，既关注经典著作，又关注理论创新；既关注热点话题，又关注基础理论研究；既重视总结本土经验，又重视借鉴不同文明精华；既注重总结历史经验，又注重回应时代课题，为诠释当代中国马克思主义、21世纪马克思主义做出重要贡献。具体进展如下：一是立足新时代的理论创新，当代中国马克思主义和21世纪马克思主义研究呈现系统化特点；二是立足于新时代的时代背景，对时代之问和世界之问做出了理论回应；三是立足于新时代的丰富实践，基础理论研究焕发新的生机；四是立足新时代的价值追求，重大现实问题研究突出人民性取向。

一、21世纪马克思主义的原创性贡献研究

2020年北京地区学界围绕习近平新时代中国特色社会主义思想的核心要义、思想精髓、内在结构、基本逻辑、时代价值、历史地位、世界影响等进行了多维度研究。有的研究成果注重从思想整体性、系统性展开，有的注重分专题、分领域、分视角研究，有的注重阐释其中国价值和当代意义，有的注重阐释其世界影响和历史价值。

一是关于马克思主义在当代中国的创新发展研究。注重思想的原创性研究，比如在马克思主义哲学方面，对新时代社会主要矛盾发生转化的思想观点进行系统研究；在政治经济学方面，对新发展理念进行多维度、多学科研究；在科学社会主义方面，对坚持和加强党的全面领导的思想、推进党的自我革命的思

想、推进国家治理体系和治理能力现代化的思想等进行深入研究。北京大学马克思主义学院顾海良认为，习近平从“学习和实践”马克思主义理论的视角，对马克思主义理论和理论特征的关系做出新的阐释。

二是关于思想科学体系的研究。学术界、理论界对这一思想体系的丰富内涵、深刻逻辑、内容结构进行了系统研究，高度肯定了习近平新时代中国特色社会主义思想的时代价值和历史地位。张首映认为，这一思想体系坚持马克思主义立场观点方法，坚持科学社会主义基本原则，科学总结世界社会主义经验教训，提出一系列具有开创性意义的新理念新思想新战略，体现了理论逻辑、实践逻辑、历史逻辑的集成统一。

三是关于加强应对新冠肺炎疫情的研究。刘仁胜认为，习近平在统筹推进新冠肺炎疫情防控和经济社会发展工作部署会议上的讲话，不仅从公共健康安全角度统一部署疫情防控的“三大战争”，还从生态学角度统筹考虑疫情防控和经济社会发展工作，为我们从马克思主义生态学角度出发，考虑人类与自然关系、构建疫情防治体系奠定了坚实的理论和实践基础。

四是关于《习近平谈治国理政》第三卷的理论解读和学理阐释。学术界、理论界一致认为，《习近平谈治国理政》第三卷集中展示了党的十九大以来马克思主义中国化的最新成果，与此前出版的第一卷、第二卷构成一脉相承、有机统一的整体，是全面系统反映习近平新时代中国特色社会主义思想的权威著作。《习近平谈治国理政》第三卷也成为系统研究习近平新时代中国特色社会主义思想的重要著作。

二、重要时间节点研究

重要时间节点的历史事件、经典著作、历史人物和历史组织，一直是马克思主义理论学科研究的重点方面。2020年北京地区马克思主义理论工作者紧紧围绕着相关重点议题进行了多视角、深层次考察，取得了一系列新的研究成果。

一是围绕着重要历史事件的研究。2020年是中共四大召开95周年、遵义会议召开85周年、一二·九运动85周年、中共七大召开75周年、中国人民抗日战争暨世界反法西斯战争胜利75周年、重庆谈判75周年、中国人民志愿军抗美援朝出国作战70周年、万隆会议召开65周年、“四个现代化目标”提出45周年、浦东开发开放30周年等。2020年学者们结合这些重大历史事件进行研究，形成一系列研究成果。

二是围绕着重要经典著作的研究。2020年是《中国社会各阶级的分析》发表95周年、《反对本本主义》发表90周年、《新民主主义论》发表80周年、《论联合政府》发表75周年、《党和国家领导制度的改革》发表40周年等。学界对这些著作开展研究，进一步理清了一些历史事实，更为重要的是为当下的社会发展、国家治理、文明进步提供宝贵经验启示。

三是围绕着重要历史人物的研究。2020年是恩格斯诞辰200周年、列宁诞辰150周年，为了更好继承恩格斯、列宁的思想遗产，学术界围绕恩格斯和列宁的思想历程、革命实践、历史贡献、当代价值等展开了深入探讨。一方面，客观分析与评价恩格斯、列宁在马克思主义发展史和国际共产主义运动史上的地位，尤其是在马克思主义理论体系形成和世界社会主义革命运动实践中的突出贡献。另一方面，深入挖掘阐释恩格斯、列宁思想理论特别是政党建设和国家治理思想的当代价值，包括恩格斯的自然辩证法思想、党建思想等，列宁的帝国主义理论、社会主义建设思想、党内民主建设思想等。

四是围绕着重要历史组织的研究。马克思主义研究组织的成立、中国共产党早期组织的建立以及《共产党宣言》中文首部译本的诞生，在本年度都成为马克思主义理论学科开展研究的重要内容，尤其是通过系统的历史研究对一些历史事实的认识更加全面客观，有力回击了不同形式的历史虚无主义论调。

三、重大理论和现实问题研究

2020年北京地区马克思主义理论工作者，以中国与世界互动关系为重要考察对象，紧紧围绕着统筹疫情防控和经济社会发展、百年变局下的中国与世界、脱贫攻坚与乡村振兴、人与自然和谐共生等关乎当下与现实的热点焦点问题，对国际政治、大国关系、摆脱贫困、生态文明等领域进行全面剖析和多维研究。

一是关于“百年未有之大变局”的研究。当今世界正经历“百年未有之大变局”，学者们围绕这一主题开展了系统研究。其一，对大变局的科学内涵、表现形式、基本特点、发生原理和演进逻辑进行分析，认为“百年未有之大变局”是世界性的大发展、大调整、大转折等历史合力的产物，突出表现为新兴市场国家和发展中国家的崛起速度之快前所未有，新一轮科技革命和产业变革带来的新陈代谢和激烈竞争前所未有，全球治理体系与国际形势变化的不适应、不对称前所未有。其二，对应对大变局的原则要求、基本对策进行分析，强调要深刻把握两个大局，增强机遇意识和风险意识。其三，将应对变局与坚持人类命运共同体理念、推动全球治理体系变革进行整合研究，深入分析提出中国方案的必要性和价值性。

二是关于脱贫攻坚和全面建成小康社会的研究。2020 年是决胜全面建成小康社会、决战脱贫攻坚之年，全面建成小康社会取得伟大历史成果，绝对贫困问题得到历史性解决。脱贫攻坚和全面建成小康社会成为学术界研究的重点课题。其一，历史成就研究。全面总结和分析脱贫攻坚成就、国家扶贫政策效果、反贫困的世界意义等。其二，制度优势研究。对中国脱贫攻坚中展现的制度优势、治理优势进行系统分析。其三，相对关系研究。包括绝对贫困与相对贫困的关系、脱贫攻坚与乡村振兴的关系等。其四，问题对策研究。全面建成小康社会后乡村振兴战略实施的总体思路、主要难点、应对策略等。

三是关于推动人与自然和谐共生的研究。建设生态文明，关系人民福祉，关乎民族未来。2020 年是“绿水青山就是金山银山”理念提出 15 周年，学术界对习近平生态文明思想进行了接续研究。其一，追溯习近平生态文明思想的理论渊源。对其与马克思主义生态观、中华优秀传统文化的内在关系进行了深入阐述。其二，提炼出一系列重大命题进行针对性研究。围绕“生态兴则文明兴”“人与自然是生命共同体”“绿水青山就是金山银山”“良好生态环境是最普惠的民生福祉”等重大理论命题，深入剖析其科学内涵、内在逻辑和理论特征等。其三，对习近平生态文明思想的具体实践、制度创新、思维方法、世界意义等进行研究。

四、问题思考与未来展望

2020 年在应对新冠疫情的背景下，北京地区马克思主义理论学科建设和学术研究取得了新的进展，并为国家发展、社会进步提供了重要学理支撑。但仍然存在一些不足之处和薄弱环节。2020 年北京地区马克思主义理论研究成果仍然存在研究范式陈旧、重复性研究较多、概念化研究较多、碎片化研究现象比较突出等问题。有些研究存在简单化、标签化倾向，这体现了对政治话语转化为学术话语、对党的创新理论进行学理化研究阐释能力的不足。表现在以下几个方面：一是总结性研究较多，原创性研究较少。有些研究成果侧重学术观点的总结、概述、评述，缺少原创性的观点创新。二是阐释性研究较多，反思性研究较少。相当一部分成果侧重对政策文件的直接性阐述，缺少立足大历史观进行历时性反思的学术思维。三是同质性研究较多，差异性研究较少。特别是缺乏协同研究的机制、缺少多学科协同研究的平台。四是碎片化研究较多，系统化研究较少。无论是研究马克思主义基本原理，还是研究马克思主义中国化的最新成果，都要从整体视角入手剖析理论内涵。

未来要继续推进马克思主义理论学科学术发展，要重点关注以下几个问题研究：

第一，关于习近平新时代中国特色社会主义思想研究。按照党章关于党的全国代表大会五年召开一次的规定，明年将要举行党的第二十次全国代表大会，对十九大以来五年的工作进行总结，对未来五年的工作进行规划。其重点之一是要对习近平新时代中国特色社会主义思想作进一步的阐述。为此，中央有关部门会十分关注理论界对习近平新时代中国特色社会主义思想的研究成果，理论界也会聚焦于习近平新时代中国特色社会主义思想的研究。在这种情况下，对习近平新时代中国特色社会主义思想的研究，特别是对习近平新时代中国特色社会主义思想的理论体系、原创性贡献、历史地位等重大理论问题的研究会成为马克思主义理论研究的重中之重。

第二，关于以人民为中心的新发展理念研究。中国刚进入全面开创全面建设社会主义现代化强国的新征程，如何以新发展理念来统领今后的发展是我们必须面对的新的重大课题，其各方面的内容都需要我们认真研究。首先，今后的发展怎样才能充分体现出是以人民为中心的发展？现在学术界对这个问题研究较多，也存在一些争议，需要我们认真研究解决。如随着新科技革命的发展和国际竞争的加剧，怎样加速推进创新发展，尤其是科技创新；随着国内社会主要矛盾的转化，怎样解决发展不平衡不协调问题，成为关系全局的重大课题；随着人们对生态环境改善的更高要求，绿色发展问题正变得愈加突出；随着以国内为主的内外两个循环的新发展格局的形成，会使中国的开放发展形成哪些与过去不同的新的特点；随着共同富裕问题提到重要日程，共享发展问题也越来越引起人们的关注。

第三，关于共同富裕问题研究。共同富裕是社会主义的基本原则。如果说在全面建成小康社会阶段，我们通过实现全民脱贫，为走向共同富裕奠定了坚实的基础，那么进入全面建设社会主义现代化强国阶段，我们就要把如何逐步实现共同富裕提到重要议事日程。现在中央已经在有关会议上研究了共同富裕问题，提出了通过三次分配解决这个问题的一些设想，开始在浙江进行共同富裕的试点，加大了反垄断的力度和对重大金融平台的监管等。这说明中国人民富起来的进程已经到了一个新的阶段，由原来主要着力于让一部分人和一部分地区先富起来，正转向在高质量发展的基础上逐步实现共同富裕。怎样在一部分地区、一部分人已经富起来的基础上，在中国已经发展起来的基础上，从现实出发，探索出一条中国特色社会主义的走向共同富裕的道路，是一项十分重大又十分艰巨的任务，其难度不亚于全民脱贫的任务。我们理论工作者，特别是研究中国特色社会主义的理论工作者，应当为此做出自己的贡献。

第四，中国特色社会主义教育研究。改革开放以来，中国的教育事业取得了举世瞩目的伟大成就。但也必须看到，多年来教育市场化和应试化的发展趋势，影响了中国教育的培养目标和社会职能。我们看到，现在教育市场化现象较为严重，升学率也被一些人变成了教育的指挥棒，再加上业余培训泛滥和学生沉溺于手机游戏对正常教学秩序的干扰，引起了诸多的社会问题和广大群众的不满。现在党和政府已经注意到这些问题，并采取了许多重要措施加以解决。教育问题已经成为社会热点，它向我们提出，中国特色社会主义教育究竟应当是什么样的，应当走怎样的教育发展之路。只有从理论上把这些问题研究清楚了，才会从根本上解决教育出现的这些乱象。

第五，百年未有之大变局研究。我们正处于百年未有之大变局，是习近平总书记关于当今时代特点的精辟概括，对我们党统筹国内外大局，处理好国际关系，具有重要的指导作用。这个论断一提出就成为理论界研究的热点问题之一，并取得了一定的研究成果，但还需要进一步深化，我认为以下内容的研究值得我们不断关注：一是百年未有之大变局的内涵是什么，现在有各种不同的理解和说法，需要研究得更加明确。二是百年未有之大变局中的中美关系，这是大变局的聚焦点，对整个世界变化影响最大，需要重点加以研究。三是百年未有之大变局给中国带来的机遇和挑战有哪些，与世纪初我们所说的机遇和挑战有什么重要的变化。四是在百年未有之大变局下如何推进构建人类命运共同体，等等。

马克思主义基本原理

马克思主义基本原理是马克思主义的核心内容。马克思主义作为中国主流意识形态，加强马克思主义研究，特别是加强马克思主义基本原理的研究成为新时代建设中国特色社会主义的现实需要。北京作为中国的首都，集中了全国较多的马克思主义研究的教学科研单位和机构，是马克思主义研究的重镇。2020年，首都学者加强了对学界在马克思主义基本原理研究方面的成果的总结，对资政和研究推进具有重大理论和实践意义。

一、马克思主义基本原理研究概述

综观北京对马克思主义基本原理进行研究的成果，主要集中于学术会议、当年出版的书籍和在期刊网站上发表的文章。

（一）学术会议对马克思主义基本原理的研究

首都马克思主义学术界年会、论坛因受2020年新冠肺炎疫情的影响，多数会议未能召开。但仍有部分单位克服困难，采取限定规模的线下、线上或线下线上相结合的方式进行学术交流，进一步推动首都马克思主义基本原理的研究。有以“开启全面建设社会主义现代化国家新征程”为主题的中国科学社会主义学会2020年学术年会、中国国际共产主义运动史学会2020年学术年会、中国马克思主义哲学史学会2020年年会、中国高等教育学会马克思主义研究分会2020年年会，以及其他学会对马克思主义基本原理的研究。学者对马克思主义基础理论研究、意识形态批判功能、中国特色社会主义制度的哲学思考、意识形态相关问题研究、马克思主义的批判性、马克思恩格斯的著作文本《德意志意识形态》、国外马克思主义者论马克思与黑格尔的关系、马克思主义的真理性问题、社会主义核心价值观、马克思主义的战略伦理、1966年以前的中国马克思主义基本原理教学状况等问题进行了探讨。

（二）主要学术著作对马克思主义基本原理的研究

2020年，北京各高校、其他马克思主义研究单位推出了诸多马克思主义基本原理方面的研究著作，从多方面对马克思主义基本原理做了创新性研究。主要有《20世纪马克思主义发展史》序卷、《〈政治经济学批判〉导言》与《〈政治经济学批判〉序言》导读、《价值论——一种主体性的研究》、《中国特色社会主义的发展逻辑》等著作。此外，《中国特色社会主义理论体系之逻辑体系研究》从辩证逻辑、历史逻辑、理论逻辑展现中国特色社会主义理论体系的逻辑结构；《中国新时代》对中国特色社会主义进入新时代的基本依据、主要内涵和基本特征、国际意义和政治优势提供了创新性论断及学理性思考；《马克思主义新闻观经典文献研究》和《经典马克思主义社会学理论史》则分别阐述了马克思主义的新闻学和社会学理论。

（三）报刊中对马克思主义基本原理的研究

在所有的马克思主义基本原理研究文献中，报刊中的成果最多，研究的视角也更多样化。通过在期刊网中限定于北大核心期刊范围搜索，首都地区马克思主义基本原理研究主要集中在对马克思主义哲学、马克思主义政治经济学、科学社会主义的研究，以及对经典作家和经典著作的研究，主要体现在对《资本论》《共产党宣言》著作研究中。此外，在马克思主义基本原理的研究中，学者们也关注重大现实问题，如马克思主义基本原理学科的研究定位、国有企业管理体制、人民币国际化、自我革命、社会主义初级阶段、党的政治建设、脱贫攻坚、国家治理现代化等。

二、马克思主义基本原理研究的主要内容

（一）马克思主义哲学

一是马克思主义唯物史观研究。主要涉及历史唯物主义的当代诠释、历史唯物主义的自然纬度、马克思主义正义观等方面。关于历史唯物主义的当代诠释，学者认为，马克思及其继承者要在现实的生产逻辑和社会关系中来诠释“空间”，对历史唯物主义的当代诠释必须契合资本主义历史和当代现实[1]。关于历史唯物主义的“自然”维度的研究，学者认为，那些支持历史唯物主义自然维度缺失的观点，本质上都是对历史唯物主义的误读，生态思想从未在历史唯物主义中缺场，当前生态问题以及中国生态文明建设都能在这里找到理论支点和现实旨趣[2]。关于马克思正义观的研究，学者认为，研究马克思正义观，要始终坚持以唯物史观为指导，以唯物史观的基本原理作为正义研究的牢固基石[3]。

二是马克思主义意识形态研究。在当前国际国内意识形态领域激烈斗争状态下，学者对这个论题进行了深入研究，主要集中体现对马克思意识形态概念的演进逻辑和马克思主义在意识形态的指导地位两个方面的研究。对于马克思意识形态概念的演进逻辑，学者认为，它是在哲学批判语境中生成了批判性、否定性内涵，在历史唯物主义语境中获得了科学的解释性意义并在政治经济学批判语境中实际运用和发展[4]。党的十九届四中全会将“坚持马克思主义在意识形态领域指导地位”作为繁荣发展社会主义先进文化的根本制度提了出来。有学者认为，这是对中国共产党在意识形态领域经验教训的深刻总结，而且是在经济、政治、文化、社会、军事等领域的全方位要求。还有学者为构建中国坚持马克思主义在意识形态领域指导地位的根本制度的路径做了探索[5]。

三是马克思主义经典著作研究。深刻领悟习近平总书记重视马克思主义经典著作的理念，加强对马克思主义经典著作研究显然是必要的。对于《反杜林论》的研究，学者基于哲学基本问题、存在论、认识论、历史观、辩证法之间内在统一的维度，论述《反杜林论》从“消极的批判，转向马克思主义哲学体系的正面阐释”的原因[6]。对于《资本论》研究，学者就对它进行哲学阅读的困难和门槛做探讨。学者认为，阅读《资本论》，在逻辑统一性和文本稳定性中要把握好读者的资格、未说出的和已经说出的东西，以及文本本身对阅读方式的客观规定 3 个方面[7]。对于《费尔巴哈论》的研究，关注点较多。有学者从不同向度回击了资产阶级意识形态对马克思主义发起的意识形态歪曲和攻击。有学者从经典论断入手进行研究，诠释了“意识形态力量”的本质内涵和逻辑结构[8]。

四是国别马克思主义哲学研究。苏联和中国都是运用马克思主义建立社会主义的国家，在马克思主义的运用和研究方面都有其特殊性，形成了各自特色的马克思主义哲学。在苏联马克思主义哲学研究方面，学者从其发展的 3 个历史阶段特征入手，得出苏联马克思主义哲学的衰落，不是因为马克思主义哲学和社会主义理论不正确，而是没有随着形势发展进行理论创新。[9] 在中国马克思主义哲学研究方面，学者从不同维度梳理了新中国成立 70 年来马克思主义哲学发展成就，认为新中国马克思主义哲学的进展也是整个中国哲学“中国思想”中国文化内在的生成与发展[10]；同样加快构建中国马克思主义哲学知识体系，对系统阐述中国特色社会主义的内在逻辑，构建中国特色哲学社会科学“三大体系”具有重要意义[11]。

（二）马克思主义政治经济学

一是马克思主义经典著作《资本论》研究。1867年《资本论》第一卷面世以来，学术界对《资本论》展开了诸多探索。在劳动价值论研究方面，学者认为，《资本论》从价值的对象性和价值的本质规定论证了价值实体的客观实在性，对劳动价值论进行了澄清[12]。在中国《资本论》研究方面，有学者基于CNKI数据库的知识图谱梳理了中华人民共和国成立70年来学界关于《资本论》的研究成果，准确把握学界关于《资本论》的研究主题、范式、特点、阶段和趋势。并提出研究《资本论》要回到马克思政治经济学的基础理论，立足新时代的现实状况，在理论和现实的激荡中推动新时代中国特色社会主义的理论与实践不断取得新的成就[13]。此外，还有学者认为，需要全面正确认识马克思主义政治经济学的丰富内涵及其与中国特色社会主义政治经济学的关系，需要明确坚持和继承、创造性转化、创新性发展马克思经济学特别是《资本论》的理论成果。

二是中国特色社会主义政治经济学研究。近年来，学界以马克思主义政治经济学为指导，加强了对中国特色社会主义政治经济学研究，集中体现对中国特色社会主义政治经济学逻辑起点、研究对象，以及与社会主义基本经济制度关系的研究。对中国特色社会主义政治经济学逻辑起点方面探索，学者从学科整体性、方法论和具体体系构建3个方面，将所有制确立为中国特色社会主义政治经济学的逻辑起点，在对二元化所有制结构进行深入分析和论证的基础上构建新的学科体系[14]。对中国特色社会主义政治经济学研究对象方面考究，学者认为政治经济学是研究生产、交换及其分配规律的科学，包含生产、交换和分配3个研究的维度。同时需将国家、历史两个维度纳入研究对象之中[15]。此外，部分学者还要求要注重研究社会主义基本经济制度，认为社会主义基本经济制度对中国社会主义经济建设起到根本性和全局性作用。

三是现实问题研究。马克思主义政治经济学诞生于对自由资本主义的批判，其基本原理对分析和解决现实问题具有重要价值，学术界主要集中在马克思主义市场扩张理论、新社会主义使命、政治经济学新转向等方面展开研究。在马克思主义市场扩张理论研究，学者通过严密分析得出资本主义已经发展到最后的历史阶段的论断，归纳出资本主义发展的最终宿命是被社会主义取代结论[16]。在新帝国主义的危机与新社会主义的使命课题研究方面，学者认为，21世纪马克思主义面对新帝国主义时代的社会矛盾，承担者把社会发展从新帝国主义的桎梏中解放出来，成为新社会主义的历史使命[17]。在政治经济学转向及其新发展方面，学者论证了马克思劳动价值论的当代价值，拓展了生态学马克思主义的研究视野，也为人们思考生态问题和开展资本主义批判提供了借鉴[18]。此外，学者还从马克思所有制思想、历史内容、农民政策等视角进行了研究[19]。

（三）科学社会主义

一是科学社会主义基本问题研究，主要集中在马恩共产主义观、人本主义思想以及对中国特色社会主义的影响等方面。关于共产主义观研究，有学者通过研究《莱茵报》时期的马克思共产主义思想的研究，提出了马克思的共产主义观是立足实践并以工人阶级利益为出发点，为实现工人阶级解放进而实现人的解放产生的运动[20]。有学者从经济文化相对落后国家社会主义道路的选择依据与面临的现实矛盾入手研究，强调社会主义国家在建立初期要慎重对待国家发展所面临的矛盾[21]。关于马克思主义人民民主思想，学者认为，只有把马克思主义关于人民民主的思想与马克思主义国家学说联系起来学习和思考，才能真正学懂弄通马克思主义关于人民民主的思想[22]。关于科学社会主义要高举中国特色社会主义伟大旗帜，学者认为，其缘由在于：中国特色社会主义代表了科学社会主义在当今世界的具体实现形态，中国开创了社会主义国家改革开放、发展对外关系的新道路[23]。

二是中国特色社会主义研究。新时代加强中国特色社会主义研究是时代赋予学者的重大任务，学术界关于中国特色社会主义的研究主要集中在习近平新时代中国特色社会主义思想和中国特色社会主义道路两个方面。学者对新时代中国特色社会主义思想的主题、内容和逻辑结构进行研究，认为习近平新时代中国特色社会主义思想是一个内容丰富逻辑严谨的科学理论体系，有着十分丰富的内容。它升华了马克思主义发展新境界，续写了中国特色社会主义事业新篇章[24]。学者对中国特色社会主义道路的研究主要集中在历史文化渊源上，部分学者认为，中国特色社会主义道路的本质特征、发展宗旨、发展目标、发展动力、发展方式等都可以在中华优秀传统文化中找到源头[25]。此外，也有学者从理论逻辑、历史逻辑、实践逻辑3个方面论述了中国共产党的初心和使命[26]。

三是现实问题研究。科学社会主义在21世纪面临的现实问题很多，学者对此做了多方面研究。关于21世纪世界社会主义走向问题，学者认为，无论是东欧剧变30年后还是2008年世界金融危机后，世界百年未有之大变局中的一个突出特点是出现了“东升西降”的明显趋势[27]。关于小康社会问题，学者认为，小康社会是中国从贫穷落后迈向现代化的一个过渡阶段。中国小康社会的建成，为发展中国家走向现代化提供了一个全新的选择[28]。关于贫困问题，学者认为，消除贫困的根本途径在于建立社会主义公有制。消除绝对贫困之后，中国仍要立足于马克思主义反贫困思想，进一步发挥中国减贫脱贫的制度优势[29]。关于共享问题，学者认为，共享超越简单的资本主义运用而转变到社会主义运用，共建才能共享，解决了何以共享的根本问题，人的对象性劳动是通往共享的必由之路，人的解放与自由全面发展是共享的终极目的[30]。

关于马克思主义基本原理的研究，有学者还从学科的研究定位方面进行宏观考量，认为马克思主义基本原理要区别于马克思主义3个组成部分学科，区别于马克思主义发展史学科，区别于马克思主义中国化研究学科[31]。总之，马克思主义基本原理的内容具有多方面性，需要学者加大科研力度，进行多视角的创新性研究。

三、马克思主义基本原理研究存在的主要问题与未来趋势

当前，马克思主义基本原理研究存在的主要问题，一是学界对它的3个组成部分的研究总体上各自为政，缺乏将三个组成部分做整体性研究；二是缺乏对现实问题的足够理解和把握。未来马克思主义基本原理学科的理论研究要以基本原理为基础，结合时代发展不断开拓创新，逐渐形成能显示本学科理论研究特色的研究领域、独特内容以及学术语境和研究范式。需坚持总体性原则，从整体上探讨马克思主义理论体系，揭示各个原理之间的内在联系，揭示马克思主义理论与时代发展之间的关系；需从分析当今时代新生产力和生产方式发展状况入手，从根本上了解当今时代的性质和面貌，分析各种社会现象，解决实践提出的各种问题。[32]

注：

[1]沈江平：《历史唯物主义空间转向的当代审思》，《世界哲学》，2020年第4期。

[2]沈江平，胡秀灵：《发掘历史唯物主义的“自然”维度》，《中国高校社会科学》，2020年第2期。

[3]王广：《坚持唯物史观在正义研究中的指导地位》，《马克思主义研究》，2020年第2期。

[4]李江静：《马克思意识形态概念的演进逻辑、理论意蕴及其当代启示》，《马克思主义研究》，2020年第8期。

[5]肖贵清，车宗凯：《坚持马克思主义在意识形态领域指导地位的根本制度》，《思想教育研究》，2020年第1期。

[6]杨洪源，赵悦：《〈反杜林论〉哲学思想再释的前提性考察》，《东北师大学报（哲学社会科学版）》，2020年第6期。

[7]张文喜：《对〈资本论〉进行哲学阅读的困难和门槛》，《哲学研究》，2020年第6期。

[8]钟启东：《〈费尔巴哈论〉中意识形态批判的四重向度》，《科学社会主义》，2020年第6期。

[9]安启念：《苏联马克思主义哲学的兴衰》，《国外理论动态》，2020年第2期。

[10]刘志洪：《主要进展、当前偏颇与关键课题——新中国马克思主义哲学反思》，《现代哲学》，2020年第2期。

[11]王立胜，周丹：《中国马克思主义哲学知识体系论纲》，《山东师范大学学报（社会科学版）》，2020年第4期。

[12]方敏：《对〈资本论〉中劳动价值论的几点认识与澄清》，《当代经济研究》，2020年第6期。

[13]付文军，谭兴林：《中国〈资本论〉研究70年：1949—2019》，《经济学家》，2020年第1期。

[14]刘谦，裴小革：《中国特色社会主义政治经济学逻辑起点定位研究》，《上海经济研究》，2020年第6期。

[15]王立胜，郭冠清：《论中国特色社会主义政治经济学研究对象》，《中国社会科学辑刊》，2020年第3期。

[16]兰俏枝：《从马克思主义市场扩张理论看资本主义的历史终结》，《甘肃社会科学》，2020年第1期。

[17]宋朝龙：《新帝国主义的危机与新社会主义的使命——兼论21世纪马克思主义的核心问题与应对》，《探索》，2020年第4期。

[18]郑吉伟，张真真：《论西方生态帝国主义研究的政治经济学转向及其新发展》，《经济纵横》，2020年第11期。

[19]陈广思：《结构、权力与方法：论马克思的

所有制思想》，《中国社会科学》，2020 年第 1 期；牛先锋：《“经济决定论”的谬误与“历史合力论”对其的批判》，《马克思主义研究》，2020 年第 9 期；闫远凤：《从粮食危机反思苏联农业政策》，《中国农业大学学报(社会科学版)》，2020 年第 4 期。

[20]周泉：《马克思〈莱茵报〉时期的共产主义观辨析》，《湖北社会科学》，2020 年第 6 期。

[21]傅江浩，孙来斌：《经济文化相对落后国家社会主义道路的选择依据与面临的现实矛盾》，《社会主义研究》，2020 年第 4 期。

[22]李慎明：《试论马克思主义人民民主思想：基本内涵和实践路径》，《政治学研究》，2020 年第 6 期。

[23]李景治：《科学社会主义为什么要高举中国特色社会主义伟大旗帜》，《北京行政学院学报》，2020 年第 1 期。

[24]秦宣：《习近平新时代中国特色社会主义思想的主题、内容和逻辑结构》，《马克思主义研究》，2020 年第 1 期。

[25]王易：《中国特色社会主义道路的历史文化渊源》，《马克思主义研究》，2020 年第 7 期。

[26]秦宣，杨彬彬：《论中国共产党人初心与使命的理论逻辑、历史逻辑、实践逻辑》，《新疆师范大学学报》，2020 年第 1 期。

[27]姜辉：《21 世纪世界社会主义在变革发展中走向振兴》，《中国党政干部论坛》，2020 年第 9 期。

[28]张瑞，王怀超：《论小康社会的基本特征及其历史地位》，《当代世界与社会主义》，2020 年第 5 期。

[29]孙咏梅：《马克思反贫困思想及其对中国减贫脱贫的启示》，《马克思主义研究》，2020 年第 7 期。

[30]项久雨，潘一坡：《论马克思主义对共享的根本解答》，《马克思主义与现实》，2020 年第 4 期。

[31]张雷声：《论马克思主义基本原理学科的研究定位》，《思想理论教育导刊》，2020 年第 10 期。

[32]张建云：《马克思主义基本原理学科 15 年来理论研究的回顾与展望》，《思想理论教育导刊》，2020 年第 10 期。

（北京市科学社会主义学会供稿；执笔人：吴学凡）

马克思主义发展史

2020 年，北京地区马克思主义发展史研究主要围绕马克思主义发展史和在中国的传播史、纪念恩格斯诞辰 200 周年、纪念列宁诞辰 150 周年、习近平新时代中国特色社会主义思想和 21 世纪马克思主义等方面展开。其他如马克思主义发展史理论、研究方法等也有涉及。

一、马克思主义发展史、在中国的传播史、史学理论和研究方法

（一）马克思主义发展史

一是马克思主义发展史通史。顾海良所著《20 世纪马克思主义发展史（第一卷）：20 世纪马克思主义发展史概论》从马克思、恩格斯创立和发展马克思主义的主要过程和基本思想，20 世纪马克思主义发展的历史逻辑、实践逻辑和理论逻辑以及对国内外学者关于 20 世纪马克思主义发展史学术观点的评述 3 个方面整体研究了 20 世纪马克思主义的发展状况。有学者以马克思、恩格斯“从无产阶级同时解放全人类，到首先解放自己然后解放全人类”、“从劳动的价值到劳动力的价值”和“从认为东方不存在土地私有制到承认东方存在土地私有制” 3 次观点转变为例，提出“马克思主义是在自我革命过程中发展的”基本观点[1]。

二是具体概念和理论发展史。关于阶级意识的研究，有学者梳理了马克思主义“阶级意识”概念的演变和发展，提出马克思恩格斯论著中关于“阶级意识”的讨论为后世马克思主义者的研究奠定了基础[2]。关于马克思主义女性主义，有学者提出，在概念上，经历了“从反资本主义的左翼女性主义到马克思主义女性主义”“从女性主义马克思主义到马克思主义女性主义”“从狭义的马克思主义女性主义到广义的马克思主义女性主义”的变化；在论域上，经历了从“为何妇女受到压迫”向“何为妇女受压迫的根源”，至“如何理解压迫关系”，再到“如何实现妇女彻底解放”的过程。[3] 关于人的发展理论，有学者认为，马克思、恩格斯人的发展理论在萌芽时期确立了人的解放的目标，在形成时期阐述了人的发展的含义和价值取向，在发展时期将人的发展同社会历史发展结合起来理解。[4]。

（二）马克思主义在中国的传播史

一是中国共产党成立前马克思主义在中国的传播史，这一阶段的研究成果相对较多，主要集中在对译本著作的研究上。有学者对 1903 年出版的《近世社会主义》《社会主义神髓》《社会主义概评》等汉译日文社会主义著作进行了文本研究，提出这些著作重视对马克思生平和思想的介绍、对马克思主义经典的引述和对相关重要概念的阐释，其出版发行对近代中国马克思主义在中国的传播起到重要作用[5]。也有学者通过历史考据与文本对比，对 20 世纪早期马克思主义在中国的译介的局限性进行了分析。认为 20 世纪早期对马克思主义的译介是片面、零碎、随意的，尚未形成体系[6]。有学者对 1912 年发表的恩格斯著作《社会主义从空想到科学的发展》汉译本《理想社会主义与实行社会主义》进行了文本研究印证了此观点[7]。

二是中国共产党成立后马克思主义在中国的传播史。有学者对中国共产党成立后马克思主义在中国传播的百年历史进行了梳理，从传播主体、传播对象、传播方式、传播内容等方面概述了我们党在各个历史时期开展马克思主义传播的历史，并在此基础上总结了经验[8]。有学者认为，中国人接受的马克思主义主要是从俄国—苏联传入的，主要方式有论著直接传入、中国留俄学员间接传入、苏联编辑翻译译本传入 3 种途径[9]。有学者通过对艾思奇在新中国成立初期（1949—1955）对历史唯物主义体系的创立及变化进行了研究，认为：以 1953 年为界，艾思奇的历史唯物主义体系分为前后两期，分别对应不同的阐释范式。前期是生产力范式，后期是生产关系范式；前者适应了新民主主义建设的需要，后者适应了向社会主义过渡的需要。前后期虽然范式不同，但大众化风格一脉相承，整体上可谓《大众哲学》之“续篇”。[10]

（三）关于马克思主义发展史和传播史的基础理论和研究方法

一是对基础理论的研究。有学者提出要重视对马克思主义发展史基础理论的研究。马克思主义发展史基础理论是理论体系中的基元性和根本性部分。[11] 马克思主义发展史基础理论的基本形态是马克思主义发展理论和马克思主义发展史研究基本方法论。[12] 二是对方法的研究，有学者提出马克思主义发展史研究需要方法论创新。与时俱进、发展创新是马克思主义理论品质，马克思主义本身就是思想方法创新的产物。要克服以往片面性和盲目性，尤其是教条主义危害，巩固已有的改革成果，守正创新马克思主义[13]。三是对马克思主义的传播史的研究。马克思主义传播史独立的研究对象是马克思主义经典著作翻译、研究和传播的历史及其规律性。有学者提议把马克思主义传播史作为一门相对独立的学科来建设。[14]

二、恩格斯与马克思主义发展——纪念恩格斯诞辰 200 周年

2020 年是恩格斯诞辰 200 周年，北京地区有关机构和学者或举办论坛或撰写文章进行纪念。学者们从马克思主义哲学、政治经济学、科学社会主义等角度对恩格斯的理论贡献进行了广泛研究。尽管视角和观点略有不同，但普遍认为，恩格斯为马克思主义的创立做出了卓越贡献，恩格斯和马克思是马克思主义的共同创立者。

李忠杰在《恩格斯对马克思主义的历史贡献》一文中提出，恩格斯自称“第二小提琴手”，但这位“第二小提琴手”可不是简单地排名第二。[15] 也有学者表示在文艺领域，恩格斯实际处于“第一小提琴”的位置[16]。郝立新在《恩格斯与马克思主义理论的整体性》提到，从马克思主义理论整体性角度看，恩格斯在马克思主义创立时期，马克思主义哲学、政治经济学和科学社会主义整体发展时期，马克思逝世后 3 个重要阶段都有着巨大的贡献[17]。赵义良在《恩格斯对马克思主义方法论的原创性贡献》中提到恩格斯对马克思主义方法论的原创性贡献在于将思维方法科学化、唯物史观系统化、唯物辩证法贯通化、自然辩证法具体化[18]。学者杨金海提出，马克思主义哲学体系主要是由恩格斯建构的；恩格斯对马克思主义哲学的体系化、大众化做出了特殊重要的贡献。[19] 学者侯惠勤认为，恩格斯是马克思实现伟大哲学变革的重要合作者，是马克思哲学守正创新第一人[20]。学者程恩富、朱炳元对恩格斯的相关著作进行研究，得出恩格斯对马克思主义政治经济学的发展做出了重大贡献的结论[21]。学者刘海涛认为，恩格斯晚年在社会主义基本原则、无产阶级革命道路、农民问题 3 个方面对科学社会主义进行了发展[22]。

三、列宁与马克思主义发展——纪念列宁诞辰 150 周年

2020 年也是列宁诞生 150 周年，北京地区学者和有关机构也举办研讨会、撰写文章，对列宁对于马克思主义和社会主义运动的历史功绩进行总结和纪念，但数量上比纪念恩格斯要少。

学者杨金海对列宁的时代观及其所蕴含的关于时代分析的方法论进行研究。他认为，列宁的时代观启发我们应当在时代问题上进一步解放思想，大胆探索，做出符合世界潮流的新的时代判断，同时深化对中国特色社会主义“新时代”的认识[23]。学者朱继东对列宁发展马克思主义意识形态理论进行了研究，提出列宁第一次提出并发展壮大了社会主义意识形态，创建了第一个真正世界性的共产主义国际组织，使得马克思主义意识形态理论第一次真正走向全世界[24]。学者吴恩远提出列宁对人类历史上第一个社会主义国家的建立做出了非常重要的贡献，极大地促进了苏俄社会主义现代化建设的发展，使世界社会主义运动成为人类社会磅礴向上、不可阻挡的强大潮流[25]。

四、习近平新时代中国特色社会主义思想与21世纪马克思主义研究

2020年北京地区马克思主义发展史研究的重头戏是“习近平新时代中国特色社会主义思想与21世纪马克思主义”，涉及习近平新时代中国特色社会主义思想的主题、主线、方法、基本观点和对马克思主义的创新发展之处等诸多方面。

（一）习近平新时代中国特色社会主义思想

学者秦宣提出习近平新时代中国特色社会主义思想的主题是“坚持和发展什么样的中国特色社会主义、如何坚持和发展中国特色社会主义”，是由基本命题、复合命题和外层命题3个层次构成逻辑严密的有机整体[26]。学者张云飞、李娜认为，习近平生态文明思想明确了社会主义生态文明建设的基本原则，体现了社会主义生态文明观，奠定了21世纪马克思主义生态文明思想的理论内核，为发展21世纪马克思主义做出卓越贡献。[27] 学者杨金海提出，习近平扶贫重要论述是对马克思主义反贫困理论的丰富和发展，蕴含着对当代中国特色扶贫道路的一系列规律性认识[28]。学者王春玺提出习近平关于新时代党的政治建设重要论述从价值论、认识论、目标论、方法论4个角度进行创新[29]。学者田园认为，中国共产党的全面领导理论雏形的形成，补充和发展了马克思主义关于党的学说，是对21世纪马克思主义的新贡献[30]。

（二）21世纪马克思主义研究

学者唐鑫提出创新发展21世纪马克思主义包含4个基本议题：一是要客观回顾20世纪的人类历史；二是从剖析资本主义社会基本矛盾运动入手，科学研究资本主义社会；三是推动马克思主义基本原理同各国实际相结合；四是总结并坚持发展创新马克思主义理论的基本原则和方法[31]。学者侯衍社、侯耀文提出，在理论创新与实践创新的良性互动中发展马克思主义是21世纪理论创新的必然选择[32]。学者张占斌提出，研究21世纪马克思主义，在研究态势上要做到“两个提升”，研究方法上要做到“四个结合”，研究成果上要“四个聚焦”[33]。学者姜辉提出全力推进“继续发展21世纪马克思主义、当代中国马克思主义”，一要立足中国实际，继续推进马克思主义中国化；二要立足时代特点，继续推进马克思主义时代化；三要领会并践行“解读中国实践，建构中国理论”的责任担当。[34]。

五、问题思考与未来展望

2020年，北京地区马克思主义发展史研究成果成绩喜人，但也有需要进一步完善的地方。一是在资料采用上，学者们主要依据中文资料对马克思主义发展史进行研究，较少利用外文资料。对于颇受关注的恩格斯问题的研究都是基于马恩著作中译本进行的，从历史研究的角度看，仅仅依据“第二手材料”进行研究，存在着研究方法上的不完美。二是在逻辑体现上，部分成果存在一些逻辑问题，削弱了研究成果的“产品力”。不少学者提出“马克思和恩格斯是马克思主义的共同创立者”，但是，并没有对“共同创立者”进行明确定义，从而使得“共同创立者”和以往“恩格斯是马克思主义的创始人之一”“第二小提琴手”“马克思的第二个我”，以及“一道创立”“重要合作者”等说法究竟有何不同，模糊不清。三是在研究定位上，阐释性研究为多，建构性研究偏少。马克思主义发展，既离不开阐释性研究，也离不开建构性研究。马克思主义发展史研究也是如此。

注：

[1]赵家祥：《马克思主义是在自我革命过程中发展的》，《北京行政学院学报》，2020年第1期。

[2]俞凤：《马克思主义“阶级意识”概念的时空演变——从马克思、恩格斯到卢卡奇的“阶级意识”观》，《中共福建省委党校（福建行政学院）学报》，2020年第6期。

[3]钟路：《马克思主义女性主义研究：从概念变迁到论域转换》，《马克思主义理论学科研究》，2020年第6期。

[4]陈新夏：《马克思主义人的发展理论形成和发展的文本溯源》，《马克思主义理论学科研究》，

2020 年第 6 期。

[5]裴植：《1903 年的汉译日文社会主义著作及其马克思主义中国传播》，《理论学刊》，2020 年第 6 期。

[6]方红：《20 世纪早期马克思主义在中国的译介传播》，《外语教学》，2020 年第 9 期。

[7]汪越，孙熙国：《马克思主义在中国早期传播的思想取向和镜像表达——基于对〈理想社会主义与实行社会主义〉的文本考察》，《中共中央党校（国家行政学院）学报》，2020 年第 5 期。

[8]张博：《中国共产党传播马克思主义百年回望》，《福建师范大学学报（哲学社会科学版）》，2020 年第 6 期。

[9]胡为雄：《俄国—苏联的马克思列宁主义著作传入中国的历史回顾》，《毛泽东邓小平理论研究》，2020 年第 8 期。

[10]杜涛：《〈大众哲学〉之“续篇”——新中国初期艾思奇历史唯物主义教科书论析》，《史学理论研究》，2020 年第 6 期。

[11]梁树发：《马克思主义发展史基础理论提出的逻辑》，《当代世界与社会主义》，2020 年第 5 期。

[12]梁树发：《马克思主义发展史基础理论的基本形态》，《马克思主义与现实》，2020 年第 6 期。

[13]桁林：《马克思主义发展史研究的方法论创新》，《学术探索》，2020 年第 8 期。

[14]杨金海：《马克思主义传播史研究的对象、内容和方法》，《中国高校社会科学》，2020 年第 4 期。

[15]李忠杰：《恩格斯对马克思主义的历史贡献》，《理论视野》，2020 年第 12 期。

[16]董学文：《恩格斯对马克思主义文艺话语体系的构建——纪念恩格斯诞辰 200 周年》，《湖南社会科学》，2020 年第 6 期。

[17]郝立新：《恩格斯与马克思主义理论的整体性》，《马克思主义与现实》，2020 年第 6 期。

[18]赵义良：《恩格斯对马克思主义方法论的原创性贡献》，《理论视野》，2020 年第 12 期。

[19]杨金海：《恩格斯对马克思主义哲学的贡献及其当代价值》，《理论视野》，2020 年第 12 期。

[20]侯惠勤：《恩格斯：马克思哲学守正创新第一人》，《马克思主义研究》，2020 年第 10 期。

[21]程恩富，朱炳元：《恩格斯对马克思主义政治经济学的重大贡献》，《马克思主义研究》，2020 年第 10 期。

[22]刘海涛：《恩格斯晚年社会主义思想述要》，《理论视野》，2020 年第 10 期。

[23]杨金海：《深化对马克思主义经典作家时代观的研究——纪念列宁诞辰 150 周年》，《兰州学刊》，2020 年第 10 期。

[24]朱继东：《列宁对马克思主义意识形态理论发展的贡献和启示——纪念列宁诞辰 150 周年》，《文化软实力》，2020 年第 2 期。

[25]吴恩远：《列宁对建立人类历史上第一个社会主义国家的贡献》，《马克思主义研究》，2020 年第 3 期。

[26]秦宣：《习近平新时代中国特色社会主义思想的主题、内容和逻辑结构》，《马克思主义研究》，2020 年第 4 期。

[27]张云飞，李娜：《习近平生态文明思想对 21 世纪马克思主义的贡献》，《探索》，2020 年第 2 期。

[28]杨金海：《马克思主义反贫困理论的丰富和发展》，《高校马克思主义理论研究》，2020 年第 4 期。

[29]王春玺：《习近平关于新时代党的政治建设重要论述的创新性贡献》，《马克思主义研究》，2020 年第 10 期。

[30]田园：《共产党的全面领导理论对 21 世纪马克思主义的贡献》，《探索》，2020 年第 2 期。

[31]唐鑫：《21 世纪马克思主义的四个基本议题探讨》，《探索》，2020 年第 3 期。

[32]侯衍社，侯耀文：《在理论创新与实践创新的良性互动中发展 21 世纪马克思主义》，《中国特色社会主义研究》，2020 年第 4 期。

[33]张占斌：《“两个大局”下的马克思主义理论研究新使命》，《人民论坛·学术前沿》，2020 年第 24 期。

[34]姜辉：《为发展 21 世纪马克思主义作出新贡献》，《中国社会科学报》，2020 年 5 月 18 日。

（北京市科学社会主义学会供稿；执笔人：钟爱军）

马克思主义中国化

2020年的马克思主义中国化研究，坚持以习近平新时代中国特色社会主义思想为指导和中心内容，围绕重大问题、把握重大节点，深度阐发、解读创新理论，涌现了一批有分量的研究成果，提出了许多有价值的学术观点，引领并推进了马克思主义中国化研究学科的发展。

一、关于马克思主义中国化研究的基础理论

2020年是党的百年华诞前夕，北京地区学者以迎接百年党庆为契机，主要集中研究马克思主义中国化的历史进程、基本经验和基本规律，尤其是对马克思主义中国化一般规律的整体性研究。

（一）关于马克思主义中国化的理论问题

马克思主义中国化是我国哲学社会科学领域持续关注的热点议题，关于马克思主义中国化的理论问题是本学科研究的基础性问题。

关于马克思主义中国化的内涵，有学者强调，马克思主义中国化是一种思想理论原则，有理论形态、实践形态和制度形态3个实现形态[1]。有学者通过对中国化、时代化、大众化的系统论证，提出学科研究中不仅需要回溯性研究，也需要展望性或前瞻性研究。[2] 有学者在论及马克思主义基本原理这一学科的研究定位时强调，马克思主义中国化学科研究具有阶段性和连续性相统一的特征。[3] 但也有学者强调了马克思主义传入、传播、中国化概念的区别，提出中国共产党是在延安时期实现了马克思主义的中国化。[4]

关于马克思主义中国化的必然性。有学者从文化根源的角度回答了马克思主义为什么能在中国传播和确立，马克思主义作为“西方的反西方主义”适合了当时中国人的矛盾心理。[5] 有学者探讨了马克思主义的理论特征，强调科学性和革命性是马克思主义的理论特征，是对马克思主义科学理论及其历史发展性质的凝练。[6] 该学者继续提出，习近平对马克思主义和马克思主义中国化理论特征的概括是对马克思主义历史发展和理论体系认识的升华[7]。

（二）关于马克思主义中国化的历史进程

北京地区学者关于马克思主义中国化的历史进程的研究，有对百年历程的整体性梳理和总结，也有对特定历史阶段、特定事件或经典文本的深化研究，推进了对马克思主义中国化历史进程的整体性研究。

一是对百年历程的整体性梳理。学界对马克思主义中国化的研究通常遵循历史逻辑、理论逻辑和现实逻辑的路径。有学者运用历史、理论和现实交叉演进的研究方法，对马克思主义中国化的两大理论成果进行了梳理总结[8]。有学者对马克思主义中国化、时代化、大众化的内涵和关系进行了辨析，并基于理论思辨、历史视阈、现实境遇等对全面探究推进马克思主义中国化时代化大众化的实践路径进行了阐释[9]。有学者以“中华民族伟大复兴”为线索，将马克思主义中国化的历史进程置于民族复兴视角下，从站起来、富起来、强起来的角度构建了马克思主义中国化思想史，创新了研究路径[10]。

二是对于特定历史阶段马克思主义中国化的研究。从时间来看集中于党的早期历史时期，从研究对象来看文本研究成果突出。有学者通过对经典马恩著作在中国的传播和影响的梳理研究，展现了马克思主义在中国的曲折传播历程和马克思主义中国化的艰辛探索[11]。有学者通过对恩格斯在中国译介作品的研究，揭示了马克思主义传播主体有意识地把马克思主义原理同中国实际相结合的尝试，为日后马克思主义中国化提供了方法论启示。[12] 但有学者指出，学界应避免把党提出“马克思主义中国化”的时间宽泛地向上推移到党创立前后，并对党“重新提出”马克思主义中国化的前因后果做了详细解答[13]。

（三）关于马克思主义中国化的基本经验和基本规律

马克思主义中国化的基本经验和基本规律具有内在一致性，2020年北京地区学者对基本经验和基本规律的概括，在呈现方式上具有一定创新性。有学者指出，百年来马克思主义与中国实践相结合的实践逻辑和理论逻辑是“解决中国问题，创造些新的东西”[14]。有学者总结百年大党依然年轻的密码时提出，守正创新，始终推进马克思主义中国化，保持理论上的青春活力是中国共产党百年大党依然年轻的首要密码[15]。有学者认为，对道路的探寻是贯穿马克思主义发展史的一条根本主线；马克思主义中国化史、中共党史、新中国史、改革开放史的逻辑都是围绕中国道路这一具有本源意义的主线而发展[16]。有学者提出，马克思主义中国化有三个基本理论要素：

一是共产主义的伟大理想、信念，二是对本国国情的深刻理解；三是实现理想、信念的具体方针、路线、政策[17]。有学者提出，中国化的马克思主义有许多独特的特点，其一是尊重历史，与传统对话；其二是具有强烈的实践使命感，重在实践[18]。有学者认为延安时期中国共产党推进马克思主义大众化的历史过程和历史经验，为我们在新时代推进马克思主义大众化提供了珍贵的经验和借鉴[19]。

（四）关于马克思主义中国化研究的方法论

学者们还围绕学科的研究方法进行了深入研究。有学者强调马克思主义中国化的研究和学习要强化“读经典、悟原理”的研究方法，在马克思主义理论指导下，先悟出中国化的理论，然后才有中国化的实践[20]。有学者从经史关系的角度理解马克思主义中国化，认为马克思主义中国化即中国共产党处理马克思主义之“经”与中国实践之“史”的关系[21]。在此基础上，该学者进一步通过研究毛泽东把马克思主义之“经”成功运用于中国革命实践之“史”，提出中国革命的问题在经史辩证互动即马克思主义中国化的历史进程中得以彻底解决[22]。有学者通过对马克思主义核心术语“资产阶级”一词的翻译及其中国化为研究对象，从语言学角度探究早期马克思主义中国化进程的细节[23]。有学者针对文本研究的方法指出，要把文本的唯一性与解释的多样性、文本的历史性与解释的现代性结合起来[24]。

二、关于马克思主义中国化史

根据党的现有文献，马克思主义中国化的历史上形成了两大理论成果，一是毛泽东思想，二是中国特色社会主义理论体系。2020 年北京地区学者在既往研究的基础上，对这两大理论成果进行了进一步的深化研究。

（一）毛泽东思想

一是毛泽东思想形成过程。对毛泽东思想形成过程的研究主要体现为对不同时期、不同主题的研究。有学者系统梳理了毛泽东群众史观形成和发展的思想轨迹，提出早年毛泽东对“差异”“对立”等朴素辩证概念的演绎和理解构成了其接受发展辩证唯物主义的思想基础，继而分析人类社会历史得出阶级斗争推动历史发展的结论[25]。有学者总结和概括了解放战争时期毛泽东等中国共产党人在战争环境下加强军队政治建设的历史经验[26]。有学者系统梳理了毛泽东关于党的政治建设思想的发展脉络、理论创新、当代价值，提出毛泽东关于党的政治建设思想初步形成于古田会议，成熟于党的七大，在解放战争和中华人民共和国成立后得到继续发展[27]。

二是毛泽东思想重点理论。毛泽东思想内涵丰富，2020 年北京地区学者关于毛泽东思想重点理论的研究集中在新民主主义理论、党的建设、唯物史观等经典课题。有学者通过史实展现了新中国成立前后毛泽东运用和发展唯物史观，论证了中国共产党人立足于中国具体实际，创立具有中国特点的社会主义改造和革命道路的理论[28]。有学者对“新民主主义社会”问题做了研究与探讨，并从中共理想追求和历史变动的视角着重分析了毛泽东结束构建新民主主义社会的主要原因[29]。有学者提出毛泽东新民主主义文化理论是从“经验形态”到“理论形态”的转变，是中国共产党的一次理论创新过程[30]。

三是时代性课题研究。有学者提出“中国特色社会主义政治经济学的理论探索始于毛泽东”的观点，突出毛泽东在中国特色社会主义政治经济学理论探索过程中的贡献[31]。有学者基于全面建成小康社会的契机，梳理研究了毛泽东社会公平思想的主要内涵[32]。有学者研究了毛泽东的和平观，认为毛泽东提出“永久和平”与“持久和平”两个不同层次的概念，并作出了“新的战争能够制止”的基本判断，阐述了关于推动世界和平的基本主张。[33] 在毛泽东的外交策略方面，毛泽东处理中美关系的战略智慧同样受到了部分学者的关注。有学者系统整体地研究了毛泽东的卫生防疫思想，提出毛泽东首先站在政治高度重视和抓好卫生防疫事业，并教育全党要深刻认识到卫生防疫事业的政治性[34]。

四是毛泽东著作研究。有学者以国家图书馆“民国时期文献联合目录”数据为样本，分析了新民主主义革命时期（1919—1949）出版的毛泽东著作文献版本、出版年份、出版机构的分布规律，以及这些版本的收藏情况[35]。有学者从经典文本出发，通过对《实践论》中实践的观点进行研究，得出了实践在马克思主义中国化起到了不可磨灭的作用，“实践即辩证法”[36]。有学者认为《反对本本主义》强调了调查研究的极端重要性，阐述了共产党人的世界观和方法论，凝练了毛泽东思想的一些理论精髓，具有奠基性作用[37]。有学者关注毛泽东著作的宣传与传播研究，对毛泽东著作西班牙文版与阿拉伯文版的翻译、出版、发行、传播等做了深入的研究与梳理[38]。也有学者针对《实践论》的版本演变与国际传播进行了研究，展示了这一著作的强大影响力和生命力[39]。

有学者指出毛泽东通过美国记者斯诺的三次采访传递中共“对外话语”，实现了中共与外界的“联通”[40]。还有学者关注海外毛泽东以及毛泽东思想的研究。

（二）邓小平理论、“三个代表”重要思想、科学发展观

邓小平理论、“三个代表”重要思想、科学发展观等重大战略思想是中国特色社会主义理论体系的组成部分。2020年，北京地区学者对它们的研究既体现在对“中国特色社会主义理论体系”的整体性研究中，又有根据时代特色进行的专题研究。一是从整体性角度研究。有学者从思想史的角度阐明了“中国特色社会主义”这一科学范畴在实践创新和理论创新中的演进过程，论证了“中国特色社会主义是社会主义而不是其他什么主义”[41]。二是根据时代特色进行专题研究。在全面建成小康社会的决胜之年，小康社会理论成为本年度邓小平理论研究中的一个重点和热点。有学者梳理回顾了40年来小康社会建设从目标提出到全面建成的4次历史性飞跃，并总结出小康社会建设的成功经验[42]。有学者结合当下国际局势特点，梳理总结了邓小平的和平思想的丰富内涵[43]。除此之外，还有很多关于全面建成小康社会、新发展理念、社会主义现代化等专题的研究。

三、关于习近平新时代中国特色社会主义思想

习近平新时代中国特色社会主义思想是马克思主义中国化的最新成果。2020年，北京地区学者对习近平新时代中国特色社会主义思想的研究有的侧重于整体性研究，也有的侧重于对某一个理论或某一方面的研究，呈现出继续深化的态势。

（一）关于习近平新时代中国特色社会主义思想的整体性研究

2020年，北京地区学者对习近平新时代中国特色社会主义思想的整体性研究呈现出阐释宣传和理论研究并重的特点。

阐释宣传类文章的创新性往往体现为解读角度的不同。有学者从基本命题、复合命题、外层命题的角度分析论证了习近平新时代中国特色社会主义思想的主题[44]。有学者从历史命运、文化传统和基本国情3个维度对习近平马克思主义中国化语境中的“中国特色”做出阐释[45]。有学者从哲学基础的角度提出，习近平关于新时代自然界、人的思维、人类社会、人的发展等问题的深层思考[46]。关于习近平新时代中国特色社会主义思想的历史地位，有学者提出，习近平新时代中国特色社会主义思想是21世纪马克思主义，是中国共产党第一次以“世纪”为尺度命名马克思主义中国化最新成果[47]。有学者提出，习近平新时代中国特色社会主义思想在理论形态上是当代中国马克思主义，在实践形态上实现了社会主义从传统到现代的新飞跃[48]。

（二）关于习近平新时代中国特色社会主义思想的专题研究

2020年度北京地区学者对习近平新时代中国特色社会主义思想的专题性研究成果主要集中于以下几个方面：

一是习近平经济思想。有学者从宏观层面对习近平经济思想进行了研究，提出习近平新时代中国特色社会主义经济思想的主要精髓、科学内涵和主要政策[49]。有学者提出习近平新时代中国特色社会主义经济思想从先进生产力发展要求的代表者、社会生产力发展的标准、社会生产力发展的战略思路三大方面丰富和发展了解放和发展社会生产力理论[50]。有学者通过系统梳理习近平经济思想中关于经济高质量发展的重要论述，提出经济高质量发展的取向是以人民为中心、强化民生服务。[51] 有学者从马克思主义政治经济学理论的角度阐释了“双循环”格局的内涵，具有认识论方面的意义。[52]

二是习近平生态文明思想。有学者系统论述了习近平生态文明思想的价值和地位，提出习近平生态文明思想奠定了21世纪马克思主义生态文明思想的理论内核，开辟了21世纪马克思主义生态文明思想。[53] 有学者则系统论述了习近平生态文明思想的内涵、价值、意义、实践路径[54]。有学者强调习近平生态文明思想对马克思主义的原创性贡献，提出“两山论”实现了对自然中心论和人类中心论的超越，是对马克思主义自然观和历史观的重大发展。[55] 有学者系统阐释了习近平生态文明思想中的“生态文明体系”概念，认为它是一种充分承认与尊重自然生态环境对于人类社会文明生存延续和可持续发展的基础性作用的生态文明史观[56]。

三是关于习近平新时代中国特色社会主义思想的其他重要主题。主要体现在关于国家治理体系和治理能力现代化、人类命运共同体、中华优秀传统文化、总体国家安全观等方面。关于国家治理体系和治理能力现代化的研究，学术界主要集中在对其地位的探索，并结合具体实践进行理论阐述，用法治思维、文化治理等概念解读国家治理。有学者从哲学角度论证了人类命运共同体思想是真理和价值的统一。[57] 有

学者提出，习近平“生命共同体”的重要论述是对马克思主义自然观的发展和创新。[58] 有学者提出，习近平关于中华优秀传统文化的论述，第一次深刻阐述了中华优秀传统文化的独特价值和精神实质，破解了中华文明连绵不绝的密码，对中华优秀传统文化做出了新定位。[59] 有学者从时代化的角度，梳理总结了习近平把中华优秀传统文化时代化的重要要求。

四、关于马克思主义中国化研究学科建设

有学者从构建中国特色哲学社会科学学科体系、学术体系和话语体系入手进行研究。教育部翁铁慧撰文指出，加快推进高质量马克思主义理论教育体系建设，需要在学理性与说服力上下功夫，在强基与领航上下功夫，在赋能与使能上下功夫，在选苗与育苗上下功夫[60]。北京市委教工委王宁撰文对以首善标准办好首都高校思想政治理论课提出具体要求[61]。有学者从教学要求方面入手进行研究，回顾教材建设15年的历程，对于如何在思想政治教学中更好地回答马克思主义中国化的问题提出了有益思考[62]。有学者强调高校思想政治理论课要坚持建设性和批判性相统一[63]。在教育教学的具体要求方面，有学者提出，中华优秀传统文化为思想政治理论课提供了深厚滋养，这是思想政治理论课将马克思主义与优秀传统文化融合的深层次动因[64]。有学者研究了当前高校本、硕、博3个阶段的思想政治理论课教材存在内容重复问题，提出要正确认识教材重复现象，做好编写思政课教材的顶层设计，重视不同阶段的教学侧重性和分工合理性[65]。

五、问题思考与未来展望

2020年，北京地区学者在马克思主义中国化研究方面取得了不少新成果，但也存在一些不足，如学科研究成果存在重复性较多、创新性不足的现象；成果内容存在阐释宣传较强、学理研究相对偏弱的现象；研究理路上存在宏观论述较多、问题针对性不强等现象。但需要指出的是，这些现象的存在某种程度上是马克思主义理论学科的“通病”，解决这些问题，还需要从整体上加强学科体系、学术体系和话语体系建设，更好整合北京地区的学术资源，完善学科人才梯队建设和发展保障，以更加充分地发挥北京作为中国马克思主义研究的领头羊作用，推动本学科的发展、繁荣与创新。

注：

[1]李君如：《马克思主义中国化思想史》，厦门：福建人民出版社，2020年。

[2]韩庆祥，陈远章：《论马克思主义中国化时代化大众化》，天津：天津人民出版社，2020年。

[3]张雷声：《论马克思主义基本原理学科的研究定位》，《思想理论教育导刊》，2020年第10期。

[4]郭建宁：《马克思主义如何中国化》，北京：中国人民大学出版社，2020年。

[5]郭建宁：《马克思主义如何中国化》，北京：中国人民大学出版社，2020年。

[6]顾海良：《马克思主义理论特征与理论教育》，《高校马克思主义理论教育研究》，2020年第1期。

[7]顾海良：《马克思主义中国化与马克思主义理论特征的升华》，《中国高校社会科学》，2020年第1期。

[8]顾海良：《马克思主义中国化：历史 理论 现实》，北京：经济科学出版社，2020年。

[9]韩庆祥，陈远章：《论马克思主义中国化时代化大众化》，天津：天津人民出版社，2020年。

[10]李君如：《马克思主义中国化思想史》，厦门：福建人民出版社，2020年。

[11]张远航：《追溯经典》，北京：中央编译出版社，2020年。

[12]汪越，孙熙国：《马克思主义在中国早期传播的思想取向和镜像表达——基于对〈理想社会主义与实行社会主义〉的文本考察》，《中共中央党校学报》，2020年第5期。

[13]李君如：《马克思主义中国化思想史》，厦门：福建人民出版社，2020年。

[14]林建华：《百年来马克思主义基本原理与中国实际相结合的逻辑》，《高校马克思主义理论教育研究》，2020年第1期。

[15]辛向阳：《百年大党依然年轻的密码》，《中国党政干部论坛》，2020年第4期。

[16]韩庆祥：《论中国道路及其本源意义》，《中国特色社会主义研究》，2020年第2期。

[17]冯景源，龚维丽：《马克思主义中国化研究及其重要意义——兼论马克思主义中国化第三次历史性飞跃的特征》，《东南学术》，2020年第1期。

[18]弗朗西斯科·马林乔，李凯旋：《传统与实践：中国特色社会主义的两大特点》，《世界社会主义研究》，2020年第1期。

[19]刘志明：《延安时期我们党是如何推进马克思主义大众化的》，《红旗文稿》，2020年第19期。

[20]冯景源，龚维丽：《马克思主义中国化研究及其重要意义——兼论马克思主义中国化第三次历史性飞跃的特征》，《东南学术》，2020年第1期。

[21]张城：《“六经皆史”与马克思主义中国化——经史观及其方法论启示》，《开放时代》，2020年第2期。

[22]张城：《论毛泽东的“经史观”》，《毛泽东邓小平理论研究》，2020年第5期。

[23]王春茵：《“资产阶级”的翻译及其中国化》，《成都理工大学学报(社会科学版)》，2020年第1期。

[24]郭建宁：《马克思主义如何中国化》，北京：中国人民大学出版社，2020年。

[25]代红凯：《论毛泽东群众史观形成发展的思想轨迹及内在根据》，《毛泽东思想研究》，2020年第3期。

[26]吕臻：《解放战争期间毛泽东抓军队纪律的实践及启示》，《毛泽东研究》，2020年第3期。

[27]肖贵清，佳日一史：《毛泽东关于党的政治建设思想及其当代价值》，《广西大学学报(哲学社会科学版)》，2020年第3期。

[28]金民卿：《新中国成立前后毛泽东对唯物史观的运用和发展》，《近代史研究》，2020年第4期。

[29]张太原：《毛泽东新民主主义社会构想演变历程考察——基于理想追求和历史变动视角》，《党的文献》，2020年第3期。

[30]吴起民：《从经验到理论：整体地考察毛泽东新民主主义文化理论的形成》，《毛泽东思想研究》，2020年第2期。

[31]朱鹏华，王天义：《毛泽东对中国特色社会主义政治经济学的理论探索》，《毛泽东邓小平理论研究》，2020年第4期。

[32]陈志刚：《毛泽东社会公平思想的实践及其当代启示》，《毛泽东研究》，2020年第2期。

[33]李珍：《毛泽东的世界和平思想及其历史影响》，《马克思主义与现实》，2020年第3期。

[34]朱继东：《毛泽东卫生防疫思想的主要内容及启示》，《中国井冈山干部学院学报》，2020年第2期。

[35]雷亮，马静：《基于“民国时期文献联合目录”的新民主主义革命时期毛泽东著作出版及馆藏情况分析》，《图书馆杂志》，2020年第7期。

[36]桁林：《〈实践论〉及其版本研究的当代价值——深化对真理标准的认识》，《学术界》，2020年第12期。

[37]杨明伟：《毛泽东如何解读〈反对本本主义〉》，《毛泽东研究》，2020年第3期。

[38]何明星：《毛泽东著作西班牙文版的翻译、出版与发行》，《中国出版》，2020年第9期。何明星：《毛泽东著作阿拉伯文版的翻译、出版与发行》，《中国出版》，2020年第17期。

[39]龚格格：《〈实践论〉的版本演变及国际传播》，《高校马克思主义理论研究》，2020年第4期。

[40]张虹：《斯诺历次采访与毛泽东对外话语的传递》，《毛泽东研究》，2020年第1期。

[41]李君如：《马克思主义中国化思想史》，厦门：福建人民出版社，2020年。

[42]韩保江，邹一南：《中国小康社会建设40年：历程、经验与展望》，《经济研究参考》，2020年第4期。

[43]桑东华：《邓小平的和平思想及其时代意义》，《马克思主义与现实》，2020年第3期。

[44]秦宣：《习近平新时代中国特色社会主义思想的主题、内容和逻辑结构》，《马克思主义研究》，2020年第4期。

[45]任金花：《习近平对马克思主义中国化语境中的“中国特色”阐释》，《广西社会科学》，2020年第4期。

[46]孙要良：《习近平新时代中国特色社会主义思想的哲学基础》，《理论视野》，2020年第1期。

[47]何毅亭：《习近平新时代中国特色社会主义思想是21世纪马克思主义》，《政工学刊》，2020年第8期。

[48]王超，郭强：《面向21世纪的科学社会主义——论习近平新时代中国特色社会主义思想的理论地位与时空方位》，《党政研究》，2020年第5期。

[49]刘金鑫：《习近平新时代中国特色社会主义经济思想的科学内涵和政策主张》，《改革与战略》，2020第8期。

[50]常庆欣，邬欣欣：《习近平新时代中国特色社会主义经济思想对解放和发展生产力理论的创新贡献》，《思想理论教育导刊》，2020年第3期。

[51]张雷声：《新时代中国经济发展的理论创新——学习习近平关于经济高质量发展的重要论述》，《理论与改革》，2020年第5期。

[52]张慧君：《推动形成“双循环”新发展格局的马克思主义政治经济学解读》，《哈尔滨市委党校学报》，2020年第6期。

[53]张云飞，李娜：《习近平生态文明思想对21世纪马克思主义的贡献》，《探索》，2020年第2期。

[54]张云飞：《试论坚持和完善生态文明制度体系的总体要求》，《环境与可持续发展》，2020年第2期。

[55]孙熙国：《习近平生态文明思想对马克思主义的原创性贡献——兼论习近平生态文明思想对人类中心论和自然中心论的超越》，《环境与可持续发展》，2020年第6期。

[56]郇庆治：《习近平生态文明思想视域下的生态文明史观》，《马克思主义与现实》，2020年第3期。

[57]徐学绥：《真理和价值的统一：习近平人类命运共同体思想》，《理论界》，2020年第9期。

[58]郗戈，荣鑫：《马克思主义自然观与习近平关于"生命共同体"的重要论述》，《马克思主义理论学科研究》，2020年第1期。

[59]陈志刚：《习近平关于中华优秀传统文化的新思想新定位》，《新视野》，2020年第5期。

[60]翁铁慧：《加快推进高质量马克思主义理论教育体系建设》，《高校马克思主义理论教育研究》，2020年第1期。

[61]王宁：《以首善标准办好首都高校思想政治理论课》，《高校马克思主义理论教育研究》，2020年第1期。

[62]陈占安：《"毛泽东思想和中国特色社会主义理论体系概论"教材15年建设的历史回顾与展望》，《高校马克思主义理论研究》，2020年第6期。

[63]孙宇伟，陶文昭：《高校思想政治理论课坚持建设性和批判性相统一：理论蕴涵、现实问题和科学方法》，《思想教育研究》，2020年第10期。

[64]沈江平：《扎实推进马克思主义与优秀传统文化的融合：动因与路径》，《思想教育研究》，2020年第3期。

[65]梁欣：《高校本硕博思想政治理论课教材内容重复问题探讨》，《亚太教育》，2020年第21期。

（北京市科学社会主义学会供稿；执笔人：杜保友、盛福荣）

国外马克思主义

2020年，北京学界对于国外马克思主义研究主要呈现鲜明时代性、视野宏阔性和学科的交叉性。推进国外马克思主义研究，需要系统全面地对时代问题进行批判性思考，需要具有世界视野和中国立场。

一、国外马克思主义研究的基本内容

（一）关于各国马克思主义发展动态的持续追踪研究

2020年，北京学界对于世界各国和地区马克思主义理论发展的热点持续保持着追踪态势。北京学界对法国马克思主义的相关研究主要在马克思与法国唯物主义相遇的方式及其后果，以拉法格与饶勒斯的争论为切入点进行考察。在对德国马克思主义的研究中，法兰克福学派的重要代表人物和学派的发展问题是研究的重中之重。北京学界关注的英语世界马克思主义者所讨论的议题包括英美"分析的马克思主义"等。此外，对包括印度等广大发展中国家和地区马克思主义传播和发展状况的研究也有所深入。

（二）关于资本主义批判进路的研究

2020年，北京学界着眼于中国现实及全球资本主义新形势，从关注国外马克思主义对资本主义进行的批判过程和对社会主义的展望、对历史上和现实中社会主义的评价中，吸取了许多具有21世纪马克思主义活力和意味的理论观点和思想内涵。国外马克思主义对西方现代资本主义特别是新自由主义变化态势的理论回应，对于分析全球资本主义及其现代性问题，包括拓展马克思主义的当代话语空间具有重要参考价值，也有助于全面了解当代资本主义的发展态势。

（三）关于"数字资本主义""生命政治"等前沿问题的研究

2020年，北京学界在吸收国外马克思主义相关资本主义批判的基础上做出的一大理论推进，是对数字时代资本主义的生产生活方式的深入反思。对"生命政治"开展批判，认为"生命政治"突破理解困境的出路在于锚定生命政治概念及其理论的"硬核"，这一"硬核"在于生命与秩序之间的张力关系。只有在这一"硬核"的基础上，"生命政治"概念才能得以深度澄明。对于从马克思主义的科学立场上看待加速问题、把握当代资本主义的特殊困境以及一般出路具有很强的借鉴价值，值得北京学界持续追踪。

二、国外马克思主义研究的热点议题

（一）批判理论新进展与工业文明再批判

这方面的研究主要聚焦批判理论的发展动态与新视域下对经典理论的再解读。一是批判理论的路径发展与转向。学者孙海洋认为法兰克福学派发展至今，三代学者的社会主义观经历了从“革命替代”向“民主驯化”和“规范重构”的嬗变。而南茜·弗雷泽提出的替代方案终究未能彻底摆脱民主社会主义的窠臼，中国视角的缺失也在一定程度上限制了其批判潜能[1]。二是现代语境下对经典理论及著作的再解读。围绕代表性学派以及技术理性展开微观探讨。学者张秀琴以《现代戏剧发展史》为文本依据，论述了卢卡奇“物象化”概念的源起[2]。学者郇庆治从学术文献史视角阐述了马克思主义生态学建构的三大进路。并提出把握批判与建构的平衡至为关键。学者罗骞以资本现代性批判为基本视角，从研究对象、实践性、历史性和批判性几个方面阐释了马克思主义作为批判理论的基本特征[3]。学者张严以黑格尔、海德格尔和阿多诺为对象，阐述了发展变化的思维与存在的同一性问题[4]。

（二）资本—劳动新批判与生产—消费新问题

这方面的研究主要从社会经济结构、政治经济学批判的角度解读当代西方资本主义批判理论新动态，一是对“加速主义”问题的探讨，二是对“非物质劳动”的聚焦与探讨，三是从政治经济学批判的维度认识当代资本主义批判新视角。还包括对代表性人物观点进行讨论，对当代资本新特征、再生产环节批判展开分析，以及对西方马克思主义政治经济学批判脉络进行整体把握与全景认识。学者郇庆治、刘力从生态马克思主义的视角指出，当代中国还不是一个完整或典型意义上的消费社会。当今中国仍处于消费社会转型中，而社会主义政治自觉的生态文明建设，可以同时成为对这一转型进程的一种内在约束和替代性引领[5]。

（三）政治哲学批判与全球现代化治理体系研究

这方面的研究主要关注主体性建构以及个体性与社会性的交互关系问题。一是主体性的恢复与建构，二是理想共同体的塑造与解放路径的探讨，三是个体性与社会性的内在关联与对当前叙事逻辑的反思。此外，还聚焦上层建筑的合理性构筑，展开与正义、民主、国家有关问题的全球现代化治理体系的研究探讨，主要包括正义问题、民主问题、国家批判与批判传统的重建问题。学者马新颖阐述了全球化时代下国外马克思主义的国家批判理论。她提出，国外马克思主义学者对当代资本主义国家做出的批判性分析，对准确理解和把握当代资本主义国家的新形态具有重要的借鉴意义[6]。学者姚晓红、郑吉伟讨论了西方生态帝国主义研究的政治经济学转向及其新发展，认为西方学者对于西方生态帝国理论的研究集中于文化视角，看到了发达资本主义国家掠夺行为的新特征，但他们在改变这种状况方面表现出一定的局限性[7]。

（四）当代资本主义批判的社会问题与理论回应

这方面的研究主要从性别、生态的视角解读现代性问题，同时从现代性视角对西方资本主义批判理论进行整体把握。一是对社会性别问题的关注，二是生态伦理与当代资本主义批判。围绕当下较为热点的空间理论展开对城市治理、都市化、人工智能等问题的讨论与反思。一是马克思主义批判理论的空间转向，二是现代性语境下的空间问题。学者马晓燕对资本主义全球空间的重构及非正义进行了审视。她提出，在资本主义全球化语境中，空间视角的研究不仅在理论上拓宽了马克思主义的当代问题域，而且实践层面上对创建与守护人类的生存家园具有重要启示和借鉴意义[8]。学者徐宏潇讨论了后危机时代数字资本主义的演化特征及其双重效应，数字资本主义国际空间布展带来了“文明”与“野蛮”的双重效应[9]，还讨论了国际数字资本主义的发展动向及其内在悖论[10]。学者欧阳英提出从把握数字资本主义本质的角度来看，既关注其与互联网技术之间密不可分的内在联系，也关注其作为当代资本主义的新型社会形态所具有的不同于传统资本主义的新特点[11]。

（五）意识形态批判与社会主义的未来

这方面研究主要从发展现状与意义评析方面对意识形态理论进行整体把握和阐释。一是对传统意识形态理论的再审视与评析，二是对当前意识形态的发展现状及其当代意义进行剖析。学者王锦刚阐述了西方马克思主义意识形态批判的理论进路。他指出，从马克思到卢卡奇再到法兰克福学派，可以清楚地看到他们之间的内在逻辑进路。但是把马克思的意识形态合理性批判发展成对工具理性的合理化批判是批判理论的误读和歧路[12]。学者陈美灵从大众文化的角度研究霍尔阶级思想，认为霍尔阶级思想既有积极意义也有局限性，问题的解决在于重视文化的同时回归马克思主义政治经济学。[13] 学者张海满讨论了生命政治概念的理解困境及其出路，认为生命政治概念是含混不清的，只有锚定生命政治概念及其理论的"硬核"基础上，生命政治概念才能得以深度澄明[14]。学者徐宇晓讨论了哈特、奈格里的生命政治生产理论研究，认为哈特和奈格里通过对新的生产形式的考察重新构建实现共产主义的路径，本质上仍属于历史唯物主义的范畴[15]。

（六）国外马克思主义与马克思主义关系的批判性研究

这方面研究主要以微观视角认识、解读思想理论及理论关系，以尤其是站在马克思主义的立场上辨识西方学者眼中的马克思及马克思主义为焦点。学者们探讨国外马克思主义与马克思主义关系的视域更为宏观，也凸显了马克思主义理论研究的时代价值。学者李旸讨论了"分析的马克思主义"对中国学界的启示，认为英美"分析的马克思主义"理论从将分析方法应用于马克思主义研究、科学认识社会主义与市场的关系、坚持和捍卫社会主义平等主义、从规范角度为社会主义做出辩护 4 个方面深深地影响了中国学术界[16]。学者夏莹讨论了当代法国马克思主义哲学的黑格尔入径——以伊波利特为例的思想史考察，认为黑格尔与马克思是一对思想的双胞胎[17]，还认为马克思思想本质上是一种富有实践属性的行动者哲学，其理论的旨归在于以理论的方式阐发人的主观能动性的可能性条件。而拉法格与饶勒斯有关唯物史观的一次针锋相对的学术争论充分体现了法国唯物主义者、早期的马克思主义者的这种歪曲[18]。

（七）21 世纪世界马克思主义与当代中国马克思主义

这方面的研究主要包括对西方马克思主义学派的综合性研究，西方国家左翼政党以及发展中国家马克思主义传播与发展研究。学者王校楠分析了奥地利马克思主义的思想史效应，认为奥地利马克思主义是西方马克思学形成和发展过程中的重要环节，其马克思研究工作已经具备了"马克思学"的基本特征，并对后来的苏联马克思学和法兰克福学派早期的理论研究产生重大影响[19]。学者于海青讨论了比利时工人党的异军突起及其启示，认为富有特色且卓有成效的政治实践奠定了工人党崛起的基础，对当前面临战略选择迷茫的西方共产党也具有重要参考和启发意义[20]。学者张雷介绍分析了印度早期马克思主义传播的梯次及启示，提出印度早期马克思主义传播是印度马克思主义传播与发展的重要组成部分，对马克思主义印度本土化的探索起到重要作用[21]。

三、国外马克思主义研究的鲜明特点

基于国外马克思主义研究的基本内容可以看出，2020 年北京学界国外马克思主义研究所凸显如下三个鲜明特点。

2020 年，国外马克思主义研究紧跟时代前沿，关注国内外前沿性重大理论问题、实践问题与最新重大事件，结合新冠肺炎疫情对当代资本主义的影响，关注百年未有之大变局下中国的发展与世界的走势，关注各种时代性的挑战与风险并探究其解决之道。北京学界关注法兰克福学派的最新成果、关注数字资本主义、关注生命政治理论，都是具有时代性、前沿性的课题。此外，北京学界还关注了西方国家的社会思潮，关注了有关国家的马克思主义研究以及国外马克思主义学者对于资本主义的批判性研究。在世界社会主义运动方面则关注了社会主义国家的发展以及比利时、印度等国的左翼运动。

2020 年的国外马克思主义研究视野宏阔，涉及多个领域、多个方面、多个维度。国外马克思主义研究学科的研究范围广泛、涉及的问题多样：从经典著作到现实问题、从一国到全球、从中国到西方、从社会主义到资本主义、从传统到当代、从理论到实践、从抽象到具体，视野极为宏阔。综观 2020 年北京学界国外马克思主义研究的总体状况，可以发现，国外马克思主义研究者最重要的任务，就是扎根于中国现实，深切把握世界马克思主义理论的基本动态，展开一种以全人类福祉为指向的切实有效的资本主义批判和社会主义图景建构。许多学者以国外马克思主义对资本主义之批判为参考，开展了有价值的讨论。

2020 年的国外马克思主义研究呈现明显的学科交叉特点。国外马克思主义研究学科本身就包含诸多可以研究的学术问题，而这些学术问题中有很多具体问题也可以从其他学科进行研究。目前马克思主义理论学科尽管边界相对清晰，但仍具有较大的弹性空间，与其他学科的界限在很多方面并不十分清晰。甚至可以说，在某些方面，现在的马克思主义理论学科与其他学科，如哲学、政治学、历史学以及国际关系等，交叉性越来越强。这种交叉有利于各学科之间的相互借鉴，也有利于相关研究的深化与拓展。有的研究者切中肯綮地抓住了国外马克思主义对现当代资本主义现实问题所具有的批判功能。

四、国外马克思主义研究的问题思考与未来展望

国外马克思主义研究是马克思主义理论学科的重

要组成部分，对于拓宽马克思主义理论研究视野，深化对马克思主义理论时代性特征的认识，推进马克思主义中国化的理论创新，具有重要的意义和价值。国外马克思主义研究不断向纵深发展，在问题意识、全球视野、学科综合化以及理论研究质量方面可圈可点，反映了2020年北京学界在国外马克思主义研究方面的新贡献。2020年，北京学界关于国外马克思主义研究也存在一些不足之处。主要在于国外马克思主义研究涉及的问题略显宽泛，对重大问题关注有待加强，与中国现实问题结合有待进一步提升。当代列宁学研究得到很大发展，但北京学界对此关注较少。我们需要进一步加强对国外马克思主义理论的前沿研究，深化对当代资本主义走向的理论认识，用好国外马克思主义研究的三个坐标系，即两千多年哲学史的坐标系、经典马克思主义哲学的坐标系、宏观的现代西方哲学的坐标系。要凸显一种“历史方位感”，从根本上正确感知对西方的追随与领先其两种方位的转换，在研究、解释和批判西方理论的同时，将中国的理论传播过去，推进新时代国外马克思主义研究，实现“解释世界”和“改造世界”的统一。

注：

[1]孙海洋：《当代资本主义批判与社会主义理念重塑——南茜·弗雷泽的批判理论新视界》，《国外社会科学》，2020年第4期。

[2]张秀琴：《论卢卡奇“物象化”（Versachlichung）概念的源起——以〈现代戏剧发展史〉为例》，《现代哲学》，2021年第1期。

[3]罗骞：《马克思主义批判理论及其巨大影响》，《理论探索》，2020年第5期。

[4]张严：《第十五届全国国外马克思主义论坛论文集》。

[5]郇庆治，刘力：《社会主义生态文明视域下的消费经济、消费主义与消费社会》，《南京工业大学学报（社会科学版）》，2020年第1期。

[6]马新颖：《第十五届全国国外马克思主义论坛论文集》。

[7]姚晓红，郑吉伟：《资本主义社会再生产的生态批判——基于西方生态学马克思主义的阐释》，《当代经济研究》，2020年第3期。

[8]马晓燕：《新马克思主义空间正义之审视》，《中国社会科学报》，2020年8月20日。

[9]徐宏潇：《国际数字资本主义的发展动向及其内在悖论》，《经济学家》，2020年第2期。

[10]徐宏潇：《后危机时代数字资本主义的演化特征及其双重效应》，《马克思主义与现实》，2020年第2期。

[11]欧阳英：《唯物史观视阈中的数字资本主义》，《国外理论动态》，2020年第3期。

[12]王锦刚：《第十五届全国国外马克思主义论坛论文集》。

[13]陈美灵：《论斯图亚特·霍尔的阶级思想》，《武汉理工大学学报（社会科学版）》，2020年第1期。

[14]张海满：《生命政治概念的理解困境及其出路》，《哲学动态》，2020年第12期。

[15]徐宇晓：《哈特、奈格里的生命政治生产理论研究——从“非物质劳动”、“生命政治”到“生命政治生产”》，《北京师范大学学报（哲学社会科学版）》，2020年第2期。

[16]李旸：《“分析的马克思主义”对中国学界的启示》，《云梦学刊》，2020年第4期。

[17]夏莹：《当代法国马克思主义哲学的黑格尔入径——以伊波利特为例的思想史考察》，《求索》，2020年第5期。

[18]夏莹：《马克思与法国唯物主义的相遇：方式及其后果——以拉法格与饶勒斯的争论为切入点的一种考察》，《新时代马克思主义论丛》，2020年第1期。

[19]王校楠：《第十五届全国国外马克思主义论坛论文集》。

[20]于海青：《比利时工人党的异军突起及其启示》，《当代世界与社会主义》，2020年第3期。

[21]张雷：《印度共产党成立早期马克思主义在印度的传播特点探析（1920—1947年）》，《当代世界与社会主义》，2020年第6期。

（北京市科学社会主义学会供稿；执笔人：张雷）

思想政治教育

2020 年，北京地区思想政治教育学科和学术发展取得一系列显著成果。新冠肺炎疫情使党和国家事业受到重大影响，疫情防控给全体人民上了一堂生动的思政大课，进一步凸显了思想政治教育的重要意义。全军思想政治教育工作会议和深化新时代学校思政课改革创新现场推进会的召开，也为北京地区思想政治学科和学术发展指引了方向。

一、学科发展情况

2020 年，北京地区思想政治教育学科建设取得了重大成就，进一步实现了从经验形态向科学形态的转化，学科的框架结构和理论体系也在不断完善，呈现出以下特点。

（一）系统建设逐渐深入

思想政治教育学科发展在系统性建设方面取得长足进步。一是学科内涵更加丰富。北京地区高校在进行思想政治教育学科建设时，组建了高规格学术委员会和高标准建设教学案例库，引领带动各部门、各区形成思政工作大格局，围绕社会发展中出现的新的理论和实践问题开展一系列研究。二是学科体系日渐完备。一方面坚持学科内部整合发展，思想政治教育学科体系的探索日益向前沿性、规律性方向发展；另一方面加强跨学科融合发展，思想政治教育学科与子学科、新兴学科和交叉学科的联系更加紧密，学科体系建设逐渐实现融合式发展。三是学科定位更加明晰。北京地区思想政治教育学科建设过程中，深入学习贯彻习近平总书记关于思想政治教育的重要论述，逐渐解决了原来学科属性不清、层次较低等问题，学科定位更加明晰，为思想政治教育学科的发展做出重要贡献。

（二）人才培养成效显著

思想政治教育人才培养力度不断加大。一是人才培养结构不断优化。北京地区思想政治教育学科人才培养体系日益健全，成为全国拥有思想政治教育硕士和博士学位授予点最多的地区，而且拥有本科、硕士和博士一体化学科体系，构建了一套全覆盖的人才培养模式。二是人才培养规格不断提升。北京地区打造了一支政治强、情怀深、思维新、视野广的思想政治教育科学、科研和实际工作者队伍。三是人才培养制度不断完善。北京地区思想政治教育学科人才培养制度建设方面取得可喜成就，建立健全了相关的各项人事薪资制度、晋升制度、培养制度、奖惩制度、激励制度等，为人才培养奠定了可靠的制度保障。

（三）学科支撑日益强化

思想政治教育学科在学理性和实践性建设上取得重要进展，学科支撑不断强化。一是强化思想政治教育学科的学理支撑。学理支撑不仅是思想政治教育学科区别于其他学科的重要因素，也是界定学科研究范围、彰显学科学理性的重要标识。北京地区在进行思想政治学科建设中对学科发展的学理性保持了充分重视，不断强化思想政治教育学科的学理支撑。二是强化思想政治教育学科的实践支撑。北京地区思想政治教育学科发展的一些基础性理论问题基本得到解决，学理支撑已经得到有效建构；在实践支撑方面，北京地区思想政治教育学科建设紧扣首都特色，发挥资源优势，开展编写了 12 个经典教学案例，在 12345 市民热线服务中心建立思政课案例教学基地等实践活动，进一步强化了学科的实践支撑。

二、学术研究概况

北京地区历来是思想政治教育研究的主阵地，聚集了一大批优秀的专家学者。北京学界关于思想政治教育的研究包含以下几个方面。

（一）关于思想政治教育基础理论的研究

2020 年，北京学界对于思想政治教育基础理论的研究继续保持高度关注，研究重点主要集中在以下方面。

一是关于马克思主义经典作家思想政治教育论述的研究。北京地区的学者们从宏观和微观两个维度出发，对马克思主义经典作家的思想政治教育论述进行了研究。檀传宝系统考察了马克思主义经典作家对于思想政治教育意义的相关论述，从历史和现实角度出发，不仅阐释了论述的原始样态以及该论述在与中国国情相结合过程中产生的误读，还根据现实实际对其进行了新的时代诠释。[1]

二是关于马克思主义经典著作中思想政治教育意蕴的研究。2020 年是恩格斯诞辰 200 周年，许多学者都开展了对恩格斯著作的研究，产出了一定数量的学术成果。2020 年 6 月，思想政治教育领域的权威期刊《思想教育研究》在第 6 期上刊发了北京地区学者关于恩格斯著作中的思想政治教育意蕴的专题文章。陈金彪结合《英国工人阶级状况》阐述了其中关于无产阶级意识的相关思想[2]；许庆华分析了《路德维希·费尔巴哈和德国古典哲学的终结》对于无产阶级思想政治教育工作的哲学指导意义[3]；孙森论述了《法德农民问题》中关于农民思想政治教育的相关思想和现实价值[4]，等等。

三是关于老一辈革命家思想政治教育思想的研究。学者们结合现实，对毛泽东、刘少奇等的思想政治教育思想进行了新的阐发。宋友文、马浩男从方法论的角度入手，通过对《论共产党员的修养》的研究，发掘出其中渗透着刘少奇进行思想政治教育的独特方法[5]。有学者回顾了《论十大关系》，认为其中蕴含着深刻的思想政治教育化解矛盾的思想，对于当代思想政治教育化解矛盾的实践具有重要的指导意义。

四是关于思想政治教育元理论的研究。北京地区的学者高度关注思想政治教育元理论研究，在内容、主客体、过程、传播等方面进行了深入挖掘。学者刘建军总结概括了思想政治教育内容的四种基本形态，并阐释了四种形态之间的关系，建构起由四种形态构成的思想政治教育内容框架[6]。学者李基礼从存在论、认识论、实践论三个层级出发，系统回答了思想政治教育过程控制何以可能以及有多大可能，思想政治教育过程控制如何实施等问题。[7]

（二）关于思想政治教育现实热点的研究

近年来，思想政治教育现实热点研究一直呈现火爆态势。2020 年，北京学界继续深化思想政治教育热点研究，研究重点主要集中在以下几个方面。

一是关于习近平总书记思想政治教育重要论述的研究。2020 年，北京学界围绕习近平总书记思想政治教育重要论述进行了富有成效的研究。一方面，学者齐鹏飞通过梳理党的十八大以来习近平关于思想政治理论课教师队伍建设的重要论述，强调习近平总书记关于加强思想政治理论课教师队伍建设的重要论述的重要价值和意义[8]。另一方面，学者钟启东强调习近平总书记思想政治教育重要论述及相关思想对于铸魂育人具有重要意义[9]。此外，还有学者通过学习习近平总书记在学校思想政治理论课教师座谈会上的讲话，论述了志愿服务对于立德助人的重要功能[10]。

二是关于新冠疫情防控背景下的思想政治教育研究。新冠肺炎疫情是百年来全球发生的最严重的传染病大流行，迅即成为学界重点关注的研究课题。北京学界对新冠疫情防控背景下的思想政治教育进行了多方面探讨：学者杨增岽从话语体系建构和话语权提升角度出发，指出思想政治教育能够外增国际话语权、内凝信心力量，对于新冠疫情防控具有重要作用[11]。有学者从精神层面出发，论述了伟大抗疫精神的思想政治教育价值，强调要充分发挥抗疫精神在思想政治教育中的价值引领作用。

三是关于新时代爱国主义精神的研究。2020 年，在学习贯彻《新时代爱国主义教育实施纲要》的背景下，北京学界掀起了新时代爱国主义教育的研究热潮。学者们围绕爱国主义教育的基本要义、现实价值、实施路径等展开了深入探讨。学者崔晓丹、彭庆红以爱国主义的基本内涵入手，强调正确认识和处理好情与理、知与行、古与今、中与外、点与面之间的相互关系[12]。学者王易、王凡就爱国主义的现实价值，提出要形成以青少年为焦点，使爱国主义教育向全体人民辐射开来的独特路径[13]。学者杨峰结合新冠疫情防控的时事背景，思考并论述了将“抗疫事迹”融入高校爱国主义教育的必要性、重要性以及具体路径[14]。学者于小雷、李习文从加强实效性的角度出发，分析了高校共青团开展大学生爱国主义教育的路径所在[15]。

四是关于新时代思想政治教育学科建设的综合性研究。北京学界在对新时代思想政治教育学科建设进行理论阐述时，不仅涉及思想政治教育学科建设的内容，而且涉及思想政治教育课程建设的内容。关于思想政治教育学科建设的研究，主要集中在学科交叉融合研究、学科研究方法、学科基本原理等方面。学者杨增岽立足跨学科视域，详细回溯了思想政治教育学科与其他学科交叉研究的历程，论述了对于思想政治教育学科发展的借鉴意义[16]。学者单文鹏从研究方法入手，界定了思想政治教育学科研究方法的基本内涵、相关概念、内在实质，并提出了改善研究方法的着力点[17]。关于思想政治理论课程建设的研究，学者们针对思想政治教育课程的课程属性、目标指向、价值取向、建设思路、思想基础、学科支持等内容进行了探讨。

（三）关于新时代思想政治教育创新发展的研究

思想政治教育创新发展是 2020 年北京学界研究的一个重点领域。学者们从多方面展开讨论，对思想政治教育创新发展的内涵、意义、原则和途径等进行了详细阐述，形成了学术争鸣态势，学者们研究重点如下。

一是关于国家治理与思想政治教育创新发展的研

究。新时代国家治理体系建设是一个综合性、系统性、整体性工程，思想政治教育要充分发挥引导、沟通、传播等功能以服务国家治理能力和治理体系的现代化。学者杨晨指出，在推进国家治理体系和治理能力现代化的现实场景中，只有解决社会公德、个体道德与政治道德呈现出的矛盾关系，才能构建相互作用、彼此促进的动态图景，是促进国家治理体系建设的有效路径[18]。有学者从思想政治教育史的角度分析指出，只有满足人民群众在不同历史时期和发展阶段的需要，开展切合实际的思想政治教育，才能带领中华民族实现从站起来、富起来到强起来的伟大飞跃。

二是关于思想政治理论课创新发展的研究。十八大以来，以习近平同志为核心的党中央从培养社会主义建设者和接班人的战略出发，高度重视高校思想政治理论课建设，提出思想政治理论课改革创新的明确要求。北京学界围绕新时代思想政治理论课改革创新议题进行了富有成效的研究，形成了宝贵的学术成果。学者靳诺从整体性视角出发，系统分析了新时代思想政治理论课改革创新的时代背景、内在逻辑、基本方向和体系架构[19]。部分学者根据自身的研究方向和学术背景对思想政治理论课改革进行了有针对性的研究，在思想政治理论课的思想理论性资源供给、教师科研能力提高、马克思主义学院建设、大中小学思政课一体化建设等方面进行了详细分析[20]。

三是关于思想政治教育工作创新发展的研究。研究主要集中在3个方面：其一，关于思想政治工作人才队伍创新发展的研究。高新莉等从理念革新、制度建构、人才选拔、方法创新等方面具体阐述了新时代高校思想政治工作人才队伍建设的着力点[21]。其二，关于思想政治工作体系建构的研究。学者们不仅对高校思想政治工作体系构建的逻辑与路径进行了相关研究[22]，而且对建构高校思想政治教育工作质量评价指标体系的方法与路径做了相应阐述[23]。其三，关于全媒体时代思想政治教育创新发展的研究。有学者重点关注了互联网对思想政治教育的影响，论述了思想政治教育网络观从网络工具观、网络环境观到网络智能观的演进[24]，还对社交网络环境下突发事件的思想政治工作应对做了一定探究[25]。

三、问题思考与未来展望

2020年，北京地区思想政治教育学科发展和学术研究虽然取得了优异成绩，但仍存在不足之处。就思想政治教育学科而言，学科定位不清晰明确、学科话语权有待提升、人才队伍亟待增强；就思想政治教育学术研究而言，研究领域广泛但极不平衡、理论与实践之间相对脱节、理论研究方法缺乏创新性，这些问题依然存在。当前中国已经进入了新的发展阶段，思想政治教育也理应进入新的提质增速期，面临更加艰巨的任务和更加复杂的环境。北京学界应当汲取学术发展的经验教训，以创新性的举措推动思想政治教育学科建设和学术研究实现新的突破。在思想政治教育学科建设方面，要界定学科边界，彰显学科定位，推动学科话语创新，提升学科话语权，坚持增量提质，加强队伍建设。在思想政治教育学术研究方面，第一要坚持问题导向，聚焦研究视角。发现和解决现实发展的实际问题，回应和解答人民群众的思想困惑。第二要立足社会实际，夯实实践根基。坚持理论联系实际，积极回应现实关切，紧扣时代发展脉搏，跟上时代发展步伐。第三要创新研究方法，增强研究活力。继承和深化原有的研究方法，利用现代技术创新发展思想政治教育研究方法，推动思想政治教育方法科学化、现代化、最优化。

注：

[1]檀传宝：《何谓“教育与生产劳动相结合”——经典论述的时代诠释》，《课程·教材·教法》，2020年第1期。

[2]陈金彪：《无产阶级意识的来源与启蒙——恩格斯〈英国工人阶级状况〉中的思想政治教育论断及启示》，《思想教育研究》，2020年第6期。

[3]许庆华：《无产阶级思想政治教育的哲学指导——恩格斯〈路德维希·费尔巴哈和德国古典哲学的终结〉中的思想政治教育论断及启示》，《思想教育研究》，2020年第6期。

[4]孙森：《关注对广大农民的思想政治教育——恩格斯〈法德农民问题〉中的思想政治教育论断及启示》，《思想教育研究》，2020年第6期。

[5]宋友文，马浩男：《〈论共产党员的修养〉的思想政治教育方法艺术探析》，《思想理论教育导刊》，2020年第2期。

[6]刘建军：《论思想政治教育内容的基本形态》，《思想理论教育导刊》，2020年第9期。

[7]李基礼：《思想政治教育过程控制三论》，《学校党建与思想教育》，2020年第23期。

[8]齐鹏飞：《办好思想政治理论课关键在教师——学习党的十八大以来习近平关于思想政治理论课教师队伍建设的重要论述》，《教学与研究》，2020

年第 11 期。

[9]钟启东:《用习近平新时代中国特色社会主义思想铸魂育人的内容范畴与精神实质》,《思想理论教育》,2020 年第 8 期。

[10]余洪波,顾连杰:《论志愿服务在立德助人方面的功能——学习习近平总书记在学校思想政治理论课教师座谈会上的讲话》,《新视野》,2020 年第 5 期。

[11]杨增崇:《突发重大疫情防控中的话语权提升与信心培塑》,《学校党建与思想教育》,2020 年第 3 期。

[12]崔晓丹,彭庆红:《爱国主义教育中应正确认识和处理的几个关系》,《思想理论教育导刊》,2020 年第 5 期。

[13]王易,王凡:《〈新时代爱国主义教育实施纲要〉的理论创新与路径优化》,《思想理论教育导刊》,2020 年第 7 期。

[14]杨峰:《"抗疫事迹"融入高校爱国主义教育的思考》,《思想理论教育导刊》,2020 年第 6 期。

[15]于小雷,李习文:《新时代高校共青团爱国主义教育实效性研究》,《学校党建与思想教育》,2020 年第 3 期。

[16]杨增崇:《思想政治教育学科交叉研究的历史回溯》,《学术论坛》,2020 年第 5 期。

[17]单文鹏:《关于思想政治教育学科研究方法深化发展的思考》,《思想教育研究》,2020 年第 1 期。

[18]杨晨:《第六届思想政治教育创新发展学术研讨会综述》,《思想教育研究》,2021 年第 2 期。

[19]靳诺:《新时代高校思想政治理论课改革创新的逻辑、方向和体系》,《教学与研究》,2020 年第 1 期。

[20]张雷声,顾钰民,佘双好,王树荫:《新时代思想政治理论课的改革创新》,《理论与改革》,2020 年第 1 期。

[21]高新莉,刘芳:《新时代高校思想政治工作人才队伍建设的几个着力点》,《思想理论教育导刊》,2020 年第 10 期。

[22]冯刚,成黎明:《治理视域下高校思想政治工作体系构建的逻辑与路径》,《思想理论教育》,2020 年第 8 期。

[23]冯刚,史宏月:《建构高校思想政治教育工作质量评价指标体系的方法与路径》,《东北师大学报(哲学社会科学版)》,2020 年第 5 期。

[24]张瑜:《论思想政治教育网络观的演进与理论创新》,《马克思主义与现实》,2020 年第 5 期。

[25]张瑜:《论社交网络环境下突发事件的思想政治工作应对》,《思想理论教育》,2020 年第 11 期。

(北京市科学社会主义学会供稿;执笔人:尤国珍)

哲 学

摘 要

2020 年,面对世界百年未有之大变局和中华民族伟大复兴战略全局,置身"两个一百年"奋斗目标历史交汇期前夕,虽然受到新冠疫情全球流行的严重冲击,北京哲学界创新学术活动方式,开展深入的学术研究,在若干前沿热点问题研究上取得明显突破,并且呈现出学科交叉融合的态势。

一、前沿热点问题研究

1. 习近平新时代中国特色社会主义思想的哲学研究

从哲学视角对习近平新时代中国特色社会主义思想进行研究是 2020 年度北京哲学界的重要课题。韩庆祥对习近平新时代中国特色社会主义思想的哲学基础、核心要义、思想精髓等 10 个深层次、根本性问题从学理上进行了探讨。孙熙国认为,习近平生态文明思想对马克思主义自然观和历史观做出重大原创性贡献,实现了对自然中心论和人类中心论的超越。滕菲认为,习近平生态文明思想包括"人与自然是生命共同体"的本体论,以"绿水青山就是金山银山"为核心的发展论和实践论,"山水林田湖草是生命共同体”的系统工程的思路和生态学为基础的方法论。这一系列重要思想相互联系并构成统一的理论体系，为生态哲学的发展提供了重要的理论基础。袁吉富认为，习近平关于具体共同体的重要论述，充分显示了共同体是一种特殊的联合体，它以尊重自然为前提，以主体间伙伴关系为条件，以共同发展为要义，以建设多领域、多层次的共同体为步骤，以构建民族国家为核心单位的人类命运共同体和人与自然生命共同体为旨归。

2. 人工智能的哲学研究

人工智能（AI）是近几十年来出现的新技术，近年来不断取得新的突破。人工智能的发展也越来越突破单纯技术范围，引起了包括哲学、政治学、社会学等领域的强烈关注。北京大学哲学系成立博古睿研究中心，专门研究人工智能的哲学问题。2020 年，北京哲学界多个分支学科共同聚焦该问题。彭婷认为，在人类认知系统中，语言处于极为关键的地位，马克思、恩格斯语言观为我们审视人工智能提供了重要思路。对人工智能中语言问题的探究发现，人工智能存在语义理解的形式化缺陷、机器思维的意识难题、人类知识的表示困境和人工学习的社会化瓶颈等问题，人工语言与自然语言本质上的差异决定了人工智能与人类智能的根本分野。刘伟兵指出，智能机器通过对人的智能的模拟，能够部分或全部取代人们的劳动，实现生产方式的智能化革命。但这一智能化生产方式并没有动摇马克思劳动价值理论。因为智能机器作为对象化劳动，只是转移自身的价值到商品，并没有创造价值。段伟文强调，在各国和地区纷纷提出人工智能发展规划和战略的同时，人工智能的伦理风险与治理也成为全球共同关注的焦点。

3. 新冠疫情的哲学反思

丰子义认为，要以辩证思维统筹疫情防控和经济社会发展，处理好突出重点与统筹兼顾的关系，当前与长远的关系，“危”与“机”的关系，“常”与“变”的关系。韩庆祥认为，我们需要自觉反思这场重大疫情所蕴含的教训，并把这种反思转化为“改革”“重构”的契机。反思可以集中围绕“真与假”“日常指令性管理体系与创新自主治理体系”“纵向管理体制机制与横向治理体制机制”“苛求他人与反省自身”“强组织与弱个人”“大与小”“权力与能力”“事前思维与事后思维”“底线与高线”“政治与民生”等进行。中国在较短的时间内有效控制住疫情蔓延的势头，彰显了制度优势，北京市哲学会专门为此举办以“疫情防控与国家治理”为主题的前沿论坛加以总结。

4. “三大体系”构建研究

加快构建中国特色哲学社会科学学科体系、学术体系、话语体系研究取得进展。韩震认为，改革开放之前与之后以及党的十八大以来这 3 个历史阶段中，中国哲学话语方式均有不同表现，可以从中总结出某些规律性特征。王海锋认为，可以从哲学论争与哲学本性的内在关联出发，通过哲学论争“续写”哲学的学术史，继而在真正意义的“哲学论争”中推动当代中国哲学学术体系的构建。

5. 学科交叉融合态势凸显

哲学学科分化过细的弊端长期存在，2020 年在学科交叉融合方面取得明显突破。学者们日益认识到不同学科之间对话的重要性，强调“中”“西”“马”之间的融会贯通。适逢纪念恩格斯诞辰 200 周年，马克思主义哲学界与科技哲学界联合举办多次学术活动。清华大学联合多位日方资深学者以“黑格尔与马克思”为主题举办的第三期“中日哲学论坛”则是马哲与外哲学科的交流对话。北京大学哲学系举办的“张世英与当代中国比较哲学”学术研讨会，北京市社会科学院哲学所主办的“中西哲学的形上义蕴与现实关怀”学术会议都是中西哲学之间的对话交融。关于人工智能的研究更是体现出马哲、外哲、美学、科哲等多学科交融的态势。这种学科交叉融合的态势有利于催生哲学前沿问题，从而有力推进学科发展。

二、问题思考与未来展望

总体来看，2020 年北京哲学分支学科成果突出，不过如果从更高的标准来看，北京哲学学科学术发展尚存在有待改进的地方，还有进一步提升的空间。

1. 学科交叉综合研究有待进一步加强

长期以来，由于学科分割过细和学术体制的限制，各分支学科以邻为壑，很少交流互动。近年来逐渐形成的“中”“西”“马”对话，以及其他分支学科之间的对话交流，有助于打破学术壁垒，催生新的前沿课题，推动学科综合发展，这种势头有待继续保持和发展。

2. 学术体系和话语体系有待进一步更新

这就需要突破长期以来哲学研究中存在的“重史轻论”乃至“趋史避论”的研究倾向，真正聚焦于前沿性哲学问题研究。同时通过对中国传统哲学话语和西方哲学话语的创造性转化，以马克思主义为理论指针，实现话语体系的创新性发展，形成一系列适应时代和实践发展需要的概念术语，为学术体系创新奠定坚实基础。

3. 哲学研究的现实性和原创性必须强调

任何真正的哲学都是自己时代精神的精华和文明的活的灵魂。而只有深刻地直面现实问题，把握时代特征，引领历史方向，哲学才能发挥其应有的社会功能。只有走出“从文本到文本”的观念论误区，调动和凝聚丰富的哲学智慧资源，破解“世界百年未有之大变局”的重大难题，才能为实现中华民族的伟大复兴做出无愧于时代的新贡献。这也是北京乃至全国哲学界应该为之而努力的方向。

马克思主义哲学

一、辩证法研究

辩证法研究是马克思主义哲学研究领域一个历久弥新的课题。2020 年，主要在辩证思维、马克思辩证法、政治经济学批判视域中的辩证法研究方面取得了重要进展。

中国政法大学李德顺认为从实质上说，哲学并不是一套现成的知识，而是思考。在黑格尔的哲学体系中，哲学是对人的思考的一种自我批判性反思。仅仅就提供新鲜知识来说，各学科都有各自的知识系统，因此这方面并不是哲学的特长。当然，哲学也有哲学的知识，哲学的知识也是哲学思维体系大厦的砖块。哲学是代表人类理性和智慧的一种高端形态，但是哲学大厦不是砖块的堆积，而是大厦构成的样式和过程。[1]

北京师范大学哲学学院杨耕指出理论思维有两种基本形式，即科学思维和哲学思维，作为一种哲学思维方式，辩证思维是从思维与存在的关系、人的尺度与物的尺度的关系双重关系的视角思考人与世界的关系的；辩证思维的本质特征是矛盾思维，这种矛盾思维有其科学前提，同时具有实践基础、哲学性质，辩证的思维方式不是科学思维方式的“推广与运用”，也不仅仅是科学思维方式的“概括和总结”，而是对人的实践活动中矛盾关系哲学反思的产物，是同实践的思维方式高度统一、融为一体的理论思维形式；辩证思维是一种内含着否定性的理论思维形式，正是这种否定性使辩证思维成为一种批判性、历史性的思维形式，是同唯物主义历史观有机结合、高度统一的理论思维形式。[2]

首都师范大学马克思主义学院黄志军认为政治经济学批判是马克思理解和改造黑格尔辩证法的主要理论阵地。《巴黎手稿》作为马克思政治经济学批判的早期成果，也是二者正面交锋的重要思想领地。深入其中便会发现，马克思对黑格尔辩证法的态度经历了一个由否定到肯定的转变，而非仅仅是否定的一面，即在劳动异化的意义上揭示了其消极方面，因为它的抽象形式遮蔽了现实的人的异化。事实上，马克思是在交往异化的意义上才发现了其积极方面，因为它以积极的异化形式把握到了真正的人的生命形成过程及其运动，所以被给予了充分肯定。通过对“穆勒评注”的分析，马克思的这种肯定可以得到合理的理解和说明。借此，在后来的政治经济学批判过程中，马克思才能以经由交往异化而来的社会关系作为思想通道对黑格尔辩证法的积极方面加以科学改造。[3]

中国社会科学院哲学研究所杨洪源认为逻辑与历史相统一的方法，在马克思政治经济学批判中运用得较为广泛。马克思在《1857—1858 年经济学手稿》中详尽阐释了这一方法之于政治经济学批判的合理性及唯一性，指明其不仅顺应了经济范畴的逻辑次序及其历史次序的几乎一致性，而且通过对经济范畴与具体实在的关系再阐释，丰富了它的内容。在此基础上，马克思进一步从价值与政治经济学批判的逻辑起点和历史起点、货币转化为资本的逻辑过程和历史过程、逻辑分析同史料评述互动的叙述方式等方面，来观照与把握资本主义社会，重新“唤醒”逻辑与历史相统一方法的理论价值和现实意义。[4]

二、《资本论》哲学研究

近年来，《资本论》研究愈发成为马克思主义哲学研究的热门话题。北京市哲学界围绕《资本论》的基本理论主题和当代世界的资本新形态展开了进一步研究。

清华大学哲学系夏莹指出 2008 年全球金融危机以来，全球资本主义运行方式的变化和新技术革命的加速演进加剧了全球经济的不确定性，并且同对马克思主义政治经济学批判的传统解释之间形成了一定的张力。这要求我们从历史唯物主义的视角出发，对20世纪70年代至今的历史中产生的资本运行方式的新变化，即“新资本形态”进行一种历史性的批判理解。“新资本形态”在金融领域、科技领域以及货币体系等方面表现出了多样的裂变形式，并且可以按照各自的收入来源分为广义的金融资本、平台资本和数据资本等类别。对它们的批判性理解需要以政治经济学批判的一般方法，将其各种拜物教式的表象还原为人与人之间变动着和斗争着的关系；在此基础上，分析资本运行的内在矛盾在新资本形态中的表现形式，以及在新的技术和组织条件下建立一种后资本社会的可能方案。[5]

北京大学哲学系张梧认为马克思在《资本论》中提出“资产阶级眼界”的概念，意指驻留在商品交换视界中把握资本主义社会的认知结构。该认知结构不仅主导了亚当·斯密和黑格尔的资本主义观，也制约了部分马克思主义者的资本主义批判，将资本主义批判狭隘地局限在商品同质化和社会合理化的界限内。对此，马克思提出了资本主义的双重视界，即商品交换视界和生产方式视界。通过劳动力的商品化，马克思不仅从商品交换视界深入生产方式视界，而且还立足生产方式视界透视商品交换视界的历史前提。因此，马克思《资本论》的认识论意蕴在于：资产阶级认知结构的瓦解必须批判该认知结构的历史前提，这正是马克思认识论与经验主义认识论的原则性区别，也是马克思的认识论超越阿尔都塞、广松涉和索恩-雷特尔等认识论批判理论的关键所在。[6]

三、人学研究

马克思主义人学理论研究历来是马克思主义哲学研究的重要方向，这涉及马克思主义的基本理论旨趣即人的解放问题。人学研究在基础理论、文本文献等方面，特别是在政治经济学视域来考察人的存在方式方面取得了重要进展。

清华大学韩立新对马克思哲学中的“类”概念和已故著名哲学家高清海先生的“类哲学”做了研究，认为要将其纳入到从费尔巴哈、施蒂纳再到马克思的思想脉络中，才能说明“类”概念作为人之规定的意义。同时，马克思和高清海的“类”概念规定的核心，在于从个别性出发去说明与普遍性的统一以及从个体出发去解释“类”的生成，这是他们在人之“类”规定上所做出的独特贡献。其中，黑格尔的人的自我形成思想对他们以劳动实践来说明人的本质的形成发挥了决定性的影响。[7]

首都师范大学陈新夏考察了马克思主义关于人的发展理论形成和发展脉络，认为马克思、恩格斯创立人的发展理论，经历了从萌芽到形成再到发展的逐渐展开和深化的过程。在萌芽时期，他们开启了对人的哲学层面的思考，初步确立了人的彻底解放的目标；在形成时期，他们明确提出了人的发展概念，比较全面地阐述了人的发展含义，确立了人的发展价值取向和科学认识，使人的发展理论初步成型；在发展时期，他们将对人的发展的理解同对社会历史发展的认识有机地结合起来，进一步丰富了人的发展内涵，深化了对人的发展现实条件和实现途径的科学认识。[8]

首都师范大学黄志军以政治经济学批判为中心，揭示出马克思在交往异化逻辑和生产关系逻辑两个层面对银行或银行业的基本理解及其与人的存在方式的关系。银行作为货币、信用的完成，是交往异化的完成形态；以生息资本和虚拟资本为基础的银行，表征着生产关系的最高颠倒。基于政治经济学批判史的分析，货币、信用与银行的关系可以被视为理解现代人的存在方式即现代社会存在方式的自我否定和变革的思想线索。[9]

四、价值哲学研究

价值哲学的研究是改革开放以来中国马克思主义哲学研究的一个热门领域，近年来研究重点主要围绕核心价值观和共同价值等展开。北京大学杨学功应约为《价值论研究》写了一篇2万多字的长文《当代中国价值哲学研究的历史逻辑》，对中国价值哲学研究的历史进程和内在逻辑做了全面梳理。他认为可以把民国时期张东荪所著《价值哲学》看作近代中国价值哲学研究孕育期的代表作，而当代中国价值哲学研究则可大致分为20世纪80年代兴起、20世纪90年代深化、21世纪全面繁荣等几个时期。各个时期的价值哲学研究具有不同的历史特点，同时又具有内在的逻辑联系。这种内在逻辑主要表现为研究重点的变化轨迹，可以概括为：价值本质论（狭义的价值论）—评价论—价值观。当代中国价值哲学研究应运而生，顺时而变，不断发展，日趋繁荣，有力地支持了中国改革开放和现代化建设事业，特别是促进了与社会转型相适应的价值思维和价值观念变革。

五、政治哲学和法哲学研究

中国政法大学哲学系文兵认为，马克思关于国家与法的思考，是从对黑格尔法哲学的批判开始的，而其中最为重要的问题就是要处理市民社会与政治国家的关系问题。自由主义的法治理念和治理理念，与马克思的思想是根本不同的。马克思对于国家与法律的思考，对于中国特色社会主义法治理论体系与国家治理理论的建构具有十分重要的指导意义。

2020年，北京哲学界关于马克思主义政治哲学研究的重点主要集中在所有权和正义等问题上。程广云考察了马克思和恩格斯的社会所有权和社会所有制设想，认为它们以社会化大生产为历史前提，包括两个基本方面：生产资料归社会所有，用于生产；生活资料归个人所有，用于消费，也就是生产资料公有而生活资料私用即“公有私用”的财产制度。前者是社会联合的条件，后者是个人自由的条件。刘梅基于劳动所有权的政治经济学批判阐明了构筑马克思政治哲学的理论基石，认为正是通过劳动所有权批判，马克思政治哲学的核心从近代政治哲学有关劳动所有权问题转化为资本所有权问题，即从“商品生产的所有权规律”转化为“资本主义占有规律”的研究。因此，马克思政治哲学与政治经济学批判不是基于某种需要的“外在嫁接”，而是一种根本意义上的“内生关系”。

段忠桥通过澄清马克思和恩格斯对正义概念的两种用法，指证伍德对马克思和恩格斯著作中的正义概念存在误解。这两种用法就是：一是基于历史唯物主义用法；二是基于不同阶级或社会集团的分配诉求。他通过具体的引证和考辨阐明了自己的观点。鲁克俭则从另一种角度提出关于“分配正义”争论的新观点。他认为，马克思在《哥达纲领批判》中提出的共产主义高级阶段的所谓分配原则应译为“各尽其能、各足其需”，实际上讲的并非分配原则，以前译为“按需分配”容易导致关注点的偏移。马克思有正义理论，但不是分配正义，而是“美好生活”（即人的自我实现、自我完善）理论。以罗尔斯的分配正义理论来补充或挖掘马克思的正义思想，是多余的；科亨对马克思自我所有权的批评，是失焦的。对马克思《资本论》的哲学研究，并不是要把马克思变成批判哲学（包括资本逻辑批判）。

注：

［1］李德顺：《走向时代前沿的哲学思维》，《领导科学论坛》，2020年第8期。

［2］杨耕：《理论思维、辩证思维与否定性思维》，《天津社会科学》，2020年第6期。

［3］黄志军：《论马克思对黑格尔辩证法的肯定和改造——以〈巴黎手稿〉为中心》，《哲学研究》，2020年第2期。

［4］杨洪源：《政治经济学批判中的逻辑与历史相统一》，《中国高校社会科学》，2020年第3期。

［5］夏莹，牛子牛：《当代新资本形态的逻辑运演及其哲学反思》，《中国社会科学评价》，2020年第1期。

［6］张梧：《资本主义的双重视界及其认识论意蕴》，《哲学动态》，2020年第2期。

［7］韩立新：《人之“类”规定的意义——评高清海的“类哲学”》，《现代哲学》，2020年第3期。

［8］陈新夏：《马克思主义人的发展理论形成和发展的文本溯源》，《马克思主义理论学科研究》，2020年第5期。

［9］黄志军：《论银行与人的存在方式：以政治经济学批判为中心》，《学习与探索》，2020年第1期。

（北京市哲学会供稿；执笔人：杨学功、黄志军）

中国哲学

2020年，北京地区的中国哲学学科（包括儒学、道家和佛学）的研究比较活跃，发表了大量学术论文，在一系列问题上取得进步，出版了多部学术著作；成功申请了众多项目；第八届高等学校科学研究优秀成果奖（人文社会科学）发布，北京地区中国哲学学科学者斩获一等奖在内的多项学术成果奖。综合起来看，北京地区2020年度中国哲学学科取得良好发展，继续居国内领先地位。不过，由于新冠肺炎疫情影响，年度学术会议减少。另外，缺乏重量级学术专著出版。

一、儒学研究

（一）先秦两汉儒学研究

刘全志着重研究了孔子文献的形成过程，揭示其文献生成的历史复杂性和多维度。其研究认为：以孔门弟子的著述活动为中心，以孔子为中心的文本是整个孔门弟子共同著述的结果；以著述阶段为中心，孔子文献的著述经过了由中心点逐渐向外部辐射的过程，由此而形成的文本也呈现出多种多样的面貌。同时，刘全志以5种标志性事件为节点清晰地梳理出孔子文献的形成过程，还原了孔门弟子著述孔子文献的整体面貌。[1]

丁四新论证了郭店简《尊德义》篇是孔子本人著作，[2] 学术意义重大。他对《论语·泰伯》“民可使由之，不可使知之”句的训释进行了检讨，认为古人注疏不存在所谓愚民说，但存在一定程度的民愚说。现代训释则呈现出愚民说与反驳愚民说的两派斗争，而愚民说的流行是时代思潮的产物。结合郭店简《尊德义》来看，“使由使知”两句的大意是：人民可以让他们跟从大道，但无法使他们知晓、认识到道本身。[3] 此外，他对《孟子》“天下之言性也”章的各家解释也做了重新审视，认为孟子对于“天下之言性也”三句是持肯定态度的。“故”当训为“本故”“本然”，“利”当训为“顺利”。[4]

赵法生认为儒家的超越既非港台新儒家所说的内在超越，也非基督教式的外在超越，而是以孔子为代表的中道超越。中道超越的上下、内外、左右三重向度分别指向天人之际、身心之际和人人之际，在工夫实践中融合为一，以“极高明而道中庸”的精神，达成即凡而圣的修养目标，成为各大轴心文明中独具特色的超越形态，对培育士大夫人格与信仰具有关键作用。[5] 同时他通过对《中庸》文本的考察，指出《中庸》人性论依然处于性情论的以情论性理路之中，其所言说的“性”当是性情之性。而且，《中庸》的中和观孕育着由性情论向性善论转化的契机，所以《中庸》的人性论尽管还不是性善论，但它离性善论的距离更近了一步。从工夫路径上来看，《中庸》和《性自命出》一样，既强调真诚情感的基础地位，又重视诗书礼乐之教化，可谓内外兼修、仁礼并重。[6]

刘笑敢、刘雪飞回顾了两种理解和阐释孟子人性理论的入径，认为迂回、注入式的诠释可能具有重要的意义，但却并不适合用来发现孟子学说可能存在的真正意义。相比之下，从直接、素朴式解读中获得的理解通常是可以接受的。讨论孟子人性论，也不应忽视现代科学的新发现，孟子和现代心理学家都从各自的角度揭示了人性中存在善的基因，进一步探究和反思接纳这些理论的原因和理由有重要意义。[7]

梁涛认为在仁、礼关系上，孔子存在以仁释礼与以礼成仁的不同进路。荀子虽然形式上视仁为最高的德，但不是将仁落实在心性上，而是体现在制度中，是以礼成仁，发展的是政治化的仁学，其仁义偏重于义，主张“处仁以义”，通过义来成就仁。同时他也指出荀子的不足之处在于突出等级、差等，缺乏平等精神，而今日儒学应发展出寓差等于平等的正义观。[8]

（二）宋明儒学的发展

陈睿超以《潜虚》为核心，对司马光易学宇宙观的思想内容进行了全面考察，详细分析了《潜虚·气图》、《体图》、《性图》、《名图》、《行图》（含《变》、《解图》）、《命图》各图式的象数结构特征，其所象征的司马光易学宇宙观诸构成环节的意涵，及其达成儒家人世价值之天道奠基这一司马光易学哲学根本思想意旨的方式。并且，通过司马光易学宇宙观与北宋道学“五子”易学哲学思想的比较，他对于司马光道学家身份的争议问题尝试做出了解答。[9]

唐纪宇认为在张载哲学中没有关于实然世界背后之所以然的观念，而是以“气”作为其全部思考的基础。“气”不同于质料，亦不等于物质，而是有着“一物两体”本质结构的实有。由此，张载不仅破除了佛老虚无主义的世界观，也为这个世界何以生生不已提供了理论证明。“神”实际上就是一物两体之气所有的至高普遍作用，而“性”则是贯通于两体之中的气之一体本性。[10]

刘增光认为《洪范》是贯穿象山全部思想的重要文本，是其心学思想建构最重要的经典依据，象山对《洪范》的研究和阐发，体现出强烈的理学色彩和道统意识，而朱陆围绕“皇极”的争论，其实是理学“中”论发展的重要一环。[11]

向世陵则从陆九渊的《春秋“讲义”》入手，认为陆九渊的经学观注重“实理”，从“实理”出发，重视联系国情和君臣大义的实践，反对汉儒天人感应的牵强附会，而从宇宙论的根源去看待灾异，最后落实到君王救助灾异的主体职责上。[12]

田智忠指出朱子的“道体论”与“理气论”存在诸多难以协调之处，这导致了对“道体”定位上的两难。对此，黄干选择慎言理气先后问题，通过引申朱子“流行全体即是道体之本然”的说法，转而强调“道体”的即体即用、即存有即活动。这在一定程度上消解了朱子哲学中的难题，并在实际上开启了理学思维去实体化的路向。[13] 此外，他通过对方以智“一在二中”思想的考察，指出在讨论“一”和“二”的关系时，方以智反对宋儒强调由本到末、由体达用的思维模式，而把重心放在“二”上，更强调“用为体本”。以此为基础，方以智对于理学所讨论的一系列重要问题予以了回应，体现出了重视思辨和强调智识的一面，而这些回应颇有深受庄学和佛学影响的痕迹，与理学的主流观点有较大的不同。[14]

（三）现当代儒学的反思

赵汀阳从两个方面讨论了当代中国哲学处境：以西方哲学为参照的中国传统哲学；西方哲学的中国化。他分析了西方的分类学对中国哲学的影响，以及中国哲学把人生论定位为核心论题而造成的自限局面，还有西方哲学在中国化过程中发展意义续篇的可能性，指出中国哲学缺少问题的分析和理论的推进，回避逻辑分析和逻辑论证，导致经典文本不断萎缩，学术发展停滞，这是一个需要反思的问题。[15] 吴飞考察了经学与哲学之间的关系，对赵汀阳《中国哲学的身份疑案》一文做出了一定的回应。[16]

梁涛认为传统“四书”不足以反映儒学的完整面貌，不足以体现仁义的精神内涵，因此提出“新四书”，即《论语》《礼记》《孟子》《荀子》。他指出儒家的核心理念是仁义，在具体理解上包括由仁而义与由义而仁两个方面，前者是孟子的“居仁由义”，是由道德而政治，后者是荀子的“处仁以义”，是由政治而道德，二者结合才是完整的仁义观。[17]

温海明构建了一套意本论体系，旨在把《周易》的一整套贯通天人的哲学意识用现当代哲学语言表达出来，使得“中国哲学意识”这一中国哲学研究中的重要问题，能够引起研究者的重视，并通过建构中国哲学意识推动当代中国哲学研究的新发展。在内在性意义的“道”的理解上，他把《周易》哲学的核心概念称为“人天之意”，并从10个维度进行了系统概括。[18]

陈来对传统文化和国学进行了重新审视，重塑了儒学的社会价值，阐明中华民族复兴的条件。中国人重视的“以人为本”“协和万邦”“极高明而道中庸”等处世原则，都是“日用而不知”的文化传统。他倡导传统文化在新时代的创造性转化，希望现代人学习王阳明、朱熹等大思想家的智慧，提升人们的精神境界。[19] 陈来指出，天人合一、以人为本、崇德尚义是传统文化“优秀”的基本表现。天人合一，说的是注重人与自然的和谐统一；以人为本，是重视作为创造世界的主体的人的价值；而崇德尚义，则是对道德信念的坚守和道德理想的追求。在此基础上，优秀传统文化在历史演变中形成了独特的价值偏好，这种价值凝练起来讲就是责任先于权利、社群高于个人、和谐高于冲突。这些价值取向对于现在的社会文化建设和价值观引领而言，具有鲜活的生命力。[20]

许家星讨论了儒学史上对知言、养气的认识：孔子视知言知人与内省反求为君子人格的必要内涵；孟子首次将知言养气作为一对儒学核心话语而提出，以彰显了儒学仁智双彰之精神；宋明道学接续孟子，以知道、集义诠解知言、养气，突出了知言的工夫、境界，强化了知言与养气的关系；冯友兰以西方哲学的理性与直觉重新解读知言养气，展现了儒家哲学理性与存养、认识与实践、工夫与境界两轮偕行的特色。因此深化对知言养气的认识，有助于推动中国哲学话语建设。[21]

对于仁与孝的关系问题，唐文明指出二程、朱子在他们新的人性论框架中提出“仁体孝用论”，将儒门所提倡的爱的普遍性与差等性成功统一起来，但在落实于生活经验时犹有重要缺失。他一方面认为应当从天人之间的感应来理解仁与孝的关系，这样仁与孝皆归属于人直面天地的超越性经验；另一方面基于“仁感孝应论”对《孝经》之“三才章”“感应章”进行重新解释，并对现代以来的仁孝之辨进行了评判。[22]

李景林从儒学作为一种形上义理体系与社会信仰系统之关系入手，揭示了教化儒学的思想和文化内涵。他认为儒学作为一种形而上学，与中国古代社会的信仰系统具有一种“同途而殊归”的内在关联性，这使它能够既保持自身作为一种哲学义理体系的独立性特质，同时又能够切合、转化、升华和引领社会和民众精神生活，具有不同于一般宗教的普泛的教化意义。[23]

张立文以和合学为核心，分别从元亨利贞、理一分殊论、体用一源论、不离不杂论、内圣外王论、能所相资论6个方面讨论了中国哲学中有关天地万物资始资生、共相殊相、终极根源、顿渐变化、人类社会实践、主体体认客体对象等的问题，旨在建立一套完整的中国哲学原理逻辑体系，从而把握当下中国哲学的时代精神。[24]

干春松在讨论儒家思想中复仇观念与后世法律的冲突时认为，一方面，儒家经典所提倡的价值并不会因为得不到现实制度的支持而失去其对人们生活的影响；另一方面，绝对背弃经典的法律制度也会造成执行过程中的矛盾。而对于复仇问题的分析，可以让人们更为深入地认识儒家经典对于中国社会影响的复杂性，并帮助人们理解经典对于现时代的意义。[25]

李祥俊对不同时代儒家性善论的内涵进行了考

察：孔子等早期儒家以现实的情感表现论人性，追求应然之善；孟子以超越的本心论人性，明确提出性善论；宋明新儒学以天理论人性，把天理、性善、人伦情感贯通为一。他指出儒家性善论的论证路径体现出唯意志主义、信仰主义的特征，重新发扬人的生命及创造本性是儒学现代转化的重要使命。[26]

李存山认为张岱年的哲学思想最重视解析与综合，其所建构的是一个“新综合”的哲学创新体系，以“整与分”“变与常”“异与同”的辩证关系为“文化之实相”，因此在张岱年的文化观中，解析与综合的统一仍是重要的特色，这对于当今的文化建设具有重要的理论意义和现实意义。[27]

刘余莉在《儒家伦理与美德伦理》一书中批判了近几十年一些西方哲学家把儒家伦理视为美德伦理学的观点，而把儒家伦理视为一种实现了规则与美德统一的独特伦理学类型，并期望利用当代西方伦理学的理论成果对儒家伦理进行重新解读，从而促进中外伦理学的比较与交流。[28]

（四）经学研究

刘丰认为儒家所建构起来的“三代之礼一也”的历史观、文化观虽然并不完全符合史实，但鲜明地反映了儒家对于历史发展的看法，在儒学体系内是非常有意义的。三代是儒家塑造的理想社会模型，现实社会与三代相比永远是退步的、不够的，三代永远是高悬于现实社会前面的一面镜子。因此，三代以及复三代之礼才会在历史上成为儒学复兴的内在动因。[29]

陈壁生从经史关系出发，深入考察了郑玄的经学体系。在郑玄那里，群经从孔子立法转变成“先圣”之法，从而在文献意义上消弭异义，平衡异说，重新成为一个共同的系统，不再像两汉今文博士那样用经说展现经学的意义，而是使经学成为一种客观的知识。作为文献的经书与作为知识的经学，既能维持经学的独立性，又能落在政治生活中成为议礼、论政的价值依据，教化天下，塑造一种文明的生活方式。[30]

任蜜林认为鲁、齐、韩三家《诗》虽然都属于今文诗学，但其思想特征并不完全相同。鲁《诗》与荀子思想有着密切关系，在解《诗》时突出了礼的地位；齐《诗》源自以《公羊》为代表的齐学，有着浓厚的阴阳五行思想色彩；韩《诗》同时受到荀子与阴阳家两方面思想的影响，既有荀子“天人相分”思想，又有天人感应、阴阳灾异思想。[31] 此外，他还从西汉《尚书》学发展演变的角度对《洪范五行传》进行了新的探讨，认为其作者应该是夏侯始昌，其内容受到阴阳五行思想的影响，将《洪范》的“五行”“五事”“皇极”等与“灾异”结合起来，建构了一套以“六”为标准的阴阳五行系统。[32] 他认为，应该把刘向的《洪范五行传论》置于西汉《尚书》学的发展过程中加以研究，并从3个方面论述了刘向对于《洪范》学的贡献。[33]

陈静、朱雷分别考察了《公羊传》、董仲舒和何休的大一统思想，指出其中一脉相承的观念，是一统与正统的内在关联。大一统理论不仅强调整体的形式统一，更强调政统自身的正义性。统之正是大一统理论的核心。因此，如果要简略概括《公羊传》和汉代公羊学的大一统思想，应该为“大一统”补足语义，其含义是“大其一统于正”。“统正”才是公羊学所“大”之“一统”，才是大一统思想最初的真正含义。[34]

方朝晖认为中国历史上的“三纲”本义并不是所谓“君为臣纲，父为子纲，夫为妻纲”，而是指君臣、父子、夫妇这三大伦。他指出，宋代以来对“三纲”的使用有明显的从本义向狭义转变的趋势。因此，今人无法理解古人“三纲”的真实含义和思想其实是对本义的忽略而将“三纲”简单地归结为“某为某纲”所导致的。[35]

辛亚民注意到《周易》类文献中“同卦异名”的现象，他认为除了同音通假外，一类是最初为该卦命名时选取了卦爻辞中不同的字词造成的；还有少数卦名是在转写过程中发生讹误造成的。这一现象说明不同文献易卦卦名具有共同的来源，《周易》卦名虽然正式产生于卦爻辞之后，但在编纂过程中筮辞中的“中心词”已经具备卦名的“先天形态”，这可以帮助读者理解《周易》同一卦中“一字多义”的现象。[36]

二、道家哲学研究

（一）《老子》及老学研究的深入

1.“自然”观念的研究

“自然”观念的研究是近20年来中国哲学界尤其是道家研究中的热点，北京中国哲学界在2020年发表了几篇重要研究论文。

崔晓姣梳理了近年来中国哲学界关于“自然”这一思想观念的研究，指出已有的研究主要集中于4个方面：一是关于老子思想中“自然”之主要意涵的探讨；二是由此而衍生出的“自然”与“道”“物”，以及“自然”与“无为”的理论关系问题；三是“自然”在思想史脉络下的理论发展与演化；四是比较哲学视域下的“自然”观念研究。[37]

在消化吸收前人研究的基础上，罗祥相指出，此前学者们对老子“自然”的意义层级与类型的区分，存在着过于简化、概括不全的问题，进而通过采用哲学语义分析法，认为老子的“自然”存在“四种主体，五个层级”：“道法自然”，是自因的“道”之自然；“辅万物之自然”，是自在的“万物”之自然；“希言自然”，是无为的“圣人”之自然；“百姓皆谓我自然”，是自为的“百姓”之自然；而“莫之命而常自然”，则是道之玄德“恒使万物自己而然”的“自然”。[38]

刘笑敢则认为，已有的讨论大多围绕自然的造词义和语词义展开，而缺少自然之体系义的维度。他通过梳理“自然”一词在先秦两汉重要子书如《庄子》《荀子》《韩非子》《吕氏春秋》《春秋繁露》《淮南子》《文子》《论衡》中使用与演变的情况，凸显了《老子》之自然的体系义与后人之自然在思想意义上的不同和演化，从而展现出自然从整体义到个体义、最高义到普遍义、价值义到客观义的蜕变，并由此促进了对自然词义之丰富性、复杂性和歧义性的理解。[39]

2. 对《老子》的阐释

李芙馥考察了西汉后期解《老》的重要著作《老子指归》，指出在文本结构上，《老子指归》上经40章、下经32章的分章契合于天地阴阳之数；在解说体例上，《老子指归》采取义理为主，兼有注疏的阐释形式；在诠释方法上，体现出“柄《老子》之归、统《庄》《易》之指”的特点，并在对《老子》思想进行体系化诠释的同时，也显现出其自身思想的体系化。[40]

温海明从其意本论哲学的角度出发，认为“意”可以是理解“道”的“道门”，并根据《老子》中将“道”比喻成水的哲学思想，提出从自然之意、道意不二等角度思考和探索“水意之门”，进而通过“水意之门”来推“门”求“道”。[41]

3. 《老子》新知——从文本到思想

2020年11月9日，丁四新在清华大学组织和主持了“冯友兰中国哲学论坛：《老子》新知——从文本到思想”的学术座谈和对话会。郑开、曹峰和丁四新的发言以《〈老子〉新知——从文本到思想》为总标题发表在《中原文化研究》2021年第3期。[42]

（二）《庄子》及庄学研究的兴盛

1. 《庄子》哲学的整体研究

杨立华的《庄子哲学研究》一书以《庄子》内7篇为文本基础，通过庄子世界中的人物、概念层次等，揭示出《庄子》内篇令人惊讶的整体性和完成度：思想与概念展开的高度一致，精巧到近乎无迹的结构安排，看似偶然实则必需的叙述方式。他指出，那些以为庄子之文章漫无际涯的看法其实未能了解庄子叙述风格背后的不得已，庄子的哲学有见于哲学的语言困境以及人间世的种种危险，以无条件的真知为追求，以各种形态的“尝试言之”彰显出不可言说的静默。[43]

丁四新着重研究了形成庄子思想的观念源头问题，认为“道”“气”“天”是庄子思想形成的三大本原，它们都包含“自然”之义。其中，“道”有主观境界义和客观实在义，“气”有客观实在义和精神状态义。从宇宙生成看，道、气为二元，气聚散变化而道随气周行；从始源看，“道”毕竟是第一位的，“气”是第二位的。“天”亦有客观实在义和主观境界义，并且是“自然”的代名词，是对“自然”“无为”两概念内涵的综合。“自然”贯通于“道”“气”“天”三大本原之中，兼具“自己如此”、“自然而然”和“无为”三义，同时兼具客观实在义和主观境界义。[44]

王威威探讨了庄子学派关于道与无、有的关系，道与一的关系，道与物的关系的看法，揭示了庄子学派赋予道的新内涵：庄子认为道非有非无，庄子后学有使道变为纯粹的无的主张；庄子思想中的“一”是一种混而未分的精神境界，也是万物最本真的存在状态，庄子后学以“一”为道与物的媒介，“道生一”而“物得一”；庄子以道为“未始有物者”，庄子后学明确提出“物物者非物”命题；庄子及其后学以道为“形形者”，又用精、气、物解释万物如何成形的问题，这一思路可用来解释《老子》第51章的“物形之”。[45]

2. 关于《齐物论》的研究

《齐物论》是《庄子》一书中极为重要的一篇，一直以来也都是《庄子》注疏和研究中的重点，但同时本篇也是《庄子》中最为复杂并且聚讼不已的一篇。仅就篇题而言，就存在着“齐物—论”“齐—物论”“齐—物、论”等多种读法和理解进路。

王威威比较了《齐物论》和《秋水》两篇中“齐物”观念的不同，认为《齐物论》中的“齐物”观念包含两个层次，泯除是非、承认万物的个性和平等是低层次的“齐物”，打破物与物、我与物之间的分界而回归混而未分的整体是高层次的“齐物”；而《秋水》中的“齐物”观念停留在承认万物的个性和价值平等的低层次，尚未上升到“通而为一”的高层次，且该层次的“齐物”强调是非的判断标准会因时而变化，亦即并不主张泯除是非。[46]

曹峰批评了过去的《齐物论》研究中那些偏执于“物论”层面的做法，强调应当将《齐物论》放在道物关系、心物关系的发展脉络中，并置于统一性与差异性关系的框架中来认识，认为《齐物论》关于“物论”的辨析只是前提、过程、媒介，其真正的落脚点在于万物，在于回到万物本身并实现万物的多样性和差异性。而庄子《齐物论》的完成亦是建立在对于前人齐物思想的继承与批判之上。[47]

在齐物与齐论的对举中，程乐松尝试通过主体视角展开的自我反思来揭示《齐物论》的思想世界，发现其中存在着两种不同的自我形态：融入世界的言说者和外在事物秩序的建构者，与疏离外在的沉默者和既有秩序的解构者。“我”的成立是以有限性为前提的，同时，有限性和界限感也成为自我不断遭遇外物的经验触发机制，而这些经验又进一步地激生了自反性的省察。只有在有限的前提下，整全与浑然才为自我提供了一种不断回向并尝试超越的活力。[48]

此外，程乐松还揭示了《齐物论》在当代西方反形而上学潮流中所具有的独特价值，认为它没有概念化的创制与抽象的约化，在概念规范和命题逻辑的限制之外，通过视角的转换与视野的拓展揭示划一秩序和主体智识的有限性，从而保持活跃反思的持续性及对经验的敞开。在此意义上，作为思想方法的《齐物论》可以成为哲学——特别是西方底色的哲学范式的参照和渊鉴。[49]

作为理解《齐物论》的关键，“吾丧我”的命题也一直受到道家学界的关注。孟琢利用汉语词源学的方法，分析了《庄子》“吾丧我”中“我”和“吾”的意向性区别以及“丧”的意向性特点，指出“我”的词源意义在于“倾斜”，其实质是基于成形、成心的人物关系的不对等性。“丧”与“忘”同源，是一种排遣人文标识的精神方法，依三籁之序而不断逆行，以退场的方式归于整全的天籁之境。“吾”的词源意义在于“相遇”，是超越了偏斜之“我”的人与万物之间的自由相遇、平等转化与浑然一体。[50] 此外，罗祥相认为，由对“小大之辩”的不同诠解将开阐出不同的“逍遥义”。[51] 韩林合讨论了庄子“无用之用”论题的 3 种可能意义。[52]

（三）黄老哲学与魏晋玄学

1. 黄老哲学

随着马王堆《黄帝四经》的发现，“黄老道家”的提法得到确认，相关研究也自此成为道家研究中的前沿领域。

首先，黄老哲学的核心在于政治哲学。崔晓姣通过探讨“刑名”与“自然”观念的建构以及对二者关系的厘定，揭示了黄老政治哲学独特的内在理路。[53] 李素军聚焦于“无为而无不为”这一命题，梳理出先秦道家静态关照的“涤除玄览”和汉初黄老道家具有实践意义的“曲因其当”两种不同形态的“无为”。[54]

其次，黄老研究的范围也在不断拓宽，例如目前学界基本认同《吕氏春秋》在总体上也属于黄老道家。丁四新围绕“贵生”“重己”“形神”等概念考察了《吕氏春秋》的生命哲学，认为《吕氏春秋》综合了性命说和精气说两大传统，以“太一”（或“道”）为“本源”，而以“精气”和“性命”为其“本体”。在此基础上，《吕氏春秋》阐述了生命哲学的多个重要概念、观念、方法和问题，进一步拓展了“生命哲学”的内涵和外延，推进了相关思想在战国末季的发展。同时，它承上启下，作为秦汉生命哲学的开端，具有不容忽视的思想意义。[55]

白奚重点研究了早期道家的一位重要人物范蠡，认为他上承老子，下开战国黄老道家，在很多方面传承了老子的思想，并在长期的政治、军事活动中予以发挥和应用，开创了道家思想成功指导社会实践的新局面，为道家学说的发展开辟了新的领域和新的方向。特别是他提出的“因”论，不仅推进了老子思想，更对战国时期的黄老道家产生了深刻的影响，成为黄老道家最重要的哲学方法论。[56]

2. 魏晋玄学

魏晋玄学一直是道家研究中的薄弱环节，北京中国哲学界 2020 年在这方面的研究也略显不足。余开亮阐释了郭象“游外冥内”这一命题，指出其内涵在于将方内与方外两种世界性的划分统摄于一种“即方内即方外”的适性处世心态，从而使现实世界的逍遥成为可能；郭象以自然性分的新内涵整合了自然与名教的冲突，提出了“自然即名教”（而非名教即自然）的新观念，从而使遵循真名教也可以是一种任自然的体现；郭象还旗帜鲜明地对名教之治与“弃情逐迹”现象进行了批判，彰显了其政治理想主义的理论倾向。[57]

（四）儒道比较、中西比较及其他

1. 儒道比较研究

一般认为，儒家主张出仕而道家崇尚归隐。李芙馥从伯夷与叔齐归隐一事切入，观察到孔子对其褒扬有加而庄子多贬抑之，亦即先秦儒道两家对仕与隐的态度并非简单的二元对立，而是都以“道”为核心，以是否合于“道”为标准来具体评判出仕与归隐。换言之，先秦儒道两家在对待仕与隐的问题上既有其“异”也不乏其“同”，显现出比较复杂的局面。[58]

李锐关注于中国古代的宇宙生成论，并借助近年出土的简帛材料，从其源头将它们划分为4种类型：神话型、数术型、有生于无型、自生型。他认为，虽然目前所见的宇宙生成论多数都综合了其他类型，但是核心因素还是比较明显。神话、自生、无中生有、数术等类型的宇宙生成论都联系着一种指导行为的准则，并且和先秦思想家的很多思想相关。[59]

丁四新提出应当从宇宙生成论与宇宙结构论相结合的角度来研究中国古人的宇宙论数理及其“数”的哲学观念，认为早期中国“数”的哲学观念主要表现在3个方面：首先，对“数”本身做了哲学思考，肯定其实在性和普遍性；其次，从宇宙论层面肯定“数”的哲学观念，并通过宇宙论数理将其推广至天地万物；再次，从思维角度赋予“数”以哲学意义。[60]

杨博通过将楚竹书道家文献与传世儒家文献有关宇宙生成的篇章对照，发现儒、道家叙述宇宙生成模式的目的均在于为各家主张的“治世”理想提供依据。早期诸子学说在同一政治目标下，通过相近或共同的“治世”言说母题，同根互济，旨趣贯通，但又借别家理论以张扬己说。在此意义上，汉人“六家”“九流十派”的学派判定是有着深刻历史渊源与学术背景的。[61]

2. 中西比较研究

郑开基于长期以来对儒道“德”观念的研究，进一步将中国古代思想中的“德”与西方世界的“Virtue”比较，认为这两个语词或概念本身即包含了丰富的语源学与思想史之跌宕起伏，并且它们各自的特色与价值以及其间的异同都需要从中西方哲学（含伦理学）理论范式的层面予以理解和把握。他指出，苏格拉底以来的古希腊伦理学以知识论、逻辑学为基础，围绕德性与正义等主题展开；而中国战国中期以来，儒道两家伦理学则以心性论——实践智慧和境界理论为归宿，趋向于人性的实现与精神的提升。[62]

王中江立足于对儒道关于宇宙世界思考的把握，认为从世界的关系性和普遍相关性来看，因果确定性、决定以及与之相反的不确定性、机遇和非决定，是世界关系性和普遍相关性的不同类型。其中，因果确定性属于强相关性，其强度有大小、多少之别，但它至少要强到影响了结果的出现；不确定性和机遇则属于弱相关性，其弱的下限是它同结果不能毫无关系。而德福一致的天命论和德福不一致的运气论，是因果确定性和不确定性在人类事务中的一种特殊表现。[63]

三、佛教佛学研究

2020年度北京地区学者发表的论著，主要集中在以下几个方面：中国中古佛教史研究、印度佛教与哲学研究、《大乘起信论》研究、佛教解经学研究、藏传佛教研究、戒律研究。北京地区2020年度佛教研究表现出以下特点：佛教史研究成果相对较多，藏传佛教的研究成果增长较快；狭义的佛教哲学研究有待提升，但出现新的增长点，一是《起信论》老题新作，二是佛教解经学已经形成印度梵语原典研究与汉译佛典注疏研究齐头并进的学术格局；佛教制度史研究不温不火，但在律藏文献研究上已表现出持续发展的后劲；佛教医学逐渐受关注，该领域研究趋热。

1. 印度佛教与藏传佛教研究

姚卫群《印度古代宗教哲学文献选编》中选编的文献涉及胜论、心理、教论、瑜伽、弥曼差和吠檀多6个派别。译文主要依据梵本，适当参考了一些已为学界公认的英译本。他还发表了《印度哲学中对人与自然现象的趋同性分析传统》、《古印度哲学中的“实体”观念》等论文。

王俊淇《法称〈正理滴论〉与法上〈正理滴论注〉译注与研究》对法称《正理滴论》与法上注进行译注与研究。该书是《滴论》以及法上注的首次汉语全译，方便了汉语读者直接了解与学习法称及其后学的量论。他还着重研究《明句论》相关的因明问题，发表了论文《〈中论〉〈明句论〉第二十五章中的四句分别》、《月称〈明句论〉中的自他共比量》。

成建华《从因果关系上看中观佛教对“生”的破斥》指出“生”是印度哲学中非常重要的哲学范畴，并结合龙树《中论》的核心内容——“八不中道”，从因果关系上对印度最具代表的宗教哲学派别的理论思想加以辨析，揭示中观佛教对“生”的否定辩证法意趣以及对空义的高度阐发。

周广荣《尼耶舍：走向“梵我合一”的方便法门》指出吠陀时代的“梵我合一”思想、六派哲学时代的“声常住论”，以及南印度经典湿婆派悉陀医学的“肉身观”，构成了尼耶舍法门的思想基础。

尕藏加《西藏政教合一制度史略》呈现了西藏地方政教合一制度的演进历史和基本面貌，揭示了不同时期西藏地方政教合一政权的结构、特征和作用，是中国藏学研究领域第一部较为系统梳理和阐述西藏政教合一制度历史的论著。乌日切夫《雍和宫藏元刊两部藏文文献概述》指出这两部佛教文献作为蒙藏佛教文化领域具有重要意义的佛教版画资料，改变了元刊蒙藏佛教版画极度欠缺的状况。嘉木扬·凯朝《论萨迦班智达对于蒙藏佛教交流的贡献》介绍了萨迦班智达·贡嘎坚赞（1182—1251）在创制蒙古文字、推动蒙藏政治融合和文化交流，为后世处理政教关系和民族关系树立先导作用等方面的贡献。刘丹枫《藏传佛教对中观应成派思想的继承与发展——以格鲁派“所破”概念为中心》指出格鲁派在继承和发展中观应成派思想的过程中，围绕“所破”概念建立起严密的理论体系，并最终将“所破自性”定义为“不观待名言安立而从自方有”。沈卫荣《世界佛教视野中藏传佛教的多重认同》基于整个世界的宗教场域，介绍了藏传佛教在不同时空条件下被赋予不同的身份认同，指出这些认同极大地影响了人们对它的宗教性质、思想价值、历史和现代意义的认识，而有机整合汉、藏两种佛教传统的汉藏佛教，更应该是中国佛教重要的身份认同。嘉木扬·凯朝《藏传佛教中国化的历史脉络及重要人物》介绍了文成公主、萨迦班智达、宗巴喀大师、十世班禅大师在藏传佛教中国化过程中所做的杰出贡献。班班多杰《藏传佛教中国化的学理依据、本土特色和时代特征》指出藏传佛教中国化要处理好藏传佛教基本信仰、教义、修持和中国立场本位的关系，谨守师法、强调师徒传授和主动适应中国社会的关系，注重藏传佛教教义的传承渊源、义理原旨和体现中国思想特质的关系。

2. 中国中古佛教史研究

首先，六朝佛教研究。黄心川《北朝佛教与儒家文化——以北魏佛教公信仰为中心》指出北朝三教以“戎华之争”为特点，佛教一方面反对儒道二家，一方面用儒家的“孝”去批评正在进行的灭佛行为，一时成为各民族政权的公信仰。黄夏年《北朝民族佛教的性格》对北朝各民族佛教性格做出说明。李四龙《以北朝解经重评“南义北禅”》指出邺城译经、讲经、义学讨论盛行，作为中国佛教史上继关河义学之后的第二个义学高峰，否定了“南义北禅”的客观性。“南义北禅”实则体现了南北方僧人的弘法特色而非佛学格局。陈志远《六朝佛教史研究论集》就《般若经》早期传播史、六朝前期荆襄地域的佛教、梁武帝与《般若经》、干戈之际的真谛三藏、早期佛典翻译史的独特方法、六朝的转经与梵呗、晋宋之际的王权与僧权、内律与俗法等话题展开了讨论。

其次，隋唐宗派佛教研究。夏德美《三论宗与“关河旧说”、河西道朗关系考辨》指出把道朗列人三论宗传承系谱缺乏思想传承根据，也与三论宗思想特质相悖。李四龙《论智顗治病法及其医疗文化系统》指出智顗的治病法展现了南北朝复杂的医疗文化系统，其中以“观心”为特色的禅法丰富了中医对精神疾病的治疗方法。张文良《李通玄与日本华严思想——以李通玄对明惠的思想影响为例》指出李通玄对日本华严思想的影响集中体现在日本华严思想家明惠的思想中，其中最重要的特色是建立佛光观等观想仪轨，将在中国展开的义理华严改造为仪轨华严。其另有《中国华严宗的观音诠释》论文一篇。黄夏年《二祖慧可在中国禅宗史上的地位及意义》指出慧可奠定了中国佛教特有的祖师禅信仰模式。张明悟《〈显密圆通成佛心要集〉对辽代密教的影响探析》指出辽代密教是从辽大康年间（1075—1084）开始流行，并一直持续到整个金代。辽代道法师所著的《显密圆通成佛心要集》在其中产生了重要影响。李想《迁权就实、取象表法及唯心净土——李通玄净土叙事的建构与革新》考察了李通玄“唯心净土”的净土思想及其独特的理论背景。《论早期禅宗的净土观》探讨了早期禅宗对待净土信仰的态度及其对净土思想和念佛法门的不同阐发。湛如《唐代长安西明寺与仁王会——以敦煌写本 p. 3808 长兴四年中兴殿应圣节讲经文为线索》指出仁王会是一场上到帝王下至百姓的盛会，法会中的各种活动又是唐代社会生活的一个重要缩影。陈粟裕《禅意绘画》（北京：中国大百科全书出版社，2020. 09）梳理了从北朝晚期至清，禅宗对中国绘画艺术的影响。《〈安重荣出行图〉研究——一位五代粟特将领的“神化”》指出粟特人在汉化过程中运用汉地熟悉的文殊菩萨塑造粟特裔将领的形象。

3. 佛教解经学与《大乘起信论》研究

黄夏年《南北朝二种〈法印经〉研究》对南北朝时期的竺法护译的《佛说圣法印经》与《慧印三昧经》做出了比较研究。范晶晶《缘起——佛教譬喻文学的流变》以佛教譬喻文学为研究对象。作者总结了“缘”这种文学类型的跨文化迁徙过程及其对文学史研究的意义。杨浩《净影慧远义疏体著作解经体例初探》指出慧远的解经主要采用南北朝流行的义疏体，在体例中实际上贯彻了较为统一的三门分别。此种解经体例为后代解经家所吸收，并发扬光大，从而形成具有一定汉地特色的佛教解经学。

《大乘起信论》研究。中央民族大学于2016年成立东亚佛教研究中心，《大乘起信论》研究是该中心的重点课题。张文良作为该中心的核心成员之一，其出版的《〈大乘起信论〉思想史研究》是国内《大乘起信论》研究的最新成果，该书创造性地提出“作为方法的《大乘起信论》”这一观点。刘成有与郭佳的书评《聚焦东亚佛教思想演变之“黄金纽带”研究——〈《大乘起信论》思想史研究〉书评》指出关于《大乘起信论》的注疏与研究成果不少，但是能从东亚佛教的层面对《大乘起信论》的研究史进行梳理的成果少之又少，该书的出版将推动东亚如来藏思想的研究。

《大乘起信论》及相关注疏研究的期刊论文可以分为四类：其一，《起信论》的哲学研究。文章有张文良、明月《〈大乘起信论〉中的“大乘”》与喻春勇《〈大乘起信论义记〉中“觉”义思想》两篇。其二，《起信论》及其注疏的修行法门研究。文章有吴紫雯《〈大乘起信论〉的修道位次第》与张海龙《法藏法师〈大乘起信论义记〉之止观思想探析》两篇。其三，《起信论》作者研究。文章有王帅《昙延与〈起信论〉》。其四，《起信论》与近代佛教研究。文章有刘成有《冯友兰中国哲学视域中的〈大乘起信论〉研究》与喻春勇《牟宗三“一心开二门”思想及其对康德哲学之会通》两篇。

4. 戒律研究

王邦维《房山石经中的律典》指出房山石经所收律典有8种，主要刻于隋唐时期。依此推测当时云居寺一带的僧团主要宗奉《四分律》。此外，房山石经的律典还说明了房山的僧人完全依大乘佛教的规矩奉持“菩萨戒”经典，以中国通行的大乘经典（“大乘律”）为律仪的根据。李薇《〈大毗婆沙论〉之“心狂乱”考》指出《大毗婆沙论》记载律藏有三种不犯，但是现存律藏中却为四种不犯。作者通过考察《大毗婆沙论》中与心狂乱相关的梵语，并调查这些梵语词在《阿含经》、律藏、阿毗达摩论书中对应的译语及在注释书中的解释，发现这一矛盾可能是由于译语的变化而产生的。同年，李薇还提交了博士后出站报告《律藏僧残法之“淫戒”研究》。吴娟《印度佛教〈根本说一切有部律·衣事〉梵藏本探析》对缺少汉译本的根本说一切有部《律事》的第七章《衣事》进行探究，对吉尔吉特梵文本和藏译本进行了对照，并以阿阇世故事为例说明《衣事》对于佛教和耆那教的比较研究。夏德美《早期禅宗戒律观的演进》对达摩到慧能的禅宗戒律观做出考察。文中指出纵观菩萨戒中国化历程，慧能无相戒的提出标志着菩萨戒中国化的基本完成，从此，中国有了完全独立的菩萨戒理论，同时也引发了一些新的问题。温金玉《辽金时期燕京律宗一系考察》指出北京作为辽金重镇，其中律宗最具特色，不仅有著名律寺、传戒戒坛、律学著述，更有成规模、有系统的法系传承，形成从法均到圆拱五世代代相承的辽金律宗法脉。温金玉还发表了《弘赞在犙律学思想研究》。梁玲君、李良松《〈四分律〉中的耆婆医案探析》指出通过研究耆婆医案有助于准确把握耆婆诊疗方式、手术治疗特点、用药特色，挖掘当时医学的发展进程，有助于梳理耆婆医学思想在医学发展史上的历史意义以及更好地指导临床实践。

除上述数个方面外，2020年度还有佛教文献学、东亚佛教等领域的研究成果。纪华传《乾隆大藏经总目提要》，《乾隆大藏经总目提要》对每部经典的翻译情况或著述过程、品目内容、经论大义等进行了概述，是中国佛教文献学研究领域一部重要的研究成果。夏德美《肇论新疏》对元代华严僧人文才的《肇论新疏》进行了标点与校勘。魏道儒《人类文明和谐共生的样板：中韩佛教文化共建》指出7—10世纪，韩国僧俗人士在中国佛教最兴盛时期参与到共建中国佛教文化的伟大事业中，是人类文明交流史上的奇迹，对于夯实构建人类命运共同体的人文基础，有着重要的启示、借鉴和鼓舞作用。

注：

[1]刘全志：《先秦时期孔子文献的形成》，北京：北京师范大学出版社，2020年。

[2]丁四新：《郭店简〈尊德义〉篇是孔子本人著作》，《孔子研究》，2020年第5期。

[3]丁四新：《“民可使由之，不可使知之”问题检讨与新解》，《东岳论坛》，2020年第5期。

[4]丁四新：《〈孟子〉“天下之言性也”章研究与检讨——从朱陆异解到〈性自命出〉“实性者故也”》，《现代哲学》，2020年第3期。

[5]赵法生：《论孔子的中道超越》，《哲学研究》，2020年第4期。

[6] 赵法生：《先秦儒家性情论视域下的〈中庸〉人性论》，《中国哲学史》，2020年第5期。

[7]刘笑敢，刘雪飞：《取向、人径与科学启示：孟子人性论研究的再思考》，《齐鲁学刊》，2020年第5期。

[8]梁涛：《仁学的政治化与政治化的仁学——荀子仁义思想发微》，《哲学研究》，2020年第8期。

[9]陈睿超：《司马光易学宇宙观研究——以〈潜虚〉为核心》，北京：北京大学出版社，2020年。

[10]唐纪宇：《一物两体——张载气本论中的"性"之观念探析》，《中国哲学史》，2020年第4期。

[11] 刘增光：《"皇极根乎人心"——陆象山的〈洪范〉学》，《中国经学》，2020年第1期。

[12] 向世陵：《陆九渊〈春秋〉"讲义"的经学思辨》，《中国哲学史》，2020年第1期。

[13]田智忠：《当"道体"遭遇"理本"——论朱子"道体论"的困境及其消解》，《哲学研究》，2020年第4期。

[14]田智忠：《一在二中与即用是体——方以智对理学的回应》，《中国哲学史》，2020年第2期。

[15] 赵汀阳：《中国哲学的身份疑案》，《哲学研究》，2020年第7期。

[16] 吴飞：《经学何以入哲学？——兼与赵汀阳先生商榷》，《哲学研究》，2020年第11期。

[17]梁涛：《新四书与新儒学》，北京：中国人民大学出版社，2020年。

[18]温海明：《〈周易〉意本论与当代中国哲学的新发展》，《孔子学刊》，2020年。

[19]陈来：《儒家文化与民族复兴》，北京：中华书局，2020年。

[20]陈来：《中华文化的现代价值》，北京：中国文史出版社，2020年。

[21]许家星：《知言与养气——儒家哲学话语之两轮》，《现代哲学》，2020年第4期。

[22]唐文明：《仁感与孝应》，《哲学动态》，2020年第3期。

[23]李景林：《教化儒学续说》，北京：中国社会科学出版社，2020年。

[24]张立文：《元亨利贞——中国哲学元理之一》，《中州学刊》，2020年第1期；《理一分殊论：中国哲学元理》，《社会科学战线》，2020年第2期；《体用一源论——中国哲学元理》，《学术月刊》，2020年第4期；《不离不杂论的中国哲学元理义蕴》，《船山学刊》2020年第2、3期；《中国哲学元理·内圣外王论》，《学术界》，2020年第6期；《能所相资论——中国哲学元理》，《河北学刊》，2020年第5期。

[25]干春松：《儒家经典与生活世界中的复仇》，《社会科学辑刊》，2020年第5期。

[26]李祥俊：《性善何以可能——儒家性善论的概念内涵、论证路径与价值信念探赜》，《学习与实践》，2020年第6期。

[27]李存山：《解析、综合与理论创新——张岱年先生的哲学思想和文化观》，《中国哲学史》，2020年第1期。

[28]刘余莉：《儒家伦理与美德伦理》，北京：世界知识出版社，2020年。

[29] 刘丰：《制造"三代"——儒家"三代"历史观的形成及近代命运》，《现代哲学》，2020年第3期。

[30] 陈壁生：《经史之间的郑玄》，《哲学研究》，2020年第1期。

[31] 任蜜林：《三家〈诗〉思想渊源之蠡测》，《现代哲学》，2020年第1期。

[32] 任蜜林：《〈洪范五行传〉新论》，《河北师范大学学报(哲学社会科学版)》，2020年第5期。

[33] 任蜜林：《刘向〈洪范〉五行说新论》，《社会科学研究》，2020年第6期。

[34]陈静，朱雷：《一统与正统——公羊学大一统思想探本》，《中国哲学史》，2020年第6期。

[35]方朝晖：《试论"三纲"的两种含义及其历史演变》，《文史哲》，2020年第6期。

[36]辛亚民：《易卦卦名差异与〈周易〉古经编纂新探》，《中国哲学史》，2020年第4期。

[37]崔晓姣：《何为"自然"与"自然"何为？——近年来中国哲学界关于道家"自然"观念的研究综述》，《杭州师范大学学报(社会科学版)》，2020年第2期。

[38]罗祥相：《论老子"自然"思想的逻辑展开》，《哲学研究》，2020年第2期。

[39]刘笑敢：《"自然"的蜕变：从〈老子〉到〈论衡〉》，《哲学研究》，2020年第10期。

[40]李芙馥：《严遵释老的文本结构、解说体例与阐释方法——以〈老子指归〉为考察对象》，《哲学动态》，2020年第4期。

[41]温海明：《水意之门——如何推开〈道德经〉

的“道”之“门”?》，《船山学刊》，2020年第6期。

[42]郑开，曹峰，丁四新：《〈老子〉新知——从文本到思想》，《中原文化研究》，2021年第3期。

[43]杨立华：《庄子哲学研究》，北京：北京大学出版社，2020年。

[44]丁四新：《庄子思想的三大本原及其自然之义》，《人文杂志》，2020年第2期。

[45]王威威：《庄子学派对老子之“道”的诠释》，《江淮论坛》，2020年第2期。

[46]王威威：《“齐物”观念的层次及其论证——从〈庄子·齐物论〉到〈庄子·秋水〉》，《江海学刊》，2020年第3期。

[47]曹峰：《思想史脉络下的〈齐物论〉——以统一性与差异性关系为重点》，《中国人民大学学报》，2020年第6期。

[48]程乐松：《物化与葆光——〈齐物论〉中所见的两种自我形态》，《中国哲学史》，2020年第3期。

[49]程乐松：《物以化齐 言则不齐——重思〈齐物论〉的思想方法》，《北京大学学报(哲学社会科学版)》，2020年第4期。

[50]孟琢：《〈庄子〉“吾丧我”思想新诠——以汉语词源学为方法》，《中国哲学史》，2020年第5期。

[51]罗祥相：《诠释的偏移与义理的变形——庄子“小大之辩”及“逍遥”义理迁变之省思》，《孔子研究》，2020年第2期。

[52]韩林合：《庄子之“无用之用”论题简释》，《杭州师范大学学报(社会科学版)》，2020年第1期。

[53]崔晓姣：《“刑名”与“自然”：黄老政治哲学的内在理路探析》，《江汉论坛》，2020年第3期。

[54]李素军：《从“涤除玄览”到“曲因其当”——论汉初黄老道家“无为而无不为”如何可能》，《中国哲学史》，2020年第2期。

[55]丁四新：《“贵生”“重己”与“形神”——论〈吕氏春秋〉的生命哲学》，《文史哲》，2020年第4期。

[56]白奚：《范蠡对老子学说的继承与发展》，《中国哲学史》，2020年第1期。

[57]余开亮：《郭象“游外冥内”说辨义》，《贵州大学学报(社会科学版)》，2020年第3期。

[58]李芙馥：《先秦儒道仕隐观再探——以伯夷与叔齐归隐事件切入》，《孔子研究》，2020年第5期。

[59]李锐：《中国古代宇宙生成论的类型》，《江淮论坛》，2020年第1期。

[60]丁四新：《“数”的哲学观念再论与早期中国的宇宙论数理》，《哲学研究》，2020年第6期。

[61]杨博：《战国楚竹书早起儒、道“治世”学说的相互关系》，《诸子学刊》，2020年第1期。

[62]郑开：《德与Virtue——跨语际、跨文化的伦理学范式比较研究》，《伦理学术》，2020年第2期。

[63]王中江：《强弱相关性与因果确定性和机遇》，《清华大学学报(哲学社会科学版)》，2020年第3期。

（北京市哲学会供稿；执笔人：丁四新、李海峰、丁亮皓、季磊、孙皓佳、王栋、姜明佳）

外国哲学

2020年，北京外国哲学研究，无论是在重要原典的翻译出版，还是学者的专著以及论文发表等方面，都取得了很大的成绩。这些成果进一步夯实了全国外国哲学研究的基础，并且加深了人们对古希腊罗马哲学、中世纪哲学、文艺复兴时代和近现代哲学领域诸多基础问题的理解。

一、古希腊罗马哲学研究

在古希腊哲学研究方面，特别值得一提的是策勒的《古希腊哲学史》汉译本的出版。策勒的《古希腊哲学史》是现代西方学术界对古希腊哲学进行全面、系统、科学、专业研究的经典学术巨著，在西方古代哲学研究史上具有里程碑意义。该书享誉国际学术界逾百年，被翻译成英文、法文、意大利文、西班牙文等多国语言文字。汉译本是根据英译本翻译的。由聂敏里担任主编的翻译团队，用10年时间将这部巨著以6卷8册300余万字的篇幅呈现出来，不仅实现了国内几代学者的夙愿，而且对于促进中西文明的互鉴、深化国内古希腊哲学的研究也将产生积极的影响与作用。

在专著方面，詹文杰的《柏拉图知识论研究》

于2020年4月由北京大学出版社出版，全书共计45万字。该书旨在对柏拉图知识论进行系统性研究，不仅集中考察了《美诺》《斐多》《理想国》《泰阿泰德》等知识论主题较为突出的著作，而且有针对性地讨论了某些早期对话录以及《智者》《斐莱布》等晚期对话录中涉及知识问题的文本。作者指出，在柏拉图的著作中，知识有时表示作为一种认知态度的确知，有时表示学问领域或科学门类，有时表示最高层次的理智能力。柏拉图在有些场合看似把经验知识也算作某种知识，但是他始终把严格意义上的知识概念保留给理念知识。

在论文方面，吕纯山发表了《柏拉图与亚里士多德生成论之比较》[1]，本文认为，柏拉图在《蒂迈欧》和“未成文学说”中所讨论的生成理论与亚里士多德的生成论有很大的相关性，甚至可以说后者是在与前者的对话中形成的。无论是三本原的生成模式学说，火、气、水、土四元素相互生成学说，还是由四元素生成同质体的理论，甚至个别事物的生成理论，亚里士多德都从老师那里获取了理论资源。本文即从这几个方面进行对比论证，表明亚里士多德继承和发展了柏拉图的生成理论。本文还就柏拉图的“接受者”和亚里士多德的最初质料和终极质料的关系进行了进一步的澄清。

吴天岳在《亚里士多德论混合行动》[2]一文中指出，大多数当代学者认为，亚里士多德《尼各马可伦理学》3.1中所谓的“混合行动”实际上是自愿行动。然而，在《尼各马可伦理学》5.8和《优台谟伦理学》2.8中，亚里士多德将与之相关的被迫行动归为不自愿的行动，这一分类和上述当代解释之间存在着理论张力。该文通过考察上述不同文本和重构相关行动哲学框架，试图论证亚里士多德在《尼各马可伦理学》3.1中对何为混合行动给出了从理论上看更为有力的解释：它以一种包含特定道德立场的自愿性概念为根基，而不依赖于亚里士多德在其他场合对人类行动的本体论解释。该文还试图论证，这一非本体论的自愿性概念可以帮助我们更好地理解阿伽门农在奥利斯所面对的一类道德困境。

聂敏里和冯乐在《古典“德性统一论”与当代情境主义》[3]一文中指出，德性伦理学的当代复兴很大程度上是因其对道德心理的格外关注。但是近年来，随着心理学的发展，德性伦理学的道德心理学部分逐渐成为批判的靶子，尤以情境主义对“德性”实在性的质疑最为引人注目。与此同时，德性伦理学内部也开始倾向做“德性非统一”或“有限统一”的论证，并以此来捍卫德性伦理学的正确性。该文通过对苏格拉底的“强统一论”和亚里士多德的“较强统一论”两个核心版本的重点阐释，说明抛弃“德性统一论”从而寻求德性伦理学的新出路，恰恰是对德性伦理学的最大背离。

刘素民在《在启蒙的古希腊哲学中探寻“无神论”》[4]一文中指出，启蒙的古希腊哲学土壤里并没有产生现代意义上的彻底的“无神论”，在其中所能够发现的是与“物活论”相交织的“无神论”。古希腊哲学家对于民间盛行的神话拟人化的宗教信仰的微词的确会在与神有着紧密关系的社会秩序中发酵，甚至因此而被定“无神论”之罪，智者学派就是戴着“亵渎神明的无神论者”高帽的第一批人文主义者或思想启蒙者。苏格拉底否认人能知晓地狱及死后的世界，但其“灵魂不朽”思想却包含了“到来世和彼岸去”的心理暗示，或许可以成为他二元世界与二元人生决定性的信念，以及他由“知识即美德”这一“知行合一”主张所要达及的“福德一致”的信仰信息。柏拉图提出一个动力因意义上的能将原型与质料适为糅合、塑在“扣拉”之上而成为现实的自然宇宙的造化神“狄米奥吉”。作为希腊古典哲学最终形式的伊壁鸠鲁学派的启蒙价值在于其最终“发展为无神论的唯物主义”。亚里士多德关于“存有本身”的理论和基本概念不仅为中世纪的基督教哲学特别是经院哲学提供了重要的理论支持，而且由此开启了西方哲学关于“存有”“存有者与本质”等问题旷日持久的论争。

王双洪在《演说术与教育——从西塞罗、昆体良看古罗马教育品质之变》[5]一文中指出，西塞罗和昆体良是古罗马文教思想的奠立者。比较西塞罗的《论演说家》和昆体良《演说家的教育》，可以看出古罗马教育品质的变化。西塞罗的《论演说家》培养的是集演说家、哲人、政治家一体的完美演说家，昆体良的《演说家的教育》中的完美演说家是精通演说的好人。西塞罗旨在通过演说家的教育来形塑罗马自己的思想传统，昆体良虽然也欲通过对德性的重视来匡救时弊，但重点却放在探讨教育过程中的各种细节问题。究其原因，西塞罗面临的挑战是在希腊罗马文化的张力中接续罗马传统，而昆体良的主要问题则是在传统日渐败坏的帝国重振罗马古风。

二、中世纪哲学研究

中世纪哲学方面的研究一直是北京外国哲学研究

领域的短板，一是从事这方面研究的学者较少，二是成果也较少。但是2020年在中世纪哲学研究方面，不但有关于邓·司各脱研究的专著，还有翻译方面的力作《国王的两个身体》出版，可以说取得了较大进步和突破。

雷思温的专著《敉平与破裂：邓·司各脱论形而上学与上帝超越性》于2020年3月在生活·读书·新知三联书店出版。邓·司各脱是西方中世纪著名的神学家、哲学家。他面对新的神学形势，重新提升上帝的超越性，在阿奎那向晚期经院哲学和中世纪哲学向近代哲学的两种过渡中都起到了转折性作用。作者的核心关切是近代哲学与中世纪哲学的内在联系，通过形而上学与上帝超越性之间的复杂关联揭示了司各脱形而上学的两个重要特点：它既具有敉平的去中心化结构，同时也大大提升了上帝的超越性，从而形成了“中介的消失”这一思想史局面。敉平与破裂这两个看似相反的特征，在司各脱的思想中相互配合，使他成为中世纪哲学走向晚期的转折性人物。

在译作方面，尹景旺翻译出版了坎托洛维奇的巨著《国王的两个身体》。初版于1957年的《国王的两个身体》，已被翻译成十几种语言，在探求中世纪政治神学之谜方面指引了几代学人，甚至被誉为中世纪政治思想史方面最重要的著作。作者恩斯特·H.坎托洛维奇是20世纪杰出的中世纪史学家。该书将有关中世纪王权观念的法学、神学、图像学、古币学等方面的史料结合在一起，探寻了国王二体论在基督教时代的演进，揭示了西方中世纪后期至现代早期（11—16世纪）如何逐步发展出一种政治神学，以及共同体如何为了建立自己的主权而拟制出一套象征手法，又是如何借助这些象征手法来塑造民族国家的早期形态。尹景旺历时10年，参照日语、俄语、德语、法语、意大利语、西班牙语译本，对正文和注释的翻译均力求做到准确、流畅；德国法兰克福大学坎托洛维奇研究专家古迪安为中译本撰写了长篇导读，对曾任职于法兰克福大学的坎托洛维奇的写作背景和意图做了精彩分析，同时也多视角地展现了国外学界对《国王的两个身体》的最新研究动态。

在论文方面，刘素民在《阿奎那如何循着自然法的道路探求正义和自然权利?》[6]一文中指出，正义和自然权利是现代西方政治哲学的核心概念，对二者的论证离不开自然法。面对现代自然法理论的困境，曾经遭遇过“奥卡姆剃刀”和“苏亚雷斯综合”打击的托马斯·阿奎那的自然法理论之所以能够重新焕发生机，在于他循着自然法的道路探求正义和自然权利的理论建构。阿奎那的自然法是连接实有与应然的通桥，它分有永恒法之存有而具有类比上帝至善存有的真理性和正义性，而正义是神定的秩序。人定法的正义与否取决于其是否遵从自然法的正义性。权宜公平之称为正义，优先于法律正义之称为正义。自然法包含不可剥夺的自然权利。

吴功青在《内在与超越：奥古斯丁的宇宙目的论》[7]一文中指出，奥古斯丁在对《创世记》的解释中，逐步发展出一套基督教的宇宙目的论。受柏拉图《蒂迈欧篇》以及新柏拉图主义的影响，奥古斯丁主张宇宙的秩序根源于上帝对质料的赋形。“赋形说”并不意味着奥古斯丁的宇宙论仅仅是“外在主义”的：一方面，奥古斯丁理解的质料并不是完全被动的，而是有着朝向形式的主动潜能；另一方面，奥古斯丁对“种子理式”的论述，表明宇宙具有合乎理性的内在秩序。同时，他的宇宙目的论亦始终无法脱离外在主义的危险。这表现在，无论质料具有多大的主动性，它都对外在的形式有抵抗的冲动（恶）；万物虽然具有“种子理式”，但保存和维持这一形式的力量仍在上帝自身。奥古斯丁宇宙目的论的内在性和外在性，从根子上源自上帝的内在性和超越性。内在性和超越性的张力，不仅困扰着奥古斯丁，而且潜伏于基督教思想深处，成为困扰中世纪哲学和现代哲学的难题。

吴功青在《奥利金的灵魂先在说》[8]一文中指出，奥利金的灵魂先在学说对理解自由意志问题有重要意义。在《上帝之城》第11和第12卷，奥古斯丁重点批评了这一学说。在奥古斯丁看来，奥利金主张灵魂先在，进而主张灵魂的善恶与身体的好坏相配，这一说法既与上帝创世的善好目的相悖，也与人在宇宙中应有的地位不符。奥古斯丁的批评尽管部分切中要害，但没有充分把握灵魂先在说的用意和复杂性。一方面，奥利金提出灵魂先在学说，主要是为了回应灵知派的挑战，以维护理性造物的自由意志；另一方面，灵魂先在说并非没有考虑到上帝创世的善好目的，恰恰相反，它极大地保证了上帝创世时的绝对平等，缓解了神义论的难题。不过，正如许多学者所指出的，灵魂先在说一旦推向上帝创世的初始阶段，就会引发与柏拉图《蒂迈欧篇》中类似的原始质料问题。

雷思温在《失控的无限性：邓·司各脱论无限存在者》[9]一文中指出，司各脱的无限性概念指示了晚期中世纪哲学如何突破亚里士多德传统，并为早期现代世界图景的来临做准备。在中世纪哲学中，无限性是人关于上帝所能构想的最完满概念，同时也是上帝存在证明的理论核心。然而司各脱将上帝无限性确立于量度之上，抽离了所有进一步的具体含义，使得无限性不受其他规定性的控制，并反过来规定着上帝的首要性及所有属性。通过无限性而衍生出的不可理解性，更是切断了人类正面理解神圣本质的可能性，从而使无限性也不足以刻画上帝自身。这一不受人类理智控制的无限性，是一种失控的、绝对超越的无限性，因而成为对亚里士多德主义传统的重要突破，并为中世纪晚期和早期现代的上帝形象以及世界图景提供了重要的思想基础。

尹景旺在《〈国王的两个身体〉发微》[10]一文中指出，《国王的两个身体：中世纪政治神学研究》作为一部中世纪政治思想史名著，作者坎托洛维奇何以在正文中很少提及副标题里的“政治神学”，还把自己的工作看作是接续卡西尔揭示“国家的神话”，本文主要抓住这一问题，将坎托洛维奇与他同时代的卡西尔、施米特等思想家进行比较，探寻他在 20 世纪 30 年代大空位计划之后，如何逐步摆脱自己早年的帝权派思想和国家理性观念，如何借助注释法学派的混合态修辞与法律拟制，追踪历经变更却“一直到 20 世纪仍为有效的”政治神学原则，尽可能还原在他看来威胁着政治现实的“国家的神话”，以及最终他又如何在“变化却同一”的共同体和人民中，重新定位秩序和连续性。

三、近现代哲学研究

在北京的外国哲学研究方面，除古希腊哲学研究外，近现代哲学领域的研究也非常突出。在近现代哲学这个研究领域中，学者们又尤其重视德国哲学的研究。在德国哲学研究领域，又以康德哲学研究和海德格尔哲学研究居多。在整个近现代哲学研究中，2020 年出现的一个新特点是很多学者开始关注“人工智能”。

张志伟在《创建“中国解释学”的意义——从哲学解释学的视角看》[11]一文中指出，复兴传统文化的关键，在于使中国传统经典“现代化”。而解决当今时代所遭遇的种种问题，汤一介在多年前提出了借鉴西方解释学而创建中国解释学的设想，意在通过对传统经典的现代解释使之对当代中国乃至世界产生深远的影响。就此而论，以伽达默尔为代表的哲学解释学对于创建中国解释学具有理论上和方法上的借鉴意义。

尚新建和杜丽燕在《谈机器人伦理学》一文中指出，首先，机器人伦理学是机器人学的新领域，涉及机器人对人和社会的积极和消极意涵。其次，机器人伦理学也是一种伦理学，是应用伦理学的一个分支，旨在唤起机器人，尤其是智能/自主机器人的道德设计、发展和运用。该文探讨了机器人的类别，以及机器人被运用于不同领域时面临的伦理学问题。

韩水法在《德国浪漫派的历史境遇》[12]一文中指出，德国浪漫派不仅在文学及学术手法上，而且在观念的源流上与被人们视为其对立面的其他流派都保持着复杂的关联。只有认真考察德国浪漫派兴起和活动的时代环境，分析当时德意志的社会和历史境遇，以及浪漫派人物对这个时代、这种境遇的反应，及其与它们的互动，才有可能揭示这个思潮的某些独特的性质。德国浪漫派并非活动于一个如现代德国这样有着统一的疆界、明确的人民的国家，当时德意志地区处于四分五裂的状态，浪漫派人物甚至属于不同的邦国。法国革命和法国对德意志地区的占领和统治，激起了德国知识分子前后不同的反应，亦是激起浪漫派思潮的重要动因。以上两个方面激发和形成了德意志的民族认同以及统一的直接要求。这些都一起促成若干浪漫派人物对宗教改革之前的基督教某种理想的想象，导致他们对天主教的皈依或重申天主教信仰。

黄裕生在《德国哲学论证自由的三个向度——论德国哲学在论证自由问题上的贡献》一文中指出，对自由与权利的论证是近代最伟大的一项思想事业，以康德、黑格尔为代表的德国哲学家对此做出了独特的贡献。他们通过引入先验维度、他者维度与历史维度，不仅在理论上真正完成了对自由与权利的论证，而且为解决之前的自由理论在实践上带来的新困境提供了可能的出路。由于缺乏历史维度，一切冲突都被归结为文化冲突；由于缺乏超验向度，权利空间成了可以无德地生活的世俗空间；而由于关闭了绝对他者的视野，人性滑向了自我删减、自我萎缩的危险。这些表明，到了告别“薄的自由理论”，重返德国自由哲学的时候了。

韩林合在《论康德哲学中的过度决定问题》[13]一文中指出，康德认为，人的行动一方面是特定的自然原因的结果，另一方面又是一种独特的理知原因的结果。在此，自然原因与理知原因分别对应着作为显象的人与作为物本身的人（主体本身或我本身）。一些解释者认为，康德的这种观点会让其陷入“过度决定”困境。这种批评是不可接受的，因为在康德这里，理知原因、自然原因和人的行动构成了一个因果链条：理知原因首先引起（因致）作为一种自然原因的意志决定和意志行为；意志决定和意志行为接着引起（因致）人的行动。

叶闯在《哲学存在问题与含有存在谓词的语言框架》[14]一文中指出，卡尔纳普的内问题与外问题的区分，尽管在概念上有效地把科学断定与形而上学承诺隔离开来，其结果却使传统哲学失去可能的理论意义。托马森和雅布罗分别从实在论和虚构主义角度，力图表明即使在卡尔纳普框架下，也可使哲学存在问题有理论意义。但是，托马森方案没有做到其想做的，而雅布罗方案至多只是指出了一种可能方向，而对于怎样做并没有说明，或只有误导的说明。为使形而上学在卡尔纳普框架下有理论意义，需要放弃卡尔纳普经验主义的有意义性标准，且需要一种带有被哲学解释的存在谓词的语言系统，使它表达为这个系统中的内问题。

叶闯在《使真者理论与关于基本存在的形而上学》[15]一文中指出，使真者理论有两个目标，其一是解释使真关系的不对称性，其二是借助一种形而上学中立的标准，来找出那些缺乏本体论基础的被声称的真断定。许多人通过奠基理论来帮助使真者理论家完成这两个目标。然而，他们的努力因为如下原因不可能成功。首先，奠基概念不可能在没有使真概念实质参与的条件下，解释使真这个直觉的不对称关系；其次，识别欺骗者必须根据具体的形而上学断定，这一点注定奠基理论不能成为判定谁是欺骗者的中立的标准。重要的是，完整的使真概念内在地包含关于性概念，后者与纯粹形而上学的奠基概念有本质不同，这是奠基理论之所以不能有效地完成解释使真关系和抓住欺骗者两项任务的深层原因。

吴增定在《权力的游戏——马基雅维里与斯宾诺莎的政治哲学比较》[16]一文中指出，马基雅维里与斯宾诺莎这两位早期现代政治哲学家对于人性与权力的基本看法有着共识与内在分歧。马基雅维里批评和拒斥了传统道德哲学对于人性和政治的目的论式的理解，把人类的政治世界看成一场获取和维持权力的永恒游戏。斯宾诺莎则是将马基雅维里的这一思想推到极端，他认为：包括人类政治世界在内的整个自然世界都是一个永恒的权力的游戏，在其中人和万物都为自己的生存而尽可能地追求权力。但是，就像阿尔都塞所说的，马基雅维里之后的现代自然法哲学家，如霍布斯、洛克和普芬多夫等，又建构了一种新的道德秩序，以此来掩盖人类政治世界的权力的游戏这一事实。与之类似，斯宾诺莎也试图通过一种理性的沉思，也就是对于上帝的“理智之爱”，来超越人类政治世界的权力的游戏。

吴增定在《现象学中的内在与超越——列维纳斯对胡塞尔意向性学说的批评》一文中指出，胡塞尔的先验现象学的动机是克服自笛卡尔以来的现代哲学的“内在化”的危机，试图通过意识的意向性构造特征也克服内在性与超越性之间的分裂和对立，并且提出了“内在性中的超越性”思想。但在列维纳斯看来，胡塞尔不仅没有克服现代哲学的“内在化”的危机，反而将这种内在性的逻辑推向了极端，以至于使得任何超越性都变成意识的意向性构造成就，也就是说，将一切超越性都内在化了。在这个意义上，列维纳斯将胡塞尔的先验现象学看成是一种否定外在性、超越性或他者的“总体性哲学”。通过对于胡塞尔的“内在性中的超越性”思想的批评和改造，列维纳斯将内在性和超越性严格区分开来，并且提出了一种彻底的超越性或无限性思想。首先，他对胡塞尔的意向性学说进行改造，将作为内在性从意识和表象的领域改造为一个包含了享受和家政的“自我主义”领域。然后，他将这种内在性的“自我主义”逻辑推到了极端，由此揭示出了一个不能被内在性领域所包容的纯粹外在性、超越性或者他者的伦理领域。但该文认为，列维纳斯并没有令人信服地阐述这种纯粹的超越性或他者的伦理维度如何显现，因为任何显现都是一种内在化。

先刚在《建构与反思——谢林和黑格尔艺术哲学的差异》[17]一文中指出，谢林在哲学史上首次明确提出“艺术哲学”的概念，并对这个领域进行了系统而深入的阐述。艺术哲学不再是康德以来偏重于主观审美意识的“美学”，而是关注艺术的本质以及艺术作品中呈现出来的哲学意义。这些思想对黑格尔的美学（艺术哲学）产生了深刻影响，但黑格尔从自己的哲学立场出发，在一些关键问题上与谢林针锋相对。谢林把艺术本身看作哲学的另一种完整的呈现方式，进而依据“建构”原则阐述了哲学真理在艺术和艺术作品中的表现，而黑格尔则依据“反思”原则，把艺术看作通往哲学真理的一个必经的但却较低的阶段，并据此阐发艺术和艺术作品的意义。黑格尔的艺术哲学观必然导致“艺术终结论”，谢林的艺术哲学则为艺术在当代及未来的发展展示了无尽的可能性。

先刚在《试析谢林艺术哲学的体系及其双重架构》[18] 一文中指出，谢林开创了严格意义上的艺术哲学，并首次在这个领域提出了系统的阐发。在谢林艺术哲学体系的形而上学基础及其与哲学（尤其是谢林自己的哲学）的关系中，包含着双重的架构，即永恒架构（艺术门类的排序）和时间性架构（即古代艺术与现代艺术的对立）。谢林一方面洞察了艺术的永恒本质，另一方面也把握了艺术中的时代张力，从而为当代的艺术发展指明了正确的方向。

先刚在《重思谢林对于黑格尔的批评以及黑格尔的可能回应》[19] 一文中指出，虽然“后期谢林的黑格尔批评”已经成为德国古典哲学研究中的一个重要议题，但学界仍然存在着要么对这些批评充耳不闻，要么过于倚重谢林自己的观点，对黑格尔哲学做出片面裁决的情况。有鉴于此，本文围绕“哲学的开端问题”“概念与思想的混淆问题”“逻辑学与自然哲学的关系问题”“否定哲学与肯定哲学的问题”这 4 个方面，重思谢林对于黑格尔的批评意见，并尝试阐述黑格尔的可能回应，借此呈现出两位伟大哲学家之间的一种可能的精神对话。

雷思温在《面向实情本身——谢林的经验论与虚无主义问题》[20] 一文中指出，从黑格尔哲学体系逐渐退潮的 19 世纪中叶开始，超感性的形而上学概念对现实的经验与实情逐步失去了支配能力，这正是尼采与海德格尔所揭示的现代虚无主义局面。这一新的哲学取向最早出现于谢林哲学之中。晚期谢林将本质（Was）与事物的实情（Dass）进行了区分，并在此前提下提出“哲学经验论”，将其在绝对唯心论中与唯理论进行更高维度的和解，由此挽救现代虚无主义所带来的分裂。谢林“拯救经验”的努力最终走向了超越经验和理性的超越性开端，这一开端来自神性的自由绽出和意志化的决断行动，并由此成为没有根据和不能再被奠基的深渊性开端，结果反而将现代虚无主义的根源暴露得更为彻底。

宫睿在《当代康德研究中的概念主义与非概念主义之争》[21] 一文中指出，概念主义和非概念主义之争是当代认识论中的一个重要话题，这场争论也渗透到康德学界形成了两种对立立场。非概念主义认为“无概念则盲”并不表明概念对于感知是必要的，形成感知对象所需的综合功能能够在非概念的条件下完成，且提出了一些感知的非概念特征；相反，概念主义则认为范畴在感知中扮演着不可或缺的角色，综合有赖于知性的作用，如果否认了概念在感知对象中的作用，先验演绎的任务就是失败的。相较而言，概念主义解读更有说服力，在康德那里范畴对于感知对象是不可或缺的，但康德式的概念主义并不同于麦克道威尔式的概念主义，前者能够在感知对象的基础上接纳广泛的非概念特征。非概念主义的论证，如精细论证与双手论证等等，对麦克道威尔式的概念主义有效但并不对康德式的概念主义有效。

宫睿在《贝克莱的深度知觉理论》[22] 一文中指出，《视觉新论》是贝克莱形而上学的奠基之作。在这部著作中，他详细分析了深度、距离、形状等视觉观念的形成，其中尤以对深度知觉的分析最为重要。贝克莱充分发挥了“一点论证”的效力，反对几何光学进路，否认对于距离的直接感知。视觉的直接感知对象既不是三维的物体，也不是二维的平面，而是不具有任何空间性质的“最小视觉物”。但据此贝克莱就不能合理地持有视觉的二阶理论，以触觉辅助视觉的方式会遇到各种困难。不过，虽然贝克莱的深度知觉理论未能成功地解释空间观念的形成，却开辟了一条通往观念论的独特道路。

朱清华在《德雷福斯与海德格尔式人工智能》[23] 一文中指出，自 20 世纪 60 年代以来，德雷福斯从海德格尔哲学出发对人工智能进行了深入批判，积极地影响了人工智能研究的发展。他指出，把人的心灵当作信息处理设备的做法完全基于传统形而上学的认识论和存在论假设，不能够成功模拟人的智能。心智活动既不能够被完全形式化，也不能够被孤立地、离散地处理。德雷福斯对人工智能研究的直接影响是促使不同阶段的“海德格尔式人工智能”产生。

刘万瑚在《质料与形式：胡塞尔范畴直观理论的困境》[24] 一文中指出，胡塞尔在《逻辑研究》“第六研究”中发展出了范畴直观理论，通过这个理论他说明了一个空的意向如何被完整地充实，由此，从现象学的角度重新解释了符合论的真理概念。范畴直观概念的关键在于说明范畴展现的来源，以及说明如何从范畴展现（质料）中获得范畴形式（形式）。但是，胡塞尔的范畴展现理论存在着许多争议和难以克服的困难。他本人最终放弃了这个理论。本文结合学界对范畴直观以及范畴展现理论的讨论，从质料和形式的角度来说明，为什么后期胡塞尔最终选择放弃范畴直观的基础——范畴展现理论。

注：

[1]《云南大学学报》（哲学社会科学版），2020

年第6期。

[2]《外国哲学》，2020年第2期。

[3]《首都师范大学学报》(社会科学版)，2020年第5期。

[4]《外国哲学》，2020年第2期。

[5]《外国语文》，2020年第3期。

[6]《福建论坛》(人文社会科学版)，2020年第11期。

[7]《哲学研究》，2020年第11期。

[8]《哲学动态》，2020年第3期。

[9]《哲学动态》，2020年第2期。

[10]张志刚，金勋主编：《世界宗教评论》，宗教文化出版社，2020年第3辑。

[11]《北京大学学报》(哲学社会科学版)，2020年第3期。

[12]《安徽大学学报》(哲学社会科学版)，2020年第4期。

[13]《学术月刊》，2020年第8期。

[14]《自然辩证法研究》，2020年第3期。

[15]《哲学分析》，2020年第4期。

[16]《同济大学学报》(社会科学版)，2020年第5期。

[17]《文艺研究》，2020年第6期。

[18]《学术月刊》，2020年第12期。

[19]《江苏社会科学》，2020年第4期。

[20]《学术月刊》，2020年第12期。

[21]《清华大学学报》(哲学社会科学版)，2020年第4期。

[22]《世界哲学》，2020年第2期。

[23]《哲学动态》，2020年第10期。

[24]《世界哲学》，2020年第3期。

(北京市哲学会供稿；执笔人：王玉峰)

美 学

2020年，美学研究者反思、探究、开拓，从不同视角阐释着当代审美现象与艺术实践，努力探寻推进中国当代美学进一步发展的可行性道路，新见迭出、成果丰硕，形成多元发展的研究格局。

一、关注新时代所反映的美学形态与特征，推进基础性理论研究

如何分析新时代美学的新特点、掌握新规律，并对美学的重要问题予以解释，是美学研究者关注的中心。

高建平认为美学作为一个学科，尽管在当代已经比较成熟，但它的对象和内容却在不断变动之中。在当代，美学面临各种新的挑战。传统的美学结构要被超越，同时，在一些方面，美学又呈现出回归的态势。艺术应该成为美学研究的中心，但美学研究又不能仅限于艺术，要既依托艺术又突破艺术，进行多方面的研究。[1]

周宪观察到美学的当代发展日益呈现出两种形态：自足性美学与介入性美学。前者聚焦于美学体系内部而带有自足特性，后者则倾向于介入当下社会文化问题。在美学学科日益专业化和体制化的当下，一方面是自足性美学的兴盛，另一方面则是介入性美学的相对衰落。介入性美学的特征在于，它提供了关于社会文化重要问题的思考方式，其价值规范、宏大叙事和反学科性的特征，使得美学不断葆有锐利的反思性和批判性。面对当代世界之大变局，重构介入性美学乃是当下发展中国美学的正当而迫切的要求。[2]

陶东风把年龄差异的“代沟”移植到美学，提出“审美代沟”现象。他发现，当代中国典型的父子两代之间由于社会经历、文化教育、价值观、媒介环境等方面的差异而在语言符号、审美倾向、艺术趣味等方面呈现出一系列审美鸿沟。集体记忆的代际传递在建构跨代际的文化认同方面具有重要意义，因此，他建议应该通过重建集体记忆的传递渠道来缩小两代人之间的鸿沟。[3]

王一川从文化现代性进程的角度，研究其中的异文化权力以及跨文化学视域中的审美生命政治。“审美生命政治”是涵盖广泛的生命政治在文化艺术领域中的一种存在方式，表明来自异文化的审美和艺术资源当其与个体生命的特定需要相契合的时候，会产生一种特殊的规训力量，能够既有创造性的潜能，也可能有其他的东西。来自西方的异文化对中国民族文化及艺术的再生乃至对艺术家个体的生命再生及其艺术创造力的再生，都产生了新的审美生命政治。[4]

王杰感觉到了现代美学的危机，他希望重建一种新的现代美学。一是从意识形态理论角度探讨现代美学基本问题，把审美幻象问题作为现代美学的核心，分别从审美需要、审美变形和审美交流三个方面，对审美意识形态的现实基础、文化机制和价值指向进行历史研究；二是在马克思人类学思想的指导下，提出“审美人类学”的范畴，挖掘审美人类学研究的理论资源和方法基础，重点探究了划时代地方审美经验的认同危机和重构；三是马克思主义文学与美学基础理论问题研究，在深入批判西方马克思主义理论家思想和理论基础上，创造性地提出中国马克思主义文学理论的基本问题和基本模式，并重点讨论了社会主义初级阶段文学生产方式、批评家的任务、文学与现实的关系和现代悲剧理论等问题。[5]

赵奎英综观百年中国美学发展的历程，指出今天的美学重建应立足于当代中国美学研究的理论语境和现实问题，把握当今中西方美学研究的主导趋势，总结吸收当下美学理论形态研究取得的新进展，重建一种以生态审美为指向、以艺术审美为依托、以生活世界为基底、注重身体诸知觉的、既具有理论解释性又具有文化批判性和实践构成性的美学基本理论。[6]

与新问题并存的是老问题，分析新问题并不意味着放弃老问题。对基础性问题研究也一直是美学学术研究的重中之重，也是最为关键的研究。虽然不是热点，但是这一不可或缺的研究始终在持续性地展开。如王确的美学汉字命名研究发现，汉字文化所确认的民族身份是国人时代进取心的一种根基。[7]

二、提炼中国美学的精华与智慧，彰显中国美学的特质与观念

在中国美学研究方面，美学史被不断刷新。学者们从传统思想、文化、艺术等中吸取营养，认真思考中国美学所表现出的一些特性、观念以及问题。如何实现中国古典美学与当代审美现象及艺术创造的融合与共振是当下中国美学研究的重要课题。西方理论思想影响下的中国美学话语建构，首先需要完成从“美学在中国”到“中国的美学”这一视角的转变，由此才能真正进入非对立的、差异化的以及融通的当代中国美学与艺术话语的建构之中。对中国美学思考，可以深层次地助力于21世纪的文化认同与文化自信。

刘成纪研究汉代哲学和美学中的身体，指出身体的感性品质，意味着它是美学不可回避的研究对象。考察汉代哲学和美学的身体史就成为把握这一时代整体思想风貌的便捷方式。[8] 同时，他认为，在中国美学史中，地理、地图、山水均主要涉及空间问题，是美的空间展开形式，也是关于世界的“一个经验”。[9]

朱良志提出了中国传统艺术哲学存在的“无量”的艺术观念，并从“以物为量”、“大制不割”、“小中现大”和“一即一切”四个方面来加以阐发：以物为量，重在放下以人为量的位置，会万物为一体；大制不割，突出传统艺术的浑一无分别观念；小中现大，超越有限与无限的相对性，在无小无大的非计量境界中，实现审美超越；而一即一切，重在说圆满具足的道理。[10]

杨春时发现了中华美学史的空间性问题，他认为，由于中国传统社会的前现代性，时间性还没有发生，中华美学史具有空间化的特性。中华美学思想的演变不是历史性的发展，而是文化性的更替，主要是南方文化与北方文化的冲突与融合，以及与之交织的儒家思想与道家思想的冲突与融合。中华美学史体现了美与善的分离倾向、情挣脱理的束缚的倾向、文脱离道而独立的倾向，但基本的空间框架没有改变。[11]

“中和”是中国美学的重要范畴。袁济喜、刘睿认为它是一种精神价值与审美智慧，是道器合一的精神范畴，是通过天、人、文三者互相作用，构建起的一个循环往复的系统。在不同时期社会思潮与学术风气的影响下，“中和”的意蕴不断得到深化，从思辨的哲学推论逐渐与艺术实践融为一体。表现为变动相合、和而不同、以一总万、“大和”境界的观念体系，是我们今天尤其需要探讨与汲取的中国美学的精粹。[12]

魏晋时期开始进行自然植物与动物审美，动物中尤其欣赏仙鹤。薛富兴认为，中国历史中对鹤的仙化与雅化之路是以自然对象表达人类的人文观念趣味，存在着严重的人类中心主义倾向，不利于培育人们客观、独立地欣赏自然自身之美的态度。而其同情式关注自然之路乃本时期值得珍视的审美遗产，客观上符合当代环境美学与环境伦理学客观地欣赏自然、真诚地尊重自然之理念。[13]

三、厘清西方美学发展逻辑，钩沉西方美学概念与内涵

西方美学是本土美学知识建构的重要领域和有效资源。

张法出版了专著《西方当代美学史：现代、后现代、全球化的交响演进（1900至今）》，把西方当代美学分成相互关联的三个方面：1900—1960年的西方现代美学，1960年至今的后现代美学和全球化阶段的美学。书中既对各大流派的代表人物和主要思想做了清晰呈现，又梳理了它们在历史上的演进和逻辑上的关联。在呈现这复杂演进时，既突出西方美学自身的逻辑，又点出西方美学与非西方美学的显隐关联。[14]

姚文放重新审视接受美学，指出接受理论的要义并不只是在于肯定文学接受使文学创作得以完成，并且通过反馈作用使文学创作得以完善和提升，更在于突破那种从创作到接受，再从接受回馈创作的封闭式的轮回，将文学接受进一步转换为新的“艺术生产”。接受理论的贡献在于表现出一种凝练批评范式的理论自觉。就接受理论而言，批评范式的凝练与生产性批评的建构是相互适应的。[15]

周宪开辟了美学文献学研究的新方向。他从西方美学史、美学读本和大型文献丛书三类著述入手，寻找在西方美学界被学术共同体所认可的经典作家和经典文献，进而描绘出 19 世纪英语美学的知识图谱。在此基础上反观中国美学对 19 世纪英语美学的传播和接受，在比较参照中发现本土研究所忽略的西方经典文献，探索改进中国的西方美学文献学建设的路径。[16]

西方的进化论美学逐渐由边缘走向中心，引起研究者们的高度重视。彭锋认为西方美学家进化论规律来解释人类社会的审美现象，不仅强调艺术是美的，而且强调美是客观的、有标准的。因为过于绝对和狭隘而遭到反对。[17]

周计武指出了卡罗尔的历史叙事论对现代美学批判价值，即分析并解决了把某物、事件或表演辨别为艺术的问题，证明了解释活动在观者与艺术的互动中是与审美经验同样重要的艺术反映，从而超越美学，批判了艺术审美理论和形式主义强加给艺术哲学的限制，解构了现代美学的神话。[18]

章辉从四个方面界定西方美学中的审美态度：不存在外在于感知行为本身的功利目的；高度注意被感知物的独特性；瞩目于客体的外表而忽视其现实存在；审美客体不是作为符号行使功能，是不及物的。在当代西方学界，随着对审美经验和审美客体的身份问题的重视，审美态度走向终结。[19]

四、探析艺术美学领域新问题，把握不同艺术实践的新动向

美学研究并非源自基本原理，而受益于艺术发展的创新性实践。这些创新是感性变化先锋。艺术实践迸发出惊人的创造力，美学研究者努力摆脱康德认识论模型带来的理性优先的惯性，直面艺术和经验事实对美学提出的挑战。

针对文论和美学的边界扩展问题，高建平的著作《文学和美学的深度与宽度》中既站在理论的高度思考当代中国美学的处境与发展方向、理论的传承与中华美学精神的发展、“美学的复兴”与当代做美学的新方式、中国文论的发展、文艺批评的价值等问题；又深入实践进行接地的研究，探讨诸如日常生活审美化、大众文化、乡村与城市之美等问题；既对中国美学的过去、现在与未来进行了详细溯源，又以全球化的视野和背景进行中西对比，进而反思中国美学的发展，展现了他做学术的“深度”与“宽度”。[20]

张晶著作《偶然与永恒——中国古代文艺理论对文艺美学的建构意义》，分析了文艺美学当代发展的内在逻辑与现实基础，揭示了中国古代文艺理论的独特美学属性，并从作者多年的研究中提取出感兴论、偶然论、妙悟论、自得说、化境论、两极论等文艺美学的重要元素。他也以哲学切入的视角，解决一些中国美学和诗学的问题，搭建起独辟蹊径的理论景观。[21]

艺术美学各分支如音乐美学、舞蹈美学、电影美学等研究成果也比较丰富，出现了更多元的、综合性的视角和研究方法。研究对象也从艺术作品、思想观念本身向艺术表演实践、文化现象方面拓展。宋瑾认为，音乐哲学是通过观念—概念方式把握音乐本质，从本体论、认识论、价值论等概念出发来探讨有关音乐与人的关系、音乐与现实的关系、音乐的价值功能等一系列重大问题，以及与音乐间接相关的理性认知和由此而生成的学科；音乐美学遵循“感性学”的元约定，以社会群体音乐听觉的真实感知感受为探究的逻辑起点，关注音乐听觉感性相关事项，力求在已知范围或特定族群文化内探究音乐美和审美规律，建构相关的理论体系。二者都应“突破中西关系的思维格局”，把眼光尽可能拓展到全球各种文化中。[22]

史红则从知识谱系角度对舞蹈美学进行研究，她指出中国舞蹈美学知识生产发展主要经历萌芽、初建、积累、建构 4 个时期，每一时期知识生产状态各不相同，可以依据本体性知识、现象性知识、技艺性知识建立起一个以概念串联的知识结构体系。舞蹈美学可跨学科地吸纳现代一些学科知识资源，以此获得新的知识增长点。[23]

在中国大众文化现实与西方大众文化理论的背景下，陈旭光探讨了“电影工业美学”理论与中国社会转型、中国电影的大众文化转型的关系，梳理“大众”的概念和大众文化理论的主要特点，探析电影工业美学在电影观念、文化定位、理论资源及方法论、作为“大众”的电影观众等方面与大众文化理论的关系，并重点分析了当下电影大众的几种新形态暨网民与游戏玩家观众、青少年观众、女性观众和市民观众等情形与特点。[24]

戏曲艺术的表演美学体系是由不同行当极其复杂化的程式表现的差异但又具有“家族相似”性所生成的一种结构性、历时性的“谱系”。邹元江认为不同行当的表演特性和共同的缘发根底性构成了认识中国京剧表演体系的审美维度。[25]

五、回归感官知觉与感性经验，介入生态、生活与生命

社会的发展使得美学与现实世界与日常生活的关系也越来越趋于紧密与复杂。美学研究者不再仅仅是注重学术思辨的形而上之学，而是把视角对准社会、自然、生活。回归感官知觉与感性经验、回归日常生活和回归自然，构成了一个发展趋势，美学出现生态美学、生命美学等新的增长点。

如曾繁仁的《生态美学》，从产生、背景、内涵与中国形态 4 个方面，全面地论述了国内外生态美学的基本内容，具有内在的关联性与系统性。其基本线索是当代生态存在论与中国传统生态美学两条主线，而其根基则是紧密结合中国实际，他力图逐步构建中国自己的生态美学思想。[26] 程相占以英语世界的生态美学作为主体研究对象发现，西方生态美学的建构主要有三种路径，依次为哲学思辨、生态艺术理论与环境实践。统揽西方生态美学 70 年的发展历程，他认为我们可以得到四点启示：第一，强化科学意识，加强生态学与美学之间的良性互动与有机融合；第二，加强美学观与生态审美体验之间的互动，使生态美学的内涵更加深刻而清晰；第三，加强生态美学与生态艺术之间的互动，使得生态美学成为所有审美对象（包括环境和艺术两大领域）的普遍美学，从而与环境美学更加清晰地区别开来；第四，努力实现生态实践与生态美学之间的良性互动，进一步增强生态美学的理论深度、现实针对性和社会实践性。这四点也正是生态美学未来的发展方向。[27] 陈望衡观察的是生态文明时代城市形象的审美嬗变情况，他指出描述正在出现的生态文明时代的城市形象的依据：一是文明，二是生态。生态文明时代的城市要有五个重要特点：一是城市整体生态系统优越，自我排污能力强，能在一定程度上抵御生态灾难；市民具有较高的生态文明素质，生活品位的生态性得到彰显；二是城市环境应整体上公共园林化，是真正的花园城市；三是城市环境要容留一定量的荒野即原生态的自然，限制过分人工美化；四是城市内要容留一定的农业存在，这部分农业是城市生态系统的重要组成部分；五是城市内要容留不同历史时代的具代表性的人工建筑物以及自然物的存在，体现城市发展的历史。生态文明时代城市形象的塑造过程也是新审美观培育的过程。生态文明时代的审美具有最大的宽容性与自由度。它的突出特点是尊重并友好生态，以生态乐居为最高的生活理想，以生态和谐为最高审美原则。生态文明城是工业文明城市发展的必由之路。[28]

在生活美学领域，当代日常生活审美化思潮让大众的生活审美意识逐渐增强，希望把生活理想融入当代生活中。有些研究者倾向于思考本体论问题，有些研究者倾向于思考现实问题，有些则兼而有之。如张玉能、张弓在认为，人类的社会实践（物质生产、话语生产、精神生产）是新实践美学的生活美学的逻辑起点。新实践美学的生活美学追求物质生活、符号生活和精神生活的有机融合，逐步实现人生的真理境界、审美境界和自由境界，以塑造自由全面发展的人。[29] 刘悦笛认为崇尚“生活的艺术”的美国哲学家亚历山大·内哈马斯，在美学上表现出一种回归生活美学的取向，从而展现出美学上的离心化的历史趋势。[30]

潘知常认为审美活动是生命的享受（因生命而审美、生命活动必然走向审美活动）；审美活动也是生命的提升（因审美而生命、审美活动必然走向生命活动）。[31] 张俊则把中国生命美学分为两个体系，认为复兴中国古典美学，树立美学的中国话语与中国学派，生命美学是枢机。20 世纪中国哲学界先贤已做出开拓性的贡献，为汉语生命美学的系统重构奠定基础。美学界应该充分吸收、借鉴，继往开来。张俊对方东美的新儒家生命美学和罗光的新士林生命美学做了系统化的梳理研究，并对这两种生命美学体系进行了较为细致深入的比较，附带整理了牟宗三生命美学中为学界所忽视的一个面向，即作为其生命美学形下维度的才性美学。他立足中国传统文化建构中国生命美学体系，厘清其现代建构历程，发扬中国生命美学优秀传统。[32]

认知神经美学是中国当代美学研究中借鉴脑科学成果来探索审美活动内在规律的新兴学派，是美学史上认知论美学路径的现代进展，与传统本体论美学路径上的所有学派相对立。李志宏指出，人类审美的生命结构由“认知模块”所构成，其重要特性之一是内隐性；人作为主体，只有在特定认知模块已然建立因而与对象事物结成内隐性主客体关系的前提下，才可能现实地与对象事物结成审美关系；鲍姆嘉通及康德所使用的“埃斯特惕卡”概念，其本义实即“内隐感性学”。他还对“审美何以可能”“为什么事物形式同美感有直接的联系”等疑难问题做出基于实证根据的解释，剖析了“美是什么”命题的不合理性，提出开发“审美机器人”的设想。[33]

随着人工智能发展，有学者开始思考它带给人类的影响。王晓华认为随着非人类智能体的出现，诞生了一种超越人类场域的交互关系。在这种新的语境中，人类主义成为告别的对象，后人类话语（包括后人类主义、后人类中心主义、后人类人文学科）则应运而生。相应的位移虽然还远未完成，但其影响已经延伸到美学领域。从正在诞生的理论踪迹来看，后人类美学既“不局限于人类的判断”，也不“特别聚焦人类主体性”，而是注重“事物的个体性和互补性”。它倡导面向事物自身的后人类本体论，强调协调人类智能体和非人类智能体的交互性法则。[34]

在美学与其他学科结合方面，正逐渐形成一股强大的包含着本体论和方法论的发展潮流。王杰、孟凡君围绕着审美人类学的核心问题、基本方法、在艺术批评中的运用进行概括归纳和延展论述，对审美人类学进行系统地总结，完善其理论建构和方法论体系，强调其实用性与操作性，以此解答时代为美学提出的难题。[35]

非物质文化遗产是对历史与当下关系连续性的认识，这种文化遗产保护观念基于活的历史观，把历史从过去的生活经验遗存转化为当代人能够理解、感受、体验的审美意象嵌入当代空间，从而使得非遗文化对当代社会具有活的精神价值。高小康认为这种转化需要基于非遗保护意识的美学研究，即把美学视域从传统美学所限定的“大传统”中拓展开来，形成“大传统”与“小传统”整合的更大的美学视域。[36]

六、思考美育的理论体系，探寻美育实施途径

审美教育对塑造美好心灵具有重要作用，全民美育的时代召唤使得美学研究者不断探究美育的内在机制、实践路径以及现实意义。

杜卫研究了美育的起点即情感。他认为从情感入手对人进行教育，既是席勒美育理论的创造，也是中国古代美育思想的核心观念。美育的基本性质和根本特征就是情感体验，这种以审美为基本性质的情感体验具有超功利性和人文性，亦即“无用之用”。美育的情感体验特征表现为美育的过程性，也就是把过程和目的相统一，在情感体验过程中使受教育者情感得到丰富和提升，以怡情养性本身来“培根铸魂”。当前美育教学改革的重点之一是要就解决美育教学过程的“无感”问题，解决之道就是让“以活动为中心”成为美育教学的方法论原则，从而使学生在适合其身心发展特点、具有浓厚审美氛围、趣味盎然的活动中，引发、延续和深化情感体验，促进他们身心健康地成长。[37]

王德胜提出了美育理论构建的要求，他认为当代美育理论构建旨在从现实生活出发，为人提示生命发展的价值旨趣，在精神养成层面提供克服和超越现实有限性的审美途径。而强调当代理论与人类美育思想—观念的历史继承性，有利于美育理论的当代深化，且能更好地与人类美育观念认识及理论形成有机关联。通过确立新的文化适应性，体现当代美育理论建构追求与现实的直接关联，更有利于凸显美育理论的当代视野、问题意识和实践指向，充分实现美育理论的当下价值效度。[38]

谭好哲认为西学东渐语境下兴起的中国现代美育从根本上说是源起于新民、立人的时代需要，在其理论发展中自然而然地产生了美育与人生的关系问题。由于现代时期的美育思想家特别是美育实践者们大多将美育等同于艺术教育，美育与人生的关系进而转换为艺术与人生的关系。两者都是把人的提升、人生的改良作为目的，因而都极具人道和人性内蕴，从中体现出了中国现代美育的价值追求和取向。在历时性的演进中，艺术与人生的关系又经历了从艺术为人生到人生艺术化的内在转型。在“人生艺术化”的命题之下，对艺术与人生关系的思考，已经不是艺术如何为人生服务，而是转换到人生应该如何、什么样的人生才是理想人生的问题。研究艺术与人生的关系及其内在转型，可以使我们对中国现代美育本土化过程中的价值追求有更为深切的历史把握，同时也有助于中国美育价值观的当代思考与话语建构。[39]

宋瑾的观点是认为美育是艺术教育和审美教育再加上德育，是 1+1+1 大于 3 的合成教育，是培养一个完整的人的教育。它的机制就是以技入门，以美动人，以德化人。只有寓教于乐，才能寓教于“乐”。这个“乐”包括所有文学艺术甚至其他学科。[40]

郭声健与邓茜希望艺术教育回归“以美育人”本位，他们认为艺术教育是学校美育的最重要内容和主要途径，以美育人是艺术教育的本质规定与使命担当，美美之教是艺术教育的应然理想境界。要实现以美育人目标，达到美美之教境界，学校艺术教育必须切实扭转功利化、技术化倾向，不忘初心，不断改进，真正回归到育人本位。[41]

注：

[1]高建平：《论美学学科内涵的扩展与新变》，《艺术评论》，2020 年第 11 期。

[2]周宪：《美学及其不满》，《文学评论》，2020 年第 6 期。

[3]陶东风：《论当代中国的审美代沟及其形成原因》，《文学评论》，2020 年第 2 期。

[4]王一川：《文化现代性中的异文化权力——跨文化学视域中的审美生命政治》，《中国会议：非常状态的反思——生命政治 · 城市 · 风险治理》，2020 年 6 月 22 日。

[5]王杰：《现代美学的危机与重建》，上海人民出版社，2020 年。

[6]赵奎英：《美学重建与当代中国美学研究的四大形态》，《首都师范大学学报（社会科学版）》，2020 年第 2 期。

[7]王确：《汉字的力量——作为学科命名的“美学”概念的跨际旅行》，《文学评论》，2020 年第 4 期。

[8]刘成纪：《汉代美学中的身体问题》，中国社会科学出版社，2020 年。

[9]刘成纪：《地理、地图、山水：中国美学空间呈现模式的递变》，《文艺争鸣》，2020 年第 6 期。

[10]朱良志：《论中国传统艺术哲学的“无量”观念》，《北京大学学报（哲学社会科学版）》，2020 年第 5 期。

[11]杨春时：《中华美学史的空间性》，《天津社会科学》，2020 年第 4 期。

[12]袁济喜，刘睿：《论中国美学的“中和”智慧》，《河北大学学报（哲学社会科学版）》，2020 年第 1 期。

[13]薛富兴：《魏晋自然审美之鹤篇》，《成都大学学报（社会科学版）》，2020 年第 3 期。

[14]张法：《西方当代美学史：现代、后现代、全球化的交响演进（1900 至今）》，北京师范大学出版社，2020 年。

[15]姚文放：《重审接受美学：生产性批评范式的凝练》，《社会科学战线》，2020 年第 5 期。

[16]周宪：《十九世纪英语美学文献学问题》，《江苏社会科学》，2020 年第 4 期。

[17]彭锋：《艺术中的常量与变量——兼论进化论美学的贡献与局限》，《文艺争鸣》，2020 年第 4 期。

[18]周计武：《卡罗尔的历史叙事论与现代美学批判》，《人文杂志》，2019 年第 10 期。

[19]章辉：《审美态度：一个西方美学概念的问题史》，《南京社会科学》，2020 年第 6 期。

[20]高建平：《文学和美学的深度与宽度》，商务印书馆，2020 年。

[21]张晶：《偶然与永恒——中国古代文艺理论对文艺美学的建构意义》，人民文学出版社，2020 年。

[22]王次炤，韩锺恩，罗艺峰，宋瑾，黄汉华：《一次关于音乐美学和音乐哲学的讨论》，《音乐研究》，2020 年第 1 期。

[23]史红：《舞蹈美学：知识谱系、内在结构与资源吸纳》，《北京舞蹈学院学报》，2020 年第 3 期。

[24]陈旭光：《论电影工业美学的大众文化维度》，《艺术评论》，2020 年第 8 期。

[25]邹元江：《从梅兰芳对杨小楼的评价看戏曲表演美学体系问题》，《戏剧（中央戏剧学院学报）》，2020 年第 3 期。

[26]曾繁仁：《生态美学》，山东文艺出版社，2020 年。

[27]程相占：《西方生态美学的建构路径及其启示》，《东岳论丛》，2020 年第 3 期。

[28]陈望衡：《生态文明时代城市形象的审美嬗变》，《山西师大学报（社会科学版）》，2020 年第 1 期。

[29]张玉能，张弓：《新实践美学的生活美学建构》，《陕西师范大学学报：哲学社会科学版》，2020 年第 4 期。

[30]刘悦笛：《美作为“幸福的允诺”——论亚历山大 · 内哈马斯的生活美学》，《陕西师范大学学报（哲学社会科学版）》，2020 年第 4 期。

[31]潘知常：《生命美学：“以生命为视界”》，《郑州大学学报（哲学社会科学版）》，2020 年第 6 期。

[32]张俊：《中国生命美学的两个体系》，人民出版社，2020 年。

[33]李志宏：《认知神经美学》，中国书籍出版

社，2020 年。

[34]王晓华：《人工智能与后人类美学》，《首都师范大学学报(社会科学版)》，2020 年第 3 期。

[35]王杰，孟凡君：《审美人类学：构建当代美学与艺术批评新体系》，《社会科学家(桂林)》，2020 年第 5 期。

[36]高小康：《非物质文化遗产：从历史到美学》，《江苏社会科学》，2020 第 5 期。

[37]杜卫：《情感体验：美育的根本特征——当代中国美育基础理论问题研究之四》，《美术研究》，2020 年第 3 期。

[38]王德胜：《历史继承性与文化适应性：当代美育理论构建的两面》，《美育》，2020 年第 1 期。

[39]谭好哲：《从艺术为人生到人生艺术化——中国现代美育价值追求的内在转型》，《中国文学批评》，2020 年第 4 期。

[40]宋瑾：《美育：艺术教育、审美教育和德育教育的融合》，《云南艺术学院学报》，2020 年第 1 期。

[41]郭声健，邓茜：《让艺术教育回归“以美育人”本位》，《课程 · 教材 · 教法》，2019 年第 10 期。

（北京市哲学会供稿；执笔人：史红）

科学技术哲学

2020 年，北京科学技术哲学学术研究以问题意识为导向，既高度关注学科前沿问题，聚焦以人工智能、大数据等为代表的新一轮科技革命的成果和应用，从科学哲学、技术哲学、工程哲学、科学技术与社会（STS）等各个维度进行了探索；也重视学科基础理论问题，进一步开展技术本体论、技术认识论、工程本体论等研究；还特别关照重大社会现实问题，深刻反思新冠肺炎疫情等问题给人类生存和发展带来的挑战。

一、学术研究概况

1. 科学哲学

科学哲学越来越关注前沿的科技发展。伴随着认知科学、人工智能、脑机接口等领域的突破性进展，关于认知、意识、自我、智能、情感、记忆、逻辑、知识、感受、行为等问题的哲学研究不断推进，物理学哲学和生物学哲学研究逐渐与心灵哲学研究相结合，呈现出交叉研究特征，精品力作不断涌现。其中最具代表性的著作有中国人民大学哲学与认知科学跨学科平台首席专家刘晓力教授主编的“心灵与认知”丛书——《涉身与认知：探索人类认知的新路径》[1]，《概念与感知：心灵如何概念化世界》[2]，《知觉即行动：从哲学概念到机器实现》[3]，以及《信息文明的伦理基础》[4]。

《涉身与认知：探索人类认知的新路径》对于想要了解认知科学研究纲领变迁的读者是非常易于入门的导引，作者从思想史的角度梳理了认知科学的发展历程、比较涉身认知思想与“认知革命”倡导的计算—表征经典研究的内在关联及分歧所在，追溯了涉身性认知理论赖以奠基的哲学观念、科学源流及其核心主张。此书最丰富的内容是引用经验科学研究的案例，强调了当代实用主义哲学和现象学对认知科学演进的特殊贡献。

《概念与感知：心灵如何概念化世界》反映了近年来认知哲学中关于概念研究的一种新的理论倾向，即有别于传统理性主义进路，从一种经验表征主义立场出发，探究概念的本质、结构以及概念的规范性等问题。其中重点阐释了新经验主义观念下的概念理论如何说明知觉经验与概念之间本质关联的。作者还尝试引入“世界—主体—知觉—概念—语言—思想”的结构模型，建构了一种基于知觉经验的概念研究框架，具有创见地论证了这一框架的三项基本主张。

《知觉即行动：从哲学概念到机器实现》是目前国内关于生态心理学家吉布森提出的关于 Affordance 的知觉理论最为系统的哲学考察和拓展研究。正是吉布森的生态心理学奠定了涉身性认知科学最重要的理论基础。作者在扩展 Affordance 概念的基础上，将动物和人类一同视作与环境打交道的有目的的行动者，尝试建立一种新的概率知觉理论，说明一个行动者如何凭借知觉，获取当下所处环境中的目标对象的意义，审时度势采取恰当的应对环境的行动。此书的另一独特贡献是尝试通过贝叶斯方法，把 Affordance 这个既具生态心理学意义又具哲学意义的概念真正落实到人工智能行动者依据目标采取行动的机器实现的程序设计中。

《信息文明的伦理基础》系统地讨论了人工智能所涉及的各种伦理问题。作者主张审慎的科学，即在信息文明伦理尚未建立健全时，不要过于追求科技化而忽视伦理道德方面的制约。他认为，在没有搞清楚人需要站在什么样的位置去控制智能机器的情况下，人工智能的发展难免有其不确定性甚至是盲目性。关于人类深度科技化的未来情境，作者给出 3 点展望：其一，人类文明的未来是高度不确定的；其二，只要人类无法抑制其对不断创新的好奇心，其未来情境必然是控制的危机与控制的革命永无止境的缠斗；其三，如果前面两点分别由人类的命运和人性的诉求所决定，那么人类可以做的一个关键性选择是确立创新的速度和限度，或者说如何在颠覆性的创造和颠覆性的毁灭之间找到一个人类文明可以承受的界限。

与此同时，科学哲学实践性转向继续深化。与经典科学哲学注重考察科学认识的真理性，科学与非科学的划界等问题不同，科学哲学实践转向比较重视地方性科学知识的发生。地方性科学的讨论有助于本土科学哲学的繁荣。最近几年博物学异军突起。作为一种地方性科学，中国传统的博物学讨论试图重新定义何谓科学。科学哲学实践性转向已经进入到真正的本土化阶段。

2. 技术哲学

与国外技术哲学的蓬勃发展相呼应，北京学者的研究走入深水区，成果丰富多元。

马克思主义技术哲学研究得到了长足的发展。其中对马克思技术观的发掘、整理仍然是技术哲学研究的重要主题。马克思技术哲学批评在数据时代保持了巨大的生命力。孙恩慧、王伯鲁在《机器技术哲学的第三条进路探析——兼论马克思与芒福德的机器技术哲学》[5] 一文中明确指出，对机器技术的哲学反思有 3 条分析进路，即工程学传统、人文主义传统以及工程学与人文主义相结合的传统。马克思与芒福德是第三条分析进路的典型代表人物。这条进路在经验的基础之上，有根据地反思技术过程，在特定的语境下审度现实中技术、人与社会之间的关系。他们分别以政治经济学与文化人类学的方法开辟出对立而又互补的两个方向，又分别在自然技术范畴与社会技术范畴、宏观层面（社会效应）与微观层面（个体生存状态）对机器技术做了深刻考察。当代有较大影响力的荷兰学派的技术哲学思想是机器技术哲学第 3 条分析进路在当今发展的新表现形态。

技术研究的基础理论研究不断加强。随着技术哲学经验转向后学术研究的进一步繁荣，越来越多的学者注意到经验转向后哲学的深入发展，有赖于对技术存在论和认识论资源的进一步挖掘。其中海德格尔、梅洛庞蒂研究有复兴之势，斯蒂格勒的现象学研究最近也逐渐受到重视。刘永谋等在《自然辩证法通讯》上组织的纪念斯蒂格勒专栏引发关注。斯蒂格勒是继海德格尔之后，专门从现象学角度讨论技术的最为重要的思想家。他认为技术不仅仅是工具，技术无处不在，他的工作不是技术哲学，就是哲学本身。米切姆、刘永谋、段伟文、王程铧、闫宏秀等人针对斯蒂格勒的生平、著作、核心哲学观点以及哲学史地位都进行了深入地述评，针对其技术作为人的在世，技术作为一种记忆术，技术与人类学的联系，技术分析作为一种药学实践以及其对超工业化的批评等观点都进行了讨论。

国外技术哲学研究日益深入。在《关注法国技术哲学》[6] 一文中，刘永谋认为，与美国、荷兰和德国的技术哲学相比，法国技术哲学特色鲜明，有很多值得中国技术哲学发展借鉴的东西。它们关心人在技术时代的命运，融合历史、哲学、社会学和人类学的不同视角，聚焦于技术的伦理学、政治学和社会学方面的问题，重视研究技术与艺术的关系或技艺哲学，加强技术哲学的经验研究。中国的技术哲学应该在继承自然辩证法研究传统的基础上，吸收和借鉴包括法国技术哲学在内的各种思想资源，面对当代中国特殊的技术问题，交融创新，自成一派。

3. 工程哲学

工程哲学作为一门新兴的发展领域逐渐受到重视，工程所引发的哲学问题引起广泛关注。

工程哲学的价值日益凸显。刘永谋在《工程与工程师时代的哲学反思》[7] 一文中断言，今日之人类境遇，从根本上说乃是一种工程境遇。从这个意义上来说，工程哲学可以从"第一哲学"的深度和高度来深入研究。这是因为，工程哲学是理解工程与工程师时代的必然理论产物，对于在工程时代防范大工程的负面效应、限制工程师的专家权力、规避社会工程师与社会工程风险等具有不可替代的作用。

工程本体论研究持续推进。李伯聪在《工程科学的对象、内容和意义——工程哲学视野的分析和思考》[8] 一文中指出，中国面临着把工程大国转变为工程强国的历史任务，在这个过程中，发展工程科学常常是关键之关键。它是核心技术或关键技术的孵化器。这就要求人们必须对工程科学的性质、特点和意义有更清醒、更明确、更自觉的认识，要更明确地意识到工程科学的独特地位、意义与作用。工程科学既不同于基础自然科学，也不同于工程技术，但是工程科学和基础科学、工程科学和工程技术之间又是可以双向转化，因此，在实施创新驱动战略时，必须把工程科学创新、工程技术创新、工程制度创新等密切结合起来，实现工程科学创新、工程技术创新、工程制度创新三者的相互促进。

随着“负责任创新”观念的引入，工程设计的价值敏感性问题引起广泛关注。“负责任创新”理念所追求的目标是，研究与创新必须有效反映社会需求与社会意愿，体现社会价值与责任。“价值敏感设计”是以社会和道德价值观为中心的新技术设计和发展理念，希望通过在技术中提前内置伦理价值，实现“负责任创新”。它要求工程设计之初就要加强利益相关者互动，使公共价值设计进入工程产品中。它不是在技术使用导致确定后果时进行纠正，而是旨在打开技术黑箱，在工程蓝图阶段就把重要的伦理价值嵌入工程活动中。伦理价值不是审查工程技术活动的清单，而是构成工程技术的重要有机部分。尽管王雷、王伯鲁在《技术内嵌价值》[9] 中也指出，“价值敏感设计”在实践中面临内置伦理的道德超载问题、如何对内置的伦理价值进行审核和判断和所谓的“科林格里奇困境”（Collingridge Dilemma），即“技术的后果在其发展前期难以预测，随着技术的发展，当其占据了生产和市场，所产生的影响逐渐明显时，技术的负面影响往往已经很难控制”等困难，他们仍然认为充分重视技术的内嵌价值，虽然不足以完全应对技术效果的非显而易见性，但是可以在一定程度上帮助工程师做得更好。

4. 科学、技术与社会（STS）

STS 是一个跨学科研究领域，以科学技术及其与社会的相互关联为研究对象。当前，科学技术快速发展，其与世界其他部分的关系也正在发生深刻变化。这一趋势更加凸显出 STS 的重要价值。STS 研究目前来看还没有统一的研究范式，其研究领域与科学哲学、技术哲学、工程哲学、社会学等都有交叉。然而，从科技哲学核心期刊的论文分类统计情况来看，2020 年，STS 发文比例较高，这充分反映了 STS 研究的繁荣。

STS 紧紧围绕学科前沿问题展开深入研究。例如人工智能技术治理、基因编辑技术管理等问题总是首先在 STS 学者中引起兴趣。段伟文在《构建稳健敏捷的人工智能伦理与治理框架》[10] 一文中强调，在各国和地区纷纷提出人工智能发展规划和战略的同时，人工智能的伦理风险与治理也成为全球共同关注的焦点。鉴于不同区域社会环境和文化背景的不同，很难构建单一的全球性人工智能伦理与治理框架。中国在总体上对于人工智能为经济、社会、企业和个人福祉带来的积极影响更加乐观，但人工智能的伦理风险并非虚构，普通用户在享受各种创新便利的同时，难免对个人数据滥用、算法决策的不透明心存疑虑，开发者也担心伦理缺位会使其为由此带来的风险付出高昂代价。为了消除这种双重焦虑，应该通过技术伦理评估、“技术—伦理”矫正和信任机制的构建，展开必要的价值伦理校准。更重要的是，要在充分考量人工智能的社会影响、对区域与全球的兼容和维护和平底线的基础上，构建一种稳健可行的人工智能伦理与治理框架，实现敏捷治理。

刘永谋在《技术治理视域下的泰勒主义》[11] 一文中指出，在 21 世纪之初，无论是发达国家，还是发展中国家，技术治理已经成为公共治理领域一种全球范围内的普遍现象，可以称之为“当代政治的技术治理趋势”。作为 20 世纪最重要的思想遗产之一，泰勒主义至今仍在社会治理领域发挥着重要的作用，对人类社会运行效率的提高居功至伟。但是在现实世界之中，依科学之名容易走向“伪技术治理”，依真理之名容易走向暴政，而依确定性之名往往导致混乱。因此，对技术治理的再治理，实际上是对知识走向治理活动可能出现的负面问题的警惕。技术治理是知识与权力相关联的领域，必须慎重地防止知识与权力的勾结与共谋。

STS 学者聚焦社会热点问题进行理论分析。针对新冠肺炎疫情全球大流行，学者们从不同角度进行了深刻反思。周程在《探病毒之理，当有扶社稷之心》[12] 一文中主张，科学研究的局限性和科学认知的渐进性决定着科学家们认识新鲜事物需要一个过程。实际上，在不可能做大量的重复实验或不可能进行充分质疑的情况下，科学家们对新鲜事物的理解与预判难免会出现失误。这不仅不利于病毒概念的形塑，甚至会阻碍科学的发展。因此，有必要在科学共同体内部建立平等对话和合作交流的机制。要建立合作交流的长效机制，首先需要建立一套大家都能理解的话语体系，不能各说各话；其次需要搭建一批方便各国学者高效沟通的平台，不能画地为牢。

刘永谋通过邮件与德国哲学家阿尔弗雷德·诺德

曼、美国哲学家卡尔·米切姆就《疫情应对中的科技治国模式》进行了比较性讨论[13]，在学界和社会上均产生了广泛影响 。刘永谋认为，相比较德国的公民驱动的科技治国模式和美国的没有科技治国约束的反智模式，中国采取的政府驱动的科技治国模式更适应中国国情，也更高效。他也强调，实行政府驱动的技术治理模式时，也需要做好与社会社群间的沟通与协调，将科技手段置于社会监督之下，对专家进行伦理和责任教育。

STS 研究学科融合趋势明显。这一方面反映出 STS 研究的专业性日益增强，另一方面说明新技术所造成的社会问题迫切需要 STS 研究予以回应。曾点、高璐在《技术哲学在 STS 中的遗产——与芬伯格对谈》[14] 一文中，通过与美国著名技术哲学家安德鲁·芬伯格的对谈，拓展了对技术哲学与 STS 的关系的理解。芬伯格认为理想化来说，技术哲学与 STS 将会融合。在后真相社会，STS 不再是一个常规的、政治中立的、无政治意义的学术领域，将不得不毫不讳言地为科学、技术以及专家知识进行辩护。STS 的定位需要被重新阐明。作为具有跨学科特点的 STS 与技术哲学有着密切的交集。一方面，技术哲学家们提出问题，进步意味着什么？其目标是什么？应该由哪些社会群体来定义进步？这是技术哲学能为 STS 所做的；另一方面，技术哲学可以从 STS 的资源中找到一些东西，用以解决诸如进步问题、权力问题、理性问题等哲学问题。

5. 自然哲学

自然哲学研究热点突出。围绕恩格斯诞辰 200 周年纪念主题，邹广文《恩格斯人与自然关系思想再思考——恩格斯〈自然辩证法〉学习札记》一文成为关于恩格斯自然观研究的代表性论文。文中指出，恩格斯人与自然关系的思想是其哲学思想体系中的主要组成部分。在现时代，重新学习恩格斯有关人与自然关系的思想，无疑具有十分重要的理论意义和实践意义。在当代人与自然紧张的矛盾冲突中，我们更应该去认真领会恩格斯关于人与自然具体的历史的统一思想，以此对于今天人类现代化实践给予自觉的思想检讨和价值审视。

习近平生态文明思想研究持续受到关注。滕菲的《习近平生态文明思想对人类世时代生态哲学的价值》[15] 一文指出，习近平生态文明思想是中国社会主义生态文明建设的根本遵循，是克服后自然倾向内在缺陷的重要理论基础，也是构建人类世时代生态哲学的核心资源。习近平生态文明思想包括“人与自然是生命共同体”的本体论、以“绿水青山就是金山银山”为核心的发展论和实践论、“山水林田湖草是生命共同体”的系统工程的思路和生态学为基础的方法论。这一系列重要思想相互联系并构成了统一的理论体系，为生态哲学的发展提供了重要的理论基础。

生态哲学理论研究不断深化，从关于人与自然关系的一般性研究进展到多视角的具体化、专业化研究。张云飞、李娜的《生态哲学有机范式的二重性》[16] 一文，深入分析了生态哲学的有机范式，得出结论，有机哲学不能作为“普遍”的生态哲学，只是生态哲学的一种可能范式，可将之称为“生态哲学有机范式”，即按照有机哲学构建的一种生态哲学范式。只有立足于社会主义生态文明建设实践，坚持以人民为中心，坚持综合创新，才可能形成一种科学、普遍、有效的生态哲学。

二、学科问题思考与未来展望

2020 年，科学技术哲学学科发展虽然成绩斐然，但仍有诸多不足。首先，针对科技哲学自身学科定位的反身性研究仍显不足。针对科技哲学学科定位的反身性研究亟须得到足够重视。科技哲学同哲学一级学科的关系，自然辩证法在科技哲学中的位置，科学哲学和技术哲学，STS 和工程哲学的关系都需要进行细致的梳理。马克思主义科技哲学研究仍需进一步加强。马克思主义传统中科技哲学思想丰富。其中自然哲学、科学社会学、科学认识论以及技术社会批判等资料都尚未得到充分整理与开展。进一步系统整理马克思主义的科技哲学不仅有助于从哲学史意义上深入理解当代科技哲学的一些思想流派渊源，同时对于充分把握技术的政治属性有重要作用。

其次，科技哲学研究的基础理论仍然长期跟随。国内早期科技哲学研究主要是对西方主要科学哲学著作进行译介。当前在科学哲学领域，尤其是认知科学哲学界，能够在基础理论上提供创造性贡献的中文著作不多，论文数量有限。在技术哲学研究中，无论是在分析传统、社会批判传统还是在现象学传统内部，对技术本体论、技术形而上学基础理论研究都没有重大突破。科技哲学研究需要进一步深入研究基础理论，敢于啃硬骨头。

再次，科技哲学研究和自然科学的结合仍显不足。随着科学技术的不断发展，科技突破所带来的哲学问题成了科技哲学当前研究的热点。在科学哲学界，心灵哲学或可为人工智能发展提供有关认识的基础性概念资源。科学实践哲学旨在提供知识生产的地方性特征，特别关注实验室内部活动。但目前科技哲学研究尚未走入实验室，未能与自然科学家一起开展研究。技术哲学工作者也未能走入企业和工程场所。这使得科技哲学研究对科技工作的影响力不足，也不能从中汲取必需的资源。继续推进科技哲学和科技工作者之间的互动，将有助于深化科技哲学问题研究。

复次，科学实践哲学研究进一步深入。例如海德格尔、福柯和梅洛·庞蒂对科学实践哲学的根源性影响需要得到进一步深入挖掘。科学实践哲学经典作品需要得到更加系统的翻译与介绍。目前这些翻译仍然不够充分。推动科学实践哲学结合当下科技哲学研究热点，例如当下流行的“荷兰学派”哲学研究，在此基础上进一步发展科学实践哲学研究的理论思路。技术哲学作为“第一哲学”的形而上学研究需要着力推动。技术哲学不能简单停留在考察应用技术使用所带来的伦理问题上，更需要进一步考察技术的本质问题。经典技术哲学著作的译介工作目前做的还较不充分。海德格尔的技术哲学思想并未能系统进行翻译介绍。后现象学和分析的技术哲学译介也很有限。在推动翻译的基础上，进一步加强对技术本体论问题的研究。其中技术的本质、技术与生活经验的构造、技术与存在等问题都需要进行系统考察。

最后，技术的社会批判理论研究具有重要的现实意义。未来技术批判理论可以从两方面深入开展。一是细致系统地考察技术批判理论与马克思主义技术哲学的关系。二是在系统梳理技术批判理论的基础上，进一步结合中国技术实践案例反思并发展技术批判理论。中国作为一个正在全方面深度工业化的国家，有大量的技术案例值得从技术批判理论视角进行研究。例如最近几年人气很旺的“负责任创新”哲学涌现出很多综合中国技术案例的哲学研究，深化了国际技术批判理论的讨论。工程哲学，尤其是其中的工程伦理教育需要得到进一步支持。工程伦理的教材仍需要进一步丰富。这要求进一步翻译西方经典的工程伦理教材，结合中国实际与中国案例开展别开生面的研究工作。另外应加强对西方工程伦理实践体制、制度的关照，通过对这些问题的考察将工程哲学理论揉入到具体的工程实践中去，使得工程教育紧密结合实际，言之有物。在工程日兴的同时，科技伦理问题最近几年变得日趋严峻。在十四五期间加强科技伦理的研究势在必行。科技伦理问题研究不能再仅仅强调技术的风险评估，这种后发式的科技伦理研究范式往往要等到技术应用后才能开展研究。科技伦理研究必须进一步拓展到科学研究实验计划阶段、技术的工程设计、研发过程之中。这种科技伦理研究的“前端”思路值得进一步介绍和研究。其中“价值敏感性”设计、“说服性”技术、技术哲学的“设计转向”等问题都是未来科技伦理研究的可能热点。

以上研究均需置入国际化视野下进行考察发展。科学技术的使用本身具有国际化特征，其所带来的问题必然需要进行国际化讨论。国际化不仅包括对西方前沿思想的引入，更要进一步加强中西学者的实质性互动。这包括一起编辑图书、组织学术期刊专栏针对具体问题进行争论、推动中国学者的重要观点走出国门等实践。与此同时，不断推进科技哲学的中国化工作。近些年来，科学哲学和技术哲学都在经历深刻的实践转向。实践转向给科技哲学提供了一个地方性知识阐释的空间。其中，什么是科学知识、什么是科学、“李约瑟难题”等问题在科学实践哲学转向下都焕发出新的生机。科学传统作为一种博物学传统正在得到热烈讨论。在技术哲学领域，国内一批海归青年学者在儒家技术哲学方面的尝试已经引起了国际技术哲学学界的广泛关注。传统文化资源如何楔入科学和技术哲学势必会成为未来科技哲学中国化的讨论热点。

注：

[1]孟伟：《涉身与认知：探索人类认知的新路径》，中国科学技术出版社，2020年。

[2]郁峰：《概念与感知：心灵如何概念化世界》，中国科学技术出版社，2020年。

[3]薛少华：《知觉即行动，从哲学概念到机器实现》，中国技术出版社，2020年。

[4]段伟文：《信息文明的伦理基础》，上海人民出版社，2020年。

[5]孙恩慧，王伯鲁：《机器技术哲学的第三条进路探析——兼论马克思与芒福德的机器技术哲学》，《科学·经济·社会》，2020年第1期。

[6]刘永谋：《关注法国技术哲学》，《自然辩证法通讯》，2020年第11期。

[7]刘永谋：《工程与工程师时代的哲学反思》，《民主与科学》，2020年第1期。

[8]李伯聪：《工程科学的对象、内容和意义——工程哲学视野的分析和思考》，《工程研究——跨学科视野中的工程》，2020年第5期。

[9]王雷，王伯鲁：《技术内嵌价值》，《中国社

会科学报》，2020 年 11 月 11 日。

[10]段伟文：《构建稳健敏捷的人工智能伦理与治理框架》，《科普研究》，2020 年第 3 期。

[11]刘永谋：《技术治理视域下的泰勒主义》，《哲学分析》，2020 年第 3 期。

[12]周程：《探病毒之理，当有扶社稷之心》，《中国科学报》，2020 年 2 月 27 日。

[13]刘永谋等：《疫情应对的中国模式》，参见澎湃报道：https：//www. thepaper. cn/newsDetail_ forward_ 7400340。

[14]曾点，高璐：《技术哲学在 STS 中的遗产——与芬伯格对谈》，《自然辩证法通讯》，2020 年第 3 期。

[15]滕菲：《习近平生态文明思想对人类世时代生态哲学的价值》，《中国人民大学学报》，2020 年第 3 期。

[16]张云飞，李娜：《生态哲学有机范式的二重性》，《CNKI 独家国际社会科学杂志（中文版）》，2020 年第 2 期。

（北京市哲学会供稿；执笔人：王小伟、程倩春）

年度推荐论文和著作

论　文

1.《新中国 70 年哲学话语体系的生成与转换》，韩震，《社会科学辑刊》，2020 年第 1 期。

2.《当代中国价值哲学研究的历史逻辑》，杨学功，《价值论研究》，2020 年第 1 期。

3.《“自然”的蜕变：从〈老子〉到〈论衡〉》，刘笑敢，《哲学研究》，2020 年第 10 期。

4.《庄子思想的三大本原及其自然之义》，丁四新，《人文杂志》，2020 年第 2 期。

5.《阿奎那如何循着自然法的道路探求正义和自然权利》，刘素民，《福建论坛（人文社会科学版）》，2020 年第 11 期。

6.《〈国王的两个身体〉发微》，尹景旺，《世界宗教评论》，2020 年第 3 辑。

7.《从混生音乐视角析学堂乐歌的族性表现》，宋瑾，《人民音乐》，2020 年第 3 期。

8.《人工智能视域下的舞蹈与身体》，史红，《舞蹈》，2020 年第 2 期。

9.《工程科学的对象、内容和意义——工程哲学视野的分析和思考》，李伯聪，《工程研究》，2020 年第 5 期。

10.《技术治理视域下的泰勒主义》，刘永谋，《哲学分析》，2020 年第 3 期。

著　作

1.《马克思辩证法研究：以政治经济学批判为中心》，黄志军，社会科学文献出版社，2020 年。

2.《关于马克思社会主义学说史上的若干重大分歧问题》，张光明等，山东人民出版社，2020 年。

3.《儒家文化与民族复兴》，陈来，中华书局，2020 年。

4.《庄子哲学研究》，杨立华，北京大学出版社，2020 年。

5.《救平与破裂：邓·司各脱论形而上学与上帝超越性》，雷思温，生活·读书·新知三联书店，2020 年。

6.《古希腊哲学史》（全六卷），策勒著，聂敏里等译，人民出版社，2020 年。

7.《文学和美学的深度与宽度》，高建平，商务印书馆，2020 年。

8.《汉代美学中的身体问题》，刘成纪，中国社会科学出版社，2020 年。

9.《知觉即行动：从哲学概念到机器实现》，薛少华，中国科学技术出版社，2000 年。

10.《信息文明的伦理基础》，段伟文，上海人民出版社，2000 年。

逻 辑 学

2020年，虽然一些经典问题一直在当前逻辑学领域的研究中占有一席之地，但是经典领域的新发现、新问题，随着社会发展和科学技术的进步而引发的新热点、新领域，以及经典领域与新兴领域的交叉研究等等新现象、新趋势比比皆是，在当前逻辑学领域的研究中占有很大比重。北京市逻辑学界一直在积极探讨国内外逻辑学前沿问题。

一、一阶模态逻辑的可判定片段及其性质

近年来，随着模态逻辑领域的进一步成熟，很多之前的哲学及技术问题已经被解决，同时，在一阶模态逻辑基础理论上也诞生了一系列比较重要的结果，也有越来越多的人关心一阶模态逻辑片段的应用。然而，找到一阶模态逻辑表达力比较强的可判定片段还是一件非常困难的事情。

从技术上讲，命题模态逻辑相对一阶逻辑最核心的优势就是其鲁棒的（robust）可判定性，很好地平衡了逻辑的表达力和复杂度，而这正是一阶模态逻辑所缺乏的，严重地阻碍了它的应用。在一阶模态逻辑的完整语言不可判定的情况下，寻找表达力远强于命题模态逻辑，但同时还是可判定的片段就成为一阶模态逻辑研究的一个重点。然而，这是一件非常困难的事情，用通常的一阶逻辑可判定片段的想法都不能得到一阶模态逻辑的可判定片段。目前最前沿的办法是限制只能有一个变元在模态辖域中出现，然而这是非常强的限制，大大降低了其片段的表达力和实用性。

受前期非正规认知逻辑工作的启发，王彦晶找到了一种定义一阶模态逻辑片段的新方法——不让量词自由地在公式中出现，而将其出现与模态词“打包”形成新的带变元的模态词。同时，这种打包的限制又比较自然，有认知逻辑和语言学的根基，未受过多限制。当前的一个重点问题就是系统性的考察这样的打包片段，并考虑各种框架条件以及个体域的条件，看在什么样的情况下能得到可判定的片段。

二、破坏博弈逻辑及其变体问题研究

逻辑与博弈的联系由来已久，随着它们各自的发展，联系越来越紧密，造就了众多细分的研究领域，可以从两个方面来看待两者的交叉研究。一个方向称之为逻辑博弈，利用博弈论的方法研究逻辑的推理活动；另一个方向称之为博弈逻辑，利用逻辑学的方法处理博弈中的问题，如策略问题、纳什均衡问题。

图博弈是一类与逻辑有着天然联系的博弈，可以借助逻辑学的方法研究该类博弈中的相关问题，属于博弈逻辑的子领域。图博弈中有两种比较基本的图设计方式，即通过删除节点得到新图和通过删除边得到新图。

随着破坏博弈及SML（破坏模态逻辑）的提出，学界兴起了对SML及其变体的研究热潮。尽管有众多的研究，最早出现的SML的公理化问题仍没有得到解决，这是破坏博弈逻辑研究领域的一个重点和难点。同时，SML的可满足性问题和模型检测问题的复杂性都得到了解决，但是有关SML互模拟问题的复杂性问题，相关研究不足。同时，对于破坏模态逻辑变体的互模拟复杂性问题的研究较少，尤其值得进一步研究。删点破坏逻辑及其变体也是图博弈逻辑中的热点问题。

从2005年至今，破坏博弈逻辑及其变体问题一直得到不断地研究发展，成为当前逻辑学领域一个热点难点问题。对其本身的研究、将其放在经典逻辑学领域中进行考察，不断提出新的变体以及新的研究方向，使得该问题在当前逻辑学研究领域中一直处于前沿。

三、中国逻辑思想史热点难点问题

荀子“正名”思想中“名”的产生问题，是当前中国逻辑思想史研究的一个热点也是难点问题。

在《荀子·正名》文本研究中，关于“名”的产生存在难点和争议，其中有两个主要问题，一是“名”的哲学基础，二是荀子所言的制名原则，在此基础上，又引申出荀子制名过程中“约定俗成”说与“王者制名”说的张力问题。

关于“名”之所以产生背后的哲学基础和认识论问题，传统的解释多依据荀子所言心与五官的分别论证知识的产生过程，尤其注重区分五官感知的被动性与心之知觉的主动性，在心的主导下，才能将五官被给予的感官材料加以辨别、统合而产生“名”和知识。“名”之所以产生背后的哲学基础问题，在新时代亟须新的诠释视角，尤其需要突破传统的“被动（感性）—主动（知性）”二分的认识论框架，在此方面，需要借鉴海外的相关研究。

荀子在《正名》篇中明确指出了制名的相关原则。其中，“名”的产生似乎存在“约定俗成”的任意性与“王者制名”的规范性或者说是“名固无宜”与“名有固善”之间的张力，“名”的两种产生方式，是否存在着矛盾？应该如何调和两种理论，避免产生不必要的冲突？对这个问题学者们争议较大，因此成为荀子名学研究的难点之一。对此问题的研究，首先需要摒弃意识形态和预设价值判断的干扰，避免动辄使用“王权”“专制”等在现代政治生活中不具有积极意义的评价方式，而应深入文本，探究其在《荀子》一书整体思想框架的准确解释。

熊十力的逻辑观及其对逻辑与中国哲学关系的认识，对于这个问题的研究是当前中国逻辑思想史研究的一个热点问题。通过对熊十力关于逻辑问题的关注，可以进一步对近代中国逻辑学传入后的文化思潮，尤其是对“逻辑”背后的文化现象及其与中华文化的融合碰撞进行更加具体深入的了解，为思考新时代逻辑学与中华文化发展方向奠定基础。

现今，对于中国逻辑学史的研究是一个热点问题，也是一个具有广阔研究前景的方向。越来越多的学者开始研究中国逻辑学，试图拓宽该领域的研究范围，扩大中国逻辑学的影响。

四、道义逻辑与法律逻辑

在还存在道德冲突和法律冲突的时候，道义逻辑和法律逻辑将会一直是逻辑学研究的热点前沿问题。而法律逻辑研究的难点在规范推理领域。

规范冲突领域最有影响力的研究线路是：［Alchourron 和 Makinson1981］，［Alchourron1986］，［Sartor1992］，［Horty2003］，［Hansen2006］，［Horty2007］，［Parent2011］。这个研究线路上的研究工作处理规范冲突的方式如下：令 N 是一个规范集，<是 N 上的一个优先序关系。N 中的规范之间可能有冲突。令 $\Delta\varphi$ 是一个规范公式，其中 Δ 是一个规范算子，φ 是一个命题。如何确定 $\Delta\varphi$ 相对于 N 成立？首先，确定 N 的所有的适当的极大一致子集。N 的一个适当的极大一致子集代表 N 中的冲突的一种解决方法。$\Delta\varphi$ 相对于 N 成立当且仅当 N 的适当的极大一致子集与 φ 之间具有某种逻辑关系。这些研究工作之间的主要区别在于它们处理 N 的适当的极大一致子集的方式不同。这是一种语法的方法。

规范冲突领域的另外一个有影响力的研究线路是：［Nute1997］，［Prakken1997］，［Governatori2013］，［Modgil2009］。对于这个研究线路中的研究工作来说，规范是可修正的规则，状态是命题的集合。规范命题 $\Delta\varphi$ 相对于一个规范系统和一个状态是否成立由这样的证明决定，他们从状态出发，应用规范系统中的规则。这也是一种语法的方法。

目前规范推理领域主要包含 3 个方面的问题：规范推理的逻辑根据问题，能否构建以及如何构建一种非真值逻辑来处理规范推理，构成法律逻辑研究的一个难点；规范命题的证立标准问题，从逻辑学角度来看，规范命题只能从另一规范命题中推导出来，由此可能遭遇理性的无穷追问，最终无法找到规范命题成立的最终根据；价值选择的客观化问题，权衡模式本身必然预设价值判断，从而无法从根本上化解价值选择的客观化问题。

五、集体主体与社会行为方向

集体主体与社会行为是当前的热门研究方向，涉及逻辑学、哲学、社会科学、经济学等多个学科领域。如何理解作为主体的集体及其与个体的关系，是该方向的基础问题。在这一话题下，解决思路分别有哲学解释与博弈论解释两种路径。因循不同的解释方法，该问题有两个更为具体的问题，分别体现了逻辑与哲学和博弈论的交叉。这两个问题包括：1. 逻辑与哲学交叉，是否存在集体意向性（Collective Intentionality），如果是，如何对其进行形式刻画；2. 逻辑与博弈论交叉，是否存在一种不同于个体推理的群体推理模式——团队推理（Team Reasoning），如何去表达这种群体推理模式，它需要满足怎样的性质。

从哲学的角度看，关于集体的解释问题是社会本体论的核心，现存对集体意向性的解释主要有 3 种类型：内容—解释（Content - account），模式—解释（Mode-account）以及主体—解释（Subject-account）。从博弈论的角度看，该问题的核心在于是否存在一种不同于个体推理的群体推理模式指引着合作行为的最终实现。不同于哲学讨论关注着意向性，博弈论学者更为直接地关注推理模式本身。

关于“意向”的形式化工作，早先有 BDI 逻辑的处理方法，也有最近布罗森（Jan Broersen）通过 STIT 逻辑的研究。BDI 逻辑对“意向”的建构有 3 种著名的方式：［Cohen & Levesque 1990］通过线性时态逻辑加上表达信念、目标以及行为的算子来解释意向；［Rao & George 1991］，［Rao & George 1998］，［Wooldridge 2000］则使用分支时态逻辑 CTL 来理解意向；［van der Hoek et al 1998］，［Meyer et al 1999］转而使用动态逻辑取代时态逻辑，提出 KARO 方法。

布罗森改进了STIT逻辑，将系统中选择发生作用的节点从当前转移至未来的下一节点，从而获得了逻辑系统的可公理化及可判定性，建立了XSTIT逻辑系统。他通过添加知识、信念、意向算子，进而定义了知道地做（Ka［a xstit］φ）和意向地做（Ia［a xstit］φ）等概念，并进一步讨论了非决定的意向行为，及其与行为主体承担责任的关系。

上述对意向的形式化工作都还没有涉及集体意向的层面，所以在形式化集体意向性的这一方向仍有广阔的研究前景。

六、包含认知模态的单调性推理

单调性推理领域作为一个热门前沿问题，存在多种研究方向和研究焦点，包含认知模态的单调性推理问题是其中一个难点焦点问题。对包含认知模态的单调性推理问题的研究体现了当前逻辑学与语言学领域的交叉发展。

一些学者认为模态语境中单调性推理失败的问题可以归约为指称的晦暗性问题。也就是说，在一阶模态语言中，量词的辖域范围与模态词的辖域范围会互相干扰，致使出现命题的“非特指”（或者从言）读法。在这一读法下，模态词的辖域包含量词，因此在模型中要先解释模态词再解释量词。而在经典的一阶模态模型中，这一读法的解释需要在每个可能世界中判断量化式的真值，因此无法保证所量化的个体变元在每个可能世界中所指称的对象唯一。这一方向的研究往往会增加一阶模态语义的复杂程度，如何获得既符合复杂的语义特征又保持良好性质的逻辑系统是该分析路径所面临的首要挑战。

而另外一些学者认为，单调性推理的语义维度并没有出现问题，导致推理失败的是它的语用维度。包含模态词的单调性推理是介于语义推理和语用推理之间的，量词的单调性性质保证了它的语义有效性，而模态语境也给了它语用的判断环境。但是此方向的分析侧重于主体对信息的理解、整合与表达，那么自然就会产生一个问题：在会话的过程中，信息的更新如何影响单调性推理的语用失效；与之关联的逻辑问题就是如何在现有的逻辑框架中增添动态因素。这些关于动态问题的延展，是该路径发展和研究的方向。

七、大数据背景下人工智能及其逻辑的哲学反思

随着科学技术的发展，人工智能已无可置疑地成为当前各学科的热点前沿问题。人工智能的研究离不开大数据，离不开计算机，也就离不开逻辑。从广义的角度看，人工智能三个最重要的部分，不管是模拟人的感知，模拟人的认知还是模仿人的决策，逻辑都会在其中扮演重要的角色。持有不同的逻辑观念甚至会影响人工智能的发展路径。从广义的逻辑视角看，我们就可以有机地融合基于规则和基于经验数据的人工智能，使得它们朝着相互依赖、相互促进的方向发展。

以郭佳宏为首席专家的各高校和研究机构逻辑学等专业的学者专门申请了一个课题，研究人工智能中的技术手段及其逻辑基础与哲学思考之间的相互关系，即人工智能技术和逻辑基础对相关的哲学理念的影响以及哲学理念反过来对建立制造人工智能的技术的影响。2020年正式启动，拟完成以下几个目标：（1）从哲学、逻辑传统的线索深入分析和展示人工智能与自然智能的关系，试图弄清楚智能的本质；（2）促进逻辑、语言与人工智能的互动和关联，以逻辑为核心工具，从自然语言的语义理解入手，形式地展示部分人类交际过程中的智能互动；（3）厘清智能机器的规范性先行构建的基本原则问题，包括人工智能伦理前景的综合审度、途中道德原则的具体审度和责任伦理的重点深度；（4）从交叉学科发展的角度梳理人工智能的关键技术和发展史，分析总结大数据背景下的智能特点；（5）作为一类人工智能典型的应用和实践案例，课题计划总结医学人工智能实践中的逻辑和哲学问题。通过医学信息研究和临床实践中的具体实例，展示各类智能技术与医学结合的重要性和可能的发展前景。

（北京市逻辑学会供稿）

年度推荐论文和著作

论 文

1.《罗素的逻辑学和分析哲学——为纪念罗素访华一百周年而作》，陈波，《北京大学学报（哲学社会科学版）》，2020年第3期。

2.《逻辑的引擎：人工智能的动力》，杜国平，《河南社会科学》，2020年第5期。

3.《否定存在句难题的一种语用学解答方案——“语言游戏”的视角》，冯艳，《河北学刊》，2020年第4期。

4.《关于偏好关系的质化与量化研究——中间道路的探索》，刘奋荣，付小轩，《浙江大学学报（人文社会科学版）》，2020年第5期。

5.《逻辑基础问题——一个金岳霖式的回答》，刘新文，《文史哲》，2020年第6期。

6.《“有”的个体/事件量化分野及其语义生成机制》，满海霞，《当代语言学》，2020年第3期。

7.《印证≠印证证明——对印证、印证证明及其相互关系的反思与重塑》，王建芳，《湖南科技大学学报（社会科学版）》，2020年第1期。

8.《人工智能驱动的“PDRT+CCG”视域下的预设研究》，邹崇理，武瑞丰，《湖北大学学报（哲学社会科学版）》，2020年第6期。

9.《墨家逻辑与科学思维》，杨武金，《河南社会科学》，2020年第11期。

10.《条件句：一种意义理论研究》，余俊伟，《逻辑学研究》，2020年第2期。

著　作

Knowledge，Proof and Dynamics. Fenrong Liu，Hiroakira Ono，Junhua Yu，editors. Springer：Singapore. 2020.

伦　理　学

2020年，北京地区伦理学学科建设和学术研究回应理论创新和实践发展需要，取得新进展：一是全面发展、多点开花。马克思主义伦理思想研究、中国传统伦理思想研究、西方伦理思想研究全面发展，学术研究呈现全面化、系统化特点。二是关注现实、立足现实。立足于中国，站在世界、国家、社会、个人的广阔视域，伦理学者们对各个层面的道德疑问给予正确的有力的回应。三是积极作为，开拓建构。立足新时代的价值追求，伦理学的重大理论和现实问题研究坚持人民取向，开拓建构符合中国特色、中国气派的新时代中国特色伦理学。北京地区的伦理理论工作者坚持以习近平新时代中国特色社会主义思想为指导，既关注经典著作，又关注理论创新；既关注热点话题又关注基础理论研究；既重视总结本土历史经验，又重视借鉴不同文明精华；既注重总结历史经验又注重回应时代课题，为当代中国伦理学的发展做出了重要贡献。

一、马克思主义伦理思想研究

马克思主义伦理思想研究是北京地区伦理学学术研究的热点，学界围绕于此做出了大量研究，产生了大量成果。

一是关于马克思主义伦理思想史的考察。马克思主义伦理思想史不仅是马克思主义思想史的一部分，也是现代伦理思想史的一部分。李义天将马克思主义伦理思想史划为四个阶段。张霄关注青年马克思伦理思想的发展与变革以及马克思政治经济学的伦理维度。

二是关于马克思主义伦理的具体内容研究。在正义思想方面，伦理学界围绕马克思的正义概念展开了激烈争论，如凯·尼尔森关于马克思的正义概念的论证、晚年恩格斯关于正义的思想观念以及马克思的“美好生活”正义理论；在平等思想方面，对马克思的平等观念进行了深入阐明。臧峰宇认为马克思的政治哲学并非指向基于卢梭设想的“政治共同体”，而是基于生产方式的变革和现实的解放运动，旨在结束交往异化的人类前史，在真正的历史中实现社会平等和人的全面发展；在社会伦理思想方面，万俊人认为国内的马克思主义者或马克思的研究者们过多地用力于马克思的文本研究和理论研究上，忽略了对马克思社会批判理论与思想风格的研究和阐发。

三是国外马克思主义伦理思想的研究。学界主要关注尼尔森、布伦克特、马尔库塞等人的马克思主义伦理相关思想。

二、中国传统伦理思想研究

中国传统伦理思想研究呈现出良好发展态势。学者们既关注传统伦理思想中的重点问题，如人性论（孟子人性论与宋明儒家人性论）、心性论、公私之辨、义利之辨等，也基于现实关切和中西比较的语境对其做出新的合理说明以阐发其现代价值，如儒学美德论与儒学核心价值观等。总体而言有三个趋势：其一，对传统伦理思想理论问题的关切都或多或少的涉及伦理学的基本问题，这一方向在持续地深入研究；其二，传统伦理学者试图对当前学界关注的前沿的理论问题等做出回应，如美德论等；其三，基于当前一系列国家和社会关注的重大道德问题以及道德关切，传统伦理学者试图在清晰阐明传统伦理思想的基础上，对其进行创造性转化，阐发其当代价值并给予学理支撑。其中，中华优秀传统美德的转化与创新获得持续关注。

一是中国传统伦理思想具体内容方面的研究。学界对中国传统伦理思想中重要观点、文本、问题等都进行了大量的研究与讨论，在人性论、心性论、义利之辨、公私之辨、内圣外王、德性之知与见闻之知等传统儒家关注的理论问题方面皆有不同程度的研究。陈来审视了孟子人性论的二重视角。李祥俊探讨了儒家性善论的论证路径。中国近代以来重公德轻私德的偏向与流弊，宋明儒家的德性之知与见闻之知问题，内圣与外王问题都获得了不同程度的关注。

二是中国传统伦理思想的中西比较研究。对中西伦理学做出比较还需从最基础的范畴与概念着手，学界较为关注这一点。在对德与 Virtue 的语源和思想、正义观念、权力与权利的比较中，学者们尝试探讨不同语境中的普遍问题。德与 Virtue 的语源和思想是中西伦理思想研究的基础，德与 Virtue 的对译关系曾为中西方伦理学比较会通奠定了基础。李德顺认为，西方正义理念重在法和制度层面的建构，中国正义理念则偏向于道德价值层面的判断。

三是中国传统伦理思想的现代转化及其价值研究。在儒家核心价值观方面，信、仁孝关系、“直”与“报”、“变”与“常”等都是儒家的重要概念。学者们在阐明这些概念的基础上，进而探讨儒家的幸福观、复仇观、仁孝观、价值观等。同时，儒家美德论议题得到了学界的大量回应与讨论，中华优秀传统美德的转化与创新成为持续关注的论题。学者们认为，要以礼敬自豪的态度对待中华优秀传统文化，充分发掘中国历史中的丰厚道德资源，同时结合新的时代条件和实践要求继承创新，充分彰显其时代价值和永恒魅力，使之与现代文化、现实生活相融相通，成为我们精神生活、道德实践的鲜明标识。

三、西方伦理思想研究

西方伦理思想研究呈现继续向前发展的态势。学者们既关注伦理思想史中的重点问题如平等、正义、权利与义务等，也关注重点人物重要思想的现代阐释，如康德、功利主义者、罗尔斯、麦金泰尔等人的思想。基于理论与现实的双重维度，各种理论争锋激烈。其中，美德伦理与平等正义问题成为学界关注的一大主流方向，对外国国别伦理思想的研究也加快发展。

一是西方传统伦理思想的主要问题研究。很多伦理思想史上的议题和争论时至今日依然具有重要的意义，对这些问题的探讨构成了西方传统伦理思想研究的主要方向。学界主要关注平等正义、权利与义务、科学与道德、道德价值与道德运气、尊严伦理、功利主义等西方传统伦理思想中的理论问题。

二是美德伦理与正义理论研究。随着美德伦理学在西方学界的复兴，美德伦理学与义务论、功利主义伦理学逐渐形成了三足鼎立的局面。学者们在美德伦理学的研究上有了新的成果。李义天对亚里士多德美德伦理的情感概念进行了阐释。张霄将马克思主义与麦金泰尔的德性理论相结合进行了研究。美德伦理学在发展的过程中也遭到诸学派的挑战，学者们针对这些挑战做出了不同程度的回应，如对现代美德伦理学的物理主义挑战的回应、对境况主义的回应等。正义问题依旧受到学界的关注。学者们尝试从比较的角度进一步阐发，如探讨威廉斯对罗尔斯正义原则证明的讨论。

三是俄罗斯伦理思想的研究。俄罗斯伦理学的发展受到学界关注。徐凤林认为俄罗斯伦理学发展大概经历了三个阶段，并认为对“伦理”与“道德”概念定义的不同侧重与区别，事实上影响着建构伦理学的不同思路，基于此探讨了俄罗斯伦理学两种道德概念之争既主体道德观与社会道德观。

四、重大理论和现实问题研究

2020 年，北京地区伦理学理论工作者以中国的发展与世界关系的变化为主要考察对象，紧紧围绕伦理学科建设、疫情防控、新时代公民道德建设与民法典、社会主义核心价值观、经济科技与人工智能的发展等热点焦点问题，对其进行全面剖析和多维研究。

一是关于伦理文化发展战略及学科建设研究。当代中国伦理道德的内容和形式都出现了新的变化，制定新的适合国家治理体系的伦理道德文化发展战略已十分必要。姚新中认为新的伦理道德文化发展战略需要更新已有的理论框架，改变寻常的思维惯性，伦理学要和广泛的社会科学、自然科学相交叉，才能应对伦理挑战，解决伦理难题。焦国成同样认为把伦理学界定为“关于道德的学问”或“关于道德的科学”、把“道德”或“道德现象”界定为伦理学的研究对象，已不能满足新时代伦理学发展的需要。伦理学应从更广阔的情理的维度承担使命。同时，在应对不确定性重大突发事故面前，伦理系统能够作为国家治理体系的重要部分发挥作用。赵汀阳关注伦理学的空间问题。他认为当代伦理学对伦理问题的理解日渐贫乏单调而且脱离事实，而政治哲学、经济学、政治学和社会学却为伦理学问题提供了许多不可忽视的有效解释。其中一个重要原因是，现代和当代的制度、规则和价值观形成了“淘汰伦理”的机制，很大程度上削弱了伦理的效力，压缩了伦理的有效空间。伦理学如果不能回归本源去重新反思形而上的问题，就终将失去立足之地。

二是关于社会主义核心价值观、新时代公民道德建设与民法典的研究。诚信是社会主义核心价值观的重要组成部分。个人诚信、社会诚信以及中国社会诚信建设一直是学界关注的重点。王淑芹认为中国社会诚信建设坚持立足国情与世界接轨相结合的原则，经过理论与实践的探索，不仅创造性提出了有别于西方国家“征信体系”的“社会信用体系”概念，而且渐进形成了诚信文化与社会信用体系共治互济的建设模式，在世界上是一种社会诚信建设理论与实践的突破，为后发市场经济国家的社会诚信建设贡献了中国智慧与经验。公正就是社会制度的公平与正义，是社会主义制度应力求符合的价值理想，也是社会主义核心价值观的重要组成部分。肖群忠阐发了公正的内涵，认为中华民族爱国主义意识是近代中国有识之士面对民族危机、挽救民族危亡的产物。田海平认为公正是马克思主义公正观的实质和核心，在培育和践行社会主义公正价值观的过程中，务必坚持用唯物辩证法理解和诠释公正价值观，务必坚持在知行合一中培育和践行社会主义公正价值观。新时代的公民道德建设是国家治理体系与治理能力现代化的应有之义。张霄指出新时代公民道德建设具有“治理转向”的重要意义。曹刚认为，人们可以区分出三个层次的公民道德，即公共道德、社会角色道德和公民美德。在公民美德层次上，应“导之以德”；在社会角色道德层次上，应“齐之于礼”；在公共道德层次上应“绳之以法”。肖群忠认为，新时代公民道德建设应加强德育与美育的发展。新时代公民道德建设也应明确“立德树人”的内涵。《中华人民共和国民法典》为公民道德建设提供了依据，为人民的美好生活奠定了法律基础。曹刚指出《中华人民共和国民法典》回归“人法”本位，体现了人格尊严作为社会生活的底线伦理；根植于市场经济的道德要求，体现了市场伦理；对弱者的尊重和关怀体现了关怀伦理；对生态的重视和保护，体现了生态伦理。

三是应用伦理方面研究。应用伦理方面的研究呈现多样性的特点。其一，疫情伦理研究。2020 年的新冠疫情对人类的生活产生了重大影响，同时在一定程度上改变了人们看待世界、思考问题和解决问题的方式。学界对此给予了相当大的关注，并从不同角度对此进行了理论探讨。如伦理学要尽其所能地为平凡生活编织更具韧性的防护网，弥补其脆弱方面，使之更加坚强稳固。人应以一种“道德代理人”的身份，让自然万物各得其所、共存共生，政治秩序要以保障人民的安全与福祉作为根本价值和规范。专家知识具有一定限度，好的社会治理模式应该在公共讨论出共同体的价值目标与共同善等一阶问题的基础上，将民主与专家知识都看作实现美好生活、促进共同善的不可或缺的手段。世界范围内的疫苗分配的正义问题也得到关注。其二，生命健康伦理研究。对人的尊严概念的探讨与“完整性”的定义成为生命伦理学关注的重点。有学者认为在全球公共健康受到巨大威胁的时刻，亟须从全球伦理角度进行思考，以便形成全球团结抗疫的伦理共识。消费主义成为一种现代文化和文明，消费问题的确已经成为现代社会和现代人的一个内在性而非外部性问题。其三，经济伦理研究。有学者指出市场经济这种意义上的道德并不体现于企业家的素质之高尚与动机之善良，而在于市场经济这一机制的功能与结果的合道德性。其四，科技伦理研究。对行为的动机及其后果的关注是现代伦理学的着力点，这就使现代伦理学需要增强一种“提前性”。防范这些风险不能只寄希望于科学家的自律，更需要政府加强法律的监管。其五，人工智能伦理研究。甘绍平考察当下知识信息时代人的自由问题。人们唯有尽最大可能地拥有掌握客观与主观世界真实和全面的知识—信息这样一种能力，自由才可以预期。其六，生态伦理研究。生态伦理的正当性问题一直为学界所关注，有学者借助社会学的“身份”概念从“身份伦理”角度对此做了阐发。他认为，个体是在家庭、社会、国家、人类、生态等伦理实体中确证其“伦理身份”，个体与伦理实体之间呈现认同与被认同的双向互动关系。将伦理认同拓展到生态层面，有助于生态文明视域中构筑基于“类”生存的伦理精神。其七，政治伦理研究。中西语境中的“王霸问题”一直是政治伦理研究的重点。对中国传统政治伦理思想的梳理，对中西政治伦理概念的比较，对中西政治伦理建构路径的不同探索构成政治伦理的主要研究方向。

五、问题思考与未来展望

2020年，北京伦理学界贯彻百家争鸣的方针、坚持实事求是的科学态度，对伦理学领域的重大理论问题和实践问题进行了创造性的研究，着力构建既借鉴人类伦理文明成果又具有鲜明中国特色的伦理学学科体系、学术体系、教材体系和话语体系。在新时代公民道德建设，推进首都道德建设及社会主义现代化国家建设服务中发挥了重要的学理支撑作用。但要看到与中国特色社会主义新时代的新要求来说，还有一些薄弱环节亟待加强。例如，在中国特色伦理学学科体系和学术体系建设方面，重大创新成果还不多；又如，在中国特色伦理话语体系建设方面，话语体系上功力不足、高水平成果不多；又如，理论和学术前沿话语权较弱，很多地方无法走出自己的路子，在研究内容、研究方法、研究范式上仍然缺乏自己独到的学术视野和学术创新点，难以引领学术潮流；还有，有理说不出的“失语”现象依然存在，未能构建全面的中国特色的伦理学话语体系；在对外传播方面，难以与西方学者形成有效的对话，传达自己的道德观点，在国际道德领域道义制高点和真理制高点的争夺中力量发挥不足。十九届五中全会提出，“十四五”时期是中国全面建成小康社会、实现第一个百年奋斗目标之后，乘势而上开启全面建设社会主义现代化国家新征程、向第二个百年奋斗目标进军的第一个五年，中国将进入新发展阶段。新形势给中国伦理学的发展提出了新任务，面向未来，要确立以人民为中心的伦理理念，坚定文化自信、伦理自信、道德自信，不断推进中国特色伦理学学科体系、学术体系和话语体系建设，进一步增强中国伦理学的主体性、原创性。要重视推进中国特色的伦理话语体系建设，既要讲“中国特色”，也要讲“全人类共同价值”，构建能为国际社会广泛易于接受的话语体系，为全面建设社会主义现代化国家营造良好的外部环境。同时进一步发挥伦理学的特殊功能，为中国特色社会主义道德建设提供坚实的学理支撑。

注：

[1]万俊人：《平等如何可能——辛迪〈有限与超越——人的二重限制及其平等〉序》，《伦理学研究》，2020年第4期。

[2]邱仁宗：《生命伦理学》，中国人民大学出版社，2020年。

[3]张霄：《当代英美马克思主义伦理学研究》，重庆出版社，2020年。

[4]李义天，张霄：《传承与坐标》，中央编译出版社，2020年。

[5]吴付来：《马克思主义与伦理学》，社会科学文献出版社，2020年。

[6]阿多诺：《道德哲学的问题》，谢地坤，王彤译，上海人民出版社，2020年。

[7]肖群忠，王苏，杨建强：《中华传统美德的时代价值》，人民出版社，2020年。

[8]王淑芹：《探索与创新：社会诚信建设的中国特色》，《马克思主义与现实》，2020年第3期。

[9]王淑芹：《现代道德的面向：道德分歧》，《江海学刊》，2020年第4期。

[10]肖群忠：《现代中国应并重公共道德和个体美德》，《文史哲》，2020年第4期。

[11]焦国成：《伦理学学科定位的时代反思》，《江海学刊》，2020年第4期。

[12]姚新中：《从现代化进程看伦理道德的文化发展战略》，《江海学刊》，2020年第4期。

[13]臧峰宇：《晚年恩格斯对“正义”的规定及其实践原则》，《哲学研究》，2020年第12期。

[14]李义天：《马克思主义伦理思想史：内涵与分期》，《吉林大学社会科学学报》，2020年第2期。

[15]李义天：《感觉、认知与美德——亚里士多德美德伦理的情感概念及其阐释》，《哲学动态》，2020年第4期。

[16]靳凤林：《新时代培育时代新人的逻辑进路》，《道德与文明》，2020年第1期。

[17]靳凤林：《现代性政治伦理的四重镜像与中西王霸之争》，《伦理学研究》，2020年第5期。

[18]赵汀阳：《伦理的困惑与伦理学的困惑》，《道德与文明》，2020年第3期。

[19]肖群忠：《论近现代“中华民族”“爱国主义”

意识的形成与发展》，《伦理学研究》，2020 年第 2 期。

［20］沈永福：《新时代中华传统美德的传承与发展》，《红旗文稿》，2020 年第 10 期。

［21］朱慧玲：《专家知识及其政治伦理限度——从新冠肺炎疫情中的专家效应谈起》，《学习与探索》，2020 年第 9 期。

［22］李义天：《现代美德伦理学的物理主义挑战及其回应》，《道德与文明》，2020 年第 2 期。

（北京伦理学会供稿）

经　济　学

摘　要

2020 年是中国经济史上极不平凡的一年，一方面，中国成功取得了疫情阻击战、经济保卫战和脱贫攻坚战的三重胜利，充分展示了中国特色社会主义制度的优越性和中国经济的弹性韧性；另一方面，站在“两个百年目标”“两个五年规划”的战略交汇点，十九届五中全会通过了《中共中央关于制定国民经济和社会发展第十四个五年规划和二〇三五年远景目标的建议》。本文总结和呈现了本年度北京理论经济学学科在以下几个重点领域的研究状况。

一、习近平新时代中国特色社会主义经济思想研究

习近平新时代中国特色社会主义经济思想是 2017 年以来中国理论经济学界研究的重点和热点。2020 年，对习近平新时代中国特色社会主义经济思想的内涵和理论创新性做了进一步深化研究。

1. “十四五”规划与习近平新时代中国特色社会主义经济思想的新发展

“十四五”规划的制定充分体现了习近平新时代中国特色社会主义经济思想的最新发展，“三新理论”（新发展阶段、新发展理念、新发展格局）研究体系化。一方面，以“十四五”规划为载体，学界从新发展阶段的历史方位、新发展理念的核心内容、新发展格局的目标愿景等方面展开了全面的理论研究；另一方面，围绕建设现代化经济体系，学界主要对现代化经济体系的理论内涵、实现路径，包括北京市如何建设现代化经济体系等具体问题进行了研究。

2. 国家经济安全和防范重大风险

疫情危机之下，围绕国家经济安全和防范重大风险，学界对习近平思想关于国家经济安全和风险防控的论述、对实践的指导意义形成了更加深刻的认识和理论共识，对于国家经济安全和防范风险的具体领域展开了更加充分的讨论。

3. 坚持和加强党对经济工作集中统一领导

基于疫情阻击战、经济保卫战和脱贫攻坚战三重胜利的重大事实基础，学界就新时代坚持和加强党对经济工作集中统一领导的重大意义、主要经验和实践路径等问题进行深入探讨，集中研究了新时代为什么要坚持和加强党对经济工作的集中统一领导、如何坚持和加强党对经济工作的集中统一领导等基本问题。

二、中国特色社会主义政治经济学研究

2020 年，中国特色社会主义政治经济学研究的一个最主要特点是更加强调和突出问题导向，注重与中国实践相结合，如国有企业改革研究主要聚焦国企混改问题，中国特色社会主义政治经济学的学科体系研究上更注重对中国实践的学理化解释，包括中国特色反贫困理论与实践、对外开放与人类命运共同体构建的理论与实践、国家治理体系和治理能力现代化研究等。

1. 中国特色社会主义政治经济学学科体系

学界对中国特色社会主义政治经济学的研究对象、逻辑起点、研究范式、理论基础、结构框架和发展路径等各方面进行了研究和阐释。

2. 中国特色社会主义基本经济制度

学界对基本经济制度的内涵、公有制为主体多种所有制共同发展的所有制制度、按劳分配为主体多种分配方式并存的收入分配制度和社会主义市场经济体制进行了研究。

3. 国家治理体系和治理能力现代化

学界对国家治理体系和治理能力的现代化意义、途径、理论基础、价值原则和逻辑等问题进行了研究。

三、马克思主义政治经济学基本理论研究

2020年是恩格斯诞辰200周年和列宁诞辰150周年。除了深化对马克思主义基本理论的整体认识和理解，学界在马克思主义基本原理与当代价值方面，特别是对恩格斯和列宁的政治经济学思想研究方面取得了许多新进展。

1. 关于劳动价值论和剩余价值理论的研究

学界除了对价值转型等经典问题进行研究之外，还针对新技术革命背景下的新现象、所形成的新型劳动形式等进行了深入研究，进一步丰富和发展了劳动价值理论。学术界在生产性劳动与非生产性劳动的划分、新技术革命条件下的剩余价值来源问题等问题上还存在着各种不同观点，但更加凸显马克思主义理论分析框架的重要性，进一步探索突破数字劳动异化的有效途径。

2. 关于《资本论》手稿、研究对象和《资本论》的当代价值等方面研究

在《资本论》手稿、研究对象和《资本论》的当代价值等方面展开持续研究，特别是根据新冠肺炎疫情产生的冲击，学界对西方资本主义国家出现了医疗卫生系统退化、经济金融体系脆弱、社会矛盾尖锐等问题进行了重点研究，进一步揭示了《资本论》中阐明的资本主义社会内在不可调和的矛盾在此次疫情中集中凸显出来。

3. 提出广义西方马克思主义研究等新论题

从方法论创新、经典理论辨析、现实问题阐释的综合视角出发，立足马克思主义理论学科的整体性、融合性和创新性，2020年，学界密切关注国外马克思主义经济学流派的前沿学术动态，提出广义西方马克思主义研究等新论题，拓宽了国外马克思主义政治经济学研究的新范畴和新思考。

四、当代资本主义经济发展问题研究

2020年，各主要资本主义国家仍处于经济低迷状态，新冠肺炎疫情又给全世界经济带来了巨大冲击，在多重不确定因素下，当代资本主义经济发展呈现何种特征，其矛盾有何变化，经济全球化及世界经济发展有何趋势，成为政治经济学界学者们关注的重点话题，包括新冠肺炎疫情对资本主义经济的影响，数字经济和数字资本主义的特征及矛盾，就业、收入分配和贫富差距，金融化、金融资本的膨胀和金融动荡，量化宽松货币政策及其效果，经济全球化与世界经济发展趋势等问题。

1. 新冠肺炎疫情的全球蔓延对当代资本主义经济和经济全球化的深远影响

代表性研究发现，美国等资本主义国家在应对疫情及其加剧社会不平等两方面表现出系统性失败，在新冠肺炎疫情期间采取的大规模干预政策，不是终结新自由主义，而是在挽救新自由主义和尾大不掉的金融寡头。关于疫情影响下的经济全球化趋势，学者们普遍认为，受新冠肺炎疫情等因素影响，经济全球化遭遇逆流，但作为历史发展大势，经济全球化进程是任何力量都难以改变的，相反，疫情之后的全球化将深入调整，“经济民族主义”在未来国际政治中的作用会更突出。

2. 数字经济和数字资本主义的特征及矛盾研究

数字经济的迅速发展及其所产生的深远影响引起学术界的广泛关注，学术界认为，第一，劳动资料的数字化成为变革的起点；第二，数字技术革命推动了传统劳动过程向数字劳动过程转型；第三，数字技术在重塑生产和流通领域的同时，也深刻改变了就业结构和就业质量，进而影响了收入分配和贫富差距；第四，资本主义依然能够裹挟数字经济的发展，数字资本主义的掠夺已经渗透到生产之外的生活中，因而更具有隐蔽性、强制性和奴役性。

五、中国经济改革开放与发展研究

1. 全面建成小康社会与推进共同富裕取得新进展

2020年，北京理论经济学界在全面建成小康社会与推进共同富裕研究领域的研究成果表现出具有总结性研究的明显特征，这是2020年这一特殊节点决定的。同时，专家学者也注重研究全面建成小康社会后的前瞻性问题，为下一阶段全面建设社会主义现代化强国提供理论基础及政策建议，进一步提升至坚持共同富裕道路的理论高度，为理论经济学发展拓展了思路。一方面，2020年是全面建成小康社会的决胜之年，新冠肺炎疫情对打赢脱贫攻坚战产生了不利影响，学界就疫情冲击下中国如何实现全面小康的经济社会发展目标进行了探讨。另一方面，全面小康建成后中国要经历从全面小康到相对富裕再到共同富裕的社会转型，学界针对全面建成小康社会后的贫困治理，以及如何扎实推进共同富裕这一问题进行了研究，强调未来需要加强建设社会主义现代化国家与共

同富裕的关系的深入研究，加强对于全面建设社会主义现代化国家的理论内涵、实践要求和政策设计的研究，加强对于加快构建新发展格局战略的研究。

2. 国有企业改革

2020年是《国企改革三年行动方案（2020—2022年）》实施的第一年，这一年里，国有企业与所有制结构、国有企业的地位和作用、国有企业的改革方向、混合所有制改革、国有企业改革发展史以及习近平总书记关于国有企业的重要论述等方面，成为北京经济学界研究的重点内容。国有企业改革研究主要聚焦国企混改问题，学者就国企混改对国企融资、效率和创新水平进行了研究。同时，增强国有经济创新力是党的十九届四中全会提出的一个重大时代命题，学者们提出了增强国有经济创新力的基本路径，深化国有企业改革的着力点，"十四五"时期着力推进国有资本布局优化和结构调整的基本思路，研究了混合所有制改革对国有企业创新水平的影响。

3. 对外开放与新发展格局

2020年，十九届五中全会提出要加快构建以国内大循环为主体、国内国际双循环相互促进的新发展格局。学术界就中国对外开放的历史逻辑、理论逻辑和实践逻辑进行了研究，内容主要涵盖开放型经济理论与开放型经济新体制、"一带一路"高质量建设与新发展格局、自贸区与自由贸易港建设等方面。学界针对更高水平开放与构建新发展格局的互动关系展开了广泛讨论，认为内循环本质上是开放的，促进"双循环"格局并不意味着中国对外开放战略的转向，推动更深层次改革、实行更高水平对外开放、加快形成新发展格局，三者是一个有机整体。关于开放型经济新体制的建设问题，特别是"双循环"背景下如何应对开放型经济新体制面临的现实挑战，学界认为未来需要进一步深入研究开放型经济新体制与经济高质量发展的互动机制，并探索二者良性互动的实现路径；进一步加强对"一带一路"重点领域、热点问题的研究；进一步系统分析自贸区和自由贸易港建设给各地区发展带来的不同机遇和挑战。

4. 区域经济与产业政策

2020年，学者们在区域和产业政策问题上广泛讨论了中国区域经济发展的基本理论的演变，区域发展政策、区域经济增长和结构、地区城镇化以及产业结构转型升级等问题。这些研究运用现代经济学方法，分析了"十四五"时期中国区域发展战略和政策，包括城市群政策、开发区政策、区域扶贫政策等，为中国制定区域发展战略和区域政策的实施奠定了基础。其中，关于政府与市场的关系的研究进一步拓展到地方政府在区域经济发展中的作用这一新的研究层面；关于城镇化问题的研究深入到城乡融合和户籍制度改革等问题，并比较系统地评估了户籍制度改革等政策的效果。数据科学和经济学研究的结合、经济学和政治学的交叉研究成为研究的新趋势，数字经济与智能制造的关系，如何实现高质量区域协调发展等将是研究的重点和难点，其中，城市群问题、重大区域战略（粤港澳大湾区、长江经济带等）、国土规划、行政区划调整等问题成为研究的热点和重点。

5. 供给侧结构性改革与需求管理

2020年，在新发展格局背景下，学界就如何通过供给侧结构性改革为建设现代化经济体系和畅通国民大循环提供动力，如何通过需求管理帮助实现宏观经济稳定，特别是针对两者如何有机结合进行了理论研究。2020年研究的新进展主要表现在：第一，结合新冠疫情下的经济韧性等主题对供给侧结构性改革进行了探讨，认为需要针对不同细分领域深化研究供给侧结构性改革问题；第二，突破了固有的需求管理和宏观调控理论，就货币、财政等需求管理政策在短期和长期对经济的刺激作用和影响效果进行了研究，对新形势下如何从长期与短期的结合上更好发挥需求管理的政策组合问题进行了深入探讨，认为需要深入总结中国宏观经济调控实践经验，并提炼出具有学理性和理论价值的中国宏观经济学理论；第三，研究了如何在新发展格局下继续深入推进供给侧结构性改革问题，特别是重点研究了如何通过深化供给侧结构性改革推动现代化经济体系的构建从而实现高质量发展问题，认为需要进一步加强研究如何通过供给侧结构性改革和需求管理的有机结合从而更好地让国内国际双循环相互促进这一重大问题。

理论经济学

2020年，在世界百年未有之大变局向纵深发展的背景下，中国成功取得了疫情阻击战、经济保卫战和脱贫攻坚战的三重胜利，充分展示了中国特色社会主义制度的优越性和中国经济的弹性韧性。伟大创新实践推动理论经济学研究取得新的重要发展，在此对以下领域研究状况重点进行介绍。

一、习近平新时代中国特色社会主义经济思想研究

1. 习近平新时代中国特色社会主义经济思想的内涵

习近平新时代中国特色社会主义经济思想，是中国特色社会主义政治经济学的最新成果，体现了新时代经济发展的重大理论创新。2020年，学术界更为深入地探讨了习近平新时代中国特色社会主义经济思想的内涵，并着重论述了其在基础假设、经济思想等方面的创新。常庆欣和张旭认为，习近平新时代中国特色社会主义经济思想体现了在基础假设方面的创新。马克思经典著作中“人”的本质是人与人之间的社会关系，马克思反对“对抽象的人的崇拜”，认为其必定被研究关于“现实的人”的科学所取代。习近平新时代中国特色社会主义经济思想的基本立场是以人民为中心，这是对马克思“现实的人”的思想的创造性应用，是当前经济社会建设的基本指南。[1]

王立胜、刘刚认为，习近平新时代中国特色社会主义经济思想体现了经济发展思想方面的创新。传统马克思主义经济发展思想的主要议题是，用剩余价值理论为核心的理论体系解释资本主义世界体系下落后国家“为什么不能发展”。改革开放之后，经济发展理论的关注点变为“如何实现发展”。习近平新时代中国特色社会主义经济思想将经济发展阶段思想、理念、战略和新发展格局等系统化、理论化，把“如何实现发展”思想推向了历史新高度。[2]

刘金鑫指出，习近平新时代中国特色社会主义经济思想的产生继承和发展了马克思主义，传承了中华优秀传统文化，总结了中国经济发展实践经验，也借鉴了西方经济学理论的有益成分。习近平新时代中国特色社会主义经济思想具有清晰的内在逻辑、丰富的科学内涵和积极的政策主张，其根本立场是坚持以人民为中心的发展思想，最本质的特征是中国共产党的领导，主要内容是新发展理念，经济改革思路是问题导向、深化改革、法治保障和政治保证，经济建设目标是推动中国经济高质量发展和现代化建设，更好满足人民日益增长的美好生活需要。[3]周跃辉认为，习近平新时代中国特色社会主义经济思想可以概括为10个方面：“一个判断”“一个目标”“五大理念”“一条主线”“一种方法”“根本保证”。把握了这10个方面，就基本掌握了习近平经济思想的核心内容。[4]

2. 新发展阶段、新发展理念与新发展格局

《求是》杂志编辑部从习近平新时代中国特色社会主义经济思想的形成和内涵出发，强调这一思想对“十四五”规划的重要指导意义。党的十八大以来，以习近平同志为核心的党中央坚持观大势、谋全局、干实事，成功驾驭了中国经济发展大局，在实践中形成了习近平新时代中国特色社会主义经济思想，科学回答了新时代实现什么样的发展、怎样实现发展的重大问题。这一重要思想，标志着我们党对经济发展规律的认识达到了新高度。[5]

李忠杰梳理出3个“新”（即新发展阶段、新发展理念、新发展格局）的逻辑主线体现习近平新时代中国特色社会主义经济思想的科学逻辑以及思想本身的与时俱进。[6] 裴长洪等指出，“双循环”新发展格局延伸了习近平新时代中国特色社会主义经济思想中利用好国内国外两个市场、两种资源理论，形成了基于经济循环流动的新的发展理论。[7]

2020年，学者重点把握高质量发展之主题，并从高质量发展出发探索全面建设社会主义现代化国家的战略要旨和努力方向。张占斌指出，高质量发展成为新时代主题，这是党和国家根据中国发展阶段、发展环境、发展条件变化做出的科学判断。当前，中国社会主要矛盾已经发生变化，发展中的矛盾和问题集中体现在发展质量上，这就要求把发展质量问题作为“十四五”时期经济发展的重点。[8] 高质量发展要求坚持新发展理念，并贯穿到高质量发展指标体系的设计中。坚持创新发展，以创新为引领，努力形成高质量、多层次、宽领域的有效供给体系；坚持协调发展，促进新型工业化、信息化、城镇化、农业现代化

同步发展、深度融合；坚持绿色发展，推进绿色低碳循环发展，倒逼产业转型升级；坚持开放发展，以“一带一路”建设为统领构建全方位开放新格局；坚持共享发展，努力让广大人民群众共享改革发展成果。在主动适应全球化新形势下，供给侧结构性改革的重点应倾向于对国内外产业链布局的调整，形成以国内产业链为基础、努力向国外中高端产业链延伸、内外兼顾的国内国外产业链新布局。[9]

何立峰认为新发展理念和高质量发展要求是指导经济、文化、社会、生态文明各领域发展的，推动高质量发展是当前和今后一个时期确定发展思路、制定经济政策、实施宏观调控的根本要求。当前中国发展中的矛盾和问题集中体现在发展质量上，必须把发展质量问题摆在更为突出的位置，迫切需要推动中国经济质量变革、效率变革、动力变革，提高发展质量，提高国际竞争力，增强国家综合实力和抵御风险能力。[10]

王一鸣指出，构建新发展格局，是根据中国发展阶段、环境、条件变化提出来的，其核心是“循环”，打通生产、分配、流通、消费的堵点，关键在改革，促进生产要素自由流动和资源优化配置。“十四五”时期构建新发展格局，要增强自主创新能力，加快科技自立自强；推进产业基础高级化，提高产业链稳定性和竞争力；坚持实施扩大内需战略，释放国内需求潜力；构建高水平社会主义市场经济体制，提高国民经济循环效率；推进更高水平对外开放，促进国内国际双循环相互联动。[11]

3. 坚持和完善社会主义基本经济制度

2019 年 10 月 31 日，党的十九届四中全会审议通过了《关于坚持和完善中国特色社会主义制度、推进国家治理体系和治理能力现代化若干重大问题的决定》，其中的一项重大创新就在于对社会主义基本经济制度做出了新的概括，即公有制为主体、多种所有制经济共同发展，按劳分配为主体、多种分配方式并存，社会主义市场经济体制三项制度并列，都作为社会主义基本经济制度。

关于基本经济制度内涵。刘伟认为，相对于以往长期把基本经济制度归结为所有制，决定中把中国特色社会主义基本经济制度概括为所有制、分配制度和经济体制 3 个方面，是对基本经济制度的认识深化。基本经济制度 3 个方面的内涵是相互联系的有机整体，其中，所有制具有决定性作用，分配制度是受所有制本质和结构所规定的，所有制和分配制度的本质及特征规定要求必须坚持和巩固社会主义市场经济体制。[12] 邱海平认为，“经济制度”是一个历史的范畴，在不同的历史条件下可以有不同的内涵，它既可以指生产资料所有制，也可以指包含着分配关系和交换关系的广义的生产关系。在生产资料所有制基础上，把分配制度和市场经济体制进一步纳入社会主义基本经济制度范畴，是理论的重大创新，不仅突出了所有制的首要地位，还回应了新时代的发展诉求，为进一步的改革提供了制度依据。[13]

关于公有制为主体、多种所有制共同发展的所有制制度。杨春学、杨新铭认为，“两个毫不动摇”和社会主义基本经济制度暗含着动态化的所有制适度结构的理念。为此，他们构建了一个理论模型，把公有制企业与非公有制企业的目标函数差异纳入模型以探讨约束条件下的最适度问题。基于模型分析结果，做出了 3 个推断：全社会所有制结构的决定因素是多元的，并非仅取决于企业的微观经济效率；公有制与非公有制并非完全排斥，必然并存于市场经济体制；所有制结构并非一成不变，其阶段性的适度结构需在动态变化中探寻。[14] 黄群慧等分析了如何更好地推进国有经济布局优化和结构调整，认为具体来看应该遵循 3 个方面的原则：国有资本布局优化和结构调整要更好地服务于经济高质量发展、更好地服务于国家整体重大战略、更好地服务于改革系统性整体性和协同性。[15]

关于按劳分配为主体、多种分配方式并存的收入分配制度。侯为民回顾了中国在分配制度上的探索历程，主要集中在对社会主义条件下按劳分配的地位和作用、非劳动要素的界定及其参与分配的依据这两个方面的探讨。讨论了分配制度作为社会主义基本经济制度的意义：一是加快社会主义经济制度的成熟与定型；二是拓展社会主义基本经济制度的涵盖范围与内涵；三是构建起了社会主义经济制度的整体优势。分析了分配制度上升到基本经济制度范畴的理论逻辑，包括纠正了对社会主义生产和分配的割裂性理解，将分配问题放到生产领域来考察；促进社会主义分配制度与经济发展新阶段相协调；明确了分配制度改革的劳动生产率标准。[16] 陈斌开等以农村税费体制改革为切入点分析了财税政策对于改善收入分配的作用，实证分析发现取消农业税费显著改善了农村收入分配不平等状况。进一步指出，下一阶段要以改革财税政策为抓手改善收入分配状况。[17]

关于社会主义市场经济体制。顾海良对社会主义市场经济的发展过程进行了总结：从十一届三中全会开始逐步调整经济机制，使得高度集中的计划经济体制受到了冲击，中国开始走上了经济体制改革的道路；党的十二届三中全会开始，经济改革加速，随着实践创新和理论创新相互推动，逐步定位于社会主义市场经济体制的目标模式；党的十八大以后，中国大力推动社会主义市场经济改革创新，形成了以政府和市场关系为核心的制度“定型”。[18]

2020 年 5 月 18 日，《中共中央国务院关于新时代加快完善社会主义市场经济体制的意见》（以下简称《意见》）正式发布，成为在更高起点、更高层次、更高目标上推进经济体制改革及其他各方面体制改革，构建更加系统完备、更加成熟定型的高水平社会主义市场经济体制的纲领性文件。马建堂认为落实《意见》中的方针需要将重点放在以下几个方面：全面完善产权制度、形成统一开放的要素市场、进一步深化生产要素价格改革、强化以公平公正为目的的政府市场监管、为经营不善企业的退出开辟简便快捷通道。[19]

4. 建设现代化经济体系

建设现代化经济体系是习近平新时代中国特色社会主义经济思想的重要内容和中国经济现代化建设的重要目标。

宋光茂、韩保江认为在创新方面，以人工智能为代表的创新性产品、以 5G 为代表的创新性互联网技术、以新金融新媒体为代表的新兴服务业成为中国以创新驱动现代化经济体系建设的重要支撑。在协调方面，既包括产业之间、区域之间、要素之间的协调，又包括新型工业化、信息化、城镇化、农业现代化的协调，还包括实体经济与虚拟经济的协调。在绿色方面，要构建低碳能源体系，发展绿色建筑和低碳交通，建立全国碳排放交易市场，形成人与自然和谐发展的现代化建设新格局。在开放方面，是在更大范围、更宽领域、更深层次上的开放经济体系，是内外联动，更好地利用国际国内两个市场、两种资源，引进来和走出去并重的经济体系。在共享方面，应着眼于共建共享，形成人人参与、人人尽力、人人都有成就感的产业体系和就业机制，不断把“蛋糕”做大；着眼于逐步实现共同富裕，把不断做大的“蛋糕”分好，让社会主义制度的优越性得到充分发挥，让人民群众有更多获得感。[20]

关于建设现代化经济体系的实现路径的研究，韩晶、朱兆一指出具体到实践路径是以实体经济为着力点深化供给侧结构性改革，打造“虚实相生、以实为主”的经济体系、同步推进科技创新与体制机制创新，建立创新驱动的现代化经济体系、完善区域和城乡平衡发展机制，打造“协调平衡发展”的经济体系、完善社会主义市场经济体制改革，打造“两手互济发展”的经济体系、坚持绿色发展，打造“绿水青山金山银山兼收并蓄”的经济体系、坚持实施对外开放战略，打造“开放共赢发展”的经济体系。[21]

北京市建设现代化经济体系，一方面是构成国家现代化经济体系的组成部分，另一方面，可以构建有自身特色、融合协同的现代化经济体系。丁同欣认为首都北京现代化经济体系的建设要从京津冀大区域层面考虑北京的定位。[22] 白小伟指出同时要凸显北京现代化经济体系的自身特点，仍需要科技创新驱动。[23]

5. 脱贫攻坚与乡村振兴的有机衔接

为了实现“两个一百年”奋斗目标，党中央做出了打赢脱贫攻坚战和实施乡村振兴的重大战略部署。2020 年是脱贫攻坚和乡村振兴的历史交汇期，学界就如何实现两大战略的有机衔接展开了深入研究。

汪三贵、冯紫曦研究了脱贫攻坚和乡村振兴有机衔接的内在联系和政策变化。脱贫攻坚和乡村振兴两大战略衔接关系密切，具体体现在，两大战略目标相连，体制机制相同，政策体系相互融合。脱贫攻坚是乡村振兴的前提，乡村振兴是巩固脱贫攻坚成果的保障。两者的有机衔接也会带来政策上的一些变化，如扶持对象从绝对贫困到相对贫困的转变、政策范围从特惠到普惠的转变、顶层设计从点到面的转变，进而实现农业农村的现代化和乡村治理的现代化。[24]

涂圣伟从目标导向、重点领域与关键举措 3 方面来论述如何有机衔接脱贫攻坚与乡村振兴。他指出，两者有机衔接应以实现高质量稳定脱贫、可持续减贫和农村居民的全面发展为目标，重点聚焦于脱贫攻坚“五个一批”的递进性任务，通过推动政策转型、构建起常态化的社会动员机制、统筹人力资源开发利用和整合推动重大项目建设，加快实现脱贫攻坚与乡村振兴的有机衔接。[25]

学界就实现乡村振兴的发展路径展开了研究。张晖也指出建立健全城乡融合发展体制机制是实施乡村振兴战略的根本举措。建立健全城乡融合发展体制机制需要做到协调推进乡村振兴战略与新型城镇化战略，积极推进城乡基本公共服务均等化，营造城乡要素平等交换与城乡功能互补的制度环境。[26]

6. 坚持统筹安全和发展

2020 年，习近平总书记提出统筹安全和发展，建设更高水平的平安中国。在经济领域，围绕国家经济安全和防范重大风险，学术界进行了讨论。

许先春指出，习近平关于防范化解风险挑战的战略思考，着重分析和论述了以下问题：一是把“统筹发展和安全，增强忧患意识，做到居安思危”确立为我们党治国理政的一个重大原则；二是揭示了中国面临的风险隐患日益增多的趋势，做出了“我国发展进入各种风险挑战不断积累甚至集中显露的时期”的重大判断；三是揭示了各种风险挑战交叉传导的复杂关系，提出了“着力防范各类风险挑战内外联动、累积叠加”的工作要求；四是做出当前和今后一个时期“我们面临的风险总体可控”的基本判断，重申“我国发展仍然处于可以大有作为的重要战略机遇期”；五是强调在风险挑战面前要保持战略定力，提出了坚持底线思维的思想方法和工作方法；六是突出主要矛盾和矛盾的主要方面，提出了“聚焦重点，抓纲带目”“着力防范化解重大风险”的应对思路；七是提出“运用制度威力应对风险挑战的冲击”，强调“健全各方面风险防控机制”；八是强化使命担当，提出必须发扬斗争精神、增强斗争本领。[27]

习近平关于国家经济安全和风险防控的论述，在方法论上具有鲜明的特征。杨海指出，习近平防范化解重大风险重要论述的方法论特点主要表现在：直面重大问题，勇于闯关夺隘；坚持底线思维，增强忧患意识；完善防控机制，提高化解能力；创新治理体系，破解涟漪效应。这些方法论要素并非孤立存在，而是一个高度关联的统一体。[28]

维护产业链供应链安全与稳定是习近平 2020 年国家经济安全论述的重点内容。李锦指出，这实际上是提出“为了产业链”“推动产业链”“保障产业链”的任务。这一重要讲话既是复工复产的行动纲领，也是企业复工复产行动的路线图。[29]

7. 加强党对经济工作集中统一领导

“坚持党对经济工作集中统一领导”是习近平新时代中国特色社会主义经济思想的核心内容。2020 年，学术界继续就新时代坚持和加强党对经济工作集中统一领导的重大意义、主要经验、实践路径等问题做出深入探讨。

办好中国的事情，关键在党；搞好中国的经济建设，关键在党对经济工作的领导。张占斌指出，当前，中国经济已由高速增长阶段转向高质量发展阶段，正处在转变发展方式、优化经济结构、转换增长动力的攻关期，必须加强党对经济工作的集中统一领导，把领导经济工作的立足点转到提高发展经济质量和效益，加快形成新的经济发展方式上来，推动经济实现高质量的发展，同时，不断提高党驾驭社会主义市场经济能力。[30]

方敏指出，党要领导好经济工作，必须加强自身政治建设，坚定理想信念、牢记为民宗旨，坚持以马克思主义为指导，坚持以人民为中心的发展思想，全面贯彻执行党在社会主义初级阶段的基本路线，坚持社会主义市场经济改革方向，发挥党总揽全局、协调各方的领导核心作用，深刻把握经济发展的客观规律，克服拜物教因素的影响以及“重经济轻政治”的错误倾向。[31]

二、中国特色社会主义政治经济学研究

2020 年，学术界一方面围绕中国特色社会主义政治经济学学科体系，包括研究对象、起点、内在逻辑与结构、研究范式等方面继续展开研究，另一方面，对国家治理能力与治理体系现代化进行了重点研究。

1. 中国特色社会主义政治经济学学科体系

新中国成立尤其是改革开放以来，社会主义建设的实践不断发展，传统社会主义政治经济学的框架开始被打破，一系列关于中国特色社会主义经济建设的理论观点逐步形成。由于新时代实践发展和理论深化的需要，构建中国特色社会主义政治经济学学科体系成为中国经济学研究的重要任务。经济学界对此展开了深入的研究，对中国特色社会主义政治经济学的研究对象、逻辑起点、研究范式、理论基础、结构框架等各方面进行了研究和阐释。

（1）中国特色社会主义政治经济学的研究对象、逻辑起点和研究范式

政治经济学的研究对象是生产关系，同时，这种研究要联系生产力和上层建筑。由此，中国特色社会主义政治经济学的研究对象是中国特色社会主义生产关系，同时这种研究要联系中国特色社会主义社会的生产力和上层建筑。王立胜、郭冠清认为，在确立中国特色社会主义政治经济学的研究对象时，需要将国家和历史两个维度纳入研究，因此，中国特色社会主义政治经济学的研究对象是中国社会主义初级阶段生产、交换及其分配规律的科学。[32]

选择一个科学合理的逻辑起点，是一门学科构建

其理论体系所面临的重要问题。西方经济学研究建立在理性经济人假设基础之上，但这一假设本身存在严重的问题，中国特色社会主义政治经济学需要探索更具解释力的逻辑起点。刘谦、裴小革提出了确立中国特色社会主义政治经济学的逻辑起点的方法论原则，包括：逻辑起点的选择需要坚持“从抽象到具体”的基本原则；有必要借鉴马克思关于政治经济学方法论原则的阐述，但不能囿于相关论述；需要能够反映中国特色社会主义政治经济学的中国特色。根据这一原则，他们认为应该将所有制确立为中国特色社会主义政治经济学的逻辑起点。[33] 林光彬指出应该将国家理论作为总纲和逻辑起点，从中国的国家建构、国体和政体、国家发展目标与战略出发来立论。[34]

西方经济学和马克思主义政治经济学研究采用了完全不同的研究范式。金碚回顾了经济学范式的演化，强调了中国特色社会主义政治经济学对马克思研究政治经济学运用的唯物辩证法这一根本方法的继承，在此基础上发展形成了中国特色社会主义政治经济学的研究范式特征，即“史观—微观—宏观—域观”范式承诺的思维框架，而一党执政和以党指导经济，是中国特色社会主义经济的最大域观特征。[35] 杨瑞龙指出，要构建能够解释中国问题的中国特色社会主义政治经济学，不能完全照搬西方经济学或者马克思的政治经济学。中国特色社会主义政治经济学的研究范式伴随中国实践逐渐发展，其重要特征一是坚持马克思主义政治经济学的指导地位，二是坚持问题导向，解决现实问题。但是成熟的研究范式尚未形成。[36]

(2) 中国特色社会主义政治经济学的理论基础和结构框架

关于构建新时代中国特色社会主义政治经济学的基本原则、理论基础、结构框架，学者们也提出了各自的见解。邱海平认为构建中国特色社会主义政治经济学理论体系要坚持以马克思主义政治经济学为指导的方法论原则，尤其是要对《资本论》进行创新性研究。运用《资本论》理论成果的途径主要包括：对《资本论》重要理论要素的坚持和继承、对《资本论》范畴和术语的创造性转化、对《资本论》研究目的和研究对象的创新性发展。[37] 白暴力则强调了中国政治经济学体系的构建要以习近平新时代中国特色社会主义经济思想为指导，因为它将社会主义经济建设规律的科学把握提升到了一个新境界，是马克思主义政治经济学的最新发展成果。[38]

顾海良总结了中国发展新阶段下中国特色社会主义政治经济学应该实现的理论升华：其一，把握政治经济学对象的历史性特征，升华新发展阶段政治经济学的辩证方法和战略思维；其二，把握新发展阶段经济运行，升华新发展阶段政治经济学的总体视域和境界；其三，总结经济学说的历史发展，升华新发展阶段“系统化的经济学说”新内涵；其四，明确当代中国马克思主义政治经济学发展指向，升华新发展阶段政治经济学的思想智慧。[39]

(3) 中国特色社会主义政治经济学的发展路径

中国特色社会主义进入了新时代，中国特色社会主义政治经济学也要不断开拓新境界。王立胜提出了中国特色社会主义政治经济学研究的4条线索：一是马克思主义政治经济学的中国化、时代化、大众化；二是理论界、学术界对政治经济学问题的讨论和研究；三是国外经济学说的引进和发挥作用的情况；四是中国传统文化是如何在中国经济发展过程中起作用。[40]

中国特色社会主义经济建设的丰富实践为中国特色社会主义政治经济学的建立和发展提供了丰富的素材。李义平强调，要立足中国国情和发展实践，揭示新特点新规律，研究新情况新问题，在实践中丰富和发展中国特色社会主义政治经济学。中国特色社会主义政治经济学还要经受实践的检验，进而指导实践。[41] 刘伟认为，如何统一公有制与市场机制构成中国特色社会主义经济制度建设面临的根本问题和中国特色社会主义政治经济学研究需要回答的根本问题。市场机制对所有制有着基本的要求，一是所有制及相应的所有权必须是单纯经济性质的权力，不能具有超经济性质；二是交易者之间在所有制（权）上必须有严格的排他性、不能取消彼此间的所有制（权）界区；三是企业内部产权结构治理必须均衡。[42]

邱海平对中国经济学理论与教材体系建设的相关问题进行了深入探讨，提出了3点看法：第一，在中国特色社会主义发展实践过程中，中国特色社会主义政治经济学已经形成并且在不断发展，但还需要更多学者共同努力推动构建中国特色社会主义政治经济学的话语体系和学科体系；第二，从学科和专业分类角度来看，中国经济学包括了理论经济学和应用经济学，中国的实践要求中国学者讲中国自己的经济学，为中国发展和世界发展贡献智慧；第三，中国经济学的教材建设需要以中国特色社会主义政治经济学为核心，克服过于西化的现状。[43] 蔡之兵也强调，从西方经济学转向中国特色社会主义政治经济学需要仔细辨析中国特色社会主义政治经济学的理论属性，主要是其经济学属性、马克思主义政治经济学属性、社会主义经济学属性、政治属性、中国特色属性。[44]

2. 国家治理体系和治理能力现代化

（1）国家治理体系和治理能力现代化的理论基础、价值原则和逻辑

学界对国家治理体系和治理能力现代化的理论基础、价值原则和逻辑等进行了提炼和梳理。王传利认为社会化大生产的逻辑为中国提供了推进国家治理体系和治理能力现代化的理论基础和方法论启示。根据马克思主义理论，资本主义制度由于违背了社会化大生产的逻辑而必然产生危机，难以实现国家的善治。因此，顺应社会化大生产的逻辑才能推进中国国家治理能力和体系的现代化，遵循这一逻辑，要发挥政党优势、坚持人民当家做主、坚持社会主义基本经济制度、坚持社会整体思维。[45] 牛先锋、李莹认为，推进国家治理现代化，需要坚持和发展马克思主义国家学说。根据这一学说，无产阶级夺权后的国家以人民为主体，其重要任务是组织社会生产，不断推进人的解放。因此，国家治理体系和治理能力现代化首先是以国家现代化水平为前提的，即经济体系和生产能力的现代化。其次，国家治理现代化要充分发挥国家的社会职能，包括政治统治、公共管理、依法治国。最后，必须确保人民的主体地位，不断推进人的全面发展，畅通人民当家做主的途径，最终实现“自由人联合体”。[46] 实现国家治理体系和治理能力现代化是一个系统的工程，黄建军认为，制度在其中发挥了核心作用。国家治理体系和治理能力现代化的制度逻辑由“制度建构—制度权威—制度执行—制度自信”4个环节构成，通过强化制度在国家治理中的基础性地位，才能以“中国之制”推进“中国之治”。[47]

（2）实现国家治理体系和治理能力现代化的途径

学界对于实现国家治理体系和治理能力现代化的途径进行了充分的探索。朱鹏华、王天义强调，社会主义基本经济制度是推进国家治理体系和治理能力现代化的基础，“三维一体”的基本经济制度不断解放和发展生产力正是国家治理在经济领域的显著优势。[48] 孔庚概括了推进国家治理体系和治理能力现代化的五重路径：一是做好战略规划，完善顶层设计；二是坚持创新驱动，尤其要鼓励基层勇于创新；三是坚持党的集中统一领导；四是坚持以人民为中心的价值导向；五是具备全球视野，借鉴国外先进经验。[49] 新冠疫情防控引发了学界对应急管理体系现代化建设的思考，这也是国家治理体系和治理能力现代化的重要组成部分和内在需求。马宝成认为推进新时代应急管理体系和能力现代化要重点在6个领域发力：加强应急管理顶层设计、优化应急管理体制机制、大力提升应急管理能力、完善应急管理法律法规、加强应急管理队伍建设、强化应急管理宣传教育。[50]

在全球化时代，国家治理体系和治理能力的现代化必然不仅局限在国内治理，更体现在对全球治理的参与。刘伟等认为，40多年的改革开放实践在实现中国发展的同时也为世界发展做出了贡献，在下一阶段要推动形成全面开放新格局，中国需要掌握对外开放的主动权。由于全球力量对比已经发生变化、中国的经济体量和竞争力也今非昔比，要实现进一步的发展，中国必须要更加积极主动地参与全球化，推动国内实现高质量发展转型的同时引领世界发展。实现本国和世界各国共同发展，要以双向开放为根本导向，完善对外开放布局、完善营商环境，通过更加完善的对外开放新体制来推动全球治理能力现代化，实现合作共赢。[51]

三、马克思主义政治经济学基本理论

2020年是伟大的无产阶级革命导师恩格斯诞辰200周年和列宁诞辰150周年。本年度学界在马克思主义基本原理与当代价值方面，特别是对恩格斯和列宁的政治经济学思想研究方面取得了许多新的进展。

1. 劳动价值论和剩余价值理论研究

2020年，学者们除了对价值与价格关系、价值转型、一般利润率下降规律等经典问题进行研究之外，还针对新技术革命背景下的新现象所形成的新型劳动形式等进行了更加深入的研究，进一步丰富和发展了劳动价值理论。

关于价值、价格与价值转型问题、一般利润率下降等经典问题的研究。针对《资本论》第三卷提出的生产价格和第一卷中论述的劳动价值论存在直接的对立和冲突的诘难，方敏指出，理解劳动价值论的理论属性，必须回到马克思关于政治经济学研究对象的规定，劳动价值论不是狭义的价格理论，价格运动只能发生在特定的价值关系中，必须从生产关系出发理解价值范畴和劳动价值论。[52]

周钊宇、宋宪萍检视了围绕马克思利润率趋向下

降规律的5种质疑，剖析了其错误的根源：理解利润率趋向下降规律，必须准确把握这一理论的创作历史和规律与危机理论的关系；必须在微观上考虑资本家与雇佣工人的阶级对立，在宏观上基于资本积累的视域；必须准确把握影响利润率的各个因素在规律中的作用与地位；必须准确把握马克思论证规律的前提假设和分析方法。[53] 李翀探讨了新的历史条件下资本有机构成是否趋向提高的问题。[54]

关于新技术革命下劳动形式的研究。随着新一代信息技术的发展，人工智能、新媒体的广泛普及所产生的数字劳动等新现象不断涌现，运用马克思劳动价值理论研究这些新型劳动形式成为学界关注的热点。关于人工智能条件下劳动价值论是否过时的争论，刘伟兵指出，智能机器作为对象化劳动，只是转移自身的价值到商品，并没有创造价值，智能化生产方式没有动摇劳动价值论。智能化生产方式之所以能够生产更多的价值量，是因为它是一种复杂劳动能够提高劳动生产率，创造价值的依旧是人的活劳动，是以一种更加间接、隐蔽的形式创造价值。[55]

2. 恩格斯的著作和思想贡献研究

关于恩格斯相关著作的研究。程恩富、朱炳元指出，恩格斯《国民经济学批判大纲》中提出的一些基本范畴和思想成为马克思建立政治经济学理论体系的前提和基础。《反杜林论》和《家庭、私有制和国家的起源》等著作，进一步明确了政治经济学的研究对象，丰富了价值理论、剩余价值理论的内涵，用历史唯物主义的观点科学地阐述了家庭的起源和家庭的发展演变过程，深刻地揭示了私有制、阶级、国家的产生过程及其消亡的历史趋势。[56]

关于恩格斯对马克思主义理论的贡献研究。第一，恩格斯对《资本论》编辑和出版的贡献。顾海良指出，恩格斯对《资本论》的贡献，显著地表现在编辑出版《资本论》第二卷和第三卷上，还突出地体现在对《资本论》体系从理论逻辑到历史逻辑序列结构的探索，以及最后确定《资本论》"四卷结构"、对编辑《资本论》第四卷所做的重要构思上。[57] 第二，恩格斯对马克思思想继承和创新的贡献。辛向阳总结了恩格斯对科学社会主义的三大贡献。一是为第一个世界性无产阶级政党起草纲领和宣言，为科学社会主义奠定政治基础；二是揭示资本主义基本矛盾理论，进一步阐明科学社会主义之所以有生命力，是因为它是德国古典哲学的真正继承者、革命的实践者；三是对科学社会主义基本原则的阐述。[58] 第三，恩格斯对马克思思想传播和捍卫的贡献。姜辉指出，恩格斯始终坚持和捍卫马克思主义，维护马克思主义体系的完整性和正确运用马克思主义基本原理。恩格斯倡导用科学的态度对待马克思主义，根据变化的时代条件发展马克思主义。恩格斯创造性地运用马克思主义，彻底践行"问题在于改变世界"的宗旨。恩格斯积极推动马克思主义体系化、大众化，为广大无产阶级和劳动者通向马克思主义搭建阶梯。恩格斯的马克思主义观的基本特征和主要精神，具体体现为科学性、创新性与实践性的有机统一。[59]

3. 列宁的著作和思想贡献研究

关于列宁帝国主义论及当代价值的研究。谢富胜总结了帝国主义论前沿发展中的3种范式，超级帝国主义、霸权帝国主义和晚期帝国主义，指出当代帝国主义实际上是美国为了促进国内垄断资本积累，借助于世界银行、国际货币基金组织甚至联合国等国际组织，协调欧洲、日本等发达国家，通过全球生产网络和金融化等手段占有其他国家剩余价值，并辅之以政治和军事等手段控制其他国家的政治经济秩序。面对美国统治下世界秩序的多重矛盾与挑战，中国要全面统筹国内国际两个大局，坚定不移地推进供给侧结构性改革和"一带一路"建设，构建国内国际双循环相互促进的新发展格局。[60]

关于列宁对马克思主义理论的贡献研究。第一，对资本主义发展到垄断阶段的新特征和本质的论述。张雷声指出，资本主义的垄断代替了自由竞争，并没有改变资本主义向社会主义过渡的必然性。列宁关于垄断阶段资本主义经济政治新变化及发展趋势的阐述，既坚持了马克思恩格斯关于资本主义必然向社会主义过渡的科学理论，又提出并推进了资本主义向社会主义过渡的理论和实践。[61] 第二，对经济文化落后国家社会主义经济发展的思想实践。安启念指出，列宁实行的新经济政策，一方面恢复了国内的经济发展，另一方面具有重大的理论意义，它揭示了落后国家进行社会主义革命不可避免要遇到的一个重大而基本的问题。正确处理客观经济规律与社会主义价值理念的关系，实现二者的结合，是社会主义国家遇到的一个重大而基本的问题，是列宁新经济政策的实质。[62] 第三，创造性地发展马克思主义国家理论。余斌、师新华系统阐述了列宁的国家资本主义观。他们指出，列宁的国家资本主义观是对马克思和恩格斯的国家资本观的发展，分别涉及资本主义社会的国家资本主义和社会主义社会的国家资本主义。按照列宁的国家资本主义观，今天西方发达国家自称的自由资本主义，其实就是国家资本主义；而西方国家一些人谬称中国的国家资本主义，主要针对的是社会主义国有企业和社会主义集体经济。[63]

4.《资本论》及其当代价值研究

关于《资本论》手稿及研究对象的研究。刘新刚借助新《马克思恩格斯全集》历史考证版（MEGA2）等文献，提出回答续篇之谜的新视角，用马克思主义世界观和方法论解决《资本论》结构问题。这一视角下，“六册计划”中其他内容是《资本论》的“可能的续篇”，这种“可能”是就“续篇”和《资本论》在世界观、方法论上的一致性而言的。在新时代重新界定谱写《资本论》续篇，对构建和发展中国特色社会主义政治经济学提供了启示。[64]

关于新冠疫情下《资本论》的当代价值研究。李凌指出，马克思在《资本论》中关于瘟疫周期性流行的说明与资本主义生产息息相关，资本增值第一、自我利益第一，是资本主义生产必然导致公共卫生危机的深层次原因，这也意味着资本主义公共卫生体系应对危机的内在局限性。只有在人民群众真正当家做主以最大限度满足人民需要为生产目的的社会，才能克服以最大限度获取剩余价值为目的的资本主义的局限性，把人民群众的生命健康安全摆在第一位，并且充分依托公有制为基础的社会结构动员和整合更多资源力量阻击瘟疫。[65]

关于《资本论》重要原理与中国特色社会主义经济研究。《资本论》中关于两种含义社会必要劳动时间理论、服务劳动理论、社会总生产原理、商品流通理论等对于分析市场经济产能过剩、中国特色高质量国民经济核算、国民经济循环的宏观调控、供给侧结构性改革等现实问题具有重要的指导意义。

邱海平阐明了《资本论》的创新性研究对于构建中国特色社会主义政治经济学的重大意义。他指出，首先要贯彻和体现在《资本论》中的世界观和方法论，还需要科学对待《资本论》的研究对象、基本立场、研究目的、基本范畴、基本理论、逻辑方法等各个方面理论成果与中国特色社会主义政治经济学的关系。并初步探讨了《资本论》中关于社会生产和市场经济的一般理论、一些范畴和原理、关于未来社会的设想等理论成果对于中国特色社会主义政治经济学的适用性问题。[66]

张开从资本二重性角度分析新型政商关系。他指出，劳动二重性是马克思政治经济学的“枢纽”，作为劳动二重性派生范畴的资本二重性：一方面是使用价值的生产过程，体现生产力属性；另一方面是剩余价值的生产过程，体现生产关系属性，两个方面构成资本二重性内在矛盾。按照“劳动二重性—资本二重性—资本二重性内在矛盾的创造性转化”的逻辑，构建中国特色资本二重性理论，即社会主义初级阶段条件下“非公资本”具有“二重性”，以此为基础，形成“亲”和“清”的新型政商关系。[67]

四、国外马克思主义政治经济学

2020 年，专家学者围绕对国外马克思主义政治经济学的总体性研究、国外马克思主义政治经济学对经典问题的研究、国外马克思主义政治经济学对当代资本主义问题的研究、国外马克思主义政治经济学流派研究展开了深入讨论。

1. 国外马克思主义政治经济学总体性研究

学界对国外马克思主义政治经济学的研究在方法论、经典文本的价值、批判反思与研究趋势等方面取得了大量成果。

方法论维度的整体性思维、学科维度的融合性创新、历史维度的延续性发展、地域维度的全球性视野成为学者们研究的突出特征。郇丽华提出了“广义西方马克思主义研究”这一论题。她认为，运用广义西方马克思主义的研究范畴，是提升西方马克思主义研究的理论说服力和现实影响力的关键所在，传统的狭义西方马克思主义研究在概念术语、研究方法、主题选择、理论结论和政策主张等方面差异较大，相互冲突或对立，背离甚至颠覆马克思主义的理论实质或核心要义的情况时有发生。整合与拓宽狭义西方马克思主义的概念内涵，运用广义西方马克思主义研究范畴，才能进一步促进西方马克思主义研究的深度和传播的广度。[68] 李连波指出，国外学者在马克思主义研究中，存在运用学科交叉方法论的趋势，他们立足整体性，考察马克思主义研究与其他学科研究融合的可能性，进而焕发西方马克思主义研究新的活力，这为中国马克思政治经济学的发展提供有益借鉴。但在研究方法的借鉴上，李连波指出要注意甄别国外马克思主义学者的立场、观点，批判地吸收。[69]

随着当代资本主义的新变化，国外马克思主义政治经济学研究也有了新的变化。《学术前沿》的编辑认为，西方马克思主义政治经济学在研究主题和论域上呈现出新发展，具有时代价值，也出现了新问题。比如，文献学研究的解构主义色彩日益明显，“马恩对立论”炮制出两种政治经济学批判方法和根本原则的对立；日益经院化、边缘化；没有处理好马克思主义基本原理与地方经验、本土特色的关系；理论隔阂日益加剧，政治立场日益多元，未能摆脱新自由主义和欧美中心主义的隐形控制；无产阶级革命理论遭到解构；理论创新日益乏力；虚无主义色彩越发浓厚；多元文化主义陷入困境，身份政治学遭受重创；生命政治学日益走俏，研究范式泾渭分明；物质生产理论遭到解构；危机研究全面升温，分析范式持续分化，病根诊断殊途同归；社会结构理论相互对峙；民主批判日益深化，替代方案却软弱无力等。[70] 周淼、宋丽丹和康晏如指出，在世界大发展大变革大调整之际，国外左翼学者对当代资本主义、新自由主义、帝国主义以及中国特色社会主义等问题进行了深入的研究，试图回答一些重大时代问题，充分反映了马克思主义的世界视野及人类关怀。国内学术界应加强与国外左翼学者和马克思主义研究者的合作与交流，以共同回应人类和平与发展面临的一些重大理论和实践问题，从而推动国外马克思主义研究的不断发展。[71]

2. 国外马克思主义政治经济学界对经典问题的研究

2020 年，学界对国外马克思主义政治经济学经典理论问题的研究从以下几方面展开：国外马克思经济危机理论研究、一般利润率下降规律研究、“转型问题”的批判性研究和现代货币理论相关研究。学者们得出了国外经济危机理论对于经济危机认识的多重维度和类型，强调资本有机构成的提高会导致利润率下降的危机，进一步将西方学者对利润率下降规律的质疑在理论上进行了总体研究与批判，并且在莫斯利和莱伯曼的争论中指出了“转型问题”的误区，此外，还澄清了对现代货币理论的误解等。

贾根良、何增平澄清了批评者对现代货币理论的误解：一种批评认为现代货币理论的宣传过于激进，从传统观念出发才能更好地推行新政策。但是在财政保守主义盛行的情况下，这类批评没有说明如何在传统观念的话语体系下做到这一点。另一种批评认为现代货币理论没有做到“包治百病”，所以是错误的。这种批评逻辑不仅错误，而且阻碍了新理论为老问题提供新思路。[72] 两位学者还对兴起于 2019 年、围绕现代货币理论的大辩论进行梳理，把涉及的问题归纳为两大类：其一，挤出效应。现代货币理论秉持内生货币观，由于利率受到中央银行的直接控制，政府支出不会推高利率从而挤出私人投资。其二，通货膨胀。货币数量论支持者没有认识到失业和产能过剩是市场经济的常态。现代货币理论强调政府支出的结构要考虑不同部门的具体情况，从而政府通过创造货币进行支出也就不等于通货膨胀。[73]

李黎力针对孙国峰教授在货币创造主体、创造层次和创造制度三个方面对现代货币理论的批判进行回应，认为不存在将财政与金融混淆的逻辑缺陷。从货币创造与运行的本质来看，政府和银行共同构成了货币的创造主体。在货币流通层面，部门货币收支分析是宏观经济分析的重要工具。将财政与金融对立起来，会夸大银行在货币创造中的作用，低估国家在货币创造和运行中的重要角色，从而忽视现代市场经济“更好地发挥政府作用”的内在要求。[74]

3. 国外马克思主义政治经济学界对当代资本主义的研究

对当代资本主义的批判性研究也成为西方马克思主义学界的理论热点，中国学界围绕数字资本主义批判、金融资本主义批判、新冠肺炎疫情与新自由主义批判、生态问题、民粹主义及两极分化等资本主义社会问题批判、21 世纪重塑社会主义道路的批判等六大方面，展开了对西方马克思主义学者相关理论的研究。

刘皓琰从哈维的《新帝国主义》展开研究，认为他关于“帝国主义代表一种权力控制的过程”的认识是理解数字帝国主义的基本逻辑。新帝国主义论所直接关注的权力范围由现实拓展到网络，其所控制的重点逐渐由“空间扩张”转向“时间掠夺”。[75]

新冠肺炎疫情给新自由主义的蔓延造成了巨大冲击。朱安东、孙洁民指出，博佛、萨德-菲罗、法因等西方学者都普遍认为经济金融化和金融垄断资本的统治力的增强是新自由主义时代的一个重要特征。西方国家抗疫不力、政治腐败、经济金融脆弱和意识形态极化反映出资本主义社会在金融垄断资本的统治下亟须变革。[76] 此外，雷晓欢认为，新冠肺炎疫情的暴发、蔓延促使西方左翼学者对资本主义展开批判性思考。在他们看来，资本的逻辑决定了资本主义国家捍卫利润优先于拯救人民的生命。[77]

近年，右翼民粹主义成为西方社会的一种潮流。学界对西方学者关于欧美民粹主义的社会基础、民粹主义的困境和社会分化等问题展开了深入研究。宋朝龙、麦克莱伦围绕金融资本的自我否定、民粹主义的崛起及困局、市场社会主义的理论和实践价值等议题进行了交流。对于民粹主义的历史起因，麦克莱伦认为，社会日益加剧的不平等性是民粹主义产生的原因之一。相较于右翼保守主义势力蛊惑这一外部因素，民粹主义的内因在于左翼民主主义政党的领导乏力。日益崛起的民粹主义不仅不能解决西方的社会经济问题，反而通过向外部转嫁危机的方式使危机在更大的范围和规模上积聚。[78]

4. 国外马克思主义经济学流派

近年来，国外马克思主义研究逐步多元化，各种马克思主义研究派别不断涌现，从不同的理论视角出发，对马克思主义理论进行了许多新的探索，提出了诸多值得思考的问题。2020 年，国内学者对生态马克思主义、马克思主义女性主义、马克思主义空间理论等流派进行了深入和系统的研究。

张肖阳提出，城市政治生态学作为一种批判理论，以马克思主义理论为指导分析西方社会城市化过程中的各种矛盾冲突，以“社会自然”等为核心概念探讨社会与自然之间的相互转化和创造过程，反思和批评由这些过程所导致的不平等权力关系，把城市生态与环境问题研究置于一个新的理论框架中来思考和推进。这一理论不仅为认知社会与自然关系提供新视角，也为分析和解决自然资源分配和城市发展所带来的社会矛盾和冲突提供有益的思路和启示。[79]

顾梦佳、张开指出，以华莱士等人为代表的空间化学派继承并发展了戈登等人的资本主义劳动过程研究的传统，立足资本主义生产和积累的空间维度，对美国资本主义历史上第四个积累的社会结构理论（SSA）进行了深入研究，通过探讨劳动过程的中心作用和主导劳动控制体系的演变，重申戈登等人 SSA 理论最初的核心焦点。但是，SSA 学派绝大多数后继学者偏离或丢掉了对资本主义劳动过程转型的历史分析。[80]

五、当代资本主义经济与当代世界经济

2020 年，在多重不确定因素下，当代资本主义经济发展呈现何种特征、其矛盾有何变化，经济全球化及世界经济发展有何趋势，成为政治经济学界学者们关注的重点话题。学者们讨论较多的话题为：新冠肺炎疫情对资本主义经济的影响，数字经济和数字资本主义的特征及矛盾，就业、收入分配和贫富差距，金融化、金融资本的膨胀和金融动荡，量化宽松货币政策及其效果，经济全球化与世界经济发展趋势。

1. 数字经济和数字资本主义的特征及矛盾

劳动资料的数字化成为变革的起点。一方面，数字本身成为劳动资料，数据从原本无法采集和未被利用的信息中分离出来，具有非排他性、规模经济性、可再生性、强渗透性等新特征，[81] 打破了传统要素有限供给对增长的制约，为持续增长和永续发展提供了基础和可能。[82] 另一方面，传统劳动资料被数字化改造和数字化使用，智能化机器生产体系的通用装备可以不需要工人的协助，通过信息物理系统直接拥有特种设备的性能，借助于物联网的各类传感器，将所有机器设备“连接”在一起。[83]

关于新技术革命下劳动形式的研究。刘皓琰认为，“中心—散点”结构是数字资本主义时代的典型生产结构，它通常由一个技术型、研发型的核心企业和大量零散分布的边缘经济体共同组成。“中心—散点”结构有两种形态，一种是核心企业与边缘企业共同组成的外包模式，另一种则是基于互联网技术的“平台—个人”模式。“中心—散点”结构的存在依赖于数字技术打造的“社会矿场”，劳工可以利用数字工具在社会范围内获取海量资源。“中心—散点”结构的生产方式则是“社会工厂”，劳工可以突破时空限制，将整个社会变为产品的制作和加工场所。由于“社会矿场”和“社会工厂”的存在，数字资本主义时代企业的资源利用率和劳动生产率都得到了提高，但剥削性的生产关系并没有发生变化。[84]

2. 就业、收入分配和贫富差距

在零工经济与实体经济的“逐底竞争”中，灵活就业将大行其道，劳动力市场将可能重回“丛林时代”，使得过去多年劳动法治建设的成果面临失效，劳动者权益保护将成为重要的社会问题。一方面，由于没有底薪，缺乏休息休假的制度安排，没有技能培训，平台就业者陷入收入不稳定的局面。作为原子化的个体，为了获取工作机会，相互之间还要“逐底竞价”，不断产生工作时间长、劳动强度大、安全事故多等劳动问题。另一方面，灵活就业人群只能以个体的力量独自应对复杂多变的市场风险，整体上处于缺权的状态，不能像正规就业一样享受社会保障体系、集体劳动协议以及劳动法律规定的基本社会福利。劳动力市场由此陷入灵活性过度的泥潭，社会上的一批以打零工、收入不稳定、低技能、缺乏社会保障、主要从事服务业为主要特征的灵活就业人群大量涌现，这个群体被称作“不稳定无产阶级”。[85]

卫灵、杜吟滔认为，经济全球化进程中，美国白人精英阶层的资本优势渗透到了美国社会的政治、经济、金融等各个领域，使跨国公司等利益集团能够通过权力寻租对美国政府及社会各层面施加影响，不断掠夺白人中下层和少数族裔的利益，压缩其经济自由。美国作为全球金融中心和最大消费品市场，使美国精英阶层能够通过对国际贸易和国际金融体系的主导，在全球范围进行资本扩张并获取巨额财富，进一步给美国社会内部带来国内产业外流和过度金融化的矛盾，诱发更加严重的社会财富分配不公，导致美国国内黑人等少数族裔的收入和生活水平下降，同时白人中产阶层也逐渐沦为中等收入陷阱的牺牲品，推动美国国内各种族间矛盾逐渐走向激化。[86]

3. 金融化、金融资本的膨胀和金融动荡

经济金融化是当今世界经济发展中的一个重要经济现象。伴随经济金融化，虚拟经济快速发展，实体经济却受到严重冲击，从而引起学界和社会的广泛关注。

李连波、陈享光提出了“日常生活金融化”的概念，认为金融化的发展使主导资本形态由金融资本转变为金融化资本。金融化意味着资本日益摆脱了实际价值的创造，以货币或货币资本和虚拟资本的形式进行资本和收入的占有与积累，同时不断向物质和非物质生产领域扩张，开辟新的获利渠道。日常生活金融化的实质是金融化资本日益广泛地渗透到非物质生产领域，将家庭和个体作为榨取利润的对象。这一转变是当代资本主义系统性危机的表现，并深刻影响了阶级关系和阶级斗争形式。[87]

陈享光、黄泽清认为，建立在货币化、货币资本化和资本虚拟化基础上的金融化催生了脱离实体经济的虚拟经济的发展，从而使“脱实向虚”问题突显。伴随金融化发展，金融化资本不断积累，并逐渐突破产业资本循环的约束，在金融领域、投机性非生产领域以及全球资源配置领域中循环和扩张，使得纯粹虚拟经济得以形成和发展，这必然会抑制产业资本积累和实体经济发展，弱化资源流动和配置中金融杠杆的作用，同时，金融化资本的高流动性、投机性和虚拟性将加剧金融的脆弱性和不稳定性。因此，只有抑制经济金融化，构建服务于实体经济的产业资本主导的金融机制，才能从根本上解决“脱实向虚”问题，强化金融对实体经济的支持，促进金融和经济的健康发展。[88]

4. 量化宽松货币政策及其效果

2020年后，美联储动态实施“无上限”超级量化宽松货币政策，已远远超出中央银行传统和非传统货币政策工具的范围，其效果如何，对美国、对资本主义经济和世界经济将会产生何种影响，成为学界讨论的热点。

李宝伟、刘凤义、张云认为，从宏观经济政策方面看，货币政策与财政政策已无力推动美国制造业回归和实体经济复苏。过去40年的去工业化过程导致美国制造业大量外移，政策红利不足以抵消国内社会经济问题推高的生产成本，反而造成流动性泛滥和虚拟经济膨胀。2020年3月3日，美联储将美国基准利率下调50个基点，15日再度下调100个基点，美国传统的利率政策空间殆尽。财政政策方面，特朗普政府推出的减税政策以及持续增长的政府开支，将推动美国财政赤字大幅上涨。美国财政部发布数据显示，2019年度美国联邦政府财政赤字达到1.02万亿美元，较2018年增长了17.1%。因此，美国经济或进入新一轮衰退。[89]

傅春杨、陈耿宣认为，量化宽松政策对市场结构和实体经济存在一定的不良影响。量化宽松货币政策在监管不力的情况下会导致市场中的企业垄断和集聚，进而有恶化配置效率的风险。当货币政策极为宽松时，一些在正常情况下难以生存的企业得以存续，但是这些企业本身的生产效率极低，而这些企业的大量进入则会降低生产效率，反而可能会拉低通胀。[90]

5. 经济全球化与世界经济发展趋势

王生升认为，经济全球化是生产力发展的必然结果，是不以人的意志为转移的历史趋势。受新冠肺炎疫情等因素影响，经济全球化遭遇逆流，世界进入动荡变革期，单边主义、保护主义、霸权主义对世界和平与发展构成威胁。但作为历史发展大势，经济全球化进程是任何力量都难以改变的。[91]

金碚认为，经济全球化的理想状态，就是将美国经济的“微观—宏观”范式呈现，平推至关于全球经济的想象世界。但世界经济的发展态势并非朝着形成全球范围的同质化“宏观经济”方向演进，而是越来越具有新时代的域观经济特征。基于经济全球化而形成的经济一体化，并不能消除世界经济的多元性和多样性。由于不同国家具有不同的“域场”特征及其相应的制度规则，经济全球化既要尊重各国自身的域场规则，又要对这些规则进行相互接轨的协调性安排，从而建立和维护一个“安全畅通、规则平等、承认差异”的世界市场秩序。[92]

王跃生认为，《区域全面经济伙伴关系协定》（RCEP）的签署代表着经济全球化发展新趋势，未来相当时间内，在大国博弈趋势未改、百年变局趋势未定的情况下，一元的全球贸易体系未必能够形成，也不必追求理想化的全球一体化体系。RCEP 给我们的启示就是，区域、诸边、双边多种形式共存，高水平经济一体化与低水平自由贸易协定（FTA）共存，同一个 FTA 内不同成员国间差别待遇、动态调整，经贸协定的非政治化与去意识形态化，不同 FTA 以及同一 FTA 成员国之间竞争与合作共存的“竞合原则”，可能是未来全球多边贸易体制建设乃至经济全球化发展的基本趋势。[93]

六、全面建成小康社会与推进共同富裕取得新进展

在全面建成小康社会与推进共同富裕研究领域，2020 年学界的研究成果主要集中在总结性研究，这是这一特殊节点决定的。同时，专家学者也注重全面建成小康社会后的前瞻性研究，为下一阶段全面建设社会主义现代化强国提供理论基础及政策建议，进一步提升至坚持共同富裕道路的理论高度，为理论经济学发展拓展了思路。

1. 实现全面小康的路径研究

2020 年是脱贫攻坚决战之年，决战脱贫攻坚对于决胜全面建成小康社会具有重大意义。新冠疫情对打赢脱贫攻坚战产生了不利影响，学界就疫情冲击下中国如何实现全面小康的经济社会发展目标进行了探讨。

谢伏瞻认为全面小康的核心要义是“全面”，体现为“五位一体”的全方位进步，是惠及全体人民的小康，是城乡区域共建共享的小康，也是必须解决绝对贫困的小康。[94] 面对新冠疫情冲击，刘伟认为 2020 年中国虽不设定经济增长速度表，但不等于不需要一定速度的增长，要在疫情冲击下取得一定的增长需要推进“六稳”，落实“六保”，以保促稳，实现“六稳”与“六保”的内在统一，从而保住经济运行底线，稳住经济基本盘。由于中国经济在长期累积起来的发展基础上形成了巨大的潜力，蕴含着极强韧性，政府采取了精准的宏观经济政策，且具有独特的政治和制度优势，中国经济有潜力有能力实现全面小康的经济社会发展目标。[95]

贺艳认为疫情对贫困地区农民外出务工、贫困地区产业发展、贫困地区农民增收以及贫困地区在建工程、项目正常开展产生影响，要通过探索贫困地区农民稳岗就业新模式、有序推动贫困地区农村产业恢复发展、利用公共政策解决贫困地区农民增收问题及建立健全防止返贫机制等措施克服困难，如期实现脱贫攻坚的既定目标。[96] 在农村迈向全面建成小康社会方面，张瑞娟、崔凯通过构建指标体系对农村全面建成小康社会进程进行评估，得出中国农村全面建成小康社会的总体实现程度稳步提高，但仍存在农村基础设施、社会事业和公共服务三方面短板的结论，要通过建立乡村振兴与新型城镇化的联动机制、继续加大针对中西部欠发达地区扶持措施、完善农村基础设施和公共服务的支持方向、加强农业资源与农村生态环境保护以及加强基层民主政治建设等措施为全面建成小康社会补齐短板。[97] 郑有贵提出农村同步迈向全面小康社会的方案及经验，在如何促进全面协调发展上，基于“小康不小康，关键看老乡”的发展观构建政策目标体系；在如何促进农村全面发展上，在共享发展理念下完善社区集体统筹和积累机制；在如何拓展“三农”发展空间上，探索形成产业链、价值链、产权联结的一、二、三产业融合发展、城乡融合发展等多维途径；在如何实现工农城乡协同发展上，探索实施与经济社会所处发展阶段相适应的工业与农业、城镇与农村相互支持的政策；在如何布局工作上，以重中之重的布局，在把握发展趋势和规律基础上主动施策。[98]

从总体上看，建设小康社会经历了不同阶段，形成了宝贵经验。韩保江、邹一南认为从中国首次提出“小康”目标已 40 年，经历了小康目标提出、从温饱到小康水平、从总体小康到全面小康、从全面建设小康社会到全面建成小康社会的 4 次历史性飞跃，形成了始终坚持党的集中统一领导、始终坚持以人民为中心的发展思想、始终坚持以经济建设为中心、始终坚持循序渐进的目标导向、始终坚持改革开放的根本途径的历史经验。[99] 蒲实、黄文浩认为“小康”是不同于西方国家“现代化”的“中国式的四个现代化”概念，小康社会的发展即不断推进中国现代化的进程，从提出到总体小康、全面小康、决胜小康，实际上也是开启建设“中国式现代化征程”到加快推进社会主义现代化的新发展阶段再到向全面建成现代化强国迈进的发展历程，获得了巨大成就，取得了始终坚持立足中国基本国情、始终坚持发挥中国特色社会主义制度优势、始终坚持“五位一体”协同发展等宝贵经验。[100]

2. 实现共同富裕的路径研究

全面小康建成后中国要经历从全面小康到相对富裕再到共同富裕的社会转型，学界针对全面建成小康社会后的贫困治理，以及如何扎实推进共同富裕，向全面建设社会主义现代化强国迈进进行了研究。

李小云认为全面建成小康社会并不意味着没有贫困，贫困问题仍将是中国发展的主要突出问题，全面小康目标实现后中国将进入贫困治理新阶段，面对呈现出多维特点的相对贫困，应建立起性别敏感的公平的就业政策，尤其是符合当地发展水平的最低工资制度，缩小不同性别、不同群体的收入差异，着眼于社会公共物品在不同区域、城乡之间和不同群体之间的差异问题，构建缓解相对贫困的长效机制，从以往的扶贫战略向“防贫”战略转变。[101]

许宪春、余航认为全面建成小康社会取得了光辉成就，但仍存在许多问题，从国际比较视角出发，中国在人均经济发展水平和人均财富水平、交通基础设施、整体受教育水平、创新能力、社会治理软环境等方面与发达国家存在差距；从不平衡不充分发展视角出发，中国在经济发展、社会进步、民生福祉、生态环境、城乡区域等不同领域存在多维度的发展不平衡不充分的问题。这些问题也是全面建成小康社会后中国所应对的挑战及改革的着力点。[102]

万建武认为走新时代共同富裕道路要借鉴脱贫攻坚的重要经验，尤其要深入研究习近平扶贫论述及脱贫攻坚实践与理论创新，坚持党的领导核心地位，不忘中国共产党的初心使命，发挥中国特色社会主义的政治优势，坚持社会主义初级阶段党的基本路线不动摇，坚持新发展理念与实现共同富裕的战略安排，持续推动构建人类命运共同体，深入学习和领会马克思主义哲学的科学方法，坚定不移地走新时代共同富裕道路。[103]

张占斌认为全面建成小康社会之后的“十四五”时期是开启全面建设社会主义现代化国家新征程的起步期，是全面建成小康社会成果的进一步巩固期，是推动经济社会发展再上新台阶的重要战略机遇期，是落实新发展理念要求的攻坚期，国际经济政治格局深刻调整变化带来的重要挑战期，更是维护中国国家利益和经济安全的关键期。该时期应坚持用新发展理念引领经济社会发展全局，深化供需两侧结构性调整和变革，遵循产业结构演进规律并应对经济全球化新挑战，加快转变经济发展方式；着力推进经济发展动力升级，培育形成高质量发展的强大供给新动力、需求新动力、区域新动力和开放新动力；构建维护人民根本利益的民生和安全保障体系，使改革发展成果更多更公平惠及全体人民，努力提高人民生活水平；要持续深化全面改革，特别是经济社会领域要努力推出一些重大改革举措，释放体制和制度改革的红利。[104]

檀学文认为消除绝对贫困是全面建成小康社会的重要标志性目标，而实现共同富裕是解决相对贫困的总目标，中国消除绝对贫困的减贫模式是不发达条件下的“超常规”扶贫治理，取得了巨大的扶贫成就，但相对贫困的属性决定了其不再适用超常规，而应转向国家治理体系下的常态化，一是要优化大扶贫格局，加强地方政府、社会力量的作用，实现新的央地协调的大扶贫格局，二是要向城乡统筹的制度化、法制化贫困治理体制转型，三是要增强基层社会服务能力，对相对贫困的发现和干预要具有响应性和集成性特征。[105]

贾康认为要以全面建成小康社会为起点，进一步向共同富裕迈进，坚持“先富后富”之路的同时要坚持以合理的收入分配激励创业创新，承认各要素的贡献，把按劳分配和按生产要素分配相结合，主动地施加调节遏制“两极分化”，运用系统工程思维构建分配制度体系，以改革有效制度供给为龙头带动分配制度、政策体系动态优化。[106]

七、国有企业改革

2020 年是《国企改革三年行动方案（2020—2022 年）》实施的第一年，习近平总书记关于国有企业的重要论述、国有企业与所有制结构、国有企业的地位和作用、国有企业的改革方向、混合所有制改革、国有企业改革发展史等成为学界研究的重点内容。国有企业改革研究主要聚焦国企混改问题，学者就国企混改对国企融资、效率和创新水平进行了研究。同时，增强国有经济创新力是党的十九届四中全会提出的一个重大时代命题，学者们提出了增强国有经济创新力的基本路径，深化国有企业改革的着力点，“十四五”时期着力推进国有资本布局优化和结构调整的基本思路，研究了混合所有制改革对国有企业创新水平的影响。

1. 国有企业与所有制结构

公有制经济和非公有制经济共同发展的所有制结构是中国特色社会主义基本经济制度体系的基础，因而成为社会主义市场经济发展的核心问题，也成为学界研究的一个重要主题。

谢富胜、王松从社会分工的角度，根据企业生产方式变革及相互之间分工协作的动态过程，分析了公有制经济与非公有制经济特别是国有经济与民营经济在社会主义市场经济竞争过程中的共同发展。社会主义市场经济体制改革形成了垂直分布的所有制结构，垂直分布格局使国有企业与民营企业形成高度互补的社会分工，上游国有企业为下游产业提供生产资料，下游民营企业对上游产业产生引致需求。通过产业链的纵向关联，上下游各类所有制企业形成协同竞争的互动关系，各类所有制企业分工协作的协同关系，在个体层面上进行竞争与合作，上下游联动的协同效应构成经济发展的微观基础。从整体层面来看，处于上游基础部门、战略部门的国有企业塑造了经济运行发展的基本环境，是国民经济的支柱力量，在经济运行的周期性变化中发挥了稳定器作用。在深化供给侧结构性改革过程中，应当立足于公有制经济与非公有制经济特别是国有企业与民营企业之间的协同竞争关系，进一步增强国有企业综合实力，增进上下游各类所有制企业的产业链协同，促进民营企业加快生产方式变革，实现不同所有制经济协同发展。[107]

2. 国有企业的地位和作用

国有企业的发展不仅对于中国经济社会的发展起着决定性作用，而且关系着党的执政地位和党领导的社会主义事业的成败。2020 年，学界对国有企业的地位和作用进行了进一步研究。

齐昊、大卫·科茨研究了国有企业对中国经济增长的影响，认为目前的大多数研究忽视了国有企业在稳定经济增长和促进技术进步方面的作用，国有企业在中国经济中通过多种渠道发挥了促进增长的作用：第一，国有企业扮演了经济稳定器的角色，抵消经济衰退的不利影响；第二，国有企业通过对风险技术领域进行投资来促进技术进步。此外，国有企业通过向工人提供生活工资来建立一种对待工人的高端路径方法，这对于劳动力的再生产至关重要。这种高端路径方式具有潜在的促进增长作用，有利于中国经济在不久的将来转变为更可持续的增长模式。虽然国有企业的盈利能力似乎低于私营企业，然而，私营企业的较高盈利能力在很大程度上是由于对工人的大量剥削造成的，从长远来看，这种做法将侵蚀私营企业对经济增长的贡献。[108]

黄昕、平新乔研究了国有经济在上游产业和基础产业保持适当控制的必要性和合理性。通过构建体现产权类型区别的两国非对称多部门三层嵌套 CES 生产函数模型，以中国工业企业数据库和海关进出口数据库为基础，通过研究各类产权企业的市场结构和比较分析企业层面、产权层面、行业层面的替代弹性及其他参数，研判国有经济垄断程度、垄断性质和效率异质性。研究发现，国有企业和国有资本在中国经济处于上游产业和基础产业的控制地位；相比于非国有企业，国有企业具有更高垄断性，国有企业异质性和单体规模较大，面临较高出口固定成本，国有企业的国内外行业相关度较低，适合发展产业间贸易模式；国有企业垄断性更多体现为自然垄断，而非行政垄断。由于国有经济的垄断是以自然垄断为主，即使国有企业的超经济特权被完全取消，垄断依然会存在，只不过将国有企业的自然垄断换成私人企业的自然垄断，说明打着反垄断旗号主张全盘私有化的主张站不住脚。以自然垄断为主要垄断方式的国有经济对上游产业和基础产业的适当控制，以及对下游产业大幅放开竞争，正是中国经济过去 40 多年长期增长的“奥秘”。因此，在上游产业和基础产业领域目前仍应高度坚持公有制为主体原则，国有经济在上游产业和基础产业保持适当控制有其合理性和必要性。[109]

3. 国有企业改革方向

结合国有企业和国有资本改革发展的需要，北京经济学界重点研究了在国企国资改革中如何增强国有经济创新力、完善国有资产管理体制和机构设置、推动国有企业高质量发展等问题。

杨瑞龙根据习近平总书记指出的国有企业改革“三个有利于”标准，提出了下一阶段国有企业改革的 5 个着力点：优化国有经济布局；推进产权制度改革；推进国有企业混合所有制改革；完善国有资产管理体制；完善公司治理结构，优化激励机制。[110] 刘灿雷、王若兰、王永进研究了国有企业监管模式改革的创新驱动效应。研究发现，以 2003 年国资委成立为标志的国企监管模式改革增强了国有企业的创新动机和创新成效，既强化了企业的研发支出又增加了专利申请，具有明显的创新驱动效应。从专利申请类别和行业技术水平方面研究发现，国企监管模式改革的创新驱动效应在发明专利方面和高技术行业作用更大。从上下游市场结构、对外开放水平和地区市场化程度方面研究发现，有效的外部市场竞争环境更有利于发挥国企监管模式改革的创新驱动效应。该研究的政策启示是，深化和完善国有资产管理体制对于增强国有企业创新能力，成功实施创新驱动发展战略具有重要意义。进一步改善企业外部的市场竞争环境，增强上游行业的市场竞争程度，全方位推进市场化改革和对外开放，有利于更好地发挥国企监管模式改革的创新驱动效应，有利于为做强做优做大国有企业营造高质量的外部发展环境。[111]

关于国有资产的管理体制，多位学者提出应对国资委的职能和机构设置进行改革。刘纪鹏、刘彪、胡历芳对国有资产管理体制改革方向进行了深入研究，提出构建三层次国资管理体系。中国国资改革的创新路径是要让国资作为国有资本的统一监管者，同时逐渐“隐居幕后”，把国有资本投资公司作为国有资本的直接出资人，成为与外资、民企处于平等地位且无法律差异的，并对股份公司进行控股和参股的股东主体。他们认为，国资委需要从央企出资人向营利性国资监管者转型，实现对营利性国资的统一监管。目前国资委既承担着国有资产监管者的职责，又担任97家实业类中央企业的出资人，由于国资委履行出资人职责，部分央企在参与国际竞争时，被认为与其他央企之间存在共同股东和关联交易，并受国家行政干预，不利于参与国际竞争。国资委面临着作为监管者无法实现统一监管，作为出资人又管得过细的两难境地。国资管理体制必须从国资委目前一个部门双重职能出发，将国资委“一身两任”转变为通过组建国有资本投资公司，实现国资委系统内的“两身两任”。利用两类机构、两种身份、履行两种职能，将履行统一监管者职能的国资委和行使直接出资人权利的国有资本投资公司进行彻底区分，实现监管统一与出资人多元化的并行不悖，构成国有资产管理的3个层次。第一层是代表中央的国务院国资委和两级地方国资委，第二层是国有资本投资运营公司，第三层是享有独立企业法人财产权，国家参与出资的实体企业。国资改革还要明确国资委的主要职责，组建国有资本投资公司和运营公司，推动现代公司法人制度改革。[112]

学界对混合所有制改革对于国有企业的投资效率、融资成本、创新水平、竞争力等的影响进行了深入研究。杨运杰、毛宁、尹志锋基于1998—2007年中国工业企业数据库的数据进行了经验研究。通过采用双向固定效应模型，该研究发现，混合所有制改革有利于促进国有企业创新，而且国有参股形式的混改企业相较其他类型的混改形式更有利于企业创新。进一步分析表明，这种促进效应主要通过获取政府补贴和降低管理成本等路径发挥作用。这种促进效应在外部创新环境、行业类别和企业规模等方面存在异质性，当外部创新环境越好、行业垄断程度越高、企业规模越大时，国有参股形式相较其他混改形式对企业创新的促进效应更明显。该研究的政策启示是，坚持混合所有制改革的方向，提高国有企业的创新水平；要充分考虑国有企业之间的异质性，积极探索不同类型国企的混改方式；在推进国有企业混合所有制改革的同时，还应更好地发挥政府的作用，减少行政干预，为企业创新水平的提升提供有利的外部条件。[113]

八、对外开放与新发展格局

2020年，十九届五中全会提出要加快构建以国内大循环为主体、国内国际双循环相互促进的新发展格局。学术界就中国对外开放的历史逻辑、理论逻辑和实践逻辑进行了研究，内容主要涵盖开放型经济理论与开放型经济新体制、“一带一路”高质量建设与新发展格局、自贸区与自由贸易港建设等方面。学界针对更高水平开放与构建新发展格局的互动关系展开了广泛讨论，认为内循环本质上是开放的，促进“双循环”格局并不意味着中国对外开放战略的转向，推动更深层次改革、实行更高水平对外开放、加快形成新发展格局，三者是一个有机整体。关于开放型经济新体制的建设问题，特别是“双循环”背景下如何应对开放型经济新体制面临的现实挑战，学界认为未来需要进一步深入研究开放型经济新体制与经济高质量发展的互动机制，并探索二者良性互动的实现路径；进一步加强对“一带一路”重点领域、热点问题的研究；进一步系统分析自贸区和自由贸易港建设给各地区发展带来的不同机遇和挑战。

1. 开放型经济理论与开放型经济新体制

裴长洪认为，中国开放型经济理论已经形成了一个完全区别于西方正统的主流国际经济学的理论体系。它是一个完全立足于中国自身实践基础上的演绎“中国故事”的理论认识和逻辑。[114] 裴长洪、刘斌基于中国开放型经济建设的伟大实践，构建了阐释中国开放成就的经济理论：一是揭示中国渐进式贸易自由化进程的规律；二是总结在互联网、数字技术和人工智能等新技术应用中，对外贸易新业态、新商业模式重塑中小企业微观主体地位，培育和形成国际竞争新优势的经验；三是分析共建“一带一路”建立的合作共赢、海陆贯通的新型国际生产分工模式，及其蕴含的贸易盈余与对外投资紧密联系的新型国际经济多元平衡观；四是在习近平重要论述指导下，将人类命运共同体全球经济治理中国方案的理念学理化。[115]

刘伟指出，形成对外开放新格局、构建开放经济新体制，是以习近平同志为核心的党中央立足于战略全局，顺应中国与世界深度融合、命运与共的发展大势，积极承担的历史使命。[116]

杨丽花、王跃生提出，中国建设更高水平开放型经济新体制，可按照以制度型开放为主体、以内陆地区和服务行业开放为两翼的“一体两翼”思路推进。具体而言，应推动规则等制度型开放，加快实施更深层次的全面开放；打破开放空间的差序格局，加快实施更大范围的全面开放；推进服务业高水平开放，加快实施更宽领域的全面开放。[117] 裴长洪认为，建设更高水平开放型经济新体制，一是完善自由贸易试验区布局，赋予其更大改革自主权，稳步推进海南自由贸易港建设，建设对外开放新高地；二是高质量共建“一带一路”，坚定维护中国企业海外合法权益；三是推进贸易创新发展，推进贸易强国建设；四是有序扩大服务业对外开放；五是稳慎推进人民币国际化，坚持市场驱动和企业自主选择，营造以人民币自由使用为基础的新型互利合作关系。[118]

2. “一带一路”高质量建设与新发展格局

当前，中国正在积极构建以国内大循环为主体、国内国际双循环相互促进的新发展格局。在此背景下，一些学者对更高水平开放与构建新发展格局的互动关系展开了广泛讨论。

刘元春提出，内循环本质上是开放的，并且内循环必须要满足高质量发展，它本质上要依从于更高水平的开放，更为法治化和制度化的开放。但这种开放不是为开放而开放，而是要以内部循环的畅通、以人们对美好生活的满足作为落脚点。[119] 邱海平指出，推动更深层次改革、实行更高水平对外开放、加快形成新发展格局，这三者是一个有机整体。只有进一步深化改革，破除影响资源高效配置的各种体制机制障碍，才能使国内循环更加顺畅高效。同时，只有实行更高水平对外开放，进一步提高对外贸易、对外金融活动和对外投资质量，才能既保持与世界经济内在联系的持续性，又增强中国经济发展的安全性和稳定性，从而有利于加快形成新发展格局，使中国经济更加行稳致远，并对世界经济发展做出更大贡献。[120] 张宇燕、徐秀军认为，夯实国内大循环的坚实基础，实现国内国际双循环相互促进，迫切需要以更高水平开放推动更高质量发展。一方面，以高水平开放深度参与国际分工，分享“得自贸易的收益”，形成中国与外部世界共赢发展的局面。另一方面，以高水平开放促进技术创新、突破技术瓶颈，提升中国在产品、产业、产业链上的位置优势，进而为国内大循环和国内国际双循环输入不竭动力。此外，在更高水平开放中，对接国际规则和制度体系，可以不断为国内改革提供突破口和动力，从而为构建新发展格局提供更加有力的体制机制保障。[121] 余淼杰提出，促进“双循环”格局并不意味着中国对外开放战略的转向，更不意味着中国发展的内向化，而是要发挥中国超大规模市场的潜力和优势，把发展的立足点更多放到国内，同时通过畅通的国内大循环来推动国内和国际双循环，更好地联通国内市场和国际市场，推动中国对外开放进入更高水平，推动建设开放型世界经济，推动构建人类命运共同体。[122]

3. 自贸区与自由贸易港建设

自贸区与自由贸易港建设已经成为学界关注的重要课题，研究主要包括自贸区和自贸港的重大意义、发展重点、现实问题与解决路径。

自贸区建设需要改革自主权问题、解决立法问题和功能定位和负面清单管理问题。裴长洪等针对自贸区改革自主权的问题，提出相应的解决方向：改革通关缴费机制，减少通关费用，提高贸易便利化水平；由于服务业开放与原有管理体制和现行规章制度的改革不配套，准入不准营问题有待解决；由于服务贸易的开放涉及许多公共产品和公共服务产品，政策协调的部门范围需要扩大。[123] 张金杰提出，中国自贸区与国外有所不同，并非单一的解决经济发展问题，而是具有带动效应，最重要的是肩负着为全国制度改革积累经验的重任。在这个尚未试验成功的全新领域，自贸区的立法体系仍有待完善。如果缺乏立法保障，自贸区政策就不具备权威性，其透明度和实施效力也会不足，这会给自贸区发展带来一系列问题。[124]

九、区域经济与产业政策

2020 年，学者们在区域和产业政策问题上广泛讨论了中国区域经济发展的基本理论的演变，包括区域发展政策、区域经济增长和结构、地区城镇化以及产业结构转型升级等问题。这些研究运用现代经济学方法，分析了“十四五”时期中国区域发展战略和政策，包括城市群政策、开发区政策、区域扶贫政策等，为中国制定区域发展战略和区域政策的实施奠定了基础。其中，关于政府与市场的关系的研究进一步拓展到地方政府在区域经济发展的作用这一新的研究层面；关于城镇化问题的研究深入到城乡融合和户籍制度改革等问题，并比较系统地评估了户籍制度改革等政策的效果。数据科学和经济学研究的结合、经济学和政治学的交叉研究成为研究的新趋势，数字经济与智能制造的关系，如何实现高质量区域协调发展等将是研究的重点和难点，其中，城市群问题、重大区域战略（粤港澳大湾区、长江经济带等）、国土规划、行政区划调整等问题成为研究的热点和重点。

1. 区域发展战略与政策

区域发展战略是指导中国区域经济社会发展的纲领。魏后凯、年猛、李玏指出，为促进区域高质量协调发展，“十四五”期间，中国应继续以四大板块战略为基础，以重点带区战略为骨架，统筹各大板块和带区发展，深化完善“4+X”区域发展总体战略，推动形成点线面结合的国家区域发展战略体系；以构建横跨东中西、连接南北方的“三横三纵”国土空间开发主架构，建立以城市群和都市圈为主要载体的增长极网络；加快“C”形沿边开放经济带建设，进一步加大内陆开放力度，全力培育三大海洋经济区。在此基础上，还应积极帮助东北地区实现脱困振兴，大力培育中西部地区先进制造业基地，制定实施相对贫困地区扶持政策，加快推进现代基础设施一体化。[125]

国家级贫困县政策是中国推动反贫困、实现区域协调发展的重要手段。徐舒等对国家级贫困政策的收入分配效应进行了分析，他们基于农业农村部农村固定观察点 1986—2011 年微观面板数据，使用双重差分方法评估国家级贫困县设立的减贫效果及收入分配效应。研究发现：国家级贫困县的扶贫政策使贫困地区的贫困率平均下降了 11 个百分点；同时，扶贫政策存在显著的正外部性，能改善国家级贫困县内部收入分配情况。从静态角度看，扶贫政策缩小了国家级贫困县内部收入差距，贫困县内部基尼系数平均降低 4.2%，尤其是缩小了国家级贫困县低收入家庭与中等收入家庭的收入差距，下降幅度高达 15.1%；从动态角度看，扶贫政策增加了国家级贫困县低收入家庭向上流动的机会，长远上有利于贫困家庭跳出“贫困陷阱”。进一步的分析表明，促进基础设施投资、提高农业全要素生产率和鼓励外出务工是扶贫政策起作用的重要途径。这些研究表明，贫困县政策确实能够促进贫困地区人民生活水平的提高，但贫困县政策的发挥也需要有效的治理机制。[126]

2. 产业政策与产业发展

2020 年，学界针对产业政策和产业发展的研究围绕政府行为对产业转型升级、产业政策实施的影响以及企业互联网化等多方面展开。

产业结构转型升级以及空间分布一直是中央和地方政府关注的重要问题，这也是区域经济发展的核心问题。政府行为，尤其是地方政府行为对该区域产业结构和转型升级有重要的作用。闫昊生、孙久文、张泽邦借助“低丘缓坡”试点这一增加用地指标的外生冲击，利用双重差分方法研究了土地供给对于产业结构转变的影响，并从地方政府经营城市的角度进行了机制分析。结果表明，增加土地供给会缓解城市产业结构向服务业的转变，这一结果经过一系列稳健性检验后保持稳健。进一步分析表明，地方政府建设用地出让结构的转变是产业结构转变的作用途径，而地方政府对于土地财政的依赖和其面临的土地利用集约化压力是上述途径发挥作用的内在原因。[127]

数字经济和产业智能化对中国产业发展产生了重要影响。许宪春、张美慧在系统梳理信息经济、互联网经济、数字经济演变历程的基础上，提炼数字经济的内涵与形成要素，构建数字经济规模核算框架，界定数字经济核算范围，确定数字经济产品，筛选数字经济产业，对 2007—2017 年中国数字经济增加值与总产出等指标进行测算，并将测算结果与美国和澳大利亚进行比较。测算结果表明：2017 年，中国数字经济增加值 53028.85 亿元，占国内生产总值的 6.46%；数字经济总产出 147574.05 亿元，占国内总产出的 6.53%。基于国际比较的视角，2017 年，中国数字经济增加值约为美国的 58.12%；数字经济增加值占 GDP 比重低于美国 0.44 个百分点；2016 年，中国数字经济增加值约为美国的 52.77%，占 GDP 比重低于美国 0.77 个百分点，略高于澳大利亚 0.03 个百分点。近年来，中国数字经济增加值年均实际增长率明显高于美国和澳大利亚。2008—2017 年，中国数字经济增加值年均实际增长率达 14.43%，明显高于国内生产总值年均实际增长率 8.27%，数字经济推动经济增长的作用明显。[128]

3. 城镇化与户籍制度改革

随着中国经济发展的变化以及中国城市化进程的改变，学界对城市化的研究也随之调整。现有文献不仅指出了城市户籍制度变化对人口流动的影响，还进一步分析了人口流动的积极和消极影响。

户籍制度改革和公共服务均等化改革则是推动中国城镇化向高质量发展的重要抓手。罗楚亮、董永良认为，从社会经济特征相似性角度而言，中国城市化水平总体上可能存在高估倾向。旨在取消户籍差异的居民户口制度推行并没有实质性地推进城市化水平，被征地人群的城市化水平也没有得到明显提高，并且在低收入人群中，城市化水平高估倾向更为严重。他们是从城乡融合的角度，根据城镇社区非农户口和农村社区农业户口人群社会经济特征的差异（包括家庭的收入支出、就业特征、社会保障、住房及居住条件、耐用消费品、对生活状态的主观评价、个人与家庭的基本人口特征、区域分布 8 个方面）建立 probit 回归模型，以此为基础判断其他“中间状态”人群的城市化状态。[129]

对城镇化社会经济后果的评价有助于城镇化的有序推进。段巍、王明、吴福象认为，在新型城镇化高质量发展阶段，亟须对政府主导的“中国式”城镇化的福利效应进行量化评估。他们的研究结果显示：2000—2017 年中国城镇居民福利增长了 370.92%。分因素看，生产率、人均建设用地、公共服务支出效率、政府发展偏向这四类因素对福利增量的贡献率分别为 69.35%、19.88%、9.64%、1.13%。分地区看，东部地区城镇化体现出协同驱动的特征，中部地区则缺乏土地要素的支持，西部和东北地区在 2010 年后呈现公共服务主导的特征，但地方政府发展偏向的转变导致福利损失 12.13%。进一步的反事实分析显示，地方政府间公共服务支出效率均等化是改善居民福利、提升 GDP 的有效手段。[130]

近些年来，中国人口流动的模式和方向有了新的变化。王春杨、兰宗敏、张超、侯新烁指出，高铁网络的兴起改变了人力资本的流向和空间分布格局，进而重塑了中国区域创新的空间结构。从理论上讲，高铁建设通过降低地区之间的贸易成本从而引发高铁城市之间、高铁城市与非高铁城市之间的人力资本迁移，进而影响区域创新空间结构演化。经实证研究显示，高铁开通显著提高了沿线城市的创新水平，而人力资本迁移是高铁影响区域创新空间结构演变的重要机制，使用工具变量、变换人力资本的衡量指标均得到相同结论。高铁开通对东部城市和一、二线城市的创新促进效应更为明显，从而拉大了区域创新差距。进一步分析表明，迁入人力资本来源地域的文化多样性对区域创新具有显著的正向调节效应。[131]

十、供给侧结构性改革与需求管理

2020 年，在新发展格局背景下，学界就如何通过供给侧结构性改革为建设现代化经济体系和畅通国民大循环提供动力，如何通过需求管理帮助实现宏观经济稳定，特别是针对两者如何有机结合进行了理论研究。

1. 全面深化供给侧结构性改革

2020 年，学界结合实践不断丰富对供给侧结构性改革的理论认识，对不同经济环节、行业和区域的供给侧结构性改革问题展开了研究。

徐朝阳、白艳、王韡认为，供给侧结构性改革把提高供给体系质量作为主攻方向，需要进一步优化生产要素配置和组合，着力调整供给结构，增强供给结构对需求变化的适应性和灵活性，使供给体系更好适应需求结构变化。中国供给体系对需求结构变化的不适应突出体现为中国服务业部门 GDP 占比偏低，而工业部门长期受结构性产能过剩问题困扰。他们构筑了一个包含土地生产要素的三要素三部门动态一般均衡结构变迁模型，证明当存在某些体制性障碍导致服务业部门无法顺利地吸纳土地、劳动等生产要素流入时，那么从农业部门转移出来的生产要素就只能更多地流入到管制较少的工业部门。在产品间不完全替代情况下，这种要素市场改革的滞后会导致服务业部门有效需求得不到满足和工业部门产能过剩现象并存的供需结构错配问题，使得经济发展依赖外部需求。解决这种供需结构错配及其各种派生问题，治本之策是供给侧结构性改革，主要抓手是推进和深化要素市场化改革，尽快破除生产要素无法在城乡间和产业间自由流动的各种体制性和政策性障碍，使得生产要素从农村地区向城市地区、从非服务业向服务业的流动能够更加顺畅，这样中国工业部门的产能过剩问题可以得到缓解，国内总需求会得到扩大，经济内外部平衡也可以得到改善。因而，加快要素市场化改革进程是进一步推进供给侧结构性改革的应有之义。[132]

王晓东、陈梁、武子歆认为，作为国民经济的基础性和先导性产业，流通可以通过向制造业反馈市场需求、逆向整合供应链以及提升供应链整体效率等方式发挥先导作用，这是推动供给侧改革的重要突破点。作者研究发现零售业效率提升，既可能优化生产规划从而削减成本，也可能促使行业竞争加剧引起利润降低。而后基于 1999—2000 年中国制造业企业数据、《中国贸易外经统计年鉴》数据以及《中国统计年鉴》数据，从微观企业层面实证分析了中国流通业效率与制造业绩效的关系，实证结果发现：流通业效率对制造业绩效整体而言发挥正向作用。更具体地，零售业较好地利用了其终端优势地位从而发挥了引导生产的功能，对制造业产能调整发挥着积极作用，而批发业由于自身效率的缺失，其流通先导作用未能得到有效发挥，其效率提升未对制造业绩效发挥显著作用。在未来持续推进的供给侧结构性改革中，减少流通中的无谓损失是降成本、补短板的重要一环，也是构建国内大市场、发挥国内超大市场规模优势的前提保证，应高度重视流通业对于有效反馈市场信息、调节上游生产、媒介供需匹配的先导性作用，在继续利用新技术提升零售业效率并发挥其先导性作用的同时，也应着力提升批发业效率及其引导产能资源配置、促进供需匹配的先导性潜能。[133]

邓忠奇、高廷帆、朱峰认为，中国南北经济差距本质上是南北经济增长方式转型的问题，调控南北差距应以供给侧结构性改革为主线，从转方式、调结构和内生增长角度考量。文章实证分析表明，供给侧结构性改革是比较成功的：一方面，改革使得经济增长方式从资本拉动型向 TFP 拉动型转变，2018 年 TFP 对中国经济增长的贡献率达到 51.15%，高于资本贡献率 44.33%，成为近 10 年来的首次超越；另一方面，改革有助于北方地区转型升级，去产能、去库存等措施在很大程度上加速了北方地区重工业和低效率企业的转型升级，提升了北方地区的 TFP 和经济内生增长率。因此，北方地区应当立足本地比较优势，在具体领域培育核心竞争力，同时适当承接南方转移产业，以南北协作的方式共建共享“新经济”。总的来看，一定程度的南北差距是合理的，也是中国历史上长期存在的，不能简单要求各地区在经济发展上达到同一水平，但是南北差距扩大的趋势却是值得高度重视的。北方地区不能为了缩小南北差距就把已经衰败的产业和企业强行扶持起来，不能因为害怕承受改革阵痛就踟蹰不前，而是要有效整合资源，主动调整经济结构和推进产业升级，从“供给侧”和“结构性”两个维度盘活地方资源、促进产品有效供给和需求，从而实现经济增长方式的转变。[134]

黄益平认为，中国需要进行金融供给侧改革，原因是现有的金融体系与中国转变经济增长模式不相适应。在经济增长模式由要素投入型向创新驱动型转变的背景下，民营企业是创新发展的重要源泉之一，但现有的金融体系由于银行占比较高和政府干预较多等特点而容易将资源向大企业和有政府担保的企业倾斜，而不够支持创新型企业和民营企业，客观来说不太适合支持创新和支持产业升级。另一方面，现有的金融体系下资本市场发展程度不够充分，而资本市场是支撑创新的重要支柱之一，缺乏成熟的资本市场可能放大游资投机的风险。所以目前金融体系不够支持实体经济和民营企业融资难融资贵的这两个问题都是实实在在的问题，这就要求继续推进金融供给侧结构性改革，渐进推动金融市场化过程，大力发展资本市场，充分发挥金融体系提高资源配置效率、控制金融风险的核心作用，充分调动民营企业的创新潜力。[135]

2. 需求管理与宏观调控

2020 年突如其来的新冠肺炎疫情给中国经济带来了严重的冲击，短期危机应对性财政、货币政策和大量的社会救助政策是必要和迫切的，如何更好发挥需求管理的逆周期调节作用，也对需求管理理论提出了新的要求。

刘伟、苏剑认为，基于 2020 年中国经济自然走势的分析，在需求方面，经济下行，居民和政府收入下滑导致消费和投资增速下滑，同时全球经济尚未恢复正常，出口增速也不乐观。综合来看，总需求大概率收缩。因此在中国特色宏观调控体系中不可或缺的需求管理这一环中，建议采取与扩张性供给政策配套的扩张性需求政策，以财政政策为主，以“两新一重”为主要抓手。货币政策应以稳健偏宽松开局，随着全球及中国经济的恢复，应该逐步转为中性，到年底可适当退出宽松政策。具体举措包括，坚持稳健的货币政策，中国的货币政策响应及时有力，总量合理适度，为保市场主体、稳就业营造了适宜的货币金融环境，已不需要大规模的货币扩张政策。尤其是不需要继续明显高于名义经济增速，在经济增长速度逐渐加快并接近常态运行的条件下，应令货币供应量和社会融资规模的增速逐渐回归到与名义经济增速基本匹配的状态；继续采取扩张性财政政策，支持新型基础设施建设，加大城际交通、物流、市政基础设施等投资力度，补齐农村基础设施和公共服务设施建设短板，加强自然灾害防治能力建设但要提质增效，注重可持续性，并保持适度支出强度；加大稳外贸的力度，扩大对外开放，通过双边或多边模式降低贸易壁垒，同时继续推进“一带一路”倡议的实施。[136]

3. 新发展格局下供给侧结构性改革与需求管理的有机结合

2020 年度，面对国内社会主要矛盾变化和国际形势不确定性增加，中国适时提出了构建“以国内大循环为主体、国内国际双循环相互促进的新发展格局”。面对新形势新要求，需要通过供给侧结构性改革为建设现代化经济体系和畅通国民大循环提供动力，需要通过需求管理帮助实现宏观经济稳定，关于两者如何在新形势下如何有机结合，学界展开了深入研究。

陈彦斌认为，社会主义制度与市场经济有机结合能够加强总需求管理与供给侧结构性改革的协调配合，从而超越西方国家的传统宏观调控范式，更好地实现经济稳定与社会稳定的目标。社会主义制度与市场经济有机结合的制度优势使我们能够突破传统宏观调控的思维，更清晰准确地认识到中国经济运行所面临问题的根源在于结构性失衡，必须从供给侧入手才能彻底解决问题，中国是在“五年规划”等中长期发展规划的指导下进行宏观调控，使得中国可以寓改革于调控之中，进而把短期稳增长目标与长期发展目标有机结合起来。在宏观调控的具体举措上，面对国内外错综复杂的经济形势，始终保持战略定力，坚持以改革开放为动力，推动高质量发展。实践表明，总需求管理与供给侧结构性改革能够相互补充、相得益彰。一方面，大力推进结构调整和以“三去一降一补”任务为主要抓手的供给侧结构性改革虽然能够在长期中从根源上解决结构性失衡问题，但是短期内会加大经济下行压力，因此需要总需求管理政策加以缓冲。另一方面，总需求管理政策的着力点在于对经济总量的调节，而供给侧结构性改革的着力点则在于优化经济结构、增加有效供给、激励企业创新，二者协调配合可以有效促进中国经济的长期健康发展，为中国顺利跨越“中等收入陷阱”提供内生动力。[137]

董志勇、李成明认为，近年来，供给侧结构性改革取得阶段性成果，“去产能去库存去杠杆”有重大进展，但成本问题和短板问题依然是摆在眼前的长期问题，推进结构性改革，发挥市场机制形成可持续发展格局重要性日益凸显，也将成为供给侧结构性改革的重点。推进供给侧结构性改革重点在于提高供给体系质量，既要降低市场成本盘活存量，又要提升创新能力拓展增量。面对国内社会主要矛盾变化和国际不确定性增加，中国适时提出了构建国内国际双循环新发展格局。在双循环中，国内大循环与国际大循环是辩证统一的，畅通国内大循环是双循环的前提，其中结构性改革是核心，要求需求侧和供给侧改革同步推进，重点做好收入分配调节、社会保障建设、市场制度建设和创新驱动，推动国内经济充分平衡发展。此外，要深入推进供给侧结构性改革和现代市场经济建设，深化改革消除市场扭曲，降低交易成本，尤其是金融市场改革。一方面，推进要素市场化改革，发挥市场在资源配置中的决定性作用，实现土地、劳动、资本、技术、数据等生产要素合理配置。另一方面，推进现代企业制度改革，尤其国有企业的混合所有制改革，以竞争中性为重点优化营商环境，激发市场活力。从而以供给侧结构性改革为重点，畅通国内大循环，推进国内经济的充分平衡发展。[138]

注：

[1]常庆欣，张旭：《从“现实的人”到“以人民为中心”——马克思主义政治经济学根本立场探析》，《经济学家》，2020年第5期。

[2]王立胜，刘刚：《从“为什么不能发展”到“如何实现发展”：马克思主义经济发展的历史跨越》，《经济纵横》，2020年第10期。

[3]刘金鑫：《习近平新时代中国特色社会主义经济思想的科学内涵和政策主张》，《改革与战略》，2020年第8期。

[4]周跃辉：《习近平新时代中国特色社会主义经济思想和党中央经济政策分析》，《领导科学论坛》，2020年第1期。

[5]《求是》杂志编辑部：《确保全面建设社会主义现代化国家开好局》，《求是》，2021年第2期。

[6]李忠杰：《历史新坐标上的战略谋划》，《人民论坛》，2020年第31期。

[7]裴长洪，黄群慧，许宪春，李雪松，张永生：《学习党的十九届五中全会精神笔谈》，《财贸经济》，2020年第12期。

[8]张占斌：《开启全面建设社会主义现代化国家新征程的战略谋划》，《中国党政干部论坛》，2020年第11期。

[9]张占斌：《新发展阶段构建新发展格局的战略抉择》，《经济日报》，2020年11月10日。

[10]何立峰：《深入学习贯彻党的十九届五中全会精神坚定扎实推动我国经济高质量发展》，《中国产经》，2020年第1期。

[11]王一鸣：《百年大变局、高质量发展与构建新发展格局》，《管理世界》，2020年第12期。

[12]刘伟：《中国特色社会主义基本经济制度是中国共产党领导中国人民的伟大创造》，《中国人民大学学报》，2020年第1期。

[13]邱海平：《社会主义经济制度理论的继承和创新》，《政治经济学评论》，2020年第1期。

[14]杨春学，杨新铭：《所有制适度结构：理论分析、推断与经验事实》，《中国社会科学》，2020年第4期。

[15]谢伏瞻，蔡昉，江小涓，李实，黄群慧：《完善基本经济制度 推进国家治理体系现代化——学习贯彻中共十九届四中全会精神笔谈》，《经济研究》，2020年第1期。

[16]侯为民：《论社会主义基本经济制度范畴中

的分配因素》,《经济纵横》,2020 年第 9 期。

[17] 陈斌开,李银银:《再分配政策对农村收入分配的影响——基于税费体制改革的经验研究》,《中国社会科学》,2020 年第 2 期。

[18] 蔡昉,刘伟,洪银兴,顾海良,陈宗胜:《学习党的十九届四中全会〈决定〉笔谈》,《经济学动态》,2020 年第 1 期。

[19] 马建堂:《新时代全面深化经济体制改革的纲领性文件》,《管理世界》,2020 年第 7 期。

[20]宋光茂,韩保江:《加快现代化经济体系建设》,《人民日报》,2020 年 2 月 4 日。

[21]韩晶,朱兆一:《新时代中国现代化经济体系的理论创新与路径选择》,《理论学刊》,2020 年第 1 期。

[22]丁同欣:《加快构建首都现代化经济体系》,《北京观察》,2020 年第 12 期。

[23]白小伟:《科技创新驱动北京现代化经济体系建设研究》,《当代经济》,2020 年第 4 期。

[24]汪三贵,冯紫曦:《脱贫攻坚与乡村振兴有效衔接的逻辑关系》,《贵州社会科学》,2020 年第 1 期。

[25] 涂圣伟:《脱贫攻坚与乡村振兴有机衔接:目标导向、重点领域与关键举措》,《中国农村经济》,2020 年第 8 期。

[26] 张晖:《乡村振兴战略的政治经济学阐释》,《求索》,2020 年第 1 期。

[27] 许先春:《下好先手棋,打好主动仗——习近平关于防范化解风险挑战的战略思考》,《党的文献》,2020 年第 4 期。

[28] 杨海:《习近平防范化解重大风险重要论述方法论特点及其现实启示》,《中国人民大学学报》,2020 年第 2 期。

[29] 李锦:《深刻理解习近平产业链论述提高复工复产质量》,《现代国企研究》,2020 年第 3 期。

[30] 张占斌:《坚持和完善党对经济工作的集中统一领导》,《旗帜》,2020 年第 1 期。

[31]方敏:《提高党领导经济工作的能力与水平》,《人民论坛》,2020 年特刊第 1 期。

[32]王立胜,郭冠清:《论中国特色社会主义政治经济学研究对象》,《社会科学辑刊》,2020 年第 3 期。

[33]刘谦,裴小革:《中国特色社会主义政治经济学逻辑起点定位研究——基于所有制视角的探索》,《上海经济研究》,2020 年第 6 期。

[34]林光彬:《中国社会主义政治经济学理论体系建构:回顾与展望》,《当代经济研究》,2020 年第 9 期。

[35]金碚:《论中国特色社会主义经济学的范式承诺》,《管理世界》,2020 年第 9 期。

[36]杨瑞龙:《中国特色社会主义经济理论的微观分析基础》,《上海经济研究》,2020 年第 10 期。

[37]邱海平:《〈资本论〉的创新性研究对于构建中国特色社会主义政治经济学的重大意义》,《马克思主义研究》,2020 年第 2 期。

[38]白暴力:《认真领会习近平总书记讲话精神建设中国政治经济学体系》,《上海经济研究》,2020 年第 10 期。

[39]顾海良:《新发展阶段中国特色社会主义政治经济学的理论升华》,《经济日报》,2020 年 9 月 16 日。

[40]王立胜:《中国特色社会主义政治经济学历史论纲》,《经济思想史研究》,2020 年。

[41]李义平:《在生动实践中丰富和发展中国特色社会主义政治经济学》,《经济日报》,2020 年 9 月 14 日。

[42]刘伟:《政治经济学与中国特色社会主义》,《理论学习与探索》,2020 年第 3 期。

[43]邱海平:《中国经济学理论与教材体系建设意义重大》,《教学与研究》,2020 年第 7 期。

[44]蔡之兵:《从西方经济学转向中国特色社会主义政治经济学的五层理论阶梯》,《江淮论坛》,2020 年第 5 期。

[45]王传利:《社会化大生产的逻辑与国家治理体系和治理能力现代化》,《马克思主义研究》,2020 年第 7 期。

[46]牛先锋,李莹:《坚持发展马克思主义国家学说 推进国家治理现代化》,《学习时报》,2020 年 9 月 21 日。

[47]黄建军:《中国国家治理体系和治理能力现代化的制度逻辑》,《马克思主义研究》,2020 年第 8 期。

[48]朱鹏华,王天义:《社会主义基本经济制度的理论创新与认识升华》,《马克思主义研究》,2020 年第 8 期。

[49]孔庚:《推进国家治理体系和治理能力现代化五重路径探微》,《党政干部学刊》,2020 年第

11 期。

[50]马宝成:《面对“大考”,应急管理如何提分》,《经济日报》,2020 年 2 月 11 日。

[51]蔡昉,刘伟,洪银兴,顾海良,陈宗胜:《学习党的十九届四中全会〈决定〉笔谈》,《经济学动态》,2020 年第 1 期。

[52]方敏:《对〈资本论〉中劳动价值论的几点认识与澄清》,《当代经济研究》,2020 年第 6 期。

[53]周钊宇,宋宪萍:《马克思利润率趋向下降规律是错误的吗?——质疑检视与理论澄清》,《马克思主义研究》,2020 年第 10 期。

[54]李翀:《在新的历史条件下对资本有机构成趋向提高规律的再认识》,《当代经济研究》,2020 年第 1 期。

[55]刘伟兵:《过时还是证明:人工智能时代的马克思劳动价值论》,《毛泽东邓小平理论研究》,2020 年第 6 期。

[56]程恩富,朱炳元:《恩格斯对马克思主义政治经济学的重大贡献》,《马克思主义研究》,2020 年第 10 期。

[57]顾海良:《恩格斯对〈资本论〉整体结构及第四卷的研究》,《经济纵横》,2020 年第 10 期。

[58]辛向阳:《恩格斯对科学社会主义的三大贡献》,《马克思主义与现实》,2020 年第 6 期。

[59]姜辉:《恩格斯的马克思主义观及其时代意义——纪念恩格斯诞辰 200 周年》,《马克思主义研究》,2020 年第 11 期。

[60]谢富胜:《当代帝国主义研究的三种范式》,《马克思主义研究》,2020 年第 11 期。

[61]张雷声:《列宁对马克思经济思想的创新性贡献》,《马克思主义研究》,2020 年第 3 期。

[62]安启念:《列宁与当今世界》,《马克思主义研究》,2020 年第 4 期。

[63]余斌,师新华:《列宁的国家资本主义观》,《经济纵横》,2020 年第 12 期。

[64]刘新刚:《〈资本论〉续篇之谜与解答》,《马克思主义研究》,2020 年第 9 期。

[65]李凌:《重读〈资本论〉:公共卫生危机是资本主义矛盾的体现和爆发》,《红旗文稿》,2020 年第 11 期。

[66]邱海平:《〈资本论〉的创新性研究对于构建中国特色社会主义政治经济学的重大意义》,《马克思主义研究》,2020 年第 2 期。

[67]张开:《如何理解资本二重性——兼论新型政商关系的政治经济学基础》,《教学与研究》,2020 年第 9 期。

[68]郇丽华:《狭义西方马克思主义研究的局限性剖析》,《毛泽东邓小平理论研究》,2020 年第 8 期。

[69]李连波:《国外政治经济学研究最新进展与启示》,《当代经济研究》,2020 年第 7 期。

[70]《学术前沿》编者:《当前西方马克思主义学说新发展》,《人民论坛 · 学术前沿》,2020 年第 21 期。

[71] 周淼,宋丽丹,康晏如:《百年未有之大变局中的世界左翼思潮和运动研究——2019 年国外左翼思想研究概览》,《科学社会主义》,2020 年第 2 期。

[72] 贾根良,何增平:《评西方非主流经济学界对现代货币理论的争论》,《经济学动态》,2020 年第 6 期。

[73] 贾根良,何增平:《现代货币理论大辩论的主要问题与深层次根源》,《中国人民大学学报》,2020 年第 5 期。

[74] 李黎力:《政府、银行与现代货币——现代货币理论真的将财政与金融混为一谈了吗》,《学术研究》,2020 年第 2 期。

[75] 刘皓琰:《新帝国主义的数字殖民——从网络族群与注意力时间谈起》,《国外理论动态》,2020 年第 3 期。

[76] 朱安东,孙洁民:《新冠病毒、新自由主义与资本主义的未来》,《马克思主义与现实》,2020 年第 4 期。

[77] 雷晓欢:《新冠肺炎疫情下国外左翼对资本主义的批判》,《世界社会主义研究》,2020 年第 7 期。

[78] 宋朝龙:《右翼民粹主义崛起背景下再论英国的市场社会主义思潮——对话英国著名学者戴维 · 麦克莱伦教授》,《长白学刊》,2020 年 9 月。

[79]张肖阳:《城市政治生态学:对西方社会城市化进程的反思》,《中共中央党校(国家行政学院)学报》,2020 年第 5 期。

[80]顾梦佳,张开:《空间化学派经济思想研究》,《经济纵横》,2020 年第 1 期。

[81]戴双兴:《数据要素:主要特征、推动效应及发展路径》,《马克思主义与现实》,2020 年第

6期。

[82]黄再胜：《数据的资本化与当代资本主义价值运动新特点》，《马克思主义研究》，2020年第6期。

[83]赵敏，王金秋：《资本主义智能化生产的马克思主义政治经济学分析》，《马克思主义研究》，2020年第6期。

[84]刘皓琰：《从"社会矿场"到"社会工厂"——论数字资本主义时代的"中心—散点"结构》，《经济学家》，2020年第5期。

[85]闻效仪：《去技能化陷阱：警惕零工经济对制造业的结构性风险》，《探索与争鸣》，2020年第11期。

[86]卫灵，杜吟滔：《新冠疫情下美国社会矛盾加剧的深层原因透视》，《北京联合大学学报(人文社会科学版)》，2021年第1期。

[87]李连波，陈享光：《从金融资本到金融化资本——日常生活金融化的政治经济学分析》，《马克思主义与现实》，2020年第6期。

[88]陈享光，黄泽清：《金融化、虚拟经济与实体经济的发展——兼论"脱实向虚"问题》，《中国人民大学学报》，2020年第5期。

[89]李宝伟，刘凤义，张云：《美国经济或进入新一轮衰退》，《中国社会科学报》，2020年4月8日。

[90]傅春杨，陈耿宣：《全球资产"负利率"的趋势、成因及借鉴》，《政策研究》，2020年第10期。

[91]王生升：《准确把握新发展格局的三重逻辑》，《思想理论教育导刊》，2020年第12期。

[92]金碚：《论域观范式思维下的经济全球化》，《中国社会科学评价》，2020年第4期。

[93]王跃生：《RCEP签署：经济全球化发展新趋势》，《学习时报》，2020年11月25日。

[94]谢伏瞻：《全面建成小康社会的理论与实践》，《中国社会科学》，2020年第12期。

[95]刘伟：《疫情冲击下的经济增长与全面小康经济社会目标》，《管理世界》，2020年第8期。

[96]贺艳：《如何克服疫情影响打赢脱贫攻坚战》，《中国党政干部论坛》，2020年第3期。

[97]张瑞娟，崔凯：《中国农村全面建成小康社会的短板及其对策研究》，《中国延安干部学院学报》，2020年第5期。

[98]郑有贵：《农村同步迈向全面小康社会方案和经验》，《宁夏社会科学》，2020年第5期。

[99]韩保江，邹一南：《中国小康社会建设40年：历程、经验与展望》，《管理世界》，2020年第1期。

[100]蒲实，黄文浩：《中国现代化进程中的小康社会：历程、成就与经验》，《行政管理改革》，2020年第9期。

[101]李小云：《全面建成小康社会后贫困治理进入新阶段》，《中国党政干部论坛》，2020年第2期。

[102]许宪春，余航：《后小康时代的挑战和改革发展的着力点》，《中共中央党校(国家行政学院)学报》，2020年第2期。

[103]万建武：《走新时代共同富裕道路的成功实践与创新发展——习近平扶贫论述的重大意义》，《马克思主义与现实》，2020年第3期。

[104]张占斌：《关于全面建成小康社会后高质量发展若干重大问题的思考》，《人民论坛·学术前沿》，2020年第14期。

[105]檀学文：《走向共同富裕的解决相对贫困思路研究》，《中国农业经济》，2020年第6期。

[106]贾康：《共同富裕与全面小康：考察及前瞻》，《学习与探索》，2020年第4期。

[107]谢富胜，王松：《在协同竞争中推动公有制经济与非公有制经济共同发展》，《教学与研究》，2020年第12期。

[108]齐昊，大卫·科茨：《国有企业对中国经济增长的影响》，《政治经济学报》，2020年第17卷。

[109]黄昕，平新乔：《行政垄断还是自然垄断——国有经济在产业上游保持适当控制权的必要性再探讨》，《中国工业经济》，2020年第3期。

[110]杨瑞龙：《按照"三个有利于"标准推进国有企业改革》，《经济理论与经济管理》，2020年第1期。

[111]刘灿雷，王若兰，王永进：《国企监管模式改革的创新驱动效应》，《世界经济》，2020年第11期。

[112]刘纪鹏，刘彪，胡历芳：《中国国资改革：困惑、误区与创新模式》，《管理世界》，2020年第1期。

[113]杨运杰，毛宁，尹志锋：《混合所有制改革能否提升中国国有企业的创新水平》，《经济学家》，2020年第12期。

[114] 裴长洪：《十八届三中全会以来构建开放型经济新体制的实践进展与理论认识》，《国际贸易》，2020 年第 12 期。

[115] 裴长洪，刘斌：《中国开放型经济学：构建阐释中国开放成就的经济理论》，《中国社会科学》，2020 年第 2 期。

[116] 刘伟：《积极参与全球治理 构建人类命运共同体》，《经济学动态》，2020 年第 1 期。

[117] 杨丽花，王跃生：《建设更高水平开放型经济新体制的时代需求与取向观察》，《改革》，2020 年第 3 期。

[118] 裴长洪：《建设更高水平开放型经济新体制的新目标——学习〈中共中央关于制定国民经济和社会发展第十四个五年规划和二〇三五年远景目标的建议〉的一点体会》，《经济研究参考》，2020 年第 24 期。

[119] 刘元春：《深入把握“双循环”新发展格局的内涵和要点》，2020 年 9 月 27 日，http://www.ce.cn/xwzx/gnsz/gdxw/202009/27/t20200927_35829358.shtml。

[120] 邱海平：《推动更深层次改革和更高水平开放 加快形成新发展格局》，2020 年 9 月 15 日，https://news.gmw.cn/2020-09/15/content_34185912.htm。

[121] 张宇燕，徐秀军：《以高水平开放打造合作竞争新优势(人民观察)》，2020 年 10 月 16 日，http://ip.people.com.cn/n1/2020/1016/c432234-31894569.html。

[122] 余淼杰：《“大变局”与中国经济“双循环”发展新格局》，《上海对外经贸大学学报》，2020 年第 6 期。

[123]裴长洪等：《学习党的十九届五中全会精神笔谈》，《财贸经济》，2020 年第 12 期。

[124]张金杰：《中国自贸区的战略布局与发展重点》，《人民论坛》，2020 第 27 期。

[125] 魏后凯，年猛，李玏：《“十四五”时期中国区域发展战略与政策》，《中国工业经济》，2020 年第 5 期。

[126]徐舒，王貂，杨汝岱：《国家级贫困县政策的收入分配效应》，《经济研究》，2020 年第 4 期。

[127]闫昊生，孙久文，张泽邦：《土地供给与产业结构转变——基于地方政府经营城市的视角》，《经济学动态》，2020 年第 11 期。

[128]许宪春，张美慧：《中国数字经济规模测算研究——基于国际比较的视角》，《中国工业经济》，2020 年第 5 期。

[129]罗楚亮，董永良：《城乡融合与城市化的水平与结构》，《经济学动态》，2020 年第 11 期。

[130]段巍，王明，吴福象：《中国式城镇化的福利效应评价(2000—2017)——基于量化空间模型的结构估计》，《经济研究》，2020 年第 5 期。

[131]王春杨，兰宗敏，张超，侯新烁：《高铁建设、人力资本迁移与区域创新》，《中国工业经济》，2020 年 12 期。

[132] 徐朝阳，白艳，王韡：《要素市场化改革与供需结构错配》，《经济研究》，2020 年第 2 期。

[133] 王晓东，陈梁，武子歆：《流通业效率对制造业绩效的影响——兼论供给侧结构性改革中的流通先导性》，《经济理论与经济管理》，2020 年第 4 期。

[134] 邓忠奇，高廷帆，朱峰：《地区差距与供给侧结构性改革——“三期叠加”下的内生增长》，《经济研究》，2020 年第 10 期。

[135] 黄益平：《理解金融供给侧结构性改革》，《政治经济学评论》，2020 年第 1 期。

[136] 刘伟，苏剑：《疫情与国际形势变动下的中国宏观经济走势、风险和政策——2021 年中国经济分析与展望》，《开发性金融研究》，2020 年第 6 期。

[137] 陈彦斌：《社会主义制度和市场经济有机结合的五大优势》，《经济理论与经济管理》，2020 年第 2 期。

[138] 董志勇，李成明：《国内国际双循环新发展格局：历史溯源、逻辑阐释与政策导向》，《中共中央党校(国家行政学院)学报》，2020 年第 5 期。

（北京市经济学总会供稿）

年度推荐论文和著作

论 文

1.《“五年规划”的历史经验与“十四五”规划的指导思想研究》，黄群慧，《经济学动态》，2020年第4期。

2.《〈资本论〉的创新性研究对于构建中国特色社会主义政治经济学的重大意义》，邱海平，《马克思主义研究》，2020年第2期。

3.《所有制适度结构：理论分析、推断与经验事实》，杨春学，杨新铭，《中国社会科学》，2020年第4期。

4.《数字劳动的研究前沿——基于国内外学界的研究述评》，李玄，《经济学家》，2020年第9期。

5.《疫情冲击下的经济增长与全面小康经济社会目标》，刘伟，《管理世界》，2020年第8期。

6.《用贤则理：治理能力与经济增长——来自中国百强县和贫困县的经验证据》，文雁兵，郭瑞，史晋川，《经济研究》，2020年第3期。

7.《行政垄断还是自然垄断——国有经济在产业上游保持适当控制权的必要性再探讨》，黄昕，平新乔，《中国工业经济》，2020年第3期。

8.《中国开放型经济学：构建阐释中国开放成就的经济理论》，裴长洪，刘斌，《中国社会科学》，2020年第2期。

9.《“十四五”时期中国区域发展战略与政策》，魏后凯，年猛，李玏，《中国工业经济》，2020年第5期。

10.《金融化、虚拟经济与实体经济的发展——兼论“脱实向虚”问题》，陈享光，黄泽清，《中国人民大学学报》，2020年第5期。

著 作

1.《开放发展理念研究：开放不止步》，董小麟等，社会科学文献出版社，2020年。

2.《结构调整攻坚期的中国宏观经济》，刘元春等，中国社会科学出版社，2020年。

3.《开放型经济发展的评价与思考》，蒋凌峰，经济管理出版社，2020年。

4.《稳妥推进“一带一路”：理论与实践》，李向阳，中国社会科学出版社，2020年。

5.《国内外产业转移的理论与实践——基于“一带一路”沿线国家的研究》，祁苑玲，经济管理出版社，2020年。

6.《修复调整与基础再造的中国宏观经济》，刘晓光等，中国社会科学出版社，2020年。

7.《中国自由贸易试验区发展之路》，于诚等，经济科学出版社，2020年。

8.《中国农村：从小康到全面小康》，孔祥智等，中国人民大学出版社，2021年。

9.《全面建成小康社会与开启全面建设社会主义现代化国家新征程（上下册）》，姜辉等，当代中国出版社，2020年。

10.《全面建成小康社会奋斗史》，杨宜勇等，人民出版社，2020年。

经济思想史

一、学科发展基本情况

经济思想史是研究经济思想和理论形成、演变与发展的学科。教育部将经济思想史列为理论经济学下的二级学科，下属外国经济思想史、马克思主义经济思想史、中国经济思想史 3 个三级学科。北京市具有经济思想史学科硕士学位授予点的有北京大学、中国人民大学、中国社会科学院、中央财经大学、首都经贸大学，博士学位授予点的有北京大学、中国人民大学、中国社会科学院。其中，北京大学、中国人民大学该学科入选“国家重点学科”和“‘双一流’建设学科”。

北京市高校通常开设“经济学说史”或“（外国）经济思想史”作为本科经济学专业必修课，一些学校还开设“西方/当代经济学流派”“中国经济思想史”“中国近代经济思想史”“中国古代经济思想史”等选修课。研究生开设的主要课程包括：“马克思主义经济学原著选读”“西方经济学名著选读”“经济思想史原著选读”“经济思想史专题”“经济思想史主文献研读”“现代非主流经济思想史与现代经济发展”“演化与创新经济学专题”“制度与文化的变迁：基于法理与理性的研究”“新经济思想史专题”“经济学边际效用学派研究”“经济学的边际主义”“国外社会主义经济思想”“制度经济学说史”“马克思经济学与西方经济学比较”“经济学方法论”“西方金融学说史”“马克思早中期经济哲学思想发展研究”“马克思劳动价值学说研究”“中国古代经济思想”“中国经济思想史研究”“中国近现代经济发展思想”“中外经济管理思想”“传统经济思想与中国当代经济发展”“中外经济思想史专题研究”等。

中国学者编写的有影响力的教材主要包括：中国人民大学鲁友章和李宗正主编的《经济学说史》，姚开建主编的《经济学说史》，吴易风主编的《当代西方经济学流派与思潮》，方福前编著的《当代西方经济学主要流派》。北京大学王志伟主编的《西方经济思想史》、《西方经济学流派评析》（马工程重点教材）和《现代西方经济学主要思潮及流派》，晏智杰主编的《西方经济学说史教程》，《西方市场经济理论史》，贾根良主编的《演化经济学导论》。马克思主义经济思想史有：顾海良等主编的马工程教材《马克思主义经济学说史》，姚开建主编的《马克思主义经济学说史》。中国经济思想史教材有石世奇和郑学益主编的《中国经济思想史教程》，中国社科院中国经济思想史组编的《中国经济思想史论》，等等。翻译的教材主要有姚开建译校的布劳格的《经济理论的回顾》，周文翻译的兰德雷斯和柯南德尔的《经济思想史》，陈勇勤等翻译的里马的《经济分析史》，刘凤良等译校的坎特伯里的《经济学简史：处理沉闷科学的巧妙方法》等；晏智杰翻译的巴克豪斯的《现代经济分析史》、斯皮格尔的《经济思想的成长》等。

二、学术研究概况

（一）外国经济思想史

1. 经济学家与经济学流派思想研究

经济学家和经济学流派是经济思想史研究最为传统也最具典型的研究对象。[1] 斯密、李嘉图、马歇尔、凯恩斯、熊彼特等经济学家，一直吸引着经济思想史学者从不同角度进行研究。[2][3] 晚近一些以萨缪尔森[4][5] 为代表的当代经济学家，则成为近几十年来经济思想史研究的“新宠”。以《经济学动态》为代表的一些学术期刊开设专栏对当代各类有影响力的经济学奖（诺贝尔经济学奖、克拉克奖、引文桂冠奖等）得主及潜在得主的学术思想和贡献进行追踪评介，包括 2020 年诺贝尔经济学奖得主米尔格罗姆[6]，2019 年、2020 年克拉克奖得主中村惠美[7]、戴尔[8]、科睿唯安，“引文桂冠”经济学奖得主约翰森和尤塞柳斯[9]、科恩与利文索尔[10]、阿瑟[11]、卡默勒[12]，以及宏观经济学家戈登[13] 等。相比之下，以明斯基为代表的长期被忽视的异端经济学家，直到 2008 年全球金融危机之后因对金融和经济危机提供了富有先见之明的解释才被重新发现，引发不少关注和研究。[14] 与这种经济学家研究“当代转向”同时发生的是对经济学家研究的“实践转向”，即从过去主要研究经济学家的经济思想逐渐转向研究当代经济学家的模型建构实践。[15]

在经济学流派方面，尽管有些研究是在诸如新制度经济学、[16] 新古典宏观经济学[17] 以及以林毅夫为代表的新结构经济学[18][19] 等学派视角下探讨中国和世界的现实问题，但更加突出的是对诸如重商主义[20]、德国历史学派[21]、新自由主义[22]和后凯恩斯主义[23][24]等学派的代表性思想的批判性辨析和反思。其中，《〈经济学〉季刊》特别组织专栏，对货币主义展开讨论。博尔顿[25]在北京大学“严复经济学纪念讲座”上发表题为《货币主义之困》的演讲，指出货币主义理论与美、中、日等国家的宏观经济发展现实（货币供应、GDP 和通胀）之间存在矛盾，导致以货币主义理论审视 2008 年全球金融危机之后的发展变化时产生一系列谜题，为此需要对经典的货币主义框架进行三大修正和拓展。余永定[26]赞成中国的经验的确充分说明货币主义的失败，以货币主义为指导制定货币政策是危险的，但对博尔顿将国家法定货币解读为“国家股权”的修正持有保留态度，怀疑这种修补是“货币主义的挽歌还是救赎”？许成钢[27]则受博尔顿的启发，探讨了“经济学理论的贫困”这一更深层次的问题。

就经济学流派研究而言，这一年最吸引学界乃至金融界和政界广泛关注和讨论的是“现代货币理论”（modern money theory，MMT）。而 2020 年在中国上演的“财政赤字货币化”讨论，则使该学派成为中国学界争论的焦点，这主要是因为该学派被认为主张财政赤字货币化，主张政府突破预算约束赤字开支，以至于被斥责为忽视通货膨胀风险，不顾财政纪律。[28][29][30]作为国内最早关注和引介该学派的研究团队的领军人物，贾根良在 2009 年便指导学生们对现代货币理论展开思想史研究。面对学界对现代货币理论这种异端思想的误解和批判，该团队在《学术研究》2020 年第 2 期开设研究专栏，[31][32][33][34]就国内学者对现代货币理论的误解予以澄清，并在其他期刊撰文深入讨论和剖析既有争论的主要症结和根源。[35][36][37]因此，深入研究现代货币理论对中国特色社会主义政治经济学具有的重要借鉴意义。该研究团队已从该理论框架出发研究了中国当前的国内大循环、货币政策、地方政府债务和货币创造等重要问题。[38][39][40][41]

2. 重大经济主题思想史研究

2008 年全球金融危机之后，资本主义面临的主要问题在于经济停滞。20 世纪以来，伴随着资本主义严重的经济危机，先后涌现出经济停滞理论研究的 3 次高潮。第一次高潮发生在 20 世纪 30 年代的“大萧条”时期，主流经济学家从消费与投资角度展开对停滞问题的讨论，而左派学者则从垄断资本主义的角度认识停滞问题。第二次高潮出现在 20 世纪 70 年代的“滞胀”时期，新自由主义经济学家从供需关系和货币供应量视角认识停滞问题，而左派学者则从“消费不足”的视角解释经济停滞。第三次高潮出现在 2008 年以来的“大衰退”时期，西方主流经济学家开始关注影响资本主义经济停滞的社会因素，而左翼学者则着重探讨了金融化趋向和制度性因素对经济停滞的影响。西方主流经济学者与左派学者迥乎不同的研究视角导致摆脱经济停滞截然不同的应对思路。[42]

收入分配公平和正义问题在主流经济学中一直处于被忽视的状态。造成这一局面的原因之一是经济学界整体上对亚当·斯密的片面解读，即将斯密的经济思想简化为“经济人+自由放任”。20 世纪 80 年代以来新一轮斯密研究热潮带来的一个重要启示是，公平正义问题在斯密的理论体系中占有至关重要的位置。现代意义上的“分配正义”或减少不平等、缩小贫富差距等理念，在古典经济学诞生之前并不存在。而斯密在公平观的发展史上扮演了承前启后的重要角色。在斯密的理论体系中，他明确主张通过财政税收制度来减少不平等，并提出税收公平原则，因而标志着公平观从财产正义转向税收正义。[43]而另一位古典经济学家穆勒的分配正义观却遭到哈耶克的激烈批评。在哈耶克看来，一方面，穆勒的分配正义观存在问题，即在市场社会谈论分配正义没有意义，因为人们对实行哪种分配正义观点未达成一致意见，并且，实行分配正义政策可能带来“全权性体制”；另一方面，穆勒分配正义的两个基础并不成立，即将生产领域与分配领域完全分开是不可能的，以及功利主义根本无法确定哪种分配正义原则能够实现最大化快乐或幸福。但事实上，哈耶克对穆勒所持有的分配正义观及其基础的批评都不成立，不仅如此，他自己也持有与之非常相近的“分配正义”政策。[44]

理顺政府与市场关系、对促进社会主义市场经济发展具有重要意义。[45]随着全面深化改革和中国经济的日益发展，中国的全球治理思想逐步形成与完善。人类命运共同体思想是全球经济治理思想的中国贡献，有着深厚的思想渊源，秉承“共商共建共享”的核心理念，具有重要的时代价值。[46]除此以外，学者们还就逆全球化、[47]制造业转型升级、[48]生态环境、[49]企业家精神、[50]企业与市场、[51]竞争与垄断、[52]制度与创业[53]等当前世界或中国重大问题展开了不少富有价值和启示的思想史梳理和阐析。

（二）马克思主义经济思想史

1. 马克思经济思想研究

张霞[54] 通过对马克思在《1844 年经济学哲学手稿》中关于劳动的人性假设研究，讨论了马克思关于“谋生劳动/异化劳动”4 个规定性。郭苗苗[55] 探讨了《1844 年经济学哲学手稿》中的私有财产思想，认为马克思的这一思想可以为正确认识“保护私有财产”和“不搞全面私有化”提供理论依据。王建刚[56] 探讨了《1857—1858 年经济学手稿》的历史观，认为马克思借助经济学的话语和研究方法，分别从人的发展与社会历史形式、科学技术与历史发展，以及前资本主义社会历史形式的内在比较 3 个层面出发，全面呈现了唯物史观的发展图景。颜惠箭[57] 研究了《政治经济学批判（1857—1858 年手稿）》中的异化劳动理论，认为马克思在其中以所有权关系为主线，重新研究了异化劳动问题，进一步发展了异化劳动理论。安昊楠[58] 研究了马克思在《1857—1858 年经济学手稿》中的“货币抽象”辩证法及其根源，认为马克思对建立在价值本质以及价值形式基础上的货币抽象运动的辩证分析，不仅从现实层面揭示了资本主义社会发生抽象的深层原因，也从观念层面透视了货币辩证运动带来的意识形态迷雾。胡为雄[59] 基于对《政治经济学批判（1857—1858 年手稿）》的研究讨论了马克思的共同体理论，认为手稿中包含着较系统的共同体理论，主要包括：自然形成的共同体，劳动者本身创造出来的共同体。孙赫[60] 从马克思对斯密生产劳动理论的批判这一视角出发，研究了马克思在《1861—1863 年经济学手稿》中对唯物史观的运用与发展。黄志军[61] 以《巴黎手稿》为例，考察了马克思对国民经济学形而上学的批判，他认为《巴黎手稿》蕴含了马克思早期辩证法的存在样态，其思想通道是对国民经济学形而上学的批判。在该手稿中，国民经济学的形而上学主要表现在劳动、资本和土地以分离的方式存于其中，从而使私有财产充满了形而上学性质。

周文和刘少阳[62] 探讨了马克思的社会所有制构想及其当代形式，认为马克思、恩格斯抽象概括了社会所有制的本质，但没有指出未来社会所有制的具体实现形式，作者从马克思、恩格斯的论述中进一步挖掘了其社会所有制构想，探讨了社会所有制的当代形式。张雷声[63] 从马克思最初关于私有财产关系的分析，到唯物史观创立中关于私有制的批判，再到《共产党宣言》与“消灭私有制”，最后到《资本论》中的“重建个人所有制”等几个阶段，梳理了马克思关于私有制批判思想的逻辑发展过程。程广云[64] 研究了马克思与恩格斯“公有私用”的社会所有权和社会所有制思想，探讨了这一设想的理论来源、内在逻辑和现实可能。李萍和田世野[65] 阐述了马克思的产权思想，并将其与西方产权理论进行了比较，作者认为在中国深化农村产权改革中，马克思的产权思想应当在改革方向、原则上发挥根本性指导作用，同时应有分析、有选择地吸收、借鉴西方产权理论中的有益成分。

吴猛[66] 研究了马克思的商品拜物教批判，作者认为，它并不是对于某种“事实”（不论是“观念事实”还是“社会事实”）的批判，而是对于价值形式分析的阶段性成果，即“通过一般等价物建立的商品世界”所做的进一步的形式分析。常庆欣[67] 对马克思“现实的人”的理论潜力进行了探讨，她认为马克思的“现实的人”的范畴，区别于经典理性选择模型中的“经济人”观念，从关系、历史和发展的视角对人做出的全面分析，使马克思主义经济学具有强大的解释力和预测力。王晓东、黎莎[68] 探讨了马克思的服务劳动理论，他们就服务劳动理论的几个核心争议点及其代表性观点进行了回顾和梳理，并结合马克思的服务劳动思想对这些核心争议点进行了回应。裴宏[69] 对马克思的固定资本理论进行了阐发，认为固定资本理论对理解马克思经济学有非常重要的作用，必须从资本循环和周转的动态视角理解马克思的固定资本理论。韩保江、李娜[70] 探讨了马克思的机器大工业理论，论述了马克思对机器大工业积极作用和消极作用的分析，讨论了马克思对机器大工业时期价值与剩余价值的阐释。王国刚[71] 从建立在劳动价值论基础上的国际价值论、建立在货币理论基础上的世界货币论、建立在国际价值论基础上的汇兑率理论等方面探讨了马克思的国际金融理论。隋筱童[72] 从理论来源和基本内容等方面探讨了马克思、恩格斯城乡关系理论，指出马克思、恩格斯从历史唯物主义角度论述了城乡关系是由生产力水平决定，并随所有制变化而演进这一规律。李红玉[73] 探讨了马克思、恩格斯的城乡融合发展理论，评述了马克思、恩格斯对“城乡关系”的认识，总结了马克思、恩格斯城乡融合发展理论的基本观点，论述了马克思、恩格斯关于城乡融合实现条件和途径的研究。

李欣燕[74] 探讨了马克思的空间思想，作者认为马克思的空间思想蕴含在其对工业城市、土地及地租等具体空间形式的论述之中。齐守印[75]探讨了马克思、恩格斯的公共经济观，认为以辩证唯物主义历史观和方法论为基础的公共经济观是马克思、恩格斯公共经济思想中最重要的理论板块，他指出，马克思、恩格斯的公共经济观包括：基于人作为社会性“类存在物”二重属性而肯定与私人经济共存并相互作用的公共经济存在观，阶级社会公共经济性质的辩证观，公共经济演化逻辑的唯物史观，公共经济辩证发展的历史趋势观。李娟、熊晓琳[76]从马克思在创立唯物史观过程中，马克思在政治经济学的深入研究中，以及马克思在世界历史理论完善中等几个阶段，梳理了马克思经济全球化思想的逻辑展开过程。孙美堂[77]从世界体系视角探讨了马克思的危机理论，作者认为马克思所说的资本主义总危机，不是西欧模式的简单扩展，而是资本主义主导、全球一体化的、无比复杂的世界性危机。它不只是欧洲资本主义内部危机，还包括资本主义生产方式向全世界扩张，把落后的东方社会卷进来所形成的全局性危机。郑天涯和田侃[78]探讨了马克思的信用理论的基本内容和发展创新，他们认为，围绕信用的产生、信用形式、信用的作用、信用与经济周期的关系等问题，马克思对资本主义经济中的信用现象进行了细致的研究，形成了马克思信用理论。

此外，魏旭、陈冬源[79]在就马克思政治经济学方法中的逻辑方式与历史方式的辩证统一问题上与孟捷教授进行了商榷，他们认为将马克思所运用的逻辑与历史有机统一的方法理解为“逻辑的开端与历史的源起相对应”是对马克思的误读，而将其归于恩格斯对马克思方法的错解同样是对恩格斯的误读。付泽宇[80]探讨了马克思对古典经济学的三重超越，认为马克思实现了对古典经济学理论问题的改造，转换了理论批判的对象；以历史性和社会性维度实现了对古典经济学方法论的革新，深入既存事实的内在本质中；实现了理论术语的革命，发现了剩余价值概念。

2. 恩格斯、列宁经济思想研究

2020年是恩格斯诞辰200周年，也是列宁诞辰150周年，恩格斯和列宁都是重要的马克思主义经济理论家，为马克思主义政治经济学做出了重要贡献，很多学者发表文章纪念了两位理论家，并对他们的经济思想进行了阐释和评述。

顾海良[81]探讨了恩格斯对《资本论》整体结构及第四卷的研究，指出恩格斯从马克思政治经济学体系整体上，对《资本论》从理论逻辑到历史逻辑序列结构的方法论和思想特征做出了系统论述，以马克思对《资本论》“三卷四册结构”理解和探索为基础，最后确定了《资本论》的“四卷结构”，并且在对马克思经济学手稿深入而持续的研究中，对《资本论》第四卷编辑方法和基本设想做出了深刻阐释。顾海良[82]还论述了恩格斯对广义政治经济学的研究，指出在马克思主义政治经济学史上，恩格斯最先提出并奠定了广义政治经济学的基础理论和根本方法，并就恩格斯对广义政治经济学的提出及其基本含义、恩格斯晚年对广义政治经济学的总体研究、恩格斯晚年对过渡时期和未来社会广义政治经济学研究等内容进行了梳理和评价。张杨[83]探讨了恩格斯在《反杜林论》中有关经济科学的任务的论述中所包含的三重逻辑：从现存的资本主义生产方式出发分析社会弊病，研究资本主义生产方式快要瓦解的征兆，发现能够消除社会弊病的、新的生产方式的因素。作者指出，这三重逻辑也是恩格斯提出“广义政治经济学”概念的理论基础。赵敏、邱海平和王金秋[84]探讨了列宁的帝国主义论，阐述了列宁帝国主义论的理论贡献，以及列宁帝国主义论与当代帝国主义论之间的理论关系，并揭示了列宁帝国主义论的当代价值。夏克强[85]总结和评价了1978—1999年间国内理论界对列宁新经济政策的研究，就新经济政策的理论基础、理论体系、理论创新，新经济政策实质，新经济政策中列宁宏观调控思想等的研究进行了全面的概括和评述，总结了该时期研究中的成就与不足。

（三）中国经济思想史

北京学者对中国经济思想史的研究主要集中在近代和当代人物上。

袁子悦[86]以对陈焕章《孔门理财学》的讨论为切入点，讨论了儒家经济思想的现代诠释这一问题。作者首先介绍了陈焕章与《孔门理财学》的概况，并从对儒家义利观的现代诠释和对儒家四民观的现代诠释两个方面，讨论了陈焕章采用西方经济学的知识框架，对以儒学为主干的中国古代的经济思想与制度进行的系统考察。

熊金武[87]以土地单一税到地价税的演变为切入点，探讨了近代经济思想史领域内的欧洲中心论问题。作者认为，近代中国经济思想变迁是一个非常复杂的全球范围内的动态变迁过程，中外经济思想交流构成了一种不同思想范式竞争的思想市场，这是理解中国经济制度变迁的重要线索，有利于反思欧洲中心论。姬旭辉[88] 从社会主义革命和建设时期，改革开放时期，以及中国特色社会主义新时代等几个阶段，总结和梳理了中国共产党关于收入分配的理论演进与实践历程。武鹏和胡家勇[89] 探讨了改革开放初期中国经济发展理论的探索与革新，作者对这一问题从“发展才是硬道理”共识，第二次“生产资料优先增长规律”大讨论与经济发展战略的转变，以及对国外理论和研究方法的吸收与拓展等方面进行了梳理和总结。

刘秉镰、朱俊丰和周玉龙[90] 探讨了中国区域经济理论的历史演进过程。作者认为，中国区域经济理论的演进呈现以解决现实问题为导向的阶段性特征，逐渐形成了“引进—吸收—消化—创新”的发展模式。此外，中国区域经济理论在研究视角、研究范式、研究内容及发展模式等方面表现出不同于西方区域经济理论的差异性特征。

郝鹏飞[91] 研究了毛泽东的农村人民公社思想，作者认为，毛泽东是农村人民公社理念的倡导者、体制维护者和问题纠正者。针对公社运转中出现的问题，毛泽东在肯定公社基本体制的前提下，不断对公社具体制度进行调整，形成了以《农业六十条》（修正草案）为基本内容的体制框架。傅颐[92] 以《1956年到1967年全国农业发展纲要》为切入点，探讨了毛泽东对社会主义新农村的构想。作者认为，毛泽东对社会主义新农村的构想，是通过《1956年到1967年全国农业发展纲要》和《农业六十条》在生产力和生产关系方面的规划和实践来体现的。朱鹏华和王天义[93] 探讨了毛泽东对中国特色社会主义政治经济学的理论探索。作者认为，中国特色社会主义政治经济学的理论探索始于毛泽东。作者梳理和总结了毛泽东探索中国特色社会主义政治经济学的重要观点、方法论、特征和历史贡献。

三、问题思考与未来展望

创立和发展中国经济学是当代中国经济学家的重要使命，如何立足于当代中国特色社会主义市场经济伟大实践，在已有经济学说的基础上构建和发展中国经济学，推动中国经济学体系建设，是2020年度学者们关注的一个重点。[94]-[96] 中国经济学的创立和发展需要在经济思想史上确立地位。

唐未兵[97] 探讨了中国经济学独创性理论的评价标准与特点这一问题。他认为，评价是不是“中国经济学”独创性理论的具体标准主要有3条：其一，是否以马克思主义政治经济学为指导而又发展了马克思主义政治经济学；其二，是否借鉴吸收了西方经济学的合理成分而又突破了西方经济学的局限性；其三，是否是在世界其他国家或地区还没有提出过的经济理论。“中国经济学”独创性理论的主要特点则包括：创新性、渐进性、开放性。邱海平[98] 回顾了中国经济学的百年历史发展，认为中国经济学理论与教材体系建设意义重大，并进一步讨论了中国经济学教材体系建设问题。他认为，中国经济学的教材体系建设可能需要把握两个方向：一是以中国特色社会主义政治经济学作为理论经济学的核心教材来建设；二是以中国特色社会主义政治经济学的基本理论为基础和统领，重新编写理论经济学其他二级学科的教材和所有应用经济学教材，只有这样，才能形成真正意义上的中国经济学教材体系。

经济思想史学术研究较为活跃，研究人员学科背景较为多样，涉及经济学、历史学、哲学和马克思主义等学科，研究视角因而也较为多元。但是，从研究成果上看，却与其他学科有一定差距。在内容方面，中国的经济思想史研究注重学科的基础性（如经济思想编史学和经济学方法论学科基础理论研究、马列经典文本研究），具有一定的现实性（如重大主题思想史研究和经济学家、学派研究），包含一定的前沿性（如评介国际前沿的现代货币理论和国外各种马克思主义），也具有服务于中国经济学建设的意识（如将经济思想史研究与中国经济学研究相结合）。问题在于，这些研究缺乏有效的跨学科和国际合作，国际化水平较低，同国外经济思想史学界未建立常规联系，未在国际学界产生影响。未来经济思想史研究需要加强同国际学界的交流，通过更紧密地与“中国故事”和“中国经济学”相结合来向世界传播自身的声音。我国的经济思想史研究缺乏像国外学界那样专门化的学术训练，因而未形成深谙当前经济思想史前沿研究方法和技术并具有良好经济学和史学素养的研究队伍，从而制约着中国研究水平的提升和学科的长足发展。中国目前也没有产生一部带有中国特色、传播中国话语且产生国际影响力的经济思想史教材。有鉴于此，本学科需要从加强前沿技术训练和开展教材建设方面出发，推动中国特色经济思想史话语体系的总体建设。

注：

[1]赖建诚：《〈国富论〉在国际间的传播》，《金融博览》，2020年第4期。

[2]岳(Yueh, Linda), 赵亚男(译):《伟大的经济学家》, 中信出版社, 2020年。

[3]康林(Conlin, Jonathan), 张云(译):《伟大的经济思想家》, 东方出版社, 2020年。

[4]巴克豪斯(Backhouse, Roger), 姜井勇, 柯珊珊(译):《萨缪尔森传:现代经济学奠基者的一生》(第一卷), 中信出版社, 2020年。

[5]萨缪尔森(Samuelson, Paul), 吕吉尔(译), 赖建诚(校):《萨缪尔森自述》, 格致出版社, 2020年。

[6]俞宁, 于奕:《设计市场——2020年诺贝尔经济学奖得主Paul R. Milgrom的贡献》,《中央财经大学学报》, 2020年第12期。

[7]邹文, 刘志铭, 杨志江:《2019年克拉克奖得主中村惠美学术贡献评介》,《福建论坛(人文社会科学版)》, 2020年第1期。

[8]周立, 葛春瑞:《梅丽莎·戴尔对经济学理论发展的主要贡献——2020年度约翰·贝茨·克拉克奖得主学术评价》,《当代经济研究》, 2020年第8期。

[9]孙焱林, 汪小愉:《李格·约翰森和尤塞柳斯对宏观计量经济学的贡献——科睿唯安"引文桂冠"经济学奖得主学术贡献评介》,《经济学动态》, 2020年第1期。

[10]邢源源, 牛晓晨, 李钊:《科恩与利文索尔关于吸收能力理论研究的贡献——科睿唯安"引文桂冠"经济学奖得主学术贡献评介》,《经济学动态》, 2020年第6期。

[11]唐任伍, 刘洋, 李楚翘:《布莱恩·阿瑟对复杂经济学的贡献——科睿唯安"引文桂冠"经济学奖得主学术贡献评介》,《经济学动态》, 2020年第3期。

[12]崔学刚, 葛传路:《科林·卡默勒对行为和神经经济学的贡献——科睿唯安"引文桂冠"经济学奖得主学术贡献评介》,《经济学动态》, 2020年第7期。

[13]陈乐一, 张丹:《罗伯特·戈登对宏观经济学的贡献》,《经济学动态》, 2020年第2期。

[14]李黎力:《经济学两大研究传统视野下的明斯基思潮》,《经济思想史研究》, 2020年第2期。

[15]摩根(Morgan, Mary), 梁双陆, 刘燕等(译):《模型中的世界:经济学家如何工作和思考》, 社会科学文献出版社, 2020年。

[16]李正图:《新制度经济学委托代理理论视野的拓展》,《经济理论与经济管理》, 2020年第6期。

[17]蒙永亨, 魏旭:《从新古典宏观经济学视角看"稳政策、稳预期"的重要性》,《当代经济》, 2020年第6期。

[18]林毅夫, 王燕, 王华:《新结构经济学下的国际援助与合作简评——以非洲发展为主要视角》,《中国非洲学刊》, 2020年第1期。

[19]赵秋运, 马金秋, 姜磊, 黄斌:《战略赶超、经济结构扭曲与"中等收入陷阱":基于新结构经济学理论视角》,《国际经贸探索》, 2020年第9期。

[20] 黄阳华:《重商主义及其当代意义》,《学习与探索》, 2020年第4期。

[21] 杨春学:《国家主义与德国历史经济学派》,《社会科学战线》, 2020年第6期。

[22] 云莉:《新自由主义意识形态传播的路径研究》,《世界社会主义研究》, 2020年第2期。

[23]李黎力:《货币与经济周期:后凯恩斯主义的逻辑》,《政治经济学评论》, 2020年第5期。

[24]李黎力, 问严锴:《后凯恩斯主义在中国的引入和传播:1949—2019年》,《经济纵横》, 2020年第4期。

[25] 帕特里克·博尔顿, 张侨然:《货币主义之困》,《经济学(季刊)》, 2020年第5期。

[26] 余永定:《货币主义的挽歌还是救赎?》,《经济学(季刊)》, 2020年第5期。

[27] 许成钢:《经济学理论的贫困——从博尔顿"货币主义之困"得到的启发》,《经济学(季刊)》, 2020年第5期。

[28]孙国峰:《现代货币理论的缺陷——基于财政视角》,《国际经济评论》, 2020年第5期。

[29]张明, 刘瑶:《现代货币理论:现状、实践、争议与未来》,《学术研究》, 2020年第9期。

[30]闫坤, 孟艳:《现代货币理论与货币政策、财政政策协调配合的3.0版》,《学习与探索》, 2020年第2期。

[31] 贾根良:《对现代货币理论等非主流经济学说需做深入研究——现代货币理论研究专栏导语》,《学术研究》, 2020年第2期。

[32] 李黎力:《政府、银行与现代货币——现代货币理论真的将财政与金融混为一谈了吗》,《学术研究》, 2020年第2期。

［33］贾根良，何增平：《现代货币理论与通货膨胀》，《学术研究》，2020 年第 2 期。

［34］王娜：《为什么货币政策经常失灵——基于现代货币理论对主流货币理论的批判》，《学术研究》，2020 年第 2 期。

［35］贾根良，何增平：《现代货币理论大辩论的主要问题与深层次根源》，《中国人民大学学报》，2020 年第 5 期。

［36］贾根良，何增平：《评西方非主流经济学界对现代货币理论的争论》，《经济学动态》，2020 年第 6 期。

［37］贾根良，楚珊珊：《现代货币理论学派的就业保障理论及其争论述评》，《教学与研究》，2020 年第 4 期。

［38］贾根良：《国内大循环：经济发展新战略与政策选择》，中国人民大学出版社，2020 年。

［39］He Zengping，Genliang Jia. An Institutional Analysis of China's Reform of their Monetary Policy Framework［J］. Journal of Economic Issues，2020，54(3).

［40］He Zengping，Genliang Jia. Rethinking China's local government debts in the frame of modern money theory［J］. Journal of Post Keynesian Economics，2020，43(2).

［41］Li Lili，Hanyu Tan and Hongmei Zhang. Government Finance and Money Creation in China：An MMT Perspective［J］. The Chinese Economy，2020，53(4)：329—341.

［42］蒋雅文，杨苹苹：《20 世纪以来经济停滞理论研究的三次高潮》，《南开经济研究》，2020 年第 1 期。

［43］张琦：《前古典经济学公平观的演变——从财产正义到税收正义》，《政治经济学评论》，2020 年第 6 期。

［44］张继亮：《社会正义是幻象吗？——哈耶克、密尔论分配正义》，《中国社会科学院研究生院学报》，2020 年第 2 期。

［45］张继亮，朱明仕：《经济生活中政府角色的演变：基于经济学说史的考察》，《社会科学战线》，2020 年第 2 期。

［46］倪沙，王永兴：《比较视野下全球经济治理思想中的中国贡献》，《南开学报（哲学社会科学版）》，2020 年第 1 期。

［47］赵亚男：《逆全球化的经济思想溯源》，《时代经贸》，2020 年第 5 期。

［48］谢世良：《“中国制造”转型升级的理论基础》，《人民论坛》，2020 年第 5 期。

［49］田兆臣：《戴维·佩珀生态经济思想的生成及其内涵》，《国外理论动态》，2020 年第 2 期。

［50］赵儒煜：《企业家在主流经济学中的缺失及重新定位》，《社会科学辑刊》，2020 年第 1 期。

［51］孙月梅：《巴泽尔对企业与市场两分法的超越》，《河北经贸大学学报》，2020 年第 3 期。

［52］陈永伟：《竞争与垄断：几段概念史》，《经济观察报》，2020 年 11 月 23 日。

［53］李加鹏，吴蕊，杨德林：《制度与创业研究的融合：历史回顾及未来方向探讨》，《管理世界》，2020 年第 5 期。

［54］张霞：《全面把握青年马克思关于“谋生劳动”四个规定性的源初语境》，《当代经济研究》，2020 年第 4 期。

［55］郭苗苗：《〈1844 年经济学哲学手稿〉中的私有财产思想及其当代意义》，《人民论坛·学术前沿》，2020 年第 6 期。

［56］王建刚：《〈1857—1858 年经济学手稿〉的历史观研究》，《马克思主义理论学科研究》，2020 年第 4 期。

［57］颜惠箭：《〈政治经济学批判（1857—1858 年手稿）〉异化劳动理论研究》，《马克思主义理论学科研究》，2020 年第 1 期。

［58］安昊楠：《论“货币抽象”的辩证法及其根源——以〈1857—1858 年经济学手稿〉为中心》，《中国高校社会科学》，2020 年第 3 期。

［59］胡为雄：《全面把握马克思的共同体理论——基于〈政治经济学批判（1857—1858 年手稿）〉研究》，《毛泽东邓小平理论研究》，2020 年第 1 期。

［60］孙赫：《马克思〈1861—1863 年经济学手稿〉对唯物史观的运用与发展——以对斯密生产劳动理论的批判为视角》，《世界哲学》，2020 年第 1 期。

［61］黄志军：《马克思对国民经济学形而上学的批判：基于〈巴黎手稿〉的考察》，《长白学刊》，2020 年第 2 期。

［62］周文，刘少阳：《马克思的社会所有制构想及其当代形式探讨》，《马克思主义与现实》，2020 年第 6 期。

［63］张雷声：《马克思关于私有制批判思想的逻辑发展》，《教学与研究》，2020 年第 8 期。

[64]程广云：《“公有私用”：马克思恩格斯社会所有权和社会所有制设想》，《社会科学辑刊》，2020年第3期。

[65]李萍，田世野：《论马克思产权思想与我国农村产权改革的深化》，《马克思主义研究》，2020年第6期。

[66]吴猛：《价值形式：马克思商品拜物教批判的理论定位》，《中国社会科学》，2020年第4期。

[67]常庆欣：《马克思“现实的人”的理论潜力研究——构建中国特色社会主义政治经济学话语体系的尝试》，《政治经济学评论》，2020年第2期。

[68]王晓东，黎莎：《马克思的服务劳动理论及其当代启示》，《财贸经济》，2020年第3期。

[69]裴宏：《马克思的固定资本理论：原理、建模及与联合生产模型的比较》，《政治经济学评论》，2020年第5期。

[70]韩保江，李娜：《马克思机器大工业理论及其现实意义》，《改革与战略》，2020年第6期。

[71]王国刚：《马克思的国际金融理论及其现实意义》，《经济学动态》，2020年第11期。

[72]隋筱童：《马克思恩格斯城乡关系理论研究及新时代启示》，《兰州学刊》，2020年第10期。

[73]李红玉：《马克思恩格斯城乡融合发展理论研究》，《中国社会科学院研究生院学报》，2020年第5期。

[74]李欣燕：《马克思空间思想的政治经济学发现及其当代意义》，《经济纵横》，2020年第11期。

[75]齐守印：《马克思恩格斯的公共经济观》，《财政科学》，2020年第3期。

[76]李娟，熊晓琳：《马克思经济全球化思想的逻辑展开》，《广西社会科学》，2020年第6期。

[77]孙美堂：《马克思危机理论的世界体系视野》，《江海学刊》，2020年第5期。

[78]郑天涯，田侃：《马克思信用理论及其当代价值》，《福建论坛(人文社会科学版)》，2020年第8期。

[79]魏旭，陈冬源：《论马克思政治经济学方法中的逻辑方式与历史方式的辩证统一——兼与孟捷教授商榷》，《政治经济学评论》，2020年第1期。

[80]付泽宇：《马克思对古典经济学的三重超越》，《学术研究》，2020年第7期。

[81]顾海良：《恩格斯对〈资本论〉整体结构及第四卷的研究》，《经济纵横》，2020年第10期。

[82]顾海良：《恩格斯对广义政治经济学的研究及其当代意义——纪念恩格斯诞辰200周年》，《经济学家》，2020年第10期。

[83]张杨：《经济科学研究为社会主义奠定理论基础——纪念恩格斯诞辰200周年》，《世界社会主义研究》，2020年第11期。

[84]赵敏，邱海平，王金秋：《列宁的帝国主义论及其当代价值——纪念列宁诞辰150周年》，《经济学家》，2020年第12期。

[85]夏克强：《1978—1999年间国内理论界对列宁新经济政策研究述评》，《湖北经济学院学报》，2020年第1期。

[86]袁子悦：《儒家经济思想的现代诠释——以〈孔门理财学〉为中心》，《孔子研究》，2020年第2期。

[87]熊金武：《近代中国传统经济思想现代化路径研究——基于民生经济学的微观案例》，《财经问题研究》，2020年第10期。

[88]姬旭辉：《从“共同富裕”到“全面小康”——中国共产党关于收入分配的理论演进与实践历程》，《当代经济研究》，2020年第9期。

[89]武鹏，胡家勇：《改革开放初期我国经济发展理论的探索与革新》，《改革与战略》，2020年第11期。

[90]刘秉镰，朱俊丰，周玉龙：《中国区域经济理论演进与未来展望》，《管理世界》，2020年第2期。

[91]郝鹏飞：《毛泽东对农村人民公社体制的调整及当代启示》，《北京党史》，2020年第2期。

[92]傅颐：《毛泽东对社会主义新农村的构想——以〈1956年到1967年全国农业发展纲要〉为视角》，《北京党史》，2020年第2期。

[93]朱鹏华，王天义：《毛泽东对中国特色社会主义政治经济学的理论探索》，《毛泽东邓小平理论研究》，2020年第2期。

[94]范从来：《中国制度与中国发展是中国经济学的基本内涵》，《教学与研究》，2020年第7期。

[95]周文：《关于中国经济学建设的几个问题》，《教学与研究》，2020年第7期。

[96]孟捷：《中国特色社会主义政治经济学的国家理论：源流、对象和体系》，《清华大学学报(哲学社会科学版)》，2020年第3期。

[97]张军，洪永淼，郭庆旺，欧阳峣，吕炜，唐

宋兵：《构建中国经济学笔谈》，《经济学动态》，2020 年第 7 期。

[98] 邱海平：《中国经济学理论与教材体系建设意义重大》，《教学与研究》，2020 年第 7 期。

（北京外国经济学说研究会供稿；执笔人：李黎力、兰无双）

经　济　史

一、学科发展基本情况

经济史是研究经济发展历史过程的学科。教育部将其列为理论经济学下的二级学科，下属中国经济史和世界经济史两个三级学科。1981 年批准硕士、博士学位授予点，至 2020 年北京市具有“经济史”学科硕士学位授予点的有北京大学、中国人民大学、中国社会科学院、中央财经大学、中国政法大学、清华大学等，博士学位授予点的有北京大学、中国人民大学、中国社会科学院、清华大学、中国政法大学、中央财经大学等。其中，北京大学、中国人民大学经济史学科入选“国家重点学科”和“‘双一流’建设学科”。

经济史是经济学专业本科阶段的必修课，课程名称通常为“经济史”，有师资力量的高校或社科院通常开设的课程更加细化，开设课程有的分多个时间段，例如中国近代经济史、中华人民共和国经济史、中国古代经济史，有的分为中国经济史和外国经济史或者世界经济史。有的高校为响应“四史教育”还专门开设了改革开放史等课程。有的学校也面向非经济学专业的本科生开设相关经济史课程。北京市各高校本科阶段不设经济史专业。研究生阶段具体包括“中国经济史”“外国经济史”“世界经济史”“比较经济史”“中华人民共和国经济史”“中国古代经济史”“中国近代经济史”“中国现代经济史”等多个研究生招收方向。教材建设方面，本科阶段有两本马克思主义理论研究和建设工程教材，一是《中国经济史》，二是《世界经济史》。研究生阶段的课程，北京市各高校和中国社会科学院有不同安排，通常都注重专业基本知识、重点问题、前沿问题和研究方法的培养。目前没有统一教材。

二、学术研究概况

（一）经济史与理论、方法关系的研究

在古代经济史与经济理论的关系研究中，龙登高[1] 以清代经济史研究为视角，认为学界在 20 世纪的清史研究中存在历史观和方法论上的误区，近代经济的落后不是源于土地私有，而是源于经济转型的失败。何平[2] 对清代经济史研究的历史真实和问题意识的关系问题，以及经济部门和社会整体之间的关联问题进行了说明，认为未来清代经济史研究需要从上述两方面进行深入思考。李华瑞[3] 对近 20 年来宋史研究的特点和趋势进行梳理，认为应该重视学科间、专门史间和断代史间的整合研究。他[4] 也从俄国近 30 年对于西夏史研究的情况入手，从经济、政治、文化等领域说明虽然党项建立的西夏在地理上可被划分为西亚领域，但是究其历史文化等背景而言，西夏的建立和发展仍然是中华历史文明的一部分。

在近代经济史与经济理论的关系研究中，张亚光、毕悦[5] 则从陈岱孙早期经济思想的演变过程入手，说明其在经济建设、财政收支、货币金融等领域的经济思想联系与发展的历史进程。熊金武[6] 基于民生经济学的微观案例分析，对近代中国传统经济思想的现代化路径进行研究，判定民生经济学是一种基于中国传统经济思想渊源的现代经济学流派。

在现代经济史与经济理论的关系研究中，张亚光、毕悦[7] 基于 1949—2018 年“中国知网”收录的经济学类高频被引文献，详细梳理了不同历史阶段中国经济学的研究重点和主要成果，认为中国经济学的历史演进具有连续性、实践性和层次性等发展规律，并认为在未来中国经济学还需要在本土化议题设定、评价体系科学化、厚植历史传统等方向下功夫。高德步[8] 以高质量发展这一时代主题为研究对象，以中国经济的数十年发展历程为例，说明坚持以马克思主义政治经济学理论为指导，研究新时代高质量发展，推进和实现中国经济学的创新转型是新中国经济学转型的重要方向。董志凯[9] 还以 2018 年中国现代经济史研究为蓝本，从多个角度梳理了改革开放 40 周年期间对于中国特色社会主义经济道路选择、产业发展等领域的相关论述。

在学术研究方法和学术研究评价等方面，部分学

者也提出了相关的理论思考：李伯重[10] 首先从经济史研究方法入手，说明了微观研究与地方性研究的区别与联系，批评了部分研究学者以局部代替整体，以微观代替宏观的错误研究方法，认为对于中国的宏观历史指标分析需要在对各行业、各阶层、各领域进行微观研究后方能进行核算，而这才具有宏观领域研究的整体“中国”价值。同时还[11] 对其恩师韩国磐的研究历程、研究方法进行了概述。倪玉平[12] 以近年来比较经济史的研究情况为切入点，认为经济史比较研究不是为了简单论证中国历史发展道路的优越性或者独特性，而是通过对照与反思，在客观恢复历史真实的基础上，更加清晰地认识中外具体情况，同时既要注意与西方发达国家的经济发展模式比较，也要注意与同时期不发达国家的历史发展道路比较。仲伟民、郝鑫[13] 以晚清的琦善为研究案例对象，采用历史学、法学和证据学的研究方法试图说明不同方法在分析证明过程中的主观性，并强调了历史学与法学在研究过程中的缺陷，认为只有对学科规范的实践和方法越来越重视，才能澄清历史本身的误解。周建波[14] 则试图论证中国道路的历史基因，具体研究对象为东西方不同的文化风格和发展道路、不同宗教的传播与融合特点，并说明经济史研究必须充分比较中外文化的差异和融合情况。

（二）国家宏观经济与制度经济领域

就国家宏观经济领域研究而言，武力、李杨[15] 回顾了工业革命以来世界现代化的历史和《共产党宣言》发表以来的世界社会主义发展史，认为只有中国共产党领导的新中国才能创造这样的经济奇迹。同时他们[16] 也回顾了中国“十三五”期间的经济发展情况，认为中国在“十三五”期间极大程度上化解了诸多结构性矛盾，保持了经济平稳较快增长和国内大局稳定，并为未来中国的改革和发展提供了积极建议。赵学军[17] 从 1953 年至“十三五”规划的实施过程入手，详细分析了规划愿景与国情国力、规划周期与政治周期、规划延续性与变革性、规划配置资源与市场配置资源、国家重大生产力布局与区域经济平衡发展、国家规划与地方规划、国家总体规划与部门专项规划、规划制定与规划实施 8 个方面的互动关系。李文、徐理群[18] 从新加坡自 1965 年以来的建国历史切入，从其政治举措和经济措施来说明该国是如何通过在多元社会条件下完成国家认同构建的。王华[19] 以夏威夷王国为考察重心，具体分析其从传统社会向现代化社会演变的历史进程，试图论证资本是消解传统等级制社会结构并促使新的社会结构生成的强制性客观力量，是现代性生成的根源。在制度经济层面，倪玉平[20] 对中国古代的文书治理体系和官吏治理体系进行了梳理概括。武力[21] 从新中国的工业化演变历程以及中国特色社会主义经济制度的形成与演进入手，对中国经济成就的制度因素以及演进逻辑进行了分析，并对新时代背景下中国特色社会主义制度的改革和完善进行了详细论述。赵学军[22] 从社会主义基本经济制度的前期探索、社会主义初级阶段理论的形成、社会主义初级阶段基本经济制度的确立等历史进程上，对中国基本经济制度的演变逻辑和经验启示进行说明。李文[23] 具体梳理了中国五年规划的制定发展历程，认为以五年规划引领发展是中国的制度特色和制度优势。

（三）城市地方经济与宗族社团研究领域

在城市地方经济的研究中，魏明孔[24] 从隋唐手工业发展历程入手，通过对隋唐实行工匠培训制、城市建筑中实行技术工头负责制、建筑中制订了技术标准与材料标准、管理机构比较健全等方面的考察，初步论述了手工业发展与城市建设之间的互动关系。许天成、龙登高[25] 从清代中叶 1737—1750 年金沙江航运的疏浚工程入手，详细分析了其工程缘由、建设过程以及综合收益情况，进而说明了该工程对云南铜矿开采、地区经济的联系以及保障国家货币发行的重要意义。陈月圆、龙登高[26] 以清代书院为研究对象，从其法人产权性质、理事会与监院的资产管理模式、市场化经营方式、资产运营与书院职能拓展等多方面论证清代书院不仅仅是教育机构，更是公共服务的提供机构，为传统社会中的公共事业发展提供了新的视角。李伯重[27] 在其专著《中国的早期近代经济：1820 年代的长江三角洲》的英文版序言中说明本书的研究背景在于试图从历史的角度来分析中国现代经济发展的经济奇迹，并试图通过江南地区的经济代表性来进行深入探究。袁为鹏[28] 对晚清邮政地理分布的经济特征进行了具体分析，发现各府邮政机构数量与到最近通商口岸距离显著负相关，表现出明显的辐射效应，并认为晚清近代邮政的分布已表现出明显的经济特征，与服务于政治需要的传统驿传体系形成了鲜明对比。仲伟民、崔思鹏[29] 以烟草为研究对象，梳理其在近代全球化过程以及中国通商口岸中的商品功用及销售历程，说明其对中国农业生产结构、中国人生活方式的相关影响。周建波与李军[30]则以晚清华北口岸地区的日商经营活动为研究对象，具体分析其初入华北时期（1861—1895）、华北急剧扩张时期（1895—1912）的经营特点，并将其与日本政府力量的介入共同研究，试图论证国家力量和具有强大经济实力的企业在新市场扩张时期的重要价值。

在宗族社团研究方面，李华瑞[31]从历史、经济、文化等角度对党项拓跋氏的族属问题进行了分析，认为西夏建立前的党项拓跋氏是具有鲜卑血缘的党项羌人。魏明孔[32]则对《晋商史料集成》一书进行了评述研究，认为此书为研究中国传统会计史、研究中国企业史以及晋商股俸制和明清时期的货币流通情况提供了新的史料和研究方向。张亚光、沈博[33]则聚焦晚清南洋各埠中华商会的创办及其在保障当地华人华商权益、增进海内外同胞沟通与交流等方面所发挥的作用，从章程文书和案例两个视角剖析南洋中华商会的角色定位。龚宁、邢菁华、龙登高[34]则通过博弈论原理对1834—1942年期间，“头家制度”的形成和稳定性进行分析，说明其在马尼拉向菲律宾各地进行进出口贸易的经济过程及效益。贾俊英、龙登高[35]、张姣基于“世界福清同乡联谊会”相关档案的研究，说明以该组织为代表的海外华人国际社团通过与政府合作建设家乡的方式，实现了华侨华人群体组织性的建设与组织力的持续发展。

（四）财政金融和贸易领域

在货币思想上，何平贡献了较多的研究成果，时间范围涵盖了南宋至明清。他针对[36]从南宋服务于纸币价值稳定的“称提理论”及其实际运作的情况，明确了纸币作为货币的初始制度要求，定位了其商品交易媒介的原始功能。在元代的研究成果中，何平[37]以世界最早的纸币条例《叶李十四条划》为研究中心，说明元代迈入单一纸币时代的历史缘由以及纸币流通的真实情况，同时认为在缺乏“本位方案”的制度条件下，它朴素地提出了纸钞服务于城市和大额交易，铜钱服务于零星交易的民间经济生活的“铜钱翼钞”，击中了货币流通在货币形态结构上存在的现实矛盾，必然会导致纸币崩溃。在明代的研究成果中，何平[38]对明代中后期货币的使用思想进行说明，详细论述了“重钱轻银”“行钞废银”到“三者相权”的货币使用思想演变过程，认为正是因为财政货币思想的不完善导致了明代前期和中期的货币领域经济混乱。并重点解释了明清之际陆世仪的货币论[39]。同时就明代的白银所带来的社会问题进行透视[40]，说明正是因为明末清初面对白银货币所引发的社会问题，产生了代表启蒙思想家民本思想的“废银论”，并就“白银时代”到来后的货币流通情景进行复原，在古今东西对比中揭示“废银论”的意义。

在财政体制层面，何平[41]说明清代的财政体制因其官吏薪俸低微、地方经费缺乏、军费开支不足3个方面的特点是不完全的，进而导致了民众负担加重，国家税收失控。周莹、兰日旭[42]运用实证分析方法对1921年公债整理的原因、内在机理和意义进行重新探讨，认为其根本原因是中央政权的下移与财权的向虚，而诱因则为亟待修复信用失范的公债制度。陈建、陈赟[43]对日本自1965年以来的总体规模情况进行梳理与分析，通过比较国际债务结构，探究日本高额债务风险的具体情况以及对日本国内经济的影响，试图提出避免债务危机的相关措施，并对中国国债发行提出相关启示。毕学进、马金华[44]对新中国成立70年以来公债史研究进行了梳理：在债务结构上，公债史研究经历了从外债到内债的研究嬗递；在地域上，经历了中央公债到地方公债的区域转变；在内容上，经历了从公债统计到规律探索的视域演进；在方法上，经历了从定性判辨到计量实证的转换；在研究对象上，则经历了从政府单一主体到其他相关主体为研究对象的多元化衍变。

在税收管理层面，马金华、张继云[45]从明代以来中国疫病防控的税收应对入手，说明了税收在中国疫病防控史上对于支持防疫、助力抗疫中发挥了重要作用，并基于历史经验为中国当前新冠肺炎疫情防控、经济社会恢复正常运行提出现实启示和政策展望。仲伟民、段旭颖[46]以清代后期的非正式税收制度——当税为研究视角，论证清代晚期的当税的增征是由于国家定额赋税不能满足支出而征收的定额外赋税，是维持晚清国家机器正常运转的一个重要保障，有助于深入观察清代非正式制度下赋税征收和财政基本特点。伊巍、龙登高[47]以近代海关浚浦局档案为具体研究对象，说明了近代海关的特殊税制创新过程与疏浚公共事业的资金供给模式，论述了中外多方博弈过程中的机构形成、运营与制度创新过程，为近代上海港口建设研究与贸易发展提供了新的研究思路。刘巍、闫康[48]对民国时期的遗产税制度进行梳理分析，认为当时遗产税制度的确立在理论上标志着中国向着税收现代化的方向迈出了重要一步。但是，由于国民政府治理能力的低下，遗产税在具体实践中不仅没有充分发挥调节贫富的社会功能，也没有为官方带来应有的财政收入。

在金融演变发展层面，周建波[49]梳理了自秦汉以来的官府借贷和民间借贷的历史演变过程，并说明中国古代传统文化中的孝文化有助于降低借贷风险。周建波、曾江[50]具体研究了晚清时期银行和票号的兴替过程，说明银行的出现正是近代新的社会生产条件下对于新金融业态的需求导致的，而这也是金融近代化转型的重要表现之一。兰日旭、成超[51]则从中国近代金融界的“资金归农”活动入手，论证了金融资金可以极大增加农村资金的可得性，推动农村经济的可持续性发展。彤新春[52]对伪满洲国时期的货币金融掠夺政策进行总结概括，认为该时间段存在着体系化、策略化、军事化的明显特点，产业构建也以服务军事侵略为主。熊金武、魏志恒[53]从金融技术的古今发展史入手，并结合当今流行的区块链技术，说明在法治的重要背景下，约束政府、企业和个人的市场主体行为，才能实现金融创新与金融秩序的融合。赵学军[54]以中国国有金融机构在 1949 年 4 月到 1952 年 7 月、1988 年 9 月到 1991 年 12 月、1993 年 7 月到 1996 年 4 月三次开展保值储蓄业务的历史过程和影响为研究对象，说明了保值储蓄在抑制通货膨胀方面的有利作用及可能带来的不良后果。

在贸易经济上，倪玉平[55]对黄国信教授《国家与市场：明清食盐贸易研究》进行评述，认为该书在盐业研究的过程中重点突出了盐业贸易与国家互动、将盐业研究纳入区域社会历史进程等，在史料的筛选和甄别过程中也有了相当程度的创新。张亚光、沈博[56]以晚清时期海外华商在商贸过程中面临的问题入手，说明华商侨居地东道国对华商实施的利用与限制并举的政策以及华商对于该类政策的回应与反击，说明海外华商的商业成功既源于中国政府和当地政府的合理有效的良性互动，也源于华商与当地社会、文化制度的融合过程。王华[57]从近代对华海洋动物的毛皮贸易出发，对北美太平洋海岸、夏威夷和中国之间直通贸易线进行分析，认为该种贸易促进了近代世界贸易新体系的构建，推动了太平洋地区和世界经济政治的发展进程。倪月菊[58]回顾了中俄 70 年以来的双边投资历史，对苏联单方向援助期、中苏投资停滞和恢复期、中俄投资曲折发展期和快速发展期等四个阶段进行了具体分析，总结了中俄双边投资的成果和经验，为进一步拓展中俄投资合作提供参考。欧阳向英[59]从自我认知和发展战略的角度，对中国与俄罗斯在民族心理和制度差异上的分歧进行了说明，并对中国“一带一路”和俄罗斯的“欧亚经济联盟”的对接现状和阻碍原因进行分析。

（五）工业、技术、国防经济领域

管汉晖、刘冲、辛星[60]将历史工业调查数据库与当代工业调查数据库合并，并结合宏观统计数据，研究中国工业化的发展历程及其在世界上相对地位的演变，发现中国工业呈现了从扩散到集聚，再扩散到再集聚的演进过程。张林鹏、武力[61]对新中国成立初期学习引进苏联技术的历史进行了分析，并分为起始和高潮两个阶段进行了详细考察。肖翔、武力[62]以中国工业赶超的历史进程为研究对象，认为工业赶超应当发挥好大国综合优势，运用好中国共产党与中国政府的独特优势；利用好市场机制，处理好技术引进与自主创新的关系，在开放中实现工业赶超。李文[63]重点研究了抗美援朝与新中国军队正规化、现代化建设的关系，并从国防经济的角度说明了该战争对于中国现代化进程的重要意义。彤新春[64]对中国自 1949—2019 年中国铁路技术从跟随到赶超的历史进程进行了详细分析，认为中国铁路的技术进步得益于遵循了经济学的有关理念和制度设计，同时国家规划与行业发展高度契合，市场换技术的合理规制共同完成了历史性跨越。高德步、王庆[65]以中国高铁技术创新为研究视角，通过构建“知识和技术—行为主体和网络—制度”三维度分析框架，说明中国高铁产业的技术引进、积累和赶超是各行为人和网络、制度、环境共同作用，形成合力的结果。李毅[66]重点研究了战后以来日本纤维产业的转型历程，并将其成功经验应用于中国工业化发展进程之中，认为要切实完成工业高质量发展就必须对传统产业进行变革，切实推进中国产业竞争实力、整体建构与未来的发展走向。

（六）土地经济、农业经济和交通经济领域

在土地经济方面，龙登高[67]在其相关 20 年研究的基础上，以传统中国社会的土地产权制度的研报入手，试图说明中国历代土地产权市场的变化轨迹以及与小农生产关系的影响，并论证基于土地私有产权和市场交易的个体农户经营在造就了中国传统社会的稳定形态的同时也导致了其与西欧经济发展道路的不同。李华瑞[68]对宋代土地政策中“田制不立”“不抑兼并”的讨论进行了梳理，认为抑制兼并是两宋时期的经济政策主流，但是总体来说该政策是失败的。

臧知非、周国林、耿元骊、李华瑞、赵思渊、刘志伟[69] 以唯物史观的视角分别从战国时期土地国有制演变、魏晋南北朝土地制度演变、隋唐土地制度变迁与时代分析、宋代土地政策与抑制兼并、明清土地制度中国的地权市场运作等方面揭示了重新探讨了中国古代土地制度的演变过程。刘巍[70] 对北洋政府时期的安徽省田赋整理工作进行了梳理，认为该工作是在没有进行土地清丈的情况下开展的，政府仍然不能从根本上获悉并掌握真实有效的土地信息，成果极其有限。郑有贵[71] 以新中国土地改革为切入点，认为土地改革根本上铲除了封建制度的根基，又照顾到各阶级、阶层利益，调动起各方面积极性，极大解放和发展了生产力。

在农业经济方面，张觉、隋福民[72] 探究了改革开放前历年五年计划中的农业政策，认为虽然中央认识到了农业作用，但"农轻重"的安排在当时无法得到贯彻实施，其原因在于教条思维、计划经济体制与农业发展的抵触以及中国特殊的央地关系。吴建征、武力[73] 从体制重塑和多方互动博弈的角度对人民公社和乡村社会的发展演变进行了再分析，认为一方面乡村社会与农民为国家整体战略发展做出了贡献，另一方面又存有一定的消极抵制情绪。郑有贵[74] 以新中国成立以来"三农问题"的短板及面临的问题为切入点，认为中国共产党为破解"三农"短板问题提供了历史性的突破。郑有贵[75] 也对农民首创大包干讨论进行了历史考察，认为小岗村农民首创大包干表现出的自利性动机，缘于改革开放前农业部门剩余向工业部门转移的政策，与党的十一届三中全会确立的保障农民物质利益以调动积极性的政策取向一致。郑有贵[76] 还对农村同步迈向全面小康的社会方案和经验进行了总结思考，主要包括基于"小康不小康，关键看老乡"的发展观、以共享发展理念引领的社区集体统筹和积累机制以及工业与农业、城镇与农村相互支持的政策 3 个方面。张治会、黄平、王华、杨亚东、蒋梓淳、柳建[77] 以人的现代化视角入手，具体分析了乡村振兴的理论逻辑以及中国百年实践的历史进程，同时对乡村振兴战略有效推进的新路径进行了再思考。武力[78] 就中国共产党对于农村贫困问题的解决进行了思考，详细说明了从扶贫到"脱贫攻坚"的演进历程，从历史与现实等角度充分说明了中国消除农业贫困的世界意义。

在交通经济方面，龙登高、王明、黄玉玺[79] 从政府、盈利性主体、非政府非盈利性主体三方进行公共品基础设施的供给方式比较，以中国水运建设相关档案为基础，具体说明了公益法人、国营企业、现代公司三种微观主体与社会、政府、市场三种机制在基础设施供给上的特点、约束条件与绩效。

（七）世界经济及各国经济比较领域

就世界经济研究而言，王华[80] 以北太平洋的海洋贸易为研究对象，认为美国贸易商主导下的对华海洋动物毛皮贸易和檀香木贸易共同开辟成直接联通北美西海岸和中国的北太平洋国际贸易商路，并与西欧—北美、西欧—东亚两条传统世界贸易线相衔接，形成新的三角或多角贸易，在此基础上初步开启了北太平洋地区经济一体化的进程。施诚、倪娜[81] 以黑死病、美洲天花、梅毒和 1918 年大流感为例，详细论述了西方学术界对于重大传染病起源地研究的歧见和偏见，为当今学界关于学术研究的原则、规范和道德提供警醒。同时施诚与李雅菲[82] 对麦克尼尔版、阿克曼版、安德烈版三类百科全书的编写指导思想、内容、体例和特色进行了简述与比较，并对全球史相关研究成果的总结和发展方向提出了自己的见解。欧阳向英[83] 以斯大林在二战时期的历史作用为切入点，详细分析了西方学界在全球史历史记忆和历史真实方面的虚构，认为在对于西方全球史学研究成果的应用和借鉴中务必注意这一缺陷。仲伟民[84] 从全球史视角对晚清的时局进行了更为深入的理解，并认为中国近代历史的转折点是在 1860 年代的第二次鸦片战争，而列强的共识即维护清朝统治以保证其在华利益则是源于全球化市场的通盘考虑。关权[85] 从 1978 年以来的中日韩经贸合作的历史入手，论证中国经济发展对于东北亚经济合作的重要意义，并试图说明历史问题、岛屿问题、朝鲜问题等对于东北亚经济合作的影响。

在各国经济比较研究层面，仲伟民、邱永志[86] 从 16 世纪至 19 世纪的中日货币流通制度比较入手，说明了两国在建立近代货币金融体制过程中的分流，试图论证国家金融能力的传统特质对于构建近代金融体制的重要影响。何平[87] 以广州十三行担保制度与美国存款保险制度为对比对象，说明在制度本身缺乏事前有效处置机制的情形下，清朝政府官员的盘剥和风险处置的强制摊派，加上外商违反商业逻辑的无损失交易和强制放贷行为，造成了行商行业整体的衰败。兰日旭[88] 从企业史的视角出发，认为中西企业发展路径的差异，推动了中西产业的分化，进而成为中西大分流的一支重要驱动力量。李毅[89] 从美国的产业变革入手来说明制造业在当代经济发展的重要作用，同时从日本的工业创新来说明产业转型升级的可能途径。

（八）企业经济和劳动经济领域

在企业经济研究方面，高超群[90]以张謇大生集团的通海垦牧公司为例，论证了企业的制度选择不仅仅是生产效率的比较，更和企业内部的激励机制、权力结构密切相关，农场制和租佃制存在着很多中间形态值得分析。兰日旭、林雨祺[91]围绕中国近代企业财务制度变迁情况进行探究，认为20世纪20年代前后出现了记账方式倾向于现代化、账务内容更具概括性、日益重视成本核算管理等趋势，向现代转型的趋势明显。陈壁舟、龙登高[92]则以公茂机器造船厂为视角，在分析其资产清点、债务清偿、民主改革和生产改革的过程基础上，比较了改造前后的企业效益，归纳出针对“隐匿敌产”的社会主义改造路径一般为定性、没收、接管、转为国家投资的4个步骤。周烁、金星晔、伏霖、李涛[93]从中国家庭追踪调查（CFPS）的数据入手，分析了中国人的创业行为，并得到“主观经济地位越高、对未来的预期越乐观或者社会资本越多，越有助于减轻创业对人们生活满意度的负面影响”的研究结论。巫云仙[94]从企业史的视角分析了美国农业企业化的过程及特点，认为美国农业企业化的进程主要体现在农场规模化、专业化和科技化3个层面。

在劳动经济方面，孙睿[95]通过对嘉庆时期（1795—1820）名义工资的整体特征进行阐述，弥补已有研究对工资水平时空差异、职业差异和工资组成的忽视，同时对嘉庆时期的税冲击与工资关系进行了解读。高超群[96]对杨在军的《中国劳资关系近代转型研究——劳方、资方与政府关系视角》一书进行了论述评价，认为该书首次将政府、资方、劳方放在同一个框架中，对近代劳资关系的发展变化进行系统阐释，从现代化视角对1840—1936年的劳资关系史进行了分析，同时也对工人生产等方面的研究进行了定量论证。但是也存在现有研究成果吸纳不足、历史脉络不清、对现代化范式反思不足的问题。

（九）具体案例研究领域

就个人案例方面，倪玉平[97]以清代商人的经营方式为视角，详细说明了北京商人在重视发掘传统商业机会、积极树立品牌意识以及叫卖等营销手段上的特点，从微观视角论述了商人对于整体商业水平的重要意义。熊金武还与刘胜、窦艳杰[98]以张謇为研究对象，说明激发和保护企业家精神不仅是新时代中国经济高质量发展的需要，更是中华民族兴旺发达需要一以贯之的信念。陈东林[99]对宋平关心当代中国研究所和国史研究的相关过程进行了简要描述。

在事件案例方面，倪玉平[100]以清嘉庆朝王书常冒领库项案为案例研究对象，论证了嘉道时期的行政失控的主要原因在于实质监管的不作为导致的政府治理失败。

在材料案例方面，李俊杰、仲伟民[101]以《蒋中正日记》为研究对象，试图探究蒋介石在1945年前后经历中苏谈判的心路历程，主要研究了蒋介石在对新疆问题、东北问题、中共问题以及外蒙问题上的思考，并涉及其国防战略和外交政策的具体构建过程。袁为鹏[102]从高阳纺织业的百年历程入手，认为其周期性发展主要得益于市场经济和自由竞争，其经验与经济自由主义的主张相契合。“高阳模式”是以工业前联和商业后联的方式与城市经济协调发展，实现了域内经济的开放性，对传统工商业管理制度中精华部分进行发展性继承，形成一种更有竞争力和发展潜力的乡土经济发展路线。赵学军[103]对保定农户1930—2010年的日常消费支出结构变迁规律进行总结，认为该长期变化趋势充分反映了农户生活水平的大幅提升和改革开放取得的伟大成就。

三、问题思考与未来展望

针对2020年以来的北京经济史学界的相关研究情况，还需要在如下3个方面推动中国经济史学科学术的发展。

一是加强对中国共产党史、新中国史、改革开放史和社会主义史的研究。新四史是体现中国特色社会主义发展道路基本的历史事实，还需要从这一历史事实出发，在史论关系上构建中国特色社会主义政治经济学，中国特色经济学。

二是拓宽研究视野，开辟国际眼光，将经济史研究向更为广泛时期、更具世界性的领域拓展。目前经济史研究重点集中在国内的研究，并且国内研究也往往集中在特定的时期或者特定的事件类型之上。对于国内研究，未来可以尝试将古代研究领域向前拓展，吸取最新考古成果，让经济史研究走出文献，真正与中国古代物质文化相结合。对于国外，可以对更广泛的地区进行研究，如非洲、美洲；对于欧洲可以对不同时间段、不同地区进行研究，进而填补研究空白，拓宽研究思路。对于国内外的比较研究，可以不仅仅从中西大分流的角度入手，减少特定时间段、特定地区的前置影响，对更广泛的中西乃至中非等多国、多领域进行更为广泛的研究和比较。

三是深耕研究领域，在准确的前提下多渠道使用史料，为经济史研究找到更为充分、更为精准的论据。目前北京市经济史学界的研究重点集中在研究方法分析、财税金融领域以及农业经济、土地经济等领域，兼之以国家宏观经济的一些研究。未来可以在当前研究的基础上继续深化相关研究，并且针对目前研究可供发掘的工业、技术和国防经济领域以及企业经济史领域等都可以进行更为广泛的研究。笔者在对本文涉及经济史研究文献的查阅中发现，大部分研究都对于一手史料的分析和研究并不深入和广泛，往往是采用二手史料的数据或者对一手史料的考证不足，因此未来可以具体对史料的使用和辨别进行强化。

注：

[1] 龙登高：《中国史观的 20 世纪偏误及其探源——基于清代经济史研究的考察》，《清史研究》，2020 年第 6 期。

[2] 何平：《清代经济史研究应当关注的两个问题——问题意识中的历史真实与社会整体中的经济部门》，《清史研究》，2020 年第 6 期。

[3] 李华瑞：《近二十年来宋史研究的特点与趋势》，《社会科学战线》，2020 年第 6 期。

[4] 李华瑞：《西夏是一个中亚国家吗？——评俄国近三十年的西夏史研究》，《西夏学》，2020 年第 1 期。

[5] 张亚光，毕悦：《陈岱孙早期经济思想的特征及其缘起》，《经济科学》，2020 年第 5 期。

[6] 熊金武：《近代中国传统经济思想现代化路径研究 ——基于民生经济学的微观案例》，《财经问题研究》，2020 年第 10 期。

[7] 张亚光，毕悦：《中国经济学 70 年的历史逻辑与现实展望 ——基于经济学类高频被引文献的视角》，《天津财经大学学报》，2020 年第 1 期。

[8] 高德步：《高质量发展与新时代中国经济学的创新转型》，《中国特色社会主义研究》，2020 年第 1 期。

[9] 董志凯：《2018 年中国现代经济史研究概述》，《中共宁波市委党校学报》，2020 年第 1 期。

[10] 李伯重：《什么是“中国”？——经济史中的“微观”研究》，《清史研究》，2020 年第 6 期。

[11] 李伯重：《永久的思念——追忆韩国磐恩师》，《中国社会经济史研究》，2020 年第 3 期。

[12] 倪玉平：《比较经济史：中国经济史研究的新路径》，《史学集刊》，2020 年第 1 期。

[13] 仲伟民，郝鑫：《再审琦善：历史学、法学与证据科学》，《厦门大学学报（哲学社会科学版）》，2020 年第 1 期。

[14] 周建波：《中国道路的历史基因》，《学术月刊》，2020 年第 3 期。

[15] 武力，李杨：《只有新中国能创造这样的经济奇迹》，《历史评论》，2020 年第 2 期。

[16] 武力，李杨：《“十三五”的经济发展与“十四五”建议》，《中国经济学人》，2020 年第 4 期。

[17] 赵学军：《五年规划编制与实施中的若干基本关系——十三个五年规划的历史经验》，《中共党史研究》，2020 年第 5 期。

[18] 李文，徐理群：《新加坡，多元社会条件下的国家认同构建》，《中央社会主义学院学报》，2020 年第 4 期。

[19] 王华：《资本与传统社会现代性的培育——以夏威夷王国为考察中心》，《太平洋岛国研究》，2020 年第 1 期。

[20] 倪玉平：《文书治国还是书吏治国》，《明清史》，2020 年第 2 期。

[21] 武力：《新中国经济成就的制度因素及其演进逻辑》，《社会科学文摘》，2020 年第 11 期。

[22] 赵学军：《我国基本经济制度的演变逻辑与经验启示》，《国家治理》，2020 年第 4 期。

[23] 李文：《以五年规划引领发展是我国的制度特色和制度优势》，《中国党政干部论坛》，2020 年第 11 期。

[24] 魏明孔：《隋唐手工业与城市建设之进步》，《中国经济史研究》，2020 年第 6 期。

[25] 许天成，龙登高：《1737—1750 年金沙江航道疏浚及其影响》，《云南大学学报（社会科学版）》，2020 年第 6 期。

[26] 陈月圆，龙登高：《清代书院的财产属性及其市场化经营》，《浙江学刊》，2020 年第 3 期。

[27] 李伯重：《〈中国的早期近代经济：1820 年代的长江三角洲〉英文版序》，《中国经济史研究》，2020 年第 6 期。

[28] 袁为鹏：《论晚清邮政地理分布的经济特征》，《西南大学学报》，2020 年第 1 期。

[29] 仲伟民，崔思鹏：《近代全球化过程中烟草

在中国的传播及影响》，《求是学刊》，2020 年第 3 期。

[30] 周建波，李军：《官民同向：晚清华北口岸日商经营活动刍议》，《学习与探索》，2020 年第 9 期。

[31] 李华瑞：《党项拓跋氏族属问题再辨析》，《西夏研究》，2020 年第 A1 期。

[32] 魏明孔：《明清商帮史资料的搜集、甄别与整理——〈晋商史料集成〉评介及其他》，《中国社会经济史研究》，2020 年第 4 期。

[33] 张亚光，沈博：《晚清时期南洋地区中华商会的角色定位及其实践》，《华侨华人历史研究》，2020 年第 1 期。

[34] 龚宁，邢菁华，龙登高：《菲律宾华商网络中“头家制度”的经济学探析(1834—1942)》，《华侨华人历史研究》，2020 年第 1 期。

[35] 贾俊英，龙登高：《华人国际社团组织力的拓展 ——基于“世界福清同乡联谊会”的考察与解释》，《东南学术》，2020 年第 2 期。

[36] 何平：《世界最早纸币理论“称提理论”与南宋纸币风险管理》，《中国钱币》，2020 年第 1 期。

[37] 何平：《〈叶李十四条划〉与元代纸币的性质》，《中国钱币》，2020 年第 2 期。

[38] 何平：《明代中后期货币“使用处方”的转变——从“重钱轻银”“行钞废银”到“三者相权”》，《中国钱币》，2020 年第 5 期。

[39] 何平：《明清之际陆世仪的货币论与信用货币的缺失》，《中国钱币》，2020 年第 6 期。

[40] 何平：《“白银时代”的多维透视与明末的“废银论”》，《中国钱币》，2020 年第 4 期。

[41] 何平：《清代不完全财政体制引发的危机》，《人民论坛》，2020 年第 2 期。

[42] 周莹，兰日旭，《“弱政府”背景下 1921 年公债整理的博弈分析》，《中国经济史研究》，2020 年第 3 期。

[43] 陈建，陈赟：《日本国债的经济影响及对中国的启示》，《天津商业大学学报》，2020 年第 3 期。

[44] 毕学进，马金华：《新中国 70 年公债史研究的回顾与展望》，《晋阳学刊》，2020 年第 4 期。

[45] 马金华，张继云：《税收与防疫：明代以来我国疫病防控的税收应对与现实启示》，《税务研究》，2020 年第 9 期。

[46] 仲伟民，段旭颖：《论清代后期当税加征下的非正式征收制度》，《江海学刊》，2020 年第 3 期。

[47] 伊巍，龙登高：《近代海关附加税与疏浚事业资金供给模式——以浚浦局档案为例》，《中国经济史研究》，2020 年第 3 期。

[48] 刘巍，闫康：《民国时期遗产税制度的经验与启示》，《佳木斯大学社会科学学报》，2020 年第 1 期。

[49] 周建波：《古人金融智慧：缺钱怎么去借贷》，《人民论坛》，2020 年第 24 期。

[50] 周建波，曾江：《银行、票号兴替与清末民初金融变革》，《中国社会科学》，2020 年第 8 期。

[51] 兰日旭，成超：《中国近代金融界的“资金归农”活动》，《中国金融》，2020 年第 14 期。

[52] 彤新春，《伪满时期的货币金融掠夺》，《中国金融》，2020 年第 9 期。

[53] 熊金武，魏志恒：《金融科技的古与今》，《金融博览》，2020 年第 4 期。

[54] 赵学军：《国家银行的三次保值储蓄业务》，《中国金融》，2020 年第 4 期。

[55] 倪玉平：《评〈国家与市场：明清食盐贸易研究〉》，《盐业史研究》，2020 年第 4 期。

[56] 张亚光，沈博：《冲突与融合：晚清海外华商的境遇和反应》，《中国经济史研究》，2020 年第 3 期。

[57] 王华：《经济全球化视野下的近代对华海洋动物毛皮贸易》，《清华大学学报》，2020 年第 4 期。

[58] 倪月菊：《中俄双边投资 70 年：回顾与展望》，《知与行》，2020 年第 1 期。

[59] 欧阳向英：《自我认知与发展战略——中俄“带盟”对接的现状与阻碍对接的原因分析》，《国际经济评论》，2020 年第 3 期。

[60] 管汉晖，刘冲，辛星：《中国的工业化：过去与现在(1887—2017)》，《经济学报》，2020 年第 3 期。

[61] 张林鹏，武力：《新中国初期学习苏联和技术引进研究》，《自然辩证法通讯》，2020 年第 5 期。

[62] 肖翔，武力：《中国工业赶超的历史进程与基本经验研究》，《经济研究参考》，2020 年第 2 期。

[63] 李文：《抗美援朝与新中国军队正规化现代化建设的起步》，《中国井冈山干部学院学报》，2020 年第 3 期。

[64] 彤新春：《从跟随到赶超 ——中国铁路技术进步的策略分析(1949—2019)》，《社会科学家》，

2020 年第 7 期。

[65] 高德步，王庆：《产业创新系统视角下的中国高铁技术创新研究》，《科技管理研究》，2020 年第 12 期。

[66] 李毅：《战后以来日本纤维产业的转型——大国工业高质量发展的历史思考》，《世界近现代史研究》，2020 年第 10 期。

[67] 龙登高：《中国传统地权制度论纲》，《中国农史》，2020 年第 2 期。

[68] 李华瑞：《宋代的土地政策与抑制“兼并”》，《中国社会科学文摘》，2020 年第 7 期。

[69] 臧知非，周国林，耿元骊，李华瑞，赵思渊，刘志伟：《唯物史观视阈下的中国古代土地制度变迁》，《中国社会科学》，2020 年第 1 期。

[70] 刘巍：《北洋政府时期安徽省田赋整理工作述论》，《淮海工学院学报》，2020 年第 1 期

[71] 郑有贵：《新中国土地改革开辟现代化通途》，《历史评论》，2020 年第 4 期。

[72] 张觉，隋福民：《“农轻重”还是“重轻农”——计划经济时期“五年计划”中农业政策制定与实施的逻辑》，《古今农业》，2020 年第 4 期。

[73] 吴建征，武力：《体制重塑与多方互动：人民公社与乡村社会发展之嬗变》，《青海社会科学》，2020 年第 4 期。

[74] 郑有贵：《破解全面小康社会“三农”短板难题实现历史性突破》，《教学与研究》，2020 年第 12 期。

[75] 郑有贵：《历史逻辑的考察与实事求是——基于农民首创大包干讨论的考察》，《山西师大学报》，2020 年第 8 期。

[76] 郑有贵：《农村同步迈向全面小康社会方案和经验》，《宁夏社会科学》，2020 年第 5 期

[77] 张治会，黄平，王华，杨亚东，蒋梓淳，柳建：《乡村振兴的理论逻辑与百年实践及路径再思考 ——基于人的现代化视角》，《湖北农业科学》，2020 年第 19 期。

[78] 武力：《消除农村贫困 ——中国共产党的历史成就》，《湘潮》，2020 年第 8 期。

[79] 龙登高，王明，黄玉玺，《公共品供给的微观主体及其比较——基于中国水运基建的长时段考察》，《管理世界》，2020 年第 4 期。

[80] 王华：《海洋贸易与北太平洋的早期全球化》，《史学集刊》，2020 年第 6 期。

[81] 施诚，倪娜：《西方学术界重大传染病起源地研究的歧见和偏见——以黑死病、美洲天花、梅毒和 1918 年大流感为例》，《清华大学学报(哲学社会科学版)》，2020 年第 6 期。

[82] 施诚，李雅菲：《全球视野下的“世界历史百科全书”评介》，《全球史评论》，2020 年第 1 期。

[83] 欧阳向英：《全球化时代的历史记忆与真实——从斯大林在第二次世界大战中的作用说起》，《世界社会主义研究》，2020 年第 2 期。

[84] 仲伟民：《全球史视野：对晚清时局的一种新解读》，《探索与争鸣》，2020 年第 2 期。

[85] 关权：《中国经济发展与东北亚经济合作的意义》，《人民论坛(学术前沿)》，2020 年第 18 期。

[86] 仲伟民，邱永志：《十六至十九世纪中日货币流通制度演进路径的分流》，《中国社会科学》，2020 年第 10 期。

[87] 何平：《广州十三行担保制度与美国存款保险制度的创立》，《学术研究》，2020 年第 7 期。

[88] 兰日旭：《企业史视角下的中西分流探析》，《经济研究参考》，2020 年第 21 期。

[89] 李毅：《美、日制造业的演进与中国产业的转型升级》，《金融博览》，2020 年第 3 期。

[90] 高超群：《农场制还是租佃制：企业的制度选择——以通海垦牧公司为例》，《东南学术》，2020 年第 1 期。

[91] 兰日旭，林雨祺：《中国近代企业财务制度变迁探析》，《江汉学术》，2020 年第 5 期。

[92] 陈壁舟，龙登高：《从公茂机器造船厂考察中华人民共和国初期“隐匿敌产”企业的改造》，《中国经济史研究》，2020 年第 1 期。

[93] 周烁，金星晔，伏霖，李涛：《幸福经济学视角下的居民创业行为：来自中国的经验发现》，《世界经济》，2020 年第 3 期。

[94] 巫云仙：《企业史视野下美国农业企业化及其经营特点和启示》，《世界农业》，2020 年第 3 期。

[95] 孙睿：《盛世的延续还是衰落的开始？——嘉庆时期名义工资特征以及技能溢价问题》，《清史研究》，2020 年第 6 期。

[96] 高超群，《劳资关系的现代演进——评杨在军博士：〈中国劳资关系近代转型研究——劳方、资方与政府关系视角〉》，《中国社会经济史研究》，2020 年第 3 期。

[97] 倪玉平：《清代北京商人的经营艺术》，

《人民论坛》，2020 年第 29 期。

［98］熊金武，刘胜，窦艳杰：《“状元实业家”张謇》，《金融博览》，2020 年第 7 期。

［99］陈东林：《宋平关心当代中国研究所和国史研究二三事》，《当代中国史研究》，2020 年第 4 期。

［100］倪玉平：《行政失控与政府治理——清嘉庆朝王书常冒领库项案研究》，《清史论丛》，2020 年第 2 期。

［101］李俊杰，仲伟民：《蒋介石考量 1945 年中苏谈判的心路历程 ——以〈蒋中正日记〉为中心》，《济南大学学报(社会科学版)》，2020 年第 3 期。

［102］袁为鹏：《高阳纺织业百年历程研究的方法论意义和理论价值》，《宁夏社会科学》，2020 年第 3 期。

［103］赵学军：《保定农户日常消费支出的变迁(1930—2010)》，《经济学家茶座》，2020 年第 2 期。

（北京外国经济学说研究会供稿；执笔人：王珏、白天鹏）

国际经济学

一、学科基本内容

从教育部经济学学科分类的角度，理论经济学二级学科世界经济和应用经济学二级学科国际贸易学为国际经济学学科所研究的主要内容。世界经济学主要开展世界经济体系的形成、发展、趋势及规律等方面的理论研究。国际贸易学主要阐释国际商品交换关系、政策、措施及影响等方面的应用研究。国际经济学学科是以经济学的一般理论为基础，研究世界经济活动的关系、趋势和规律并提供政策举措的学科。

二、学术研究概况

面对百年未有之大变局，中国需要在市场经济条件下，重塑中国与世界的经济关系，中国经济学学者对相关的国际经济问题进行了广泛研究。

（一）中文期刊发表的科研成果研究热点

2020 年，知网中与“国际贸易”相关期刊学术论文类文章共 1174 篇，其中被引数较高的主题包括 WTO、数字贸易。根据 CiteSpace 分析，出现频率较高的关键词为“国际贸易”（104）、“人才培养”（43）、“教学改革”（40）、“一带一路”（37）、“国际经济与贸易”（26）、“WTO 改革”（24）、“数字贸易”（18）；中心性较高的关键词为：“国际贸易”（0.53）、“一带一路”（0.40）、“数字贸易”（0.17）、“教学改革”（0.16）、“人才培养”（0.12）、“WTO 改革”（0.12）。结合关键词出现频率和中心性结果，2020 年国际贸易领域四大热点确定为“一带一路”、“WTO 改革”、“数字贸易”和国贸专业的“人才培养”。

1. “一带一路”

“一带一路”的提出与建设，是中国把握全球发展局势下倡导的，以区域经济合作与开放为内容的长远发展的重要战略。“一带一路”倡议实施 7 年来，取得了一系列丰硕成果，已成为当今国际合作和分享治理经验的重要平台，是促进沿线国家尤其是发展中国家经济繁荣社会开放的有效机制。2020 年新冠疫情加速了全球价值链的重构，也使得“一带一路”的后续发展面临新挑战和机遇。习近平总书记在庆祝中国共产党成立 100 周年大会上发表的讲话指出，新的征程上，我们必须高举和平、发展、合作、共赢旗帜，奉行独立自主的和平外交政策，坚持走和平发展道路，推动建设新型国际关系，推动构建人类命运共同体，推动共建“一带一路”高质量发展，以中国的新发展为世界提供新机遇。“一带一路”建设作为国家级经济合作倡议，一直是中国国际经济学研究的热点问题。

唐宜红、张鹏杨[1] 的《全球价值链嵌入对贸易保护的抑制效应：基于经济波动视角的研究》基于包含经济波动参数的最优关税模型，从经济波动视角探究 GVC 嵌入对贸易保护的抑制效应并进行实证检验，研究发现：GVC 嵌入对贸易保护存在抑制效应，平抑经济波动是 GVC 嵌入抑制贸易保护的重要机制，且 GVC 主导型国家的 GVC 嵌入通过平抑经济波动对贸易保护具有抑制作用，而 GVC 跟随型国家通过该机制对抑制贸易保护效果不显著，甚至还可能会加剧经济不稳定，引致贸易保护。

唐晓彬、崔茂生[2] 的《“一带一路”货物贸易网络结构动态变化及其影响机制》通过结合时态指数随机图模型（TERGM）与可分离的时态指数随机图模型（STERGM），使用动态网络分析方法对“一带一路”沿线国家货物贸易网络结构动态变化及其影响机制进行研究。研究发现：该文构建的“一带一路”货物贸易动态网络 TERGM 和 STERGM 方法克服了传统 ERGM 方法局限于静态分析的缺点，很好地刻画了“一带一路”沿线国家货物贸易网络结构的变动特征及其影响机制；“一带一路”沿线国家货物贸易网络拓扑结构具有一定的异质性，贸易网络中存在“富人俱乐部”现象，这一现象与网络中存在的等级效应有关，且这种等级效应有逐渐增强的趋势；经济发展水平是影响贸易关系形成和维持的重要因素，高经济发展水平国家间具有更强的贸易倾向，但在“一带一路”倡议提出后，这种倾向有所减弱，低经济发展水平国家间发展贸易关系的概率有所提升。

陈福中[3]的《数字经济、贸易开放与“一带一路”沿线国家经济增长》将数字经济和贸易开放纳入到理论分析架构中，采用 53 个“一带一路”沿线国家 2007—2016 年的面板数据，构建实证模型分析了数字经济发展和贸易开放水平对经济增长的作用机制。研究表明，数字经济发展水平对经济增长具有正向促进作用；贸易开放与经济增长呈现 U 形抛物线非线性关系；开放经济条件下，数字经济发展对经济增长的促进效应会进一步放大。

2. WTO 改革

WTO 通过有效地参与世界贸易促进世界经济发展，加入 WTO 是中国政府顺应世界经济发展潮流、加快中国经济发展的重大战略选择。2020 年初新冠疫情暴发并迅速在全世界传播，新冠疫情已经并将继续冲击经济全球化，国际贸易作为疫情造成的经济和社会损失重灾区，表现为货物贸易和服务贸易急剧下降。多边贸易体制受到挑战，但是在疫情应对中发挥了积极作用：WTO 成员有所克制，防疫措施尽量减少对贸易的影响，国际合作卓有成效。同时疫情对多边贸易体制提出了新的挑战，WTO 多边贸易体制面临着空前危机，无论是世贸组织自身还是全球主要经济体对 WTO 深化改革的必要性及紧迫性都已达成深刻认识。WTO 的改革方向与核心问题也影响着全球多边贸易体系的未来走向，主要贸易经济体之间对 WTO 改革方案各执己见，成为争论的热点。

屠新泉、杨丹宁、李思奇[4]的《加入 WTO 20 年：中国与 WTO 互动关系的演进》说明了中国顺利融入 WTO 推动了多边贸易体制向着更加平衡和多元的方向发展。但与此同时，美国等部分 WTO 成员对中国给 WTO 带来的影响产生了一些负面看法，认为 WTO 的现行机制无法有效应对中国带来的挑战，进而采取漠视乃至破坏 WTO 体制的单边主义措施打压中国，以超出现有规则的理由指责中国。

郎永峰、李春顶、尹翔硕[5]的《WTO 改革将如何影响中国经济?》构建了一个内生性贸易不平衡的全球一般均衡数值型系统，量化模拟并比较不同 WTO 改革情景对中国的潜在经济影响。

石静霞[6]的《数字经济背景下的 WTO 电子商务诸边谈判：最新发展及焦点问题》认为各谈判成员数字经济发展水平不同，核心利益诉求有别，尤其是中美欧等主要成员的立场协调是决定该谈判是否能够成功的决定性因素。对此，有必要重点分析谈判中的跨境数据流动和禁止本地化要求、源代码及算法规制和电子传输的免关税及数字税征收等核心争议问题。

李敬子、陈强远、钱学锋[7]的《非位似偏好、非线性本地市场效应与服务贸易出口》：文章将 Stone-Geary 偏好嵌套到 CD-CES 效用函数中，构建了基于非位似偏好下的服务贸易模型，并把总需求分解为需求结构与需求规模，从理论上推导出相对需求结构与需求规模对服务业出口的本地市场效应。

曲如晓、李婧[8]的《世界高技术产品贸易格局及中国的贸易地位分析》，基于 2000—2016 年 82 个高技术产品主要贸易国家的双边贸易数据，运用社会网络分析方法分析世界高技术产品贸易网络特征及中国的贸易地位。研究发现，中心度指数体现了包括中国在内的 48 个国家和地区拥有密切的贸易往来关系；点强度指数体现了贸易强度排名靠前的国家相对稳定，各国差距不断缩小；结构洞指数体现了各国间贸易关系的多元性即网络异质性不断变化。

3. 数字贸易

数字贸易作为数字化时代的新型贸模式，对贸易方式、贸易产品、贸易参与者、贸易规则产生了深远的影响，从微观市场主体、市场效率以及全球贸易发展新动力等角度来看，都衍生出了积极的经济效应，取得了令人瞩目的成就。《2020 年我国数字贸易发展报告》指出，2019 年中国数字贸易顺差为 1873.9 亿元，同比增长 46.1%。由于全球贸易受到新冠肺炎疫情的冲击，产业链和供应链处在“中断”的状态，而数字经济和数字贸易则逆势发展。数字经济成为当前乃至今后一段时期中国经济发展最重要的引擎之一。2020 年，商务部会同相关部门研究数字贸易制度框架，提出数字贸易工作计划，积极推动加快数字贸易发展。在“双循环”新发展格局的加速构建下，中国数字贸易迎来了新的发展契机。“双循环”的新发展格局着重聚焦以国内市场为主体，国际国内双循环相互促进使得“数字化”成为弥合二者双循环差异的关键驱动。由于疫情，国际经济贸易形势严峻复杂，机械工业依然面临严峻挑战。数字化制造有利于解决产品质量问题和实现按需生产的节能节材绿色发展模式，为企业运营管理带来便利性，因此许多企业面临着数字化转型的艰难挑战。“数字化转型”“双循环”等是数字贸易领域的关键词。

鞠雪楠、赵宣凯、孙宝文[9]的《跨境电商平台克服了哪些贸易成本？——来自“敦煌网”数据的经验证据》应用中国最大的中小企业跨境电商平台“敦煌网”2013—2016年的国际、省级和行业级别的跨境出口数据以及相关宏观数据，从出口目的国和出口生产地双重视角判别跨境电商中不同类型的贸易成本对出口贸易的规模及结构影响。

周念利、吴希贤[10]的《美式数字贸易规则的发展演进研究——基于〈美日数字贸易协定〉的视角》针对美日数字贸易产物UJDTA，总结了3个观点。第一，UJDTA强化了对数字知识产权的保护力度，但同时为保障政府执法能力做出了例外规定。第二，UJDTA将“知识产权”和“广播”重新纳入“数字产品非歧视性待遇”的例外规定，呈现出明显的“USMCA-”特征，但同时明确缩小“广播例外”的实施范围，实现了对TPP相关规则的深化。第三，UJDTA的数字税规则对USMCA和TPP进行扩展，强调成员方针对数字服务和产品征收国内税需基于非歧视原则。

周念利、吴希贤[11]的《日本参与国际数字贸易治理的核心诉求与趋向分析》基于日本缔结的区域贸易协定文本中涵盖的数字贸易规则，以及日本在向WTO递交的提案中讨论的数字贸易议题，分别总结出日本参与区域数字贸易治理和多边数字贸易治理的典型特征。日本参与数字贸易治理的核心诉求主要体现在数字知识产权保护、数据隐私保护和公平开放的数字贸易环境3个方面。文章预测在今后的数字贸易治理中，日本一方面会以美欧为标准，寻求升级既有的数字贸易规则；另一方面会敦促缔约国降低数字贸易壁垒，推进数字贸易自由化。

陈红娜[12]的《数字贸易与跨境数据流动规则——基于交易成本视角的分析》为解释在数字技术得到普遍应用的情况下，为何仅仅是当前数字贸易所涉及的行业获得了相较于其他行业的国际化竞争优势的问题，把国际贸易交易成本理解为商品的生产与消费克服在空间上和时间上分离的成本。这种对交易成本的解构，既有助于理解数字贸易快速发展的现实，同时也说明了全球化为何会同时出现扩张与收缩两种趋势，进而也可以帮助人们理解跨境数据流动限制产生的原因及规则治理的新思路。

4. 国贸专业人才培养

在国民经济快速发展的今天，全球经济一体化的趋势日益明显，国与国之间的关系越来越密切，越来越多的国家参与国际贸易。落实国际贸易往来工作离不开国贸专业人才，国际贸易的快速发展对中国国际贸易专业人才的培养提出了许多新的要求。对外贸易的规模日渐增大，使得相应企业对专业人才需求量也在迅速增高。在对国贸专业人才的培养上，各高校有了明确目标的基础上还存在诸多问题，关于国贸专业人才培养模式、实践等方面的研究成为热点。

张彦欣[13]的《基于人工智能的高职国际商务专业人才培养发展思考》介绍梳理了人工智能的基本概念与简单发展概况，分析了高职国际商务专业发展中面临的挑战，最后结合入门人工智能的基础提出了国际商务专业的发展建议。

刘颖、龚丽[14]的《高职“互联网+外贸”创新创业型人才培养路径研究》认为职业院校应顺应形势所需和政策导向，通过构建“宽基础—多模块—重创新”三位一体的创新型课程体系、构建通过参与创新创业技能大赛“以赛促创”的机制、构建“实践实训—项目实战—孵化创业”三阶递进的创新创业基地来提升学生的创新意识和创业能力。

郑晗、杨彩梅[15]的《应用型本科高校学生实践能力培养的探索——基于国际贸易实务课程的教学实践》基于《国际贸易实务》课程的教学实践，分析了课程是如何结合应用型本科高校的学生培养特点设置学习目标，并详细阐述了在理论教学和实践教学中实现这些目标的途径。

（二）英文期刊发表的科研成果研究热点

2020年，WOS中与“International Economics”和“International Trade”相关期刊学术论文类文章共4359篇，其中被引数较高的主题包括“经济增长”“国际贸易与碳排放”“可再生能源消费”。根据CiteSpace分析，出现频率较高的关键词为“国际贸易”（572）、“外部冲击”（308）、“经济增长”（153）、“碳排放”（117）、“全球化”（117）、“能源消耗”(70);中心性较高的关键词为:“国际贸易”(0.16)、“气候政策”(0.07)、“经济全球化”(0.07)、“碳排放”(0.06)、“环境绩效”(0.05)、“经济增长”(0.04)、“财政部”(0.04)。结合关键词出现频率和中心性结果,2020 年外文文献国际经济领域热点为“国际贸易”和“经济增长”“碳排放”“能源消费”“投入产出法”主题的结合。

1. 国际贸易与经济增长

首先,当前研究聚焦于国际贸易和经济增长关系的研究。通过投入产出法等模型,研究发现扩大国际贸易与经济增长之间在实证上有很强的相关性,国际贸易一定程度上促进了经济的增长,尤其是现代化的自由贸易通过贸易的静态利益和动态利益,更能有效放大这种促进作用。一方面,国际贸易可以改变一个国家的资本积累、人力资源、产业结构等要素,扩大本国交易市场,使得具有比较优势的产品的成本整体下降,实现规模经济,进而促进经济增长;另一方面,国际贸易一定程度上可以刺激各国技术进步和创新,研究发现激烈的国际市场竞争环境有助于激发本国企业在生产制造方面的技术创新,从而提高自身产品质量,以稳固国际市场地位,而先进的技术则提高了国民经济的增长。其次,当前研究还关注了国际贸易促进经济增长的路径。当前研究表明,存在 3 条路径可以加强国际贸易对经济增长的贡献作用。第一,要构建完善的国际政策法规,由于国际贸易的当事人一般身处不同的国家或地区,受不同法律和制度约束,所以国际贸易所适用的法律法规不尽相同,必须构建一个公平完善的贸易规则,才能更好地发挥国际贸易对经济增长的促进作用。第二,要规范国际市场秩序,打造公平竞争环境,近年学界就竞争中性原则、市场准入、国际贸易争端解决机制等问题进行了深入研究,这些概念也被一些学者认为是解决近年来国际贸易环境恶化的关键。第三,全面加强国际人力资本的流动,研究发现,在国际贸易交流中,技术交流、人才交流等手段可以促进国际贸易商品的技术创新,质量提升,同时也能使本国生产水平与国际接轨,进而实现经济增长目标。最后,当前研究关注了政府在国际贸易促进经济增长环节中的角色和作用。当前学界研究大体认为,只有市场在国际贸易中发挥基础性作用,政府不直接干预企业的具体经营活动,才能放大国际贸易促进经济增长的效应,过度地干预会导致抑制增长效应,但也有“保护幼稚产业”的理论认为政府必须进行干预,保护本国弱小产业,才能在国际贸易中占据价值链中高端,进一步促进本国经济增长。还有研究发现,各国财政部的财政政策,会对国际贸易促进经济增长效应带来巨大的影响。

Xiao Hao、MengBo, et al.[16] 的 *Are global value chains truly global*? 文章运用网络分析方法对全球价值链(GVCs)是真正的全球现象还是一种地区性现象进行了研究。研究结果表明,根据要素内容在全球生产分享中跨越国界的次数,全球价值链活动可以一致地被识别并分为 3 种类型的网络,即传统、简单和复杂的贸易网络。

Siyu Huang, et al.[17] 的 *Effects of Regional Trade Agreement to Local and Global Trade Purity Relationships* 针对区域贸易协定问题,文章定义了综合交易阻力,并将其分解为自然因素和人为因素。文章分离了地理距离、经济总量、运输和劳动力成本总体增长的影响,并使用期望最大化算法优化参数,量化了贸易纯度指标,描述了真实的全球贸易环境和国家间的关系。

2. 国际贸易与环境问题结合

CiteSpace 对外文文献的分析结果显示,环境问题已经成为国际经济和国际贸易领域的研究热点。研究主要集中于 3 个方面:第一,国际贸易中的碳排放量责任划分问题。20 世纪 90 年代,学界已经证明环境库兹涅茨曲线的存在,即当一个国家经济发展水平较低时,环境污染的程度较轻,随着人均收入的增加,环境污染由低趋高,环境恶化程度随经济的增长而加剧。当经济发展达到一定水平后,到达某个临界点,环境污染又由高趋低,环境质量逐渐得到改善。在全球化背景下,各国家经济交融,隐含碳排放责任也存在交叉情况。目前学界对于国际贸易中碳排放责任划分问题持有“生产者负责”与“消费者负责”两种观点,也有从纯技术效应角度对责任分配方法进行研究,得出消费者和生产者需要共同承担碳排放责任的结论。第二,国际贸易中的碳排放核算问题。基于“污染产业迁移假说”,自由化贸易会使能源以及污染密集的产业更加倾向于建立在环境标准低的国家中,使得各国自然环境分化加剧,因此必须对国际贸易中隐含的碳排放量进行科学的核算。目前研究通过投入产出法对国际贸易中隐含的碳排放量进行核算,结合国家投入产出表和投入产出系数,能够计算出该国二氧化碳在不同部门的分配比例,再通过建立模型对存货数、产品数、消费出口量等变量进行核算,进而得到各国隐含碳排放情况。第三，国际贸易与能源消费问题。当前研究证明，将可再生资源纳入国际贸易，可以显著降低对外贸易中的碳排放，并且可再生资源消费在短期和长期均对国际贸易中的碳排放有抑制作用。也有研究对当前国际能源消费结构做出分析，认为当前各国在国际贸易中过度地使用了不可再生资源，对可再生资源的利用还远没有达到边际效用递减阶段。

Y. L. Li，B. Chen 等[18] 的 *Carbon network embodied in international trade*：*Global structural evolution and its policy implications* 运用一系列网络工具，在系统多区域使用投入产出分析，描述了 1995 — 2011 年全球碳流动网络的演化特征。在全球层面，碳网络密度持续增加，表明各经济体之间的碳泄漏在增加。累积度/加权度的无标度分布日益明显，表明网络的异质性结构增强。在区域层面，以美国、中国和欧洲为中心的 3 个逐渐稳定的共同体形成了新的三方集群结构。

Xiurong Hu 等[19] 的 *The impacts of the trade liberalization of environmental goods on power system and* CO_2 *emissions*，文章基于宏观经济模型和电力部门模型分析了环境商品（Environmental Goods）自由化的影响，并试图通过比较不同环境商品清单，考虑控制最终用途以及将环境商品政策与碳税相结合来寻找更有效的环境商品贸易政策。结果表明，在没有其他政策的情况下，环境商品的贸易自由化不一定有利于环境，因为环境商品对传统能源还存在多种最终用途的影响路径，可能导致环境被破坏。

三、问题思考与未来展望

国际经济学学术体系建设对学科体系和话语体系建设具有重要作用，学术体系的建设和评价标准对学科建设和话语体系建设都会产生深远影响。当前学术体系建设主要以西方经济学的研究方法和学术评价为主流，大多数教材从贸易分工和利益得失的角度分析国际贸易关系。但西方国家的政府政策实际上并不以经济学分析的利益得失为依据，而越来越考虑政治因素及国际格局。因此，应多角度研究国际贸易理论与国际贸易政策的关系，更要发展中国特色的国际经济学体系；应以马克思主义思想为指导，对国际贸易的分工、利益分配格局及国际关系等展开科学的研究；应注重从历史与逻辑相统一的视角下阐释国际贸易分工格局的形成及影响，而不把资本主义分工体系当成既定事实。从研究对象上，中国特色的国际经济学学术研究应进一步研究发展中国家在国际贸易中的参与和利益，阐释中国发展成为世界贸易第一大国对世界经济的经验与贡献，提出世界经济发展的中国方案。从研究方法看，不仅应发展计量模型和方法在国际贸易中的应用，也应加强定性分析、案例分析等方法在国际贸易、国际谈判和国际商务等学术研究上的应用。在学科影响力方面，也需进一步加强各分支学科的相互协调和借鉴，更加注重学术评价指标的多元化和社会应用价值，从提升学科学术体系的一致性，促进学科学术体系的不断完善。

面对百年未有之大变局，中国发展的内部条件和外部环境正在发生深刻复杂变化。中国与世界经济的关系日益相互依存却又错综复杂。在这一背景下，国际经济学需要进一步加强在国际上的话语体系建设，要有更加强烈的自觉和自信，增强学术的前沿性和针对性，将学术研究成果传播到国际社会。中国特色的国际经济学的话语体系要具有科学性、民族性，也要具有包容性。第一，西方经济学建立在理性人假设基础上，形成了多流派不断完善的数学模型和逻辑体系。中国要从马克思主义出发研究提出具有科学性的国际贸易规律、制度和影响等，形成自己的话语体系。第二，西方经济学以公平贸易和市场经济为口号，在世界范围内推行其普适性价值，并要求世界各国遵循发达国家制定的贸易规则和价值观，从而阻碍各国的独立性和发展权。而中国应更加注重传播中国在国际贸易发展中的实践与经验，宣传中国提出的“丝路精神”所倡导的互利共赢原则，维护中国的国家利益。第三，中国特色的国际经济学话语体系应体现“命运共同体”理念，强调各国特别是发展中国家在国际经济中的利益，维护国际多边贸易体系。坚持倡导各国平等地参与国际经济活动，平等地参与国际经济规则的制定，同时共享全球经济发展的成果。

注：

［1］唐宜红，张鹏杨：《全球价值链嵌入对贸易保护的抑制效应：基于经济波动视角的研究》，《中国社会科学》，2020 年第 7 期。

［2］唐晓彬，崔茂生：《“一带一路”货物贸易网络结构动态变化及其影响机制》，《财经研究》，2020 年第 46(7)期。

［3］陈福中：《数字经济、贸易开放与“一带一路”沿线国家经济增长》，《兰州学刊》，2020 年第 11 期。

[4] 屠新泉，杨丹宁，李思奇：《加入 WTO 20 年：中国与 WTO 互动关系的演进》，《改革》，2020 年第 11 期。

[5] 郎永峰，李春顶，尹翔硕：《WTO 改革将如何影响中国经济?》，《中国软科学》，2020 年第 5 期。

[6] 石静霞：《数字经济背景下的 WTO 电子商务诸边谈判：最新发展及焦点问题》，《东方法学》，2020 年第 2 期。

[7] 李敬子，陈强远，钱学锋：《非位似偏好、非线性本地市场效应与服务贸易出口》，《经济研究》，2020 年第 55(2)期。

[8] 曲如晓，李婧：《世界高技术产品贸易格局及中国的贸易地位分析》，《经济地理》，2020 年第 40(3)期。

[9] 鞠雪楠，赵宣凯，孙宝文：《跨境电商平台克服了哪些贸易成本？——来自“敦煌网”数据的经验证据》，《经济研究》，2020 年第 55(2)期。

[10] 周念利，吴希贤：《美式数字贸易规则的发展演进研究——基于〈美日数字贸易协定〉的视角》，《亚太经济》，2020 年第 2 期。

[11] 周念利，吴希贤：《日本参与国际数字贸易治理的核心诉求与趋向分析》，《日本研究》，2020 年第 3 期。

[12] 陈红娜：《数字贸易与跨境数据流动规则——基于交易成本视角的分析》，《武汉理工大学学报(社会科学版)》，2020 年第 33(2)期。

[13] 张彦欣：《基于人工智能的高职国际商务专业人才培养发展思考》，《劳动保障世界》，2020 年第 3 期。

[14] 刘颖，龚丽：《高职“互联网+外贸”创新创业型人才培养路径研究》，《对外经贸》，2020 年第 3 期。

[15] 郑晗，杨彩梅：《应用型本科高校学生实践能力培养的探索——基于国际贸易实务课程的教学实践》，《对外经贸》，2020 年第 9 期。

[16] Xiao Hao, Meng Bo, Ye Jiabai, Li Shantong, 2020, *Are Global Value Chains Truly Global*?, Economic Systems Research, Vol. 32(4).

[17] Siyu Huang, etc., 2020, *Effects of Regional Trade Agreement to Local and Global Trade Purity Relationships*, Complexity, Vol. (2)

[18] Y. L. Li, B. Chen, G. Q. Chen, 2020, *Carbon network embodied in international trade: Global structural evolution and its policy implications*, Energy Policy, Vol. 39.

[19] Xiurong Hu, etc., 2020, *The impacts of the trade liberalization of environmental goods on power system and CO_2 emissions*, Energy Policy, Vol. 140.

（北京外国经济学说研究会供稿；执笔人：徐丹丹、邸玉娜、郭志超）

宏观经济学

一、学科基本内容

20 世纪，西方资本主义现实发展使得传统的自由主义思想面临挑战。宏观经济学是西方资本主义社会面对这一挑战，为分析政府如何通过财政与货币政策管理经济波动与增长的问题而发展出来的学科。比较微观经济学，其理论特征是使用国民收入、投资、消费等总体性的统计概念来分析市场经济的运行规律。广义地，本报告将对一国或地区经济总体发展与影响因素的研究称为宏观经济学。为此，本报告的领域不仅包括一国国民收入总量及构成、人口与就业、要素与禀赋、科技进步与创新、经济周期与经济增长、货币与财政、总需求与总供给、经济预期与经济政策等宏观经济问题，还涉及环境经济学、人口经济学、区域经济学、发展经济学等相关内容。

二、学术研究概况

（一）中文期刊发表的科研成果研究热点

1. 国民收入衡量与决定研究热点问题

随着中国宏观经济政策目标从“求速度”向“求高质量发展”的转变，国民收入的衡量统计也做出了相应的创新和调整。许宪春[1]、王洋、刘婉琪[2] 详细地研究和阐述了 GDP 核算核心指标的变迁、历史数据的补充办法、核算资料来源的变化、基本分类的修订和核算方法的改革以及普查以后 GDP 核算历史数据的修订情况，并强调了 GDP 核算的进一步改革的必要性，以使其更加准确客观地反映数字化时代中国经济发展的新情况，满足宏观经济分析和宏观经济管理的新需求，更好地服务中国经济发展。高敏雪[3]回顾了20世纪30年代中国国民经济核算体系的建立过程。高敏雪[4]结合中国实际，对当前国民经济核算应用于供给侧宏观经济观察的可能性与进一步改进提出建议。其他关于国民收入的研究中，张杰、金岳[5]从国民初次、再次分配机制的角度，分析了现阶段中国实施“国民收入倍增计划”战略的可行途径及其突出障碍。周慧、邵桂根、卢成[6]，林四春、刘萍萍[7]分别从税收和企业的角度讨论了国民收入分配的原则。

2. 经济周期研究热点问题

经济周期研究强调宏观经济整体与金融周期的联系。马勇、刘琳箫[8]对2008年以来国内外有关金融周期、经济活动和宏观政策三者之间关系的文献进行了全面系统的梳理，得到了3个基本结论：一是金融周期的长度通常长于经济周期，这意味着金融风险的累积是一个“过程量”；二是金融周期和经济活动之间存在密切关联，且金融周期通常领先于经济周期；三是金融周期可以反映金融失衡的动态变化，且金融周期的峰值往往对金融危机具有指示器作用，因此政策部门应该对金融周期的变化予以动态监测，并针对失衡的具体对象和情况，采用合适的政策工具及时抑制系统性风险，提高金融系统的弹性和抗风险能力。

孟庆斌、张永冀、汪昌云[9]运用马氏域变向量自回归模型研究中国宏观经济因素变动对股市的影响。研究发现，A股收益率和各宏观经济变量变动都具有明显的非线性；在大多数时间里实体经济变动和股市波动保持了较好的协同性，股市周期略领先于实体经济周期；M2的快速增长往往伴随着股市的大幅上涨，但股市大幅上涨阶段并不与M2的快速增长相伴；利率调节对股市周期有显著的负向影响；通货膨胀对股市收益率影响显著；实际汇率变化周期与股市收益率周期相协同。李黎力[10]对西方的宏观经济周期理论进行了反思。2008年全球金融危机以来，以明斯基“金融不稳定性假说”为代表的后凯恩斯主义内生经济周期理论引发了越来越多的关注。

3. 长期经济增长研究热点问题

经济增长的整体性规划强调明确新时代经济增长新旧动能转换的主要方向，从而推动经济高质量发展。樊纲[11]在新的事实出现的基础上，重新界定“发展经济学”的研究对象，说明一直没有被说清楚的发展经济学与经济增长理论的相互关系。文章指出：经济增长理论是一般性理论，它说明所有经济体要增长需要有哪些要素、需要经历哪些阶段，而发展经济学是一种特殊理论，它所研究的是落后国家在增长要素结构上处处落后，市场也已经被竞争力强大的发达国家和跨国公司占领的条件下，还要增长得比发达国家快，从而实现“趋同”这样一个悖论式的“特征性问题”。为此，作者提出“发展要素”的概念，用此分析落后国家得以实现发展的途径，并说明发展过程中不可避免遇到的各种困难、需要经历的不同阶段。

许宪春等[12]从行业层面考察中国全要素生产率的演进路径，基于同质可比的投入产出数据，采用增长核算法测算了行业层面的全要素生产率，然后基于总生产可能性边界法和跨行业直接加总法测算总体经济全要素生产率，分析中国经济增长动能。研究发现，1985—2015年资本投入对中国经济增长的贡献最大，全要素生产率增长也起到重要作用。全要素生产率增长率提升的70%来源于行业内全要素生产率增长，行业间资源配置效率改善的贡献率为30%。

作为拉动宏观经济的三驾马车之一，对居民消费的研究聚焦消费结构变迁和对趋势进行深入分析。林毅夫、沈艳、孙昂[13]以2020年3月起中国地方政府陆续发放的消费券为切入点，根据消费券的具体特征，以及微信支付数据、疫情数据和城市经济状况数据，使用双重差分法、三重差分法和合成控制法来识别消费券的发放效果，并评估政府在助力经济复苏中的作用。倪红福、冀承[14]通过对中美投入产出表数据分析发现：（1）随着经济发展水平和收入水平的提升，中国居民消费支出保持快速增长的态势，但城镇居民消费增长幅度远大于农村居民的增长幅度。（2）1971年以来，美国第一产业消费支出占比变化不大，基本稳定在1.2%左右。与此同时，中国第一产业居民消费支出所占比重由1987年的36.6%下降到2017年的8.2%，年均下降0.7%。随着居民收入水平和消费能力的持续提高，中国第一产业的消费占比将进一步下降。（3）中美两国的第二产业消费占比都呈下降趋势，但中国处于高位下降，未来中国第二产业的消费占比将进一步下降。第二产业中的具体细分行业的变化趋势具有异质性。（4）中美两国第三产业居民消费支出所占比重都呈上升趋势，且中国的增长幅度远大于美国，但中国居民服务消费占消费支出的比重低于美国约10个百分点。未来，中国服务业的消费占比将进一步提升。

林晨等[15]构建了含有人工智能和异质性资本（包括实体经济资本、住房资本和基建资本）的动态一般均衡模型，探寻人工智能是否有助于优化中国的资本结构，从而在扩大居民消费的同时促进经济增长。研究发现，人工智能可以优化资本结构，实现扩大居民消费和促进经济增长的双重目标。究其原因，一方面，人工智能可以提高实体经济的吸引力，吸引资金从房地产流向实体经济，从而减轻住房资本对居民消费的挤出效应，并增强实体经济资本对经济增长的拉动效果；另一方面，人工智能可以减弱地方政府依靠基建投资“稳增长”的动机，从而减轻基建资本对居民消费的挤出效应，并进一步增强实体经济资本对经济增长的拉动效果。据此建议政府部门着力促进人工智能快速健康发展，从而优化资本结构，最终实现扩大消费和经济增长的双重目标。

疫情与宏观经济的研究着重于量化、具象疫情对经济的冲击并强调后疫情的恢复措施 。汤铎铎等[16]分析了后疫情时期的全球经济大变局及中国的潜在增长率。他们指出全球价值链面临更加剧烈的调整，全球债务再创新高已成定局，全球宏观经济治理进入未知领域，社会分配呈现收入差距继续扩大之势，数字化、智能化技术正加速新工业革命的效果。中国经济从高速增长阶段进入高质量发展阶段。2021—2025年中国经济年潜在增长率预计平均为5.7%。在资本和劳动投入趋势性下降之际，经济增长要更多地依赖全要素生产率提升。刘伟、苏剑[17]通过对疫情影响下的总供给、总需求及CPI的测算，并综合自然走势和政策效果分析，预计2020年的中国经济增速为5.5%~6.0%，CPI上涨率能够控制在4.0%以内。疫情对中国经济自然走势的负面影响很大，2020年增速目标的扩张性很强。为了实现目标，应采取扩张性需求管理为主、扩张性供给管理次之、扩张性市场环境管理为辅的政策组合。中国政府目前有足够的政策工具，如果坚持高目标，那么在相关的政策作用下，经济增速可能接近6.0%；超过6.0%的可能性不大，主要因为不需要那么高的增速；如果政府对其他政策目标考虑更多一些，则可能会容忍增速稍低，让政府有足够的余力应对其他问题，包括疫情处理、稳物价、稳杠杆等。

经济增长研究还侧重将宏观金融与宏观经济结合起来，全面强调宏观债务管理在宏观经济调控中的战略地位。李建军等[18]基于对普惠金融发展与传统金融发展的概念辨析，提出了一个包含广泛的包容性、特定化配比程度与商业可持续性3个维度的普惠金融指标体系。张晓晶、刘磊[19]通过在险增长模型将金融风险与经济增长置于统一的分析框架中，从当期风险概率分布及跨期风险替代两个角度分析了金融环境（风险）对经济增长的影响。巴曙松、白海峰、胡文韬[20]基于新结构经济学视角，利用中国33个省份2011—2018年企业层面的面板数据，采用动态面板模型和面板门槛模型，探究金融科技创新对企业全要素生产率的带动作用，进而具体分析其对经济增长的影响。郭敏等[21]从理论上分析了中国地方政府隐性债务来源、度量及监管政策的阶段性特征，探讨了源于国有企业的地方隐性债务形成机制和长期不确定性影响。

经济增长模型还强调人力资本、教育对宏观经济的正向作用，并着重研究作用的传导机制。刘伟、张立元[22]发现，人力资本质量水平的跨国差异能够解释人均产出水平跨国差异的绝大部分，这两种差异将长期存在，即使高收入经济体之间也未显示出趋同的经验证据。测算结果表明，中国经济的人力资本质量水平显著落后于发达国家且其提升速率确已逐渐放缓。文章预测，若将中国经济消费产出比在未来30年内平稳扩大至2017年美国经济的0.865，仅此就能确保中国最晚可于2027年成为高收入经济体。若人力资本质量提升的年均率额外再增加1%，2024年，中国就可跻身高收入经济体；2049年，人均产出水平接近5万美元，达到美国的54.7%。张勇[23]通过分析人力资本的“资本”内涵，同时针对人力资本核算中基期存量和折旧等几个关键性基础指标进行理论研究和数据分析，重新估算中国人力资本存量指标和全要素生产率以及人力资本对经济增长的贡献。杜育红、赵冉[24][25]梳理了教育对经济增长贡献的理论与方法的演变，并考察了高等教育、人力资本质量对“本地—邻地”经济增长的影响。

基建与宏观经济密切关联，其中的关键是要通过基础设施建设提高生产要素效率。苏汝劼、姜玲[26]指出交通基础设施建设和市场化改革具有协同合作机制，交通基础设施对经济增长的促进作用主要是其外溢效应。方福前、田鸽、肖寒[27]同样指出中国基础设施对经济增长的促进作用主要表现为规模扩张型、数量型或外延型，而不是以质量型和内涵型为主的形式。能源和通信基础设施对经济增长的总效应具有规模效应，交通基础设施的规模效应不显著，但也对经济增长具有持续促进作用。

这说明目前中国3类基础设施仍然具有较大投资潜力。郭凯明等[28]提出，新型基础设施和传统基础设施在供给侧所影响的具体生产技术在需求侧所涉及的投资的产业来源构成上均存在差别。当制造业的资本产出弹性较高且制造业和服务业的产品替代弹性较低，或者制造业的资本和劳动的替代弹性较高时，新型基础设施投资将在供给侧通过提高制造业资本密集程度和实际产出比重推动制造业升级，通过提高服务业就业比重和名义产出比重推动服务业发展；当生产来源上新型基础设施的服务业投入比重高于传统基础设施时，新型基础设施投资将在需求侧通过提高服务业就业比重和名义产出比重拉动服务业发展。

4. 宏观政策研究热点问题

2020年，在减税降费、地方财政、货币政策和疫情后政策建议方面对宏观经济问题进行了大量研究。

减税降费如何有效地降低企业的税务负担是财政政策中的热议话题之一。王伟同等[29]利用全国税收调查数据，基于小微企业所得税减半征收政策带来的冲击，考察了减税政策对小微企业债务规模和融资成本的影响。本文研究结论表明，减税政策显著降低了小微企业税收负担，缓解了企业融资约束，这为国家进一步实施小微企业减税政策提供了经验支持。

樊勇等[30]基于2014—2015年全国税收调查数据，采用聚束和DID方法检验小微企业所得税优惠政策间断点的聚束效应。本文丰富了国内关于聚束方法应用的研究，并且证实了政府通过各类措施促进减税政策落地的必要性。姚东旻等[31]将营业税、增值税和企业所得税纳入统一分析框架，分别探讨不同税种税率对企业要素需求和人均资本的影响。倪红福等[32]从企业要素创造新价值能力所承担税收的角度定义企业税收负担率，并创新性地把收入不平等测度方法拓展应用于企业税负不平等测度问题上，进而从税负不平等这一新视角来解释“宏观低税负，企业高税负感”悖论，指出解决企业税负不平等问题是“降成本”供给侧结构性改革的重要任务之一，也是减税降费的题中应有之义。

财政问题也聚焦于地方财政和中央与地方间的关系。方红生等[33]采用省级和地市级两套面板数据，逐级检验了中国省以下政府间一般公共预算收入和4个主要税种收入的分配实践是否总体上落实了“财力协调、区域均衡”的两个原则，为中国省以下政府间财政收入分配改革提供了参考。范子英、赵仁杰[34]利用撤县设区改革，研究了收入和支出端的财政职权对县级政府征税努力和企业实际税负的影响。研究发现：第一，撤县设区改革降低了县级政府财政自主权，新设区的财政收支明显下降，而市本级的财政收支则显著上升。第二，撤县设区弱化了县级政府征税努力，显著降低了企业的实际税率，不过仅限于区县政府管辖范围内的企业所得税，对国税局管理的增值税和2002年之后新企业的所得税没有影响。第三，撤县设区有助于扩大企业销售产值和利润总额，并促进地区经济增长。本文的研究表明，在分税制框架下要实现企业的实质性减税，需要通过财政收支权力的同步调整来降低地方财政压力，形成事权与支出责任相匹配的政府间财政关系。

贾俊雪、梁煊[35]构建了一个理论分析框架，阐释了地方政府竞争对居民收入分配的影响及其机理，提出核心理论命题；以1998—2005年地级市数据和2005年全国1%人口抽样调查数据为基础，利用工具变量法进行实证检验。研究表明，地方政府竞争增大了居民收入分配差距。原因在于：分税制改革采取财权集中的做法，压缩了地方政府“低税负”收入竞争空间，促使其更多运用“高支出”竞争策略；而在GDP增长为核心的晋升激励下，竞争加剧了地方政府注重基础设施等经济性支出而忽视教育和社会保障等民生性支出的行为偏差；亦促使其更多依靠转移支付收入为扩张的支出筹资，以将支出成本更多通过公共池渠道转嫁给中央和其他辖区政府；更倾向于利用营业税获取自有收入，而尽可能避免对经济具有较大不利影响的企业所得税和增值税等收入的较快增加。这样的收支竞争策略更倾向于增大居民收入分配差距。实证分析证实了上述作用机理，因此，实现分配公平和共享发展需优化完善地方政府治理体系。

财政问题聚焦疫情后的政策建议。刘伟[36]在讨论疫情冲击下中国经济复苏进展的基础上，从适应深化供给侧结构性改革和应对疫情冲击要求两个方面阐释了中国货币政策变化需要遵循的原则。作者指出：中国经济进入新常态以来，出现了一系列新矛盾和新失衡，要求经济发展方式发生根本转变，包括宏观经济调控方式的改革和完善，包括货币政策体系及货币政策目标、工具、传导机制，也包括货币政策倾向力度和与财政政策等其他宏观经济政策的组合方式等，都需要做出深刻的调整。以深化供给侧结构性改革为主线的现代化经济体系建设对货币政策的调整提出了明确的导向。新冠肺炎疫情对经济的严重冲击及相应的经济恢复，对货币政策等宏观经济调控也提出了清晰的要求。

吕冰洋、李钊[37] 重新归纳了财政职能与疫情冲击下财政政策应对方向，通过估算疫情对财政赤字率的冲击程度以及对中国财政可持续发展能力的评估，本文认为疫情会导致中国财政形势更加严峻，但中国财政可持续性较强。当前财政必须采取兼顾经济社会目标和财政可持续性的“双向兼顾”策略，为此，积极财政政策可从两方面发力：一是增加收入来源，适当提高赤字率和专项债；二是提质增效，补短板和扩内需。同时，更要化危为机，要审时度势推进财政制度变革，包括建立中期预算框架、推动公共事业中政府与社会合作、合理定位税收功能并实施社会保障全国统筹改革等。

有关货币政策的研究热点之一是货币政策与其他政策的配合。李力等[38] 构建了包含普通企业和地方政府融资平台企业“双违约”、货币政策和宏观审慎政策“双支柱”调控的新凯恩斯 DSGE 模型，通过贝叶斯估计研究发现：普通企业和地方政府融资平台企业的风险冲击是中国经济波动的重要来源，二者均会带来产出衰退和违约风险增加。扩张性货币政策在促进经济繁荣的同时，也会导致企业杠杆率的攀升，加大两类企业的债务风险；而基于动态准备金调控的逆周期宏观审慎监管政策，则能有效抑制企业债务规模，并降低两类企业的违约率，同时也会引起实体经济的小幅紧缩。“双支柱”的调控效果优于单一政策工具，且区分普通企业与地方政府融资平台企业的“差别准备金动态调整”的逆周期宏观审慎政策能进一步提高社会福利。

货币政策聚焦金融业发展。高蓓等[39] 基于银行产权异质性决定的市场风险偏好，通过理论建模与实证检验，揭示货币政策传导效应在影子银行存在与否两种情形下的差异性。研究结果显示：当金融市场不存在影子银行时，股份制银行对货币政策调控的敏感性高于国有银行，主要源于两类银行的股东构成不同，高管任命和考核机制迥异；为了规避监管约束，金融市场催生出影子银行，隐性放松了银行贷款条件，导致货币政策有效性下降。但影子银行在不同发展阶段具有差异性，发展初期对贷款替代率较高，资金 60%以上进入实体经济，对经济的边际贡献显著，其中，股份制银行的贷款替代尤为突出。此时，影子银行虽削弱了货币政策有效性，但也缓解了强硬政策“一刀切”迫使银行抽资断贷对经济的损伤；伴随对影子银行的监管加强，部分资金转向“同业”，此时影子银行对经济的贡献降低，但资金涌入资本市场推高了资产价格泡沫，积聚了大量金融风险。因此，与单一加强监管相比，持续深入的金融改革才是彻底化解金融风险、解决影子银行问题的根本出路。

货币政策的反应机制也是热点研究问题之一。张成思、田涵晖[40] 将 2001—2019 年中国通货膨胀出现的结构性分化特征划分为核心—非核心、消费—非消费两个层次，研究货币政策对具有分化特征的不同通货膨胀指标的反应机制。价格型和数量型货币政策反应方程估计和模型竞争检验结果表明，对于消费领域内部的核心—非核心通货膨胀率分化，货币政策仅对核心（非食品）类消费品通货膨胀率反应，对非核心（食品）类消费品通胀率不反应；对于消费-非消费类通货膨胀率之间的分化，价格型目标仅对消费类通货膨胀率做出反应，数量型目标同时兼顾消费类和非消费类通货膨胀率。

5. 其他宏观经济研究热点问题

人口研究聚焦城市化、人力资本问题研究。罗楚亮、董永良[41] 从城乡融合的角度，根据城镇社区非农户口和农村社区农业户口人群社会经济特征建立 probit 回归模型，判断其他“中间状态”人群的城市化状态。结果表明，从社会经济特征相似性角度而言，城市化水平总体上可能存在高估倾向。此外，分人群组的研究还发现，旨在取消户籍差异的居民户口制度推行并没有实质性地推进城市化水平；被征地人群的城市化水平也没有得到明显提高；并且在低收入人群中，城市化水平高估倾向更为严重。段巍等[42] 基于拓展的 Rosen-Roback 模型构建中国城镇居民福利变动的核算框架，基于 2000 年、2010 年、2017 年中国 271 个地级市数据，对 2000—2017 年城镇居民的福利变动及其影响因素进行结构估计。结果显示：中国城镇居民福利增长了 370.92%。分因素看，生产率、人均建设用地、公共服务支出效率、政府发展偏向这 4 类因素对福利增量的贡献率分别为 69.35%、19.88%、9.64%、1.13%。城镇化的动力由“生产率、土地供给双轮驱动”向“生产率、土地供给与公共服务支出效率三方面协同驱动”演进。分地区看，东部地区城镇化体现出协同驱动的特征，中部地区则缺乏土地要素的支持，西部和东北地区在 2010 年后呈现公共服务主导的特征。

赵春明等[43] 利用1990—2015年全国人口普查（抽样调查）数据，采用Bartik方法构建城市层面的关税削减指标以衡量主动扩大进口。研究发现，主动扩大进口显著促进了当地人力资本积累，关税削减程度90分位数城市的高中实际入学率比10分位数城市在2000—2005年累计增加了约3.20%。扩大进口对人力资本积累存在长期动态效应，关税削减程度90分位数城市的高中实际入学率比10分位数城市在2000—2015年累计增加了约4.15%，长期促进效应比短期高出0.95个百分点。扩大进口的人力资本促进效应主要体现在女性群体；当地个人16岁时接受高中教育的概率也显著提高。机制检验表明，扩大进口一方面对当地劳动力尤其是低技能劳动力就业造成负面冲击，进而降低了人们接受教育的机会成本；另一方面扩大了当地高低技能劳动力的收入差异，进而提高了人们接受教育的预期收益。结论为中国制定符合经济社会高质量发展的贸易政策和教育政策提供了理论依据和经验支持。

环境问题学者研究聚焦低碳经济。余壮雄等[44]基于中国1998—2015年的制造业碳排放数据，考察了中央与地方产业规划的碳排放倾向对地区碳排放的影响。研究发现，中央产业规划着眼于经济发展的长期目标，更倾向于发展低碳排放行业，而地方政府更关注短期经济增长，偏向发展高产值的高碳排放行业；地方产业规划对高碳排放行业的扶持能够降低地区的碳排放强度，而中央产业规划的影响则不明显。机制分析表明，政府对特定行业的扶持能够提升行业的工业增加值、降低行业的碳排放强度；由于高碳排放行业的产值与碳排放水平更高，地方政府对高碳排放行业的扶持所带来的行业碳排放下降最终导致整个地区的碳排放强度下降。研究结论揭示了中央与地方政府在推动经济向低碳化发展时所选择的不同路径及其影响差异。

平新乔等[45] 以每万元GDP所承受的二氧化碳排放量来度量碳排放强度，发现中国的碳排放强度从1997年的3.68吨/万元下降至2017年的1.19吨/万元，降幅较大。分省份和分行业的分析表明，目前中国碳排放强度分布不均衡，大多数省份和大多数行业的碳排放强度已经降到与同等发展程度的发展中国家接近的水平，有的省份甚至降到先进发达国家的水平。“十四五”期间，中国进一步降低碳排放强度的重点和难点在于北方的8个高排放省区，即青海、甘肃、辽宁、河北、山西、新疆、内蒙古、宁夏，并应重点关注电力行业。除需继续采用逐年下调的碳排放指标等行政性手段外，还应运用产业政策和微观政策，以市场机制的方式来激励微观单位降低碳排放，推动碳交易市场的扩大和升级。

农业经济聚焦乡村振兴、结构转型与智慧农业研究。刘守英等[46] 通过门槛回归研究表明，土地对经济的贡献存在倒“U”形的门槛特征，经济转型期土地对经济增长的发动机功能已经枯竭，不同地区存在的问题程度不一。在东部地区，过度的土地依赖导致了风险增加和低质量招商引资等问题，已对地方经济发展产生负面影响。而中西部地区复制东部地区的“以地谋发展”模式一直绩效不佳。

于法稳[47] 提出中国农业正处于由传统农业向现代农业转变的关键时期，智慧农业将加速这一转变过程。智慧农业的发展应关注主体的多元性、区域的适宜性、发展的阶段性、模式的多样性等问题，从强化顶层设计、制定发展规划、实施技术集成、注重人才培养、加大资金投入、发挥示范引领、完善政策措施等方面寻找实现路径。

区域经济聚焦产业链供应链研究。闫冰倩、田开兰[48] 基于全球多区域投入产出模型，采用反事实的分析方法衡量了全球产业布局演变对中国GDP和就业的影响，并分经济体、分行业深入剖析了影响的作用机理，同时区分刻画了中间品和最终品两类不同路径的影响。研究表明：（1）过去全球产业呈现不断转入中国的态势，对中国GDP和就业的正向贡献显著。（2）未来产业转出对中国经济潜在的负向影响不容忽视，其中，美国、日本和韩国将产业从中国转出对中国GDP和就业影响最大。对于大部分资本密集型经济体而言，其将最终品需求从中国转出对中国的负向影响比中间品产业转出的负向影响更大；而对于大部分劳动密集型经济体，结论则相反。（3）分行业看，技术密集型行业的产业转移，尤其是电子和光学产品以及机械设备制造业的转出对中国GDP的负向影响最大，而且其最终品产业转出的负向影响比中间品产业转出的负向影响更大。对于大部分资本密集型行业，情况则相反。研究有助于预判未来全球产业布局变化对中国经济和就业的冲击，提前布局应对。

空间布局调整优化及重要影响因素研究。张跃[49] 以长三角城市经济协调会作为政府合作的一项准自然实验，通过双重差分法建立实证模型考察政府合作对城市群全要素生产率的影响，并对其作用机制和异质性进行深入探讨。实证发现：政府合作有利于城市群全要素生产率的提升，长三角扩容后的样本同样支持这一结论。机制检验表明，政府合作可以通过增强经济联系、扩大市场潜能和促进产业结构升级等途径间接提升城市群全要素生产率。异质性检验表明，城市规模等级越高，其从城市群的政府合作中获得全要素生产率提升就越大；距离核心城市越近，周边城市在城市群政府合作中，其全要素生产率提升越大。

机器人、人工智能对经济影响研究。王林辉等[50] 基于 Acemoglu 和 Restrepo（2018a）的人工智能技术模型，引入高技术与低技术两部门分类，推演人工智能技术的收入分配效应，结合中国 2001—2016 年全国及省级层面数据，分类测算其劳动收入分配的岗位更迭效应和生产率效应。结果发现：（1）人工智能技术在引发劳动岗位更迭的同时，非对称地改变不同技术部门生产率影响劳动收入分配，诱致高、低技术部门劳动收入差距年均扩大 0.75%。（2）人工智能技术的岗位更迭效应倾向于在低技术部门通过自动化扩张、在高技术部门以新岗位创造方式，加剧收入不平等，而生产率效应存在门槛特征。（3）人工智能技术在资本和非技术密集型地区的收入分配效应更为突出，且对劳动和技术密集型地区的影响不断增大。为应对人工智能技术对劳动力市场就业结构和收入不平等的冲击，政府应健全就业培训和失业保障制度，制定差异化的区域政策，积极引导人工智能技术朝人机协作和收入平等方向发展。

戚聿东等[51] 从理论层面分析了数字经济发展对就业结构、就业质量的影响及其机理，并构建中国就业质量指标评价体系，实证分析了互联网和电信业、软件业、电商零售业、科学技术业发展对就业结构和就业质量的影响。研究发现：数字经济发展有助于优化就业结构，促使劳动报酬和劳动保护进一步提升；也能促进就业环境持续改善、就业能力不断增强，为实现更高质量就业提供新契机。对 2008—2018 年间不同省份就业质量测算后发现，中国各省份就业质量平均得分不高，但总体呈稳步上升趋势，中西部地区就业质量与东部地区仍然存在一定差距，区域分化差异较明显。数字经济发展加速了产业结构转型升级，也带动了就业结构优化和就业质量提升，其中互联网和电信业、软件业、电商零售业、科学技术业显著增加了第三产业就业比重和各省就业质量得分。因此，应大力发展数字经济，持续推动就业结构优化升级，引导劳动者向数字经济领域有序转岗就业，实现更高质量和更充分就业。

（二）英文期刊发表的科研成果研究热点

Wen Zhang[52] 探讨了贸易开放对货币传导机制的影响。理论分析发展了一种开放经济的新凯恩斯主义模型，其特点是从发达经济体向欠发达经济体的单向离岸外包。该模型表明，扩大对正规贸易或离岸贸易的开放程度会降低货币政策对国内经济的影响，尽管这两种影响通过不同渠道影响货币传导机制。实证部分估计了一个带有美国行业数据的交互面板 VAR 模型，并证实了更大的定期贸易或离岸风险显著降低了货币政策的影响。

随着经济的全球化，国内企业的行为受到对外经济政策的显著影响。Dongyang Zhang 等[53] 研究了 2015—2018 年美国货币政策与中国企业 R & D 投资的关系。最后，我们发现，美联储（Federal Reserve）加息对中国企业的 R & D 投资产生了积极而显著的影响，特别是对小型和低创新企业的 R & D 投资。此外，其他创新手段，包括强化新产品和专利，也受到美联储加息的推动。

Feng Dong 等[54] 在 DNK 框架中提供了一个理性泡沫模型。企业家的投资效率参差不齐，面临着信贷约束。他们可以通过交易泡沫资产来提高资产净值。泡沫资产会带来流动性溢价，并可能具有正价值。货币政策影响泡沫存在的条件、其稳态大小以及包括初始大小在内的动态。逆风倾斜的利率政策降低了泡沫的波动性，但可能会加剧通胀的波动性。货币政策是否应对资产泡沫取决于特定的利率规则和外部冲击。

Wen Zhang[55] 利用来自中国各省的数据，考察了省级领导人的政治激励对经济改革后时期地方政府支出乘数的影响。基于局部投影方法的估计提供了 3 个新的发现。首先，估计的累积相对政府支出乘数远远高于 1，1994 年之后的时期比 1994 年之前更大。其次，省级领导人的政治激励增加了地方政府的支出乘数，1994 年后效果非常显著。最后，经济的繁荣加强了 1994 年后政治奖励的扩大作用。

Shouying Liu 和 Yue Zhang[56] 认为，中国城市化是由植根于国家土地所有权的两条轨道驱动的：一是依靠土地融资和征用、促进资本积累、基础设施建设和提供公共产品的国家主导轨道；二是基于集体土地所有权和自治的非正式轨道导致非正式的“城市村庄”，为移民提供负担得起的住房和服务。中国的城市化强调了公信力理论，认为制度形式源于功能，因为作为非正规住区的城市村庄通过容纳流动人口，在推动城市化方面发挥着可信的作用。然而，中国的城市化受到了可持续性和包容性问题的挑战，其当前的可信度可能不会持久。在这种情况下，地方政策创新可能会强调通过“非正式形式的正规化”整合轨道和实现新型城市化的可能性。在这一点上，人们可以考虑可信性量表和干预（CSI）核对表，这是一个以可信性论点为基础的政策干预的“工具箱”。

Hao Qi 和 David M. Kotz[57] 分析了国有企业对中国经济增长的影响。我们考虑了国有企业可以发挥促进增长作用的几种可能渠道：第一，通过大规模投资在经济低迷时期稳定增长；第二，通过投资风险更高的技术领域来促进技术进步；第三，通过支付生活工资的方式对待工人，这有利于中国在未来走向更可持续的增长模式。我们的实证分析发现，较高的国有企业份额有利于长期增长，并倾向于抵消经济下滑对区域层面的不利影响。

Michael B. Devereux 等[58] 提出了一个简化的、存在显示解的净资本流动的两国经济一般均衡模型。该模型中随时间变化的国家资产组合能够解释一国经常账户的失衡与调整。模型中的资产可以是一般的金融衍生产品，或者是名义债券资产或者负债。在非常弱的假设条件下，国家外部财富的分布具有稳态特征。这一稳态主要通过衍生品风险溢价的变化来保证。具体而言，债务国外部负债的成本会低于其外部资产的收益，反之，债权国外部负债的成本则要高于其外部资产的收益。本文实证研究表明，这不仅仅是美国国际投资头寸的特征，也是其他发达国家和广大发展中国家国际投资头寸的特征。

三、问题分析与未来展望

中国特色社会主义市场经济的发展，有其自身的历史逻辑与实践逻辑。在面临百年未有之大变局的深度调整，百年奋斗目标迈向新阶段的重大时代背景下，根据“十四五”规划的总体思路，“展望 2035 年，中国将基本实现社会主义现代化。经济实力、科技实力、综合国力将大幅跃升，经济总量和城乡居民人均收入将再迈上新的大台阶，关键核心技术实现重大突破，进入创新型国家前列。基本实现新型工业化、信息化、城镇化、农业现代化，建成现代化经济体系。基本实现国家治理体系和治理能力现代化，人民平等参与、平等发展权利得到充分保障，基本建成法治国家、法治政府、法治社会。建成文化强国、教育强国、人才强国、体育强国、健康中国，国民素质和社会文明程度达到新高度，国家文化软实力显著增强。广泛形成绿色生产生活方式，碳排放达峰后稳中有降，生态环境根本好转，美丽中国建设目标基本实现。形成对外开放新格局，参与国际经济合作和竞争新优势明显增强。人均国内生产总值达到中等发达国家水平，中等收入群体显著扩大，基本公共服务实现均等化，城乡区域发展差距和居民生活水平差距显著缩小”。[59]中国经济的发展，对宏观经济学界提出了很多重大全新课题，亟须经济学者的不断深入研究与探索，从而提供政策分析和建议。当代中国的发展已经远远超出了西方话语体系所能涵盖的范围，我们需要努力将改革开放以来中国丰富的中国实践、新发展理念、中国经验和中国道路，通过系统化的理论构建，形成中国特色宏观经济学话语体系，这一目标已经成为中国经济学界的共识。

注：

［1］许宪春：《中国国民经济核算核心指标的变迁——从 MPS 的国民收入向 SNA 的国内生产总值的转变》，《中国社会科学》，2020 年第 10 期。

［2］许宪春，王洋，刘婉琪：《GDP 核算改革与经济发展》，《经济纵横》，2020 年第 10 期。

［3］高敏雪：《话当年：接受国民经济核算体系(SNA)过程中的几本书》，《中国统计》，2020 年第 12 期。

［4］高敏雪：《国民经济核算与供给侧宏观经济观察》，《统计研究》，2020 年第 2 期。

［5］张杰，金岳：《中国实施“国民收入倍增计划”战略：重大价值、理论基础与实施途径》，《学术月刊》，2020 年第 10 期。

［6］周慧，邵桂根，卢成：《国民收入分配与有效税率》，《经济社会体制比较》，2020 年第 3 期。

［7］林四春，刘萍萍：《企业所有者生产：国民收入分配原则》，《现代管理科学》，2020 年第 1 期。

［8］马勇，刘琳箫：《金融周期、经济活动与宏观政策：最新文献述评》，《当代经济科学》，2020 年第 4 期。

［9］孟庆斌，张永冀，汪昌云：《中国股市是宏观经济的晴雨表吗？——基于马氏域变模型的研究》，《中国管理科学》，2020 年第 2 期。

［10］李黎力：《货币与经济周期：后凯恩斯主义的逻辑》，《政治经济学评论》，2020 年第 5 期。

［11］樊纲：《“发展悖论”与发展经济学的“特征

性问题”》，《管理世界》，2020 年第 4 期。

［12］许宪春，张钟文，常子豪，雷泽坤：《中国分行业全要素生产率估计与经济增长动能分析》，《世界经济》，2020 年第 2 期。

［13］林毅夫，沈艳，孙昂：《中国政府消费券政策的经济效应》，《经济研究》，2020 年第 7 期。

［14］倪红福，冀承：《中国居民消费结构变迁及其趋势——基于中美投入产出表的分析》，《消费经济》，2020 年第 1 期。

［15］林晨，陈小亮，陈伟泽，陈彦斌：《人工智能、经济增长与居民消费改善：资本结构优化的视角》，《中国工业经济》，2020 年第 2 期。

［16］汤铎铎，刘学良，倪红福，杨耀武，黄群慧，张晓晶：《全球经济大变局、中国潜在增长率与后疫情时期高质量发展》，《经济研究》，2020 年第 8 期。

［17］刘伟，苏剑：《疫情冲击下的 2020 年中国经济形势与政策选择》，《社会科学研究》，2020 年第 3 期。

［18］李建军，彭俞超，马思超：《普惠金融与中国经济发展：多维度内涵与实证分析》，《经济研究》，2020 年第 4 期。

［19］张晓晶，刘磊：《宏观分析新范式下的金融风险与经济增长——兼论新型冠状病毒肺炎疫情冲击与在险增长》，《经济研究》，2020 年第 6 期。

［20］巴曙松，白海峰，胡文韬：《金融科技创新、企业全要素生产率与经济增长——基于新结构经济学视角》，《财经问题研究》，2020 年第 1 期。

［21］郭敏，段艺璇，黄亦炫：《国企政策功能与我国地方政府隐性债务：形成机制、度量与经济影响》，《管理世界》，2020 年第 12 期。

［22］刘伟，张立元：《经济发展潜能与人力资本质量》，《管理世界》，2020 年第 1 期。

［23］张勇：《人力资本贡献与中国经济增长的可持续性》，《世界经济》，2020 年第 4 期。

［24］赵冉，杜育红：《高等教育、人力资本质量对“本地-邻地”经济增长的影响》，《高等教育研究》，2020 年第 8 期。

［25］杜育红，赵冉：《教育对经济增长的贡献——理论与方法的演变及其启示》，《北京师范大学学报(社会科学版)》，2020 年第 4 期。

［26］苏汝劼，姜玲：《空间溢出视角下基础设施投资对经济增长的影响研究》，《宏观经济研究》，2020 年第 9 期。

［27］方福前，田鸽，肖寒：《基础设施对中国经济增长的影响及机制研究——基于扩展的 Barro 增长模型》，《经济理论与经济管理》，2020 年第 12 期。

［28］郭凯明，潘珊，颜色：《新型基础设施投资与产业结构转型升级》，《中国工业经济》，2020 年第 3 期。

［29］王伟同，李秀华，陆毅：《减税激励与企业债务负担——来自小微企业所得税减半征收政策的证据》，《经济研究》，2020 年第 8 期。

［30］樊勇，李昊楠，管淳：《小微企业所得税优惠间断点是否存在聚束效应》，《世界经济》，2020 年第 3 期。

［31］姚东旻，朱泳奕，张鹏远：《税种差异、实际税率与企业生产要素需求》，《世界经济》，2020 年第 5 期。

［32］倪红福，吴延兵，周倩玲：《企业税负及其不平等》，《财贸经济》，2020 年第 10 期。

［33］方红生，鲁玮骏，苏云晴：《中国省以下政府间财政收入分配：理论与证据》，《经济研究》，2020 年第 4 期。

［34］范子英，赵仁杰：《财政职权、征税努力与企业税负》，《经济研究》，2020 年第 4 期。

［35］贾俊雪，梁煊：《地方政府财政收支竞争策略与居民收入分配》，《中国工业经济》，2020 年第 11 期。

［36］刘伟：《疫情冲击下的经济复苏与货币政策调整》，《经济学动态》，2020 年第 7 期。

［37］吕冰洋，李钊：《疫情冲击下财政可持续性与财政应对研究》，《财贸经济》，2020 年第 6 期。

［38］李力，温来成，唐遥，张偲：《货币政策与宏观审慎政策双支柱调控下的地方政府债务风险治理》，《经济研究》，2020 年第 11 期。

［39］高蓓，陈晓东，李成：《银行产权异质性、影子银行与货币政策有效性》，《经济研究》，2020 年第 4 期。

［40］张成思，田涵晖：《通货膨胀结构性分化与货币政策反应机制》，《世界经济》，2020 年第 9 期。

［41］罗楚亮，董永良：《城乡融合与城市化的水平与结构》，《经济学动态》，2020 年第 11 期。

［42］段巍等：《中国式城镇化的福利效应评价(2000—2017)》，《经济研究》，2020 年第 5 期。

［43］赵春明等：《主动扩大进口对中国人力资本

积累的影响效应》,《中国工业经济》,2020 年第 11 期。

[44]余壮雄等:《通往低碳经济之路:产业规划的视角》,《经济研究》,2020 年第 5 期。

[45]平新乔等:《中国碳排放强度变化趋势与“十四五”时期碳减排政策优化》,《改革》,2020 年第 11 期。

[46]刘守英等:《“以地谋发展”模式的衰竭》,《管理世界》,2020 年第 6 期。

[47]于法稳:《基于绿色发展理念的智慧农业实现路径》,《人民论坛 · 学术前沿》,2020 年第 11 期。

[48]闫冰倩,田开兰:《全球价值链分工下产业布局演变对中国增加值和就业的影响研究》,《中国工业经济》,2020 年第 12 期。

[49]张跃:《政府合作与城市群全要素生产率》,《财政研究》,2020 年第 4 期。

[50]王林辉等:《人工智能技术会诱致劳动收入不平等吗》,《中国工业经济》,2020 年第 4 期。

[51]戚聿东等:《数字经济发展、就业结构优化与就业质量提升》,《经济学动态》,2020 年第 11 期。

[52] Wen Zhang, 2020, “Can trade openness affect the monetary transmission mechanism? ”, Review of International Economics, Vol. 28(2).

[53] Dongyang Zhang, Yumei Guo, Zhaorui Wang, Yanbin Chen, 2020, “The impact of US monetary policy on Chinese enterprises’ R&D investment”, Finance Research Letters, Vol. 35.

[54] Feng Dong, Jianjun Miao, Pengfei Wang, 2020, “Asset bubbles and monetary policy”, Review of Economic Dynamics, Vol. 37(Supl. 1).

[55] Wen Zhang, 2020, “Political incentives and local government spending multiplier: Evidence for Chinese provinces (1978-2016)”, Economic Modelling, Vol. 87.

[56] Shouying Liu, Yue Zhang, 2020, “Cities without slums? China’s land regime and dual-track urbanization”, Cities, Vol. 101(101).

[57]Hao Qi, David M. Kotz, 2020, “The Impact of State - Owned Enterprises on China’s Economic Growth”, Review of Radical Political Economics, Vol. 52 (1).

[58]Michael B. Devereux, Makoto Saito, Changhua Yu, 2020, “International capital flows, portfolio composition, and the stability of external imbalances”, Journal of International Economics, Vol. 1.

[59]《重磅!“十四五”规划和 2035 年远景目标纲要,全文公布!》,中国经济网,2021 年 3 月 13 日。

(北京外国经济学说研究会供稿;执笔人:张巍、马思宇、姚璐)

微观经济学

一、学科基本内容

微观经济学在资源稀缺性和理性人的假设之下,以理论与实证的方法研究市场经济中的决策单位(个体、家庭、企业、政府)实现效用、利润、社会福利最大化的方式或行为规律,结合宏观背景与社会状态、制度与政策等因素,分析市场经济运行机制以及有效率运行的条件,由此探寻完善市场经济有效率运行的途径,例如,与市场经济相适应的制度建设,政府的公共物品供给与市场规制等。一方面,微观经济学通过研究经济活动的生产、分配、交换、消费各个环节的激励—约束条件,体现西方经济学研究市场经济运行机制的基本方法。另一方面,微观经济学涵盖诸多对现实经济问题的研究,并衍生出诸多专门的研究领域或学科,例如,企业经济学、劳动经济学、消费经济学、产业经济学、社会网络理论、福利经济学、一般均衡理论等等。

二、学术研究概况

微观经济学虽然属于西方经济学的学科范畴,中国学者主要借鉴其分析方法研究中国特色社会主义市场经济的运行机制,阐释中国现象,研究中国问题,论证中国道路。

(一)生产与企业经济学

企业生产行为是面对外部约束的条件下优化内部资源配置的生产决策,企业自身生产行为的主动性和市场环境的不确定性是这一研究的主题之一。在信贷、税收、技术引进、外生冲击等因素的作用下,企业对于自身生产行为的相关调整在 2020 年的研究中较多地受到学者们的关注。

关于企业生产的研究首先集中于外部融资环境和政府税收对于企业的影响，尤其是在“供给侧”结构性改革的主线下，打破企业对地方融资平台的依赖，通过积极的政策引导全要素生产率的提高，成为研究的重点。许晓芳、周茜、陆正飞[1]对中国去杠杆政策的实施效果进行了实证检验，发现对于过度负债企业而言，其更可能去杠杆且去杠杆的程度也更高，且这一可能性随着负债程度的上升而上升，但是强制性去杠杆政策的影响主要在于中央国企和非国企，对于地方国企较为微弱。董丰、申广军、焦阳[2]分析了企业的过度负债问题对劳动收入份额产生的影响，通过模型证明企业家可以依靠负债提升自己在劳资谈判中的话语权达到压抑工人的工资诉求的目的，继而实证检验均发现，从1998—2008年间，劳动收入份额的下降有较大比例可以由企业负债所解释，因此去杠杆对于提升工人劳动收入所得同样具有重大意义。窦超、王乔菀、陈晓[3]从风险传递的角度研究了政府背景对大客户民营企业融资约束的影响，显然具有政府背景的大客户可以降低供应链违约风险而使得民营企业的融资约束得到缓解，这在竞争激烈的行业中尤为明显，由此可见政府采购机制对于维持地方融资稳定和企业发展的重要意义。

就政府税收及补贴对企业生产的影响而言，樊勇、李昊楠、管淳[4]关注了税收优惠规则为何没有导致小微企业在优惠临界点附近产生断点的问题，通过对聚束效应的检验发现其原因在于优惠政策落实程度较低，考虑到这一政策能够显著提升企业的全要素生产率，因此亟须保证小微企业能够获得充分的政策红利。张杰[5]发现对于民营企业而言，政府提供的创新补贴所产生的激励作用呈现明显的“U”形走势，只有突破一定的规模后才会产生逐渐上升的激励效果，但是对于其他所有制企业而言，政府的创新补贴并不产生激励效应，因此政府的创新补贴应更多地用于促进民营企业的发展。陈强远、林思彤、张醒[6]研究了中国政府的不同类型的技术创新激励政策的影响作用，继而发现，“高新企业所得税减免”等选择支持型政策能够激励企业技术创新的质量与数量同时上升，但是“研发费用加计扣除”等普适型政策仅能提升企业的创新数量而非质量，“政府科技活动资金投入”等自由裁量型政策对企业创新的质量与数量都没有提升作用。

企业的自我创新与技术引进是另外一个研究的重点，学者们关注了生产改进和技术应用的相关约束以及影响。张杰、陈志远、吴书凤、孙文浩[7]根据微观企业调查数据验证了对外技术引进对中国企业创新活动的促进作用，但是这一影响有一定的滞后性，并且只存在于创新能力相对较低的企业和LL型产业中，而对于其他企业的影响较为微弱。黄速建、刘美玉[8]基于GPS方法的多重处理效应模型研究了不同类型的信贷约束对小微企业的创新行为的影响，其研究结果表明，需求型信贷约束相比于供给型信贷约束，其影响在创新投入、专利申请数量、创新收入三个维度上带来的负面影响都更为强烈。刘维刚、周凌云、李静[9]通过对生产投入的服务质量和企业技术吸收能力的测度，验证了技术吸收能力的提升作用和生产投入成本的抑制作用的存在，证明了制造业生产投入的服务质量提升可以促进企业创新的作用机制，从而以此作为制造业与服务业融合发展的重要途径。刘灿雷、王若兰、王永进[10]的研究发现国企监管模式的改革对企业具有较好的创新驱动作用，以2003年国资委成立为代表的国企监管模式的改革突出了激励机制的改善，通过提高管理效率和降低政策性负担的方式，有效地提高了国有企业的研发支出和专利申请动力。

传统的关于企业定价行为的研究较少。王世强、陈逸豪、叶光亮[11]基于Hotelling线性市场模型探讨了数字经济时代中企业的歧视性定价行为，研究发现由于技术劣势而无法提升产品质量的企业倾向于进行歧视性定价，而具有技术优势的企业则也会因为信息搜寻成本的上升而更可能采取歧视性定价，在数字经济市场中应采取相关措施防止“大数据杀熟”以提升产品质量和消费者福利。王璐、吴群锋、罗頔[12]研究了行政审批与企业价格加成之间的关系，通过国务院建立的地级市行政审批中心的准自然实验，发现通过成本节约和竞争提升两个效应降低了企业的制度性成本，从而改善了政商关系，降低市场临界成本水平，并显著降低了企业价格加成水平。

此外，企业的慈善捐赠、声誉激励，以及监管激励的问题也得到一定的关注。顾雷雷、黄欣桐[13]利用Meta方法梳理了慈善捐赠对于企业绩效影响的相关研究文献，发现相比于股票市场绩效，捐赠对于财务绩效和市场绩效具有更强的正面影响，同时慈善捐赠对企业绩效的影响也具有门槛效应，连续变量度量的捐赠更容易得到积极结果。杜创[14]根据重复博弈模型分析了产品声誉和行业竞争对企业产生边界的影响，发现虽然合并会带来利润上升，但是信息不对称的存在会使得企业合并中缺少声誉激励而引发利润下降，通过对两种效应的探讨为大型国企的分拆或者合并提出了合理的分析框架。王勇、刘航、冯骅[15]建立了分析电商平台中监管激励与卖家质量选择的动态博弈模型，在政府公共监管、平台单一监管、二者协同监管的三种模式之下分别求得了均衡结果，通过比较可以发现，在大规模的市场中进行平台监管效果最好，或者在平台承担较大连带责任时使用协调监管能够产生相同的效果。

而作为2020年最大的外部冲击事件，新冠肺炎疫情的影响虽然还在陆续研究中，但是也有学者发表了关于这一事件对企业生产的影响。朱武祥、张平、李鹏飞、王子阳[16]针对新冠肺炎疫情冲击下中小微企业进行了两次问卷调查，发现了在此期间中小微企业的财务问题较为严重、复工复产障碍较多，急需更多的政策支持和政策效率的提高。王正位、李天一、廖理、袁伟、李鹏飞[17]研究了新冠肺炎疫情下中小微企业的经营状况，其营业收入、经营活跃数均出现大幅度下跌，就地域而言，尤其以湖北省企业受到影响最为严重，就行业而言，则以教育、住宿、餐饮及文娱行业经受损失严重，但是随着疫情防控形势的好转，中小微企业经营状况整体好转。

（二）产业经济学与市场结构

产业经济学与市场结构变化同样是针对企业行为的重要研究，对于其研究主要集中在两个方面，其一在于产业组织与市场结构的变化，即企业的分布、集聚、转移与退出，其二在于这一组织结构性变化与微观企业个体生产行为的相互关系。其中，后者是当前研究的主要内容。

对于产业与市场结构变化的研究相对较少。席强敏、孙瑞东[18]对于强调市场临近而产生集聚效应和加入企业异质性后产生的类分效应进行了相关研究，证明了企业的生产效率受到了市场与供给临近的影响，这是由于后者带来了集聚、选择和类分，导致了高效率企业进入而低效率企业遭到淘汰。谢呈阳、王明辉[19]探讨了交通基础设施变化对工业活动的空间分布所带来的影响，其研究结果显示，城市内交通设施的建设会提高所有城市本地的工业份额，并且城市之间交通设施建设并不会带来“虹吸效应”，反而降低了发达城市的工业份额，这一结论之所以与自由资本模型相悖，在于其参数设置中没有考虑经济发展的“分散力”。吕越、罗伟、包群[20]根据“长鞭效应”理论探讨了全球价值链分工中处于上游的企业是否会因为金融危机而面对严重的贸易波动，研究结果表明，随着中国企业的上游度不断提升，金融危机下这些企业出现了出口倾向下降、市场退出等危险，引发了对外贸易缩减的问题。曲玥[21]测算了基于教育异质性的人力资本配置效率，发现不同产业的人力资本配置具有较大差异，劳动密集型产业的人力资本配置虽然有所提高，但其生产率增长潜力有限，而资本密集型产业能够从人力资本配置效率的提高中获得更多的增长，应成为产业升级转型的重点。

较多的学者研究了产业与市场结构变化对于企业行为的影响，尤其是中国特色的产业发展政策对于工业体系、城市发展、产业升级的影响。赵涛、张智、梁上坤[22]根据微观企业数据和城市数据研究了数字经济对城市发展的影响，通过空间模型和门槛模型发现，数字经济的发展存在空间溢出和非线性递增的特点，能够显著促进城市整体产业经济的高质量发展，并且对东部及发达地区的影响更大。左鹏飞、姜奇平、陈静[23]研究了互联网与城市化发展对城市产业结构转型的作用，门限模型的实证结果表明，互联网发展能够有效地推动城市产业结构合理化，但是与城市化发展相融合所起到的产业升级作用更为明显。

企业市场边界的扩大和交通可达性的提高是影响产业组织变化的重要因素，这一影响受到了较多的关注。刘冲、吴群锋、刘青[24]通过构造市场可达性指标，而分析了中国交通设施改进对于企业生产效率的影响，验证了市场可达性上升对企业的生产效率提高的促进作用，从而证实了中国公路网以及高铁网络对于资源配置和经济发展的积极影响。孙文浩、张杰[25]研究了高铁网络贯通对沿线企业创新的影响，其机制在于高铁影响了高学历人才流入企业科研岗位，但是这一影响具有区域差异性，对于东部地区而言，城市高铁开通显著增加了企业的科技人才，但是对于中西部而言，则加速了其高学历人才的外流。马光荣、程小萌、杨恩艳[26]以高铁的联通分析了交通设施进步对区域间资本流动的影响，高铁开通对非国有及第三产业的企业的异地投资影响更大，同时发现高铁的开通加速了大城市的“虹吸效应”，即由于更高的市场规模和规模报酬递增效应，资本更方便地不断由小城市流入大城市。

不仅是基础设施建设带来的国内市场变化的相关影响，国际市场的可达性和波动性对于中国企业及相关产业发展也受到较多关注。鞠雪楠、赵宣凯、孙宝文[27]研究了互联网平台对于跨境电商的影响，发现跨境电商能够拓展国际贸易的边界，实现贸易成本的降低，进而改变电商的规模与结构，尤其能够为非沿海和高附加值企业产生积极影响，对国际贸易的发展具有积极的作用。刘亚琳、王雅琦[28]探讨了汇率变动的冲击对非外贸企业就业的影响，国内产业链的上游、下游传导和进口竞争是主要的影响渠道，通过实证检验发现主要的影响机制是产业链条的传导，但是影响主要集中于非技能型劳动力和女性劳动者之中。钟腾龙、余淼杰[29]通过外部需求指标的构建研究了多产品企业的出口行为影响机制，通过工业企业数据和海关数据的匹配，验证了外部需求的增加将使得以质量竞争为核心的企业扩大出口产品的分散程度，并提高产品价格，外部需求减少则会激发相反的出口策略。

（三）劳动经济学与收入分配

劳动经济学的关注范围较大，狭义上来讲主要是劳动力的供给、需求及工资、福利等问题，而广义而言，可以包括人口理论、消费理论、社会保障等诸多领域。对此，本部分仅讨论狭义的劳动力教育培养、供给需求以及市场工资这些内容。

针对就业市场的研究是劳动经济学中最为重要的部分。吴迪、丁守海[30]探讨了工人谈判对于就业的影响，通过博弈模型发现，工人自行决定劳动供给时目标只锁定为工资，但当共同决定劳动供给时则同时将雇佣机会包括在目标之内，而实证检验也证实了内部人协议可以使得就业弹性更低，因此集体谈判可以促进就业稳定。孙文凯、赵忠、单爽、刘问鼎[31]构建了中国劳动力的市场化体系，一级指标为劳动力数量配置和劳动力价格，前者包括户籍开放度和国有单位从业人数占比两个二级指标，后者包括最低工资和国有单位职工工资两个二级指标，研究发现中国劳动力市场化程度的提高主要依赖于劳动力数量配置的改善。刘冲、张红[32]讨论了中国公共管理部门就业工资水平较低的问题，并且公共部门较低的工资无法由社会地位、其他收入、工作满意度、相关补贴等因素所全部解释，为实现这一就业市场的出清，需要付出176亿~266亿元左右的改革成本，才能对公共部门工资进行合理的调整。

农村劳动力就业问题，以及由农村向城市转移的流动人口就业与生活状况作为具有中国特殊性的问题受到了不少学者的着重关注。杨子砚、文峰[33]讨论了农村居民进行农地经营决策和就业转移之间的因果关系，通过联立方程模型验证了由外出务工—土地流转—选择创业的劳动力转移路径，即外出务工促进了农地流转，继而农地流转后进一步选择了自我创业，并且这一作用在低收入的农村家庭中更为明显。苏毅清、秦明、王亚华[34]基于社会生态系统框架分析了土地流转对于农村灌溉这一集体行动的影响，研究结果表明适度的土地流转能够提升农村村民的集体行动能力，并且在不突破一定比例的前提下，会对劳动力对外转移形成限制。陈斌开、马宁宁、王丹利[35]同样对农村土地流转问题进行了相应研究，发现历史上自耕农比重低的村庄，在现在会进行更多的土地流转，但是土地流转并不能直接提高土地生产率，只有通过规模化经营才能促进生产率提高，不过土地流转促进了非农就业以及农民收入的上升。孙文凯、王格非[36]探讨了流动人口的社会身份认同与过度劳动的问题，户籍制度的隔阂容易导致农村户口流动人口产生过度劳动的问题，但是通过中国国家卫生健康委员会的流动人口调查的研究发现，本地身份认同的增加将缓解流动人口过度劳动的问题，相比于“城里人”，“本地人”的认同能更好地发挥这一作用。

居民教育与劳动力的再生产问题是重要的研究内容。宋弘、陆毅[37]根据“基础学科拔尖学生培养计划”的准自然实验探讨了增加理工科人才供给的有效途径，通过三重差分法的研究发现，这一学生培养计划能够显著提高学生进入理工科相关领域的概率，尤其是对于物理工程类的应用性专业以及对于男生的选择的影响更大。李彬、白岩[38]根据投递简历的实验研究了学历的信号机制，研究结果显示第一学历为“211 工程”大学的硕士毕业生获得简历回复的概率更高，同时资格证书、校内表现和实习经历也能提高这一概率，由此表明就业市场是否存在一定的雇佣歧视，但是社会招聘中歧视并不明显。殷戈、黄海、黄炜[39]探讨了人力资本的代际传承机制，通过“随机分班”的准自然实验发现，如果班内同学具有高等教育水平的父母，那么父母没有接受过高等教育的学生的成绩及各类认知也将得到提升，这是由于班级内的朋辈效应和更为融洽的师生关系所致，由此验证了人力资本的代际传承具有鲜明的溢出效应。

也有学者着重研究了农村的教育问题。刘生龙、靳天宇[40]研究了生育指标开放后子女数量对其教育水平的影响，农村家庭的实证结果显示，已生育二胎家庭的长子或长女的受教育年限受此影响较小，但是潜在生育二胎家庭的长子或长女会受到一定的负面影响。孙妍、林树明、邢春冰[41]研究了城镇学校对于农村户籍家庭的入学限制对于其教育流动的影响，由于子女入学成本增加，加之重男轻女问题的存在，农村家庭携带小学阶段的男孩进入城市上学的概率更大，因此可以估计出全国大概有20万农村女童因此而没有随父母迁徙到城镇地区。

针对当前的房地产问题和“学区房”热潮和引发的强烈关注，大量学者研究了房地产行业变化对居民教育的相关影响。韩璇、沈艳、赵波[42]基于房屋出租数据和二手房成交数据估计了北京市优质教育资源在房价中的溢价，研究结果表明在2013—2016年，北京市优质小学的平均溢价有较大幅度的上升，教育差距的增加带来了房屋价格差值的上升，优质教育资源向富裕家庭集中。孙伟增、林嘉瑜[43]研究了新建小学对于降低学区房溢价的作用，研究结果表明新建小学将导致周边原有学区房溢价率显著降低2.3%左右，但是学校建设对于城市的平均房屋价格的影响被学区需求的价格弹性所左右，需求弹性较小时，城市房价仍随着学区房增加而上升。邵磊、任强、侯一麟[44]从基础教育的均等化政策入手，研究了公共服务均等化对房屋价格和出租价格的资本化影响，根据北京市出台的3种均等化措施的政策冲击，研究发现这些措施使得受益片区房价上涨，同时其资本效应中大概80%转移到了房租之中，租房居民代价巨大，但是收获微弱。

此外，有学者对于部分家庭中可能没有获得公正待遇的重要劳动人群——老人、女性群体进行了相关研究。吕明阳、彭希哲、陆蒙华[45]研究了互联网使用对老年人就业激励的正向影响，互联网的普及增加了城镇老年群体的就业参与概率，同时起到了增加其社会融入意愿、改善面对老化态度、积极改善健康管理等效果。朱玲、何伟、金成武[46]关注了农村家庭照护方式的转变，由过去传统的儿媳侍奉公婆转变为老年配偶进行看护，而在外务工的年轻子女往往只能在父母意外或者垂危之际才返乡，此外，农村的公共照护系统建设较为薄弱，尤其对于非五保户的中低收入者关注不足。张川川、王靖雯[47]检验了女性角色在就业市场上的表现，通过各地过往获得“三八红旗手”称号的比例作为工具变量，发现计划经济时代的妇女解放运动促进了中国性别观念的现代化，从而使得女性的收入水平和劳动参与比例更高，对于男女之间就业、家庭地位与收入不平等改观较大。

（四）消费与家庭经济学

消费经济学与家庭经济学属于广义的劳动经济学的研究范畴，因为居民消费与家庭就业、收入、短期分配、长期规划，以及人口结构变化都有密切的关系，但是其重点在于家庭的消费问题及内部的资源分配问题。

2020年受到新冠肺炎疫情的影响，国内需求下降和对外贸易冲击相继到来，对内需扩大和消费增加均产生了不利的影响，此外政府的消费引导措施所引发的引致效应和投资上涨、房价上升引发的挤出效应同样存在。张昊[48]研究了居民消费扩张对统一市场形成的影响，由于居民消费通过影响最终消费品和中间品的生产布局从而加速外地商品流入和本地商品流出，由于分工深化而商品品质得以提升，从而产生“价值链分工”的本土市场效应。孙伟增、邓筱莹、万广华[49]研究了房租变化对于居民消费的影响，租金的下降对于总消费和各类消费都存在积极的促进作用，并且其中存在着多个影响机制，租金收入效应和消费替代效应是产生影响的主要机制，此外，租金下降能够有效地降低居民之间的消费不平等 。赵春明、李震、李宏兵[50]分析了主动扩大进口对于人力资本积累的影响，利用中国加入WTO的政策冲击和人口普查数据研究发现，关税削减程度较高的城市的高中入学率有了显著的提升，这源于扩大进口对于当地低技术劳动冲击使得人们有了更高的接受教育的意愿。周广肃、张牧扬、樊纲[51]研究了地方官员任职经历对于消费不平等的影响，通过市级数据与微观面板数据的匹配结果表明，市委书记的本地任职经历将使得该地的基尼系数低约2.5%，其原因在于拥有本地任职经历的官员注重提高当地的公共转移支付，尤其能够提高低收入家庭的收入。

数字经济与数字金融的蓬勃发展，直接对居民消费产生了较强的刺激作用，引发了学者们关于这一方面的较多研究，并着重论述了其对于消费增长的作用机制。张勋、杨桐、汪晨、万广华[52]基于一般均衡理论框架研究了数字金融对于居民消费增长的影响，通过家庭微观数据与普惠金融发展指数的结合，研究发现数字金融的作用途径并不主要来自对于流动性约束的放松，而是提高了支付的便捷性，但是这一作用机制主要存在城市，农村受此影响较小。王正位、周从意、廖理、张伟强[53]使用“花呗”微观贷款数据研究了消费行为信息在使用者的信用风险评估中的信息含量，研究结果表明，对于传统信息无法识别的信用风险，可以通过大数据提高识别效率，从而降低消费金融市场的信息不对称性。吴锟、吴卫星、王沈南[54]对于信用卡的引致作用的研究同样表明，信用卡能够显著提升居民家庭的消费支出，但是其影响机制在于释放了居民的流动性约束，并且这一影响有改变消费结构的作用，提升衣着、通信、文化、医疗消费占比，同时也产生了一定的过度借贷风险。何宗樾、宋旭光[55]认为，数字金融的发展通过方便居民支付和降低家庭不确定性的方式促进了居民消费的增长，但是作用主要停留在城市居民，对于农村居民消费影响较小，对于发展型、享受型消费的作用同样不显著。

此外，人口结构的变化对于居民消费的影响同样得到了一定的关注。李婧、许晨辰[56]探讨了人口结构变化对居民储蓄与消费的影响，研究结果表明，家庭储蓄率的下降很大程度上来自于老龄、少子的人口变动，其中老年人占比提升使得预防性储蓄更为显著，而少儿占比的下降增强了生命周期的效果，为中国居民消费增长带来了较为严重的约束。刘哲希、王兆瑞、陈小亮[57]研究了老龄化对于居民债务的影响，由于老龄化存在劳动人口占比上升和劳动人口占比下降的两个阶段，因此对于家庭债务的影响也存在非线性的特征，当老龄化占比超过12.3%以后，对债务的影响会大幅度上升。

农村居民消费与城镇居民存在较大差异，因此产生了较多对于农村居民消费问题的研究。孙琳琳、杨浩、郑海涛[58]基于PSM-DID方法研究了新的土地承包经营权确认对于农村居民的农业机械投资影响，结果证实这一经营权确认会使得相关投资上升1/5左右，并且这一作用对于东部地区居民、中等土地生产率、中等土地规模的农户有更大的影响。周广肃、张玄逸、贾珅、张川川[59]研究了新型农村养老保险对于消费不平等带来的影响，实证结果表明，由于低收入家庭所获得的养老金数额占收入比例更大，因而更大幅度地增加消费，因此这一保障措施的施行促进了农村消费不平等问题的缓解。尹志超、刘泰星、张诚[60]关注了中国农村家庭的高储蓄、低消费问题，其研究结果表明农村劳动力转移流动虽然增加了家庭收入，但是由于收入、健康的不稳定性，家庭消费没有同步上升，因此推高了储蓄率，但是随着劳动力的流动，农村的储蓄率差距也有所降低。

此外，对于家庭成员健康状况及影响的研究也是家庭经济学的重点。周慧珺、沈吉、龚六堂[61]研究了中老年人健康状况对于家庭资产配置的影响，其中医疗成本的上升将导致流动性风险资产和非流动性风险资产都有所下降，但是健康状况的下降又导致流动性资产有所回升，总体而言对于非流动性资产的影响更大一些。刘利利、刘宏[62]研究了房价波动对于城镇居民健康的影响，房价的上升对于居民心理健康影响尤其较高，但是对生理健康虽然也有短期的不利影响，却在长期内改善居民卫生利用条件、减少烟酒消费，带来正面的影响。行伟波、田坤[63]评估了烟草消费控制的公共政策的直接影响，烟草销售量的提升将显著增加肺癌及其他癌症死亡率，在控制了空气污染变量并解决内生性问题之后，烟草消费对于居民的负面影响依然稳定。宗庆庆、张熠、陈玉宇[64]通过慢阻肺干预实验研究表明，健康的改善能为老年病患的社会照料率下降1/3以上，社会照料需求下降2/3以上，结论证明了老年人照料中存在着“啄序偏好”，家庭先使用内部资源进行照料，进而寻求社会照料。沓钰淇、傅虹桥、李玲[65]研究了降低患者成本分担对于医疗费用和健康状况的影响，其影响体现在将增加住院总费用和天数，却对住院人次没有明显作用，此外医保报销政策对于患者死亡率没有显著影响，但是降低了自付比例和费用。

（五）社会福利与市场规制

对于社会福利与市场规制的研究内容相对比较复杂，一方面包含了居民福利问题、社会保障体系建设，以及贫困问题解决这些传统的研究内容，另一方面污染、交通、能源等具有较强外部性问题和公共品特征的内容也可以被归入其中。此外，对于社会网络与社会资本的研究同样成为较为重要的话题。但是这一方面内容虽然驳杂，但是仍然以探讨微观个体在社会与市场中面临的运行机制与福利水平为主。

“共享”作为五大发展理念之一，直接关乎社会公平正义这一焦点问题，居民福利问题与社会保障是重要的研究内容。朱恒鹏、岳阳、林振翮[66]通过动态契约模型研究了社保的统筹层次增加带来的影响，虽然在委托—代理的状态下这会降低基层政府的征缴积极性，但是如果上级政府获取信息的能力提升到一定程度，依然可以通过区域风险分担而提升整体社会福利，此外，实证结果表明，地方政府的融资机制也制约了提高统筹层次带来的影响。祁磊、艾小青[67]为收入不平等问题的度量提出了新的广义洛伦兹指数构造方法，通过使用伪距离对实际收入分布对绝对平均状态的偏离程度加以测量，从而获得了一个更一般化的不平等测量指标，同时可用于财富、消费的不平等问题的研究之中。阮敬、刘雅楠[68]研究了中国居民收入结构变化以及其对建设发展成果共享格局的影响，研究结果表明低收入群体的获得持续增长，同时资产性收入、工资性收入和转移性收入对于成果分享具有一定的促进作用，而非工资性收入比重的适度提高有利于降低不平等程度。

2020年作为脱贫攻坚战的完成之年，扶贫问题的解决成为社会福利问题的最重要议题。李芳华、张阳阳、郑新业[69]基于贫困微观追踪数据，以模糊断点的方法评估了精准扶贫政策的效果，发现该政策以增加劳动时间的方式提高了劳动生产率和收入，虽然前期对于男性劳动力影响较大，但是长期中对女性参与劳动作用明显，其中，产业扶贫和异地搬迁是主要影响渠道，而光伏扶贫则会带来反向的激励。陈斌开、李银银[70]通过对财政扶贫资金担保的扶贫贷款发放中存在的道德风险问题的探讨，研究了金融杠杆模式进行风险补偿的原理并分析了其激励和绩效问题，研究发现金融杠杆是比直接扶贫效率更高的扶贫模式，但是扶贫成本略高，且其中的道德风险问题需要政府提高相应的杠杆率。陈昊、陈建伟、马超[71]研究了精准扶贫对于医疗服务利用水平的影响，通过实证检验证明了其中的正向作用，即通过收入效应和工作效应提高了贫困群体的就医能力，使得住院外医疗费用、住院医疗费用和整体医疗费用均有所提高。张海洋、颜建晔[72]研究了扶贫中“金融杠杆模式”的作用，即地方政府设立“风险补偿金”作为担保，鼓励商业为贫困群体发放贷款，通过激励相容模型的求解得知，这一模式比直接扶贫更能提高居民福利和社会福利，而考虑到其中存在的信息不对称问题，可以通过调节杠杆比加以解决。尹志超、张栋浩[73]在其构建的家庭金融普惠指数的基础上分析了金融普惠对家庭贫困问题的影响，实证结果表明，通过提高风险管理能力和促进居民创业，普惠性金融能够显著降低家庭发生贫困的概率，降低家庭的脆弱性，并且对西部家庭的作用高于东部家庭。

此外，污染、交通、能源这些具有社会整体影响性的问题也得到了较多学者的关注。张俊、钟春平、彭飞[74]分析了交通可达性的提高对于跨省河流两岸的污染企业生产行为的影响，发现高速公路的开通会提高污染企业产值，主要通过促进高污染企业向上游省份的下游边界聚集，从而引发上游省份边界县的污染扩大，并且其中主要力量是国有企业而非私营企业。沈煜、孙文凯[75]研究了污染信息公开对于居民健康消费行为的影响，基于地方政府公布的PM2.5数据和微观调查数据发现，空气污染信息的公开提升了居民保健消费支出，PM2.5数据1微克/米^{3}的上升将导致家庭保健支出增加约2.8元。叶林祥、张尉[76]从空气污染和居民收入的角度出发解释了“伊斯特林悖论”，发现收入水平越高的人群对于空气污染越敏感，主观幸福感受到环境污染的反向影响越大，由此可见随着经济发展水平的提升，居民对于美好生活的追求不断提高。晋晶、王宇澄、郑新业[77]研究了集中供暖对居民能源消费行为的影响，通过对采暖支出模型的估计发现，在当前的两部制定价方式下，集中供暖能够为居民节省1/3以上的采暖花费，而分户采暖需要适度降低固定费率才能保证居民支出稳定，对于南方居民也可以采取可调节的集中供暖。王振霞、闫冰倩[78]探讨了能源价格变动对贫困家庭的影响，发现其价格上涨将显著降低贫困家庭的福利水平，就区域而言，这一影响在西南地区尤为明显，就能源类别而言，石油价格的波动影响最大。

社会网络与社会资本的影响成为这一领域中新兴的研究重点。刘琳、赵建梅[79]研究了社会网络对于代际收入的影响，从网络规模、工具性和强调三个角度的测量的社会网络具有显著改善代际收入流动的作用，这一影响通过改善子女就业、价格年底信贷约束和促进信息资源共享加以完成，并且在市场化程度较低的地区和低收入家庭中具有更为明显的作用。廖理、李梦云、王正位[80]探讨了借款人社交网络中的资源集合——社会资本对于其贷款违约可能性的影响，从带有借款决策和违约决策的两期模型出发，通过逆向选择和机会成本的博弈机制，在理论和实证上证明了社会资本的扩大可以有效地降低借款人的贷款违约概率。王一子、周业安[81]通过实验经济学的方法探讨了社会地位、身份认同对社会合作的影响，研究发现在公共品博弈中，不同地位的成员不会改变其在群体内的合作状态，但是会提升与群体外成员的合作，但是在囚徒困境形势下，与群体外成员的合作行为也不会改善。赵志君[82]探讨了不完全信息环境中的递增收益下分工经济的结构模式，研究表明，市场的缺陷性使得供求双方的共赢难以实现，无法实现公平的收入分配，市场的有效性只能在自给自足的经济模式中实现，因此为实现共赢结构需要对市场进行相应的干预。

姜婷凤、汤珂[83] 对非权益众筹这一社会行为展开研究，认为其本质是一种亲社会动机，并且支持者并不盲目跟投，而是更愿意投入尚未成功但是成功概率较大的项目，此外，社交参与也会影响众筹参与，因此进行社交互动和获得互惠信任是这一行为背后重要的动机。刘雯、曹思未、叶静怡[84] 探讨了社会网络中的高校专利成果转移状况，实证研究发现，高校与企业之间的网络连通促进了高校的技术成果转移，社会网络虽然不是正规制度，但是其存在促进了技术交易的进行，然而这一社会网络效应也依次在东部、中部和西部递减。何浩然、夏静文、关雯琦、林斌斌[85] 探索了淘汰式惩罚对于团队合作的影响，在具有这种惩罚机制的公共品重复博弈中，成员具有投票永久淘汰其他人的权利，通过这一制度设计可以保证团队的人均贡献维持在较高的水平上，而失去这一淘汰式惩罚后，所形成的合作机制也会消失。

（六）英文期刊学术研究概况

Yi Chen、Ziying Fan、Xiaomin Gu、Li-An Zhou[86] 估计了“文化大革命”期间“上山下乡运动”中约有 1600 万城市青年被要求在农村定居对农村教育的长期影响。他们通过使用由地方地名录和人口普查编制的县级数据的研究发现，农村居民如果可以更多地接触知青，会显著提高农村儿童的未来教育成就。并且，与知青交往的农村儿童也比不接触知青的农村儿童更可能从事更熟练的职业、晚婚和建立小的家庭。虽然这一积极影响在 19 世纪 70 年代后期随着城市青年离开农村后有所减弱，但是从未消失。

Renjie Bao、Sanxi Li、Jun Yu[87] 针对 Balmaceda（2016）的研究发表了不同的看法，后者的结果表明，在某些条件下，当任务互补时，专业化可以主导多任务的处理，因为专业化允许比多任务处理更灵活地实施工作量概况。而作者的研究表明，这个结论并不可靠，因为多任务处理总是以任务的互补性主导专业化。

Wei Huang，Xiaoyan Lei，Ang Sun[88] 探讨了中国的独生子女政策经验来考察生育限制在完整的生命周期内对于经济和社会结果的影响，通过使用不同省份与不同年份的差异性的惩罚，其研究发现居民如果在年轻时接触较为严格的生育限制会导致更高的教育水平，更多地获得白领工作，更可能晚婚以及更低的生育率。进一步的结果显示，这些居民与老年人同住的比率会降低，家庭收入、消费和储蓄都会增加，并且在早年遇到严格的生育限制的地区会增加女性的相关权利。总体而言，在人们年轻时施加的生育限制在其整个生命周期内都会显现较强的影响。

Jinan Zhang，Jeffrey M. Perloff，Fangwen Lu[89] 通过一个大规模的现场实验检验了中国的警察发送什么样的信息可以减少交通违法行为。对于几类处罚方式，如警告处理、处罚处理、询问处理等研究发现，两次信息处理均不影响后续违规发生的频率。但是，征求意见的请求大大减少了后续的违规行为，并且一项实验后的调查也表明，调查促进了双方之间的合作感。

Larry D. Qiu，Miaojie Yu[90] 通过包含了管理成本和企业异质性的模型对市场竞争和市场扩张对企业产品线决策的影响进行了理论和实证分析，研究发现，管理效率对企业的出口行为有重要的影响，即母国对于最终产品关税的削减（用于描述市场竞争）会减少所有母国企业的出口产品线，而对外国关税的削减（用于描述市场扩张）的回应，那些管理效率高（低）的公司将扩大（减少）它们的出口产品线，这些结论通过中国出口企业数据而得出。

Han li，Jiangyi Li，Yi Lu，Huihua Xie[91] 利用中国住房政策导致的住房居住空间规模的不连续性来识别住房财富对劳动力供给的影响，通过分析发现，住房财富对劳动力供给具有实质性的抑制作用。不过，住房财富效应大部分来自劳动参与决策，对就业工人的影响是模糊的。此外，女性、年青一代和还款能力高的家庭对住房财富的增长更为敏感。

三、问题分析与未来展望

无论是西方资本主义的市场经济还是中国特色社会主义市场经济，市场经济是两者的共同之处，都需要在个体、家庭、企业、政府经济决策的相互作用中构建市场经济的运行机制，微观经济学也是我们认识市场经济运行机制的基础学科。第一，我们需要在这一决策的相互作用的过程中，认识中国经济面对的一些具体问题，认识其发展模式自身的规律性与特殊性。第二，企业与居民的微观个体在社会主义市场经济中的行为模式与福利状况具有独特而重要的研究价值。第三，我们还需要探讨宏观环境、政府政策、外部环境、突发冲击、社会组织的变化对于微观个体的影响。第四，我们还需要从中国道路与社会主义市场经济的发展角度，认识其需要解决的阶段性问题，研究中国特色社会主义市场经济的运行机制形成与发展过程，在实践与理论的关系上，推动中国经济的高质量发展。

注：

［1］许晓芳，周茜，陆正飞：《过度负债企业去杠杆：程度、持续性及政策效应——来自中国上市公司的证据》，《经济研究》，2020 年第 8 期。

［2］董丰，申广军，焦阳：《去杠杆的分配效应——来自中国工业部门的证据》，《经济学（季刊）》，2020 年第 2 期。

［3］窦超，王乔菀，陈晓：《政府背景客户关系能否缓解民营企业融资约束?》，《财经研究》，2020 年第 11 期。

［4］樊勇，李昊楠，管淳：《小微企业所得税优惠间断点是否存在聚束效应》，《世界经济》，2020 年第 3 期。

［5］张杰：《政府创新补贴对中国企业创新的激励效应——基于 U 型关系的一个解释》，《经济学动态》，2020 年第 6 期。

［6］陈强远，林思彤，张醒：《中国技术创新激励政策：激励了数量还是质量》，《中国工业经济》，2020 年第 4 期。

［7］张杰，陈志远，吴书凤，孙文浩：《对外技术引进与中国本土企业自主创新》，《经济研究》，2020 年第 7 期。

［8］黄速建，刘美玉：《不同类型信贷约束对小微企业创新的影响有差异吗》，《财贸经济》，2020 年第 9 期。

［9］刘维刚，周凌云，李静：《生产投入的服务质量与企业创新——基于生产外包模型的分析》，《中国工业经济》，2020 年第 8 期。

［10］刘灿雷，王若兰，王永进：《国企监管模式改革的创新驱动效应》，《世界经济》，2020 年第 11 期。

［11］王世强，陈逸豪，叶光亮：《数字经济中企业歧视性定价与质量竞争》，《经济研究》，2020 年第 12 期。

［12］王璐，吴群锋，罗頔：《市场壁垒、行政审批与企业价格加成》，《中国工业经济》，2020 年第 6 期。

［13］顾雷雷，黄欣桐：《慈善捐赠能否促进企业绩效？》，《经济学动态》，2020 年第 12 期。

［14］杜创：《声誉、竞争与企业的边界——兼论高质量发展背景下的国有企业重组》，《经济研究》，2020 年第 8 期。

［15］王勇，刘航，冯骅：《平台市场的公共监管、私人监管与协同监管：一个对比研究》，《经济研究》，2020 年第 3 期。

［16］朱武祥，张平，李鹏飞，王子阳：《疫情冲击下中小微企业困境与政策效率提升——基于两次全国问卷调查的分析》，《管理世界》，2020 年第 4 期。

［17］王正位，李天一，廖理，袁伟，李鹏飞：《疫情冲击下中小微企业的现状及纾困举措——来自企业经营大数据的证据》，《数量经济技术经济研究》，2020 年第 8 期。

［18］席强敏，孙瑞东：《市场邻近、供给邻近与企业生产率》，《经济学（季刊）》，2020 年第 5 期。

［19］谢呈阳，王明辉：《交通基础设施对工业活动空间分布的影响研究》，《管理世界》，2020 年第 12 期。

［20］吕越，罗伟，包群：《企业上游度、贸易危机与价值链传导的长鞭效应》，《经济学（季刊）》，2020 年第 3 期。

［21］曲玥：《考虑教育异质性的人力资本配置效率测算——基于“企业—员工”匹配调查数据》，《中国工业经济》，2020 年第 8 期。

［22］赵涛，张智，梁上坤：《数字经济、创业活跃度与高质量发展——来自中国城市的经验证据》，《管理世界》，2020 年第 10 期。

［23］左鹏飞，姜奇平，陈静：《互联网发展、城镇化与我国产业结构转型升级》，《数量经济技术经济研究》，2020 年第 7 期。

［24］刘冲，吴群锋，刘青：《交通基础设施、市场可达性与企业生产率——基于竞争和资源配置的视角》，《经济研究》，2020 年第 7 期。

［25］孙文浩，张杰：《高铁网络能否推动制造业高质量创新》，《世界经济》，2020 年第 12 期。

［26］马光荣，程小萌，杨恩艳：《交通基础设施如何促进资本流动——基于高铁开通和上市公司异地投资的研究》，《中国工业经济》，2020 年第 6 期。

［27］鞠雪楠，赵宣凯，孙宝文：《跨境电商平台克服了哪些贸易成本？——来自“敦煌网”数据的经验证据》，《经济研究》，2020 年第 2 期。

［28］刘亚琳，王雅琦：《汇率变动、国内生产链与非贸易企业就业》，《世界经济》，2020 年第 11 期。

［29］钟腾龙，余淼杰：《外部需求、竞争策略与多产品企业出口行为》，《中国工业经济》，2020 年第 10 期。

［30］吴迪，丁守海：《内部人协议、集体谈判与

稳定就业》，《经济学（季刊）》，2020 年第 2 期。

［31］孙文凯，赵忠，单爽，刘问鼎：《中国劳动力市场化指数构建与检验》，《经济学（季刊）》，2020 年第 4 期。

［32］刘冲，张红：《偏低的公共部门工资与改革前景——来自微观视角的新证据》，《财经研究》，2020 年第 4 期。

［33］杨子砚，文峰：《从务工到创业——农地流转与农村劳动力转移形式升级》，《管理世界》，2020 年第 7 期。

［34］苏毅清，秦明，王亚华：《劳动力外流背景下土地流转对农村集体行动能力的影响——基于社会生态系统（SES）框架的研究》，《管理世界》，2020 年第 7 期。

［35］陈斌开，马宁宁，王丹利：《土地流转、农业生产率与农民收入》，《世界经济》，2020 年第 10 期。

［36］孙文凯，王格非：《流动人口社会身份认同、过度劳动与城乡差异》，《经济学动态》，2020 年第 9 期。

［37］宋弘，陆毅：《如何有效增加理工科领域人才供给？——来自拔尖学生培养计划的实证研究》，《经济研究》，2020 年第 2 期。

［38］李彬，白岩：《学历的信号机制：来自简历投递实验的证据》，《经济研究》，2020 年第 10 期。

［39］殷戈，黄海，黄炜：《人力资本的代际外溢性——来自“别人家的父母”的证据》，《经济学（季刊）》，2020 年第 4 期。

［40］刘生龙，靳天宇：《生育数量是否影响子女受教育水平：来自人口抽样调查的证据》，《世界经济》，2020 年第 10 期。

［41］孙妍，林树明，邢春冰：《迁移、男孩偏好与教育机会》，《经济学（季刊）》，2020 年第 1 期。

［42］韩璇，沈艳，赵波：《房价中的优质教育溢价评估——以北京市为例》，《经济学（季刊）》，2020 年第 5 期。

［43］孙伟增，林嘉瑜：《教育资源供给能够降低学区房溢价吗？——来自北京市新建小学的证据》，《经济学（季刊）》，2020 年第 2 期。

［44］邵磊，任强，侯一麟：《基础教育均等化措施的房地产资本化效应》，《世界经济》，2020 年第 11 期。

［45］吕明阳，彭希哲，陆蒙华：《互联网使用对老年人就业参与的影响》，《经济学动态》，2020 年第 10 期。

［46］朱玲，何伟，金成武：《农村劳动力转移与养老照护变迁》，《经济学动态》，2020 年第 8 期。

［47］张川川，王靖雯：《性别角色与女性劳动力市场表现》，《经济学（季刊）》，2020 年第 3 期。

［48］张昊：《居民消费扩张与统一市场形成——“本土市场效应”的国内情形》，《财贸经济》，2020 年第 6 期。

［49］孙伟增，邓筱莹，万广华：《住房租金与居民消费：效果、机制与不均等》，《经济研究》，2020 年第 12 期。

［50］赵春明，李震，李宏兵：《主动扩大进口对中国人力资本积累的影响效应——来自最终品关税削减的长期证据》，《中国工业经济》，2020 年第 11 期。

［51］周广肃，张牧扬，樊纲：《地方官员任职经历、公共转移支付与居民消费不平等》，《经济学（季刊）》，2020 年第 1 期。

［52］张勋，杨桐，汪晨，万广华：《数字金融发展与居民消费增长：理论与中国实践》，《管理世界》，2020 年第 11 期。

［53］王正位，周从意，廖理，张伟强：《消费行为在个人信用风险识别中的信息含量研究》，《经济研究》，2020 年第 1 期。

［54］吴锟，吴卫星，王沈南：《信用卡使用提升了居民家庭消费支出吗？》，《经济学动态》，2020 年第 7 期。

［55］何宗樾，宋旭光：《数字金融发展如何影响居民消费》，《财贸经济》，2020 年第 8 期。

［56］李婧，许晨辰：《家庭规划对储蓄的影响：“生命周期”效应还是“预防性储蓄”效应？》，《经济学动态》，2020 年第 8 期。

［57］刘哲希，王兆瑞，陈小亮：《人口老龄化对居民部门债务的非线性影响研究》，《经济学动态》，2020 年第 4 期。

［58］孙琳琳，杨浩，郑海涛：《土地确权对中国农户资本投资的影响——基于异质性农户模型的微观分析》，《经济研究》，2020 年第 11 期。

［59］周广肃，张玄逸，贾珅，张川川：《新型农村社会养老保险对消费不平等的影响》，《经济学（季刊）》，2020 年第 4 期。

［60］尹志超，刘泰星，张诚：《农村劳动力流动对家庭储蓄率的影响》，《中国工业经济》，2020 年第

1 期。

[61] 周慧珺，沈吉，龚六堂：《中老年人健康状况与家庭资产配置——基于资产流动性的视角》，《经济研究》，2020 年第 10 期。

[62]刘利利，刘宏：《房价与城镇居民健康》，《财经研究》，2020 年第 1 期。

[63]行伟波，田坤：《控烟公共政策的潜在收益评估——基于烟草消费与公共健康视角》，《财贸经济》，2020 年第 11 期。

[64] 宗庆庆，张熠，陈玉宇：《老年健康与照料需求：理论和来自随机实验的证据》，《经济研究》，2020 年第 2 期。

[65] 沓钰淇，傅虹桥，李玲：《患者成本分担变动对医疗费用和健康结果的影响——来自住院病案首页数据的经验分析》，《经济学（季刊）》，2020 年第 4 期。

[66] 朱恒鹏，岳阳，林振翮：《统筹层次提高如何影响社保基金收支——委托—代理视角下的经验证据》，《经济研究》，2020 年第 11 期。

[67] 祁磊，艾小青：《广义洛伦茨指数的构造及应用》，《数量经济技术经济研究》，2020 年第 1 期。

[68] 阮敬，刘雅楠：《从分享到共享——基于 CFPS 收入数据的发展成果多维共享格局研究》，《财经研究》，2020 年第 4 期。

[69] 李芳华，张阳阳，郑新业：《精准扶贫政策效果评估——基于贫困人口微观追踪数据》，《经济研究》，2020 年第 8 期。

[70] 陈斌开，李银银：《再分配政策对农村收入分配的影响——基于税费体制改革的经验研究》，《中国社会科学》，2020 年第 2 期。

[71] 陈昊，陈建伟，马超：《助力健康中国：精准扶贫是否提高了医疗服务利用水平》，《世界经济》，2020 年第 12 期。

[72] 张海洋，颜建晔：《精准扶贫中的金融杠杆：绩效和激励》，《经济学（季刊）》，2020 年第 5 期。

[73] 尹志超，张栋浩：《金融普惠、家庭贫困及脆弱性》，《经济学（季刊）》，2020 年第 5 期。

[74] 张俊，钟春平，彭飞：《交通可达性的提高是否加剧了中国跨省河流污染？——来自中国工业企业的证据》，《经济学（季刊）》，2020 年第 2 期。

[75] 沈煜，孙文凯：《污染信息公开如何影响健康消费决策》，《世界经济》，2020 年第 7 期。

[76] 叶林祥，张尉：《主观空气污染、收入水平与居民幸福感》，《财经研究》，2020 年第 1 期。

[77] 晋晶，王宇澄，郑新业：《集中供暖要跨过淮河吗？——基于中国家庭能源消费数据的估计》，《经济学（季刊）》，2020 年第 2 期。

[78] 王振霞，闫冰倩：《居民福利变化视角下的能源与贫困问题探析》，《数量经济技术经济研究》，2020 年第 9 期。

[79] 刘琳，赵建梅：《社会网络如何影响代际收入流动?》，《财经研究》，2020 年第 8 期。

[80]廖理，李梦云，王正位：《借款人社会资本会降低其贷款违约概率吗？——来自现金贷市场的证据》，《中国工业经济》，2020 年第 10 期。

[81] 王一子，周业安：《地位差异、身份认同与社会合作——基于实验室实验的研究》，《经济学动态》，2020 年第 10 期。

[82] 赵志君：《递增收益下分工经济的共赢结构与市场有效性研究》，《经济学动态》，2020 年第 9 期。

[83] 姜婷凤，汤珂：《非权益众筹的亲社会动机及支持行为研究》，《经济学（季刊）》，2020 年第 5 期。

[84] 刘雯，曹思未，叶静怡：《社会网络与高校专利技术成果转移》，《世界经济》，2020 年第 9 期。

[85] 何浩然，夏静文，关雯琦，林斌斌：《淘汰式惩罚与合作：基于经济学实验的研究》，《世界经济》，2020 年第 3 期。

[86] Yi Chen, Ziying Fan, Xiaomin Gu, Li-An Zhou, 2020, "Arrival of Young Talent: The Send-Down Movement and Rural Education in China", The American Economic Review, Vol. 110 (11).

[87] Renjie Bao, Sanxi Li, Jun Yu, 2020, "Can Specialization be Optimal when Tasks are Complementary?", Games and Economic Behavior, Vol. 119(1).

[88] Wei Huang, Xiaoyan Lei, Ang Sun, 2020, "Fertility Restrictions and Life-Cycle Outcomes: Evidence from the One-Child Policy in China", The Review of Economics and Statistics.

[89] Jinan Zhang, Jeffrey M. Perloff, Fangwen Lu, 2020, "Informing and Inquiring: Experimental Evidence on Reducing Traffic Violations", Journal of Development Economics, Vol. 147(11).

[90] Larry D. Qiu, Miaojie Yu, 2020, "Export Scope, Managerial Efficiency, and Trade Liberalization:

Evidence from Chinese Firms", Journal of Economic Behavior & Organization, Vol. 177(9).

[91] Han Li, Jiangyi Li, Yi Lu, Huihua Xie, 2020, "Housing Wealth and Labor Supply: Evidence from a Regression Discontinuity Design", Journal of Public Economics, Vol. 183(3).

(北京外国经济学说研究会供稿；执笔人：唐琦)

数量经济学

一、学科基本内容

经济学不仅仅应用数学研究经济问题，还要在经济范畴的数量关系上描述经济活动，例如生产、消费、分配、交换、流通，并在数量关系上研究市场经济的运行机制、原理与规律。本报告主要依据 JEL 分类的 C 部分，从计量经济学、数理方法与规划、博弈论、算法与实验设计 4 个维度，介绍北京市数量经济学者的学术研究概况。本年度该领域研究呈现以下特点：（1）计量经济学理论方法与应用研究占了本学科的绝大部分，研究成果占本学科成果的 80%以上；（2）本学科突出体现了多学科交叉研究的特点，发表论文涵盖了经济学、管理科学、计算机、应用数学等多个领域的期刊；（3）国际发表多于中文发表，并包括多篇 JOE 等领域顶刊，表明在数理经济与方法论方面的研究，我们已经逐渐走向国际前沿。

二、学术研究概况

（一）中文期刊发表的科研成果研究热点

1. 计量经济学

（1）大数据时代计量经济学的发展与展望（C0）[1]

以洪永淼、汪寿阳为代表的学者基于大数据时代对现代计量经济学学科框架体系的构建、计量经济学与统计学等学科交叉融合的前景进行了讨论。在大数据背景下，现代计量经济学通过对传统计量经济学正态分布、条件同方差、模型正确设定等经典假设的扬弃，拓宽并丰富了传统计量经济学的应用场景和适用范围，并提升了计量经济学理论的严谨性与科学性。与此同时，尽管大数据正在改变基于统计显著性的统计建模和统计推断的传统做法，但从随机抽样推断总体分布特征的统计思想没有改变，抽样推断、充分性原则、变量选择、因果推断和样本外预测等基本统计思想仍然适用。非结构化数据所带来的很多传统数据不具备的有价值的信息也使得实证研究的范围与边界不断扩大。因此，充分利用中国经济在生产、交换和消费等方面产生的大数据资源，并以解决中国经济问题为导向，不断完善与创新现代计量经济学的学科架构，并将定量分析和定性分析相结合，使得计量经济学成为现代经济学实证研究中最为主要的科学方法论，在大数据时代对促进经济学学科的科学化发挥着方法论的关键作用。

（2）理论计量经济学：多个方程以及多个变量的计量模型（C3）[2]-[8]

本部分已发表的中文文献以分析中国现实经济问题为主，代表性学者包括中央财经大学的王立勇，中国社会科学院数量经济技术经济研究所的张涛、李雪松等，除此之外，北方工业大学的吴振信、北京大学的宋晓军等也有相关文献。上述学者所研究的问题主要涉及当前的贸易开放程度、金融周期，以及诸如农业保险补贴政策、研发补贴政策、营改增政策对中国企业的全要素生产率，或企业创新、增长等的影响效果，从微观、宏观政策的角度都做出了一定的分析，主要使用了面板数据模型进行了相关的估计。

（3）理论计量经济学：专题和各类模型的扩展（C4 和 C5）[9]-[21]

本部分已发表的中文文献集中在预测和模型的应用上，如中国科学院大学的杨翠红研究的中国增长速度预测问题、汪寿阳研究的航空客运量预测等，中国人民大学赵国庆研究的模型结构突变问题，以及一些学者将模型具体应用在量化选股与政策和宏观经济的不确定性上等。

2. 数理方法与规划

数理方法与规划的研究主要集中于优化方法与数学规划、投入产出模型分析、一般均衡理论与动态优化。[22]-[28]

在投入产出模型分析方面，成果较多，主要研究者有伍晓鹰（北京大学）、潘文卿（清华大学）、冯烽（中国社会科学院大学）、娄峰（中国社会科学院大学）、张宝军（中央财经大学）、廖明球（首都经济贸易大学）、蒋雪梅（首都经济贸易大学）、张恪渝（北京物资学院）、夏明（中国人民大学）、张红霞（中国人民大学）、陈锡康（中国科学院大学）、杨翠红（中国科学院大学）、林晨（中国人民大学）等。主要研究内容包括：投入产出表的理论问题，例如，如何通过官方的投入产出表构造更加微观的投入产出表；利用投入产出方法研究国际贸易、全球价值链、产业间贸易等核算问题。

在一般均衡理论方面，主要研究学者有董志勇（北京大学）、赵晓军（北京大学）、尹钊（中央财经大学）、刘树林（对外经济贸易大学）、王琴英（北京工商大学）、王文举（北京物资学院）、曹静（清华大学）。在这一方面主要观点如下：田新民主要用DSGE模型来分析研究地方政府债务与土地问题；曹静利用可计算一般均衡（CGE）模型将估计的劳动力替代弹性、能源弹性等纳入可计算一般均衡模型，模拟中国的碳定价政策。

在优化方法与动态优化方面，主要研究学者有韩松（中国人民大学）、田新民（首都经济贸易大学）、王秀国（中央财经大学）、王恰（中国社会科学院大学）。研究主要集中在经济学数理分析方法研究、动态DEA等领域。

3. 博弈论

本领域的中文发表集中在应用博弈论进行微观问题的研究，也属于微观经济学科，故此处不再赘述。主要研究成果见英文发表部分。

4. 算法与实验设计

计算机算法在经济学研究中起到越来越重要的作用，特别是机器学习、神经网络技术，已经越来越多地应用于经济学研究当中。其中，机器学习、大数据与统计学、计量经济学的结合，我们放到计量经济学领域中讨论。本节讨论其他的计算技术与实验设计问题。

根据JEL分类，C8部分主要包含数量经济学中与数据收集、估计与组织以及算法相关的内容。该部分在2019—2020年间，多名学者在《经济学动态》、《计量经济学报》及《统计研究》等核心期刊上发表10余篇文章。[29]-[32] 从收集到的文献中可以发现，该领域的中文期刊研究热点可分为3部分：第一部分是将机器学习、强化学习等计算方法与经济学相结合的综述总结。第二部分和第三部分分别为在算法背景下对微观和宏观数据的组织与应用，目前所发表的文献较少。微观方向如冯喆（2019）等学者使用经济和环境多源大数据，建立包含人口、GDP等经济指标和空气质量等环境指标的中国经济—环境关联体系，识别各指标的热点、冷点时空变化特征，采用人工神经网络聚类方法对中国现阶段经济—环境进行综合分区；宏观方向如何强（2020）等人利用百度等网站的互联网大数据，基于代表性高维数据机器学习（和深度学习）模型，对中国2011—2018年季度GDP增速深入进行预测分析。

实验设计方面，中文发表论文多以综述和应用研究为主，故更应该属于微观经济学科研究范畴，此处没有加以总结。

（二）英文期刊发表的科研成果研究热点

1. 计量经济学

（1）计量经济学和统计学方法（C0）和C1[33]-[47]

本部分的英文文献集中在半参数和非参数计量方法的相关领域，北京大学的黄卓提出了一个GARCH-Copula模型，其中单个时间序列由半参—非参的GARCH模型构建，多元变量的联合分布由具有非参数边缘分布的Copula表征，得到的模型与现有的SML模型相比具有更小的方差和更小的均方误。洪永淼首次提出运用非参数的估计方法对动态随机一般均衡模型中的政策函数进行求解，从而替代传统的近似求解法，文章新提出的非参数估计方法具有显性解，且具有最优的收敛速度，放松了金融数据概率分布的任何假设，更适用于当今经济、金融数据时间跨度大和结构复杂的特性。

除此之外，非参数方法同样被应用在分位函数的估计中，如对外经济贸易大学的陈悉榕在其2019年的研究中考虑了不相关的协变量，使用了基于检查函数的核方法估计条件分位函数。非参数方法同样被应用于测度异质性、分位数中的格兰杰因果关系上（北京大学宋晓军），以及检测因函数系数的协整性而引起的虚假回归（北京大学涂云东）等。

在半参数方法的使用上，主要以首都经济贸易大学王钛宁为代表，研究了劳动力份额的影响因素，如出口、贸易开放度等，以及负债率对企业生产前沿的影响，主要是一些半参数方法的应用。

（2）理论计量经济学：单方程和单变量模型（C2）[48]-[58]

本部分的英文文献主要为模型的应用，应用的问题也比较分散，如市场化与经济发展的关系，CO_2排放、能源消耗、经济增长和旅游业发展之间的关系等。

理论上的相关文献主要集中在时间序列模型的相关改进上，首都经济贸易大学的张应麟改进了 Whittle 估计量使其能更好地适应非平稳的时间序列数据，并允许非连续性地存在。对外经济贸易大学的陈志鸿则利用内生回归量的时间趋势构建了一个内部工具变量，以解决线性模型的内生性问题。

（3）理论计量经济学：多个方程和多个变量模型（C3）[59]-[70]

本部分的英文文献主要集中在 3 部分：一是空间模型；二是时间序列模型；三是面板数据模型。

在空间模型相关的研究中，北京大学的涂云东和王汉生提出了一种新的概念：时空模型中空间权重矩阵应该被估计出来，而非事先主观给定。论文发现当空间权重矩阵形式设定错误时，模型的解释性变得极为不可靠，预测能力也大大降低。为此，为了估计时空系数矩阵结构提出了一种 Stepwise 的算法。进一步地引入了机器学习中的 Bagging 方法来估计模型中的未知参数，并探讨了相应的理论性质。这一方法也可以应用到社交网络数据中，可以更加清晰地构造社交网络结构。

在时间序列模型中，一方面是模型平均方法的研究领域，中国科学院大学邹国华等提出了一个合理选择权重的 GMMA 方法。另一方面是多因子高频数据的相关研究，首都经济贸易大学的许文提出的多元波动模型，通过施加具有时变条件因子载荷的因子结构，实现了估计得到的大协方差矩阵的降维。

在面板数据模型上，主要是关于异质性估计的问题，2020—2021 年清华大学苏良军在 Journal of Econometrics 上发表高质量论文 2 篇。包括考虑回归系数组间异质性的情况下识别非线性面板数据模型中的潜在组结构；以及构建了一个考虑面板结构阈值回归模型的最小二乘估计，并分析了在收缩阈值效应框架下对特定组阈值参数的基于似然比的推断。中国人民大学章永辉在 Journal of Econometrics 上提出了一种识别和估计线性和非线性面板数据模型的回归系数中所存在的位置群组结构的简单、快速的方法，并且提供了一个确定组数的信息准则的有效性。首都经济贸易大学李鲲鹏则提出了一种新的两步法，以研究具有共同冲击的面板数据模型中异质性系数的估计和推理问题。

（4）计量经济学和统计学方法：专题（C4）[71]-[75]

本部分的英文文献主要集中在神经网络与计量经济学结合的相关领域，代表性论文包括北京大学的王汉生所提出的一种尾部时间驱动的网络分位自回归模型。文章充分利用网络结构，捕捉动态的分位数行为特点，并对金融风险在金融网络中的传导效应进行估计，并将这一模型应用于 A 股市场中，发现市场波动程度越高，风险基于金融网络的传导效应越大。同时，通过系统分析尾部事件，在复杂的金融系统中进行预测和冲量分析。另外，北京大学王法提出了一个基于高维非线性因子模型的极大似然估计方法，通过引入公共因子来代表影响多个时间序列数据的共性因素，以有效利用传统方法难以利用的信息，同时可以避免运算量的五位增加并优化预测效果，这篇文章也实现了在非线性模型中引入公共因子以有效利用大量时间序列数据的目的。

同时，在持续时间分析的相关研究中，近年有学者将因子方法应用于相关系数矩阵中，通过使用高频数据来预测资产回报的大协方差矩阵，以及通过重新构造季节性时间序列数据，以获得 RSVD 来进行季节性调整等。

（5）计量经济模型（C5）[76]-[101]

本部分的英文文献主要集中在计量模型的构建和应用，包括预测上。

在计量建模部分，中国人民大学李勇基于著名的模型准则 Deviance Information Criterion 提出了新的改进模型选择方法。对于经济金融中流行的隐变量模型，该论文首先提出适用于隐变量模型的积分信息准则。同时，针对错误设定的计量模型，文章又提出了一种可以在存在模型误设情况下使用的稳健信息准则。中国人民大学王莹为了解决面板数据中个体特定的解释变量和个体因变量之间的相互作用可能会收到的系统性影响，提出了一个可以捕捉到这一行为类别的函数系数面板模型。此外，王莹分析了伪函数系数回归对模型诊断的影响，并通过使用之后因变量和自变量增加原始伪回归的回归量提出一种基于半参数平衡回归程序。北京大学涂云东则在 2020 年的研究中构建了用于期望回归的 jackknife 模型平均方法，且证明了在错误指定下随着参数维数增加的期望估计量的渐进性质。北京大学宋晓军提出一种新的非参数诊断工具来评估愈来愈倾向得分的不同处理效应估计量的渐近有效性。

在预测相关的研究领域，代表性的学者包括北京大学黄卓、中国科学院大学汪寿阳。黄卓的研究成果包括原油价格期货的预测、股票波动率的分解以及期权价格的预测。汪寿阳的主要研究成果包括预测原油价格波动、预测游客数量、中国农村地区脱贫、区域和贸易异质性对出口影响等多个方面。

2. 数理方法与规划

本领域英文发表较少，这也符合国际学科发展趋势。

3. 博弈论

博弈论的主要研究热点集中于3个部分：匹配理论（应用博弈论研究）、合作博弈、随机和动态博弈。[102]-[104]

在匹配理论方面，主要学术代表人物有中国人民大学的李三希，他发表的 *Consumer search with blind buying* 一文，介绍了一种盲目购买模型，这是一种线性搜索模型，即消费者可以在不产生搜索成本的情况下购买产品来检查匹配值。在合作博弈方面，主要研究者是北京师范大学的张博宇，主要研究成果集中在合作博弈的策略及如何顺利实施。在随机动态博弈方面，主要研究者有清华大学唐平中、北京交通大学曹志刚、北京大学邓小铁，都是关于博弈理论模型的研究。

4. 算法与实验设计

算法方面，该部分在2019—2020年间，多名学者在 *Discrete Applied Mathematics*、*Computer* 及 *Algorithmica* 等 SCI 国际核心期刊上发表近10篇文章。[105]-[117] 与中文期刊在该部分的研究热点不同，英文期刊的研究以邓小铁为代表人物，主要研究热点为算法博弈论，在不同问题的背景下，根据实际情况建立模型，构建博弈结构，并使用算法程序模拟博弈双方的行为以得到模拟实验的结果。

实验设计方面，多名学者在 *Journal of Development Economics*、*Journal of Economic Behavior & Organization*、*Technological Forecasting and Social Change* 及 *Experimental Economics* 等 SCI 国际核心期刊上发表10余篇文章。通过查找到的文献可以发现，目前数量经济学的实验相关研究领域的英文研究热点与中文期刊研究热点稍有不同，主要集中于对实验方法的应用方面，这可能是英文文献对于该领域的理论基础形成的更早更完备的缘故。根据实验方法的不同，可以将研究成果分为两类：一是基于实验室实验法的应用，如刘潇（2018）通过一个受控的实验室实验，检验了完全信息全付费拍卖中个体的竞价时机决策，发现同质竞价者更有可能在有利于提前打破平局的规则下进入早期竞价阶段；次年，刘潇团队（2019）基于对不同合同条件的真实观察，进行了一项以一次性和重复博弈的方式实施的实验室实验，以检验委托人在长期和短期雇佣关系中的合同选择和代理努力。二是基于实地实验法的应用，如王雅璨（2020）等学者设计一项随机现场实验中，受试者受到“了解社会规范”“收到警告信息”“获得金钱奖励”3种干预措施之一以改善对共享单车的有序停车，结果表明，与社会规范干预相比，警告信息和金钱激励改变了用户的行为，由此可见行为激励可能是解决这种停车问题的有效工具；刘潇（2020）等在中国广东省进行了一项持续12个月的大规模的实地实验，从广东3个城市随机抽取1064户2539人作为实验对象，以检验告知个人政府养老金计划对其养老金登记决策和家庭消费的影响。这部分的学术代表人物有清华大学刘潇、中国人民大学陆方文以及北京交通大学王雅璨等。

三、问题分析与未来展望

纵观数量经济学在中国的发展，特别是近40年来，数量经济学在方法论上对促进中国经济学科的全面进步起到了重要的作用。本学科不仅与国际研究体系保持一致，还促进了马克思主义政治经济学及中国特色社会主义政治经济学的数理化和定量化研究，为中国特色经济学体系的建设和发展提供证据支撑。计量经济学、数理分析方法、各类计算方法对经济学各学科的促进作用有目共睹。进入21世纪以来，由于大数据与数字经济的快速发展，经济学对定量分析方法的需求以及方法本身的研究越来越重要。各学校都大力加强数量经济学学科发展和专业建设。在本科阶段的经济学拔尖学生建设基地中，各基地学校均把经济学与数学方法、统计学、数据科学及计算机技术的结合作为一项重要的培养任务。在硕博点的建设中，目前的发展方向是与金融大数据、数字经济等领域的结合。数据时代及数字经济对本学科提出了巨大的挑战。随着数字经济时代的来临，基于互联网、移动互联网以及人工智能技术的经济活动产生了海量大数据。大数据的产生以及基于大数据的机器学习的广泛使用，对统计学、计量经济学、各种数量方法都产生了深刻影响，也势必对经济学方法论产生巨大影响[118]。这是数量经济学者的契机。中国学者如能抓住这个契机，在该领域有所突破，就能站在国际的领先地位，在经济学方法论方面取得重大影响。

注：

[1]洪永淼，汪寿阳：《数学、模型与经济思想》，《管理世界》，2020 年第 10 期。

[2]李双杰，李众宜，张鹏杨：《对华反倾销如何影响中国企业创新?》，《世界经济研究》，2020 年第 2 期。

[3]罗朝阳，李雪松：《金融周期、全要素生产率与债券违约》，《经济管理》，2020 年第 2 期。

[4]王立勇，房鸿宇，谢付正：《中国农业保险补贴政策绩效评估：来自多期 DID 的经验证据》，《中央财经大学学报》，2020 年第 9 期。

[5]王立勇，唐升：《政府 R&D 补贴政策效果及决定因素研究——基于创新效率视角》，《宏观经济研究》，2020 年第 6 期。

[6]王立勇，胡睿：《贸易开放与工资收入：新证据和新机制》，《世界经济》，2020 年第 4 期。

[7]杜治仙，吴振信，王书平：《金融业“营改增”的产业波及效应研究》，《数学的实践与认识》，2019 年第 12 期。

[8]宋晓军，李曦纳，虞吉海：《空间动态短面板的估计及中国城市经济增长收敛性的分析》，《经济学报》，2020 年第 1 期。

[9] 沈艳，陈赟，黄卓：《文本大数据分析在经济学和金融学中的应用：一个文献综述》，《经济学(季刊)》，2019 年第 4 期。

[10]王霞，郑挺国：《基于实时信息流的中国宏观经济不确定性测度》，《经济研究》，2020 年第 10 期。

[11]王立勇，王申令：《货币政策不确定性研究进展》，《经济学动态》，2020 年第 6 期。

[12]郭笑春，胡毅：《数字货币时代的商业模式讨论——基于双案例的比较研究》，《管理评论》，2020 年第 1 期。

[13]吴卫星，沈涛，李鲲鹏，刘语：《健康、异质性家庭投资者与资产配置》，《管理科学学报》，2020 年第 1 期。

[14]姚青松，赵国庆，时文东：《持续结构突变的理论影响与检验方法研究》，《数量经济技术经济研究》，2019 年第 10 期。

[15] 姚青松，赵国庆：《国际能源价格的持续性结构突变研究》，《河北经贸大学学报》，2020 年第 4 期。

[16] 张国胜，王文举：《中国期货业发展的阶段性特征及未来展望》，《经济与管理研究》，2019 年第 11 期。

[17]孙佳婧，MCCABE Brendan，崔文泉，李国星：《基于 Katz 分布的计数数据自回归模型以及其在预测呼吸系统患病人数中的应用》，《应用概率统计》，2020 年第 6 期。

[18]杨翠红，田开兰，高翔，张俊荣：《全球价值链研究综述及前景展望》，《系统工程理论与实践》，2020 年第 8 期。

[19]张健，孙玉莹，张新雨，汪寿阳：《基于时变模型平均方法的我国航空客运量预测》，《系统工程理论与实践》，2020 年第 6 期。

[20]黄乃静，于明哲：《系统性金融风险指标的比较分析——基于实体经济风险预测的视角》，《系统工程理论与实践》，2020 年第 10 期。

[21]吴振信，张茜，张雪峰：《量化选股应用研究》，《智库时代》，2020 年第 1 期。

[22]林晨，夏明，张红霞：《产业基本性与重点产业选择》，《统计研究》，2020 年第 6 期。

[23]石敏俊，夏梦寒，张红霞：《制造业服务化对制造业劳动生产率的影响》，《社会科学战线》，2020 年第 11 期。

[24]郭淑珍，马登录，李保明，包扎西加措，张潭瑛，樊江峰，马忠涛，张红霞，王立斌，紫云楠，王杰峰，杨润喜，王文飙：《甘南高寒牧区娟犏牛育肥效果研究》，《中国草食动物科学》，2019 年第 3 期。

[25]高翔，徐然，史依颖，杨翠红：《贸易战背景下我国典型制造业转移路径的启示》，《系统工程理论与实践》，2020 年第 9 期。

[26] 张少雪，蒋雪梅：《中国最终需求对不同经济体增加值拉动效应的异质性分析》，《西安财经大学学报》，2020 年第 3 期。

[27]张少雪，蒋雪梅：《“一带一路”背景下中国与东盟双边贸易对全球碳排放的影响》，《生态经济》，2020 年第 3 期。

[28]王恰：《额外资源按需分配方法研究》，《中国管理科学》，2019 年第 6 期。

[29]黄乃静，于明哲：《机器学习对经济学研究的影响研究进展》，《经济学动态》，2018 年第 7 期。

[30]王国成：《人工智能、机器学习对传统计量实证的影响》，《经济与管理研究》，2018 年第 11 期。

[31]何强，董志勇：《利用互联网大数据预测季度 GDP 增速的方法研究》，《统计研究》，2020 年第 12 期。

[32]冯喆，蒋洪强，卢亚灵：《基于大数据方法和 SOFM 聚类的中国经济——环境综合分区研究》，《地理科学》，2019 年第 2 期。

[33] Xiaojun Song, Abderrahim Taamouti, 2019, “A better understanding of granger causality analysis: A big data environment”, Oxford Bulletin of Economics and Statistics, Vol. 81(4).

[34] Tunan Ren, Feifei Wang, Hansheng Wang, 2020, “A sequential naive bayes method for music genre classification based on transitional information from pitch and beat”, Statistics and Its Interface, Vol. 13(3).

[35] Ying Lun Cheung, Uwe Hassler, 2020, “Whittle-type estimation under long memory and nonstationarity”, AStA Advances in Statistical Analysis, Vol. 104(3).

[36] Jin Liu, Yingying Ma, Hansheng Wang, 2020, “Semiparametric model for covariance regression analysis”, Computational Statistics & Data Analysis, Vol. 142.

[37] Liangjun Su, Xia Wang, 2020, “Testing for structural changes in factor models via a nonparametric regression”, Econometric Theory, Vol. 36(6).

[38] Qiang Chen, Meidi Hu, Xiaojun Song, 2019, “A nonparametric specification test for the volatility functions of diffusion processes”, Econometric Reviews, Vol. 38(5).

[39] Wei Lin, Gloria González - Rivera, 2019, “Extreme returns and intensity of trading”, Journal of Applied Econometrics, Vol. 34(7).

[40] Xirong Chen, Degui Li, Qi Li, Zheng Li, 2019, “Nonparametric estimation of conditional quantile functions in the presence of irrelevant covariates”, Journal of Econometrics, Vol. 212(2).

[41] Xiaojun Song, Abderrahim Taamouti, 2020, “Measuring Granger Causality in Quantiles”, Journal of Business & Economic Statistics.

[42] Taining Wang, Jinjing Tian, 2020, “Recasting the trade impact on labor share: a fixed-effect semiparametric estimation study”, Empirical Economics, Vol. 58(5).

[43] Taining Wang, Jinjing Tian, Feng Yao, 2020, “Does high debt ratio influence Chinese firms' performance? A semiparametric stochastic frontier approach with zero inefficiency”, Empirical Economics.

[44] Feng Yao, Taining Wang, Jinjing Tian, Subal C. Kumbhakar, 2018, “Estimation of a smooth coefficient zero-inefficiency panel stochastic frontier model: A semiparametric approach”, Economics Letters, Vol. 166.

[45] Feng Yao, Taining Wang, 2020, “A nonparametric test of significant variables in gradients”, Econometric Theory.

[46] Yingqian Lin, Yundong Tu, 2020, “Robust inference for spurious regressions and cointegrations involving processes moderately deviated from a unit root”, Journal of Econometrics, Vol. 219(1).

[47] Yucheng Sun, 2019, “Detecting price jumps in the presence of market microstructure noise”, Journal of Nonparametric Statistics, Vol. 31(3).

[48] Renyu Li, Zhongxin Ma, Xirong Chen, 2020, “Historical market genes, marketization and economic growth in China”, Economic Modelling, Vol. 86.

[49] Xirong Chen, Renyu Li, Xi Wu, 2019, “Multi-home ownership and household portfolio choice in urban China”, Journal of Housing and the Built Environment.

[50] Qiang Feng, Xiaojun Wang, 2018, “The psychological effects of academic labeling: The case of class tracks”, Journal of Comparative Economics, Vol. 46(2).

[51] Jie Hou, Wendong Shi, Jingwei Sun, 2019, “Stock Returns, weather, and air conditioning”, PloS one, Vol. 14(7).

[52] Ying Lun Cheung, 2020, “Nonstationarity - extended Whittle estimation with discontinuity: A correction”, Economics Letters, Vol. 187.

[53] Zhihong Chen, Huizhu Xia, 2020, “Trend instrumental variable regression with an application to the US New Keynesian Phillips Curve”, Economic Modelling, Vol. 93.

[54] Qiang Feng, Jing Feng, Ming Li, Yang Li, 2019, “Are contingent instructors better teachers: evidence from a Chinese university”, Applied Economics, Vol. 51(58).

[55] Yichen Gao, Li Gan, Qi Li, 2019, “Chinese

trade price and Yuan's valuation", The World Economy, Vol. 42(7).

[56] Jing Gao, Wen Xu, Lei Zhang, 2019, "Tourism, economic growth, and tourism-induced EKC hypothesis: evidence from the Mediterranean region", Empirical Economics.

[57]Lung-fei Lee, Jihai Yu, 2020, "Initial conditions of dynamic panel data models: on within and between equations", The Econometrics Journal, Vol. 23(1).

[58]Yu Sun, Karen X. Yan, 2019, "Inference on difference-in-differences average treatment effects: A fixed-b approach", Journal of econometrics, Vol. 211(2).

[59]Guangyu Mao, Yan Shen, 2019, "Bubbles or fundamentals? Modeling provincial house prices in China allowing for cross-sectional dependence", China Economic Review, Vol. 53.

[60]Tian Wu, Mengbo Zhang, Xin Tian, Shouyang Wang, Guowei Hua, 2020, "Spatial differentiation and network externality in pricing mechanism of online car hailing platform", International Journal of Production Economics, Vol. 219.

[61]Shangwei Zhao, Yanyuan Ma, Alan TK Wan, Xinyu Zhang, Shouyang Wang, 2020, "Model averaging in a multiplicative heteroscedastic model", Econometric Reviews, Vol. 39(10).

[62] Mingming Jiang, John Shideler, Yun Wang, 2019, "Factor substitution and labor market friction in the United States: 1948 - 2010", Applied Economics, Vol. 51(17).

[63] Kevin Sheppard, Wen Xu, 2019, "Factor high-frequency-based volatility (heavy) models", Journal of Financial Econometrics, Vol. 17(1).

[64] Ke Miao, Liangjun Su, Wendun Wang, 2020, "Panel threshold regressions with latent group structures", Journal of Econometrics, Vol. 214(2).

[65]Xun Lu, Liangjun Su, 2020, "Determining individual or time effects in panel data models", Journal of Econometrics, Vol. 215(1).

[66] Kerui Du, Yonghui Zhang, Qiankun Zhou, 2020, "Fitting partially linear functional-coefficient panel-data models with Stata", The Stata Journal, Vol. 20(4).

[67]Huiming Zhang, Kai Wu, Yueming Qiu, Gabriel Chan, Shouyang Wang, Dequn Zhou, Xianqiang Ren, 2020, "Solar photovoltaic interventions have reduced rural poverty in China", Nature communications, Vol. 11(1).

[68]Ruiqi Liu, Zuofeng Shang, Yonghui Zhang, Qiankun Zhou, 2020, "Identification and estimation in panel models with overspecified number of groups", Journal of Econometrics, Vol. 215(2).

[69]Kunpeng Li, Guowei Cui, Lina Lu, 2020, "Efficient estimation of heterogeneous coefficients in panel data models with common shocks", Journal of Econometrics, Vol. 216(2).

[70] Fei Jin, Lung-fei Lee, Jihai Yu, 2020, "First difference estimation of spatial dynamic panel data models with fixed effects", Economics Letters, Vol. 189.

[71]Yingjie Dong, Yiu-Kuen Tse, 2020, "Forecasting large covariance matrix with high-frequency data using factor approach for the correlation matrix", Economics Letters, Vol. 195.

[72]Wei Lin, Jianhua Z. Huang, Tucker McElroy, 2020, "Time Series seasonal adjustment using regularized singular value decomposition", Journal of Business & Economic Statistics, Vol. 38(3).

[73] Sicheng Zhang, Xiang Li, Bowen Zhang, Shouyang Wang, 2020, "Multi-objective optimisation in flexible assembly job shop scheduling using a distributed ant colony system", European Journal of Operational Research, Vol. 283(2).

[74] Xuening Zhu, Weining Wang, Hansheng Wang, Wolfgang Karl Härdle, 2019, "Network quantile autoregression", Journal of Econometrics, Vol. 212(1).

[75] Fa Wang, 2020, "Maximum likelihood estimation and inference for high dimensional generalized factor models with application to factor-augmented regressions", Journal of Econometrics.

[76]Yong Li, Jun Yu, Tao Zeng, 2020, "Deviance information criterion for latent variable models and misspecified models", Journal of Econometrics, Vol. 216(2).

[77] Jun Ma, Hugo Jales, Zhengfei Yu, 2020, "Minimum contrast empirical likelihood inference of discontinuity in density", Journal of Business & Economic

Statistics, Vol. 38(4).

[78] Yundong Tu, Ying Wang, 2020, "Adaptive estimation of heteroskedastic functional-coefficient regressions with an application to fiscal policy evaluation on asset markets", Econometric Reviews, Vol. 39(3).

[79] Yuzhu Tian, Liyong Wang, Manlai Tang, Maozai Tian, 2020, "Likelihood-based quantile mixed effects models for longitudinal data with multiple features via MCEM algorithm", Communications in Statistics-Simulation and Computation, Vol. 49(2).

[80] Bai Huang, 2020, "Combined fixed and random effects estimators", Communications in Statistics-Simulation and Computation, Vol. 49(8).

[81] Bai Huang, Tae-Hwy Lee, Aman Ullah, 2020, "Combined estimation of semiparametric panel data models", Econometrics and Statistics, Vol. 15.

[82] Christian Brownlees, Eulalia Nualart, Yucheng Sun, 2020, "On the estimation of integrated volatility in the presence of jumps and microstructure noise", Econometric Reviews, Vol. 39(10).

[83] Yundong Tu, Siwei Wang, 2020, "Jackknife model averaging for expectile regressions in increasing dimension", Economics Letters, Vol. 197.

[84] Liangjun Su, Wuyi Wang, Yichong Zhang, 2019, "Strong consistency of spectral clustering for stochastic block models", IEEE Transactions on Information Theory, Vol. 66(1).

[85] Shujie Ma, Wei Lan, Liangjun Su, Chih-Ling Tsai, 2020, "Testing alphas in conditional time-varying factor models with high-dimensional assets", Journal of Business & Economic Statistics, Vol. 38(1).

[86] Pedro HC Sant'Anna, Xiaojun Song, 2019, "Specification tests for the propensity score", Journal of Econometrics, Vol. 210(2).

[87] Zhihong Chen, Jabbar Ul-Haq, Hubert Visas, Ahmed Raza Cheema, 2019, "Globalization and working environment nexus: Evidence from Pakistan", SAGE Open, Vol. 9(2).

[88] Zhuo Huang, Zhimin Qiu, Dawei Lin, 2020, "Evaluating the accrual anomaly in the Chinese stock market with the decomposition method", China Economic Journal, Vol. 13(3).

[89] Zhuo Huang, Chen Tong, Tianyi Wang, 2020, "Which volatility model for option valuation in China? Empirical evidence from SSE 50 ETF options", Applied Economics, Vol. 52(17).

[90] Yajing Wang, Fang Liang, Tianyi Wang, Zhuo Huang, 2020, "Does measurement error matter in volatility forecasting? Empirical evidence from the Chinese stock market", Economic Modelling, Vol. 87.

[91] Shouyang Wang, Xun Zhang, Lin Zhao, 2020, "Why the Effects of Oil Price Shocks on China's Economy are Changing", The Energy Journal, Vol. 41(6).

[92] Bingqian Yan, Yuwan Duan, Shouyang Wang, 2020, "China's emissions embodied in exports: how regional and trade heterogeneity matter", Energy Economics, Vol. 87.

[93] Gang Xie, Yatong Qian, Shouyang Wang, 2020, "A decomposition-ensemble approach for tourism forecasting", Annals of Tourism Research, Vol. 81.

[94] Jue Wang, Hao Zhou, Tao Hong, Xiang Li, Shouyang Wang, 2020, "A multi-granularity heterogeneous combination approach to crude oil price forecasting", Energy Economics, Vol. 91.

[95] Ling Tang, Xiaoda Xue, Jiabao Qu, Zhifu Mi, Xin Bo, Xiangyu Chang, Shouyang Wang, Shibei Li, Weigeng Cui, Guangxia Dong, 2020, "Air pollution emissions from Chinese power plants based on the continuous emission monitoring systems network", Scientific Data, Vol. 7(1).

[96] Quanying Lu, Yuze Li, Jian Chai, Shouyang Wang, 2020, "Crude oil price analysis and forecasting: A perspective of 'new triangle'", Energy Economics, Vol. 87.

[97] Muhammad Anwar, Li Shuangjie, Rizwan Ullah, 2020, "Business experience or Financial Literacy? Which one is better for opportunity recognition and superior performance?", Business Strategy & Development, Vol. 3(3).

[98] Shuangjie Li, Xuefeng Hu, Liming Wang, 2020, "Could the stock market adjust itself? an empirical study based on mean reversion theory", Journal of Systems Science and Information, Vol. 8(2).

[99] Jie Wei, Yonghui Zhang, 2020, "A time-varying diffusion index forecasting model", Economics Letters, Vol. 193.

[100] Naijing Huang, Naixin Huang, Yicheng Wang, 2020, "US economic policy uncertainty on Chinese economy: industry level analysis", Applied Economics Letters, Vol. 27(10).

[101] Jiong Gong, Yun Wang, Anqi Zhao, Zhongxiu Zhao, 2020, "Optimal sizing of portable modular batteries for electric vehicles", Journal of Cleaner Production, Vol. 277.

[102] Shuting Huang, Yali Dong, Boyu Zhang, 2020, "The optimal incentive in promoting cooperation: punish the worst and do not only reward the best", The Singapore Economic Review.

[103] Mark Broom, Ross Cressman, Boyu Zhang, 2020, "Dynamic games and applications: special issue in memory of chris cannings—introduction", Dynamic Games and Applications, Vol. 10(3).

[104] Vahab Mirrokni, Renato Paes Leme, Pingzhong Tang, Song Zuo, 2020, "Non - clairvoyant dynamic mechanism design", Econometrica, Vol. 88(5).

[105] Yuzhu Tian, Liyong Wang, Manlai Tang, Maozai Tian, 2020, "Likelihood-based quantile mixed effects models for longitudinal data with multiple features via MCEM algorithm", Communications in Statistics - Simulation and Computation, Vol. 49(2).

[106] Eleftherios Anastasiadis, Xiaotie Deng, Piotr Krysta, Minming Li, Han Qiao, Jinshan Zhang, 2019, "Network pollution games", Algorithmica, Vol. 81(1).

[107] Zhou Chen, Yukun Cheng, Xiaotie Deng, Qi Qi, Xiang Yan, 2019, "Agent incentives of strategic behavior in resource exchange", Discrete Applied Mathematics, Vol. 264.

[108] Xiaotie Deng, Tao Lin, Tao Xiao, 2020, "Private data manipulation in optimal sponsored search auction", Proceedings of The Web Conference 2020.

[109] Xiaotie Deng, Tao Xiao, Keyu Zhu, 2020, "Learn to play maximum revenue auction", Computer, Vol. 53(06).

[110] Chenchen Li, Xiang Yan, Xiaotie Deng, Yuan Qi, Wei Chu, Le Song, Junlong Qiao, Jianshan He, Junwu Xiong, 2019, "Latent dirichlet allocation for internet price war", Proceedings of the AAAI Conference on Artificial Intelligence, Vol. 33(01).

[111] Cangjian Cao, Sherry Xin Li, Tracy Xiao Liu, 2020, "A gift with thoughtfulness: A field experiment on work incentives", Games and Economic Behavior, Vol. 124.

[112] Wei Chi, Tracy Xiao Liu, Xiaoye Qian, Qing Ye, 2019, "An experimental study of incentive contracts for short-and long-term employees", Journal of Economic Behavior & Organization, Vol. 159.

[113] Tracy Xiao Liu, Jenna Bednar, Yan Chen, Scott Page, 2019, "Directional behavioral spillover and cognitive load effects in multiple repeated games", Experimental Economics, Vol. 22(3).

[114] Tracy Xiao Liu, 2018, "All-pay auctions with endogenous bid timing: an experimental study", International Journal of Game Theory, Vol. 47(1).

[115] Michael L. Anderson, Fangwen Lu, Jun Yang, 2019, "Physical activity and weight following car ownership in Beijing, China: quasi-experimental cross sectional study", bmj, Vol. 367.

[116] Duan Su, Yacan Wang, Nan Yang, Xianghong Wang, 2020, "Promoting considerate parking behavior in dockless bike-sharing: An experimental study", Transportation Research Part A: Policy and Practice, Vol. 140.

[117] Yacan Wang, Quan Zhu, Harold Krikke, Benjamin Hazen, 2020, "How product and process knowledge enable consumer switching to remanufactured laptop computers in circular economy", Technological Forecasting and Social Change, Vol. 161.

[118]洪永淼，汪寿阳：《大数据、机器学习与统计学：挑战与机遇》，《计量经济学报》，2021 年第 1 期。

（北京外国经济学说研究会供稿；执笔人：韩松、杨斌）

年度推荐论文和著作

经济思想史

1.《经济思想史学科的困局、破局与新局》，贾根良，《南国学术》，2020 年第 3 期。

2.《恩格斯对广义政治经济学的研究及其当代意义——纪念恩格斯诞辰 200 周年》，顾海良，《经济学家》，2020 年第 10 期。

经济史

1.《公共品供给的微观主体及其比较——基于中国水运基建的长时期考察》，龙登高、王明、黄玉玺，《管理世界》，2020 年第 4 期。

2.《银行、票号兴替与清末民初金融变革》，周建波、曾江，《中国社会科学》，2020 年第 8 期。

数量经济学

1.《金融时间序列——理论与方法》，赵国庆，经济科学出版社，2020 年。

2.《数学、模型与经济思想》，洪永淼、汪寿阳，《管理世界》，2020 年第 10 期。

微观经济学

1.《中国政府消费券政策的经济效应》，林毅夫、沈艳、孙昂，《经济研究》，2020 年第 7 期。

2.《声誉、竞争与企业的边界——兼论高质量发展背景下的国有企业重组》，杜创，《经济研究》，2020 年第 8 期。

宏观经济学

1.《疫情冲击下的 2020 年中国经济形势与政策选择》，刘伟、苏剑，《社会科学研究》，2020 年第 3 期。

2.《基础设施对中国经济增长的影响及机制研究——基于扩展的 Barro 增长模型》，方福前、田鸽、肖寒，《经济理论与经济管理》，2020 年第 12 期。

国际经济学

1.《全球价值链嵌入对贸易保护的抑制效应：基于经济波动视角的研究》，唐宜红、张鹏杨，《中国社会科学》，2020 年第 7 期.

2.《非位似偏好、非线性本地市场效应与服务贸易出口》，李敬子、陈强远、钱学锋，《经济研究》，2020 年第 55（02）期。

法　学

摘　要

2020 年，北京法学界各学科不断以理论探索和立法实践积极回应新时代背景下中国各领域实践发展，这其中既包括国家治理重大理论问题、经济和社会发展重点领域战略布局问题，也包括国家以及首都经济、政治、文化、社会、生态环境等领域的具体应用问题，还包括新冠肺炎疫情防控、数字经济等新技术发展、中美贸易摩擦、涉外法治推进等带来的法律应对新问题，充分体现了首都法学理论界和实务界的政治觉悟、使命担当以及学术觉知力。

一、积极回应新时代实践发展

法理学研究的热点集中在“习近平法治思想”“法治与国家治理现代化”“党规与国法”“法律与人工智能”“法律与社会”“法学方法论”“立法理论与实践”“司法理论与实践”“传统法理论”“基础理论”10 个方面。

宪法学研究重点关注了人大制度实践的总结反思与建议；权利保护、权力规范和合宪性审查研究，疫情和后疫情时代的法治模式以及“一国两制”的新实践等。

行政法学界围绕法治政府建设，在基本理论、行政行为法、行政组织法等行政法传统领域继续研究，同时聚焦《中华人民共和国行政处罚法》修订、新冠肺炎疫情防控、科技发展与法治政府、优化营商环境等诸多热点问题。

经济法学界的研究与实践发展紧密结合，重点围绕“新发展理念和‘十四五’规划”“疫情防控和复工复产”“数字经济”等热点领域问题展开交流和探讨。

国际法学界在中国“涉外法治”推进的大环境下，围绕当前国际法领域的重大理论和实践问题，深入推进相关研究，为中国“涉外法治”建言献策，探索“统筹推进国内法治与涉外法治”的可行途径。

二、法学研究取得新成就

1. 不断深化对习近平法治思想、法治与国家治理现代化等重大理论问题的研究

法理学界学者们指出：当下的首要任务是要充分认识习近平法治思想的重大政治意义、理论价值与现实意义；习近平法治思想的确立为解决法治中国建设中的重大问题提供了行动指南和基本遵循；习近平法治思想深刻揭示了人民至上和社会公平正义的法治价值取向；习近平法治思想中的宪法思想是中国特色社会主义法治理论体系的核心内容。

有学者从国家治理现代化的视角讨论了中国行政法所包含的规范性原理。有学者认为，应构造“紧急状态的常规法治”架构，公权、私权主体都应遵循紧急状态的法律程序。有学者全面、系统地论述了“制度之治”与法治之间的逻辑关系。还有学者探讨了国家治理现代化转型的内在法治逻辑问题。

2. 民法典理论与实践研究持续深化

2020 年，新中国第一部以“典”命名的法律《中华人民共和国民法典》颁布。它的出台直接影响了民商法学的研究重心开始由立法论迈向解释论，研究范式也开始向体系性研究转变。同时，商法及劳动与社会保障法的研究也与时俱进，对基础性理论、社会热点和实践亟须解决的问题都展开了探索与争鸣。

民法学的研究除继续致力于对制度本身进行深层次思考外，开始更多地聚焦民法典对既有制度的承继与创新，致力于探讨细节性规则的解释与剖析。民法法典化作为民法学研究范式转换的原动力，也在推动民法学者加强对体系化的关注。民法典体系包括内部体系和外部体系，二者互为表里。有学者关注到颇具争议的债法总则问题，也有学者以民法典中的动产和权利担保制度改革为研究对象，还有学者从外在体系角度探讨总则与分则之间的关系。部分学者也指出民法典的内外部体系有进一步的融贯空间。

3. 法学方法论研究的反思与回归

有学者指出，应在反思与批判的基础上，进一步厘清“法理”的内涵与外延，探讨将“法理”从概念上升为研究范式的可能性。必须坚定“法理”自信，解除法理学的“身份焦虑”；寻求“法理”的本土资源，树立“法理”中国观；在尊重“法理”自身规律的前提下，重视“法理”的方法论塑造；确立“法理”与“法理学”的实践立场，寻求“法理”发展的多种可能性。

有学者认为，法学成熟的一个重要面向在于法理学与部门法学真正融为一体：第一，特定部门法学供给理论原型，由法理学对其中的法律概念和法学方法进行抽象并反哺于各部门法学；第二，由法理学输入法学外的其他学科的观点或方法，进而运用于部门法学；第三，法理学说本身蕴含或融合于部门法理论。没有部门法学的法理学是空洞的，而没有法理学的部门法学是盲目的。

三、部门法实现新发展

（一）宪法学

1. 宪法学说与理论

宪法理论的研究有多重维度：有对宪法概念和制度的历史回顾，也有对现代宪法理论的考究；有对中国宪法文化的剖析，也有对西方宪法思想的评述。“宪法”概念之外，对宪法其他概念和宪法原则的研究也成果颇丰。比较法方面，魏玛宪法仍然是研究重点。

2. 基本权利研究

基本权利是宪法学的核心关切，2020 年宪法学界对基本权利理论、基本权利的具体问题进行了丰富的研究。有对基本权利理论的研究，有对信息时代的

基本权利的研究，有对文化权利的研究，有对紧急状态下基本权利限制的研究。

3. 国家权力

规范国家权力运行既是宪法的任务又是法治的要求，也是宪法学历久弥新的研究课题。2020 年对国家权力的研究主要集中于人大权力、国家机关权力分工、国家紧急权力和对监察权的监督。

4. 中央与地方关系问题

中央与地方的关系既涉及国家权力的配置，也关乎地方民主自治。由于中国的一体多元的国家结构形式，中央与地方关系的特殊性和重要性不言自明。学术研究的重点除了央地关系本身，还包括地方立法、民族自治地方自治立法和特别行政区法治。

5. 合宪性审查

合宪性审查是宪法全面实施的关键，更是法学界长期关注的问题，宪法学界从多个角度对中国的合宪性审查进行了研究。相比往年，本年度的研究尤为关注实务问题，包括对合宪性审查制度建构、合宪性审查的基本问题、地方合宪性审查制度、合宪性审查的域外经验、宪法全面实施等问题的研讨。

（二）行政法学

1.《行政处罚法》修改

有学者针对《行政处罚法》实施面临的组织、规范、效能等问题进行了研究。有学者以行政处罚复议和应诉案件的实证分析为切入点，反推引发处罚法治化危机的症结所在。有学者以北京市基层行政执法体制改革的实践探索为样本，对《行政处罚法》的修改问题进行探讨。有学者思考在立法上如何实现行政处罚与刑罚处罚的合理配置问题。

2. 疫情防控中的行政法问题

新冠肺炎疫情对世界范围内的生产生活带来深远影响，学界对中国重大疫情防控体制机制、公共卫生应急管理体系等方面存在的短板进行反思，从行政法学的角度提供理论支持与政策建议。

3. 科技发展与法治政府

这方面讨论主要聚焦于两个方面：一是数字时代中的新技术（如人工智能、大数据）带来哪些挑战；二是对习近平法治思想指导下的法治中国建设，进行了不同角度的理论阐释，并对法治政府建设做出了建设性理论创新。

4. 行政争议实质性解决

行政救济法一直是学者们颇为关注的领域，其中行政公益诉讼更是行政诉讼领域研究的热点问题。2020 年，学者们继续就行政诉讼和行政复议两大救济途径进行探讨。

（三）刑法学

1.《刑法修正案（十一）（草案）》的讨论

在宏观方面，主要涉及对刑法立法观的讨论。在微观方面，主要涉及“草案”相关条文的设计问题。主要包括：刑事责任年龄是否降低的问题；高空抛物犯罪的刑法规制；非法集资犯罪刑罚力度的提高；洗钱犯罪的刑法立法完善；野生动物保护的刑法立法完善；职务犯罪立法的新进展。

2. 疫情防控的刑事法治保障

新冠肺炎疫情作为突发公共卫生事件，几乎影响所有人的日常工作生活，由此衍生出疫情防控过程中的刑法适用、刑事治理问题，刑法学界主要研究了疫情防控期间的刑事政策、疫情防控下网络谣言的刑法治理、疫情背景下妨害传染病防治罪的规范适用、疫情期间哄抬物价行为的刑事规制、涉疫情“危害公共安全犯罪”的适用问题。

3. 刑法基础理论问题研究

刑法学界对刑法学基础理论问题的研究持续深入，取得新进展，主要集中在刑事立法的活性化与正当性检验、过失犯的构造与认定、法定犯的性质与界定、正当防卫的司法适用等方面。

4. 重点领域的刑法具体适用

除前述涉疫情防控相关犯罪的具体适用外，本年度刑法学界对刑法分则领域热点罪名的研讨，主要集中在信息网络犯罪、金融犯罪、食品安全犯罪等领域。此外，对有组织犯罪的网络“分割化”及其刑法评价、宗教极端主义犯罪的法治化治理路径等问题也有探讨。

（四）民商法学

民法学界除前述对民法典的理论和实践开展研究外，商法及劳动与社会保障法的研究也与时俱进，对基础性理论、社会热点和实践急需问题都展开了探索与争鸣。

这方面的研究充分契合社会的发展与变化，不断推陈出新。其中，商法学研究既有对基础概念的反思与梳理，如对“法人”概念的再认识，又有对实践急需问题的适时关注，如对实践中分歧频现的对赌协议裁判路径问题进行多维探讨。劳动与社会保障法学的年度研究热点是平台用工中的劳动者保护问题，该问题不仅关涉千万平台劳动者的根本利益，而且得到决策者的高度关注。对此，劳动与社会保障法学界已展开了颇有见地的探讨，并据此提出一系列对策建议。

（五）诉讼法学

1. 刑事诉讼法学的研究

刑事诉讼法学的研究涉猎广泛：第一，对基础理论和基本制度的研究热度不减，关于刑事诉讼的模式、客体等基础理论的研究得到发展，“新职权主义”、刑事之诉等概念被提出，对有关辩护制度、证据制度、认罪认罚从宽制度等方面的研究进一步深入。第二，对以审判为中心的诉讼制度改革进行了反思，对其实效性不足的原因、内涵等进行了剖析。第三，在特别程序方面，与 2020 年《未成年人保护法》相关的诸多问题受到关注。第四，刑事合规问题成为新的研究热点，相关讨论涉及企业合规的概念、功能、有效合规计划的标准，企业的刑事责任等。第五，刑事司法技术和司法体制改革的新变化、新发展进入研究视野。

2. 民事诉讼法学的研究

民事诉讼法学的研究主要聚焦于 3 个方面：第一，基础理论与基本制度研究。有学者认为《民事诉讼法》第 119 条第 3 项所规定的“具体的诉讼请求”并非是诉讼标的而是诉的声明，故而在立案程序中对该项具体性的要求不应高于对判决主文的具体性要求。有学者指出禁止重复起诉与禁止另行起诉共同构成了禁止重复诉讼制度。有学者检讨了当前关于重复起诉的识别标准后，认为应当重构重复起诉的识别标准。有学者认为，中国法律对共同诉讼制度的规定较为简单，已经无法满足司法实践的需要，从而将必要共同诉讼进一步划分为固有必要共同诉讼以及类似必要共同诉讼已是必然。第二，民事程序法与民事实体法的交叉研究。随着《民法典》正式公布，有学者认为中国民事诉讼法的精神应与《民法典》的精神保持一致，应及时调整民事诉讼法中相应的程序规则等，以保障《民法典》得以有效落实。有学者认为，新《证券法》中规定的证券集团诉讼具有重要意义，为保障其得以有效运行，应当建立健全诉讼代表机制、律师代理机制等特别诉讼机制。第三，检察理论与公益诉讼研究。在检察公益诉讼研究上，有学者开拓了新的研究领域，认为检察机关提起行政公益诉讼的目的，应是督促在特定领域负有监督管理职责的行政机关依法行政，进而助推行政机关真正成为国家利益与社会公共利益的首要保护人。检察机关不仅可以提起公益诉讼，还可以作为支持公益诉讼人支持相关主体提起公益诉讼。

（六）经济法学

围绕疫情防控、《民法典》颁布、数字经济、区域协调发展等与经济法密切相关的问题，就“疫情防控、法典化与经济法”“新冠疫情背景下国家调制社会经济的法律机制研究”“实现‘十四五’规划和二〇三五年远景目标的经济法治”“区域协调发展的经济法回应”“数字经济发展与经济法的理论创新”等问题开展专题探讨。在反垄断法领域，结合《反垄断法》修改研讨和对数字经济新发展的探索，李青主编《中国反垄断十二年：回顾与展望》，《中国法学》相继刊发了时建中《共同市场支配地位制度拓展适用于算法默示共谋研究》、杨东《论反垄断法的重构：应对数字经济的挑战》、张晨颖《共同市场支配地位的理论基础与规则构造》等论文。在与民法典的结合研究上，《法学研究》刊发了叶林《股东会决议无效的公司法解释》、陈甦《公章抗辩的类型与处理》等论文。在财税金融法领域，朱大旗、曹阳在《中国人民大学学报》发文《大数据背景下我国纳税人信息权的法律保护研究》，探讨了大数据背景下中国税法如何与《民法典》等相关法律，一起保护纳税人信息权问题；叶姗在《中国法学》上发文《个人所得税纳税义务的法律构建》，关注个人所得税法纳税义务的成立要件和确定程序；廖凡在《中国法学》上发文《全球金融治理的合法性困境及其应对》，寻求平衡全球金融治理的合法性与实效性。

（七）环境与自然资源法学

1. 关于环境资源法基本理论

环境权作为环境法的核心范畴，是环境立法、执法、司法以及公众参与环境保护的基础。有学者认为，环境权是一项以环境要素为权利对象，以环境利益为权利客体，以享用良好环境为主要内容的，具有人格面向的非财产性权利。

2. 关于环境立法

在推进环境法学科体系立法方面，有学者通过比较和分析世界范围内法律体系化的路径，认为环境法法典化是解决问题的可行方案，而适度的法典化则更加符合中国的客观现实。在完善环境法单项立法方面，本年度热点话题主要聚焦在生态保护法领域问题的研究上。

3. 关于环境行政

有学者认为，在大数据时代，信息不对称的逐步消失将会使得原本基于风险认知理论构筑起来的环境风险行政管理体制受到较大冲击，这表现在职能定位、管理模式、义务转变、责任导向等多个维度。

4. 关于环境司法

研究热点聚焦在环境公益诉讼。其中，检察机关提起环境公益诉讼已然成为损害救济的一种新选择，但其在司法实践操作中还存在诸多困惑。有学者认为应从程序正义与实体正义两个层面完善相关机制。

5. 关于《民法典》的绿色规则

有学者认为，《民法典》通过“绿色原则”确立了新的价值判断标准，通过“绿色物权”规则建立了私益与公益的双重保护机制，通过“绿色合同”规则明确了合同履行的环境保护义务，通过“绿色责任”规则大幅度提高了环境违法的成本。

（八）国际法学

围绕当前国际法领域的重大理论和实践问题，深入推进相关研究。清华大学国际争端解决研究院院长张月姣撰文列举了大量事实和国际法准则，批判美国无耻政客的种种谰言，揭露其险恶居心，以正国际视听，并提出切实可行的应对对策、建议。中国政法大学黄进撰文就“当前中美关系中的国际法问题”进行深入解读，指出处理中美关系应坚持的国际法立场。强调公认的国际法是世界各国共同的行为规范，是全球治理的重器，也是国际社会通用的话语体系。中国政法大学霍政欣撰文指出，划分法律域内效力与域外效力的标准是被规制行为的发生地。判断国内法的域外效力是否违反国际法，须以是否存在禁止性国际法原则为基本标尺，并因循具体路径予以衡量。

（九）法律史学

1. 中国法律史界

中国法律史学界对法律传统、学科方法、法律文化、国家治理研究、近现代法制变迁等主题进行了深入探讨。有学者以问题意识从通识的视域出发，对中国古代“刑罚得中”、古代中国上访问题等进行了研究；有学者按照朝代时间段对秦、唐、清等朝代的法律制度、法律形式等进行研究；有学者对近代中国刑事上诉制度的生成及展开进行考证。在中国法律思想史的研究方面，有学者对晚清民国的社会变迁与法文化重构进行了专文探讨，指出法文化的变迁本身就是法律规范、法律制度、法律思想、司法实践乃至法律意识等因素同步发展的过程。有学者对《民法典》中的道德思维与法律思维进行了探讨。

2. 外国法律史学

外国法制史学科的研究主要关注以下热点问题：一是关于罗马法研究。结合《民法典》的制定和颁布，徐国栋结合国外相关法典对《民法典》的体系加以研究，对《学说汇纂》作者的籍贯做出考据性研究。二是关于魏玛宪法的研究。高仰光认为，“国家”在魏玛宪法中有着多重形象，这是不同样态的国家法理论相互抗衡的结果，又反过来促进新的学术话语的生成，为后来的政治实践提供了智力上的准备。三是关于萨维尼的研究。李栋对萨维尼法学思想的发展，对萨维尼法学方法论在中国法律史研究中的启示以及萨维尼法学方法论的内容做出论述。四是关于印度法的研究。包括对印度法基本理论和印度法文化、宪法问题以及人权保障问题、印度刑法的传统与现代化、编纂印度民法典的宪法目标、印度专利法和公司法等。

四、未来研究展望

回顾2020年首都法学界的研究与实践，未来的法学研究应在以下方面力求通达与精进：第一，对重大理论和战略问题的研究应进一步深化；第二，研究范式与研究方法有待丰富；第三，新时代背景下，对热点问题研究的应用型导向有待加强。

法 理 学

2020年，中国法理学界对众多法学理论与实践问题展开广泛而深入的研究和讨论，取得了丰硕的研究成果。其研究与讨论的热点与创新点主要集中在习近平法治思想、法治与国家治理现代化、党规和国法、法律与人工智能、法律与社会、法学方法论、立法理论与实践、司法理论与实践、传统法理论和法学基础理论等主题。

一、习近平法治思想

有学者指出，当下的首要任务是要充分认识习近平法治思想的重大政治意义、理论价值与现实意义。“三个方面、四个环节、五大体系”组成了习近平法治思想的内涵和体系，应将其作为推动人民司法事业发展的强大思想武器和行动纲领，服务于党的治国理政和国家的战略发展，保障人民依法享有的各项权益。[1]

有学者指出，习近平法治思想的确立为解决法治中国建设中的重大问题提供了行动指南和基本遵循。解决法治中国建设中的重大问题，需要注意既要立足当前，又要着眼长远；既要坚持问题导向，又要坚持系统思维；既要深化理论研究，又要深化法治实践；既要注意顶层设计，又要尊重基层创建；既要注意统筹推进，又要注意重点突破；既要注意核心制度的建设，又要注意综合配套；既要坚持目标引领，又要注意效果检验。[2]

有学者认为，习近平法治思想深刻揭示了人民至上和社会公平正义的法治价值取向。习近平法治思想运用马克思主义法治原理和方法论准则，科学阐述当代中国国家制度与法律制度建设的基本价值尺度，提出坚持以人民为中心、以维护和实现社会公平正义为主轴的法治价值论思想。[3]

有学者认为，习近平法治思想中的宪法思想是中国特色社会主义法治理论体系的核心内容，是习近平法治思想的重要组成部分。包括关于中国特色社会主义民主政治、全面依法治国、依宪治国 3 个方面的宪法思想，具有清晰深刻的中国特色社会主义宪法理论逻辑。[4]

二、法治与国家治理现代化

有学者从国家治理现代化的视角讨论了中国新政法所包含的规范性原理。政法体制的基本构造包含政法机关的相互关系、政法机关的外部关系、执政党与政法机关的关系 3 组主轴性关系。他认为中国的政法体制既遵循了现代国家治理的普遍规律和共同机理，又积淀了中国国家治理的本土经验和独特智慧。[5]

有学者认为，应构造“紧急状态的常规法治”架构，公权主体和私权主体都应遵循紧急状态的法律程序。在紧急状态的国家治理中，既需要对公权主体依法特别授权并制约，也需要对私权主体的权利进行必要克减并保障。体系化的紧急状态法与日常状态的法一样，是法治的常态，而不是法治之例外。[6]

有学者全面和系统地论述了“制度之治”与法治之间的逻辑关系，指出“制度之治”有利于理解中国特色社会主义法治体系的内涵，能够更好地补充法治作为治国理政的基本方式存在的治理能力上的短板，有利于充分发挥法治的治理优势，更好地实现法治的治理目标。[7]

有学者认为，中国法理学理论为法治话语体系建构提供了基础性条件，但在知识体系、方法论体系、法律价值体系的建构与接受方面存在问题。中国需要建构以实现法治为目标的，能够分析、解释、解决中国社会矛盾的法治话语、法治理论体系。[8]

有学者提出，以“专门法”的形式构建“国家紧急权力”的法内规范体系；以宪法为统帅，以“专门法”为支撑，以其他相关法律为依托，构建“国家紧急权力”的法外规范约束体系。对“国家紧急权力”规范约束完整的法治逻辑样态，能够弥补现行法律体系的规范缺失，为“国家紧急权力”的行使提供法律依据，对完善国家治理体系、提高治理能力具有重要作用。[9]

有学者认为，由于历史和社会原因，中国法治意识形态出现了人类中心主义的特征。只有意识到进而自觉去除特定历史条件下被人为赋予的封闭、狭隘性质，法治、人权、财产权这些理念和价值才能获得更大生机，成为中国社会健康发展的思想、观念和制度基础。[10]

有学者认为，国家治理现代化转型的内在法治逻辑包括作为其逻辑起点的“良法善治论”、作为其价值逻辑的“公平正义论”和作为其逻辑方法的“法治系统论”。中国法治的本质是良法善治，良法善治及其所蕴含的人民性与公平正义理念，不仅为国家治理现代化转型奠定了坚实的法治根基，也为其提供了所应遵循的价值基准。[11]

有学者指出，在坚持制度优越性的同时，要坚持科技方法的综合运用。通过“智慧治理”推动现代法治建设，建构智慧法治，可以进一步稳固执政党的执政能力，提升政府的治理能力、形塑公民的主体思维以及整合国家与社会的关系，撰写现代法治发展的历史篇章，推进国家的法治建设，提升国家的治理能力。[12]

有学者认为，中国法治理论研究始终与中国法治实践和政治文明的历史进程休戚相关，秉持法治多元的立场，基本立场清晰但保持开放包容的态度，从偏重价值辩护开始逐渐兼顾分析与实证方法。中国法治理论研究形成一种兼具中国特色和国际开放性的普适性法治理论。[13]

三、党规与国法

有学者指出，“党规严于法律”“把党纪挺在前面”和党规不得抵触法律，体现了依法治国和依规治党具有目的、重点和手段的一致性。依法治国和依规治党的目的，都是为了人民的根本利益。依法治国和依规治党的重点都是约束领导干部。依法治国和依规治党的手段都是教育和惩罚相结合。[14]

有学者指出，党内法规话语体系存在的建构导向模糊性、建构原则不确定性等问题，应以话语体系的功能定位为逻辑起点，遵循政治性与学术性、规范性与通俗性、继承性与创造性等原则的统一，以科学理论为指导，以学科建设为支撑，回答中国政党治理的实践问题。[15]

有学者认为，党内法规解释应遵循政治性、合法性、合规性、合目的性、必要性、明晰性六大原则。党内法规解释原则的确立，不仅能为党内法规解释活动提供必要的指导，更是保障党内法规解释活动有效性、提升党内法规解释执行力的重要前提。[16]

有学者基于“法多元主义”思维逻辑，将党内法规纳入法的范畴内，将其视为一种法规范。党的领导类党内法规所体现出的国家治理功能，党的建设类党内法规所体现出的党内治理功能，两者是一种特殊与一般的关系。[17]

四、法律与人工智能

有学者聚焦于人工智能与事实认定的融合关系，人工智能介入事实认定包括输入可供分析的数据、对数据进行整合生成、表达运算结果并完成输出 3 个主要步骤，并提出可通过“小数据”训练，逐步构建人工智能“心智微结构”来攻克难题。[18]

有学者基于对人工智能刑法规制问题不同观点的研究，认为应严格区分其中的“批判”和“伪批判”。并对人工智能刑法学研究中存在的混淆概念型、移花接木型和自相矛盾型3种类型的“伪批判”进行回应。[19]

有学者探讨了人工智能应否取代法律职业这一问题，认为相较于外在主义，内在主义观点关涉人类的主体性和生活意义，具有不可被放弃、不可被取代的伦理价值。他认为法律职业对人类的生活具有内在的、构成性的和生成性的价值，值得被严肃认真地对待和珍视。[20]

有学者通过一种历史与当下联系的发展思维考虑人工智能立法问题，并指出科技法对人工智能的规范因循不可忽视。人工智能的本质是科技事物，应当将其纳入科技法范畴加以评价，在因循现行科技法的基础上，以正确的发展思维合理探索具体的发展路径。[21]

有学者就人工智能时代的责任归宿的基本框架以及法益衡量提出通用标准。算法社会的责任主体识别，宜遵循信息优势方承当更大责任的基本原则。人工智能时代的责任和义务框架是以变应变的，建议引入利益平衡机制，为不同潜在责任主体创设不同的合规义务，构建人工智能责任体系的中国标准。[22]

有学者认为，人工智能无法享有法律人格。面对人工智能技术，需要坚持人类唯一主体地位，在现有法律框架内处理责任承担问题，不得随意拟制法律人格，根据其技术含量采取前期引导、中期约束、后期干预的立法逻辑，理性应对人工智能技术带来的挑战。[23]

五、法律与社会

有学者基于社会系统论和二阶观察理论，反思政治系统和法律系统中的技术风险管制活动。政治系统本身的决策风险，会令其自身发展出由于规制失灵而被社会遗忘的应对能力；法律系统内部的风险预防原则，会使其作为一种程序性反应机制，吸收因科学技术后果的不确定性所导致的环境复杂性。[24]

有学者认为，可以从“治理空间”这一新视角理解中国基层执法。空间区域化机制重构着乡村治理空间，实现了执法机构的统合和区域化、执法空间的分界和局部化以及时空分区，回应了基层执法权薄弱和执法能力不足的问题。通过再造基层执法，提高基层执法效度。[25]

有学者认为，新冠肺炎疫情引发的社会结构转型，政府与社会之间展开博弈，国家治理的网络结构也将不断加强，社会的有序化机制不断挑战包括隐私和自由在内的现代权利体系。法学研究和思考的重心也将从规范移动到事实，从逻辑演绎移动到经验归纳，法社会学进入崭新的阶段。[26]

有学者指出，构建社会规范与法律协同共治格局是国家治理能力与治理技术现代化转型的内在规定性。从增强社会规范对于“地方性问题”的回应性、法律适度吸收社会规范的有益成分、充分挖掘法律与社会规范各自的比较制度优势等维度切入，有机整合不同的制度资源，实现协同共治。[27]

六、法学方法论

有学者指出，应在反思与批判的基础上，进一步厘清“法理”的内涵与外延，探讨将“法理”从概念上升为研究范式的可能性。必须坚定“法理”自信，解除法理学的“身份焦虑”；寻求“法理”的本土资源，树立“法理”中国观；在尊重“法理”自身规律的前提下，重视“法理”的方法论塑造；确立“法理”与“法理学”的实践立场，寻求“法理”发展的多种可能性。[28]

有学者认为，“法理”不仅是新时代中国法理学的中心主题，也是中国法学共同关注和法治实践的公共话语。“法理主题论”是在这场革命中产生的新范式，也是“法理研究行动计划”不断前进发展的标志性成果。“法理主题论”的生成逻辑表明了其时代必然性和实践必要性，同时也具备科学意义上的合法性。[29]

有学者将法理界定为“在综合各种法律现象的基础上，由学者所抽象并为社会所认同的有关法律基础、法律根据、法律判准、法律渊源的基础性、普遍性原理”。同时，他认为法理与自然规律、社会价值、内存于法典和单行法律中的法律原则以及事理、情理等存在明显的差异，不可混淆。[30]

有学者认为，法学成熟的一个重要面向在于法理学与部门法学真正融为一体。第一，特定部门法学供给理论原型，由法理学对其中的法律概念和法学方法进行抽象并反哺于各部门法学。第二，由法理学输入法学外的其他学科的观点或方法，进而运用于部门法学。第三，法理学说本身蕴含或融合于部门法理论。没有部门法学的法理学是空洞的，而没有法理学的部门法学是盲目的。[31]

有学者以司法研究为例，发现以“体系化”为核心目标的内部科学化路径和以“客观性”为基本特征的外部科学化路径，造就了法律规范体系/法律知识体系的分割，以及“规范 vs 事实”的知识鸿沟。他认为应探索并建构“社科法教义学”的知识生产新模式，整合知识体系并弥补知识鸿沟。[32]

七、立法理论与实践

有学者认为，立法者应养成审慎的立法德行，掌握审慎的立法技艺，设置审慎的立法制度。审慎立法的原则包括注重历史性与前瞻性之连通，理想性与现实性之兼顾，普适性与特殊性之折中，体系性与问题性之调和。实现审慎立法应当在每个立法环节严格把关、精益求精，提高立法质量。[33]

有学者指出，在适用比例原则审查法律的合宪性时，应兼顾公民的基本权利与立法者的民主政治空间。应依据性质的不同将审查内容分为事实认定、预测决定和价值评判3类，并结合结构余地将立法者的形成空间分为4个等级，比例原则约束立法权有其边界。[34]

有学者通过分析沃尔德伦的《立法的尊严》，认为立法的尊严寓于立法程序上。从“尊严”这一法理视角，对立法制度和立法过程如何尊重人、体现人的尊严进行考察，反思立法的制度价值，探索立法过程如何体现对人的关怀和尊重。[35]

有学者认为，依法立法的价值内涵与法教义学之间有密切关联。在依法立法原则的新价值内涵之下，法教义学可以通过拘束恣意的价值判断、衔接立法方法与司法裁判阶段的教义学方法等方式实现对立法的积极影响。[36]

有学者指出，中华文化传承立法中，需要处理好现代化挑战与文明自主性之间的冲突，文化传承与经济社会发展的矛盾，文化保护、传承与创新、发展的关系，合理借鉴域外立法经验。[37]

有学者认为，人类学为考察地方立法提供了两种进路。一是法律诠释学，地方立法旨在对特定地方的特定事物赋予特定意义；二是法律功能论，地方立法对完善地方治理、国家治理以及完善法治体系做出贡献。[38]

有学者指出，立法机构的建设一方面要发挥立法组织科层化的技术优势，另一方面更要预防和消除立法组织科层化的负面效应。[39]

八、司法理论与实践

有学者认为，法律学说司法运用制度是当前中国司法改革背景下强化裁判说理、实现司法裁判具有可接受性的制度，推动法律理论演化。法律学说的运用要通过立法构造法律学说的司法运用制度，确定立法原则，明确法律学说的界定标准，规范前提条件，遵循正当程序，讲究方法运用。[40]

有学者认为，目的解释是具有目标导向与效果诉求的解释方法，合理后果可以借助目的解释融入法规范阐释，据以引导目的解释，贯彻政策导向，检验解释结论。需要恪守法教义学立场，把后果取向作为内置于目的解释之合理导向与检验标准，区分目的层次，严格按照规范目的之体系定位展开解释。[41]

有学者指出，法律漏洞填补的司法论证包括认定论证和填补论证两个部分。法律漏洞填补在司法上有两条路径：规则引入（有规则填补）与规则创设（无规则填补），同时补充确立一条填补论证原则，以避免选择之难题。[42]

有学者指出，类案判断活动依赖于以待决案件的关键事实、法律争点与裁判要点作为比较点，同时参照相关法律规范，通过事实要素进行比对。待决案件与指导性案例是否属于类案，仍有待根据判决理由对比较点在法律上的重要性进行评估。[43]

有学者认为，应当对案例指导制度有针对性地设计短期、中期和长期改革目标及路径：短期目标是通过强化案例指导制度的权威来增强该制度的稳定性；中期目标是通过市场机制与自发秩序来夯实案例指导制度的共识基础；长期目标则主要致力于实现案例指导制度向具有中国特色的实质性判例制度转型。[44]

有学者认为，法律人工智能可以在案例指导制度运行中起到辅助工具的作用，以“效率”协同“公正”为价值导向，运用人工智能技术构建指导性案例的“遴选发布系统”、“类案检索系统”与“类案推送系统”，实现从主要依靠最高人民法院的“行政权威”向重点关注法官审判的“内在需求”转变。[45]

九、传统法理论

有学者采用分析方法，对儒家法理进行创造性转化，赋予前人的法思想、法观念以现代分析的形式。忠恕、义利、正名、经权等是儒家法理研究可资利用的范畴，这些范畴可能在司法活动过程中和法律实践层面上直接发挥作用，与其他现代法治范畴和价值长期共存。[46]

有学者研究了黄宗羲在《明夷待访录》的“原法”篇中所提出的法理论，该法理论建立在儒家的思想底座上，基于“天下利害”这一儒家“致善主义”的目标，深刻论述了“德治”因素的重要作用及其不充分性。要真正实现儒家政治理想，就必然要依靠“法治”。[47]

有学者基于儒家人权研究的问题，认为“儒家—人权”有无论、历史论、关系论和建构论等构成了儒家人权话语的基本内容体系。以儒家思想为主流的中国传统文化是接引与体认西方人权理论的文化支点，更是西方人权理论在中国获得本土诠释与理解的哲学基石。[48]

有学者基于伦理本位，认为家族规约与国家法律只是在不同领域发挥相同作用，提出将家族及其规约置于国家治理体系之中。立足于传统中国以伦理组织社会与国家的特质，以及家族与国家分野的源头，进而说明传统中国家族规约与国家法律在形式特征上的一致性源于二者精神内核上的一元性。[49]

十、法学基础理论

有学者认为，黑格尔法哲学从个体出发得出倾向于整体主义的结论，是遵循其自身独特的辩证逻辑的产物。个人被整合与融合于作为终点的整体，终点决定起点，但其承诺的个人主观特殊性与国家普遍性之间的内在统一难以落实。[50]

有学者认为，法学新古典主义是一种对传统法哲学予以创造性转化的方法。法学新古典主义力求展示文化、学术传统的内部多元性；重视古代作者本人思想的个体自洽性及其与当代法律实践的可能联系，意图“从法的本体和核心价值上去认识中国传统法律”；重视文本的表面意思，要向经典的权威求解放。[51]

有学者指出，马克思在深刻批判黑格尔法哲学和创立唯物史观的基础上，通过建构“科学社会主义”，既深入考察了相关的“历史条件”，又科学揭示如何在国家制度的确立与实行中充分表达“人民意志”并由此来实现人的解放这一问题的性质，并使无产阶级充分“认识到自己的行动的条件和性质”。[52]

有学者认为，恩格斯运用历史唯物主义法哲学基本原理，科学分析法的现象的内容与形式，着力考察法的现象、公共权力与经济发展之间的矛盾运动，深刻揭示法的现象运动的偶然性与必然性的关系，深入探讨社会经济基础与法律上层建筑诸因素之间的交互作用，从而建构了科学的法哲学本体论，为人们观察和认识法的现象的本体属性提供了理论指南。[53]

注：

[1]倪寿明：《深刻领会习近平法治思想》，《人民司法(应用)》，2020年第34期。

[2]江必新：《以习近平法治思想为指导着力解决法治中国建设中的重大问题》，《行政法学研究》，2020年第6期。

[3]公丕祥：《习近平法治价值论思想的内在蕴涵》，《行政法学研究》，2020年第6期。

[4]李林：《习近平法治思想中的宪法理论逻辑》，《行政法学研究》，2020年第6期。

[5]黄文艺：《中国政法体制的规范性原理》，《法学研究》，2020年第4期。

[6]谢晖：《论紧急状态中的国家治理》，《法律科学》，2020年第5期。

[7]莫纪宏：《“制度之治”是法治的内在逻辑述要》，《现代法学》，2020年第3期。

[8]陈金钊：《面向法治话语体系建构的中国法理学》，《法律科学》，2020年第1期。

[9]李晓安：《“国家紧急权力”规范约束的法治逻辑》，《法学》，2020年第9期。

[10]梁治平：《法治意识形态反思——基于人与动物关系的视角》，《中外法学》，2020年第6期。

[11]周佑勇：《推进国家治理现代化的法治逻辑》，《法商研究》，2020年第4期。

[12]彭中礼：《智慧法治：国家治理能力现代化的时代宣言》，《法学论坛》，2020年第3期。

[13]雷磊：《探寻法治的中国之道——中国法治理论研究的历史轨迹》，《法制与社会发展》，2020年第6期。

[14]郝铁川：《依法治国和依规治党中若干重大关系问题之我见》，《华东政法大学学报》，2020年第5期。

[15]赵海全：《党内法规话语体系建构的逻辑理路与实践进路》，《政法论坛》，2020年第6期。

[16]姚国建，潘姚：《论党内法规解释原则的确立》，《理论探索》，2020年第1期。

[17]张晓瑜，秦前红：《“法多元主义”视角下党内法规规范属性探析》，《河南社会科学》，2020年第11期。

[18]栗峥：《人工智能与事实认定》，《法学研究》，2020年第1期。

[19]刘宪权：《对人工智能法学研究“伪批判”的回应》，《法学》，2020年第1期。

[20]黄伟文：《从独角兽到AI：人工智能应否取代法律职业?》，《法制与社会发展》，2020年第5期。

[21]龙卫球：《科技法迭代视角下的人工智能立法》，《法商研究》，2020年第1期。

[22]唐林垚：《人工智能时代的算法规制：责任分层与义务合规》，《现代法学》，2020年第1期。

[23]朱艺浩：《人工智能法律人格论批判及理性应对》，《法学杂志》，2020年第3期。

[24]宾凯：《政治系统与法律系统对于技术风险的决策观察》，《交大法学》，2020年第1期。

[25]陈柏峰：《乡村基层执法的空间制约与机制再造》，《法学研究》，2020年第2期。

[26]季卫东：《疫情监控：一个比较法社会学的分析》，《中外法学》，2020年第3期。

[27]吴元元：《认真对待社会规范——法律社会学的功能分析视角》，《法学》，2020年第8期。

[28]付子堂，王勇：《“法理”：中国法学与法理学的理想图景》，《法制与社会发展》，2020年第4期。

[29]郭晔：《法理主题论——新时代中国法学新范式》，《法制与社会发展》，2020年第2期。

[30]胡玉鸿：《法理即法律原理之解说》，《中国法学》，2020年第2期。

[31]雷磊：《法理学与部门法学的三重关系》，《河北法学》，2020年第2期。

[32]程金华：《科学化与法学知识体系——兼议大数据实证研究超越“规范vs事实”鸿沟的可能》，《中国法律评论》，2020年第4期。

[33]刘风景：《审慎立法的伦理建构及实现途径》，《法学》，2020年第1期。

[34]陈征：《论比例原则对立法权的约束及其界限》，《中国法学》，2020年第3期。

[35]郭晔：《程序何以解立法法理之困——〈立法的尊严〉法理解读》，《政法论坛》，2020年第6期。

[36]赵一单：《依法立法原则的法理阐释——基于法教义学的立场》，《法制与社会发展》，2020年第5期。

[37]杨建军：《通过立法的文化传承》，《中国法学》，2020年第5期。

[38]喻中：《地方立法的人类学考》，《法律科学》，2020年第6期。

[39]钱大军：《立法权的策略配置与回归——一个组织角度的探索》，《现代法学》，2020年第2期。

[40]彭中礼：《论法律学说的司法运用》，《中国社会科学》，2020年第4期。

[41]戴津伟：《司法裁判后果取向解释的方法论应用》，《法学》，2020年第7期。

[42]黄泽敏：《法律漏洞填补的司法论证》，《法学研究》，2020年第6期。

[43]孙海波：《案例指导制度下的类案参照方法论》，《现代法学》，2020年第5期。

[44]孙跃：《案例指导制度的改革目标及路径——基于权威与共识的分析》，《法制与社会发展》，2020年第6期。

[45]刘鲁吉：《案例指导制度中的人工智能运用》，《法律方法》，2020年第2期。

[46]屠凯：《发现儒家法理：方法与范畴》，《法制与社会发展》，2020年第3期。

[47]刘小平：《儒家为何必然需要法治？——黄宗羲的“法”理论及其内在转向》，《法制与社会发展》，2020年第5期。

[48]孟庆涛：《儒家人权话语述论》，《人权》，2020年第5期。

[49]王帅一：《“化家为国”：传统中国治理中的家族规约》，《当代法学》，2020年第6期。

[50]丛日云 ：《黑格尔法哲学逻辑结构与对自由

主义的超越——兼与韩水法教授商榷》，《政法论坛》，2020 年第 5 期。

[51]屠凯：《法学新古典主义：传统法哲学的创造性转化》，《现代法学》，2020 年第 3 期。

[52]牟成文：《人民意志：马克思法哲学的思想特质》，《中国社会科学》，2020 年第 3 期。

[53]公丕祥：《恩格斯法哲学本体论思想述要》，《法律科学》，2020 年第 4 期。

（北京市法学会供稿；执笔人：梁迎修、程令辉）

中国法律史

2020 年，中国法律史学界对众多法学理论与实践问题展开广泛而深入的研究，对法律传统、学科方法、法律文化、国家治理研究、近现代法制变迁等主题进行深入探讨，取得丰硕研究成果。

一、重要学术著作评介

本年度出版的法律史著述主要有：黄源盛著《汉唐法制与儒家传统》（增订本）[1]；苏亦工著《明清律典与条例》（修订版）[2]；梁治平著《论法治与德治：对中国法律现代化运动的内在观察》[3]；郑显文著《中国古代的法典、制度和礼法社会》[4]；赵晶著《〈天圣令〉与唐宋法制考论》[5]；张春海著《中国古代立法模式演进史（两汉至宋）》[6]。另外，周东平、朱腾主编《法律史译评》（第七卷）[7]；里赞主编《法律史评论》（2020 年第 1 卷 · 总第 14 卷）[8]；张生主编《中华人民共和国立法史（1949—2019）》[9]；张生主编《法史学刊》（2020 年卷 · 总第 15 卷）[10]；陈景良、郑祝君主编《中西法律传统》（第 15 卷）[11]；邓建鹏主编《法制的历史维度》[12]；杨一凡、王若时主编《明清珍稀食货立法资料辑存》（10 册）[13]；陈新宇、翟家骏、杨同宇主编《寄簃文存》[14]。

在《汉唐法制与儒家传统》（增订本）一书中，黄源盛以儒家传统之礼贯通脉络，上篇专研两汉经义折狱，下篇探究《唐律》立法原理。结构坚实，论证严谨。

清华大学法学院苏亦工《明清律典与条例》（修订版）一书主要围绕律典和条例的构造、功能及适用原则等问题对明清律典在国家法律体系中的地位和作用加以系统性地探讨。首先从概念和体系入手，对涉及中国传统法律价值观的若干概念做了阐释并勾勒出明清发源体系地宏观框架。对律例的修订、体例、版本、律例关系及实用状况做了详尽的描述和分析。通过晚清以来西法东渐所造成的思想震动和制度变迁，探讨了传统律典的崩解过程及其影响。

在《论法治与德治：对中国法律现代化运动的内在观察》一书中，作者梁治平提出并回答了以下一系列重要问题："法治"为什么会在中国 20 世纪 70 年代末成为重要政治议题？"法治"议题的提出和强化，在当时和今天是为了应对什么挑战，解决什么问题？在过去的 30 多年里，中国的法治运动经历了哪些阶段？提出和回答这些问题，应从中国现实出发，把中国的法治运动放在一个更大的历史和社会变迁的背景下观察和理解，通过梳理相关理论和实践的脉络，发现这些主张内在的理路，进而深化人们对于当下中国社会及其政治和法律进程的理解。

上海师范大学法学院郑显文《中国古代的法典、制度和礼法社会》一书以传世文献和出土文献为基础，对战国秦汉至唐宋之际的法典体例和内容演变进行了细致的考证。作者在书中指出，令作为古代一种重要的法律形式在秦代已十分成熟，秦代的法律体系是法、律、令的体系，汉朝初年的《九章律》是秦《法经》6 篇与秦律 3 篇的重新组合。作者通过对北宋《建隆令》《天圣令》和南宋《庆元令》的条文内容进行比较，认为从《元丰令》以后，宋令的篇名、条文内容与唐代相比已发生了根本性的变化，是近年来研究中国古代立法的力作。

中国政法大学法律古籍整理研究所赵晶《〈天圣令〉与唐宋法制考论》一书立足于《天圣令》残卷，从令篇构造、条文源流、法律术语、唐令复原及规范意涵等方面，对唐宋法制状况进行研究。在对既往研究进行回顾的基础上，辨析文献、推演法理，从而得出一家新言。既运用了历史学的知识，又展现了法学的思维逻辑，是一部展现跨学科交融风格的佳作。

南京大学法学院张春海《中国古代立法模式演进史（两汉至宋）》一书主要论述了两汉至宋立法模式的变迁过程，作者认为，华夏立法文明在魏晋时期有了重大进展，群体性立法模式出现，但“五胡乱华”的文明浩劫使这一法制文明的演进出现了重大曲折。随着国家的重新一统，隋文帝实行汉化与儒化政策，群体性立法再次成为主流。太宗君臣承炀帝开创的“南朝化”趋势，发起了更为深入的“再华夏化”运动，法律的长期性调整功能凸显。高宗时期，王朝进入全面守成阶段，双层架构立法模式遂在群体立法模式的基础上出现。宋代立法呈多机构、多样式的特征，在立法上取得巨大进步。

二、重要学术论文评介

（一）关于中国古代法律史的研究

中国古代法律史研究领域有两种视野的研究，一种以问题意识从通史的视域出发，一种按照朝代时间段进行研究。

其一，以问题意识从通识的视域出发。有学者对中国古代“刑罚得中”原则进行了研究，指出中国古代的“刑罚得中”原则是中庸方法论在法律领域的运用，彰显了古代中庸之道的“用中” “时中”“中和”的方法论智慧[15]。有学者研究了古代中国的上访问题，指出古代上访表现出“法外”和“通天”两大特质，且始终呈现官方一面，试图通过立法将上访程序化并加以防限甚至禁绝；另一方面又总是为之留有缺口，禁而不绝。是故对当下中国上访问题的理论思考不可囿于西学而仅置之于合法性、合宪性之下进行，而应立足于政权正当性，即“理”展开[16]。此外，还有学者对传统中国治理中的家族规约[17]、“御史监察”的历史构造与运转实效[18] 等问题进行了研究。

其二，按照朝代时间段进行研究。对秦汉制度的研究主要有：有学者对先秦法律形式变迁进行了研究，以商周时代以族居之邑为社会基本单位为背景，认为周人的封建一方面以周王为天命的拥有者，另一方面又承认各邑的独立性。与之相适应，周王极有可能不会以全域为范围制定法律，西周时代的法则表现为诸邑之主的逐条命令。到战国时期，集权君主以其威势保证令的效力，而在君臣的文书往来中又形成了令的固定样态，令遂逐渐走向成熟。与此同时，由于君与国的适度分离，作为国“法”的一种形式的律也开始出现，律与令的并存成为先秦法律形式之变迁的最重要成果[19]。有学者研究了秦汉“三公”话语的生成，认为话语是一种典型的文化结构现象，秦汉三公语汇在历史文献中次序展开，最终由两汉经学家将之建构为官制理想的话语体系，其字义内涵和主要陈述趋于稳定，折射出周秦文化的时代之变[20]。此外，还有学者对秦律[21]、秦及汉初逃亡犯罪的刑罚适用和处理程序进行了探讨[22]。

对唐代制度的研究主要有：有学者对《唐律疏议》中的“比附”进行了研究，指出如果要推举最具中国特色的传统法律方法，首推“比附”，因为它最能体现中国传统法律思维方式的特点。比附的存在源远流长，到唐代才逐渐规范化。《唐律疏议》中存在大量比附：既有显性比附，又有隐性比附，还有隐显之间的比附，它们是重要的立法方法。通过“以”“准”等形式，将“法外之比”转变为“法内之比”，从而使比附制度化、法典化[23]。此外，还有学者对唐律中的“罪止”[24]、唐律中的“杀”与“死”[25] 等问题进行了研究。

对清代制度的研究主要有：有学者认为清代成案并非“司法判例”。其指出把清代成案的性质界定为“司法判例”的观点，曾长期在学界流行。但从成案的内涵及其历史沿革、成案文献的编纂、成案的性质及功能等方面分析，这一说法值得质疑。在司法审判活动中，清朝历来禁止援引司法成案作为断案依据进行判决。“判例”说对成案的内涵做了错误的表述，混淆了“成案”与“通行成案”、“参阅”与“法律依据”的区别，因而不能成立[26]。此外，还有学者对先占制度[27]、“海禁法令”的立法目的[28] 等问题进行了研究。

（二）关于中国近代法律史的研究

在近代法律史研究领域，有学者对中国律例统编的传统与现代民法体系中的指导性案例进行了研究，认为中国古代与近代律例统编的经验教训，对中国当代建构稳定性与灵活性兼备的民法体系，完善指导性案例制度不无借鉴意义。为了更好地发挥指导性案例的作用，在简约化民法典的体系下，中国民事指导性案例应当成文化，与民法典统编，同时创建指导性案例的整理与变更制度，完善“民法典为纲，指导性案例为目”的民法体系[29]。有学者对近代中国刑事上诉制度的生成及展开进行了考证，指出清末民初法制改革中，中国古代上控制度被来自西方的近代上诉制度所取代。上控和上诉的首要制度目的均是平反冤狱、保证司法公正。二者在制度内容、功能和理念上的相似性，为清末法律移植提供了便利条件，使上诉制度在近代中国得以顺利生成。立法上，上控所承载的社会控制、治理信息传递、督察官员等功能被剥离，新的上诉制度则被赋予了统一法律适用、终结裁判、保护被告人权利等现代司法功能。在司法实践中，围绕是否应赋予被害人上诉权、判决确定性、禁止不利益变更原则、上诉期限等问题，民初产生了一系列纷争。采用比较历史法律方法研究这些在当前司法中仍时有显现的问题，有助于认识和推动当前司法改革[30]。此外，还有学者对中国近现代法治进程的法理[31]、家户制传统在民法典中的呈现与转型[32]以及以江西地区为例，对民国时期的司法腐败[33]等问题进行了研究。

（三）关于中国法律思想史的研究

在法律思想史研究领域，有学者对晚清民国的社会变迁与法文化重构进行了专文探讨，指出法文化的变迁本身就是法律规范、法律制度、法律思想、司法实践乃至法律意识等因素同步发展的过程。针对1902—1949年间清末民初的社会变迁与法文化发展，从法律继受的宏观视野，可探寻半个世纪以来改朝换代与法律体系的承转关系，并针对超前立法与法教、传统法律秩序与近代法律思潮的调和、继受过程中的法治认同与法律在地化、社会转型期有关伦常条款的存废等若干纠结的法文化问题进行思辨[34]。有学者对民法典中的道德思维与法律思维进行了探讨，结合中国历史上的相关传统和法律，认为对于法律与道德的关系无论采用何种观点，民法典中某些法律制度及理念均受到道德思维的一定影响[35]。此外，还有学者对中国法治理论研究的历史轨迹[36]、中华法文化[37]等问题进行了研究。

注：

[1]黄源盛：《汉唐法制与儒家传统》(增订本)，广西师范大学出版社，2020年。

[2]苏亦工：《明清律典与条例》(修订版)，商务印书馆，2020年。

[3]梁治平：《论法治与德治：对中国法律现代化运动的内在观察》，九州出版社，2020年。

[4]郑显文：《中国古代的法典、制度和礼法社会》，中国法制出版社，2020年。

[5]赵晶：《〈天圣令〉与唐宋法制考论》，上海古籍出版社，2020年。

[6]张春海：《中国古代立法模式演进史(两汉至宋)》，南京大学出版社，2020年。

[7]周东平、朱腾：《法律史译评》(第七卷)，上海辞书出版社，2020年。

[8]里赞：《法律史评论》(2020年第1卷·总第14卷)，社会科学文献出版社，2020年。

[9]张生：《中华人民共和国立法史(1949—2019)》，法律出版社，2020年。

[10]张生：《法史学刊》(2020年卷·总第15卷)，社会科学文献出版社，2020年。

[11]陈景良，郑祝君：《中西法律传统》(第15卷)，中国政法大学出版社，2020年。

[12]邓建鹏：《法制的历史维度》，法律出版社，2020年。

[13]杨一凡，王若时：《明清珍稀食货立法资料辑存》(10册)，社会科学文献出版社，2020年。

[14]陈新宇，翟家骏，杨同宇：《寄簃文存》，九州出版社，2020年。

[15]黄春燕：《中国古代"刑罚得中"原则的考证与现代意蕴》，《政法论丛》，2020年第6期。

[16]李平：《古代中国上访的道理、法理与今鉴》，《清华法学》，2020年第2期。

[17]王帅一：《"化家为国"：传统中国治理中的家族规约》，《当代法学》，2020年第6期。

[18]明辉：《"御史监察"的历史构造与运转实效》，《法学研究》，2020年第4期。

[19]朱腾：《从君主命令到令、律之别——先秦法律形式变迁史纲》，《清华法学》，2020年第2期。

[20]张烁：《秦汉"三公"话语的生成及文化分析》，《法学评论》，2020年第4期。

[21]闫晓君：《秦律：中国"第一"律》，《法学》，2020年第11期。

[22]张传玺：《秦及汉初逃亡犯罪的刑罚适用和处理程序》，《法学研究》，2020年第3期。

[23]陈锐：《〈唐律疏议〉中的"比附"探究》，《华东政法大学学报》，2020年第3期。

[24]刘晓林：《唐律中的"罪止"：通过立法技术表现的慎刑与官吏控制》，《法律科学》，2020年第4期。

[25]刘晓林：《唐律中的"杀"与"死"》，《政法论坛》，2020年第3期。

[26]王若时：《清代成案非"司法判例"辩》，《华东政法大学学报》，2020年第1期。

[27]顾元：《论清代的先占制度——以"盗田野谷麦"律为中心》，《政法论坛》，2020年第5期。

[28]徐祥民：《"海禁法令"的立法目的——兼驳清朝文化封闭观点》，《法学》，2020年第1期。

[29]张生：《中国律例统编的传统与现代民法体系中的指导性案例》，《中国法学》，2020年第3期。

[30]胡震：《近代中国刑事上诉制度的生成及展开》，《法学研究》，2020 年第 5 期。

[31]侯欣一：《中国近现代法治进程的法理阐释》，《南开学报（哲学社会科学版）》，2020 年第 2 期。

[32]李伟：《家户制传统在民法典中的呈现与转型》，《政法论丛》，2020 年第 6 期。

[33]龚汝富，余洋：《透过民国时期的法官与律师看司法腐败的生成——以江西地区为例》，《法学论坛》，2020 年第 2 期。

[34]黄源盛：《晚清民国的社会变迁与法文化重构》，《法制与社会发展》，2020 年第 3 期。

[35]彭诚信：《论民法典中的道德思维与法律思维》，《东方法学》，2020 年第 4 期。

[36]雷磊：《探寻法治的中国之道——中国法治理论研究的历史轨迹》，《法制与社会发展》，2020 年第 6 期。

[37]张晋藩：《弘扬中华法文化，构建新时代的中华法系》，《当代法学》，2020 年第 3 期。

（北京市法学会供稿；执笔人：柴荣、郑伊可）

外国法制史

2020 年，外国法制史学科着重对外国法律发展的历史规律进行研究，试图找到法律文明发展的一般规律，以资借鉴。外国法制和法治的历史发展以及在当代的演进和变化，对于中国法治水平的提高和法制建设的发展有着重要意义。外国法制史的研究从大历史观出发，从整体到局部、从大局到细微，既可以解决理论问题，也可以为人们的实践活动提供诸多指导。

一、理论研究的关注

罗马法研究仍然是外国法制史学科的研究重点。厦门大学徐国栋的研究与民法典有着较高关联，是对民法典研究的一种延续。中国传统法典是否受到罗马法的影响，对于这一颇有争议的问题，徐国栋进行了深入细致的研究，认为罗马法有可能在唐朝即通过伊斯兰法的途径传入中国，因为《奥斯曼帝国民法典》中存在罗马法基因，通过这一渠道搭建起这个桥梁。[1]

结合《中华人民共和国民法典》的制定和颁布，徐国栋结合国外相关法典对民法典的体系加以研究，对民法典的去潘得克吞化表现出极大的兴趣，并给予非潘得克吞化的法典较高评价。[2]

徐国栋还对罗马法中的“instrumentum”一词的翻译提出自己的见解，认为这一词可能存在错误翻译，“instrumentum”一词并非“工具”，而有“伴当”的意思，正是对这一词的误解，形成“奴隶是会说话的工具”这种翻译。[3] 此外，徐国栋还对《学说汇纂》作者的籍贯做出考据性研究，也为罗马法的理论研究提供支持。[4]

高仰光认为“国家”在魏玛宪法中有着多重形象，这是不同样态的国家法理论相互抗衡的结果，又反过来促进新的学术话语的生成，为后来的政治实践提供了智力上的准备。[5]

李栋集中发表了 3 篇有关萨维尼的研究，对萨维尼法学思想的发展[6]、萨维尼法学方法论在中国法律史研究中的启示[7] 以及萨维尼法学方法论的内容[8] 做出论述，展现了萨维尼法学思想的本质和内容。

长期坚持印度法研究的高鸿钧在《清华法学》上设有专栏刊发印度法研究的论文。高鸿钧指出，与其他法律文明相比，印度法律文明独具特色，为世界法律文明贡献了自己的智慧，值得认真研究。[9] 本期《清华法学》上集中刊载了印度法研究的 9 篇论文，主题各异，有印度法基本理论和印度法文化的讨论，[10] 有宪法问题以及人权保障的印度研究，[11] 有对印度刑法的传统与现代化进行的剖析，[12] 有对编纂印度民法典的宪法目标进行的探讨，[13] 还有结合热点问题，对印度专利法和公司法进行研究的主题。[14]

二、实践研究的发展

徐国栋结合《奥地利普通民法典》《瑞士民法典》《大清民律草案》的相关规定，对于权利能力的基本理论提出自己的看法，并依照这一看法批判了“权利能力平等、不得放弃、不得剥夺”3 个错误认识，以此出发为《中华人民共和国民法典》第 14 条的司法解释指明了方向。[15] 徐国栋还以《民法典各编应以人文主义方向编序》为题，坚持其对于民法典编纂及体例的一贯主张[16]，可以作为对民法典编纂中关于编纂体例争议的一个编纂之后的回应和反思。此外，根据罗马法以及《意大利民法典》中关于某些疾病患者结婚的禁止性规定，徐国栋还纂文指出《中华人民共和国民法典》应保留原《中华人民共和国婚姻法》中的相关规定。[17]

康宁通过研究日本警察法，对公安央地事权的分割方法进行了探讨，通过借鉴他国的制度以完善本国的相关法律。[18] 崔林林则通过对以第一期宪法裁判所的研究，对韩国合宪性审查制度建立和发展的过程做出研究。[19]

注：

[1]徐国栋：《论〈奥斯曼帝国民法典〉中的罗马法基因——兼论罗马法通过伊斯兰法传入中国的可能性》，《法律科学》，2020年第6期。

[2]徐国栋：《德国〈人民法典〉体系及其背后民法思想的去潘得克吞化》，载《河南财经政法大学学报》，2020年第1期。

[3]徐国栋：《在“奴隶是会说话的工具”错译背后——论罗马私法中的 Instrumentum》，载《河北法学》，2020年第4期。

[4]徐国栋：《〈学说汇纂〉作者籍贯考》，载《中国政法大学学报》，2020年第5期。

[5]高仰光：《国家的“历史性”及其在魏玛宪法中呈现的三个瞬间》，载《比较法研究》，2020年第6期。

[6]李栋：《萨维尼历史法学的提出及其内在逻辑》，载《高等教育评论》，2020年第1期。

[7]李栋：《迈向一种法学的法律史研究——萨维尼法学方法论对于中国法律史研究的启示》，载《江苏社会科学》，2020年第3期。

[8]李栋：《萨维尼法学方法论的内容及其展示》，载《法治现代化研究》，2020年第1期。

[9]高鸿钧：《印度法研究专题絮语》，载《清华法学》，2020年第1期。

[10]高鸿钧：《传统印度法的多元特征》，鲁楠：《正法与礼法——慧远〈沙门不敬王者论〉对佛教法文化的移植》，李晓辉：《阿马蒂亚·森正义理论的印度文化和社会背景》，均载《清华法学》，2020年第1期。

[11]程洁：《司法能动主义与人权保障——印度故事》，张文娟：《印度种姓特留权制度的宪法设计及运行挑战》，蒋龑：《建设一个怎样的新印度？——印度立宪宪法观辨析》，均载《清华法学》，2020年第1期。

[12]张文龙：《刑杖与赎罪——传统印度刑法的双重运作及其现代重塑》，载《清华法学》，2020年第1期。

[13]李来孺：《印度编纂民法典的宪法目标为何未能实现?》，载《清华法学》，2020年第1期。

[14]何隽：《“我不是药神”——印度药品专利的司法原则及其社会语境》，陈文婧：《印度公司法的历史演进——从殖民地遗产到本土化整合》，载《清华法学》，2020年第1期。

[15]徐国栋：《“权利能力平等、不得放弃、不得剥夺”三错论批判——兼论〈民法典〉第14条的司法解释方向》，载《财经法学》，2020年第4期。

[16]徐国栋：《民法典各编应以人文主义方向编序》，载《群言》，2020年第3期。

[17]徐国栋：《〈中华人民共和国民法典〉应保留〈婚姻法〉禁止一些疾病患者结婚的规定》，载《暨南学报》(哲学社会科学版)，2020年第1期。

[18]康宁：《公安央地事权的法定与实践——日本警察法的启示》，载《中国人民公安大学学报》(社会科学版)，2020年第3期。

[19]崔林林：《韩国合宪性审查制何以成功逆袭？——以第一期宪法裁判所为中心》，载《山东青年政治学院学报》，2020年第2期。

（北京市法学会供稿；执笔人：夏扬）

宪 法 学

2020年是宪法学研究的重要一年，全国人大组织法修正草案与议事规则修正草案提请审议，人大制度实践的总结反思与建议成为学术焦点；权利保护、权力规范和合宪性审查研究不断深入，疫情和后疫情时代的法治模式受到关注；“一国两制”进入新实践，围绕基本法的研究硕果颇丰。围绕这些重要的主题，学者们发表了多篇高质量论文。

一、宪法学说与理论

宪法理论的研究有多重维度，有对宪法概念和制度的历史回顾，也有对现代宪法理论的考究；有对中国宪法文化的剖析，也有对西方宪法思想的评述。汪太贤沿着宪法概念变迁的路径，揭示现代宪法概念的意涵。现代宪法概念萌芽于古希腊，罗马共和国时期语义收缩，语义域随之发生了迁移，从政治领域转移到法律领域，成为一个竞争性的概念，表达某种立法的重要性、权威性或根本性的旨趣。近代以来，宪法所蕴含的“根本性”或“基本性”内涵呈现出开放性特征，衍生出现代宪法概念具有诸如政府组织规范、权力限制和权利保障等基本意涵，在北美英殖民地的政治实践中确立下来。现代宪法概念生成的标志，一是 constitution 一词的用法开始由复数形式变为单数形式，其所指固定在一个独特的国家法典上，旨在重要性上与其他法律渊源区分开来。二是宪法（constitution）由一个含义并不固定的语词演变为一个特定的政治法律术语，它的含义生成于对一个基本法典所承载的意义的表达。[1]

“宪法”概念之外，对宪法其他概念和宪法原则的也有不错的成果。王本存对“国体”一词进行考证，研究国体概念及背后的权力与技术意志。国体是亚洲宪法学的特殊概念，汇聚中外思想。国体的西方概念是隐微的政治神学概念和显白的法政概念的“化合物”。日本的政治神学语境及其转型压力使其非常方便地完成了全面吸收，并有力地促进了日本的近代转轨。中国近代转型及殖民压力同样迫使国体的政治神学层面获得中国式运用，最终中国的国体走向统合这两个层面的政治社会学理解和运用。[2] 刘练军回顾了人民主权思想史，重视人民主权制宪传统，重估中国“人权入宪”的价值与意义。人民主权意味着主权归人民所有，人民之外的君主、议会、元首、政府、上帝、神等等皆不得行使主权。中国有着人民主权的制宪传统，宪法素来认可人民主权这块面子，当下最重要的是从立法、执法和司法上保障人权这个里子。[3]

比较法方面，魏玛宪法仍然是研究重点。高仰光认为，魏玛宪法中的国家概念在非正常的政治状态之下被强加了多重的含义，它时而指向一个祛除了普鲁士霸权的、由民主机制自身的合法性支撑起来的共和国，时而又恰恰指向这一含义的反面。“国家”概念的多义性表明，魏玛宪法缺乏一个稳固的现实基础，不过，这一缺陷反而使魏玛政府能够更为灵活地应对各种分离主义倾向。“国家”在魏玛宪法中的多重形象既是不同样态的国家法理论相互抗衡的结果，又反过来促进新的学术话语的生成，为后来的政治实践提供了智力上的准备。从这个意义上来说，魏玛宪法是赋予德国宪法传统以连贯性和完整性的重要的历史基础。[4] 黎敏以韦伯的政治社会学思想为视角审视现代宪制理论。韦伯对魏玛宪法的内在民主制架构产生了深刻影响，提炼韦伯的理论命题对理解德国现代宪法史与20世纪人类宪法思想史均有关键意义。韦伯在官僚制与民主制、议会民主与领袖民主等“理想类型”之间，在理性资本主义与理性社会主义、热烈的民族主义与冷静的理性主义之间的辩证思考和始终保有的价值平衡，对深化思考中国国家治理体系现代化所需要的制度与观念形态富有参考价值。[5]

二、基本权利研究

（一）基本权利理论

李海平认为，基本权利客观价值秩序理论契合中国宪法关于国家保障人权的规定，可以作为建构基本权利国家保障教义学的基础。然而，这一理论存在诸多缺陷。在理论定位上，以客观价值秩序表征客观法造成基本权利客观法对主观权利的内涵脱序；在理论逻辑上，“三重抽象”的证成方式导致基本权利规范既为自然法又为实证法、基本权利既为公法权利又为超法律权利的悖论，以及客观价值秩序功能体系内部陷入自相矛盾；在理论效用上，该理论有侵害私法自治和基本权利之虞。基本权利客观价值秩序理论应重构为客观公共价值秩序理论。[6]

关于权利与比例原则的关系，于柏华认为比例原则在合宪性审查中的应用导致宪法权利的通胀。比例原则与宪法权利是一体之两面，运用比例原则确定宪法权利的合理界限的过程，同时也是基于宪法权利为相关实践问题给出结论的过程。[7]

（二）信息时代的基本权利

随着数据技术的发展，信息时代的基本权利问题成为近年的研究热点。通信权问题的研究在 2020 年有较大扩展，秦小建认为公民通信权旨在保护私人通信空间。私人通信空间不等于存在于这一空间下的隐私、个人信息或言论，它们分属不同权利的保护范围。《宪法》第 40 条对通信权的构造，采取了“完全宪法保留”模式，保护程度远高于隐私权、个人信息权或言论自由。《宪法》第 40 条设置的高强度保护网，面临虚置危险。为应对这一危险，实现通信权在个体自由和公共性之间的价值平衡，促进其从消极的对抗国家功能迈向积极的社会整合功能，可考虑将这一规定调整为“部分宪法保留+法律保留”模式，在国家安全和追查刑事犯罪领域，继续遵循宪法保留；在有限的公共利益领域，授权法律根据通信空间的公共程度制定检查规则，实现个人利益与公共利益的协调。[8]

王锴认为：法院调取通话记录和交警查阅复制当事人通信记录是否侵犯了公民宪法上的通信自由和通信秘密，不仅要考虑宪法上通信自由和通信秘密的保护范围，也要考虑调取和查阅复制是否属于《宪法》第40条的检查行为。法院调取通话记录和交警查阅复制通信记录如果不涉及通信的内容或者并未对通信内容进行审查，不属于《宪法》第40条规定的检查行为，不需要满足“基于国家安全或者追查犯罪的需要、由公安机关或检察机关进行”这两项特殊法律保留的要求，但仍然受单纯法律保留的调整，即法院到通信服务商处调取通话记录、交警在通信服务商处查询复制当事人通信记录需要获得法律的授权。地方性法规中规定交警查阅复制当事人通信记录的问题在于违反了《宪法》第40条对通信自由和通信秘密的法律保留。[9]

（三）文化权利研究

黄明涛认为文化权的宪法解释不能脱离宪法文本有关“文化”的规定。在现行宪法中，一系列“文化条款”呈现出多样化的“文化”语义。在立法具体化作为宪法实施重要形式的宪制架构下，部门法规范对文化概念的具体演绎导致宪法上文化权之意涵发生变迁；权威政策性文件中的“文化”语汇也是做宪法解释时不可忽略的重要语境；而对理论界的“文化权”定义方式的整理与批判则有助于文化权概念的规范建构。在宪法解释学上，“文化权”可以被定义为“公民在文化生活中获得国家公权力之承认与保护，并获分配必要的公共资源与服务的权利”。在理论层面，此种理解有助于收窄长期存在的概念分歧，从而推进有关“文化权”“文化建设”“文化法制”等议题的深入研究；在实践层面，此种理解有助于对相关立法语言进行清理、归类与整合，为文化立法工作的规划、实施提供宪法规范上的依据与指引，从而促进文化法制建设的有序、有效展开。[10]

屠凯认为文化权利与表达自由在观念上长期以来是一对耦合，前者被认为是后者的从属物，通过后者的行使而实现。在很多国家，表达自由一旦受到法律严格限制，文化权利同罹之。但是，这种舶来观念并不符合中国实际。文化权利与表达自由在理论话语、规范体系、治理机关等层面均可相对分开，各行其是。在中国社会功能系统依照现代化一般规律继续演进的前提下，根据党和国家机构改革的顶层设计，表达自由交于政治系统处理，文化权利交由法律系统实施，有助于为社会变迁和产业发展在法律上提供最佳保障。[11]

（四）紧急状态下基本权利限制

新冠疫情使得紧急状态下权利限制问题充分凸显，赵宏认为在中国进入防控新冠肺炎疫情的应急状态下，个体权利（包括个体的人身自由、财产权和经营自主权等）因为《传染病防治法》《突发事件应对法》《突发公共卫生事件应急条例》等法律法规的规定而受到限缩。但即使是出于疫情防控的公益目的，公权机关对个体的权利限制也并非毫无限度。应急状态下的限权措施受到法律保留、比例原则、禁止不当联结以及核心权利保障等诸多原则的限制，这些限制构成了疫情防控下个体权利收缩的边界，也同时确保了抗疫工作能够在法治的框架下有序进行，确保了个体因为疫情防控而受到的权利限缩，最终不致演变为对其权利的彻底排除和掏空。[12]

三、国家权力

（一）人大权力

人民代表制度因人大“两法”（即《全国人大组织法》和《全国人大议事规则》）修改而成为宪法学的热门话题，研究内容包括“两法”修改的必要性和人大权力运行等。作为最高权力机关，民主代议是全国人大本质使命与核心价值。林彦认为，当前全国人大在发挥民主功能上存在两重问题：一是民主功能发挥不足，民主决策功能逐渐弱化；二是民主功能负荷过重，重大立法决策困难。《全国人大组织法》的修改应当严格遵循宪法初衷，充分维护全国人大的民主功能。[13] 孙莹提出“两法”修改草案虽与时俱进地对原法律进行提升，但一定程度上呈现出“断层”形态，包括人大理论与人大实际运作的断层，组织法和议事规则的某些规定与宪法、相关法律的断层。草案在遵循人大制度原理、与宪法和法律进行衔接、回应实践需要这3个方面还有进一步提升的空间。人民代表大会的组织完善和职权行使与人大常委会的组织发展和职权落实是中国人大制度发展的双重逻辑，人大组织法和议事规则的修改完善应同时着眼两个维度。[14]

人大在疫情期间的运行方式受到关注。赖伟能从疫情期间人大推迟例会召集出发，指出全国人大常委会例会召集制度具有组织程序权力和义务性规范的权义复合双重性质。全国人大组织法和议事规则对例会召集进行了具体化展开，形成了全国人大例会召集的制度框架，包括了召集的主体和客体、召集的次数和时间、召集的地点限制等。在这一规范内涵和制度框架之下，应当认识到基于突发疫情做出的推迟决定存在合法性瑕疵，而非常状态下政治运行受阻具有全国人大独特的制度性因素，因此必须通过制度化的程序设计为推迟提供合法性依据并做出限制，保障全国人大会议稳定、有序、及时地召开和有效地行使国家权力。[15]

此外，“人大代表双重国籍”事件引发了学者完善人大选举制度的思考。何家弘建议中国可以通过制度改善来加强选举的直接性和竞争性，在人大代表的间接选举（投票选举）中加入抽选环节，即下一级人民代表大会在确定候选人名单时，按照候选人名额的 90%从该人民代表大会的代表中以抽签的方式选定，以解决代表和推荐人与人民联系薄弱的问题。[16]

（二）国家机构组织与分工

当前，中国正进行全方位的党政机构改革，其中的核心就是国家机构的创设和职权的配置。同时，党的十九大报告明确提出要“完善国家机构组织法”，因此强化国家机构组织与分工的基础研究对于这些意义重大。

不同于西方分权，中国国家机构是在人民代表大会制度下分工。陈明辉指出，中国国家机构创设根据国家职能的分工和组合进行，权力分工则遵循职能论、属性论和过程论的权力分工方式，并呈现如下特点：首先，采用职能论和过程论的权力分工方式意味着国家机构体系的开放性，新的国家机构和权力类型能够得以创设。其次，在权力的初级分工阶段，国家机构之间呈现出全国人大、国务院、中央军委、国家监察委、最高人民法院、最高人民检察院“六权分工”的权力配置结构，权力分工由国家机构创设所决定，而非权力分工决定国家机构创设。最后，“六权分工”并不意味着某一机关对相关权力的垄断，实际上，各个国家机关的职权配置常表现为一种混合结构。[17] 分工之后的国家机构如何设计职权，是中国国家机构组织立法中长期面临的难题。陈明辉进而指出，中国宪法和相关组织法在职权条款的概念使用、模式设计和职权划分方式上相对混乱，没有注意到不同国家机构职权设计的内在差异，以致对国家机关的职权性质和职权范围产生认知偏差和实践偏差。未来国家组织法的制定和修改，应当灵活运用职权相关概念，根据情况采用概括主义或列举主义模式，并且尽可能地采用职责与职权相分离的模式设计国家机构的职权。[18]

（三）国家紧急权力

疫情将国家紧急权力的行使依据、行使权限等权力规约问题带入公众视野。实践表明，中国现行法律体系中“国家紧急权力”启动条件的规定存在问题，相关概念、原则及规范体系缺位。因此有必要对“国家紧急权力”进行系统性研究。李晓安指出，现行法律体系对“国家紧急权力”启动条件的严格限定，《戒严法》规范内容无法统摄“国家紧急权力”的全部内涵，《突发事件应对法》规范体系不能对“国家紧急权力”实现“通约”约束，表明现行法律体系对“国家紧急权力”约束无力。应以“专门法”的形式构建“国家紧急权力”的法内规范体系；以宪法为统帅，以“专门法”为支撑，以其他相关法律为依托，构建“国家紧急权力”的法外规范约束体系。共同形成对“国家紧急权力”规范约束完整的法治逻辑样态，为“国家紧急权力”行使指挥权、决策权、动员权提供法律依据，为紧急状态下公民权利提供法律保障。[19]

（四）监察权的监督

随着中国监察体制改革和全面依法治国的不断深入，完善对监察权的监督成为重要课题。国家监察权力是中国新创设的权力，用于监察公职人员依法依纪行使职权。然而，监察者不能自察，因此应建立全面立体的监督体系。

加强人大对监察机关的监督是完善监督体系的重要环节。秦前红指出，加强人大对监察委的监督是坚持和完善人民当家做主制度体系的应有之义。《宪法》和《监察法》规定监察委对人大负责但不报告工作，其宪理基础有三：一是缓和权力机关与检察机关“权力对冲”；二是监察机关兼顾国家机关和党的机关二元属性，人大不能监督纪委；三是监察委虽不向人大报告工作，但由人大产生，受人大监督。按照《宪法》《立法法》《国家监察法》《监督法》的规定，人大对监察委的监督应包括听取和审议工作报告、执法检查、询问和质询、合宪性审查和备案审查等多种形式。为促成国家监察制度的更加成熟、更加定型，按照功能优化的原则，厘清监察委独立行使职权与人大监督之间的关系，是监察理论研究中需要持续努力的一个重大课题。[20] 持同样观点的学者还有周佑勇，认为监察权的集中易出现“同体监督”，而人大对监察委的监督是典型的“异体监督”，有助于建构立体的监督体系，督促权力的正确行使。由人大与监察委共同实施对“人”和“权”的监督，两类监督相互补充，既贯彻落实监察委对人大负责、受人大监督的宪法规定，又防止监察委员会因自我监督乏力而陷入困境。相较对“一府两院”的宏观整体性监督模式，人大对监察委的监督定位为控权式监督，意在通过顶层设计协调各国家机关的权力分配及权力冲突。同时，作为最高权力机关和人大监督不能流于形式，应启动以“刚性”问责为导向的人大权力监督职能。[21]

除了人大监督以外，党内“纪检立规”模式也有助于推进监察法制体系完善。叶海波认为，公职人员与党员在身份上具有重叠性，故而党内法规有助于填补监察法制的漏洞，铺设监察法治的基础。在监察机关未被赋予监察规范创制权的情况下，党的机关立足实践需求，单独或者与监察机关联合发文对相关监察事项加以规定，一定程度上确保了深化国家监察体制改革在法治的轨道上展开。按照法治要义分析，这种改革方式存在着诸多不足，应转向“监察立法”的路径，明确监察机关的规范制定权限，根据监察事项的性质采用单独立法或者联合立法模式，完善党规国法备案审查衔接联动机制，强化联合性纪检监察规范的合宪性审查。[22]

四、中央与地方关系问题

（一）央地关系

中国央地关系的制度发展随着央地事权与支出责任划分的改革加速推进，而在规范层面，即《宪法》中“中央”和“地方”两个核心术语的内涵释义亟待深入。郑毅指出，明确“中央”与“地方”在宪法文本中的规范内涵对中央与地方关系的研究以及目前正在进行的央地事权与支出责任划分改革意义重大。基于《宪法》第3章的规范结构，除肯定全国人大及常委会、中央军委主席与副主席、国务院、国家监察委员会、最高人民法院和最高人民检察院的“中央”属性外，仍需进一步回应全国人大常委会的独立性、国务院组成部门的属性、司法机关的中央与地方关系属性等问题。此外，中共中央和全国政协还构成了制度实践意义上的“中央”，文本与实践落差的解读应回归《宪法》第3条第4款，核心是对该款中两个“中央”表述的差异化解释。《宪法》第30条的地方建置类型，以及第31条的特别行政区和序言第九段的台湾地区均属广义的“地方”内涵。规范上相对独立的人格、利益与财政为地方作为“中央”的对应项提供了制度基础。[23]

重新认识法治国家建设中的“地方”，推动地方法治化，有助于法治国家的整体实现。于文豪认为，地方既表现出法治建设的积极性，也呈现出一些问题，其原因在于国家治理结构中的地方双重角色。建设社会主义法治国家应以国家全面法治为目标。为此，必须重视地方的独特功能，从制度上塑造和规范地方自主。作为动态平衡过程的央地关系，应当以建构基于规则的、更具稳定性的法治秩序作为出发点与评价标准。着眼于宪法的规范体系，在中央层面，应当明确“中央统一领导”的规范内涵；在地方层面，应当为地方的主动性和积极性提供制度保障，形成民主的地方治理结构与自我负责的理念。[24]

（二）地方立法

地方立法权是地方自治的重要方式，《宪法》《立法法》《地方组织法》均对地方立法权有所确认。但在实践中，地方立法权的行使受到上级机关一定程度的干预。冉艳辉立足省人大常委会对市级立法的审批现状，指出当前分阶段进行审查批准的方式导致审批工作不堪重负，同时使市级地方性法规的制定积极性、主动性有所降低，有违立法权下放的初衷。其原因在于立法监督权和立法权界限不明，因此应清楚审查批准权的属性、界限及责任承担问题，让审查批准权重归法定边界之内。[25] 陈建平指出中国目前设区的市立法权限的不足体现在设区的市立法事项范围的有限和现在设区的市立法权的监督体制不合理。学者建议应在宪法框架内，以解决问题为导向确立市级立法权应具有的合理范围，并加强对应的监督，保持省人大常委会批准权的同时，建立省级人大对其批准法规的备案审查制度，实现事前审查与事后审查相结合。[26]

（三）民族自治地方自治立法

民族区域自治是具有中国特色的中央与地方关系。民族自治地方同时拥有民族自治立法权和地方立法权，冉艳辉从民族自治地方自治立法偏好出发，指出民族自治立法权和地方性法规制定权的权限划分问题。自《立法法》修改5年以来的立法权行使状况看，自治地方立法机关总体上偏好于地方性法规制定权，在一定程度上造成了自治立法的萎缩。在影响民族自治地方立法权选择的诸多因素中，对这两种立法权权限界分的认识不足是一个重要因素。行使民族自治地方自治立法权的主体是人民代表大会，自治立法权的客体是自治地方少数民族的“本民族内部事务”和本地的公共事务，在该立法权限上可以实施变通。虽然自治立法权在主体、客体和权限上与地方性法规制定权存在一定程度的重叠，但两者属于不同性质的立法权，从理论上和实际操作中都可以将这两种立法权的主体、客体和权限 3 个要素结合起来，对其进行明确区分、合理配置和规范运用。[27]

（四）特别行政区法治

2020 年是《中华人民共和国香港特别行政区基本法》（简称《香港基本法》）颁布 30 周年，学界从基本法和宪法关系的角度分析基本法的性质，对基本法的具体条款进行了研究。

陈端洪认为在中国法律体系中，港澳基本法模糊的宪法性质严重挑战宪法学的理论想象和话语能力。以例外状态和制宪权为知识坐标，《宪法》第 31 条可被解读为关于例外状态下国家对于特定地区的制宪权的宣告，而“一国两制”可被解释为宪法所包含的一个根本的政治决断。认为基本法抵触宪法不仅是不合适的，也是无意义的。基本法立法宗旨与中国宪法蕴含的国家理性具有内在一致性。通过动态平衡、世界大平衡的视角来审视基本法关于中央地方关系的非对称宪制安排，有助于充分认识基本法的宪法正当性。港澳基本法是港澳地区的根本法和高级法，蕴含了不可分离、繁荣稳定、资本主义、港（澳）人治港（澳）、基本权利和自由、新宪制法治等六大根本法。但基本法作为地区根本法和高级法的地位不是绝对的；宪法在港澳理所当然地具有完全效力，表现为整体适用但部分规范悬置。在基本法的实施中，基本法的自足性学说或可作为一个假定性存在，但不能因此而排除完善基本法实施机制和实施技术的必要性。[28]

乔晓阳认为《宪法》第 31 条是正确理解基本法与宪法关系的关键。该条属于对国家结构形式的特别规定，是专为实行“一国两制”提供宪法依据而设计的带有授权性质的一项特别规定。但是，谈宪法与基本法的关系，不能单讲第 31 条，应该认识到整部宪法是基本法的立法依据。宪法与基本法的关系是“母法”与“子法”的关系，但不是一般的“母法”与“子法”的关系，基本法在中国法律体系中具有特殊地位。宪法和基本法的这种关系，决定了宪法和基本法一起构成 了特别行政区的宪制法律基础。基本法是符合宪法的，基本法的每一条都在宪法的框架内做过仔细推敲，都是有宪法依据的。要把“一国两制”和基本法进一步实施好、贯彻好，最重要的是在特别行政区牢固树立宪法观念和意识。唯有如此，才能建立适应“一国两制”长期实施的社会意识形态，才能全面准确地理解“一国两制”和基本法，才能不断巩固和发展爱国爱港、爱国爱澳的社会基础。[29]

韩大元认为在基本法的理论中，学界对基本法规定的中央与特别行政区的关系、特别行政区高度自治权，以及相关的宪法与基本法关系等问题给予了广泛关注，积累了不少研究成果。但对《宪法》第 31 条中的“特别行政区”一词的语义和规范含义则缺乏必要的关注。“特别行政区”一词写入 1982 年《宪法》第 31 条有着特殊的修宪背景，其规范内涵的分析要遵循历史解释的立场，将“特别行政区”概念作为分析基本法体系的基础范畴。《香港基本法》是《宪法》第 31 条的具体化，由于其不同条文中出现的“特别行政区”在解释方法上各有特点，需要根据不同章节和条款加以类型化分析，并根据社会变迁不断丰富和完善“特别行政区”一词的内涵。[30]

韩大元认为当今世界，主权国家仍然是支撑宪法秩序与国际秩序的基础，国家对于宪法与法律制度的构建发挥着不可或缺的作用。20 世纪 80 年代以来，中国共产党人创造了“一国两制”的制度，并通过基本法加以具体化。基于国家发展目标与任务，1982 年《宪法》为一国主权下实行两种制度提供了合宪性基础，塑造了具有原则性、开放性与灵活性的“两制”形态。经过 20 多年的实践，以“一国”为前提的“两制”治理呈现出丰富的实践样态。尽管在统一主权国家之内的“两制”之间出现了一些摩擦，但宪法上的国家概念具有疏解冲突、保持平衡的功能。在新时代，应挖掘宪法与基本法文本中国家的规范含义，凝聚社会共识，深化对“一国两制”的文明价值及时代命题的认识。[31]

杨晓楠认为在《香港基本法》的司法适用中，第 39 条的规定对法院选择权利类型和基准审理案件起到了关键性作用。特区法院在实践中通过第 39 条的规定将国际人权标准引入香港特区，进而将国际人权公约的本地化立法与基本法共同适用于案件审理中。从《香港基本法》第 39 条的立法史出发，对文本进行教义学阐述，区分所涉的不同权利类型，梳理形成基本法的权利体系，分析第 39 条的导入功能和排除功能，对深入理解《香港基本法》第 39 条在基本法中的特殊地位尤为重要。[32]

五、合宪性审查

合宪性审查是宪法全面实施的关键，更是法学界长期关注的问题，宪法学界从多个角度对中国的合宪性审查进行了研究，相比往年，本年度的研究尤为关注实务问题。

（一）合宪性审查制度建构

围绕中国合宪性审查制度的基本结构，学界结合制度规定与实践，提出以下观点：

胡锦光认为应当依据现行宪法关于不同主体的性质、地位、职权及与其他国家机关的关系，确定不同主体在合宪性审查机制中的职能定位。全国人大是独立的、最高的、拥有完全合宪性审查权的主体；全国人大常委会是独立的、日常性的合宪性审查主体；全国人大宪法和法律委员会是协助全国人大和全国人大常委会进行合宪性审查的机构，应当拥有一定的独立的合宪性审查权；全国人大常委会法工委负责合宪性审查的“过滤”工作，接收法律文件的备案、审查“要求”、审查“建议”及进行合法性审查、适当性审查，在穷尽合法性审查后移送宪法和法律委员会进行合宪性审查；其他接收规范性文件备案的主体，应将需要进行合宪性审查的规范性文件移送宪法和法律委员会。[33]

谢宇认为《立法法》预设了最高人民法院提请全国人大常委会进行合宪性审查的路径。从现有裁判文书来看，最高人民法院在实践中并未遵循《立法法》所预设的路径，而是在绝大多数案件中回避了合宪性审查诉求，同时又在个别案件中进行了合宪性审查，陷入了完全回避与直接审查的两难困境。造成这种困境的原因在于，《立法法》对最高人民法院在合宪性审查中的权力基础、权力行使程序缺乏清晰的规定。对此，亟待通过法律解释进行明确和细化，否则最高人民法院将无章可循，无法贸然提请全国人大常委会进行合宪性审查。为了化解最高人民法院面对的这一困境，有必要对《立法法》第 99 条第 1 款进行解释，推导出该条款在授予最高人民法院提请审查权时，还隐含着另一项未被释明的权力即预审权，其共同构成最高人民法院在合宪性审查中的权力基础；同时，为了使预审权与提请审查权的行使制度化，有必要对其行使程序进行细化，建立起预审—提请审查机制。[34]

魏健馨认为新时代新格局背景下的合宪性审查工作，要避免陷入以往“有制度、无机制”的误区。需要解决的具体问题是以合宪性审查的“合目的性”作为观念基础，充分展现宪法的最高法律效力，以保持法律规则体系的内在协调。以广义的规范性文件作为审查范围，凡是能够作为司法裁判依据的，并对当事人的权利配置产生影响的规则，都应纳入合宪性审查的视野。形成合宪性审查工作的一体化程序规则，以使每一主体的相关工作职能有效衔接。[35]

（二）合宪性审查的基本问题

学界对合宪性审查基本理论的研究较以往更为强烈地关注合宪性审查实质推进的问题，如“违宪”这一概念在中国合宪性审查制度中的应用、合宪性审查的范围、合宪性审查的结果等。

莫纪宏认为依宪立法作为立法工作的基本原则，是推动合宪性审查的逻辑前提和制度基础。依宪立法具有正当性基础，价值目标明确，作为立法工作的基本原则，目前制度上并未明确予以确认，但从依宪治国的价值要求和依法立法原则的制度构成审视，将依宪立法原则确立为立法工作的基本原则具有法理上的必要性和制度上的可行性。从依宪立法原则与合宪性审查的逻辑关系、依宪立法原则的价值要求、合宪性审查与合法性审查的制度界限 3 个维度可证明，在制度上确认和坚持依宪立法原则，有助于消除阻却合宪性审查的制度短板，为合宪性审查提供理论方案。从我国现行宪法所规定的立法制度审视，真正影响合宪性审查工作有效启动的是立法监督制度中存在的“强合法性审查”与“弱合宪性审查”之间的价值错位。要真正解决“弱合宪性审查”状况，最高立法监督机构需充分发挥宪法解释维护法制统一的功能，通过宪法解释和法律解释的方式来解决频繁修改法律所带来的各种问题，将依宪立法原则作为最高国家立法机构立法的基本准则，在尊重宪法权威基础上通过科学有效的合宪性审查，全面有效地推动宪法实施和监督。[36]

莫纪宏认为在中国现行宪法体制下，虽然无法在实践中做出法律违反宪法的政治判断，但却可以基于 2015 年新修订的《立法法》第 97 条、第 99 条、第 100 条和第 101 条的规定，明确行政法规、地方性法规、自治条例和单行条例可以作为合宪性审查的对象，并且可以根据立法法确定的合宪性审查程序和机制来进行合宪性审查工作，做出有效的合宪性审查结论。在中国现行宪法制度下，宪法解释制度完全可以独立地运行，并且可以成为启动合宪性审查工作的一个非常有效的制度平台。国务院、中央军事委员会、最高人民法院、最高人民检察院和各省、自治区、直辖市的人民代表大会常务委员会能否按照《立法法》第 99 条第 1 款的规定就行政法规、地方性法规、自治条例和单行条例是否同宪法相抵触主动向全国人民代表大会常务委员会书面提出进行审查的要求是启动合宪性审查制度的关键之举，也是推动宪法解释工作有效开展的制度抓手。通过依法对行政法规、地方性法规、自治条例和单行条例的合宪性审查，既可以纠正违宪的行政法规、地方性法规、自治条例和单行条例，也可以通过宪法解释有力地保证行政法规、地方性法规、自治条例和单行条例在实践中有效地得到实施。[37]

邢斌文认为推进合宪性审查工作，需要认真对待中国语境下的“违宪”概念。从实践来看，全国人大及其常委会认定的违宪现象分为国家机关及公职人员具体行为违宪、规范性文件违宪、政治与意识形态层面的违宪 3 类。但一些理论上的宪法争议，在实践中则不被认为是违宪。经验研究表明：中国的合宪性审查对“违宪”概念的依赖度很低，但实践中“违宪”这一概念的存在对于预防公权力违宪、提高公权力行为和立法的合宪性水平、应对重大政治危机都具有重要价值。应客观认识“违宪”这一概念的规范性与政治性，促进实践与理论研究的良性互动。[38]

陈玉山认为法律案的合宪性审查是立法机关在立法过程中对法律案是否符合宪法进行的自我、事前控制形式，是中国合宪性审查机制的重要组成部分。在不存在根本性制度障碍的前提下，先行激活法律案的合宪性审查对于提升宪法实施和宪法监督水平，维护宪法的权威性具有非常重要的实践意义。《立法法》设定的审议程序蕴含着对法律案进行合宪性审查的契机。立法机关可以根据我国宪法在内容构造上的特点，立足于本国立法的现实需要并借鉴其他国家的合宪性审查经验，将合宪性审查的对象锁定在法律草案在内容上最有可能涉及违宪的某些具体事项上，如此才能提高审查效率。针对较为具体的审查事项，立法机关需要创造性运用“抽象公益条款的禁止”“平等原则的过滤”“比例原则的审视”等方法，有效地排除法律草案中的违宪情形，稳健地推进与中国国情相适应的合宪性审查工作。[39]

王锴认为备案审查的结果是否产生溯及力，不仅关系到备案审查制度的实效性，而且关系到未来备案审查工作能否顺利开展。从德国的合宪性审查制度来看，虽然法律规定对于违宪的法律可以宣告无效，但到底是自始无效还是自宣告之日起无效，经过了长期争论，并且影响到对无效判决的溯及力的理解。最终，《联邦宪法法院法》第 79 条对无效判决的溯及力进行了限制，从而避免了违宪的法律自始无效对法安定性的影响。不仅如此，德国司法实践中更是用宣告不一致判决、警告性判决、合宪性解释来尽可能减少宣告无效判决的使用，从而排除无效判决的溯及力。上述经验对解析中国备案审查结果的溯及力问题具有启发意义。不同于德国的宣告无效，中国备案审查最严重的结果是撤销，未来有必要在备案审查程序中对撤销决定的溯及力进行专门规定。[40]

黄明涛认为推动合宪性审查在中国的进一步制度化，不能遗漏“具体审查”这种审查程序。从合宪性审查的普遍经验、审判机关的宪法实施义务、合宪性解释的制度瓶颈和备案审查的“挤压效应”等方面来看，建立具体合宪性审查都是必要的。具体合宪性审查制度建构的首要方向包括最高人民法院合宪性审查要求权的制度化，以及全国人大常委会实质审查环节的具体工作机制的进一步完善。[41]

朱学磊认为针对法律规范合宪性审查主体的范围，理论界和实务界出现了一元论与多元论的观点对立。究其原因在于，尽管相关立法对法律规范从制定到实施的各个阶段均规定了合宪性审查义务，但各级立法主体该如何履行该义务却并不明确。以行为内容而非主体身份为依据来定义合宪性审查，可以发现多元论是比一元论更为合理的主张。在此基础上，可以将多元主体的审查行为分为 3 个层次：各级立法主体的初始审查、宪法和法律委员会的复核审查以及全国人大常委会的终局审查，它们构成了体系化的法律规范合宪性审查工作机制。从体系化的视角来看，中国的法律规范合宪性审查工作还有较大发展空间。[42]

（三）地方合宪性审查制度

对地方规范性文件如何进行合宪性审查的问题，学界基于实务提出一些设想与展望：

谭清值认为法律法规之外的地方规范性文件是否可能直接违宪，以及其违宪问题由谁处置和如何处置的问题，构成合宪性审查地方制度的核心关切。规范性文件备案审查体系是合宪性审查制度构成中最全面、最有效的制度实现载体。目前的地方立法对备案审查中合宪性标准的规定整体上呈现出一种谨慎的姿态。究其原因，国家立法对合宪性审查职责配置模糊、“违宪”责任观念上存在误区、合宪性审查地方实践需求不强等多重因素，严重抑制了针对地方规范性文件合宪性审查的地方立法。一直以来，理论界和实务界共筑的“地方人大宪法监督”学说却有力地支撑着合宪性审查地方工作的展开。合宪性审查的地方制度正是由以地方人大宪法监督为主导、同级“一府一委两院”自我纠错为补充的合宪性审查工作体系所构成。[43]

陈希认为中国已经建立起以人大及人大常委会为中心的对地方立法多层次的审查机制，并且借助备案审查制度展开相应实践，地方立法合宪性审查对中国法制建设具有重要意义。中国地方立法的合宪性审查制度特点为以立法机关为中心，对地方法规的审查主要体现为备案审查形式，对不适当的地方法规通过协商与沟通的方式进行调整。美国的违宪审查制度以司法为中心，借助判例法推进地方法规规范。中国优势体现为审查主体的民主性特点、备案审查制度的层次完整且效率较高、共识型纠错方式中的良性互动等。地方立法的合宪性审查制度可以进一步明确审查标准、保持制度的公开性、在合法性审查与合宪性审查关系中重视合宪性审查的推进。[44]

（四）合宪性审查的域外经验

李友根认为对法律文件的违宪审查是中国合宪性审查体系的重要组成部分。在美国的违宪审查实践中，针对法律所涉及的内容，分别存在合理审查、中等审查和严格审查等不同的审查标准。对于经济领域的法律，一般采用合理审查标准，但近年来在涉及言论自由的经济领域，其审查标准往往会提高。在中国的合宪性审查制度中，如果法院在个案审判中发现法律存在违宪嫌疑时，可以建立向最高人民法院移送的机制，并通过听证程序进行充分论证以决定是否向全国人大常委会提出合宪性审查请求。在审查中，对于中国的经济法律不宜直接采用合理审查标准，而应提高审查标准。[45]

柳建龙认为中国宪法和法律为平等权提供了比较完善的规范保护体系，但现实生活中平等权的保障并不理想。目前所侧重的合理性审查并不能有效实现宪法保障权利和控制权力的目标，有必要为平等权植入“牙齿”。于此，美国平等保护案件的审查方法可资借鉴。美国宪法上平等保护案例的审查方法已经形成由合理审查、中度审查与严格审查等多重审查强度构成的体系，要求根据分类标准和基本权利重要性的不同而采用不同审查强度。虽然该审查方法也存在可操作性差、分类标准或审查强度的归入过于主观化以及过于形式主义等诸多批评，但应可以通过后移审查重心、强化分类标准以及综合考量相关因素予以弥补。[46]

王蕾认为自20世纪中叶以来，德国宪法法院的相关理论与实务有力推动了比例原则的全球化。比例原则在其全球化进程中，其实践形式较为多样、灵活。美国尽管并未明确形成以“比例原则”命名的宪法教义，但实质上比例原则在它的合宪性审查中仍有广泛使用。比例原则在美国合宪性审查中的运用呈现出类型化的特点。比例原则的此种运用方式在相当程度上源于美国的制度文化传统，基本权利的“王牌”观、“遵循先例”的判例法传统、三权分立制衡的联邦制，共同促成比例原则的类型化运用。[47]

六、宪法全面实施

党的十九届四中全会审议通过的《中共中央关于坚持和完善中国特色社会主义制度、推进国家治理体系和治理能力现代化若干重大问题的决定》，明确提出健全保证宪法全面实施的体制机制。在宪法学领域，关于宪法全面实施的研究涵盖宪法效力、宪法价值、宪法信仰、宪法修改等多方面。

宪法全面实施既是建设中国特色社会主义法治体系、建设社会主义法治国家的内在要求，也是推进国家治理体系和治理能力现代化的必然选择。因此，有必要准确理解与把握宪法实施的内涵。范进学论述了宪法全面实施包括文本内容、主权空间和主体3个方面。宪法的实施方式根据实施主体的不同而不同，包括法律实施、宪法监督、宪法解释、宪法运用、政治动员和宪法遵守。宪法全面实施的评价标准主要是观察和评判宪法本身的规定与要求的落实情况。[48]

宪法的全面实施离不开人民的信仰。宪法信仰的情感表达离不开各种体现庄严与神圣性的宪法仪式，包括宪法宣誓仪式、升挂国旗仪式、奏唱国歌仪式、悬挂国徽仪式等，其构成了宪法信仰的外在要件；宪法信仰的生成，除了具有信仰者内在的确信情感与外在的仪式表达外，还与宪法作为法规范在现实社会中实施的深度与广度具有密切联系。只有真正实施和推进宪法审查或合宪性审查，并激活宪法文本上的权利条款，才能使人民树立起对宪法的信奉乃至信仰的情感；宪法信仰作为一种世俗信仰，不仅需要对宪法权利保障的深刻体验，而且更需要政府与社会对公民进行宪法教育与宣传。宪法教育对于公民培育对宪法的信仰意识与情感具有密切的联系，只有通过不断、持续地宪法教育，才能渐渐将宪法意识与宪法精神铭刻于公民的心中，使公民慢慢树立起对宪法的信仰。[49]

宪法实施是宪法价值的实现。宪法价值是法律价值的最高形态和集中体现，是作为客体的宪法对主体需要的满足。宁凯惠立足宪法价值的动力学研究，尝试运用发生学的理论和方法，探讨宪法价值的发生问题。宪法价值即潜含着主体价值需要（或价值预期）的宪法在与主体相互作用过程中对主体发生的效应。立宪的主观目的和宪法的客观功能的有机统一构成了宪法价值。人的宪治需要是宪法价值发生的根源或决定性因素，以自治、市场为取向的商品经济，以自由、平等为取向的民主政治，以科学、大众为取向的观念文化，以权利、义务为取向的法律资源，以和平、开放为取向的国际环境，共同构成宪法价值发生的基础条件。宪法价值包括应然价值和实然价值，宪法价值发生的机制就存在着既有联系又有区别的两种机制。宪法价值的发生既有主体即成式、部分渐成式、整体即成式、整体渐成式等典型模式，也有其他非典型模式。宪法价值发生有其客观规律性，把握其规律有助于真正理解宪法价值，进而全面理解宪法、解释宪法、实施和实现宪法。[50]

宪法实施与改革存在紧张关系。改革强调变动和创新，而宪法因其最高性和权威性，追求稳定。李树忠指出，二者存在紧张关系的背后是政治现实与宪法规范之间的冲突。这种事实与规范的调和左右了中国宪法的变迁，成为中国宪法学理论发展的原动力。改革成果入宪的同时，宪法也为改革提供方向，确立了指导思想和中国特色社会主义制度，树立了国家根本任务作为改革的目标。不仅如此，改革必须在宪法的框架内进行，即让宪法成为规范改革的制度藩篱，具体在于一是完善以宪法为核心的中国特色社会主义法律体系，将改革全过程纳入法治的轨道；二是协调全面深化改革委员会和全面依法治国委员会的关系；三是健全宪法解释机制、完善备案审查制度、推进合宪性审查工作，及时回应改革与宪法的“冲突”，确保宪法的稳定性与适应性相统一。[51] 翟国强立足中国社会转型时期特点，探索宪法修改的模式与功能。中国宪法修改呈改革型，是由执政党主导的一种有序可控的改革模式，依据是中国具体国情。在全面推进法治的进程中，宪法修改逐渐开始发挥前瞻性的功能，将社会基本价值共识以法律的形式确认为根本规范，进而为未来社会转型提供规范性指引。[52] 持类似观点的还有柳建龙，他就宪法漏洞填补进行研究，阐述可能产生宪法漏洞的原因在于制宪工作和国家生活的复杂性、宪法的开放性、制宪者智识的有限性、情势变更或者特殊政治考量等。宪法漏洞的确定应以实定的并不圆满的宪法体系为出发点，并以解释论为之。其间应妥善处理其与宪法的开放性、不成文宪法、宪法解释之间的关系，方能准确地发现宪法漏洞。可以以宪法解释、制定法律、宪法修改、宪法惯例等方式填补宪法漏洞，但不得违反宪法明文规定、目的、基本原则以及基本权利的本质内容。[53]

宪法实施与中国宪法文化有紧密联系。朱林方从家庭角度出发研究中国宪制的基础。与西方不同，中国通过对家庭成分、家庭户口以及附着其上的象征性资本的分配，实现了对实质性资源的调配和现实性权力结构的调整。当代中国创造了以户内委托和户代表制为实现形式的“一户一票”制，将作为自然历史单位的家户吸纳为政治表意单位，化解基层民主遭遇的选举和治理危机。通过家户将人民组织起来，在不断的创造性转化当中演生为一个古老而有力的中国宪制传统。[54]

宪法在风险社会中面临功能转型。李忠夏指出，在风险社会背景下，个体决定往往具有很强的公共性，需要从私法层面转移到公法层面，公法的规制需要适度扩张，对之进行宪法调控。风险源于当下与未来的区隔，传统宪法主要为了防范政治风险而进行制度建构，而当代风险来源社会内部，相应的宪法功能应在国家、社会、个体间重构。以疫情防控的风险治理为视角，宪法调控的目标在于一方面使疫情防控中的科学、经济、政治、法律等各司其职，而不是相互混淆。另一方面，要在疫情防控的目标实现和基本权利保障之间实现平衡，使其符合比例原则的要求。[55]

注：

[1]汪太贤：《论现代宪法概念的生成》，《政法论坛》，2020 年第 1 期。

[2]王本存：《“国体”词义考》，《政法论坛》，2020 年第 4 期。

[3]刘练军：《人民主权理论的思想史叙事》，《政法论坛》，2020 年第 3 期。

[4]高仰光：《国家的“历史性”及其在魏玛宪法中呈现的三个瞬间》，《比较法研究》，2020 年第 6 期。

[5]黎敏：《韦伯政治社会学思想对现代宪制理论研究的意义》，《法学评论》，2020 年第 3 期。

[6] 李海平：《基本权利客观价值秩序理论的反思与重构》，《中外法学》，2020 年第 4 期。

[7]于柏华：《比例原则的权利内置论》，《法商

研究》，2020年第4期。

[8]秦小建：《新通信时代公民通信权的实践争议与宪法回应》，《政治与法律》，2020年第7期。

[9]王锴：《调取查阅通话(讯)记录中的基本权利保护》，《政治与法律》，2020年第8期。

[10]黄明涛：《从“文化”到“文化权”——文化的宪法解释学建构及其实践意义》，《政法论坛》，2020年第6期。

[11]屠凯：《论文化权利与表达自由的界分》，《法商研究》，2020年第5期。

[12]赵宏：《疫情防控下个人的权利限缩与边界》，《比较法研究》，2020年第2期。

[13]林彦：《维护全国人民代表大会的民主功能——兼评〈全国人大组织法〉(修正草案)》，《法学评论》，2020年第6期。

[14]孙莹：《全国人大组织法与议事规则的制度空间——兼论“一法一规则”修正草案的完善》，《法学评论》，2020年第6期。

[15]赖伟能：《论全国人大“例会”的召集——以全国人大常委会推迟决定切入》，《政治与法律》，2020年第9期。

[16]何家弘：《论我国人大代表选举制度的完善》，《政治与法律》，2020年第9期。

[17]陈明辉：《论我国国家机构的权力分工：概念、方式及结构》，《法商研究》，2020年第2期。

[18]陈明辉：《国家机构组织法中职权条款的设计》，《政治与法律》，2020年第12期。

[19]李晓安：《“国家紧急权力”规范约束的法治逻辑》，《法学》，2020年第9期。

[20]秦前红：《人大监督监察委员会的主要方式与途径——以国家监督体系现代化为视角》，《法律科学》，2020年第2期。

[21]周佑勇：《对监督权的再监督 地方人大监督地方监察委员会的法治路径》，《中外法学》，2020年第2期。

[22]叶海波：《从“纪检立规”到“监察立法”：深化国家监察体制改革法治路径的优化》，《政治与法律》，2020年第8期。

[23]郑毅：《论我国宪法文本中的“中央”与“地方”——基于我国〈宪法〉第3条第4款的考察》，《政治与法律》，2020年第6期。

[24]于文豪：《论建设社会主义法治国家中的地方》，《法学家》，2020年第4期。

[25]冉艳辉：《省级人大常委会对设区的市地方性法规审批权的界限》，《法学》，2020年第4期。

[26]陈建平：《设区的市立法权限的合理扩充》，《法学》，2020年第4期。

[27]冉艳辉：《论民族自治地方自治立法权与地方性法规制定权的合理配置与规范运用》，《政治与法律》，2020年第7期。

[28]陈端洪：《论港澳基本法的宪法性质》，《中外法学》，2020年第1期。

[29]乔晓阳：《论宪法与基本法的关系》，《中外法学》，2020年第1期。

[30]韩大元：《〈宪法〉第31条“特别行政区”一词由来及其规范内涵》，《华东政法大学学报》，2020年第5期。

[31]韩大元：《论香港基本法上“国家”的规范内涵》，《中外法学》，2020年第1期。

[32]杨晓楠：《〈香港基本法〉第39条的教义学分析：权利体系与规范功能》，《华东政法大学学报》，2020年第5期。

[33]胡锦光：《论我国合宪性审查机制中不同主体的职能定位》，《法学家》，2020年第5期。

[34]谢宇：《最高人民法院在合宪性审查中的现状、困境与出路——兼对我国〈立法法〉第99条第1款解释》，《政治与法律》，2020年第5期。

[35]魏健馨：《合宪性审查从制度到机制：合目的性、范围及主体》，《政法论坛》，2020年第2期。

[36]莫纪宏：《依宪立法原则与合宪性审查》，《中国社会科学》，2020年第11期。

[37]莫纪宏：《宪法解释是推进合宪性审查工作重要的制度抓手》，《法学论坛》，2020年第6期。

[38]邢斌文：《什么是“违宪” 基于全国人大及其常委会工作实践的考察》，《中外法学》，2020年第2期。

[39]陈玉山：《法律案合宪性审查的程序、事项与方法》，《环球法律评论》，2020年第1期。

[40]王锴：《论备案审查结果的溯及力——以合宪性审查为例》，《当代法学》，2020年第6期。

[41]黄明涛：《具体合宪性审查的必要性及其制度空间》，《比较法研究》，2020年第5期。

[42]朱学磊：《论法律规范合宪性审查的体系化》，《当代法学》，2020年第6期。

[43]谭清值：《合宪性审查的地方制度构图》，《政治与法律》，2020年第2期。

[44] 陈希：《我国地方立法合宪性审查制度特色研究》，《法学论坛》，2020 年第 6 期。

[45] 李友根：《经济法规的合宪性审查标准——基于对美国联邦最高法院判例的考察》，《法学评论》，2020 年第 1 期。

[46] 柳建龙：《论美国平等保护案件的审查方法》，《法学家》，2020 年第 4 期。

[47]王蕾：《比例原则在美国合宪性审查中的类型化运用及其成因》，《比较法研究》，2020 年第 1 期。

[48]范进学：《论宪法全面实施》，《当代法学》，2020 年第 5 期。

[49]范进学：《论宪法信仰》，《法学论坛》，2020 年第 6 期。

[50]宁凯惠：《宪法价值发生论》，《政法论坛》，2020 年第 4 期。

[51]李树忠：《改革与宪法关系论》，《比较法研究》，2020 年第 5 期。

[52] 翟国强：《转型社会宪法修改的模式与功能》，《法学评论》，2020 年第 2 期。

[53]柳建龙：《论宪法漏洞的填补》，《政治与法律》，2020 年第 11 期。

[54]朱林方：《作为宪制问题的“齐家”》，《中外法学》，2020 年第 1 期。

[55]李忠夏：《风险社会治理中的宪法功能转型》，《国家检察官学院学报》，2020 年第 6 期。

（北京市法学会供稿；执笔人：刘培峰、李京翰、孟达华）

行政法学

2020 年，北京市行政法学界围绕法治政府建设，在基本理论、行政行为法、行政组织法、行政法分论和行政诉讼等行政法传统领域继续研究，同时聚焦于《行政处罚法》修订、新冠肺炎疫情防控中的行政法问题、科技发展与法治政府、优化营商环境等诸多热点问题，研究体系和研究视野不断拓宽和丰富。整体而言，北京行政法学者研究越来越关注现实问题，务实的特点不断凸显，为推动国家治理体系和治理能力现代化贡献了全面丰富扎实的行政法治理论支撑。

一、《行政处罚法》修改

《行政处罚法》是中国行政法治历程中具有里程碑意义的法律，它的颁布实施意义重大。在新的历史时期，《行政处罚法》与实践逐渐产生了一些不适应，新老问题并存，需要根据全面依法治国的新要求，对《行政处罚法》做出调整。有学者认为，《行政处罚法》修改应当坚持改革新要求、坚持处罚法定原则、发挥中央和地方两个积极性、强化对权力运行的制约和监督机制的指导思想，着重从重塑行政处罚种类、明确行政处罚定义、放宽行政处罚设定权、完善行政处罚体制、优化行政处罚程序 5 个方面进行完善。[1]

有学者针对《行政处罚法》实施面临的组织、规范、效能等方面的问题，提出《行政处罚法》修改应着重关注“整体主义、放管结合、高效便民”这 3 个新原则。具体而言：整体主义在中西方具有共识，《行政处罚法》应当以整体主义重塑组织法与行为法，在行刑衔接制度中创设检察罚、法院罚；放管结合是《行政处罚法》修改的改革背景，宜赋权给地方限制人身自由和有碍市场统一之外的行政处罚设置权，并借助《行政处罚法》的修改规定依职权行政行为的一般条款；高效便民是《行政处罚法》修改的“行政”基础，宜通过简化简易程序、调查程序、执行程序，推进繁简分流。[2]

有学者认可《行政处罚法》是中国行政法治进程中具有里程碑意义的法律，但在制度设计方面仍存在一定缺失。在《行政处罚法》修法中，应当围绕“行政处罚的概念与种类；应受行政处罚行为的主观要件；地方性法规的行政处罚规定权；行政处罚的不成立与无效；一事不再罚；行政处罚的管辖；行政处罚的期限（时效）；以及行政处罚的听证程序”等问题对其规定加以完善。[3]

《行政处罚法》是作为实体规则的纲领性文件以及程序规则的直接依据，这一“基本法”定位构成其修改应当遵循的基本原则。行政复议是化解行政处罚争议的主要方式。有学者从行政处罚复议和应诉案件的实证分析为切入点，反推引发处罚法治化危机的结症所在，认为《行政处罚法》修改必须立足于过时条款更新、立法漏洞填补、时代变迁的立法调整和回应、原则性条款的精细化等 4 个层面，相应增加行政处罚概念条款，采用种类列举和分类概括相结合的方式，并适度为地方性法规处罚设定权扩容是确保《行政处罚法》适用开放性和前瞻性的必由之路。实体规则的调试与发展、促进程序制度的完备化和缜密性，构成《行政处罚法》修改的关注重点。理想的《行政处罚法》应当能够实现对所有合法的、非法的、既有的、新型的处罚类行为从实体到程序的有效规制。[4]

制裁性是行政处罚的本质属性之一。关于行政处罚的定义，学者间的分歧在于如何理解行政处罚的制裁性。有学者认为，行政处罚是一种法律行为，制裁包含在效果意思表示之中。行政处罚的制裁是行政机关为了对已实施违法行为的违法者进行惩罚而课予其本来义务之外的额外负担。如此便将行政处罚与剥夺不当得利、恢复原状、预防性不利决定、公益性撤回授益行为等行政管理措施相区别，也能与现实中诸多类似行政管理措施相区分。强调在过罚相当原则的限制下，体现行政处罚的制裁性，同时在认定和适用行政处罚时，固然不能忽视监督救济的便宜性要求，但也应当强调理论的整合性要求。[5] 还有学者以行政处罚行为概念不够清晰明了，降低了判别功能，导致实践中争议不断为切入点，认为行政处罚应当将实质性标准“制裁性”明确为“减损当事人合法权益或增加新的义务”；资格罚与行为罚分离，采用行政处罚类型五分法，构建强弱有序的种类体系。[6]

由于中国现行《行政处罚法》对处罚的责任主义没有明确规定，理论和实务界对于行政处罚是否贯彻责任主义具有较大的分歧。有学者认为责任主义在国家的制裁性行为中是一条宪法原理，应在行政处罚领域得到确立。中国的单行法律法规中事实上也体现了责任主义。贯彻责任主义的一个重要方面是对过失违法行为的认定及处理，在过失违法行为的认定方面，刑法过失犯理论的最新发展可以为行政法提供有益的启示，值得行政法理论吸取和借鉴。在《行政处罚法》的修订中应明确吸纳责任主义，规定无故意和过失的行为不予处罚，但对于过失违法行为可以采取过失假定。[7] 有学者赞同行政处罚应当实行责任主义，但认为《行政处罚法》应当确定以故意为原则的责任条件，再由特别法在具体情形中根据责任主义的要求，并考虑制裁有限性和行政效率等因素，对行政处罚是否允许以过失为责任条件逐一做出权衡判断。对于过失的认定，不应实行过错推定原则，而仍应由行政机关承担举证责任，行政机关可以在行为人没有达到一般注意义务的要求时，考察行为人有无正当理由而做出认定。[8] 还有学者认为，主观过错不仅是应受行政处罚行为的必备要件，而且主观过错应由行政机关证明。对违法阻却事由的认定，不必考虑行为人的正当化意识。法律责任应受禁止错误影响，应根据能否避免从轻、减轻或免除处罚。据此，修法应将故意或过失作为应受行政处罚行为的必备要件，明确没有危害后果的行为不属于应受行政处罚的行为，并对禁止错误减免处罚。[9]

有学者对行政罚款的设定方式进行研究，发现中国现行有效的法律和行政法规中关于行政罚款的设定方式主要有概括式、数值式、倍率式 3 种。其中，区间数值式是使用频率最高的方式，其次为区间倍率式。行政罚款的设定应当考虑潜在违法者的预期违法收益、违法行为可能造成的损害、执法概率、边际威慑以及规范行政裁量权等因素。优化行政罚款的设定，应当减少概括式，取消定额罚，优先选择区间倍率式，科学设定区间倍率式的罚款基数，并明确区间数值式的辅助地位。[10]

有学者正面回应了《行政处罚法》修改所涉及的几个争议问题，认为行政处罚的构成要件不应强调主观要件，因为从行政相对人违反了某种行政管理秩序、违反行政法律规范的客观结果中可推定其主观过错。在计算违法所得时，应当扣除当事人已经缴纳的税费，但不能扣除所谓的成本。不宜在《行政处罚法》中增加责令退赔或返还的规定。对于同一个违法行为违反了多个行政法律规范的情形，可以由法定管辖机关按照罚款额度最高的规定处以罚款。行政处罚无效的情形应当包括行政处罚的实施主体不具有行政主体资格、行政处罚没有法定依据以及不遵守法定程序构成重大且明显违法等 3 种情形。[11]

有学者以北京市基层行政执法体制改革“联合执法—综合执法—吹哨报到—接诉即办”的实践探索为样本，认为《行政处罚法》关于行政处罚由县级以上人民政府相关部门行使的规定，使街道乡镇行使综合执法权遇到了法律障碍。为回应新时代呼唤赋予基层街道乡镇执法主体资格，《行政处罚法》修改应顺应基层行政执法体制改革的需要，明确街道乡镇行政处罚实施机关地位，将适用简易程序的行政处罚由街道乡镇决定，授予地方性法规和规章行政处罚种类的创设权，使处罚与纠正违法、教育当事人自觉守法的原则具体化，成为行政处罚遵循的基本准则。[12]

有学者思考在立法上如何实现行政处罚与刑罚处罚的合理配置，认为“依附性的散在型立法方式”和“先行政后司法”这两种方式均存在诸多问题。应当明确行政处罚与刑罚处罚均具有惩罚和预防目的，遵守刑法谦抑原则，力求实现执法资源的合理配置，且符合比例原则。建议采用独立性的散在型立法方式，且尽量减少行政处罚与刑罚处罚相衔接的领域。[13]

二、新冠疫情防控中的行政法问题

2020年的新冠肺炎对世界范围内的生产生活带来深远影响，在疫情防控常态化的当下，学界对中国重大疫情防控体制机制、公共卫生应急管理体系等方面存在的短板进行了反思，从行政法学的角度提供了理论支持与政策建议。

有学者从权力与法律的关系检视《传染病防治法》的实施，结合本次新冠肺炎疫情防控来看在新发传染病监测纳入法定传染病管理前的即时控制等方面，认为法律赋予政府的权力与职责似不充分；对新发传染病纳入法定传染病管理的行政程序亦缺少规范。此同时，疫情暴发后在确保常态法制和非常态法制顺畅规范地切换，为重大管制措施划定基本的条件范围和程序要求等方面，亦有不少值得反思之处。[14]

针对于此，部分学者尝试从行政组织法角度提升政府防控应急能力。新冠疫情暴露出中国疾控体系在主体性、导向性、体系性、功能性和均衡性等方面存在的问题。应对重大传染病危机是以现代政府为主导的行政组织任务，建立在调控特定行为的行政组织法框架之内。有学者从一般危机类型学出发，以重大传染病危机具有强烈的社会外溢性、社会无差别性、社会情境性和社会整体性危害等特征作为解释原理来建构组织法教义学体系，提出要妥善处理中央政府与地方政府、政府与社会关系，站在解释论立场来寻求相关规范的最佳解释并实现体系化等，有助于优化中国重大传染病危机应对的组织结构。[15] 还有学者以公共行政为基本任务取向，认为本领域组织法律制度的变革要满足中央事权与地方事权相统一，技术性与管制性相协调、可持续性，常态法治与非常态法治衔接转换等要求。进而指出，法定机构改革是整合疾控公共权力的现实选择，围绕“两级平台、五级网络”进行体系化设计则是提升疾控风险应对能力的要义。[16]

有学者研究突发传染病信息发布程序的法律设置，在对现行突发传染病信息发布的法律体系分析后指出，现行法律体系存在着信息发布的决策和发布的执行不分、决策者责任不明，分类分级发布的法律授权存在矛盾冲突，信息直报受系统设计与地方干预的制约，不确定信息发布的要求未予明确规定，专家监督的权力与职责没有建立，人民监督的空间也未顺应时代和传染病防控特定需要而得到应有的保障等诸多问题。这些问题皆需要通过精细巧妙结合“决策责任原则、集中权威原则、就地效能原则和监督矫正原则”的法律改革予以应对，才能在复杂的、条块结合的科层官僚体系中有效应对重大突发公共卫生事件的爆发。[17]

有学者认为，2007年制定的《突发事件应对法》应对此次新冠疫情实施不力的重要原因是该法涉及的应对对制度定位高度不够和突发事件应对主体的协调能力有限，应当以现有《突发事件应对法》为基础制定统一的《紧急状态法》。在制定统一的国家应急基本法中，应当高度重视常态体制进行应急决策的制度构建和国际合作问题。[18]

此外，公共卫生法作为维护公众健康这一“共同善”的规则体系，既是规范国家公共卫生权力行使的规制法，也是保障公众健康利益和个人生命自由的权利法。权力羁束与权利保障构成公共卫生法治的两大主题。部分学者将国家权力作为研究对象，认为中国公共卫生法治体系在规范创制、行政执法、司法运行和守法机制等方面既形成和积累了一定的制度资源，但也存在一定的短板与不足，应通过规划公共卫生法典的方式协同规范体系建设，贯彻“将健康融入所有政策”的执法机制，强化以裁判功能为中心的司法保障体系，构建以健康促进机制为核心的公共卫生守法体制，最终实现公共卫生治理的现代化和法治化目标。[19] 有学者侧重于国家紧急权力的行使依据、行使权限等权力规约问题，在研究分析中国现行法律体系后得出“国家紧急权力”约束无力的结论。因而提出以“专门法”的形式构建“国家紧急权力”的法内规范体系；以宪法为统帅，以“专门法”为支撑，以其他相关法律为依托，构建“国家紧急权力”的法外规范约束体系，共同形成对“国家紧急权力”规范约束完整的法治逻辑样态，能够弥补现行法律体系对“国家紧急权力”的法律概念、法律原则、法律规则的规范缺失，为“国家紧急权力”行使指挥权、决策权、动员权提供法律依据，为紧急状态下公民权利提供法律保障，实现对“国家紧急权力”行使的依法监督，提升“国家紧急权力”的“治权”

功效，对完善国家治理体系、提高治理能力具有重要作用。[20]

部分学者则倾向于个人权利保护，认为在中国目前已进入防控新冠肺炎疫情的应急状态下，个体权利因为《传染病防治法》《突发事件应对法》《突发公共卫生事件应急条例》等法律法规的规定而受到限缩。受到限缩的权利尤其包括个体的人身自由、财产权和经营自主权等。但即使是基于疫情防控的公益目的，公权机关对个体的权利限制也并非毫无限度。应急状态下的限权措施受到法律保留、比例原则、禁止不当联结以及核心权利保障等诸多原则的限制，而这些限制最终都指向对个体人性尊严的保障。这些限制构成了疫情防控下个体权利收缩的边界，也同时确保了抗疫工作能够在法治的框架下有序进行，确保了个体因为疫情防控而受到的权利限缩，最终不致演变为对其权利的彻底排除和掏空。[21] 有学者研究因疫情防控强制措施所产生的工资给付风险分配与补偿问题这一核心争论点，认为疫情下劳动合同的履行不适用不可抗力和劳动合同中止规则，亦不能完全以“企业风险理论”解释所有疫情停工的工资给付负担规则，需依据《传染病防治法》的规定，区分不同疫情防控强制措施，以及受疫情影响经营困难而发生的停工及灵活用工下，工资给付义务的不同保障主体与标准确定。要建立疫情防控措施下劳动者的工作收入损失补偿机制，实现社会保障规范化、体系化；充实突发事件与危机应对的劳动法制度工具，平衡劳动关系的灵活性与稳定性。[22]

还有学者兼顾国家权力与个人权利间关系，从法释义学角度阐述《突发事件应对法》第 12 条应急征用相关规定，认为为高效应对突发事件，有必要对应急征用权限作部分功能性松绑，同时为规制其运行时可能导致的权力滥用和权利侵害风险，须结合中国《突发事件应对法》第 12 条后半段与第 11 条的比例原则内容进行法律控制，具体路径包括将合理性标准细化为人身安全保障、同等法益限制、征用物合理保护等规则，以及从实定法上进一步明确征用审批、决定送达、清单登记、财产返还与补偿等基本程序义务。[23]

三、科技发展与法治政府

科技时代发展是行政管理技术不断创新和治理能力加速提升的契机，但也带来诸多挑战，亟须行政法做出积极应对。北京市行政法学者讨论主要聚焦于两个方面：其一，数字时代中的新技术（如人工智能、大数据）带来哪些挑战；其二，对习近平法治思想指导下的法治中国建设进行了不同角度的理论阐释，并对法治政府建设做出了建设性理论创新。

1. 行政法传统规制领域面临的数字时代挑战

社会治理智能化是适应新时代社会建设和人工智能技术的发展而提出的重大决策。提高社会治理智能化水平，不能仅靠人工智能技术的进步，还要注重法治的保障与促进作用，为社会治理智能化寻找合适的法治路径。在法治轨道上推进社会治理智能化建设，需要突破传统的立法、执法、司法和守法的框架，根据社会治理智能化的基本特征构建社会治理智能化领域法治建设的四梁八柱。从智能技术的发展水平以及社会治理智能化建设实践出发，法治建设可以重点从社会治理要素的数据化、社会治理数据的汇聚化、社会治理规则的算法化以及社会治理机制的共治化 4 个维度推进。[24]

行政治理中存在着两种信息不对称：行政机关与治理对象的信息不对称、行政机关与行政相对人的信息不对称。算法自动化决策嵌入行政活动，一方面极大地缓解了第一组信息不对称，产生了行政权力增强效应；另一方面，算法或压缩行政活动的各个环节，或作为内部行政决策，逃避行政正当程序制度的控制。有学者从信息论角度，认为行政正当程序中的告知、申辩陈述、理由说明等环节是信息发送与沟通工具。两种信息不对称的此消彼长使得公民权利受到算法自动化决策的侵蚀，“权力—权利”格局严重失衡。此应以解决行政相对人信息不对称为宗旨，坚持和发展适应算法治理时代的正当程序制度，尤其是行政公开原则、公众参与原则与说明理由制度。坚持和发展行政公开原则，应增强算法透明度、衡平行政公开与商业秘密制度，并规范信息公开方式；坚持和发展公众参与原则，应事前开展算法影响评估、重视陈述与申辩环节；坚持和发展说明理由制度，应赋予相对人获得算法解释的权利，并明确说明理由的内容与标准。[25] 面对算法自动化决策可能导致自然人权利失语困境，有学者认为破除这一情况的关键在于适用条件去场景化以及自甘风险式的豁免进路让位于实现公共利益所必需的法定许可。若不囿于既定框架，陈情权和离线权的重构思路各有合理之处，但应防范可能产生过高的社会成本。[26]

针对数字时代个人信息的公法保护，有学者为破除传统“知情—同意”框架下偏向于信息主体自治来保护个人信息的限制，建议引入经济激励机制，构建人格保护与利益激励相结合的“二元机制”，在坚持人格保护的原则下，通过经济激励机制有效平衡个人信息保护与信息的合理流通和利用。[27] 有学者则从个人信息兼具个体属性与社会流通属性这一双重属性出发，认为应当基于场景的行为主义规制确立一种“个人信息相关权益被保护权”，应当在具体场景中确立个人信息收集与利用行为的合理边界。[28] 有学者则围绕“安全保障、技术为基、标准先行”这一个人信息安全标准体系治理方案，认为监管部门应当处理好个人信息安全“标准先行”与安全领域、全要素治理法治化的关系。在为行政权力介入标准治理划定必要界限的同时，监管部门应当摒弃工具主义的管制思维，在个人信息安全标准化进路中更多地关注公共服务。[29]

2. 习近平法治思想指导下的法治政府建设

党的十一届三中全会以来，中国法治政府建设经历了酝酿、初创、发展与攻坚等阶段，已至深水区。持续深入推进法治政府建设必须处理好形式法治与实质法治、法治与“人治”、创新与法治、实体合法与程序合法、高权行政与柔性执法、自制与他律、整体性与局部性、统一性与阶段性、常态与应急行政法治、法治政府与法治国家和法治社会十大关系，因时而动、与时俱进，朝着构建服务型政府、守法政府、善治政府、透明政府、廉洁政府、高效政府、诚信政府、责任政府、数字政府和创新政府的目标迈进。2020 年是中国法治政府建设的关键节点，需要站在新的历史起点上，探寻促进中国法治政府建设内涵式发展并提速转型升级的最优路径。[30]

有学者系统阐述了习近平法治思想中的法治政府理论。习近平法治思想涵盖了全面依法治国的各领域全过程，法治政府理论是其重要组成部分。习近平法治思想中的法治政府理论回应了中国法治政府建设的价值立场、建设路径、重点任务和未来发展等重大问题。以人民为中心是中国法治政府建设的价值立场，分步推进和加强党的领导是法治政府建设的基本路径。法治政府建设的重点任务包括推动行政法律体系的完善、规范重大行政决策程序、坚持严格规范公正文明执法、深入推进放管服改革、构建多元纠纷解决体系、抓好法治政府建设中的“关键少数”。以法治政府建设引领法治社会形成、以制度执行力检验法治政府建设成效、以智慧法治建设提升政府效能则体现了习近平对法治政府建设未来发展的战略思考。[31]

有学者指出，推进国家治理体系和治理能力现代化是一个由传统治理向现代法治化治理转型的过程。从法治角度看，这其中蕴含的理论逻辑与方法可以概括为良法善治论、公平正义论和法治系统论。在理论逻辑层面，中国法治作为现代法治，实质上就是良法善治，以法治的人民性为本质要求、以保障社会公平正义和人民权利为根本价值取向，是国家治理体系和治理能力现代化追求的最高境界。在逻辑方法层面，推进国家治理体系和治理能力现代化，必须坚持全面依法治国，以系统论方法统筹推进国家治理各领域各方面的法治建设。[32]

有学者对依法执政和依法行政的关系这一当前中国行政法学需要迫切回应的基础命题展开了研究。在党的十八大之前，中国法治政府建设践行的是行政系统自我领导、自我驱动、自我建设的内驱型法治政府建设模式，十八大之后，开始转向党领导法治政府建设模式。党领导法治政府建设模式揭示了内驱型法治政府建设模式的不足与局限，解释了自主性行政权力、复合性行政权力、受辐射行政权力的不同类型及其可能的法治化路径，并证成了通过依法执政实现依法行政的制度逻辑。通过依法执政实现依法行政的逻辑实现，还需要回应组织法层面上党政机构融合的行政法挑战、行为法层面上党政联合行为的法治化困境、责任法层面上行使行政权力的党的机构与公法责任体系的分离等重大课题。[33]

四、行政争议实质性解决

1. 行政诉讼

保护规范理论在被纳入中国行政审判后，为行政诉讼利害关系人的判定提供了全新参考，但也同样引发质疑和争议。有学者对保护规范理论提出批判，认为保护规范理论在中国的引入存在较大的逻辑断裂和价值张力。一是行政诉讼的主观诉讼功能定位，尚需要更充分的论证；二是保护规范理论蕴含的个人主义假定与个人在中国公法上的积极能动的法权地位也不一致；三是保护规范理论的适用可能造成司法保护范围的限缩；四是保护规范理论适用所要求的基本权利的辐射效力、敏感于权利保障的法解释技术、高强度的司法审查标准，在中国当下亦难满足。如此，保护规范理论的引入，不仅难以实现利害关系判定客观化的预期目标，更会导致宪法赋予行政诉讼的权力监督和权利保障的双重功能严重萎缩。[34] 反对者则认为，保护规范理论较之于“直接联系论”“实际影响论”“司法裁量论”等既存的行政诉讼原告适格理论，极大提高了法律实践的客观性和确定性，并赋予“行政诉权”以严格的权利性。批评其有高度的不确定性、限制行政诉权的观点，或者无法自圆其说，或者缺乏实体法观念。行政诉讼是客观诉讼还是主观诉讼，《宪法》未规定；《行政诉讼法》第2条在《宪法》所预留的法律形成空间内，确立了行政诉讼的主观诉讼构造，从而为保护规范理论预留了接口。保护规范理论以国家对个人人格的承认为观念前提，有普适性，与宪法精神并不抵触。在中国现行法下，并不存在排斥保护规范理论的决定性理由。[35] 有学者分析保护规范理论水土不服，除常见的因解释规则的芜杂导致的适用不确定、因强调个人利益保护指向导致的适用严苛，以及因“一般法依赖”所引发的立法专断外，保护规范理论在中国所遭受的质疑还包括是否与行政诉讼整体定位相匹配，是否适应行政诉讼的现实发展等考量。这些争议的产生部分是因为未充分体察其变化演替所导致的对这一理论的误解，部分是因为这一理论背后的法学思考与中国既有制度间的差异。他认为，尽管有这些差异，但却促使人们对由行政诉权所辐射的核心公法问题重新进行思考，并在此基础上通过对学理和制度的重新整序来优化这一理论的本土适用。[36] 还有学者对中国行政诉讼的客观诉讼定位进行了研究。该学者从比较法的视角观察，认为主观诉讼与客观诉讼的区分标准有二：一是诉讼目的，二是法律争议的性质。行政诉讼的功能首先要由《宪法》做出规定。中国《宪法》规范中并无类似于德国《基本法》第19条第4款的一般性诉权保障条款。相反，包括《宪法》第41条在内的规范框架，确定了合法性在宪法值中的优先地位，这构成了中国行政诉讼客观诉讼定位的宪法基础。行政诉讼原告资格条款、合法性审查原则以及判决种类，进一步夯实了行政诉讼的客观诉讼功能。行政诉讼的客观诉讼功能定位，能够实现对合法权益的更完整保护以及对公权力行使的更全面监督，并为司法机关高效平衡公共利益与私人利益提供了制度空间。[37]

在诉讼当事人方面，围绕“刘广明案”开拓性地将主观公权利观念与保护规范理论导入中国司法实践，行政法学界和实务界积极展开探讨。有学者认为主观公权利和行政诉权各自历经复杂嬗变，而将二者紧密衔接的正是保护规范理论，它们三者之间的复杂关联所揭示的正是一种对于行政诉权的实体法思考方式。[38] 该案将保护规范理论中国化并对“利害关系标准”具体化，较好调和了利害关系标准的弹性与保护规范理论的刚性。将“保护规范”从行政行为援引的法条扩展到法律体系相关联的法条，将“规范”变为“规范群”；将“主观公权利”从法律保护的权益扩大到值得法律保护、需要法律保护的权益，将更多的实体性权益、程序性权益、参与性权益纳入司法保护范围；将请求权的法律规范与合法性审查所依据的“法”相联结，让两者更加契合。保护规范理论的中国式表述，让原告资格判断更加客观化和精细化，有利于扩大原告范围，还能强化对权利尤其是基本权利的司法保护，并能发挥主观公权利承继性的优点，又能预防滥用诉讼权利。[39] 为行政诉讼原告适格的认定提供一个法律论辩平台，应获积极评价。[40] 当然，适用保护规范理论，仍应根据个案情况，灵活解释法律，并兼顾原告资格范围逐步扩大的历史趋势。此外，还有学者对中国行政诉讼中的行政相对人的预防性保护进行了探讨，认为行政行为停止执行、先予执行、财产保全、行为保全4种制度着眼于维护公共利益与保障行政相对人权益的双重目的，集监督行政机关依法行政、保障行政行为的目的顺利实现、防止行政相对人权益遭受不可弥补的损害三重功能于一身，且立法没有针对上述不同功能配给不同规则，各项措施的申请程序不完善、裁量要件不完整，导致预防性保护功能在司法实践中未能得到充分发挥。建议在未来修法时，对具有预防性保护功能的制度措施加以整合，进一步明确相关裁量要件与审查模式，细化审查程序、增加上诉程序，以更好地满足行政相对人获得预防性保护的需求。[41]

受案范围是行政诉讼区别于其他诉讼的重要标志。有学者考察最高法公报上有关行政机关滥用职权的司法案例，发现其存在两种裁判逻辑。分离型裁判逻辑立基于形式违法性审查，根据“职权”或“滥用”单一要素进行判断，使得任何违法行使职权的行政行为都可能构成滥用职权。结合型裁判逻辑立基于实质违法性审查，认为构成滥用职权必须具备“职权”与“滥用”双重要素，滥用职权的实质是偏离法律目的行使裁量权。分离型裁判中的滥用职权与日常用语更为接近，结合型裁判中的滥用职权更符合行政诉讼法的立法精神。“滥用”的主观过错难以认定，影响了滥用职权标准的司法适用性。因此应以功能主义立场取代规则中心主义，借助均衡性的法律原则与功能性的自我规制技术，化解“滥用”之主观动机认定难的问题。[42] 有学者则对《行政诉讼法》中行政公益诉讼嵌入式表达“监督管理职责”这一法律术语加以研究。他认为，从实定法角度看，“监督管理职责”是一个广义的概念，包括准立法、准司法和实质意义行政。实践中，提起公益诉讼需满足《行政诉讼法》第 49 条规定的条件，如诉讼请求属于法院受案范围。监督管理职责的依据应包括规章以下规范性文件，但检察机关对此应做出合法与否的判断。公益诉讼有着不同于（私益）行政诉讼的特殊性，为此，需要“两高”出台司法解释为公益诉讼制度的健康发展提供保障。[43] 还有学者围绕“行政机关对司法的协助行为如何定性”这一难题，以对中国现行制度规范和司法实践的考察为基础，梳理该类协助行为在定性上的理论观点，分析其理论、制度和实践中定性逻辑的困境，提出以“行为主体+法律适用”作为定性标准，将该类协助行为原则上界定为行政行为，从而推翻了理论上将其一概定性为“司法行为”的传统习惯，纠正制度规范和司法实践中以“权力延伸论”或“合法论”对其进行定性的逻辑错误。在此基础上，也对该类协助行为如何寻求行政诉讼救济的程序特点进行了探索。[44]

2014 年《行政诉讼法》修订后，行政规范性文件附带性审查正式成为法定装置。有学者通过对近年来中国相关司法判例的梳理与调研访谈，发现地方法院往往借助诸多隐形策略，来规避附带审查的司法适用。对于这些消极现象，除了“嵌入式法院”的传统解释之外，法院对规范性文件公开评价以及差异化判断所附带的制度风险，也是司法消极态度的重要缘由，除此之外，附带审查所设定的审查标准存在偏差，没有考虑到现代行政国家下法院的“机构能力”局限。但是，从积极角度来看，规范性文件附带审查装置也愈发显现出一定的枢纽功能，附带审查装置通过司法建议工具向各类有权处理机关传递合法性讯号，未来有望与其他审查机制相配合，以实现对行政规范性文件的立体化治理。[45]

行政诉讼证据在行政法中一直是不大受关注的话题，2020 年北京学者在此领域中也出现了佳作。有学者研究指出行政诉讼证明妨碍易发生于证据形成过程中，且通常与严重的行政程序违法行为竞合。行政诉讼证明妨碍的典型特征主要表现为当事人双方实施妨碍行为的动机和机会不均等、不作为妨碍行为更为普遍和妨碍法律后果的承担者特定情况下与妨碍主体分离等。以民事诉讼为参照，应从程序法、证据法和实体法 3 个方面入手，构建行政诉讼证明妨碍制裁与救济规则体系。其制度要点包括：确立权力控制、回复真实和补偿之法律规制目标，服务于争议解决、权利救济和行政监督之诉讼目的；对妨碍诉讼的强制措施进行改进，加大公法上的不利评价；在证据自由评价说的理论框架内选择适用制裁与救济手段，同时为法官评价设置若干标准；完善民事、刑事责任以及行业规范制裁等实体法层面的规制措施。[46]

检察公益诉讼是富含治理内涵的司法体制创新。该制度体现了中国国家治理体系和治理能力现代化所具有的在执政党领导下、改革与建构并重、注重社会主义公益保护、兼具国家主导与半开放性等特征。检察公益诉讼制度形成了关联深广、多层嵌套的复杂网状治理结构。有学者从历时性和共时性两个角度，剖析了检察权与行政权、审判权、立法权和公民权的关系演变，描述了网状结构中各主体不同的权能定位，以实现提升检察公益诉讼的治理效能。检察公益诉讼的治理效果明显，表现为治理领域广泛覆盖、治理力度全程深入、治理主体全面带动、治理规范充分法治化、治理方式刚柔并济。为了实现检察公益诉讼的治理目标，还需增强协同治理效应、完善治理机制与规范建设，并逐步提高检察机关司法治理能力。[47] 该学者基于客观诉讼的特性，将检察行政公益诉讼的败诉分为程序性败诉、目的性败诉和制度性败诉。文章结合实践案例深入剖析了 3 类败诉案件的案情和要旨，指出应明确检察行政公益诉讼有特殊起诉条件以提升程序性胜诉能力，建构职权探知主义的审理规则确保诉讼目的的实现，夯实内外制度要素克服制度性败诉。[48] 还有学者利用双重差分法的实证检验表明，基于“国家化”路径发展的检察行政公益诉讼制度，在试点期间显著降低了工业废水的排放，发挥了治理实效。未来行政公益诉讼制度的完善路径，不仅应注重以多样化方式扩大社会主体参与，更为关键的应是继续提升地方法院、地方检察院对地方政府的独立性和权威性。这要求将检察行政公益诉讼实践证明行之有效的工作策略上升为制度规范，加强地方横向及纵向权力监督机制的“国家化”，以对冲法检系统的“地方化”。[49]

2. 行政复议

新时代行政复议的功能定位应有新的认识。有学者对行政复议的定位再次反思，认为片面的功能定位不足以反映全面依法治国背景下行政复议在助推法治政府建设、实现行政救济、培育法治社会方面所具有的不可替代的重要作用。行政复议化解行政争议的天然优势、中国行政争议的特殊性以及域外国家和地区的经验都决定了行政复议应当成为新时代化解行政争议的主渠道。然而，行政复议的央地改革未能实现同频共振、行政复议质效评价体系科学性差、双被告制度引发复议和诉讼之间出现内耗和空转、法治未能及时为改革保驾护航等因素影响并制约了中国行政复议的良性发展。尊重行政复议行政司法属性的规律和特点，充分弥补行政复议的天然劣势，通过充分的制度供给以实现行政复议公正高效、便民为民的天然优势为宗旨，并以有效处理好行政复议和行政诉讼的差异化发展为目标，进行修法，这既是实现行政复议成为化解行政争议主渠道的必由之路，亦是助力于行政复议良法善治的应然之需。[50]还有学者对行政复议不作为进行研究，基于行政复议实践，将行政复议不作为划分为6种样态。行政复议不作为的危害具体表现为侵害行政相对人合法权益、增加行政和司法成本、降低行政复议公信力。行政复议不作为的根源在于部分复议工作人员缺乏法治思维、司法监督乏力，以及相应法律责任和行政考核的疏漏。要从源头实现对行政复议不作为的治理，就应当从提升行政复议工作人员的法治思维、扩大司法建议的适用范围、拓宽司法对复议不作为的监督范围以及增加行政复议不作为的成本等方面建构行政复议不作为的治理体系。[51]

五、其他方面

优化营商环境，是党中央、国务院根据新形势新发展新要求做出的重大决策部署。法治政府建设对营商环境的改善和优化起着决定性作用。有学者对现行法律政策予以梳理，认为中国已经建立起以国务院《优化营商环境条例》为核心、以中央各类政策文件为补充、以地方优化营商环境立法为支干的优化营商环境立法体系，切实发挥了法治固根本、稳预期、利长远的保障作用。从近两年开展优化营商环境法治保障的评估结果来看，全国优化营商环境的法治保障有所提升，但仍需进一步加强。目前所取得的成就具体体现为行政审批制度改革不断深化，政务诚信建设不断增强，优化营商环境的立法保障更加完善。存在的不足主要表现为企业信贷审批改革和获得电力审批改革不彻底、涉企收费清理工作长效实施机制不健全、企业家参与涉企政策制定机制落实不到位、告知承诺制制度化发展不均衡的问题。为推动加强优化营商环境的法治保障，还需深化“放管服”改革打造服务型政府、完善试验改革的授权制度、强化对各类市场主体的平等保护、建立规制工具分析评价制度、构建基于信用的监管机制。[52]有学者认为中国当前的企业破产退出机制已经比较完善，但非破产退出机制则相对薄弱，而其中非正常经营企业的行政性强制退出机制则尤为匮乏。从域外经验来看，通过公权力机关主导的强制除名、强制清算、拟制清算等制度，形成完善的非正常经营企业强制退出机制。从优化营商环境的要求出发，基于效率与安全、消灭与拯救等关系的平衡，中国应当建立具有行政主导性的强制除名、拟制清算等强制性退出机制，并辅之以停业登记等缓冲性制度，从而构建系统完整的市场退出机制，为市场经济的运行塑造良好的营商环境。[53]有学者再次定位优化数字经济营商环境背景下支配地位认定条款，认为在数字经济背景下，需要通过修改《反垄断法》支配认定条款来指引反垄断执法机构认定数字经济下的支配地位。具体来说，应当重新考量支配地位的影响因素，把转换成本和数据的重要性纳入认定市场支配地位的考虑因素，全面考察数字经济的动态性及其带来的市场力量的变化。[54]

诸多学者注意到民法典编纂对行政法法典化的重要示范意义。有学者认为，民法典对行政组织、行政立法、行政执法、行政责任等方面提出一系列新要求。行政机关要贯彻好民法典，必须坚持依法行政、私法自治原则，尊重和保障民事权利。[55]有学者回顾中国行政法典编纂经过的片段式立法、程序法先行和程序法法典化瓶颈的历程，发现行政法的法典化需要政治力量的重视和推动、国家法治实践的需求和经验积累、学界的理论准备，三者缺一不可，而这3个方面又是相互联系和相互作用的。目前，学界提出行政法典编纂的新思路。伴随着改革的深入和法治建设的推进，当各方面的条件都具备，行政法典编纂就可能成为现实。[56]有学者总结推进行政法法典化的路径，有制定行政程序法、制定行政法通则（行政基本法）、制定完整的行政法典以及制定行政法总则等不同主张。不同路径各有利弊，目前可先着手制定行政法通则或行政法总则，条件成熟时再编纂完整的行政法典。[57]

注：

[1]应松年，张晓莹：《〈行政处罚法〉二十四年：回顾与前瞻》，《国家检察官学院学报》，2020年第5期。

[2]袁雪石：《整体主义、放管结合、高效便民：〈行政处罚法〉修改的“新原则”》，《华东政法大学学报》，2020年第4期。

[3]李洪雷：《论中国行政处罚制度的完善——兼评〈中华人民共和国行政处罚法（修订草案）〉》，《法商研究》，2020年第6期。

[4]曹鎏：《论“基本法”定位下的中国〈行政处罚法〉修改——以 2016 年至 2019 年的行政处罚复议及应诉案件为视角》，《政治与法律》，2020 年第 6 期。

[5]王贵松：《论行政处罚的制裁性》，《法商研究》，2020 年第 6 期。

[6]黄海华：《行政处罚的重新定义与分类配置》，《华东政法大学学报》，2020 年第 4 期。

[7]杨利敏：《论中国行政处罚中的责任原则——兼论应受行政处罚的过失违法行为》，《华东政法大学学报》，2020 年第 2 期。

[8]王贵松：《论行政处罚的责任主义》，《政治与法律》，2020 年第 6 期。

[9]张青波：《论应受行政处罚行为的主观要素》，《法学》，2020 年第 10 期。

[10]张红：《行政罚款设定方式研究》，《中国法学》，2020 年第 5 期。

[11]马怀德：《〈行政处罚法〉修改中的几个争议问题》，《华东政法大学学报》，2020 年第 4 期。

[12]金国坤：《基层行政执法体制改革与〈行政处罚法〉的修改》，《行政法学研究》，2020 年第 2 期。

[13]张红：《让行政的归行政，司法的归司法——行政处罚与刑罚处罚的立法衔接》，《华东政法大学学报》，2020 年第 4 期。

[14]赵鹏：《疫情防控中的权力与法律——〈传染病防治法〉适用与检讨的角度》，《法学》，2020 年第 3 期。

[15]王旭：《重大传染病危机应对的行政组织法调控》，《法学》，2020 年第 3 期。

[16]崔俊杰：《公共行政任务取向的疾病预防控制体系改革》，《行政法学研究》，2020 年第 5 期。

[17]沈岿：《论突发传染病信息发布的法律设置》，《当代法学》，2020 年第 4 期。

[18]于安：《论国家应急基本法的结构调整——以〈突发事件应对法〉的修订为起点》，《行政法学研究》，2020 年第 3 期。

[19]李广德：《中国公共卫生法治的理论坐标与制度构建》，《中国法学》，2020 年第 5 期。

[20]李晓安：《“国家紧急权力”规范约束的法治逻辑》，《法学》，2020 年第 9 期。

[21]赵宏：《疫情防控下个人的权利限缩与边界》，《比较法研究》，2020 年第 2 期。

[22]肖竹：《重大疫情防控中工资给付风险负担与社会补偿的法制完善》，《行政法学研究》，2020 年第 3 期。

[23]张亮：《应急征用权限及其运行的法律控制——基于中国〈突发事件应对法〉第 12 条的法释义学分析》，《政治与法律》，2020 年第 11 期。

[24]周汉华，刘灿华：《社会治理智能化的法治路径》，《法学杂志》，2020 年第 9 期。

[25]张凌寒：《算法自动化决策与行政正当程序制度的冲突与调和》，《东方法学》，2020 年第 6 期。

[26]唐林垚：《“脱离算法自动化决策权”的虚幻承诺》，《东方法学》，2020 年第 6 期。

[27]蔡培如，王锡锌：《论个人信息保护中的人格保护与经济激励机制》，《比较法研究》，2020 年第 1 期。

[28]丁晓东：《个人信息的双重属性与行为主义规制》，《法学家》，2020 年第 1 期。

[29]崔俊杰：《个人信息安全标准化进路的反思》，《法学》，2020 年第 7 期。

[30]曹鎏：《论中国法治政府建设的目标演进与发展转型》，《行政法学研究》，2020 年第 4 期。

[31]马怀德：《论习近平法治思想中的法治政府理论》，《政法论坛》，2020 年第 6 期。参见马怀德：《习近平法治思想中法治政府理论的核心命题》，《行政法学研究》，2020 年第 6 期。

[32]周佑勇：《推进国家治理现代化的法治逻辑》，《法商研究》，2020 年第 4 期。

[33]林华：《通过依法执政实现依法行政的制度逻辑》，《政法论坛》，2020 年第 6 期。

[34]成协中：《保护规范理论适用批判论》，《中外法学》，2020 年第 1 期。

[35]王天华：《有理由排斥保护规范理论吗?》，《行政法学研究》，2020 年第 2 期。

[36]赵宏：《保护规范理论的误解澄清与本土适用》，《中国法学》，2020 年第 4 期。

[37]成协中：《论中国行政诉讼的客观诉讼定位》，《当代法学》，2020 年第 2 期。

[38]赵宏：《主观公权利、行政诉权与保护规范理论——基于实体法的思考》，《行政法学研究》，2020 年第 2 期。

[39]耿宝建：《主观公权利与原告主体资格——保护规范理论的中国式表述与运用》，《行政法学研究》，2020 年第 2 期。

[40]王天华：《主观公权力的观念与保护规范理论的构造》，《政法论坛》，2020 年第 1 期。

[41]罗智敏：《中国行政诉讼中的预防性保护》，《法学研究》，2020年第5期。

[42]周佑勇：《司法审查中的滥用职权标准——以最高人民法院公报案例为观察对象》，《法学研究》，2020年第1期。

[43]温辉：《行政诉讼法中“监督管理职责”的理解与适用》，《法学杂志》，2020年第4期。

[44]胡建淼，刘威：《行政机关协助司法的行为性质及其可诉性研究》，《法学论坛》，2020年第5期。

[45]卢超：《规范性文件附带性审查的司法困境及其枢纽功能》，《比较法研究》，2020年第3期。

[46]于鹏，冯亦浓：《行政诉讼证明妨碍及其法律规制研究——以民事诉讼为参照》，《行政法学研究》，2020年第6期。

[47]刘艺：《论国家治理体系下的检察公益诉讼》，《中国法学》，2020年第2期。

[48]刘艺：《检察公益诉讼败诉案件中的客观诉讼法理》，《行政法学研究》，2020年第6期。

[49]陈天昊，邵建树，王雪纯：《检察行政公益诉讼制度的效果检验与完善路径——基于双重差分法的实证分析》，《中外法学》，2020年第5期。

[50]曹鎏：《作为化解行政争议主渠道的行政复议：功能反思及路径优化》，《中国法学》，2020年第2期。

[51]王青斌：《行政复议不作为的法律治理》，《现代法学》，2020年第3期。

[52]成协中：《优化营商环境的法治保障：现状、问题与展望》，《经贸法律评论》，2020年第3期。

[53]王伟：《非正常经营企业强制性市场退出机制研究——优化营商环境背景下的行政规制路径》，《行政法学研究》，2020年第5期。

[54]郜庆：《优化数字经济营商环境背景下支配地位认定条款之重塑》，《行政法学研究》，2020年第5期。

[55]袁雪石：《民法典对行政执法的新要求》，《中国司法》，2020年第8期。

[56]罗冠男：《中国行政法典编纂的重要历程与新思路新展望》，《理论探索》，2020年第4期。

[57]钟瑞华，李洪雷：《论中国行政法法典化的意义与路径——以民法典编纂为参照》，《行政管理改革》，2020年第12期。

（北京市法学会供稿；执笔人：张红、岳洋）

刑　法　学

2020年，北京地区的刑法学专家学者对刑法学理论与实践问题进行了深入研究，关注视域宽广，重点研究了《刑法修正案（十一）（草案）》、疫情防控的刑事法治保障、刑事立法的活性化与正当性检验、过失犯的构造与认定、法定犯的性质与违法性认识、正当防卫的司法适用以及信息网络犯罪、金融犯罪、生态安全犯罪等问题。学者们对未来刑事立法和司法的完善提出建设性的建议，推动刑法学研究向纵深发展。

一、《刑法修正案（十一）（草案）》的讨论

2020年，刑法学理论界与实务界面临的首要议题即是《刑法修正案（十一）（草案）》（以下简称“草案”）如何完善的问题。“草案”内容涉及金融安全、知识产权保护、公共卫生安全、安全生产、食品药品安全、企业产权保护、未成年人刑事责任年龄等社会关注的热点问题，围绕“草案”的进一步完善形成大量研究成果。

在宏观方面，主要涉及对刑法立法观的讨论。有学者认为，当下中国需要采取积极刑法观，需要推进犯罪化。在推进犯罪化的过程中立法机关应当着眼于社会的现实问题，通过犯罪学实证研究确认刑法干预的必要性。只有采取积极刑法观，利用刑法有效地保护法益，才能满足法益保护的合理需求。[1] 有学者表示，在积极的一般预防论的影响之下，频繁地修法，扩大刑法处罚范围已经成为中国刑事立法领域的常态，由此引起了对于刑法工具化、处罚界限模糊化、过度干预人们生活的担心。建议利用行为规范和裁判规范在一定范围内分离的现象对其进行克服。[2]

在微观方面，主要涉及“草案”相关条文的设计问题。主要包括以下几方面的内容：一是刑事责任年龄是否降低的问题。有学者认为，此次刑事责任年龄的下调，是未成年人犯罪的现实情势所趋，有其合

理性和积极意义。[3] 持反对意见的学者则认为，通过对未成年人犯罪原因、青少年心理发展历程、刑罚目的和特点以及刑事政策等方面的理论分析，发现单纯降低刑事责任年龄并不能从根本上减少、遏制低龄未成年人恶性犯罪的发生。解决这一问题，应当反思中国目前低龄未成年人处置措施存在的弊端，借鉴国外经验，构建和完善低龄未成年人犯罪预防机制和犯罪矫治体系。[4] 二是高空抛物犯罪的刑法规制。有学者认为，高空抛物是“其他危险方法”的一种类型，将其单独成罪必然导致条款内容及罪名之间的冲突，也不符合中国刑法分则的立法逻辑。[5] 持相反观点的学者则认为，中国高空抛物法律规范不能满足广大群众对公平正义需求之现实矛盾、刑法规范的行为规制机能以及司法实践定性的偏差均要求刑法对高空抛物犯罪采取独立式罪刑规范。[6] 三是非法集资犯罪刑罚力度的提高。有学者认为，《刑法修正案（十一）（草案）》对非法吸收公众存款罪、集资诈骗罪做出修正，通过提高法定最高刑期和调整量刑结构来加大惩罚的刑罚剂量，这种严刑峻法对回应有关社会呼声和暂时压制高发的集资类犯罪具有积极意义。由于现代集资类犯罪的场景不同于早期刑事对其立法的环境，刑法在此方面的修改应当关注现代集资犯罪的型构变化，纾解资本市场交易创新诉求与刑事司法泛刑化间的紧张，适当释放刑法原有压缩金融创新的空间。[7] 四是洗钱犯罪的刑法立法完善。有学者认为，洗钱罪的主体不应排除实施上游犯罪的行为人，“为掩饰、隐瞒其来源和性质”不是关于犯罪目的的表述，间接故意也可以构成洗钱罪。经过刑法修正案的历次修正，洗钱罪与掩饰、隐瞒犯罪所得、犯罪所得收益罪的区别只在于上游犯罪范围的不同。如果行为人实施上游犯罪后又掩饰或者隐瞒的，应数罪并罚。[8] 五是野生动物保护的刑法立法完善。有学者认为，《刑法修正案（十一）（草案）》在野生动物保护方面保持了行政犯立法惯性，对于保护公共卫生安全和生态安全有积极的一面，但也存在过度犯罪化的漏洞和风险。在野生动物保护领域，要通过侵害野生动物行为刑事违法性的实质判断、刑法前置性行政规范的限定解释、附属刑法规范立法模式的构建，实现对行政违法行为犯罪化的合理限制。[9] 六是职务犯罪立法的新进展。有学者认为，为了加强对非公有制经济的平等保护，《刑法修正案（十一）（草案）》对非国家工作人员受贿罪、职务侵占罪、挪用资金罪的定罪量刑标准做出重大修改，增设了药品监管渎职罪，修改了食品渎职犯罪的构成要件。为保证立法精神得到实现，应当按照从旧兼从轻原则解决修正案的溯及力和追诉时效问题，“两高”应及时出台司法解释。[10]

二、疫情防控的刑事法治保障

新冠肺炎疫情作为突发公共卫生事件，几乎影响所有人的日常工作生活，由此衍生出疫情防控过程中的刑法适用以及突发公共卫生事件下刑事治理问题。

对于疫情防控期间的刑事政策问题，有学者认为，新冠肺炎疫情防控常态化和法治化的趋势要求中国新冠肺炎疫情防控的刑事政策进行动态化调整，同时要完善刑法立法，将紧迫的社会形势等从重处罚情节、从轻处罚情节在刑法立法上进行列举式规定，并完善妨害疫情防控措施行为的刑法立法，严密法网。[11] 有学者以疫期犯罪的刑法应对为中心，围绕着编造、传播虚假信息罪，妨害公务罪，诈骗罪和妨害传染病防治罪的犯罪成因和法教义学，提倡一种通过犯罪学抵达刑法适用的精准化的刑事政策研究，探讨宽严相济的刑事政策的实现途径。[12] 对于疫情防控下网络谣言的刑法治理，有学者认为，应当立足于刑法典中传统的实害犯罪，寻求通过“加大个人与商业领域内谣言治理的刑事制度供给”“理顺不同类型刑事规范之间的逻辑关系”与“明确刑法治理网络谣言的边界”来完善谣言治理刑法体系，而网络水军组织治理则应另辟蹊径。[13]

对于疫情背景下妨害传染病防治罪的规范适用问题，有学者认为，为了更好地实现刑法参与社会治理的功能需求，应当对妨害传染病防治罪采取“立法类型化调整、司法解释适度限制”的组合路径，使刑法规范的社会适应性与刑罚处罚的有限性相融合。[14]

对于疫情期间哄抬物价行为的刑事规制，有学者认为，从实然层面看，在中国《刑法》相关规定尚未修订、疫情紧急的现状下，依据司法解释以非法经营罪规制此类行为，亟须明确疫情期间的起止时间、防疫物资的范围、哄抬物价的幅度等具体要件，以期精准适用刑法。对于传染病以外的突发事件，可在危害公共安全罪一章中增设“妨害突发事件应对罪”。[15]

对于涉疫情“危害公共安全犯罪”的适用，有学者认为，刑法中的“公共安全法益”应围绕“不特定”要素展开，公共卫生安全法益与其具有竞合关系。应将以危险方法危害公共安全罪中的“其他危险方法”的边界限定为与立法预设规范类型具有相当性之行为类型。[16]

三、刑法基础理论问题研究

1. 刑事立法的活性化与正当性检验

有学者对中国刑事立法活性化的重要理论问题进行了研究，认为中国刑事立法活性化的实质动因在于功能主义刑法观在刑事立法实践中基本被确立下来，主张塑造规范引导刑法目的的理性观，推动形成国民的规范认同，这样一来，刑事立法在顺应社会变化发展而保持活性化的同时，也能够避免由于功能主义刑法观被异化而造成社会治理的泛刑化。[17]

有学者对刑事立法正当性检验问题进行了研究，认为未来刑事立法的正当性理论，一方面应借助宪法教义学，从真实目的的识别和目的合宪性的检验两方面拓展和深化目的正当性的内容；另一方面应实现思维重心从保护对象正当性向保护手段之合比例性的转移。[18]

2. 过失犯的构造与认定

有学者认为，将违反注意义务作为过失犯的特征，存在规范逻辑的错误；要求过失犯违反结果回避义务与要求过失犯的行为具有现实危险，没有实质区别；而且，将违反结果回避义务作为过失犯的独有特征，会导致过失犯的客观不法重于故意犯，因而不当。因此不应当将预见可能性作为结果回避义务的前提，而应根据行为本身的危险程度及相关因素决定行为人应否采取结果回避措施；应当承认行为人对结果的预见可能性是责任要素。[19]

有学者认为，对于过失犯，只有从规范的视角才能真正把握过失犯的独特内容。过失犯还存在一个从责任论到构成要件论的演变过程，最初的过失论只是责任论的内容之一，过失和故意相并列成为两种责任形式。此后，随着新过失论的兴起，过失不再仅仅是责任要素，而且也是构成要件要素。在构成要件阶层主要考察过失犯的实行行为，在责任阶层则主要进行主观归责的分析。在过失犯的构成要件中，应当以违反结果回避义务为中心，而在过失犯的主观归责时，则以违反结果预见义务为核心而展开。[20]

有学者从标准人的心素角度探讨了过失犯中注意义务的边界问题，认为注意义务的标准人由“力素”和“心素”两部分组成，后者指的是法规范期待行为人具有的谨慎态度。标准人的心素要解决的核心问题是，在危险俯拾皆是的现代社会中，法秩序能够期待行为人对注意力这一稀缺资源进行怎样的分配和安排。对此，应当采取利益权衡而非社会通常性的思考模式。[21]

3. 法定犯的性质与违法性认识

有学者对法定犯的性质与认定问题进行了研究，认为法定犯具有行政违法性和刑事违法性双重属性。因此在法定犯的司法认定中，既要参照行政法规的规定，同时又要严格依照刑法规定。在法定犯的刑事诉讼程序中，行政部门的行政认定对法定犯的构成要件规范要素的理解和事实因素的确认具有重要意义，但司法机关对法定犯的认定具有独立性，只有这样才能避免法定犯刑事程序的形式化。[22]

有学者对法定犯时代下违法性认识的基本立场问题进行了研究，提出在法定犯时代，为了在教义学上合理限定行政犯的处罚范围，应当转换违法性认识的基本立场，重新激活故意理论。采取故意理论，不会产生处罚的漏洞，其关键在于厘清未必的不法认识与法律过失的关系。在这一立场之下，理论上区分事实错误与违法性错误并没有意义，关键只在于判断行为人主观上是否具有抵触行为规范的意思。无论是事实错误，还是规范错误，均有可能发生故意阻却的效果。[23]

4. 正当防卫的司法适用

有学者对正当防卫与防卫过当的界限把握问题进行了研究，提出要从防卫权优先的基本立场出发，树立有利于防卫人的解释立场与价值取向，适度放宽防卫限度，对防卫过当予以必要的“包容”。在规范层面，要敢于破除“唯结果论”等司法误区，立足于主客观相统一立场，对明显超过必要限度、造成严重后果这两个核心要素，从行为与结果层面进行综合判断，力求实现个案正义。[24]

有学者对正当防卫中不作为的不法侵害进行了研究，认为真正的不作为和不真正的不作为都可以构成正当防卫意义上的不法侵害。单纯不履行民事债务的，也同样。对不作为之不法侵害的防卫行为受防卫必要性要件的限制，只有在其客观上确属有效制止不作为之不法侵害所必需的手段时，才能通过正当防卫合法化。[25]

有学者对正当防卫的证明难题及其破解问题进行了研究，提出探索足以长期、有效助力于激活正当防卫制度适用的证明模式，而有效兼顾经验法则与证据规则、指引实体要件之程序推进的“整体主义”证明模式即是可能之选择，在正当防卫的证明过程中，需要注重经验法则与“概括”的合理运用，形成环环相扣的证明而非强求“印证”，并容纳产生合理怀疑的多元化形式。[26]

有学者对正当防卫限度判断的路径问题进行研究，提出对于正当防卫限度的判断应当遵循“行为—结果”进路，在行为限度的判断上应从防卫人的视角出发站在行为时点一般人的立场来审视防卫行为是否属于客观需要。而在结果限度的判断方面，则应从侵害人一方进行考察，实施该不法侵害可能会遇到何种反击以及会对侵害人自身产生何种损害，在一般人能够预见的范围内的损害结果如未超出防卫限度的，不成立防卫过当。[27]

有学者对正当防卫的域外法治经验进行了研究，认为相比于中国正当防卫的理论与实践，普通法的正当防卫制度似乎能更全面、更有效地保护公民合法权益。首先，其防卫必要性要件采主观标准；紧迫性并不是独立于必要性之外的要件，且防卫人没有退避义务。其次，其合理性要件采客观标准，以防卫人主观上认识的事实为基础，引入理性一般人的判断标准。再次，如果起初的受害者使用不相称之武力反击起初的攻击者，以致二人角色反转，那么起初的攻击者可以援引正当防卫。最后，合意互殴的参与者只有在有效退出互殴并且将退出意愿明确传达给对方的情形下，才能重获正当防卫的权利。[28]

四、重点领域的刑法具体适用

1. 信息网络犯罪研究

有学者对中国网络空间犯罪立法的本土化与国际化进行了研究，主张为了有效打击网络空间犯罪，中国刑法既要坚持本土化发展，也要借鉴国外立法的成功经验，积极推动国际社会相关立法协调一致；惩治网络化的传统犯罪应当坚持科学防控和法治原则，避免以刑代管，更不应突破法律规定解释立法。[29]

有学者对网络犯罪治理的模式进行了研究，认为中国当前的网络犯罪治理模式可归入公力模式，过于强调执法机构在网络犯罪治理中的能动性，容易造成网络犯罪治理过于追求监管有效性而忽视整体效益最大化。为克服这种缺陷，有必要借鉴公私合作模式，将包容性与多元化的价值理念融入网络犯罪治理的各个环节，提升网络犯罪治理的实际效益，实现多元共赢的治理目标。[30]

有学者基于网络犯罪计量对象海量化给司法实践造成的现实困境，主张以证明方式的概括印证取代计量对象的具体印证，以量刑上的从轻处罚弥补事实上的不利认定，从法定刑升格的单一数量标准转向数量与情节的并合标准。[31]

有学者对数据时代网络爬虫的刑法规制进行研究，提出网络爬虫归责体系的两个维度：行为不法层面，违背民事合约与突破技术措施是界分网络爬虫民刑责任的形式标准；对象不法层面，开放数据、限制重新使用的数据和限制访问、获取的数据是确定网络爬虫民刑责任内容的实质标准。[32]

2. 金融犯罪研究

刑法学界对金融犯罪问题的研究，集中在操纵证券、期货市场罪，非法吸收公众存款罪，贷款诈骗罪，保险诈骗罪，信用卡诈骗罪等重点罪名司法适用的探讨上。

有学者对操纵证券、期货市场罪司法解释相关问题进行了研究，提出操纵证券、期货市场罪的司法解释规定了兜底条款的适用情形，总体上贯彻了同质性解释原则，但其中对刑法条文“兜底的兜底”条款设置不妥当。司法解释中的情节标准设置采用了不同类型的评价要素，属于混合认定模式。司法解释对违法所得的计算规定得过于笼统，缺乏明确的计算方式。[33]

有学者对非法吸收公众存款罪之“非法”认定的路径问题进行了研究，提出司法实践探索出一条“形式与实质”相结合的双层认定路径：形式上倾向于从融资模式入手区分直接融资和间接融资，查找前置法，既包括传统以《商业银行法》为中心的间接融资法律体系，还涉及以《证券法》为中心的直接融资法律体系；实质上以量的区别说为标准，考量“资金安全”，区分行政违法与刑事违法，慎重入罪。[34]

有学者对保险诈骗罪的重要争议问题进行了研究，提出对于保险诈骗涉及的数罪问题，应当坚持以行为符合犯罪构成的个数为认定一罪与数罪的准则，并严格按照刑法关于数罪并罚的规定来处理；对于保险诈骗罪的着手，行为人以骗取保险金为目的，开始公然实行《刑法》第 198 条规定的保险诈骗行为，均成立保险诈骗的着手；对于保险诈骗罪的共犯认定，特别是内外勾结或者有身份者与无身份者共同实施的保险诈骗犯罪的认定，应当坚持以主犯的行为性质定性。[35]

有学者对信用卡诈骗罪相关司法适用问题进行研究，如关于信用卡诈骗罪中认识错误的主观归责问题，提出在非法持卡人信用卡诈骗的类型之内发生选择要素错误时，信用卡的真假只是判断可谴责性程度的客观资料，其并不影响主观归责；在非法持卡人信用卡诈骗与合法持卡人信用卡诈骗之间发生选择要素错误时，两者在不法上并非互斥关系，而是具有包容性的位阶关系，其主观归责应限制在合法持卡人信用卡诈骗的范围内。[36] 再如，关于恶意透支型信用卡诈骗罪“非法占有目的”之认定，提出应从形式标准与规范标准两个维度进行判断，并需合理解读“非法占有目的”的推定要素。“经发卡银行催收仍不归还”不是信用卡诈骗罪的构成要素，也不是客观处罚条件，而是“非法占有目的”的证明要素，要充分发挥其在信用卡诈骗罪认定中的出罪作用。[37]

3. 生态安全犯罪研究

有学者对生态安全犯罪的治理策略进行了研究，认为针对生态安全犯罪问题，当下治理形成了环境行政执法与环境刑事司法双层体系。在双层法律治理体系中，刑事司法规制略显掣肘，可将之称为生态安全犯罪的刑事柔性化现象。该现象源于刑法的绥靖主义，屈从于社会经济发展之需，刑法对生态安全犯罪的定性适用混沌不清。[38]

有学者对《民法典》绿色原则对刑法环境犯罪认定的影响进行了研究，提出刑法环境犯罪的认定与处罚必须充分考虑作为前置法的民法绿色原则的影响和作用，并及时调整环境犯罪认定中的法益思维、责任转向与刑事附带民事公益诉讼机制等问题，才能推动刑民一体化背景下环境犯罪理论与实践的深入发展。刑法环境犯罪的理论与实务如何因应《民法典》绿色原则提出的新挑战，将是今后环境犯罪研究的重要问题。[39]

4. 其他犯罪研究

有学者对有组织犯罪的网络“分割化”及其刑法评价思路进行了研究，提出完善刑法对有组织犯罪的现有评价思路，将犯罪组织特征的“形式化”界定转向“功能化”认定，准确定性网络黑社会等网络有组织犯罪；拓宽犯罪组织势力的内涵与外延，实现对犯罪组织上中下游、“网上-网下”、“现实暴力—技术暴力”的全面评价；推动从以制裁犯罪组织为中心的罪名体系设置，转向兼顾对逐渐独立化的犯罪“个体”、犯罪“节点”的刑法防治；推动从以正犯行为为中心转向兼顾对相对独立化的共犯的重点评价。[40]

有学者对宗教极端主义犯罪的法治化治理路径进行了研究，提出我国宗教极端主义犯罪的法治化应以惩治犯罪为诉求基点，构建以《宪法》《刑法》《反恐怖主义法》等基本法律为核心的立法体系，配合部门法规和地方性法规，依法打击宗教极端主义犯罪行为。此外，应着力提升司法机关和行政管理机关人员的综合素质，积极培养公民的法治意识。[41]

注：

[1]张明楷：《增设新罪的观念 ——对积极刑法观的支持》，《现代法学》，2020年第5期。

[2]黎宏：《预防刑法观的问题及其克服》，《南大法学》，2020年第4期。

[3]金泽刚：《个别下调犯罪刑责年龄具有积极意义》，《光明日报》，2020年10月15日。

[4]于跃：《未成年人刑事责任年龄起点之设置及相关制度完善》，《青少年学刊》，2020年第4期。

[5]夏勇：《高空抛物的刑法定位——关于〈刑法修正案（十一）（草案）〉第一条的理解和改进》，《法治研究》，2020年第5期。

[6]赵香如：《论高空抛物犯罪的罪刑规范构造——以〈刑法修正案（十一）（草案）〉为背景》，《法治研究》，2020年第6期。

[7]郭华：《非法集资犯罪的司法扩张与刑法修正案的省察》，《法治研究》，2020年第6期。

[8]何萍：《洗钱犯罪的刑事立法演变与完善——兼论〈刑法修正案（十一）（草案二审稿）〉对第一百九十一条的修正》，《人民检察》，2020年第22期。

[9]张勇：《行政违法行为的犯罪化及其合理限制——兼评〈刑法修正案（十一）（草案）〉中野生动物保护的规定》，《法治研究》，2020年第6期。

[10]张兆松：《职务犯罪立法的新进展——〈刑法修正案（十一）〉对职务犯罪的修改和完善》，《山东警察学院学报》，2020年第6期。

[11]赵秉志，袁彬：《中国重大公共卫生事件防控刑事政策研究——以中国新冠疫情防控刑事政策为中心》，《江海学刊》，2020年第6期。

[12]车浩：《刑事政策的精准化：通过犯罪学抵达刑法适用 ——以疫期犯罪的刑法应对为中心》，《法学》，2020年第3期。

[13]卢建平，姜瀛：《疫情防控下网络谣言的刑法治理》，《吉林大学社会科学学报》，2020年第5期。

[14]陈伟：《新冠疫情背景下妨害传染病防治罪的解释扩张及其回归》，《政治与法律》，2020年第5期。

[15]吴加明：《疫情期间哄抬物价行为的刑事规制》，《政治与法律》，2020年第7期。

[16]阎二鹏、杨敏杰:《涉疫情“危害公共安全犯罪”的适用:正当化根据与司法纠偏》,《法律适用》,2020 年第 24 期。

[17]吴亚可:《当下中国刑事立法活性化的问题、根源与理性回归》,《法制与社会发展》,2020 年第 5 期。

[18]陈璇:《法益概念与刑事立法正当性检验》,《比较法研究》,2020 年第 3 期。

[19]张明楷:《论过失犯的构造》,《比较法研究》,2020 年第 5 期。

[20]陈兴良:《过失犯的规范构造:以朱平书等危险物品肇事案为线索》,《比较法研究》,2020 年第 5 期。

[21]陈璇:《标准人的心素与注意义务的边界》,《清华法学》,2020 年第 6 期。

[22]陈兴良:《法定犯的性质和界定》,《中外法学》,2020 年第 6 期。

[23]王俊:《法定犯时代下违法性认识的立场转换》,《现代法学》,2020 年第 6 期。

[24]高铭暄:《正当防卫与防卫过当的界限》,《华南师范大学学报(社会科学版)》,2020 年第 1 期。

[25]王钢:《论正当防卫中不作为的不法侵害》,《法学》,2020 年第 2 期。

[26]谢澍:《正当防卫的证明难题及其破解——激活正当防卫制度适用的程序向度》,《政治与法律》,2020 年第 2 期。

[27]童伟华,王献英:《正当防卫限度判断的路径修正与视角转换》,《广西社会科学》,2020 年第 6 期。

[28]丹尼斯·贝克,赵霞:《反思正当防卫:来自普通法的经验借鉴》,《法学评论》,2020 年第 2 期。

[29]皮勇:《论中国网络空间犯罪立法的本土化与国际化》,《比较法研究》,2020 年第 1 期。

[30]江溯:《论网络犯罪治理的公私合作模式》,《政治与法律》,2020 年第 8 期。

[31]张平寿:《网络犯罪计量对象海量化的刑事规制》,《政治与法律》,2020 年第 1 期。

[32]杨志琼:《数据时代网络爬虫的刑法规制》,《比较法研究》,2020 年第 4 期。

[33]刘宪权:《操纵证券、期货市场罪司法解释的法理解读》,《法商研究》,2020 年第 1 期。

[34]邢飞龙:《非法吸收公众存款罪之“非法”认定的新路径——以法定犯和新型融资案件为中心展开》,《法律适用》,2020 年第 20 期。

[35]谢望原:《保险诈骗罪的三个争议问题》,《中外法学》,2020 年第 4 期。

[36]赵春玉:《论信用卡诈骗罪中认识错误的主观归责》,《政治与法律》,2020 年第 9 期。

[37]赵运锋:《恶意透支型信用卡诈骗罪“非法占有目的”研究》,《中国刑事法杂志》,2020 年第 4 期。

[38]张霞:《生态安全犯罪的实证研究及问题反思》,《中国法律评论》,2020 年第 5 期。

[39]刘艳红:《民法典绿色原则对刑法环境犯罪认定的影响》,《中国刑事法杂志》,2020 年第 6 期。

[40]于冲:《有组织犯罪的网络“分割化”及其刑法评价思路转换》,《政治与法律》,2020 年第 12 期。

[41]李海滢,付祎:《我国宗教极端主义犯罪的法治化治理路径探析》,《河南师范大学学报(哲学社会科学版)》,2020 年第 6 期。

(北京市法学会供稿;执笔人:张远煌、彭新林)

民商法学

2020 年 5 月 28 日,第十三届全国人民代表大会第三次会议审议通过《民法典》。作为新中国第一部以“典”命名的法律,《民法典》在中国特色社会主义法律体系中具有重要地位,是一部固根本、稳预期、利长远的基础性法律。《民法典》的颁布施行,注定 2020 年将成为中国民商法学发展过程中具有里程碑意义的一年。作为法学研究的核心重镇,北京地区民商法学研究成果丰硕,继续发挥着引领和推动全国民商法学发展的作用。

一、学科发展基本情况

《民法典》的出台推动了民商法学理论的发展,也一定程度上改变了研究的重心及范式:一方面,民商法学学术研究的重心开始由立法论迈向解释论,从体例编排、制度取舍等宏大叙事转向条文解释、新规适用等微观探讨；另一方面，受法典化的影响，民商法学的研究范式开始向体系性研究转变。商法及劳动与社会保障法的研究亦与时俱进，其中既有对基础性理论的反思与创新，亦有围绕社会热点和实践急需的问题展开的探索与争鸣，创作成果丰硕。

第一，民法学的研究除继续致力于对制度本身进行深层次思考外，开始更多地聚焦《民法典》对既有制度的承继与创新。[1] 其中，不少研究开始致力于探讨细节性规则，如对登记对抗规则的细致解释[2]、对禁止转让债权的范围和效力的深度剖析等等。[3] 民法法典化作为民法学研究范式转换的原动力，也逐步在推动民法学者加强对体系化的关注。《民法典》体系包括内部体系和外部体系，二者互为表里，前者是后者的价值依据，后者是前者的逻辑载体。有学者关注到颇具争议的债法总则问题，指出只要通过妥当的体系解释，合同编的规范在一定程度上可以发挥债法总则的功能，如此不仅能够有效简化法律规则，还有利于法律适用。[4] 也有学者以《民法典》中的动产和权利担保制度改革为研究对象，旨在从整体体系的视角分析此项改革对于物权法理论的深远影响。[5] 还有学者从外在体系角度探讨总则与分则之间的关系，认为总则编作为《民法典》整体的思想基础、规则效力基础以及法理解读的科学性基础，是理解《民法典》体系的关键。[6] 在充分肯定《民法典》的体系创新的同时，也有部分学者指出《民法典》的内外部体系存在进一步的融贯空间。比如，针对物权编的外在体系问题，有学者认为，虽然其是以诸多基石性概念为基础构建，且明定基本逻辑是物权必须由物权行为创设，物权行为必须经过公示方可具有公信和对抗效力，但物权编却规定了许多违背基本逻辑的例外情况，这有待于通过解释的方式予以明确。[7] 再如，针对《民法典》中债的保全问题，学者指出应从体系角度出发，将合同的保全制度通过解释适用于整个债之保全领域，此种对债权人代位权和撤销权客体范围的扩张适用符合实践需求。[8]

第二，商法学和劳动与社会保障法学的研究亦充分契合社会的发展与变化，不断推陈出新。其中，商法学研究既有对基础概念的反思与梳理，例如对“法人”概念的再认识[9]，又有对实践急需的适时关注，如对实践中分歧频现的对赌协议裁判路径问题进行多维探讨。[10] 劳动与社会保障法学的年度研究热点无疑是平台用工中的劳动者权益保护问题，该问题不仅关涉千万平台劳动者的根本利益，而且得到决策者的高度关注。对此，劳动与社会保障法学界已展开了颇有见地的探讨，不少论者已经充分意识到灵活用工新业态下劳动者对平台从属性弱化的现实[11]，并据此提出了相应对策，例如应修订劳动法全面纳入对平台劳动者的保护[12]、新设对平台中的劳动者进行专门保护的类型[13]、加强社会保险的覆盖范围等等。[14]

二、学术研究概况

研究动态与学术观点

民商法专家学者对《民法典》进行深入研究讨论，形成一系列成果，其中既有聚焦于《民法典》编纂的立法论建议，也有《民法典》出台后的新规则评释及体系化研究。商法学和劳动与社会保障法学的研究亦从实践需求出发，形成了系列成果。

1.《民法典》编纂

2020年上半年，民商法学研究延续了2019年的主题，即对中国《民法典》编纂工作建言献计。比如，针对争议较大的“违约方申请解除合同”制度，有学者指出，合同僵局问题是司法实践中出现的新情况和新问题，从接受度而言，合同法不宜通过确认违约方享有解除权的方式打破僵局，但有必要通过确认司法解除制度允许违约方申请司法解除合同，并将最终的决定权交由人民法院。与此同时，法律还需要对合同僵局情形下的司法解除条件做出明确规定，以维护诚信和公平原则，保障交易的效率。[15] 也有学者认为，引发所谓“违约方解除权”讨论的“新宇公司诉冯玉梅案”本身仍有诸多基本问题需要澄清。现行法关于继续性合同的解除规则供给不足，以至于在合同僵局场合法院被迫从拟制当事人的意思出发解除合同、打破僵局。因此，立法的问题应交给立法解决。在比较法上，合同僵局问题同样出现在德、日两国，围绕继续性合同的解除，立法及判例均有较为成熟的经验积累，值得中国立法借鉴，无视此类比较法经验而独创“违约方解除权”的规则，并不可行。在立法论上，可以借鉴《德国民法典》第314条的规定，明确当事人可基于重大事由解除继续性合同。[16]

围绕《民法典》的其他制度，学者亦不断贡献智慧。例如，针对高空抛物规则，有学者建言认为，高楼抛物行为不但会造成受害人人身及财产的严重损害，而且危害公共安全。《侵权责任法》第87条虽然对该行为的侵权责任做出规定，但仍不完善。《民法典》侵权责任编应当针对高楼抛物致人损害的行为，强化有关机关在查找行为人方面的职责；在确定高楼抛物责任时，需要区分高楼抛物和高楼坠物的责任；

由于高楼抛物致人损害的发生有可能是物业服务企业违反安全保障义务造成的，因此应当在《民法典》中规定此种违反安全保障义务的责任。[17] 针对荣誉权制度，有学者通过考究《民法通则》第102条的规定，同时检索罗马法、大陆法系、英美法系的成文法典和民法理论，发现并不存在独立于名誉权的所谓荣誉权规则，进而，针对中国民法中独树一帜的荣誉权规范及学说，结合《民法典》各分编（草案）中的相关规范设计以及荣誉权纠纷实践的分析可见，荣誉利益可被逐层剥离且分别归属于行政法、个人信息保护、名誉权和财产权等理论的规制范畴。当下《民法典》各分编（草案）中的相关荣誉权条文会造成既有的民事权利体系的龃龉以及跨越公私法界限的暧昧，在考虑民法的功能、立法稳定性、受众预期和社会影响的情况下应予以修改并严格地限制适用。[18]

2.《民法典》新规则的解释与适用

在《民法典》正式出台后，学者开始围绕《民法典》的宏观与微观问题进行探讨。宏观层面，不少学者均高度肯定《民法典》的重要意义。如有学者指出，《民法典》在充分借鉴比较法的经验的基础上立足于本国国情，在体系构建方面做出了重要的创新，其增设人格权编与侵权责任编，同时没有设立债法总则，此种“七编制”与大陆法系国家经典的“三编制”或“五编制”的体系均有所不同。无论是《民法典》中人格权制度的独立成编、独特的合同中心主义的确立、侵权责任的独立成编、以民事权利为红线构建《民法典》体系还是采取从确权到权利救济的结构，都是《民法典》具有重要特色和意义的体系创新。[19] 此外，学者也强调，正确实施《民法典》首先需要明确界定《民法典》的基础性地位，准确处理好《民法典》与公法、单行法、司法解释的关系。其中，公法应与《民法典》有机衔接，由于公法规范不能与《民法典》冲突，因此对于公法中与《民法典》相冲突的规则应当做出相应的修改。与单行法相比，《民法典》在适用上、价值上、解释上等都处于基础性的地位，单行法应当根据《民法典》的规则予以完善。在《民法典》颁布后，应当对现行司法解释进行清理，司法解释应当针对《民法典》实施中的重大问题进行解释，而不宜创设过多的全新规则。[20]

除宏观体例外，学术研究也开始更多地关注微观层面的《民法典》的解释和适用问题。例如，针对总则编，有学者指出，通过比较观察《民法通则》与《民法总则》的结构与内容并结合立法史可以发现，虽然《民法典》采用总分则编制，亦声称使用提取公因式的立法技术，但无论是其技术操作，还是其体系理念，均与潘德克顿体系大相径庭，而是有着深刻的中国特色烙印。这一中国特色体现为《民法典》总则编规范以民事权利的列举为核心，此类规范并非分则编的公因式，而是活页本法典的活页环，其意义在于串起分则各编，并划定《民法典》的最大编数。[21]

对于《民法典》物权编，学者关注重心无疑是关于担保物权的规定，担保物权规则修改集中，相应的变化也较为明显。学者讨论主要集中在以下几点：第一，关于功能主义担保，《民法典》强调特定交易在经济上的作用，只要在功能上具有担保作用的交易均应纳入动产担保交易法的规制范畴，《民法典》将起着担保功能的非典型动产担保交易与动产抵押交易在规则上做了类似的设计，统一适用登记对抗规则，为动产担保交易其他规则的一体化提供了解释前提。这一立法模式也为其他大陆法系国家提供了可参照的样本。[22] 第二，关于担保从属性规则，《民法典》上的担保系为保障债权的实现而存在，须从属于其所担保的主债权。但为因应社会经济发展，担保从属性规则出现日益缓和的趋势。学者对担保从属性新规则的解释概括如下：主债权在担保设立之时无须特定，但在担保权利可得行使之时，须有主债权的存在，此为将来特定债权作为担保债权提供了解释前提；最高额担保制度的确立击破了担保权利与具体债权之间的一一对应关系，使得将来不特定债权作为担保对象成为可能。不具从属性的独立保函亦成为《民法典》之外的非典型担保交易形式。[23] 第三，关于抵押物转让，《民法典》第406条修改了原《物权法》第191条关于禁止抵押物转让的规则，学者评析认为，新规则虽然有利于促进物尽其用，鼓励交易，但是由此也可能给抵押权人监管抵押物或实现抵押权造成困难。因此有必要赋予禁止转让特约以公示能力，在违反经公示的禁止转让特约后，转让合同有效但不能发生物权变动的效力，从而兼顾物尽其用与抵押权人的权利保护。虽然《民法典》物权编删除了涤除权的规定，但是仍然可以适用《民法典》合同编中的第三人代为履行制度，并应鼓励第三人代为履行。[24] 第四，关于动产担保，最具革命性的变化之一是形成了由一般规则和特别规则共同构成的优先顺位规则体系。学者指出，《民法典》确立了依取得对抗第三人效力的时间先后判断竞存权利之间优先顺位的一般规则，这一规则的适用不以相关权利人的善意为前提。采取登记对抗主义的非典型担保权，如所有权保留交易中出卖人对标的物的所有权、融资租赁交易中出租人对租赁物的所有权等均可准用该一般规则。动产抵押权和动产质权之间依登记、交付时间先后定其顺位，亦不考虑权利人的善意或恶意。购买价金担保权超优先顺位规则是优先顺位体系中的特别规则，体现了法律上的特定政策考量，自可一体适用于所有动产担保交易，并应优先于一般规则而适用。[25]

针对合同编，学界关注点较为分散。有学者关注到《民法典》中的合同地位问题，其指出，合同被单独成编并且与法律行为分别规定，如此在物权编、婚姻家庭编、继承编等分别独立成编后，《民法典》中的意思自治原则如何才能够有机地在各编中体现出来，成为问题。因此，必须阐明法律行为规则与合同规则的解释和适用问题、合同编中的合同仅仅被定义为产生债的效果的危害性问题、物权合同能否适用合同编的规则问题、合同无效或者被撤销后的后果之请求权基础如何能够有机地与物权编、侵权责任编契合的问题，这将有利于对《民法典》体系化的理解和适用。[26] 此外，由于《民法典》未设立债法总则，无因管理被安置在《民法典》准合同分编中，但无论立法、学理还是司法，对于无因管理的规范构成和适用都较为漠视。从概念界定看，从没有权利或者权限视角解读无因管理的构成更加契合《民法典》的规范体系。同时，对于《民法典》上的无因管理的概念应做扩张解释，其规范空间应通过体系解释的方式予以厘清。从规范价值和适用上看，在委托合同与代理权的关系中，必须结合其在《民法典》中的二元结构模式来阐明无因管理在其中的平衡价值，无因管理应优先于不当得利适用。[27] 也有学者着重关注任意解除权，即不定期继续性合同中的任意解除权和服务合同中的任意解除权，两种解除权背后的利益关系虽然相同，但其制度目的和规范构成存在明显区别。对于不定期继续性合同中的任意解除权，《民法典》新增加了统合性的规范，有助于对涉及这类解除权的具体规范予以融贯的解释。服务合同中的任意解除权在《民法典》中隐而不彰，只有规范表述不完全相同的具体规范而无统合规范，但通过对具体规范的修改，《民法典》提供了有无对价、解除主体、赔偿范围、规范性质等工具，运用这些工具有助于将具体规范予以统合，构建出服务合同中任意解除权的一般性规范和类型化解释方案。因此，《民法典》可谓对任意解除权提供了“外部区分而内部统合”的规范萌芽。[28] 还有学者在肯定解除制度具有较大进步，能够满足大多数需求的同时，指出了相应制度的潜在缺陷。第一，不可抗力是基于其导致合同履行不能而非合同目的不能实现而成为解除合同的法定事由；第二，尚未生效的合同、涉他合同、单务合同、可撤销合同均可成为解除权的对象，但当撤销权与解除权同时存在时需确立不同的权利行使顺序；第三，当事人一方违反从给付义务或者附随义务，致使对方不能实现合同目的，可以成为解除合同的理由；第四，解除权既可以私力即解除通知的方式为之，也可以公力即诉讼或仲裁的方式进行；第五，应当规定解除权行使的除斥期间以及解除异议权的行使期间；第六，合同解除的效果以直接效果说为上，其与间接效果说及折中说之间的差异并不像想象的大。[29] 除合同解除制度外，保证合同亦具有诸多新规，学者解读认为，《民法典》合同编所规定的保证合同是中国担保制度的重要组成部分，相对于前《民法典》时代的规则，其有诸多体现立法理念的进步与完善之处。一方面，保证方式没有约定或者约定不明时推定为一般保证、保证期间约定不明时一律认定为6个月、一般保证债务的诉讼时效起算点自一般保证人先诉抗辩权消灭之日起算等更符合法理的新规则得以确立。另一方面，保证人能够援引的债务人抗辩权也被扩充至债务人对债权人所享有的抵销权或者撤销权。除此之外，《民法典》合同编新增的并存债务加入制度完善了第三人的责任体系，也使得保证与并存债务加入的区分显得至关重要，存疑时宜推定为一般保证。[30]

《民法典》单设人格权编，是《民法典》体系的重大创新。有学者指出，《民法典》人格权编秉持以人格尊严为中心的价值理念，构建了完整的人格权规则与制度体系，充分展现了人格权保护的中国经验，也顺应了人格权保护的发展趋势。从人格权编的规定来看，其兼顾人格权的消极防御与积极利用功能，突出对生命权、身体权、健康权的优先保护。为适应互联网、大数据时代人格权保护的需要，人格权编规定了人格权请求权、禁令、更正权、删除权等人格权的特殊保护方式，注重预防和制止人格权侵权行为，强化了对隐私权和个人信息的保护。人格权编还有效平衡了人格权保护与其他价值的关系，积极发挥动态系统论在归责中的作用。[31] 亦有学者评价道，人格权编在总结人格权的立法经验、保护人格权的司法实践经验以及人格权法理论研究成果的基础上，实现了对人格权立法的创新发展。这些创新主要表现在人格权立法体例、人格权权利性质、人格权权利体系、人格权权利类型、人格权权利内容、人格权行使规则、人格权保护方式和人格权具体保护方法等方面。以上创新，得益于立法者在全面贯彻《民法典》编纂的人文主义立法立场、敢于应对时代进步和科学技术发展的挑战、勇于解决中国社会的现实需要、传承中国当代民事立法的特色和传统、吸收中国司法实践和理论研究的创新成果等方面所进行的努力。[32] 另有学者认为，作为一部权利法，人格权编体现了权利法定主义与开放的权利体系的有机统一，其创立的人格权请求权类型不仅奠定了独立成编的教义学基础，更以其新型的绝对权保护方式独树一帜。人格权本身是一个不断发展和变动的权利，未来应当更加注重并积极构建更为科学完备的法解释体系，以此更好地辅助立法运行。[33]

《民法典》婚姻家庭编和继承编，亦有不少创新和发展。有学者立足于体系角度认为，婚姻家庭编成为《民法典》中的重要组成部分，意味着婚姻法完成了回归《民法典》之路。在立法价值上，《民法典》婚姻家庭编弘扬社会主义核心价值观，体现了维护婚姻家庭的伦理属性及团体价值，强化了对弱者利益的保护，实现法律的实质正义。此外，婚姻家庭编在体例上纳入了收养法，完成了婚姻家庭编内部体系的完整统一。在具体规则上，新规中增加了家庭应当树立优良家风、弘扬家庭美德、重视家庭文明建设的倡导性规定，取消计划生育原则，增加亲属、近亲属与家庭成员的概括性规定；在具体制度中修改禁止结婚条件，完善婚姻无效与可撤销制度，增加日常家事代理、婚内析产、夫妻共同债务的认定、登记离婚冷静期、亲子关系的确认与否认、离婚损害赔偿的兜底性规定等等。[34] 也有学者从另一角度概括了《民法典》婚姻家庭编所体现出的回归与革新的价值理念：基于婚姻家庭法对民事法律体系的重新融入，婚姻家庭编明确了其基本原则体系相对于《民法典》总则的独立性，并对身份法律行为建立起 3 个层次的规则适用体系。这体现出立法者重新重视家庭法律结构，并提出了家庭法律关系的倡导价值，明确了近亲属和家庭成员的范围，强化了家庭关系的国家认可标准。在疏堵平衡的指导思想下，婚姻退出机制也得到了人性化的完善，如疾病婚姻被调整为可撤销婚姻、登记离婚适用冷静期制度等等。[35] 关于继承编，学者指出，其通过对继承规则的补充、修改，对继续制度进行了总体完善，具体包括修改了遗产范围的规定、补充了继承人丧失继承权的事由和宽宥制度、新增了遗嘱信托、确认了打印遗嘱和录像遗嘱的效力、补充了转继承规则、废除了公证遗嘱优先原则、确立了遗嘱时间在后效力优先原则以及补充了遗产管理人制度等等。此次修订的特点是，突出继承制度的私法属性，彰显对民事主体私有财产的保护；突出时代特点，在继承领域回应科技进步的要求；突出私法自治，尊重被继承人对其身后财产处置的自由意志；突出完善继承制度，补充修改继承规则。[36]

关于《民法典》侵权责任编，学者总体评析认为，其承继了《侵权责任法》部分条文，也有不少增删和修改，在立法结构和体系上有所调整，其主要创新体现在：其一，贯彻社会主义核心价值观，提供更明确的行为规范，夯实侵权责任的公平正义基础，更精准保护和救济民事权益与保障行为自由；其二，贯彻生态文明理念和绿色原则，规定更为严格的环境污染和生态破坏侵权责任制度；完善网络侵权责任制度；其三，吸收司法实践和法学研究成果，完善了侵权责任的若干具体制度和规范。[37] 也有学者指出，《民法典》第七编侵权责任对侵权责任规则进行了全面修改，突出了侵权责任作为债法内容的损害赔偿之债的属性，并对侵权责任的一般性规则和特殊侵权责任规则都做了较大的修改，既有对新的特殊侵权责任类型的增加，又有对具体侵权责任规则的补充和修改，使中国侵权责任规则得到进一步完善，既具深厚理论性基础，又有现实可操作性，将会在调整侵权法律关系、制裁侵权行为、预防侵权行为发生和保护民事权益方面，更好地发挥法律调整作用。[38]

3. 商法学研究的重要问题

北京的商法学研究重点主要集中于公司治理和公司法修改，同时也对当下热点的商法问题有所回应。

公司治理问题愈发得到决策者的重视，各级部门也强调，深化公司治理改革，是打好防范化解金融风险攻坚战的重要抓手。有学者指出，中国公司治理的主要矛盾是控股股东与中小股东之间的矛盾，现行公司治理制度的重大缺陷是公司治理的法定主体与实际主体严重脱节，未将控股股东作为公司治理主体并忽略和放弃对其相应的法律规制。因此，将来公司治理的重要方向和出路是建构以控股股东为核心的治理结构和机制，顺应公司控股的股权结构和治理态势，围绕控股股东控制权的行使建构科学、合理、系统的法律规则，使其依法掌权行权，充分利用和发挥控股股东在公司治理中独特的积极作用。也就是说，公司治理的核心问题首先是遏制控制权的滥用，同时亦应合理引导和规范控制权的行使，由控股股东代行股东会职权的职权代行机制是创新公司治理制度、规范控制权行使的重要方式。[39] 也有学者强调会计师在公司治理中的重要作用，指出看门人理论将会计职业置于公司治理的重要一环，现实中看门人机制的失灵也催生了通过强化法律责任以及改进监管模式来督促会计师有效履行看门职责的基本思路。然而，法律因素对于会计师看门功能也可能产生干扰，甚至公司治理程序本身可能被用来消解会计师的看门功能，这种干扰可以被称为法律噪音。公司金融创新的快速发展，导致法律判断与会计判断紧密交织在一起，而法律（人）在社会分工中的天然优势地位可能趋向法律判断的强势。关注会计师看门过程中的法律噪音，不仅有助于改进公司治理机制、合理界定会计师责任，同时也提醒人们注意法律（人）本身的局限。[40]

自1993年实施至今，《公司法》先后经历了5次修改，但最近两次修改仅是解决局部问题。目前，全国人大已经启动并正在推进《公司法》第六次修订，在当下优化营商环境及产权保护的政策背景下，公司法的修订备受商法学界关注。有学者撰文认为，《公司法》修改应着重关注公司治理问题，目前中国的公司治理制度上无论基本架构还是核心机制，基本上未发生实质意义的变革，中国的公司治理制度需要一次更为全面、系统而深刻的制度变革和创新。[41] 也有"学者型"法官结合多年以来的审判经验认为，理想的公司法应具备法律规定明确、司法有效介入和主体方便参与的特征。在《公司法》修订过程中，立法者应当选取合适的视角，处理好公司法修改中的"粗"与"细"、"体"与"用"、"民"与"商"、"标"与"本"、"虚"与"实"、"道"与"术"这六大重要关系。[42] 还有学者撰文分析监事会缺乏独立性的原因，并认为公司法修订时应着重建立强化版的公司监事制度，并对其结构、资质、执行力、运行等方面做出详细规定，从而对监事会的制度设计进行实质性的升级。[43]

除以上热点外，商法学者还针对诸多司法实践中具体问题提出解决对策。例如，针对常见的公章抗辩问题，学者认为，公章的意义在于使特定的意思表示与特定的主体相联结，是书面法律行为的重要标识方式。因经济活动中存在真公章无权使用和假公章冒用等现象，公章名义人因此或借此对公章真假及使用效力提出抗辩。但实践中对公章效力的判定却常有偏差，其重要原因之一就是对公章抗辩缺乏系统有效的处理规则。不同类型的公章抗辩在抗辩事由、举证责任等方面，均有不同的规则内容与处理要点。实务中对公章抗辩的处理与认定，应当有效把握不同公章抗辩类型的基本规则与特殊情形，并妥当辨识及运用公章效力与表见代理或表见代表之间的互证关系。[44] 再如，针对股东会决议无效问题，《公司法》及《公司法司法解释（四）》表述较为简约，这导致决议无效判断标准上诱发众多理论和实务分歧。有学者研究认为，中国就股东会决议效力规制，经历了从英美法向大陆法模式的转型。前者以1993年《公司法》第111条为代表，关注对股东会决议实施的控制；后者以《公司法》第22条为核心，强调对股东会决议形成的控制。在现行法下，对股东会决议无效规则的解释，不应采用概念法学分析路径，不宜搬用法律行为规则或侵权责任法的分析路径，应当尽力回归《公司法》解释路径，也即，斟酌公司关系的安定性、决议形成的程序性和效力控制的时间性，达成维护公司关系安定性与消除决议违法性的双重目标。在认定股东会决议违法无效时，应当从决议无效的本质出发，重视决议无效与撤销规则在适用中的交叉和互动，将违反公司本质、违反公司民主参与规则、违反强制性规定和违反公序良俗，作为股东会决议无效的一般法定事由。[45]

4. 劳动与社会保障法学研究的热点问题

劳动与社会保障法学的年度研究热点依旧是平台中的新型劳动者保护问题，在理论研究层面，有学者指出，现行法对劳动的分类是从属性劳动和独立性劳动两类，分别适用劳动法和民法，也即劳动二分法。但随着互联网平台用工的兴起，此种新型劳务给付形态无法根据二分法予以周延解释和适当调整。在世界范围内，各国都在试图通过解释现有劳动法规则或创设新规则，以应对平台用工这一问题。德国"类雇员"理论在相当程度上可以作为平台用工的重要解释路径。构建平台用工的规范体系应立足于类雇员的定位，可以通过"民法做加法"的进路，即在平台用工合同基础上引入强制性保障机制，包括定价与报酬保障制度、连续在线时长控制制度、职业风险保障制度、纠纷申诉及救济制度等。如此，能够填补劳动二分法下的制度空白，推动实现劳动三分法的转型，以发展多层次的劳动群体保障体系。[46] 也有学者认为解决平台从业者的劳动者权益保护问题，还是应当完善社会保险制度。其中，引入“类雇员”概念可以为网约工提供类似于劳动者的保障，但是需要结合中国的立法和司法实践，通过分项处理劳动福利制度克服劳动关系认定规则较低的可预见性。社会保险各险种对应的基本权利类型有别。基本医疗保险保障了作为核心权利的生命权和健康权，网约工应当强制参保职工基本医疗保险，通过该制度的无过错支付设计和商业意外事故险部分地补偿工作伤害导致的损失。基本养老保险和失业保险不应当作为强制网约工参保的险种，但应通过重复保险的基本原理解决网约工以不同身份参保基本养老保险和基本医疗保险之后的待遇给付问题。[47]

注：

［1］参见王利明：《〈民法典〉人格权编的亮点与创新》，《中国法学》，2020 年第 4 期；杨立新：《中国〈民法典〉人格权立法的创新发展》，《法商研究》，2020 年第 4 期；崔建远：《物权编对四种他物权制度的完善和发展》，《中国法学》，2020 年第 4 期；姚辉：《当理想照进现实：从立法论迈向解释论》，《清华法学》，2020 年第 3 期；张新宝：《侵权责任编：在承继中完善和创新》，《中国法学》，2020 年第 4 期。

［2］高圣平：《〈民法典〉动产担保权登记对抗规则的解释论》，《中外法学》，2020 年第 4 期。

［3］朱虎：《禁止转让债权的范围和效力研究：以〈民法典〉规则为中心》，《法律科学（西北政法大学学报）》，2020 年第 5 期。

［4］王利明：《论〈民法典〉合同编发挥债法总则的功能》，《法学论坛》，2020 年第 4 期。

［5］龙俊：《〈民法典〉中的动产和权利担保体系》，《法学研究》，2020 年第 6 期。

［6］孙宪忠：《中国〈民法典〉总则与分则之间的统辖遵从关系》，《法学研究》，2020 年第 3 期。

［7］李永军：《〈民法典〉物权编的外在体系评析——论物权编外在体系的自洽性》，《比较法研究》，2020 年第 4 期。

［8］龙俊：《〈民法典〉中的债之保全体系》，《比较法研究》，2020 年第 4 期。

［9］冯珏：《作为组织的法人》，《环球法律评论》，2020 年第 2 期。

［10］刘燕：《“对赌协议”的裁判路径及政策选择——基于 PE/VC 与公司对赌场景的分析》，《法学研究》，2020 年第 2 期。

［11］王茜：《平台三角用工的劳动关系认定及责任承担》，《法学》，2020 年第 2 期。

［12］王甫希，刁怡衡：《新就业形态劳动者的法律保障》，《中国人民大学学报》，2020 年第 5 期。

［13］参见王天玉：《互联网平台用工的“类雇员”解释路径及其规范体系》，《环球法律评论》，2020 年第 3 期；班小辉：《超越劳动关系：平台经济下集体劳动权的扩张及路径》，《法学》，2020 年第 8 期。

［14］参见娄宇：《平台经济从业者社会保险法律制度的构建》，《法学研究》，2020 年第 2 期。

［15］王利明：《论合同僵局中违约方申请解约》，《法学评论》，2020 年第 1 期。

［16］韩世远：《继续性合同的解除：违约方解除抑或重大事由解除》，《中外法学》，2020 年第 1 期。

［17］王利明：《论高楼抛物致人损害责任的完善》，《法学杂志》，2020 年第 1 期。

［18］姚辉，叶翔：《荣誉权的前世今生及其未来——兼评〈民法典〉各分编（草案）中的相关规定》，《浙江社会科学》，2020 年第 3 期。

［19］王利明：《体系创新：中国〈民法典〉的特色与贡献》，《比较法研究》，2020 年第 4 期。

［20］王利明：《正确适用〈民法典〉应处理好三种关系》，《现代法学》，2020 年第 6 期。

［21］朱庆育：《第三种体例：从〈民法通则〉到〈民法典〉总则编》，《法制与社会发展》，2020 年第 4 期。

［22］王利明：《独立保证的相关问题探讨》，《当代法学》，2020 年第 2 期；高圣平：《动产担保交易的功能主义与形式主义——中国〈民法典〉的处理模式及其影响》，《国外社会科学》，2020 年第 4 期。

［23］高圣平：《〈民法典〉担保从属性规则的适用及其限度》，《法学》，2020 年第 7 期。

［24］王利明：《〈民法典〉》动产抵押物转让规则的解释论》，《比较法研究》，2020 年第 4 期。

［25］高圣平：《〈民法典〉动产担保权优先顺位规则的解释论》，《清华法学》，2020 年第 3 期。

［26］李永军：《论〈民法典〉合同编中“合同”的功能定位》，《东方法学》，2020 年第 4 期。

［27］李永军：《论中国〈民法典〉中无因管理的规范空间》，《中国法学》，2020 年第 6 期。

［28］朱虎：《分合之间：〈民法典〉中的合同任意解除权》，《中外法学》，2020 年第 4 期。

［29］刘凯湘：《〈民法典〉合同解除制度评析与

完善建议》，《清华法学》，2020 年第 3 期。

[30] 王利明：《中国〈民法典〉保证合同新规则释评及适用要旨》，《政治与法律》，2020 年第 12 期。

[31] 王利明：《〈民法典〉人格权编的亮点与创新》，《中国法学》，2020 年第 4 期。

[32] 杨立新：《中国〈民法典〉人格权立法的创新发展》，《法商研究》，2020 年第 4 期。

[33] 姚辉：《当理想照进现实：从立法论迈向解释论》，《清华法学》，2020 年第 3 期。

[34] 夏吟兰：《婚姻家庭编的创新和发展》，《中国法学》，2020 年第 4 期。

[35] 申晨：《〈民法典〉婚姻家庭编的回归与革新》，《比较法研究》，2020 年第 5 期。

[36] 杨立新：《中国继承制度的完善与规则适用》，《中国法学》，2020 年第 4 期。

[37] 张新宝：《侵权责任编：在承继中完善和创新》，《中国法学》，2020 年第 4 期。

[38] 杨立新：《〈民法典〉对侵权责任规则的修改与完善》，《国家检察官学院学报》，2020 年第 4 期。

[39] 赵旭东：《公司治理中的控股股东及其法律规制》，《法学研究》，2020 年第 4 期。

[40] 刘燕：《关注会计师看门过程中的法律噪音》，《清华法学》，2020 年第 6 期。

[41] 赵旭东：《公司法修订中的公司治理制度革新》，《中国法律评论》，2020 年第 3 期。

[42] 王毓莹：《公司法规范变革的六大重要视角》，《中国法律评论》，2020 年第 3 期。

[43] 施天涛：《让监事会的腰杆硬起来——关于强化中国监事会制度功能的随想》，《中国法律评论》，2020 年第 3 期。

[44] 陈甦：《公章抗辩的类型与处理》，《法学研究》，2020 年第 3 期。

[45] 叶林：《股东会决议无效的公司法解释》，《法学研究》，2020 年第 3 期。

[46] 王天玉：《互联网平台用工的“类雇员”解释路径及其规范体系》，《环球法律评论》，2020 年第 3 期。

[47] 娄宇：《平台经济从业者社会保险法律制度的构建》，《法学研究》，2020 年第 2 期。

（北京市法学会供稿；执笔人：姚辉、阙梓冰）

诉讼法学

一、刑事诉讼法学

2020 年，北京刑事诉讼法研究立足本国实践，回应时代需求，重点围绕刑事诉讼法的实施和司法体制改革中的热点、难点问题，聚焦时代和社会热点问题，产出大量成果。

（一）关于 2018 年《刑事诉讼法》修改内容的研究

1. 认罪认罚从宽制度

2019 年底的“余金平交通肇事案”引发关于法检冲突、上诉不加刑等相关问题的大讨论。[1] 个案的争议也推动了理论研究的深入，学界开始对认罪认罚从宽的基本理论问题进行反思。有学者澄清了认罪认罚从宽的内涵，认为认罪认罚从宽具有三重维度的含义，制度维度下的认罪认罚从宽的核心规则是一种控辩合意程序，“协商”意义比较有限，难以被解释为认罪协商或量刑协商。[2] 有学者论证了认罪认罚从宽制度与正当程序的关系，认为该制度实质上并未疏离刑事正当程序，应当坚守正当程序的基本精神和主要原则、制度。[3]

认罪认罚从宽制度立法和适用背后的逻辑问题也受到关注。有学者认为，法检冲突的根源在于立法没有区分两种不同的“从宽”逻辑，在以调查模式和层级模式为建构原则的中国刑事诉讼框架下，“协商”承载的是与之不相容的纠纷模式和同位模式的基本逻辑。[4] 也有学者认为，认罪认罚从宽制度适用中存在着职权性逻辑和协商性逻辑，形成一种职权性逻辑占主导的认罪认罚从宽模式。[5] 还有学者认为，契约模式难以解释当前的制度，认罪认罚从宽制度实际上呈现出的是家长模式。[6]

学者们也对与认罪认罚制度相关的刑事诉讼模式进行了理论概括。有学者提出“合意式刑事诉讼”的概念并进行了系统论证，[7] 有学者则使用“协同型司法”来描述认罪认罚从宽制度的诉讼类型。[8]

认罪认罚从宽的自愿性是该制度的正当性基础，因此，学者们也对自愿性的判断标准及可能导致的错案问题进行了研究。有学者认为，认罪认罚自愿性的判断标准不应是自白任意性标准，宜参照非法言词证据规则所确立的“痛苦标准”，同时允许法官裁量判断认罪认罚的自愿性。[9] 有学者指出，需要特别注意避免基于屈从型自愿而达成的认罪具结，尽快确立认罪认罚程序下的“供述失权规则”。[10] 此外，还应从美国辩护交易实践中吸取教训，避免过于强调自愿审查而忽视真实性。[11] 还有学者对“协商性司法错误”进行了系统分析和论证。[12]

值得注意的是，与认罪认罚从宽制度相关的具体制度设计层面的问题也得到较多关注，例如，有学者对职务犯罪案件、重罪案件等特殊案件的认罪认罚问题进行专门讨论。[13] 然而，诸多理论分歧也有待进一步弥合。例如，关于认罪认罚从宽制度中是否允许反悔问题，学界仍然存在不同意见。[14] 而与量刑建议相关的诸多争论也仍然持续，各方面关于量刑建议的形成机制、效力、形式等问题远未达成共识。[15]

2. 刑事缺席审判制度

2018 年《刑事诉讼法》将刑事缺席审判制度上升为法律规范。有学者对缺席审判进行立法反思，认为刑事缺席审判可划分为 3 种基本形态，为了充分发挥该程序的价值功能，应当准确把握有关适用要件、程序流转、权利保障等方面的重要问题，厘清其与违法所得没收程序之间的关系。[16] 有学者认为，为了保障缺席审判的正当性，需要对缺席审判的被告人的诉讼权利提供相关的保障措施和补救措施。[17] 有学者关注了缺席审判与境外追讨措施的协调适用问题，认为在缺席审判之后，应当谨慎适用非法移民遣返与异地追诉，有选择地适用引渡。[18] 有学者对被告人死亡案件的缺席审判程序进行专门讨论，认为被告死亡案件的缺席审判可分为审判阶段被告死亡的缺席审判和再审案件被告死亡的缺席审判，并从理论上对该类缺席审判的具体类型、程序运作和裁判方法等进行了细致分析。[19] 还有学者关注了美国启动刑事缺席审判的相关制度并指出相应借鉴意义。[20]

3. 监察制度

随着《刑事诉讼法》的施行，关于监察制度的研究日趋成熟。有学者提出，从刑事诉讼职权配置来说，职务犯罪调查即是侦查，故监察调查应遵循法律关于侦查机关职权的规定，且对被调查人权利保障的水平不应低于监察改革前的水平。[21] 有学者将关注点转向检察机关保留的部分侦查权上，认为该部分权力强化了检察机关的监督性，需要从检察机关侦查权与监察调查权的协调等方面着手，确保检察机关侦查权形成长效的规范运行机制。[22]

（二）关于司法改革的研究

1. 以审判为中心的诉讼制度改革

以审判为中心的诉讼制度改革提出后，理论界虽对其进行了热烈讨论，但相关研究并未走向深入，在实践中也暴露出实效性不足的问题。对于这种现象，有学者提出以审判为中心是“一场未完成的讨论”，一些理论问题仍有待澄清，其中，以审判为中心的“审判”是指“审判活动”，其与认罪认罚从宽制度之间是“应然要求”与“实然需要”的关系。[23] 也有学者分析了该改革实效性不足的原因，认为深化改革需要解决好以“两卷”问题为代表的审判认知结构和判决权威结构的问题。[24]

与之相关的是，庭审实质化的改革也遭遇瓶颈。有学者认为，目前制约刑事庭审实质化的因素至少包括司法决策的卷宗依赖、庭前会议的功能异化、当庭讯问的程序不当、控辩对抗的效果不彰、审理期限等 5 个方面，且中国的政法体制也是制约庭审实质化的关键因素。[25] 有学者进一步分析了案卷笔录对庭审实质化的影响逻辑，认为未来应重新定位案卷笔录与庭审实质化的关系，采取措施消除案卷笔录影响庭审的深层次原因。[26]

改革在实践中遭遇的困境也推动了学者们对基础理论的思考。有学者关注证人出庭做证的必要性问题，认为通说的关键证人标准产生了诸多弊端，中国应当参照证据调查范围等规则来合理界定证人出庭做证必要性的范围。[27] 有学者关注对质权的范围和属性，认为对质权首先应作为一项权利而存在，因此，对质权之于当事人应侧重程序性而非实体性保障，对质权也应当可以调整全部庭外陈述。[28] 还有学者对法官的职权调查原则进行深入研究，认为法官职权调查原则有其正当性，符合中国的职权主义传统。[29]

以审判为中心的诉讼制度改革对证据的质量提出更高要求，客观上要求检察机关在源头上确保侦查获取的证据符合控诉需要。有学者认为，检察机关的侦查指引制度与警检结构不存在绝对“依附关系”，有必要将侦查指引与参与侦查、指挥侦查进行合理区分，正确认识监督与指引两项职能之间的冲突和调和。[30] 有学者论证了检察机关派驻公安机关的必要性，认为检察机关派驻公安机关并非“挑刺”“添乱”，该模式能够融合检察官的法律素养与警察的实操能力，提升指控质量，从而适应以审判为中心诉讼制度改革的要求。[31]

2. 司法体制的综合配套改革

党的十九大报告提出“深化司法体制综合配套改革”的要求，进一步引申出如何理解、如何进行改革的问题。对此，有学者认为，改革的对象既包括4项基础性改革，也包括其他体制性问题改革，应在司法体制改革的基础上推进司法体制综合配套改革，且应注意司法责任制综合配套改革的核心地位、注意科学的改革方法论。[32] 也有学者分析了新时代司法体制综合配套改革的思维方法。[33] 此外，与司法体制的综合配套改革的相关诸多制度、机制问题，如司法业务考评、法官助理的功能和职权、检察官的职业保障等问题也受到关注。[34]

（三）关于新技术及社会热点的研究

1. 新技术对刑事司法的影响

人工智能为刑事司法改革提供了重要的契机，对此，学者们从不同角度分析了人工智能的应用风险，并提出相应的规制原则和策略。学界对人工智能在刑事诉讼中的运用风险基本达成共识，认为其可能恶化被追诉人的处境、导致司法不公、削弱司法工作者的能动性，故应限制其适用范围，加强对当事人的权利保障，妥善设置相关诉讼规则及程序。[35] 也有学者聚焦人工智能在证明中的运用问题，认为人工智能在刑事证明中的引入以统一证据标准为核心，这使得“证据标准”的概念有了理论创新意义，但也不可避免地加剧了法定证据主义倾向，实质性地侵蚀了自由心证主义。[36]

新技术的发展使得以个人信息为基础的大数据介入犯罪治理活动，个人信息保护问题也成为关注焦点。有学者认为，应在一般个人信息保护制度上为刑事司法制度设置例外，在刑事诉讼制度内部建立起符合其特性和规律的个人信息保护规则，形成个人信息保护制度与刑事司法制度的合理衔接。[37] 有学者认为，个人信息权可以被纳入诉讼权利体系，可根据利益位阶分析法，将个人信息权定位为第三层级的诉讼权利。[38] 此外，不少学者也针对调取互联网企业数据、GPS科技定位侦查、电子取证的载体扣押等问题进行研究，在分析困境或借鉴域外经验的基础上提出法律规制建议。[39]

2. 企业合规问题

随着健全和支持民营经济发展的深入以及检察机关参与社会治理的角色转化，刑事诉讼的合规激励在一些地方逐步铺开，企业合规成为新的研究热点，企业合规的概念、功能、有效合规计划的标准、企业的刑事责任、中国引入合规的基础及障碍、诉讼激励等问题得到关注。[40] 由陈瑞华所著的《企业合规基本理论》从多维视角讨论企业合规问题，解释企业合规的性质和理论根基，分析作为新的公司治理方式的合规体系，揭示企业合规架构的三大激励机制，对律师如何展开合规业务提出理论框架。[41] 总体而言，学界对该领域的研究尚处于起步阶段，相关研究多以肯定为主，主题集中在现象描述、制度引介、观念倡导上。

（四）其他

一些学者在上述热点之外对传统理论进行深化，更有青年学者开辟了新的研究领域，不少学者还进行了方法论上的自觉反思。

首先，有关传统理论的研究逐渐深入。在刑事诉讼客体理论方面，有学者提出刑事之诉的概念，认为刑事之诉一旦提起，就可以对诉讼对象产生特定化的效果。[42] 在刑事诉讼模式方面，有学者提出“新职权主义”概念，认为中国时下所倡导的“审判中心”等改革应考虑在“新职权主义”的背景下展开。[43] 还有学者提出并论证“司法可错性”这一命题，为剖析以冤错案件为代表的司法错误提供理论工具。[44] 此外，由刘计划主编的《刑事诉讼法学的发展脉络（1997—2018）》系统梳理了刑事诉讼法学界的基本理论观点，对刑事诉讼法学理论发展的脉络进行全面述评。[45]

关于辩护制度的研究也得到进一步深化。有学者对程序性辩护的理论问题进行了深入讨论，[46] 也有学者关注了律师在场权的制度构建问题。[47] 在这些传统问题之外，辩护律师的职业伦理问题，尤其是律师的忠诚义务和公益义务之间的关系问题引发深入思考。有学者对此进行了模式化研究，认为中国律师法和律师执业规范确立了忠诚义务与公益义务并重的“辩护律师职业伦理的双中心”模式，未来应确立一种“单一中心模式”。[48] 也有学者归纳出“当事人中心主义的伦理模式”“法庭中心主义的伦理模式”“调和模式”3种模式，并认为应将“调和模式”作为中国辩护律师职业伦理的调整方向。[49] 还有不同学者分别对二者的限度进行讨论。[50]

其次，一些新的研究领域得到开拓。例如，有青年学者对司法解释问题进行深入研究，其认为，司法解释的本质就是一种授权性质的立法，绝非司法权或

“解释权”的行使结果。[51] 在此基础上，该学者也进一步论证了司法解释的权力空间及司法解释性质文件的法源地位等问题。[52]

最后，学界在研究中也展现出方法论上的自觉反思。不少学者意识到刑事实体法与程序法两大学科学术对话缺失问题，在推动刑事一体化方面做出诸多努力，相关研究包括律师伪证的法律规制问题、程序规则的出罪功能其限度问题等。[53] 除此之外，实证研究、比较研究也取得一定发展。由何挺所著的《刑事司法改革中的实验研究》聚焦刑事司法领域实验研究的特殊性，为刑事司法领域开展实验研究提供了方法论意义上的系统梳理。[54] 由施鹏鹏所著的《意大利刑事诉讼法与证据制度专论（第一卷）》系统地介绍了意大利 1988 年刑事诉讼改革及后续形成的特色理论和制度，为中国比较刑事诉讼的研究提供了重要参考。[55]

2020 年北京地区刑事诉讼法学研究仍存在以下问题：其一，修法和改革的重点问题吸引大量学术研究资源，也使得修法的非重点问题、更深层次的基础理论问题以及研究的难点问题得不到更多关注。其二，理论对实践的解释力、指导力相对不足，尚未做到理论先行，发挥理论研究对司法实践的指导和推动作用。其三，不同研究主体在行为模式、价值取向上有较为严重的分化，诸多理论分歧有待进一步弥合。未来的理论研究要解决好研究重心随热点转移的问题，平衡基础理论研究和对策研究，在推动学术共识的达成方面做出更多努力。

二、民事诉讼法学

北京地区民事诉讼法学界理论研究注重与民事实体法研究相结合，关注司法实践的最新动态，体现了本学科的实践性特点。在研究领域上，既有在原来基础上不断深化的研究，又有开拓新研究领域的举措。

（一）基础理论与基本制度研究

一个诉讼若要得到法院支持，则需要满足起诉要件与诉讼要件合法以及实体要件有理由等条件。有论者认为《民事诉讼法》第 119 条第 3 项所规定的“具体的诉讼请求”并非是诉讼标的而是诉的声明，故而在立案程序中对该项具体性的要求不应高于对判决主文的具体性要求，另外，原告起诉的理由与提供的案由亦非起诉要件，不应成为立案时应满足的条件，未来中国若对诉讼标的的识别采取诉讼法学说，则法院在立案阶段不应将诉讼标的的明确作为起诉要件进行审查，而是应在受理之后将之视为诉讼要件进行审查，但现阶段在坚持旧实体法说的基础上，可以将旧实体法学说加以改良，并将诉讼标的明确的标准放宽，从而确立客观预备合并的起诉形式。[56]

禁止重复起诉是民事诉讼法学研究中所关注的重点问题之一，其与既判力理论是一脉相承的。有研究者指出禁止重复起诉与禁止另行起诉共同构成了禁止重复诉讼制度，但两种制度的目的不同，前者是为了避免既判力的矛盾冲突，后者则是为了避免实质性的矛盾判决，故而前者应通过诉讼请求作为识别要素，而后者则需要通过主要争点共通进行识别，进而依据不同情况，做出不同的处理。[57] 有研究者检讨了当前关于重复起诉的识别标准后认为应当重构重复起诉的识别标准，即在通常情况下应通过诉讼标的的同一构成进行识别，同时构建前后诉当事人发生变化但诉讼标的实质相同的处理规则、请求权竞合的处理规则、后诉请求实质否认前诉生效裁判结果的处理规则以及前诉裁判生效后出现新的事实等 4 种例外处理规则。[58]

法院对诉讼案件要开庭审理是理论与实务的一项共识，但有论者对此存在质疑，认为中国判决程序应当从“庭审必备”转变为“必要时庭审”，即法官可在简单案件中根据当事人的诉答情况做出预判决，当事人对裁判结果无实质异议的，预判决发生效力。[59]

中国法律对共同诉讼制度的规定较为简单，已经无法满足司法实践的需要。将必要共同诉讼进一步划分为固有必要共同诉讼以及类似必要共同诉讼已是必然。在类似必要共同诉讼适用机制上，有论者认为可将类似必要诉讼进行类型化区分，并且原则上应通过诉讼标的的共同性或牵连性对之进行识别。[60]

有研究者认为中国任意诉讼担当的类型可以分为代表型、代理型以及拟制型，在未来中国应当完善发展代表型任意诉讼担当，审慎对待代理型任意诉讼担当以及廓清拟制型任意诉讼担当的当事人适格与当事人能力的关系。[61]

在证据制度研究方面，由于最高人民法院于 2019 年颁布了《新证据规定》，因此有部分研究者围绕此进行相关论述。有研究者在自己以往研究的基础上，继续深化对释明制度的研究，其不仅诠释了《新证据规定》中法律释明与法律观点释明的不同之处，[62] 并对《新证据规定》以及《九民会议纪要》中有关释明制度的条文进行了比较、分析与总结。[63] 还有研究者以书证鉴定真伪为切入点，结合大陆法系的相关规定，阐述了《新证据规定》中对当事人申请鉴定司法审查的问题。[64]

（二）民事程序法与民事实体法的交叉研究

民事程序法与实体法的关系一直是法学研究中的重要一环。随着《民法典》正式公布，极大地激发了理论研究的热情。部分研究者将研究的侧重点放置于民事程序法与民事实体法的协调问题，例如有论者认为《民事诉讼法》的精神应当与《民法典》的精神保持一致，在此基础上，应当及时调整民事诉讼法中相应的程序规则，并进一步完善诉的制度、禁令制度、证据制度等，以保障《民法典》得以有效落实。[65] 有研究者提出了在司法实践中存在诉讼前或诉讼中当事人死亡留有遗产但无人继承的问题，认为《民事诉讼法》应完善遗产管理非讼程序，具体做法是可将《民事诉讼法》第十五、第十七以及第十八章合并为“非讼程序编”，进而改造现有的公示催告程序，增设一般性条款、扩大适用范围，并提出了可在适当时候制定“非讼事件程序法”的立法建议。[66]

此外，还有研究者以民事实体法的规定与具体案件的裁判观点为基础，将研究的重点回归到民事程序法的基础理论之上。例如，有研究者在分析多数人侵权纠纷裁判观点不一之后，认为问题出在中国对诉讼标的的相关理论存在不同的解读，从而强调了民事诉讼基础理论对司法实践的指导功能。[67]《民法典》第538条规定了债权人撤销权制度，然而《九民纪要》第120条却限制了债权人行使实体法撤销权的路径，认为只能通过第三人撤销之诉来撤销债务人与相对人之间的生效法律文书。但有论者对此表示质疑，认为如此规定是误解了《民事诉讼法》第56条的规定，并认为出现这种状况时，债权人可以代位债务人提起债务人异议之诉。[68] 管辖协议是中国管辖制度中重要的一环。有研究者认为中国法所规定的管辖协议规则没有自身的理论基础，亦无法解决司法实践中的问题，因此应当重构相应规则。该研究者认为管辖协议不仅是诉讼行为，还应当类推适用民法中的法律行为理论，将之认定为当事人之间的共同行为与处分行为，此外，管辖协议的成立与生效要件应当符合中国《民事诉讼法》与《民法典》的相关规定。[69]

有研究者认为，新《证券法》中规定的证券集团诉讼具有重要意义，为了保障中国证券集团诉讼得以有效运行，应当建立健全诉讼代表机制、律师代理机制、通知公告机制、滥诉防控机制等特别诉讼机制。[70]

（三）检察理论与公益诉讼研究

检察理论是民事诉讼法学研究中的重要领域，其主要包含两方面内容：一是民事检察监督研究，二是检察公益诉讼研究。

在民事检察监督研究上，有论者批判了传统民事检察监督游离于民事司法程序之外的构造，认为应当将民事检察监督合理镶嵌于民事司法程序之中，并构建了“对抗·判定”式的诉讼构造。[71]

在检察公益诉讼研究上，有研究者认为检察机关提起行政公益诉讼的目的应是督促在特定领域负有监督管理职责的行政机关依法行政，进而助推行政机关真正成为国家利益与社会公共利益的首要保护人。[72] 检察机关不仅可以提起公益诉讼，还可以作为支持公益诉讼人支持相关主体提起公益诉讼，为此，有研究者认为应当建立健全检察机关支持公益诉讼制度，同时提出检察机关在支持公益诉讼时应当遵循的原则、模式选择以及具体程序规则等构思。[73]

（四）执行程序研究

有研究者在指出中国执行程序存在问题的基础上，梳理了域外执行文制度，并结合中国实际情况，构建了中国执行文制度。[74] 有研究者对某省三级法院实施的执行监督工作“一案双查”制度展开实证研究，即对“一案双查”制度实施过程中带来的工作成就与问题进行了分析，并提出了相关完善建议。[75] 执行法院在查找或强制执行被执行人财产过程中，难免需要案外人的配合。有论者围绕协助执行义务的边界问题展开了论述，并提出相关建议。[76]

刑案财物的处置尚未引起民诉法学界的关注，但这是实践中的一项难点。有论者指出了中国刑事诉讼中涉案财物处置程序的不足，提出了完善刑事涉案财物处置程序的建议。[77]

（五）破产程序研究

近年来，不论是企业破产程序的修改或是个人破产程序的构建均是中国法学理论研究中的热点问题之一。有研究者认为在中国未来可能制定统一破产法的背景下，应整合企业破产和解程序、重整程序以及个人破产和解与重整程序，并按照适用标准的不同，分别构建通常重整程序、简易重整程序以及个人更生程序。[78] 有研究者从比较法的角度，对日本破产法中的免责制度进行了详细介绍与分析，并提出构建中国未来个人破产免责制度的相关建议。[79] “逃废债”问题是中国个人破产程序构建中的一只“拦路虎”。如何构建好个人破产程序中的惩戒制度，则直接影响了中国未来个人破产程序能否顺利施行。法国破产法中的个人破产惩戒制度颇有特色，有研究者对此进行了概括式的介绍，借此希望对中国个人破产惩戒制度的构建能有所启发。[80]

注：

[1] 顾永忠：《对余金平交通肇事案的几点思考——兼与龙宗智、车浩、门金玲交流》，《中国法律评论》，2020 年第 3 期。

[2] 陈卫东：《认罪认罚从宽制度的理论问题再探讨》，《环球法律评论》，2020 年第 2 期。

[3] 朱孝清：《刑事正当程序视野下的认罪认罚从宽制度》，《法学》，2020 年第 8 期。

[4] 魏晓娜：《冲突与融合：认罪认罚从宽制度的本土化》，《中外法学》，2020 年第 5 期。

[5] 杜磊：《认罪认罚从宽制度适用中的职权性逻辑和协商性逻辑》，《中国法学》，2020 年第 4 期。

[6] 高童非：《契约模式抑或家长模式？——认罪认罚何以从宽的再反思》，《中国刑事法杂志》，2020 年第 2 期。

[7] 王新清：《合意式刑事诉讼论》，《法学研究》，2020 年第 6 期。

[8] 张建伟：《协同型司法：认罪认罚从宽制度的诉讼类型分析》，《环球法律评论》，2020 年第 2 期。

[9] 杜磊：《论认罪认罚自愿性判断标准》，《政治与法律》，2020 年第 6 期。

[10] 郭烁：《认罪认罚背景下屈从型自愿的防范》，《法商研究》，2020 年第 6 期。

[11] 郭烁：《在自愿与真实之间：美国阿尔弗德答辩的启示》，《当代法学》，2020 年第 4 期。

[12] 王迎龙：《协商性刑事司法错误：问题、经验与应对》，《政法论坛》，2020 年第 5 期。

[13] 汪海燕：《职务犯罪案件认罪认罚从宽制度研究》，《环球法律评论》，2020 年第 2 期；汪海燕：《重罪案件适用认罪认罚从宽程序问题研究》，《中外法学》，2020 年第 5 期。

[14] 汪海燕：《被追诉人认罪认罚的撤回》，《法学研究》，2020 年第 5 期；马明亮：《认罪认罚从宽制度中的协议破裂与程序反转研究》，《法学家》，2020 年第 2 期。

[15] 陈卫东：《认罪认罚案件量刑建议研究》，《法学研究》，2020 年第 5 期；卞建林，陶加培：《认罪认罚从宽制度中的量刑建议》，《国家检察官学院学报》，2020 年第 1 期；陈瑞华：《论量刑协商的性质和效力》，《中外法学》，2020 年第 5 期；熊秋红：《认罪认罚从宽制度中的量刑建议》，《中外法学》，2020 年第 5 期；董坤：《认罪认罚案件量刑建议精准化与法院采纳》，《国家检察官学院学报》，2020 年第 3 期；郭烁：《控辩主导下的“一般应当”：量刑建议的效力转型》，《国家检察官学院学报》，2020 年第 3 期；李刚：《检察官视角下确定刑量刑建议实务问题探析》，《中国刑事法杂志》，2020 年第 1 期。

[16] 卞建林，吴思远：《刑事缺席审判程序：立法反思与实践走向》，《求是学刊》，2020 年第 5 期。

[17] 杨宇冠：《刑事缺席审判被告人权利保障问题研究》，《当代法学》，2020 年第 6 期。

[18] 张磊：《刑事缺席审判与境外追逃措施的协调适用》，《中国刑事法杂志》，2020 年第 4 期。

[19] 董坤：《被告人死亡案件缺席审判程序研究》，《法学》，2020 年第 10 期。

[20] 初殿清：《美国启动刑事缺席审判的规范限定与司法裁量》，《环球法律评论》，2020 年第 3 期。

[21] 刘计划：《监察委员会职务犯罪调查的性质及其法治化》，《比较法研究》，2020 年第 3 期。

[22] 卞建林：《检察机关侦查权的部分保留及其规范运行——以国家监察体制改革与〈刑事诉讼法〉修改为背景》，《现代法学》，2020 年第 2 期。

[23] 顾永忠：《一场未完成的讨论：关于“以审判为中心”的几个问题》，《法治研究》，2020 年第 1 期。

[24] 魏晓娜：《以审判为中心的诉讼制度改革：实效、瓶颈及出路》，《政法论坛》，2020 年第 2 期。

[25] 李奋飞：《论刑事庭审实质化的制约要素》，《法学论坛》，2020 年第 4 期。

[26] 褚福民：《案卷笔录与庭审实质化改革》，《法学论坛》，2020 年第 4 期。

[27] 杜磊：《审判中心视野下证人出庭作证必要性问题研究》，《中国刑事法杂志》，2020 年第 2 期。

[28] 郭烁：《对抗秘密取证：对质权属性及范围重述》，《现代法学》，2020 年第 1 期。

[29] 施鹏鹏：《论法官的职权调查原则——以职权主义刑事诉讼为背景的展开》，《法学评论》，2020 年第 2 期。

[30] 陈卫东：《论检察机关的犯罪指控体系——以侦查指引制度为视角的分析》，《政治与法律》，2020 年第 1 期。

[31] 刘计划，段君尚：《检察机关派驻公安机关模式研究》，《中国人民大学学报》，2020 年第 2 期。

[32] 陈卫东：《司法体制综合配套改革若干问题研究》，《法学》，2020 年第 5 期。

[33] 王新清，胡晴晴：《新时代司法体制综合配套改革的思维方法》，《中共中央党校(国家行政学院学报)》，2020 年第 5 期。

[34] 印波：《刑事结案效率考评指标的嬗进及其反思》，《法学》，2020 年第 8 期；瓮怡洁：《论法官助理制度的功能定位与职权界分》，《政法论坛》，2020 年第 2 期；周遵友，季美君：《德国检察官的职业保障及其对中国的借鉴意义》，《中国法律评论》，2020 年第 5 期。

[35] 卞建林：《人工智能时代中国刑事诉讼制度的机遇与挑战》，《江淮论坛》，2020 年第 4 期；郑曦：《人工智能技术在司法裁判中的运用及规制》，《中外法学》，2020 年第 3 期；郑曦：《法院信息化与公民刑事诉讼权利的冲突与协调》，《暨南学报(哲学社会科学版)》，2020 年第 7 期。

[36] 熊秋红：《人工智能在刑事证明中的应用》，《当代法学》，2020 年第 3 期。

[37] 裴炜：《个人信息保护法与刑事司法的分离与融合》，《中国政法大学学报》，2020 年第 5 期。

[38] 郑曦：《作为刑事诉讼权利的个人信息权》，《政法论坛》，2020 年第 5 期。

[39] 贝金欣，谢澍：《司法机关调取互联网企业数据之利益衡量与类型化路径》，《国家检察官学院学报》，2020 年第 6 期；吴桐：《科技定位侦查的制度挑战与法律规制——以日本 GPS 侦查案为例的研究》，《中国刑事法杂志》，2020 年第 6 期；裴炜：《论刑事电子取证中的载体扣押》，《中国刑事法杂志》，2020 年第 4 期。

[40] 陈瑞华：《企业合规的基本问题》，《中国法律评论》，2020 年第 1 期；陈瑞华：《合规视野下的企业刑事责任问题》，《环球法律评论》，2020 年第 1 期；陈瑞华：《企业合规视野下的暂缓起诉协议制度》，《比较法研究》，2020 年第 1 期；陈瑞华：《企业合规的中国化问题》，《法律科学(西北政法大学学报)》，2020 年第 3 期；陈瑞华：《刑事诉讼的合规激励模式》，《中国法学》，2020 年第 6 期；李玉华：《中国企业合规的刑事诉讼激励》，《比较法研究》，2020 年第 1 期；马明亮：《作为犯罪治理方式的企业合规》，《政法论坛》，2020 年第 3 期。

[41] 陈瑞华：《企业合规基本理论》，法律出版社，2020 年。

[42] 陈瑞华：《论刑事之诉的类型和效力》，《法学论坛》，2020 年第 4 期。

[43] 施鹏鹏：《“新职权主义”与中国刑事诉讼改革的基本路径》，《比较法研究》，2020 年第 2 期。

[44] 陈科：《论司法的可错性》，《法学》，2020 年第 12 期。

[45] 刘计划主编：《刑事诉讼法学的发展脉络(1997—2018)》，中国人民大学出版社，2020 年。

[46] 顾永忠，娄秋琴：《程序性辩护的理论发展与实践展开》，《国家检察官学院学报》，2020 年第 3 期。

[47] 陈卫东，孟婕：《重新审视律师在场权：一种消极主义面向的可能性》，《法学论坛》，2020 年第 3 期。

[48] 陈瑞华：《辩护律师职业伦理的模式转型》，《华东政法大学学报》，2020 年第 3 期。

[49] 蔡元培：《当事人中心主义与法庭中心主义的调和：论中国辩护律师职业伦理》，《法制与社会发展》，2020 年第 4 期。

[50] 李奋飞：《论辩护律师忠诚义务的三个限度》，《华东政法大学学报》，2020 年第 3 期；李扬：《论辩护律师的公益义务及其限度》，《华东政法大学学报》，2020 年第 3 期。

[51] 聂友伦：《论司法解释的立法性质》，《华东政法大学学报》，2020 年第 3 期。

[52] 聂友伦：《论司法解释的权力空间——中国〈立法法〉第 104 条第 1 款的法解释学分析》，《政治与法律》，2020 年第 7 期；聂友伦：《司法解释性质文件的法源地位、规范效果与法治调控》，《法制与社会发展》，2020 年第 4 期。

[53] 杨宇冠：《刑事诉讼中伪证问题的法律规制》，《清华法学》，2020 年第 6 期；孙远：《论程序规则的出罪功能其限度——以程序违法的实体减轻效果为中心》，《政治与法律》，2020 年第 2 期。

[54] 何挺：《刑事司法改革中的实验研究》，法律出版社，2020 年。

[55] 施鹏鹏：《意大利刑事诉讼与证据制度专论(第一卷)》，中国政法大学出版社，2020 年。

[56] 曹志勋：《民事立案程序中诉讼标的的审查反思》，《中国法学》，2020 年第 1 期。

[57] 熊跃敏，郭家珍：《禁止重复起诉和禁止另

行起诉的区分与适用》，《国家检察官学院学报》，2020年第5期。

［58］陈巍：《重复起诉认定标准之重构》，《中外法学》，2020年第6期。

［59］欧元捷：《"庭审必备"转向"庭审后备"——民事预判决制度之提出》，《政治与法律》，2020年第5期。

［60］汤维建：《类似必要共同诉讼适用机制研究》，《中国法学》，2020年第4期。

［61］纪格非：《功能论视角下的任意诉讼担当的类型研究》，《东方法学》，2020年第2期。

［62］任重：《法律释明与法律观点释明之辩》，《国家检察官学院学报》，2020年第6期。

［63］任重：《我国新诉讼资料释明的反思与重构——以〈九民纪要〉与〈新证据规定〉为中心的解读》，《当代法学》，2020年第5期。

［64］曹志勋：《对当事人鉴定申请的司法审查——兼论书证真伪鉴定的特殊性》，《法学》，2020年第12期。

［65］张卫平：《民法典的实施与民事诉讼法的协调和对接》，《中外法学》，2020年第4期。

［66］陈杭平：《论债务人的继承人放弃继承之程序进行》，《现代法学》，2020年第2期。

［67］任重：《重思多数人侵权纠纷的共同诉讼类型——与卢佩博士商榷》，《法律科学（西北政法大学学报）》，2020年第3期。

［68］金印：《诉讼与执行对债权人撤销权的影响》，《法学》，2020年第11期。

［69］刘哲玮：《管辖协议的理论重构》，《法学论坛》，2020年第6期。

［70］汤维建：《中国式证券集团诉讼研究》，《法学杂志》，2020年第12期。

［71］肖建国：《民事程序构造中的检察监督论纲——民事检察监督理论基础的反思与重构》，《国家检察官学院学报》，2020年第1期。

［72］潘剑锋，郑含博：《行政公益诉讼制度的检视》，《国家检察官学院学报》，2020年第2期。

［73］汤维建：《检察机关支持公益诉讼的制度体系——东莞市人民检察院支持东莞市环境科学学会诉袁某某等三人环境污染民事公益诉讼案评析》，《中国法律评论》，2020年第5期。

［74］刘颖：《执行文的历史源流、制度模式与中国图景》，《中外法学》，2020年第1期。

［75］牛正浩，尹伟：《论执行工作"一案双查"制度的实践与完善——基于J省三级法院应对消极执行的实证研究》，《法学论坛》，2020年第11期。

［76］肖建国，庄诗岳：《论协助执行义务的边界》，《法学杂志》，2020年第11期。

［77］纪格非：《刑事涉案财物处置程序中的案外人权利保护》，《法学杂志》，2020年第8期。

［78］刘静：《个人更生类型程序的中国化路径》，《经贸法律评论》，2020年第5期。

［79］刘颖：《日本的个人破产免责制度及其借镜》，《经贸法律评论》，2020年第5期。

［80］胡守鑫：《法国个人破产惩戒制度的特点》，《人民法院报》，2020年12月18日第8版。

（北京市法学会供稿；执笔人：陈卫东、汤维建、刘计划、王汀、胡守鑫）

经济法学

2020年，北京市经济法学者结合本年度热点重点问题，就经济法基本理论及财税法、金融法、竞争法治与反垄断法、公司法、破产法等子部门法开展了较全面的研究，尤其是在数字经济与相关部门法关系方面研究成就凸显，对防疫与公共卫生法治、中美贸易摩擦的法律应对也有一定程度的涉及。但对于经济法基础理论的研究略显薄弱、单一，对于"一带一路"涉外经济法治、对区域经济协调发展的研究明显不足，未来需要加强这方面的研究。

一、经济法基础理论研究

经济法基础理论研究是经济法学科发展和经济法治完善的重要基础。有学者指出，经济法的立法统合，是基于解决现实问题的需要，对相关经济法规范进行的"系统整合"。它有助于推动法治建设，促进经济和社会发展，完善国家治理体系，是提高立法质量和法治水平的重要路径，同时，其在立法积累、立法时机、立法参与等方面也具有可行性。鉴于上述立法统合的前提已经具备，应分别从理论和实践维度，为多层次、多形式的经济法立法统合提供坚实的理论支撑，并在立法模式、形式、体例等方面做出立法战略和立法技术层面的选择。[1]。而对于经济法中的法理，可在“价值—规范”的分析框架下加以提炼并进行类型化分析。它集中表现为基本原理、目的价值和基本原则3个层面，是贯穿于经济法具体规范中的“魂魄”和“经脉”。基于类型化研究的视角，可将经济法中的法理分为一般法理与特殊法理，以及作为其延伸的“公认的法理”与“特定的法理”，并据此确立经济法法理类型的“二元结构”。在此之下，应加强两类法理之间的协调，重视特殊法理或“特定的法理”对经济法的独特价值[2]。

对于经济法与宪法的关系，有学者认为，在传统宪法向现代宪法的转型过程中，宪法的经济性日益突出，且与经济法的经济性具有内在一致性，为此，可从经济法视角观察“宪法中的经济条款”，解析市场经济条款和计划条款的变迁与关联，揭示国家经济职权与市场主体经济自由的对立与统一，从而形成对经济法和经济宪法的系统理解；在此基础上，还应关注国家经济职权分配在经济法上的特殊意义，加强对经济自由的经济法保障，并重视经济法的合宪性审查，以确保经济法在解决现实问题过程中切实符合经济宪法的原则和精神[3]。

二、关于宏观调控法的研究

1. 关于财税法的研究

科研项目经费管理体制机制改革是深化科技领域“放管服”改革的核心之举，也是中国公共财政法治建设的重要一环。有学者指出，当前中国科研项目经费管理存在组织机制不科学、运行机制不顺畅等问题，严重阻碍了经费治理能力与治理水平现代化进程的稳步推进。科研项目经费管理体制机制改革法治化的本质在于尊重科学契约关系的基础上，实现国家与科学家在科研项目经费管理中权力（利）、义务和责任配置的规范化。需实现科研项目经费管理改革法治化，以优化科研项目经费管理的权力配置为基础，以增强科研项目经费管理的权利保障为目标，以实现科研项目经费管理的责效兼容为保障，探索出既符合公共财政管理的基本要求又契合科研活动基本规律的科研项目经费管理法治化道路[4]。有学者进一步论证认为，科研经费资助应由权力管制转向合同规制。纵观科研合同性质的全貌，将其定位为公私融合合同，合于合同背后承载的科研关系特质与科研合同规制的演进脉络。科研合同规制应遵循科研自由的法秩序，建构与合同属性相适应的功能性规制模式，打造科研合同功能性规制的创新体系。科研合同功能性规制的制度化，既应补充同具拘束力的非合意要素，又应实现合意要素的再造，形成内容系统、逻辑清晰、权责明确的规范体系[5]。

随着税制结构直接税占比的增加及个人所得税制逐步向综合课征转变，有关个税课税及反避税规则的研究受到关注和重视。有学者认为，随着综合所得范畴的引入，使得核心课税要素由所得这一征税客体转向纳税人，更能实现量能课税原则。纳税人有依照法律纳税的权利和义务，由此，应从横向的并行结构、纵向的递进结构两方面来重构个税纳税义务规则[6]。有学者认为，避税行为是一种与税法目的相抵触又无法得到法律直接适用的脱法行为，是纳税人滥用私法赋予的选择可能性进行的减轻税负行为。2018年修订的《个人所得税法》首次在个税领域引入反避税规则，同时引入自然人纳税人识别号制度，加强税收联合监管。但是《个人所得税法》及其实施条例的规定仍需加以完善。可考虑从细化各项规则判断和执行标准、对行政机关反避税立法进行约束、细化部门间联合监管信息披露标准、响应国际反避税行动等方面入手，深入完善适合中国社会实践需要的个税反避税规则体系[7]。

数字经济的发展对税收征管及纳税人涉税信息的保护带来诸多挑战。有学者认为，为应对数字经济，各国围绕产业政策、税收主权和利益分配等的新一轮博弈角力无可避免。着眼于中国国内税收制度，当务之急应遵循税收公平和税收中性原则，基于新受益理论和价值创造理论，尽快改革常设机构的认定等经济数字化税收规则，同时完备税收制度，以期有效平衡和分配征税权及税收利益，促进更加积极、包容和可持续的数字经济社会发展[8]。有学者认为，纳税人信息权法律保护，不但得到大数据背景下税收治理信息化实践需要的有力支持，而且也与纳税人权利保护思潮、个人信息权/企业数据权益保护立法潮流相融共促。中国在对纳税人信息权实施法律保护过程中，仍存在相关立法位阶不高、抵牾冲突规定较多、责任追究薄弱、救济途径和衔接机制不畅、涉税信息处理与分层保护规定存在空白瑕疵等问题。对此，有必要从立法、税务执法及司法、纳税人等维度对中国纳税人信息权的法律保护加以进一步完善[9]。

2. 关于金融法的研究

有学者对金融法若干前沿问题进行探讨，认为中国目前金融法的发展滞后于金融创新。中国金融监管模式应向双峰监管方向发展，更应强调功能监管，遵循穿透式监管原则；证券法应完善信息披露制度，规制变相期货交易；处理民间借贷中民刑交叉的问题，应在必要时实行民刑并行；地方政府在政府和社会资本合作中所签合同的性质为民商事合同，产生的纠纷宜按民商事案件审理；债转股是处理不良债权问题的可行路径，债转股及破产中的实质合并需要完善的法律配套；互联网金融应当成为金融法发展的新契机[10]。

有学者对法定数字货币的定位与性质展开了研究，认为法定数字货币是中央银行发行的用于替代现金的支付工具，与现有法定货币等值、在经济学上属于流通中的现金。但是，法定数字货币不属于动产，受限于终端设备也难以具备法偿性，与现有的法定货币的定义不兼容。法定数字货币与现钞货币在性质与定位上一致，应被纳入法定货币体系之中。因此，应将法定数字货币理解为对中央银行的特殊债权，并对现有法律制度进行相应的调整、修改[11]。

有学者从开放银行视角，论证了中国引入数据可携权的必要性及其路径，指出欧盟、英国、澳大利亚等法域已经引入数据可携权。但中国是否应引入数据可携权，目前尚未达成共识。从开放银行的视角看，中国应引入数据可携权。但无论是数据可携权的引入，还是开放银行的实施，都宜循序渐进地分步骤、分阶段进行。中国应首先通过开放银行引入数据可携权，待积累相关经验之后，由相关行业管理部门决定是否以及如何在相关行业逐步引入数据可携权[12]。

有学者对全球金融治理的合法性困局进行研究，指出全球金融治理存在3个突出特点，即危机驱动、内在失衡和非正式性。而全球金融治理的合法性困局与这3个特点紧密相连，表现为“民主赤字”问题、正当程序问题和规则效力问题。后危机时代，国际社会和有关机构从增加主体代表性、强化程序规范性、提升规则权威性等方面尝试“破局”并有所收获，但并未解决全部问题。未来应当坚定遵循多边主义原则，改革完善既有多边金融治理体系，建立健全新兴国家主导的治理机构和机制，强化相关议题设置能力，并在反思国际规则“软”“硬”之别的基础上，平衡全球金融治理的合法性与实效性[13]。

有学者深入分析了中国金融整治的功能及其不足，并提出相应的改进之策。指出在金融产业利益考量构成监管的客观约束、监管规则整体滞后于金融市场创新的现实场景下，金融整治具有止损、威慑和发现规则等重要功能，但其同时存在投资者保护缺失、安全与效率失衡、监管意志替代市场判断等弊端。P2P网贷风险专项整治是近期金融整治的典型样本。P2P金融整治应定位于综合性金融治理机制并强化公共产品供给和利益的平衡，以调整央地关系为核心完善整治主体及其职权设置，以类型化、分步骤、维持合法借贷和投资关系的稳定为核心，提升整治标准和规则的合理性[14]。

三、关于市场规制法的研究

1. 关于竞争法治与反垄断法的研究

2020年，竞争法治与反垄断法的研究依然是北京经济法学界的研究重点、热点，学界结合《反垄断法》的修改、“双循环”新发展格局、数字经济、平台经济新发展的需要，就相关基本理论和制度问题，进行探讨。

有学者认为，构建“双循环”的新发展格局，需要落实新发展理念，确立以发展为导向的“新发展法治”。与此相适应，竞争法治也要有助于促进发展，更好地体现其规制性、包容性和谦抑性。为此，既要从外部视角，关注政治、经济、社会、文化等外部因素对完善竞争法治的影响，也要从内部视角，重视竞争法治体系内部各个环节的优化和协调，尤其应遵循良法善治的要求，不断完善竞争立法，并保障其有效实施和普遍遵从[15]。有学者认为，竞争中性的含义有不同解读，具有非常鲜明的实用主义特征。对中国来说，应当走出所有制误区，认识到竞争中性的价值内核是政府与市场的基本矛盾，在政府与市场共同构建的二维象限下，竞争中性应当因循5对矛盾关系实现其进路，最终构建实现竞争中性的三层次制度体系：以公平竞争审查制度为主导，竞争法律制度为基石，中小企业帮扶制度、国有企业改革为辅助，3项制度并举以实现中国的竞争中性[16]。还有学者进一步就《反垄断法》展开研究，认为反垄断法的完善是一个持续的过程。在定位方面，要处理好上下、左右、前后3类关系，以揭示反垄断法与相关部门法的主从性、协调性和一致性；在定向方面，应明确《反垄断法》的调整目标、调整范围、基本原则的变易与整体走向；在定则方面，既要在立法上“确定规则”并力求形成“好的规则”，又要在法治层面提高“规则的确定性”，把握反垄断法治的宽严度。合理的定位、定向与定则，有助于使《反垄断法》在不断优化的过程中保持高低适度、大小适当和宽严适中[17]。

在有关垄断协议研究方面，有学者指出，强生案后，中国学术界和实务界大多倾向于援引合理原则分析维持转售价格协议，将“排除、限制竞争的效果”作为垄断协议的构成要件。功利论是结果导向的，相反，义务论将相关行为本身作为一个重要的价值，是过程导向的。从类型上看，结果论分为行动结果论和规则结果论。行为结果论又称为直接结果论，规则结果论又称为间接结果论。如果说合理推定原则属于直接结果论的评估方式，那么，本身违法原则的评估则属于间接结果论的评估方式。中国学术界和实务界受美国法律经济学影响，悉数采取合理原则，目的违法遂成为冗余，对于价值规约性置若罔闻，则反垄断法就会滑向纯粹的滥用模式[18]。有学者认为，中国反垄断法实施以来对纵向价格垄断协议案的处理越来越呈现出司法与行政规制路径上的二元对立，而事实上，纵向价格垄断协议问题是一个系统性问题，它涉及整个垄断协议制度。问题产生的根源在于垄断协议概念内涵信息的不完整和概念外延划分方法的不恰当，并由此导致了原则适用上的错位。垄断协议制度的完善当从概念的完善开始，确定被定义项及其内涵，在此基础上采取概念外延划分的“三分法”，分别对应本身违法原则、合理原则和本身合法原则[19]。还有学者认为，《反垄断法》没有明确规定排他交易作为一种独立的违法行为，实践中一概采用滥用市场支配地位模式予以规制。这一思路并不能涵盖排他协议的复杂类型从而在本质上消除排他交易的竞争损害，导致性质认定错误、应罚未罚、责任认定不清的问题。对此，需引入纵向协议的规制思路，特别是理清排他交易与拒绝交易的关系、排他交易与后续违法行为的关系，区分排他协议在产业链交易中的层次、地位、作用，在交易相对人相互关系、上下游市场结构双重嵌套模式下判断排他协议的违法性[20]。

在有关经营者集中与滥用市场支配地位研究方面，有学者认为，经营者集中救济与我们通常所说的法律救济截然有别，是对可能受损害的市场竞争而非对作为集中当事人的竞争者的救济，更与惩罚无关。在经营者集中控制的附条件批准中，条件与义务在法律性质和后果上存在重要区别。在中国经营者集中救济措施类型中，结构救济通常认为相对于非结构救济而言更为容易实施，但情况并非如此简单，需要实事求是辨证施治。行为性条件虽然呈现出与管制手段类似或趋同的特性，但不可与传统经济规制混为一谈[21]。有学者认为，为解决寡头市场中的垄断问题，中国《反垄断法》提供了“滥用共同市场支配地位”的路径，但法律规定有缺陷并导致实践中难以适用或错误适用。以美国、欧盟为代表的理论和法律实践均表明这种认定思路是行之有效的，但其难点在于如何通过间接证据证明市场寡头不具合理性的一致性行为不是由于客观市场结构造成的，而是基于主观意图，因此具有可责性。分析借鉴美国、欧盟的执法、司法案例，中国反垄断执法认定共同市场支配地位时应该将结构、行为因素并举[22]。

有许多学者就数字经济给竞争法治带来的挑战及其应对展开研究。有学者认为，大数据竞争已成为数字经济的特征之一并给法律制度带来诸多挑战。《反不正当竞争法》需要关注互联网不正当竞争条款规制大数据竞争行为的局限性，以及基本原则条款在规制大数据竞争行为时的核心作用；《反垄断法》需要关注大数据竞争行为的类型化研究、大数据并不当然产生市场支配地位，以及隐私保护与质量竞争的关系等问题[23]。还有学者通过研究指出，以平台促进经济效率为由放弃监管是错误的做法。监管机构必须认识到，促进经济效率，不能以牺牲竞争和消费者福利为代价。对于日益集中化的平台市场，《反垄断法》是保护竞争和消费者福利最为直接有效的工具，但在运用的时候必须秉持包容审慎的原则。[24] 有学者论述了应对数字经济挑战的反垄断法重构，认为需基于平台、数据、算法三元融合的规制原理，以鼓励创新与隐私保护重构反垄断法立法目的和价值体系；构建市场支配地位和相对优势地位双层规制模式；重构相关市场分析框架；将修正后的必要设施原则成文法化；跳出市场支配地位框架规制流量垄断；以监管科技强化事前事中监管范式弱化事后处罚机制，构建价格和质量并重、法律和技术共治的反垄断法体系[25]。还有学者指出，在数字经济条件下，算法不仅加剧了传统的寡头垄断问题，而且简化了共同市场支配地位的构成要件。因此，将共同市场支配地位制度拓展适用于算法默示共谋具有必要性和可行性。该制度能够预防共同市场支配地位的形成，破解认定垄断协议在证明要求上的障碍，制止卡特尔的“第二阶段行为”。对此中国应适时修改《反垄断法》第 19 条关于推定共同市场支配地位的相关规定[26]。

2. 关于市场主体规制研究

有学者认为，《公司法》和《公司法解释四》关于股东会决议的表述简约，在决议无效判断标准上诱发众多分歧。中国股东会决议效力规制，经历了从英美法向大陆法模式的转型。前者以 1993 年《公司法》第 111 条为代表，关注对股东会决议实施的控制；后者以《公司法》第 22 条为核心，强调对股东会决议形成的控制。在现行法下，对股东会决议无效规则的解释，不应采用概念法学分析路径，不宜搬用法律行为规则或侵权责任法的分析路径，应尽力回归公司法解释路径，斟酌公司关系的安定性、决议形成的程序性和效力控制的时间性，达成维护公司关系安定性与消除决议违法性的双重目标。在认定股东会决议违法无效时，应当从决议无效的本质出发，重视决议无效与撤销规则在适用中的交叉和互动[27]。

有学者认为，"股东出资加速到期"这一命题并不足以涵盖公司债权人请求出资未到期的股东承担责任的全部现象。股东对公司的出资义务既是约定义务，又是法定义务。从约定义务的角度，股东应依照公司章程的规定向公司交付出资标的的财产，同时对公司享有出资期限尚未届至的抗辩；从法定义务的角度，股东应以其认缴的出资额为限对公司承担责任，该认缴出资额构成以价值形态而非以股东出资方式存在的公司财产，公司债权人可申请强制执行股东认缴出资范围内的该部分公司责任财产。公司法解释所规定的股东对公司债权人的补充赔偿责任，其本质是股东以出资额为限对公司承担的责任。完善股东出资义务规则，应增加规定股东违反出资义务的延迟赔偿责任，并以公司资产不能清偿到期债务为界限，确立公司法第 3 条的适用条件[28]。

有学者对公司法定代表人越权签署的担保合同效力进行研究，认为公司对外担保制度蕴含着公司生存权与发展权、公司善治等公序良俗，为效力性规范。法定代表人越权签署的担保合同无效，除非由公司决议予以追认或善意相对人主张表见代表制度保护。公司法创设的债权人审查章程与决议的注意义务，深度影响着《民法典》第 504 条的解释与适用。已登记章程对法定代表权的限制可对抗债权人。债权人若已尽合理审慎的形式审查义务，即为善意。越权担保合同无效时，相对人可请求法定代表人履约或赔偿，但与公司无涉。[29]

3. 关于破产法的研究

有学者研究了英国个人破产立法的经验及对中国的启示，认为个人破产制度与企业破产制度相辅相成，共同服务于市场经济体制改革和营商环境优化建设。英国在 400 多年的立法演进中逐步确立了包含集体清偿、按比例分配、破产免责等基本要素的现代个人破产制度，强调在债务人、债权人和社会利益之间寻找平衡，确立自动免责机制为诚实而不幸的债务人提供重新开始的机会，并在政府部门与司法机关间进行个人破产管理的合理分工，注重培育既能充分竞争又受到严格监管的破产服务市场。中国应尽快启动个人破产立法进程，学习域外先进经验，建立起科学合理的个人破产制度[30]。有学者探讨了个人破产立法中的自由财产制度，认为自由财产制度存在的正当性在于保障基本人权、培育企业家精神以及缓解社会压力。尽管域外立法对自由财产范围的界定不同，但基本都在坚持必要性原则的前提下保障债务人及家庭成员的基本人权。鉴于中国各地经济发展不一的现状，自由财产的具体额度应通过地方立法确定。在自由财产的处置上，应进一步契合中国的社会观念，对使用自由财产清偿债务及放弃自由财产的行为效力应予以否定，对于在生活必需品及必要职业工具上设定的担保权应予以撤销，在置换自由财产时则须注意把握合理置换的原则[31]。

有学者对破产重整立法的理念调适与核心制度进行研究，认为在优化营商环境的背景下，中国破产法的适用将呈现常态化趋势，作为现代破产程序组成的重整制度将发挥更加重要的作用。中国现有立法之理念需要及时调适，应以"促进"为导向，在公正的前提下兼顾效率。由此，在程序启动环节，应建立重整企业的法律识别机制，并积极探索预先重整制度；进入实质重整后，应扩充重整计划制定主体范围、改进重整计划强制批准制度，并允许执行中灵活调整重整计划[32]。

有学者剖析了《破产法司法解释（三）》关于保证责任的规定，指出保证人的保证责任不因其破产而免除。保证人进入破产程序时主债务未到期的，未到期的保证债权视为到期。一般保证人的先诉抗辩权应予取消，以免出现规避保证责任的情况。保证人向债权人清偿后享有对债务人的求偿权。先诉抗辩权是实现一般保证补充责任的程序保障，而当其因保证人或债务人进入破产程序而被取消时，对补充责任的程序保障就转变为在债务人清偿债权人之前，对债权人在保证人破产程序中所获分配额提存，并在债务人清偿债权人后对其清偿数额在一般保证责任中消减。保证人与债务人同时破产时，债权人有权向二人分别申报全部债权，债权人的受偿总额不得超出债权总额，这时保证人履行保证责任后不再享有求偿权。《破产法司法解释（三）》第 5 条对债权额不予消减的规定不应适用于一般保证人[33]。

四、其他法律制度的研究

1. 关于公共卫生法治的研究

新冠肺炎疫情的肆虐引发了经济法学者对公共卫生法治的思考。有学者认为，公共卫生是影响人类发展的重要变量，面对疫情引发的多种危机，应推进公共卫生治理的现代化，并对其必要性、可行路径和理念引领进行解析。基于发展法学的分析框架，应从“发展问题—发展手段—发展目标”的视角，对应审视“公共卫生—治理—现代化”的问题，并将发展因素全面融入公共卫生治理。公共卫生作为“发展问题”，与发展环境、国家的发展方向密切相关，应加强其治理的国际合作；唯有构建以“健康发展权”为核心、以发展为导向的治理体系，不断提升治理能力或“发展能力”，强化健康、法治和发展三大理念的引领，方能促进公共卫生治理与经济社会发展的良性互动[34]。有学者研究了重大突发公共卫生事件中防疫用品市场管制问题，认为管制作为一种公共干预是对经济事件或市场失灵的特殊回应，重大突发公共卫生事件中防疫用品市场管制基础在于防疫用品的公共性和外部性。管制必须于法有据，为有效化解法律稳定性与重大突发公共卫生事件应对所要求的及时性、灵活性的矛盾，政府需要着眼于供给和需求两端，立足防疫用品生产、销售、消费3个环节，依据相关立法遵循法定程序，出台相应的管制政策[35]。

2. 关于中美贸易摩擦的法律应对研究

有学者认为，在复杂的国际政治经济背景下，国与国之间的经济制裁与反制已实质内化为国家经济主权下的自主权力。鉴于经济制裁已成为世界各国处理利益关系的常用手段，构建中国完备的应对经济制裁的反制法律制度，既可以防患于未然让潜在的贸易对手意识到挑起贸易纷争的代价，也可以对发生的贸易争端依法进行化解降温。针对美国的域外管辖权、分级经济制裁、经济制裁执行机制等经济制裁法律制度，中国应从主权平等原则、公平贸易原则和比例原则等角度，研究经济制裁反制的法律机理。为维护国家经济主权和安全，中国应制定《国家经济安全法》，建立和完善中国的经济制裁与反制法律制度，扩充经济制裁与反制的法律和政策工具箱，以法治防范和化解不正当经济制裁[36]。有学者探讨了《中美经贸协议》中的商业秘密保护条款及中国的法律回应，认为《中美经贸协议》中的商业秘密保护条款主张扩大侵犯商业秘密的主体范围和行为范围，强化民事诉讼中的举证责任倒置和诉前保全措施，降低刑法适用标准以及规范国家机关及其工作人员对商业秘密的调取、使用和披露。为及时、有效地回应以上内容，中国应加强商业秘密保护立法及司法解释的系统性和针对性，以《反不正当竞争法》为核心充实商业秘密保护法律规范的内容，由最高人民法院制定专门的司法解释细化民事诉讼中的举证责任倒置和诉前行为保全制度。应通过修改侵犯商业秘密罪的司法解释，调整损失金额的认定标准和设置替代性计算方法，降低侵犯商业秘密罪的入罪条件。应对国家机关调取、使用和披露商业秘密的职权予以专门规范，对国家机关工作人员及受其委托和聘用的第三方专家和顾问未经授权披露的行为予以严格规制[37]。

注：

[1] 张守文：《经济法的立法统合：前提与准备》，《学术界》，2020年第6期。

[2] 张守文：《经济法中的法理及其类型化》，《法制与社会发展》，2020年第3期。

[3] 张守文：《宪法问题：经济法视角的观察与解析》，《中国法律评论》，2020年第2期。

[4] 蒋悟真：《科研项目经费管理改革的法治化路径》，《中国法学》，2020年第3期。

[5] 胡明：《科研合同的功能性规制》，《中国社会科学》，2020年第9期。

[6] 叶姗：《个人所得税纳税义务的法律建构》，《中国法学》，2020年第1期。

[7] 朱大旗，范瑶：《新〈个人所得税法〉反避税条款研究》，《学习与探索》，2020年第1期。

[8] 李蕊，李水军：《数字经济：中国税收制度何以回应》，《税务研究》，2020年第3期。

[9] 朱大旗，曹阳：《大数据背景下中国纳税人信息权的法律保护研究》，《中国人民大学学报》，2020年第6期。

[10] 李曙光：《金融法若干前沿问题探讨》，《中国应用法学》，2020年第1期。

[11] 杨东，陈哲立：《法定数字货币的定位与性质研究》，《中国人民大学学报》，2020年第3期。

[12] 邢会强：《论数据可携权在中国的引入——以开放银行为视角》，《政法论丛》，2020年第2期。

[13] 廖凡：《全球金融治理的合法性困局及其应对》，《法学研究》，2020年第5期。

[14] 冯辉：《金融整治的法律治理——以“P2P网贷风险专项整治”为例》，《法学》，2020年第

12 期。

［15］张守文：《“双循环”与竞争法治的“内外兼修”》，《中国价格监管与反垄断》，2020 年第 11 期。

［16］张晨颖：《竞争中性的内涵认知与价值实现》，《比较法研究》，2020 年第 2 期。

［17］张守文：《反垄断法的完善：定位、定向与定则》，《华东政法大学学报》，2020 年第 2 期。

［18］张世明：《结果论与目的论：垄断协议认定的法律原理》，《政法论丛》，2020 年第 3 期。

［19］刘继峰：《再论垄断协议的概念问题》，《法学家》，2020 年第 6 期。

［20］张晨颖：《排他交易反垄断规制的结构性反思》，《法律适用》，2020 年第 7 期。

［21］张世明：《经营者集中审查附条件批准的理论检视》，《天津法学》，2020 年第 4 期。

［22］张晨颖：《共同市场支配地位的理论基础与规则构造》，《中国法学》，2020 年第 2 期。

［23］孟雁北：《论大数据竞争带给法律制度的挑战》，《竞争政策研究》，2020 年第 2 期。

［24］时建中，马栋：《双重身份视角下平台自治与反垄断监管的界限》，《竞争政策研究》，2020 年第 4 期。

［25］杨东：《论反垄断法的重构：应对数字经济的挑战》，《中国法学》，2020 年第 3 期。

［26］时建中：《共同市场支配地位制度拓展适用于算法默示共谋研究》，《中国法学》，2020 年第 2 期。

［27］叶林：《股东会决议无效的公司法解释》，《法学研究》，2020 年第 3 期。

［28］钱玉林：《股东出资加速到期的理论证成》，载《法学研究》，2020 年第 6 期。

［29］刘俊海：《公司法定代表人越权签署的担保合同效力规则的反思与重构》，《中国法学》，2020 年第 5 期。

［30］徐阳光：《个人破产立法的英国经验与启示》，《法学杂志》，2020 年第 7 期。

［31］徐阳光，陈科林：《论个人破产立法中的自由财产制度》，《东方论坛》，2020 年第 3 期。

［32］张世君：《中国破产重整立法的理念调适与核心制度改进》，《法学杂志》，2020 年第 7 期。

［33］王欣新：《〈破产法司法解释（三）〉关于保证责任规定的评析》，《法治研究》，2020 年第 4 期。

［34］张守文：《公共卫生治理现代化：发展法学的视角》，《中外法学》，2020 年第 3 期。

［35］李蕊：《重大突发公共卫生事件中防疫用品市场管制理路》，《法学杂志》，2020 年第 4 期。

［36］袁达松，苏航：《中国应对经济制裁的反制法律机制》，《天津法学》，2020 年第 1 期。

［37］冯辉，姜婷婷，于海纯：《〈中美经贸协议〉中的商业秘密保护条款及中国的法律回应》，《国际贸易》，2020 年第 8 期。

（北京市法学会供稿；执笔人：朱大旗、姚海放、胡延玲）

环境与资源保护法学

2020 年，北京地区环境与资源保护法学科研究的热点涵盖《民法典》“绿色规则”体系、环境法法典化、环境立法、环境行政执法与环境司法 5 个研究领域。相关文章不仅聚焦理论前沿，深耕环境法学基础理论和生态文明法治思想的研究，还自觉回应现代化环境治理实践，增强学科方法论的反思意识。

一、关于《民法典》“绿色规则”的研究

《民法典》在世界上首次规定“绿色原则”并在物权编、合同编、侵权责任编用近 30 个条文构筑“绿色规则”体系。伴随《民法典》的正式颁布，以“绿色原则”为指引构筑起来的绿色规则体系受到学界的广泛讨论。其中，更多学者将研究重点转向《民法典》绿色规则与环境法相关法律制度的衔接问题。

1.《民法典》“绿色规则”的使命担当

有学者认为，在《民法典》中确立绿色规则首先是中国进入新时代的要求，《民法典》理应回应新时代人民对美好生活的需要；其次，绿色规则也是贯彻宪法战略的必然选择，新发展理念已被写入《宪法》，在《民法典》中规定促进绿色发展的相关制度可以彰显当代的中国精神、中国智慧和中国方案；最后，绿色规则是生态文明体制改革的必然要求，《生态文明体制改革总体方案》确定了健全自然资源国家

所有权体制等4个方面的改革任务，如何有效利用资源并防止生态环境的破坏，成为《民法典》的重要使命。[1]

2.《民法典》“绿色规则”的规范体系

一方面，以《民法典》第9条的“绿色原则”为指引。有学者认为，“绿色原则”为法典注入了新的价值判断标准，并回答了两类问题：一是在民法中宣示绿色发展理念，确立生态安全价值，协调经济自由发展与生态安全的关系；二是在民法中确立生态伦理观，协调代内公平与代际公平的关系。[2] 亦有学者将其称作“生态原则”，尝试在当代民法的生态转型中把握其法文化意义。他认为，该原则进入民法至少包含3层意味：其一，“生态原则”使民法功能从传统调整平等主体间的私人利益转向实现社会目标的功能；其二，“生态原则”使民法抛弃行为中立性假设，转而从整体上承认行为的前因后果本身就是行为的一部分；其三，“生态原则”使民法超越人类中心思维，开始承认生态具有独立于人类利益的保护价值。同时他还提出，“生态原则”已经将风险预防的思想引入中国的《民法典》，鼓励在这一观念的启发下对立法条文进行长足解释和适用。[3] 除此之外，一些实务工作者主张“绿色原则”在《民法典》各编中的适用具有一定限度，即在穷尽相关规则后方可适用“绿色原则”；“绿色原则”仅作说理的补充而不应单独作为裁判的依据，否则可能会造成一般条款的逃逸。[4]

另一方面，以物权、合同、侵权规则的重构为重点。根据绿色原则编纂修订的条文较多集中在物权、合同与侵权责任三编，这也是学界多为关注的部分。有学者认为，绿色规则在物权编的适用应当统筹把握好物尽其用与绿色使用的关系，在合同编的适用应当统筹协调意思自治和绿色干预的目标，而在侵权编的适用应当统筹把握严格落实环境责任与促进经济绿色发展的关系。[5] 还有学者认为，《民法典》通过“绿色原则”确立了新的价值判断标准，通过“绿色物权”确立了环境私益与环境公益双重保护机制，通过“绿色合同”明确合同履行的环保义务，通过“绿色责任”提高环境侵权违法成本。[2] 《民法典·侵权责任编》是落地“绿色原则”的典型领域，这是“绿色原则”在《民法典》各编中最直接、最集中的体现。除了将“破坏生态”增补为一类独立的环境侵权形态，该编第1234条专门规定了环境污染、生态破坏行为人的生态环境修复责任及其承担方式，第1235条则具体规定了生态环境损害赔偿的具体范围。这两条新增条款具有里程碑式的意义，譬如有学者认为将生态环境损害纳入民法救济范围，使环境公共利益成为中国侵权责任法的保护对象，为环境民事公益诉讼提供了实体法依据。[5] 又如有学者认为，第1234条通过建立“公法义务、私法操作”机制，为民法典与环境法上的公益诉讼制度、生态环境损害赔偿制度的衔接预留了广泛空间；而第1235条则填补了生态环境破坏行为造成的生态功能损害无具体法律责任承担方式的漏洞，让司法实践中判决生态环境修复不再借道“恢复原状”。[6]

3.《民法典》“绿色规则”与环境法在环境损害问题上的协调

从理论架构层面看，有学者试图在《民法典》及环境法规范中完成基于理论分离的重构，实现协调基础上的制度分离。他们认为，以“差额说”损害概念为基础的传统侵权损害论已经无法弥合环境损害与传统的侵权损害概念、基本原则、救济方式等诸多方面存在本质分歧，应当建立以“生态恢复论”为基础的专门环境责任制度，以此为“对环境的损害”而非“对人的损害”的救济提供理论基础。生态恢复论以保障生态系统完整性为核心，主张对环境要素与生态系统及其服务功能统筹考虑，在损害救济上主张修复优先，包括对生态环境的修复和人群健康风险的防控。循着该学者“民法的归民法，环境法的归环境法”的思路，未来应当厘清《民法典》与环境立法的相互关系，通过对传统侵权损害论与生态修复论并重看待，最大限度发挥《民法典》与环境法在应对环境损害问题上的合力功效。[6]

从制度衔接层面看，有学者以该编第1234条为切入视角，通过引入环境行政代履行，划定了生态环境损害代修复制度的适用范围，以此分清《民法典》与环境法在环境损害问题上各自的规制领域。他认为，第1234条代修复制度是环境代履行这一公法制度向私法领域的延伸，利用公法主体与公共主体实现对环境公共利益的保护。该制度虽然承载着侵权责任编绿色化以及与环境公益诉讼衔接的功能，但其私法公法化的倾向将面临公法权力与私法权利如何衔接，公法主体与公共主体的引入是否必要，以及如何避免“放弃权利”等问题的挑战。该学者将生态环境损害的救济范围限定在“与侵权人私益损害共存的生态损害”，并设计了代修复顺位与衔接机制来保障生态环境损害修复的实现。[7]

二、关于环境法法典化的研究

环境法法典化是本年度热衷探讨的议题，研究焦点集中在环境法典编纂的必要性与可行性、环境法典的形式构造与结构编排等方面。

1. 环境法典编纂的必要性与可行性

有学者回顾中国环境立法史并梳理了现阶段环境立法所存在的问题，认为由于缺乏统一的立法思路，生态环境保护法并未形成有效的法律体系，各种法律制度间既有明显的碎片化、重叠乃至相互矛盾倾向，也存在诸多漏洞。体系化思路的缺失导致环境立法选择摇摆不定，而环境法法典化可能是解决上述问题的最优方案。与此同时，中国目前已有相当数量的生态环境保护方面的单项法，生态环境法律范畴体系相对成熟，环境法治实践相对丰富，经济社会发展对环境法典的需求强劲，有良好的政治生态与坚定的决策者意志，这都为环境法典的编纂提供了基本条件。[8]

2. 环境法典的形式构造与结构编排

通过比较和分析世界范围内环境法律体系化的路径，追求中国环境法典编纂的“适度化”模式已成为学界共识——既追求实质性法典编纂模式下完整的法典框架结构和逻辑化的内容体系，又不过分追求法典内容和体系的精细性和全面性。另外，“总—分”式的环境法典框架结构也得到多数学者的支持，但何种内容应当以何种方式分别纳入“总—分”式框架则成为一个必须面对的争议问题，学者们乐意从实质理性和形式理性两个视角为其建立理论供给。有学者强调，生态文明语境下的环境法典是实质理性之“神”与形式理性之“形”的内在统一。未来法典的总则部分应基于生态文明思想的要求，体现环境法生态整体主义观念与利益衡平机制等实质理性的内在要求；分则部分可以依照事前预防、事中管控以及事后救济的逻辑顺序，在对污染防治立法、自然资源立法以及生态保护立法进行整合编纂的基础上，实现对环境法律规范的类型化编排。[9] 还有学者认为，形式理性内在的逻辑性、体系性和稳定性特质，有助于解决中国环境法典化进程中的分歧与争议。应当按照法律制度功能的不同，在未来法典中建构以“风险预防—过程控制—损害救济”为脉络的制度体系。这一举措不仅体现了法典清晰的逻辑脉络，更为法典留有足够的弹性空间，有助于实现法典内容的完整和周延。[10]

三、关于环境立法的研究

在完善环境法学科单项立法方面，本年度的热议话题主要聚焦在生态保护法领域，包括对自然保护地立法、长江保护立法、生物安全立法、野生动物保护立法的研究等。此外，全球气候变化治理、国土空间规划以及跨界流域生态系统利益补偿等法制建构也有个别文章予以探讨。

1. 自然保护地立法

在自然保护地法制体系健全与完善方面，有学者以祁连山保护区生态破坏案为问题切入，发现当前自然保护区、国家公园等自然保护地立法受限于其价值定位和立法位阶，不能妥善协调与其他环境法的关系。该学者认为，在宪法环境条款和环境保护法朝向生态文明价值转向的背景下，自然保护地立法不仅应当按照保护优先原则确立生态环境保护较资源开发利用的相对优先地位，并依照生态价值大小确定不同区域的优先保护级别，而且应按照综合治理原则对自然保护地生态系统进行整体性保护。为落实这一价值期待，自然保护地立法需构建以分区定保护级别制度、总行为控制制度为核心的制度体系，并采用“自然保护地基本法+各类自然保护地特别法”的总分结构。[11] 还有学者认为，践行生态环境系统治理将在很大程度上推动自然保护地法制的优化及有效实施。规则创制是生态环境系统治理的前提，政策与立法的互动、区域立法的协调以及规则体系的内恰，是生态环境协调治理规则创制的基本要求，这些要求集中体现于自然保护地法制。未来，加强系统性风险防范、重视过程管理并确保保障、评价机制的顺畅运行不仅是呼应生态环境系统治理法治理念的必然结论，在一定程度上也使自然保护地法制得以完善。[12]

另外，有学者专研《自然保护地法》与《国家公园法》的关系问题。他认为，从法律体系的构建上看，《自然保护地法》与《国家公园法》属于基本法与特别法的关系。但应明确国家公园建设在中国自然保护地分类体系中处于主导地位，《国家公园法》不仅应当专门立法，而且应当先于《自然保护地法》制定并尽快通过。为了应对国家公园体制试点中存在的共性问题，创设由国务院主管部门直接行使国家公园全民所有的自然资源资产所有权的管理体制，是《国家公园法》立法的重中之重；以法律规制自然保护地体系为基本立场，明确自然保护地基本方针原则和基本权利义务关系，则是综合性《自然保护地法》的立法考量。[13]

一个争议是，对于正在制定的《国家公园法》是否应当在除科研和教育目的外确认其游憩功能，有学者认为确认游憩功能是尊重国家公园自然属性的体现，具有现实基础和积极的社会价值。在这一前提确认的基础上，他试图界定国家公园游憩的法律属性，认为其既不是自然权利也不是法定权利，而是属于国家义务范畴的客观秩序。为了保障管理主体之游憩义务的实现，该学者认为《国家公园法》的立法重点还应考虑分区与差异化管控制度、游憩利用主体规制制度、游憩服务制度等。[14]

2. 长江保护立法

《长江保护法》的制定是一次重大的理论与实践创新，在该法于本年度正式颁布前夕，有学者力图加固其法理基础，建立该法在立法过程中“从事理到法理”的深入论证。该学者认为，应深化对《长江保护法》基本概念的认识，界定长江流域的“社会流域”内涵和独立性、系统性、空间性特征。另外，还应从社会关系角度标识《长江保护法》的主体、客体及权利义务配置原则等法律关系要素。一方面，要建立长江流域空间关系思维，摒除过去不考虑长江流域自然生态系统与社会、经济、文化复合交融的做法，反对将法律关系进行直线性、平面化解读理解，应以流域空间的法律化和法律的流域空间化的逻辑展开相关章节和制度的建构。另一方面，要确立长江流域事权配置维度：（1）按主体层级配置事权，形成中央政府及其职能部门、流域内各级地方政府及其职能部门、流域管理机构5类主体间事权分配和运行机制。（2）以空间视角设计制度，顺次建立流域规划、水安全保障、生态保护与修复、水污染防治、涉水资源可持续利用5类基本法律制度。（3）依托制度形成机制，至少建立行政权力运行、权力与权利沟通、个人权利行使三大机制。[15]

3. 生物安全立法

有学者循着“原则—目标—制度”这一宏观脉络推进研究，架构起生物安全立法的法制框架。该学者认为，生物安全法治应形成以风险预防原则为中心、以谨慎发展原则和全程管理原则为支撑的法律原则，目标在于维护生态安全、保护人体健康、促进现代生物技术健康发展以及保障国家安全。在法律制度建设层面，应重点推进形成多部门协同的管理体制，形成精细化的风险防范机制和基于科学标准的安全审查机制，同时重视面向公众的生物安全风险沟通。[16]同年的另一篇文献中，该学者还对生态安全的法治原则及其具体落实做出细致论述。他认为，中国生物安全立法的价值定位应立足于回应风险社会挑战，坚持风险预防原则和谨慎发展原则。从风险预防原则和谨慎发展原则的视角来看，科技安全和生态安全是生物安全体系最主要的两方面内容。其中，科技安全保障应以人文关联补足科技理性和价值理性，生态安全保障则应以保障总体国家安全为主旨，更加重视生物多样性的保护以及公共卫生安全问题的积极应对。[17]

生物遗传资源安全和生物入侵防范作为生物安全的两个重要侧面，本年度也得到特别关注。有学者认为生物遗传资源法制应实现正义、秩序和效率三大价值的沟通与协调，并在此基础上完善其法律保障。从积极层面的制度安排来看，应基于生物遗传资源价值选择的内在要求和资源权属制度安排，形成科学合理的生物遗传资源获取与惠益分享机制。从消极层面的风险预防来看，应健全外来物种入侵防范机制并加强生物遗传资源调查，这将有助于及时发现外来入侵物种的负面影响并采取相应的预防性、管控性或者补救性措施。[18] 就后者而言，有学者认为目前国内立法虽已为中国生物入侵防范和管理提供了法律依据，但同时亦存在立法目的偏离、防控方式不健全、监管制度不完善以及法律责任机制缺失等多方面弊端。该学者进一步提出因应之道，认为应当关注功利主义传统带来的负面效应，重视综合生态系统管理方法的整体主义观念对预防性、控制性和救济性机制起到的指导作用，优化风险评估、监测预警、检疫检验、名录和引进许可等法律制度。[19]

值得关注的是，无论对生物安全本身还是其重要侧面的论述，所有文章都落脚于环境风险这一议题上，环境风险法律规制的关键在于预防风险在未来可能带来的损害。据此，有学者通过将生物安全领域的环境风险划分为科技风险、生态风险和环境健康风险3类，致力于推动风险规制的类型化制度安排。具言之，科技风险的安全评价应以“科学不确定性”作为规制对象并注意与突发环境事故应急处理制度相衔接；生态风险则以生物多样性的3个层次为对象，重点规制对环境的释放，建立与环境影响评价制度和生态环境损害赔偿制度的有效衔接；环境健康风险的安全评价则应以“人体健康”为评价尺度，同时着力整合现有的环境标准体系建设。[20]

4. 野生动物保护立法

新冠肺炎疫情的暴发再度引起学界对野生动物保护与利用问题的广泛关注，部分学者开始探索修改《野生动物保护法》的法制路径。有学者提出，一方面，《野生动物保护法》的立法目的应当围绕维护环境健康、公共安全和生物安全，增加确立保护优先和风险预防原则。另一方面，有必要将《野生动物保护法》的保护范围扩大至所有生存在自然环境下的野生动物；采取“普遍+重点”保护的方式，区别“珍贵、濒危”动物、“三有”动物与一般野生动物并进行分类保护。此外，基于多方面利益平衡的考量，还可实行野生动物利用特许制度、野生动物保护生态补偿制度等，推动形成野生动物保护的合力。[21] 还有学者系统梳理了中国野生动物立法基于国有自然资源的保护、基于商业的规范利用和以禁食为切入点深化改革的3次嬗变，发现以规范供给为主导的前端控制模式来限制野生动物的利用，将产生制度与实施之间的偏差。他认为，野生动物利用法律制度若要完成真正意义上的嬗变，不仅需要将“野生动物”概念的适用语境扩大至维护生物安全和生态安全、保障人民群众生命健康安全、公共卫生安全等相关利益的规范目的，还需要转变过去仅依靠限制野生动物食用产业链前端的规制方式，代之以全过程限制的方式，并尤其重视消费端的控制。另外，还要进一步加强野生动物非食用性利用的审批和检验检疫，真正符合逐步限制野生动物利用的时代趋势。[22]

5. 气候变化立法

全球气候治理是一个长久不衰的议题。有学者从全球治理的角度研究气候治理僵局的超越，认为气候治理僵局形成于行为主体多元化、气候治理机制碎片化、制度惯性阻碍治理创新、气候问题复杂性增强等阻碍。对此，提出突破气候治理僵局必须依赖各国主动、高效且自主地接纳并内化全球治理的规范与价值，追求超越狭隘国家利益至上更有价值的长远利益；依托气候治理双轨制框架，推进不同治理机制的有效整合；借助具有自主性和适应力的非政府机构，克服制度惯性困局；同时应立足科技革命与技术创新，攻克部分棘手难题。[23] 还有学者从法制应对的角度化解气候治理面临的挑战，总结了气候治理面临的3项挑战：一是气候风险的内生性和延展性导致各国在气候治理立场上分歧严重；二是气候风险的不确定性阻碍各国进行气候治理决策；三是气候风险因应路径的协同性面临全球治理体系考验。对此，该学者认为法制手段在应对气候风险上的作用仍旧无可替代，在进一步推进气候治理的行动中，中国应当遵循以风险预防原则为中心的政策导向，建立完整的气候治理体系，完善减缓性与适应性法律制度，推进制定“应对气候变化法”。[24]

6. 其他立法

关于生态环境法益观下的刑法重构。中国现行刑法将破坏环境资源保护罪定性为破坏社会管理秩序的犯罪，这是人类中心主义法益观。有学者认为，纯粹的法益论显然不适应风险社会背景下频繁变动的刑事立法，为了顺应当前“生态文明”入宪的时代背景，有必要对传统刑法做出相应调整，从环境伦理上重新定义刑法法益保护的客体，将国家生态安全作为犯罪客体，形成以生态安全为基础的全新国家安全体系。建议从刑法体系出发，建立以危害国家生态环境安全利益的类罪名，将涉及环境资源犯罪的具体罪名全部囊括进去，从诉讼时效、举证责任、过错推定、犯罪预防以及刑罚机制等方面加以特殊规定，从根本上维护国家生态环境利益。[25]

关于空间规划法立法进路的探究。中国目前正在研究制定《国土空间开发保护法》与《国土空间规划法》，有学者对上述两法与新修《土地管理法》在制度功能方面的衔接与协调问题做出研究。他以南非于2013年颁布的《空间规划与土地利用管理法》为理性镜鉴，检视中国国土空间规划体系建构及其立法中存在的短板，并提出相关意见。他认为，中国当务之急是调整关于《国土空间开发保护法》和《国土空间规划法》分别立法的取向，与其分别制定两部法律进而研究如何进行制度的切割、协调与整合问题，不如运用法典化思维以框架法的模式对国土空间开发保护和国土空间规划进行整合立法，在同一立法文本中研究如何实现国土空间开发保护的目标、如何科学构建国土空间规划体系、如何更好地实现对国土空间进行用途管制，以及如何理顺三者间的内在逻辑关系。[26]

关于跨界流域生态系统利益补偿法律机制的构建。实践中流域的使用价值往往由流域的使用者直接享有，流域的供给方虽然对流域生态系统的维护做出贡献，却往往难以得到流域非使用价值的增值受益。有学者主张跨界流域各参与主体能够协调分配流域转移的增值收益，受益方对于受损方给予相应利益补偿，对此，他认为应当建立以跨界流域利益补偿本体、补偿范围和补偿主体为内容的长效法律机制。流域生态补偿的本体以多主体协商管理模式为立足点，以协商性的“行政协议”为载体，以利益补偿责任机制为补充所组成。流域生态补偿的范围包括跨界流域纵向利益补偿、横向利益补偿、污染型补偿、风险预防型补偿以及建设保护型补偿。跨界流域利益补偿涉及的相关主体主要有中央及上下游各级政府（国家）、企业等市场决策主体、公众社会组织等决策主体。[27]

四、关于环境行政执法的研究

本年度对环境行政执法的研究立足于信息大数据和现代化生态环境治理的时代背景，以法社会学的研究方法探视数据化管理思维和多元共治理念对环境行政管理体制带来的冲击与重塑。还有学者基于公共管理的视角，分析了央地关系视角下环境政策执行偏差的因与应。

1. 信息大数据对环境行政执法的影响

有学者认为，在大数据时代，信息不对称的逐步消失将会使原本基于风险认知理论构筑起来的环境风险行政管理体制受到较大冲击。这表现为：职能定位上，以环境大数据为基础的风险认知，使潜在污染源对环境的影响具有整体可预测、可评估和可规避的特质。管理模式上，生态环境大数据管理平台、云平台等推进环境治理从粗放式转变为精细化。义务转变上，数据共享要求破除部门利益格局，改变传统以业务主管部门为主导的信息收集。责任导向上，大数据监测平台转变环境管理的结果责任导向，注重过程监督，杜绝污染者侥幸心理。[28]

面对行政执法绩效评估“重定性轻定量”“重过程轻实效”“重形式轻实质”的缺陷，有学者认为，纳入“违法反弹率”指标是大数据时代行政执法评估的发展进路选择所在。该学者以环境执法为例，探讨以违法反弹率作为一种定量评估指标，客观评价一定地区范围内的执法质量，尝试在一定程度上弥补现有行政执法评估指标轻“量”轻“质”的缺陷。以环境执法大数据为基础对环境行政执法进行“违法反弹率”的定量评估，既可以从整体上了解环境执法情况，又可以对环境执法措施的威慑程度进行分析，还可以直接对各地环境行政执法的质量进行对比，以此弥补中国行政执法评估指标“实效性”的不足。[29]

2. 现代化生态环境治理体系对环境行政执法的影响

中国环境治理模式经历了从政府管制到政府与社会二元合作模式，再到政府、企业、社会公众三元互动模式的转变，最终形成现代化生态环境治理体系，该体系是全社会共同参与环境治理的体现。探索现代化的生态环境治理体系可以为环境行政互动式执法与环境行政处罚裁量规制提供理论支撑。

第一，对环境行政互动式执法的影响。有学者认为，现代化生态环境治理体系为环境行政互动式执法提供了前提与框架：通过赋予企业、社会、公众相应的知情权、参与权及救济权，环境行政互动式执法得以在各个主体处于相似法律地位的基础上有效运行。在环境违法行为发生前后，生态环境行政机关、企业、社会公众三者皆可参与环境行政决定做出的前、中、后阶段，三者均对环境行政行为予以规范和限制。为保障环境行政互动式执法系统得以真正运行，需要为其提供制度设计方案，通过环境行政执法中以企业为主体的事前协商和事后替代履行制度设计、社会公众参与行政决策的制度设计以及生态环境行政机关环境行政权力空间的部分让渡，共同构建环境行政互动式执法。[30]

第二，对环境行政处罚裁量的影响。在环境风险激增的当下，环境行政裁量的空间不断扩张，传统的立法、执法、司法规制模式已现疲态。有学者认为，现代化生态环境治理体系构筑的政府、企业、社会公众三元主体结构为环境行政处罚裁量规制提供了新的框架，即环境行政处罚裁量的规制必须在以环境行政机关为主导的基础上，尊重企业的主体地位，并充分吸纳社会公众的广泛参与。在此框架下，以行政自我拘束、协商民主与行政正当等理论为支撑，可促成环境行政处罚裁量向自我规制、协商规制、社会规制方式的发展。同时，环境行政处罚裁量的新型规制框架需涵盖环境行政处罚裁量过程的始终，并向环境行政处罚开始前与结束后延伸，形成环境行政处罚全过程的规制闭环。[31]

3. 环境政策执行的偏差矫正

有学者基于央地视角对中国环境政策的执行偏差问题给予关注，他认为环境政策执行偏差产生的原因具有复杂性。在中国环境政策执行的现实中，导致环境政策执行偏差的主要原因包括地方分权及其相关的行政发包制、条块分割背景下的环境监管权威碎片化、经济发展指标为导向的激励制度、环境的公共物品属性等。政策执行偏差的破解具有相对性。某一种环境政策执行偏差的根本解决依赖于经济社会发展的基础之上的整体治理体系和治理能力的提高。基于中央和地方关系，单纯就环境政策执行的微观角度而言，政策执行偏差的破解需要从环境治理的权力结构、环境政策执行主体的激励方式和环境治理行为选择等角度进行谋划，具体包括重新整合环境治理权力结构，提升环境部门监管能力，完善地方政府绩效评估体系，提升地方政府环境治理绩效，等。[32]

五、关于环境司法的研究

关于环境司法的研究主要集中在检察院提起的环境公益诉讼方面，包括对诉讼本身治理效能的研究以及诉讼进程中遭遇的困境破解。另外，有个别学者对环境民事公益诉讼原告主体资格和起诉顺位进行了论证。

1. 检察公益诉讼的治理效能

检察公益诉讼的运行已经在主体、信息、程序和效果方面形成多维交错的网状治理结构。有学者从历时性和共时性两个角度剖析了检察权与行政权、审判权、立法权和公民权的关系演变，描述了网状结构中各主体的权能定位。检察机关作为该网状结构的中心环节汇通各种公益保护手段和力量，首先，通过检察权对立法权的承接和延伸，检察公益诉讼必然会与立法机关的法律实时监督功能联系起来。其次，通过检察权对行政权的补充与协调，检察公益诉讼成为特定领域内检察权与行政权的合作治理机制。再次，通过检察权与审判权的分立与配合，检察机关与审判机关在适用法律方面得以形成合力，共同推动行政领域与司法领域法律适用的协同性。最后，通过检察权与公民权的衔接与合作，兜底、辅助性的检察公益诉权成为民事公益保护的合力。为了实现检察公益诉讼的治理目标，还需增强协同治理效应、完善治理机制与规范建设，逐步提高检察机关司法治理能力。[33]

2. 检察公益诉讼面临的困境

通过对检察公益诉讼在现代化国家治理体系中的权能定位，可知其已成为损害救济的一种新选择，但检察院提起的环境公益诉讼在司法实践操作中还存在诸多困阻，包括案源的结构性局限、可诉的案件种类与范围过窄、检察机关的调查取证权无具体法律依据且内容规范不完善、举证责任分配不清、行政机关有抵触情绪等。有学者认为，应当从程序正义与实体正义两个层面完善相关机制。具体推进措施有拓宽公益诉讼案件线索的来源渠道、扩大检察院公益诉讼案件的种类或范围、保障检察院有效行使调查取证权和调查核实权、完善诉讼中的举证责任分配、疏导行政机关及其工作人员的消极情绪等。[34]

如上述所列困阻，有学者专门对其中检察机关在诉前的调查取证工作进行研究，发现存在调查对象确定复杂、调查取证没有强制性权限、调查取证缺乏明确证据规则、缺乏必要的技术保障与资金支持等困难。该名学者提出完善环境行政公益诉讼诉前程序调查取证的几点建议。首先，应当适时制定《公益诉讼法》为检察机关调查取证提供法律支撑，明确检察机关在行政公益诉讼中的权利与义务，确定公益诉讼鉴定和公益诉讼鉴定补偿金制度。其次，应当构建符合生态环境行政公益诉讼的证据制度。在举证责任上要求检察机关在起诉时仅需提供初步的证明材料，同时将环境行政公益诉讼证据的证明标准确定为“清楚且确信”。最后，应当在调查取证的基础上灵活运用检察建议，除了拓展检察建议发出前的协调沟通功能，还要发掘检察建议的事后监督功能。[35]

3. 环境民事公益诉讼的原告主体资格

有学者主张扩大环境民事公益诉讼的原告主体范围。在主体资格方面，企业法人及公民个人应当纳入环境民事公益诉讼原告范畴。“正当当事人”及“任意的诉讼担当”理论可以作为其主体资格确立的理论基础，给予有能力也有意愿启动环境民事公益诉讼的公民主体资格符合中国国情与实践。在起诉主体顺位上，该学者主张按照行政机关—环保组织—检察机关—公民个人和其他主体的顺位排序。行政机关依据本身的环境保护职责，且从专业能力和职责角度看，具有极为显著的公益性，相较于拥有监督职责的检察院来说，应当位列原告的第一位；考虑到个人把自己的公益权利让渡给了其他3类主体，因此位列最后。此外，还应实施多种措施推动更多环境污染问题被司法救济，譬如建立预防滥诉惩戒机制、环境公益诉讼不作为行政诉讼程序、给予环保组织资金和专业支持制度等。[36]

注：

[1]吕忠梅：《〈民法典〉“绿色规则”的环境法透视》，《法学杂志》，2020年第10期。

[2]吕忠梅：《实施〈民法典〉绿色条款的几点思考》，《法律适用》，2020年第23期。

[3]朱明哲：《生态原则与民法的当代转型》，《学术月刊》，2020年第6期。

[4]陶凯元：《以习近平生态文明思想为指引切实贯彻实施〈民法典〉绿色条款》，《法律适用》，2020年第23期。

[5]王旭光：《〈民法典〉绿色条款的规则构建与理解适用》，《法律适用》，2020年第23期。

[6]吕忠梅，窦海阳：《以“生态恢复论”重构环境侵权救济体系》，《中国社会科学》，2020年第2期。

[7]丁霖：《论生态环境损害代修复——兼论〈民法典·侵权责任编〉（草案）第1234条的完善》，《吉

首大学学报(社会科学版)》, 2020 年第 3 期。

[8]吕忠梅:《环境法典编纂:实践需求与理论供给》,《甘肃社会科学》, 2020 年第 1 期。

[9]于文轩, 牟桐:《生态文明语境下环境法典的理性基础与法技术构造》,《湖南师范大学社会科学学报》, 2020 年第 6 期。

[10]朱炳成:《形式理性关照下中国环境法典的结构设计》,《甘肃社会科学》, 2020 年第 1 期。

[11]吴凯杰:《环境法体系中的自然保护地立法》,《法学研究》, 2020 年第 3 期。

[12]于文轩:《生态环境协同治理的理论溯源与制度回应——以自然保护地法制为例》,《中国地质大学学报(社会科学版)》, 2020 年第 2 期。

[13]汪劲:《论〈国家公园法〉与〈自然保护地法〉的关系》,《政法论丛》, 2020 年第 5 期。

[14]潘佳:《国家公园法是否应当确认游憩功能》,《政治与法律》, 2020 年第 1 期。

[15]吕忠梅:《关于制定〈长江保护法〉的法理思考》,《东方法学》, 2020 年第 2 期。

[16]于文轩:《生态文明语境下的生物安全法:理念与制度》,《人民论坛·学术前沿》, 2020 年第 20 期。

[17]于文轩:《生物安全保障的法治原则与实现路径》,《探索与争鸣》, 2020 年第 4 期。

[18]于文轩, 牟桐:《论生物遗传资源安全的法律保障》,《新疆师范大学学报(哲学社会科学版)》, 2020 年第 4 期。

[19]于文轩:《生物安全语境下生物入侵的法制因应》,《社会科学辑刊》, 2020 年第 3 期。

[20]于文轩, 杨胜男:《环境法视域下的生物安全风险规制》,《中国环境管理》, 2020 年第 3 期。

[21]周珂, 陈微:《修改〈野生动物保护法〉的理念与路径》,《环境保护》, 2020 年第 6 期。

[22]周珂, 孙思嘉:《野生动物利用法律制度的嬗变与破局》,《法学评论》, 2020 年第 6 期。

[23]王宏岳:《全球气候治理的僵局与超越》,《中国政法大学学报》, 2020 年第 1 期。

[24]朱炳成:《全球气候治理面临的挑战及其法制应对》,《中州学刊》, 2020 年第 4 期。

[25]穆斌:《生态环境的法益观研究》,《中国政法大学学报》, 2020 年第 3 期。

[26]张忠利:《空间规划法的立法进路和体系框架:南非经验及其启示》,《中国政法大学学报》, 2020 年第 3 期。

[27]邵莉莉:《跨界流域生态系统利益补偿法律机制的构建——以区域协同治理为视角》,《政治与法律》, 2020 年第 11 期。

[28]侯佳儒, 尚毓嵩:《大数据时代的环境行政管理体制改革与重塑》,《法学论坛》, 2020 年第 1 期。

[29]丁霖, 竺效:《论"违法反弹率"对行政执法评估指标的完善——以新环保法实施以来三年执法大数据为例》,《重庆大学学报(社会科学版)》, 2020 年第 6 期。

[30]丁霖:《论生态环境治理体系现代化与环境行政互动式执法》,《政治与法律》, 2020 年第 5 期。

[31]丁霖:《论环境行政处罚裁量的规制——以生态环境治理体系现代化为框架》,《浙江工商大学学报》, 2020 年第 2 期。

[32]李瑋:《中央与地方关系视角下环境政策执行偏差及其破解》,《东岳论丛》, 2020 年第 4 期。

[33]刘艺:《论国家治理体系下的检察公益诉讼》,《中国法学》, 2020 年第 2 期。

[34]曹明德:《检察院提起公益诉讼面临的困境和推进方向》,《法学评论》, 2020 年第 1 期。

[35]高文英:《环境行政公益诉讼诉前程序研究——以检察机关的调查取证为视角》,《中国人民公安大学学报(社会科学版)》, 2020 年第 6 期。

[36]李琳:《论环境民事公益诉讼之原告主体资格及顺位再调整》,《政法论坛》, 2020 年第 1 期。

(北京市法学会供稿;执笔人:李艳芳、李姝影)

国际法学

2020 年,在中国"涉外法治"持续推进与深化的大环境下,北京地区国际法学者围绕当前国际法领域的重大理论和实践问题,结合国内外形势的急剧发展以及国家的总体战略需要,深入推进相关研究。研究主要涉及国际法的基本理论问题、新冠肺炎疫情的国际法应对、中美关系的国际法解读、法的域外适用机制的架构、《新加坡调解公约》的中国参与、中国国际商事法庭的建设以及外国判决的承认和执行等重大国际法问题。

一、国际法的基本理论

有学者研究指出，尽管条约是国际法的渊源，但由于条约是国家之间的约定，因此，条约解释更近似契约解释而不是法律解释。契约解释与法律解释最大的不同在于契约解释要查明缔约双（各）方的共同意思。《维也纳条约法公约》所确立的条约解释方法基本上体现出条约解释规则对当事国意思的看重。当今条约解释规则的缺陷在于没有明确不同的条约解释方法的适用顺序，从而导致条约解释过程的任意性和解释结果的不可预见性。《维也纳条约法公约》第31条的表述应看作是对不同的条约解释方法排列出适用顺序，体现出对当事国意思的看重。只有确立条约解释方法的适用顺序，才可能将条约解释作为一种可实质性进行法律判断的意思表达，才能使当事国在权利受到不当解释的侵害时有机会寻求救济。[1]

有学者认为，思考对于国际法学的发展至关重要。而思考意味着解放思想，相信自己的思想拥有巨大潜力尚待释放。正是因为如此，批判法学才有了今天的成就。无论是在法学、政策定向学或批判法学，抑或是其他国际法理论，都只是认识国际法的方法。不同的理论对于国际法的认识是不同的，如何认识国际法只有道理没有真理。情况是在不断变化的，解决问题需要具体情况具体分析，没有任何一种国际法理论能够完全“对号入座”。在这个意义上，理论创新是具体的、时刻发生的，并且需要“嫁接”不同理论的精华来实现。只要努力思考并借鉴前人的经验，谁都可以创造自己的一般或专门的国际法理论。思考是中国国际法学前进的动力。[2]

有学者研究指出，海事惯例作为法律的渊源之一，是经过国际海运界长期反复实践形成的行为规则，对法律具有重要的补充作用。然而，由于对国际惯例的适用条件理解不一，在当前的海事司法实践中，适用国际惯例的机会较少，人们习惯于从民法与海商法的隶属关系出发，在《海商法》对某一事项没有直接规定的情况下，即直接适用民法的规定，进而忽略了海事惯例的作用。此种现象的出现，乃是由于法律中对适用制定法与适用国际惯例的关系规定得过于笼统。有鉴于此，应当从海事的视角理解国际惯例与制定法的关系，纠正对国际惯例的种种误读，以期达到正确适用法律的目的。[3]

有学者研究指出，国际多边体制的选择仅仅表明了国家对治理模式的一种偏好，更深层次的问题是需要什么样的多边体制。理想的多边体制应能有效应对人类社会共同面临的挑战，有效实现各成员国的共同努力，并能公平地惠及各成员方和国际社会。现存的国际多边体制经常会受到其个别成员尤其是强国的挑战甚至威胁。多边体制的薄弱，从根本上说是源自国际社会自身的特点。在无法杜绝个别成员对多边体制的离心离德甚至有意毁损的情况下，不能期待任何一个多边体制是尽善尽美且可长久依靠的；为了防止多边体制由于个别成员的作为或不作为而陷于瘫痪，在最初的体制设计时就应该有替代方案的储备；同时，各国应共同努力来确立国际社会的共同价值，妥善处理本国利益与多边体制的关系。[4]

中共中央十九届四中全会专门就中国国家制度和国家治理问题做出决定，其中明确提到“加强国际法研究和运用”。有学者研究指出，决定中相关内容的重要意义可与1978年邓小平提出“要大力加强对国际法的研究”相提并论，对国际法学界是极大的鼓舞。中国国际法学与改革开放同步，在改革开放的过程中走向繁荣，并为国家的建设和发展做出重要贡献。当今世界正处于“百年未有之大变局”，中国国际法研究与运用面临前所未有的机遇和挑战。服务“一带一路”建设，推动构建新型国家关系和推动构建人类命运共同体，中国国际法研究和运用有新的任务与方向。为进一步加强中国国际法研究和运用，首先要加强国际法教学，为培养涉外法律人才奠定基础，特别是要关注国际法与国内法的区别，设置国际法学为一级学科；其次要加强国际法的运用，充分发挥国际法的作用，特别是建立涉外工作法务制度，提升涉外工作法治化水平；最后还要统筹国内和国际两个大局，加强国际法领域的国际交流与合作。[5]

2020年11月召开的中央全面依法治国工作会议正式确立了习近平法治思想。有学者研究指出，习近平法治思想包含了丰富的国际法内容。百年未有之大变局是习近平法治思想及其国际法主张和系列论述产生的基础和背景。和平共处五项原则和推动构建人类命运共同体是习近平法治思想中关于国际法的核心原则和理念，人类共同价值是习近平法治思想中引领国际治理和国际法发展的价值观。习近平法治思想还体现国内法治与国际法治密切关联、有机联系的特征。

习近平法治思想中的国际法主张是中国国际法研究和实践的重要指引，也将引领、推动现代国际法的进步和发展。[6]

有学者撰文指出，划分法律域内效力与域外效力的标准是被规制行为的发生地。经过百余年发展，美国以国内法的域外效力为法理依据，构建了融合立法权、司法权与执行权的对外制裁法律机制。国内法的效力突破属地主义限制是国家治理模式改变、相关国家地位提升、人类社会飞速进步与国际法体系发展相对滞后等因素叠加的结果。判断国内法的域外效力是否违反国际法需以是否存在禁止性国际法原则为基本标尺，并因循具体路径予以衡量。短期看，为应对美国的法律制裁，中国须制定确当的国家立场、做充分的法理阐释、推动国际社会共同反制次级制裁，谨慎制定阻断法；长期看，中国须在立法、执行与司法3个层面综合施策，谋划构建不违反国际法基本原则并与国家实力相适应的具有域外效力的法治体系。[7]

有学者撰文指出，“两要素”说是认定习惯国际法存在及内容的传统路径。从国际法院的案例文本来看，“两要素”说是始终被坚持的，迄今为止，国际法院未曾在书面表述上出现过对“两要素”说的背离。从国际法院的案例来看，在大部分案件中，国际法院仅在文本中提及“国家实践”和“法律确信”，而没有真正对这两个要素展开考察分析。据此会发现一个“颠覆”传统认知的结论：“国家实践”和“法律确信”在很大程度上可能仅是国际法院案例文本中的一个抽象存在。欲理解国际法院这种“言行不一”，则需要对“两要素”说进行反思。[8]

二、新冠肺炎疫情相关法律问题

有学者撰文评美国诋毁中国抗击COVID-19之牺牲与贡献、妄图“追究”世界卫生组织和中国“责任”。通过列举大量事实和国际法准则，批判美国无耻政客的种种谰言，揭露其险恶居心，澄清国际迷雾，以正国际视听，并提出切实可行的应对对策、建议。[9]

有学者研究指出，受疫情影响的国家和地区根据《国际卫生条例》，应向世界卫生组织通报和共享疾病的信息，并遵守世界卫生组织的临时建议以及世界卫生组织发布的传染病暴发时的应对指南。国际社会在认真考虑世界卫生组织的建议的同时，可根据本国实际情况，采取相应的防疫措施，包括加强对国际旅行的卫生检疫。在境外疫情传播尚未得到有效控制的情况下，中国必须加强边境检疫，防止疫情从境外输入。同时，在没有任何证据表明国际贸易可能导致该病毒的国际传播的情况下，各国不应限制国际贸易。一些国家采取的限制国际运输和贸易的措施没有明确的科学依据。即使在疾病流行期间，任何限制贸易的措施，也必须符合《关税贸易总协定》和《卫生和检疫措施协定》的规定。此次突发公共卫生事件显示有必要加强世界卫生组织在协调和防止新发传染性疾病国际传播的职能和国家间合作的必要性。[10]

有学者认为，就新冠肺炎疫情对中国发起的诉讼是典型的诬告滥诉，既违反国际法也违反美国法。美国《外国主权豁免法》推定外国享有管辖豁免的规定也体现了一国法院不得管辖外国政府行为的国际法规则，据此新冠肺炎疫情诬告滥诉案件应被撤销。虽然《外国主权豁免法》是一部长臂管辖法，但原告必须证明存在管辖豁免例外且已合法有效送达被告，否则美国法院对被告没有对人管辖权。中国中央政府和地方政府，以及政府直接控股的在中国注册成立的国有企事业单位属于《外国主权豁免法》上的“外国国家”，有权主张管辖豁免。美国原告向中国主体邮寄送达起诉材料是非法无效的，美国法院不能享有对人管辖权。中国政府及相关主体防控新冠肺炎疫情的行为不构成“商业行为例外”“侵权例外”“恐怖主义例外”，美国法院应依职权主动认定没有事项管辖权，驳回原告起诉。即使外国政府未出庭抗辩管辖权，美国政府亦应出具利益声明书，要求美国法院驳回原告起诉，防止美国法院因不熟悉主权豁免问题而侵犯外国政府依据国际法和《外国主权豁免法》所享有的豁免权利。中国已签署但未批准《联合国国家及其财产管辖豁免公约》，应适时将该公约转换为国内法，制定中国的《外国国家豁免法》。[11]

有学者研究指出，贸易自由和人权保护之间长期互动，并诞生了不同的理论支持各自的观点。二战后，国际贸易体制与人权保护机制也在各自的道路上不断发展并深化。在新冠肺炎疫情影响下，为了应对贸易自由和人权保护带来的制度性冲突，中国应以人类命运共同体理念为指引，对基本人权进行最大程度的保护，同时保障目前国际贸易体制正常有序地运转与发展。应采取有效措施，在短期内达到抗击疫情、稳定形势、保护生命、维持贸易的目的；在长期的发展中进行价值性引领，通过制度设计促进合作，最终达到繁荣贸易、保护人权的目标。[12]

三、中美关系的法律应对

有学者撰文就“当前中美关系中的国际法问题”

进行深入解读，指出处理中美关系应坚持的国际法立场。基于民主和法治是人类经过艰苦探索找到的治理国家的最佳原则，也是全球治理的最佳原则，公认的国际法是世界各国共同的行为规范，是全球治理的重器，也是国际社会通用的话语体系，国际法基本原则更是人类的价值共识。在处理中美关系的过程中，要使用国际法这个武器，占据坚守法治的道义制高点，坚定不移地扩大对外开放，坚定不移地坚守良法善治下的多边主义和全球治理，坚定不移地维护以联合国为核心的国际体系，坚定不移地建设以国际法为基础的国际秩序，推动构建人类命运共同体。[13]

有学者就国内法的域外效力进行研究后认为，划分法律域内效力与域外效力的标准是被规制行为的发生地。经过百余年发展，美国以国内法的域外效力为法理依据，构建了融合立法权、司法权与执行权的对外制裁法律机制。国内法的效力突破属地主义限制是国家治理模式改变、相关国家地位提升、人类社会飞速进步与国际法体系发展相对滞后等因素叠加的结果。判断国内法的域外效力是否违反国际法须以是否存在禁止性国际法原则为基本标尺，并因循具体路径予以衡量。短期看，为应对美国的法律制裁，中国须制定确当的国家立场、做充分的法理阐释、推动国际社会共同反制次级制裁，谨慎制定阻断法；长期看，中国须在立法、执行与司法 3 个层面综合施策，谋划构建不违反国际法基本原则并与国家实力相适应的具有域外效力的法治体系。[14]

有学者撰文指出，中国企业在美国的一系列反垄断诉讼发生在中国加入世界贸易组织后与美国在经贸关系中博弈摩擦不断升级的背景之下，其中涉及了美国反托拉斯法的域外适用、国际礼让原则、外国法查明、外国政府对本国法律解释的效力等一系列焦点问题。在相关案件的判决中，美国法院就上述问题的观点和论述存在诸多漏洞和偏颇之处，包括限缩适用“国际礼让原则”中“真实冲突”的条件、外国法查明中客观性的缺失等。而未来随着中国企业日益成为美国反托拉斯重点关注对象，中国企业会面临更多挑战，需从美国国内法、国际法、中国相关政策法规的制定以及企业自身行为的合规性等方面积极应对。[15]

四、WTO 相关法律问题

有学者研究指出，中国、欧盟等 WTO 成员近期达成的《多方临时上诉仲裁安排》（MPIA），是自 2019 年 12 月 11 日 WTO 上诉机构被迫停止运作以来，部分成员为应对 WTO 争端解决危机所取得的最重要进展。MPIA 的实质在于依托仲裁，替代上诉，并具有临时性和开放性的特点，是在上诉机构停摆期间继续维护两审终审并确保裁决约束力的唯一务实及合法选择。上诉仲裁在程序启动和裁决生效两方面体现仲裁要素，从而使其有别于 WTO 上诉审议；但在仲裁员遴选及组庭、审理程序、法律适用及裁决执行监督等方面，则基本复制了上诉审议程序，显示了其替代上诉的实质，回应解决了参加成员在特殊时期的上诉需求。在制度创新方面，MPIA 融入若干提高程序效率的规定，试图在危机背景下回应 WTO 上诉机制的改革需要。中国在 MPIA 的谈判和达成过程中发挥了关键作用，须在继续坚持多边贸易体制、寻求长久解决上诉机构危机方法的同时，尝试通过该机制解决涉华 WTO 案件的上诉问题。

有学者研究指出，代表世界贸易 90% 份额的 76 个 WTO 成员于 2019 年 1 月发起“电子商务诸边谈判”，旨在制定电子商务/数字贸易领域的国际规则，以适应经济的全球化和数字化发展。谈判既涉及成员存在基本共识的贸易便利化议题，也涵盖高标准的数字贸易新规则。各谈判成员数字经济发展水平不同，核心利益诉求有别，尤其是中美欧等主要成员的立场协调是决定该谈判是否能够成功的决定性因素。对此，有必要重点分析谈判中的跨境数据流动和禁止本地化要求、源代码及算法规制和电子传输的免关税及数字税征收等核心争议问题。中国作为电子商务第一大国、数字经济第二大国，需在积极参与谈判的同时，注重推动谈判符合最大多数成员的利益，并提升中国在电子商务/数字贸易领域的规则话语权。[16]

有学者撰文指出，在《中国入世议定书》第 15 条到期之后，欧盟第 2017/2321 号法令正式生效，该法令规定的“市场扭曲”标准实际上是“替代国”的变种，是以新的方式规避承认中国市场经济地位。欧盟法令中“市场扭曲”的规定，在判定中国存在“市场扭曲”时有不合理性。《美墨加协定》中的“毒丸”条款部分点明了该条款的目的，在于遏制中国国际贸易的发展。可以看出，欧美在《中国入世议定书》第 15 条到期后，采用“市场扭曲”“国有企业扭曲市场”“毒丸”条款等方式，为中国争取公平的贸易机会设置层层障碍。面对当前贸易保护主义抬头的形势，更需要研究相关的规则和新情况，以便知己知彼，利用合法的手段进行反制；同时应积极改进国内产业结构分配，深化国有企业改革，通过国际与国内双重手段维护中国在国际贸易中的正当利益。[17]

有学者分析认为，“禁止要求当地存在规则”源于服务贸易协定对本地化措施的规制演进，是NAFTA型服务贸易协定缔约方在跨境服务贸易领域应遵循的核心义务之一，其与国民待遇、市场准入、国内监管条款存在不同程度的交叉关系。允许服务跨境提供而不必设立当地存在有助于降低外国服务提供者的成本负担，加速其融入全球价值链并促进电子商务与数字贸易发展。上海市政府发布的《中国（上海）自由贸易试验区跨境服务贸易特别管理措施（负面清单）（2018年）》规定未纳入负面清单的当地存在要求应按照“内外一致原则”管理具有进步性，但与“禁止要求当地存在规则”仍存在差距。应在全面梳理中国服务贸易协定具体承诺和国内法规基础上，结合监管目标和监管能力等因素综合确定中国现有和未来可采取的当地存在要求的存废，并在修订中国服务贸易国内法规和对外商签服务贸易协定时择机引入“禁止要求当地存在规则”。确定暂予保留的当地存在要求应纳入负面清单，并完善跨境服务贸易负面清单管理制度。对于不予采取当地存在要求的服务，也应加强监管能力建设和国际监管合作。[18]

五、新加坡调解公约

有学者撰文指出，《新加坡调解公约》旨在解决国际商事调解达成的和解协议的跨境执行问题，并在执行力上进行了创新的安排。中国已签署该公约，但有关调解员、调解程序、和解协议及不予救济的情形等方面，中国尚未建立与之配套的实体法和程序法。随着各国经济交往日益超越国家的边界，越来越紧迫地需要提供完善的国际商事调解法律支持。因此，应当建立中国的国际商事调解机制，并使之更好地与《新加坡调解公约》衔接，营造更加开放的国际经贸与争议解决环境。[19]

有学者研究指出，中国目前尚无规范法院执行独立调解程序中达成的（国际）商事和解协议的法律规则，协议达成后主要依据当事人的自动履行。如果在履行和解协议中发生争议，当事人或者将此争议提交法院，或者依据他们之间的仲裁协议提交仲裁解决。而《新加坡调解公约》规范的和解协议是在独立的调解程序中达成的国际商事和解协议，由缔约国按照当地程序规则和公约规定的条件执行。作为首批签字国之一，无论中国是否考虑在近期内批准加入该公约，都应要尽快建立和完善中国商事调解法律制度的各项准备工作：在立法层面上尽快制定和出台规范商事调解制度的法律规则，在司法层面上最高人民法院应当及时出台执行国际商事和解协议的程序规则及相关配套措施。[20]

六、国际商事争议解决

有学者研究认为，中国国际商事法庭自设立以来，因其国际视野和重要战略定位，得到各界高度关注。与国外同类机构一样，如何通过优化审判职能，完善审理机制，塑造成为国内外当事人解决纠纷的优先选择，是国际商事法庭必须认真对待的制度性问题。通过对新加坡国际商事法庭、迪拜国际金融中心法院、卡塔尔金融中心民商事法院等新兴国际商事法院（庭）进行比较研究，提出以下制度创新改革设想：一是完善管辖制度，现阶段可增加规定构成“实际联系”的情形，并探索构建离岸诉讼管辖规则。二是探索多元化法官制度，现阶段可探索聘请中国籍香港法官参与审判，下一步可考虑引入外籍法官，提升国际商事法庭的吸引力与竞争力。三是优化审级制度，在最高人民法院直接受理案件的基础上，增设内部上诉机制，同时设置合理的上诉条件，实现公平与效率的平衡。[21]

有学者研究认为，仲裁机构管理权的过度扩张会引起仲裁程序中当事人意思自治边界的冲突，主要表现为仲裁规则规定与仲裁协议约定之间的不兼容。维护当事人利益离不开对其意思自治的尊重，仲裁机构管理权的扩张应当适度，并尊重当事人的意思自治。当事人选定的仲裁规则与当事人约定的仲裁协议均为意思自治的成果，两者在地位上是平等的，不存在优劣之分与高低之别。追求仲裁机构管理权与当事人意思自治之间的协调平衡，不能简单地将当事人意愿与仲裁规则进行粗暴的拼接结合，而应当通过在仲裁规则中构建“冲突指引”来提升当事人对于仲裁程序的合理预期，从而有效解决仲裁机构管理权扩张与当事人意思自治边界间的紧张冲突。[22]

有学者撰文指出，2020年11月27日，最高人民法院与香港特别行政区政府律政司在深圳正式签署《关于内地与香港特别行政区相互执行仲裁裁决的补充安排》，这是继1999年6月签署《关于内地与香港特别行政区相互执行仲裁裁决的安排》、2019年4月签署《关于内地与香港特别行政区法院就仲裁程序相互协助保全的安排》两项支持香港商事仲裁业发展、促进内地与香港商事仲裁交流重要法律文件后两地之间共同推出的又一重大创新性司法举措，也是两地之间司法协助与合作共创的最新成果，必将对两地商事仲裁事业的繁荣与进步产生积极而深远的影响。[23]

有学者研究指出，中国提出建立诉讼、调解、仲裁有效衔接的多元化“一站式”国际商事纠纷解决机制。国际商事法庭作为该机制的核心不仅要扩张其管辖，还需要对调解和仲裁提供司法支持和监督，并深化国际商事专家委员会的职能。国际商事纠纷解决机制需要配套程序法的国际化，为此要引入国际化的商事调解，完善国际商事仲裁法律制度，民事诉讼法也要有所突破和创新，并在多双边层面推动国际商事调解协议和判决的跨境执行。[24]

有学者研究指出，国际商事仲裁协议的自治性包括实体自治性和法律自治性两个方面。实体自治性是指仲裁条款（协议）的效力认定独立于主合同的效力认定，这已成为全球各国仲裁法的基本共识。法律自治性是指国际商事仲裁协议效力认定的准据法独立于任何主权国家的仲裁法，这是一项富有法国特色的国际商事仲裁协议法律适用规则。从其案例发展史来看，国际商事仲裁协议法律自治性是法国法院为了规避包括法国法在内的主权国家仲裁法对仲裁协议效力的不合理压制而创设的规则。该项规则因忽略神裁地法对国际商事仲裁协议效力的支配而招致不少批评，其未来要发展成为具有普遍意义的规则，存在较大不确定性。[25]

七、外国判决的承认与执行

对于国家作为一方当事人的情形下相关判决的承认与执行，有关学者结合《海牙判决公约》做出探讨，认为该公约实现了如下发展：一是在不影响国家及其财产所享有的特权与豁免的同时，增加了国家相关判决承认与执行的概率，提供了国家相关判决承认与执行的公约路径和国内法路径；二是为国家设置了多层自我保护机制，如特别例外和声明机制，且这些机制具有相当鲜明的特色；三是在国家相关判决承认与执行的规定方面，体现了绝对豁免与限制豁免、促进判决流通与国家利益自我保护的平衡。未来在批准《海牙判决公约》时，中国需要基于届时在管辖豁免和执行豁免问题上所持立场，决定是否依据《海牙判决公约》第 19 条做出限制适用声明。[26]

有学者研究指出，海牙管辖权项目是海牙国际私法会议拟就国际民商事案件中法院的管辖权问题达成一项国际法律文书而开展的活动的统称。自 1992 年以来，海牙管辖权项目经过了多次磋商，包括 2001 年谈判的失败、2005 年《选择法院协议公约》在直接管辖权问题上谈判的成功和 2019 年《海牙判决公约》在间接管辖权问题上谈判的成功。新近海牙国际私法会议召开了第三次专家组会议，主要就管辖权领域制定国际法律文书的必要性与可行性、文书的类型、文书的范围、直接管辖权的基础以及平行诉讼展开磋商，但并没有决定未来法律文书到底是国际条约还是示范法或法律通则之类的软法性文书。专家组决定未来在这一传统法律领域推动海牙国际私法会议继续开展工作。[27]

有学者分析认为，承认与执行外国法院民商事判决需要审查外国原审法院的管辖权，在理论上存在派生说和非派生说之分。派生说因为适用原审国法和被请求国法的不同，发展为单边说和双边说；而非派生说可分为实质联系模式和清单模式。2019 年《海牙判决公约》采纳了非派生说，体现了多边平台间接管辖权的新发展。中国法律就此缺乏规定，双边司法协助条约先后采纳了双重单边说、双边说和非派生说的清单模式。实践中中国法院在间接管辖权的审查上出现了“集体失声”和“语焉不详”两种困境。为解决此两种困境，可在立法上主张适用被请求国法；进一步而言，为增加间接管辖权审查的确定性和可操作性，可在最高人民法院的规范性文件中采纳非派生说的清单模式，同时辅以实质联系模式作为补缺性条款。[28]

有学者撰文指出，外国判决具有“确定性”是其得到域外承认与执行的基本前提之一。然而，对于判决“确定”的标准，各国、各法系之间尚存在诸多差异，这影响着外国判决的承认与执行。鉴于“确定性要件”日益突出的重要性，《海牙判决公约》计划就“确定性要件”达成折中方案，意在引入为各国普遍接受的判决确定性标准。中国《民事诉讼法》等国内法要求外国判决“发生法律效力”，双边司法协助协定引入了“确定性要件”，而中国司法实践并未充分关注“确定性要件”的适用。“确定性要件”的合理架构及适用应成为中国未来有关外国判决承认与执行立法及司法完善的重要方面。关于“确定性要件”的完善进路，应充分考虑海牙判决公约方案的开放性、国际性立场。[29]

注：

[1]车丕照：《条约解释的要义在于明确当事国的合意》，《上海政法学院学报》，2020 年第 1 期。

[2]李鸣：《国际法的性质及作用：批判国际法学的反思》，《中外法学》，2020 年第 3 期。

[3]傅廷中：《国际海事惯例的适用之反思》，《社会科学辑刊》，2020 年第 5 期。

[4]车丕照：《我们需要怎样的国际多边体制?》，《当代法学》，2020 年第 6 期。

[5]柳华文：《论进一步加强国际法研究和运用》，《国际法研究》，2020 年第 1 期。

[6]柳华文：《论习近平法治思想中的国际法要义》，《比较法研究》，2020 年第 6 期。

[7]霍政欣：《国内法的域外效力：美国机制、学理解构与中国路径》，《政法论坛》，2020 年第 2 期。

[8]邓华：《国际法院认定习惯国际法之实证考察》，《武大国际法评论》，2020 年第 1 期。

[9]张月姣：《罔顾事实践踏国际法——评美国诋毁中国抗击 COVID-19 之牺牲与贡献、妄图“追究”世卫组织和中国“责任”》，《国际法学刊》，2020 年第 4 期。

[10]边永民：《国际法视域下的新冠肺炎疫情应对》，《法学杂志》，2020 年第 4 期。

[11]李庆明：《美国新冠疫情诬告滥诉的违法性分析》，《法律适用》，2020 年第 21 期。

[12]时业伟：《全球疫情背景下贸易自由与人权保护互动机制的完善》，《法学杂志》，2020 年第 7 期。

[13]黄进：《当前中美关系中的国际法问题》，《经济导刊》，2020 年第 10 期。

[14]霍政欣：《国内法的域外效力：美国机制、学理解构与中国路径》，《政法论坛》，2020 年第 3 期。

[15]金美蓉：《中国企业在美国反垄断诉讼中的挑战与应对——基于对相关判决的质疑》，《法学家》，2020 年第 2 期。

[16]石静霞：《数字经济背景下的 WTO 电子商务诸边谈判：最新发展及焦点问题》，《东方法学》，2020 年第 2 期。

[17]张丽英，庞冬梅：《论“市场扭曲”定义市场经济地位的不合理性》，《经贸法律评论》，2020 年第 1 期。

[18]石静霞，鄢雨虹：《论服务跨境提供中的“禁止要求当地存在规则”——兼论对中国服务市场开放的启示》，《上海对外经贸大学学报》，2020 年第 5 期。

[19]张丽英：《〈新加坡调解公约〉的解读及中国商事调解制度的衔接》，《商事仲裁与调解》，2020 年第 2 期。

[20]赵秀文：《中国国际商事和解协议执行机制研究》，《商事仲裁与调解》，2020 年第 2 期。

[21]黄进，刘静坤，刘天舒：《中国国际商事法庭制度改革探析》，《武大国际法评论》，2020 年第 6 期。

[22]杜焕芳，李贤森：《国际商事仲裁当事人程序自治边界冲突与平衡》，《法学评论》，2020 年第 2 期。

[23]刘敬东：《内地支持香港特区商事仲裁的创新性司法举措》，《人民法院报》，2020 年 11 月 29 日。

[24]薛源，程雁群：《以国际商事法庭为核心的中国“一站式”国际商事纠纷解决机制建设》，《政法论坛》，2020 年第 2 期。

[25]傅攀峰：《国际商事仲裁协议的自治性 ：法国的视角》，《仲裁研究》，2020 年第 46 辑。

[26]何其生：《〈海牙判决公约〉与国家相关判决的承认与执行》，《环球法律评论》，2020 年第 3 期。

[27]何其生：《海牙管辖权项目的新发展》，《武大国际法评论》，2020 年第 4 期。

[28]何其生：《间接管辖权制度的新发展及中国的模式选择》，《法律科学》，2020 年第 5 期。

[29]张文亮：《论外国判决承认与执行中的“确定性要件”》，《武大国际法评论》，2020 年第 2 期。

（北京市法学会供稿；执笔人：张文亮）

年度推荐论文和著作

论 文

1.《古代中国上访的道理、法理与今鉴》，李平，《清华法学》，2020 年第 2 期。

2.《论现代宪法概念的生成》，汪太贤，《政法论坛》，2020 年第 1 期。

3.《论中国行政处罚制度的完善——兼评〈中华人民共和国行政处罚法（修订草案）〉》，李洪雷，《法商研究》，2020 年第 6 期。

4.《法定犯的性质和界定》，陈兴良，《中外法学》，2020 年第 6 期。

5.《行政许可的民法意义》，王轶，《中国社会科学》，2020年第5期。

6.《股东会决议无效的公司法解释》，叶林，《法学研究》，2020年第3期。

7.《认罪认罚从宽案件量刑建议研究》，陈卫东，《法学研究》，2020年第5期。

8.《刑事诉讼的合规激励模式》，陈瑞华，《中国法学》，2020年第6期。

9.《类似必要共同诉讼适用机制研究》，汤维建，《中国法学》，2020年第4期。

10.《大数据背景下中国纳税人信息权的法律保护研究》，朱大旗、曹阳，《中国人民大学学报》，2020年第6期。

11.《论环境权的性质》，杨朝霞，《中国法学》，2020年第2期。

12.《检察院提起公益诉讼面临的困境和推进方向》，曹明德，《法学评论》，2020年第1期。

13.《罔顾事实践踏国际法——评美国诋毁中国抗击COVID-19之牺牲与贡献、妄图“追究”世卫组织和中国“责任”》，张月姣，《国际法学刊》，2020年第4期。

14.《当前中美关系中的国际法问题》，黄进，《经济导刊》，2020年第10期。

著　作

1.《法理泛在》，张文显，法律出版社，2020年。

2.《中华人民共和国刑法的孕育诞生和发展完善（精编本）》，高铭暄，北京大学出版社，2020年。

3.《民法典释评（十卷本）》，王利明，中国人民大学出版社，2020年。

4.《民法学方法论研究》，姚辉，中国人民大学出版社，2020年。

5.《中国古代的法典、制度和礼法社会》，郑显文，中国法制出版社，2020年。

6.《外国法制史研究第22卷》，何勤华，法律出版社，2020年。

7.《中华人民共和国立法史（1949—2019）》，张生，法律出版社，2020年。

8.《当代世界法治与中国法治发展》，徐显明，中共中央党校出版社，2020年。

政　治　学

摘　要

政治学是哲学社会科学的基础性学科，是治国理政的专门学问。回顾2020年，北京政治学界以习近平新时代中国特色社会主义思想为指导，遵循理论联系实际的原则，推进既借鉴人类政治文明有益成果又具有鲜明中国特色的政治学学科体系、学术体系及话语体系建设，促进中国政治学学科学术发展。在学科体系建设方面，聚焦具有鲜明中国特色的政治学学科体系建设，学科专业设置日趋规范，学位授权点有所增加，学术会议举办活跃，教材建设有所加强，人才队伍建设不断推进等。在学术体系建设方面，聚焦具有鲜明中国特色的政治学学术体系建设，在有关习近平政治建设重要论述、党的政治领导、国家政治制度建设、国家治理现代化、全面建成小康社会、疫情防控与政治体制、国际政治与中国外交、国家政治安全、开启全面建设社会主义现代化新征程等研究方面发表大量论文论著，涌现出一系列高质量研究成果。

一、关于政治学学科体系建设的进展：构建具有鲜明中国特色的政治学学科体系成为重点

北京政治学学界认真学习贯彻习近平在哲学社会科学工作座谈会上的讲话精神，着力构建具有鲜明中国特色的政治学学科体系成为研究重点。学科体系建设呈现继承性、民族性，体现原创性、时代性，体现系统性、专业性的特点。从学科专业方向来看，从中国特色社会主义政治学理论、毛泽东政治思想、马克思主义传统政治思想、中国古代政治思想、西方政治学思想等专业方面进行了研究。学者们认为需要立足中国现实政治实践，聚焦重大理论问题，把中国政治发展的实践经验转化为原创性的理论成果，增强中国政治学的主体性。政治学界研究的方法论是以马克思主义政治理论为指导，立足于中国特色社会主义的现实实践，借鉴中国传统优秀政治文化和国外政治文明的有益成果，着力构建既借鉴人类政治文明有益成果又具有鲜明中国特色的政治学学科体系。政治学分支学科建设不断推进，政治学理论、中外政治制度、国际政治与外交等专业进一步彰显中国特色、中国风格和中国气派。

从有关学术会议来看，中国政治学学科体系建设问题成为研讨热点，例如“庆祝中国政治学会成立四十周年暨新时代中国政治学发展学术研讨会”在京召开，主题为“积极推进中国特色政治学学科体系、学术体系和话语体系建设”。北京市政治学行政学学会举办了有关主题为推进国家治理现代化与构建中国特色政治学学科学术体系研讨会等。

从政治学学位点建设来看，在2020年度，北京市在已有中共中央党校（国家行政学院）、北京大学、清华大学、中国社会科学院大学、中国人民大学、北京师范大学、北京航空航天大学等政治学博士学位授权单位的基础上，新增国际关系学院为政治学博士学位授予单位，新增北京语言大学和北京联合大学为政治学硕士学位授予单位。国家安全学作为综合（一级）学科，已有北京大学、清华大学、中国人民大学、中国人民解放军国防大学、中国人民公安大学、国际关系学院具有学位授权点，政治安全研究成为新兴专业。

从政治学学科教材建设来看，一批新教材出版。例如，由《政治学概论》编写组所编写的《政治学概论（第2版）》（马克思主义理论研究和建设工程重点教材），由高等教育出版社和人民出版社在2020年出版。

从政治学人才队伍建设来看，一批重要的研究成果由资深学者和中青年学者或研究生合作完成，研究队伍呈现逐渐年轻化特点，政治学界的传帮带效果显著。

二、关于政治学学术体系建设：立足中国特色社会主义现实实践，构建具有鲜明中国特色的政治学学术体系成为学术热点

对习近平有关政治建设重要论述的主要内容及精神实质的研究成为学术热点。学界普遍认为习近平关于政治建设的重要论述是习近平新时代中国特色社会主义思想的重要构成部分，其坚持和发展了马克思主义政治观，在政治价值、政治主题、政治目标、政治制度、政治保障、政府政治、国际政治、政党政治等方面提出了一系列新思想。例如，中共中央党校（国家行政学院）等院校相继开设了“习近平有关政治建设的重要论述”“习近平外交思想”“习近平有关总体国家安全观的重要论述”等课程。

关于推进国家治理体系和治理能力现代化问题的研究。党的十九届四中和五中全会以来，在如何坚持和完善中国特色社会主义制度、推进国家治理现代化问题研究方面产生了一系列成果。探寻“中国之治”背后的“中国之制”及政治逻辑是研究的重点。从国家治理体系现代化的意义入手，分析了国家治理体系和治理能力现代化的内涵和实现路径，提出“中国之治”背后矗立的是中国共产党人的国家治理观，其科学回答了当代中国国家治理的目标、任务和实现途径。

围绕中外政治制度的研究，学者们发表了众多论文和专著。研究主要是围绕中国共产党的领导制度、人民代表大会的根本政治制度、中国共产党领导的多党合作及政治协商制度和社会主义民主协商制度、民族区域自治制度、基层民主自治制度、社会主义重要政治制度和国外政治制度展开。探讨了社会主义民主政治“全过程民主”的特色及制度安排问题。比较政治制度研究是政治学的重要组成部分，学者们对美欧及俄罗斯的政治制度新变迁也进行研究。可以说，借鉴人类政治制度的有益文明成果，坚持、完善和发展中国特色社会主义政治制度体系成为学术界研讨的热点。

总结全面建成小康社会的政治经验。2020年是“十三五”规划收官之年，围绕“决胜全面建成小康社会、决战脱贫攻坚”，涌现出大量总结中国贫困治理经验、解读“精准扶贫制度密码”的学术成果。学者们对贫困治理长效机制进行了政治层面的探讨。

探讨新冠肺炎疫情防控取得重要成果的政治机理。学者们围绕新冠肺炎疫情对国家治理与全球治理的影响，尤其是疫情初期的应急管理与疫情平稳后的常态化管理等进行了诸多讨论。在疫情大考中显示了中国特色社会主义体制的独特优势，要尊重和保障人权，进一步完善和发展中国特色社会主义国家治理体系。

国际政治与中国外交研究的进展。世界正处于百年未有之大变局，中国外交既面临机遇，也面临严峻挑战。新冠肺炎疫情贯穿了整个 2020 年，使原本错综复杂的国际环境更加严峻。京内学者对中国外交、国际关系、国际政治等问题进行了深入的研究，产出了一些高质量的研究成果。学者们认为习近平外交思想是习近平新时代中国特色社会主义思想的重要组成部分，其有关“构建人类命运共同体”和“一带一路”等思想为构建具有中国特色的外交学理论提供了重要的理论基础。学者们提出推进世界大变局背景下的中国外交转型研究。中国特色大国外交应继续统筹中华民族伟大复兴战略全局和世界百年未有之大变局，积极运筹稳定均衡的大国关系，发展与周边国家和发展中国家的合作。要坚决抵制一些西方政客利用新冠肺炎疫情抹黑中国的国际逆流，讲好中国故事特别是政治故事，在方式上注意以理服人，以情感人，增强国际社会认同感，为中国未来发展创造良好国际环境

国家安全学及政治安全研究的进展。2020 年是百年未有之大变局凸显之年，亦是国家安全学理论与实践研究赓续发展之年。学者们认为习近平论述的总体国家安全观是指导新时期国家安全工作的重大战略思想，对国家安全理论与实践研究具有指导作用。在国家总体安全体系中要人民安全为宗旨，以政治安全为根本。政治安全的核心是政治制度、国家政权、政治意识形态安全。学者认为在传统与非传统安全交织、不确定性风险攀升的时代背景下，中国国家政治安全面临的挑战愈加严峻，要重视新技术前沿与政治安全、非传统安全领域与政治安全等热点议题。从研究议题来看，边疆安全、台海问题、南海问题等关乎中国主权安全的议题引起广泛关注。增强中国国家政治安全，需要坚持以人民安全为宗旨，以政治安全为根本，坚持、完善和创新中国特色社会主义政治制度，真正增强人民群众的获得感、幸福感和安全感，为全面建设社会主义现代化国家营造良好的国际和国内安全环境。

三、构建中国特色政治学的问题、反思与前瞻

在 2020 年，北京政治学学界贯彻百家争鸣的方针，坚持实事求是的科学态度，对政治学领域的重大理论问题和实践问题进行了创造性的研究，着力构建既借鉴人类政治文明成果又具有鲜明中国特色的政治学学科体系、学术体系以及话语体系，为坚持和完善中国特色社会主义政治制度，推进首都治理创新及社会主义现代化国家建设服务中发挥了重要的学理支撑作用。但要看到相对中国特色社会主义新时代的新要求而言，还有一些薄弱环节亟待加强。例如，在中国特色政治学学科体系和学术体系建设方面，重大创新成果还不多。又如，在中国特色政治话语体系建设方面，话语体系上功力不足、高水平成果不多，尤其在国际政治舆论场，有时还存在有理说不出，甚至“失语”现象。还有，政治学界的政治咨询功能较弱、“政治思想库”作用发挥不足等。十九届五中全会提出，“十四五”时期是我国全面建成小康社会、实现第一个百年奋斗目标之后，乘势而上开启全面建设社会主义现代化国家新征程、向第二个百年奋斗目标进军的第一个五年，我国将进入新发展阶段。新形势给中国政治学的发展提出了新任务，面向未来，要确立以人民为中心的政治理念，不断推进中国特色政治学学科体系、学术体系及话语体系建设，进一步增强中国政治学的主体性。要重视推进中国特色的政治话语体系建设，既要讲“中国特色”，也要讲“全人类共同价值”，构建易为国际社会广泛接受的话语体系，为全面建设社会主义现代化国家营造良好的外部环境。要充分发挥政治学的决策咨询功能，进一步为中国特色社会主义政治建设提供坚实的学理支撑。

（北京市政治学行政学学会供稿；执笔人：范文）

政治学理论

2020 年，北京市政治学学界在政治学理论研究方面，主要围绕中国特色社会主义政治学理论、毛泽东政治思想、马克思主义传统政治思想、中国古代政治思想、西方政治学理论等方面进行了研究。

一、中国特色社会主义政治理论研究

习近平关于政治建设的重要论述持续成为研究热

点，特别是党的十九届四中全会以来，习近平总书记关于国家治理现代化的重要论述成为研究焦点。

（一）关于国家治理现代化的研究

党的十九届四中全会为中国政治学提出了新议题，国家治理成为政治学研究的高频词，也是学者们颇为关注的领域。深入研究国家治理、国家治理现代化的基本理论问题，是中国政治学研究的重要任务。厘清基本范畴是深入研究的前提。学者们对中国特色社会主义制度、国家制度、制度体系、制度建设，治理、国家治理、国家治理体系、国家治理能力、系统治理、依法治理、综合治理，源头治理，国家治理体系和治理能力现代化等重要概念术语进行了辨析。探寻“中国之治”背后的政治逻辑是研究的重点。李景治从国家治理体系现代化的意义入手，论述了国家治理体系现代化的内涵和实现路径。辛鸣提出，风景这边独好的“中国之治”背后矗立的是中国共产党人的国家治理观，党的国家治理观科学回答了当代中国国家治理目标、国家治理体系的坚守与完善、国家治理方略的确立与践履、国家治理经验的汲取与借鉴、国家治理能力的锻造与提高等一系列事关国家治理的重大问题。燕继荣认为，制度供给和政策供给二者互动状况决定着国家治理的绩效，主要资源国家所有和多种所有制下不同经济主体市场化竞争的经济制度、中国共产党全面领导的制度体系、单一制中央集权的行政体制，这3项制度的综合效应支持了中国高效快速的发展，也为中国治理优势的展现提供了保障。杨光斌提出，在国家治理体系和治理能力的现代化进程中，治理能力至关重要，要从学理上认识和把握衡量国家治理能力的基本指标及其指标特性。徐海燕梳理了中国国家治理结构的逻辑演进，提出权力本位下的全能型治理结构、权力与权利对冲下的绩效型治理结构、“一核多元”的协同型治理结构，以及党政主导、系统集成、内生型、效能型四大治理特征。国家治理现代化是政治发展的方向。宋世明提出以国家制度为核心概念，依据制度层次与功能两个维度，可以构建起分析中国国家治理体系和治理能力现代化的一个理论框架。杨开峰从制度建设的角度看待国家治理，提出研究制度建设的总体逻辑、发展逻辑、评价逻辑、构成逻辑、组织逻辑、运行逻辑、行为逻辑、改革逻辑。宋朝龙提出，推进国家治理体系现代化，要借鉴中国古代制度文明以及国外制度文明的成果，更要在中国特色社会主义的制度基础上对这些制度文明成果进行创造性转化。

（二）关于党的政治建设的研究

办好中国的事情，关键在党，关键在人。要以党的政治建设为统领，促进党的执政能力和先进性建设。要全面从严治党，推进反腐倡廉斗争。把握中国政治的独特机制与内在逻辑，实现党的建设与社会主义现代化国家建设的相互推进，这是研究习近平关于政治建设重要论述的重大课题。王春玺分析了习近平关于新时代党的政治建设重要论述的创新性贡献。何虎生等从政党、国家与社会整合的角度探索了中国共产党的政治建设逻辑。张博从党的领导与党和国家机构改革的关系入手，分析了党和国家组织结构与管理体制整体重构的指导原则与内在逻辑。黄龙回顾了党政关系的历史，提出要处理好权力制约、党的领导以及治理能力三者关系的原则。杨典基于政党社会学的分析，提出以党的治理体系现代化引领国家治理体系现代化。孟天广等以党的建设与国家建设关系为线索，论述了党建驱动中国国家建设的独特路径。陈家刚等从党内民主的角度研究党内法规的制度属性。王浦劬等学者提出构建党组织为主体责任者的基层协商民主制度化体系，探讨了党的建设与协商民主相互促进的实践路径。

（三）关于制度优势转化为治理效能的研究

如何将制度优势转化为治理效能，研究者普遍认为在强调党的核心领导作用的同时注重各项制度的“合力效应”，并注重对具体实践领域的研究。燕继荣、马德普从不同路径关注到“政策”“方针”等中介机制的重要作用，强调政策是制度与效能得以联结的关键。在城市治理研究中，何艳玲提出，不应将城市简单视为地方的一部分，而是要在城市化转型中来理解城市作为风险聚集地的治理及其特质，这意味着关于城市治理的思考已经超越了地方治理的含义，进入到更为宏阔的语境。央地关系是当代中国国家治理现代化的一个核心问题。封丽霞提出，欲实现国家纵向治理的现代化转型与升级，必须加强以国家法治为中心的央地关系制度建设，以央地关系法治化来提升国家的整体治理能力。

（四）对重大现实事件的政治学研究

2020年，两件大事深刻影响着政治学理论研究。在“十三五”收官之年，围绕“决胜全面建成小康社会、决战脱贫攻坚”，涌现出大量总结中国贫困治理经验、解读“精准扶贫制度密码”的学术成果，例如，章文光等人对后脱贫时代“相对贫困”治理及贫困治理长效机制进行了探讨。新冠肺炎疫情防控，对国家治理体系与治理能力提出了严峻的考验。学者们围绕新冠肺炎疫情对国家治理与全球治理的影响，尤其是疫情初期的应急管理与疫情平稳后的常态化管理等进行了诸多讨论。李志勇认为，习近平关于疫情防控的系列重要讲话，为疫情防控工作取得胜利提供了根本指引，我国疫情防控实践取得重大成就证明了中国特色社会主义的独特优势。

（五）对构建中国特色社会主义政治学理论体系的研究

在构建中国特色社会主义政治学理论体系研究方面，涌现出一批新的研究成果。陈曙光针对“世界怎么了、我们怎么办”这一“世界之问”，认为中国方案直指人类面临的发展赤字、治理赤字、文明赤字、和平赤字和制度赤字，具体呈现为发展的中国方案、治理的中国方案、文明的中国方案、和平的中国方案和制度的中国方案，贯穿其中的总方案是人类命运共同体理念，这为构建具有鲜明中国特色的政治学理论提供了重要的思想资源。刘建军从发展与治理两个维度对中国特色社会主义发展历程进行考察，提出要从唯物史观和科学社会主义高度深化对中国特色社会主义一些重要理论问题的认识。温祖俊围绕中国特色社会主义最本质特征、政治发展道路、政治实现形式、政治建设基本方式、新型政党制度、中国共产党自身建设等问题进行了分析，认为以习近平同志为核心的党中央开辟了中国特色社会主义民主政治建设理论与实践的新境界。刘学军等分析了新时代发展中国特色社会主义民主政治的内在逻辑，对其指导思想、根本方向、基本原则、价值取向、战略任务、行动方案等多重要素展开论述。郭静认为，中国政治学担负的历史责任和现实任务要求中国政治学走自主探索的学术道路，构建中国特色政治学，需要深入理解中国政治实践，聚焦重大理论问题，把中国政治学发展的现实优势，转化为原创性的理论成果。

二、毛泽东政治思想研究

2020 年，在毛泽东政治思想研究方面，研究成果主要体现在毛泽东有关马克思主义政党建设、国家现代化建设等方面的政治思想。

（一）关于党的政治建设

方涛指出，古田会议决议是中国共产党政治建设史上的重要文献，蕴含了毛泽东党的政治建设思想的重要内容。肖贵清等人指出，毛泽东关于党的政治建设思想初步形成于古田会议，成熟于中共七大，在解放战争和中华人民共和国成立后得到继续发展。李春华指出，毛泽东党内法规思想具有马克思主义党建理论与中国优秀传统政治文化相结合、党内法规与党的建设相协调、党的建设的内容与方法相统一等特点。周家彬指出，社会主义改造完成后，在公有制条件下，党内民主与人民民主的政治性质转变为完全一致，其建设目标、参与主体和实现形式也逐渐趋同。

（二）关于社会主义国家建设

陈志刚指出，在社会主义国家建设问题上，毛泽东强调在社会主义公有制基础上消除两极分化；强调国家一切权力属于人民，劳动者参与管理的权利是最根本的权利；强调要让人民起来监督政府。樊宪雷指出，在党的七大上，毛泽东为系统解决“建设新中国”的问题，提出了一整套的解决方案。张太原指出，毛泽东的《新民主主义论》一文，详细阐述了新民主主义社会的国家制度、政权形式和社会形态。朱继东指出，《论十大关系》这篇光辉文献特别强调调动一切积极因素为社会主义事业服务这一重要原则，开启了走出一条中国自己的工业化道路的宏伟篇章。

三、马克思主义传统政治学思想研究

在马克思主义传统政治学思想研究方面，政治学学者的研究主要涉及马克思主义政党政治建设、马克思主义国家理论、社会主义意识形态、国际政治观以及马克思、恩格斯、列宁思想一致性等方面。

（一）马克思主义政党政治建设

沈湘平和苏冠中指出，马、恩所理解的党是指“按伟大历史意义上来讲的党”，是作为世界历史性的无产阶级组织，是以历史科学指导的无产阶级政党，是推进有原则高度的实践的革命政党。薛伟江指出，马克思和恩格斯在总结工人运动经验教训的基础上，共同创立了马克思主义建党学说，强调了党鲜明的政治属性。

（二）马克思主义国家理论

李慎明指出，马克思主义国家学说是马克思主义关于人民民主的思想的上位。吴照玉指出，国家理论是马克思主义政治哲学的重要议题，《法兰西内战》是马克思总结巴黎公社的宝贵经验所撰写的政治文献，其中蕴藏着丰富的国家治理理论资源。吴恩远指出，列宁对人类历史上第一个社会主义国家的建立做出了重要的贡献：他领导布尔什维克党取得了十月革命的胜利，奠定了苏维埃国家的政治、经济、文化、军事体制基础。宫玉涛等指出，列宁晚年围绕着社会主义文化建设提出了系列思想，体现了列宁对于世界上第一个社会主义国家文化建设实践经验的总结与思考。

（三）关于社会主义意识形态

陈培永指出，马克思、恩格斯反对没有科学方法论支撑的抽象的平等论，强调了要消灭建立在阶级差别基础上的、资本剥夺劳动的不平等。王晓青指出，《反杜林论》是理解恩格斯平等思想的一部基础性著作，在这部著作中，恩格斯将平等观念的考量奠基于唯物史观之上，以科学批判作为反击杜林平等观的理论武器，科学构建了马克思主义平等思想的基本内容。林帮钦指出，马克思的需要理论从传统的古典经济学出发，超越了近代分配正义理论所描绘的人类社会，且和现代分配正义理论有着共同的理论渊源。韦定广指出，马克思在阐述共产主义前提条件时，强调共产主义作为一种客观历史进程，必然要以现代生产力的普遍发展和以人类相互依赖为基础的世界性普遍交往为前提。臧峰宇等指出，马克思的政治哲学基于生产方式的变革和现实的解放运动，旨在结束交往异化的人类前史，在真正的历史中实现社会平等和人的全面发展。

四、中国古近代政治思想研究

在中国古近代政治思想研究方面，集中于儒家、法家政治思想研究两个主要领域。

（一）儒家政治思想研究

在儒家政治思想研究方面，姚洋和秦子忠认为，儒家政治的起点是儒家人性论。不同于建立在自利人基础上的西方人性论，儒家认为人性具有多样性、流变性与可塑性，在此基础上建立的儒家政治因此具有层级性，每个层级都需要相应的资质相匹配，因而也具有竞争性和选贤任能的性质。从儒家的人本思想出发，也可以为构建人民主权体制提供一些思想资源。当代中国体制符合儒家政治的关键性特征。李祥俊考察了儒家“信”观念的含义及其演变。他认为，从中国早期思想渊源看，“信”观念的本义是人与人之间约定关系的相互信任，春秋、战国时期礼崩乐坏的现实使这种契约之信得到充分发展。孔子及先秦儒学在“信”观念的含义上有新的解释，外在方面将契约之信转变为礼义之信，以伦常秩序代替对等的契约关系；内在方面则将关系规范的相信转变为持守自身情意的忠信、诚信。后世的汉唐儒学、宋明新儒学侧重“信”观念的超越性阐释，把信、性、天道合一，成为一个信仰性的观念。儒家信观念的含义演变适应了中国传统家庭、家族本位基础上的君主统治等级社会的国情，但在当代社会生活巨大变迁的新语境下需要对其辩证扬弃，重建契约之信成为儒学发展的必要选择。

（二）法家政治思想研究

政治学学者对传统中国政治思想中的法家思想也多有关注。例如，王浦劬和赵滕指出，先秦法家思想存在公共利益与君主利益两种不同取向，从而形成了结构性矛盾，厘清这两种取向及其结构性矛盾发展的脉络，才能正确理解不同法家代表人物思想中法、术、势三者的关系。李有杰讨论了荀子对法家思想的继承。他认为，荀子立足于儒家，批判其他各家，而又吸收对法家学说，为后世儒、法合流打下基础。解启扬从现代性视域审视韩非法思想，发掘其中的现代性基因，运用哈贝马斯的现代性思想，对韩非法思想做现代性诠释，并指出对韩非法思想进行辩证扬弃，既是中国传统思想的现代绵延，又是中国传统的创造性转生。除了对儒家和法家的深入研究外，一些政治学学者还对《周易》进行了研究并试图吸收其中的政治智慧。例如，谈火生认为，《周易》是中国协商文化的重要源头之一，《周易》中的“兑卦”，不仅较早提出了协商观念，而且对协商的原则、方法和作用有深入的思考。借鉴中国古代传统治国理政的智慧，为当代中国政治学理论的发展提供了一些思想资源。

五、西方政治学理论研究

2020年在西方政治学研究方面做出了诸多成果，主要集中在对英国剑桥学派政治思想的引介及其对话、对美国政治理论的研究及批评、对民主和民粹理论的研究等方面。

（一）剑桥学派政治思想研究及对话

中国人民大学政治学系邀请国际知名学者、政治思想史研究剑桥学派代表人物约翰·邓恩赴华演讲，与北京有关政治学者进行了交流。李强分析了剑桥学派历史路径研究方法的意义；崔之元讨论了共和主义和自由主义之间的分歧；任锋介绍了中国政治思想研究中的历史方法；李石比较了剑桥学派历史语境主义与当代政治哲学的分析哲学路径之间的异同，指出政治理论的构建应该考虑特定的历史和文化背景；段德敏论述了施特劳斯学派和剑桥学派的异同；张新刚提出了如何以历史语境主义的方法进行当代政治思想研究的问题；黄璇认为，历史语境主义的研究方法需要以一种基于人性的现代价值为指导。中国学者与剑桥学派的交流不仅加深了中国学界对西方政治思想研究的理解，也促进了中国学界对历史政治学研究路径的提出和发展。杨光斌、姚中秋等学者在《政治学研究》《中国政治学》等学术期刊上发表系列文章，探讨了历史政治学的研究方法等问题。杨光斌和释启鹏认为，历史政治学具有政治实践功能，能够为治国理政提供一定历史解释与现实论述，为认识合法性政治提供一套不同于理性人假设的历史性方案。姚中秋认为，历史政治学可以把比较政治学带入大历史视野，以矫正其以西式政治制度为标准的偏失。

（二）对美国政治思潮的研究

在对外国政治理论研究方面学者重点研究了美国政治尤其是美式民主理论。谢韬认为，在特朗普及其代表的政治力量的推动下，族群民族主义在美国急剧上升，这对美国内政外交产生显著影响，包括移民政策更加缩紧、国内族群分裂、对国际社会的吸引力减弱、对华战略竞争更加尖锐。张飞岸提出美国大选中出现的突出问题使美式民主制度及理论遭遇了危机，也为中国系统建构自身的民主概念、确立中国特色民主话语权提供了契机。张开平、汤峰分析了美国政治学研究中的实验方法的概念、理论逻辑、历史发展、类型和应用，通过文献计量方法分析了实验法在美国政治研究中的前沿发展趋势。

（三）关于西式民主与民粹思潮

学者们还对民主理论和民粹理论的相关问题进行了深入探讨。例如，刘瑜考察了第三拨民主化的国家，指出大约一半左右的第三拨案例走向了民主的阶段性稳固（在人口大国中，则为 1/3），有近 2/5 经受了不同意义上的民主挫败（在人口大国中，则为一半左右）。就“民主衰退”现象而言，它主要不是体现在政体数量的变化上，而是体现在民主的质量退化上。王丽萍讨论了政治心理学领域的宽容与民主理论之间的紧密联系。汪波认为，在信息时代，数字化与协商民主两种浪潮汇合形成数字协商民主，数字协商民主正从 4 个方向重塑协商民主：协商资源分配的均衡化、协商主体关系的均衡化、协商信息的数据化与综合化以及数字协商形式的多元化。林红研究了新冠肺炎疫情下西方民粹主义的发展特征，指出民粹主义是一种在西方社会危机中生长出来的抗争性力量，社会问题在经济、政治与社会等层面触发了民粹主义思潮的兴起。

在政治学基础理论研究方面，由俞可平主编的《政治通鉴》第 1 卷于 2020 年出版。此书每卷包括 5 部分：一是古今中外的重要政治学经典；二是改变政治历史进程的重大政治事件；三是影响各国政治发展的重要政治人物；四是对人类政治生活具有广泛影响的政治理论；五是人类有史以来的基本政治制度。每部分有两篇文章，第一卷涉及的政治学名著有《理想国》和《政治学》；事件有秦始皇统一中国、英国革命；人物有隋文帝、华盛顿；思潮有世界主义、民粹主义；制度有共和、法治。有作者的主观分析和评论，也包括各国政治学研究具有代表性的前沿成果。另外，政治哲学学者也做出了一定创新性的工作。例如，任剑涛指出，在人工智能迅速发展的情况下，人类要免于被技术控制、心生屈从技术的扭曲心理与行为，主要依赖政治的成熟发展。李石讨论了社会分配领域的应得原则与价值多元之间的关系，以及创新领域的社会分配问题。总之，2020 年，在外国政治学理论研究方面，北京学者提出了历史政治学的新的研究方法，重点关注了美国政治、民主、民粹以及政治哲学的研究，并且出版了系统阐述政治学知识体系的《政治通鉴》等论著，取得一系列重要研究成果。

（北京市政治学行政学学会供稿；执笔人：李志勇、李石、王鹏）

政治制度

2020 年，北京政治学学界围绕中外政治制度研究，发表了众多论文和专著。主要围绕中国共产党的领导制度、中国共产党领导的多党合作及政治协商制度和社会主义民主协商制度、人民代表大会制度、民族区域自治制度、基层民主自治制度、社会主义重要政治制度和西方政治制度的研究展开。

一、中国共产党的领导制度研究

进入新时代以来，以习近平同志为核心的党中央在推进全面从严治党过程中，党的全面领导得到加强，党的领导制度体系纳入国家制度和国家治理体系，党的建设呈现新特点、新态势。随着党的建设的加强，中国特色社会主义制度体系也初步形成。学者们对此展开了深入的学理探讨和实证研究。

（一）中国共产党的领导是中国制度的核心特征

学者们围绕中国制度的不同方面，从学理上分析了中国制度的特征，尤其是党的领导作为中国特色社会主义制度的保障的论题。辛鸣指出，作为中国制度的时代与现实形态，中国特色社会主义制度是中国道路的重要政治保证与制度保障，也是一种与现代西方资本主义制度具有质的区别的社会制度形态，具有在充分激发活力和有效实现秩序的有机互动中创造奇迹的制度优势。燕继荣认为支持中国高效发展，并为中国治理优势提供保障的主要是3项制度：主要资源国家所有和多种所有制下不同经济主体市场化竞争的经济制度、中国共产党全面领导的制度体系、单一制中央集权的行政体制，制度特色体现在集中性、协调性、持续性、高效性，从而，中国制度有效地解决了发展和治理的双重任务。文化制度是中国制度的重要部分，党的十九届四中全会首次把马克思主义在意识形态领域的指导地位作为根本文化制度明确提出来。祝灵君认为这是关系党和国家事业长远发展、关系我国文化前进方向和发展道路的重大制度创新，集中体现了党在领导文化建设的长期实践中形成的成功经验和方针原则。沈传亮从话语体系的角度，提出进入新时代，无论是从推动政治学科健康持续发展还是从适应历史新方位和不断满足阅读者的新需求，创新中共党史话语体系都十分迫切。

（二）党中央对重大工作的领导体制

要将中国制度的制度优势更好地转化为国家治理效能，就必须健全党中央对重大工作的领导体制。祝灵君提出，中国共产党领导国家，但不取代国家，形成了“党领导国家体制”而非“党国体制”。党领导国家，一方面，可以通过民主集中制原则调动各方面积极性、创造性；另一方面，能够形成统一意志，避免国家治理碎片化，形成强大国家治理能力。党领导国家体制集中体现了党的领导的全面性、系统性、整体性，是党的领导制度体系形成的基础与前提。王启超、张荣臣回顾了从“党的领导”到“党的全面领导”再到“坚持和完善党的领导制度体系”，认为坚持和完善党的领导的制度体系，必须处理好5个方面的关系，即党政关系、党法关系、党群关系、党际关系、党内关系。

张晓燕具体阐释了四项顶层制度设计的落实：强化党中央决策议事协调机构职能作用；完善推动党中央重大决策落实机制；严格执行向党中央请示报告制度；确保令行禁止的督察制度得到贯彻执行。

（三）基层党建

基层社会治理是国家治理的基石，提升基层社会治理水平是实现国家治理体系和治理能力现代化的重要环节。加强党的领导，也需要加强基层党建。王浦劬、汤彬以基层党组织的治理权威塑造机制为着眼点，分析“基层党组织领导”与“夯实党的执政基础”之间的过程机制，提出“权力结构的一体化运作”、“党建元素的标识性感召”和“党群动员的人格化示范”三重权威塑造机制，认为这不仅有效提升了其治理权能，也促生了情感性的政治认同。祝灵君提出，党的领导是当代中国基层社会治理的显著特征，要重申“一切工作到支部”，以党建引领基层社会发展与治理，提升党的组织力确保社会治理秩序，构建基层社会治理新格局。马丽提出，党的十八大以来，通过突出基层党组织功能定位、围绕国家治理核心议题构建基层工作核心框架、中国共产党正逐步解决国家和社会分离过程中所出现的基层公共服务不足、基层社会秩序紊乱等难题。

二、人民代表大会制度研究

人民代表大会制度是中国特色社会主义制度的重要组成部分，也是支撑中国国家治理体系和治理能力的根本政治制度。人民行使权力的机关是全国人民代表大会和地方各级人民代表大会，人民代表大会制度是建立其他有关国家管理制度的基础。学者们认为要尊重人民代表大会的法定地位，进一步体现人民主权原则。在完善和发展人民代表大会制度方面，要改进和完善代表的选拔方式，更多体现民意。要加强和改进立法工作、加强和改进法律实施工作、加强和改进监督工作、加强人大代表和人民群众的联系。要改变在事实上存在的在一些方面人民形式上有权，但实际上无权的现象。进入新时代，深化政治体制改革，要重视坚持和完善人民代表大会制度。目前，完善和发展人大制度的着力点之一是“预算民主”，因为此问题既涉及人民代表大会的基本职能，也是人民群众反映强烈的突出问题之一。杨雪冬、闫健认为我国的人民代表大会制度运行中，存在人大制度功能发挥不均衡的问题，治理功能某种程度上优先于代表功能，由此造成一些人大机构面临着代表性不强的挑战。人大通过参与执政党主导的国家治理过程，有助于提高国家治理的整体效能，一定程度上缓解代表性不足可能引发的潜在政治参与问题。随着社会利益的多样化、分散化和个体化，如何通过人大制度的完善来回应社会结构的变化，提升社会利益的整合水平，将是重要挑战。

三、中国共产党领导的多党合作及政治协商制度、社会主义民主协商制度研究

（一）中国共产党领导的多党合作及政治协商制度研究

周淑真提出，中国共产党领导的多党合作及政治协商制度是符合中国国情的新型政党制度。首先“多党合作”是当代中国新型政党制度的具体形式，它的要义表明在当代中国存在着多个政党，即中国共产党和其他多个民主党派；其次表明政党之间是一种通力合作的友党关系，而非如一般多党制存在的对立、竞争和对抗关系。贾立政指出，新时代中国特色社会主义新型政党制度的创新发展，深刻总结了社会主义民主政治建设经验，推动马克思主义民主政治思想进入新境界。政治协商制度是在中国共产党的领导下，各民主党派、各人民团体、各少数民族和社会各界的代表，对国家的大政方针以及政治、经济、文化和社会生活中的重要问题在决策之前举行协商和就决策执行过程中的重要问题进行协商的制度。

（二）社会主义民主协商制度研究

社会主义协商民主是在中国共产党领导下，人民内部各方面围绕改革发展稳定重大问题和涉及群众切身利益的实际问题，在决策之前和决策实施之中开展广泛协商，努力形成共识的重要民主形式。贾立政认为，协商民主具有多维度、宽领域的特点，协商主体包含了政党组织、政府机关、人民群众和社会组织等，协商内容涉及经济、政治等多个领域，协商层面从中央、地方到基层，突破了单一群体、方面、层级的局限性。刘九勇指出，按照民主政治成立的一般条件，中国协商民主的逻辑结构以社会主义公共价值的前置为基础，以执政党的领导为内生动力，以公民充分参与为外在动力，以公共协商的机制为制度载体，形成民主的共识决策。协商民主的各个构成要件在逻辑上是相互关联、融为一体的，它们从不同的角度综合性地体现了人民的主体性。王炳权、岳林琳指出，把基层协商民主制度优势转化为治理效能的现实路径有：坚持党对基层协商民主的领导，更好发挥基层协商民主的制度优势；加强基层协商民主制度建设，强化基层协商民主制度执行力；加强基层协商民主制度自信宣传教育；建设高素质基层协商人才队伍，为把基层协商民主制度优势转化为治理效能提供人才支撑。燕继荣、彭莹莹提出基层协商民主是我国社会治理创新的重要探索和民主政治自下而上的发展路径，基层协商民主制度化是持续稳定发挥基层协商重要作用的必由之路。构建以党组织为主体责任者的基层协商民主组织制度体系，继而明确人大、政协、政府、社会组织等各相关主体角色职责以实现制度有效衔接，才能层层推进程序合理、环节完整的协商民主制度建设，并逐步将此制度优势转化为国家治理效能。

四、民族区域自治制度研究

民族区域自治制度是符合我国国情的一项基本政治制度，是我国的一项基本政治制度。学者们主要从以下 3 个方面开展研究：第一，关于制度的历史演进，学者们分析了民族区域自治的理论确立、制度形成以及制度形成的历史必然性，认为民族区域自治制度是在中国共产党的领导下逐渐确立的，是适合中国具体国情的。第二，关于制度的基本内涵，这项基本制度是我国解决民族问题的根本道路，它结合了马克思主义的民族理论和我国的社会历史现状，具有浓厚的中国特色，陈建樾等从制度的内涵出发分析了其鲜明的中国特色。第三，关于制度的完善和发展，从铸牢中华民族共同体意识出发，对于如何更好地实施这项制度，学者们提出了众多观点，认为完善和发展民族区域自治制度，要重点做到两个坚持，即坚持中国共产党的领导，坚持“民族与区域相结合”以及“统一与自治相结合”。王希恩提出少数民族自治的基础是各民族联合、共同自治而不是单一民族独治，自治地区的所有民族都享有自治权利而不仅是少数民族，因此，民族和区域二者需要并重。此外，要加强法治建设。刘宝明提出，在制度实施过程中，要加强法律宣传、重视执法监督、保证民族区域自治法的充分落实，既要反对大汉族主义，也要反对民族分裂势力。岳凤兰提出要全面深入持久开展促进民族团结进步的系列活动，在尊重各民族独特文化的基础上，促进各民族情感交流、提高文化认同。陈亚联则提出发展民族地区的社会经济，促进当地特色农牧业等产业的繁荣，从多方面促进民族融合。

五、基层民主自治制度研究

基层民主自治的内涵是基层群众通过民主方式即民主选举、民主协商、民主决策、民主管理和民主监督等方式实现基层民主目标。

（一）主要内容与基本内涵

在基层民主自治制度的发展与完善中，基层协商民主与党内基层民主的地位日趋突出。马丽认为，基层党的建设和基层群众自治进一步走向共融共生。作为协商民主的渠道之一，孙照红认为基层社会组织协商既是对不断发育的社会力量的积极回应，也是解决社会矛盾和现实问题的务实举措，更是推动基层社会治理和居民自治的一种重要的民主形式。在社会发展转型的背景下，基层民主自治的参与主体逐渐多元化，如基层党组织、基层政府及机构、居民（村民）委员会、居民群众等主体纷纷走上前台。杨守涛、蒋良竹认为，在农村基层民主治理框架内，充分运用协商民主、实现“契约治村”是实现民主自治的必要路径，即利用“约”在多元主体之间进行民主协商和交流合作。宋雄伟等提出基层党政干部需要在提高认知水平与学习能力，加强制度建设与机制创新，抓好规范性文件管理工作这3个方面进行努力。随着我国民主政治的发展，以村民自治为代表的基层民主实践模式在不断完善。毛佩瑾、李春艳提出，政府通过缔结契约的形式与民众实现公共服务方面的交易，在此过程中政府可以知悉民众的内在需求，最终让政府在公共服务的供给与投入更加有效，使得政府管理与村民自治实现高度契合。李明圣在研究“四治一体”基层治理生态模式（即法治、德治、自治、共治的融合）时提出：需要培养自治组织在自我优化方面的先发优势，充分激发基层社会治理的内在驱动力，推动城市居民自治和农村村民自治体制机制完善，让基层民主自治的各类民主形式能够得到有效落实。张君认为，在农村基层民主治理实践中，基层民主治理成效的取得离不开协商民主的助力，实质就是“众人的事众人商量”。

（二）现实困境与推进路径

近年来基层民主自治建设取得重要进步，但仍在具体实践中出现一些治理困境和异化现象，基层治理体系、治理方式和治理能力尚需完善与提升。曾土花、李民认为在一些基层治理活动中存在“形式自治”的现象，自治停留在表面或仅走过场，降低了村民参与基层民主的热情，削弱了基层组织在村民心中的威信与信誉，为此，基层自治需地方行政部门主动让渡部分管理权，从而为自治留出足够空间，承认自治主体的合法地位，使自治主体能够对基层治理产生实质性作用。只有这样，才能提高群众的信任感和参与意识，形成基层治理与行政力量之间的最优结合。褚松燕指出，基层社会组织协商面临着人才流失、协商主体不对等、协商制度供给缺失等方面的挑战，且基层社会组织自身协商能力也有待提高。孙照红认为，应健全民主协商机制，把顶层设计和地方实践有效结合，在实践过程中要破解社会组织协商过程的公平性、公开性、透明性、法治化等问题。

（三）发展趋势与未来展望

近年来，中国基层民主自治制度与法律制度的联系度在逐步提升，在法律和制度框架下的基层民主实践活动发展到了新阶段。刘九勇认为，在农村基层民主实践中，村干部既应是党组织的人选，又应是村民民主选举的结果，其实质为在党的领导与村民自治之间寻求平衡与融合。基层民主治理民主与法治应相辅相成。张君提出，从当前基层矛盾协商化解的实践结果看，各地的协商化解方式呈现出化解依据的法治化和化解程序的规范化两大趋势，一方面，随着社会的转型发展，个体行为规则日益受到法律规范的影响，矛盾纠纷的协商不可避免地走向法治化；另一方面，社会矛盾纠纷的数量与类型也在不断地增多，促使相关部门采用更加规范的化解程序。丁鹏、李明修提出，在农村基层民主实践中，只有全面实现依法治村，通过法治带动基层民主治理工作，才真正实现农村基层治理现代化。农村基层治理法治化的路径包括完善相关法律制度、实施全方位的法治文化育人工程、建立层次丰富的法律服务体系。黄徐强、张勇杰提出将城乡社区协商连通于基层民主自治全过程，有利于实现基层治理能力和治理体系现代化。发展社区协商，离不开思考如何优化社会协同治理和公民有效参与的体制机制，如何在依法治理的基础上合理设置清单项目。

六、社会主义重要政治制度研究

社会主义政治制度具有多个层次和多重治理架构，按照一定目标和程序运行。从制度体系的组织结构看，党的十九届四中全会把中国特色社会主义制度中起四梁八柱作用的制度，明确为根本制度、基本制度、重要制度。重要制度是指那些由根本制度、基本制度派生的国家治理各领域各方面的主体性制度，如经济、政治、文化、社会、生态文明、军事、外事等领域的主体性制度。刘恩东指出，新时代要坚持和完善“一国两制”制度体系，治港方略需要更加注重把握正确方向，更加注重坚持依法治港，更加注重筑牢社会政治基础。宋伟指出，坚持和完善党和国家监督制度体系，可从6条路径着力：推动监督体系均衡发展、加快制度成果转化、注重监督成果运用、增强对监督权的监督、创新监督方式方法、提升理论阐释力。唐璨指出，时值法治政府建设关键期，需要对各类内部监督制度进行整合、完善，以形成系统化的制度体系和制度优势推进依法行政，以努力达成法治政府建设目标的重要保障。丁方旭、任进指出，要在宪法和监察法等制度基础上，立足于当前反腐败工作实际，吸收借鉴中国优秀传统文化因素和国（境）外有益经验，探索构建中国特色监察官制度，建设高素质专业化监察官队伍，推动新时代纪检监察工作高质量发展。社会治理是国家治理的重要方面。李军鹏指出，要着眼于未来 15 年基本实现国家治理体系和治理能力现代化的总体目标，重点完善对迈向高收入经济体与发达经济体至关重要的制度，完善跻身创新型国家前列的创新创造制度体系，完善基本公共服务均等化制度和统筹城乡的民生保障制度，完善法治化高标准市场经济制度体系，完善应急管理制度与社会治理制度，完善民主集中制，健全民意吸纳制度。

七、西方政治制度研究

比较政治制度是政治学的传统研究内容和重要组成内容，也是北京政治学学者关注的重要话题。21 世纪以来，欧美国家、转型国家和发展中国家的政治制度发生了新变化，对此政治学界进行了探讨。

（一）美欧政治制度研究

近年来，欧美出现了民粹主义和政治极化现象。2020 年恰逢美国大选，在疫情冲击下，美国政治体系与运作遇到的问题，及其社会分裂和极化在选举竞争中加剧恶化。谢韬认为，2020 年美国总统选举出现的冲突表明，美国的政治体制出现了衰败现象。庞金友认为，社会的不平等是政治极化升级的经济和社会根源，不平等造成的贫富失衡、阶层分化、社会不公、机会不等，不仅导致右翼保守主义兴起、民粹主义泛滥，也使党派冲突白热化、意识形态两极化、社会阶层分裂化趋势进一步加剧。赵可金认为政治极化在美国体现在周期化特征，美国国家制度的保守性和美国社会生态的开放性之间的内在张力，决定了过一段时期就会出现周期性的政治极化现象。欧树军提出“十维国家论”，分别从强制、汲取、统领、认证、正当性、监管、再分配、吸纳整合、民权和经济健康等维度，认为美国的现代国家成色不断提升，但近年来却出现了现代国家降维的问题，越来越丧失通过调整政治过程与政策过程来吸纳整合不同阶层利益的政治能力。与西欧北美有的国家一样，东欧的一些国家也出现了严重的民粹主义问题。项佐涛、李家懿认为，民粹主义崛起的原因是认同政治和利益政治的共同作用。通过认同政治和利益政治的双建构，一些东欧国家的民粹主义政党强化了底层民众的民族、宗教和文化认同，把草根性的政治参与转换成自己的认同基础。选举结果表明，中下收入者是民粹主义政党的主要支持者。鄢一龙比较了中美政治体制，指出中国的国家权力构成不是分立关系而是分工关系。包括 3 类分工：其一是职能分工；其二是“大权”与“小权”的纵向分工；其三是权力运行链条分工。在中美战略竞争条件下的中国政治体制具有自身独特的韧性，能够有效支撑长期的战略竞争。

（二）俄罗斯政治制度研究

2020 年，俄罗斯对 1993 年版的《俄罗斯联邦宪法》进行了前所未有的大面积修改。关于此次修宪，学者们展开了许多分析。郝龙认为修宪改变了联邦宪法中各权力主体之间的关系，在某种程度上增加了国家杜马和联邦委员会等公民代表机构的权力，一定程度上改变了国家的集中型权力结构，加强了核心权力机构间的整体均衡性与协调性，但从实际效果来看，此次修正强化的是总统权力在俄罗斯国家权力实际运行中的主导地位，俄国家权力机构仍以联邦总统为核心。李永全认为此次修宪意味着俄罗斯将从叶利钦宪法过渡到普京宪法，目的是使权力机构更加平衡，运行更加有效。中央与地方关系是保证国家稳定发展的重大问题，而宪法及具有宪法性法律文件是调整中央与地方关系的重要载体。邱曼丽认为，实践证明，完全照搬西方的联邦制并没有带来国家的统一和安定，建立符合俄罗斯国情和现代化要求的联邦体制是中央与地方关系模式的基石，明确中央与地方权责的合理边界，是二者关系的核心；顺应民主法治化潮流，注重以法治方式构建长效稳定的关系格局，加大权力制约力度，这是维护国家各政治主体良性关系的重要保障。

（北京市政治学行政学学会供稿；执笔人：张长东、葛建平、王艳杰）

国际政治及中国外交

一、中国外交研究

新冠肺炎疫情贯穿了整个2020年，使原本错综复杂、乱象丛生的国际环境更加趋向严峻。中国外交犹如惊涛中的巨舰在波涛汹涌的浪潮中前行着。京内学者在习近平新时代中国特色社会主义思想的指导下，对中国外交进行了深入的研究，产出了一些高质量的研究成果，推动了中国外交研究的发展。对中国外交的研究大致可以分为三大类：其一，以新冠肺炎疫情为背景的中国外交研究；其二，习近平外交思想及中国外交理论的研究；其三，中国同美、日等国家以及多边外交研究。

（一）大变局与中国外交

由郭宪纲主编、中国国际问题研究院10余位专家联袂撰写的《新时代中国声音：国际热点问题透视》，对外交界普遍关心的热点问题（如“朝核问题”“钓鱼岛争端”“南海争端”等）和中国外交的走向做了学理性的分析，解读了新时代中国特色大国外交的内涵。外交部部长王毅和国际问题专家苏格在年初对中国外交局势进行了总结，提出在“百年未有之大变局”下，面对复杂的国际形势和各种挑战，中国外交要在习近平外交思想指引下，坚定不移地推动构建新型国际关系和人类命运共同体。金灿荣分析了中国外交的特点和发展趋势，对中国外交的发展成果和优势给予了高度肯定。王逸舟在第142期文汇讲堂做了题为“要成为强国，中国外交还要哪些能力建设”的讲座，对中国外交能力的提高提出了几点建议，认为中国可以从国际国内两个维度积极提供多层次的公共产品，以加强外交能力建设。新冠肺炎疫情在冲击、重塑世界格局的同时，也在推动着中国外交的创新和转型。张清敏通过中国应对新冠肺炎疫情开展国际合作、践行全球卫生外交的历程，探析了中国外交转型的趋势和特点，提出卫生外交成为中国外交工作的重心之一；首脑外交是全球卫生外交的舵手；多边外交是维护全球公共卫生安全的需要；公共外交领域的观念、制度、治理模式和道德制高点之争更加激烈；领事保护工作任务剧增；数字外交的优势得以发挥；企业和社会的作用得以展现，其潜力仍可进一步挖掘。为了抗击疫情，中国外交在外交方式上进行了灵活的转型，国家主席习近平采取视频方式密集开展元首外交，全国人大也在元首外交引领下，立足立法机构职能特色，积极以视频方式推进“云”外交。“云外交”指在线上通过互联网进行会议的外交形式，在疫情肆虐的大环境下逐渐成为外交新常态，在国际交往中发挥着不可替代的重要作用。外交学院的凌胜利提出，“云外交”具有安全、便捷、高效的优点，由于短期内疫情难以完全消除，“云外交”作为重要的外交方式会延续下来，会继续大行其道。中国作为“云外交”的积极践行者，在推进务实合作方面取得了积极成效，需要更进一步发挥“云外交”的积极作用，未来将线上“云外交”和线下面对面直接交流有机结合起来将成为趋势。新冠肺炎疫情成为世界各国的一份“考卷”，考验的是各个国家的危机处理能力、治理能力以及民族凝聚力。李海东认为，中国的防疫水平展示了较高的治理能力与水平，增强了中国的国际影响力，中国在疫情抗击中所做的贡献，彰显了中国治理模式的影响力。任晶晶也肯定了中国在抗疫斗争和国际合作中所表现出的制度优势、国家能力、专业精神和负责任态度。学者们从公共外交、周边外交、卫生外交、应急外交、抗疫外交等多种角度具体分析了中国外交在新冠肺炎疫情下的变化。《2020年中国公共外交研究综述》对新冠肺炎疫情下的中国公共外交、“一带一路”倡议与跨文化交流、新媒体环境下的公共外交、多元互动背景下的公共外交等进行了文献梳理，并对美、德、俄等国的公共外交进行研究。孙明和孔祥龙认为，新冠肺炎疫情引发了“疫情舆论战”，部分西方政客和媒体指责中国借对外援助抗疫扩大地缘政治影响，并夸大疫情对“一带一路”建设的影响，不断抹黑中国的形象，抹杀中国为了抗疫所付出的努力，在这场外交战中，开展公共外交具有至关重要的作用，良好的公共外交有利于中国赢得世界的正向舆论，帮助中国讲好抗疫故事、维护良好的国家形象，并引领国际社会携手合作抗疫。在周边外交领域，新冠肺炎疫情使中国和周边国家的关系受到影响，同时美国等国家对中国的抹黑和打压也影响了中国周边关系。薛力提出，周边外交作为新时代中国外交的优先方向，应当适当收缩战线、聚焦重点国家与重点领域，将新冠肺炎疫情防控与新冠肺炎治疗的合作视为未来一段时间内中国与周边大小国家合作的一大重点。新冠肺炎疫情使各国政府认识到了公共卫生安全的重要性，卫生外交则是实现全球卫生治理的重要途径。刘晓伟认为，中国卫生外交应做到积极与国际组织等非国家行为体合作，共同开展全球“卫生外交”；积极塑造全球卫生外交的新规范，主动界定卫生外交领域国家与非国家行为体的关系准则。在“应急外交”中，中国也有着出色的表现。为应对疫情冲击带来的抗疫、舆情与经济信心三大挑战，赵可金提出，中国外交呈现出应急外交的特征：在理念上更加坚持以人为本，在心态上更加趋向战略主动，在机制上呈现应急管理，在行动上更加立体联动。在新冠疫情大暴发的一段时期里，中国的“抗疫外交”主要是回应舆论压力，维护国家形象、开展国际合作、巩固外交关系，有效稳定和改善国际环境，为国内抗疫和改革、发展、稳定创造良好局面。周鑫宇考察了“抗疫外交”的效果和经验，并提出对“抗疫外交”的一些新思考，认为无论是公共外交、周边外交，在新冠肺炎疫情中都发挥着各自的独特的作用，相互协调、相互合作，为中国外交提供解决棘手问题的强大驱动力。在大国竞争、舆论竞争、制度竞争的三重重压下，中国外交砥砺前行。

（二）中国外交思想研究

2020 年京内学者对中国外交思想的研究主要集中于对习近平外交思想的研究。新冠肺炎疫情使人类的命运更加紧密地联系在一起，进一步体现了习近平外交思想所包含的智慧。从“构建人类命运共同体”到“一带一路”再到中国特色大国外交，习近平外交思想是学者们研究的热点。学者们认为“构建人类命运共同体”所蕴含的思想价值在 2020 年的新冠肺炎疫情中得到了充分的体现。秦亚青提出“人类命运共同体”思想的理论价值是多方面的，尤其体现在时代观、世界秩序观和全球治理观这 3 个根本问题上。“人类命运共同体”思想既是习近平新时代中国特色社会主义外交思想的重要组成部分，也是马克思主义在全球化时代的创新性发展，还是中华优秀传统文化与时俱进的体现。阮宗泽分析了习近平外交思想的时代意义，提出要科学把握百年未有之大变局与中国战略机遇期的辩证关系，努力实现中华民族伟大复兴的中国梦与构建“人类命运共同体”交相辉映，完善和深化全方位外交布局并推动构建合作共赢的中外关系。“一带一路”倡议作为中国特色大国外交中至关重要的一环，体现着中国人的话语逻辑和思维方式。赵剑英和徐坚从哲学的角度探析了习近平外交思想。前者提出，习近平外交思想蕴含着辩证唯物主义和历史唯物主义的科学世界观和方法论，彰显了马克思主义哲学的时代光辉与中国哲学智慧，后者认为，习近平外交思想开辟了中国外交哲学的新境界，是新时代中国特色大国外交的强大思想武器与行动指南。尚伟归纳总结了中国特色马克思主义国际关系理论的科学体系，认为该体系将有力地批驳国内外的质疑论调，彰显马克思主义在国际关系领域的话语权。王义桅阐释了习近平外交思想的时代背景、科学体系、核心理念，认为习近平外交思想的提出，标志着中国外交从表达自己（和平崛起）到表达世界（和谐世界）的再次升华，对中国特色大国外交起到全方位引领作用，具体体现在理念引领、原则引领和实践引领三大方面。吴志成和吴宇对习近平外交思想产生的时代条件、科学内涵、主要特性和重要贡献四个方面进行了阐释。徐进指出，中国特色大国外交的“特”主要体现在中国独有而其他国家没有或罕有的某些环境、指导思想、操作原则和具体抓手。对中国特色大国外交的深入理解有助于从总体把握中国特色大国外交理论和实践的发展，有助于理解中国外交总体布局，有助于观察和分析当前和今后一个时期中国外交政策的走向。

（三）新型大国关系与中国外交

学者们认为中国特色大国外交应统筹中华民族伟大复兴战略全局和世界百年未有之大变局，推动构建人类命运共同体和新型国际关系，积极运筹稳定均衡的大国关系，发展与周边国家和发展中国家的合作，为中国未来发展创造良好外部环境。2020 年对中国与其他大国外交关系的研究主要集中于中美、中俄和中日 3 对双边关系，以及对中欧、中非、中国和东南亚、东北亚外交关系的研究。钟飞腾指出，“新型大国关系”是从中俄起步，逐渐扩大至中美，再到其他区域国家，新型大国关系已经成为中国外交的框架，已经蕴含在中国特色大国外交之中。中美关系依旧是研究热点，学者们对中美关系未来的发展走向持谨慎的观察态度，认为中美关系仍然是中国外交面临的重大挑战，中美关系进入了高危时期，新冠肺炎疫情使原本就冷淡的中美关系进一步恶化。《论中美“关系危机”》深度分析了“关系危机”这一概念，运用新古典现实主义理论，以国际政治与国内政治互动影响为研究路径，得出中美之间形成了“接触—内化—绑架”这一闭合循环模式，使两国形成了国家间敌意，导致非常容易跌入“关系危机”这一结论。中国应当通过重视周边外交、公共外交，加强首脑外交等手段来应对中美的“危机关系”。胡鞍钢与谢宜泽从国家能力、经济全球化的双维视角出发，对中美贸易战进行了研究，认为当前中国具有国家能力优势、历史经验优势、市场规模优势、发展潜力优势、国际合作优势，中美贸易战不仅不会阻挡中国的前进发展，反而会进一步激发中国的发展潜力。阮宗泽对中国外交未来在国际中的发展持谨慎的态度，认为将来有可能形成一个世界、两个秩序的局面，新冠肺炎疫情下的所谓“索赔”“清算”等舆论战、法律战都使中美关系渐行渐远，中国未来将会面临更大的挑战。《东北亚学刊》在2020年第1期（总第48期）刊中的《中日关系笔谈》专栏邀请高洪、张季风、王敏和吕克俭就新时代中日关系做了研究探讨，涉及中日经济关系、中日关系发展的理念指引等话题。学者们还将目光转向了东南亚和东北亚两大区域。曹德军认为，中国应重视对东南亚国家的沟通战略和信任构建，以缓解一些东南亚国家对中国崛起的忧虑。张颖阐释了中缅命运共同体的重要意义，认为其对中国—东盟命运共同体乃至人类命运共同体的构建具有重要示范意义。中非关系在2020年新冠肺炎疫情冲击下经受住了考验，非洲是中国“一带一路”倡议的主要受益者，中国长期以来都重视对非洲的交流合作。沈晓雷从中非合作论坛的起源和创立、发展进程、主要特征和重要贡献四大方面肯定了中非合作论坛的历史意义。张颖提出，中国应积极与非洲的发展模式进行对接，如“一带一路”倡议与非洲大陆自贸区战略的对接。中国对非洲的发展援助、合作交流无不体现着“命运共同体”的理念，展现了中国特色大国外交的风度。纵观风云变化的2020年，中国外交面临着严峻的考验。学者们通过各种视角对疫情下的中国外交进行了深入研究。2020年3月12日，中国国际问题研究院举行《国际形势和中国外交蓝皮书（2020—2021）》发布会；7月28日“马克思主义国际关系理论”研讨会成功举办，与会专家学者围绕着深刻理解和准确把握习近平外交思想、中国特色大国外交的学理化研究等主题进行了深入讨论；12月11日，由中国国际问题研究院与中国国际问题研究基金会联合举办的“疫情下的世界大变局与中国外交——2020年国际形势与中国外交”研讨会在北京举行。新冠疫情下，学者们通过线上、线下相结合的研讨交流，对中国外交进行了学理性的研究。

二、国际关系研究

2020年度，北京政治学界国际关系研究呈现出以下3个方面特点：其一，延续此前关于百年未有之大变局的国际格局研究，更加聚焦新冠肺炎疫情对国际体系的全局性、结构性、长期性影响。学术界围绕全球治理、区域治理、国际组织、重大国际思潮等话题，涌现出一些高质量、具有创新性的学术成果。其二，包括公共卫生治理、生物安全、人工智能、网络安全、数字技术等在内的新兴议题的关注度在上升，各种交叉性、跨学科的领域成为国际关系学科学术发展的新增长点。其三，研究人员队伍呈现逐渐年轻化特点，发刊质量较往年有所提高，研究视角也更趋多元。但同时也存在一定的不足，比如研究过于集中在应用性强、具有短期效应的政策领域，不同议题的冷热关注度呈现不均衡的态势；实证和经验研究的调研基础有所不足，学科建设中对人才的调研素养的培养还有待加强；基础性、长期性的“冷门”研究力量较薄弱；具有深度、创新性的理论研究成果不多；量化研究的水平和质量仍有待提高。

（一）全球治理研究：新挑战、新议题与新进路

疫情冲击下的国际格局和全球治理是国际关系学界关注的焦点。围绕全球治理的新挑战、新议题与新进路，高质量的学术成果不断涌现。关于疫情对国际格局和全球化的宏观影响，学术界主流观点是认为疫情加速了国际格局变革，世界进入全球化转型、大国战略竞争、合作困境和新技术革命的新时期。张宇燕从生产链的变化观察认为美国和中国正在形成两个“异质”的“全球化”动力之源。何亚非提出2020年将是世界力量平衡大转变的元年。俞可平认为疫情将在某种程度上给全球化进程带来重大扭曲，但长远看，全球化进程不可阻挡。赵可金则认为全球治理合作框架之所以表现乏力，并非仅受制于大国竞争的权力政治，而主要是受制于复杂的国内政治。汪卫华也认为，在可预期的未来，有效的全球治理的基础只能是各国之间形成明确问题导向的通力合作。关于后疫情时代全球治理的发展方向，卫灵认为完善全球治理体系，不是推倒重来，也不是另起炉灶，而是与时俱进、创新完善。贺之杲提出包容性多边主义是重塑全球治理和推动新一轮全球化的动力。程广云从政治哲学的视角提出承认—对话—协商是全球治理的有效路径。不少学者探讨了人类命运共同体理念的全球性意义。李义虎认为疫情更加凸显了人类命运共同体的时代价值和现实意义；刘贞晔也提出构建人类命运共同体的理念本身具有鲜明的实践性，而非空想的乌托邦；孙吉胜认为各国应通过构建人类卫生健康共同

体，推进全球治理体系改革。从体系到功能，学术界还对全球治理的功能性合作领域进行了具体研究。疫情之下全球卫生治理成为一个新的研究热点。黄旸木和郭岩系统梳理了 21 世纪以来历年世界卫生大会关于全球卫生安全治理的讨论。张清敏、曲鹏飞均讨论了全球卫生治理中非国家行为体的重要作用。罗建波和张海滨探讨了推进全球公共卫生治理的路径。在经济研究领域，贫困和发展治理、能源治理、金融治理、治理体系变革是主要的研究议程。随着中国扶贫攻坚实践取得重大进展，贫困和发展治理成为学者研究全球经济治理的新议题。刘建飞和王红续分别对全球贫困治理的现状进行了梳理和分析。徐佳利、梁晓敏分别以世界银行和中国减贫经验为例，论证了知识分享为国际发展治理提供的新思路。王志芳、吴志成和刘培东、秦升、沈铭辉和赵美艳、王奎从不同角度讨论了中国全球可持续治理、发展援助、精准扶贫的经验及其对全球经济治理的启示。富景筠讨论疫情影响下的能源治理应对。张中元从机制复合体切入，探讨提高国际金融治理有效性的方式，廖凡则重点探讨了全球金融治理的合法性困局及应对。郭泽林和陈琪、林跃勤、杨长湧、张哲人、桑百川从不同角度探讨了全球经济治理变革的挑战和趋势。任琳和张尊月提出研究经济治理的制度复杂性问题与解决方式。2020 年是国际气候合作的“大年”，学术界围绕全球气候治理进行了一些深入探讨。刘洪岩、翟大宇和许悦都关注了国际气候深度政治化的问题，讨论 2020 后全球气候谈判和国际气候政治中的“负外部性权力”问题。康晓、王海林等人对全球气候治理的关键问题和治理转型进行了宏观分析。非传统安全与全球治理也是全球治理研究的重要方向。唐士其分析了新冠肺炎疫情看未来全球公共安全治理的观念与机制变革。陈积敏、宋伟、李晶分别从国际移民的非传统安全挑战、海上难民问题的全球治理困境、难民全球治理体制方面研究全球移民和难民的治理问题。马金星和袁沙均以治理理念为切入点分析解决全球海洋治理困境的方式。齐尚才探讨了全球互联网治理的制度缺失和治理赤字。傅莹研究了构建人工智能国际安全规范的途径。傅聪、刘冲和邓门佳分别讨论了生物安全议题和美欧国家生物安全治理与新兴生物技术发展对大国竞争与全球治理的影响。

（二）国际组织研究：制度变迁与制度竞争

中国全方位参与国际组织，主动构建新型国际合作机制，积极维护多边主义合作，激发了学术界对于国际组织研究的热情。2020 年，学术界主要围绕全球性国际组织、区域性国际组织以及新型合作机制的变迁与竞争，开展了多视角、深入而全面的国际组织研究。在全球性国际组织中，联合国是核心，需要维护以联合国为核心的国际治理体系。姚琨等人着重分析了联合国面临的困难与挑战，认为联合国亟须推进改革，重振多边主义信心。王璐等讨论了联合国教科文组织参与新冠肺炎疫情全球治理的角色、行动与挑战。孙萌和龚刃韧分别探讨了联合国人权机制和《联合国宪章》人权条款的挑战和作用。贸易领域，王勇等讨论了多边贸易制度变迁中的国际制度领导，提出国际制度领导能够通过提供国际公共产品，推动多边贸易制度的发展和变迁。耿楠聚焦 G20 框架下的国际合作，认为疫情应对再一次凸显了 G20 机制的重要作用。沈陈、成志杰等分别从新冠肺炎疫情下的金砖国家合作和金砖机制深化与扩容切入，讨论了金砖机制发展的问题和前景。在全球治理部分失灵的背景下，区域性国际组织与区域治理成为国际合作新的亮点。学界对欧盟、东亚（以及印太）、非洲、中亚的区域组织研究较为集中。欧盟研究一直是区域研究的重点，初步统计，2020 年北京学者在该领域发表 40 余篇学术论文。金玲、房乐宪、于洪君、田粤皖等讨论了新形势下的欧盟一体化问题；赵晨、冯怡然、赵怀普等人着重讨论了欧盟的防务政策和机制；房乐宪、张健、冯仲平、章永乐、张磊等人探讨了新冠肺炎疫情对欧盟造成的影响和欧盟的应对；张超、董一凡、韩丁、国强、郑海琦、杨成玉、孙成昊等学者分别从具体领域和区域对象切入讨论了欧盟的人道主义政策、绿色新政、新亚洲战略、数字身份、海洋治理模式、欧盟复苏计划、美欧关系等。2020 年，学界对东亚和印太的区域组织研究大多集中于东盟和印太新机制，围绕制度、理念和秩序的中美竞争是学者们讨论的焦点。季玲尝试运用关系主义理论，解释东盟安全实践问题。沈铭辉、江瑞平探讨疫情对东亚区域合作的影响和前景。张蕴岭聚焦东北亚秩序建设，提出推动东北亚命运共同体构建的途径。颜泽洋和关照宇等分别评估了疫情暴发对中日韩合作和“中日韩+X”的影响。宋伟等对比欧盟经验，论证了中日合作轴心近期无法在东亚实现的原因和中国的机制选择。刘琳、李志斐则重点讨论了南海相关的东亚合作系列外长会和非传统安全机制。关于印太新机制的发展和前景，魏玲则认为四边安全机制难以主导印太秩序构建。聂文娟比较中美在东南亚地区的秩序理念，提出东南亚地区最终将会朝着中国主导的互惠合作秩序方向演变。沈晓雷、贺文萍、杨民对成立20年的中非合作论坛的历程和贡献进行了全面梳理。曾爱平、姚桂梅、刘海方探讨了疫情影响下的非洲抗疫与中非合作。中亚的上海合作组织在扩容后出现了新情况也引起了学者们的关注。张蕴岭讨论了上合组织取得的成就和面临的挑战，认为该机制是新时代国家间相处之道的探索和创新。邓浩从上合组织参与全球治理切入，认为这将是新时期上合组织发展新的着力点。王鸣野探讨了上合组织在推进大欧亚地区合作中的作用。新型合作机制是大变局下国际组织发展演变的新事物，表现为新的主导国家和新的合作领域。李向阳聚焦“一带一路”高质量发展的机制化发展，提出“一带一路”机制化建设的思路和路径。傅莹则提出健全人工智能国际治理有效机制的一系列关键要素。

（三）重大国际思潮研究：较量与重构

百年未有之大变局不仅体现在国际权力格局转换，还体现为重大国际思潮的演变和不同观念的碰撞。与全球化、多边主义和区域主义快速发展相对应的是逆全球化、单边主义与保护主义、国家主义与民族主义、民粹主义的回归和兴起，这说明国际关系正开启新一轮的重构和转换。关于逆全球化的回潮，北京学者的主流观点是认为逆全球化对当前的国际关系发展是一个挑战。戴长征认为西方国家内部逆全球化思潮涌现，全球治理出现了全球化与逆全球化的较量，中国将成为全球化的有力捍卫者。严洁等分析了美欧国家的逆全球化转向及其原因。郑云天从科学社会主义基本原理切入，探讨全球化与逆全球化的关系，认为面对逆全球化挑战，中国正形成新型的全球观，为世界提供中国方案。但也有学者如李怀亮认为疫情看似让全球化雪上加霜，实则把全球化推到了2.0版本，也就是全球共同体时代。全球共同体时代是对全球化的深化和纠偏，而非终结和替代。郭楚和倪峰从权力观的视角探讨美国外交的单边主义、物质主义和孤立主义转向。蒲傛和高飞均从单边主义、保护主义、霸权主义等对多边主义的挑战入手，讨论多边主义的困境及其转型。吴志成和刘培东则从中国视角讨论了促进多边主义、抵御单边主义的实践方向。国家主义、民族主义和民粹主义这三种思潮的兴起给国际体系带来了复杂影响。蔡拓聚焦全球主义观照下的国家主义，讨论其在全球化时代的理论内涵和实践价值。学界对民族主义的探讨趋于国别化和区域化。谢韬和孔元分别聚焦美国的族群民族主义和民族保守主义，认为它们将对美国内政外交产生显著影响。贾岩、姜景奎、王世达、杨新天、许娟等学者从“印度”概念的当代变迁、印度的民族主义想象、印度教民族主义崛起、印度政党意识形态、宗教政治化等视角分析了印度民族主义的发展和演化。陈琪和夏方波以印度尼西亚为例，讨论了民族主义政权与伊斯兰政党的盛衰。唐志超聚焦中东，提出新自由主义在该地区突进的时代已经终结，新一轮自主意识的兴起，开启了该地区政治发展新进程。学界对民粹主义思潮的研究主要分为两个范畴，一是西方民粹主义，二是非西方民粹主义。西方民粹主义的阶段性发展及其影响是当前研究重点。林红通过考察西方民粹主义在新冠肺炎疫情中的持续演进，提出民粹主义与国家的双重依赖关系。王军和黄鹏通过研究欧美身份政治的演进，认为包括新自由主义、保守主义、民粹主义在内的不同思潮的博弈导致了欧美国家政治变迁和治理困境。陆屹洲、季哲忱都对欧美民粹主义政党的兴起进行了研究。庞金友、丛日云分别从当代美国政治极化和特朗普现象切入，对民粹主义的含义进行学理界定。关于民粹主义的影响，杨邦荣认为非西方世界也出现了民粹主义的升温，民粹主义浪潮对全球治理改进产生了相当的负面影响。刘辰基于民粹主义视角，探析了当代埃及的意识形态变化。谭道明对美国与拉美的民粹主义进行了区分。芦思姮研究了民粹主义影响下一些拉美国家的民族主义非理性扩张与发展困境的问题。

三、国际政治研究

2020年度，国际政治学科研究成果丰硕。其一，依托中国社会科学院及多家国际政治国家重点学科所在单位，北京国际政治学界实现了对重要的国别区域研究全覆盖，对新冠肺炎疫情下重要国家、地区的外交政策走向进行了实时跟踪，同时也有相当数量从学理角度创新国际政治理论、从历史和文化角度深度阐释国际政治理论的佳作，产生了一批具有学理价值高、前瞻性强的学术成果。其二，国际政治研究力量进一步壮大，一些非传统研究重镇的高校和科研机构也出现了国际政治研究机构，涌现出一批新锐研究学者和优秀研究成果，国际政治研究机构的分布更加均衡。其三，研究队伍建设成果丰硕。一批重要的研究成果由知名学者和青年学者或研究生合作完成，研究队伍呈现年轻化特点，国际政治学界的传帮带效果显著。但同时也一定有待提升之处，例如，区域国别研究呈现出“冷热分明”局面，对美国、日本、欧洲等重点国家、地区的研究成果多、精品多，而对中亚、中东、非洲、拉美等地区的有关研究无论是数量还是质量都要逊色很多；绝大多数研究是动态性、政策性的研究，从学理、历史、文化等领域对一国外交政策进行剖析，进行国际政治理论创新的精品研究尚不多见；各重点研究机构的横向联结尚不够紧密，多单位联合发表成果数量不多，学科学术共同体建设仍有待加强。

（一）美国外交研究

2020 年是人类历史进程中具有重大意义的一年，随着疫情的不断蔓延，国际安全动荡加剧，不确定性增加。2020 年是美国大选之年，选举的结果不仅关乎未来四年的美国内外政策，也对国际秩序的走向具有重大意义，牵动着全世界的关注，成为 2020 年度美国研究的重点之一。关于 2020 年美国大选及其对美国外交的影响。谢韬等学者认为，当今美国政治面临新冠肺炎疫情引起的经济衰退、前所未有的社会分裂和政治极化、百年未有的美国国家认同的危机，在社会严重分裂和政治高度极化背景下，围绕中国崛起的问题成为这次选举的关键议题之一，导致中美关系持续恶化。在对华政策上，大选结果难以改变美国“竞争性对华战略”的总体趋势。关于美国的“印太战略”，刘卿认为，美国增加在东南亚的投入，进行“价值观外交”已成定局，但美国霸权与东盟“中心性”之间存在矛盾，若不能在平等基础上尊重东南亚国家利益，则美国东南亚政策可能成为“烂尾工程”。陈庆鸿认为，自 2017 年重启以来，美、日、印、澳四边安全对话已取得进展，这与四国应对中国崛起、美国对华政策调整及四国过去 10 年相互关系的不断发展不无关系，其将对地区安全架构演变产生重大影响，对此应引起中国外交的高度警惕。

（二）俄罗斯外交研究

国际政治学学界对俄罗斯研究的重点内容包括俄罗斯主导的欧亚一体化进程、美国与俄罗斯在苏联地域空间的博弈、后苏联时代主权国家建设进程及其多元外交、中俄两国在欧亚地区的对接合作等论题。新时代中俄全面战略协作伙伴关系，俄罗斯外交思想探析，美俄在中东、中亚、东欧等地缘政治核心地区的战略博弈成为学界关注的焦点。唐志超认为，进入新世纪第二个 10 年后，俄罗斯再度成为中东的主要玩家。“美退俄进”成为当前中东地缘政治发展的鲜明特征，但受实力所限，目前俄在中东地位仍难与美全面竞争，普京的中东政策仍坚持实用主义路线，中东并非陷入美俄“新冷战”。柳丰华认为，中、美、俄 3 国在亚太地区的合作与竞争，是影响亚太局势和地区格局的最重要因素。宋伟认为，俄罗斯对美国战略认知的演变过程分为友好合作、竞争凸显和激烈对抗 3 个阶段。美国采取的许多对俄政策和行为，忽略了俄罗斯战略认知的历史和心理因素，被俄罗斯看作是“侮辱性”和“威胁性”的，从而导致了双方敌意的螺旋式上升。

（三）欧洲外交研究

新冠疫情下，中、美、欧三边战略竞争加剧，欧盟的战略自主呼声不断升高。欧洲民族国家兴起，欧盟自主性增强，“地缘政治欧洲”是 2020 年国际政治学界热议的话题。学界从欧洲具有的地缘脆弱性、全球地缘博弈加剧背景下欧洲力量呈现的短板，以及欧洲地缘政治思想的历史传统和现实发展等多个角度，分析了欧盟对外政策出现地缘政治转向的理论和现实基础，并对欧盟相关政策的未来走向和潜在影响做出了评估，为研判欧洲当下战略考量和决策倾向提供了一定理论和现实参照。阮金玲认为，面对国际秩序和国际格局深度重组，欧盟在“主权欧洲”的话语体系下推动对外战略转型，意在提升其在大国博弈中的地位。欧盟希望成为国际社会的地缘政治行为体，强势推进维护多边主义新方略，寻求平衡的跨大西洋关系，并推动一体化的外向性突破，这一战略转型将会对世界格局和秩序演变产生重要影响。吴志成认为，近年来，欧洲恐怖主义发展呈现类型多样化、主体复杂化、攻击广泛化、方式多样化的态势。这种态势是欧洲社会治理不足的反映，欧洲国家正在调整治理政策，防控社会族群激进化，强化网络恐怖主义治理，深化区域内外的反恐合作。刘娟平和张利华的研究认为欧洲议会、欧盟委员会和欧盟理事会对中国的政策立场既有相同性又有差异性。相同性在于，欧盟三大机构都认为中欧经贸合作是最优先的政策考虑，且都对中国人权状况表示关切并呼吁成员国在中国政策上保持一致；差异性表现在三大机构在对中国政策侧重点和务实程度方面存在不同，欧洲议会对所谓中国人权问题多持批评态度，欧盟理事会更加关注外交安全事宜，欧盟委员会则更注重与中国进行经济贸易合作。

（四）东北亚外交研究

京内国际政治学界就“后安倍时代的日本”外交走向进行了热烈讨论，尤其是日本作为中国的重要邻国和美国在亚太地区最重要的盟国，它对美国主导的“印太战略”的反应成为学界关注的重点。此外，冷战结束以来，东北亚区域合作存在呼声高、结果少的尴尬局面，不少国际政治学者就东北亚区域合作的障碍因素进行了探讨，尤其是对日韩之间的合作障碍从机制和心理等要素进行了分析。吴怀中认为，日韩两国近年来在历史、领土、经贸等领域摩擦不断，“战略分歧”所起深层规范作用愈益明显，日韩战略分歧是由双方围绕结构性要素的矛盾而生成并加剧的，具体表现为对朝、对华基本的安全政策的分歧。近年日本区域主义战略发生明显的策略性调整，朝着多向对冲、政经并重、回归亚洲、深耕地区的趋向位移，日韩两国走向战术性缓和是大概率事件，但消解战略分歧势必曲折而艰难。关于东北亚一体化的体制机制研究，钟飞腾认为，“东北亚”是一个地缘政治概念，直至中国推进改革开放后，这个术语才有了接近今天所表述的整体感。需要研究东北亚作为一个整体的国际关系和地缘政治经济演变趋势，才能有助于推动东北亚命运共同体建设。沈铭辉、李天国认为区域全面经济伙伴关系有助于整合区域多重制度框架，形成开放统一的亚洲市场。

（五）南亚、非洲外交研究

2020年，印度在“联美遏华”方面动作不断，以遏制中国“扩张主义”为理由积极响应美国“印太战略”，同时不断提升自身在南亚及印度洋沿岸地区的影响力。莫迪掌舵下的印度外交政策走向成为学界关注的焦点之一。同时，西亚非洲部分国家陷入了严重的战乱和人道主义危机，其余国家则在苦苦探寻实现经济持续高增长的路径，西亚、非洲地区的发展问题备受国际关注，成为国际政治研究的重要领域。关于印度外交政策的新变化，王世达认为，印度民族主义已经在潜移默化中塑造了印度的对外政策，持续影响印度与周边国家的关系。吴琳认为，地区霸权的制度护持是印度外交政策制定和变化的核心动力，中国应将印度的霸权欲望作为一个重要因素加以考量，中美紧张关系使印度自认为找到了依附美国应对中国崛起和削弱“一带一路”影响力加强南亚地区事务主导权的契机，但大国关系变动和印度国内经济改革前景不明等因素使印中、印美关系仍存变数。李莉认为，印度的对外战略已由不结盟转向“多向结盟”，在安全和价值观上与以美国为首的西方国家站在一起，在发展领域仍会与新兴经济体和发展中国家保持些许协同。

（北京市政治学行政学学会供稿；执笔人：张颖、曲鹏飞、吴琳）

国家安全学与政治安全

党的十八大以来，以习近平为核心的党中央高度重视国家安全工作，不断开创国家安全工作新局面。2020年是百年未有之大变局凸显之年，亦是国家安全学理论与实践研究赓续发展之际。需要通过对本年度国家安全学相关研究成果进行整体性梳理与评介，从学科发展情况、学术研究概况以及学术共同体构建等方面进行回顾与检视，以期回应国家安全的实践性诉求。

一、“总体国家安全观”研究

习近平总体国家安全观是指导新时期国家安全工作的重大战略思想。回顾2020年总体国家安全观研究，既有基于总体国家安全观的理论内涵与价值意义的学理探讨，也有基于具体安全议题的实践性探讨。

首先，总体国家安全观的理论蕴含与价值研究已形成共识。总体国家安全观是党中央在新时期对国家安全形势的科学研判，是指引新时代国家安全工作的强大思想武器，其对国家安全理论与实践研究具有引领性理论价值。高祖贵指出，总体国家安全观这一纲领性思想，为顺利推进新时代中国特色社会主义发展的战略安排提供强有力的安全保障，成为走中国特色国家安全道路的理论之基。

其次，国家安全学学科体系建设稳步发展。在总体国家安全观指导下，国家安全学一级学科得以设置，学科建设迎来迅速发展期，中央党校、北京大学、国防大学、中国人民公安大学、国际关系学院等高校就国家安全学的专业设置、人才培养、社会服务等方面进行了积极探索。诸多学者就国家安全学学科体系建设予以关注，2020年《刘跃进国家安全文集》就国家安全学学科及专业建设提出了总结性探讨。就学科建设路径上，李文良论述了通过国家顶层设计、政策引导、试点先行、有序展开的学科建设道路。杨华锋提出“本体论、认识论和方法论”的国家安全学学科建设思维框架，探讨国家安全学学科建设面临的基本问题与发展趋势。

再次，总体国家安全观相关议题研究不断深化。根据相关研究关键词分析显示，总体国家安全观相关研究在一定程度上呈现为理论聚焦、议题扩充的趋势。一是体现在对总体国家安全观理论内涵的关切。郑旭涛指出，总体国家安全观是中国共产党在数十年的执政过程中对治国理政、国家安全、社会稳定等重大政治问题探索和思考的结晶。二是呈现为总体国家安全观实践路径的探究。学者普遍关注高校国家安全宣传教育，认为强化公民国家安全意识是开展国家安全工作的思想基础。李志华等指出全面推进高校安全文化建设，要坚持以总体国家安全观为指导，加强重点领域的安全制度建设。三是表现在传统与新型领域安全研究有序展开。生态环境、生物安全、网络空间安全，以及宗教文化与军事外交等主题成为热点研究领域，是贯彻总体国家安全观的有益探索。

最后，总体国家安全观研究方式方法及其研究特征整体性呈现。就研究方式方法来看，多数学者选择基于习近平总体国家安全观为指导，立足现实国家安全国情，并使用文献调查和内容分析等方法开展相关问题的研究。王英玮等就以总体国家安全观为标尺，剖析新《档案法》安全理念的具体特征。此外，马振超等运用文献分析方法对总体国家安全观进行了系统性的分析，全面地回顾了中国总体国家安全观理论研究的现状。也有学者基于知识图谱分析、可视化分析等研究方法对总体国家安全观的热点研究情况进行评析。

二、国家政治安全的理论研究

国家政治安全是国家安全维系根本所在。2020年国家政治安全基本理论研究既致力面向宏观理论视野的关注，也注重实践导向基于微观层面的阐释。

一是国家政治安全理论关切及其现实观照。政治安全既是政治学研究重要范畴，亦是国家安全学核心主题。诸多学者投入到国家政治安全基础理论问题研究中，马振超指出政治安全在维护国家安全中发挥根本保障作用，且国家政权和政治制度安全处于政治安全的核心地位。对安全治理理论的关注亦成为研究重点，张金海等通过梳理我国国家安全治理相关研究文献，认为当前我国国家安全治理研究理论体系尚未形成，指出了强化政治安全未来研究的着力点。

二是国家政治安全理论研究核心领域聚焦。学术研究议题领域呈现出宏观与微观结合、实践与理论并行的特征。首先，制度安全、政权安全、政治稳定、意识形态安全等传统政治学议题仍备受关注。燕继荣持续关注于制度优势向国家治理效能的转化，反映出政治制度安全对国家治理能力实现的基础性作用。政治安全还倚赖于政府合法性与政治稳定的实现，王浦劬等进行了基于公众政府满意与政府信任间的因果分析，据此得出了对我国政府增强公信力的启示。其次，网络空间政治安全、政治话语体系等凸显时代特征的议题，逐渐成为学界的核心关切。新技术革命与后工业化背景下，国家治理面临着新型风险挑战的变化，这也将带来政治安全理论等诸多理论的再思考与新定位。当前，通过完善国家政治话语分析基础理论也成为维护意识形态安全的重要路径。最后，新冠肺炎疫情带来政治安全研究新趋向，涌现出研究领域的新焦点。全球公共卫生危机下，政治安全基本理论要回应并关照现实需求。刘跃进指出，疫情带来了国内与国际层面的政治安全问题，政治安全将受到多方面的考验，这也是新时期政治安全研究的新境遇。杨光斌阐述了国家治理理论应具有“中国性”，国家治理现代化离不开政治安全理论基础的有效扩充。

三是基于研究成果现状与未来学术趋势的总体性概括。2020年国家政治安全理论研究相关学术成果多见学术期刊与学术会议，且主要载于相应社会科学专业期刊。就研究方法而言，多为规范性研究，实证研究占比较少，主要以理论研究与解释性研究来阐释并丰富政治安全理论体系，定量研究类文章数量较少。就研究机构与群体而言，高校与研究院所成果斐然，以北京大学、中国社会科学院等高发文量的研究机构为代表，且多见学者独立研究或两人合作模式。同时，以国防大学、国际关系学院等院校为代表组织的学术研讨会议也成为学术交流主要平台，但团体间持续性、互动互通式的合作网络尚未形成，且学科交叉研究特征尚不明显。总体而言，一方面，关涉政治安全的概念、内涵等基础理论，以及围绕政权安全、制度安全、政治认同等核心议题领域，当前研究成果能形成一定共识。另一方面，由于学者基于对国际、国内形势变化的多角度研判，在政治安全新兴领域、未来发展趋势等理论关注上呈现出一定差异化表达。随着传统与非传统安全交织，以及不确定性风险攀升的时代背景下，政治安全面临挑战将愈加严峻，新技术前沿、非传统安全领域与政治安全的交织等研究仍将是未来热点议题，急需本土化政治安全理论的扩充与回应。

三、国家政治安全的实践研究

2020年国家政治安全实践研究在研究焦点议题、研究群体与研究成果特征、未来研究展望三方面具体呈现。

其一，聚焦研究热点议题。首先，政治稳定、政治秩序等经典议题仍是学界关注重点。政治稳定是政治安全的根本要素，蒋来用提出反腐战略优化路径与对策来保证我国政治监督常态化，从而保障我国的政治稳定。政治稳定还有赖于对群体性事件的治理，为此韩志明提出要从“粗糙的摆平”到“精致的治理”。其次，从政权及政治制度安全来看，国内尽管总体稳定，但政治风险仍不容忽视，例如香港修例风波就暴露了“一国两制”实施中面临新问题，再加上一些西方国家政客借疫情对我国政治体制进行无端指责与抹黑，当前政治安全面临局势不容乐观。再次，从意识形态安全来看，两种政治制度的差异必然会引发意识形态争论的旋涡。最后，从政治认同安全来看，政治认同关乎党的执政安全与政府的合法性问题，也成为本年度政治安全研究主要关注。陈曙光通过对西方政治话语霸权的回溯，认为针对当前中国政治话语“贫穷”现状的改进，亦成为维护政治安全的重要切入点。近年来，网络空间作为新型安全领域对政治安全的影响不断扩大。围绕网络空间场域，杨嵘均就提出了要构建网络空间政治安全观，并提出了网络空间国家政治安全构建的五个核心要素。随着网络空间成为不同意识形态博弈的新阵地，学者们从网络传播、话语权建构以及政治虚无主义防范等视角予以研究。同时，基于网络空间具有高度的全球化特征，促进网络空间的国际合作，推进网络命运共同体构建，也成为维护政治安全实践研究的热点与趋势。

其二，研究群体特征和研究成果特征呈现。政治安全实践研究在学术研究与成果呈现的表征上较为丰富。一方面，映射于学术研究群体。就学术研究团队而言，大多研究成果集中于高等院校和科研机构中的政治学和马克思主义类研究等部门，发文量较多的研究机构主要有中央党校（国家行政学院）、中国人民公安大学等。从合作网络来看，政治安全现实研究在学术合作方面较为薄弱，学术共同体尚未形成。另一方面，从学术研究成果上看。就学科领域而言，大多数研究成果集中在“中国共产党”“行政学及国家行政管理”“公安”等学科领域，这也与研究群体的分布特征相一致。从研究视角来看，本年度的政治安全实践研究在微观和宏观层面均有论及，既关注制度层面的安全，也关注个人层面的政治认同安全。相较而言，微观研究的学术关注度要远远小于宏观研究，且缺乏翔实的案例说明与佐证。从研究方法来看，政治安全实践研究多集中于规范研究，注重在经验层面对维护政治安全进行探讨，实证研究数量较少。

其三，国家政治安全实践研究发展趋势。从研究议题来看，台海问题、南海问题、边疆安全等不稳定因素关乎中国主权安全，对此研究亟须加强。此外，一些西方国家政客借疫情不断对中国政治制度进行抹黑，并屡次打着“民主”“人权”等幌子干涉中国香港、新疆、西藏等内政事务，给国家政治安全带来威胁。由此，加强政治认同研究，化解政治认同风险相关研究将成为重点。并且，由于网络空间与现实空间的不断交互，网络空间与政治安全仍是政治安全现实研究前沿领域。综合而言，2020年国家安全学研究推进了国家安全学学科体系的完善，为促进政治安全现实实践提供了学理支撑。当前，世界处于百年未有之大变局，如何有效应对国家安全面临的种种风险挑战，有赖于政治学界予以持续地关注、积极地学术产出。

（北京市政治学行政学学会供稿；执笔人：杨华锋）

年度推荐论文和著作

论文

1.《基层党组织治理权威塑造机制研究——基于T市B区社区党组织治理经验的分析》，王浦劬、汤彬，《管理世界》，2020年第6期。

2.《精准扶贫背景下国家权力与村民自治的“共栖”》，章文光、刘丽莉，《政治学研究》，2020年第3期。

3.《美国大转型：从“例外”国家到民族国家》，谢韬，《探索与争鸣》，2020年第7期。

4.《历史政治学的功能分析》，杨光斌、释启鹏，《政治学研究》，2020年第1期。

5. 《制度、政策与效能：国家治理探源——兼论中国制度优势及效能转化》，燕继荣，《政治学研究》，2020 年第 2 期。

6. 《在疫情大考中完善发展中国特色社会主义制度和国家治理体系》，李志勇，《科学社会主义》，2020 年第 3 期。

7. 《新冠肺炎疫情对国际格局的影响》，《当代世界与社会主义》，刘建飞，2020 年第 3 期。

8. 《中国的国际经济合作新模式：第三方市场合作》，《现代国际关系》，张颖，2020 年第 4 期。

9. 《地区霸权的制度护持与印度的南盟政策》，吴琳，《世界经济与政治》，2020 年第 12 期。

10. 《国家安全治理中的人民性：基于“情境—意识—行动”沙漏模型的阐释》，杨华锋，《行政论坛》，2020 年第 6 期。

11. 《国家安全：问题、逻辑及其学科建设》，李文良，《国际安全研究》，2020 年第 4 期。

12. 《中国协商政治的“民主性”辨析——一种协商民主理论建构的尝试》，刘九勇，《政治学研究》，2020 年第 5 期。

著 作

1. 《大国领导力》，阎学通，中信出版社，2020 年。

2. 《政治通鉴》，俞可平主编，中国大百科全书出版社，2020 年。

3. 《政治学概论（第 2 版）》（马克思主义理论研究和建设工程重点教材），《政治学概论》编写组，高等教育出版社、人民出版社，2020 年。

4. 《理性主义的政治学：流变、困境与超越》，唐士其，北京大学出版社，2020 年。

5. 《中国国家政治治理现代化研究》，范文等，国家行政管理出版社，2020 年。

6. 《西方政治思想史》，陈伟，中国社会科学出版社，2020 年。

7. 《中国外交探新》，王逸舟，时事出版社，2020 年。

8. 《美国国家安全战略的转变》，左希迎，中国社会科学出版社，2020 年。

9. 《刘跃进国家安全文集（上、下册）》，刘跃进，中国经济出版社，2020 年。

10. Social Transformation and State Governance in China：Theory，Path，and Policy Process，徐湘林，Springer ，2020.

行 政 学

2020 年是不平凡的一年，新冠疫情冲击下，世界面临着百年未有之大变局，全球治理体系发生深刻变革。面对大变局带来的大挑战和大机遇，北京市行政学科立足大局，洞察全局，引领变局，努力在服务国家和北京市重大战略的进程中开创新局，着力推进学科发展，取得丰硕成果。在行政价值、行政体制与行政责任、政府组织结构、央地关系、首都治理创新及京津冀协同发展研究领域取得了重要进展。

从学科发展的基本情况来看，北京市行政学科取得重要的成果。主要表现为 4 个方面：一是北京市在全国行政学科评估中取得优异成绩。据教育部全国第四轮行政学科评估排名，中国人民大学、清华大学、北京大学的行政学科以压倒性的优势排进榜单前三，北京市行政学科在全国具有显著的优势。二是从行政学科排名来看，行政学科排名前 10 名中，清华大学、中国人民大学、北京大学、北京师范大学 4 所学校的行政学科入榜，占据了榜单前 10 名中的 40%。三是从一流专业的建设情况来看，以全国 27 所高校行政管理一流专业的建设情况来看，属于世界一流专业的两所高校均在北京，即中国人民大学和清华大学，占比 100%；属于世界高水平专业的两所高校中，有一所在北京，即北京大学，占比 50%；属于中国一流专业的 15 所高校中，有两所高校即北京师范大学和北京航空航天大学，占比 13%。四是从学位点授予权来看，北京市共有7所高校拥有公共管理一级学位博士学位授予权，共有28所高校拥有公共管理硕士学位授予权。

从北京市行政学科学术共同体建设情况来看，尽管疫情防控形势严峻，但是北京市行政学科的学术会议并没有停止，2020年举办了数十场公共管理学术会议，是全国举办会议最多的城市。会议的主题主要涉及疫情防控与应急治理、国家治理体系与治理能力现代化、人工智能与数字政府、超大城市治理、京津冀协同发展、社会治理、“放管服”改革、贫困治理与高质量发展等方面，基本涵盖了国家的大政方针与发展战略。这些会议不仅极大地促进了学术进步与行政学科自身的发展，而且也促进了北京市行政学科服务于国家重大战略、北京政策咨询与社会的发展。由于受疫情影响，大多数会议采取了线下与线上相结合的形式。

从北京市行政学科社会服务的情况来看，2020年北京市行政学科在服务国家战略与北京市政策咨询服务取得了重要进步。主要表现为3个方面：一是服务于国家重大战略。2020年，北京学者在京津冀协同发展、数字治理、疫情防控、贸易政策、政府未来治理以及反贫困等方面服务于国家重大战略。如赵朝峰主持的《中国共产党领导抗灾抗疫斗争的百年历程和宝贵经验研究》、谭小芬主持的《负利率时代金融系统性风险的识别与防范研究》、贺俊主持的《贸易壁垒下突破性创新政策体系建构研究》等国家社科基金重大项目，为国家战略提供了理论指导和经验支持。二是服务于北京市政策咨询。北京市行政学科在服务北京市政策咨询方面，涉及了法治政府建设、廉洁政府建设、行政伦理研究、城市基层治理以及城市公共服务等问题。如彭晓等的《基于“12345”市民服务热线的城市公共管理问题挖掘与治理优化途径》、王吉力等的《从疏解整治到优化提升——2009年至2020年北京非首都功能疏解政策回顾》、张文宏等的《特大城市居民相对贫困影响因素实证分析——基于北京、上海、广州的研究》、汪波的《情境预防视阈下首都社区安全治理——基于北京市23个社区的调查分析》等成果为北京市社会服务提供了理论与政策咨询。三是服务于行政学科自身的发展。服务于行政学科本身的发展体现为着力于完善公共行政学的学科体系并促进公共行政学科的本土化方面。如唐任伍的《公共管理思想史》、何艳玲的《公共管理研究的大问题——兼论“中国”方法论》、赵新峰等的《协同视阈下雄安新区创新共同体治理体系的建构方略》、谢新水《人工智能发展：规划赋能、技术自主性叠加与监管复杂性审视》、李军鹏《面向基本现代化的数字政府建设方略》、孙铮等《“十四五”期间京津冀协同发展的重点任务初探》、章文光《脱贫攻坚决战决胜期需要注意的几个问题——基于建档立卡实地监测调研的思考》、李水金的《2050年政府治理的新图景：基于“时—空—技术”三维演化的视角》等西方公共管理理论、公共管理的本土化、人工智能、数字政府以及雄安战略、反贫困、京津冀协同、数字治理等进行了研究。

从北京市行政学科学者们的研究来看，主要聚焦于以下几个领域：

1. 关于行政价值的研究

行政价值是行政学研究的一个主要内容，历来受到学术界的重视。北京行政学者关于行政价值的研究具有研究范围广、研究内容深、研究成果多等特点。具体看来有以下几方面：一是北京学者紧密结合了国家的大政方针政策，对公平正义[1]、公共利益[2]、公共精神[3]、法治政府、责任政府、廉政政府以及公共性价值[4]进行深入探索和研究；二是北京学者紧密结合了公共行政的前沿问题展开，对数字治理时代的算法正义[5]、对扶贫脱贫中的价值取向等前沿价值进行了研究，反映了公共行政的最新进展；三是研究紧密切合民生需求，特别是对以人民为中心的价值的研究[6]、对精准扶贫[7]及共同富裕进行研究、对共同富裕中的第三次分配进行研究[8]、对公共管理中人的生命价值[9]的研究等，表明了北京学者研究过程中的家国情怀和使命担当。此外，北京学者还对行政学科中的行政伦理[10]进行了研究，包括诚信价值、德治与法治的关系、伦理制度以及人工智能时代的行政伦理等。

2. 对行政体制机制创新的研究

体制机制创新是有效促进政府转变职能，提升社会主义市场经济活力的重要内容，也是推动行政体制改革的重要手段。北京学者对体制机制创新的研究主要有：一是关注纵向政府间关系中的督察制度新动向，对督察制度进行研究。认为督察制度是借助中央权威，实施自上而下的高强度控制，通过动员、进驻、反馈、整改、问责、“回头看”等完整程序，制度性地嵌入治理体系，降低了委托—代理关系中的信息不对称性，实现了对地方治理目标的纠偏，从而有效强化了制度执行，提升了纵向治理效能。[11]二是关注中心化与发展型国家治理转向的研究。研究指出在去中心化中谋求合作，进行促进型治理，进而实现政府模式从管理型政府向服务型政府的转变。三是关注实验试点与制度扩散新机制的研究。四是指出整体性扩散的缺失严重制约了中国地方政府创新的深化，因此需要重塑政府创新的整体战略，超越传统的“央地分权”模式，破除制约地方政府创新的结构性因素。五是加强地方监管体制的改革研究。要运用新理念指导监管工作，监管的目标不仅仅是市场效率目标，更重要的是对社会公共价值的维护和弘扬；细化基层监管组织机构和制度体系设计，保障组织运行的有效性和协同性；进行问题导向性管理，以解决问题为中心，建立跨区域、跨部门的协调机制；打通沟通渠道和信息共享体制机制；大力度培养和培训新时代监管人才；用好法律武器；鼓励企业自我监管；调动社会力量参与监管。[12] 六是对行政管理体制创新的研究。认为要从系统性、法治性、源头性和整体性等方面强化政府治理创新。[13]

3. 关于政府机构改革与职能转变的研究

党和国家机构职能体系是中国特色社会主义制度的重要组成部分，是我们党治国理政的重要保障。2018 年 3 月，中央印发《深化党和国家机构改革方案》（以下简称《方案》），提出“构建系统完备、科学规范、运行高效的党和国家机构职能体系，形成总览全局、协调各方的党的领导体系，职责明确、依法行政的政府治理体系”。北京学者关于机构改革与职能转变的研究主要集中于以下几个方面：一是对机构改革的成效与逻辑进行了研究，认为机构改革应当坚持政治性、人民性、科学性相统一的价值取向，在逻辑上坚持政治性与人民性的统一、实现人民性与科学性的统一、推进政府性与科学性的统一。[14] 二是对机构改革的趋势和完善策略进行了研究：包括处理好机构改革中的职责统一关系问题；处理好机构改革中的审批、监管、执法和辅助支持职能错位问题；处理好机构整合后的职能融合、人员融合、文化融合问题；加快推进机关所属支持辅助性事业单位机构职能调整问题；加强综合行政执法队伍建设；完善相关配套改革如法治、公务员队伍建设等。[15] 三是对机构改革与职能转变的关系进行研究。提出要进一步将机构改革与职能优化进行结合，将原来分散在多个部门的职能进行了优化整合，形成更科学合理的职能结构。四是对机构改革中的配套改革进行研究。包括机构编制改革研究[16]、事业单位改革研究、应急管理机构改革、市场监管机构改革、大数据治理机构改革等。

4. 对“放管服”改革的研究

“放管服”改革是政府最为重视的改革内容之一，是促进商事制度改革、形成良好营商环境的重要一环。北京学者对“放管服”改革的研究成果较多，归纳起来有以下几点：一是对“放管服”改革的举措与成效的研究。认为“放管服”改革的举措主要有行政审批制度改革、清单制度改革、服务流程再造、证照分离、减税减负、优化服务、监管改革等，其成效主要是通过改革促进营商环境便利化、服务方式智能化、市场监管精准化，有效激发了市场活力，规范了政府权力，化解了市场主体的“堵点”“难点”“痛点”。[17] 二是对“放管服”改革的困难进行了研究。主要包括：首先是功能性梗阻，主要表现在程序性制度缺失、部门职能定位不清、资源配置不科学等方面；其次是信息性梗阻，主要表现在部门间数据共享意愿不足、数据质量不高，数据使用不充分等方面；再次是存在效率主义取向，主要表现在重形式轻实质，简政放权、放管结合、优化服务等三者不协同等方面；最后是“放管服”改革中权力“一放一接”之间可能出现的“权力悬空”现象，主要表现为权责错配、供需错配、对象错配、主体缺位、程序缺失等方面。三是对“放管服”改革的策略和趋势进行了研究。主要包括：首先要把“放管服”改革的着力点放到加强系统集成、协同高效的机制优化上来，建立起审管联动机制、管服协同机制；其次是要通过对政府组织、功能、流程进行整合，实现整体化发展；再次是要以“放管服”改革倒逼服务型政府建设，着力塑造公民本位、社会本位、市场本位、权利本位的现代政府管理理念；最后是要更加重视“放管服”改革中“权力悬空”现象的生成机理及矫正路径，对“放管服”改革进行价值调适、结构互动、机制协同、技术嵌入、执行配套、制度优化等方面进行改革。[18]

5. 对中央与地方关系的研究

中央与地方的关系一直是行政学科的重要话题，特别在 2020 年，疫情的流行使得“央地关系”再次成为学术界的焦点问题。如果在中央统一领导下充分发挥地方的积极性，对于疫情防控起着重要的作用。北京学者关于“央地关系”的研究主要集中于以下 8 个方面：一是宏观国家治理体系现代化视域下的央地关系。学者们的代表性观点主要聚焦发展阶段与国家治理、市场化与制度的自我完善与治理、政策传导效能与治理、从“权力本位”到“责任本位”的转化过程与治理4个方面。如有学者指出未来15年是我国迈向基本现代化的关键时期，唯有实现制度成熟与治理能力现代化的均衡适配，促进制度成长与能力增进的同频共振，才能更好地将制度优势转换为治理效能。二是央地纵向关系新体制新机制。主要观点包括：从纵向政府间关系中的督察制度、国家治理体系和治理能力现代化、从去中心化与合作视角下发展型国家的治理转向、从管制型政府与服务型政府两种政府模式下的“放管服”改革等。三是央地关系的横向逻辑：跨域公共治理。主要从区域协同创新的府际合作治理、跨域公共治理、跨域治理中的政府行为及其互动机制研究等几个方面进行。[19] 四是央地关系与脱贫攻坚及乡村治理。主要包括后精准扶贫时代的贫困治理、整体性治理视角、基于自治与管控的乡村治理的传统演变、乡村治理的模式与挑战等。[20] 五是央地关系与城市基层治理。主要包括非首都功能疏解、新型城镇化背景下城乡融合型社区协同治理机制研究、北京城市基层社会治理中的“吹哨报到”[21]等。六是央地关系中的政府、市场、社会三维主体：政社关系的理顺与法治化塑造。七是互联网与技术革命下的央地关系新环境。代表性的观点主要聚焦人工智能对城市治理的挑战、大数据与地方政府全景治理、技术创新条件下的治理变革等几方面。八是突发性事件与央地关系中的新兴治理体系。代表性的观点主要聚焦风险防控协同治理共同体、社区公共卫生应急协同网络体系及其建构、跨域公共危机治理中信息联动等几方面。

6. 对京津冀协同发展战略的研究

京津冀协同发展是国家重大战略，也是北京市学者的重点研究所在，北京市学者共获得了相关主题国家社科基金项目共4项，北京市社科基金项目8项，研究的主题覆盖了人口结构、大气污染联防联控、城市群模式、旅游规划、空间治理与腾退、城市群、冬奥会、产业链、红色文化以及创新要素等。学者们通过研究认为京津冀协同发展态势良好、协同治理体系已经初步建成。同时也发现一些问题，主要表现为：一方面是京津冀地区差异大、创新驱动辐射带动不足、空间结构有待优化、环境生态协同治理机制不足、体制机制改革有待深入等协同治理的挑战；[22] 另一方面是京津冀地区面临教育资源需求大、异地养老难及污染防治协同不足等问题。在此基础上，学者们提出了京津冀地区协同发展的政策建议：提升创新对产业协同的驱动作用，以非首都功能疏解为契机推动协同发展，推进产业布局优化升级；加强政策工具在组织架构、运作体系、资金人才信息资源共享等方面的整合程度等。[23] 还有学者对京津冀的协同指数进行了研究。[24]

7. 对雄安新区战略的研究

雄安新区是党中央、国务院于2017年设立的国家级新区，是促进京津冀协同发展，解决北京大城市病，疏解北京非首都功能的重大战略部署，是千年大计，国家大事。自雄安新区设立以来，北京学者时刻关注雄安新区的建设和发展，深入对雄安新区建设与规划的调查和研究，在雄安新区的研究中取得了较大的成果。其中最为突出的成果及观点是北京学者是从整体性治理的角度探讨雄安新区的建设问题，例如赵新峰、李水金撰写的《协同视阈下雄安新区创新共同体治理体系的建构方略》、张可云等的《雄安新区城市发展、空间作用演化与冀中南地区协同》、申嘉澍等的《雄安新区生态系统服务簇权衡与协同》，以及2020年度雄安新区社科基金项目如李水金的《整体智治视域下雄安新区数字治理创新共同体的建构方略研究》、王宁宁的《信息空间视角下雄安新区城乡融合发展路径与推进策略研究》、陈安的《大数据和智能时代雄安新区应急管理体制机制研究》等，这些学者的研究为雄安新区的规划和发展提供了良好的政策建议。

8. 对超大城市基层治理的研究

基层城市治理是推动国家治理体系和治理能力现代化的必不可少的条件和基础，习近平总书记曾指出，“要着力完善城市治理体系和城乡基层治理体系，树立‘全周期管理’意识，努力探索超大城市现代化治理新路子”。这为北京市行政学科的研究发展指明了方向。2020年北京市超大城市基层城市治理的研究主要包括以下几方面：一是基于多源流模型的视角研究非首都功能疏解。认为首都功能疏解的政策议程设置可以看作是问题流、政策流、政治流三流共同作用的过程及结果。提出要进一步推动北京非首都功能疏解，必须从问题流、政策流、政治流三方面完善和发展其政策议程设置的观点。[25] 二是对城乡融合型社区协同治理的研究。指出需要通过党建引领与法治保障来实现多元主体之间的互融，实现城乡融合型社区的共治协同中的均衡状态。三是基层社会治理中“吹哨报到”机制研究。研究表面北京街道建立了一个包括动力、压力、保障、协作、效能等五大系统的分析框架，描述并解释推动“吹哨报到”工作有效运转的动力机制。如彭晓等的《基于“12345”市民服务热线的城市公共管理问题挖掘与治理优化途径》、李文钊的《“接诉即办”的北京经验》等。

9. 对数字政府与数字治理的研究

数字政府建设与数字治理是当前学术界的一个重点和热点话题，研究文献众多。北京学者对数字政府与数字治理的研究主要集中于以下几个方面：一是从科技改造治理的视角理解，说明了“数字政府”的内涵、概念以及层次框架。[26] 二是在界面理论基础上，围绕政府的数字化转型展开研究，指出，“数字政府”的实质在于运用一体化的政府页面达到服务集聚与跨部门、跨层级、跨系统协同的效果，实现一体化服务供给，建设让人民满意的“数字”政府。[27] 三从数据开放共享的角度出发，提出数据开放共享既是促进“数字政府”的建设的主要路径，也是构建整体化、系统化、协同化政府职责体系的方式。[28]

10. 对国家治理能力的研究

十九届四中全会提出的加速推进国家治理体系和治理能力现代化战略目标。推进国家治理能力现代化成为北京学者服务于国家重大战略必不可少的研究内容。其研究的内容主要聚焦于以下几点：一是对大变局时代国家治理能力的谱系进行研究。指出为了迎接新的发展阶段、提供新的发展动力、解决新的社会矛盾、面向新的智能时代、构建新的世界秩序，必须构筑高质量发展能力、改革创新能力、社会治理能力、数字治理能力、全球治理能力，全面推进国家治理体系和治理能力现代化。[29] 二是对制度成熟与治理能力现代化的均衡适配进行研究，指出应促进制度成长与能力增进的同频共振，才能更好地将制度优势转换为治理效能。三是对国家治理过程中的政策传导效能与治理模式进行研究，提出国家治理过程中应强化社会政策治理模式：确立包容性政策制度，着力建设评价监督机制；共建网格化治理格局，铸造社会政策共同体；提倡适度合作路径，坚持政府与社会双向发展等。四是对国家治理能力的远景目标进行了研究。[30]

总之，北京行政学科在全国行政学科中占据着重要的地位，既立足于北京，又面向全国，服务于国家重大战略。北京行政学科的学科水平、学位点分布、成果产出、研究能力、学科总体实力等，在全国均处于明显的优势。北京学者聚焦于京津冀协同发展、“放管服”改革、雄安新区战略、脱贫攻坚、价值伦理、数字政府、国家治理能力现代化等的研究，不仅有效推动行政学科的不断发展与完善，而且为北京市的经济社会发展提供了不竭的智力支撑。

注：

［1］冯颜利：《新中国 70 年：公平正义的理论与实践》，《北京大学学报（哲学社会科学版）》，2020 年第 2 期。

［2］安晓娇、张忠国、耿宏兵：《公共利益共识的形成——澳门新城区总体规划公众咨询引发的思考》，《城市规划》，2020 年第 3 期。

［3］王洪波：《历史唯物主义的公共性维度下主体公共精神的当代建构》，《社会科学辑刊》，2020 年第 4 期。

［4］胡象明、齐磊：《迈向整合：政治文化的公共性再造与创生逻辑》，《湖南师范大学社会科学学报》，2020 年第 2 期。

［5］喻国明、陈艳明、普文越：《智能算法与公共性：问题的误读与解题的关键》，《中国编辑》，2020 年第 5 期。

［6］段光鹏、王向明：《以人民为中心：习近平新时代中国特色社会主义思想的价值取向》，《思想教育研究》，2020 年第 2 期。

［7］唐任伍、肖彦博、唐常：《后精准扶贫时代的贫困治理：制度安排和路径选择》，《社会科学文摘》，2020 年第 4 期。

［8］李水金、赵新峰：《第三次分配的正义基础》，《山东工商学院学报》，2021 年第 1 期。

［9］张康之：《论风险社会中人的生命价值的优先性》，《中州学刊》，2020 年第 5 期。

［10］萧鸣政、郝路：《行政伦理制度建设水平评价标准与方法的量化研究》，《行政论坛》，2020 年第 4 期。

［11］李声宇：《从嵌入到独立：督查机制的模式演化与政策匹配逻辑》，《华中科技大学学报（社会科学版）》2020 年第 1 期。

［12］蓝志勇、吴件、方国阳：《2018 年以来地方市场监管机构改革之探——以云南省 Y 市为例》，《江苏行政学院学报》，2020 年第 2 期。

［13］高小平：《国家治理现代化目标下行政管理制度创新的特征》，《内蒙古社会科学》，2020 年第 1 期。

［14］宋世明：《新时代深化行政体制改革的逻辑前瞻》，《中国行政管理》，2020 年第 7 期。

[15] 刘俊：《国家机构改革的经验启示及法治逻辑》，《四川行政学院学报》，2020 年第 1 期。

[16] 杨开峰：《以“八个协同”推进机构编制改革》，《中国机构改革与管理》，2020 年第 1 期。

[17] 李水金、欧阳蕾：《十八大以来我国“放管服”改革的动因、成效、困境及推进策略》，《天津行政学院学报》，2020 年第 3 期。

[18] 戢浩飞：《深化“放管服”改革的重点与方向——基于机构改革的分析视角》，《天津行政学院学报》，2020 年第 1 期。

[19] 史霞：《治理视域下的区域地方政府间合作探析》，《河北大学学报(哲学社会科学版)》，2020 年第 6 期。

[20] 丁建彪：《整体性治理视角下中国农村扶贫脱贫实践过程研究》，《政治学研究》，2020 年第 3 期。

[21] 吕维霞：《基层社会治理中“吹哨报到”的动力机制——基于北京市的多案例实证研究》，《南京社会科学》，2020 年第 6 期。

[22] 李国平：《京津冀协同发展：现状、问题及方向》，《前线》，2020 年第 1 期。

[23] 孙久文、卢怡贤、易淑昶：《高质量发展理念下的京津冀产业协同研究》，《北京行政学院学报》，2020 年第 6 期。

[24] 中国社会科学院京津冀协同发展智库京津冀协同发展指数课题组：《京津冀协同发展指数报告》，中国社会科学出版社，2020 年版。

[25] 彭向刚：《多源流模型视角下城市治理的政策议程设置——以非首都功能疏解为例》，《学术研究》，2020 年第 3 期。

[26] 鲍静、范梓腾、贾开：《数字政府治理形态研究：概念辨析与层次框架》，《电子政务》，2020 年第 11 期。

[27] 李文钊：《界面理论范式：信息时代政府和治理变革的统一分析框架建构》，《行政论坛》，2020 年第 3 期。

[28] 段盛华、于凤霞、关乐宁：《数据时代的政府治理创新——基于数据开放共享的视角》，《电子政务》，2020 年第 9 期。

[29] 庞金友：《大变局时代国家治理能力的谱系与方略》，《人民论坛》，2020 年第 22 期。

[30] 李军鹏：《面向 2035 年的国家治理体系和治理能力现代化远景战略》，《中国行政管理》，2020 年第 11 期。

（北京市政治学行政学学会供稿）

年度推荐论文和著作

论 文

1.《国家治理现代化目标下行政管理制度创新的特征》，高小平，《内蒙古社会科学》，2020 年第 1 期。

2.《数字政府治理形态研究：概念辨析与层次框架》，鲍静、范梓腾、贾开，《电子政务》，2020 年第 11 期。

3.《后精准扶贫时代的贫困治理：制度安排和路径选择》，唐任伍、肖彦博、唐常，《社会科学文摘》，2020 年第 4 期。

4.《协同视阈下雄安新区创新共同体治理体系的建构方略》，赵新峰、李水金、王鑫，《中国行政管理》，2020 年第 6 期。

5.《中国行政体制改革的价值体现》，何艳玲，《中国社会科学》，2020 年第 2 期。

6.《界面理论范式：信息时代政府和治理变革的统一分析框架建构》，李文钊，《 行政论坛》，2020 年第 3 期。

7.《多源流模型视角下城市治理的政策议程设置——以非首都功能疏解为例》，彭向刚，《学术研究》，2020 年第 3 期。

8.《2050 年政府治理的新图景：基于“时—空—技术”三维演化的视角》，李水金，《中共天津市委党校学报》，2020 年第 3 期。

9.《基于致贫原因的帮扶措施精准性评估分析》，章文光、宫钰、吴义熔，《公共管理与政策评论》，2021 年第 4 期。

10.《党领共治：社区实验视域下基层社会治理格局的再生产》，朱旭峰、王瀚，《中国行政管理》，2021 年第 5 期。

著　作

1.《公共管理思想史》，唐任伍，商务印书馆，2020 年。

2.《京津冀协同发展研究的历史、现状与趋势》，叶堂林、祝尔娟、王雪莹，社会科学文献出版社，2020 年。

3.《中国之治：国家治理体系和治理能力现代化十五讲》，杨开峰，中国人民大学出版社，2020 年。

4.《公共政策学》，杨宏山，中国人民大学出版社，2020 年。

5.《城市基层政府社会治理体制机制的现代转型》，孙柏瑛，中国社会科学出版社，2020 年。

6.《精准扶贫的故事》，章文光，人民出版社，2020 年。

7.《应急管理十二讲》，钟开斌，人民出版社，2020 年。

8.《组织理论：公共的视角》，田凯，北京大学出版社，2020 年。

9.《中日韩乡村振兴的创新实践》，王猛、邓国胜，中国社会科学出版社，2020 年。

10.《合乎区域协同发展愿景的整体性治理图式探析》，赵新峰，人民出版社，2020 年。

国际共产主义运动史

2020 年，北京国际共运史学界在国际共运史上重要人物研究、社会主义国家的建设和改革研究、左翼政党和国际组织的历史进程及当代发展研究、无产阶级革命研究、当代世界左翼思潮研究、当代世界社会主义与国际共产主义运动的总体发展研究等领域取得丰硕成果。相关成果呈现出研究论域较为全面、基础理论和热点问题研究并重、重视对重要历史节点和时代问题的回应、注重多维度比较研究、研究方法多元化等特点。

一、学科发展主题及热点问题

第一，国际共运史上重要人物研究。一是马克思恩格斯及其思想研究，主要包括马克思恩格斯就部分问题的阐述及其现代意义、马克思社会主义学说史上的若干重大分歧问题、恩格斯晚年思想、新中国建立 70 年来马列经典著作的编译事业成就等几个方面。二是列宁及其思想研究，主要包括列宁就某些问题展开的论述及其当代意义、关于列宁和列宁主义的若干重要问题、关于列宁与共产国际之间的关系几个方面。例如张光明在《恩格斯晚年：思想、时代及身后历史》一文中，考察了晚年恩格斯对马克思经济学手稿的编辑工作以及在自然辩证法、历史唯物主义、革命与改良、俄国社会发展等问题上的论述，认为“马克思恩格斯对立说”是站不住脚的，所谓“恩格斯问题”不过是 20 世纪全球史所造成的“物质生活的生产方式”与“意识形态的形式”之间的复杂交互作用在人们头脑中歪曲了的思想映象而已。

第二，社会主义国家的建设和改革研究。一是苏联东欧国家的社会主义建设和改革研究，主要包括对二战后社会主义改革起源的思考与对苏联社会主义模式失败的当代省思。二是东欧剧变后苏联东欧国家的发展研究，主要包括苏联东欧国家总体政治发展态势研究与苏联东欧国家的国别研究。三是越南、朝鲜、古巴、老挝的社会主义建设和改革研究，重点是对越南、朝鲜和古巴的研究。四是中国的社会主义建设和改革研究，主要包括领导人的治国理政逻辑与中国共产党的执行意识等问题。五是新时代中国特色社会主义研究，主要包括习近平新时代中国特色社会主义思想、全面深化改革、国家治理体系和治理能力现代化、全面建成小康社会、人类命运共同体、新冠疫情与新时代中国特色社会主义、新时代中国特色社会主义的对外关系等问题。例如郭春生在《苏联社会主义模式失败的当代省思》一文中，通过回顾苏联社会主义模式的发展历程对其失败进行了当代省思，认为取消苏联共产党的领导是苏联社会主义模式失败的关键节点。

第三，共产党、左翼政党和国际组织的历史进程及当代发展研究。一是社会主义国家的共产党研究，重点是对中国共产党和越南共产党的研究。二是其他国家共产党研究，主要包括国外共产党的总体研究、原苏东地区共产党研究、西方共产党研究、发展中国家共产党研究等。三是其他左翼政党和左翼力量研究，主要包括西方左翼政党与左翼力量研究、原苏东地区左翼政党和左翼力量研究、发展中国家左翼政党和左翼力量研究等。四是对以共产国际为代表的社会主义国际组织的研究。例如，潘金娥在《越共是怎样布局“两个一百年”战略目标的》一文中，从组建大会筹备工作领导小组、确定越共十三大的基本路线和方向、布局经济社会发展战略规划、统筹干部队伍建设和重要人事安排、深入开展党风建设和反腐败斗争、加强社会管控以防止敌对势力破坏等方面概括分析了越共十三大的情况。

第四，无产阶级革命研究。一是十月革命研究，主要包括对十月革命意义的思考、对十月革命发生合理性的阐释以及对十月革命中存在的争议问题进行的澄清等。二是中国革命研究，主要关注早期领导人对革命战争的战略指导。例如黄宗良在《十月革命的伟大胜利使社会主义从理论变成现实》一文中，强调了十月革命的伟大意义，提出十月革命建立了共产主义政党领导的人民当家做主的社会主义国家，打破了资本主义一统天下的世界格局，使社会主义从理论变成了现实。

第五，当代世界左翼思潮研究。一是对世界左翼思潮的总体概览。二是区域性左翼思潮研究，主要涉及对东欧地区左翼思潮的梳理。例如周淼等在《百年未有之大变局中的世界左翼思潮和运动研究——2019年国外左翼思想研究概览》一文中，通过对过去一年国外左翼思潮的概览，指出在世界大发展大变革大调整之际，国外左翼学者关注议题十分广泛，试图回答一些重大时代问题，以展现马克思主义的当代价值和生命力。

第六，当代世界社会主义与国际共产主义运动的总体发展研究。包括世界社会主义发展新前景、世界社会主义发展新特点、国际共产主义运动新机遇、国际共产主义运动史学发展历史等研究。例如，蒲国良在《国际共产主义运动史学发展70年》一文中，回溯了70年来国际共运史学科的发展阶段、发展特点以及目前的发展态势、存在的问题等，对国际共运史学科发展情况进行了清晰的梳理和分析。

二、学科研究特点及评价

第一，研究成果丰硕，研究论域较为全面。众多研究者中，既有国内资深学者，也有中青年学者新秀，呈现出学术研究的梯队性。学界的研究内容涉及国际共运史研究的方方面面，学者们在各自的研究中从不同侧面、不同角度对国际共运史进行了积极的、有益的和开拓性的研究与探索，研究成果丰硕。

第二，坚持基础理论研究，直面理论热点和重大理论问题。学界继续保持对国际共运史基础问题的关注。同时，对于近年来的理论热点和重大理论问题，如当代世界社会主义思潮与运动、国际共产主义运动的当代发展、新时代中国特色社会主义与世界社会主义等问题，学界也保持了高度关注，体现了学界对学术前沿的积极追踪。研究者们在保持研究连续性的同时，不断丰富和拓展研究的内容、视角和方法，推动重大理论问题向系统化、学理化方向发展。

第三，关注现实，重视对重要历史节点和时代问题的回应。2020年恰逢恩格斯诞辰200周年、列宁诞辰150周年，北京学界开展了诸如征集专题论文、主办研讨会、出版纪念专辑等纪念活动，这些活动直接推动了有关恩格斯和列宁及其思想的研究，引发学术界对相关经典著作的重读热、再探热。在重视重要历史节点的同时，学界也关注现实，注重对时代问题的回应。同时，研究者对新时代中国特色社会主义的理论与实践问题也十分重视，产出诸多优质的研究成果。尊重历史、挖掘理论、思考现实，成为北京国际共运史研究的重要特点。

第四，注重多维度研究，凸显比较研究特色。对同类型的问题，研究者既尝试历史的纵向比较研究，也重视同时代的横向比较研究。例如对社会主义国家的建设和改革研究中，既有对二战后社会主义改革起源的思考，也有对东欧剧变的当代反思，还有对原苏联东欧国家的研究，呈现出清晰的历史研究线索。又如对当代左翼政党和左翼力量的研究中，对西方国家、原苏东地区和发展中国家等都给予了关注，呈现出区域性比较特色。再如对执政共产党的研究中，注重对中国、越南、朝鲜、古巴、老挝等国执政党建设的比较研究，彰显了各国党建的独特性。

第五，引进多元化研究方法，尝试研究范式转型。近年来随着人文社会科学的综合化发展，一些学者尝试将经济学、政治学、社会学、历史学等其他学科的研究方法、概念和范式引入国际共运史学领域，为国际共运史学的发展注入新活力。2020年北京国际共运史研究继续保持这一趋势，在研究方法上纵横结合、交叉性强，既有以历史为主线对国际共产主义运动历史历程及经验问题的纵向研究，又有以现实为导向对当代世界社会主义问题的横向解读，既有对社会主义改革的经济学分析，也有从政治学视角研究国际共运范畴内的党史党建问题，体现了国际共运史研究的方法突破。

三、学科发展问题与未来发展方向

2020 年北京国际共运史研究在取得进步的同时也存在一些不足，学科发展依然面临挑战：

第一，学科建设仍需加强。自 20 世纪 90 年代以来，由于受国际大环境变化和国内政策调整的影响，国际共运史学科一直在曲折中寻求转型发展，北京国际共运史学科始终走在学科转型的前沿。在一些坚守本领域的教学科研人员的努力下，学科发展平稳推进，持续向深广拓展。与此同时，研究队伍的新老交替，研究方向与研究领域的重新定位，研究方法的更新与借鉴等仍然是学科转型需要进一步解决的问题。国际共运史学科的归属问题、教研机构的稀缺问题、学科人才的梯队建设问题、学科平台的分散化和边缘化问题等，仍然制约着国际共运史学科的发展。

第二，学术研究有待进一步深化和拓展。首先，国际共运史学科的研究对象需要进一步明确。国际共运史学科需要解决与科学社会主义、马克思主义发展史、国际工人运动史、世界社会主义等学科和领域的研究对象界限模糊的问题，从而找到下一步发展的突破口。其次，国际共运史研究的整体视域需要进一步平衡。相较于对国际共产主义运动历史上的事件、运动、组织的研究，当前研究者们更多关注当下的现实问题和热点问题，表现出研究的实用主义倾向。再次，对新时代重大问题的关注度和参与度有待提高。学界研究持续推进，但其深度、广度和创新度仍有进一步发展的空间。

第三，研究范式的转型步伐还需加快。在国际共运史学科研究中，历史积淀下的学术话语和新兴话语的碰撞呈现出两个极端。一端是受到传统思维范式的束缚，固守老化、固化的研究方法，因袭一贯的老调重弹，缺乏创新；另一端是完全否定前人辛苦耕耘的研究成果，一味求“西”、一味求“新”。老一辈国际共运史学者秉持马克思主义的基本原则和方法，取得丰硕的研究成果，为国际共运史研究奠定了坚实的基础。自西方社会科学话语体系引进国内后，国内人文社会科学界出现了一些以西方社会科学研究方法为纲的现象，这对国际共运史研究也造成了一定冲击。既要提高马克思主义方法论自觉，又要引进不同学科的研究方法，形成跨学科的学术视野，实现本学科的方法论创新，加快研究范式的转型，成为国际共运史研究实践中需要解决的突出问题。

未来，北京国际共运史学科应在以下方面继续努力：

第一，学科建设：加强队伍建设，重视人才培养，强化学术传承。首先，进一步吸收优秀专业人才，充实研究队伍，加强不同学科优势的互融互补，形成规模适度、结构合理、精干高效、团结和谐、积极敬业的高水平精干研究团队。其次，重视人才培养工作，提升国际共运史学科硕士生、博士生培养质量，为学科未来发展培养新生力量。最后，强化传承意识，做好遗产发掘、学源梳理、文脉传承、学术继承工作，充分调动一切积极因素，利用好既有资源，维护好学科品牌，发挥好传统优势，把国际共运史学科的传统优势品牌进一步做大做强，不断推陈出新。

第二，学术研究：巩固传统优势，拓宽研究视域，坚持守正创新。进一步深化和拓展国际共运史的基本理论和基本范畴研究，巩固学科优良传统。处理好传承与创新的关系，在巩固传统优势的基础上积极寻找新的学术生长点，着重打造特色方向，推动学科方向和学术研究的升级。对当代世界社会主义和国际共产主义运动的热点问题应给予更多关注，如当代世界左翼思潮与运动的研究，当代资本主义研究、后共产主义国家社会转型研究，特殊国别（即越南、朝鲜、古巴、老挝 4 个社会主义国家）研究等。关注世界社会主义视域下新时代新实践中的重大问题，彰显学科研究的现实价值。

第三，话语体系：拓展理论视野，丰富研究维度，改进研究方法。应拓展理论视野、强化世界视野。研究国际共产主义运动和世界社会主义，必须具备宽广的世界意识，将社会主义理论与实践放在世界历史的背景下讨论。要丰富国际共运史研究的维度，使宏观层面的宏大历史叙事与中观层面的理论分析和微观层面的经验研究形成互补。综合运用多元研究方法，改进国际共运史研究的方法论。进一步完善国际共运史研究范式，丰富国际共运史研究的概念工具和解释框架，不断从相关人文社会学科中汲取研究方法，推动跨学科研究和交叉性研究，弥补传统研究范式存在的局限性，为国际共运史方法论的更新提供重要的支撑点。

新时代国际共运史研究应坚持科学性与学术性并重，本土化与国际化并行的理念。树立正确的政治立场，不断提升研究质量，坚持与其他学科的理论对话和方法论交叉，不断提升研究的科学性和学术性。立足国内理论和现实需要开展学科建设和学术研究，同时推动国内外国际共运史研究者、研究机构的学术交流，不断提升国际共运史研究的国际化水平，为国际共运史学科发展开辟新路径。

（北京市国际共运史学会供稿）

年度推荐论文和著作

论 文

1.《恩格斯晚年：思想、时代及身后历史》，张光明，《中国浦东干部学院学报》，2020 年第 7 期。

2.《反思与发展：恩格斯晚年关于革命问题的思考》，宫玉涛，《江西师范大学学报（哲学社会科学版）》，2020 第 3 期。

3.《列宁的“国家与革命”观及其在十月革命中的实施》，郭春生，《四川师范大学学报》，2020 年第 3 期。

4.《列宁与共产国际的建立》，张盛发，《国外理论动态》，2020 年第 6 期。

5.《习近平关于世界社会主义的重要论述及其意义》，胡振良，《当代世界社会主义问题》，2020 年第 3 期。

6.《越共是怎样布局“两个一百年”战略目标的》，潘金娥，《人民论坛·学术前沿》，2020 年第 17 期。

7.《古巴的政治体制改革》，徐世澄，《党政研究》，2020 年第 4 期。

8.《世纪的沉浮：欧洲社会民主党思想政治演变的逻辑与问题》，林德山，《当代世界与社会主义》，2020 年第 6 期。

9.《国际共产主义运动史学发展 70 年》，蒲国良，《当代世界与社会主义》，2020 年第 5 期。

10.《机遇与挑战并存：当今世界社会主义发展前景》，柴尚金，《党政研究》，2020 年第 3 期。

著 作

1.《国际共运黄皮书：国际共产主义运动发展报告（2019—2020）》，姜辉、潘金娥，社会科学文献出版社，2020 年。

2.《关于马克思社会主义学说史上的若干重大分歧问题》，张光明、任晓伟、马嘉鸿、俞凤，山东人民出版社，2020 年。

3.《“一带一路”国别研究：格鲁吉亚地缘政治分析》，郑云天，中国社会科学出版社，2020 年。

社 会 学

摘 要

2020 年，北京地区社会学界主要在理论社会学、应用社会学、人类学和民俗学、社会工作、社会治理与社会政策研究方面取得较大突破。

理论社会学方面，北京社会学界组织出版《涂尔干文集》10 卷本，较为全面地收集了涂尔干的作品，相关的理论研究也处于国际前沿。在中国社会思想史方面，进一步挖掘中国社会学理论和传统社会思想资源，取得进一步的突破，如《费孝通作品精选》（一函十二种）出版。费孝通1936年用英文写作的中篇小说《茧》首次被翻译为中文，这对于理解费孝通早期的学术思想与时代思潮的关系提供了崭新的维度。费孝通在20世纪90年代之后的人文转向成为中国社会学思想史研究的年度热点。

应用社会学方面，在金融社会学、家庭社会学等分支学科层面取得很大进展。杨典等指出，相比波兰尼提出的第一次“大转型”，金融资本主义的出现堪称影响更为深远的第二次“大转型”。金融资本主义的全球化扩张使其力量超越了民族国家的范围。政府、企业、家庭和个人等行为主体都日益受到金融市场的指引和重塑，导致“社会生活金融化”趋势。如何在全球层面建立一种新的金融和市场治理架构，以有效应对金融资本主义带来的负面影响，仍任重道远。

民俗学、人类学方面，学界对于人类学的“中国特色”以及人类学学科的自身发展议题进行了较为深入的讨论。麻国庆指出，中国人类学已经形成自己的研究特色、学术风格和思想资源。人类学在过去几年发生了本体论转向和伦理转向。对当下的人类学学者来说，更重要的是以本体感知去重新审视传统人类学的“事情”。伦理转向是指人类学对道德维度的研究。李荣荣强调日常生活是充满各种不确定性与可能性的空间，主张以日常生活经验及行动本身作为人类学道德研究的起点。民俗学的研究大体可分为两个源流，一是文学背景下的民俗研究，二是社会学人类学视野下的民俗研究。高丙中指出，中国民俗学界要注意以“世界民俗学”为目标进行合作研究，构建学术交流所需要的新的学术伦理，如此才有望建立一门超越“霸权”的世界民俗学。萧放指出，传统依旧活跃在当代生活世界的各个层面，它们或隐或显，不离日常生活，有物质生活世界中存在的传统、社会生活世界中存在的传统、精神生活世界中存在的传统。传统是过去、当下、未来并置的融合文化状态，是生活世界不可或缺的重要元素与精神保障。

社会工作的学科建设是学界的重要议题之一。王思斌指出，中国社会工作正在走向“融合性发展”。而平衡的“融合性发展”是符合中国国情和社会治理现代化要求的社会工作发展模式。社会工作作为工具性学科的价值在2020年以来的新冠疫情全球大流行中得到北京学界的充分重视。作为工具性学科，社会工作在中国的社会发展战略中发挥了重要作用。

社会治理是一个跨学科领域，如何在这一领域中突出社会学视角和社会学的学科贡献，是学界重点讨论的问题之一。张翼指出，全面建成小康社会的过程，既是定居化社会向迁居化社会的转型过程，也是社区治理结构从“单位办社会”向“居委会办社会”转型的过程，为平衡各方需求，需要在强调组织化和秩序化的同时，较好平衡“他治”与“自治”力量，培植“社会协同”和“民主协商”的参与渠道。王天夫认为，社会治理体系的构建解决的是最终由谁来承载的问题。建设社会治理共同体至少包括以下内涵：一是共同体是一种身份认同，二是共同体里面的个人在共同体的集体身份意识之下，会在社会行动的过程中有主动积极性。周飞舟、谭明智指出，社会治理应该回到“人”这一更为具体的载体。他们认为，无论是中国传统政治还是现代政治，在中国这样一个广土众民的国家，中央政府一直需要解决上层政策设计和政治意愿如何贯彻落实到地方的问题。

社会政策是社会治理的切实抓手。冯仕政提出，应该以社会政策研究推动中国特色社会学三大体系建设。一个现代化的社会应该既充满活力又拥有良好秩序，呈现出活力和秩序的有机统一。面对急遽社会转型中的发展不平衡以及发展不充分问题，如何拓展社会发展新局面、积极回应中国特色社会主义建设的迫切需求，是当下社会政策研究的主要任务。

社会学的学科热点问题突出表现在社会学的历史维度和计算社会学等的蓬勃发展方面。学界的共识是大部分社会学研究都需要迈向一种历史维度的社会学，其不仅体现为历史社会学这一分支学科得以发展，其他领域研究的历史维度意涵也变得丰富起来，例如，口述史的社会学研究再次进入主流学界的视野。具体情况如下：

第一，就社会学的历史维度而言，在学界有了相对广泛的探讨，这在根本上有助于深入理解社会变迁的机制和社会文化的底蕴，也是构建中国特色社会学三大体系的基础。

国内的历史社会学有两个方向：一种将历史社会学理解为社会学的重要分支学科，另一种则强调重返社会学的古典时期，同时借鉴中国自身学问体系发展过程中的学术传统，进而将历史社会学作为重新激活社会学想象力的理论资源。后一种取向在学界占主流和引领作用，这一取向的历史社会学的立意不限于历史社会学学科本身，而是从整体上推进社会学的发展。如同应星所强调的，在社会学研究中纳入历史维度，有助于突破目前国内社会学研究中存在的“定量研究”与“个案研究”的“双峰并峙”局面，并真正践行费孝通晚年所提出的“重新拓展社会学研究的视野与界限”这一命题。

就历史维度对社会学的重要意义而言，应星强调，社会学研究应该有一种超越以现实问题研究为界的格局。他把社会学主流研究称为“双峰并峙”：一峰是量化研究，另一峰是田野调查。在这个格局中，由于历史没有中心性的位置，我们对许多现实问题都缺乏根基性的理解。而当退守到现实中时，我们会越来越丧失社会学的想象力。中国社会学重建已逾30年，反思这30多年的历程，也许可以感悟到历史感的缺乏所带来的一些重要缺陷。社会学在进入中国历史研究时，需要探索独特的理论呈现方式，要慎用西方流行的一些概念。我们必须把“经”和“史”的张力带进来，尤其是要重视史的演变，这样我们对传统概念的理解才能真正丰满生动起来。

第二，就社会学研究方法方面，大数据方法进入主流视野。有关大数据的社会学议题不仅涉及大数据对于新社会现象的解释，还涉及社会学的学科建设问题。计算社会学（social computing）与传统依赖调查数据和回归模型的定量分析范式不同，它聚焦宏观经济社会现象和复杂网络现象与复杂社会过程，其主要方法手段包括网络分析、仿真建模、机器学习以及高级计量模型，主要数据来源是大数据和其他多来源非调查问卷数据以及各种数据的组合。信息技术的社会化应用令工业社会的原有形态发生深刻变化，社会学者需要从各角度对当下的社会形态进行描述。总体上看，计算社会学在国内的发展表现为，利用计算方法分析中国的社会互动、社会治理、文化传播、文化史、城市史、学科发展史等。当下计算社会学仍待在教学体系打造、学术团队培养、学术阵地打造和跨学科深度合作等方面取得更具实质性的突破。

第三，探寻社会治理研究的社会学视野。2020年新冠肺炎疫情的暴发、扩散与防控，暴露、引发了一系列社会风险，“应急管理”和风险社会研究成为一个凸显的主题。龚维斌指出，这些社会风险既有全球化时代的共性特征，也有中国特定发展阶段、独特国情和治理体系的个性特点。

既有的社会治理研究，聚焦城乡社会治理的议题居多。新中国成立以来，中国社会的发展由城乡二元分割到快速的城镇化，从“乡土中国”转变到现在的“城乡中国”，城乡之间实际上从未真正隔绝过。乡村和城市问题不能独立看待。王春光讨论了流动性下当代农村社会治理的困境，其中贫困治理是一个突出的主题。王春光强调，要确保村民在乡村振兴中的主体性，要将“政府要农村振兴”的外生动力机制转变为“农村自己要振兴”的动力机制；从融合和超越城乡的视角思考乡村振兴和发展，实现城乡均衡发展。

在现代化进程中，对城市社会的治理是一个重要议题。其中，对城市社区的研究是社会学界近年来的一个研究主题。张翼指出，不能简单以学术传统中的社区理论去指导行政治理意义上的社区建设，而应以社会发展与社会变迁的客观现实为基础，重新认识城市居民区的现代化过程，赋予社区居民参与社区自治的法治渠道。对城乡社会治理，不能仅限于作为地理位置的城乡社区，在互联网社会中还包括对虚拟社区的社会治理问题的研究。

社会治理是一个跨学科领域，参与的学科广泛，社会学如何在其中凸显它的视野和贡献，仍然是一个难点。社会学的学者们在探索社会治理理论问题时，一般采用的是构建“中层理论”的方式，探求其背后的“社会性”问题。北京学者在社会治理的中层理论构建方面成果丰富。李国武探讨了社会建设中，政府公共服务财政支出与社会组织发展之间的关系；焦长权以内蒙古自治区某县为例，探讨了财政分配的项目制治理效果，这是一个关涉地方政府与社会治理实践的议题；张静探讨了制度规则和社会资本建设之间的关系，从而探寻提升社会治理品质的途径；付伟关注中国农业转型过程中的组织形态，深挖社会交往细节背后的历史维度，有助于探究社会治理中的社会关系机制。针对中国社会治理及其理论体系的构建问题，张翼对社会发展、结构变迁与社会治理三者间的关系做了深入讨论。社会的快速发展与急剧转型会引起整个社会结构及其内部各个组成部分的功能变化。这些变化既生成于原有社会，又形塑当前社会，还将规制未来社会的发展。理论建构应以日益变化的社会及其结构为基础，以社会整合与社会团结的理路为遵循，破解难题。在社会治理领域，研究社会性等基础理论，有助于更深入地探究社会变迁的机制。而有关城乡社会性方面的研究，都可以称为有关社会治理的基础理论。在社会治理的基础理论方面，北京学者的研究有较大突破。例如清华大学杜月通过比较20世纪初芝加哥学派学者运用生命史视角对3类都市陌生人（芝加哥舞女、中国洗衣工与北平囚犯）的研究，讨论不同人群进入都市新生活的状态之不同。背后是文化差异使然：中国作为一种文明形态，在遭遇新的文化形态时，并不抛弃自身的特征，也并不以战争为手段征服对方，而是以同化的方式将对方纳入自身的社会和道德秩序中。从中可见，对“社会性”进行深入研究的一个重要路径在于对中国文化具体特征的探究。

中国社会学的发展需要提炼出一种有中国特色的学科体系、学术体系和话语体系。在中层理论建构方面，学者们做出积极探索，但在反映中国特色社会主义整合性特征的理论构建方面还有不足，尚需继续努力。在这方面，李培林提出“新发展社会学”这一标识性概念，是一个有益尝试。这是一种基于中国经验的社会学，是一种亟须建构的社会学。

（北京市社会学学会供稿）

社　会　学

2020年，北京社会学界通过扎实的田野调查、相对深入的理论思考，在以“推动形成以国内大循环为主体、国内国际双循环相互促进的新发展格局”的时代要求指引下，坚持和完善中国特色社会主义制度，推进国家治理体系和治理能力现代化，推进中国特色社会学的学科体系、学术体系和话语体系的建设。

一、学术研究概况

2020年，北京市的社会学界围绕时代主题，借助中文期刊、英文期刊以及图书等出版载体，在以下3个方面推进了社会学的学科发展。

第一，在学科建设方面，北京市社会学界深入讨论本土化、国际化与中国特色社会学学术体系建设之间的关系，北京大学谢立中认为，这一思考既是为了解构西方社会科学的知识霸权，更在于助力于构建普遍性的社会科学知识，以服务于中国社会改革和建设的实践，为社会学本土化的完成以及迈向中国特色社会学的构建提供了坚实基础。中国社会科学院李培林指出，新时代的社会学学科发展应该包括以下内容：进一步明确自己的学科目标；继续探索农村如何振兴的问题；深入探讨国家治理体系和治理能力现代化的问题。社会学的学科发展，不仅是为了建立一套知识体系，更是为了在这一学科建设过程中服务国家、社会和人民的福祉。[1]

第二，在学科发展和社会发展关系方面，北京社会学界的学者们重点关注“全面建成小康社会后，中国社会的发展形势如何、发展方向是什么”这一重大问题。谢立中指出，全面建成小康社会以后社会要变得更美好，“美好”至少包括3个方面内容：生活质量要全面提升；社会关系要好起来；人们的心理和精神世界要好起来。

2020年中国的脱贫攻坚战取得全面胜利，在这之后应该如何进一步发展乡村振兴大业，北京大学王思斌认为，乡村关系可以当作未来10年的一个重要问题来研究，未来10～15年中国乡村振兴的状况在很大程度上会影响整个国家的发展、社会稳定和现代化进程。城市建设中也有乡村关系问题，如乡村的城镇化建设、农民工进城等。他进而提出用合作发展的概念替代发展性因素和协同发展。

2020年，北京的社会学界围绕新时代经济社会发展大势，开展了大量社会调查和理论研究。未来，北京市社会学界同人将根据国际国内新形势，进一步推进中国特色社会学三大体系的构建，在服务国家全局、助推社会发展和增进人民福祉的道路上做出更大贡献。

第三，北京市社会学界在理论社会学和应用社会学方面，都有重大推进。

理论研究可以分成中国社会学史、中国社会思想史、西方社会学史、西方社会思想史、社会学理论、社会学研究方法等，这些学科处于理论层面，是为其他层次提供基础服务的。中国社会科学院张翼指出理论建设的必要性：“理论社会学建设是测量社会学学科体系建设程度的最终标尺，如果没有这方面的进步，即使天天调研、天天进社区，写出很多形而下的东西，忽视形而上的建构，也很难形成话语体系。”

在社会学理论研究的推进方面，北京社会学界组织出版了10卷本的《涂尔干文集》，这套书比法国版还全，且翻译质量很高。涂尔干是世界上第一位社会学专业的教授，即便在今天，也是与社会学研究关系最为密切的西方社会学家之一。涂尔干经过美国社会学界的“帕森斯化”，被主流学界“去道德哲学化”了，近年来的涂尔干研究突破了这一局限，找回了涂尔干社会理论中更为丰富的意涵，重新使得社会学的形象变得丰富而细腻。此外，社会学史的研究也变得更为深入，如北京社会学界对于费孝通晚年社会学思想转向的深入讨论。

应用社会学在广义上可以被定位为除了理论研究之外的其他社会研究。包括社会学、人口学、民俗学、人类学等在经验层面对现实进行描述和解释的研究，以及政策研究（包括社会政策、社会保障、社会福利等），乃至于实务工作及其研究，例如社会工作的理论、经验、政策研究及其落实。应用社会学尤为强调围绕当今世界大势，包括2020年以来新冠疫情全球大流行、信息化社会的普遍而深入的影响、乡村振兴大业的发展路径等等，例如陈龙的《“数字控制”下的劳动秩序——外卖骑手的劳动控制研究》[2]、王春光的《乡村建设与全面小康社会的实践逻》。[3] 这些议题出现在社会学的各分支学科中，社会工作学科也紧密围绕这一议题而展开研究。

如同费孝通所提出的，中国社会学践行的是一条迈向人民的发展之路，而要真正实现学科知识能完全为人民服务，需要不同代际学人的持续努力。需要学者们在研究中反思很多问题，例如社会学的调查就包括：怎样决定调查问题，调查者与被调查者之间的关系是怎样的，调查者对调查后果采取什么态度，等等。而真正的应用社会学必须是为广大人民利益服务的社会学。新时代的社会学发展必须以习近平总书记5·17讲话和经济社会领域专家座谈会讲话精神为指引，积极回应时代要求，为解决时代的紧迫任务而发展自身，调查研究从国情出发，从中国实践中来、到中国实践中去，把论文写在祖国大地上，使理论和政策创新符合中国实际、具有中国特色，不断发展中国特色社会学。

二、重要分支学科发展情况与核心议题

1. 理论社会学

2020年，北京社会学界组织出版《涂尔干文集》10卷本（渠敬东等译，商务印书馆）。其较为全面地收集了涂尔干的作品。北京社会学界对于涂尔干的社会理论研究也处于国际前沿。例如中国社会科学院陈涛的研究：《涂尔干的道德科学：基础及其内在展开》（上海三联书店），2020年围绕这一研究展开了深入讨论，都极具学科建设意义。在社会基础理论方面，中国人民大学张巍卓重新翻译了滕尼斯的《共同体与社会》（商务印书馆），对滕尼斯的重新理解融合进了对当代中国社会的思考，带有很强的文明互鉴思想，例如王思斌的《社会治理共同体建设与社会工作的促进作用》（《社会工作》，2020年第2期）、丁元竹的《中文“社区”的由来与发展及其启示》（《民族研究》，2020年第4期）。习近平总书记在经济社会领域专家座谈会上的讲话中提出，学术研究应该树立国际视野，从中国和世界的联系互动中探讨人类面临的共同课题，为构建人类命运共同体贡献中国智慧、中国方案，北京社会学界对此做出了有一定深度的探索，对提升学科理论有较强的价值。

2020年，北京的社会学界在中国社会思想史方面也有进一步的突破，具体表现为进一步挖掘中国社会学理论和传统社会思想资源，例如《费孝通作品精选》（一函十二种）出版。费孝通的小说《茧》被首次翻译为中文，这是近期发现的费孝通1936年用英文写作的中篇小说，对于理解费孝通早期的学术思想与时代思潮的关系提供了崭新的维度。费孝通在20世纪90年代之后的人文转向成为中国社会学思想史研究的热点问题。这一议题也是回应了新时代的社会发展问题，即社会学不能仅关注社会制度、社会结构等“生态”问题，还需进一步关注“人的精神世界”这一“心态”问题。中国特色社会主义进入新时代，社会主要矛盾已经转化为人民日益增长的美好生活需要和不平衡不充分发展之间的矛盾。人民美好生活愿望不仅对物质文化提出了更高要求，还对精神生活提出了更高要求。

这一时期，对潘光旦的社会学思想研究也成为学界的重点关注。潘光旦社会学思想不仅是深入理解费孝通晚年提出的“文化自觉”概念和“扩展社会学传统界限”倡议的必要基础，而且是将从西方舶来的作为科学的社会学与传统儒学接续的一个有效路径，是探讨文明互鉴的典范文本。

2. 应用社会学

2020年，北京社会学界在应用社会学方面取得了突出进展，尤其体现在金融社会学、家庭社会学和性别社会学等分支学科。

（1）金融社会学。中国社会科学院杨典等指出，[4] 相比波兰尼提出的第一次“大转型”，金融资本主义的出现堪称影响更为深远的第二次“大转型”。金融资本主义的全球化扩张使其力量超越了民族国家的范围。政府、企业、家庭和个人等行为主体都日益受到金融市场的指引和重塑，导致“社会生活金融化”趋势。其重要社会后果是：金融市场与社会脱嵌的趋势日益明显，逐渐侵蚀着国家、工会、市民社会等力量，加剧了发达资本主义国家的就业危机、贫富分化和结构性不平等。面对金融资本对社会的侵蚀，西方社会生发出“社会自我保护”的举措，目前看来收效甚微。而如何在全球层面建立一种新的金融和市场治理架构，以有效应对金融资本主义带来的负面影响，仍任重道远。

朱斌和吕鹏分析了中国民营企业成长路径与机制，提出为促进民营经济进一步发展，释放其创新潜力，需发挥政府监督市场运行与纠正市场失灵的职能，积极创造良好的营商环境。[5] 向静林、艾云的《地方金融治理的三个维度：基于经济社会学视角的分析》试图从经济社会学的角度切入，[6] 为地方金融治理问题提供一种分析路径。该研究指出金融治理涉及3个层次：微观层次的交易属性与合约安排、中观层次的组织场域与关系结构、宏观层次的制度环境与基础设施。地方金融治理有3个维度：技术治理、结构治理和环境治理。

（2）家庭社会学。北京大学社会学系2020年在家庭社会学课程设置方面由传统的2个学时增加至4个学时，课程内容不仅关注传统家庭社会学内容（如家庭结构），还将古今中西的家庭社会思想融汇其中，以合理吸纳西方社会学理论传统和中国社会思想资源。这一课程的核心关注是，“家在中国历史和当代社会变迁中的位置”问题，认为家庭孕育了一个复杂文明成立的基本精神气质，中外概莫能外。

中国社会的基本结构是以家庭为根基的，其中“世代之间的力量”是中国社会生生不息的力量基石。费孝通曾指出，中国文化的特点之一，就是在世代之间联系的认识上。一个人不觉得自己多么重要，要紧的是光宗耀祖，是传宗接代，养育出色的孩子。北京社会学界对家庭社会学的拓展研究，对于认识中国社会以及中国人的精神世界具有重要的价值。这也是社会学进入中国文明“深处”的一个有效路径。

中国社会科学院吴小英认为[7]，家庭之于女性至今仍是备受困扰的一个问题，相关的争议从未停息过。然而无论是国家力量推动的走出家庭，还是市场力量带动的回归家庭，结果似乎并未带来女性所期待的那种理想的平等，特别是在市场化转型时期，当工作与家庭的门槛越来越高，家庭本身日益上升为更加精细化、专业化的投入时，打破主流单一的家庭框架以及意识形态，以重构家庭之于女性的意义，从而完善家庭建设。

（3）性别社会学。随着中国社会的发展，受多方面因素影响，中国育龄人口生育意愿偏低，其中，女性的生育意愿被认为是一个关键因素。这一因素又与女性的社会地位议题密切相关。北京大学刘爱玉利用全国妇联妇女地位1990年、2000年、2010年3次调查数据、北京大学社会科学调查中心家庭追踪调查2014年数据以及中国综合社会调查CGSS2003和2015年数据[8]，通过多变量回归模型、倾向值匹配等方法，提供了性别收入差距并未随教育的性别平等化现象而缩小的可能性解释：相似教育程度的男女在劳动参与、参与质量上存在差异；接受大专及以上教育的女性有更多机会摆脱家庭责任的约束与市场效率逻辑的宰制，有更高的劳动参与和更稳定、有保障的工作，但高中及以下教育程度女性的境遇则有所恶化。

北京大学佟新指出[9]，25年前，95’世妇会的召开有效地促进女权/女性主义知识在校园的生产，并延续到互联网中的各类新媒体写作，新的社会空间作用于女权/女性主义的认知共同体的发展。性别研究课程使学生有机会将自身性别社会化的经验纳入反思中，学生对自我认知的渴望和探索直接或间接地形塑了性别知识的生产；从校园走向社会，学生们进入由互联网创造的新的社会空间中，通过个体化的写作，年轻一代女性主义者用自身经验传播、普及和讨论性别知识，建立起陌生人之间与自身经验相关的女权/女性主义认知共同体。

中国人民大学黄盈盈等综合相关的社会学经验研究与认识，立足于“性”的多重边缘立场，提出“生活现实—社会情境—对话语境”这3个相互交织的分析框架，分阶段自下而上地认识改革开放40年以来中国社会的性问题，力图以具体而微的日常生活议题带出更具普遍的思考与对话。[10]

3. 人类学

2020年，北京的人类学界对于人类学的“中国特色”以及人类学学科的自身发展议题进行了较为深入的讨论。中央民族大学麻国庆指出[11]，中国人类学已经形成了自己的研究特色、学术风格和思想资源。家乡人类学构成了本土人类学的重要组成部分；本土人类学致力于描述中国社会文化的特殊性，解释中国社会文化发展的问题；一系列由国家推动的调查研究活动把人类学的学术旨趣同现实的要求连接起来，形成了鲜明的以国家建设为核心的研究取向。人类学在过去几年发生了两个转向：本体论转向和伦理转向。北京大学朱晓阳指出，[12] 对当下的人类学学者来说，更重要的是以本体感知去重新审视传统人类学的“事情”。伦理转向是指人类学对道德维度的研究。中国社会科学院李荣荣指出[13]，人类学家谢丽尔·马丁利提出以“道德试验室”作为人类学道德研究的关键意象。“道德试验室”强调日常生活是充满各种不确定性与可能性的空间，主张以日常生活经验及行动本身作为人类学道德研究的起点，并倡导一种兼具人文主义与社会批判色彩的“第一人称”美德伦理学。

中央民族大学王建民则从理论层面辨析了多模态、多媒介、多感官之间的关联和差异，呈现了人类学介入多模态研究的可能性和必要性[14]。人类学整体论视角和民族志研究方式为人类学的多模态转向提供了基础，而主体性、场景性、融合性、互动性、交感性和技术性展示了多模态民族志方法的特色。

北京的人类学学者对于“田野”概念做了进一步的思考。北京大学王铭铭指出[15]，虽然人类学家常常认为自己是田野中使“隐”得以显现的人，但实际上他已经生活在一个兼备“显”和“隐”的世界里。在田野调查时看到的文化展示 ，对改革当代的“展示文化”具有启发意义。

除传统田野外，人类学者还指出了田野中文献的价值。中国社会科学院杨春宇认为[16]，人类学研究文明社会，不能忽视文献的价值。由当地村民创作的文本代表了他们的心声，理应得到重视。杨春宇借助云南禄村圣谕坛中民国年间的鸾书、实地考察和民族志资料来复原禄村玄灵坛的面貌，探究这一教派关于现代理性和传统道德两方面的声音。他指出，民间宗教本身就代表了另一种文明进程，折射出中国社会演变的长期趋势。

4. 民俗学

民俗学研究大体可分为两个源流，一是文学背景下的民俗研究，二是人类学视野下的民俗研究。北京大学高丙中指出，[17] 中国民俗学界要注意以“世界民俗学”为目标进行合作研究，构建学术交流所需要的新的学术伦理，如此才有望建立一门超越“霸权”的世界民俗学。他认为，在现代性走向巅峰的时代，同质性人群和民俗传统的快速消逝带来民俗学的危机。在人口流动、文化杂糅的世界社会，个人与小群体必须与他人协商安排日常生活的细节，这种世界社会的民俗协商正在成为广泛的事实。而能够应对这种趋势的民俗学将会获得发展的生命力。北京师范大学萧放指出[18]，传统依旧活跃在当代生活世界的各个层面，它们或隐或显，不离生活日用，有物质生活世界中存在的传统、社会生活世界中存在的传统、精神生活世界存在的传统 3 种类型；其传承的特点与路径，一是与日常生活习性相关的生活传统易于传承，二是在生活仪式中复归传统。传统是过去、当下、未来并置的融合文化状态，是生活世界不可或缺的重要元素与精神保障。中央民族大学林继富则梳理了民俗学先贤的理论体系[19]，认为很多民俗学前辈以中华民族共同体为学术实践的民俗学思想体系，站在民族国家历史与现实的高度，从“中华民族多元一体”格局出发，彰显中国民俗学与国家命运的同频共振。

5. 社会工作

社会工作的学科建设问题是 2020 年度北京学界的重要议题之一。北京大学王思斌指出，[20] 中国社会在进入新发展阶段、贯彻新发展理念、构建新发展格局的进程中，基层社会工作体系建设正面临着新的发展机遇。受工业化、市场化的影响，原初的、互相关怀和具有舒适感的社会生活共同体发生着重要变化。而社会治理共同体有工具型和价值型之分，建设“价值—工具”型社会治理共同体应该成为中国社会治理制度建设的现实选择，社会工作在建设“价值—工具”型社会治理共同体中具有重要作用。中国社会工作专业恢复重建以来，开始走的是“嵌入性发展”道路，随后的发展呈现出“协同性发展”的特点。后者注重专业社会工作和行政性社会工作（本土社会工作）之间的协同关系。中国社会工作正在走向“融合性发展”。而平衡的“融合性发展”是符合中国国情和社会治理现代化要求的社会工作发展模式。

社会工作作为工具性学科的价值在 2020 年以来的新冠疫情全球大流行中得到北京学界的重视。中国人民大学卫小将指出[21]，在公共危机治理中，社会工作在社会心理服务体系，干群关系、技术专家与社会大众关系协调机制，弱势群体关爱服务体系，社区治理机制化、反思性社区教育实践机制等方面都发挥了积极作用。中国人民大学李迎生认为[22]，重大突发公共事件治理需要社会工作的参与，而人类从未像今天这样，处在一个自然风险、社会风险随时不期而遇的环境中。新冠肺炎疫情危机启发人们风险的预防和治理将成为社会治理的常态问题之一。中国社会科学院陈光金指出[23]，中国目前的社会风险有六大主要特征：复杂性、混合性、结构—制度互构性、内部风险-外部风险交织性、风险的主观性、风险的相互转化性。王思斌指出，公共危机事件治理是多元主体参与的过程性治理。社会工作参与公共危机事件治理是它加入治理体系，同其他主体特别是关键治理责任者的合作与协同过程，它既包含社会工作与其他主体的合作与协同服务，也包括对创新治理行动的倡导。中共中央党校龚维斌指出[24]，应急管理通常涉及国家与社会两个层面，这两个层面在不同国家的含义以及二者之间的关系方面差异较大。武汉市成功防控新冠疫情展示了党领导国家与社会的互动过程及其成效，从而揭示出中国应急管理模式最大的特点和优势是中国共产党的领导。这种应急管理模式在应对重大突发事件时十分有效，但成本代价也很大。应以总结新冠疫情防控工作为契机，统筹完善常规应急管理体系与非常规应急管理体系，进一步理顺党、国家与社会之间的关系。中央民族大学郭伟和指出[25]，新中国成立后形成的城市街居体制和农村村民自治制度，虽然正在朝着现代社区治理的多元共治方向转变，但是其主导的仍然是基层党政系统带动社区干部开展的群众动员策略，其优势是组织动员能力强，其短板是社区公共服务资源配置失当、专业化服务能力不足、社会工作通过社会组织与社区联动能力弱，容易导致服务不精准等问题。未来我国社区治理体制应该坚持以人民为中心，强化居民需求导向的服务资源配置，实现和社会组织与社会工作的专业联动。

作为工具性学科，社会工作在中国的社会发展战略中发挥了重要作用。例如在脱贫攻坚战取得全面胜利后的乡村振兴大业中，卫小将指出[26]，未来（的相对）贫困治理策略应该由宏观社会政策转向微观社会服务，破解贫困文化；由社区建设转向社区教育，打破不合理的消费逻辑；由国家责任主体转向家庭和社区，重塑共同体的作用。作为治理术的社会工作可以由内到外，防微杜渐，渐次通过人心治理、情感治理、关系治理、社区治理、社会治理预防与消解社会问题。从而贫困的责任主体经历了一个由内到外、从个体到社会的转变过程，贫困群体的情感生活相应经历了羞惭内疚、自我排斥、自我接纳及合理化等阶段。在乡村振兴中，重新审视、认识、研究群众的情感和情绪问题，重点对长期贫困者、刚刚陷入贫困者和即将脱贫者进行分类治理。王思斌指出[27]，2020年中国完成脱贫攻坚、消除绝对贫困的艰巨任务。全面建成小康社会之后，中国反贫困工作的重点将转为对相对贫困的治理。从全面小康、经济—社会发展和社会生活的角度看，对相对贫困应采取发展型治理策略，通过经济开发、建构社会支持体系、提升贫困群体能力、实现城乡公共服务均等化来促进相对贫困的缓解，同时避免对农民造成伤害的土地征用和城市化。

6. 社会治理

社会治理是一个跨学科的领域，如何在这一领域中突出社会学视角和社会学的学科贡献，是2020—2021年度北京学界重点讨论的问题之一。张翼指出[28]，全面建成小康社会的过程，既是定居化社会向迁居化社会的转型过程，也是熟人社区向陌生人社区转型、社区治理结构从“单位办社会”向“居委会办社会”转型的过程。社区以居委会为主体，通过与环境互动形成自身的利益结构。这些因素的动态博弈不断形塑社区的“营造”动力，使之呈现出治理方式的科层化、社区类型的多元化、社区居民的异质化、治理经费的财政化等特征，形成了“强他治”与“弱自治”。为平衡各方需求，就需要在强调组织化和秩序化的同时，较好平衡“他治”与“自治”力量，培植“社会协同”和“民主协商”参与渠道，尽快建成“社区办社会”的治理格局，建设与新发展阶段相适应的共建共治共享治理体系。

清华大学王天夫认为[29]，社会治理体系的构建解决的是最终由谁来承载的问题。建设“人人有责、人人尽责、人人享有”的社会治理共同体至少包括以下内涵：一是共同体是一种身份认同，它不仅是利益相关的，而且是利益共享的。二是共同体里面的个人在共同体的集体身份意识之下，个人在社会行动的过程中有主动积极性，愿意为整个共同体贡献力量，这就是我们在社会治理体系构建过程中讲的担当、责任。三是共同体内部的人们本身有各种各样的组织关系、社会关系，成为社会治理中的关系资源，成为社会治理中的可动员起来的中坚力量。四是共同体有集体行动的倾向。正是因为有着共同体的身份与意识，有着共同的可共享的利益，有着更多的社会关系群体组织，在很多时候共同体可以作为一个整体在行动，在动员社会力量的过程中可以做到同进同退。

周飞舟、谭明智指出[30]，社会治理应回到“人”这一更为具体的载体。他们认为，无论是中国传统政治还是现代政治，在中国这样一个广土众民的国家，中央政府一直需要解决上层政策设计和政治意愿如何贯彻落实到地方的问题。通过对近年来脱贫攻坚战的运作形态进行分析，他们看到现有体制通过运动式治理模式，建立起一种普遍意义上的“责任到人”的机制来推动各项政策意图的落实。在这场运动中，中央地方关系以及地方政府间关系呈现出生动而复杂的运作形态，各项政策和各类主体的行为逻辑不断蔓延、复制、拓展，形成一种“自我要求”的氛围和导向，从而达到一定程度上的有效治理。

7. 社会政策

社会政策是社会治理的一个切实的抓手。中国人民大学冯仕政提出[31]，应该以社会政策研究推动中国特色社会学三大体系建设。一个现代化的社会应该既充满活力又拥有良好秩序，呈现出活力和秩序的有机统一。面对急遽的社会转型中的发展不平衡以及发展不充分问题，如何拓展社会发展新局面、积极回应中国特色社会主义建设的迫切需求，是当下社会政策研究的主要任务。

社会政策是关于人民福祉和社会发展的政策体系。李迎生通过回顾新中国社会政策的百年发展发现,[32] 随着中国社会政策从“很不完善”到“比较完善”再到“相当完善”，社会政策的本来属性不断呈现，人的全面自由发展也由低级向高级不断推进。新中国社会政策的百年演进是一个体现社会政策发展演变的规律性同时又兼具本土特色的合逻辑的发展进程。中国社会科学院葛道顺指出，面向“改善人民生活品质、提高社会建设水平”和“协调推进全面建设社会主义现代化国家”的任务，中国应当积极构建全面发展性社会政策体系，为城乡全体居民的美好生活赋能；推行社会质量发展范式，助力社会建设水平；探索并加入全球社会政策体系建构，为人民发展和开放性社会扩展空间。中国人民大学房莉杰对发展性社会政策做了较为深入的思考[33]，认为未来社会建设发展政策的重点应该加强社会的能力建设，以实现一个更具主体性、更具自我治理与自我发展能力的社会，在发展型国家的基础上构建一个发展型社会。

学者们普遍认为，2017年以来，中国的社会政策发展进入新时代，社会政策有3个方面的变化值得高度关注：一是更加重视生态文明建设，环境政策因而成为社会政策的重要研究领域；二是更加重视发挥社会政策的社会治理功能；三是更加重视社会政策与经济政策的协调。房莉杰和郭冉提出[34]，作为工具的社会政策促进经济社会整体协调发展的“个人—社会—经济”的三维分析框架，认为应该用“社会生态系统”的理念规划公共服务，以平衡3个维度的发展要求。

8. 人口研究

人口社会学研究领域中有关流动人口、后小康社会、老龄化与老年健康等研究成果不断推陈出新。中央民族大学杨菊华从“后小康社会”的视角出发，探讨了新时期如何研究人民共同富裕的问题；并从流动人口的社会支持形式入手，分析了在流动的时代背景和国情中如何进一步形成归属感，进而推动形成共建、共治、共有、共享的和谐社会。[35] 焦开山基于生命历程视角考察了中国老年人童年生活处境与老年健康状况之间的关系[36]，陈心想基于养老福利多元主义的视角提出“沙漏型”动态养老结构[37]，这些是老龄化时代有关健康中国研究的新锐视角。杨磊认为，健康不平等是社会均衡发展的一项严峻挑战，医疗卫生体制和政策影响社会健康不平等状况，在我国老龄化社会来临的情势下，应该利用国家卫生政策，使其更具针对性，保障社会弱势群体医疗卫生服务资源的可及性，减轻居民健康不平等状况。[38]

三、学科发展热点、难点与未来展望

（一）学科发展热点问题

2020年，社会学热点问题突出表现在社会学的历史维度、计算社会学等蓬勃发展。其中的一个共识是大部分社会学研究都需要迈向一种历史维度的社会学。其中，不仅体现为历史社会学这一分支学科得以发展，成立中国社会学会的历史社会学分会，历史维度的意涵也变得丰富起来，口述史的社会学研究再次进入主流学界的视野。

1. 社会历史学维度

就社会学的历史维度，在学界有了相对广泛的探讨，这在根本上有助于深入理解社会变迁的机制和社会文化的底蕴，也是构建中国特色社会学三大体系的基础。

目前国内的历史社会学有两个方向，一种将历史社会学理解为社会学的重要分支学科，另一种则强调重返社会学的古典时期，同时借鉴中国自身学问体系发展过程中的学术传统，进而将历史社会学作为重新激活社会学想象力的理论资源。后一种取向在学界占主流和引领的作用，这一取向的历史社会学的立意不限于历史社会学学科本身，而是从整体上推进社会学的发展。如同应星所强调的，在社会学研究中纳入历史维度，有助于突破目前国内社会学研究中存在的“定量研究”与“个案研究”的“双峰并峙”局面，并真正践行费孝通晚年所提出的“重新拓展社会学研究的视野与界限”这一命题。[39]

例如，应星从历史社会学角度，展示了中国共产党在新民主主义革命时期政党治理传统的实践逻辑。强调对这种实践逻辑的揭示不仅仅是要把握这些实践要素本身，而且需要把空间、事件、人物和话语分析结合到时间分析中去。这种把政党治理和历史分析带入社会学的做法有助于拓宽社会学的视野。[40] 应星强调，要突出历史视角在发展“中国特色社会学”中的作用。“中国特色社会学”的“新”可以从不同方面来理解或拓展。其中一个新意是中国社会学的基本配置在发生重要的变化，即从以往由“理论—方法—经验”构造起来的三轮驱动，正在变成由“理论—历史—方法—经验”构造起来的更为稳定宽阔的四轮驱动。中华文明弥久如新、家国同构、经史传统 3 个基本特点对中国社会学后来的诞生具有重要的影响。历史之轮在中国特色社会学中的独立位置，既是基于社会学经典传统的学科属性，更是基于中国社会的特殊国情、民情以及中国社会学的初始性格。如果说传统中国的基本特点为“持正”，那么现代中国的基本特点就在于“数千年未有之大变局”。因此，我们可以从时间、空间和人口三大要素来观此巨变及其对社会学的影响。[41]

应星在《军事发包制》中进一步指出，[42] 在学界关于行政发包制及其历史根源的讨论中，尚未触及一个非常重要的历史制度：军事发包制。他认为，“行政发包制”，连同中国社会学界曾热烈讨论过的“单位制”，它们的直接渊源都来自中国共产党在抗日战争时期创建的根据地的相关制度：单位制来自根据地的供给制，而行政发包制来自根据地的军事发包制。具体言之，“军事发包制”是中国共产党在抗日战争和解放战争时期创建的根据地进行局部执政时所展现出来的一种组织形态，即一方面在中央层面建立起一元化的领导体制，另一方面又在各根据地军区和军分区两级分别建立起与上级的军事承包关系。这种关系具体体现为 3 个方面：军事决策的自由裁量权；财经的自给自足；在属地建立一元化领导，实行属地化管理、战果导向和人格化担责。军事发包制有效解决了动员和控制、集权和分权的张力问题，把分割状态下的局部执政当成铸造现代政党之军政能力的重要通道，为 1949 年后全面展开的国家政权建设做好了准备。应星认为，军事发包制既是行政发包制的先驱，在某种意义上又可谓行政发包制的内核。

中国政法大学孟庆延[43]将陈寅恪史学研究传统放置于古典社会学的理论视域中加以考察，并通过对其著述史的梳理与文本内容的阐释，试图理解陈寅恪史学研究的问题意识、研究路径及其所具有的社会学意涵。中国社会学学科的发展过程，是不断吸收西方学术体系中的前沿理论概念与知识体系，同时不断围绕中国社会的一系列基本问题展开研究并渐次积累的过程。孟庆延的研究回应了这样的问题：在漫长的学术发展过程中所产生的经典研究传统之于今天的学术研究有怎样的意义。陈寅恪始终强调华夏文明在“吸收外来输入之学说”的同时“不忘本民族本来之地位”。孟庆延认为，陈寅恪立足于“民族本位”，构成今天建设有中国特色的社会学学科体系与话语体系的重要理论资源。

历史维度的另一面是对中国传统文化的深入探讨。近年来中国社会学在积极探索中国传统文化在推进理解中国社会发展的机制体制方面的作用。例如，北京大学中国传统社会研究中心积极探索中国传统文化的社会形态及其在当代的意义。其中，北京大学社会学系秦鹏飞在《儒家思想中的“关系”逻辑——“伦”字界说及其内在理路》[44] 中，进一步探索传统儒家思想对社会关系机制理解的作用。具体而言，这一研究在潘光旦对“伦”字研究的基础上对儒家关系理论进行了思想史探源，展现其从“类别”到“关系”、从“经验”到“伦理”的逻辑演绎过程。借助对儒家相关典籍的进一步分析，本研究认为，儒家思想中的“五伦”概念与“亲亲”“尊尊”两个原则有关。这两个原则在日常实践中又表现为对“恩”和“义”的考量，这种考量区分出“父子有亲”“君臣有义”“夫妇有别”“长幼有序”“朋友有信”5 种不同的行动原则。由此，该研究深化了对“五伦”在经验上的概括性理解。

秦鹏飞在《“祭祀不祈”与“内尽己心”：以祭礼中的“鬼神”为例论儒家思想的“理性主义”》中，试图讨论儒家思想的“理性主义”特征。儒家伦理对社会秩序或社会行动的安排是一种“价值理性”——借由礼制抑制“激情”，从而理性地“适应”世界。在儒教的“理性主义”中并不是如韦伯所言是“缺失”的，恰恰相反，巫术或者鬼神本就是儒教理性主义的一部分。一方面儒家将鬼神世界与人间世界视作同质且可以互相沟通，极力强调鬼神尤其是“人鬼”与祭祀者之间固有的“父子”关系的重要性，即万物本乎天、人本乎祖，周公首创以“父”来配至高无上的“天”的礼，故以父配天、为父设祀，这形成了以“报本反始”为核心意义；另一方面，儒家强调，主祭者在祭祀时“事死如事生”的“诚敬之心”，而这一诚敬之心源自“孝”的情感，“孝子之志”一以贯之。[45]

北京大学社会学系吴柳财的《传统中国社会的情理与人伦：以京剧〈四郎探母〉为例》[46] 的历史维度体现为回到历史故事之中，该研究以京剧《四郎探母》为文本，认为其所表达的传统中国社会是情理社会，而人们也正是通过以情理为基本取向的社会行动最终铸就了一个以情理为基本精神的社会结构。所谓情，指的是人们对于外界事物的感性体会生发出的情绪；所谓理，则偏重人们对于外界事物的理性认识和判断。他认为，人伦是传统社会秩序构建的基础，人伦关系与伦理不仅体现在家庭、宗族以及一般社会生活中，同样贯穿于政治社会中，可以说，人伦在传统社会结构中所具有的基础作用是传统情与理之间能统一的外在客观条件。情理观念成立的另一个条件是人们对于情理的主观认知。父子、夫妻、兄弟等人伦关系给予人们日常生活中切实可感的情感体验，忠孝仁义则成为人们行动所遵循的基本原则。在中国，社会结构与行动、人伦关系与忠孝仁义是相为表里的。吴柳财以戏曲“四郎探母”来讨论这一理论问题。下文在“社会学的跨学科视野”中还会详谈这一研究的创新意义。

中国政法大学杨清媚在《“文化”与“文化自觉”辨析——论费孝通的文化理论》中[47]，强调费孝通的一个观念：在一个时代中政治能量是否能够起到建设性的作用，背后的原因在于它是否与文化内在的规律产生共鸣。该研究追溯了费孝通如何理解英美人类学的文化理论及其差异，并在此基础上形成自己的文化理论；这个理论在针对“文明冲突论”时有什么样的潜力，在方法论上如何实现。而人类学这门学科承担着为人类了解自身的文化、认识世界其他民族的文化及为探索不同文化之间的相处之道提供知识和见解的使命。在当代中国也是如此。她认为，通过不同文化之间的知识分子的相互理解构建知识上的互惠。对于理解中国社会，费孝通承认自己向来是从农村社区往上看的，在这里能看到社会中仍旧活着的历史和文化，充分了解人们的行为、感情、思想和希望，这是对中国文化“全”（文化模式的整体）而非“大”的理解。

首都经济贸易大学的傅春晖在《明清以来的市镇：中国城镇化发展的历史因缘》中[48]，对明清以来市镇的演变在经济、社会和政治等多个层面进行考察。他认为，要理解城乡问题，就必须对“市镇”这个节点进行深入研究，它是城乡之间的商贸活动的所在地，属于“五方杂处”之地，是“基层市场社区”。他指出，从经济层面看，市镇是连接地方性市场和世界体系的节点，并越来越具有超层级、跨区域和金融化的特点；从社会层面看，市镇是有层级、有组织的，并具有很强的包容性；从政治层面看，它是地方自治化和国家政权建设的着力点。在社会结构中的中间性质是市镇的本质特征。他认为，社会学对于市镇的研究必须将其看作一种总体性的社会事实，在对生命体验、生活智慧、伦理道德、乡风民俗等民情因素进行调查研究的前提下，考察其与具体制度和社会结构之间的关联。“市镇”传统对中国城乡社会的基本民情仍有影响和塑造作用。这对于当下的城乡社会学研究来说都极具意义，自社会学学科在中国大陆地区重建以来，城镇化一直是社会学各个分支热衷讨论的一个主题，但对于城乡的联结处——市镇的研究较弱。这些地点现如今往往成为返乡创业人员的聚集地，对于这些地点的研究无疑有助于乡村振兴和城市社会的和谐发展。

纳入历史维度能为社会学带来什么？2020 年，北京大学组织了“儒家伦理与社会秩序”对谈[49]，张静、周飞舟、应星、周雪光、渠敬东、翟学伟参与了这一问题的讨论。周雪光提出儒教社会的学术研究问题，具体包括怎样去研究儒教和社会秩序之间的关系？怎样借鉴当代社会科学的分析工具，把儒教文化的方方面面变成可以研究、深入探讨的问题，建立起一个知识积累的过程，推动研究的不同思路，在这个学术研究过程中会有一个争鸣、学术评估的过程。在具体研究中，需要考察制度理想与社会实践之间的关系问题。周飞舟在对传统文化的深耕中发现，中国社会结构就是靠家庭伦理建构起来的，它深刻影响了这个结构。从家庭里出来的这套伦理，比如说“孝”，或者“仁”“义”，蔓延到非家庭的结构里，影响或者渲染了社会的结构。这些仁义观念，从家庭当中出来，然后在社会上，影响了人们的行动原则。行动的意义包含了传统的东西、中间的变化和当下的东西。他认为当下的东西、西方的东西（构成人之行动意义的东西）相对好理解一些，但缺的是怎么理解行动中传统的意义。即传统到底是怎么构成的？首先需要的是理解传统的意义是什么，这就是第一步。从社会变迁角度来看，这些“经”本身也具有开放性。渠敬东指出，中国传统的东西本身是一个更开放的系统。没有佛教的刺激，不会产生理学的创新。所以，回到传统不是要抱守残缺，只去讲一个教条。历史上，2000 多年传统一直都在变异。从一个长时段的视角看，今天的现实仍然是这个变异链条的一个部分而已。

对中国传统经学研究尤为重要。经验研究是社会学的根本，没有经验感，没有现实的体会，历史也是僵死的。但怎样去理解传统因素在现实里的作用，必然要回到理论本身的研究中去，回到经学的传统去。这个本，我们若不去研究，就永远不会知道现实中究竟哪些东西在发挥作用，发挥什么样的作用，它的机理和机制在哪里。所谓人心之本，就是在一个非常复杂的世界里从道理上去体会复杂的生活。

就历史维度对社会学的重要意义而言，应星强调，社会学研究应该要有一种超越以现实问题研究为界的格局。他把现在的社会学主流研究称为“双峰并峙”，一峰是量化研究，另一峰是田野调查。在这个格局中，由于历史没有中心性的位置，人们对许多现实问题都缺乏根基性的理解。而当退守到现实中时，人们会越来越丧失社会学的想象力。反思中国社会学重建 30 多年的历程，也许可以感悟到历史感的缺乏所带来的一些重要缺陷。社会学在进入中国历史研究时，需要探索独特的理论呈现方式，慎用西方流行的一些概念。必须把经和史的张力带进来，尤其是要重视史的演变，这样对传统概念的理解才能真正丰满生动起来。在中国社会，人和人日常的相处中，除了权力和利益的考虑外，伦理到底占有一个什么样的位置？需要更进一步的研究。应星认为，我们需要向史学学习，史学有其深厚的传统，以及比较成熟的处理材料的方式。但研究背后的问题意识并不是传统史学的。渠敬东指出，社会学更应抓住那些能产生广泛影响的习俗、礼制、道德，如何能像风一样吹动老百姓，让老百姓借着风倒向了一边，而不是做单个人的研究。

强调社会学的历史维度，就不能不重提中国传统学术，那么如何把传统学术的人文性和当代的社会科学的科学性做有效联结？这是留给学者们的难题。如上述应星提到的，社会学来自西学，它有一整套建立在科学分析基础上的概念模式，讲究的是严格的逻辑推理，有一套比较系统化的讲法。而中国的很多东西是需要意会的，它是一种意境，比如费孝通写的东西看起来就相当模糊，与西方实证社会学的分析路数有很大的差距。那么，中西这两个研究关系到底怎样搭建，是需要特别去讨论的。他提出，社会学在进入中国历史研究时，需要探索独特的理论呈现方式，慎用西方流行的一些概念。传统对于理解现代社会很重要，这个时代需要的是能把传统和现实打通的学人。从历史的维度做一些学科建设的工作。周飞舟指出，如果认为社会学是谈一个社会的结构、民情，理解社会行动或社会组织的话，那这门学问可不只是西方人有，中国古代就有，只不过它不叫社会学而已。因此回到传统十分必要。周雪光认为，社会学家需要做的是提炼一个普遍性的分析概念，把古今贯通起来，提供新的分析角度来看资料的意义，是我们现在最需要的，而不是简单增加一个解释的问题。

2. 社会学研究方法

就社会学研究方法方面，大数据方法（计算社会学）进入主流视野，2020 年成立了中国社会学会计算社会学分会。有关大数据的社会学议题不仅涉及大数据对于新社会现象的理解和解释，还涉及社会学的学科建设问题。

如有学者指出，计算社会学与传统依赖调查数据和回归模型的定量分析范式不同，它聚焦宏观经济社会现象和复杂网络现象与复杂社会过程，其主要方法手段包括网络分析、仿真建模、机器学习以及高级计量模型，主要数据来源则是大数据和其他多来源非调查问卷数据以及各种数据的组合[50]。现有技术发展激发了新的人工智能计算和人类的社会化之间产生的动态交互，从深度和广度上拓宽了社会计算学的范畴，在社会和计算研究之间达成了更深层次的互动。[51]

伴随信息通信技术发展而出现了新社会现象与复杂性的密切互动，给社会学研究带来新挑战。北京大学社会学系乔天宇、邱泽奇[52] 深入探讨了当代社会信息化对社会以及社会研究方法的影响。他们指出，技术的社会化应用使其不再只是效率工具，而是开始进入到社会关系之中，以更具复杂性的方式影响着社会。社会学从不缺乏互动视角，但过去更多关注的是局部互动。信息技术的社会化应用令工业社会的原有形态发生深刻变化，社会学者从各个角度对当下的社会形态进行过描述。在经验研究中，统计分析常用于解决同一层次变量间关系；后来多层次分析技术可用于驾驭宏观环境对微观行动的影响。但是对微观行动如何演化为宏观图景，常规统计方法几乎无能为力。针对这些难题，参与复杂性研究的社会学者可以使用更多新颖的研究手段，如挖掘与分析在线大数据、实施线上数字实验等。计算社会科学更强调在社会科学研究中对数字技术和计算方法的运用，而计算方法恰是研究复杂性的主要工具和手段。对于国内的社会学研究方法教学而言，增加应对复杂性问题的计算思维与方法等相关课程模块，应当说已迫在眉睫。社会学应以更加包容开放的心态，广泛开展学科间的交流与合作，在这样一个社会现象的复杂性越来越凸显的时代，跨出传统的边界，回应时代的呼唤。

中国社会科学院陈华珊[53]基于全国第五次人口普查数据中流动人口迁移数据分析流动人口的地缘性共居网络结构。试图回应这样的难题：传统的流动人口研究均强调流动人口的地缘社会支持及其带来的地缘聚集性，但缺乏对流动人口地缘聚集因素的系统性分析。他们通过区分人口流入省份及非人口流入省份两类共居网络，探讨地域性对于流动人口网络关系的影响及其在两个类型网络中的不同表现。研究发现，地域性在两个网络表现强度不同：其在非流入省份网络中效应更强，表现出强省内联系、弱省际联系的网络特点，人口流入省份网络与之相反，地域性表现较弱，呈现出强省际联系和弱省内联系的特点。通过考察县级的地域、方言文化的因素，证实这些差异的产生来自于两个网络具有不同的社会经济动力机制。

总体上看，计算社会学在国内的发展表现为，利用计算方法分析中国的社会互动、社会治理、文化传播、文化史、城市史、学科发展史等。当下计算社会学仍待在教学体系打造、学术团队培养、学术阵地打造和跨学科深度合作等方面取得更具实质性的突破。[54]

3. 探求社会治理研究的社会学视野

（1）就社会治理议题，2020年凸显的重要议题是风险社会治理问题。2020年新冠肺炎疫情的暴发、扩散与防控暴露和引发了一系列社会风险，“应急管理”和风险社会研究成为一个凸显的主题。如龚维斌指出的，这些社会风险既有全球化时代的共性特征，也有中国特定发展阶段、独特国情和治理体系的个性特点。具体而言，当下风险社会的特点包括：风险扩散具有跨界性、区域化风险与内部化风险并存、单一风险向综合风险转化累积、自然风险与人为风险交织叠加、风险的建构性越来越明显、普通群众受到风险的影响更大、潜在的风险可能是长期的。[55]刘能也探讨了中国社会早期应对新冠疫情的治理模式背后所隐含的公共决策机制，以及有助于中国社会控制并战胜疫情的多种社会的和制度的资产。[56]中国应对这些社会风险的治理，拥有自己独特的智慧。

北京师范大学董磊明、欧阳杜菲在《乡村场域中社区性治理与技术性治理的整合机制研究》中，也回应了风险社会治理问题，[57]他们指出，面临突如其来的超越社区的新冠疫情蔓延之势，乡村社会的陌生化、去集体化与内生性权威的削弱使得仅凭社区性治理资源远远无法应对流动性社会中的风险治理。针对新冠疫情的风险社会治理，村干部通过以下机制和过程完成了治理，具体而言，就是将国家防疫话语转化为村民对村庄疫情防控的体悟以及家庭乃至整个村庄的利益、乡镇干部借助村干部进行具身性的社会互动从而采取更有针对性的治理策略、依赖村庄既有的文化网络紧急组织村民形成联防联控网络，从而实现了国家与社会的相互渗透、和合共生。

中央民族大学时立荣认为中国红十字会在现有国家应急体系中具有法定性、历史性和继承性等特征，并提出一系列建议来提升应急组织的管理能力。[58]例如，她指出在复杂系统中的组织应急张力，即组织联盟力、执行力和社会动员力等扁平向度的技术管理能力却因机制问题降低了它应对应急事件的执行能力。为此，应着力增强组织自我革新力，创新社会力量参与应急管理联动机制，拓展公共应急联盟共享空间，满足复杂系统对应急组织能力建设的需要。

（2）既有的社会治理研究，聚焦城乡社会治理的议题居多。新中国成立以来，中国社会的发展由城乡二元分割到快速的城镇化，从一个“乡土中国”转变到现在的“城乡中国”，可以说，城乡之间实际上从来没有真正地隔绝过。乡村和城市问题不能独立看待。[59]在当代社会，对农村社会的治理和城市社会的治理更是密切关联在一起的。

王春光在《乡村振兴背景下农村“民主”与“有效”治理的匹配问题》中，讨论了流动性下当代农村社会治理的困境。王春光指出，乡村治理一直是一个没有解决好的乡村现代化难题。[60]人的构成与治理有着非常重要的关系。治理不仅依赖治理人才，也受治理对象的构成影响。例如农村人口流动直接影响到乡村治理能力、运行机制、治理目标以及效果。乡村治理的困境凸显，如政府有越来越多的公共服务向村庄下沉，但由于流动性的效应，村庄的劳动力越来越老化。从流动角度来探讨乡村治理，体现的就是工业化和城市化对乡村的影响。当下乡村治理存在着“双轨平行”现象——乡政村治与村民的公共生活传统，村干部有可能会参与后者，但是村治却没有演变为村民的公共生活。理想的治理模式则是将村民公共生活引入村治领域，形成多元合作协商共治，以弥补管理型治理的信息不对称、有限理性的缺陷。他强调，乡村治理不应该是强化“行政化”，更要转向自治，建立多中心、多元的合作服务型模式。村民都是理性人，有能力知道自己需要什么以及有自己的标准，也懂得谈判和妥协，当然关键是有一定的规则得到遵循。

在乡村社会治理中，贫困治理是一个突出的主题。王春光在《中国农村贫困问题的设置与反贫实践的延续性》中强调，2020 年后的农村反贫困和乡村发展至少有以下的政策路径可以思考：首先，强化社会保护能力，用制度确保绝对贫困问题的解决；其次，不论是基础设施建设还是公共服务，还有产业发展等，都要纳入乡村振兴实践中，因此做好精准脱贫与乡村振兴之间的政策、行动以及观念衔接；再次，确保村民在乡村振兴中的主体性，要将"政府要农村振兴"的外生动力机制转变为"农村自己想要振兴"的动力机制；最后，从融合和超越城乡的视角思考乡村振兴和发展，实现真正的城乡乃至国家整体均衡发展。[61] 中国农业大学叶敬忠在《中国贫困治理的路径转向——从绝对贫困消除的政府主导到相对贫困治理的社会政策》中[62]，通过对绝对贫困消除过程中的成功经验的分析，探讨了相对贫困治理中的路径和实践转向。他指出，在相对贫困治理阶段，社会政策体系需要提升和完善。具体包括确立长期性和包容性的社会政策目标；建立均衡性和整体性的社会政策体系；巩固多元主体参与的社会服务供给。

有学者从参与式治理的视角，讨论了志愿服务与农村基层治理现代化之间的关系。中国社会科学院社会发展战略研究院张书琬认为，[63] 参与式治理的一个关键助力是培育农村志愿服务组织，激发农村基层治理的内生性动力和组织化能力，志愿服务可以积累农村基层治理中所欠缺的社会资本，也可以缓和农村社会管理中的隐患和矛盾。

乡村社会治理与城市化关系十分密切。邱泽奇在《乡村振兴与城乡关系再探索：人口生计何以可转换?》中指出，人类的近代历史表明，城乡关系格局是一个国家现代形态的基本指针。传统与现代的根本性区别在于生计模式的本质转变。他从城乡关系的基本性质即城乡人口的生计转换入手，把中国的城乡关系放在世界历史的进程中，回溯英国、法国和中国在迈向现代国家进程中对城乡关系的探索，探讨在中国实现 2035 年远景目标进程中围绕人口生计转换建构可持续发展的城乡关系的路径。与英法两国由市场推动、国家调整、回归生计的城乡关系建构不同，中国现代城乡关系建构从一开始就是由国家复兴实践推动的，是国家基于中国现实而主导的城乡关系实践。他认为，当下对城乡关系新起点的认识，必须建立在乡村振兴国家战略之下，理解乡村振兴战略对理解形成中的城乡关系变得十分重要。在现阶段还没有实现城乡之间的本质融合，城乡本质的融合是人口融合，是城市和乡村之间的人口自由迁徙，是城市和乡村之间的资源双向流动。在中国区域发展差异较大的情况下，分类指导和分类实施在实现 2035 年城乡关系远景目标中尤为重要。

城市化是一个国家迈向现代的外在表现形态。在城市化进程中，城乡关系不是由城市的大楼多少决定的，也不是由乡村的繁荣决定的，而是由人口生计模式转换的平顺程度呈现的。乡村振兴国家战略是形塑中国城乡关系的新起点，应该把城乡关系的建构与调整放在中国人口与资源、城市与乡村的历史与现实格局中，顾及区域化的人口生计差异，以区域化为抓手，以人口生计平顺转换为指针，在乡村振兴中实现城市与乡村在本质上的融合，即公共服务均等的融合。[64]

（3）现代化进程中，对城市社会的治理更是一个重要议题。其中，对城市社区的研究是社会学研究近年来的一个主题。张翼在《全面建成小康社会视野下的社区转型与社区治理效能改进》中指出，吴文藻的弟子费孝通"community"第一次翻译为"社区"。这个概念既可以泛指工业社区、农业社区、商业社区，也可以专指村落社区，费孝通认为，社区研究是认识中国社会的最理想和合适的方式。不过，通过对城市社区的研究后，该项研究发现，不能简单以学术传统中的社区理论去指导行政治理意义上的社区建设，而应以社会发展与社会变迁的客观现实为基础，重新认识城市居民区的现代化过程，赋予社区居民参与社区自治的法治渠道。在现代城市社会，不管是常态化治理还是应急化治理，单纯依靠社区居委会都很难满足结构复杂而又日益庞大的人群治理之需。另外，城市社区的居民认同意识普遍偏弱。群众对社区的认同易于"碎片化"，难以在集体记忆中形成集体意识，社区自治的社会基础较弱，因此，厚植社区自治的社会基础十分必要。从而提升社区治理的自治德治法治能力，通过自治和共治化解日益高升的他治成本。[65]

肖林从资源下沉基层社区的角度来探讨基层社会治理问题。[66] 近年来，资源下沉成为社会治理的客观要求和显著趋势。然而，财政资金对基层社区投入力度的加大是否有助于居民参与和社区公共性的提高？肖林提出“社区治理的财政维度”和“社区财政的治理面向”，并对国内城市社区服务专项资金政策进行系统梳理、分析，阐释了“社区公共财政”的理论内涵及其自主性和公共性的内在要求。社区公共财政是“取之于民，用之于民，事由民定，财由民理”的特殊财政类型，本质上是基层社会公共性重构的一部分，也是撬动居民参与社区公共事务的制度化渠道。但现有社区治理结构一方面根植于国家基层体系，另一方面又脱嵌于城市社会结构，这在根本上制约了社区公共财政制度建设。他认为，迈向“社区公共财政”之路绝非坦途。

中国人民大学黄家亮、马颖从社区基金会角度探索社会治理问题。他们指出，社区基金会最初诞生于美国，并逐渐向全球扩展。在过去百余年的发展历程中，美国社区基金会深深植根于美国社会的土壤，实现了从捐赠接受方、财务代理人向社区领导者的角色转变，并形成了具有美国特色的社区慈善模式。社区基金会在全球扩展的过程中呈现出银行模式和聚集模式两种典型模式。中国社区基金会在借鉴国际经验的基础上，面向城市社区治理创新的需要，逐渐形成社区服务与社区培育并举的项目运作体系。但总体来看，中国社区基金会的发展仍处于起步阶段，必须进一步扎根中国本土的制度和文化环境，面向中国社区治理的广阔实践，探索出一条具有中国特色的社区基金会发展之路。[67]

对城乡社会治理，不仅限于作为地理位置的城乡社区，在互联网社会中，还包括对虚拟社区的社会治理问题的研究。田丰[68]通过对2020年抗击新型冠状病毒性肺炎疫情中“饭圈女孩”的行为分析，力图呈现网络时代青年人的组织和行为模式与传统机构的差异，强调新时代的社会治理需要充分考虑网络的时代性和青年的代际性，并需要强化互联网思维，积极利用和发挥互联网的正向作用，重视青年一代的话语权及代际影响，充分发挥和引导社会自组织的力量，提倡重志愿轻捐赠的社会公益模式，不断推进国家治理体系和治理能力现代化，提升国家治理效能。

（4）社会治理是一个跨学科的领域，参与的学科广泛，包括政治学、经济学、公共管理学、马克思主义学科等，社会学如何在其中凸显它的视野和贡献，迄今仍然是一个难点。社会学的学者们在探索社会治理理论问题时，一般采用的是构建“中层理论”的方式，探求其背后的“社会性”问题。

就社会治理议题，学者们在中层理论方面的讨论十分丰富。中央财经大学社会与心理学院李国武探讨了社会建设中，政府公共服务财政支出与社会组织发展之间的关系。[69] 他指出，自从2004年社会建设得到党和国家的高度重视开始，地方政府的公共服务供给方式也从过去的单纯直接提供转向大量购买社会组织服务。如果政府采用直接提供服务的方式，那么政府公共服务财政支出的增加会对社会组织发展产生挤出效应；如果政府采用向社会组织购买公共服务的方式，那么政府公共服务财政支出的增加则会对社会组织的发展产生促进效应。他的研究基于2000—2016年的省级面板数据，对地方政府的公共服务财政支出与社会组织发展的关系的分期实证研究结果表明，以2004年国家开始高度重视社会建设为界，二者的关系发生了从挤出效应到促进效应的转变。他指出，政府购买服务虽然有助于社会组织数量的增长，但对社会组织自主性和专业性成长带来怎样的影响仍需进一步研究。

北京师范大学焦长权以内蒙古自治区某县为例，探讨了财政分配的项目制治理效果，这是一个关涉地方政府与社会治理实践的议题。他指出，纵向专项资金和横向专项资金在县级政府得以汇合，形成了一个“以县为主”的“资金池”和“项目池”。县级所获专项转移支付具有典型的“保民生”“保基本”取向，在预算分配中呈现碎片化、部门化特征。县级政府在项目整合和组织实施中处于枢纽地位，但需要组织协调的部门和层级非常多，协调整合过程困难重重，严重影响了项目制的治理效果。纵向专项资金和横向专项资金在功能上存在明显“替代效应”，在地方实践中形成了一个“二元财政”格局。[70]

北京大学张静探讨了制度规则和社会资本建设之间的关系，从而探寻提升社会治理品质的途径。[71] 与现有研究主要将社会资本视为自变量并论述其对社会发展作用的视角不同，她将社会资本视为因变量，追踪具有公共品性质的通用社会资本如何生发，尤其是在不利的群体冲突条件下获得生长的原因。她发现，通用的社会资本不必然在社会关系中自然出现，它依托于特定的公共社会规则而生长和巩固。该研究使用的案例中出现的社会资本扩展——村民合作的广度由宗堂内转化为跨宗堂，明显是公共决策规则革新带来的结果。该研究描述了这一通用社会资本的产生机制，以推进对合作行为的改进和社会资本的扩展，展开理论阐释；同时提示了有关政策改进的可能性：

运用制度规则的突破进行自我改造，有助于打破群体冲突和控制权竞争的循环，提升基层社会治理的品质。

付伟关注中国农业转型过程中的组织形态。[72] 他的研究以茶叶为例，描述了茶叶经营过程中的家庭经营和市场网络，论述了农业的技术细节和交往细节如何塑造了这一经营组织形态。茶叶种植、采摘过程的技术细节决定了家庭经营的独特作用，但是在家庭经营的基础上还需要市场网络与之配合。这个网络的有效运行需要解决一定的“组织困境”，经营者普遍使用类似“和稀泥”的方式解决监督管理问题。该项研究紧扣交往细节和交往心态，分析特色农业的组织形态何以可能的社会基础。交往细节具有费孝通所提出的“意会”的意涵，通过对交往细节和交往心态的分析，深挖交往细节背后的历史维度，有助于深入探究社会治理中的社会关系机制。

付伟的研究探究了社会治理的社会基础问题。在这方面，北京大学社会学系王思凝、贾宇婧、田耕讨论了农村彩礼形成机制中的道德嵌入性，或可用以贡献于天价彩礼的治理政策。[73] 彩礼既为“财”又为“礼”，以往彩礼研究主要集中在“婚姻市场理论”和“礼物秩序”两个基本的框架下，较少将其作为生动的社会行动过程予以研究。他们的研究聚焦于“议彩礼”的互动过程，发现彩礼议价的核心不在于结亲家庭对彼此家庭的认可是具有默契还是存在分歧，而在于具有道德基准意识的彩礼行情。结亲家庭的道德感受力是依据行情而展开的不得不“议”的行动过程。情理随行动过程而生发的特点使“议彩礼”成为道德意义网络之中衔接个人道德感受力与集体习惯的节点，这也正是彩礼道德嵌入性的根本要义。

对社会治理的研究离不开人。徐宗阳[74] 基于中国西北某县棉花产业的田野调查，探察了小农户与大农场之间的关系形态。通过比对小农户和大农场在农业经营过程中展现出来的经营工序、成本对比和作物品种差异，他发现小农户和大农场处于不同的市场结构之中。正是这种市场结构的差异导致了小农户和大农场之间呈现相对独立的非竞争关系。这一判断与既有研究所讨论的小农户竞争能力强能够排挤大农场，或者大农场能够借助资本与技术碾压小农户的观点均不相同。不可忽视的是，小农户与大农场之间相对独立的关系形态是两种不同“赛道”，其中内含了不平等关系，即小农户受限的种植权。

林叶[75] 讨论了拆迁遗留地带这一特定社会空间中“钉子户”的日常生活实践，并用“战术”概念探究钉子户如何在治理者有意的疏忽下捕捉机会、建立新的社会空间，以使其在“废墟”上的临时生活正常化。她认为，以互视、互相照看和互助共用为特征的新的聚居小社会空间是上述正常化过程和钉子户栖居状态的关键条件，并强调这一社会空间“从无到有”的生成性和与旧有邻里关系范式间的连续性。该研究进一步揭示了钉子户与工地势力间的空间政治，即二者间的互惠图式与地盘之争，并通过后者揭示一种事实空间权属的生成和工地—钉子户关系背后拆迁办势力的持续在场。

中央民族大学民族学与社会学学院秦广强、马林刚的“新社会阶层的政府工作满意度”研究[76]，尽管可以归为传统社会学的社会阶层与社会流动方面的研究，但也是对特定人群的研究，对当代社会治理具有重要意义。他们发现，新社会阶层的政府满意度，反映着他们对政府治理绩效的认可和对政府机构的信任，因而是观察其政治态度和研判政治整合形势的重要参考维度。结合 2015 年中国综合社会调查数据（CGSS），对新社会阶层的政府工作满意度状况进行考察的结果显示，无论是就总体还是细类指标而言，新社会阶层的政府满意度均低于一般民众水平，且低于同处于“中产”位置的体制内“新中产”群体。从民生保障、公平正义和公共安全 3 个大的聚类维度来看，新社会阶层在公平公正方面的满意程度最低，与其他群体之间的差距最大。高文化程度、高收入、高政治自由意识、低政治参与以及上升流动受阻的新阶层成员，其政府满意度略低，该群体所处的特定结构位置和制度环境是理解这一问题的关键。从社会治理的角度，这一研究带给我们的启示在于：今后应在保障公平正义、改善民生、拓展利益表达和参与渠道、强化阶层整合与利益整合等方面着力，不断提升新社会阶层的政府满意度。

对于中国社会治理及其理论体系的构建，张翼对社会发展、结构变迁与社会治理三者间的关系做了深入讨论。[77] 他指出，社会的快速发展与急剧转型会引起整个社会结构及其内部各个组成部分的功能变化。这些变化既生成于原有社会，又形塑当前社会，还将规制未来社会的发展。应该以日益变化的社会及其结构为基础，以社会整合与社会团结的理路为遵循，破解难题。

上述研究都可以归为对社会治理问题的社会机制

的探索，可以认为是社会学对中层理论的“偏爱”，它们可以被视为社会治理理论中对“社会性”某一方面的讨论。对社会性的研究涉及社会学的基础理论。在社会治理领域，研究社会性等基础理论，有助于更深入地探究社会变迁的机制，从而推进理解当代的社会发展，在实践中，有助于制定更具根本性的社会政策。例如，在农村社会治理方面，现代性大发展后，农村社会问题从来不仅仅是农村的问题。对相关方面基础理论的研究，促使人们重新理解农村在整体中国中的位置，重新反思对农村的研究与理解。经济的工业化与人口的城市化不仅不能轻易地改变国人的生活逻辑与行为方式，相反它令卷入工业化与城市化之中的人们的焦躁与不安需要深度安抚。这方面的基础理论涉及如何定位“乡村的意义”，而如何定位直接关切的是乡村在中国的价值与意义。[78] 它构成农村社会性的一个重要方面。本报告认为，有关城乡社会性方面的研究，都可以称为有关社会治理的基础理论。

在社会治理的基础理论方面，北京学者们的研究也有突破。例如，清华大学杜月通过比较20世纪初芝加哥学派的学者运用生命史的视角对3类都市陌生人（芝加哥舞女、中国洗衣工与北平囚犯）的研究，考察了不同人群的新旧历程及其进入都市新生活的不同状态。这几个研究都关注如下问题：漂泊在城市中的个体如何面对和处理自身历史与现实之间的张力？在此过程中形成了何种特殊的人格和秉性？而她的比较研究发现，中国洗衣工与中国罪犯并不像帕克所构想的“边缘人”（如舞女与菲律宾客人）一样以舍弃旧生活的方式进入新的都市生活。相反，他们展现出的是对乡土和家族的执念，以及以旧生活中的道德和伦理原则容纳新生活的实践。[79]

杜月发现，背后是中国文化使然：中国作为一种文明形态，在遭遇新的文化形态时，并不抛弃自身的特征，也并不以战争为手段征服对方，而是以同化的方式将对方纳入自身的社会和道德秩序中。因此，对“社会性”的进一步研究在于对中国文化具体特征的探究。

对于“社会性”的研究，可谓是社会学理论的根基之一。北京大学王利平在陶孟和论教育的社会性时提出，教育的社会性是19世纪后期以来讨论教育学转向的核心问题。无论是涂尔干、杜威还是美国进步主义时代教育改革的践行者，都看到伴随资本主义市场的扩张与深入，城市与乡村的生态环境、人口数量与组成的深刻变化，人的社会生活样式以及人的思考与情感模式都发生了急剧变动。各种形式的传统教育，无论是依托于宗教团体的，还是注重文本文法训练的，或是强调绅士品格与修养陶冶的，都面临与现实社会世界脱节的问题。教育从个人转向社会成为一个普遍趋势。该研究以我国教育社会学发端人物陶孟和的著作为核心，剖析其关于教育社会性的表述，即教育为何要从对个人教养的培养转向对人在社会生活世界之中的认识，可以看出陶孟和的理念：教育不仅是简单地服务于社会现实需要，更应成为塑造社会风尚的力量；而社会性背后的道德理想，更进一步为大众民主社会中的劳动者提供高出于日常生活的文化向往。[80] 这些讨论有助于反思今日社会治理中的人的教育方向问题。教育在社会治理中的作用在于：教育也要更深刻地在社会进程中发挥效用，它并非通过直接的制度改革，而是逐渐深入地重塑社会习俗与风气。

对于社会性的探讨，不能不提到涂尔干学派。2020年北京学者对于涂尔干学学派的研究也有新突破。北京大学社会学系吴越指出，作为礼物理论真正意义上的开创者，涂尔干弟子莫斯试图以“礼物交换”来把握人性的基础与社会的生成。莫斯的礼物循环是对涂尔干社会团结理论的补充，礼物中始终蕴含着必须归还的、来自给予者的部分本性，这种回赠的义务体现为一种总体呈献体系，它反映的是总体性社会事实，它不可还原为制度的要素组合，而是有肌体、有心灵的“人”所组成的“群”的完整而复杂的反应，社会学的宗旨就是要洞察整个群体及其总体行为。“宗教礼物论”以莫斯等人的礼物理论为基础，探讨宗教现象及其与社会的关系。首先，礼物与宗教是双向关联的，两者相辅相成，不仅宗教现象中蕴含着礼物逻辑，而且宗教为礼物的内在价值提供了神圣性的基础；其次，礼物和宗教都与社会团结的法则直接关联，这一点体现在两者共通的自愿式义务性上，两者既融合了情感性联系和工具性联系，也融合了相互性伦理和等级性伦理；最后，“宗教礼物论”的优势最可能体现在对宗教之“非自主选择性”的分析上，而它的潜在挑战则主要在应对社会变迁与价值倾向方面（后者指很少考虑共同体意识的负面影响）。[81]

（二）学科发展的难点问题与未来展望

1. 学科发展的难点问题

第一，中国特色社会学的学科体系、学术体系和话语体系尚待进一步确立。中国式现代化的社会学表达话语还没有整合起来。所谓中国式现代化的社会学表达是“中国式现代化与中国知识体系”的重要组成部分，中国式现代化走出了一条与西方现代化迥异的道路，是史无前例的。学者们从理论范式、路径选择、指标体系等多角度、多层次，学理化地研究阐发中国式现代化的实践逻辑和理论逻辑，构建中国特色、中国风格、中国气派的 21 世纪马克思主义现代化理论体系和知识体系，将是我国理论学术界对唯物史观、人类思想史的重要贡献。[82] 习近平总书记在 2016 年的 5 · 17 讲话中强调，要善于提炼标识性概念，打造易于为国际社会所理解和接受的新概念、新范畴、新表述，引导国际学术界展开研究和讨论。这项工作要从学科建设做起，每个学科都要构建成体系的学科理论和概念。[83]

不过，总体上来说，社会学的学者们目前提出的多是中层概念。中层概念是美国社会学家默顿在 20 世纪中期提出的，它是对抽象的帕森斯宏大理论的一个对话，期待社会学能在宏大理论和微观实践之间，做出实质性的贡献。这是针对 20 世纪中期美国社会学发展状况而言的，帕森斯的宏大理论有其具体所指，与我们今天提到的理论提升并不是一回事。今天中国社会学的发展需要做的恰是努力提升出一种有中国特色的学科体系、学术体系和话语体系。默顿的中层理论可以作为中国社会学学科发展的工具，这就是寻找社会现象发生的原因，探求其之所以如此的机制。在中层理论建构方面，学者们做出了积极探索，但在反映中国特色社会主义的整合性理论构建方面还有不足，尚需继续努力。在这方面，李培林提出了“新发展社会学”这一标识性概念，是一个有益尝试。他提出，这是一种基于中国经验的社会学，是一种亟须建构的社会学。中国走向现代化，是非常罕见的巨大社会变迁；面对巨大人口规模，实现了跨越性发展。前现代、现代与后现代发展阶段叠加所引发的一系列问题，很难用社会学既有理论进行解释和把握。经济体制改革和社会结构转型的并行，是中国现代化有别于西方现代化和东亚国家及地区现代化的重要特点。中国社会学对国际社会学最突出的贡献，就是要把对社会巨大变迁的研究与经济体制的改革创新结合起来。相比“转型社会学”“过渡社会学”“实践社会学”等，“新发展社会学”更加适合于概括两个巨变并行的中国经验，也将进一步展示发展理念的新飞跃。[84]

第二，在社会理论建构中，厘清中国社会学思想的不同传统十分必要。中国社会学的思想资源来自不同传统，如马克思主义，苏联与东欧的思想，西方资本主义社会的思想，中国传统的思想，中国共产党领导中国人民在革命、建设与改革的现代化实践过程中形成的具有自身特点的话语体系。这些思想对我国当代社会思想和知识的形成与发展发挥了不同的影响，厘清不同源流及其影响仍然是一个摆在我们面前的重要任务。

第三，学科规范化发展到一定程度，到了需要反思既有学术规范的时期，社会学需要一个宏大的跨学科视野。1979 年的中国社会学经历了恢复重建和学科规范化的过程，社会学得到极大的发展。其学科规范化大致从 2000 年左右，如沈原提到的，《社会学研究》1997 年才开始做起规范，文章才有了规范的参考文献。社会学的规范化迄今发展超过 20 年，社会学的学科范式也得到全面发展，但在某些方面有固化的问题，已经开始不利于学科的全面发展。费孝通在 2003 年发出“扩展社会学的传统学科界限”的倡议，某种程度上就是针对固化的学科范式而提出的。

2. 未来展望

针对上述热点、难点问题，社会学的未来发展需要我们积极寻找对策，力图提供一些前瞻性的探索和思考，以引导学科学术发展方向。目前看来，跨学科讨论，是社会学突破学界界限的一种有益尝试。近年来社会学做了一些这方面的讨论。在跨学科方面，除了传统的跨经济学、政治学、哲学、法学、历史学等跨学科实践，还出现了跨文学、艺术学的尝试；在历史学维度，也出现了新取向，这便是口述史研究方法的重新提起。

（1）社会学向文学的跨越

近年来对文学社会学的讨论较多。《社会学研究》《社会》杂志也刊发了不少相关力作。例如，中国政法大学王楠通过对比莎士比亚四大悲剧中《麦克白》与《哈姆莱特》两剧主人公的性格，从主观性的角度入手，分析麦克白与哈姆莱特这两个人物的性格特征及其缺陷如何造成其悲剧命运，并进一步揭示莎士比亚塑造这两个人物的现代性意义。麦克白受想象引发的欲望诱惑，犯下弑君罪行，在犯罪之后，又受同样源于想象的恐惧折磨，幻想掩盖罪行，确保安全，反而令自己的罪恶越发深重。麦克白用自己的行动不断颠覆现实，将自身放逐于自然秩序之外。哈姆莱特的困境在于，他用自己高度二元化的形而上学思维来把握世界，在自己的头脑中构建起思维与存在、本质与表象、理想与现实的对立，并在双方的对立冲突中令自己陷入虚无，从而无法完成报仇的使命。莎士比亚塑造的这两个人物，正是后来现代社会中高度主观抽象的现代人的真实写照。麦克白与哈姆莱特，正是现代人高度主观性的主体性格的两个面向。他们都想在自己主观性的基础上，重新安排自己与世界。

王楠指出，在主观性之外的现实的人和世界中人性还有着极为丰富的内容，人们彼此之间有着更多样和深厚的关联，文化和传统通过社会与人自身相互交织和渗透着。这要求我们对现实的复杂性有更清醒的认识，只有基于这样的努力，人才可能以并非主观抽象的方式去超越现代社会的幻象与虚无，把握自身和他人的存在，体悟人生更丰富多彩的境界。[85]

王楠的讨论更多关注文学中的人性与社会中人的处境之间的关系，北京大学社会学系吴柳财的《四郎探母》研究则直指文学中的“社会性”。京剧《四郎探母》讲述的是宋辽两国交战，主人公杨四郎身处两个家和两个国的伦理困境中，而铁镜公主、佘太君、萧太后等人对情义的认同和坚守最终成全了杨四郎探母乃至回令的故事。晚清至民国，京剧《四郎探母》在民众当中十分流行，广受欢迎，但1949年之后这部剧却经历了4次大讨论，并屡次被禁演，而在解禁后又长演不衰。对四郎的同情和理解与对四郎“不忠不孝”“叛国投敌”的批评和斥责，形成了鲜明的对比。[86] 吴柳财赋予这一文学事件的社会性便是“情理”二字，情理问题的基本社会背景就是客观存在的人伦关系，情理观念成立的另一个条件是人们对于情理的主观认知。所谓情，指的是人们对于外界事物的感性体会生发出的情绪；所谓理，则偏重人们对于外界事物的理性认识和判断。可以说，这种情理为主线的“社会性”是该文学社会学研究的理论纲领。

吴柳财还给出了文学对于社会学的意义问题，就是赋予社会学的田野以更丰富的内涵：正是因为戏曲本身表现了丰富的人物实践、行动与情感，是田野之外的另一个同样丰富的经验世界。经典的戏曲往往能捕捉到社会生活的一些重要面向，并以戏曲手法将之凸显。文学社会学也超越了传统文学分析，就在于从纯文学角度出发，缺乏对“情理”的理论分析，尤其是忽略了情理与人伦等社会结构的关系。文学社会学的贡献正在于，通过戏曲进一步理解一般意义上的情理观念如何经由特定的社会结构和对社会的具体认知，真正下沉到日常生活，成为主导人们日常生活的行动伦理。归根结底，这是一个社会性的讨论。吴柳财的文学社会学研究，在根本上也是对中国传统社会情理的研究。他还在价值上对中国的情理文化的优势做出了肯定：唯有情理才能突破功利、世俗、华夷、战争等界限，达到“和”的状态；费孝通晚年受到中国传统社会思想的启发，认为打通个体和社会之间的方式就是要把这样一个主体实践的过程看成是社会化也就是伦理化的过程。

（2）社会学向艺术学的跨越

对艺术社会学的研究，就是将艺术带回社会学的视野，不仅是社会学突破自身学科边界、寻求与其他学科交融可能性的体现，也是对社会转型与时代变迁的回应。[87] 中国人民大学闻翔提出艺术市场社会学议题，指出艺术市场社会学的根本关怀落在“艺术与社会”两端。就“艺术”而言，社会学关注商品化如何影响艺术在现代社会中的命运；就“社会”而言，社会学则试图通过艺术市场来理解当代“文化资本主义”的特质与逻辑。由此，艺术的自主性与本真性在市场化过程中所遭遇的张力与挑战，以及艺术市场变迁与资本主义积累体制转型之间的关联，成为艺术市场社会学的双重问题意识。在这个意义上，对艺术市场的研究增进了社会学对“艺术”“社会”以及两者之间关系的理解。他指出，自20世纪60年代以来，艺术市场逐渐进入社会学的研究视野并在近60年里成长为一个颇具活力的研究领域。艺术市场的社会学研究呈现出多元而丰富的学术脉络，其中，艺术品的价值建构与价格形成、艺术消费与审美品位的阶级意涵、艺术家的职业生涯管理与声望建立、艺术市场的组织与制度变迁，构成了社会学家聚焦的4个关键议题。[88]

尽管有学者指出，艺术社会学的基本形态不应是传统的“美的哲学”，而是“严格意义上的、把艺术作为一种社会现象来研究的社会学”。[89] 事实上，“美的哲学”的社会学意义也已成为艺术社会学的思考对象。正如闻翔所说，艺术文本可以作为社会学或人类学分析的田野，在这一过程中，社会学者得以进入艺术创作者的审美心态，而其也是社会性的一个方面。渠敬东指出了艺术与人性之间的关系，“每个人的内心里，都有一个不能僭越的自然的存在”，“人生如果达到了某种境界，自然会认为无论何处都可以安身”。在艺术之中，可以看到人性与社会性之间的张力所在，人们的心中住着一个“不彻底服从于现实的世界”。艺术对于社会的功能就在于，在现代世界里，不能只有政治、社会和经济构成的总体史，而必须还要有一种存在于人的内心之中的自然王国，以作平衡和矫正。在中国文化中，自然的构成是人的精神存在的栖居之所，是一切社会，特别是现代社会神、人、物相分离的状况得以重新弥合的关键所在。在中国，山水不是社会，是社会的反面。中国经典的山水之作，都是士人内心精神的写照，它是中国文明的一个支撑点。[90] 重提中国传统，不是抱守残缺，而是通过双向的链接而对传统加以新的构建。今天重提艺术社会学，是兼具东西方文化特点的，他认为，以山水为路径，真正逼近西方和中国的整个传统，才会对历史和现实有整全的理解。因此，需要做到两个方面：一是在西方文明的总体框架内反思现代问题，二是将现代性重新“问题化”为传统问题，即从中国传统的资源中去寻找化解现代危机的出路。在双重的超越上，重新构建完整的山水，重新构建中国人的宇宙观，重新构建中国人整体的超越世界，才是中国艺术（社会学）的真正出路。

艺术社会学对于当代社会学的意义就在于，从各维度丰富社会学这个学科对社会性的理解。社会性是社会学的根基，今天我们丰富它的意涵，是为了让它的形象更契合这个时代，让研究成果更有利于人与社会的和谐发展。

（3）向历史学跨越的新视野：口述史的社会学视野

2020 年中国社会学界的口述史研究再次成为新热点，也不失为未来社会学发展方向的一个铺垫。正如周晓虹所说[91]，由亲历者口述而形成的超越个体经历的集体记忆，虽然是一种突生现象，但并不完全是单个的个体自发形成的或随意建构的，它是在个体认同的基础上，以各类社会表征为心理模板而建构起来的。对于社会学而言，口述史对宏大叙事构成了必要的补白，通过生命史进入国家叙事，对二者间关系的考察也构成我们理解历史的一个必要维度。

中国社会科学院刘诗谣、陈光金通过一项针对资源枯竭型城市下岗工人的口述史的研究发现[92]，在资源枯竭型城市中，国企改制过程中分流、买断、破产等政策的实施使得下岗工人的身份认同发生巨大转变。身份认同是建立在社会记忆基础上的，社会记忆中的事件、经验、情感构成了其身份认同重塑的基础。而身份认同不只是认知建构，它作为行动者获取行动意义的源泉，直接影响到其进一步的行动策略。对口述记忆的研究发现，下岗工人在“对辉煌时期单位人的留恋”和“对衰退期单位人的不满”两种社会记忆基础上建构了“工人老大哥”“社会底层”“拥抱市场经济的奋斗者”3 种不同的身份认同。下岗工人在这 3 种身份认同下，又分别形成自力糊口型、外部依赖型和进取发展型 3 种不同生存策略。

可以看到，将口述视角纳入质性分析，个人生命史的意义得以提升，这里的提升主要体现在叙述主体的情感方面，近年来社会学的情感的研究也日渐凸显。梅笑在《情感劳动中的积极体验：深层表演、象征性秩序与劳动自主性》中[93]，探索情感劳动从业者如何通过边界工作创造积极的工作体验。她的研究发现，能够获得积极体验的月嫂会采用“深层表演”策略主动破除边界，将工作关系拟亲属化，并进行一定程度的“慈善”劳动。她们还通过打造“育儿专家”的形象来建立象征性秩序，以便在与雇主的互动中争取主动。这两种策略都是劳动者通过构建象征性边界来挑战社会性边界的过程。她的研究采用了半结构式访谈方法，在广义上也是对谈的口述历史方法，而且在取向上与口述史一致，即强调主体情感性的作用，情感劳动中的“自我”不应被理解为独立和拥有清晰边界的个体，而是与他人“互依”的。她指出，情感劳动的“自主性”应纳入关系视角，关注劳动者建立平等而有意义的社会关系的能力，而非仅强调边界清晰的独立“自我”和对劳动过程的自主控制。

可以认为，口述史视角是对社会学历史维度中经验感的丰富。它通过由内而外、自下而上的方式参与社会组织和社会制度的建构。经由个人的讲述，历史感和经验感得以有机结合，它与自外而内的“客观史”形成对话关系。

围绕时代主题，北京市社会学界未来需以“扎实的社会调查、深入的理论探索”为抓手，坚持将学术论文写在中国大地上，积极探索推进“共建共治共享、拓展社会发展新局面”的有效路径。面对互联网深刻改变社会结构的信息时代，尚需进一步深入总结“中国式现代化的社会学表达方式”，发展中国社会学的本土理论，积极构建中国特色社会学的学科体系、学术体系和话语体系。

四、与其他学科关系的探讨

在一些相邻学科如民族学，围绕社会治理体系现代化、铸牢中华民族共同体意识等服务国家战略的议题，涌现了一批跨学科的研究成果，这些成果对社会学来说具有重要的借鉴意义。麻国庆立足对中华民族、中华民族共同体、中华民族共同性等概念梳理的基础上，把费孝通的中华民族多元一体格局理论置于中国文明历史进程的大脉络中进行比较分析，进而凸显中华民族“合之又合”的历史和现实意义[94]。青觉认为，由于边疆社会的特殊属性，我们需要对边疆治理所牵涉的各变量因素进行系统分析，并加强对“边疆”这一实体在中国视域中的整体性观照[95]。乌小花则通过总结内蒙古自治区的“乌兰牧骑精神”，从地方实践经验的视角来展示铸牢中华民族共同体意识的成果[96]。严庆则从中华民族共同体的内在结构层面，提出了一个理论上的分析框架。[97]

中央民族大学杨圣敏教授从民族学、人类学出发，提出了一个社会学专业同样应该反思的问题：目前，中国的民族学人类学是否已经走到国际学术舞台的中央？在文化强国的建设中、中国民族学人类学如何努力才能做出自己的贡献？[98] 杨圣敏认为，要推进文化强国战略，“提高国家文化软实力，推进社会主义文化强国建设”，为世界奉献中国智慧、中国方案，不断走向世界舞台的中央，为人类做出更大贡献。

社会学的学科创新尚需更广泛、深入跨越学科的界限。费孝通在 2003 年的《试谈扩展社会学的传统界线》提出，中国社会学在 1979 年恢复重建后，发展了 40 余年后，在科学性方面已经发展得较为扎实，但也有一些局限性，就是在社会学人文性方面发展得较为薄弱。但这方面的知识在位育社会方面是发挥更为基本性作用的部分。广义上，所谓人文性，就是社会学要对历史和文化方面的因素格外关注。费孝通指出，社会学应该投放一定的精力，研究一些关于“人”“群体”“社会”“文化”“历史”等基本问题，为社会学的学科建设奠定一个更为坚实的认识基础。2020 年，北京市社会学界在历史社会学、社会学的文化维度等方面做了积极探索。这些努力主要是围绕着构建中国特色社会学的学科体系、学术体系和话语体系而展开的，并形成了有影响力的学术成果，引领社会学学科的进一步发展。

注：

[1]本刊编辑部：《新时代的中国社会与中国社会学——“全面建成小康社会后中国社会建设与社会学发展高端研讨会”综述》，《社会学研究》，2020 年第 1 期。

[2]陈龙：《“数字控制”下的劳动秩序——外卖骑手的劳动控制研究》，《社会学研究》，2020 年 6 期。

[3]王春光：《乡村建设与全面小康社会的实践逻辑》，《中国社会科学》2020 年第 10 期。

[4]杨典，欧阳璇宇，亢晓妮：《金融资本主义的崛起及其影响——对资本主义新形态的社会学分析》(英文)，*Social Sciences in China*，2020，41(04)。

[5] 朱斌，吕鹏，《中国民营企业成长路径与机制》，《中国社会科学》，2020 年第 4 期。

[6]向静林，艾云：《地方金融治理的三个维度：基于经济社会学视角的分析》，《学术论坛》，2020 年第 2 期。

[7]吴小英：《家庭之于女性：意义的探讨与重构》，《山西师大学报》，2020 年第 5 期。

[8]刘爱玉：《脆弱就业女性化与收入性别差距》，《北京大学学报》，2020 年第 3 期。

[9]佟新：《女权/女性主义认知共同体的形成与发展》，《山西师大学报》，2020 年第 5 期。

[10]黄盈盈：《性之变：改革开放 40 年的梳理与思考》，《社会学评论》，2020 年第 2 期。

[11]麻国庆：《社会与人民：中国人类学的学术风格》，《社会学研究》，2020 年第 4 期。

[12]朱晓阳：《中国的人类学本体论转向及本体政治指向》，《社会学研究》，2021 年第 1 期。

[13]李荣荣：《关于道德自我的“第一人称”叙述——从马丁利近著看人类学道德研究的一种思路》，《社会学评论》，2020 年第 4 期。

[14]王建民：《人类学的多模态转向及其意义》，《民族研究》，2020 年第 4 期。

[15]王铭铭：《显与隐——文化展示的人类学与人类学的文化展》，《博物馆研究》，2020 年第 4 期。

[16]杨春宇：《在禄村书写文明——以圣谕坛为主线的复调民族志》，《社会学研究》，2020 年第 5 期。

[17]高丙中：《世界社会的民俗协商：民俗学理论与方法的新生命》，《民俗研究》，2020 年第 3 期。

[18]萧放：《当代生活世界中的“传统”》，《中央社会主义学院学报》，2020 年第 6 期。

[19]林继富：《中华民族共同体里的民俗学》，《西北民族研究》，2020 年第 3 期。

[20]王思斌：《社会治理共同体建设与社会工作的促进作用》，《社会工作》，2020 年第 2 期；王思斌：《我国社会工作从嵌入性发展到融合性发展之分析》，《北京工业大学学报》，2020 年第 3 期。

[21]卫小将：《公共危机治理现代化中的社会工作研究》，《中国特色社会主义研究》，2020 年第

1 期。

[22]李迎生:《将社会工作纳入国家重大突发公共事件治理体系》,《社会建设》,2020 年第 4 期。

[23]陈光金:《化解社会风险是个巨大的系统工程》,《社会科学报》,2020 年 11 月 26 日 002 版。

[24]龚维斌:《应急管理的中国模式——基于结构、过程与功能的视角》,《社会学研究》,2020 年第 4 期。

[25] 郭伟和:《新冠肺炎疫情中的社区治理:模式、优势与短板》,《社会治理》,2020 年第 3 期。

[26]卫小将:《"生活政治"治理:精准扶贫工作新转向》,《江海学刊》,2020 年第 4 期。

[27]王思斌:《全面小康社会初期的相对贫困及其发展型治理》,《北京大学学报》,2020 年第 5 期。

[28]张翼:《全面建成小康社会视野下的社区转型与社区治理效能改进》,《社会学研究》,2020 年第 6 期。

[29]王天夫:《构建社会治理体系 建设社会治理共同体》,《社会治理》,2020 年第 1 期。

[30]周飞舟,谭明智:《"责任到人"的治理机制及其作用——以脱贫攻坚战为例》,《学海》,2020 年第 3 期。

[31]冯仕政:《以社会政策研究推动中国特色社会主义社会学建设》,《社会治理》,2020 第 12 期。

[32]李迎生:《从依附到自主:中国社会政策的历史演进与范式转换——基于社会政策与经济政策关系的视角》,《中国人民大学学报》,2020 年第 4 期;李迎生:《将社会工作纳入国家重大突发公共事件治理体系》,《社会建设》,2020 年第 4 期。

[33]房莉杰:《"社会建设"在我国政策中的演变——对党的"十四大"以来中央文献的回顾》,《北京行政学院学报》,2020 年第 6 期。

[34]房莉杰,郭冉:《社会政策的工具性作用:以北京市公共服务规划为例》,《河北学刊》,2020 年第 2 期。

[35]杨菊华:《后小康社会的贫困:领域、属性与未来展望》,《中共中央党校(国家行政学院)学报》,2020 年第 1 期。

[36]焦开山等:《社会变革、生命历程与老年健康》,《社会学研究》,2020 年第 1 期。

[37]陈心想等:《养老模式的转型》,《社会发展研究》,2020 年第 6 期。

[38]杨磊:《中国医改进程中健康不平等的演变趋势与反思》,《学习与探索》,2020 年第 9 期。

[39]孟庆延:《历史社会学的本土实践:"源流"研究的理论、议题与方法》,《广东社会科学》,2020 年第 3 期。

[40]应星:《政党治理传统的实践逻辑》,《学海》,2020 年第 4 期。

[41]刘翔英,李凌静:《中国式现代化的社会学表达》,《中国社会科学报》,2021 年 5 月 19 日 005 版。

[42]应星:《军事发包制》,《社会》,2020 年第 5 期。

[43]孟庆延:《思想、风俗与制度:陈寅恪史学研究的社会学意涵》,《社会》,2020 年第 5 期。

[44]秦鹏飞:《儒家思想中的"关系"逻辑——"伦"字界说及其内在理路》,《社会学研究》,2020 年第 1 期。

[45]秦鹏飞:《"祭祀不祈"与"内尽己心":以祭礼中的"鬼神"为例论儒家思想的"理性主义"》,《社会》,2020 年第 3 期。

[46]吴柳财:《传统中国社会的情理与人伦:以京剧〈四郎探母〉为例》,《社会》,2020 年第 4 期。

[47]杨清媚:《"文化"与"文化自觉"辨析——论费孝通的文化理论》,《中央民族大学学报》,2020 年第 5 期。

[48]傅春晖:《明清以来的市镇:中国城镇化发展的历史因缘》,《社会》,2020 年第 1 期。

[49]讨论成果参见翟学伟,张静,周雪光,周飞舟,渠敬东,应星:《以关于"儒家伦理与社会秩序"的对谈》,《清华社会科学》,2020 年第 1 辑。

[50]陈云松:《中国计算社会学研究呈现理论关怀和本土化自觉》,《中国社会科学报》,2020 年 8 月 12 日 009 版。

[51]高馨,甄园宜,罗家德:《推动社会计算学领域多学科对话》,《中国社会科学报》2021 年 4 月 7 日。

[52]乔天宇,邱泽奇:《复杂性研究与拓展社会学边界的机会》,《社会学研究》,2020 年第 2 期。

[53]陈华珊,祝敏:《地域与关系:都市移民的共居网络》,《东南大学学报》,2020 年第 3 期。

[54]陈云松:《中国计算社会学研究呈现理论关怀和本土化自觉》,《中国社会科学报》,2020 年 8 月 12 日。

[55]龚维斌:《当代中国社会风险的特点——以新冠肺炎疫情及其抗击为例》,《社会学评论》,2020 年第 2 期。

[56]刘能，《公共卫生危机、决策约束和总体性社会的基础能力：新冠疫情应对的社会学考察》，《学海》，2020 年第 2 期。

[57]董磊明，欧阳杜菲：《乡村场域中社区性治理与技术性治理的整合机制研究》，《社会学评论》，2020 年第 6 期。

[58]时立荣等：《公共应急体系下中国红十字会组织力建设研究》，《上海行政学院学报》，2020 年第 5 期。

[59]周飞舟：《农民工返乡与“城乡中国”的形成》，《中国农业大学学报》，2020 年第 2 期。

[60]王春光：《乡村振兴背景下农村“民主”与“有效”治理的匹配问题》，《社会学评论》，2020 年第 6 期。

[61]王春光：《中国农村贫困问题的设置与反贫实践的延续性》，《社会发展研究》，2020 年第 3 期。

[62]叶敬忠：《中国贫困治理的路径转向——从绝对贫困消除的政府主导到相对贫困治理的社会政策》，《社会发展研究》，2020 年第 3 期。

[63]张书琬：《新时代文明实践志愿服务与农村基层治理现代化：参与式治理的视角——以贵州省龙里县实践为例》，《中国志愿服务研究》，2020 年第 2 期。

[64]邱泽奇：《乡村振兴与城乡关系再探索：人口生计何以可转换?》，《社会发展研究》，2020 年第 4 期。

[65]张翼：《全面建成小康社会视野下的社区转型与社区治理效能改进》，《社会学研究》，2020 年第 6 期。

[66]肖林：《迈向“社区公共财政”？——城市社区服务专项资金政策分析》，《社会发展研究》，2020 年第 4 期。

[67]黄家亮，马颖：《社区基金会的全球视野与中国路径》，《社会建设》，2020 年第 5 期。

[68]田丰：《网络时代社会治理的反思与对策——以抗击疫情的“饭圈女孩”为例》，《青年探索》，2020 年第 2 期。

[69]李国武：《从挤出到促进：财政支出对社会组织发展的影响》，《社会建设》，2020 年第 1 期。

[70]焦长权：《项目制和“项目池”：财政分配的地方实践——以内蒙古自治区 A 县为例的分析》，《社会发展研究》，2020 年第 4 期。

[71]张静：《互不信任的群体何能产生合作——对 XW 案例的事件史分析》，《社会》，2020 年第 5 期。

[72]付伟：《农业转型的社会基础：一项对茶叶经营细节的社会学研究》，《社会》，2020 年第 4 期。

[73]王思凝，贾宇婧，田耕：《议“彩礼”：论农村彩礼形成机制中的道德嵌入性：基于甘肃 L 县的案例分析》，《社会》，2020 年第 1 期。

[74]徐宗阳：《小农户与大农场：不同市场结构下的“种棉人”——基于我国西北某县棉花产业的经验研究》，《社会发展研究》，2020 年第 3 期。

[75]林叶：《“废墟”上的栖居——拆迁遗留地带的测度与空间生产》，《社会学评论》，2020 年第 4 期。

[76]秦广强，马林刚：《新社会阶层的政府工作满意度：现状、问题及对策》，《社会建设》，2020 年第 5 期。

[77]张翼：《社会发展、结构变迁与社会治理——“十四五”社会治理需关注的重大问题》，《中国特色社会主义研究》，2020 年第 3 期。

[78]刘志伟，刘守英，周飞舟，贺照田，熊春文，狄金华：《回到“乡村”：整体性视野与中国社会研究》，《中国农业大学学报》，2020 年第 1 期。

[79]杜月：《芝加哥舞女、中国洗衣工与北平囚犯：都市中的陌生人》，《社会》，2020 年第 4 期。

[80]王利平：《富有理念的现实主义教育——陶孟和论教育的社会性》，《教育学报》，2020 年第 6 期。

[81]吴越：《“宗教礼物论”的可能性：礼物与宗教的内在联系》，《社会》，2020 年第 5 期。

[82]刘翔英，李凌静：《中国式现代化的社会学表达》，《中国社会科学报》，2021 年 5 月 19 日。

[83]习近平：《在哲学社会科学工作座谈会上的讲话》，http://www.xinhuanet.com/politics/2016-05/18/c_1118891128.htm，2016 年 5 月 18 日。

[84]刘翔英，李凌静：《中国式现代化的社会学表达》，《中国社会科学报》，2021 年 5 月 19 日。

[85]王楠：《颠覆与虚无：莎剧〈麦克白〉与〈哈姆莱特〉中的主观性困境》，《社会》，2020 年第 1 期。

[86]吴柳财：《传统中国社会的情理与人伦：以京剧〈四郎探母〉为例》，《社会》，2020 年第 4 期。

[87]闻翔：《将艺术带回社会学的视野》，《中国社会科学报》，4 月 1 日。

[88]闻翔：《艺术市场社会学的关键议题》，《江海学刊》，2020 年第 6 期。

[89]刘东：《不立一法，不舍一法》，《读书》，2014 年第 5 期；闻翔：《将艺术带回社会学的视野》，

《中国社会科学报》，2020 年 4 月 1 日。

[90] 渠敬东：《“山水”没落与现代中国艺术的困境》，《文化纵横》，2017 年第 2 期。

[91]周晓虹：《口述历史与集体记忆的社会建构》，《天津社会科学》，2020 年第 4 期。

[92]刘诗谣，陈光金：《社会记忆、认同重塑与生存策略——一项对资源枯竭型城市下岗工人的质性研究》，《社会发展研究》，2020 年第 1 期。

[93]梅笑：《情感劳动中的积极体验：深层表演、象征性秩序与劳动自主性》，《社会》，2020 年第 2 期。

[94]麻国庆：《费孝通民族研究理论与“合之又合”的中华民族共同性》，《中央民族大学学报（哲学社会科学版）》，2020 年第 4 期。

[95]青觉等：《边疆治理现代化的理论探索：基于整体性系统论的分析框架》，《西北民族研究》，2020 年第 3 期。

[96]乌小花：《弘扬乌兰牧骑精神 铸牢中华民族共同体意识》，《实践》（思想理论版），2020 年第 11 期。

[97]严庆，《认知与把握中华民族共同体的内在有机性——铸牢中华民族共同体意识的一个思考视角》，《中央民族大学学报（哲学社会科学版）》，2020 年第 4 期。

[98]杨圣敏，《民族学研究如何参与文化强国建设》，《民族研究》，2020 年第 6 期。

（北京市社会学学会供稿）

年度推荐论文和著作

论　文

1. 《以社会政策研究推动中国特色社会主义社会学建设》，冯仕政，《社会治理》，2020 第 12 期。
2. 《世界社会的民俗协商，民俗学理论与方法的新生命》，高丙中，《民俗研究》，2020 年第 3 期。
3. 《应急管理的中国模式——基于结构、过程与功能的视角》，龚维斌，《社会学研究》，2020 年第 4 期。
4. 《社会与人民，中国人类学的学术风格》，麻国庆，《社会学研究》，2020 年第 4 期。
5. 《乡村建设与全面小康社会的实践逻》，王春光，《中国社会科学》，2020 年第 10 期。
6. 《构建社会治理体系建设社会治理共同体》，王天夫，《社会治理》，2020 年第 1 期。
7. 《全面小康社会初期的相对贫困及其发展型治理》，王思斌，《北京大学学报》，2020 年第 5 期。
8. 《军事发包制》，应星，《社会》，2020 年第 5 期。
9. 《全面建成小康社会视野下的社区转型与社区治理效能改进》，张翼，《社会学研究》，2020 年第 6 期。
10. 《“责任到人”的治理机制及其作用——以脱贫攻坚战为例》，周飞舟，谭明智，《学海》，2020 年第 3 期。

著　作

1. 《新中国社会建设 70 年》，李培林、张翼主编，中国社会科学出版社，2020 年。
2. 《迈向人民的社会学》（全十册），中国社会科学院社会学研究所编，社会科学文献出版社，2020 年。
3. 《中国经济社会学四十年（1979—2019）》，符平、杨典主编，社会科学文献出版社，2020 年。
4. 《感官、记忆与认同，感官人类学文集》，巫达主编，社会科学文献出版社，2020 年。
5. 《经典马克思主义社会学理论史》，刘少杰等，中国人民大学出版社，2020 年。
6. 《村庄的再造，一个超级村庄的变迁》，折晓叶，商务印书馆，2020 年。
7. 《中国社会心态 10 年》，王俊秀，社会科学文献出版社，2020 年。
8. 《三和青年调查》，田丰，海豚出版社，2020 年。
9. 《费孝通作品精选》（一函十二种），生活·读书·新知三联书店，2020 年。
10. 《涂尔干文集》（第 1~10 卷），渠敬东、冯韵文、汲喆、陈光金、沈杰、李康、李鲁宁、赵立玮、梁梁、狄玉明、杜月等译，商务印书馆，2020 年。

人 口 学

进入21世纪以来，中国人口发展的外部环境和内在动力都发生了重要变化。人口呈现“新常态”，持续低迷的生育水平、快速且不断加深的人口老龄化、劳动年龄人口总量转增为减且结构性老化、婚姻家庭形态更加复杂和多元，日趋庞大的流动人口及其迫切的制度创新需求等等，新的人口现象与挑战频现。面对人口变化，党中央及时做出调整生育政策的重大决策，并将积极应对人口老龄化上升为国家战略。在这样特殊的历史时期，人口学学术研究和学科建设承担着新的时代使命和社会责任。北京代表着人口学学术研究、学科建设及社会服务的前沿与水平，在科学研究、学科建设、人才培养、决策咨询等方面成效卓著。2020年，北京的人口学学术研究和学科建设进一步深化、拓展，紧密围绕国家的重大决策和人口发展的热点、难点问题，以构建中国特色人口学学科体系和服务社会、聚焦重要人口理论与实践问题为主线，形成了一批有影响的科研成果和咨政报告，彰显“北京特色”。

一、学术研究概况

（一）学术论文

人口学是独具学术传统、特有研究对象和研究内容、交叉学科特色突出的社会科学学科，有狭义人口学和广义人口研究之分。2020年，北京人口学者和跨学科学者，共在各类学术期刊上发表人口学研究学术论文700余篇，涵盖人口学理论与方法、生育、死亡、人口迁移流动、婚姻家庭、新型城镇化、人口老龄化、民族人口、人口健康、人口与资源环境以及社会性别研究等10多个专题。

1. 人口学理论与方法

在社会科学学科丛中，人口学是以量化技术方法见长但被认为理论相对薄弱的学科，对理论创新和方法创新有着迫切的需求，关系到学科的未来发展方向和学科底蕴。2020年，首都学者有关人口学理论与方法的研究成果不在最多之列，成果数量相对有限，但却是创新和前沿性特点非常突出的领域。其中，代表性的研究包括“试论中国人口学的本土特色——基于学科体系、学术体系与话语体系的视角”[1]“‘中国之治’时代下人口研究的定位、支撑及其使命”[2]“中国人口发展战略研究中的分歧与演进”[3]“中国人口负增长：现状、未来与特征”[4]“为什么‘人口红利’没能在所有国家出现？——一个历史经验的视角”[5]“人口学方法的传承与演变—兼论中国人口学学科发展”[6]等。这些研究不仅关系到新时代中国特色人口学学科体系建设，而且涉及人口发展战略、人口负增长、“人口红利”等重大理论问题。此外，还包括人口中长期发展趋势与规律、人口政策的历史与未来、数字化和人工智能时代的人口学研究等各具特色的研究，进一步深化和拓展了人口学基础理论、学科体系构建、研究范式和对象方法的再讨论等。

2. 人口老龄化与老龄问题

按照国际标准，2000年起中国进入老年型人口社会形态，人口老龄化的持续快速推进和异常庞大的老年人口规模，使老龄研究成为人口学界最受关注、成果最丰富的主题。2020年，北京学者发表的有关人口老龄化和老龄问题的研究成果多达200余篇，数量最多。这些研究成果主要是沿着基础理论问题和养老服务与保障两条主脉展开。前者涵盖老年学学科定位及重要议题、老龄政策演变、人口老龄化的社会经济后果、积极应对人口老龄化国家战略、老龄化对社会经济发展的影响、延迟退休的国际比较和国内情境、代际关系与社会支持以及“时间银行”与养老模式等专题，后者则主要涉及养老服务和养老保障两大主题，分别包括养老社会服务体系建设、“智慧养老”、老年人就业与人力资源开发、老年人健康服务、老年人的社会参与、医养结合模式、养老服务资源配置、养老产业发展、城乡居民基础养老金问题、第三支柱养老保险、长期照护制度构建、居家养老保险与服务等内容。在人口老龄化与老龄问题研究中正在快速成长和不断成熟的老年学学科，已经突破传统人口学视域，成为重要的分支学科。

在这一领域的代表性研究包括“老龄社会新形态：中国老年学学科的定位、重点议题及其展望”[7]“‘老年’年龄界定与社会代际养老关系之构建——从家庭养老到社会养老之社会保险创建逻辑”[8]“新健康老龄化视域下的中国医养结合政策分析”[9]“以时间银行构建老年人时间生态系统”[10]“老年照护服务供给模式国际比较与启示”[11]“提高我国养老服务质量的国际经验及政策建议”[12]等。其中，国际比较研究主要以专题研究和综合性研究两种方式展开，前者涉及长期护理、喘息服务、介护服务、疾病防治等养老服务领域，后者则主要包含老年人力资源开发、延迟退休、养老科技创新以及人口老龄化综合性应对政策措施等内容。除上述外，北京学者还开展了大量有关人口老龄化及老年人口现实问题的研究，主要包括养老产业、农村养老、互联网对老年人的影响、老年人力资源开发、医养结合以及老年人的婚姻、教育、认知、健康等社会问题。

养老服务与保障是人口老龄化与老龄问题研究跨学科研究成果最多的领域。其中代表性的研究包括："实施积极应对人口老龄化国家战略"[13] "中国养老金：制度变革、问题清单与高质量发展"[14] "中国人口老龄化与养老体系建设"[15] 等。除了综合性地探讨中国养老金体系的构建与完善外，相关成果还涉及养老保险管理体制的变革与发展、第三支柱养老金问题、长期护理保险的理论与实践等专业性很强、代表学术前沿、反映重要现实问题的成果。

3. 人口迁移流动

"七普"数据显示，2020 年普查时点，全国（大陆地区）有流动人口约 3.76 亿人，较 10 年前增加 1.54 亿人，增幅高达 69.7%。数十年来，中国已从一个"乡土中国"变为"迁徙中国"。近些年人口迁移流动也在发生转变，出现新的特点。因此，对人口迁移流动和流动人口的关注成为 2020 年人口学研究另一个成果丰富的热点议题。整体来看，北京学者对人口迁移流动的研究包括人口迁移流动的趋势与特点、人口集聚与空间分布、流动人口"身份认同"与社会融入、流动人口居留与定居意愿、流迁人口的区域差异与协调、农业转移人口与农村劳动力流动、流动儿童与教育、流动家庭、留守儿童、跨境人口等多个角度和侧面，是理论研究与应用研究并进的局面。2020 年这一领域的研究成果具有了更明显的广度与深度。其中既包括关于人口迁移转变这样最新的理论研究成果，如"从乡土中国到迁徙中国：再论中国人口迁移转变"[16]、"从新冠肺炎疫情防控看国际人口迁移：三论人口迁移转变"[17] 及"新中国成立以来人口流迁的变化特点"[18] 等；也包括"基于大数据的人口流动轨迹研究"[19] "空间经济学视角下新冠肺炎疫情的时空扩散规律研究"[20] "城市群视角下中国人口空间分布研究"[21] "全球学生流动的特点、影响因素与趋势"[22] 等前沿性和跨学科的最新应用型研究成果。

人口迁移流动的实证研究构成了该领域成果的主体。这类研究大体是从专门问题、特定群体和交叉学科研究 3 个维度展开的。在专门问题研究中，较多涉及的是流动人口的居留意愿现状、特点、影响因素及其差异表现；另一个关注较多的是人口国际迁移及相关移民群体的问题，包括中缅跨境人口，特别是"缅甸媳妇"的问题，马来西亚华人移民，欧洲高等教育区学生国际流动等。在专题研究中，流动人口健康问题是一个近年越来越受到关注和重视的问题。在人口迁移流动研究中，北京学者特别重视流动儿童、留守儿童、流动老年人以及就业流动人口等特定群体。人口迁移流动的交叉学科研究内容比较分散，涉及宏观层面的"市民化"研究、方言对迁移流动影响的研究等，中微观层面的研究则主要包括有关流动对家庭储蓄和群体消费的影响、流动人口子女教育问题等。

近些年对中国人口迁移流动和流动人口的研究成果丰富，不仅源于频繁的人口流动及其庞大的群体规模，而且得益于如国家卫生健康委组织开展的中国流动人口动态监测调查等大型专题调查的重要支撑。

4. 婚姻家庭

婚姻家庭的研究是人口学研究的传统领域，但随着近些年中国人口婚姻家庭变化成为一场"静悄悄的革命"，使之也成为人口与社会发展研究领域的研究热点。2020 年，北京学者对人口婚姻家庭的研究，相较于人口婚姻研究，相对更多集中在对家庭状况、家庭转变等的关注上；相较于理论研究，也相对更多集中在实证分析上。

具体从人口婚姻研究看，学者们主要是从两个角度展开：一是不同队列或特征女性群体婚姻的新变化与新特点，二是特定的人口婚姻现象与问题，如单身族群、婚前同居、婚姻质量、婚姻匹配、跨境婚姻、老年婚姻以及性别比失衡与婚姻支付等。典型的研究包括"中国人真的都不结婚了吗？——从队列的视角看中国人的结婚和不婚"[23] "结婚率新低现象的人口学解读"[24] 等。

相比于婚姻研究，学者们在家庭研究上的成果相对更为丰富，研究视角也更多样。这些研究不仅包括有关家户与家庭基础概念的当代价值、家庭转变、家庭发展理论、家庭福利政策等最新的理论研究成果，也包括中国家庭储蓄与保险、个税改革与家庭教育支出、"学二代"家庭代际文化的传递与冲突以及基于育儿压力、母职困境和社会支持等跨学科的研究成果，还包括夫妻权力分配和劳务分工、家庭因素对青少年健康的影响、困境家庭儿童、城市家庭代际支持及其影响因素等实证分析成果。其中，对家庭、家户和家当代价值的考量[25]、对家庭“转变”与“不变”的理论思考[26]、对家庭发展理论三种基本导向的阐释[27]、国际视角下基于国家责任与家庭功能对福利制度安排的思考等[28]，代表了该领域前沿性的理论观点；而大量实证分析则进一步深化和丰富了对当代中国家庭状况与特征的认知。

5. 首都人口发展与调控

首都人口研究主要聚焦四大主题：城市人口调控与发展、老年人口及其养老问题、流动人口以及京津冀协同发展背景下的人口，其中又以对城市人口调控与发展和养老研究的成果相对更多，凸显出对作为超大城市的首都人口发展所面临的重点、难点和热点人口问题的关注。其中，代表性的研究有“产业疏解背景下北京市人口保有规模测算”[29]、“新时期北京市人口调控政策的效果评估——基于三重差分法的准自然实验”[30]、“在公平与效率之间：对北京市养老资源的空间分析”[31]、“北京市居家养老服务制度的变迁与走向——以新制度经济学为视角”[32]、“北京市流动人口的家庭化与消费支出”[33]、“北京市人口疏解效果研究——基于流动人口再迁移行为的视角”[34]、“京津冀劳动力市场一体化水平测度与完善对策”[35] 以及“低生育背景下北京生育友好型社会构建研究”[36] 等。

除上述五大热点研究领域外，有关人口健康研究和新型城镇化研究也是成果丰富的议题。其中，从社会科学视角探讨人口健康问题，是近些年人口学学科一个新兴且成长较快的专门领域，同时也是一个学科交叉研究的典型议题。2020 年，相关学者对人口健康的研究集中涉及健康老龄化和老年健康、医养结合养老模式、人口心理健康、健康的同群效应及代际传递、流动人口健康问题、社会经济因素对人群健康的影响、老年失能人口预测与对策等内容。这一专题研究更多集中于特定人群，如老年人、青少年和流动人口，非常关注人群的心理健康问题，并以实证研究为主。而对新型城镇化的研究跨学科特点极其突出，研究的角度和范围非常广泛。这类成果主要来自经济学学者的研究，但也不乏来自地理学等自然科学学科学者的贡献。新型城镇化研究主要涉及城市规模体系、产业结构与新型城镇化、城市更新与发展、城市非正规发展与治理、城乡“两栖”人口及其影响、城市规模与经济增长、城市群与都市圈、城乡融合发展、交通建设与城镇化、中小城镇的功能提升、城市人口空间网络结构、人口与“城市病”等。这些研究不仅通过跨学科理论与方法的运用，丰富、深化了人口学相关研究的广度及深度，而且扩大了人口学研究的视野和多维性，在一定意义上代表了人口学研究的发展方向。

（二）学术著作与研究课题

据不完全统计，本年度出版的学术著作共有 29 部。主要涉及首都人口空间战略、人口死亡状况研究、国际视野中的老年照料护理、人口健康、新生代农民工人力资本、流动人口迁居模式与就业、中国家庭转变、特大城市人口调控、老年志愿服务等不同专题。

2020 年，北京市人口学会各会员单位承担了各级、各类科研课题或项目，其中包括国家社科基金和教育部等国家级或省部级科研项目、国家或地方政府部门委托课题以及横向社会项目。据不完全统计，本年度学会成员单位或学者承担国家社科基金项目 12 项，国家自然科学基金项目 3 项，教育部哲学社会科学基金项目 8 项，北京市哲学社会科学基金项目 5 项，北京市政府委托项目 2 项，首都高端智库项目 1 项、国际组织项目 4 项以及其他各类项目约 70 项。在这些项目中，包括国家社科基金重大项目 3 项，即《中国少数民族人口迁移流动与民族互嵌格局形成研究》（主持人中国人民大学段成荣）、《高质量发展视域下中国人口均衡发展的理论建构与多维测度研究》（主持人中国人民大学宋健）、《社会分层中的族群结构演变及其对社会的影响研究》（主持人北京大学周皓）；国家社科基金重点项目 4 项，即《圈层结构理论视角下中心城市人口集聚特征与发展趋势研究》（主持人中共北京市委党校尹德挺）、《中国普惠性婴幼儿托育服务研究》（主持人首都经济贸易大学茅倬彦）、《低生育率背景下育龄家庭的生育机制与生育支持研究》（主持人中国人民大学宋健）等（另有 1 项内部项目）；国家自然科学基金及国际合作重点项目 1 项，即《家庭人口与家用能源消费需求分析/预测及社会经济绿色低碳发展研究》（主持人中国人口与发展研究中心贺丹）；北京市哲学社会科学基金重大项目 1 项，即《实施积极应对人口老龄化国家战略研究》（主持人北京大学陆杰华）；北京市社会科学基金决策咨询重点项目 1 项，即《北京人口蓝皮书：北京人口发展研究报告（2021）》（主持人中共北京市委党校尹德挺）。

二、问题思考与展望

2020 年，作为人口学前沿阵地和学术高地，北京市人口学会、会员单位及其专家学者在推动学科发展、贡献前沿性和高水平研究成果、组织高质量学术交流活动、积极开展咨政研究和社会服务等多个方面共同努力，取得显著进展并发挥积极作用。但在实现全面小康社会、开启第二个百年奋斗目标的特殊历史交汇点，北京人口学学术学科发展也面临着承上启下、继往开来的重要历史使命，特别是在全国和北京市人口发展进入新的历史阶段、新的人口现象和人口问题不断涌现并带来新的挑战、国家社会经济发展新目标对人口均衡发展提出了新要求这样的大背景下，人口学学术研究和学科建设仍然需要关注和解决如下问题：一是理论创新仍显不足。源于人口学研究的学术传统，相比于大量以数据为支撑的实证研究成果，人口学研究中的理论成果仍相对较少、较弱。近几年，随着人口出现“新常态”和国家新的发展，都呼唤人口学者要站在更高层次、以更强的洞察力和敏锐性提供富有思想、彰显前瞻性、对重大基础性和战略性问题给予理论阐释和学理建构的研究成果。目前理论创新存在不足的原因主要有两个：其一是人口学理论研究“内循环”的特点仍较明显，较缺乏多学科、跨学科的开放式思维；其二是人口学研究目前存在重量化分析、轻理论研究的现象，呈现畸轻畸重的局面；这都不利于理论创新。二是跨学科和学科交叉研究尚较薄弱。目前人口学跨学科研究成果主要来自其他学科学者的贡献，人口学者从其他学科汲取“营养”来拓展和深化人口学研究仍做得非常不够；另一方面，人口学者向其他学科开展跨学科研究，为其他学科发展贡献人口学特有的“智慧”方面相对更为薄弱，甚至是匮乏。三是有关首都人口的研究成果较少。受到多种主、客观因素的限制，北京学者对北京（首都）人口的研究不仅成果数量不够多，而且范围和内容相对狭窄，高质量、有深度的研究成果有限，亟待加强。四是人口学研究受可获得数据的影响仍较大。人口学是以量化分析和统计模型阐释见长的社会科学学科，其统计分析技术，包括预测方法等有其独到之处且有比较成熟、完备的技术方法体系。但这一学科特长的一个局限就是对数据的依赖性很强，受数据可获性的限制非常大，迄今在这方面仍面临局限。

2020 年，中国进行了第七次全国人口普查。作为基本国情国力调查，“七普”提供了全面、权威的最新人口数量、结构、素质、分布及就业、迁移流动、婚姻生育、住房状况等主要社会经济特征数据，为全面、深刻地认识全国及各地区人口的最新动、静态特征提供了契机。可以预见，未来数年北京的学者将伴随着“七普”细化数据的不断开放，将集中围绕着这一数据开展人口学多维度、跨领域的研究，并由此构成未来数年人口学研究的“主旋律”。不仅可以为国家或地区现实与未来的社会经济发展提供数据支撑和客观依据，而且也为人口学理论研究和学科体系完善提供了机会和有利条件。在这中间，关注人口的结构性问题，特别是人口老龄化、劳动力人口结构性短缺、人口社会结构变迁等，关注人口迁移流动和流动人口新趋势、新特点，关注婚姻家庭多元化走向与转变，关注低生育水平及其影响因素、从民生视角关注婚姻、生育、家庭及住房等，关注城乡和地区差异，关注宏观层面的人口与经济发展、人口与资源环境的关系，也包括更加关注和重视对以北京为代表的超大城市人口发展的研究，是人口学未来数年以至更长时间内，学术研究和学科建设的重要成长点与发展空间。在这一过程中，北京的人口学者不仅要立足北京、放眼全国，而且要关注国际学科前沿和人口长期均衡发展的国家战略实施。不仅要开展技术更为精细、模型更为精准、论证更为缜密的量化分析，而且更要在理论创新、学科体系建设、“走出去”的跨学科研究方面付诸更大的努力，开展更广泛、深入的合作，培养源源不断的新兴科研力量，并在为社会服务和国家“智库”作用的发挥上有更大的作为。

注：

［1］尹德挺，营立成，郑澜，董亭月：《试论中国人口学的本土特色——基于学科体系、学术体系与话语体系的视角》，《北京行政学院学报》，2020 年第 6 期。

［2］陆杰华，汪斌：《“中国之治”时代下人口研究的定位、支撑及其使命》，《中共中央党校（国家行政学院）学报》，2020 年第 4 期。

［3］郭志刚，王军：《中国人口发展战略研究中的分歧与演进》，《国际经济评论》，2020 年第 4 期。

［4］张现苓，翟振武，陶涛：《中国人口负增长：现状、未来与特征》，《人口研究》，2020 年第 3 期。

［5］陆旸：《为什么“人口红利”没能在所有国家出现？——一个历史经验的视角》，《劳动经济研究》，2020 年第 3 期。

［6］宋健：《人口学方法的传承与演变—兼论中国人口学学科发展》，《人口与经济》，2020 年第

4 期。

［7］朱荟，陆杰华：《老龄社会新形态：中国老年学学科的定位、重点议题及其展望》，《河北学刊》，2020 年第 3 期。

［8］郑尚元，王昭：《“老年”年龄界定与社会代际养老关系之构建——从家庭养老到社会养老之社会保险创建逻辑》，《中国劳动关系学院学报》，2020 年第 4 期。

［9］孙鹃娟，田佳音：《新健康老龄化视域下的中国医养结合政策分析》，《中国体育科技》，2020 年第 9 期。

［10］吴振东，陈功：《以时间银行构建老年人时间生态系统》，《老龄科学研究》，2020 年第 11 期。

［11］谢立黎，郝小峰，韩文婷：《老年照护服务供给模式国际比较与启示》，《中国卫生政策研究》，2020 年第 4 期。

［12］杨宜勇，韩鑫彤：《提高我国养老服务质量的国际经验及政策建议》，《经济与管理评论》，2020 年第 1 期。

［13］蔡昉：《实施积极应对人口老龄化国家战略》，《劳动经济研究》，2020 年第 6 期。

［14］郑功成：《中国养老金：制度变革、问题清单与高质量发展》，《社会保障评论》，2020 年第 1 期。

［15］董克用，王振振，张栋：《中国人口老龄化与养老体系建设》，《经济社会体制比较》，2020 年第 1 期。

［16］段成荣，吕利丹，王涵，谢东虹：《从乡土中国到迁徙中国：再论中国人口迁移转变》，《人口研究》，2020 年第 1 期。

［17］段成荣，谢东虹，王涵，吕利丹：《从新冠肺炎疫情防控看国际人口迁移：三论人口迁移转变》，《人口研究》，2020 年第 5 期。

［18］史毅：《新中国成立以来人口流迁的变化特点》，《人口与健康》，2020 年第 2 期。

［19］黄匡时，贺丹：《基于大数据的人口流动轨迹研究》，《人口与健康》，2020 年第 2 期。

［20］张可云，张颖，王洋志，冯晟：《空间经济学视角下新冠肺炎疫情的时空扩散规律研究》，《经济纵横》，2020 年第 11 期。

［21］张耀军，王小玺：《城市群视角下中国人口空间分布研究》，《人口与经济》，2020 年第 3 期。

［22］安亚伦，段世飞：《全球学生流动的特点、影响因素与趋势》，《复旦教育论坛》，2020 年第 5 期。

［23］翟振武，刘雯莉：《中国人真的都不结婚了吗？——从队列的视角看中国人的结婚和不婚》，《探索与争鸣》，2020 年第 2 期。

［24］宋健：《结婚率新低现象的人口学解读》，《人民论坛》，2020 年第 3 月。

［25］王跃生：《家庭、家户和家考察的当代价值》，《中国特色社会主义研究》，2020 年第 3 期。

［26］宋健，李建民，郑真真，李婷：《中国家庭的“转变”与“不变”》，《中国社会科学评价》，2020 年第 3 期。

［27］李龙，宋月萍：《家庭发展理论的三种基本导向及启示》，《社会建设》，2020 年第 5 期。

［28］郭瑜，庄忠青，李雨婷：《国家责任与家庭功能：德国儿童照顾制度及其对中国的启示》，《经济社会体制比较》，2020 年第 2 期。

［29］童玉芬，单士甫，宫倩楠：《产业疏解背景下北京市人口保有规模测算》，《人口与经济》，2020 年第 2 期。

［30］童玉芬，宫倩楠：《新时期北京市人口调控政策的效果评估——基于三重差分法的准自然实验》，《人口研究》，2020 年第 5 期。

［31］毕向阳，李沫：《在公平与效率之间：对北京市养老资源的空间分析》，《社会》，2020 年第 3 期。

［32］施巍巍，任志宏：《北京市居家养老服务制度的变迁与走向——以新制度经济学为视角》，《北京行政学院学报》，2020 年第 5 期。

［33］宋月萍，张龙龙：《北京市流动人口的家庭化与消费支出》，《北京行政学院学报》，2020 年第 1 期。

［34］胡磊，侯梦洁：《北京市人口疏解效果研究——基于流动人口再迁移行为的视角》，《城市观察》，2020 年第 1 期。

［35］王海南，崔长彬：《京津冀劳动力市场一体化水平测度与完善对策》，《经济纵横》，2020 年第 8 期。

［36］马小红，李家琳，王晨方：《低生育背景下北京生育友好型社会构建研究》，《新视野》，2020 年第 4 期。

（北京市人口学会供稿）

民　俗　学

2020年北京民俗学以更加自觉的学科意识构筑学术范式，以更加务实的学术品格钻研民俗事象，以更加自省的学术态度观照民俗学史的历史经验与现实困境，以更加开放的研究心态面对现代政治、商业、传媒语境下民俗事项的发展与变迁，以更加积极的学术担当参与非物质文化遗产的保护、传承与研究事业，同时重视国际交流，关注民族文化，产出诸多优秀研究成果。民俗学的学科转型与范式更新不仅有理论方法的倡导，更呈现出学术实践的呼应。

一、范式建设与学科自觉

延续日常生活研究、实践民俗学为代表的民俗学当代转型趋势，2020年北京民俗学继续推进理论与方法论范式革新，提升学科对当代社会生活的阐释力度，在学科建设与范式建构方面做了诸多工作。

实践民俗学和日常生活研究所倡导的范式更新展现出强劲的学术活力和发展潜力。北京师范大学社会学院民俗学专业举办了“民俗学的实践研究”系列讲座，国内外13位专家学者分别发表演讲研讨了“实践”为主题的创新理论和实践案例。此外，高丙中讨论了民俗学的学科危机与超越方式，认为关注世界社会的民俗协商，使民俗成为世界社会的背景性和生产性概念，民俗学才能获得理论与方法的新生命。[1] 万建中主张还原和尊重民众作为书写主体的权利，克服民俗学的科学霸权和理论异化，使民俗学真正成为生活之学和当代之学。[2] 户晓辉反对对“日常生活”超越性特征的消解，认为现象学不仅关乎实在的现象，更相关于先验还原和本质还原的现象，应从“生活世界”的先验立场出发，实现从实证民俗学向实践民俗学的转型。[3] 他从先验理性的立场重新讨论了歌谣学研究，认为只有以普遍情感为根据做出鉴赏判断，才能超越歌谣研究中关注歌谣普遍情感和关注个人感性判断的对立。[4] 王杰文主编《实践民俗学的理论与批评》，呈现并探寻了“实践民俗学”术语下学者们思想的相通点与殊异处。[5]

文本研究外，学者们更加注重探索民间文学在生活语境中的存在及意义。陈泳超强调说，生活中的传说存在于人群和语境之中，它是民众自我表达和社会交流的话语，关系地方知识、文化认同、生活意义与话语权利。[6] 安德明关注到谚语搜集和研究中重文本轻语境的不足，认为谚语不仅是文学形式，更是生活文化实践，只有在语境和应用中才能完整探讨其意义。[7] 康丽讨论了“故事流”到“类型丛”的术语转变所代表的对故事从客体认知到建构理解，从异质文化比较向同质文化深耕，从关注分类与传播路径转向思考文本与叙事传统的关联的认知转向。[8]

二、学术史的反观与反思

鉴往知今，在学术史的反观与反思方面，学者们或借用后现代理论方法重新认知民俗学传统知识，或深入钻研具体阶段与学人的民俗研究思想以辩证当代民俗学的偏颇，或在历史研究和国际对话的基础上对比思考民俗学发展方向，体现出强烈的现实关怀和主体意识。

在中国民俗学70年学术史研究方面，2020年是中国民间文艺研究会（中国民间文艺家协会前身）成立70周年，潘鲁生总结了中国民间文艺家协会从人民中来，到人民中去的组织精神，中国民间文艺家协会编写出版了《中国民间文艺家协会70年学术史》和《中国民间文艺家协会70年发展史》，“民间文化论坛”策划了“中国民协70年学术记忆”栏目，以回顾纪念中国民协的历史成绩和重大活动。[9] 此外，《新中国文学研究70年》一书中总结了中国少数民族文学70年发展历程[10]，林继富、闫静综述了人生礼仪研究从描述礼俗现象到探寻生命过程的转型[11]，施爱东区分了民俗研究中的门派、学派和流派，认为促进学派的多样性建设是学科可持续发展的必要伦理[12]。

在阶段民俗学研究方面，毛巧晖以多篇文章讨论了1949—1966年民间文艺学的基本情况和主要特征[13]，岳永逸概括了20世纪前半叶中国社会普遍盛行的扶箕文化及相关研究[14]，王丹、张瑜总结了抗日战争时期重庆中国民俗学会的基本情况[15]，林继富、谭萌综述了2019年中国民俗学的基本态势与整体特征[16]，谭佳讨论了中国1980年以来的神怪研究成果[17]。

在前辈学者的民俗思想研究方面，林继富、魏丽红讨论了胡愈之的民间文学思想及其所具有的理论价值和学科意义[18]，色音总结了费孝通思想对以非遗保护为代表的社会主义文化建设的理论支撑价值[19]，林继富、毛巧晖回顾了郝苏民的学科建设思想和学术话语体系[20]，吴丽平论述了黄石所倡导的“民俗社会学”主张及学术实践[21]，王雪、宋亚分别介绍了顾颉刚孟姜女研究和《山海经》研究的成果[22]，刘倩综述了尹虎彬在“口头诗学”译介和史诗研究方面的贡献[23]。

在学术传统反思方面，施爱东概述了“四大传说”概念的生产、接受、普及过程，认为经典知识的生成不一定是科学的逻辑性推导的结果，而是客观性、主观性和偶然性共同作用的产物。[24] 岳永逸以司礼义在民俗资料中投入全部心力为借鉴，强调民俗学是“土著”之学，学者应以“土著”为研究对象，以“土著/类土著”为身份追求来参与民俗志业。[25]

在介绍与对话国外经典研究方面，《汪德迈全集》开始陆续出版，董晓萍以《论汪德迈中国学》总结介绍了汪德迈中国学的主要思想[26]，向云驹讨论了《马可·波罗游记》所面临的真实性质疑[27]，刘晓峰对话小峯和明教授讨论了其对东亚文化比较研究的思考[28]，针对岩本通弥教授的《东亚民俗学的再立论》文章，岳永逸从“民俗学”的术语翻译和受孙末楠影响形成的“社会学的民俗学”研究支流两方面做了回应[29]，毛巧晖评述了槃瓠神话在英文世界的代表性成果[30]，王京结合神奈川大学“历史民俗资料学研究科”的发展历程讨论了“综合资料学”建设的设想和意义[31]。

三、本土理论与话语体系

在学科理论与方法的宏观论述之外，学者们更加关注在民俗学本体研究中探求历史传统和地方知识的深厚意味、民俗底蕴，以本土材料为基础进行学术理解与文化阐释，构建中国特色的理论与话语体系，在跨文化比较中彰显中国文化的独特内涵与世界价值。

神话研究方面，叶舒宪继续采取“四重证据法”进行“神话历史”研究，《叶舒宪学术文集》也陆续再版，综合展示了其文学人类学与中华文明研究成果。[32] 刘晓峰借助《淮南子》所记载的共工与颛顼争帝神话讨论了先天八卦图和后天八卦图称谓变化和古五岳方位缺乏规则的原因。[33] 王宪昭对蒙古族神话《天神造人》和广西田阳县布洛陀神话叙事做了研究，也产出了《槃瓠神话母题（WPH）数据目录》《盘古文化的动态传承：中华盘古创世神话田野调查与数据采集》《中华创世神话选注》等著作成果。[34] 吴晓东分析了壮族神话的主要神祇布洛陀和姆洛甲的名称与神格[35]，认为对神话的溯源应关注跨语言材料的比较，对古音和方言的把握[36]。杨杰宏以东巴教祖师形象的产生和变异为核心讨论了神话与图像在多维情境中进行文化阐释的必要性。[37] 李斯颖讨论了中华民族洪水与人类再殖神话的层累关系。[38]

《山海经》记载的神奇世界是多位学者神往的对象。刘宗迪从天文历法、地理博物、民俗文化等角度解读《山海经》蕴含的知识内涵，他推论了“列姑射”“大人之国”“大人之市”等共同讲述的上古时期东北大人族商人沿着东北亚航线以蓬莱为集散地卖出皮毛、买入丝绸的历史情景；认为与灾异相关的神怪观念实则是先人根据经验总结出的朕兆知识和预测方法；论述了《山经》作为国家王官部门所征发的精心规划和实地调查的山川地理博物志的性质；分析了《山经》构建的以昆仑为中心的宗教地理学体系；讨论了重、黎绝地天通神话其实是天蝎座和猎户座分别在冬夏和秋冬升起不相见面的天文景观；考证认为颛顼神本是猪头神，是《大荒经》中“司彘之国”的信仰对象；论证了叔虞最初所封唐国、夏墟实际上是在鲁西河、济之间，而至叔虞之子燮才开始迁往河东的观点。[39] 吴晓东则认为颛顼与共工相争的神话其实是太阳神颛顼与雷神对立的体现；《山经》并非都是真实记录，而是以一些真实山川为基础的想象建构；黄帝四面指的是太阳在二分二至时分别达到东南西北四极。[40] 陈连山认为《山海经》所记昆仑山是推测和想象之山，黄河起源于昆仑山的记录为后世昆仑山的命名提供了标准。[41]

民间信仰研究方面，2020 年 10 月 17 日至 21 日，北京师范大学社会学院与中山大学历史人类学中心联合举办了“进京找庙”田野工作坊，对元明清王朝中心的社会历史做了深度调研与讨论。刘晓峰讨论了处于东北“报德之维”的泰山的时空特点与文化观念[42]，叶涛梳理了泰山逐渐成为中华民族重要精神载体的发展过程[43]，张志刚探讨了中国信仰仪轨所具有的人本特性、兼容并包传统，和圣俗融合特性[44]，色音、黄强介绍了《祭祀全书巫人诵念全录》记述的祭祀场景和仪式意义[45]，陈泳超分析了浙江海盐“待佛”活动中的神歌抄本所经历的层类、叠压与打破诸状况[46]，讨论了官方系统与民间系统在驱蝗神刘猛将信仰实践中的互文形塑[47]，赵丙祥考察了基于五服原则的“簿上宗族”作为当地社会生活行动单位的实际意义[48]。鞠熙提出了“四大门”动物是城市中的邻居，“四大门”知识是处理人与动物关系的有大传统背景的“动物学”知识的观点，论述了女性朝山进香作为模仿碧霞元君苦行修炼，“游山”“观景”以“入道”的文化意义和主体价值，所著《北京内城寺庙碑刻志·第五卷》对《京城全图》第五排范围内的庙宇与碑刻做了翔实记录与分析。[49] 周灵颖、林继富研究了云南西畴县上果村壮族“祭太阳”仪式中阈限期内男性与女性“不完整倒置”的反结构现象。[50]

传说故事研究方面，吴晓东对《列子》所载“愚公移山”故事的渊源做了分辨。[51] 施爱东讨论了故事概念的历史转变及中国故事学格局的形成背景，以民间传说和族谱截然相反的家族史叙事论证了“民间性”同时呈现的叛逆与顺从两个向度，考证了八臂哪吒城传说从元末到当代的发展历程，溯源分析了“罗隐秀才造歌本”传说。[52] 王尧以“神灵后裔”的身世传说为独立层级，考察了信仰发生期的动力机制。[53] 白旭旻探讨了“字传”时代新故事和多源故事为表象的故事文化现象。[54] 周争艳以彝族洪水故事母题为中心讨论了让“他者”说话的伦理原则和对“他”负责的伦理必要性。[55]

史诗与叙事诗研究方面，《布洛陀》史诗、东巴经诗《鲁般鲁饶》、《黑白之战》史诗、《玛纳斯》史诗、《哈尼阿培聪坡坡》史诗、《格萨尔》史诗、《格斯尔》史诗的研究也产出了诸多成果。[56]

多元一体的中华民族共同体主题得到了诸多学者的关注。万建中围绕北京饮食文化的变迁论述了民族的交往与融合过程[57]，王宪昭以多民族同源神话论证了各民族多元一体的文化传统[58]，毛巧晖讨论了多民族文学融合对铸牢中华民族共同体的意义[59]，胡兆义、林继富在中华民族共同体视域下讨论了西藏非物质文化遗产传承保护的思路和原则[60]。

四、民俗传统与当代社会

中国有历史悠久而底蕴深厚的民俗文化传统，学者们关注乡村振兴、社会治理过程中民俗传统的文化价值，研究当代日常生活的民俗性与传统性，探求政治经济建设与精神文明建设中民俗文化的位置与功能，重视民俗知识、民俗文化的传播普及，从多条路径出发对“传统与现代”话题做出了思考。

学术研究方面，北京师范大学社会学院“百村社会治理调查”项目首批3本成果出版，为乡村治理现代化贡献了学科智识，并且对基层文化治理中文化礼堂为代表的文化空间做了探讨[61]，刘铁梁、吕微、陈泳超、施爱东研讨了“礼俗传统与中国社会建构”话题[62]，萧放讨论了当代生活世界中的“传统”，并聚焦传统的日常化论述了人生礼仪的礼俗相交特点和社会治理价值[63]，林继富分析了四川阆中春节文化品牌建设的成功经验[64]，陈泳超考察了江苏省常熟市白茆镇民歌在重大政治思潮中的改造与利用[65]，施爱东对民俗相关的“悖论式文化议题”和“传统文化现代性话题”进行了文化批评[66]，毛巧晖分析了融媒体语境中民间文艺的自我重塑[67]，李建平、张勃论述了北京中轴线的遗产价值和文化内涵[68]，杨杰宏讨论了新中国成立后东巴神话发生的挪用和重构[69]，王丹以文化记忆理论思考了节日的传承与建构[70]，谭佳论述了神话和科幻之间的相通性[71]，李晓松讨论了文化生态保护区政策的实践[72]，宋颖解读了民俗助力乡村旅游、乡村振兴的经典案例[73]。

专业普及读物方面，刘魁立教授主编《记住乡愁——留给孩子们的中国民俗文化》系列丛书，深入浅出地介绍了民俗文化知识。岳永逸写作《乡土中国（注释本）》，对新版统编教材中的《乡土中国》整本书阅读提供了专业导读。[74]

五、非物质文化遗产研究

因为研究对象与非物质文化遗产保护对象的部分重合，非遗相关政策与实践一直以来都是民俗学研究的重点，近年来逐渐升温为研究热门。学者们的论证不仅为非遗保护事业提供了健全方法和科学指导，更促进了非遗保护工作的学理化、理论化。

在非遗政策与非遗工作方面，巴莫曲布嫫回顾了“藏医药浴法”申遗实践与可持续发展理念的对接过程[75]，户晓辉对联合国教科文组织的3个公约做了政治哲学解读，认为它们的深层关切是理性目的论的文化实践和政治实践[76]，朱刚回顾了《“宣布人类口头和非物质遗产代表作”计划》的线索价值[77]，郭翠潇讨论了联合国教科文组织与非政府组织的合作伙伴关系[78]。

在理论建构与个案阐释方面，苑利表达了对非遗本真性和原生态的倡导[79]，朱霞以乌铜走银技艺为例回应了传统工艺类非遗传承与创新的问题[80]，林继富讨论了激发民间文学类非遗新生命的主导原则及非遗保护的本质主义立场[81]，杨利慧分享了城市化乡村通过非遗重建实现振兴发展的实践案例[82]，陈进国论述了国家借助遗产化的民俗主义所生成的“信俗主义”实践[83]，毛巧晖分析了民俗艺术研究在非遗语境中的承续和嬗变[84]，康丽认为应以新文化保守主义为理念，促进文化自觉，助推乡村振兴[85]，岳永逸认为表演艺术类非遗研究中的“原/本真性”

与“活态传承”范式共同助推了非遗的馆舍化后果[86]，韩成艳、高丙中指出应将县域作为非遗社区保护的基础单位[87]。韩成艳辨析了非遗的主体与非遗保护的主体两个概念，对“非物质文化遗产”概念及属性做了学理性建构与整合，论述了“伊玛堪”的代表性建构过程。[88] 王丹讨论了非遗助力少数民族精准扶贫的5种模式及藏族动物故事传承保护的途径[89]，贺少雅、朱霞介绍了北京师范大学举办的“文化和旅游部、教育部传统节日仪式中青年非遗传承人群研讨班”的成果经验[90]，吴凤玲以岫岩皮影戏为例讨论了非遗传承与创新的关系[91]。

此外，北京师范大学文学院、北京高校高精尖学科建设项目“文化遗产与文化传播”平台主办的“非物质文化遗产教育与学科建设”国际学术论坛，中国艺术研究院非物质文化遗产保护中心主办的《中国非物质文化遗产》期刊创刊都为非遗研讨搭建了重要平台。

总体而言，2020年度北京市民俗学学科建设与学术研究呈现出以下特点：第一，自觉推动民俗学科的范式转型，理论建设与田野调查双管齐下提升民俗学对话当代社会的意识与能力；第二，更加重视理解本土材料和地方知识，阐释中国文化的历史价值和世界意义，建构中国特色的理论与话语体系；第三，积极回应文化复兴、乡村振兴、非遗保护战略，紧扣时代脉搏，加强基础研究牢固根基，加强应用研究服务社会；第四，主动拓展学科边界与学术视野，探索多元学科的结合点与生长点，推进生活文化研究；第五，注重跨文化研究，尊重并保护人类文化多样性，为优秀传统文化的传播与研究提供学科智识。未来民俗学研究中，理论与经验的分层、历史性与实践性的分隔、民俗学本土概念理论的建设、国家立场与民间立场的协调等问题仍有待民俗学者的继续耕耘突破。

注：

[1]高丙中：《世界社会的民俗协商：民俗学理论与方法的新生命》，《民俗研究》，2020年第3期。

[2]万建中：《民俗书写主体还原的必要性和可能性》，《民族艺术》，2020年第1期。

[3]户晓辉：《胡塞尔与民俗学的普遍性诉求》，《阅江学刊》，2020年第1期。

[4]户晓辉：《美感何以得自由：歌谣的纯粹鉴赏判断》，《民俗研究》，2020年第5期。

[5]王杰文：《实践民俗学的理论与批评》，北京：学苑出版社，2020年4月。

[6]陈泳超：《作为文体和话语的民间传说》，《阅江学刊》，2020年第1期。

[7]安德明：《开拓中国谚语研究的新局面》，《民间文化论坛》，2020年第5期。

[8]康丽：《从“故事流”到“类型丛”：中国故事学研究的术语生产与视角转向》，《民族艺术》，2020年第4期。

[9]潘鲁生：《从人民中来，到人民中去——中国民间文艺家协会70年》，《民艺》，2020年第4期；中国民间文艺家协会编：《中国民间文艺家协会70年学术史》《中国民间文艺家协会70年发展史》，北京：学苑出版社，2020年12月；《民间文化论坛》2020年第1期至第6期“特别策划·中国民协70年学术记忆”栏目的系列文章等。

[10]朝戈金，刘跃进，陈众议主编：《新中国文学研究70年》，北京：中国社会科学出版社，2020年6月。

[11]林继富、闫静：《从礼俗现象到生命过程的探寻——基于中国人生礼仪研究70年(1949—2019)的讨论》，《长江大学学报(社会科学版)》，2020年第1期。

[12]施爱东：《中国民俗学的学派、流派与门派》，《清华大学学报(哲学社会科学版)》，2020年第6期。

[13]毛巧晖：《从解放区文艺到人民文艺：1942年—1966年革命民间文艺对人民性的凝铸》，《华中学术》，2020年总第30辑；毛巧晖：《文本与理论：民间文艺学的双重建构(1949—1966)——以〈民间文学参考资料〉为中心的考察》，《民俗研究》，2020年第1期；毛巧晖：《1949—1966新故事的通俗化实践》，《民间文化论坛》，2020年第6期；毛巧晖：《民间文学的通俗化实践——兼论肖甘牛民间文学搜集整理研究》，《赣南师范大学学报》，2020年第4期；毛巧晖：《民间文学的搜集整理与知识生产：以曹雪芹传说为中心的讨论》，《红楼梦学刊》，2020年第6辑。

[14]岳永逸：《小道可观：现代中国的扶箕与诠释》，《世界宗教研究》，2020年第1期。

[15]王丹、张瑜：《抗日战争时期“自觉图存”的民俗学术实践——以重庆中国民俗学会为中心的讨论》，《民俗研究》，2020年第6期。

[16]林继富、谭萌：《反思、自省与朝向生活——2019年中国民俗学》，《原生态民族文化学

刊》，2020 年第 2 期。

［17］谭佳：《中国当代神怪研究概述及反思（1980—2019）》，《百色学院学报》，2020 年第 4 期。

［18］林继富、魏丽红：《胡愈之的民间文学思想研究——基于〈论民间文学〉的讨论》，《民间文化论坛》，2020 年第 1 期。

［19］色音：《文化遗产对费孝通的回望——“费孝通诞辰一百一十周年”之二》，《博览群书》，2020 年第 11 期。

［20］林继富、覃奕：《中华民族共同体里的民俗学——郝苏民民俗学建设思想研究》，《西北民族研究》，2020 年第 3 期；毛巧晖：《郝苏民与新中国民间文艺：“在场者”的历史表述》，《民族文学研究》，2020 年第 4 期。

［21］吴丽平：《黄石与民俗社会学》，《民俗研究》，2020 年第 6 期。

［22］王雪：《如何看待和处理“民众”——顾颉刚的孟姜女研究》，《民间文化论坛》，2020 年第 1 期；宋亚：《神话与地理并重：顾颉刚对〈山海经〉的性质界定与价值重估》，《民间文化论坛》，2020 年第 4 期。

［23］刘倩：《尹虎彬对“口头诗学”的译介与研究谫论》，《民间文化论坛》，2020 年第 6 期。

［24］施爱东：《“四大传说”的经典生成》，《文艺研究》，2020 年第 6 期。

［25］岳永逸：《“土著”之学：司礼义的中国民俗学研究》，《民族文学研究》，2020 年第 1 期。

［26］董晓萍：《论汪德迈中国学》，《民俗典籍文字研究》，2020 年第 2 期。

［27］向云驹：《〈马可·波罗游记〉真伪的民俗学立场》，《民间文化论坛》，2020 年第 1 期。

［28］刘晓峰、高阳：《东亚文化比较研究的新视野——对话日本著名学者、立教大学名誉教授小峯和明》，《中国社会科学报》，2020 年 7 月 9 日第 002 版。

［29］岳永逸：《Folklore 和 Folkways：中国现代民俗学演进的两种路径——对岩本通弥教授〈东亚民俗学的再立论〉的两点回应》，《西南民族大学学学报（人文社会科学版）》，2020 年第 7 期。

［30］毛巧晖：《英语世界中的槃瓠神话研究述评》，《贵州民族大学学报（哲学社会科学版）》，2020 年第 5 期。

［31］王京：《民俗学与历史学的对话——日本神奈川大学“综合资料学”的探索》，《民俗研究》，2020 年第 4 期。

［32］叶舒宪：《求索盘古之斧钺：创世神话的考古研究》，《百色学院学报》，2020 年第 1 期；叶舒宪：《良渚文化葬玉制度“钺不单行”说——四重证据法求解华夏文化基因》，《民族艺术》，2020 年第 5 期；叶舒宪：《溯源中国式造神：偶像与非偶像》，《百色学院学报》，2020 年第 3 期；叶舒宪：《幻想引领人类——从神话信仰到科学崇拜》，《上海交通大学学报（哲学社会科学版）》，2020 年第 6 期；叶舒宪：《神话学的反种族主义——当代思想史学习导引》，《百色学院学报》，2020 年第 2 期；叶舒宪：《叶舒宪学术文集》，西安：陕西人民出版社，2020 年。

［33］刘晓峰：《八卦、五岳与山岳神话》，《文史知识》，2020 年第 1 期。

［34］王宪昭：《神话的母题学分析——以蒙古族神话为例》，《社会科学家》，2020 年第 1 期；王宪昭：《文化祖先型神话叙事的区域特色——以广西田阳县布洛陀神话群为例》，《百色学院学报》，2020 年第 4 期；王宪昭：《槃瓠神话母题（WPH）数据目录》，北京：学苑出版社，2020 年 6 月；王宪昭、王京、苏娟、刘艳超：《盘古文化的动态传承：中华盘古创世神话田野调查与数据采集》，上海：上海人民出版社，2020 年 12 月；王宪昭、王京、苏娟、刘艳超：《盘古文化的动态传承：中华盘古创世神话田野调查与数据采集》，上海：上海人民出版社，2020 年 12 月；丛书编辑组选编，王宪昭、王京评注：《中华创世神话选注》，上海：上海人民出版社，2020 年 12 月。

［35］吴晓东：《“布洛陀”“姆洛甲”名称与神格考》，《百色学院学报》，2020 年第 4 期。

［36］吴晓东：《神话溯源研究中语音考证的思考》，《民间文化论坛》，2020 年第 5 期。

［37］杨杰宏：《多维与互构：图像学视域下的东巴神话研究——以丁巴什罗为中心》，《民族艺术研究》，2020 年第 3 期。

［38］李斯颖：《论中华民族洪水与人类再殖神话的传承与流变》，《民间文化论坛》，2020 年第 5 期。

［39］刘宗迪：《海上有一个大人国》，《读书》，2020 年第 12 期；刘宗迪：《妖怪的诞生——〈山海经〉中的灵异动物》，《开放时代》，2020 年第 4 期；刘宗迪：《山蕴万物：〈山经〉博物学发凡》，《遗产》，2020 年第 1 辑；刘宗迪：《天生神物：〈山海经〉中的

上帝与众神》，《民间文化论坛》，2020年第4期；刘宗迪：《神话与星空：“绝地天通”的天文学阐释》，《中原文化研究》。2020年第4期；刘宗迪：《颛顼是一位猪头神》，《文史知识》，2021年第4期；刘宗迪：《三星在天：夏墟地理与传说考辨》，《文史哲》，2020年第6期。

[40]吴晓东：《颛顼神及其在〈山海经〉里的记载》，《贵州民族大学学报（哲学社会科学版）》，2020年第3期；吴晓东：《〈山经〉“无草木”“沙”及其相关词汇的统计分析》，《文化遗产》，2020年第5期；吴晓东：《“黄帝四面”及其故事变异》，《民族艺术研究》，2020年第3期。

[41]陈连山：《现实的昆仑与神话的昆仑》，《文史知识》，2020年第1期。

[42]刘晓峰：《中国古代时空体系中的泰山》，《世界宗教文化》，2020年第6期。

[43]叶涛：《泰山信仰与民族精神——五岳独尊话泰山》，《文史知识》，2020年第1期。

[44]张志刚：《深描“中国本土信仰仪轨传统的文化底蕴”》，《民俗研究》，2020年第6期。

[45]色音、黄强：《信仰民俗与图像叙事——以清代〈祭祀全书巫人诵念全录〉为例》，《西北民族研究》，2020年第1期。

[46]陈泳超：《近世民间信仰中的神话层累——从海盐神歌〈伏羲王〉到〈三天三宝〉》，《民族文学研究》，2020年第4期。

[47]陈泳超：《互文形塑：刘猛将传说形象的历史辨析》，《民族艺术》，2020年第2期。

[48]赵丙祥：《簿上的宗族，礼下的过法：基于华北丧礼簿的微观分析》，《民俗研究》，2020年第2期。

[49]鞠熙：《城市里的邻居们——北京城内的“四大门”动物的生活世界》，《开放时代》，2020年第6期；鞠熙：《游观入道：作为自我修行的女性朝山——以明清碧霞元君信仰为例》，《民俗研究》，2020年第4期；鞠熙：《北京内城寺庙碑刻志·第五卷》，北京：国家图书馆出版社，2020年11月。

[50]周灵颖、林继富：《祭祀仪式“反结构”的“不完整倒置性”——基于上果村壮族“祭太阳”仪式的讨论》，《民俗研究》，2020年第3期。

[51]吴晓东：《愚公移山故事“夸蛾氏”考》，《楚雄师范学院学报》，2020年第4期。

[52]施爱东：《故事概念的转变与中国故事学的建立》，《民族艺术》，2020年第1期；施爱东：《两个民间：家族史的自选叙事与规范叙事》，《民族艺术》，2020年第5期；施爱东：《北京“八臂哪吒城”传说演进考》，《民族艺术》，2020年第3期；施爱东：《“罗隐秀才造歌本”传说溯源》，《文史知识》，2020年第9期。

[53]王尧：《神灵后裔的身世传说与信仰发生期的动力机制》，《民族艺术》，2020年第1期。

[54]白旭旻：《中国“民间文学2.0”论纲——以新故事和多源故事为表象的故事文化现象》，《民间文化论坛》，2020年第6期。

[55]周争艳：《洪水故事的“他者”伦理阐释——以彝族洪水故事文本为中心》，《民间文化论坛》，2020年第2期。

[56]杨杰宏：《历时性视域下〈布洛陀〉研究之思考》，《百色学院学报》，2020年第4期；杨杰宏：《东巴叙事传统的研究范式与多维关照》，《民族文学研究》，2020年第2期；杨杰宏：《以情感为导向的叙事策略——以东巴经诗〈鲁般鲁饶〉为例》，《黔南民族师范学院学报》，2020年第1期；杨杰宏、和耀寰：《英雄史诗〈黑白之战〉中的军事学》，《广西民族师范学院学报》，2020年第3期；阿地里·居玛吐尔地：《回顾和展望：世界〈玛纳斯〉学160年》，《民间文化论坛》，2020年第4期；王丹：《从生计选择到家园共同体建设——基于〈哈尼阿培聪坡坡〉的分析》，《青海民族研究》，2020年第3期；意娜：《〈诗镜〉梵-藏-汉文本建构史阐释》，《西南民族大学学报（人文社会科学版）》，2020年第8期；意娜：《藏族〈诗镜〉文本经典化历程论析》，《民族文学研究》，2020年第6期；姚慧：《格萨尔史诗曲名辨》，《民族文学研究》，2020年第5期；玉兰：《史诗文本化过程与功能型诗部的形成：基于蒙古文〈格斯尔〉“勇士复活之部”的文本分析》，《民族文学研究》，2020年第2期；海纳尔·达列力别克：《即兴诗歌创作大师：哈萨克族哲绕及其创作的句法分析》，《民间文化论坛》，2020年第2期；刘慧颖：《日尔蒙斯基〈《玛纳斯》研究导论〉述评》，《民间文化论坛》，2020年第4期等。

[57]万建中：《民族交往与文化交融的历史演进——基于北京饮食文化的视角》，《西北民族研究》，2020年第1期。

[58]王宪昭：《中国多民族同源神话研究》，广州：暨南大学出版社，2020年5月。

［59］毛巧晖：《百川归海：以多民族文学铸牢中华民族共同体意识》，《西北民族研究》，2020 年第 4 期。

［60］胡兆义、林继富：《铸牢中华民族共同体意识视域下西藏非物质文化遗产传承保护新思路》，《西藏大学学报(社会科学版)》，2020 年第 3 期。

［61］萧放、贺少雅：《百村社会治理研究(2019)》，北京：中国社会科学出版社，2020 年 12 月；邵凤丽：《家风家训与乡风文明建设：山西闻喜裴柏村的个案研究》，北京：中国社会科学出版社，2020 年 12 月；杜静元：《水利、移民与社会：河套地区的历史人类学研究》，北京：中国社会科学出版社，2020 年 12 月；萧放、贺少雅、鞠熙：《文化礼堂建设的经验、问题与对策——基于浙江省四市九县的调查》，《社会治理》，2020 年第 8 期。

［62］刘铁梁：《中国民俗学派成长在田野中国》，《民俗研究》，2020 年第 6 期；吕微：《“在田野中理解中国”的现象学理解》，《民俗研究》，2020 年第 6 期；陈泳超：《礼俗互动的多样轨迹与多元机制》，《民俗研究》，2020 年第 6 期；施爱东：《民俗学就是关系学》，《民俗研究》，2020 年第 6 期。

［63］萧放：《当代生活世界中的“传统”》，《中央社会主义学院学报》，2020 年第 6 期；萧放、贾琛：《传统人生礼仪：“过去”如何参与建构“现在”》，《社会科学报》，2020 年 6 月 18 日第 005 版。

［64］林继富、马培红：《沉隐与彰显：阆中春节知识谱系生产与品牌塑造》，《中央社会主义学院学报》，2020 年第 6 期。

［65］陈泳超：《白茆山歌的现代传承史：以“革命”为标杆》，北京：中国社会科学出版社，2020 年 7 月。

［66］施爱东：《民俗学立场的文化批评》，北京：中国社会科学出版社，2020 年 8 月。

［67］毛巧晖：《民间文艺如何在融媒体语境下自我重塑》，《中国文艺评论》，2020 年第 7 期。

［68］杨桂珍、姚欣悦、张勃：《北京中轴线内涵挖掘与文脉传承——第 22 次北京学学术年会综述》，《地方文化研究》，2020 年第 6 期；李建平：《北京中轴线的文化内涵》，《北京联合大学学报(人文社会科学版)》，2020 年第 4 期；张勃：《北京中轴线的中和之美》，《前线》，2020 年第 7 期。

［69］杨杰宏：《从改造到展演：神话主义视域下的东巴神话研究》，《民间文化论坛》，2020 年第 5 期。

［70］王丹：《传统节日研究的三个维度——基于文化记忆理论的视角》，《中国人民大学学报》，2020 年第 1 期。

［71］谭佳：《神话与科幻的尺度：过去与未来》，《上海交通大学学报(哲学社会科学版)》，2020 年第 6 期。

［72］李晓松：《文化生态保护区建设的时间性和空间性研究》，《民俗研究》，2020 年第 3 期。

［73］宋颖：《“乡愁”语境中特色小镇的民俗应用与影像表达》，《温州大学学报(社会科学版)》，2020 年第 3 期；宋颖：《文化复兴视角下的传统村落脱贫探讨——以山西省绛县尧寓村为例》，《社会治理》，2020 年第 10 期；王耀斌、陈海龙、宋颖：《乡村振兴战略之乡村旅游着力点解读及经典案例》，北京：中国社会科学出版社，2020 年 10 月。

［74］岳永逸：《乡土中国(注释本)》，北京：中华书局，2020 年 4 月。

［75］巴莫曲布嫫：《保护非物质文化遗产与环境可持续性——以“藏医药浴法”申遗实践为主线》，《民间文化论坛》，2020 年第 6 期。

［76］户晓辉：《文化多样性与现代化的人权文化——对联合国教科文组织三个公约的政治哲学解读》，《遗产》，2020 年第 1 辑。

［77］朱刚：《联合国教科文组织保护非物质文化遗产的学术史考释——基于从马拉喀什会议到〈“代表作”计划〉的演进线索》，《民俗研究》，2020 年第 5 期。

［78］郭翠潇：《〈保护非物质文化遗产公约〉名录项目评审机制与非政府组织认证制度：合作、博弈与对话》，《民间文化论坛》，2020 年第 5 期。

［79］苑利：《把“现产”当“遗产”：会不会使中国的非遗保护走上不归路?》，《原生态民族文化学刊》，2020 年第 2 期。

［80］朱霞：《传统工艺的生命力及其民俗过程——以云南乌铜走银技艺的生成、濒危与活化为例》，《广西民族大学学报(哲学社会科学版)》，2020 年第 4 期。

［81］林继富：《民间文学类非物质文化遗产活化传承的基本遵循》，《中南民族大学学报(人文社会科学版)》，2020 年第 4 期；林继富：《非物质文化遗产保护的本质主义立场——基于清明节记忆能动性视角》，《赣南师范大学学报》，2020 年第 1 期。

[82]杨利慧：《社区驱动的非遗开发与乡村振兴：一个北京近郊城市化乡村的发展之路》，《民俗研究》，2020年第1期。

[83]陈进国：《信俗主义：民间信仰与遗产性记忆的塑造》，《世界宗教研究》，2020年第5期。

[84]毛巧晖：《非物质文化遗产语境下民俗艺术研究之嬗变》，《民族艺术》，2020年第4期。

[85]康丽：《实践困境、国际经验与新文化保守主义的行动哲学——关于乡村振兴与非物质文化遗产保护的思考》，《民俗研究》，2020年第1期。

[86]岳永逸：《本真、活态与非遗的馆舍化——以表演艺术为例》，《民族艺术》，2020年第6期。

[87]韩成艳、高丙中：《非遗社区保护的县域实践：关键概念的理论探讨》，《中央民族大学学报（哲学社会科学版）》，2020年第3期。

[88]韩成艳：《非物质文化遗产的主体与保护主体之解析》，《民俗研究》，2020年第3期；韩成艳：《“非物质文化遗产”概念的理论建设尝试》，《广西民族大学学报（哲学社会科学版）》，2020年第2期；韩成艳：《从民族史诗到非物质文化遗产：伊玛堪的代表性建构历程》，《民间文化论坛》，2020年第3期。

[89]王丹：《非物质文化遗产服务民族地区精准扶贫的实践模式》，《中南民族大学学报（人文社会科学版）》，2020年第5期；王丹：《非遗语境下藏族动物故事传承保护研究》，《西藏大学学报（社会科学版）》，2020年第1期。

[90]贺少雅、朱霞：《高校的“非遗”保护实践及其启示——以北京师范大学传统节日仪式“非遗”研讨班为例》，《艺术与民俗》，2020年第2期。

[91]吴凤玲：《非遗创新的地方实践与理论思考：以岫岩皮影戏为例》，《民间文化论坛》，2020年第5期。

（北京市社会学学会供稿；执笔人：萧放、贾琛）

民 族 学

2020年，民族学研究在学科建设、基本理论与研究方法等方面得到进一步发展。在全球化背景下，加强对“一带一路”沿线国家民族志研究和深入探讨“中国文化走出去”，以及分析探讨“海外民族志”与“文化自信”等诸多议题成为学术界研究的重点和热点。中国民族学研究中进一步加强对世界其他民族地区的政治、经济和文化等领域的深度研究；更多关注区域性的整体发展与注重国际关系的维系与建设问题；重点研究全球化背景下的多民族国家的政策及民族事务治理方式，深入探讨如何促进中国多民族共同团结的塑造和铸牢中华民族共同体意识；充分关注国际国内少数民族地区的经济发展和社会治理问题，关注中国边疆地区各民族交往交流交融的和谐关系等议题。

一、民族学学科建设、基本理论与方法研究

在民族学学科建设与专业设置等方面，新兴的跨专业、跨学科、交叉的分支学科的教学与研究得到充分重视，国内很多高校在民族学、人类学学科建设和发展的基础上，深入探讨强化铸牢中华民族共同体意识及相关学科设立的准备工作，不断加大对民族学人类学学科建设的政策性支持工作。此外，各相关院校纷纷加大了对世界民族研究和海外民族志研究领域的科研经费投入和人才引进，重视和加强对周边国家与世界民族研究的跨学科整合研究与学术交流。

身处当今世界百年未有之大变局和中华民族伟大复兴的时代，中国的民族学界应积极参与中国文化强国建设，这既是加快民族学中国学派建设的必由之路，也是中国民族学研究与创新的重大机遇。杨圣敏认为，中国民族学人类学界有两个重要方面需要发扬。一是在大方向上发展马克思主义民族学。从世界观和政治的角度来看，国际民族学界历来划分为马克思主义民族学和西方传统民族学两大体系。自民族学创建以来，马克思主义民族学一直受到多数西方政府和西方主流民族学界或明或暗的排斥，并没有得到系统的发展。二战以后，国际局势的变化使马克思主义深入人心，推动学界产生了多种新的马克思主义民族学思潮，但其影响在国际民族学界仍处于边缘地位，在理论体系建设和研究成果上至今仍然是薄弱的。二是在方法论上探索超越西方民族学。其一，在方法论上继承中国传统文化中的思想精华，即继承中国传统哲学中那些能够弥补西方哲学中偏颇和不足之处的思想方法。其二，要发掘中国传统文化中丰富的古典民

族学、古典社会学遗产中的现代价值。其三，认真总结并汲取新中国解决民族问题的经验、理论和智慧，推进民族学理论的创新。[1]

民族学会、人类学会等在美国学界成立较早，美国的民族学、历史学学科经历了一个由分野并行到趋紧发展的演变历程。有研究者认为，美国“民族史学”的发生发展，受到国家行为介入的深刻影响，从一个侧面体现了20世纪美国民族学人类学与历史学之间的“分合”关系，而文化和“他者”成为不断发展演变的美国“民族史学”始终关注的主题。进入21世纪以来，前景光明、期待新的发展的美国“民族史学”表现出“多样化与集中化并存”的发展态势。对美国“民族史学”的发展演变进行总体回顾、反思和展望，对于推进美国“民族史学”的认知和研究具有重要意义，对于中国民族史学、历史人类学等相关学科建设亦有一定的参考价值。[2]

二、铸牢中华民族共同体意识研究

铸牢中华民族共同体意识是新时代民族工作的主线，也是民族研究的重大议题。这一议题内涵丰富，兼具学理性和实践性，意义深远而又充满挑战性。

费孝通的相关研究超越了传统的单一民族研究的限制，从区域和网络来研究中华民族的多元一体格局，是方法论上的拓展。有研究者从费孝通先生中华民族多元一体格局理论中的民族观、国家观、认同观的角度进行进一步阐发，并在“两个一百年”交汇期和全面建成小康社会实现历史性进展的背景下，围绕铸牢中华民族共同体意识，提出一些认识和看法。[3] 有研究者立足对中华民族、中华民族共同体、中华民族共同性等概念梳理的基础上，把费孝通的中华民族多元一体格局理论置于中国文明历史进程的大脉络中进行比较分析，进而突显中华民族共同体的历史和现实意义。强调历史上各民族历经“合之又合”的内在运行机制，是在交往交流交融基础上的内在统一，费孝通的研究超越了传统的单一民族研究的限制，从区域和网络来研究中华民族的多元一体格局，是方法论上的拓展，不同的历史文化区域是在各民族文化交流、经济往来、社会交往的基础上形成的共同区域文化，进而互相汲取人文发展、共同发展的历史经验。[4]

在向中华民族伟大复兴迈进的新时代，进一步增强中华民族凝聚力也是铸牢中华民族共同体意识的基本内涵。郝时远认为铸牢中华民族共同体意识，既需要建设各民族共享的物质田园，也需要构筑各民族共有的精神家园。在全面建成小康社会的条件下，构筑各民族共有的精神家园的任务更加迫切，因为中华民族共同体要同心同德迈向前方，必须有共同的理想信念做支撑。我们党从国家层面、社会层面和公民层面提出社会主义核心价值观，需要通过中华民族大家庭所有成员共同创建、共同承载的中华优秀传统文化，在创造性转化和创新性发展中去丰富内涵、充实内容、提炼精神、贴近群众，从而内化于心、外化于行，成为百姓日用而不觉的行为准则。这是以文化人、铸牢中华民族共同体意识、建设中华民族共同体在精神层面最重要的任务。[5] 郝时远认为，当前是进一步增强中华民族凝聚力的新发展阶段。取得抗击新冠肺炎疫情斗争重大成果和完成全国脱贫攻坚目标任务，集中体现了中华民族凝聚力的坚实程度，彰显了以铸牢中华民族共同体意识为主线、建设“中华民族共同体”的新时代精神。[6]

从国家通用语言文字教育的视角阐释多民族国家认同建构的基础性。有研究者分析指出，在多民族国家建设中，国家认同建构是必须优先解决的根本性问题。国家通用语言文字教育作为中国国民教育的重要组成部分，对中国统一多民族国家的国家认同建构具有特殊意义。从发生学的视角来看，国家通用语言文字教育不仅推进了各民族成员平等有序的政治参与，也有助于实现各民族的经济整合与共同性发展，并为中华各民族文化的黏合通融提供了必要平台。持续夯实国家通用语言文字教育这一基础性工程，对于多民族国家认同建构的传统路径将是一个新的拓展。[7]

多学科聚力“铸牢中华民族共同体意识”研究，可将主题置于更为系统宏阔的学术视野，避免单一学科的诸多局限。有研究者认为，多学科交叉融合为学术研究提供强劲动力，有效的融会贯通有利于铸牢中华民族共同体意识研究的理论突破和事件创新。[8]

在国民意识和公民意识教育方面，有研究者指出，对伟大祖国、中华民族、中华文化、中国共产党和中国特色社会主义的“五个认同”，应该成为中国公民最基本的要求。把这个底线要求打牢了，将成为凝聚全国各族人民力量、战胜未来前进道路上各种艰难险阻和风险挑战的思想保证。除此之外，还需要在此基础上进一步做好思想文化建设工作，加强国民意识和公民意识教育、夯实国家凝聚力建设的思想根基；增强法律意识，增强法律认同；加强社会主义核心价值观对各民族共有精神家园构建的引领作用。[9]

三、边疆治理与民族地区发展

边疆治理现代化，不仅构成了国家治理这一循环链条赖以持续运转的物质性基石，也是国家治理之追求在价值层面得以存立的要素补充。有研究者提出，实现边疆治理的逻辑更新，将边疆由一个“边缘性”话语进位为一个蕴含生机与创造活力的前沿领域，使其实现“本体性”价值的复归与实践路径的“整体性”嵌合，是新时代边疆治理现代化的应有之义。推进边疆治理现代化，要坚持正确的政治导向，深化问题导向意识，注重梳理“知识性”内容，在“以人民为中心”的价值指引下持续夯实基础性资源。[10]

鉴于边疆社会的特殊属性，有研究者认为需要对边疆治理所牵涉的各变量因素进行系统分析，并加强对“边疆”这一实体在中国视域中的整体性理解。并进一步提出边疆治理现代化的系统论框架：在党的集中统一领导下，通过政府、社会与市场等多元治理机制的协同参与，构建边疆治理的主体系统；通过对历史资源、政治资源及精神文化资源等多元治理资源的统筹整合，构造边疆治理的对象系统；通过对法治、自治及协商等多元治理理念的深度同构，构筑边疆治理的方法论系统。而主体、对象与方法论等子系统的进一步嵌合，又构成了边疆治理现代化的整体性系统。他认为，通过“要素—子系统—整体系统”的三级耦合模型，可以为边疆治理多元协同机制的培育提供路径保障。[11]

中国特色社会主义进入新时代，中国现代化建设的新征程全面开启，边疆地区面临着难得的发展机遇，同时也面临着诸多风险与挑战。边疆少数民族干部不仅担负着保卫边疆和建设边疆的双重任务，而且承担着脱贫攻坚、带领民族地区广大群众脱贫致富奔小康的艰巨使命。郭纹廷认为边疆少数民族干部要加强理论政策学习，增强依法执政的能力；加强实践调研，增强创新发展的能力；提高政治敏锐性，增强突发事件处置与危机管理能力，等等。新时代边疆少数民族干部治理能力的现代化提升，对中国边疆治理具有重要意义。[12]

民族地区特别是“三区三州”在2018—2019年的脱贫攻坚实践中贫困发生率显著下降，取得决定性成效，为2020年顺利实现全面建成小康社会的目标奠定了扎实基础。有研究者通过梳理和阐释民族地区精准扶贫方法与措施，归纳和总结了民族地区特别是“三区三州”在脱贫攻坚和全面建成小康社会进程中的国家制度作用、重点扶贫方向推进、精准扶贫和精准脱贫机制体制完善、具体方法措施创新4方面的成功经验。[13]

四、各民族间交往交流交融、民族历史文化与民族宗教研究

习近平总书记指出“各民族文化上的兼收并蓄、经济上的相互依存、情感上的相互亲近，形成了你中有我、我中有你，谁也离不开谁的多元一体格局”。有研究者在这一重要论断的基础上，结合费孝通“中华民族多元一体格局”的相关论述，分析了中华民族多元一体格局形成的经济、文化和心理因素。认为新时代铸牢中华民族共同体意识不仅要继续加强民族团结进步教育，更要注意从经济、文化和心理等层面的工作入手，进一步铸牢民族团结的经济、社会、文化基础。[14]

不同民族间交往交流交融是衡量民族关系和谐与否的具体呈现，也是促进民族团结、铸牢中华民族共同体意识的重要途径。甘肃藏区是“藏羌彝走廊”之北和古丝绸之路东端，历史上就是各民族往来交流的重要走廊。苏发祥等人分别从语言、通婚、生活习俗3个方面分析了该地区诸民族间交往交流交融的现状及特点，认为甘肃藏区民族关系呈现出和谐团结的总趋势，但交往交流加入的程度，不同地域之间存在差异，城市、城镇和乡村之间也明显不同。通过分析和研究认为，进一步推动甘肃藏区各民族交往交流交融的关键在于打破乡村的传统封闭性。[15]

维护新疆社会稳定的关键之一是解决好南疆人口问题。长期以来，政府为促进南疆人口的可持续发展采取了多项措施，但效果不甚理想。杨圣敏等人基于2010年新疆人口普查资料、2019年新疆统计年鉴及作者的实地调研访谈，分析了南疆人口的生育与增长状况，从土地资源、水资源角度分析了南疆环境人口容量的压力，讨论了南疆人口发展的问题并提出建议。南疆人口总体呈现高生育率、弱流动、低城镇化、高农业化、年轻化等特征，这些特征使人口流出空间受限，内部安置压力大。青壮年人口比例高导致的人口正增长惯性与高生育模式将形成未来南疆人口的高增长态势。因此，解决南疆人口问题的核心不单是生育率回归合理化水平，还在于针对南疆青壮年人口特征，拓展农业化产业链条，有序安置区域内无法外流的过剩劳动力，培育其成为服务南疆现阶段发展的人口红利。[16]

作为民族文化的重要表现形式之一，姓名一直是人类学者研究的一个焦点。有研究者以世居于东北地区人口较少民族之一的鄂伦春族为中心，围绕该民族姓氏在20世纪上半叶呈现的诸多特点进行研究。结果表明，姓名不仅体现了鄂伦春族狩猎文化的内涵，蕴含着该群体的人生观、价值观和宇宙观，还吸收、借鉴了汉族、满族、蒙古族等周边多个民族的风俗习惯，呈现出较为复杂的民族交往交流交融的脉络。[17]

中华民族“多元一体”的内在文理构筑了民族与宗教发展不可分离的历史和现实。民族宗教相互交织的客观规律使民族宗教学成为适应中国国情的新兴综合性学科。有研究者认为从历时性的视角来看，各民族在不同的社会文化环境下，形成了具有差异性的多元文化体系；而从共时性的维度来看，多民族在社会接触和往来中形成了具有共性的文化内容。以此为基础，学术研究中出现了民族学与宗教学交会的特殊研究方向，民族宗教学也成为应中国国情而发展的学科领域。在民族宗教学的发展过程中，学界探讨其理论框架和议题范围，为学科方法的综合性发展做出有益尝试，积累了一定的理论成果。对丰富宗教学、民族学的理论和研究方法积累了跨学科的经验，但其理论框架、研究内容还需进一步明确化和系统化，并且尚需进一步明确学科的问题意识，形成更多的实证性成果。[18]

五、民族事务治理、民族理论与民族政策研究

民族事务治理的现代化是中国制度建设中重要的一环。处理民族事务，解决民族问题，需要有理论的指导。杨圣敏在将中国的民族事务治理成果同西方政府处理民族事务的政策和结果对比后发现，中国的民族事务治理是最进步、最成功的。因此，中国的民族事务治理现代化必须坚持走中国化道路，必须坚持中国特色社会主义，继承中华民族优秀历史传统，适应当今中国国情。坚持走中国化道路，才可能实现各民族共同团结奋斗、共同繁荣发展的目标。[19]

在中国共产党民族工作的话语体系中，反对两种民族主义的地位十分重要。它贯穿于中国共产党涉及民族工作的诸多文献中，在不同历史时期，特别是在革命时期和中华人民共和国成立初期，有着复杂的内涵和丰富的表现。有研究者认为鉴于反对“三股势力”工作的艰巨性，以及在网络社会崛起背景下两种民族主义隐蔽便捷的延伸性发展，有必要对新时期的两种民族主义做出更为清晰的科学阐释与政策界定。[20]

有研究者梳理了中国共产党推动民族事务治理体系、治理能力不断提升的历史过程，在具体的历史情境中理解中国特色社会主义民族理论与政策体系的时代化经验，是汲取历史经验提升民族事务治理能力的一个思路。研究 1952 年开始的首次全国民族政策执行情况检查的历史经过，以及检查如何促进当时的民族工作，有助于了解中国共产党推动民族事务治理体系和治理能力现代化的历史基础，促进对新时代民族事务治理能力现代化的认识。[21]

对民族事务治理、民族理论与民族政策的研究，离不开对民族研究发展动态的把握。有研究者对 2016—2018 年间的 866 项国家社科基金“民族研究”立项项目样本进行了归类与统计分析。在对样本进行分析后发现，新时代民族研究突显出这样几个问题，如融入新时代新思想与新理念、回应重大理论与现实问题、应用信息化治理模式常态化、增进民族人文价值关怀、加速学科交叉与冷门学科发展、注重本土研究与国际视野接轨等六大发展趋势，逐步形成了新时代具有中国特色的民族学科话语体系。[22]

六、全球化与世界民族研究

亚洲是世界上历史最悠久、民族最多样、文化事项最丰富的地区之一，在全球化的进程中，有必要在亚洲范围内促进不同民族进行更有效的沟通和交流，在理论和实践上强化对亚洲这一生活区域的认同感。有研究者分析指出，构建“亚洲文化经济共同体”远非我们想象的那么简单，它需要的历程也并非我们所能想到的那么短暂，这是一条漫长的充满坎坷的道路，然而“亚洲文化经济共同体”并非不可实现。构建一个有助于推动亚洲民族文化交流与合作的平台，促进亚洲各国的学术精英对话与交流，最有效的途径是：首先，构建一个充满生机和活力的亚洲学术共同体，致力于共同推动该地区民族文化的研究与交流对话；其次，将这种来自亚洲的区域性本土性知识推而广之，这才是亚洲学术共同体及全体公共知识分子的共同使命。[23]

东北亚地区一直被认为是最具活力的地区，该地区民众在贸易、文化等方面有着密切的交流往来。有研究者以物的流动作为线索，将明太鱼视为一种理解东北亚地域社会互动的符号。明太鱼是朝鲜族对太平洋狭鳕的独特称呼，并由朝鲜族根据自身文化特点和生活环境对其进行了多种形式的开发。在现代化和全球化的推动下，东北亚地区围绕明太鱼形成了门类齐全、具有跨国分工的产业体系，成为区域内国际交流的重要媒介。通过理解明太鱼的文化属性和在族际交往中发挥的作用，理解朝鲜族的饮食文化和社会记忆，勾勒该地区在饮食交流中形成的民族和国家互动过程，为构建东北亚命运共同体提供思路。[24]

中国有着漫长的边境线，许多毗邻国家的边境居

民同中国境内边民有着同族同源的血脉，两地通婚及亲友探访十分普遍。有研究者指出，随着国家法律制度的日益完善和执行力的增强，边防制度和婚姻户籍制度设立起的两条硬边界在边民生活中日渐突显。对于以婚姻缘由而迁移到中国云南境内的缅甸媳妇来说，这两条边界为日常往返两地和取得迁入地户籍身份设置了门槛；对于这样的区隔，她们通过“越界”和“隐身”的实践，游走在制度和实践的缝隙之中，巧妙地避让制度带给她们的不便，实践着一套闪躲但并非逃离的生命政治。[25]

中亚地区历史上就经历了不同民族、文化交会、融合的复杂过程。有学者研究指出，俄罗斯文化进入中亚民族的历史过程要晚得多，但自18世纪俄国开始大规模向中亚地区扩张，到19世纪末，该地区逐渐被纳入沙俄的版图。苏联时期，中亚5国是苏联的加盟共和国，俄罗斯人与中亚各族人民有着70余年的共同历史，俄罗斯文化成为中亚地区的“主流”文化，在中亚民族文化发展历史进程中烙下了不可磨灭的印迹。苏联解体后，中亚各国均将“去俄罗斯化”作为其独立发展、彰显民族传统文化的重要手段，加之俄罗斯人从中亚的大量迁出，俄罗斯文化对于中亚民族的影响逐渐弱化。但由于历史、语言、经济及地缘政治等各方面的密切联系，俄罗斯因素并不会轻易退出，其对中亚民族文化发展仍然发挥着重要影响。[26]

当今世界多民族国家建构的实践表明，不断加强防范、反对分离主义势力，对维护国家统一具有重要意义。有研究者通过考察加泰罗尼亚分离主义势力为建构其“国族”认同而采取的相关举措，探析了“巴塞罗那为加泰罗尼亚人专属”的理念与实践被不断推进的基本路径。同时阐明了加泰罗尼亚分离主义势力将城市标识的视觉、听觉线索彼此勾连，并用以建构“国族”认同的出发点和具体步骤。深入探讨在多民族国家建构中，增强国族文化认同是各族人民团结之本，打造城市标识的分离主义实践不容忽视，不断加强防范、反对分离主义的力度刻不容缓、任重道远。[27]

注：

[1]杨圣敏：《民族学研究如何参与文化强国建设》，《民族研究》，2020年第6期。

[2]刘海涛：《美国“民族史学”发展历程：回溯、反思与展望》，《思想战线》，2020年第1期。

[3]王延中：《费孝通多元一体格局理论与铸牢中华民族共同体意识》，《社会发展研究》，2020年第4期。

[4]麻国庆：《费孝通民族研究理论与“合之又合”的中华民族共同性》，《中央民族大学学报》，2020年第4期。

[5]郝时远：《各民族共同建设中华民族共同体》，《中国民族报》，2020年10月13日。

[6]郝时远：《进一步增强中华民族凝聚力的新发展阶段》，《民族研究》，2020年第6期。

[7]青觉，吴鹏：《国家通用语言文字教育：多民族国家认同建构的基础性工程》，《贵州民族研究》，2020年第9期。

[8]严庆：《多学科聚力铸牢中华民族共同体意识研究》，《西北民族研究》，2020年第2期。

[9]王延中：《打牢各民族共有精神家园的思想基础》，《中国民族报》，2020年12月11日，第001版。

[10]青觉，吴鹏：《新时代边疆治理现代化研究：内涵、价值与路向》，《中国边疆史地研究》，2020年第3期。

[11]青觉：《边疆治理现代化的理论探索：基于整体性系统论的分析框架》，《西北民族研究》，2020年第3期。

[12]郭纹廷：《新时代如何提升边疆少数民族干部治理能力》，《党政干部论坛》，2020年第7期。

[13]王延中，丁赛：《民族地区脱贫攻坚的成效、经验与挑战——以“三区三州”为分析中心》，《西南民族大学学报(人文社会科学版)》，2020年第11期。

[14]王延中：《推动新时代各民族“三个相互”创新发展》，《西北民族研究》，2020年第3期。

[15]苏发祥，王亚涛：《论甘肃藏区各民族间交往交流交融的现状及其特点》，《中国藏学》，2020年第2期。

[16]蔡果兰，杨圣敏：《环境容量视角下南疆人口的生育与增长》，《西北民族研究》，2020年第3期。

[17]祁进玉，孙晓晨：《取名方式变迁与多民族文化交融——以20世纪上半叶鄂伦春族为例》，《北方民族大学学报》，2020年第6期。

[18]祁进玉，马婧杰：《中国民族宗教学研究的回顾与前瞻》，《思想战线》，2020年第5期。

[19]杨圣敏：《民族事务治理现代化要坚持走中国化道路》，《广西民族研究》，2020年第6期。

[20]王军，张艳娇：《中国共产党反对两种民族主义的话语逻辑与历史脉络》，《西北民族研究》，

2020 年第 1 期。

[21]张少春：《民族事务治理能力现代化的历史探索——以 1952—1953 年民族政策检查为中心》，《贵州民族研究》，2020 年第 12 期。

[22]祁进玉，祁志伟：《新时代中国民族研究的发展动态、范式及展望》，《贵州民族研究》，2020 年第 5 期。

[23]祁进玉，郭跃：《全球在地化与流动性：亚洲共同体意识及其展望》，《西北民族研究》，2020 年第 2 期。

[24]祁进玉，郭跃：《全球化时代物的流动与明太鱼：一种理解东北亚地域社会互动的符号》，《青海民族研究》，2020 年第 1 期。

[25]杨青青，张梦妍：《“越界”和“隐身”的艺术——中缅跨境人口的社会调查》，《中国农业大学学报》，2020 年第 3 期。

[26]丁宏：《俄罗斯对中亚民族文化发展的影响》，《世界民族》，2020 年第 3 期。

[27]刘泓：《加泰罗尼亚分离主义实践探析：基于对巴塞罗那城市标识的考察》，《世界民族》，2020 年第 6 期。

（中央民族大学祁进玉、陈姗姗供稿）

教 育 学

摘 要

2020 年是中国“十三五”规划的收官之年，也是中国教育事业发展中极为不平凡的一年，教育脱贫攻坚取得重大胜利，教育公平和教育质量得到较大提升，高等教育进入普及化阶段，中国从教育大国向教育强国不断迈进。北京地区各高校和研究机构的教育学研究团队着眼于服务首都“四个中心”建设，回应北京教育现代化发展进程的时代课题，尤其面对全球范围新冠肺炎疫情严重影响，教育学界同人共克时艰，在各自的教育学研究领域努力耕耘，涌现出许多成就卓然的探索性研究成果。

一、积极探索新时代中国特色社会主义的教育发展逻辑

为了落实新时代立德树人根本任务，教育研究领域积极构建具有中国特色社会主义的教育逻辑。习近平总书记关于教育的重要论述不仅为中国教育改革发展确定了指导方针，也为中国特色社会主义教育理论体系建设指明了发展方向。习近平教育思想贯穿教育研究的方方面面，对推进教育综合改革、加速推进教育现代化、提升教育质量具有重要作用。檀传宝探讨了新时代的教育逻辑，认为其特征是从教育的“饥饿逻辑”转型为教育的“小康逻辑”，即教育本体性功能的回归和教育品质的提升。清华大学艾四林指出，新时代办好思政课，要放在世界百年未有之大变局、党和国家事业发展全局中来看待，要从坚持和发展中国特色社会主义、建设社会主义现代化强国、实现中华民族伟大复兴的高度来看待。总之，必须学会“立足中国大地”思考教育基本问题，创造中国经验与中国智慧，基于本土情境开展教育理论研究，形成独具特色的中国教育理论方法论体系。

二、聚焦教育领域新冠肺炎疫情防控背景下的热点难点问题

2020 年新冠肺炎疫情的突然暴发，使学者更多关注生命意义的思考，疫情下的灾难教育、生命教育、安全教育是教育学领域关注的热点话题。顾明远直言：教育的本质就是生命教育，从生命发展的视角来说，教育的本质可以概括为：提高生命的质量和提升生命的价值。因此学校要加强生命教育。”何怀宏、高德胜、马国川提出，生命教育是一种社会教育，学校教育也有责任和义务。对学校教育来说，生命教育更应该是一种日常努力，如在学校开设生命教育课程或将生命、人道、尊严的内容纳入“核心素养”等。在疫情背景下，“停课不停学”极大促进了大规模实时交互的在线教学，推动了信息技术与教学的融合。针对线上教学、网络教学，北京地区很多学者对其实施、成就和问题进行了研究，为未来线上教学的发展提供了借鉴。清华大学杨斌指出，新冠肺炎疫情引发了世界范围的在线教育探索热潮，中国率先进行全国性的、全体系的在线教学实践，并有效地保障了较高水平的在线教学质量。如何把“受迫性创新”转化成“抗疫红利”，则需要教育主管部门和院校着眼长远，在8个方面积极探索，形成一系列教育教学新模式。同时，新冠肺炎疫情的流行进一步强化了复兴中的民族主义。全球化的未来可能会受到质疑，新冠肺炎疫情的流行将不可避免地影响国际学生流动、研究和学术项目中的国际合作，以及那些高度依赖国际学生作为资金来源的高校的经费。

三、以理论自觉态度回应新时代人才培养的系统改革

建立教育公平理论研究。主要包括工业化背景下随迁子女与留守儿童教育研究，以及特殊儿童的融合教育研究。刘谦等对“教育改变命运”这一议题进行审视，以更加明确的比较框架解释“寒门出贵子”这一普遍文化现象，并且以随迁子女的学业过程为例，聚焦若干方面的社会文化要素，探讨其取得优势学业成绩的路径。中国社会科学院大学的尹秋玲通过田野调查方式对新生代农民工随迁子女的教育阶层分化现象进行研究，认为三大阶层分化与政策和市场运作机制对随迁子女的教育产生直接后果，教育分化伴随阶层分化出现，对于未来城市教育治理具有启发性。杜媛等以联合国教科文组织1994—2019年关于融合教育的系列政策报告为研究对象进行文本分析发现：融合教育政策的公平导向从“推进起点公平”转向“追求差异性公平”，融合教育政策的质量导向从“满足社会需要”转向“关注人的发展”。

核心素养落地研究。核心素养在课程编制和教学设计方面如何落地，是课程与教学论领域关注的热点话题。在教学设计方面，杨颖东基于核心素养的形成过程和所需条件，从教学设计的一般过程，即目标制定、内容选择、教学方式和教学评价4个基本环节探讨了教学设计现代化的具体变革策略。在教学策略方面，李作林、刘长焕等构建了基于真实问题解决、指向学科核心素养的技术教育学习策略；提出创设符合学习进阶的课程体系、创立多样化组织范式、探索“多样态”学习方式、丰富课型与教学方式、开展项目式教学评价研究等具体实施途径和方法。莫景祺提出评价活动是教学活动的有机组成部分，推进核心素养导向的教学改革，应重视将评价科学纳入教学设计，保证教学目标的有效实现，发挥评价对育人的导向功能。

新高考下学校课程建设研究。伴随普通高中课程方案和学科课程标准的重新修订、颁布，学界围绕课程标准相关问题开展研究。杨清从价值取向、系统建构、课堂教学、课程资源四个方面提出新高考下学校课程建设的路径。孟万金等从历史根基、科学依据、基本原则、组织实施四个方面对德智体美劳“五育”并举学校课程建设做了系统性探讨。

新时代劳动教育研究。2020年3月，中共中央、国务院发布《关于全面加强新时代大中小学劳动教育的意见》，为劳动教育的落实提供了方针。檀传宝回顾了对于这一命题已经有过的理论与实践探索，对这一重要命题从“教育与生产劳动相结合”与劳动教育的中介地位、“教育与生产劳动相结合”与劳动教育的核心目标和“教育与生产劳动相结合”与劳动教育的教育形态3个方面做出新的时代诠释。

中国传统文化教育资源研究。如何树立恰当正确的中华优秀传统文化教育观，是学校实施中华优秀传统文化教育的首要问题。这一问题严重制约着学校实施中华优秀传统文化教育的行动意愿，也成为持续深入地开展这一工作的瓶颈。中国传统文化教育研究从孔子、朱熹、蔡元培与晏阳初等中国教育史人物，以及《大学》《中庸》《老子》等典籍、传统蒙学、传统师德等优秀传统思想的解读中获得了当代教育改革的动力和源泉。郭齐家提出，“中华优秀传统文化是我们文化自信的根基，也应该成为我们个人立身处世的底气。我们应重视作为传统文化载体的童蒙教材，引导儿童通过‘讽诵’汲取其中的营养，养其正心，育其德性”。

评价理念方式转变研究。多数学者认为，学科评估与建设应首先转变教育评价理念，促进个性化评价发展；探索多维评价体系；重构教育评价生态文化，营造宽松和谐的评价环境；经历“破五唯”后的学术体系构建应形成学术共同体的实质性评价取向。建立并健全学术的内部实质性评价制度。

四、基于交叉学科视域推进“人工智能+教育”的理论体系建构

北京地区学者基于交叉学科视域拓展教育技术学研究领域，重点关注在线学习、“互联网+”教育、人工智能和STEM教育等主题。深入推进“互联网+”教育背景下组织结构、教育服务、教育生态、教育治理、教育公平、知识观等主题研究，力图满足疫情防控期间的教育需求。冯晓英等在一系列关于“互联网

+”教师培训供给侧改革的实验研究的基础上，提炼出实现有效、高效、有吸引力和个性化的混合式学习设计的 4 个典型策略，为混合式教学实践和研究提供了更具实用性的方法策略。沈欣忆等通过对“学堂在线”网站上 16000 多名“财务管理”课程学习者期末考试成绩影响因子进行回归分析提出了“按顺序、有规律地进行视频学习”“关注作业设计”“促进教师和学习者形成学习共同体”“引导学生制订学习计划”等 4 条促进 MOOC 学习绩效提升的教学策略建议。

五、进一步加强教育治理体系和能力的现代化研究

教育治理理论建设是一个系统工程，遵循破立结合的原则，既扎根中国教育改革实践、保持中国特色教育理论定力，也密切关注国外教育实践状况、努力构建包容性的教育治理理论体系。余雅风指出，深入推进教育治理体系和治理能力现代化，必须坚持以马克思主义教育观为统领，以完善和发展中国特色社会主义教育制度为根本方向，聚焦解决人民群众关心的教育热点难点问题。提升政府教育管理服务水平；强化学校作为公共教育治理的重要主体地位，提高学校自主治理能力；确立多元主体在教育治理中的地位和权利，推动社会参与教育治理常态化。周作宇认为，制度是秩序的映射。秩序原理是制度设计和生成的理论基础。治理行动的效力取决于制度执行。善治需要法治保障，更需要德治基础。

六、深化终身教育理论体系研究

教育研究者在现代终身教育理念的影响下，从理论和实践层面对构建终身教育体系和学习型社会建设进行了卓有成效的探索。在第四次工业革命深入推进的时代，终身学习将成为教育领域的指导理念，以统领其他各类型教育的发展，并成为一种新的生活方式。周作宇指出中国在民国时期及新中国成立之后就有丰富的终身教育思想及教育实践探索；终身教育应是包括正规教育与非正规教育在内的系统，在推动建设学习型社会的同时，必须重视与此有联系但又有所不同的“教育型社会”建设，进而提出了综合学习型社会和教育型社会两重含义的“发展型社会”概念。国兆亮等建议通过洪堡思想中培养“完人”的目标和理念对终身教育加以引导，实现不同教育阶段和模式的互联共通，以终身教育的思想和理念指引个人终身的学习和进步过程。

七、反思与展望

进一步加强教育学领域的基础理论研究，推进理论创新。教育学研究比较偏重借鉴国外的理论框架来研究中国教育的具体问题，基于中国实践的原创性理论比较少。新时代的社会发展和教育发展实践呼唤教育学的理论创新，构建与中国新时代的基本国情相适应的教育学理论体系，这是当今中国教育学面临的首要任务和主要趋势。这就需要进一步立足于中国的传统文化和实践需要，不断加强具有中国特色的理论和实践研究，为世界教育学科的发展贡献出中国智慧。

更加重视研究过程和方法的规范化。由于教育研究对象充满着丰富性和复杂性，单一的研究范式往往只能关注教育现象的某个方面，无法全面把握教育实践的本质。而北京地区教育研究者采用思辨、调查及文献分析等方法相对较多，基于试验研究、混合研究及与其他学科交叉融合的创新性研究方法比较鲜见，未来尚需在循证理念指导下开展研究，丰富研究范式，在与其他学科交流碰撞中逐渐丰富教育学科自身的话语体系。

完善与相关学科进一步交叉和融合的平台。当今世界科学发展呈现出既高度分化又高度综合的对立统一的发展趋势，新的科学突破往往都是在相互交叉的跨学科领域实现的。因此，应促进社会学、政治学和心理学同教育学的交叉融合，以此深入拓展教育学的研究视野和内涵，并在科学方法论上对教育学的发展做出重要贡献。

进一步提高解决首都教育发展中的重大实践问题的能力。教育学的研究成果对相关教育政策的制定和教育发展实践产生了重要影响，但是，总体而言，北京地区教育研究能力、研究水平与服务首都“四个中心”建设的要求相比还有一定差距，对“双减政策”落地、中高考改革、“教育内卷”等迫在眉睫的教育实践问题还需要深入的理论研究。总之，教育研究应致力于为首都教育改革方案的提出、发展路径的探讨和相关政策的制定提供理论支撑和参考依据。

进一步加强学科力量整合、高水平学术平台和数据库建设。教育学还远远没有形成与中国教育发展实践相适应的中国教育学学派。近年来，北京地区教育学研究者正在形成学科力量整合的自觉、提出并开始着手运用大数据的思路加强数据库的建设，破除数据封锁，提高数据的利用效率。同时，加强高水平学术平台共建和合作培养人才的力度，通过更加频繁的国际学术交流与合作推动北京地区教育学科发展走向世界。

教育发展受到许多强有力因素的干扰，从而使教育实践表现出“被”发展的趋势，如近年的教育实践呈现为被资本驱动、被效率驱动、被技术驱动的虚假的教育繁荣。问题的关键在于，教育逻辑自身还不够强大，还不能与资本逻辑、效率追求和技术逻辑相抗衡。近年来一系列教育改革，呈现出一种对教育内在规定性的回归和本真性的追求，改革都指向教育生态重建、教育质量提升，目的是形成一种新的教育常态，这是一种教育自身逻辑的建设。教育学术研究必须致力于教育逻辑的实现，这是教育学研究的首要使命与责任。教育学研究会也希望在这方面有所作为。

教 育 学

一、教育学原理

理论研究积极聚焦现实热点，学科研究正在构成新时代的教育逻辑。2020 年，北京地区教育基本理论的研究包括对“教育”本身的研究、人工智能时代的教育、疫情下对生命教育的思考、中国特色社会主义时代的教育逻辑、教育制度、教育政策、教育社会的关系、教育与人的关系、教育公平、影子教育等热点问题研究、教育改革与发展、教育研究方法论、元教育学等方面。教育哲学研究主要集中于教育哲学理论的基本研究，对于儿童教育、教育改革等方面的研究也是建立在哲学理论之上。主要研究内容包括教育哲学流派研究、儿童教育与教师教育研究和中国教育实践与改革研究。德育原理研究主题集中在德育理论的探索与构建、疫情之下的公民教育之思、师风师德建设及思政课程研究 4 个方面。有关教师教育的研究集中在师范教育发展史、教师素养、教师共同体、教师教育研究方法、新任教师、教师惩戒权、教师队伍建设和各学科教师教育。教育人类学与文化学研究议题集中在民族教育研究、教育人类学方法实践、本土理论构建、海外民族志借鉴和随迁子女及留守儿童群体教育人类学研究等方面。教育政策与法律研究的核心主题是教育改革与教育治理现代化，教育体制机制改革。主要包括习近平法制思想与教育、受教育权及其保障、教师权利与教师法修订、民办教育新政与民办教育发展、婴幼儿托育服务与学前教育立法、高等教育办学自主权与双一流建设、北京地区教育现代化与法制化。教育社会学研究主要从 3 个视角展开：以行动与结构为核心的经典社会学视角；以家庭教育、基础教育、高等教育为核心的学科视角；以教师与学生为核心的行动者视角。该年的研究主题宽泛多元，主要集中在结构与资源、行动与冲突、日常生活与公共领域、社会流动与教育公平、家庭教育与基础教育、高等教育与全球化、学生心理健康、学业成就与教师专业发展等方面，既包括资源、权利、性别、身体、公平、文化资本、教育现代化、同伴群体等经典教育社会学问题，还包括劳动教育、疫情教育、博士生学业互动等当下热点问题。总体而言，该年的研究论文多为跨学科的实证研究，有关教育社会学学科自身发展的理论研究较少，以致对教育问题及教育现象的分析全面而不够深入。

二、课程与教学论

2020 年，北京地区高校和研究机构的学者围绕着课程治理、课程建设与开发、课程体系建构、教学改革、教科书管理、教材建设等方面开展多层次、多角度的研究，推动课程与教学论学科的高水平、高层次发展。在课程与教学论研究上呈现三大特点：一是紧跟国家教育政策，聚焦基础教育课程与教学改革关键问题；二是关注课程与教学改革实践样态，回应现实诉求；三是研究主题不断拓展，新兴研究领域逐渐涌现。

1. 课程论研究重构理论基础

课程论研究领域主要集中在课程治理、课程开发与建设、课程标准和不同类型课程等方面的研究。第一，从课程管理逐步转向课程治理，聚焦于课程治理的理论基础与区域实践探索。学者们从哲学本体论、认识论、价值论出发阐明课程治理的理论基础；还有学者以北京市东城区“学院制”课程体制为基础进行区域课程治理的机制重构与实践创新。第二，课程开发与建设聚焦基于学生核心素养的课程体系建构、“五育”并举的课程体系建设、学校课程建设路径等方面。有学者从价值取向、系统建构、课堂教学、课程资源 4 个方面提出新高考下学校课程建设的路径；从历史根基、科学依据、基本原则、组织实施等方面对学校德智体美劳“五育”并举学校课程建设做系统性探讨。第三，有关高中课程方案和课程标准的解读、文本研究及基于课程标准的评价改革研究数量较多。在文本研究上，主要是学科专家针对本学科普通高中新课标（2017 版本）进行的文本分析，以及与新版课程标准相应的课堂教学改革研究。关于课程标准与考试命题的研究，既有跨学科的理论研究，又依据各学科特点，探讨基于学科课程标准的考试命题改革途径。第四，思想政治教育课程、综合实践活动课程、劳动教育课程、体育课程、美育课程的关注度不断提高，其中对思想政治教育课程和劳动教育课程的研究最为系统和全面。其研究主题主要集中于思政一体化的历史沿革与未来展望，以及劳动教育课程的内涵特征、发展历程、课程建设及实践策略等方面。此外，大概念课程、STEM 课程、人工智能课程、灾难课程，以及疫情下的信息技术与学科课程融合等研究领域不断拓展。除上述主题外，学者们还对课程改革、课程政策进行了研究。课程改革涉及其课改的理论遵循、改革历程、未来走向、国际借鉴等；课程政策上，学者们分析了推动中国基础教育课程政策演变的重要力量、提出了课程政策实现教学转化的机制与路径。

2. 教学论研究：关注新高考背景下的教学改革

教学研究领域主要集中在基于学科核心素养的教学改革、新高考背景下的教学改革，以及信息技术与教学的融合。第一，指向学科核心素养的教学改革成为研究重点，涉及教学目标、教学方式、教学内容、教学评价、教学资源等的全方位改革。其中，基于“大观念”“大概念”的学科教学设计研究增多；学者们对深度学习、项目式学习、基于真实问题情境的教学等新型教学方式进行了理论与实践探索；依据学科特点，探讨学科核心素养与课程资源、课程目标的融合，以在课堂教学中落实并发展学科核心素养；如何开展基于学科核心素养的教学评价成为研究的重点与难点问题。第二，疫情时代如何实现信息技术与教学的融合、有效开展在线教学、混合式教学、智慧课堂和人工智能教学等也成为教学论研究热点。在 2020 年新冠肺炎疫情背景下，“停课不停学”促进了大规模实时交互的在线教学，推动了信息技术与教学的融合。学者们围绕在线教育的实施现状、在线教育的有效性、在线教育的利弊和存在的问题，以及信息技术与教学的融合的理论与实践等方面进行了研究，为未来线上教学的发展提供了借鉴。第三，新高考背景下的教学改革主要涉及改革现状、存在的问题和改进对策等，其中英语和语文学科研究较多。包括高考英语科目对高中英语教学的反拨作用；新高考背景下高中英语教学方法、学习方式及教学评价发生的根本性变化；中学语文教学应充分发挥在立德树人方面的独特优势，把培养学生阅读理解与信息处理、应用写作与语言表达、批判性思维与辩证思维等关键能力作为根本任务等。此外，同课程改革一样，学者们还梳理了中国教学改革的历史进程。有学者梳理了 1978—2018 年 40 年间中国课程教学改革与研究的光辉历程、主要成就、宝贵经验和未来走向；也有学者就新中国成立 70 年来小学教育的发展历程、现实挑战和未来发展愿景进行相关研究。

3. 教科书研究与时俱进

教科书领域多以教科书内容研究为主，还涉及教科书比较研究、教科书管理研究等，有关教科书评价、数字教科书的研究处于起步阶段。第一，教科书内容研究多为各学科教科书文本解读和教科书辅助系统的分析。包括对语文统编教材中单元教学、语文要素的解读；学科教材中插图、社会责任、人物形象、革命文化等的内容分析，其中语文教科书方面更加重视立于核心素养和革命文化的分析；教学辅助系统还涉及语文、物理等教科书中作业系统和课后习题等。第二，教科书管理涉及教科书的编制与使用、出版与供应等研究。学者们对不同学科教科书的编写思路、编写特点进行了研究。三科统编教材的使用是焦点，既涉及语文、道德与法治等教科书的使用建议，还有根植于革命文化、聚焦核心素养如何更好地使用教科书。还有研究者对教学研究—策划出版—营销推广一体化的教材出版进行了研究。第三，教科书评价和数字教科书研究较为薄弱。有关教科书评价的理论研究不断加强，但教科书的评价研究处于起步阶段，尚未形成系统研究体系。其中由张增田、侯前伟主编，西南大学出版社出版的《教科书评价：基础研究与标准建构》，从教科书评价本质出发，对教科书评价这一核心问题从本质反思到现实操作进行了分析，为教科书评价研究奠定了良好基础。作为信息化时代教科书建设的必然选择，数字教科书研究开始兴起，包括数字教材建构的策略、数字文本时代阅读教学范式转型的挑战与应对等，但目前相关研究还较为缺乏。第四，教科书比较研究主要涉及不同国别、不同版本教科书比较研究。除以上主题外，还涉及如何更好地对教科书进行建设、不同学科教科书沿革的历史研究、校本教材开发等。最后，从教科书研究团队上看，首都师范大学以石鸥带领的教科书研究团队已经搭建起教科书研究平台，涉及教科书研究的不同层面和不同角度，在国内教科书研究领域处在前列。

未来课程与教学论研究还需在以下方面继续改

进：第一，对课程方案的关注度不够。相较于课程标准的研究，学界对于同为课程政策文本的课程方案的关注和研究较少，且缺乏深度和广度。第二，加强对劳动教育、体育与美育课程的理论研究。目前对各类课程的研究视角较为单一，多集中于现状、问题与实践探索，尤其是体育、美育课程，还需进一步加强理论研究。第三，关于核心素养、学科核心素养的教学方式、教学评价改革的研究创新性和特色性不足，可操作性不强，实证研究较少且研究不够深入。第四，教科书研究以内容分析法和比较研究为主，研究方法较为单一，未来需要探索和采用多元研究方法对教科书进行更加全面和系统的分析。第五，加强北京地区各高校和学术团体之间的学术交流与合作，尤其是在教科书建设和研究方面，促进课程与教学论学科的高质量发展。

三、教育史研究

教育史致力于研究过往教育实践与发展的事实与规律。从学科性质上来说，教育史是教育学和历史学的交叉学科，具有双重和交叉的属性。北京地区的教育史学科向来是国内学界的重镇之一，其中尤其以北京师范大学的团队学术实力最为突出，在科研成果产出、人才培养和学科建设等方面均有显著成绩。

（一）中国教育史研究

1. 对中国教育史人物的研究

郭齐家在研究中提出，孔子教育思想在新时代极有价值，有必要对孔子教育思想和传统文化进行重新审视。[1] 该文揭示了孔子、孔子教育思想及传统文化的独特价值所在，这种独特价值是在中国数千年历史发展长河中反复沙汰凝结而成的。

程方平、冯芳芳在研究中，就朱熹编写《小学》的缘由展开分析，以期更加深刻地认识《小学》的历史意义。[2] 该文探讨了朱熹“圣贤之学”的理论逻辑与实践范型，即以“小学”之“学事”扎牢圣贤之根，以“大学”之“明理”成就圣贤之果，“小学”与“大学”有机衔接、一体统协，共同促成圣贤人格的养成。

2. 对中国教育史典籍的研究

于述胜在研究中力图廓清自古以来诸多臆说对《大学》本义的曲解与遮蔽，寻求对《大学》思想逻辑的准确把握，进而依此确定《大学》之“格物致知”的解释范围与方向，并对其理论价值加以阐明。[3]

在《中庸通解》一书中，于述胜将《中庸》全篇分为四大部分：首章由天道下贯于人道，揭明诚身以致中和之旨；二至十九章以申论“中庸”“中和”之义为主；二十至三十二章以申论“诚明”之义为主；末章则以人合天，而归于精诚微密之心。[4] 作者作此书的立足之处即在于对《中庸》所揭示的人之“精诚之心”的本质、机理及功用的厘定。

3. 对中国教育史其他相关问题的研究

杜钢在《中国传统师德探原》一文中，从“中国传统师德内涵建构的道与德内涵基础；作为展现传统师德历史原貌一个典型面向的人师之德以及从圣王师到圣贤师：教师形象的圣化与理想化师德的实现”等3个角度切入，对中国传统师德问题进行了探究。[5]

高钰雅、周慧梅在研究中，基于对中华职业学校的考察，对近代中国职业教育的“入口”与“出口”问题进行了分析。[6] 该文所归纳的近代中国职业教育发展的历史经验，对于思考当下职业教育如何有效促成社会阶层结构的优化，仍具有积极启发价值。

徐卫红对中国共产党领导下百年中国教育的民族性特征问题进行了阐析。[7] 该文强调，中国共产党领导下百年中国教育的发展历程始终坚持这一民族性特征，并经由继承性、世界性和创新性等基本角度将这一民族性特征深刻地表现出来。

（二）外国教育史研究

1. 美国学校教育史研究

张斌贤、曹雅洁的研究认为，在20世纪50年代联邦政府干预教育事务的权力得以加强之前，全国教育协会是影响教育政策制定的主要力量。[8] 全国教育协会在《初等和中等教育法》形成过程中发挥了重要作用，有效地扮演了教育界广泛利益代言人的角色。[9] 1918年美国内政部教育署发布的《中等教育的基本原则》被誉为“20世纪美国中等教育的宪法”，影响了此后美国中等教育改革的方向和进程及世界中等教育的发展。[10]

张斌贤认为，进步主义教育主张将儿童置于教育活动的中心地位，强调儿童生长和发展的整体性、连续性。[11] “完整儿童”这一观念从19世纪欧洲新儿童观的传入到霍尔将其发展，再到杜威以“经验”连续性为依据、克伯屈以“活动”为实现路径，标志着“完整儿童”观念的成熟。李子江等的研究指出，贺拉斯·曼的思想与实践促进了美国公共教育的复兴和共和精神的传播。[12] 陈露茜认为，二战后美国公共教育改革中“钟摆”问题从表象上看是在实现“优异”和追求“公平”之间不断摇摆，实质是联邦政府角色的持续扩张。[13]

2. 美国校外教育史研究

张斌贤等的研究指出，19 世纪末，随着美国城市化浪潮、大量移民的出现，间接引发了城市儿童问题。假期学校的建立是对城市社会问题的一次回应，对美国工商业的未来和社会福利的发展都大有裨益。[14] 19 世纪 20 年代，美国部分教育学家和儿童心理学家意识到游戏对儿童身心发展的重要作用，孕育了游戏场运动。陈露茜等的研究认为，早期的游戏场建设体现了进步主义时期教育功能的扩大及“教育生态”观的成型。[15] 孙益等的研究指出，简·亚当斯创办了赫尔之家，并领导建立了剧院、音乐学校、手工作坊、博物馆等机构，倡导通过戏剧、手工艺术活动等艺术形式，平复工业社会对儿童身心造成的伤害，实现社会的民主化。[16]

3. 大学史研究

李子江等的研究指出，美国荣誉博士学位的授予以声誉、声望为主要评选依据，突出候选人的学术成就和社会贡献。[17] 李子江和周梦圆的研究指出，《耶鲁报告》为古典学科课程做了有力的辩护，回答了关于高等教育哲学的一系列根本问题。[18] 丁永为在 2020 年出版了有关 19 世纪英国著名教育家纽曼的研究专著《走进纽曼，品读大学》。该书基于大量一手文献和权威二手文献，从大学教育目的、功能、课程、教学等全面、系统地研究了纽曼的大学教育思想。[19]

4. 杜威教育思想研究

丁永为的论文从教育家办学的理论和实践困境角度，讨论了杜威学校为什么停办了这个问题，认为应总结杜威学校的经验教训，为教育家办学创造有利条件。[20] 丁永为等另有研究指出，杜威从教育角度重构民主概念，主张通过主动作业培养未来公民的民主意识和社会精神。杜威的学校理论超越了贺拉斯·曼，影响了拉格和克伯屈等的社会改造主义转向。[21]

总之，近几年来北京地区教育史研究的主题从相对分散向集中转变，从方法和视角上相对单一向多元转变，在方法上也有新的尝试和突破。

四、学前教育研究

（一）学前教育政策与管理研究

财政要素是学前教育发展的关键要素之一，此方面研究主要集中于政府投入与成本分担机制的探析。学者分别从中国学前教育投入与成本分摊；[22] 投入体制调整；[23] 财政投入对民办园发展的影响[24]等角度进行了探讨并提出建议。在资源配置方面，学者们的关注要点包括新的《民办教育促进法》提出分类管理的背景下未来学前教育政策的走向、[25] 普惠性学前教育公共服务属性的定位和问题、[26]疫情条件下学前教育供需缺口及其补足等。[27] 还有一些学者从国际比较的视角，对福利主义视角下的学前教育政策[28]、疫情危机中的国际教育政策[29]、幼儿园园长准入制度[30]、幼儿教育补偿制度等[31] 进行了探析。

（二）幼儿园教师教育研究

2020 年的疫情给学前教育事业带来极大冲击，也对幼儿园教师专业能力提出挑战。学者主要探讨了疫情条件下幼儿园教师面临工作场域变化、能力结构要求变化的角度[32]、“停课不停学”大背景下教师培训的模式与方式的应对等问题。[33] 在教师专业发展方面，学者们重点关注了教师个人教育知识、教育技能两大方面。前者包括教育知识的效能、更新机制及策略发现在教育教学中实际使用、表现出来的对教育教学的认识，是影响教育教学质量、教师专业发展的重要因素；[34] 后者则包括教师观察能力提升策略[35]、新手教师教学指导策略发展等内容。[36]也有学者关注了促进教师专业发展的外部支持机制，包括如何针对当前幼儿园教师培训制度存在的问题进行改革；[37,38] 如何加深教师对改革核心理念与发展脉络的把握，推动教师专业发展提高幼儿园课程改革成效等。[39]也有学者从幼儿园对教师专业支持的角度出发，探寻了业务园长的教学督导对教师专业发展的积极作用和机制。[40]

（三）幼儿园课程与教学研究

在对幼儿园课程的研究中，部分学者着眼于幼儿园课程模式，关注生活化课程的理论建构，如生活化课程的本质及其内外部关系[41]、内容体系等[42]。还有学者探讨项目式学习推进可持续发展教育的经验[43]、对诸多课程教学模式概念的梳理[44] 等。一些学者还深化对教育教学组织形式的探讨，尤其是对集体教学活动，学者们研究了教师对集体教学活动的理解[45,46]、幼儿行为特征[47] 等问题。在疫情背景下，线上教学的组织形式也吸引研究者关注，有学者指出应依据学段特点科学实施学前阶段在线教育、组织教师在线培训、构建网络资源库。[48]针对幼儿园课程内容的研究中，研究者多针对幼儿园教育五大领域中的某一方面进行讨论，也有学者针对绘本教学进行分析。此方面研究内容也涉及营养教育、生命教育、性教育、劳动教育等内容。学者们在幼儿园游戏方面也进行了更加深入的探讨，内容包括对幼儿园游戏影响因素及价值的研究[49]、游戏活动中幼儿的行为与心理表征、[50]幼儿进行电子游戏的规律特征和指导策

略等。[51,52]

（四）0~3岁婴幼儿照护研究

在照护支持体系建构方面，学者从家庭育儿压力、母职困境和社会支持角度出发讨论婴幼儿照护家庭支持体系的构建，提出应形成夫妻同工、祖辈适度参与的动力机制，实现家庭与社会共同参与的婴幼儿照护良好格局。[53,54]也有学者从微观层面考察了父母育儿压力及喂养情况、[55,56]幼儿情绪疏导等问题。[57]在托育服务供需与模式方面，学者们主要针对城市婴幼儿托育服务供需现状和托育机构发展中面临的问题开展了调查研究，并提出若干建议[58,59,60]。还有学者探讨了托育服务供给中的政府角色、投资价值导向的矛盾与冲突、托育机构的功能结构与类型变化等问题。[61]也有学者基于比较的视角分析了托育服务的供给模式[62]，并针对家庭式托育[63,64]、半日制托班等方式进行了探讨。[65]在托育服务人员队伍建设方面，有学者综合探讨了当前所存在的问题[66]，探讨了托育人员核心素养的构成，[67]也提出了加快建立资格准入和岗位证书制度、建立人才培养体系、建立专业培训标准、提高待遇等政策建议。[68]

2020年北京地区学前教育领域的研究呈现出多姿多彩的生动局面，体现出突出的现实问题导向、良好的政策敏感性和积极的科研创新意识。未来应进一步提升学前教育学科建设水平、处理好学科建设与实践问题研究之间的关系；以构建具有中国特色的学前教育学科体系为目标，加强本土化研究；进一步加强国际化交流，促进学前教育学科不断迈向更高水平。

五、教育经济与管理研究

（一）学术研究紧密跟踪现实热点问题

通过知网数据库检索到2020年北京市教育经济学学者在中国知网上发表了203篇论文（包括报纸）和17本著作，教育管理学学者发表了211篇论文（包括报纸）和17本著作，使用Citespace软件对高频关键词分析，教育经济学研究的热点集中在高校毕业生就业、教育和人力资本形成、教育和经济增长、教育公平，以及家庭背景、课外补习和学业成绩的关系等方面；教育管理学研究的热点集中在高校双一流建设、研究生教育、教育评价、教育治理现代化、人才培养、学科建设等方面。

（二）教育经济学科理论基础是马克思政治经济学与西方人力资本理论[69]

2020年是人力资本理论诞生60周年，对人力资本理论的回顾与展望类文章较多。教育管理学理论基础依托管理学科发展，受国家治理体系建设进一步推进的影响，新制度主义、治理理论等新兴理论受到教育管理学界的广泛关注和应用。

2020年北京市教育经济学研究的对象侧重于教育与经济的关系，尤其是“教育和劳动力市场的关系”研究占到所搜集的期刊论文、专著、课题总数的1/3。傅树京将教育管理学研究的对象分为两类：教育行政与学校管理。[70] 2020年研究侧重于学校管理，包括高等教育内部结构治理和多元主体参与的教育评价。

（三）问题思考与未来展望

1. 学科发展的热点难点问题思考

教育经济学方向：一是强化经典问题研究，突显学科特色。教育与经济增长关系及教育与劳动力市场研究是教育经济学的经典问题和难点问题。随着中国经济增长方式发生变化，教育在促进经济可持续增长中的作用、大学创新能力对经济增长的贡献、职业教育的经济效益是学者们侧重研究的问题。同时，疫情期间大学生就业难这一社会问题，高校毕业生经济回报、收入期望等个人收益问题，以及过度教育、风险与职业选择等问题也受到学者关注。二是关注现实热点话题，均衡研究力量。教育经济学研究密切关注现实热点话题，既包括教育发展均衡、教育扶贫等时代需求的宏观教育公平问题，也包括个人的教育投资行为、教育与个人发展等微观问题。不过，极富现实价值和热点意义的职业教育、民办教育、教育产权等问题却研究不多。教育经济学者应树立学术研究的均衡观，合理分配研究力量，规避研究盲目性，实现各类现实研究话题的比量齐观。

教育管理学方向：一是将教育管理研究转变为教育治理研究是目前学科发展中的大趋势，形成在学校内部治理结构、治理与教育评价关系等主题的研究热点；二是坚持实践需求导向，推动实质性进展，特别是在教育评价与督导、中小学教师待遇与人事制度、教育脱贫等长期难点问题上，加强教育管理在教育实践过程中的微观研究深度，并探索理论研究和实践应用的平衡，提出系统可行的制度办法显得尤为重要。

2. 发展趋势和未来展望

教育经济学方向：一是加强教育经济学领域的基础理论研究，推进理论创新，因为构建与中国新时代的基本国情相适应的教育经济学理论体系是当今中国教育经济学面临的首要任务和主要趋势。二是更加重视研究过程和方法的规范化，除借鉴规范经济学和实证经济学的研究方法外，还可以运用田野调查、个案分析、制度分析等质性研究方法。三是完善与相关学科进一步交叉和融合的平台，从跨学科的理论角度去思考教育经济问题。四是进一步提高解决首都教育发展中的重大经济问题的能力，即教育经济学的研究要致力于为改革方案的提出、发展路径的探讨和相关政策的制定提供理论支撑和参考依据。五是进一步加强学科建设、学术队伍建设和数据库建设，破除数据封锁，提高数据的利用效率。同时加强课程体系建设和人才培养的力度，并通过更加频繁的国际学术交流与合作推动中国教育经济学学科水平的提高，更快地走向世界。

教育管理学方向：一是加强教育管理学领域的基础理论研究，必须学会“扎根中国大地”思考问题，创造中国经验与中国智慧，基于本土情境开展教育管理研究。二是重视研究范式的多样性，由于教育管理研究对象充满着丰富性和复杂性，单一的研究范式只能关注教育管理的某一方面，需要推动混合研究方法在教育管理学科中的应用，保证研究成果对教育实践活动指导和预测的有效性。三是提升教育管理学科对教育实践问题的发掘能力，需要发挥浓厚的问题导向精神。四是打破学科壁垒，建立大教育管理学，在作为学科群的教育管理学学科体系的逻辑结构之下，发挥子学科各自优势，共同解决学科发展难题。五是拓展教育管理研究与实践的国际化水平，加强有关国际化机会和活动的沟通，促进教育管理国际化跨学科合作，增强学科研究成果的国际影响力。

六、教育技术学

（一）积极拓展跨学科视域，人工智能成果突显

以中国知网期刊数据库为检索数据来源，2020年北京地区高校教育技术学领域学者共发表期刊论文213篇。研究重点主要包括在线学习、“互联网+”教育、人工智能、学习分析和学习成果认证等主题，且这些主题呈现出相互交叉的特点。

将2020年北京市高校教育技术学领域的学者以第一作者或通讯作者发表在中文核心期刊的文章作为数据来源，分析作者的合作网络情况，北京市高校教育技术学领域学者的合作研究全部集中于校内合作，不存在跨校学者之间的合作。

以 Web of Science Core Collection 数据库为检索来源，2020年北京市高校教育技术学领域学者共发表英文论文67篇，研究重点主要包括协作学习、移动学习、在线学习、STEM 教育、TPACK 等，且这些主题存在着一定程度上的交叉。

（二）问题思考与未来展望

1. 学科体系建设情况

从学科数量来看，北京市集聚了全国教育技术学的优势学科资源。从师资队伍建设来看，北京市内师范类大学的教育技术学专任教师数量更多，队伍结构更合理，讲师等不同职称的教师占比更均衡。关于学科体系建设的未来展望，北京市已设置教育技术学学科的各高校应明确自身的学科建设和学生培养的定位，高水平师范大学应继续保持本、硕、博的贯通式培养体系，北京师范大学在人才培养和科学研究相结合方面体现出较大优势，首都师范大学应进一步深化将教育技术学人才培养和科学研究结合，并通过贯通式的人才培养提升科学研究实力。

2. 学术体系建设情况

从研究成果的数量和影响力来看，北京师范大学在国内和国际研究成果发表方面均占据绝对优势。从研究成果的合作形式来看，北京市各高校教育技术学学科在研究合作的国际化、多样性、紧密性上呈现出较大差异。关于学术体系建设的未来展望，北京市已设置教育技术学学科的各高校应努力拓展研究合作渠道，一方面，与政府机构、中小学、企业建立联系，开展扎根中国实践的教育技术研究；另一方面，拓展合作对象的多样性，与国内外高校教育技术学、计算机科学、心理学、脑科学、教育学等领域的学者建立联系，通过跨校、跨学科的研究合作，提高研究的创新性、前沿性。

3. 话语体系建设情况

从研究范式来看，北京市高校教育技术学领域学者在国内和国际发表的研究成果在研究范式上呈现出一定的差异。在国际刊物或会议上发表的相关研究成果主要采用的是实证范式，即采用一套规范的研究路径，如实验研究、数据挖掘等，通过证据性发现推导出研究结果；而在国内刊物上发表的相关研究成果则更多是以思辨范式为主，即通过经验总结、观点讨论、主观思辨等方式阐明研究结论。关于话语体系建设的未来展望，北京市已设置教育技术学学科的各高校一方面应努力提升国际发表的研究成果数量，提高中国在国际教育技术学领域的话语地位；另一方面，国内发表应注重研究范式的规范性，提倡基于实证数据的教育技术学研究。

七、高等教育学

1. 疫情应对与在线高等教育问题研究

清华大学杨斌指出[71]，新冠肺炎疫情引发了世界范围的在线教育探索热潮，中国率先进行全国性

的、全体系的在线教学实践，并有效地保障了较高水平的在线教学质量。如何把“受迫性创新”转化成“抗疫红利”，则需要教育主管部门和院校着眼长远，在8个方面积极探索，形成一系列教育教学新模式。

王传毅等指出[72]，在新冠肺炎疫情影响下，全球许多高校先后推行了在线教育政策。清华大学率先开展全校性大规模实时、互动、异地、分散的在线课堂教学。从多源流理论来看，在政策实施过程中，存在着拥有不同政策核心信仰的联盟。联盟之间的政策导向学习、内部的决策者示范和专项任务组均推动了在线课堂教学有力实施。基于社会学制度主义的观点，竞争性同构和模仿性同构的共同作用使在线课堂教学在全球扩散并呈现趋同性特征。

2. 高等教育内外部治理问题研究

周作宇认为[73]，现代大学制度建设是大学治理现代化的重要组成部分。在对普遍性寻求的过程中，要正视地方性的文化特质。制度是秩序的映射。秩序原理是制度设计和生成的理论基础。治理行动的效力取决于制度执行。善治需要法治保障，更需要德治基础。

刘益东等指出[74]，树立以事业共同体和命运共同体为核心的价值逻辑，是构建有效行政的价值基础；推进大学行政纪律建设，是贯彻有效行政的实践逻辑。

林杰等研究深圳案例[75]，探索高等教育外部治理格局如何创新的问题，包括如何调整政府与高校关系、发挥社会力量办学等问题。

3. 高等教育理论研究

谢喆平等指出[76]，对高等教育系统化的理性知识的追求是高等教育研究的目标。从其构建的路径而言，这些教育理论可分为经验生成与逻辑推演两类。经验生成并不排斥逻辑推演，逻辑推演也建立在经验研究之上。除了研究者，大学校长以学者和校长的双重身份对高等教育进行思考并推动实践，对高等教育的思想流变和理论构建有深远影响。

朱俊华、杨锐指出[77]，创业型大学已经发展成为高等教育研究中不可忽视的重要领域之一。然而，对于其研究的重要前提——创业型大学身份特征，理论界着力不多。目前，大学新旧身份的矛盾与冲突、全球化背景下多数大学面临的双重身份张力，以及大学身份的独特性和同质化并存等矛盾使得创业型大学的改革之路备受争议。摆脱对西方创业型大学模式的价值探讨和理论分析的桎梏，探索适合中国文化传统和制度特点的创业型大学改革之路，是当下中国高等教育研究的任务。

4. 逆全球化与高等教育国际交流合作研究

沈文钦认为[78]，改革开放40多年来，通过国际学术流动实现与全球学术系统的整合是中国大学崛起的一个关键原因。在当前逆全球化的国际环境下，国家对知识跨国流动的控制在增强，跨国学术流动可能面临较大的困难，知识的国际性和公共性正遭到挑战。在这种情形下，中国大学应继续坚持开放的路线，同时增强自身的独立自主能力。

莫家豪研究认为[79]，在过去几年中，反全球化和“民族主义”的复兴在全球不同地区出现，新冠肺炎疫情的流行进一步强化了复兴中的民族主义。正如菲利普·阿特巴赫和汉斯德威特所指出的，全球化的未来可能会受到质疑，新冠肺炎疫情的流行将不可避免地影响国际学生流动、研究和学术项目中的国际合作，以及那些高度依赖国际学生作为资金来源的高校的经费。

西蒙·马金森通过分析中国在资金、科学论文产出、学科平衡、国际化战略及建立国家和全球科学网络等方面的做法，解释中国在把科学嵌套进国家体系的基础上，如何做到“正和”地联合全球活动与国家、地方活动。中国学者论文发表在“加权的中心性”方面，仅次于美、英、德、法4国。他还指出，中美关系在中国的科学建设中发挥了重要作用，未来中美科学系统将有可能部分解耦[80]。

未来高等教育研究要特别关注如下几个方面的问题：第一要关注逆全球化、疫情背景下中国崛起与高等教育国际交流合作问题。不能把目前局面简单视为短暂历史逆流，而要转换思路，提供新的对策。第二要更加重视对“十四五规划”时期，以及面向2035年高等教育现代化发展过程中高等教育改革与实践问题的研究。第三要更加重视高等教育基础理论研究。从北京各高校高教研究与人才培养方向看，高教理论研究近年来有所削弱，对高教管理特别是治理问题研究较多，但对基础理论问题研究不多。第四要更加重视高等教育实证研究。由于疫情的影响，2020年高等教育学术会议相对较少，而田野调查、实证研究开展也相对较少。第五要更加重视对北京高等教育、京津冀一体化过程中高等教育的作用问题研究。以前部属高校对北京本地高等教育问题研究相对较少，相关研究成果见之于学术杂志的更少。

八、比较教育学

1. 基于全球教育治理视域聚焦教育国际化，跨学科视域研究成果增加

出于研究目的与学术价值考虑，本文主要选取

CSSCI 与 SSCI 期刊的比较教育学相关论文，以及比较教育学相关著作成果进行分析。统计发现，2020 年北京市研究人员共发表中文期刊论文 184 篇，研究主题有如下特点：一是微观实践领域的教育研究备受关注，涉及人才培养与管理、课程与教学、教师教育与管理、大学教师发展与管理等；二是关注各国的教育治理与改革，尤其是“双一流”背景下的高等教育治理与改革；三是疫情背景下的教育国际化、教育信息化、全球教育治理等成为强势话语；四是教育思想与理论、比较教育学科的发展仍受关注。在研究地域方面，单一国别研究是中文论文的主体，对发达国家的教育尤其关注，主要涉及美、德、英、法等国；跨国比较研究引人注目，包括两国比较和多国比较；国际组织与区域组织、全球性趋势等主题的研究也备受关注。在研究方法方面，学者总体上都持多元化的观点，除了传统的文献研究、理论分析、比较研究外，也有一些基于实证主义和人文主义所展开的研究。在理论框架方面，有 18 篇文章采用了理论分析框架，这些理论框架来自社会学、法学、政治学等多个学科，主要包括倡议联盟框架、休克主义、新制度主义、治理理论、制度理论、城市规划理论与都市圈理论等。

2. 英文期刊论文成果分析

通过查阅《比较教育》（*Comparative Education*）、《比较教育评论》（*Comparative Education Review*）等 28 本 SSCI 期刊中有关比较教育的英文学术论文，共收集到 2020 年北京地区研究人员发表的相关论文 19 篇。在研究主题方面，主要涉及教育国际化、高等教育治理与改革、课程与教学、人才培养与管理、民族教育、职业教育和创业教育、教育评价与测量，以及农村教育等主题。在地域分布方面，英文论文可分为单一国家研究和跨国比较研究两类，以对中国教育问题的研究为主。

从学科的机构发展情况看，除北京师范大学外，其他高校的比较教育学科建设规模相对较小，期待未来北京地区高校，能扩大比较教育学的学科建设规模，增强研究力量，更好地服务于地区实践。从研究对象的范围来看，目前的研究成果多关注传统发达国家，对第三世界国家的关注明显不足。我们应该拓展比较教育的研究领域，关注更广泛的研究对象。在借鉴发达国家的教育经验的同时，继续增强对多元化的全球与区域教育的关注，开展有针对性的比较，为持续改进中国教育提供科学经验。从研究方法论体系的建构来看，已有研究虽然对学科发展进行了探究，但基于中国本土的比较教育学科方法论体系的探讨较少。未来，相关研究应该继续加强对中国比较教育学科发展问题的研究，深化比较教育方法论体系的研究，关注中国本土教育实践中产生的问题。从研究话语体系方面来看，已有研究多是对一个或多个国家的政策或实践改革介绍、比较分析，较少采用具有中国特色的理论视角、理论分析框架。因此，比较教育研究者应加强自身的学术群体建设，深化学科基础理论研究，建立起能体现中国特色的学术话语体系，争取产生更具有代表性的教育理论与实践成果，在国际教育学术界展示我们在教育理论与实践方面的优质成果。

九、职业教育学

通过对 web of Science 和 Springer Online 等数据库进行检索，尚未发现发表与职业技术教育学科相关的英文期刊论文和著作。通过对中国知网数据库进行检索，发现 2020 年度北京市职业技术教育领域的学者们共发表 147 篇文章。对所有文章的主题做词云分析，教学改革、师资队伍建设、课程建设、人才培养模式、海外办学、教育质量、校企合作、技能大赛依然是学者们关注的热点。

北京地区有两本期刊属于职业技术教育学科，均被北京大学核心期刊 2020 版收录，即《中国职业技术教育》和《教育与职业》。《中国职业技术教育》期刊 2020 年度发表文章 406 篇，对所有文章的主题做词云分析，人才培养、现代学徒制、课程教学改革、教材建设、双高建设、产教融合、1+X 证书制度、脱贫攻坚、思想政治教育、师资队伍建设、校企合作、评估评价等为热点主题。《教育与职业》期刊 2020 年度发表文章 441 篇，对所有文章的主题做词云分析，产教融合、德育、师资队伍建设、现代学徒制、创新创业（双创）、1+X 证书制度、职业教育（院校）治理、职业教育扶贫、双高建设、职业教育国际化是热点主题。

在学科体系建设方面，从学科数量和学生培养来看，北京地区职业技术教育学学科没有本科专业，实际招生的硕士和博士点均设立在北京师范大学。职业教育学科建设较弱，高校学科数量少，师资数量少，学生培养数量非常有限，大部分高校还未建立职业教育学科发展平台。着眼于未来北京地区高校，尤其是理、工、商科高校，应增加设立职业技术教育学本科专业，同时在师范性高校中设立职业技术教育二级学科，增加硕士、博士点，完善职业技术教育学科体系建设，增强研究力量及后备力量，为地区实践服务。

在学术平台建设方面，北京地区有4个专门研究职业教育的研究机构（事业单位），同时有中华职业教育社、中国职业教育学会2个学术组织/团体，2个职业技术教育领域的期刊，为职业技术教育学科发展提供了重要的学术研究和发展平台。目前，职业教育领域还没有专门的CSSCI期刊，很多职业教育文章都需要发表在其他学科期刊上，这对于职业教育学科的发展非常不利。期待未来职业教育能够有专门的CSSCI期刊，为高质量、高水平的职业教育学科发展研究成果的发表提供更高的学术平台。

十、特殊教育学：关注教育质量提升研究

2020年，北京地区特殊教育领域研究者关注特殊教育课程与教学、特殊教育发展规划与政策、特殊儿童学前及家庭教育、盲聋与手语盲文、特殊教育教师、融合教育等主题。

1. 特殊教育课程与教学研究

省部级课题“自闭症儿童情绪能力干预研究”“孤独症儿童象征性游戏的干预研究——基于提升动机操作”及著作《孤独症儿童情绪能力教学》聚焦于关注孤独症儿童课堂教学及干预。以胡晓毅为代表的北京市特殊教育领域研究者对孤独症儿童心理理论教学、言语行为教学、比喻教学策略、情绪能力教学等诸多教学理论及实践进行了研究。

还有一批研究者关注培智学校的绘本教学、课堂教学评价、新课堂观、信息媒介的课堂应用等。还有少部分研究者关注特殊教育课程及教材相关研究。提升孤独症儿童的社交技能需依靠有针对性的课程和教学，需加强地方和学校顶层设计，积极推动实施基于新课标的课程与教学改革；增强学校主体意识，提升其实施新课标的主动性；加强特教师资队伍建设，提升教师课程素养。

2. 特殊教育发展规划及政策研究

2020年，北京市特殊教育领域专家从宏观层面围绕“十四五”期间中国特殊教育规划与重大问题及中国特殊教育中长期发展目标及推进策略进行了探究，对特殊教育相关法规和政策进行了分析。对中国特殊教育发展的现状、未来发展的战略需求、中长期发展的目标制定、中长期发展的推进策略、中长期发展目标推进的保障机制进行深入研究。课题“特殊教育学校教育质量评价指标研究”从质量提升的视域构建特殊教育学校教学质量提升评价指标，从整体布局谋划未来特殊教育质量提升的政策意见。

3. 特殊儿童学前及家庭教育研究

学前教育对于任何一个人终身发展的奠基性作用毋庸赘言。对于特殊儿童来说，早期发现、早期诊断、早期干预是特殊教育及融合教育最基本的黄金原则[81]。一些研究者较为关注特殊儿童学前教育问题，如课题“残疾儿童学前教育现状及对策研究”。良好的家庭文化浸润、成功的家庭教育滋养，对残疾儿童少年享有高质量的教育和康复发挥着至关重要的作用[82]。研究者还关注特殊儿童家庭教育问题，如课题“残疾儿童家庭教育支持的机制构建研究”。

4. 盲聋与手语盲文研究

一系列课题关注聋人群体及手语，如“中国听障人群语言状况调查及语言权保障研究”“视听双障儿童沟通能力的干预研究”“北京手语语言资源保护的理论、方法和技术研究”“强化聋生计算思维的教学模式研究”“基于能力本位的听障生高等教育艺术专业课程实践研究”“聋人汉语分级阅读测试研究”。课题“国家通用盲文语文课程设置与开发研究”“针灸推拿盲人大学生使用触觉凸图促进思维能力提升的教学实证研究”关注盲生与盲文领域。心理健康是视障儿童发展的重要指标，也是教育的重要内容，但由于视觉通道的受限，视障儿童心理健康可能呈现不同的发展水平。

5. 特殊教育教师研究

专著《中国特殊教育教师发展报告》以《中国教育统计年鉴》《中国教育经费统计年鉴》等相关数据为基础，梳理改革开放40年中国特殊教育教师队伍建设的政策，分析近10年中国特殊教育教师队伍建设的变化特征和发展现状，并对当下特殊教育教师发展的热点问题进行专题探讨，从宏观层面描绘了中国特殊教育教师发展的宏伟蓝图。

6. 融合教育研究

课题“随班就读教师融合教育素养及提升模式研究”“向基础教育倾斜—融合教育巡回指导师培育项目课程开发”“融合教育背景下普通教师职前培养的有效变革：内容、影响因素及策略研究”聚焦于研究职前、职后普通教师融合教育素养的培养及提升。研究发现多数教师对融合教育的态度仍不容乐观，将形式化的调整视为教学过程中最大限度的改变，最终在实践层面形构出一种“象征性”的融合教育制度[83]。还有一些研究者关注融合课堂的教学问题，教师的提示行为和特殊学生的反应行为进行观察，提出教学管理建议。

当下北京地区特殊教育领域研究已围绕“特殊教

育内涵式发展”向纵深推进。未来的研究不但应关注方法的创新，秉持为国家特殊教育发展战略服务的宗旨，更应加强特殊教育理论研究，助力有中国特色的特殊教育理论体系形成。

十一、成人教育学

2020 年，“继续教育”概念在成人教育研究和实践中被广泛使用，“社区教育”“老年教育”“现代远程教育”“终身教育”相关概念越来越多地被成人教育研究者所关注。同时，随着信息技术的发展和第四次工业革命的推进，成人教育教学手段、教学组织形式，以及教学管理和质量保障机制等都发生了深刻的变革，慕课、在线学习，开放教育、开放大学等概念和研究领域成为成人教育研究中的热点问题。

以“成人教育”为主题词在中国知网引文数据库中查找出 2020 年北京学者独立发表或参与发表学术论文共计 95 篇，这些研究既有宏观理论上的建构，也有政策机制方面的思考，但更多的是对成人教育实践规律和经验的总结归纳和理性审视。

1. 终身教育理念指导发展

中国已经形成了同终身教育与学习相匹配的管理体制、构建了同之相适应的终身教育与学习的服务体系，实现了“成人教育”转到“终身教育”继而转向以学习者为中心的“终身学习”的转变，现阶段终身教育的发展重点仍然在成人教育领域，但其组织要素和基本理念正在进行深刻的重构；在推动建设学习型社会的同时应重视“教育型社会”与“发展型社会”的建设。

2. 信息技术发展引发变革

第四次工业革命背景下，终身学习与人工智能的深度融合推进学习理念升级。信息技术的迅猛发展引发成人教育教学模式构建、管理机制改革、教学资源和平台建设、学习过程及行为分析和教育实践等方面的深刻变革。依托信息技术发展，成人教育得以更好地服务教育脱贫攻坚和应对新冠肺炎疫情的影响。

3. 开放教育蓬勃发展

国内开放大学经过近 10 年的发展，在学校内部治理、外部保障、队伍建设，开放教育人才培养、专业建设及学习成果认证与转化方面取得较大的进展；但是从概念而言，“开放教育”的研究范畴应该更为丰富宽泛。

4. 质量建设稳步推进

北京地区的成人教育研究者和实践者积极探索在新的历史方位上实现成人教育高质量发展的路径，成功应对新冠肺炎疫情给成人教育工作带来的诸多影响，对成人教育人才培养、教学改革、资源和队伍建设及管理机制改革等方面提出了建议。

5. 促进社会可持续发展

社区教育、老年教育不仅服务于人民对美好生活的需要、增进人民福祉，也为个人得以持续理性地适应社会发展、推动社会的和谐稳定与可持续发展，为应对新冠肺炎疫情等现代社会的新情况、新挑战积蓄人力和理性资本。

2020 年，北京地区成人教育领域的研究也存在明显不足，需要进一步改善。其一，加强北京地区成人教育学研究力量，澄明学科定位、廓清学科边界、构建均衡的学科理论体系。其二，拓宽终身教育视域下学科研究视野、创新研究范式，对成人教育与职业技术教育、人工智能科学及其他行业开展交叉研究的工作路径进行系统思考。其三，拓展国际视野，重视对联合国教科文组织《成人学习和教育全球报告》（GRALE IV）、剑桥大学《可持续发展报告—2020》（SDR 2020）的研究。

注：

［1］郭齐家：《我们在新时代如何看待孔子和传统文化——再论孔子教育思想的价值和现实意义》，《教育史研究》，2020(02)：11-27。

［2］程方平，冯芳芳：《朱熹作〈小学〉的缘由分析》，《教育史研究》，2020(04)：58-68。

［3］于述胜：《通情以达理——〈大学〉“格物致知”本义及其理论价值》，《教育研究》，2020(03)：47-65。

［4］于述胜：《〈中庸〉通解》，北京：社会科学文献出版社，2020。

［5］杜钢：《中国传统师德探原》，教师发展研究，2020(04)：118-124。

［6］高钰雅，周慧梅：《近代中国职业教育“入口”与“出口”问题分析——基于中华职业学校的考察》，职业技术教育，2020(16)：56-61。

［7］徐卫红：《中国共产党领导下百年中国教育的民族性特征》，《教育史研究》，2020(04)：21-35。

［8］曹雅洁，张斌贤：《美国全国教育协会与〈国防教育法〉》，《外国教育究》，2020。

［9］钱晓菲，张斌贤：《美国全国教育协会与〈初等和中等教育法〉》，《外国教育研究》，2020(11)：47。

［10］杜光强，张斌贤：《美国〈中等教育的基本原则〉报告，百年学术史考察》，《南京师大学报》，2020(5)：60-68。

[11]张斌贤：《“世纪难题”：什么是进步主义教育》，教育研究，2020(1)：61-74；张斌贤，王蓝慧，祝贺：《“完整儿童”观念在美国的早期演变》，《比较教育研究》，2020(11)：35-44。

[12]李子江，杨雪芬：《论贺拉斯·曼教育改良社会的思想》，当代教育理论与实践，2020(1)：145-151。

[13]陈露茜，苏艺晴，杨燕：《战后美国公共教育改革中的“变”与“不变”》，清华大学教育研究，2020(6)：123-132。

[14]张斌贤，何灿时：《校外教育的产生与初步发展：纽约市假期学校》，教育史研究，2020(3)：12。

[15]陈露茜，位盼盼：《波士顿游戏场运动的萌芽和早期演进》，教育史研究，2020(3)：12。

[16]孙益：《用艺术拯救儿童：简·亚当斯与校外艺术教育》，教育史研究，2020(3)：90-98。

[17]李子江，闻迪，王传毅：《论美国大学荣誉博士学位的规范化》，学位与研究生教育，2020(02)：10。

[18]李子江，周梦圆：《古典课程与现代课程之争：以〈1828年报告〉为中心的历史考察》，现代大学教育，2020(4)：76。

[19]丁永为：《走进纽曼品读大学》，太原：山西人民出版社，2020年。

[20]丁永为：《杜威学校为什么停办了?》，《中国德育》，2020(08)：44-51。

[21]丁永为，荆美玉，闫宝萍婧：《社会民主进程中的学校重建——杜威教育思想中的一个核心主题》，《教育文化论坛》，2020(2)：23-29。

[22]赵嘉茵，袁连生：《2000年以来学前教育投入与成本分担的国际趋势》，《教育经济评论》，2020，5(05)：53-66。

[23]袁连生，赵嘉茵：《新时代学前教育财政政策应处理好的几个关系》，《教育经济评论》，2019，4(03)：49-63。

[24]郑琦，宋映泉，廖相伊：《增加学前教育公共财政投入对民办幼儿园存在挤出效应吗？——基于2001—2015年省级面板数据的研究》，《教育经济评论》，2020，5(02)：91-116。

[25]李敏谊，范昕：《普惠性民办园政策调整是必然趋势》，《教育家》，2020(03)：30-31。

[26]刘焱，郑孝玲：《关于普惠性学前教育公共服务属性定位的探讨》，《教育研究》，2020，41(01)：4-15。

[27]李敏谊：《当学前教育供给侧改革进入深水区》，《教育家》，2020(27)：1。

[28]聂晨：《破解不均衡不充分：福利主义视角下英国学前教育政策的发展及其启示》，《学前教育研究》，2020(03)：3-15。

[29]沙莉，刘浩喆，李晗：《疫情危机中的国际教育政策回应与反思》，《基础教育》，2020，17(03)：113-120。

[30]洪秀敏，王默：《香港地区幼儿园园长准入制度的经验及启示》，《河北师范大学学报(教育科学版)》，2020，22(03)：17-20。

[31]雷有光，楚琳，侯轶男：《英国两岁处境不利幼儿教育补偿政策研究》，《外国教育研究》，2020，47(06)：114-128。

[32]易凌云：《后疫情时代的幼儿园教师：专业角色的转型与专业权威的重建》，《中国教师》，2020(10)：86-89。

[33]洪秀敏：《“停课不停学”背景下幼儿园教师专业发展的挑战与应对》，《学前教育研究》，2020(06)：27-30。

[34]刘丽：《教师个人教育知识：效能、更新机制及策略》，《教师发展研究》，2020，4(01)：96-102。

[35]高宏钰，霍力岩：《教师专业观察力及其提升策略：“观察渗透理论”的视角》，《当代教育科学》，2020(04)：33-37。

[36]曹磊，于开莲：《我是不是好孩子——对教师教育指导的观察与分析》，《学前教育》，2020(03)：14-16。

[37]洪秀敏，林玲，张明珠：《幼儿园教师培训亟待破解四大痛点——基于80位幼儿园教师的座谈分析》，《中国教师》，2020(06)：80-83。

[38]史贝贝，黄爽：《探析新时期幼儿园新手教师职后培训的途径》，《幼儿教育》，2020(Z4)：69-73。

[39]于开莲，李彩霞，张慧：《幼儿园课程改革成效：基于教师关注水平的评价》，《学前教育研究》，2020(06)：48-62。

[40]刘昊，陈敏倩，罗丽：《教师对业务园长进班指导的价值体验及其影响因素》，《学前教育研究》，2020(11)：17-28。

[41]胡华：《生活化课程的探索与思考》，《学前教育》，2020(03)：30-34。

[42]胡华，王海霞，田巍，张芬：《生活化课程：让儿童真实地学习与生活》，《学前教育》，2020(03)：35-39。

[43]李敏谊，邱雪华，许婧怡：《项目式学习：可持续发展教育的利器》[EB/OL]. https://www.sohu.com/a/421124678_243614.2020-09-27/2021-8-30。

[44]李敏谊，郑杰，付炜珍，许婧怡：《在幼儿园落实核心素养的有效教学法》，《学前教育》，2020（04）：46-49。

[45]冯婉桢：《集体活动是“联合”，而非“同步”》，《教育家》，2020（47）：29-30。

[46]苏婧：《不忘初心 形式要为目的服务》，《学前教育》，2020（13）：1。

[47]杨佳伶，王兴华：《4~5岁儿童的集体教学活动应用行为观察研究》，《教育导刊（下半月）》，2020（12）：9-15。

[48]苏婧：《疫情背景下学前阶段在线教育的实践与思考》，《中国现代教育装备》，2020（22）：1-3。

[49]Winnie Sin Wai PUI，ZHANG Heyi，DING Ming，et al. Developing Children’s Cultural Identities Through Play. Beijing International Review of Education，2020，2（2）：257.

[50]杨晓丽，潘月娟，宋芳：《积木数量对学前儿童游戏行为的影响研究》，《天津师范大学学报（基础教育版）》，2020，21（01）：91-96。

[51]刘肖岑，傅瑶：《电子游戏：绕不过去那就科学地玩起来!》，《父母必读》，2020（07）：53-57。

[52]高子惠，刘肖岑：《电子游戏或能提高幼儿的抑制控制能力》，《学前教育》，2020（Z1）：12-13。

[53]洪秀敏，朱文婷：《全面两孩政策下婴幼儿照护家庭支持体系的构建——基于育儿压力、母职困境与社会支持的调查分析》，《教育学报》，2020，16（01）：35-42。

[54]洪秀敏，朱文婷，赵思婕：《青年父母婴幼儿照护支持与养育压力研究——基于全国13个城市的调研数据》，《中国青年社会科学》，2020，39（02）：106-114。

[55]Qian Guoying et al. Assessing Mothers’ Parenting Stress：Differences Between One- and Two-Child Families in China. Frontiers in Psychology，2021.

[56]Zhou Nan，Cheah Charissa S. L.，Wang Guangheng，et al. Mothers’ feeding profiles among overweight，normal weight and underweight Chinese preschoolers. Appetite，2020，152（prepublish）：104726.

[57]李佳洋，刘文利：《二孩家庭父母如何应对养育挑战》，《江苏教育》，2020（80）：25-28。

[58]洪秀敏，朱文婷：《托育服务亟待破解三大“瓶颈”》，《中国人口报》，2020年2月19日。

[59]洪秀敏，朱文婷，张明珠：《推动托育机构规范优质发展》，《中国社会科学报》，2020年2月26日。

[60]洪秀敏：《多措并举促进优质普惠托育服务发展》，《教育家》，2020（23）：15-16。

[61]武欣，史瑾：《21世纪以来德国联邦政府0~3岁婴幼儿托育改革进展与趋势》，《外国教育研究》，2020，47（07）：87-100。

[62]李敏谊，李青颖：《如何界定托育服务人员核心素养》，《幼儿教育》，2020（Z4）：95。

[63]张萌萌，王兴华：《家庭式托育的个案研究》，《学前教育》，2020（12）：9-12。

[64]张萌萌，姚寓菡，旦增央宗，王兴华：《台湾居家式托育经验及启示》，《世界教育信息》，2020，33（12）：74-79。

[65]陈凤，刘馨：《幼儿园半日制托班托育服务现状研究——以北京市两所幼儿园为例》，《幼儿教育》，2020（Z6）：9-14、28。

[66]洪秀敏，张明珠，朱文婷：《当前中国托育人员队伍建设的瓶颈与对策》，《中国教师》，2020（02）：79-83。

[67]李敏谊，李青颖：《如何界定托育服务人员核心素养》，《幼儿教育》，2020（Z4）：95。

[68]洪秀敏，朱文婷，张明珠，刘倩倩：《“十四五”时期中国托育服务人才队伍建设的战略思考》，《学前教育》，2020（12）：4-8。

[69]靳希斌：《教育经济学》，北京：人民教育出版社，2009年。

[70]傅树京：《教育管理的理论与实践探索》，北京：人民出版社，2015年。

[71]杨斌：《充分释放“抗疫红利”推进教育改革创新》，《清华大学教育研究》，2020年第3期。

[72]王传毅等：《疫情期间在线高等教育政策的实施与扩散——以清华大学为例》，《清华大学教育研究》，2020年第4期。

[73]周作宇：《大学治理行动：秩序原理与制度执行》，《清华大学教育研究》，2020年第2期。

[74]刘益东等：《大学有效行政：价值基础与纪律建设》，《清华大学教育研究》，2020年第5期。

[75]林杰，刘业青：《高等教育外部治理格局的突破与创新——深圳建设中国特色社会主义先行示范区的机遇》，《清华大学教育研究》，2020年第

2 期。

［76］谢喆平，刘惠琴：《经验生成与逻辑推演：高等教育理论的两种构建路径》，《清华大学教育研究》，2020 年第 6 期。

［77］朱俊华，杨锐：《创业型大学的身份困境——基于文献分析的视角》，《清华大学教育研究》，2020 年第 6 期。

［78］沈文钦：《国际学术流动与中国大学的发展：逆全球化趋势下的历史审视》，《北京大学教育评论》，2020，18（4）：47-70。

［79］莫家豪：《挑战全球化：COVID-19 大流行和教育国际化》，《北京大学教育评论》，2020，18（4）：34-46。

［80］西蒙·马金森：《生生不息的火焰：全球科学中的中国》，《北京大学教育评论》，2020，18（4）：2-33。

［81］邓猛：《更新观念，办好学前融合教育》，《现代特殊教育》，2020（07）：1。

［82］刘全礼：《加强家庭教育指导，提升协同育人实效》，《现代特殊教育》，2020（11）：1。

［83］杨茹，赵彬，王雁：《教师对融合教育的理解与践行：基于社会学新制度主义的分析》，《教师教育研究》，2020，32（04）：96-103。

（教育学特约课题组供稿）

年度推荐论文和著作

论　文

1.《教师法律身份的演变与选择》，劳凯声，《中国教育学刊》，2020 年第 4 期。

2.《教育实践的技术化必然与限度——兼论技术在教育基本理论中的逻辑定位》，余清臣，《教育研究》，2020 年第 6 期。

3.《人工智能与教育变革：前景，困难和策略》，肖睿，肖海明，尚俊杰，《中国电化教育》，2020 年第 4 期。

4.《集团化办学：超越传统的学校组织形式》，孟繁华，《中国教育学刊》，2020 年第 11 期。

5.《三类特殊教育学校贯彻落实课程标准的现状分析与建议》，徐知宇，徐思思，王雁，《中国特殊教育》，2020 年第 9 期。

6.《超大规模互联网教育组织的核心要素研究——在线教育有效支撑“停课不停学”案例分析》，黄荣怀，张慕华，沈阳等，《电化教育研究》，2020 年第 3 期。

7.《“世纪难题”：什么是进步主义教育》，张斌贤，《教育研究》，2020 年第 4 期。

8.《关于普惠性学前教育公共服务属性定位的探讨》，刘焱，郑孝玲，《教育研究》，2020 年第 1 期。

9.《中国家庭教育研究的理论缺失与自信重构》，高书国，《教育发展研究》，2020 年第 4 期。

10.《促进儿童成长：课后服务多元主体协同育人探讨》，康丽颖，《中国教育学刊》，2020 年第 3 期。

著　作

1.《中国现代职业教育质量保障体系研究》，赵志群，经济科学出版社，2020 年。

2.《国际教育新理念（修订版）》，顾明远，孟繁华，教育科学出版社，2020 年。

3.《德国古典大学观及其对中国的影响（第三版）》，陈洪捷，北京大学出版社，2020 年。

4.《婴幼儿托育机构设置标准的国际经验与启示》，洪秀敏等，北京师范大学出版社，2020 年。

5.《小学科学有效教学》，丁邦平，北京师范大学出版社，2020 年。

6.《〈中庸〉通解》，于述胜，社会科学文献出版社，2020 年。

7.《习近平总书记教育重要论述讲义》，教育部组织编写，高等教育出版社，2020 年。

8.《创建世界一流大学政策的国际比较研究》，刘宝存，张梦琦，北京师范大学出版社，2020 年。

9.《镜子的寓意——网络社会与教育变革》，谢维和，教育科学出版社，2020 年。

10.《泛在学习的资源组织模型及其关键技术研究》，余胜泉，北京师范大学出版社，2020 年。

心　理　学

摘　要

2020 年，整体来看北京是全国心理学科第一重镇，开设心理学专业的高校数量和级别均居全国首位，发表论文数量和质量均居全国前列，并在引导学术热点和重点上起到积极的带头作用。北京心理学界致力于心理学理论研究，关注社会热点问题，用心理学的方法解决现实问题，致力于社会心理学理论与方法、心理疾患与健康、发展与教育心理学、管理心理学与组织行为等领域研究，推动了心理学的理论与实践服务发展，在引导学术热点和重点，如社会心理服务体系建设、探索新冠肺炎疫情的影响等领域，起到带头作用。在心理学史方面，出版《林崇德文集》（12 卷），全面且系统地展现了林崇德在发展心理学、教育实践领域的研究思想与理论成果。在服务社会方面，北京市心理学界共出版著作 34 本，以学校教材、学术著作和翻译科普为主。

一、社会心理学理论与方法

北京地区是全国社会心理学研究的重镇，北京社会心理学领域的研究对全国社会心理学研究具有带头和示范作用，该领域的实证研究集中于社会心理服务体系建设、亲社会与亲环境行为、数字时代与人际关系、信任和欺骗 4 个方面。社会心理服务体系建设和数字时代与人际关系是其中的研究热点。

2020 年，《心理科学进展》期刊在国内首次刊发“社会心理体系专栏”，力图探索如何更好地构建全面系统的多主体社会心理服务体系，在社会心理服务体系建设中如何推动心理学自身的发展等问题。王俊秀等提出，社会心理服务体系建构的策略应采取研究视角、学科体系和研究取向等的多重整合，包括个体、情境和社会视角的整合，基础学科和应用学科的整合，学术研究和社会实践的整合，要通过探索社会发展心理学的路径来承担整合学科体系和社会治理实践的任务。陈雪峰等提出：构建社会心理服务体系的前提是研究基础社会动机体系，从进化心理的角度探索人们社会生活中的核心需求与动机。基础社会动机可以成为评估社会经济秩序稳定性及获得感、幸福感、安全感的重要心理指标。在应用心理学理论和方法开展精细化社会治理中，胡平等提出，心理学专业研究团队可以通过整合其在社会支持体系中的应用，推动心理学在社会服务体系中的应用。

二、健康与临床心理学

2020 年，健康与临床心理学领域的研究主要集中于新冠肺炎疫情大流行、心理疾患、心理创伤与成长、婚姻关系与亲子关系 4 个方面。研究热点是新冠肺炎疫情期间民众的心理状态变化，研究重点是心理疾患与健康及灾后心理创伤与应对。

新冠肺炎在全球肆虐，人们的生活方式和心理状态都因此发生巨大的变化，产生了一系列社会心理问题。针对普通民众在新冠肺炎疫情期间的心理状态，研究发现大学生科学价值观的地位显著提升；大学生疫情压力感知与抑郁显著相关，且认知融合和经验性回避能够中介疫情压力感知对于抑郁的影响。针对武汉 311 名参与新冠肺炎抗击疫情一线医护人员的研究发现，引导一线医护人员提高抗击疫情效能感、鼓励采取积极应对策略对保护其心理健康具有积极作用。

此外，在精神病学上创伤被定义为“超出一般常人经验的事件”，创伤通常会让人感到无能为力或是无助感。由于 2008 年汶川地震的影响，创伤后应激障碍（PTSD）与创伤后成长（PTG）近 10 年一直受到临床心理学界的持续关注。研究重点集中在灾后的儿童及青少年创伤后应激障碍演化规律及症状簇上，为建立灾后阶段性干预模式提供了启示。

家庭是社会组织的基本单位，一直是临床与心理咨询领域的研究重点。婚姻关系与亲子关系是家庭的重心。有关研究表明：婚姻质量在神经质预测婚姻稳定性中起着中介作用。亲子关系方面，关于父母监控影响中学生网络欺凌的研究较好拓展了家庭社会化理论在网络行为中的应用。

三、发展与教育心理学

北京心理学者主要探讨了儿童青少年认知与情绪、情感的发展特点，澄清了阅读认知能力发展过程中识字量、词汇知识、语素意识、听写、汉字识别等变量之间的重要关系；研究继续关注家庭教育与环境对儿童青少年心理发展的影响，以及社会认知、社会关系及其对心理与行为的影响，探究了父母支持、同伴支持、教师支持在青少年发展中的重要作用。本年度的研究增加了对老年人心理健康与认知功能发展的关注。

在儿童和青少年的发展上，儿童和青少年阶段是阅读认知能力发展的重要阶段。研究澄清了阅读认知能力发展过程中识字量、语素意识、听写、汉字识别等变量之间的重要关系，揭示了影响智力发展和问题解决能力发展的关键因素。家庭教育是影响儿童和青少年发展的核心因素，主要体现在父母教养方式上。个体发展受到父母冲突等不良环境因素的影响，父母冲突、消极教养方式、情感虐待与儿童情绪情感和问题行为之间存在关系。同伴支持和教师支持作为个体社会支持的重要组成部分，是影响心理发展的重要因素。

随着中国进入老龄化社会，老年人心理健康备受学界关注。一项元分析研究揭示了中国老年人心理健康存在城乡差异，与城市老年人不同，农村老年人的心理健康水平呈逐年上升的趋势。此外，语言理解、语言产生能力、记忆等认知能力的老化也备受研究者关注，且老年人心理健康与生命意义感关系密切。

四、管理心理学与组织行为

管理心理学与组织行为研究热点集中于消费行为、组织行为、消费者意愿和消费者满意度，尤其是对绿色消费意愿进行了丰富的探索。

针对消费者的研究主要集中在消费者意愿和消费者满意度，尤其是对绿色消费意愿进行了丰富的探索。这些研究主要揭示了该如何提高消费者的绿色消费意愿，如使用获得框架的广告描述，可以使相信自身绿色消费作用的个体感知到更高的产品价值，进而倾向于购买产品。

在组织行为层面，不同类型的领导方式对员工行为或工作状态的影响得到深入研究。如何提高不同员工绩效和创造力，促进员工的工作—家庭平衡等同样是对企业中员工角色研究的关注点。对于团队中的员工行为，员工跨界行为通过增加员工的角色压力对个体创造力产生不利影响，且角色宽度自我效能感调节了上述关系。如何提高组织中的员工绩效是该领域的热点问题，这一目标可以通过组织层面实现，也可以通过对员工的支持培训实现。

五、情绪、认知心理学与神经科学

情绪、认知心理学与神经科学是基础心理学的主要领地。该领域的研究主要集中于思维、语言、注意、情绪和神经科学等，研究方式多与探究脑电活动变化相结合，未来会进一步借助脑功能成像相关技术。

情绪方面，研究者发现积极情绪对青少年的心理旋转过程具有重要影响，且对情绪汉词的主动遗忘能力能够使人们更好地应对不良事件。在注意方面，无关信息会影响注意的定向和认知加工，情绪调节对个人注意偏向也有重要影响，左侧眶额皮层是自动情绪调节下情绪性注意选择相关的重要脑区。在对自我控制影响因素的研究中发现，自然环境对自我控制表现存在影响，空手道训练能够稳定有效地提高个体的认知和行为自控能力。在创造力和推理方面，预期交流条件下的个体表现出更高的创造力，以及抑制控制能预测儿童完成各种类型类比推理成绩。

随着脑影像技术和计算技术等领域的发展，基于活体影像的脑科学研究呈爆发式增长。《中国科学：生命科学》以专栏形式就人脑磁共振神经影像数据共享的历史和现状，以及开放式脑科学的前景进行了综述，介绍了学科交叉促进脑科学发展的独具学科特色的研究模式。高家红等指出，以磁共振成像为代表的活体脑成像方法，在推进“人类行为的脑科学基础研究”上取得了显著发展与应用，积累了海量的人脑活体成像数据，催生了“开放式”的新型科学理念和合作方式，逐步形成了开放式脑科学研究的崭新方向。为了更好地描述从多时空尺度研究大脑的模式，中国科学院自动化所蒋田仔团队在国际上提出了“脑网络组学”的概念，他们系统回顾了目前基于影像的脑科学研究在非侵入性宏观影像层面有代表性的技术，同时强调了多模态多种技术的联合应用，即“脑网络组学”的研究背景和内涵。

心　理　学

2020 年，在服务社会抗击新冠疫情的同时，北京市心理学界致力于心理学理论研究，在各个领域研究成果颇丰，他们关注社会热点问题，用心理学的方法解决现实问题，推动了心理学实践服务的发展。北京市是全国心理学科第一重镇，开设心理学专业的高校数量和级别均居全国首位。

2020 年度，北京市心理学界积极争取国家的科研项目支持，北京地区 17 所高校和机构该年获批国家级资助项目共 83 项。获批项目金额千万元以上的单位有北京师范大学（1807 万元）和中国科学院心理研究所（1249 万元）。在人才项目中，北京师范大学的贺永获批国家自然科学基金创新研究群体项目《神经影像与人脑连接组学》。在重点国际合作项目中，中国科学院心理研究所的陈楚侨负责的《基于虚拟现实技术评估精神分裂症患者及其风险人群的社会认知缺损及相关神经机制研究》，获批 2020 年度国家自然科学基金委员会（NSFC）与香港研究资助局（RGC）联合科研资助合作研究项目。

一、学术研究概况

截至 2020 年，国内共出版心理学专业期刊 20 本，其中 CSCD 索引期刊 4 本（《心理学报》《心理科学进展》《心理科学》《中国临床心理学杂志》）、CSSCI 索引期刊 7 本（《心理科学》《心理科学进展》《心理学报》《心理行为与研究》《心理学探新》《心理发展与教育》《中国临床心理学杂志》）。据中国学术期刊影响因子年报（人文社会科学）2020 年版，在心理学学术期刊中，《心理学报》的影响力指数高居榜首，具体排名为：《心理学报》《心理科学进展》《中国心理卫生杂志》《心理科学》《中国临床心理学杂志》《心理发展与教育》《中国健康心理学杂志》《心理与行为研究》《应用心理学》《心理学探新》《心理研究》《心理技术与应用》《校园心理》。2020 年，北京地区心理学学者以主要作者身份（第一作者或通讯作者），在上述国内主要心理学和部分其他学科学术期刊（限 CSCD 索引和 CSSCI 索引期刊）发表心理学相关的中文学术论文 181 篇。研究进展主要集中在 6 个领域，包括人格与社会心理学，健康、临床与咨询心理学，发展与教育心理学，管理心理学与组织行为，情绪、认知与神经科学，心理统计与测量。

1. 人格与社会心理学

人格与社会心理学领域的实证研究集中于：社会心理服务体系建设、亲社会与亲环境行为、数字时代与人际关系、信任和欺骗 4 个方面。社会心理服务体系建设和数字时代与人际关系两个主题是其中的研究热点。

（1）社会心理服务体系建设

为贯彻落实党的十九大提出的“加强社会心理服务体系建设”，《心理科学进展》期刊在国内首次刊发“社会心理体系专栏”。专栏力图探索与解决广大心理学者关注的一些相关问题，如：如何更好地构建全面系统的多主体社会心理服务体系，在社会心理服务体系建设中如何推动心理学自身的发展[1] 等。该专栏共刊发稿件 6 篇，均由北京市学者撰写。

社会心理服务体系建设的落地落实，离不开心理学人从实际出发结合政策逻辑提出专业的思考与研究。中国社会科学院王俊秀等分析了社会心理服务体系建设的目标、服务对象和服务内容等，并提出：社会心理服务体系建构的策略应该采取研究视角、学科体系和研究取向等的多重整合，包括个体、情境和社会视角的整合，基础学科和应用学科的整合，学术研究和社会实践的整合，要通过探索社会发展心理学的路径来承担整合学科体系和社会治理实践的任务[2]。陈雪峰等提出：构建社会心理服务体系的前提是研究基础社会动机体系，从进化心理的角度探索人们社会生活中的核心需求与动机。他们发现：社会动机体系不仅对社会行为有广泛影响，且当激活条件持续存在时，会持续影响个体及一定区域人群的心理和行为。因此，基础社会动机可以成为评估社会经济秩序稳定性及获得感、幸福感、安全感的重要心理指标。但目前国内有关研究尚少，未来研究应以基础社会动机为切入点，探索社会心理服务体系建设的基础心理需求指标体系，探寻中国文化背景下基础社会动机与社会经济行为、社会生态环境的相互作用，为社会治理相关政策的制定提供心理学依据[3]。

在应用心理学理论和方法开展精细化社会治理中，有研究结合实践案例，总结了个体、团队及社区心理复原力建设路径的理论。研究者提出，心理学专业研究团队可以通过整合其在社会支持体系中的应用，推动心理学在社会服务体系中的应用。其次，在实现多元主体共商共治的过程中也出现了群体决策质量无法得到有效评估的问题。研究者提出，可以将基于群体决策“过程—结果模型”建构的群体决策质量问卷自评法和录像他评法，应用于大学生和社区居民在真实问题解决的群体决策质量评估中。两种发展结果相互印证，能够全面地反映群体决策质量，可应用于更广阔的社会治理领域中[4]。

（2）亲社会和亲环境行为

亲社会行为与互惠是促进社会合作，提高社会效率的重要因素。已有大量研究表明，相较于亲自我行为的个体，更具亲社会行为的个体在面对社会和他人的选择时，会更加考虑他人的利益。一项纵向追踪实验，分别在震后3.5年和4.5年研究了雅安地震极重灾区芦山县的542名中学生，发现共情可直接正向预测亲社会行为；且该预测受到感恩、社会支持和创伤后成长（PTG）的中介作用，以及若干链式中介作用：感恩经社会支持、感恩经PTG、社会支持经PTG、感恩经社会支持再经PTG的路径。该研究说明灾后人员的创伤后心理辅导工作应更加关注青少年的积极心理和社会行为的发展[5]。此外，权力感与敬畏也会分别影响亲社会与亲环境行为。在一项基于高成本价值信号理论的研究中，研究者设计了5个实验探究了权力感对炫耀性亲社会行为的影响。研究结果表明，权力感促使个体更愿意从事炫耀性亲社会行为，高权力感个体更倾向购买炫耀性亲社会产品，更愿意进行炫耀性捐赠且捐赠金额较高，也更愿意参与炫耀性善行，其机制在于高权力感者具有较高的自我矫饰动机[6]。全球人口结构出现老龄化的趋势，中国的人口结构也不容乐观。一项研究发现，老年人的积极元刻板印象能促进他们的社会互动，预测其接受帮助意愿、社会参与、施助意愿，并使他们获得良好的互动体验[7]。

“绿水青山就是金山银山”，近年来，如何促进消费者的绿色消费决策受到更多研究者的关注。如一项研究考察了敬畏与亲环境行为意向的关系，发现相较于中性控制组，敬畏情绪回忆书写组（实验1）、视频启动组（实验2）和阅读书写组（实验3）的亲环境行为意向更高，表明敬畏有助于促进个体的亲环境行为意向[8]。另一项研究发现：由消费者道德许可效应引发的负面消费溢出现象是绿色产品市场推广的主要障碍，如果提前启动消费者的绿色行为，相比于深思熟虑决策方式，采取直觉思维决策方式消费者会提升持续参与绿色行为意愿，且感知心理资源耗竭、自我控制、不同环保价值观在消费者思维决策方式对持续参与绿色行为意愿影响中起连续中介作用。该研究证实了感知心理资源耗竭和自我控制在消费者思维决策方式对持续参与绿色行为意愿影响中起连续中介作用[9]。

（3）数字时代与人际关系

随着互联网技术的高速发展。数字时代的生活侵入式改变了人们的生活方式。爆炸的信息时代与过度的依赖手机影响了正常的人际交往，社交网站已经成为个体日常生活的重要部分。一项研究调查了1200名青少年，探讨了大五人格中的尽责性对问题性手机使用的作用机制。结果表明，尽责性能够直接影响问题性手机使用行为，也能够通过时间管理倾向和自我控制能力的完全中介作用影响问题性手机使用行为[10]。线下社会互动时，个体经常因使用手机而冷落社交对象，如“低头行为”，有研究结合期望违背理论、社会交换理论和相互依赖理论3个视角阐释了伴侣低头行为发生的理论机制[11]。社交网络因其便于传播的特殊性，除当事人外，同时还对旁观者造成了影响。研究发现，旁观者被动接受“秀恩爱”程度越高，个体的主观幸福感和自尊越低；且自尊在上述关系起中介作用，依恋焦虑起调节作用：被动接受“秀恩爱”程度越高，会引发个体自尊下降，进一步降低主观幸福感，当依恋焦虑水平较低时，被动接受“秀恩爱”程度对自尊的削弱效应较强[12]。此外，网络游戏过度使用还会引发焦虑：社交焦虑显著正向预测网络游戏过度使用；自我补偿动机在两者间起中介作用；对于高外倾性的大学生，社交焦虑对自我补偿动机有正向预测作用；对于低外倾性的大学生，社交焦虑对自我补偿动机影响不显著[13]。

（4）信任与欺骗

诚信一直是人类社会的永恒命题，谎言和欺骗是一种常见的社会现象，也是构建和谐社会、积极人际关系最大的敌人。因此关于如何识别欺骗的研究显得尤为重要。李贺等的两项研究表明：作为一种重要的非言语交流形式，身体线索在欺骗识别中具有重要作用。线索理论认为，说谎者心理状态的变化会表现在外在行为上。但研究者发现，欺骗的身体线索与线索理论的预测并不一致，并指出未来研究需要关注认知负荷干预的研究取向和计算机辅助的线索量化方法[14]。人们通过观察他人的行为表现来识别欺骗，这也是人们的一项重要能力。但研究发现，人们对于欺骗的识别能力仅仅略微高于随机水平。研究者还结合 Brunswik 的透镜模型，认为影响识别准确率的因素包括：欺骗线索的有效性和欺骗线索的利用[15]。

2. 健康与临床心理学

2020 年，该领域的研究主要集中于新冠肺炎疫情大流行、心理疾患、心理创伤与成长、婚姻关系与亲子关系 4 个方面。其中的研究热点是新冠肺炎疫情期间民众的心理状态变化，研究重点仍是心理疾患与健康及灾后心理创伤与应对。

（1）新冠肺炎疫情期间的民众心理状态

2020 年，新型冠状病毒肺炎在全球肆虐，人们的生活方式和心理状态都因此发生了巨大的变化，随之而来产生了一系列社会心理问题。关于新冠肺炎疫情期间人们的心理状态，既有针对普通民众的研究，又有研究探究了新冠肺炎疫情期间大学生价值观特征及其变化趋势[16]，发现在疫情中，科学价值观的地位显著提升；亦有针对工作在一线的医护人员的研究，有研究调查了武汉 311 名参与抗击新冠肺炎疫情一线工作的医护人员，结果揭示引导一线医护人员提高抗击疫情效能感、鼓励采取积极应对策略对保护其心理健康具有积极作用[17]。还有学者考察了新冠肺炎疫情时期大学生对疫情的压力感知与抑郁的关系[18]，结果发现，大学生疫情压力感知与抑郁显著相关，且认知融合和经验性回避能够中介疫情压力感知对于抑郁的影响，这一中介路径中，控制点在前半段起到了调节作用。

（2）心理疾患与心理健康

心理疾患中，抑郁相关的话题一直是学者们关注的重点。一项研究旨在考察亚临床抑郁大学生的快感缺失特征、共情能力对于快感缺失的预测作用[19]，结果发现，亚临床抑郁在大学生群体中有较高的发生率，亚临床抑郁个体表现出期待性快感缺失，而消费性快感体验无显著损伤，共情能力可能是亚临床抑郁个体快感缺失症状的保护性因素。在心理障碍方面，一项研究探讨了述情障碍与青少年攻击行为的关系[20]，发现述情障碍与无聊倾向和攻击行为均呈显著正相关，无聊倾向与攻击行为亦呈显著正相关，无聊倾向在述情障碍与攻击行为间起部分中介作用。另一项探究大学生依恋焦虑与其躯体变形障碍症状之间的关系[21]，发现惧怕否定评价在大学生依恋焦虑与躯体变形障碍症状间具有部分中介作用，大学生依恋焦虑可通过增加惧怕否定评价，进而增强躯体变形障碍症状，且在这一过程中存在性别差异，女性的提高速度大于男性。

随着人们生活水平的提高，健康心理学逐渐进入人们的视野。一项研究分析了影响老年人生活满意度的生理、心理及社会因素及其关系[22]，发现生理健康、心理健康、生命意义和社会支持均与老年人的生活满意度显著相关；相比生理健康，心理健康和生命意义对生活满意度的影响更大；且社会支持通过生命意义、心理健康和生理健康，间接影响生活满意度。说明社会支持可提高老年人的生命意义感和身心健康水平，从而增进老年人生活满意度。另一项研究调查了某省立孤儿学校 520 名在校孤儿初中生[23]，结果表明：师生依恋、同伴依恋均可以正向预测孤儿初中生心理健康，但师生依恋预测作用更大更重要；自我污名和心理韧性是依恋预测孤儿初中生心理健康的并行中介变量，自我污名负向中介作用大于心理韧性正向中介作用。以上研究发现为中国福利性集中供养制孤儿学校开展孤儿心理健康教育实践提供了依据。

（3）心理创伤与创伤后成长

在精神病学上创伤被定义为“超出一般常人经验的事件”，创伤通常会让人感到无能为力或是无助感。创伤后应激障碍（PTSD）与创伤后成长（PTG）一直受到临床心理学界的持续关注。一项研究探讨了创伤后应激障碍及其各个症状簇对震后青少年自杀意念的影响[24]，发现创伤后应激障碍、负性认知和情绪改变症状、警觉性增高症状均能正向预测自杀意念，侵入性症状和回避性症状对自杀意念的预测作用不显著；安全感在侵入性症状、负性认知和情绪改变症状、警觉性增高症状、创伤后应激障碍与自杀意念之间起负向调节作用，在回避性症状与自杀意念之间不起调节作用。无独有偶，有学者借助网络分析方法，探讨了儿童创伤后应激障碍症状的演化规律[25]，为建立灾后阶段性干预模式提供了启示。

创伤后成长方面。一项研究探讨了自我同情对创伤后成长的影响[26]，发现自我同情可以显著正向预测创伤后成长，基本心理需要满足中的胜任需要可以正向预测创伤后成长，关系需要和胜任需要的满足在自我同情对创伤后成长的影响中发挥显著的负向调节作用。这揭示了自我同情能够促进青少年创伤后成长水平，但随着个体关系需要和胜任需要满足程度的增高，自我同情对创伤后成长的预测效应降低。另一项追踪研究考察了地震后青少年的共情能力对亲社会行为的影响，结果显示，共情可直接正向预测亲社会行为；共情对亲社会行为的预测可分别通过感恩、社会支持和创伤后成长的中介进行；共情还可以分别通过感恩经社会支持、感恩经创伤后成长、社会支持经创伤后成长、感恩经社会支持再经创伤后成长的链式中介对亲社会行为起到正向预测作用。这一发现提示，未来的创伤后心理辅导工作应更加关注青少年的积极心理和社会行为的发展。

（4）家庭、婚姻与亲子关系

家庭是社会组织的基本单位，一直是临床与心理咨询领域的研究重点。如今离婚率逐年升高，因此与婚姻质量和稳定性等相关的研究成为研究热点。如：一项研究采用主客体互倚模型考察工作家庭冲突对婚姻质量的即时和长时效应[27]，结果发现丈夫的工作对家庭冲突和妻子的家庭对工作冲突对丈夫当前的婚姻质量有直接的消极影响，丈夫的家庭对工作冲突会通过妻子感知到的配偶支持对妻子当前和一年后的婚姻质量产生间接的消极影响，这说明针对工作家庭冲突的夫妻干预，应聚焦在减少丈夫的家庭对工作冲突，提高妻子感受到的配偶支持。另一项研究采用问卷法对北京 268 对新婚夫妻进行了持续 3 年的追踪调查[28]，其结果揭示神经质对婚姻稳定性存在即时效应与长时效应，婚姻质量在神经质预测婚姻稳定性中起着中介作用。

亲子关系方面，母亲抚养压力可能影响对儿童的持续性注意[29]，结果发现母亲抚养压力、夫妻冲突、母亲敏感性两两之间，以及三者与儿童持续性注意之间均呈显著相关，母亲抚养压力能直接负向预测，且能通过母亲敏感性的中介间接影响儿童持续性注意。此外，父母监控影响中学生的网络欺凌[30]，即父母监控、自我控制、人际适应与网络欺凌之间两两相关，且自我控制、人际适应在父母监控与网络欺凌之间存在链式中介作用，这说明父母监控通过自我控制、人际适应的单独或链式中介作用间接影响中学生网络欺凌，较好拓展了家庭社会化理论在网络行为中的应用。

3. 发展与教育心理学

2020 年，北京心理学者主要探讨了儿童青少年认知与情绪、情感的发展特点，澄清了阅读认知能力发展过程中识字量、词汇知识、语素意识、听写、汉字识别等变量之间的重要关系；其次，研究继续关注家庭教育与环境对儿童青少年心理发展的影响，以及社会认知、社会关系及其对心理与行为的影响，探究了父母支持、同伴支持、教师支持在青少年发展中的重要作用；此外，本年度的研究增加了对老年人心理健康与认知功能发展的关注。研究方法以追踪研究和横断研究为主，研究内容较翔实。

（1）认知与情绪、情感的发展

儿童和青少年阶段是阅读认知能力发展的重要阶段。儿童识字量与词汇知识的相对重要性随发展阶段而变化，在阅读学习早期，识字量对阅读理解的重要性高于词汇知识；随着年级的升高，识字量的重要性降低，词汇知识的重要性增加[31]。另两项追踪研究揭示了语素意识的重要作用，首先，儿童的语素意识和听写是单向预测关系，并且随年级而变化：一年级儿童的同音与同形语素意识对听写具有跨时间点的正向预测作用，而五年级儿童的听写对同音和同形语素意识具有跨时间点的正向预测作用[32]。其次，汉字识别呈线性发展趋势，听写呈先快后慢的非线性发展趋势，二者均存在补偿效应，而语素意识预测了汉字识别的起始水平和发展速度[33]。

在智力发展过程中，加工速度和执行功能影响流体智力的发展。在童年中期，知觉加工速度可直接预测流体智力，记忆更新也起到部分中介作用；童年晚期，感知觉加工速度仅通过记忆更新和抑制/转换合成成分间接预测流体智力；而在青春期，感知觉加工速度仅通过记忆更新间接预测流体智力的发展[34]。在问题解决方面，表征相似性与儿童准确识别事物间关系有关，一项追踪研究发现 4~5 岁儿童理解数量关系和相对大小关系的水平有显著提高，其中 4 岁儿童对数量关系的理解、4~5 岁儿童对相对大小关系的理解都受到表面相似性的影响[35]。除基本认知能力外，文理文化启动对高中生的创造性具有影响，文理融合组在特殊领域创造性得分高于文科启动、理科启动和控制组，说明文理学科融合有助于创新思维发展[36]。个体的毅力水平独立于认知能力，并且与儿童学业成绩有关，毅力的两个成分（兴趣一致性和坚持努力）均正向预测儿童学业成绩，控制第一次学业成绩后，兴趣一致性仍正向预测半年后的学业成绩；而儿童的有意走神和自发走神在其中起到不同的中介作用[37]。

（2）家庭教育、环境的影响

家庭教育是影响儿童和青少年发展的核心因素，主要体现在父母教养方式上。如：父母教养方式和 MAOA 基因多态性对学前儿童外化问题行为的影响存在性别差异，父母教养方式都能够预测男孩和女孩的外化问题行为，而在预测女孩的外化问题行为时，母亲教养方式 MAOA 基因多态性存在交互作用，即携带 T 等位基因的女孩更容易受到母亲教养方式的影响[38]。父母抚养压力也反过来受到学前儿童问题行为的影响，母亲抚养压力在学前儿童问题行为与父亲抚养压力之间起部分中介作用，夫妻亲密关系起到调节作用，具体表现为夫妻亲密度越高，母亲抚养压力对父亲抚养压力的预测作用越强，学前儿童问题行为通过母亲抚养压力对父亲抚养压力的间接作用也越大[39]。甚至对于缺乏社会互动的孤独症谱系儿童（ASD），教养方式的作用依然存在：轻度 ASD 儿童的母子依恋水平显著高于中度和重度 ASD 儿童，母亲依恋回避和母亲依恋焦虑负向预测孤独症谱系儿童的母子依恋关系；母亲教养方式的各个维度起到不同程度的中介作用[40]。在家庭环境中，父母冲突是不良环境因素之一。父母冲突可以通过父母消极教养方式和情绪不安全感及两者的链式中介，对中学生应对方式产生不利影响[41]。早在儿童期，父母的情感虐待就可能影响学步儿童的问题行为，表现在母亲儿童期的情感虐待正向预测学步儿童问题行为，且母亲过度投入/未解决依恋表征与消极共同养育在其中起到链式中介作用[42]。电视暴力也是影响儿童社会行为发展的环境因素之一，电视暴力频率与儿童外倾性存在交互作用，即高外倾性儿童观看较多的电视暴力内容会表现出更多问题行为；在亲社会行为上，高外倾性儿童表现出更多亲社会行为[43]。

（3）社会认知、社会关系及其影响

同伴支持作为儿童青少年社会支持的重要组成部分，是影响个体发展的重要因素。如：个体对同伴拒绝存在不同程度的心理健康、情绪及和社会行为反应。对于留守青少年的追踪研究发现，同伴侵害负向预测半年后留守青少年的主观幸福感，自尊起到部分中介作用；朋友支持和教师支持可缓解同伴侵害的消极作用[44]。中学生的自我调节可以预测其心理健康水平，其中学业控制感起到调节作用；尤其对于低自我调节学习个体，高人际关系对心理健康的积极影响显著高于低人际关系[45]。在初中生中，同伴欺负可以预测初中生行为和情感投入，并且学生行为投入在初中阶段呈现下降趋势，而情感投入和认知投入呈上升趋势[46]。一项交叉滞后研究首次探讨了儿童拒绝敏感性和多种自我知觉间的关系，发现初中儿童的自我知觉水平较低，且第一年的多种自我知觉可以负向预测第二年的拒绝敏感性，而第一年的拒绝敏感性仅可以负向预测第二年的体貌及一般自我知觉，其中年龄起到调节作用[47]。同伴欺负还反映在网络环境中，家庭功能可以通过影响人际适应进而影响青少年网络欺凌，此过程存在性别差异，人际适应良好的女生实施网络欺凌的可能性更小[48]。

同伴支持也影响青少年学业成就。一项对初中生的追踪研究发现：青少年学业成绩的相似性源于选择效应和影响效应；个体掌握目标取向既正向中介个体前后的学业成就，也正向预测个体朋友后续的学业成就；男生朋友的学业成就正向预测自身的掌握目标，进而促进双方后续的学业成就；尽管男生个体自身的表现—接近目标取向在自身前后学业成就关系中发挥负向中介作用，但男生朋友的表现—接近目标取向对另一方后续的学业成就有积极作用[49]。

教师支持也是青少年社会支持的重要组成部分，感知教师支持能够通过学习自我效能感和成就目标定向影响学习投入[50]，并调节高中生自我调节学习与自尊之间的关系，即感知高水平的教师支持缓解低自我调节学习对自尊的负面影响，且自我调节学习对自尊的预测作用在女生中更明显[51]。如果考虑到基于个体因素（认知能力和学习动机）和环境因素（社会支持）对学业成绩的共同影响，社会支持可以调节认知能力对学业成绩的影响，感受社会支持水平越高，则学业成绩越好，认知能力对学业成绩的预测作用越强；社会支持的调节作用部分通过学习动机这一中介变量实现[52]。

学生的学业成就和行为特征也反过来影响教师支持。一项研究从个体和圈子层面考察发现：个体的学业成就正向预测后续教师支持的增加；在高学业成就圈子中，个体学业成就的提高能够预测教师支持的增加；与男生相比，低亲社会圈子中的女生获得教师支持更少，而高亲社会圈子的女生获得比男生更高的社会支持[53]。

（4）老年人的心理健康与认知功能

随着中国进入老龄化社会，老年人心理健康开始备受学界关注。通过采用横断历史研究方法对 1996—2016 年老年人心理健康相关研究的元分析发现，90 项症状自评量表（SCL-90）各因子得分随年代逐渐增加，即中国老年人心理健康水平逐年下降；SCL-90 各因子与离婚率、死亡率和犯罪率 3 项社会指标正相关；心理健康水平存在城乡差异，与城市老年人不同，农村老年人的心理健康水平呈现逐年上升的趋势[54]。老年人心理健康与生命意义感关系密切：控制感正向预测老年人生命意义感，政策支持起调节作用，即较高的政策支持增强了控制感对生命意义感的促进作用，自我认同在控制感与生命意义感的关系中起部分中介作用[55]。

在老年人的认知能力上，一项实验研究揭示了一般认知能力、语言理解和语言产生能力的老化现象：与青年人不同，在词汇水平上老年人的成绩不受一般认知因素影响；在句子水平上一般认知能力或另一种语言能力都无法预测老年人的任务成绩；对于语篇水平，老年人的理解和产生任务成绩则分别可以被一般认知能力和语言理解能力所解释。这说明语言能力的老化是语言特异性因素和非特异性因素共同作用的结果[56]。尽管老年人存在因年龄增长而产生的记忆下降问题，但记忆的前向测试效应能够有效提升老年人学习新事物的能力，表现为有前置测试的实验组老年人对新事物的记忆成绩高于无前置测试的对照组老年人[57]。

4. 管理心理学与组织行为

管理心理学与组织行为领域研究的研究热点集中于消费行为和组织行为，前者的重点包括消费者的消费意向和消费者满意度，后者的重点包括领导与员工关系及员工工作状态。

（1）消费行为

针对消费者的研究主要集中在消费者意愿和消费者满意度，尤其是对绿色消费意愿进行了丰富的探索。这些研究主要揭示了该如何提高消费者的绿色消费意愿，如使用获得框架的广告描述，可以使相信自身绿色消费作用的个体感知到更高的产品价值，进而倾向于购买产品[58]。还有研究根据汽车产业的多重比较建立了中国绿色变轨型高技术产品第一批消费者购买意向模型，来指导制定反市场导向的 GTTT 产品市场启动战略[59]。此外，针对网络游戏玩家的消费意愿发现，虚拟商品使用意愿中介了感知有用性对网络游戏消费意愿的影响，并且这一中介作用受到玩家外倾性的调节[60]。

消费者满意度也备受关注。在评估方法上，有研究者提出一种基于在线评论和随机占优准则的生鲜电商顾客满意度测评方法，发现不同生鲜商品类别中顾客满意度影响因素的重要度排序是不同的，该方法为生鲜电商及其他产品或服务的顾客满意度评估问题提供了参考和支撑[61]。更多的研究集中于探索提高消费者满意度的方法，如解决顾客抱怨和增进消费者信任。其中，品牌力量可以调节群体情境对顾客抱怨意向的影响：对于弱品牌，与单独情境相比，群体情景降低了抱怨意向；对于强品牌，群体情景对于顾客抱怨的弱化作用不显著[62]。通过提高平台客观性、评论者专业性、评论质量可以正向影响消费者感知的在线评论可信度，而感知在线评论可信度又可以正向影响消费者对商家的能力信任、诚信信任和善意信任，且不确定性规避对平台客观性、评论者专业性和感知在线评论可信度之间的关系起到调节作用[63]。

消费者意见被采纳的规律也获得研究。研究发现，用户社区地位对创意采纳有积极影响；用户主动贡献行为对创意采纳有积极影响，而反应贡献行为对创意采纳无显著影响；社区认同度对创意采纳有显著的积极影响；创意质量包括创意长度及创意论据数量均与创意采纳成倒 U 型曲线关系；社区吸收能力正向调节创意长度与创意采纳之间的曲线关系[64]。

（2）领导行为

不同类型的领导方式对员工行为或工作状态的影响得到深入研究。例如，运用绿色变革型领导和绿色人力资源管理实践两大策略，在绿色管理过程中软硬兼施，可以激发员工的绿色行为，并验证了线索一致性理论在绿色管理领域的适用性[65]。忧患型领导风格在以华为 CEO 任正非为代表的中国企业家身上得到集中体现，忧患型领导对团队整体角色绩效及成员个体角色绩效有影响，且团队防御聚焦和团队自省连续中介传导了该影响。这意味着忧患型领导能够通过塑造团队防御，聚焦这种团队涌现状态，激发团队自省这一团队转化过程，从不同层次提升团队角色绩效，从而改善团队有效性[66]。另外，基于社会认知理论分析发现，服务型领导与新生代员工工作激情成正相关，社会信息处理理论中的人—组织匹配在其中起到了中介作用[67]。

（3）员工行为

如何提高不同员工绩效和创造力，促进员工的工作—家庭平衡等是对企业中员工角色研究的关注点。对于新员工，在自我损耗的中介作用下，同事嘲讽式幽默对新员工的角色内绩效、任务掌握度和社会适应都有负向影响，主动性人格削弱了同事嘲讽式幽默对新员工自我损耗的影响，主动性人格削弱了同事嘲讽式幽默对新员工社会化结果的间接影响[68]。对于已组建家庭的员工，减少丈夫的家庭对工作冲突，提高妻子感受到的配偶支持夫妻干预，可以减少工作家庭冲突。因为，丈夫的工作对家庭冲突和妻子的家庭对工作冲突，两个变量均对丈夫当前的婚姻质量有着直接的消极影响，且丈夫的家庭对工作冲突会通过妻子感知到的配偶支持，对妻子当前和一年后的婚姻质量产生间接的消极影响。对于工作中的母亲，提高母亲的心理灵活性和基于情境的具体心理灵活性，有利于提升工作母亲的工作-家庭平衡水平[69]。

对于团队中的员工行为，员工跨界行为通过增加员工的角色压力对个体创造力产生不利影响，且角色宽度自我效能感调节了上述关系：相比于角色宽度自我效能感较高的员工，角色宽度自我效能感较低的员工实施了跨界行为后，更容易产生角色压力，对个体创造力的负向影响更强。但在团队层面上，团队跨界行为却会提高团队创造力[70]。对于创意提出者，其创意内在动机倾向积极预测创意质量，并且创意质量对创意实施有显著的正向影响，其所获奖励积极预测创意实施，且创意质量和创意提出者所获奖励交互影响创意实施：对于低奖励的创意提出者，创意质量对创意实施的正向影响更加强烈[71]。

如何提高组织中的员工绩效依然是该领域的热点问题。这一目标可以通过组织层面实现：如变革责任感知和组织自尊是灵活型个别协议和员工创新绩效的中介变量，组织可以通过为员工提供灵活的工作方式来提高员工的创新绩效；变革责任感知是发展型个别协议和员工创新绩效的中介变量，组织可以通过为员工提供自我发展的机会强化员工的创新行为[72]，也可以通过对员工的支持培训实现，如：专念对工作重塑有积极的直接预测作用，专念能正向预测工作投入，但工作投入不能显著正向预测两个月后的工作重塑。在一定的时间范围内，专念可以通过激发工作投入，进而促进工作重塑行为[73]。该目标并可以通过员工激励实现；公司治理与 CEO 股权激励之间存在替代效应，即股权薪酬是公司治理工具，而有效公司治理可替代股权薪酬的激励作用，影响 CEO 股权激励效用因素有三类：公司治理强度、经济性因素（如公司盈利情况等）和其他因素（如 CEO 个人特征等）；公司治理强度与经济性因素之间并不存在负相关，而与其引致的股权激励水平之间呈负相关[74]。

5. 情绪、认知心理学与神经科学

在情绪、认知心理学与神经科学领域的研究主要集中于思维、语言、注意、情绪和神经科学等，研究面涉及广泛；实验方式多与探究脑电活动变化相结合，未来会进一步借助脑功能成像相关技术。

（1）情绪

情绪与青少年的认知能力密切相关。为考察积极情绪是否影响青少年的心理旋转过程，研究者采用 4 种体态表情诱发趋近动机不同的积极情绪和中性情绪。结果发现，高中生心理旋转存在整体优先效应；趋近动机是积极情绪对高中生心理旋转影响的调节变量，积极情绪趋近动机较低时比中性情绪下，心理旋转范围更偏整体；而积极情绪趋近动机较高时比中性情绪下，心理旋转范围更偏局部，结果符合动机维度模型的假设[75]。对情绪汉词的主动遗忘能力能够使人们更好地应对不良事件。研究者采用事件相关电位技术、T/NT 范式探索情绪汉词主动遗忘效应及相关的电生理机制。发现在中性和情绪汉词条件下不回忆组的正确率低于基线组，即得到了主动遗忘效应，并且情绪汉词的主动遗忘效应量小于中性汉词。抑制是主动遗忘的一个主要原因，主动遗忘效应的内在机制可能是个体通过抑制能力（清空大脑）控制记忆从而导致回忆减少[76]。

（2）注意、自我控制和思维

注意是对一定事物的指向和集中，无关信息会影响注意的定向和认知加工。有研究采用眼动技术探讨不同加工水平的任务无关信息对注意控制中不同成分的影响。结果表明，无关信息对注意警戒和定向的影响更为明显，不论是在知觉水平（运动方向）上，还是在概念水平（语义）上，无关信息均产生阻碍效果；但语义信息比知觉水平信息的干扰作用持续时间更长。无关信息对执行过程的影响与无关信息性质有关，同类别无关信息作用更加明显[77]。情绪调节对个人注意偏向也有重要影响。研究者采用经颅直流电刺激技术，考察阈下启动情绪控制目标条件下，抑制左侧眶额皮层（OFC）兴奋性是否影响负性注意偏向。结果发现，使用阴极刺激抑制左侧 OFC 活动可以加快被试对与恐惧刺激位置一致的探测点的反应。该结果提示左侧眶额皮层是自动情绪调节下情绪性注意选择相关的重要脑区[78]。

自我控制指个体调节与克制冲动性思维、情感、行为，监控并改变习惯性反应的能力。在对自我控制影响因素的研究中发现，自然环境对自我控制表现存在影响：认知自我损耗状态下，自然环境可通过缓解紧张情绪改善认知自我控制的表现，但自然环境干预并未恢复运动自我损耗条件下的运动自我控制表现。这为短时快速改善认知自我控制表现提供了可操作性的指导建议[79]。此外，空手道训练能够稳定有效地提高个体的认知和行为自控能力，在大学生中，空手道训练组在各项任务中的表现均显著优于无额外运动组，而蹬车运动组介于两组之间且与两组差异均不显著，这可能是由于训练降低了自控资源的易损性[80]。

创造力是不同领域的心理学家共同探讨的话题，预期交流可能会对创造力产生影响。研究发现，相较于没有预期交流，预期交流条件下的个体表现出更高的创造力；当完成抽象的、高解释水平任务时，相较于无预期交流，预期交流条件下个体在新奇性和变通性两个维度上表现出了更高的创造力；当完成具体的、低解释水平任务时，预期交流的效应不复存在。这说明只有当创造力任务要求高解释水平的抽象思维时，预期交流才能促进创造力的发挥[81]。

为探究分心抑制和关系整合对学前儿童类比推理的影响，研究者对学前儿童进行情景任务实验，发现抑制控制能预测儿童完成各种类型类比推理成绩，工作记忆能预测儿童完成含有语义分心的类比推理成绩，但不能预测含有知觉分心的类比推理成绩。儿童完成类比情景中的分心抑制是在关系整合中完成的，当类比情景中的关系整合没有超过儿童的工作记忆容量时，知觉或语义分心才能造成对儿童类比推理的影响[82]。

（3）语言

语言使用是社会互动的核心，间接回应是语言交流中很常见的形式。研究者采用自定步速阅读范式，发现在整句呈现时，3 种回应方式的阅读时间随规约性高低呈梯度变化，即直接回应的阅读时间最短，间接拒绝次之，间接评价最长；而逐词呈现时，对间接拒绝和直接回应的阅读时间没有差异，都长于对间接评价的阅读时间。结果表明了社会规约性及呈现方式对间接回应的理解存在交互影响[83]。研究者利用眼动技术，在听觉呈现启动句后呈现图片要求被试用句子进行描述。结果发现，启动句类型影响了目标句的句法选择及对图片中不同客体的注视时间比率及注视顺序。行为结果和眼动指标都支持了两阶段理论中结构选择和内容计划两阶段的观点[84]。

大脑的神经振荡往往反映了人类的各种认知活动，事件相关电位为研究语言的加工过程提供有力帮助。对汉语复合词视觉识别中的形音义激活进程的研究表明，汉语复合词的视觉识别的早期阶段可能为基于词位的形态—正字法加工，字形匹配与音位信息是首要影响因素，但语义是否介入仍未可知；而晚期阶段则可能为基于词条的形态—语义加工，主要涉及语义竞争与选择[85]。此外，大脑 θ 频段的活动与音节的加工密切相关，通过 EEG 时频分析技术的研究发现，在刺激出现后的 270~460ms，音节相关条件下个体 θ 频段神经振荡的能量显著低于音节无关条件，音素相关与音素无关之间无显著差异。这从神经振荡指标上为音节是汉语口语词汇产生中音韵编码的单元提供了证据[86]。

（4）神经科学

随着脑影像技术和计算技术等领域的发展，基于活体影像的脑科学研究呈爆发式增长。《中国科学：生命科学》在 2020 年出版了专栏，就人脑磁共振神经影像数据共享的历史和现状，以及开放式脑科学的前景进行了综述，介绍了学科交叉促进脑科学发展的独具学科特色的研究模式。其中，高家红等指出，以磁共振成像为代表的活体脑成像方法，在推进“人类行为的脑科学基础研究”上取得了显著发展与应用，积累了海量的人脑活体成像数据。针对这类大数据的神经信息化科学研究正在迅速发展为 21 世纪生命科学的前沿，催生了“开放式”的新型科学理念和合作方式，逐步形成了开放式脑科学研究的崭新方向[87]。对于活体人脑结构和功能信号的检测技术而言，许多技术在基础科研和临床上已经得到比较广泛的应用，与此同时，脑科学研究在时间和空间分辨率上对脑信号检测技术提出了更高的要求，由此产生的数据为后期的数据挖掘、建模分析等技术带来了更多的挑战。为了更好地描述从多时空尺度研究大脑的模式，中国科学院自动化所蒋田仔团队在国际上提出了“脑网络组学”的概念。他们系统回顾了目前基于影像的脑科学研究在非侵入性宏观影像层面有代表性的技术，同时强调了多模态多种技术的联合应用，即“脑网络组学”的研究背景和内涵[88]。

6. 心理统计与测量学

心理统计与测量领域的研究重点在于编制适合不同领域的量表，并探索了计算机化测验的心理测量学属性。

（1）量表编制

在人格与社会心理学领域，考虑到中西方文化背景下自省的概念存在差异，研究者通过采用扎根理论的三级编码方式构建了自省理论模型，编制了适合于中国成年人的自省问卷，包含 2 个分问卷（个人取向自省、社会取向自省），每个分问卷由 4 个因子（探索性自省、预防性自省、弥补性自省、超越性自省）组成，且问卷具有较好的信度和效度（统称信效度）。此外，研究者将学业自豪和自大作为因素对学业情绪的 2 个维度，编制了青少年学业自豪与学业自大问卷，问卷共包含 28 个项目，经项目分析和探索性因素分析，问卷的信效度良好[89]。

另一个研究以善良人格概念及结构为基础，根据已有的善良人格词汇编写具体条目，通过分析整合后保留了 29 个善良人格条目，分别进行探索性和验证性因素分析，构建了善良人格的二阶四因子结构，由尽责诚信、利他奉献、仁爱友善和包容大度 4 因子组成，编制了中国人善良人格量表。经检验表明善良人格量表具有良好的信效度，是测量中国人善良人格的有效工具[90]。近年来，幸福感成为心理学界研究的热点和焦点，主观幸福感是对生活满意和个体情绪状态的一种综合评价，包括生活满意度和情感体验两个基本成分。研究检验了主观真实—持续幸福感量表中文版，探索性因素分析得到满意感和内心平和两个维度，量表具有良好的信效度[91]。

此外，研究者编制了中国文化背景下的中小学生综合幸福感量表，量表由道德幸福感、心理幸福感、学业幸福感、健康幸福感和社会幸福感五大分量表构成，包括 17 个因子共 113 个项目。研究结果表明，该量表具有良好的信效度，可用于测评中国中小学生的综合幸福感发展状况[92]。研究者在大学生样本中，检验了抑郁—焦虑—压力量表简体中文版（DASS-21）的纵向等值性。调查对象 3 年内使用了 3 次 DASS-21，对测量结果进行了单组和多组验证性因素分析比较，结果表明 DASS-21 的三因子结构具有跨时间的测量等值性[93]。

（2）计算机化测验

为克服传统李克特量表存在的缺陷，越来越多的研究者提出开发和使用迫选测验。蒙特卡洛研究方法可以模拟研究方法，模拟生产项目参数、被试能力值真值及作答反应，并根据作答反应得到被试能力值的估计值。研究者使用了蒙特卡洛模拟研究方法，用展开模型对迫选测验数据进行分析，考察题组环境变化是否会对能力参数估计精度产生影响，此研究结果可为迫选测验编制或开发自适应迫选人格测验提供支持[94]。

学生在完成计算机动态测验过程中，会产生大量带有时间标记的过程性数据，他们在问题解决过程解题策略的差异和最终状态，可以体现出个体能力的差异。多水平混合项目反应理论模型（MMixIRT）将多水平模型和混合项目反应理论模型相结合，不仅可以提高模型参数估计的精确性，同时可获得不同潜在类别群体的测量特征。因此，研究者通过学生在 PISA2012 一道交通问题解决任务上的 139990 条数据，探索了问题解决过程策略的类别特点。结果表明，该模型不仅可以基于行为序列对不同国家（地区）学生在解决问题时策略使用情况的典型特征进行分析，还可以提供个体水平的能力估计值。拓展的（MMixIRT）模型可用于分析过程性数据的特征[95]。

此外，有学者结合了项目功能差异（DIF）和多维题组反应模型（MTRM）来探究 MTRM 在 DIF 检验中的准确性、有效性和影响因素，并与忽略题组效应的多维随机系数多项 Logistic 模型（MRCMLM）进行对比。结果表明，MTRM 对有效 DIF 值检验率增高，在不同条件下结果的稳定性更高；与 MRCMLM 相比，基于 MTRM 的 DIF 检验模型检验率更高，受到其他因素的影响更小；当测验中题组效应较小时，MTRM 与 MRCMLM 结果差异较小，但是 MTRM 模型拟合度更高[96]。

二、问题思考与未来展望

从 2020 年度北京心理学科发展情况看，北京市心理学的发展尚存在较大的进步空间。

在学科体系建设上，截至 2020 年 6 月 30 日，教育部公布的北京市普通高等学校共 92 所，其中本科院校 67 所，但招收心理学本科生的学校仅 16 所，不到本科院校的 25%。心理学专业的普及程度远逊于美国等发达国家水平。在获得的国家级经费资助上，依然以国家自然科学基金为主，其中主要经费来源分布在生命学部，也散见于信息学部、医学部、管理学部等，在重点项目和人才项目上，获资助仅处于零散状态。但在国家社会科学基金中，由于在学科代码中未收录心理学，获批项目数偏少。

在学术研究上，北京市心理学研究的发表论文数量和质量均居全国前列，在引导学术热点和重点，如社会心理服务体系建设、探索新冠肺炎疫情的影响等领域，起到了积极的带头作用，但在心理学新兴应用领域，如互联网时代对人类心理的影响等领域，投入和关注略显不足。预期未来北京市心理学界将继续在多个心理学领域发挥领头羊作用。

注：

[1]胡平，王雪珺，张银普，李昊健：《心理学在社会服务体系中作用的思考——以复原力建设为例》，《心理科学进展》，2020 年第 1 期。

[2]王俊秀：《多重整合的社会心理服务体系：政策逻辑、建构策略与基本内核》，《心理科学进展》，2020 年第 1 期。

[3]陈雪峰，滕迪晴，陈晶，李岩梅：《基础社会动机与社会心理服务体系建设》，《心理科学进

展》，2020 年第 1 期。

[4]池丽萍，辛自强，孙冬青：《群体决策质量评估方法及其在大学生和社区居民中的应用》，《心理科学进展》，2020 年第 1 期。

[5]王文超，伍新春：《共情对灾后青少年亲社会行为的影响：感恩、社会支持和创伤后成长的中介作用》，《心理学报》，2020 年第 3 期。

[6]姚琦，吴章建，张常清，符国群：《权力感对炫耀性亲社会行为的影响》，《心理学报》，2020 年第 12 期。

[7]林之萱，杨莹，寇彧：《老年人的元刻板印象及其对社会互动的影响》，《心理发展与教育》，2020 年第 6 期。

[8]孙颖，贾东丽，蒋奖，刘子双：《敬畏对亲环境行为意向的影响》，《心理与行为研究》，2020 年第 3 期。

[9]孟陆，刘凤军，陈斯允，段珅：《消费者思维决策方式对持续参与绿色行为意愿的影响》，《心理科学》，2020 年第 6 期。

[10]李雨朦，刘儒德，洪伟，谷典，金芳凯：《尽责性对问题性手机使用的影响：时间管理倾向和自我控制的链式中介作用》，《心理科学》，2020 年第 3 期。

[11]付琳倩，谢笑春，雷雳，王鹏程：《伴侣低头行为的影响及其心理机制》，《心理科学》，2020 年第 3 期。

[12]郭瑾瑾，牛璐，谢笑春，王鹏程，雷雳：《线上“秀恩爱”与旁观者主观幸福感的关系：自尊的中介作用和依恋的调节作用》，《心理发展与教育》，2020 年第 3 期。

[13]楚啸原，龙杰，雷雳：《社交焦虑与网络游戏过度使用：自我补偿动机的中介作用和外倾性的调节作用》，《心理科学》，2020 年第 4 期。

[14]李贺，曹莹莹，贺小玲，傅小兰：《欺骗的身体线索》，《心理科学》，2020 年第 4 期。

[15]李贺，傅元，梁静，傅小兰：《欺骗识别的准确率：影响因素与提高途径》，《心理科学》，2020 年第 5 期。

[16]史慧玥，焦丽颖，高树青，于孟可，许燕，蒋奖，王芳：《新冠肺炎疫情期间大学生价值观特征及变化趋势探究》，《心理学探新》，2020 年第 2 期。

[17]周婷，官锐园，浦浙宁，赵伟，孙立群：《新冠肺炎抗疫一线医护人员的急性应激反应及相关因素：有调节的中介模型分析》，《中国临床心理学杂志》，2020 年第 4 期。

[18]胡心怡，陈英和：《大学生疫情压力感知、心理灵活性对抑郁的影响：有调节的中介作用》，《中国临床心理学杂志》，2020 年第 4 期。

[19]包佳敏，李欢欢，黄川，王咏尔，胡心约，王钟潍：《亚临床抑郁大学生的分离性快感缺失及其与共情的关系》，《中国临床心理学杂志》，2020 年第 3 期。

[20]张亚利，李森，俞国良：《述情障碍与青少年攻击行为：无聊倾向的中介作用》，《中国临床心理学杂志》，2020 年第 2 期。

[21]张艺凡，王书剑，陈云祥，刘翔平：《大学生依恋焦虑与躯体变形障碍症状：有中介的调节模型》，《中国临床心理学杂志》，2020 年第 6 期。

[22]刘视湘，孙燕，杜晓鹏：《老年人社会支持与生活满意度：生命意义及身心健康的中介作用》，《中国临床心理学杂志》，2020 年第 6 期。

[23]王江洋，李昂扬，聂家昕：《依恋与孤儿初中生心理健康的关系：自我污名和心理韧性的并行中介作用》，《心理发展与教育》，2020 年第 2 期。

[24]原昊，王文超，伍新春，田雨馨，陈秋燕：《创伤后应激障碍对震后青少年自杀意念的影响：安全感的调节作用》，《心理与行为研究》，2020 年第 6 期。

[25]梁一鸣，郑昊，刘正奎：《震后儿童创伤后应激障碍的症状网络演化》，《心理学报》，2020 年第 11 期。

[26]刘艾祎，王文超，伍新春，田雨馨：《自我同情对青少年创伤后成长的影响：基本心理需要满足的调节作用》，《中国临床心理学杂志》，2020 年第 2 期。

[27]刘[illegible]，方晓义，兰菁，琚晓燕，郑颖娴：《工作家庭冲突对婚姻质量的即时和长时效应：配偶支持的中介作用》，《中国临床心理学杂志》，2020 年第 5 期。

[28]陈媛，杨凯迪，兰菁，李晓敏，方晓义：《新婚夫妻神经质对婚姻稳定性的即时与长时效应：婚姻质量的中介作用》，《中国临床心理学杂志》，2020 年第 2 期。

[29]赵丽沙，张燕娜，张兴利：《母亲抚养压力对 4~6 岁儿童持续性注意的影响：夫妻冲突与母亲敏感性的中介作用》，《中国临床心理学杂志》，2020

年第 6 期。

[30]李思奕，金灿灿：《中学生父母监控与网络欺凌：自我控制与人际适应的链式中介作用》，《中国临床心理学杂志》，2020 年第 6 期。

[31]闫梦格，李虹，李宜逊，周雪莲，回懿，程亚华，伍新春：《识字量和词汇知识在儿童阅读发展中的相对重要性》，《心理发展与教育》，2020 年第 3 期。

[32]张潮，丁嫄，李利平，陈庆平，伍新春：《语素意识与听写的双向预测关系：来自追踪研究的证据》，《心理发展与教育》，2020 年第 2 期。

[33]李利平，伍新春，程亚华：《小学低段汉字识别和听写的发展轨迹：语素意识的预测作用》，《心理学报》，2020 年第 5 期。

[34]韩燕，徐芬：《儿童青少年时期加工速度和执行功能在流体智力发展中的作用》，《心理发展与教育》，2020 年第 4 期。

[35]韩瑽瑽，陈英和，于晓，邓之君，刘静，侯江文，林燕燕：《表面相似性对数量关系和相对大小关系理解的影响》，《心理发展与教育》，2020 年第 3 期。

[36]曹晓晴，师保国：《文理文化启动对高中生创造性的影响：基于多元学科文化的视角》，《心理科学》，2020 年第 4 期。

[37]刘兆敏，高伟伟：《毅力与学业成绩的关系：有意走神和自发走神的不同中介作用》，《心理科学》，2020 年第 6 期。

[38]侯雨佳，颜廷睿，邓猛：《母亲依恋风格与孤独症谱系障碍儿童母子依恋：母亲教养方式的中介作用》，《心理发展与教育》，2020 年第 1 期。

[39]张凡，赵德懋，刘霞，白荣，张明亮，邢淑芬：《父母教养与 MAOA 基因 rs6323 多态性对学前儿童外化问题的共同作用》，《心理发展与教育》，2020 年第 6 期。

[40]马心宇，陈福美，罗芮，赵云燕，王耘：《学前儿童问题行为对父母抚养压力的影响及夫妻亲密的调节作用》，《心理与行为研究》，2020 年第 6 期。

[41]彭自芳，傅纳，张新杰：《父母冲突与中学生应对方式的关系：教养方式和情绪安全感的链式中介作用》，《心理发展与教育》，2020 年第 6 期。

[42]李微微，张青，刘斯漫，王争艳：《父母儿童期情感虐待对学步儿问题行为影响机制的比较》，《心理科学》，2020 年第 3 期。

[43]李倩倩，姚力宁，梁金军，邢淑芬：《电视暴力对不同外倾性气质学前儿童社会行为的差异化影响——“一般攻击模型”与“催化剂模型”的理论之争》，《心理发展与教育》，2020 年第 5 期。

[44]陈子循，王晖，冯映雪，刘霞：《同伴侵害对留守青少年主观幸福感的影响：自尊和社会支持的作用》，《心理发展与教育》，2020 年第 5 期。

[45]姜媛，田丽，薛璐璐：《中学生自我调节学习与心理健康：学业控制感和人际关系的作用》，《心理与行为研究》，2020 年第 6 期。

[46]郑巧，耿丽娜，骆方，李凌艳：《初中生学生投入的发展特点及其与同伴欺负的关系：一项三年追踪研究》，《心理发展与教育》，2020 年第 2 期。

[47]张雯，周同，丁雪辰，周楠：《儿童拒绝敏感性与自我知觉的关系：一项交叉滞后研究》，《心理发展与教育》，2020 年第 6 期。

[48]王博晨，金灿灿，赵宝宝：《青少年家庭功能、人际适应和网络欺凌的关系：一个有调节的中介作用》，《心理发展与教育》，2020 年第 4 期。

[49]张云运，黄美薇，任萍，张瑞平：《朋友的学业成就会影响我的学业成就吗？——成对友谊关系中成就目标取向的中介作用》，《心理发展与教育》，2020 年第 1 期。

[50]贾绪计，蔡林，林琳，林崇德：《高中生感知教师支持与学习投入的关系：学业自我效能感和成就目标定向的链式中介作用》，《心理发展与教育》，2020 年第 6 期。

[51]薛璐璐，姜媛：《高中生自我调节学习与自尊：感知教师支持及性别的调节作用》，《心理学探新》，2020 年第 6 期。

[52]梁兴丽，何津，周佶俊，刘萍萍：《认知能力对学业成绩的影响：有中介的调节模型》，《心理发展与教育》，2020 年第 4 期。

[53]张云运，刘思辰，任萍，牛丽丽：《学生学业和行为特征如何影响教师支持？来自个体和圈子层面的证据》，《心理发展与教育》，2020 年第 3 期。

[54]辛素飞，岳阳明，辛自强：《1996 至 2016 年中国老年人心理健康变迁的横断历史研究》，《心理发展与教育》，2020 年第 6 期。

[55]冯富荣，朱呈呈，侯玉波：《控制感与老年人生命意义感：自我认同和政策支持的作用》，《心理科学》，2020 年第 5 期。

[56]吴翰林，于宙，王雪娇，张清芳：《语言能力的老化机制：语言特异性与非特异性因素的共同作用》，《心理学报》，2020年第5期。

[57]王堂生，杨春亮，钟年：《记忆的前向测试效应对老年人学习新事物的作用》，《心理学报》，2020年第11期。

[58]刘子双，古典，蒋奖：《获得还是损失？广告目标框架对绿色消费意向的影响》，《中国临床心理学杂志》，2020年第1期。

[59]肖海林，张术丹：《中国绿色变轨型高技术产品第一批消费者的购买意向模型——基于汽车产业的多重比较研究》，《管理评论》，2021年第1期。

[60]楚啸原，杨晓凡，理原，雷雳：《虚拟商品感知有用性与网络游戏消费意愿：有调节的中介模型》，《中国临床心理学杂志》，2020年第5期。

[61]冯坤，杨强，常馨怡，李延来：《基于在线评论和随机占优准则的生鲜电商顾客满意度测评》，《中国管理科学》，2021年第2期。

[62]陈可，雷静，张红霞：《顾客抱怨真的会“人多势众”吗？品牌力量的调节作用》，《管理评论》，2020年第11期。

[63]孙瑾，郑雨，陈静：《感知在线评论可信度对消费者信任的影响研究——不确定性规避的调节作用》，《管理评论》，2020年第4期。

[64]王楠，陈详详，祁运丽，王莉雅：《基于详尽可能性模型的用户创新社区创意采纳影响因素研究》，《中国管理科学》，2020年第3期。

[65]彭坚，尹奎，侯楠，邹艳春，聂琦：《如何激发员工绿色行为？绿色变革型领导与绿色人力资源管理实践的作用》，《心理学报》，2020年第9期。

[66]高中华，赵晨，付悦，刘永虹：《团队情境下忧患型领导对角色绩效的多层链式影响机制研究》，《管理世界》，2020年第9期。

[67]李琰，葛新权：《服务型领导对新生代员工工作激情的影响研究》，《管理评论》，2020年第11期。

[68]张明玉，刘攀，武文，张熠华：《同事嘲讽式幽默对新员工组织社会化结果的影响研究》，《管理评论》，2020年第9期。

[69]赵菁菁，白晓宇，李传晓，李新影，祝卓宏：《工作母亲心理灵活性与工作家庭平衡：基于情境的多重中介模型》，《中国临床心理学杂志》，2020年第6期。

[70]朱金强，徐世勇，周金毅，张柏楠，许昉昉，宗博强：《跨界行为对创造力影响的跨层次双刃剑效应》，《心理学报》，2020年第11期。

[71]董念念，王雪莉：《有志者，事竟成：内在动机倾向、创意质量与创意实施》，《心理学报》，2020年第6期。

[72]王小健，唐方成，田予涵：《个别协议对员工创新绩效的影响：面向通信企业的实证研究》，《管理评论》，2020年第9期。

[73]龚怡琳，盛小添，王潇，杨渝平，王慧卿，张西超：《专念对工作重塑的影响：工作投入的中介作用》，《心理科学》，2020年第1期。

[74]于震，张行：《“效率契约”还是“管理权力”？——公司治理对CEO股权激励的影响研究》，《管理评论》，2020年第10期。

[75]张玉静：《积极情绪对高中生心理旋转范围的影响：趋近动机的调节效应》，《心理科学》，2020年第4期。

[76]郭海辉，韦小满，赵守盈：《情绪汉词的主动遗忘效应：ERP研究》，《心理学探新》，2020年第3期。

[77]丁锦红，杜丛：《无关信息对注意控制的影响》，《心理科学》，2020年第1期。

[78]华艳，李明霞，王巧婷，冯彩霞，张晶：《左侧眶额皮层在自动情绪调节下注意选择中的作用：来自经颅直流电刺激的证据》，《心理学报》，2020年第9期。

[79]龚然，陈听，张力为：《观看自然环境图片对自我损耗条件下认知与运动自我控制的影响》，《心理科学》，2020年第4期。

[80]闻嘉宁，李杰，杨子鹏，张禹：《空手道训练对大学生自我控制能力的影响：来自行为和脑电的证据》，《应用心理学》，2020年第3期。

[81]栾墨，吴霜，李虹：《预期交流与创造力的关系：解释水平的调节作用》，《心理学报》，2020年第10期。

[82]于晓，王红梅，陈英和，刘瑞曙，韩瑽瑽，韩敏，张涵，刘静：《分心抑制和关系整合对学前儿童类比推理的影响》，《心理发展与教育》，2020年第4期。

[83]张秀平，杨晓虹，杨玉芳：《社会规约性及呈现方式对理解会话中的间接回应的影响》，《心理学探新》，2020年第2期。

[84]张宁，张清芳：《汉语口语句子产生中句法启动效应的眼动研究》，《心理科学》，2020 年第 2 期。

[85]吴建设，常嘉宝，邱寅晨，J. Dien：《汉语复合词视觉识别的时间进程：基于同形语素的行为与 ERP 证据》，《心理学报》，2020 年第 2 期。

[86]蒋宇宸，蔡笑，张清芳：《θ 频段（4～8Hz）的活动反映了汉语口语产生中音节信息的加工》，《心理学报》，2020 年第 10 期。

[87]左西年，臧玉峰，高家红：《推进神经影像数据共享与开放式脑科学》，《中国科学：生命科学》，2020 年。

[88]左年明，蒋田仔：《多模态人脑影像与脑网络组学研究》，《中国科学：生命科学》，2020 年第 11 期。

[89]王鸿飞，方圆，董妍，刘聪慧，俞国良：《青少年学业自豪与学业自大问卷的编制及信效度检验》，《中国临床心理学杂志》，2020 年第 6 期。

[90]焦丽颖，史慧玥，许燕，郭震：《中国人善良人格量表的编制及信效度检验》，《心理学探新》，2020 年第 6 期。

[91]邓建军，卢希起，李庆安，魏新会，王佳丽：《主观真实—持续幸福感量表中文版的信度和效度检验》，《中国临床心理学杂志》，2020 年第 2 期。

[92]张冲，官群，孟万金：《中国中小学生综合幸福感量表的编制研究》，《心理学探新》，2020 年第 3 期。

[93]卢珊，段昕雨，邱明悦：《抑郁—焦虑—压力量表简体中文版在大学生群体中的纵向等值性》，《中国临床心理学杂志》，2020 年第 5 期。

[94]温红博，王帅鸣：《 迫选测验中题组环境对展开模型能力估计精度的影响》，《心理科学》，2020 年第 4 期。

[95]李美娟，刘玥，刘红云：《计算机动态测验中问题解决过程策略的分析：多水平混合 IRT 模型的拓展与应用》，《心理学报》，2020 年第 4 期。

[96]魏丹，张丹慧，刘红云：《基于多维题组反应模型的项目功能差异检验探究》，《心理科学》，2020 年第 1 期。

（北京市社会心理学会供稿；执笔人：李纾、周明洁、谢晓非、刘力、王芳、王俊秀、郑蕊、梁竹苑）

年度推荐论文和著作

论　文

1. 《多重整合的社会心理服务体系：政策逻辑、建构策略与基本内核》，王俊秀，《心理科学进展》，2020 年第 1 期。

2. 《大学生疫情压力感知、心理灵活性对抑郁的影响：有调节的中介作用》，胡心怡，陈英和，《中国临床心理学杂志》，2020 年第 4 期。

3. 《1996 至 2016 年中国老年人心理健康变迁的横断历史研究》，辛素飞，岳阳明，辛自强，《心理发展与教育》，2020 年第 6 期。

4. 《记忆的前向测试效应对老年人学习新事物的作用》，王堂生，杨春亮，钟年，《心理学报》，2020 年第 11 期。

5. 《权力感对炫耀性亲社会行为的影响》，姚琦，吴章建，张常清，符国群，《心理学报》，2020 年第 12 期。

6. 《震后儿童创伤后应激障碍的症状网络演化》，梁一鸣，郑昊，刘正奎，《心理学报》，2020 年第 11 期。

7. 《左侧眶额皮层在自动情绪调节下注意选择中的作用：来自经颅直流电刺激的证据》，华艳，李明霞，王巧婷，冯彩霞，张晶，《心理学报》，2020 年第 9 期。

8. 《推进神经影像数据共享与开放式脑科学》，左西年，臧玉峰，高家红，《中国科学：生命科学》，2020 年。

9. 《多模态人脑影像与脑网络组学研究》，左年明，蒋田仔，《中国科学：生命科学》，2020 年第 11 期。

著 作

1. 《林崇德文集（全十二卷）》，林崇德，北京师范大学出版社，2020年。

2. 《心理学导论》，张厚粲，许燕，北京师范大学出版社，2020年。

3. 《人格心理学》，许燕，北京师范大学出版社，2020年。

4. 《组织管理心理学》，王垒，北京大学出版社，2020年。

5. 《心理健康教育》，傅小兰，周红玲，谢彤，科学出版社，2020年。

6. 《社会治理心理学与社会心理服务》，辛自强，北京师范大学出版社，2020年。

7. 《家安心安：新冠肺炎疫情下的家庭心理自助手册》，方晓义，北京师范大学出版社，2020年。

8. 《孕产期全面心理健康促进共识理论与实践》，陈林，韩根东，北京大学出版社，2020年。

9. 《这才是心理学：看穿伪科学的批判性思维》，基思·斯坦诺维奇，人民邮电出版社，2020年（窦东徽，刘肖岑译）。

10. 《我是谁：心理学实证研究社会思维》，戴维·迈尔斯，琼·特韦奇，人民邮电出版社，2020年（侯玉波，廖江群译）。

文 学

摘 要

2020年，北京地区语言文学研究呈现出4个重要特点：第一，学科建设和学术研究并重，持续推动学术研究向深度和广度发展；第二，注重方法论和跨学科探讨，尤其体现在文艺学、比较文学与世界文学、外国语言文学研究领域；第三，重视经典命题和经典作家作品的阐释，主要体现在中国古代文学、外国文学研究和中国现代文学研究上；第四，重视学科学术研究与当下社会现实的联系，特别关注语言文学如何发挥实践作用的问题。

一、中国文论话语体系建构

构建具有中国特色的学科体系、学术体系和话语体系是当前哲学社会科学工作者义不容辞的使命，其中“话语体系”的建设在三大体系建设中具有基础性地位，是近年来哲学社会科学建设重点关注的问题。时胜勋认为，中国文论话语创新应结合体裁的形式性与社会性两个角度进行，而不只是概念、术语、命题上的创新，这是反思性文艺学与文化自觉所应思考的问题。话语创新问题应与文论的思想性、语境性、社会性、功能性等因素（时代性、全球化及刊物、出版社、大学、网络平台等）相结合，最大限度地发挥话语体裁的效用，而不是抽象地讨论话语体裁问题。丁国旗主要围绕习近平总书记有关文艺的系列重要论述，对新时代文艺和市场关系、马克思主义文艺理论的中国化、时代化、大众化和具体化、习近平论文艺“精品”标准的6个维度等诸多问题展开论述，成为新时代文艺理论话语建设具有方向性的重要参照。

二、文学研究方法论创新

语言文学方法论及其创新研究是构成语言文学学科的基准点与支撑点，更是经典问题延展研究与新生问题重点研究的出发点。“社会史视野下的中国现当代文学”的方法论探讨及相关实践是本年度现当代文学研究的热门话题之一。路杨深入解放区的新秧歌与乡村戏剧实践，对解放区群众文艺生产进行探讨，描绘出一幅劳动、生活与政治联动的一体化图景；李斌从“历史真实”视角考察郭沫若的历史剧《武则天》。如何应对数字化时代带来的挑战依然是2020年语言文学方法论及其创新研究的重点，以文学基础概念为关键词溯清语言文学学科定位和学术脉络，力求抓住数字时代赋予文学研究的发展机遇，在回应数字时代文学诉求过程中探讨文学研究的现实困境与新兴发展。赵薇关注数字时代所能引导的从概念模型到计算批评的文学研究方法论转向，指出计算批评在方法论上的局限性，并将数字时代方法论上的难题悬置，呼吁更大范围内的文学研究合作。刘方喜对关于人工智能与当代文艺学生产的关系、人工智能艺术及其所引发的文化哲学范式等进行了理论思考。

三、文学研究跨学科探讨

文化研究开放性与多样性的批评话语极大扩展了语言文学学科研究社会文本与文化文本的范围，生态文化、区域文化、思想史研究等都进入了语言文学研究体系。2020 年，回应时代生态危机，构建生态人文主义；立足中国传统文化遗产，探索中国特色文论体系建设；从区域文化视角出发进行域外文学研究；在中西思想史对话背景中进行文学研究；等等，成为从文化研究领域推动文学研究纵深发展的学术滋生点，对于语言文学现代学科建设，中国特色文学学科平台创建，规模化、专业化学术成果产生都具有非常重要的现实意义。曾艳兵在中西文学、文化之关系研究基础上，关注卡夫卡与华语文学之间的对话。梁坤将研究领域延伸到俄蒙生态思想与生态文化领域，认为俄蒙树木崇拜和多神教、萨满教等原始信仰都是由俄蒙交互重叠的历史文化决定的，并在诸如俄罗斯森林史诗等文学文本中看到了俄蒙多神教、萨满教观念与佛教、东正教等的相互渗透与融合。比较文学与比较艺术学之间的交流促进了比较艺术学取得新进展，跨学科的反思意识活跃了比较文学的研究，彭吉象发表多篇相关学术论文，与既有的比较文学学术传统与研究方法形成对话。

四、经典命题的新阐释

在新的时代语境下，将文学中的经典命题转换成新生问题并与当下形成对话，是激活文学传统的一个重要方向。北京作为现当代作家研究的高地，鲁迅研究的深度和高度直接决定着现当代文学整个格局的走势。2020 年，研究者从作品重读、史料考证等方面继续推进鲁迅研究的经典化，李国华将反讽的诗学特征与鲁迅对辛亥革命的理解之间的关联作为《在酒楼上》理解的关键要素，认为鲁迅在该作品对知识者遗忘（辛亥）革命的反讽，表达了鲁迅对辛亥革命和五四新文化运动的双重反思。值“汪曾祺百年诞辰”之际，孙郁从语言的角度对汪曾祺创作进行了新的解读，闫作雷借用汪曾祺归纳的“抒情考古学”方法，对《受戒》等小说历史与美学、抒情与现实的辩证关系进行了考察。北京地区学者尤其对京派文学的研究取得重要突破，刘勇“大京派”文学建构理念的提出是其中最重要的成果，他立足京津冀一体化的国家战略，对“京津冀文脉”谱系进行历史文化考察，并提出一种融合文学、政治、经济、生态多元因素的“大京派文学”构想。

五、文学研究的现实观照

2020 年突如其来的新冠肺炎疫情，使人们重新思考人与文学、人与人、人与自然的关系，“抗疫与文学”成为热门话题。文学作为精神抗疫的一个重要部分在凝聚民族向心力、增强获胜信念方面发挥重要的作用。北京市文联年初发出开展阻击新冠肺炎疫情主题文艺作品创作的倡议，北京老舍文学院积极响应市文联号召，向高研班的作家们发出“真情系武汉，文字连双城”作品征集活动等，一大批关于疫情的诗歌、散文、报告文学纷纷涌现，中国作协特别派出由李朝全、李春雷、纪红建、曾散、普玄 5 位报告文学作家组成的小分队赴武汉抗疫一线，以文学记录这场伟大的抗疫历程。在学术研究上北京地区的学者们围绕由疫情生发出来的“人类命运共同体”“灾害与文学”“文学抗疫”等话题展开学术讨论。李朝全认为这次抗疫过程中报告文学对中国疫情的防控书写比较充分，而对于世界各国、人类与疫情共同的斗争书写或记录则有待拓展。李春雨以当下新冠疫情的全球化为背景，联系“人类命运共同体”理念对“人的文学”重新进行思考和解读。赵勇《疫情之后，文学何为?》一文从毕淑敏《花冠病毒》说到阿多诺的“艺术辩证法”，为作家在疫情之后如何面对文学这一问题给予解答。夏敏特别关注到疫情来袭时，民间口头抗疫传说的出现具有“文学治疗”的功能。

北京地区语言文学研究在以下方面还有待加强：文艺学研究、中国特色文艺理论话语体系建设、中国传统文艺理论的传承以及海外传播等仍是重要课题。中国古典文献学研究，需要进一步拓展研究领域，如科技、民族和外文等方面的文献研究；进一步提升理论性，在学科体系、方法论、新问题等方面进行更深入的讨论；辨伪学、辑佚学等需要加强。古代文学研究仍有拓展空间，增强文学鉴赏的研究与实践、打破古代文学各时期研究间的壁垒、探索数字人文在古代文学研究中的作用、深入推进古代文学与历史学、文献学、社会学等相邻学科的学科融合。中国现当代文学研究，解决学科学术研究与跨学科研究、现代文学与当代文学、“回到文学”与“走出文学”之间的张力，掌握不同文体之间、史料建构与其他领域之间的平衡，处理学科空间拓展和学术研究深化之间的关系仍然是重要课题。比较文学与世界文学研究方面，方法论探讨和基础理论研究，重点研究与区域国别研究平衡、中国身份建构与增强世界影响力等问题仍需进一步增强。外国语言文学研究方面，英语语言文学和欧洲文学研究多而强，亚非拉语言文学关注少而弱，在文体上，长篇小说研究数量和深度优势突出，其他文类涉及较少，语种、国别、区域和文体需在突出研究重点的同时，加强研究范围的拓展和研究对象的平衡。

文 艺 学

2020年，北京地区文艺学总体发展依然保持全国文化中心的优势地位，发表论文300余篇，涵盖文艺学研究各个方面。文学基本原理层面特别关注话语体系的建构；文艺美学方面主要关注与文艺作品相结合的理论问题；中国古代文论方面，传统文论的现代转换与海外传播成为热点话题；现当代文艺理论研究方面，文学批评与美育是2020年北京地区文艺学研究的高频关键词；西方文论方面，特别注重基本概念和范畴在具体语境下与艺术审美结合后产生的内涵新变。

一、文学基本原理与本土化话语体系建构

中国“话语体系”是近年来哲学社会科学建设重点关注的问题，在文艺学方面，尤以文学基本理论的“本土化”为切入点。时胜勋的多篇论文均以“本土化”问题为对象，探讨中国当代艺术与中国当代文化话语创新的问题。代表性成果如《中国文论话语创新》[1] 认为，中国文论话语的创新应结合体裁的形式性与社会性，而不只是概念、术语、命题的创新，这是反思性文艺学与文化自觉应思考的问题。话语创新问题还应与文论的思想性、语境性、社会性、功能性等相结合，最大限度发挥话语体裁的效用。王岳川以文化输出为题[2]，分析文化身份自信与文化输出的紧迫性，避免文化冲突升级导致文化战争，并在国内外学术界寻求双重对话。董学文针对文学理论话语体系构建存在的问题进行反思，[3] 认为构建中国特色文学理论话语体系，要有话语的主体性、历史的视野与知识、联系实际的问题意识，特别是要重视马克思主义文学理论对话语体系构建的指导意义，勇于突破，勇于创新，杜绝“滥造”。丁国旗围绕习近平总书记有关文艺的系列重要论述，对新时代文艺和市场关系[4]、马克思主义文艺理论中国化、时代化、大众化和具体化[5]，文艺“精品”标准等诸多问题展开论述。安静在文献佐证的基础上考察艺术符号学美学话语体系转变的重要作用，[6] 认为艺术符号学构成了李泽厚颠覆俄苏一元话语的直接动力，也是他20世纪80年代重新整合自己的学术理论，提出“情本体”与“积淀说”的重要原因。

基本理论层面，本年度还有关于阐释学与诠释学的重要论著。张江认为阐释的本质是理解和认识阐释及建构阐释科学的核心问题。[7] 当下，沿及方法论与本体论的传统，对此问题的讨论，或止于功能性说明而难抵本质，或遮蔽于形而上的猜测而少有令人信服的证据。李建盛发表多篇诠释学论文，探讨诠释学与作为本体论的文学阅读事件、诠释学作为人文科学的文学理论，以及哲学诠释学与文学的审美真理阐释[8]。

二、文艺美学与具体艺术作品的深度融合及美育的现实关怀

文艺美学研究的着眼点和研究方法已成为当代中国文艺学的基本立场与重要特点。本年度，文艺学学者对近年来艺术学的回顾总结和展望成为必然主题。王一川撰文多篇讨论艺术学理论的学科定位、艺术管理等相关问题，并以2011年艺术学升级为门类学科总结近年来艺术学理论学科设立以来的回顾与展望。[9] 李建盛以公共艺术的公共性为讨论对象，深入分析了公共艺术的本体论存在根据是其公共性。[10] 作者认为，存在于公共空间领域中的艺术，无论就公共艺术的空间性存在方式，还是其时间性存在方式，都是公共空间领域中具有公共性的存在和表现，这种存在和表现方式决定它比其他任何形式的艺术都更具有公共性，并体现出公共艺术在公共空间领域中的文化意识和美学精神。黄应全认为审美式的艺术定义是艺术定义最根本的范式之一，比尔斯利的审美式艺术定义可谓该范式最精致、最现代的一个版本。[11] 通过准确分析比尔斯利的艺术定义，可以发现审美式艺术定义的优点与不足。比尔斯利的审美经验观经历了从杜威式到混合式的转化。

2020 年美育成为当代文艺美学非常重要的现实关怀。王德胜认为，当前，美育做什么、如何可能有效并且超越“知识化”陷阱，是学校美育在观念理解上面临的 3 个难题。[12] 在实施层面，学校美育需要认真处理好美育体系建构指向性与包容性的关系、美育对象主体现实具体性与历史普遍性的关系，以及美育精神传导与美育教学组织的关系。李圣传在情感启蒙与诗教审美功能重建的视野下，对蔡元培的“美育代宗教”进行重新诠释。[13] 吴泽泉分析 20 世纪初现代教育演化出“美育”概念的过程，认为教育学奠定了“美育”概念的学理基础、基本意涵，为“美育”概念的流行提供了契机与土壤。[14] 陈剑澜认为，席勒的论证主要由部分组成：一是基于人性论立场的现代性批判，二是关于现代心性的哲学人类学学说，三是审美与自由关系论。其中最重要的一步是把自由问题从主体内部扩展到主体之间，提出一个审美乌托邦构想。[15]

三、古代文论的现代转换与海外传播

古代文艺理论的现代转换是备受学界关注的重要话题。与世纪初古代文论转换讨论中所带有的“失语”焦虑不同，当下关于古代文论的现代转换更加注重其对当代的影响，包括在海外传播的影响。姚爱斌认为，传统汉语中指称文章整体存在的“文体”概念，在日语中经历多次“文章本体的形式符号化”过程。[16] “文体”一词又被用于对译西方语体学（Stylistics）的核心概念（Style）语体，强化了“文体”概念的“语言形式”意味。这一用法深刻影响了中国古代文体论的现代阐释和中国现代文体观的形成。张晶发表多篇中国古代文学理论与美学研究论文，颇有新意和见解。例如《“契”：诗学审美创造过程中的纽结》[17] 认为，在中国诗学的相关语汇中，“契”是一个未尝引起学者关注的概念。“契”是诗人的内在艺术思维以语言媒介感知物象，产生创作冲动并创造出审美意象的完美机制。韩德民认为，仁自身包含的内在精神张力，决定了其作为道德评判尺度在实际运用方式上的复杂性。孟子的主要贡献，是将仁所包含的内在性精神张力，展开成为仁与义之间的外在性范畴对立。[18] 于闽梅以王学左派最重要的 3 个代表（王艮、王畿和李贽）为研究对象，以新的角度考察传统儒家在晚明时代转型期思想发展的现代性。[19]

四、现当代文论在后疫情时代的担当与批评视野

文艺理论切入当代现实是本年度的重要特点，众多学者在自己的研究领域探讨了疫情时期文艺理论应有的担当和使命。王一川考察中国音乐界在非常态抗疫背景下出现的创作、鉴赏、共娱、自娱等热潮，在国民共同参与的抗疫活动中产生的激励人心的作用。[20] 王卫华基于北运河精怪传说，分析民间传说中的灾害记忆。[21] 传说中对灾难的阐释与处置方式，反映出不同民族的世界观与思维模式。黄仲山认为，网络舆论中地域之争由来已久，并由此形成根深蒂固的地域歧视观念。在新冠肺炎疫情暴发的社会背景下，网络舆论中地域歧视与疫情话题结合，形成一波传播高潮。[22] 地域歧视言论在话语逻辑、社会伦理、文化品格等方面都存在问题，需要探索消除地域歧视的合理路径。

除了积极面对疫情之外，文艺批评也是现当代文论积极关注的对象。鲁太光就如何强化文艺批评的作用提出了自己的看法。[23] 作者认为，强化文艺批评应树立科学的批评观，发扬实事求是的批评精神，保持辩证的批评态度。何浩认为，中国当代文学史的写作应有理论和历史的反思视角，思考当代文学史叙事的可能构架。[24]

五、西方文论的范畴与概念研究

范畴和概念的梳理和阐释是本年度西方文论研究一个重要方面。学者们重新考察和分析西方文论和西方美学的诸多重要概念，关注这些范畴概念和具体艺术现象与艺术情境的结合并结合中国当代文艺理论实际进行思考。高建平认为对“崇高”概念的分析，一方面需要考察其概念的发展史，另一方面要考察“崇高”进入文学艺术作品后的研究情况。[25] 常培杰认为，20 世纪 30 年代，本雅明的思想基调从观念论转向辩证唯物主义，其艺术批评观念的主导概念从“灵晕”转为“辩证意象”。[26] 饶静主要探讨神话思维与现象学思考的共通之处，以诺思洛普·弗莱的神话研究为起点，结合 19 世纪以来人类学与宗教学建构过程中的“玛纳”（Mana）范畴，探究其与现象学思考中“被给予性” （Gegebenheit）观念的平行关联。[27]

方维规对西方早期中国文学史纂中的一部重要著作、葛禄博著《中国文学史》（1902）在中西比较的视野中进行研究，剖析这部文学史所体现出的独特视角和分析。[28] 刘小枫的论文《古希腊“神话”词条》[29] 认为，在《牛津古典词典》中，可以找到Fable词条，却找不到Myth（神话）词条，而Fable通常译作“寓言”。按词条作者的解释，“寓言”故事大多来自口传传统。即便有了这样的解释，人们仍然无法搞清“寓言”与“神话”的差异。在18世纪中期，欧洲文人已经意识到，虽然从形式上看，“寓言”与“神话”都是短小叙事，但却有性质上的差异。如今若要像古希腊人理解自己的神话那样理解古希腊神话，就得走回头路，以古典方式编写古希腊“神话”词条。

汪民安阐释了福柯在20世纪70年代后，为什么在对各种各样的现代权力技术进行研究后，在生命的最后几年转向了古代哲学研究。这种研究主要是围绕着“自我技术”展开的。[30] 马元龙论述梅洛-庞蒂的身体—时间观念在承认海德格尔在时间哲学上贡献的基础上，提出“主体就是时间，时间就是主体”的命题。作者认为，梅洛-庞蒂所谓的主体就是身体，并解释其深层原因，比较梅洛-庞蒂与海德格尔的回答究竟有何关联又有何区别，并评价梅洛-庞蒂的贡献。[31] 李圣传认为，新历史主义是西方20世纪七八十年代对后结构主义语言学“非历史”倾向反拨思潮的产物，主要存在美国新历史主义文化诗学与英国文化唯物主义两大理论分支。[32] 因其理论深受西方马克思主义批评传统、文化人类学及解构主义思潮的话语影响，造成学理的混杂，失去了独特的体系化的理论建构，由此遭受广泛质疑与批判。桂琳将西方类型理论研究成果按种研究路径进行分类和归纳，分别是文化类型理论、艺术类型理论和政经类型理论。[33]

六、文艺学其他相关研究与重要成果简介

70年来文艺理论及其相关内容的研究仍然是本年度重点，其他相关研究包括梳理新中国成立70周年各领域的发展脉络与历史。彭笑远认为，未来的少儿电影发展，应充分吸收新中国70年来少儿电影创作中艺术与教育相融合的成功经验，坚持“少儿本位主义”、“少儿电影本体性”和“少儿教育”相统一，保证少儿电影的对象性、艺术性和教育性的共生共荣。[34] 在文艺学的交叉学科研究中，刘方喜发表有关人工智能与当代文艺学生产、人工智能艺术及其所引发的文化哲学范式终极思考等领域的多篇论文，体现了作者扎实的研究功力和前沿的学术眼光。[35]

2020年北京文艺学者的专著主要有高建平《文学与美学的深度与宽度》（商务印书馆）、时胜勋《国际化与本土化》（九州出版社）、王一川《未名学艺》（中国文联出版社）与《文艺美学》（高等教育出版社）、方维规《什么是概念史》（生活·读书·新知三联书店）、刘小枫《儒教与民族国家》（华夏出版社）和娄林《马西利乌斯的帝国》（华夏出版社）等。

2020年文艺学专业的重要立项包括：2020国家社科基金中国文学重点项目有《中国当代散文理论话语建构研究》（王兆胜）、《康德〈判断力批判〉诠证》（陈剑澜）、《六艺“象”论》（王秀臣）等3项；一般项目有《中国传统文论的现代转型与当代价值研究》（周兴陆）、《楚汉梦幻艺术范式研究》，（陈莉），以及《英国现代主义对中国古典文明的美学阐释研究》（陶家俊）；西方文学与西方文论的立项有《克尔凯郭尔基督教诗学研究》（尚景建）、《文学伦理学批评视域下的美国南方“重农派文学运动”研究》（吴瑾瑾）。2020年北京哲学社会科学基金重点项目有《新时代中国文艺形态发展研究》（张鸿声）、《近代日本的文化殖民对北京的影响》（陈玲玲）、《新媒介文艺批评研究》（彭文祥）、《5G时代智能媒体与文艺创新发展研究》（贾云鹏）；一般项目有《认知诗学与文学理解跨学科理论构建》（张叶鸿）、《中华美学精神的当代传承研究》（时胜勋）、《中华美学精神的影像表达研究》（徐辉）等近10项立项。2020年文艺学荣获的重要奖项有王一川主编的《中国现代文论史》（4卷本）获北京市第十六届哲学社会科学优秀成果奖一等奖。

注：

[1]时胜勋：《中国文论话语创新：从话语体裁到知识生态》，《文艺争鸣》，2020年第7期。

[2]王岳川：《文化身份自信与文化输出的紧迫性》，《中国民族博览》，2020年第5期。

[3]董学文：《中国文学理论话语体系的当代构建》，《吉林大学社会科学学报》，2020年第6期。

[4]丁国旗：《对新时代文艺和市场关系的新认识》，《南京社会科学》，2020年第1期。

[5]丁国旗：《习近平有关文艺系列重要论述的方法论探讨——马克思主义文艺理论的中国化、时代化、大众化、具体化》，《当代文坛》，2020年第5期。

[6]安静：《颠覆与整合：艺术符号学在李泽厚美学话语体系建构中的肯綮之功》，《艺术评论》，2020年第7期。

[7]张江：《阐释与自证——心理学视域下的阐释本质》，《哲学研究》，2020 年第 10 期。

[8]李建盛：《诠释学与作为人文科学的文学理论》，《河北师范大学学报》(哲学社会科学版)，2020 年第 2 期。

[9]王一川：《十年树木初成林，尚待开放大气象——艺术学理论学科设立以来的回顾和展望》，《艺术百家》，2020 年第 4 期。

[10]李建盛：《公共领域、公共性与公共艺术本体论》，《北京社会科学》，2020 年第 11 期。

[11]黄应全：《艺术的审美功能论如何可能？——门罗·比尔斯利的审美式艺术定义及其相关启示》，《文艺研究》，2020 年第 7 期。

[12]王德胜：《学校美育的三个难点与三重关系》，《东北师大学报》(哲学社会科学版)，2020 年第 3 期。

[13]李圣传：《情感启蒙与“诗教”功能的审美重建——蔡元培“以美育代宗教说”再诠》，《社会科学战线》，2020 年第 6 期。

[14]吴泽泉：《从“教育”到“美育”——20 世纪初“美育”概念的一条重要演进路径》，《中国文学批评》，2020 年第 4 期。

[15]陈剑澜：《现代美学的批判之维——论席勒的审美国家观念》，《文艺研究》，2020 年第 6 期。

[16]姚爱斌：《从“文章整体”到“语言形式”——中国古代文体观的日本接受及语义转化》，《文学评论》，2020 年第 3 期。

[17]张晶：《“契”：诗学审美创造过程中的纽结》，《北京大学学报》(哲学社会科学版)，2020 年第 5 期。

[18]韩德民：《“仁”的内在张力与从孔子到孟子的话语转型》，《北方论丛》，2020 年第 3 期。

[19]于闽梅：《王学左派的欲望观及其现代性》，《吉林师范大学学报》(人文社会科学版)，2020 年第 3 期。

[20]王一川：《超疏离态听觉审美场的创生——抗疫主题音乐印象与地缘美学密码》，《中国文艺评论》，2020 年第 11 期。

[21]王卫华：《中国民间文化中的灾害记忆——基于北运河精怪传说的分析》，《内蒙古民族大学学报》，2020 年第 5 期。

[22]黄仲山：《重大疫情下网络舆论的地域之争与地域歧视问题反思》，《中州学刊》，2020 年第 7 期。

[23]鲁太光：《扬批评精神 做文艺诤友》，《中国文化报》，2020 年 11 月 11 日。

[24]何浩：《从赵树理看李準创作的观念前提和展开路径——论另一种当代文学》，《文学评论》，2020 年第 4 期。

[25]高建平：《“崇高”概念的来源及其当代意义》，《浙江社会科学》，2020 年第 8 期。

[26]常培杰：《“辩证意象”：前卫艺术的理想类型——本雅明后期艺术批评观念探析》，《文艺研究》，2020 年第 9 期。

[27]饶静：《玛纳与被给予性：神话现象学认识论探微》，《文艺研究》，2020 年第 3 期。

[28]方维规：《领悟中国精神世界和审美观——葛禄博〈中国文学史〉要义》，北京大学学报(哲学社会科学版)，2020 年第 6 期。

[29]刘小枫：《古希腊“神话”词条》，《外国语文》，2020 年第 2 期。

[30]汪民安：《福柯最后的哲学思想——犬儒主义和真理的发生》，《中国人民大学学报》，2020 年第 6 期。

[31]马元龙：《主体就是时间：梅洛-庞蒂论身体与时间之关系》，《中国人民大学学报》，2020 年第 5 期。

[32]李圣传：《实践“新历史主义”：格林布拉特及其同伴们》，《学术研究》，2020 年第 2 期。

[33]桂琳：《类型的三张面孔：西方电影类型理论研究路径探幽》，《文艺理论研究》，2020 年第 1 期。

[34]彭笑远：《新中国七十年来少儿电影发展的回顾、反思与展望》，《少年儿童研究》，2020 年第 5 期。

[35]刘方喜：《生产工艺学批判：人工智能引发文化哲学范式终极转型》，《学术月刊》，2020 年第 8 期。

（北京市文艺学会供稿；执笔人：安静）

中国古典文献学

2020年，北京地区中国古典文献学研究的成果主要集中在以下几个方面：目录学、版本学、校勘学、辨伪学、辑佚学、古籍装帧形制、古书编纂、海外汉学、学者和学术史、专科文献，以及其他相关考证。其中版本学的研究尤显突出，专科文献的研究非常丰富，其他方面的研究也各有其特色。本年度北京地区中国古典文献学总体上体现出全面、系统、深入、持续的特征。[1]

一、目录学

目录学方面的成果主要体现在对古代书志目录，尤其是重要目录学著作的研究上，以及具体的编纂实践上。此外，对西文文献藏书目录的研究也逐渐兴起。

关于《四库全书总目》的研究一直是学界的热门话题，而对于其中提要的辨析考察更是研究重点。吴晗通过辨析《总目》中《开元天宝遗事》的提要，考证引为证据之材料的来源是非，并结合《遗事》这部早期笔记小说的成书、刊刻、流传的具体情况和相关特征，指出提要所言有欠妥当。[2]

对其他重要目录的研究考察亦不鲜见。《中兴四朝国史·艺文志》既是南宋最后一种官修史志目录，也是《宋史·艺文志》的底本，然早已亡佚。魏亦乐详尽考察了该志书的收书数量和分类、总序和类序，指出从同源文献中判断散佚条目的方法，并给出了辑佚原则。[3] 李文洁依据《爱日精庐藏书志》中对藏书来源的记录，着重考察张金吾从黄丕烈处抄录的书籍，梳理这些书籍的抄录情形、来源、存世情况。[4]

此外，特别值得注意的是对西文文献藏书目录的研究。来华天主教教士曾将大量西文图书存于北京天主教堂的藏书楼内，相关藏书目录在近年来渐获关注。赵大莹以惠泽霖《北堂图书馆西文善本目录》为基础，梳理目录所见的东堂藏书，译解分析相关题识，考察部分图书的流动和递藏情况。[5] 柳若梅介绍俄罗斯档案馆所藏的北堂西文书目的基本情况，概述该书目的主要内容，阐明其所具有的重要历史与文献价值。[6]

在目录学的具体实践方面，漆永祥、李钟美为17种以谚文抄录成书的《燕行录》撰作了解题，分述每一录的作者、书名、卷数、版本、出使事由、出使成员、出使时间等信息，概述全书内容，为相关资料的使用提供了便利。[7]

二、版本学

版本学方面的研究成果丰硕，既有针对重要文献版本源流的考察梳理，也有针对重要版本的研究考辨，呈现出既广博又精深的面貌。董婧宸全面考索汲古阁本《说文解字》的印本、印次及相关问题，指出以汲古阁本为代表的大字本《说文》，以赵均抄本为底本，以《五音韵谱》为底色，并吸收大小徐本及其他字书韵书内容，经校改而成，文本面貌复杂；绘制汲古阁本《说文解字》版本源流图。[8] 董岑仕全面检讨《崇文总目》的存世明清抄校本，细致考索每本的源流及性质，指出这些抄本大致分为半叶九行本与半叶十行本两个系统，并绘制抄校本源流图。[9] 李京泽全面考察《裔夷谋夏录》今存6个抄本之间的关系，深入梳理了该书的版本源流并绘制关系示意图，在此基础上讨论了该书的编纂体例与文本源流、史学价值等方面的问题。[10]

在重要版本的考辨方面，最主要的是对“十三经注疏”的宋元明刻本和写抄本的研究考察。关于正经注疏合刻的进程，一般认为先是经注本和单疏本各自别行，至南宋出现注疏合刻本。然而顾永新指出实际进程并非如此简单。其文依据传世版本及相关文献著录，从题名更易和内容构成两个层面切入，综合考察八行本和十行本两个版本系统，指出各经注疏合刻的时间、进度及路径都或有所不同之处，其背后有着更丰富的细节，具有复杂性和多样性，认为有关注疏合刻早期进程的诸多问题都还值得重新审视和进一步深入研究。[11] 顾永新集中考察了日本古代流传的《周易》诸单疏本，并与敦煌本、宋刻单疏本进行比照对勘，经过体式和异文比较得出结论：日系古抄本并非出自唐写本，而应源自宋刻单疏本系统，且为北宋刻单疏本。[12] 顾永新从体式、《释文》、异文等方面研究了《周易要义》，指出其所从出之底本既非八行本《周易注疏》，也非十行本《周易兼义》，其传、注、疏文本来源甚早，比传世诸本都更优；经过细密考证，倾向于认为《要义》是由经注附《释文》本（余仁仲本）和北宋刻单疏本拼合而成的。[13]

张丽娟全面考察八行本《周礼疏》诸本，包括存藏地明确的传本及民国以来书目书影中的著录，梳理今存诸本的补版印刷时间及递藏源流，辨析著录本与今存本的关系，并讨论了董康影印、影刻《周礼疏》卷四十八的底本来源问题。[14] 张丽娟还抽样比勘今存4种宋刻《周易》经注本的文本，指出元十行本之底本宋十行本所据以合刻的经注文本应来源较早，更接近于抚州本及八行本。[15] 张丽娟确认重庆图书馆所藏元十行本《监本附音春秋公羊注疏》配补的七叶为真正的宋刻十行本，指出该本为今存最早且完整的元十行本《公羊》印本，具有独特的价值。[16]

相关版本学方面的研究有：张学谦集中考察元明时期福州路（府）刊修十行本注疏的情况，指出福州官方刻书具有系统性、持续性，有必要重新评估其地位与价值。[17] 杜以恒从元刊明修十行本《周易兼易》三期补修中所增的501个墨丁切入，考察各期补修的得失及对后世注疏本产生的影响。[18]

其他值得注意的重要版本考察研究，邱靖嘉重新论证指出上海图书馆藏《三朝北盟会编》清抄本为《四库全书》覆校时所采用的底本，并以此为例考察了乾隆五十二年《四库全书》覆校工作具体的操办流程。[19] 魏崇武定义百衲本是“由三种或三种以上珍本的残本拼配而成的一种次生性版本”，并对得名、创始者、整理方式等相关问题做了梳理考辨。[20] 项旋集中考察武英殿本中的进呈本和陈设本，[21] 并指出殿本之所以能获后世“校勘精审”的美名，是与隶于武英殿修书处的校刊翰林处密不可分的。[22] 另外，还有陈晓华[23]、张鸿鸣[24]、黄金东[25]、罗玮[26]、冯坤[27]、关静[28]、李新新[29]、南江涛[30] 等的研究，从不同领域、不同角度讨论了版本学中的重要问题，皆值得重视。

三、校勘学

校勘学方面的成果，既有理论层面上的探讨，也有具体的校勘实践。

在理论探讨方面，马尚以“昏”“靡”为例，考察了段校《说文》篆形的是非，讨论了利用出土文献校勘《说文》篆形的原则，认为校勘《说文》篆形时应注意所用出土资料的时代性。[31] 在具体的校勘实践方面，郜同麟以八行本《礼记正义》为底本，参以武英殿本和阮元校刻本“十三经注疏”，提出了40条校勘意见。[32] 王天然以1926年刘体乾影印本为底本，参校多种写本、刻本及音义、单疏本、校勘记等，全面校理了国家图书馆藏蜀石经《春秋经传集解》残拓。[33] 李晶晶系统考察了3种《春秋公羊音义》中涉及间接注音的材料，探究了其中的间接注音在文本校勘方面的价值，并分类就实例给出了具体的校勘意见。[34] 张良细致梳理了《广客谈》的版本系统，并对该书进行了全面的校注。[35] 吴娟调查了现存“于湖词”的版本，厘清了版本源流情况，在此基础上对勘了《四库全书荟要》本“于湖词”的文字讹误情形。[36] 赵爱学利用国家图书馆藏甲骨实物，校勘补正了《甲骨文合集》《甲骨文合集补编》等的著录和释文，从多角度总结了讹误类型，指出了甲骨实物及梳理甲骨递藏源流等对于甲骨整理和编纂集成性甲骨著录书的重要意义。[37]

四、辨伪学、辑佚学

在辨伪学方面，高树伟、张鸿鸣对罗振玉所藏的《永乐大典》残帙进行辨伪考察，指出罗氏所藏的《永乐大典》残帙其实是《五经大全》的零册，并讨论了罗氏误认的原因；考察了《永乐大典》嘉靖副本的鉴定依据，归纳了鉴定《大典》副本的3项基本原则。[38] 胡应麟《四部正讹》认为《拾遗记》是梁朝萧绮托名晋朝王嘉的伪作；林嵩考察了简帛时代的书写文化、书中所见歌诗谣谶、未定型的节日等，皆见其写作时代与萧绮不合，认为胡应麟的怀疑没有根据。[39]

在辑佚学方面，聂溦萌对汤球辑佚并编纂《十六国春秋辑补》的方法进行了深入的考察，认为汤球所撰的《叙例》不能完全反映他辑补《十六国春秋》所用的方法，遂着重考察不见于《叙例》所交代的辑佚途径的文本，以挖掘汤球未明言的辑佚规则。[40] 刘晓丽考察了孔广栻辑佚《春秋折衷论》的具体情况，论析孔广栻辑本的价值，指出该本值得学术界予以更多的重视和肯定。[41] 刘波考察了清代学者利用《永乐大典》对古代方志所做的辑佚工作，指出清人纂修方志时利用《永乐大典》资料的方式是多样的，其成果大多没有独立成书，或成书却未刊行，而是融入各地后纂修的方志之中。[42] 在辑佚实践方面，许家星据《礼记集说》《朱子全书》等文献，辑出了王安石《中庸解》《论语解》《解孟子》《大学解》诸条目，在此基础上考察了王安石的四书思想，讨论王安石四书之学的意义。[43]

五、古籍装帧形制、古书编纂及海外汉学研究

在古籍装帧形制方面，陈腾重新检讨线装这一装帧形制的起源时间问题，通过调查版本实物及结合相

关材料，认为线装书当在明嘉靖年间于苏州地区初步流行，在万历以后已盛行全国。[44]

在古书编纂方面，林鹄梳理了《宋会要辑稿》中礼类群祀门和大礼五使门的具体情况，认为《永乐大典》的工作流程应是先确定事目，再分配专人摘抄材料；指出《大典》在内容选择与材料编辑上似未制定严格的体例，且在后期编纂阶段似亦无人负责统稿。[45] 尚小明对高思莉一文进行了回应，[46] 认为俞正燮《全三古至隋文目录不全本识语》应引起高度重视，它并没有误导后来学者；指出从《识语》中正能见出《全上古三代秦汉三国六朝文》的纂辑经过及纂者问题。[47]

在海外汉学研究方面，杨海峥梳理19世纪英国传教士伟烈亚力的生平及学术经历，分析其汉学研究的成就、学术研究的特点及《汉书》英译的特点和价值。[48]

六、学者、学术史研究

文献学学者和文献学史的研究也是文献学领域内的重要课题，一直以来受到研究者们的高度重视。相关成果主要集中在对汉代、宋代和清代学者与学术史的研究上，推动和深化了相关领域的进展。

程苏东认为夏侯始昌所传《洪范》五行学师法属于“别传”，并详考其师学谱系，辑考相关师说，讨论其学的思想特点。[49] 李更研究南宋学者曾慥《类说》《道枢》对《真诰》的使用，归纳其抄纂的特点，揭示其图书抄纂过程中的“隐性”操作。[50]

周昕晖编撰顾栋高的年谱，对顾氏的生平、行事、交游、著述等做详尽考察，对疑难之处进行周密的注释，对涉及的学术史问题做详密的考证。[51] 朱明数着重剖析陈寿祺《五经异义疏证》和皮锡瑞《驳五经异义疏证》的差异和各自特点，指出陈皮二家的继承关系，以及各自于所处时代的独特的学术史地位。[52] 李科全面考释曹元弼历年所寄王欣夫的书札59通，及曹元弼逝世后遗孀柴氏所寄书信一通。[53] 且结合复旦大学图书馆藏王欣夫先生抱蜀庐辑抄本和苏州博物馆藏稿本对曹元弼日记进行系年考订，对错乱内容予以细密的考辨梳理，依时间先后顺次罗列。[54]

七、专科文献研究

专科文献学与普通文献学是密切相关的，二者很难做出清晰的区分，在研究中也往往互为表里、相互助益。此处所列的是更为综合性的研究，以及在传统习惯中一般归入专科文献的研究课题。

在经学文献方面，华喆详细辩证了《礼仪·士冠礼》中“乡大夫”“卿大夫”的历史争论，认为从郑玄的解读应作“乡大夫”，指出清代学者之所以有“卿”之不同意见以至形成主流，乃是乾嘉考据学者运用历史考证的方式改易传世文本所致，是为清代学者古典重构的表现。[55] 杜以恒集中探讨了历代重要目录对礼学文献的具体分类和变化沿革，指出变化总趋势是由简单到复杂、由粗疏到精密，并归纳主流所分布的6个部类。[56] 张学谦从“谶”“纬”的本义出发，结合文献本身和历史记载加以考辨，对“谶”“纬”的含义予以了界定和辨析，[57] 并对《易纬稽览图》予以了专门的研究。[58]

在史学文献方面，苗润博认为《辽史·兵卫志·兵制》并非全为旧史原文，通过考实《兵制》所取资的宋代文献，指出其中有相当部分内容乃元朝史官据宋代史料所增纂而来，元朝史官对南北两个不同文献系统进行了拼接、杂糅，这一点在当今研究中应加以重视。[59]

在文学文献方面，许红霞集中考察《石仓宋诗选》对于曾巩作品的删改情况，细致分析了删改原因，指出这与编选者曹学佺的诗学主张有密切关系。[60] 刘扬细致梳理了陈绎、黄庭坚、王巩等的行踪，指出王巩《闻见近录》中的相关材料所记与事实不符，恐为伪托。[61] 陈晓兰考察了宁波方志所录的3首署为曾巩的诗，从诗作的时间、地点、真伪的角度加以考辨，特别指出《千丈岩瀑布》并非曾巩之诗。[62] 王岚主要考察南宋江湖派成员诗歌作品编刊流传中除小集本外尚有其他清抄本、刻本等传世者，并以赵汝鐩、许棐两家为中心，探究其诗文集的版本、流传、收藏等相关情况。[63]

在戏曲文献方面，冯先思详细笺释了国家图书馆所藏吴梅致王立承的5通书札，并分析了这5通书札的性质，认为是吴梅自留的底稿。[64] 杜雪详尽分析了长泽规矩也校勘《太和正音谱》校记的内容、撰写特征、版本考证成果，梳理了长泽的校勘历程。[65]

在舆地文献方面，吴寒考察了国家图书馆藏的一批清代到民国的佛教山岳舆图，指出其可分为世俗性舆图和宗教性舆图两类，二者各有特色。[66] 顾松洁对《满汉皇舆山河地名考》进行较为全面的研究，比照《地名考》与《盛京吉林黑龙江等处标注战迹舆图》的相互关系，讨论了该书的成书时间，考证其作者。[67]

在碑铭石刻文献方面，毕波、辛维廉对藏于陕西省榆林市古代碑刻艺术博物馆的汉文粟特文双语铭文进行初步的释读翻译。[68] 刘凯将嘎仙洞石刻祝文与《魏书·礼志一》的相关祝文进行比对，考察了二者在句读和书写程序上的差异，讨论了差异的产生原因。[69]

在写本文献方面，刘玉才介绍日本天野山金刚寺永仁写本《全经大意》，此书为概述13种中国经典的文献，在之前的中日公开书目中未见著录，指出该书具有较高的辑佚和校勘价值。[70]

在佛教文献方面，吴娟首次呈现《衣事》的主要内容和结构，说明《衣事》所具备的不可替代的独特价值。[71] 孙伯君全面研究西夏文《大藏经》的帙号，并讨论了西夏时期是否编定了完整的西夏文《大藏经》问题。[72]

在道教文献方面，郜同麟考察与《太上洞玄灵宝智慧罪根上品大戒经》文献相关的诸多问题，指出在南北朝前期《罪根经》仅有一卷，《道藏》本《罪根经》卷下的主要内容是后人造作窜入的，南北朝中后期至隋唐可能有多种"《罪根经》卷下"被造作出来。[73]

八、其他相关考证

本年度还有一些与文献学相关的其他研究成果值得注意。在注释研究方面，张钊通过比较《毛诗正义》与朱熹《诗集传》，分类解析《诗集传》"旧诂新说"的特点。[74] 顾歆艺从道统、大学之道、中庸之道、五伦等方面讨论朱熹通过注释建构严密而连贯的思想体系的方式。[75] 黄鸿秋深入研究了李善对《文选》的注释情况，全面分析李善注"避重"这一核心义例。[76] 吴相锦全面考察《文选》李善注引《周易》各家注的情况。[77]

在文献典藏、流通方面，张升考察曹溶所订立的《流通古书约》，包括其概要、最早订立时间、订约者等方面，探究该条约的具体实施情况。[78]

在古代文化研究方面，刘瑛考察二十八宿的不同称谓，并从不同部族不同地域的观星历史和观象授时两方面研究异名产生的因素。[79] 林嵩具体考察"簪笔"的意涵和历史演变经过，探讨了其消亡的实质。[80]

综上，本年度的中国古典文献学研究体现如下特点。首先是全面性，各项研究涵盖了古典文献学的各个门类和各门类中的诸种方向，部分新出领域也都有所涉及。其次是系统性，在重要领域内，既有对理论的讨论推进，有具体的案例考察，也有实际的操作实践。同时，普通文献学与专科文献学相互助益，共同推动着学科的进展。再次是深入性，各项研究在领域内都持续走向深入，选题愈加深刻、细化，材料愈加多样，方法愈加成熟、交叉。最后是持续性，古典文献学的研究往往需要长期的调查积累和考索钻研，重点研究一直获得关注，艰深问题被持续加以探讨，具体的实践如校勘、辑佚、编纂等多积数年之功而成。同时，我们还注意到某些可以进一步增强的方面。首先是研究领域可以进一步开拓，如科技、民族、外文等方面的文献可以更多涉及。其次是理论性可以进一步提升，结合新出材料和相关实践，在学科体系、方法论、新问题等方面可以进行更多的讨论。再次是各项研究可以进一步均衡，比如辨伪学、辑佚学等方面可以做更多的工作。

注：

[1]受限于篇幅，本报告主要收录的是与传世文献有关的研究。出土文献、敦煌文献等暂不包含在内。

[2]吴晗：《〈四库全书总目〉之〈开元天宝遗事〉提要辨正》，《中国典籍与文化》，2020年第2期。

[3]魏亦乐：《南宋官修〈中兴四朝国史·艺文志〉详考》，《经学文献研究集刊》第24辑，2020年。

[4]李文洁：《张金吾抄录书籍考——基于〈爱日精庐藏书志〉与相关题跋的研究》，《文献》，2020年第6期。

[5]赵大莹：《清中前期的东堂藏书》，《文献》，2020年第2期。

[6]柳若梅：《俄罗斯档案馆藏北堂西文书目考》，《文献》，2020年第2期。

[7]漆永祥、李钟美：《谚文本〈燕行录〉十七种解题》，《北京大学中国古文献研究中心集刊》第21辑，2020年。

[8]董婧宸：《毛氏汲古阁本〈说文解字〉版本源流考》，《文史》，2020年第3辑。

[9]董岑仕：《〈崇文总目〉明清抄校本源流考》，《北京大学中国古文献研究中心集刊》第20辑，2020年。

[10]李京泽：《汪藻〈裔夷谋夏录〉再探》，《文献》，2020年第3期。

[11]顾永新：《正经注疏合刻早期进程蠡测——以题名更易和内容构成为中心》，《文史》，2020年第2辑。

[12]顾永新：《日系古钞〈周易〉单疏本研究》，

《历史文献研究》第45辑，2020年。

[13]顾永新：《〈周易要义〉所从出之底本探赜》，《北京大学中国古文献研究中心集刊》第21辑，2020年。

[14]张丽娟：《宋两浙东路茶盐司刻八行本〈周礼疏〉传本考——兼论董康影印、影刻〈周礼疏〉卷四十八“虚构宋本”问题》，《文史》，2020年第1辑。

[15]张丽娟：《今存宋刻〈周易〉经注本四种略说——兼论十行本〈周易兼义〉的经注文本来源》，《历史文献研究》第45辑，2020年。

[16]张丽娟：《记新发现的宋十行本〈监本附音春秋公羊注疏〉零叶——兼记重庆图书馆藏元刻元印十行本〈公羊〉》，《中国典籍与文化》，2020年第4期。

[17]张学谦：《元明时代的福州与十行本注疏之刊修》，《历史文献研究》第45辑，2020年。

[18]杜以恒：《元刊明修十行本〈周易兼义〉墨丁考——兼论十行本明代修版得失及其影响》，《经学文献研究集刊》第24辑，2020年。

[19]邱靖嘉：《〈三朝北盟会编〉四库覆校底本考辨——兼论乾隆五十二年覆校〈四库全书〉的操办流程》，《文史哲》，2020年第6期。

[20]魏崇武：《“百衲本”四题》，《中国典籍与文化》，2020年第1期。

[21]项旋：《清代殿本的进呈与陈设考论》，《历史文献研究》第44辑，2020年。

[22]项旋：《清代校刊翰林处考述》，《北京大学中国古文献研究中心集刊》第20辑，2020年。

[23]陈晓华：《高安本〈大戴礼记〉考论》，《中国典籍与文化》，2020年第1期。

[24]张鸿鸣：《柯劭忞〈春秋穀梁传注〉的成书、刊行与版本差异》，《文献》，2020年第6期。

[25]黄金东：《〈皇清职贡图〉刻本考述》，《文献》，2020年第6期。

[26]罗玮：《新见河北大名董氏藏元〈藁城董氏世谱〉清嘉庆抄本研究》，《文史》，2020年第3辑。

[27]冯坤：《再谈明万历赵用贤刻本〈合刻管子韩非子〉》，《中国典籍与文化》，2020年第3期。

[28]关静：《〈类说〉宋刊残本为曾慥“真本”说辨正》，《中国典籍与文化》，2020年第1期。

[29]李新新：《〈锦绣万花谷后集〉宋代版本新探》，《北京大学中国古文献研究中心集刊》第20辑，2020年。

[30]南江涛：《徐乃昌影刻〈玉台新咏〉考》，《文献》，2020年第4期。

[31]马尚：《从段注改篆谈〈说文〉篆形校勘的原则与方法》，《北京大学中国古文献研究中心集刊》第21辑，2020年。

[32]郜同麟：《〈礼记正义〉校读丛札》，《中国典籍与文化论丛》第22辑，2020年。

[33]王天然：《蜀石经〈春秋经传集解〉残拓校理》，《中国典籍与文化论丛》第22辑，2020年。

[34]李晶晶：《〈经典释文·春秋公羊音义〉间接注音与文本校勘》，《宁夏大学学报（人文社会科学版）》，2020年第6期。

[35]张良：《〈广客谈〉校注稿》，《版本目录学研究》第11辑，2020年。

[36]吴娟：《〈四库全书荟要〉本“于湖词”校勘小识》，《中国四库学》第5辑，2020年。

[37]赵爱学：《〈甲骨文合集〉〈补编〉等所著录国图藏甲骨校勘记之一》，《文献》，2020年第1期。

[38]高树伟、张鸿鸣：《罗振玉藏〈永乐大典〉残帙辨伪》，《历史文献研究》第45辑，2020年。

[39]林嵩：《〈拾遗记〉时代印记考略》，《北京大学中国古文献研究中心集刊》第21辑，2020年。

[40]聂溦萌：《辑佚的加减法：汤球〈十六国春秋辑补〉的工作方法》，《文史》，2020年第1辑。

[41]刘晓丽：《孔广栻辑〈春秋折衷论〉及其价值》，《北京大学中国古文献研究中心集刊》第21辑，2020年。

[42]刘波：《清人自〈永乐大典〉勾辑古佚方志考》，《中国典籍与文化》，2020年第4期。

[43]许家星：《王安石“四书之学”佚文辑论》，《国学研究》第43卷，2020年。

[44]陈腾：《线装书的起源时间》，《中国典籍与文化》，2020年第4期。

[45]林鹄：《〈永乐大典〉编纂流程琐议——以〈宋会要辑稿〉礼类群祀、大礼五使二门为中心》，《文史》，2020年第1辑。

[46]高思莉：《也谈〈全上古三代秦汉三国六朝文〉编者问题——兼与尚小明教授商榷》，《中国典籍与文化》，2020年第3期。

[47]尚小明：《俞正燮〈全三古至隋文目录不全本识语〉之价值——答高思莉》，《中国典籍与文化》，2020年第4期。

[48]杨海峥：《伟烈亚力的汉学研究及其对〈汉

书〉的英译》，《北京大学中国古文献研究中心集刊》第 21 辑，2020 年。

［49］程苏东：《夏侯始昌所传〈洪范〉五行学师法源流考》，《国学研究》第 44 卷，2020 年。

［50］李更：《从〈类说 · 真诰〉到〈道枢 · 真诰篇〉——曾慥书籍抄纂探微》，《北京大学中国古文献研究中心集刊》第 21 辑，2020 年。

［51］周昕晖：《顾栋高年谱（下）》，《经学文献研究集刊》第 23 辑，2020 年。其上篇发表于 2019 年，见周昕晖：《顾栋高年谱（上）》，《经学文献研究集刊》第 22 辑，2019 年。

［52］朱明数：《讲明许郑与分别今古——陈寿祺、皮锡瑞〈五经异义〉研究的特点》，《中国典籍与文化》，2020 年第 2 期。

［53］李科：《曹元弼致王欣夫书札考释上篇》，《版本目录学研究》第 11 辑，2020 年；《曹元弼致王欣夫书札考释下篇》，《版本目录学研究》第 12 辑，2021 年。

［54］李科：《曹元弼日记系年考辨》，《中国典籍与文化》，2020 年第 1 期。

［55］华喆：《〈仪礼 · 士冠礼〉“乡大夫”“卿大夫”辨正——兼议乾嘉考据学对经书文本的古典重构》，《文史》，2020 年第 4 辑。

［56］杜以恒：《中国古代礼学文献分类沿革考》，《北京大学中国古文献研究中心集刊》第 20 辑，2020 年。

［57］张学谦：《关于“谶纬”义界与性质的再检讨》，《中国典籍与文化》，2020 年第 1 期。

［58］张学谦：《今传〈易纬稽览图〉的文本构成——兼论两种易占、易图类著作的时代》，《国学研究》第 44 卷，2020 年。

［59］苗润博：《〈辽史 · 兵卫志 · 兵制〉探源》，《文献》，2020 年第 3 期。

［60］许红霞：《略论〈石仓宋诗选〉对所选作品的删改——以曾巩诗为例》，《北京大学中国古文献研究中心集刊》第 21 辑，2020 年。

［61］刘扬：《陈绎晚年仕履与王安石〈四家诗选〉编次考——王巩〈闻见近录〉相关记载辨伪》，《北京大学中国古文献研究中心集刊》第 21 辑，2020 年。

［62］陈晓兰：《宁波方志所录曾巩诗考辨》，《北京大学中国古文献研究中心集刊》第 20 辑，2020 年。

［63］王岚：《江湖派诗人小集的编刊（续）——以赵汝鐩、许棐为中心》，《北京大学中国古文献研究中心集刊》第 20 辑，2020 年。此文为王岚《江湖派诗人小集的编刊（一）》之编篇，见《北京大学中国古文献研究中心集刊》第 15 辑，2016 年。

［64］冯先思：《吴梅致王立承论曲书札五通笺释》，《文献》，2020 年第 2 期。

［65］杜雪：《长泽规矩也〈太和正音谱〉手校本研究》，《中国典籍与文化》，2020 年第 1 期。

［66］吴寒：《世俗与神圣之间：国图藏佛教名山舆图的时空构建与人文意蕴》，《文献》，2020 年第 3 期。

［67］顾松洁：《国家图书馆藏〈满汉皇舆山河地名考〉探析》，《文献》，2020 年第 5 期。

［68］毕波、辛维廉：《新发现安优婆姨双语塔铭之粟特文铭文初释》，《文献》，2020 年第 3 期。

［69］刘凯：《句读与书写程序：嘎仙洞石刻祝文释读再议》，《文献》，2020 年第 3 期。

［70］刘玉才：《日本天野山金刚寺永仁写本〈全经大意〉谫论》，《北京大学中国古文献研究中心集刊》第 21 辑，2020 年。

［71］吴娟：《印度佛教〈根本说一切有部律 · 衣事〉梵藏本探析》，《中华文史论丛》，2020 年第 2 期。

［72］孙伯君：《西夏文〈大藏经〉“帙号”与勒尼语〈千字文〉》，《文献》，2020 年第 5 期。

［73］郜同麟：《〈太上洞玄灵宝智慧罪根上品大戒经〉考——兼论陆修静目录“未出一卷”和“卷目”问题》，《文献》，2020 年第 1 期。

［74］张钊：《论朱子〈诗集传〉“旧诂新说”的特点》，《中国典籍与文化》，2020 年第 4 期。

［75］顾歆艺：《〈四书集注〉注释的内在关联性与朱子思想体系的建构》，《北京大学中国古文献研究中心集刊》第 20 辑，2020 年。

［76］黄鸿秋：《〈文选〉李善注避重考》，《文史》，2020 年第 1 辑。

［77］吴相锦：《〈文选〉李善注引〈周易〉各家注考》，《国学研究》第 44 卷，2020 年。

［78］张升：《曹溶〈流通古书约〉考》，《历史文献研究》第 45 辑，2020 年。

［79］刘瑛：《二十八宿星宿名异称考》，《北京大学中国古文献研究中心集刊》第 20 辑，2020 年。

［80］林嵩：《说“簪笔”》，《北京大学中国古文献研究中心集刊》第 20 辑，2020 年。

（北京市文艺学会供稿；执笔人：李林芳）

中国古代文学

2020年，北京地区学者中国古代文学研究最大的热点是《诗经》、陶渊明诗、杜甫诗、《红楼梦》，重点有《山海经》、汉赋、志怪小说、《文心雕龙》、《文选》、宋诗、宋词、宋文、科举文学、明清诗文、元明戏曲、近代诗词、近代小说，基本延续前几年古代文学研究的热点、重点。从研究进路看，内容研究、理论探讨、文献辑考均有创获。从研究成果形式看，受疫情影响，学术会议召集、著作出版受到一定影响，主要成果形式为学术论文发表。

一、先秦两汉文学

先秦两汉文学是中国古代文学的源头，历来受到古今学者的重视。2020年北京地区学者先秦两汉文学研究热点是《诗经》，其次是《山海经》与汉赋。

《诗经》不仅是先秦两汉文学这一时段的原典，也是整个古代文学的源头性经典，始终是先秦两汉文学研究的焦点。2020年北京《诗经》研究主要关注《诗经》标准诠释、经典化、安大简、具体篇章阐释4方面内容。《诗经》的标准诠释，以《毛诗故训传》和郑玄《毛诗笺》为首，但毛传、郑笺存在许多自相矛盾之处，这是历代《毛诗》研究关心的问题。徐建委对毛、郑差异进行了再讨论，认为毛、郑的差异实际上是《毛传》内部矛盾引发的。[1]《诗经》与《毛传》本是“被使用的文本”，但附加《诗序》的《诗经》便是“被理解的文本”，这两者间的文本属性差异是毛、郑差异的根本原因。

《诗经》的经典化问题，也是古代文学长期讨论的议题。李辉、林甸甸、马银琴对《诗经》经典化的文本来源进行新的探讨，认为《诗》的流传存在两个系统，一为乐官群体所用的、其内容和功能以服务于具体乐用为主的“乐本”系统；二为周贵族“诗教”所用、偏重于礼乐德义教育的文本系统，而后者正是《诗》的经典性主要动力来源。[2]杨帆《〈诗经〉在日本经典生成路径研究》[3]，则梳理《诗经》在日本经典化的路径，认为推动《诗经》经典生成的主体是日本政府、学问禅僧、幕藩学者，《诗经》作为外来经典，其经典化的形式以和平方式进行，而稳定繁荣统一的日本环境促进《诗经》经典化，反之则大相径庭。

安大简《诗经》的出现，是《诗经》研究的新材料，自然引发学界极大关注。马银琴根据安大简《侯》篇对《魏风》的重编，以及《魏》篇对《唐风》的替代，联系战国初年魏国小霸初成的形势与魏文侯的文化抱负，[4]认为安大简《诗经》的编排或为魏国改制《诗》乐以强化其文化影响力的反映，而经魏人改制的《诗》本随魏国霸业推进到楚国，形成安大简《诗经》抄本。华学诚从具体异文出发，认为安大简《诗》与《毛诗》之间的异文情况非常复杂，其中有一些异文当是《诗》在经典化的不同时期留下的客观记录，不宜让安大简《诗》强就《毛诗》。[5]此外，作为传统研究方向的《诗经》具体篇章阐释研究亦有进展。姜国申认为《关雎》在男女爱恋的表层下还蕴含着“克己复礼”的礼乐文化内涵[6]；朱昳晨认为《采薇》是通过“诗入仪式”的方式被改制成为“遣戍役”的仪式乐歌。[7]认为《卷阿》很可能是召穆公带领群臣赞颂周宣王的唱和之作。[8]杨帆《〈郑风·大叔于田〉诗旨辨正》[9]认为《大叔于田》诗旨当取刺庄公说。

先秦文学除《诗经》外，《山海经》研究也取得新进展。吴晓东发现《山经》所描述的生态景象并不是很好，而且南、西、北、东四方无草木的山显然要比中部的比例高。[10]刘宗迪认为《山经》体现了传统博物知识由民间知识向王官之学的转变，不仅是研究中国生物学史、环境史、生态史的可靠史料，也为语言史、文化史研究提供了一份弥足珍贵的史料。[11]

两汉文学研究则以汉赋为研究重点。蔡丹君认为东汉礼乐改革对文学呈现产生深入影响，如班固等东汉文人在赋作中将锐意于礼乐改革的明帝塑造为一代圣皇[12]；刘全志认为秦汉之际的京都赋与都城文化之间存在深刻的衍生和互动关系[13]；李轶婷认为从春秋赋诗到西汉赋家特征演变主要表现在政治性向娱乐性转变、礼仪化向日常化转变、主体参与性加强3方面。[14]需要特别指出的是，齐鲁书社2020年6月出版踪凡著作《中国赋学文献考》，以时代为纲，以类别为目，全面考察、评介历代赋学文献近千种，是整个赋学研究的一大进步。

二、魏晋隋唐文学

魏晋隋唐文学是古代文学承上启下的阶段，是重要的文学转型期，又可分为魏晋南北朝文学与隋唐文学两个分支。2020 年北京地区学者魏晋隋唐文学研究热点是陶渊明、李杜等著名诗人诗作，其次是志怪小说、《文心雕龙》、《文选》、韩文等。

魏晋隋唐时期是中国古代诗歌逐渐成熟进而极盛的时期，名家名作数不胜数，是古代文学极为关注的领域。魏晋南北朝最负盛名的诗人是陶渊明，陶诗研究也是魏晋南北朝文学的重点。有的学者追溯陶诗的文学渊源，如张弛认为陶诗与《乐府诗集》在语言句式、取象立意、艺术手法、风格特色上有明显的相似性，体现了陶渊明对汉魏晋诗歌艺术传统的继承与创造性学习。[15] 有的学者考订陶诗创作时间，如贺伟认为“阮公”实为《宋书·良吏传》中的“阮长之”，推定组诗《咏贫士七首》写作时间应在元嘉三年（426）冬季。[16] 有的学者通过陶诗研究陶渊明的创作心态，如徐韫琪认为在陶渊明的诗文创作与仕隐选择中，家庭、宗族始终扮演着重要角色。[17] 当然，六朝诗歌研究并不限于陶诗，其他著名诗人诗作研究亦得到北京学者关注。如：黄鸿秋认为庾信诗歌的写景风格变化与其人生履历息息相关，构成连接南北朝与唐代写作的津梁。[18] 还有的学者从整个魏晋南北朝诗歌的层面思考新问题，如詹福瑞认为建安时期生命诗歌的主题是写丧生之痛与生之可恋，正始诗人的生命体验中则增添了世事变化无常、生命不可把握的恐惕，诗歌主旋律开始转移到人生祸福无端、命运更加诡异而难以驾驭的深深忧虑上，由此而形成此一时期特有的忧生之嗟。[19]

隋唐时期诗歌达到全盛，而其代表便是李杜诗。围绕李杜诗的研究经久不衰，其他诗人的研究亦不乏新意。北京学者唐诗研究中最多的是具体诗人、诗篇的研究，如：孙玉文《谈杜甫的〈登岳阳楼〉》[20] 论证杜甫写这首诗的立足点是岳阳楼，不是洞庭湖；郝若辰《心灵史的诗学技艺——杜甫〈秋兴〉中阻隔与联通的结构叙事》[21] 认为杜甫在《秋兴》中完成了对自己一生重要篇章的回忆与重构；李飞跃《王昌龄〈出塞〉诗的历史互文与文本场域》[22] 认为《出塞》化自卢思道《从军行》，多处语句与《史记》《汉书》有关李陵的记载成互文关系；郑佳琳《论王绩山水田园诗的体式复变》[23] 认为王绩在初唐普遍沿袭齐梁陈隋诗风的环境中创造出自然疏野的山水田园作品，是对新艺术风格的开拓尝试；冷成金《杜甫诗歌悲剧意识新论》[24] 认为杜甫诗歌中的悲剧意识典型地体现了中国主流文化以悲剧意识为动力，超越生命有限性并上达人类总体观念的根本特点；葛晓音认为孟郊自觉继承李、杜以来的风雅比兴传统，将比兴咏怀体拓展到五古的各类题材，同时对传统的比兴思理加以更新，既善于在日常事务中发现新鲜的比兴意象，又将新旧意象或典故演化为合乎逻辑的生活场景，从中抽绎出更复杂深刻的思考[25]；冷成金认为刘长卿诗歌以境界的开启、深情感慨、人的自证的方式来超越悲剧意识，并使悲剧意识形成了形式化的特征。[26] 还有的学者从整个唐诗甚至古代文学的视角展开讨论，如詹福瑞认为李白诗文中的生命意识多接续魏晋南北朝诗文中的生命主题，可见自魏晋南北朝至唐生命意识已成为文学传统[27]；刘青海认为唐人乐府重新学习汉魏乐府的叙事传统并加以个性化的发展，自盛唐李杜以后，主要衍为元白张王、韩孟两个流派。[28] 此外，还有学者对唐诗文献展开专门研究，如曾祥波的《〈杜工部草堂诗笺〉注文的来源、改写与冒认》[29]。

魏晋隋唐文学除诗歌研究这一大宗外，尚有许多热点。如志怪小说研究，王昕认为经学对六朝志怪的影响主要体现在 3 个方面：志怪袭用经传神学的故事和阐释灾异的路径、经传神学赋予灾、异重要的认识价值、经传神学塑造了古代小说道德劝善与怪力乱神的叙事模式。[30] 又如文论研究，周兴陆认为刘勰对曹植任性使气的裁抑着眼于对萧齐政局的关注和担忧，这对于保护宗王全身远害和稳定朝政都有意义。[31] 再如《文选》研究，贺伟认为《文选》所收陶作，主要源自梁时盛行的 6 卷并序目本陶集，而非据史传和梁前诗歌总集二次摘录。[32] 此外还有韩文研究，沈相辉认为扬雄被韩愈视为异代知己，尊崇备至。[33] 需要指出的是，从隋唐时期开始，散文逐渐受到古代文学研究的重视，2020 年 12 月 12—13 日湖南师大文学院在长沙主办“中国古代散文学会第十三届年会暨全国学术研讨会”，程苏东、董新宁、李兰芳、郭英德、张德建等针对散文研究发表一系列重要研究成果。

三、宋元文学

2020 年北京地区学者宋元文学研究热点是宋诗、宋词，其次是宋文、科举文学等。

宋诗研究多是针对具体诗人诗作的研究，如钱志熙认为左纬的诗歌产生于禁抑元祐学术、政和禁诗赋，以及江西诗派流行、东南温台地域诗风等多重背景中，反映了两宋之际的诗风演变[34]；刘杰认为“歌元丰”系列作品通过塑造神宗“与天通”的圣人形象来巩固神宗对新法的信心，这种言说策略集中体现宋代士大夫运用前代灾异论时的灵活性，从一个侧面揭示了王安石晚年复杂幽微的内心世界[35]；王启玮认为梅、苏的边事书写不仅集中显示两人诗风的差异，亦标志宋代边塞诗形成自身特色，这表现为写作内容的现实指向、心态的时代性及范式革新[36]；陆嘉琳认为山谷诗中的“扬子”在历史人物、自我想象与他者形塑之间构成多重镜像，这与其大名府时期的学官身份与学术立场密切相关，以此寄寓寂寞草玄的学人心迹。[37] 还有学者从整个宋元诗歌的角度进行讨论，如王培友认为宋元理学的“尊德性”话语在理学诗写作中得到重视，其主题诗歌类型有对性、道、德、天理等理学本体论重要范畴的书写或表达，对心性存养主题的书写或表达，对明理、明心、发明本心等理学内容的书写或表达，对“格物致知”“格物明心”等内容的书写或表达。[38]

宋词研究亦以具体词人词作研究为主流，如张剑认为“黄花”所写的是重阳之菊，可有肥、瘦两种理解，从全词语境看，瘦义较胜，但这种瘦并非实指，而是因时令变化和相思情深塑造出的一种心理与情感之瘦[39]；徐承伟认为贺铸贵族血统却沉于下僚、身处党争却于身无祸、武弁出身而博学好文、面目丑陋而心地善良、性格豪放却多情多思，这影响了其创作风格。[40] 陶文鹏分析了辛弃疾词中古代美人、伤春怀人或孑然独处的美女、侍儿和歌舞少女、山村妇女 4 类女性形象。[41] 有的学者亦从宋词创作整体层面进行探讨，如李简认为宋初的柳永是当时中下层士人的代表，其词作传达的“除此外何求”“表里都峭”的生活态度体现出娱乐日渐发达中，士人对传统的承袭与变化[42]；陈莹认为宋词雅化以心性涵养为根本动因，是士大夫人格精神与审美精神融会贯通的自觉艺术实践。[43] 宋人雅词所锤炼的审美意境，实质是宋代士大夫人格精神的诗性凝练，也是宋代士人将道德教化自觉引入词学审美的创作表现。

宋文研究主要集中于苏轼、曾巩，如张亚静、马东瑶《论曾巩的“以史笔为墓志”》[44] 认为曾巩继承韩愈、欧阳修以史笔为墓志的路径，以实绩弥合了理论和实践的差异；裴云龙《“三苏”史论文与“苏学”》[45] 认为在“三苏”的散文中，为数众多的史论文章是展现苏氏父子知识结构与学术观点的代表，也是后世读者感知、评价“苏学”的重要载体。

宋代科举文学研究主要有诸葛忆兵的文章《宋代进士题名记论略》[46]《宋代科场论述文论略》[47]《宋代科举辞赋论略》[48] 围绕宋代科举产生的题名记、论述文、辞赋等文学创作现象进行了细致梳理考证。宋元文学亦有文学文献方面的新探索，如侯倩、李成晴《唐宋诗板考——以〈岳阳楼记〉“刻唐贤今人诗赋于其上”新证为中心》[49]、关静《〈青琐高议〉佚文补遗及重编问题再探》[50]、程海伦《宋代小集传播的文学效应——以南宋中后期诗坛为中心》[51] 等。

四、明清文学

2020 年，北京地区学者明清文学研究成果丰硕，研究热点是明清小说，其次是明清诗文、戏曲等。

明清小说是整个古代文学研究中长期受人关注的领域，其中以《红楼梦》研究为最。本年度北京学者《红楼梦》研究取得了一大批新成果，其中最多的是对《红楼梦》内容的研究，如高树伟对读小说与其他文献，以 3 例个案重论对小说中几处关键情节的理解，以此管窥《红楼梦》“述古翻新”的创作观念[52]；刘勇强认为《红楼梦》在文字性视觉文本中，加入大量可以唤起听觉联想的声音描写，从而赋予文本形、声、情、义全要素的文本特性，形成视觉化与听觉化相结合的艺术效果，极大地丰富了文本的内涵与表现力[53]；陈熙中认为第十七、十八回“犯了正名”之“正名”的意思是正式的名称，而非指“前人已实有的村名”[54]；肖鹰认为在熔铸多元文化精神的前提下，对庄子哲学的生命精神的阐发，是《红楼梦》的美学意蕴之真谛[55]；李鹏飞认为《红楼梦》开篇的“成书故事”是刻意设置的神奇来历，这一手法来源于古老的“河洛故事”。[56] 有的学者对《红楼梦》文献进行研究，如吴佳儒考察了重庆图书馆藏缪荃孙收藏、评点本《红楼梦》，发现其中有缪荃孙批语 90 多条，涉及人物、叙事等多个方面，有独特价值。[57] 还有的学者从更宽的视角讨论《红楼梦》，如李鹏飞的《人莫不饮食也，鲜能知味也——谈〈红楼梦〉与饮食文化》[58] 认为《红楼梦》中的饮食描写，体现了曹雪芹高超的烹饪美学和贾府的南方生活习惯，包含着很深的文化、艺术和哲学意蕴；武迪认为清人对金陵十二钗的认知存在明显分歧的根本原因是作者通过判词和十二支曲暗示群钗身份而未加指明的艺术手法。[59]

《红楼梦》之外，明清小说有些新成果出现，如鲍卓然认为小说创作中对牛魔王一家家庭构建与形象塑造的背后，是占据支配性地位的男性话语[60]；郑世琳认为《三国志通俗演义》通过对甄氏的外在做加法，对内在做减法，以及虚构死因，塑造一个与历史上真实的甄氏截然不同的甄氏[61]；朱万曙认为《琵琶记》的经典化既有帝王推赏的权力话语作用，也有文人围绕《西厢记》《拜月亭》优劣等问题争论带来的聚焦效应，既有连续不断、类型多样的刊刻复制递增作品的影响，也有持续不断的舞台搬演扩大其在不同社会圈层的深入。[62]

明清诗文研究有很多新成果，廖可斌认为徐渭诗歌已具有一系列非古典或曰近代性特征，但徐渭当时还不可能完全摆脱古典诗歌强大传统的影响，因此他的诗作呈现出古典诗歌和近代诗歌艺术特征交织杂糅的状态，成为分析古今诗歌演变轨迹的一个典型样本[63]；林锋认为《文章辨体》和《文体明辨》之间的“断裂”，既反映了明代文体学发展的转换消息和内在逻辑，也为研究文体学发展史与文学发展史之间的关系提供了绝佳的案例[64]；郭英德认为明代文坛中的六朝文在与秦汉文和唐宋文之间相互角逐与交融的胶着状态中广为流播，以其独特的审美风貌和创作实绩，形成一种重要的文学范式，推动明末文风的丕变，进而参与清初文学风尚的重新建构[65]；张德建认为台阁文人以理学思想塑造的政治品格和道德文化无可避免地走向虚伪化，道德形象的解体加剧了台阁美学的倾覆[66]；曹祎黎认为晚明文学总集中的汉赋评点是各文学流派展示其辞赋审美的重要方式，体现了鲜明的时代特色，对清代的同类汉赋评点产生了一定影响。[67]

明清文学研究还有一个新兴的研究方向值得关注，那就是燕行使文学创作。如：漆永祥《朝鲜朝使臣金堉〈哀江南赋〉探析》[68]认为金堉在沈阳期间亲闻明朝覆亡作《哀江南赋》，可见金堉对明代史实掌故之谙熟与深刻的了解，堪称记录有明一代兴亡的“赋史”；吕小蓬《文学地理学视域下的华北一景——越南如清使臣纪行诗中的雄安书写研究》[69]以文学地理学的视角考察现存的 4 首雄安地区纪行诗，认为越南使臣的雄安书写具有鲜明的地理风格。

五、近代文学

2020 年，北京地区学者对近代文学的关注相较前面几个时段，相对较少，研究热点是近代诗词，其次是近代小说。

近代诗歌的研究有点有面，既有对具体诗人诗作的研究，如李芳《龚自珍〈瑶台第一层〉词本事、文本与传播》[70]对《瑶台第一层》词的本事及文本问题进行了深入考证；又有对诗人群体的探讨，如曹丽萍《论南社文人的骈文创作——以〈南社丛刻〉为中心》[71]认为《南社丛刻》收录了多位南社作家的骈文，这些骈文辞采华美，语气流畅，内容丰富，具有鲜明的时代色彩与名士习气，呈现出骈文的宋体新变与六朝风华并存的风貌，其成就不应忽视。

近代小说有不少新的突破，如马勤勤《作为方法的“女性小说”——关于近代中国女性小说研究的反思与进路》[72]认为要严格区分两种截然不同的女性小说，即从外部观照、作为文学现象的兴起意义上的女性小说与从内部着眼、作为女性性别主体书写的女性小说，不能盲目追求数量之多。

2020 年北京地区古代文学研究者克服各种困难，以经典作品、作家研究为主，以理论研究和文献研究为辅，重视新材料的使用、新方法的探索，在古代文学各时期研究中取得了丰硕成果，在全国居于领先地位。北京地区古代文学研究尚有进一步拓展的空间，如增强文学鉴赏的研究与实践、打破古代文学各时期研究间的壁垒、进一步探索数字人文在古代文学研究中的作用、深入推进古代文学与历史学、文献学、社会学等相邻学科的学科融合。

注：

[1]徐建伟：《早期中国知识转型期的〈毛诗〉学——基于〈毛传〉〈郑笺〉差异的研究》，《北京大学学报(哲学社会科学版)》，2020 年第 6 期。

[2]马银琴：《仪式与文本之间——论〈诗经〉的经典化及相关问题》，《温州大学学报(社会科学版)》，2020 年第 1 期。

[3]杨帆：《〈诗经〉在日本经典生成路径研究》，《晋中学院学报》，2020 年第 6 期。

[4]马银琴：《安大简〈诗经〉文本性质蠡测》，《中国文化研究》，2020 年第 3 期。

[5]华学诚：《浅议异文、通假与经典化——以毛诗〈关雎〉“芼”安大简作“教”为例》，《语文研究》，2020 年第 3 期。

[6]姜国申：《礼乐文化背景下的〈关雎〉本义》，《船山学刊》，2020 年第 3 期。

[7]朱昳晨：《论〈小雅·采薇〉“遣戍役”的仪式功能》，《温州大学学报(社会科学版)》，2020 年第 1 期。

[8]胡霖：《〈大雅·卷阿〉主旨、结构及其时代探析》，《温州大学学报(社会科学版)》，2020 年第 1 期。

[9]杨帆：《〈郑风·大叔于田〉诗旨辨正》，《名作欣赏》，2020 年第 29 期。

[10]吴晓东：《〈山经〉"无草木""沙"及其相关词汇的统计分析》，《文化遗产》，2020年第5期。

[11]刘宗迪：《山蕴万物：〈山经〉博物学发凡》，《遗产》，2020年第1期。

[12]蔡丹君：《东汉明章时代礼乐秩序的重建及其文学呈现》，《文学遗产》，2020年第3期。

[13]刘全志：《论秦汉都城空间的演进与京都赋的形成》，《北京师范大学学报(社会科学版)》，2020年第6期。

[14]李轶婷：《春秋赋诗与西汉赋家群体活动的文学意义及特征演变》，《海南大学学报(人文社会科学版)》，2020年第5期。

[15]张弛：《陶渊明诗歌与乐府诗之关系考论》，《乐山师范学院学报》，2020年第5期。

[16]贺伟：《陶诗"阮公"辨析——兼论〈咏贫士七首〉的写作时间》，《北京社会科学》，2020年第8期。

[17]徐韫琪：《从家庭伦理的羁绊看陶渊明的仕隐心态》，《九江学院学报(社会科学版)》，2020年第2期。

[18]黄鸿秋：《论庾信诗歌写景场域及艺术的新变》，《中国典籍与文化》，2020年第4期。

[19]詹福瑞：《魏晋诗文的忧生之嗟》，《文学评论》，2020年第4期。

[20]孙玉文：《谈杜甫的〈登岳阳楼〉》，《中国典籍与文化》，2020年第3期。

[21]郝若辰：《心灵史的诗学技艺——杜甫〈秋兴〉中阻隔与联通的结构叙事》，《杜甫研究学刊》，2020年第3期。

[22]李飞跃：《王昌龄〈出塞〉诗的历史互文与文本场域》，《文学评论》，2020年第3期。

[23]郑佳琳：《论王绩山水田园诗的体式复变》，《名作欣赏》，2020年第12期。

[24]冷成金：《杜甫诗歌悲剧意识新论》，《甘肃社会科学》，2020年第6期。

[25]葛晓音：《孟郊五古的比兴及其联想思路的奇变》，《文学评论》，2020年第2期。

[26]冷成金：《论刘长卿诗歌对悲剧意识的审美超越》，《山东社会科学》，2020年第1期。

[27]詹福瑞：《中国古代文学"生命意识"的传统与现代——以李白诗文研究为中心的讨论》，《文学遗产》，2020年第5期。

[28]刘青海：《论唐人对汉魏乐府叙事传统的继承与发展》，《文学评论》，2020年第1期。

[29]曾祥波：《〈杜工部草堂诗笺〉注文的来源、改写与冒认》，《文学遗产》，2020年第2期。

[30]王昕：《论经传神学对六朝志怪的影响》，《中国人民大学学报》，2020年第4期。

[31]周兴陆：《从萧齐宗室之争考察刘勰之丕植优劣论》，《安徽师范大学学报(人文社会科学版)》，2020年第2期。

[32]贺伟：《〈文选〉所收陶作的文献来源及相关问题》，《中国文学研究》，2020年第4期。

[33]沈相辉：《论韩愈的"尊扬"思想》，《长安学术》，2020年第2期。

[34]钱志熙：《左纬交游及诗学考论》，《中国典籍与文化》，2020年第3期。

[35]刘杰：《论王安石的天人观念和灾祥书写——以"歌元丰"系列诗歌为例》，《中南大学学报(社会科学版)》，2020年第1期。

[36]王启玮：《梅尧臣、苏舜钦边塞诗的角色想象与诗史意义》，《文学遗产》，2020年第2期。

[37]陆嘉琳：《黄庭坚熙丰诗歌的知识性写作》，《文学评论》，2020年第5期。

[38]王培友：《论宋元理学的"尊德性"及其诗歌表达》，《东方论坛》，2020年第1期。

[39]张剑：《"人比黄花瘦"索隐》，《华南师范大学学报(社会科学版)》，2020年第1期。

[40]徐承伟：《论北宋词人贺铸命运的悲剧性意义》，《宁夏大学学报(人文社会科学版)》，2020年第1期。

[41]陶文鹏：《论稼轩词的女性形象创造》，《北方论丛》，2020年第2期。

[42]李简：《柳永与宋元时期士人群体的分化》，《哈尔滨工业大学学报(社会科学版)》，2020年第3期。

[43]陈莹：《从"清风明月"到"断虹霁雨"——北宋雅词中士大夫人格精神的诗性表达》，《中国文化研究》，2020第4期。

[44]张亚静、马东瑶：《论曾巩的"以史笔为墓志"》，《华南师范大学学报(社会科学版)》，2020年第1期。

[45]裴云龙：《"三苏"史论文与"苏学"》，《文史知识》，2020年第12期。

[46]诸葛忆兵：《宋代进士题名记论略》，《文学遗产》，2020年第1期。

[47]诸葛忆兵：《宋代科场论述文论略》，《齐鲁学刊》，2020 年第 1 期。

[48]诸葛忆兵：《宋代科举辞赋论略》，《武汉科技大学学报(社会科学版)》，2020 年第 1 期。

[49]侯倩、李成晴：《唐宋诗板考——以〈岳阳楼记〉“刻唐贤今人诗赋于其上”新证为中心》，《江海学刊》，2020 年第 2 期。

[50]关静：《〈青琐高议〉佚文补遗及重编问题再探》，《文学遗产》，2020 年第 3 期。

[51]程海伦：《宋代小集传播的文学效应——以南宋中后期诗坛为中心》，《中南民族大学学报(人文社会科学版)》，2020 年第 6 期。

[52]高树伟：《〈红楼梦〉“述古翻新”管窥——黛玉不喜义山诗、正邪两赋及意淫新论》，《红楼梦学刊》，2020 年第 2 期。

[53]刘勇强：《纸上有声待知音——〈红楼梦〉中声音描写》，《红楼梦学刊》，2020 年第 6 期。

[54]陈熙中：《说“犯了正名”——读红零札》，《红楼梦学刊》，2020 年第 1 期。

[55]肖鹰：《〈红楼梦〉的美学意蕴》，《学术月刊》，2020 年第 9 期。

[56]李鹏飞：《神奇的来历——〈石头记〉“成书故事”的来龙去脉》，《文学遗产》，2020 年第 5 期。

[57]吴佳儒：《新见缪荃孙评〈红楼梦〉考述》，《曹雪芹研究》，2020 年第 1 期。

[58]李鹏飞：《人莫不饮食也，鲜能知味也——谈〈红楼梦〉与饮食文化》，《红楼梦学刊》，2020 年第 4 期。

[59]武迪：《论清人对红楼十二钗的认知差异及其成因》，《红楼梦学刊》，2020 年第 2 期。

[60]鲍卓然：《论〈西游记〉女妖角色构建中的男性话语主体——以铁扇公主、玉面狐狸为例》，《名作欣赏》，2020 年第 12 期。

[61]郑世琳：《两个甄氏——对比〈三国志通俗演义〉里的甄氏与真实的甄氏》，《湖北文理学院学报》，2020 年第 6 期。

[62]朱万曙：《“曲祖”之誉：〈琵琶记〉在明代的经典化》，《文学评论》，2020 年第 4 期。

[63]廖可斌：《试论中国诗歌由古典向近代的演变问题——以徐渭诗歌的非古典特征为例》，《文学遗产》，2020 年第 5 期。

[64]林锋：《从〈文章辨体〉到〈文体明辨〉——明代文体学的发展进路》，《中国文学研究》，2020 年第 4 期。

[65]郭英德：《明末六朝文的流播与文风丕变》，《文学遗产》，2020 年第 1 期。

[66]张德建：《台阁文人的自我约束与审美贫乏》，《文学评论》，2020 年第 6 期。

[67]曹祎黎：《晚明文学总集中的汉赋评点及其文学史意义》，《中州学刊》，2020 年第 12 期。

[68]漆永祥：《朝鲜朝使臣金堉〈哀江南赋〉探析》，《东疆学刊》，2020 年第 4 期。

[69]吕小蓬：《文学地理学视域下的华北一景——越南如清使臣纪行诗中的雄安书写研究》，《河南大学学报(社会科学版)》，2020 年第 6 期。

[70]李芳：《龚自珍〈瑶台第一层〉词本事、文本与传播》，《文学遗产》，2020 年第 6 期。

[71]曹丽萍：《论南社文人的骈文创作——以〈南社丛刻〉为中心》，《中南大学学报(社会科学版)》，2020 年第 4 期。

[72]马勤勤：《作为方法的“女性小说”——关于近代中国女性小说研究的反思与进路》，《文艺研究》，2020 年第 3 期。

（北京文艺学会供稿；执笔人：吴娟）

中国现当代文学

2020 年，北京地区现当代文学研究经典命题持续深入，新的话题不断涌现，研究方法不断拓展，史料建设不断夯实，体现了本年度中国现当代文学学科学术的新发展，但仍有诸多可以继续探讨和深化的学术空间。

一、学术研究的“新热点”

2020 年是极为特殊的一年，疫情的暴发、国际局势的变化、人们生活工作方式的调整等，这些变化对中国现当代文学的研究也有着重要的影响和冲击。从 2020 年的学术成果来看，现当代文学学科前沿问题的讨论主要围绕以下几个问题展开：

第一，“抗疫文学”是2020年中国现当代文学研究的一个重点问题。北京市文联在2020年1月28日发出开展阻击新冠肺炎疫情主题文艺作品创作的倡议，北京老舍文学院积极响应市文联号召，向高研班的作家们发出“真情系武汉，文字连双城”作品征集活动等，一大批关于疫情的诗歌、散文、报告文学纷纷涌现，中国作协还特别派出由李朝全、李春雷、纪红建、曾散、普玄5位报告文学作家组成小分队赴武汉抗疫一线，以文学记录这场伟大的抗疫历程。除在创作上记录抗疫历程、书写生命故事之外，在学术研究上北京地区的学者们围绕由疫情生发出来的“人类命运共同体”“灾害与文学”“文学抗疫”等话题展开讨论。李春雨以当下新冠疫情的全球化为背景，联系“人类命运共同体”理念对“人的文学”重新进行思考和解读。[1] 杨义在《湘潭大学学报》第三期上主持“文艺与灾难”专栏，在这一专栏里冷川考察了“一·二八”抗战时期《大晚报》《时事新报》的战地报道，为理解历史与文学、纪实体裁和虚构体裁之互文关系提供极具启发性的案例。面对2020年“疫情文学创作热潮”，研究者们也及时地进行总结和回应，如李朝全[2] 认为这次抗疫过程中报告文学对中国疫情的防控书写比较充分，而对于世界各国、人类与疫情共同的斗争书写或记录则还有待拓展。夏敏[3] 特别关注到疫情来袭时，民间口头抗疫传说的出现具有“文学治疗”的功能，赵勇在《疫情之后，文学何为?》[4] 一文中从毕淑敏的《花冠病毒》说到阿多诺的“艺术辩证法”，为作家在疫情之后如何面对文学这一问题给予了解答。这些研究表明，在疫情的冲击下，人与自然关系的反思、人在灾害面前的困境与抗争已经成为2020年现当代文学研究的一个重要背景和底色。

第二，优质科幻作品和研究者的涌现，使得科幻文学的创作和研究已经越来越呈现出“崛起”的发展势头。在刘慈欣和他的《三体》系列在国际上异军突起之后，中国科幻文学得到越来越多的关注。虽因疫情原因受到一定程度的影响，但北京在2020年仍然以线上线下结合等方式灵活举行一系列科幻文学活动。科幻文学的研究也越来越进入正轨，首先是科幻文学的概念得到进一步的界定和辨析，李静[5] 以20世纪七八十年代之交爆发“科文之争”为切入点，对科幻概念的生成进行系统的考察；在作品的解读方面，以刘慈欣为代表的《三体》系列依然是研究者关注的重点，比如闫作雷[6] 则从“文明主义”与“朴素主义”、“最初的人”与“最后的人”的关系出发，对刘慈欣的《三体》进行新的探讨。另外还有韩松与孟庆枢[7] 的“科幻对谈”更是结合当下疫情的现实背景，对科幻文学警示和疗愈作用进行了探讨。这些研究积极地推进了中国科幻文学研究不断走向历史纵深，也提升了科幻研究在学术界和文化界的影响力。

第三，网络文学逐渐呈现“学科化”的趋势，这对传统文学的阅读习惯和研究方式提出了挑战。网络文学逐渐呈现出成熟化、历史化和现实化的特性。邵燕君等推出《创始者说——网络文学网站创始人访谈录》（北京大学出版社2020年版），该书通过与20余位网络文学网站创始人和管理者的访谈对话，梳理网络文学的发展脉络、生成机制、文学样态。不少学者对网络文学如何兼容现实题材提出自己的见解，戴清、陈萌[8] 关注现实题材网文改编的文化调整和话语转换问题，提出力避“悬浮”、模式化等“低审美”现象。朱刚[9] 以《朝阳警事》等作品为例，进一步探讨网络文学如何与日常生活同频共振。随着网络文学创作和研究走向成熟化，研究者们意识到传统文学观念和研究方法的局限性和建构新的阅读方式、批评模式的必要性。除学术会议外，还有研究者就如何应对网络阅读习惯给予积极回应，吉云飞关注当下超大规模的文本阅读问题，认为需要培养一种把握宏观体系和长期结构的“远读”阅读模式。[10]

第四，目前新锐作家作品不断涌现，成名作家不断推出新作，适时跟踪这些新作是当代文学批评的一个重点。2012年莫言问鼎诺奖之后，其写作状态和新作备受关注。2020年莫言出版最新中短篇小说集《晚熟的人》，陈晓明[11] 认为莫言的新作更为内敛节制，尤其是写实笔法所勾连的历史文脉、叙述视角所呈现的自我剖析、乡村人事所蕴含的复杂伦理等方面，都体现出莫言对乡土的一种回归。刘江凯[12] 着眼于莫言2017年陆续推出的新作，认为这一批作品整体上呈现出一种“未完成”的现象，主要体现在以生命直觉的方式展示文学的、现实的甚至哲学的“不确定性”。有不少学者关注到王安忆的新作，刘勇[13] 等认为《考工记》与王安忆以往的叙事风格相比较，既有风格上的延续又有心态上的转变。陈湘静[14] 关注王安忆21世纪以来以“移民”和“家庭”为主要题材的创作，认为体现了王安忆对全球化时代人口离散导致的家庭结构裂变的焦虑。除对知名作家的新作追踪外，一些新锐作家也受到关注，如：钱理群[15]特别关注贵州作家罗银贤，认为他的小说对“人为什么活着，应该怎样活着”问题的终极追问，继承了鲁迅、沈从文、蹇先艾与赵树理等书写乡土的历史经验，也找到了建立与乡土之间精神联结的自我方式。

二、经典命题的“新阐释”

在新的时代语境下将现当代文学中的经典命题转换成新的问题与当下对话，是激活现当代文学传统的一个重要方向。学者们主要关注以下几个方面：

（一）经典作家的新解

经典作家作品研究一直是现当代文学研究重点。作为现当代作家的研究高地，鲁迅研究的深度和高度直接决定着现当代文学整个格局的走势。研究者从作品重读、史料考证等方面继续推进鲁迅研究的经典化。其中有对具体作品的“再解读”，如李国华把反讽的诗学特征与鲁迅对辛亥革命的理解之间的关联作为理解《在酒楼上》的关键要素，并且认为鲁迅在《在酒楼上》对知识者遗忘（辛亥）革命的反讽，表达了鲁迅对辛亥革命和五四新文化运动的双重反思。[16]同样以讽刺特征进入鲁迅小说的，还有董炳月[17]对《端午节》的解读，他认为鲁迅是怀着自觉的“讽刺小说”文体意识创作了《端午节》，《端午节》对人与金钱之关系的表现，对世俗生活的关注，是鲁迅接受阶级论的前提之一。同样是考察鲁迅的“左转”，张洁宇[18]切入的角度是鲁迅 19 世纪 20 年代后期的思想和经历，在重审鲁迅在 1927 年“弃教从文”的原因及意义后，论述鲁迅对“文”的观念和对“从文”方式的新认识。吴丹鸿[19]特别关注鲁迅对新诗写作伦理建构的参与和在新诗批评的舆论场中建构理想的写作伦理的努力。李哲[20]对于《离婚》作品的社会史批评、付丹宁[21]从两个口号论争看鲁迅与革命文学的关系等研究也值得关注。

一些周年学术纪念活动的举办引发了对相关作家的重新讨论。2020 年是“曹禺诞辰 110 周年”，《中国文学批评》第二期开设“曹禺研究”专栏，刘勇[22]的文章从命运冲突的对曹禺的《雷雨》《日出》《原野》几个经典文本进行精彩的分析。2020 年是“汪曾祺的百年诞辰”，孙郁的《汪曾祺的语言之风》[23]从语言的角度对汪曾祺创作进行新的解读，闫作雷[24]借用汪曾祺归纳的“抒情考古学”方法，对《受戒》等小说历史与美学、抒情与现实的辩证关系进行考察。

2020 年，路遥的作品得到北京学者的突出关注，岳雯[25]认为《平凡的世界》里苦难与自我成长的范式契合 19 世纪 90 年代以来中国发展的核心理念，并极大地鼓舞了几代青年。程旸[26]详细梳理路遥考取延安大学的过程，认为“《山花》时期”只是路遥创作的第一个原生态的起点，其创作之路的真正起点是延安大学。李建军从比较的视野探讨路遥与托尔斯泰在小说创作上的精神联系。[27]

（二）文学话语的多维阐释

伴随近年来现代文学研究“政治性”的重启，左翼文学与文化阐释与更为广阔的社会、政治、经济场域相联系，拓展了现代文学的研究空间。有研究者从论争的角度研究左翼文学发生发展过程的复杂性。比如刘祎家[28]梳理郭沫若 1926—1928 年参与“革命文学”论争的理论文本及其与李初梨、鲁迅等的论辩文章，发现郭沫若对“留声机器”的表述其实呈现的是一个成长演化的自我超克状态，并最终在对鲁迅革命意识的批判上，完成了“留声机器”向“共产派革命”“宣传式的文艺观”的理论转换和主体意识转换；李斌[29]着眼“两个口号”论争，认为这场论争之所以相持不下，一个重要的原因在于当时党内存在着两个组织的错位：“国防文学”派服从以周扬为书记的“文委”的领导，“民族革命战争的大众文学”的拥护者则服从中共中央代表冯雪峰的意见。齐晓红[30]提出弄清 20 世纪 30 年代左翼文艺组织化的展开，必须将其放在与它对立的民族主义文艺等争论中进行审视。一些学者重点关注左翼文学的分期问题，刘永明[31]以“1932 年”作为左翼文艺运动前后期分界点，认为这一分界点可以为左翼文艺运动乃至中国马克思主义文艺理论早期发展的历史分期提供一种新的时间线索。此外张悦[32]、甄皓涵[33]等分别从左翼与海派文化的关系、左联与《申报 · 自由谈》的史料考证等角度对左翼文学在 20 世纪 30 年代的发生发展进行阐释。

（三）当代文学传统的“历史化”

近年来，推动“当代文学历史化”已经成为学术界普遍关注的一个焦点问题。对于具体如何走向“历史化”，不同学者从不同角度进行思考：程光炜明确提出当代文学的历史化不可能脱离与现代文学、古典文学的血脉联系[34]。李杨认为，“当代文学史”的学科危机恰恰在于它遵循的是 19 世纪 30 年代《中国新文学大系（1917—1927）》开创的现代“文学史观”，而这一文学史观已经很难与当下文艺建立起有效的关联。[35]李静另辟蹊径，认为在当代文学历史化趋势下，研究者更应该介入和处理的是“当代性”问题。[36]

还有学者对当代文学传统本身进行细化，卢燕娟认为“改革文学”虽然长期被视为新时期文学的一部分，但它建构的“现代”意识，在基本立场、历史判断、现实情感经验等向度上都体现出自身的独特性。[37] 何浩对赵树理创作的内在逻辑的分析认为，李準的实践形态找到了“另一种当代文学”的构成方式，充分展示革命文学内含的复杂展开路径。[38]

（四）对京味文学与文化的关注

北京地区学者始终关注北京文化与文学。特别值得一提的是，刘勇提出“大京派”文学建构理念[39]，他立足“京津冀一体化”的国家战略，对“京津冀文脉”的谱系进行历史文化的考察，并在此基础上提出一种融合文学、政治、经济、生态多元因素的“大京派文学”的构想，这种研究方式对于京派文学的研究来说无疑是一个重要的突破。除在理论上拓宽京派文学的研究外，有一些学者试图在具体作家作品的解读中也展现京派文学复杂的内涵，孙郁[40] 把汪曾祺置于“新京派”的视角下给予新的解读，解志熙[41] 通过对冯至1930年6月的文论《涩》的分析，认为他显示出欲以“涩”美超度“艰”难、向京派文学趣味靠拢的趋向。除京派文学外，京味文学研究也有可喜的成果。张莉主编的《京味浮沉与北京文学的发展》（人民文学出版社2020年版）收录近年北京文学研究成果，清晰地展现不同时期京味文化研究的重点与特色。类似的还有张莉和孙郁的《关于北京文学70年的对谈》[42]，以对谈的方式回顾并梳理北京70年的文学发展史，对不同时期、不同风格、不同流派的北京作家进行评价。付立松[43] 以《锁麟囊》的多个改编文本为视点，关注北京旗人在经历辛亥之变之后面临的物质困境和精神危机。

三、研究方法的“新拓展”

2020年，学者们不断从社会史、思想史等角度深入文学研究，充分吸收借鉴其他学科理论的有益成分，实现交叉学科带来的方法论创新。

（一）社会史视野的引入

2020年，“社会史视野下的中国现当代文学”的方法论探讨及相关实践非常醒目。吴晓东强调“社会史视野”的重要性，“审美之维”和“形式之维”应该更好地进入文本研究，以释放“文学性”的活力。[44] 姜涛以20世纪40年代国统区研究为载体讨论“社会学”视野在文学研究中的适用性问题，[45] 他的《作为“社区研究”的战时现实主义——沙汀“雎水十年”的生活与写作》[46]，也是对这一方法的积极实践。

尽管关于社会史研究方法和视野如何进入文学史研究的探讨依然在进行中，但实际上很多学者已经自觉地在实践中引入社会史的视野，如路杨[47] 对解放区群众文艺生产的探讨，深入到解放区的新秧歌与乡村戏剧实践，构造出一种劳动、生活与政治联动的一体化图景。李斌[48] 对郭沫若历史剧《武则天》的考察，融入“历史真实”视角的观照。何浩[49] 以《平凡的世界》《黄河东流去》《许茂和他的女儿们》为阐释对象，特别关注19世纪50年代及延续至19世纪80年代初期文学中洞察历史—政治—社会—生活—伦理等结构性的关联变动。程凯[50] 对《徐光耀日记》的研究考察，也纳入20世纪50—70年代文艺“深入生活”的核心原则。

（二）文学研究的思想史转向

文学史与思想史的联结，实际上在20世纪90年代汪晖、陈平原等学者转向中已初现端倪，近几年随着学科队伍的不断壮大和学科建设的逐渐成熟，如何以思想史深化文学史、以文学史激活思想史的讨论越来越受到关注。陈平原[51] 重返王元化先生“有思想的学术和有学术的思想”命题的时代语境，认为这个思想命题的提出不仅体现出时代社会的激荡和个人精神的印记，还与乾嘉学风与魏晋玄言有着密切的关联。在具体作家的阐释中，孙歌《绝望与希望之外：鲁迅〈野草〉细读》（生活·读书·新知三联书店，2020年版）值得关注，她认为鲁迅《野草》的特殊性只有在思想史框架中才能得到清晰的阐释，在对中西思想文化传统的对接中，开辟《野草》哲学的思想史诠释的新路向。姚丹考察川南调研对沈从文的影响，挖掘思想史语境对作家所具有的深层意义。[52] 潘静如从文体层面对“旧体诗如何介入20世纪的文学史和思想史？”这一话题进行考量。[53]

（三）作为资源和方法的“民间”

随着地域文学研究的兴盛，民间作为一种资源越来越深地介入现当代文学的研究。苗帅[54] 阐释“女吊”这一形象，认为鲁迅假托“民间”以祛魅知识权力司掌者的克里斯马光环，以“民间”为方法而非立场，吁求超越一般精英知识分子的启蒙方式。牛晓彤[55] 从民间的立场对高晓声的小说进行伦理探寻，许姗姗[56] 将闲笔、曲笔与俗笔作为汪曾祺小说创作方法的“民间”特征进行考察。王干[57] 认为赵树理与汪曾祺创作的共性在于二者都植根中国的民间文化。这些研究显示“民间”视角的挖掘，对深入研究现当代文学的思想资源、地域特色等具有重要意义。

四、史料研究的“新趋势”

其一，由史料向史料学建构的转向在逐渐引起研究者们的关注。长期以来，中国现当代文学的史料研究更多呈现出一种细节考证、佚文收集、资料汇编的形态，近年来随着现当代文学学科历史化，如何从自发的、零散的史料研究走向系统的、理论性的史料学建构，已成为史料研究者们致力的方向。王秀涛[58]从“新史料”与“旧史料”、“有意的证据”和“无意的证据”、“史家的逻辑”与“历史的逻辑”等层面对当代文学史料建设中的等级问题进行细致讨论。值得注意的是，虽然在实践上有刘跃进主编的《中华文学史料学》（中国社会科学出版社，2020年版）等成果，但总体来看，北京地区对现当代史料学的实践建构依然比较缓慢。与吴秀明、付祥喜等南方高校的学者对当代文学史料学、文献学的积极讨论相比，北京学者的这种关注明显不够。

其二，史料形态的多元化趋势愈发明显。这里的多元化不仅仅是史料内容的丰富性，而是史料边界、史料类属的拓展。随着科技的飞速发展，一切与文学相关的书面、影像、网络、口述、传记等材料都可以成为史料，近年来陈平原对现代图像史料、钱理群与吴福辉对现代插图与文学广告研究、傅光明对口述历史的研究等有力地拓展了史料研究的边界。2020年对史料形态的关注越来越多元化，李斌[59]对艾芜在全面抗战以后创作的歌谣《救亡对口曲》进行钩沉。商金林[60]讨论日记作为一种史料的研究方法论问题。

其三，本土史料与海外资料的对话愈加频繁。近些年来，中国文化输出与文化交流步伐加快，现当代文学本土史料与海外史料的跨地域、跨文化和跨语际的趋势变得更为频繁。2020年《新文学史料》杂志“西译史话”栏目中，洪子诚[61]、邓如冰[62]、阎晶明[63]等在这方面进行尝试，将海外史料纳入视野，说明现当代文学史料研究的结构逐渐发生某种新变。

总体上，2020年北京地区学者的研究体现出稳中有进的特点，取得可喜研究成绩，但以下几个方面仍有继续探讨的空间：第一，如何明确“后疫情时代”文学研究的任务。新冠肺炎疫情突然把人们推入一个“非常态”状况，随着疫情在全球范围内不断蔓延，这种“非常态”已经逐渐变成需要人们应对和适应的一个“常态”。如何处理后疫情时代与文学研究的关系，文学研究者如何积极参与到“后疫情时代”的精神重建甚至参与到国家公共卫生体系的文化顶层设计，是时代对文学研究提出的更高要求。第二，如何缓解现当代文学学科内部的紧张感。本年度，北京地区学者无论在文学史框的拓展还是作家作品的新解，抑或在方法论和史料研究上的创新，根本上还是在缓解现当代文学学科内部的危机感，但值得注意的是，视野延伸和边界拓展中保持现当代文学研究的主体性和稳定性非常重要，“走出文学”又“回到文学”，这是研究者跨学科研究中应特别注意的问题。第三，现当代文学研究领域的不平衡性依然存在。从研究的文体看，小说依然占据较大比重，散文、戏剧、诗歌等研究相对零散和有限；从研究格局看，史料建构与其他领域的研究相比稍显缓慢，特别是对于史料学从理论走向实践，还有较大突破空间。

注：

[1]李春雨：《人类命运共同体视角下的文学思考——对“人的文学”的再认识》，《北京师范大学学报》，2020年第5期。

[2]李朝全：《“疫情文学创作潮”及其带来的启示》，《广播电视大学学报》，2020年第3期。

[3]夏敏：《抗疫传说与“文学治疗”》，《民族艺术》，2020年第4期。

[4]赵勇：《疫情之后，文学何为？——从毕淑敏说到阿多诺》，《粤港澳大湾区文学评论》，2020年第4期。

[5]李静：《当代中国语境下“科幻”概念的生成——以20世纪七八十年代之交的“科文之争”为个案》，《文学评论》，2020年第5期。

[6]闫作雷：《〈三体〉中的“朴素主义社会”与“最初的人”》，《中国现代文学研究丛刊》，2020年第6期。

[7]韩松、孟庆枢：《科幻对谈：科幻文学的警世与疗愈功能》，《华南师范大学学报》，2020年第4期。

[8]戴清、陈萌：《在媒介转换与文化缝合中叩问现实——近年来现实题材网文的剧集改编研究》，《中国文学批评》，2020年第3期。

[9]朱刚：《紧贴当下生活现场飞翔——评卓牧闲〈朝阳警事〉兼谈网络文学现实题材创作》，《中国当代文学研究》，2020年第6期。

[10]吉云飞：《作为“计算批评”的“远读”——以网络小说“升级文”中的节奏与情绪为例》，《中国现代文学研究丛刊》，2020 年第 8 期。

[11]陈晓明：《他的左镰，他的笔——试谈莫言近作的艺术取向》，《文艺报》，2020 年 8 月 19 日。

[12]刘江凯：《当代文学的未完成性与不确定性——以莫言小说新作为例》，《文学评论》，2020 年第 5 期。

[13]刘勇、韩静：《〈考工记〉与王安忆叙事风格的延续和转变》，《名作欣赏》，2020 年第 1 期。

[14]陈湘静：《情感劳动与流动的共同体——论王安忆新世纪以来小说中的移民与家庭》，《文学评论》，2020 年第 1 期。

[15]钱理群：《创作中的“戏里人生”和生命里的“山野生灵”——罗银贤创作论》，《中国现代文学研究丛刊》，2020 年第 12 期。

[16]李国华：《革命与反讽——鲁迅〈在酒楼上〉释读》，《文学评论》，2020 年第 2 期。

[17]董炳月：《启蒙者的世俗化转向——鲁迅〈端午节〉索隐》，《文学评论》，2020 年第 6 期。

[18]张洁宇：《从体制人到革命人：鲁迅与“弃教从文”》，《中国现代文学研究丛刊》，2020 年第 4 期。

[19]吴丹鸿：《从“删诗”到“撤稿”——鲁迅与早期新诗写作伦理的变化（1919—1925）》，《文学评论》，2020 年第 3 期。

[20]李哲：《〈离婚〉：“城乡交错”的空间与乡民的“个人”自觉》，《中国现代文学研究丛刊》，2020 年第 4 期。

[21]付丹宁：《“两个口号”论争前夕鲁迅眼中的上海文坛与革命危机》，《中国现代文学研究丛刊》，2020 年第 4 期。

[22]刘勇：《从戏剧冲突到命运冲突——曹禺剧作的诗性生成》，《中国文学批评》，2020 年第 2 期。

[23]孙郁：《汪曾祺的语言之风》，《新文学史料》，2020 年第 1 期。

[24]闫作雷：《“抒情考古学”：汪曾祺〈受戒〉的一种读法》，《文学评论》，2020 年第 1 期。

[25]岳雯：《〈平凡的世界〉的多重辩证法》，《中国现代文学研究丛刊》，2020 年第 11 期。

[26]程旸：《路遥在延安大学》，《文艺争鸣》，2020 年第 6 期。

[27]李建军：《文学是对人和生活的态度性反应——论路遥与托尔斯泰的文学关系》，《中国社会科学》，2020 年第 8 期。

[28]刘祎家：《“留声机器”的“奥伏赫变”——再论郭沫若的“革命文学”论争话语（1926—1928）》，《中国现代文学研究丛刊》，2020 年第 8 期。

[29]李斌：《组织的错位与“两个口号”论争》，《中国文学批评》，2020 年第 4 期。

[30]齐晓红：《20 世纪 30 年代左翼文艺及其衍生性问题——以“大众”的讨论为中心》，《中国文学批评》，2020 年第 4 期。

[31]刘永明：《1932 年：中国左翼文艺运动历史分期的时间逻辑》，《中国文学研究》，2020 年第 2 期。

[32]张悦：《从北方左联的“失效”谈左翼文学的海派特性》，《中国现代文学研究丛刊》，2002 年第 9 期。

[33]甄皓涵：《中国左翼作家联盟与〈申报·自由谈〉（1933—1935）》，《文学评论》，2020 年第 1 期。

[34]程光炜：《当代文学 60 年》，《文艺争鸣》，2020 年第 12 期。

[35]李杨：《边界与危机：“当代文学史”漫议》，《中国现代文学研究丛刊》，2020 年第 5 期。

[36]李静：《研究者如何面对当代？——从中国当代文学研究状况谈起》，《汉语言文学研究》，2020 年第 2 期。

[37]卢燕娟：《对“现代”的另一种想象——论早期“改革文学”中的“现代”意识》，《文学评论》，2020 年第 1 期。

[38]何浩：《从赵树理看李準创作的观念前提和展开路径——论另一种当代文学》，《文学评论》，2020 年第 4 期。

[39] 刘勇：《京津冀文脉的历史涵养与“大京派”文学的时代建构》，《当代文坛》，2020 年第 12 期。

[40]孙郁：《“新京派”作家汪曾祺》，《同舟同进》，2020 年第 6 期。

[41]解志熙：《“艰”的人生与“涩”的文章——略说冯至文论兼及京派和〈现代评论〉》，《中国现代文学研究丛刊》，2020 年第 6 期。

[42]孙郁，张莉：《关于北京文学 70 年的对谈》，《当代作家评论》，2020 年第 3 期。

[43]付立松：《〈绣囊佳话〉与〈锁麟囊〉：北京旗人命运之隐性书写》，《中国现代文学研究丛刊》，

2020 年第 5 期。

[44]吴晓东：《释放“文学性”的活力——再论“社会史视野下的中国现当代文学研究”》，《文学评论》，2020 年第 5 期。

[45] 姜涛：《20 世纪 40 年代国统区文学研究中“社会史视野”的适用性问题》，《文学评论》，2020 年第 5 期。

[46]姜涛：《作为“社区研究”的战时现实主义——沙汀“雎水十年”的生活与写作》，《文学理论与批评》，2020 年第 4 期。

[47]路杨：《劳者如何“歌其事”——论解放区群众文艺的生产机制》，《文学评论》，2020 年第 3 期。

[48]李斌：《〈武则天〉中的“历史真实”》，《文学评论》，2020 年第 6 期。

[49]何浩：《人文之眼：以 19 世纪 50 年代的历史—文学经验为出发点》，《中国现代文学研究丛刊》，2020 年第 11 期。

[50]程凯：《“深入生活”的难题——以〈徐光耀日记〉为中心的考察》，《中国现代文学研究丛刊》，2020 年第 2 期。

[51]陈平原：《在乾嘉学风与魏晋玄言之间——重提王元化的意义》，《华东师范大学学报(哲学社会科学版)》，2020 年第 6 期。

[52]姚丹：《倾心“融合”还是漠然“旁观”？——沈从文川南土改行的思想史与文学史意义》，《文学评论》，2020 年第 2 期。

[53]潘静如：《旧体诗如何介入 20 世纪的文学史和思想史？——读夏中义〈百年旧诗人文血脉〉》，《中国图书评论》，2020 年第 4 期。

[54]苗帅：《〈女吊〉：“故事新编”一种——被发明的“复仇”与作为方法的“民间”》，《文学评论》，2020 年第 2 期。

[55]牛晓彤：《〈人世间〉基于民间立场的伦理探寻》，《文艺评论》，2020 年第 5 期。

[56]许姗姗：《闲笔、曲笔与俗笔——试论汪曾祺小说中作为创作方法的“民间”特征》，《名作欣赏》，2020 年第 6 期。

[57]王干：《山河异域风韵同辉——汪曾祺与赵树理的民间性》，《文艺争鸣》，2020 年第 5 期。

[58]王秀涛：《当代文学史料的等级问题》，《文艺争鸣》，2020 年第 1 期。

[59]李斌：《艾芜〈救亡对口曲〉：被忽略的“新诗歌谣化”代表作》，《新文学史料》，2020 年第 2 期。

[60]商金林：《〈宋云彬日记〉的心态辨析——兼论史料研究必须“顾及全篇”与“顾及全人”》，《中国现代文学研究丛刊》，2020 年第 6 期。

[61]洪子诚：《〈恐惧与无畏〉的相关资料》，《新文学史料》，2020 年第 1 期。

[62]邓如冰：《爱荷华“中国周末”始末》，《新文学史料》，2020 年第 4 期。

[63]阎晶明：《必须要做的辨正——关于日本学者秋吉收的〈野草〉观》，《新文学史料》，2020 年第 3 期。

（北京市文艺学会供稿；执笔人：张悦）

比较文学与世界文学

2020 年，北京地区比较文学与世界文学学科学术发展在以往基础上有较大进展。总体上看，方法论与基础理论研究从学科规范性、方法有效性上夯实比较文学与世界文学研究纵深发展的根基，数字时代的到来为比较文学与世界文学的研究带来前所未有的挑战的同时也迎来发展机遇，方法论上的转型及其探讨拓展了研究思路。在比较文学与世界文学的基本研究视域中，文化研究推动比较文学研究进入全新阶段，在中西文化更加平等的对话基础上开阔了比较文学与世界文学的研究视野。中国文学经典文本海外传播及具体策略成为 2020 年度的一大研究重点，这是对建设中国比较文学流派现实关注的理论呈现。2020 年，比较文学与比较艺术学之间的交流不仅促进比较艺术学取得新进展，跨学科的反思意识同样活跃着比较文学的现状研究。中西文学之间的平行比较与交互影响依然是比较文学与世界文学研究中的重点问题。

一、方法论及基础理论研究

方法论和基础理论研究不仅构成比较文学与世界文学的学科基准点与支撑点，更是经典问题延展研究与新生问题重点研究的根本出发点。在 2020 年度比较文学方法论与基础理论研究中，既有对比较文学研究方法动态化、多元化发展过程的梳理，也有对“世界文学”基础理念的辨析，以及对莫莱蒂、叶公超等在比较文学研究中的思想地位的探讨，对数字时代比较文学及其方法论转变的关注成为其中最吸引人的一大亮点。这类研究不仅以比较文学基础概念为关键词溯清比较文学的学科定位和学术脉络，这种由内部而来的反思与总结为夯实比较文学学科根基，推进比较文学研究进深发展奠定了坚实基础，而且抓住了数字时代赋予比较文学研究的发展机遇，在回应数字时代文学诉求的过程中探讨比较文学研究的现实困境与新兴发展。

自20世纪20年代比较文学作为一门学科在清华大学、北京大学开设课程以来，中国比较文学经历了多个发展阶段，为比较文学研究加入比较文化视野，比较文学变异学概念及方法论的提出及其运用等，都为中国比较文学的学科发展与学术积累做出了重要贡献，在此语境中，如何在加强中外比较文学对话基础上填补中国比较文学研究空白，推进中国比较文学的继续发展，构建具有中国话语体系特色的中国比较文学学派成了其中的研究重点。黄丽娟[1] 认为，在世界历史发展进程中，比较文学在对文化危机的不断调试和解读中形成了多元并蓄的研究方法。文章在最后一部分梳理了中国语境下比较文学研究的学科发展，并从加强与外国比较文学学界的学科性衔接，深化中国比较文学研究与世界比较文学研究之间的对话；继续译介世界比较文学经典和新进研究成果；发挥外语优势，引入原文研究著述等3个方面探索比较文学的未来发展。

在国际国内比较文学学术史基本线索中探讨相关理论家思想内涵与学术地位的文章亦不在少数。张墨研[2] 以20世纪90年代以来围绕“世界文学”理念展开的激烈讨论为研究背景，通过对莫莱蒂相关文学理论和建构的分析，重塑莫莱蒂“世界文学猜想”在世界文学体系中的标志性地位。凌淑珍的《叶公超的比较文学思想研究》[3] 将叶公超的比较文学研究分为比较文学意识的觉醒、比附西学和中西比较3个阶段，认为叶公超比较文学思想的形成、发展、成熟与清华大学人文学科的比较传统，博雅教育体制，以及20世纪30年代盛行于欧美的现代主义文学紧密相关。

数字时代的世界文学研究会有什么样的方法论转型？赵薇的文章《数字时代的“世界文学”研究：从概念模型到计算批评》[4] 和《从概念模型到计算批评——Franco Moretti之后的世界文学研究》[5] 以莫莱蒂等早期的文学实验室探索为中心，不仅以“世界文学”的理念检视“远读”的本质及局限，更关注其在数字时代所能引导的从概念模型到计算批评的方法论转向。数字时代的世界文学具有爆炸式的内容含量，数量上的不可穷尽使得人们无法对世界文学市场做出全面的了解和评估，莫莱蒂的“远距离阅读”正是在此时代困境下作为一种方法论范式被引入文学研究中。

二、文化研究推动比较文学取得新成果

文化研究不仅更新了比较文学的研究视域，甚至在极大程度上影响着比较文学的研究方式。关于文化研究如何重塑与更新比较文学，以及如何将文化比较和跨文化作为一种新的研究方法应用于比较文学研究中，一直以来都是比较文学学科建设与学术研究中的关键性问题，相关文章更是不胜枚举，2020年，文化研究在多个方面推动比较文学取得新进展。

李正荣[6] 以跨文化视野下的民俗文化研究为视角，从列夫·托尔斯泰日志中的复活节记载，“复活节”在俄语中的两种表述，作为一种俄罗斯文化的“复活”和巴赫金式解码等几个方面阐释托尔斯泰“复活”概念的生命修辞学意义。王筱依[7] 指出，虽然中国本土古代文论关键词及其核心意义研究及中国文学域外传播学术研究都日益深入和丰富，但是中国文论在世界文论舞台上却长期处于失语的尴尬处境中，尤其是中国文论现有相关研究只停留在中西文论关键词的对比研究上，缺乏定量与定性相结合的跨文化阐释。文章不仅提出跨文化阐释视角下中国古代文论关键词研究方法及范式转型，更通过个案分析和归纳其具体研究策略，将中国古代文论关键词放在中西文论对比、中西思想流变、比较诗学等多元文化语境中进行研究。曹禺话剧的域外传播和接受一直都是中国戏剧史上最为重要的跨文化事件之一，陈秀娟的文章《机遇与必然：曹禺话剧的域外传播和接受研究》[8] 通过梳理和整理曹禺话剧在韩国、日本、东南亚和欧美地区的跨文化阐释，分析曹禺话剧在域外获得成功的主要原因。

尹文涓[9] 以《中日丛刊》的创刊起源和内容体例为基础，从中西文化交流，尤其是西方汉学学科史的角度，溯源《中日丛报》与《中国丛报》之间的关系，以及由此呈现的早期英美汉学之间、英美汉学与日本学之间的伴生关系。梁坤[10] 将研究领域延伸到俄蒙生态思想与生态文化领域，认为俄蒙树木崇拜和多神教、萨满教等原始信仰都是由俄蒙交互重叠的历史文化决定的，并在诸如俄罗斯森林史诗等文学文本中看到了俄蒙多神教、萨满教观念与佛教、东正教等的相互渗透与融合。曾艳兵同样在中西文学、文化之关系的研究基础上，关注卡夫卡与华语文学之间的对话。[11]

综上，文化研究特有的更具开放性与多样性的批评话语极大地扩展了比较文学研究社会与文化文本的范围，生态文化、区域文化、思想史研究等都进入了比较文学研究体系。2020 年，回应时代生态危机，构建生态人文主义；立足中国传统文化遗产，探索中国特色文论体系建设；从区域文化视角出发进行域外文学研究；在中西思想史对话背景中进行文学研究；等等，不仅成了从文化研究领域推动比较文学与世界文学研究纵深发展的学术滋生点，对于比较文学现代学科的内部建设，中国特色比较文学学科平台的创建，规模化、专业化学术成果的产生都具有非常重要的现实意义。

三、经典文本海外传播与译介研究

随着中国综合实力的提升及中国经济、文化在国际舞台上占有越来越重要的地位，国际社会对中国文化的认识、理解兴趣明显增长。推进中国文学，尤其是经典文本的海外传播与译介就不仅是为了满足现阶段国际社会对中国文化日益增长的兴趣与需求，有效增进中华民族与世界各族人民之间的相互理解，同时也是为了促进中国国际形象的提升，为构建以世界文化整体版图为面向的文化体系做出重要贡献。中国文学的海外传播与译介研究一直以来都是学者们的关注重点，其在 2020 年度也取得了新成果，这正是中国研究者们学术责任与时代担当的生动体现。

姚建彬[12] 对中国文学海外传播的具体发展策略进行理性反思，建议从开展中国文学表达与倾听世界他者之间的有效沟通，以营造中国文学海外传播的良善氛围；采取切实有效的措施，在作者与译者、出版商之间建立起能够深入沟通与交流的稳定关系；充分发展新技术和新媒介在中国文学海外传播与译介过程中的特殊作用；重视特定专业期刊和网站在推动中国文学海外传播中的重要影响等方面推进中国文学海外传播文化事业的发展。刘洪涛[13] 指出，中国当代文学是中国文化的重要组成部分，但是相较于在国际文学舞台上认同度更高的中国古典文学，中国当代文学还处在被忽视的境况中，不过，随着近年来文化事业的大力推进，中国当代文学的海外传播与译介也是收获颇丰，尤其是当代文学海外传播基本情况研究、重要作家海外影响研究、经典文本译介情况研究等更成为当今学术界的热点问题。何明星[14] 以接受屏幕为核心概念，分析中国当代文学在西方世界被误读的原因，文章借助于世界范围内刊发中国当代文学批评学术文章的英语期刊的横向比较，揭示出中国当代文学在国际学术界的边缘性地位，认为西方学术界普遍存在的对于中国当代文学的杜撰式批评已经影响了国际出版集团对中国当代文学作品的发行与零售。谢丹凌[15] 认为，在传播学理论视域中梳理中国文学的海外传播概况，建构中国文学海外传播效果研究模式，既能为中国文学海外传播研究提供新的学术视角，又有利于探索和调整新媒介语境下中国文学的海外传播策略；既能丰富文学学术研究的方法路径，又能满足比较文学与世界文学自身学科建设与学术研究的内在需要。

如果说上述文章是对于中国海外传播进行的理论性探讨，那么以下论文就是从具体的文学文本出发而进行的实例研究。谢云开的论文《论宇文所安对杜甫诗的译介与研究》[16] 以宇文所安的《杜甫诗》为研究对象，结合中国文学传统中的杜甫诗解读，在比较诗学的理论视野中分析和讨论宇文所安对杜甫诗的译介及相关研究。孙亚鹏[17] 在回顾《韩非子》海外译介 3 个阶段的基础上分析了“子学复兴”和“新法家运动”在其中起到的重要推动作用，文章从放送者角度进行观察，研究日本在《韩非子》“经过路径”中所具有的特殊性，并认为中日两国共同构成了《韩非子》海外传播过程中的东亚性。刘燕[18] 对郑敏诗歌在英语世界的传播概况及其语境进行研究，以郑敏诗歌的英译为个案，概述中国现代诗歌在英语世界中的译介语境、传播路径与学术评价等，并通过郑敏诗歌在英语学界的译介与评价管窥中国现代诗歌在英语世界中的传播策略。洪越[19] 以美国现代诗歌发展和汉学研究为线索，梳理王维诗歌的译介与研究情况，认为美国诗人一方面将王维诗歌看作中国诗的典范，并在中国古典诗歌中寻求推动诗歌观念与形式变革的文化资源，另一方面美国学界又在努力纠正对王维其人其诗复杂性与丰富性的认识不足，这样的矛盾使得美国的王维译本中出现了宁静山水隐逸诗人与内心冲突、诗技超群的复杂诗人两种不同的形象。

四、比较文学与比较艺术学的交叉

作为一门新兴学科的比较文学的兴起，既是中外文化艺术频繁交流的需要，同时也是艺术学自身学科发展与学术研究的需要。20 世纪八九十年代比较艺术学的萌芽与发展不仅得益于改革开放后不断增加的对外合作与交流，还受到了比较文学学科发展的极大影响，正是比较文学的迅猛发展推动了比较艺术学这一学科概念的正式提出。虽然比较艺术学有着不短的学科发展历史，但是相较于比较文学而言，比较艺术学还未得到艺术学界应有的学术关注，甚至可以说比较艺术学至今尚处在初创阶段。2020 年，比较艺术学与比较文学的交叉构成了比较艺术学发展的小高潮。

彭吉象的论文《比较艺术学的学科定位与研究范围》[20] 从比较艺术学学科发展的历史与现状出发，就比较文学的学科定位与研究范围进行探讨。文章认为，比较艺术学应该参照比较文学在文学中的定位，其具体研究领域包括与比较文学研究领域相似的 3 个方面，即跨国家、跨民族与跨文化的艺术比较；跨学科、跨门类、跨视域的艺术比较；跨种类、跨样式、跨体裁的艺术比较。文章在最后提出比较艺术学方法论问题，指出比较文学研究中的影响研究、平行研究、跨文化研究同样适用于比较艺术学，同时，比较艺术学自身的特殊性也决定了其具有不同于比较文学的独特研究方法，如艺术样式比较方法。

彭吉象在《比较艺术学的“影响研究”方法及其运用》《比较艺术学的“平行研究”及其方法运用》《比较艺术学“跨文化研究”及其运用》3 篇研究性文章中具体阐明了比较艺术学的研究方法及其实际运用。梵·第根在其《比较文学论》一书中基本上奠定了比较文学法国学派影响研究的基础，梵·第根在书中不仅圈定了比较文学的研究范围，即各国文学作品之间的相互关系，并进一步明确了比较文学应研究流传学、源流学、译介学 3 种情况。正是大批学者于梵·第根基础上的不懈努力才为比较文学找到了一条适合自身发展的方法路径。作为比较文学研究中最重要的研究方法之一，影响研究为比较艺术学方法论生成提供了可供借鉴的学术资源。彭吉象的《比较艺术学的“影响研究”方法及其运用》[21] 认为，影响研究尽管是比较文学发展第一阶段法国比较文学流派创立过程中形成的一种研究方法，但它完全可以为比较艺术学所用，对于比较艺术学自身的学术研究而言，影响研究的方法挪用扩展了艺术学的研究视域与研究方式。

彭吉象在《比较艺术学的“平行研究”及其方法运用》[22] 中首先追溯比较文学平行研究方法的历史形成与理论特征，文章认为，比起影响研究，平行研究方法因更具有普遍价值与理论意义而大大扩展了比较文学的研究范围，尽管平行研究也存在着一些问题，如常常将研究局限于纯美学分析上，以及进行跨学科研究时的大而无当，等等，但平行研究比影响研究更加适合比较艺术学。文章同时运用平行研究方法探讨了 20 世纪 40 年代中国现实主义电影与意大利新现实主义电影之间的相互联系与显著区别。《比较艺术学“跨文化研究”及其运用》[23] 一文认为，比较艺术学同样可以借鉴比较文学的跨文化研究方法，对中西两种异质文化与艺术进行跨文化的比较与分析。20 世纪后半叶，世界比较文学出现了自身发展的新危机，在此形势下不少学者将眼光投向东方及东方文化，尤其是选择中国文学作为基本的比较参照点，“比较文学中国学派”的提出极大丰富了世界比较文学的研究内容，中国的艺术成就理应和文学成就一样成为世界文化艺术理论体系中的重要构成部分。彭吉象早在 1998 年发表的《走向跨文化综合研究的比较艺术学》一文中就提及过比较艺术学需要沿用比较文学的跨文化研究方法，时隔多年后对这一问题的重新提出与深度阐释折射出一条清晰的逐渐整合出一套从方法到概念都具有特殊性的比较艺术学话语体系之漫漫长路。

比较艺术学视野下的艺术现象实例研究同样受到学界关注。秦兴华[24] 将文学改编电影研究纳入比较艺术学研究范畴，从比较艺术学角度出发梳理文学改编电影研究的发展状态，并通过分析其中存在的问题为当下中国电影研究中的热门话题 IP 改编提供参考价值与理论价值。文章认为，文学改编电影研究在过去半个多世纪的累积经验可以运用于 IP 改编研究中；IP 改编研究可以成功规避文学改编电影研究存在过的问题；IP 改编研究也要同文学改编电影研究一样被纳入比较艺术学研究范围。

五、平行比较与交互影响研究

作为比较文学研究中最基本也是最重要的两种研究方法，平行研究与影响研究虽然各有优劣，但是到目前为止，在比较文学的研究实践中，平行研究与影响研究依然占据相当大的比重，甚至成为最重要的两大支柱。中西文学之间的平行比较与交互影响同样是 2020 年度比较文学的研究重点，在本年度相关的学术论文中，既有以不同文化背景中的文学文本为基本对象进行的共时性研究，又有历时层面中的影响研究，在新的时代语境中有效促进了中国比较文学学科的稳健发展。

宗笑飞[25] 对当代世界文坛两位重量级作家马哈

福兹与马尔克斯的代表作《平民史诗》与《百年孤独》进行平行比较。或许是因为马哈福兹从未正面评价过马尔克斯，抑或是马尔克斯从未公开承认过自己归属于魔幻现实主义，迄今鲜少有对于《平民史诗》与《百年孤独》的比较研究。宗笑飞则认为，马哈福兹与马尔克斯之间也许没有直接联系，但二者的关联是通过第三方实现的，即他们都曾受益于《一千零一夜》。文章从孤独氛围与轮回意象、人类社会发展轨迹书写、象征意味和魔幻色彩3个方面对《平民史诗》与《百年孤独》的异同进行比较，并分析形成这些异同的文化背景与历史语境，最后得出结论：《一千零一夜》及苏菲神秘主义、基督教文化等共同文化资源形成《平民史诗》与《百年孤独》相似的魔幻色彩。李建军[26] 通过分析托尔斯泰和路遥的写作经验与文学观念，在塑造自我形象的理念、热爱人类和生活的精神、以同情和肯定的态度塑造人物3个方面发现了二者存在垂直向度的影响关系和平行向度的相似性。文章在结语部分指明，小说写作中一个关键性问题就是作家的态度，对自我、对人类和生活、对笔下人物的态度直接决定着创作质量的高低。

2020年中西文学之间的平行比较不仅涉及小说创作，对戏剧相关问题进行分析比较的研究性文章亦不在少数。邵雪萍[27] 发现莎士比亚戏剧《哈姆雷特》中的哈姆雷特鬼魂形象与元杂剧《盆儿鬼》中的杨国用鬼魂形象都为剧情发展起到了重要的推动作用，但是二者在地位、气度、戏份、道德色彩、复仇方式和结局上又具有明显的差异性。文章以文本细读的方式考察两个鬼魂形象的异同，并结合近代早期英国与元代中国的社会文化特征与时代审美意趣阐明形成这些异同的原因。武静和孔令然[28] 通过将中西戏剧中的科学家形象分别概括为从“逃避者”到“民族英雄”，以及从“怪人”到“罪人”的发展，探讨形成这种形象差异的深层文化原因。邹卓凡[29] 以契诃夫多幕剧和易卜生中晚期戏剧为主要研究对象，从契诃夫对易卜生戏剧的批判出发论述和分析二者在叙事结构和艺术呈现方式上的异同。

中西文学之间的交互影响一直以来都是比较文学研究中的重要话题，2020年这方面的研究同样取得了丰硕的成果。张西艳[30] 分析了李渔戏曲对《曲亭花钗儿》《樱姬全传曙草纸》《飞弹匠物语》《近江县物语》等日本江户文学代表性读本小说的具体影响。作为明清时期最具代表性的戏曲小说家之一，李渔及其《笠翁十种曲》被译介到日本后便成为江户文人争相模仿与改编的对象。作者从作品题目、故事情节脉络、语言运用、出场人物性格特征、作品主题等多个方面发现了日本江户后期著名读本小说家曲亭马琴《花钗儿》与李渔《玉搔头》的相似之处。日本江户时代后期著名通俗文学作家山东京传的《曙草纸》与李渔《风筝误》在故事情节发展脉络上的相似之处虽然不多，但《曙草纸》中用风筝传信的方式确是受到《风筝误》的启发。江户时代中后期读本小说石川雅望的长篇传奇小说《近江县物语》在故事情节及其发生背景设置，主要人物性格特征塑造等方面都体现出模仿李渔《巧团圆》的痕迹。李渔戏曲在日本产生影响的过程中不断产生变异而成为江户文学的重要组成部分。古云英[31] 探讨禅宗文化对日本俳句发展历程、内涵意蕴等的影响，并以与谢芜村《牡丹》、松尾芭蕉《古池》等俳句创作为典型文本解读其中蕴含的禅宗色彩。

李睿[32] 梳理2019年度诺贝尔文学奖获得者汉德克萨尔茨堡创作期作品中的道家哲学思想痕迹，这一创作时期老庄哲学对汉德克的影响主要体现在作品中直接引用老庄原文；作品题目受老庄哲学概念影响；援用庄子哲学意象等3个方面。文章指出，汉德克萨尔茨堡创作期小说中的主人公多为漫游者，其主题也多与启程、旅行、在路上相关，最后以“抵达”和“归乡”的最终和解完成内心宁静的追寻过程，这样一种过程正是受到道家哲学中“反/返”与“大归”概念的影响。赵季玉[33] 梳理了《文选》从飞鸟时代传入日本后在政治及文学层面发挥的作用与影响。文章将《文选》在古代日本的影响归纳为《文选》受容方式多样化、多种注本的相继东传、《文选》的接受阶层逐渐扩大等几大特征，在18个多世纪的时间里，白本和注本《文选》为日本古代文学提供了重要的文学资源。杨晓红[34] 从文学翻译角度大致概括了景教圣经文学在中国唐代的基本译介情况，并在具体的文本分析基础上讨论景教圣经文学的中国文化本位译介策略及对中国古代文学的影响，文章认为景教圣经文学中的创世神化、传说等有力地启迪了中国文学的想象，丰富了中国文学的创作。

综上，2020年比较文学与世界文学北京学科学术发展在方法论及基础理论研究、向文化研究的范式转型、经典文本海外译介、与比较艺术学的对话、平行研究与影响研究等方面实现新突破，尤其是对数字时代比较文学方法创新、比较文学的跨文化阐释、比较文学的跨学科研究等核心问题的重要争论，形成

2020年度最引人注目的学术焦点。以下几个方面需要进一步加强：一是增强方法论创新。2020年北京比较文学与世界文学学科出现了对于数字时代比较文学新的研究方法的讨论，但这实质上还没有从边界划定、概念区分、类别确定等方面为比较文学的当代发展提供体系化、层次化、可操作性的方法论支撑，尤其是在比较文学变异学理论研究如火如荼的学术语境下，北京地区对比较文学与世界文学方法论及基础理论体系上的研究有待完善，需要推动该学科向纵深发展，创新故有研究方法，构建全新研究方法，为理论研究与阐释提供方法论保障。二是夯实跨文化研究基础。在不同国家或区域间进行文学比较研究必然会面临跨文化阐释的问题，对不同国别或区域文学的差异性与相似性进行跨文化研究无疑具有方法论上的合理性。比较文学跨文化研究倡导一种以文化特色为基础而进行的异质文化与文学之间的平等交流与对话。回顾2020年北京比较文学跨文化阐释的学术成果，跨文化比较对象大多局限于欧美地区及日、韩等国。尤其在推动构建人类命运共同体的时代使命下，北京地区比较文学与世界文学研究应加强与非洲、亚洲、南美洲等国家文化文学之间交流与对话，使比较文学与世界文学研究更加平衡。三是构建中国身份，增强国际影响力。有关比较文学中国学派的讨论一直都占据着理论中心的位置，学者们试图通过构建中国学派强化中国身份，增强国际影响力，虽然这方面已经取得不少成果，但是，中国哲学社会科学在国际上的影响力仍有待提高，在学术话语权上与中国的综合国力与实力地位不太相称。比较文学的研究对象与学科性质决定了其在促进中国文化走出去，改变在国际学术界的“失语”状态，赢得国际学术话语权过程中具有非常重要的作用。

注：

[1]黄丽娟，赵践：《诗与远方：世界文学理念与比较文学研究方法》，《沈阳师范大学学报(社会科学版)》，2020年第6期。

[2]张墨研：《莫莱蒂“世界文学猜想”再讨论》，《中国比较文学》，2020年第3期。

[3]凌淑珍：《叶公超的比较文学思想研究》，《杭州师范大学学报(社会科学版)》，2020年第4期。

[4]赵薇：《数字时代的“世界文学”研究：从概念模型到计算批评》，《外国文学动态研究》，2020年第3期。

[5]赵薇：《从概念模型到计算批评——Franco Moretti之后的世界文学研究》，《西南民族大学学报(人文社科版)》，2020年第8期。

[6]李正荣：《论“复活”作为列夫·托尔斯泰的生死修辞》，《俄罗斯文艺》，2020年第5期。

[7]王筱依：《跨文化阐释视角下的中国古代文论关键词英译研究》，《南京工程学院学报(社会科学版)》，2020年第3期。

[8]陈秀娟：《机遇与必然：曹禺话剧的域外传播和接受研究》，《戏剧(中央戏剧学院学报)》，2020年第6期。

[9]尹文涓：《从〈中日丛报〉与〈中国丛报〉之渊源看早期英美汉学与日本学的伴生现象》，《首都师范大学学报(社会科学版)》，2020年第5期。

[10]梁坤：《俄蒙树木崇拜的多神教和萨满教渊源》，《外国文学研究》，2020年第1期。

[11]曾艳兵：《对话：华语文学与卡夫卡》，《南方文坛》，2020年第3期。

[12]姚建彬：《对中国文学海外传播的反思与建议》，《外国语文》，2020年第4期。

[13]刘洪涛：《提炼海外传播的理论与方法》，《中国出版传媒商报》，2020年12月29日。

[14]何明星：《西方对于中国当代文学的接受屏幕：特点、成因及对策》，《中国当代文学研究》，2020年第6期。

[15]谢丹凌，崔潇月：《传播学视阈里的中国文学海外流通效果研究》，《外国语文》，2020年第4期。

[16]谢云开：《论宇文所安对杜甫诗的译介与研究》，《中国比较文学》，2020年第3期。

[17]孙亚鹏：《追根寻源：〈韩非子〉海外传播“经过路径”中的放送者研究》，《中国比较文学》，2020年第2期。

[18]刘燕：《郑敏诗歌在英语世界的译介与传播研究》，《国际比较文学(中英文)》，2020年第4期。

[19]洪越：《七个译本，两种形象：王维诗在美国》，《文学评论》，2020年第1期。

[20]彭吉象：《比较艺术学的学科定位与研究范围》，《艺术评论》，2020年第1期。

[21]彭吉象：《比较艺术学的“影响研究”方法及其运用》，《艺术百家》，2020年第3期。

[22]彭吉象：《比较艺术学的“平行研究”及其方法运用》，《民族艺术研究》，2020年第3期。

[23]彭吉象：《比较艺术学“跨文化研究”及其运

用》，《艺术评论》，2020 年第 10 期。

[24]秦兴华：《从文学到 IP：比较艺术学视野下的文学改编电影研究》，《北京电影学院学报》，2020 年第 6 期。

[25]宗笑飞：《幻象旁通：〈平民史诗〉与〈百年孤独〉》，《东吴学术》，2020 年第 5 期。

[26]李建军：《文学是对人和生活的态度性反应——论路遥与托尔斯泰的文学关系》，《中国社会科学》，2020 年第 8 期。

[27]邵雪萍：《魅生异域：论〈哈姆雷特〉与〈盆儿鬼〉中的鬼魂形象》，《戏剧文学》，2020 年第 1 期。

[28]武静、孔令然：《中西方戏剧中科学家形象差异与原因》，《哈尔滨工业大学学报(社会科学版)》，2020 年第 6 期。

[29]邹卓凡：《契诃夫戏剧与易卜生戏剧比较研究》，《戏剧(中央戏剧学院学报)》，2020 年第 5 期。

[30]张西艳：《李渔戏曲对日本江户文学的影响》，《戏剧艺术》，2020 年第 3 期。

[31]古云英：《中国禅宗文化对日本俳句的影响》，《中国宗教》，2020 年第 11 期。

[32]李睿：《汉德克与老庄哲学——试析彼得·汉德克萨尔茨堡创作期作品中的道家哲学影响》，《外国文学动态研究》，2020 年第 2 期。

[33]赵季玉：《〈文选〉在古代日本的流传与影响》，《海南大学学报(人文社会科学版)》，2020 年第 5 期。

[34]杨晓红：《唐代景教圣经文学译介及其影响研究》，《长春师范大学学报》，2020 年第 11 期。

（北京市文艺学会供稿；执笔人：王淑娇）

外国文学

2020 年，北京地区外国文学学科学术发展得到大幅提升，研究成果丰富，覆盖议题广泛，研究较为深入。北京地区学者对当代外国文学及其背后的文化及社会议题较为重视，包括生态议题、族裔、身份、性别、战争记忆等方面的书写；此外，针对近年来诺贝尔文学奖得主们的研究热度不减，石黑一雄、托卡尔丘克和汉德克的研究得到高度关注，学界对 2020 年诺贝尔文学奖得主格丽克的研究也呈现逐渐聚集趋势。北京地区外国文学类英语文学仍占据外国文学类研究的最大比重，欧洲其他语言文学如德语、法语、俄语等也有较多成果发表，而亚非拉国家文学研究相对较少；从研究对象的体裁来看，长篇小说研究的数量和深度均遥遥领先，短篇小说、诗歌、戏剧及游戏文学等体裁也偶有涉及。总括性的年度梳理，打破不同语种学者之间的藩篱，有助于统观外国文学研究的总体趋势、国际文坛普遍的热点和转向。可以明显看到的是，目前北京的外国文学研究者对小说，尤其是长篇小说的研究高度偏重，在未来的研究中应适当加强对诸如诗歌、戏剧等其他文学体裁的关注。

一、英语文学

英语文学研究总体呈现以下特点：美国文学研究最为丰富，英国次之，爱尔兰、加拿大、新西兰等国家的英语文学研究也有零星分布；小说研究最为丰富；20 世纪及以后的文学受关注程度最高；英国美学家约翰·罗斯金、美国小说家亨利·詹姆斯和唐·德里罗的研究受到重点关注，2020 年度诺贝尔文学奖得主诗人格丽克的研究也开始集中出现。

1. 美国文学研究占比最大

对 19 世纪美国文学的研究，更加关注历史、宗教和城市化演进等问题，田俊武[1] 分析了马克·吐温的时空穿越小说《在亚瑟王朝廷里的康涅狄克州美国人》，认为马克·吐温以独特的时空形式及主人公失败的命运，表达对资本主义科技和工业化的批判态度。陈雷[2] 分析了霍桑的小说《牧神雕像》，借主人公之口反思了美国的清教文化，并思考其与意大利天主教文化等多个层次的关系。于雷[3] 在对爱伦·坡的研究中发现爱伦·坡对通讯革命的敏感感知，影响其文类认知观念和文化焦虑意识。张科[4] 讨论英美文学界“麦尔维尔复兴”的现象，客观地勾勒了长达 170 余年来麦尔维尔在英美学界的研究和接受史。

对 20 世纪美国文学的研究更关注叙事形式、种族、性别和身份等议题。吴娟[5] 对纳博科夫《绝望》的文本细读，指出纳博科夫在小说中建构双层记忆系统。谢雅卿[6] 对美国极简主义作家卡佛的短篇小说《大教堂》展开叙事学的研究，认为卡佛在故事层面、话语层面和元文学层面共同推进叙事，解决冲突，并通过弱化自身权威来推崇读者与作品间的互动。于洋从精神分析角度，研究了美国当代作家雪莉·杰克逊的小说《摸彩》[7]，借助弗洛伊德“怪怖者”理论解读这种恐怖重复与日常生活暴力的关系，并以拉康能指理论和“自动机”概念来阐释秩序之恶。田霞[8]讨论美国作家菲利普·罗斯“凯普什系列小说”中的欲望叙事，包括自我与社会、身体与情感之间的欲望变化等内容，指出罗斯关注身体与情感的共生和交互关系。

部分学者关注美国当代文学中的族裔与身份认同问题。胡俊[9]对印度裔美国作家裘帕·拉希莉的小说《同名人》展开分析，指出在该小说中拉希莉对家提出了新的理解，即不断处于生成和被建构过程中的实践，家的概念和归属感也时刻处于流动生成的状态中。杨卫东[10]讨论了美国犹太裔女作家辛西娅·奥兹克小说中的核心主题“反偶像崇拜”，文章将奥兹克笔下的人物分为了两类，一类是迷失自我的人，第二类是过于自恋的人，这两种人都有可能陷入对偶像的盲目崇拜当中，奥兹克对此的解决方案是重视传统文化，回归日常生活，以对抗偶像权威的诱惑。李娜、田俊武[11]探讨了美国当代黑人剧作家奥古斯特·威尔逊的作品《钢琴课》，认为作品中反复出现的3种鬼魂形象揭示了当代黑人白人的精神生态问题。

美国小说家亨利·詹姆斯和当代小说家唐·德里罗得到了更为集中的研究。沈非[12]对德里罗小说《白噪音》展开分析，探求其中所呈现出的大学教育与知识生产忧虑，并解读商业消费白噪音对当代大学教育和知识生产的侵袭和掌控。李思[13]则通过对德里罗小说《人体艺术家》中的身体书写展开分析，指出德里罗通过书写身体之缺席、符号与经验的双重存在属性及身体之变形等多层次状态，呼唤新的主体性。

李晋[14]对亨利·詹姆斯的作品展开了陆续研究。李晋在一篇论文中分析了短篇小说《地毯里的图案》，指出叙述者自作聪明的叙述暴露了其冷漠势利的本性，而反衬了小说中其他人物的真诚和善良，同时表达亨利·詹姆斯对文学艺术界沽名钓誉行为的批评。另一篇文章则[15]对亨利·詹姆斯《天鹅绒手套》和伊迪斯·华顿的《天鹅绒耳套》这两部名称相似的作品展开对比研究，指出前者讲述男性权威在文学界压制女性作家的过程，表达性别和阶级偏见，而后者则通过套用《天鹅绒手套》的叙事框架讲述女主人公反制以解构男性中心话语的过程。

北京学者对2020年诺贝尔文学奖得主美国诗人格丽克的研究逐渐集中，但截至2020年底，成果并不突出。杨惠芬[16]认为格丽克诗歌中对生命的“悲”感中蕴含着力量，因而格丽克的悲伤感不是绝对的，而是充满了“力”的悖论，隐藏着光明的一面。范思平[17]梳理了格丽克诗歌主题的类型和演变，讨论了神话和宗教题材、个人情感记忆和生命意识在其创作中的影响。

2. 英国文学方面，研究的时间跨度较广，研究对象涵盖戏剧、小说、诗歌等多种体裁

英国文学研究的时间跨度较广，从17世纪直至当代文学都有所涉及。逯璐[18]对17世纪英国剧作家约翰·韦伯斯特的《马尔菲公爵夫人》展开分析，指出该戏剧通过舞台死亡、戏中戏、角色中的角色扮演等多种元戏剧手法，探索了戏剧的形式本质问题。徐嘉[19]指出莎剧《皆大欢喜》中的著名的譬喻式独白“全世界是个舞台”有其深层蕴含，分析其背后早期现代英国社会阶层的松动及流动性，以及伊丽莎白时期正在生成中的新的知识话语。胡振明[20]对英国18世纪小说《格列佛游记》展开了经典新谈，指出斯威夫特使用“讽刺”创建了双重镜像，在文学镜像中建构了社会想象。

19世纪的英国文学受到更为集中的关注，胡玉明[21]分析华兹华斯在《序曲》中对中国园林的书写，指出华兹华斯对中国园林书写时的“他者化”策略是借此来缓解文化焦虑的手段。黄淳[22]为马修·阿诺德的《吉普赛学者》提供了另一种解读。牟童[23]对19世纪英国小说《简·爱》展开研究并指出维多利亚时代中产阶级塑造了一种规范化的健康身体观，推崇强健的身体和基于基督教美德的自持理想，而偏离该秩序的身体则被病理化、他者化和女性化。

20世纪及当代英国文学也占据了较大的研究比重。陈丽[24]对近年新出版的两部从空间角度研究伍尔夫的学术专著展开了评述。许小凡[25]则对艾略特的晚期风格展开研究，将艾略特收缩的晚期风格纳入了晚期现代主义理论框架，观察更普遍意义上新生风格与建制权威间的协商。

透过文学作品观照英国当代社会现实和文化动向，也是2020年度北京学者对英国文学研究的重要特征。陈璟霞[26]对韦滕贝克的《三只鸟徐徐降落在田野》展开分析并指出，韦滕贝克批判了撒切尔主

义，呼吁重建“绿色的英格兰”所代表的英国民族精神。萧莎[27]对2019年英国的文论做出了评论和回顾，2019年英国文论的热点之一是暴力问题和创伤研究，热点二是观察当下英国大众阶层生活状况及精神世界。

2020年度北京学者对19世纪英国文艺批评家约翰·罗斯金的文艺理论给予较为明显的关注。高瑾[28]指出，朱光潜对罗斯金关于“希腊女神和英国姑娘”部分美学理论出现过不少误读。陈辉[29]讨论了罗斯金对斯宾塞“七罪”的解读及罗斯金对寓言的理解，并讨论柯勒律治和罗斯金因着眼于不同历史时期的寓言艺术引发寓言之争。乔修峰[30]讨论罗斯金对英格兰北部湖区的看法和对风景功用的再定义，文章认为铁路会改变风景的观看方式，罗斯金眼中的“风景”不仅是自然风光，还是带有光晕的“远方”，能为祛魅的现代生活“复魅”。

3. 爱尔兰、新西兰等其他国家的英语文学研究也占据一定比重

傅浩[31]分析19世纪爱尔兰诗人叶芝的《再度降临》，指出实以象征手法书写新旧文明交替之际的不祥征兆。陈红薇[32]对爱尔兰剧作家辛格的随笔《阿伦群岛》展开研究，认为该作品是人类学视野下的诗学文本，记录并探究了凯尔特民族精神的本源。陈丽[33]回顾2019年当代的爱尔兰文坛动向，指出2019年爱尔兰文坛涌现出大批新生代作家，关注时政，文艺政治性强，高度关注全球化语境下的人际和家庭关系等议题。周铭[34]对20世纪初新西兰女作家凯瑟琳·曼斯菲尔德展开研究，指出曼斯菲尔德的文学创作通过描摹中产阶级社会戏剧，揭示社会权力机制的操演及个体在这一过程中的异化和最终顿悟等状况。

二、法语文学

1. 时间跨度大，对古典、经典文学及当代文学均有关注，分布较为平衡

章文[35]聚焦17世纪法国儿童文学家贝洛的童话作品，指出贝洛的童话书写中存在着明显的阶级立场，而并非后世所以为的“为儿童而写作”。王菁[36]分析了夏多布里昂的《从巴黎到耶路撒冷》，认为该书促使游记题材转变为了主题性的文学作品，由此启发了19世纪诸多作家的游记写作。刘晖[37]以布尔迪厄的文学社会学理论为工具，阐述巴尔扎克的政治、伦理和审美一体化的“绝对文学”建构。赵丹霞[38]对2019年法国文坛具有强烈现实性的话题关注动态做了深入梳理，例如新近的女性问题、遗留战争创伤，以及当代生活体验的流变与人生况味等话题。

2. 比利时、瑞士及非洲地区的法语文学受到高度重视，此类研究在数量上甚至超过法国本土文学的研究

比利时的法语文学长期依附于法国文学，到20世纪80年代才获得相对的独立。比利时作家致力于开发其法语文学的独特性[39]。孙婷婷针对比利时法语文学中的“玄怪”传统展开清晰的梳理分析，分析20世纪以来的比利时法语“玄怪”文学产生的社会文化和地理区域等多重因素。于晓杰[40]对19世纪比利时小说家罗登巴克的作品展开细读，认为象征手法贯穿《布吕赫的幽灵》整部作品。侯楠[41]从比利时奇幻小说家托马斯·欧文的小说入手，分析作品中的“现实空间、异常空间和致命空间”三重互文关系，探析欧文小说中空间和奇幻书写的关系问题。

瑞士法语区和非洲法语文学写作也得到关注，苑宁[42]针对当代瑞士法语诗人雅格泰散文诗集《具象缺席的风景》中地中海的意象，展开了深入分析。学者彭晖[43]对20世纪刚果的法语诗人乌·塔姆西的写作展开研究，指出乌·塔姆西的诗歌从主题、理念和语言上都受到了兰波的影响，他书写痛苦孤独、暴力和晦涩，同时他的诗歌蕴含着社会担当和历史使命感，反对殖民主义和种族歧视，力图为非洲人民发声。

三、德语文学

1. 汉德克研究激增

2019年奥地利德语作家彼得·汉德克获诺贝尔文学奖，国内德语学者对汉德克的研究犹如雨后春笋般涌现，2020年度北京学者针对彼得·汉德克的研究全面且集中，研究范围覆盖从汉德克早期小说、戏剧，到转型期及晚期作品，研究视角包括汉德克的语言观、美学观及中西比较文学等多元议题。

学界对汉德克早期创作的研究，集中在其创作中实验、激进的语言改革等问题。史良[44]从汉德克的创作美学出发，分析其纷繁复杂的形式实验背后的文学理念和作品蕴含的现代、后现代真理观。李明明[45]则聚焦于汉德克早年较为冷门的戏剧《呼救》(1968)，讨论戏剧文本和剧场空间的跨媒介环境的关系问题。

20世纪70年代初随着“六八运动”的衰落，德国文坛上出现一种“新主体性”文学的新现象，文学重新返回对内心感受的表达、返回对真实世界的叙

述，在此语境下，汉德克的创作也步入了转型期。徐建华[46]分析了汉德克转型期之作《守门员面对罚点球时的焦虑》（1970）中激进的语言观及其写作观念的转变问题。任卫东[47]就汉德克后期“新主体性”写作展开翔实的分析，梳理汉德克写作重心的演变过程，即“从语言游戏及语言批判如何转向寻求自我的‘新主体性’文学”的进程。丁君君[48]着重分析汉德克发表于1975年的小说《真实感知的时刻》，指出在这部小说中汉德克描写了一种游离在生活之外的个体感受，并呈现现代日常生活中个体感知与普遍意义的断裂。李睿[49]引入中西比较文学的视角，指出汉德克时期的作品为读者展示了一个“虚己”的过程，与道家哲学中所谓“反/返”与“大归”的概念相契合。刘冬瑶[50]聚焦于汉德克后期作品《去往第九王国》（1986）的名称及其汉译问题，指出如今通行的“去往第九王国”这一题目是韩瑞祥先生的转译，小说德文原名“Die Wiederholung”可直译为“重复”，文章根据原名展开分析，“重复”是小说3章标题中神秘符号的内部联系，也是文中同义反复、首语重复和回环文等修辞的核心要素。

2. 对经典文学或哲学理论的新探

部分学者对经典作品展开推陈出新的研究，王炳钧[51]对歌德《少年维特之烦恼》中的“媒介”问题展开分析，认为18世纪德国文本化的进程为远程通信提供了可能，促成了新的交往模式诞生。谷裕[52]从歌德诗剧歌德《浮士德》（下）第五幕开始分析，认为浮士德开凿运河反映了歌德着眼欧洲甚至世界格局的思想。史敏岳[53]重新讨论歌德诗剧《浮士德》中的瓦格纳形象问题，认为瓦格纳虽是《浮士德》中一个较为次要的人物，但歌德在人物形象中注入对时代和未来的反思，丰富了学者讽刺的维度。邓深[54]从细微处入手，对18世纪下半叶德语启蒙乌托邦文学展开研究，从维兰德《自然之子故事》出发探讨启蒙乌托邦文学强烈的现实指涉性、自我反思功能和道德诉求。

有学者对经典的德语文论或德国经典哲学概念进行再阐释。刘冬瑶[55]指出，尼采贬低病人同时赞扬疾病，持有一种更为统一的“大健康”观念，即与疾病斗争甚至战胜病痛的强大状态。孙纯[56]分析本雅明的《暴力批判》，指出本雅明反思并重构法律与暴力关系，文章同时分析施米特、本雅明和阿甘本之间的思想联结。史良[57]则以文学与现实、真实和真理之间的关联为线索，对文学“模仿”理论进行梳理和研究。

3. “日常”作为研究高频词出现

《德语人文研究》以“日常”（Alltagsleben）这一文化概念组织专栏，讨论德语文学与“日常生活”之间的关联和互文。周濛濛[58]详细梳理“日常性”作为一种文化概念的演变历史；贾涵斐[59]分析里尔克的晚期代表诗作《杜伊诺哀歌》中的第五首里的街头艺人形象，分析诗作与日常生活的张力，以及街头艺人对日常秩序和认知的撼动；徐建华[60]分析帕特里克·聚斯金德的中篇小说《鸽子》（1987），分析作为“他者”之鸽子引入日常生活中的耻感体验；张舶航[61]对奥地利作家穆齐尔的中篇小说《格里吉亚》中“另外状态”展开分析，揭示现代日常的痼疾及其隐藏的主体性危机。

4. 其他德语文学研究

何宁[62]回顾并总结2019年德语文坛的突出热点，一是对汉德克获奖及对另一位年轻作家关于犹太人的作品《施特拉》的激烈讨论，二是2019年德语文坛中女性作家推出了众多风格迥异的优秀作品。徐畅[63]对赫尔穆特·基泽尔的《1918—1933年德语文学史》展开评述，认为基泽尔基于一种反目的论式的文学史写作态度，极大扩充了研究的对象和材料范围，其研究具有强烈的跨学科色彩。成梦丹[64]分析耶利内克戏剧《杰基》中杰基与服饰话语的关系，讨论女性的自我、身体与服装之间的内在关联。张晓静[65]讨论德国当代艺术家安塞尔姆·基弗的作品如何从保罗·策兰与英格伯格·巴赫曼诗歌汲取养分，诗人之间的互文关系成为画家在视觉艺术上的重构对象。

四、俄语文学

1. 高度关注生态文学及生态思想相关话题

关于20世纪的俄语生态文学，若干学者聚焦艾特玛托夫的作品。金美玲[66]指出艾特玛托夫具有一种“星球思维”，立足于对人的信任、对人类理性的信仰。余丹陆续发表两篇研究艾特玛托夫的文章，其一[67]分析艾特玛托夫在晚期小说《崩塌的山岳》中对生态与人类关系的忧患意识，其二[68]讨论艾特玛托夫作品中的乌托邦与反乌托邦叙事。王晓宇[69]指出，苏联时期普拉东诺夫和艾特玛托夫分别在小说中对中亚这一地理空间展开文学想象，讨论中亚少数族裔的文化记忆和传统被割裂等问题。梁坤[70]分析俄蒙文化中的树木崇拜传统，认为俄蒙交互重叠的历史文化地层决定了多神教、萨满教等原始信仰对俄罗斯民族精神的深刻影响。于明清[71]指出20世纪俄语生态文学从自然生态、社会生态、精神生态 3 个维度寻求自然与人、与人类重新契合的方式，寻找精神上回归自然的途径。

2. 关注俄语文学界经典学者、作家在中国的研究状况

巴赫金在中国研究状况得到了深入推进。2019 年，程正民出版专著《巴赫金的诗学》，对巴赫金的诗学理论展开详细而深刻的思考。郭靖媛、凌建侯[72] 针对《巴赫金的诗学》展开评论，认为该书对国内推进巴赫金研究有贡献。万海松[73] 认为巴赫金 20 世纪 20 年代的《俄国文学史讲座》仍具有不同凡响的学术价值，它既反映了巴赫金广博的学识和开阔的视野，也是其文学理论的试验田。

纳博科夫研究状况得到了集中考察。文导微[74] 认为，当代中国的纳博科夫翻译与研究领域，存在一定程度“英肥俄瘦”的偏颇，纳博科夫的俄语作品在译成汉语之时未能得到充分关注，且 20 世纪二三十年代俄罗斯侨民对于纳博科夫作品展开的评论亦未得到中国研究者充分重视。张建华[75] 认为纳博科夫的《文学讲稿》给研究者多重启示，包括对重建形式诗学批评的强调；强调精细阅读、反复阅读、比较阅读；呼唤有温度、独立性、创造性的文学批评。

3. 对当代俄语世界新动态和前沿领域较为关注

孔霞蔚[76] 回顾 2019 年俄罗斯文坛新动态，介绍了为文学评论家和青年作家设立的新奖项，2019 年虚构类作品重回俄罗斯文坛中心，“三十岁一代”的作家群表现突出，拓展当代俄罗斯文学的多样性和深度。近年来非虚构写作在俄罗斯文坛占据愈发重要的地位。张猛[77] 针对近年来俄罗斯文坛非虚构文学写作展开回顾性的探析，梳理俄罗斯非虚构写作的历史与现状、俄罗斯当代文坛的非虚构写作实验及非虚构写作面临的问题等。孔俐颖[78] 从语言层、风格层、文化层等角度解读了阿列克谢·维诺库罗夫 2017 年的新作《黑龙之子》，认为小说以魔幻现实主义的文风、朴素明了的语言，将构建“人类命运共同体”的宏阔视野蕴含在篇幅不长的小说中。侯玮红[79] 深入介绍并分析盛行当代俄罗斯文学批评界的“新现代主义”这一概念，文章指出新现代主义关于伦理道德问题、对时间概念有不同于现代主义、后现代主义的独特理解。

4. 经典新探类研究

契诃夫 1890 年曾前往西伯利亚旅行，徐乐[80] 指出在其西伯利亚游记系列中，“西伯利亚—俄罗斯”这一对立的空间模型贯穿始终，契诃夫笔下的叙事者经历了个性转变，最终以新的眼光看待“西伯利亚—俄罗斯”空间对立关系，对俄国人征服和开发异域空间提出了更高的精神要求。李正荣[81] 对托尔斯泰《复活》的题目名称展开细微分析，认为“复活”具有多重含义，既明确指向小说的主题即一个俄罗斯贵族的忏悔及复活，又暗示《福音书》描绘的基督复活事件，“复活”一词实现了托尔斯泰本人对生命复活的预言，“复活”概念在“灵”和“物”的多重关系中，构成了他个人最大的生命修辞。

五、欧洲其他国家的文学研究

1. 意大利文学

陈绮[82] 回顾 2019 年的意大利文坛的动态并提出关键形容词“当下感凸显，历史感退场”，作者指出当代意大利文坛普遍以积极的态度进行“幸存者”写作，历史题材和现实主题相辉映，彰显当代意大利文学在主题上的丰富性和写作方式的多样性，此外 2019 年度意大利女作家十分活跃，且新锐作家不断涌现，也是不容忽视的景象。

2. 西葡语文学

杨玲[83] 回顾 2019 年西班牙语文学从主题上呈现出一种“轮回”倾向，2019 年度涌现的几部作品都将历史与当下，甚至未来相联系，解读三者之间的循环往复。还有部分作品进一步解构虚构与真实，对艺术与生活之间的关系进行辩证诠释；另一些作品则借助悬疑惊悚、疯狂冒险的情节揭露社会问题。

20 世纪西班牙哲学家、文艺评论家奥尔特加-加塞特的哲学著作《堂吉诃德沉思录》是一部文学性极强同时富于哲思的优秀作品，蔡潇洁[84] 对该作品展开文体研究，认为文学与哲学的结合，与 20 世纪初西班牙社会、历史特定语境和深厚的文学传统密切相关；同时，文体与修辞也是构成奥尔特加思想和研究方法不可或缺的组成部分，奥尔特加的写作，在某种程度上制衡了纯粹理性的片面趋向，拓展了现代哲学表达方式的多样化。

王渊[85] 通过细读葡萄牙作家安东尼奥·洛博·安图内斯 1988 年发表的小说《远航船》，试图探究其写作目的与历史观。安图内斯在该部小说中对路易斯·德·卡蒙斯的史诗《卢济塔尼亚人之歌》，以及传统葡萄牙航海发现的历史叙述展开进行多重颠覆，作者认为这种做法一方面体现了民主化进程和殖民化之后，葡萄牙知识分子力图用文学“净化”历史的尝试，另一方面也对重塑史观过程中出现的选择性遗

忘展开深入反思。

3. 东欧、北欧等国文学

东北欧文学总体受到的关注度较低。2018 年，波兰作家托卡尔丘克被授予诺贝尔文学奖，但与石黑一雄、汉德克等诸奖得主所引发的研究热潮相比，国内学界对托卡尔丘克相关研究显得较为冷清。2020 年，学者高兴发表文章[86]详细分析托卡尔丘克的文学成就，指出托卡尔丘克在短篇小说中表现出精湛功力，在长篇小说中蕴含着宏大广阔的视野。高兴认为在波兰文学格局中托卡尔丘克具有特殊性，与密茨凯维奇、显克维奇、米沃什等明显的“波兰性”不同类型，她没那么靠近政治；也与舒尔茨、贡布罗维奇、辛波斯卡等“非波兰性”的纯文学一派不同，因为也没那么远离政治，恰是托卡尔丘克作品中“波兰性”和“非波兰性”的相辅相成丰富并成就了她独特的文学世界。

作为北欧文坛的高峰，挪威剧作家易卜生的戏剧得到了小范围关注。邹卓凡[87]从契诃夫曾对易卜生戏剧做出“负面”评论谈起，分析比较契诃夫多幕剧和易卜生中晚期戏剧的异同。王遥[88]以文学和史学相结合的研究方法，对易卜生剧作《皇帝与加利利人》中的人物展开原型回溯。

4. 古希腊古罗马文学

关于酒神宗教进入希腊的历史自古众说纷纭，颜荻[89]针对西方文学史上“酒神入侵希腊”事件展开翔实而生动的研究。酒神狄奥尼索斯向来被认为是希腊宗教的“入侵者”，作者认为，在《酒神的伴侣》中，欧里庇得斯完整地叙述酒神被拒绝进入希腊、后来强势进攻希腊、战胜希腊的神话故事。彭磊[90]探究古希腊神话中的另一个经典故事“赫拉克勒斯的选择”，指出这一故事模型在不同文学史时期的地位和阐释方式。刘淳[91]探讨西方学界对“潘多拉盒子”和女性子宫关系的解读，并联系其他希腊文本中记载的神话故事及实物材料，剖析古希腊社会中关于性别和生育的观念。

李会芹[92]聚焦古罗马诗人贺拉斯抒情诗中女性如何发声的问题，结合贺拉斯《颂诗集》中以“吕底娅”命名的 4 首诗歌，认为在贺拉斯笔下，女性曾试图争夺话语权却终遭压制，而男性诗人始终是其诗歌中不可被取代话语权和主动权的人物。古罗马诗人维吉尔的史诗《埃涅阿斯纪》最后 30 余行描写了主人公埃涅阿斯在盛怒之下，不顾图尔努斯的祈求将其杀死的故事，高峰枫[93]围绕这一故事及其在学界的批评问题展开，并讨论了西方学界对“埃涅阿斯的愤怒”这一话题的论争史。

六、亚非拉国家文学研究

1. 日本文学

2017 年日裔英国小说家石黑一雄获诺贝尔文学奖，近年来国内学者对于石黑一雄的研究热潮仍在持续。王娅姝[94]讨论石黑一雄叙述手法中的隐微倾向，认为石黑一雄语言上的闪烁使故事具备“多层次书写”的修辞关系，进而生成多重的阅读位置。李丹玲[95]从作品外部展开特殊视角的研究，即关于石黑一雄的“声誉经济”研究，认为诸如石黑一雄、麦克尤恩等当代知名作家的作品既收获了良好的经济效益，又兼具高水平艺术价值。高华鑫[96]针对大江健三郎 1960 年安保运动期间访问中国的旅行展开深入研究，提出对此时的大江而言，安保斗争为他提供了介入现实的契机，中国则成为他反观日本的透镜，他借此对安保运动做出定位，以第三世界为参考系来构想日本的未来。解璞[97]分析夏目漱石的两部作品《木屑录》和《伦敦消息》，认为在《木屑录》中，夏目漱石笔下的面孔是他在与好友交流中创造出的新的自我形象；而在《伦敦消息》里漱石更关注外国人这面“他者之镜”。

在当代日本文学研究动态方面，王志松[98]对 2019 年度日本文学研究展开了综述，梳理 2019 年度国内学者在日本古代文学研究、对中国文学的接受研究、在日本汉文学研究、日本近代文学、女性主义议题、中日比较文学等诸多方面的研究成果。卢茂君[99]对近年来国家社科基金资助的 200 余项日本文学项目展开分析，指出得益于国家资助，中国的日本文学研究体系趋于完善，但仍存在着一些不平衡的问题。

2. 朝鲜文学研究以古典文学和中朝比较为主

郭丹阳[100]讨论朝鲜古代民间故事中的女性形象问题，认为民间故事反映了不同阶层意识差异，以及女性渴望获得社会认同等内容。何永波[101]探讨高丽朝后期汉文学家李齐贤的汉诗作品，认为其诗词中涉及大量中国民俗元素，反映诗人对中国文化的接纳和热爱。琴知雅[102]认为，朝鲜文人申纬的创作与中国清代诗人袁枚有着诗学上的关联性，申纬受袁枚影响，追求个性和独创性、支持女性文艺活动，试图将对袁枚的理解融入朝鲜民族语境中。漆永祥[103]认为，朝鲜古代文学家金堉受庾信《哀江南赋》启发，创作了同名《哀江南赋》，作者分析中国古典名篇流传到朝鲜半岛后，经过跨文化的再阐释和再生产，呈现出新的意义空间。

3. 印度文学

2020 年北京学者对印度文学的研究涵盖了古代和当代的时间跨度。池明宙[104] 指出在印度古代文学史上，“女神为妻”婚姻模式的形成有漫长的发展演变历史，该模式成为梵语古典文学中一大写作程式。张忞煜[105] 评述印度学者瓦苏塔·达尔米亚的专著《虚构亦历史：现代北印度的长篇小说与城市》，认为该书通过小说研究赋予了历史研究更加丰富多样的文化语境，对印地语文学的现代性和现代主义的含义提出新的见解。曾琼[106] 分析近年印度官方主导的主要文学奖项获奖作品，认为在很大程度上影射了特定政治社会和文化背景下印度文化政策导向和执政思想。

4. 亚洲其他国家文学

任宏智[107] 分析了伊拉克作家艾哈迈德·萨达维的《巴格达的弗兰肯斯坦》，指出这部小说通过对战争和暴力的批判，对个体生命创伤可言说性的探寻，试图建构不同话语声音和文化背景混杂共融的交流空间。魏然[108] 关注菲律宾文学，指出在 19、20 世纪之交，黎萨尔的小说、诗歌和政论，均可看作菲律宾启蒙派的思想试验场，展现启蒙派精英如何借重德、法东方学的研究成果，发明出一套旨在削弱西班牙殖民基础的符号化的策略性东方主义。

5. 拉美文学

拉美文学研究有较为明显的政治和现实关切。近年来，#MeToo 运动在全球引起广泛关注，但在拉丁美洲影响最大的是一场名为“一个都不能少”的运动，楼宇[109] 认为，在这场席卷拉美的维护女性权益的浪潮中，作家以文言说，用文学的诗意勇敢地向针对女性的暴力说“不”，而关于性侵犯、家庭暴力、针对女性的谋杀事件的关注与讨论成为近期拉美文学创作的重要题材。樊星[110] 回顾 2019 年巴西文坛的动态，指出在文学类型上严肃文学与通俗文学的区分愈发模糊。许多严肃作家不再追求“曲高和寡”的创作特色，而是更加贴近读者的写作，一些原本偏重市场的类型文学则开始有意融入社会议题。此外，文学对现实的观照也更加受到重视，非虚构文学的地位得到提高。

范晔[111] 以两位哥伦比亚作家的代表作（加西亚·马尔克斯的《百年孤独》和费尔南多·巴列霍的《杀手圣母》）为个案，考察二者如何套用、戏仿和颠覆“直线”与“环形”的朝圣范式，建构纸上的（反）朝圣之旅。孟夏韵[112] 从神话生态角度解析墨西哥作家荷马·阿里德希斯的神话生态小说，认为作家通过神话方式喻示世界未来的选择和出路，对墨西哥当下的自然环境破坏、社会政府腐败、人类精神异化等诸多问题进行探索和批判。郑楠[113] 分析古巴文学家卡彭铁尔的写作特点，认为小说中的城市常量一方面是文化互化的果实，另一方面反映了多民族古巴国民身份和克里奥耳民族性。

6. 非洲文学

2020 年度非洲文学所受关注度仍然不高。宋志明对尼日利亚作家沃莱·索因卡的小说《反常的季节》[114] 展开分析，认为这部左翼小说表明马克思主义意识形态和共产主义曾经是非洲社会道路的选项之一。宋志明又聚焦索因卡创作的“权力戏剧”[115]，认为这些作品以“含泪的笑声”的讽刺艺术，批判非洲独裁者对权力的滥用。宋志明[116] 注意到索因卡和杰弗里·亨特的论争，认为独立后的非洲世界存在着两种写作模式，一种倡导回归非洲原始传统的“神话直觉”式写作，另一种深受马克思主义影响的文学则饱含现实关切，两种写作模式在文学的政治承诺、文学自由主义和大众化等问题上存在着根本分歧。

注：

[1]田俊武：《〈在亚瑟王朝廷里的康涅狄克州美国人〉：时空穿越、历史架构与资本主义民主科技批判》，《国外文学》，2020 年第 3 期。

[2]陈雷：《一个新英格兰人在罗马：〈牧神雕像〉中两种宗教文化的碰撞》，《外国文学评论》，2020 年第 2 期。

[3]于雷：《催眠、电报、秘密写作：坡与新媒介》，《外国文学评论》，2020 年第 3 期。

[4]张科：《经典的沉浮——麦尔维尔在英美》，《外国文学》，2020 年第 3 期。

[5]吴娟：《纳博科夫小说〈绝望〉的双层记忆系统建构研究》，《外国文学研究》，2020 年第 6 期。

[6]谢雅卿：《超越封闭的自我主体——雷蒙德·卡佛短篇小说〈大教堂〉的叙事进程》，《解放军外国语学院学报》，2020 第 2 期。

[7]于洋：《从“怪怖者”到“自动机”：对〈摸彩〉的精神分析解读》，《外国文学》，2020 年第 2 期。

[8]田霞：《菲利普·罗斯“凯普什系列”小说中的欲望叙事》，《国外文学》，2020 年第 4 期。

[9]胡俊：《裘帕·拉希莉〈同名人〉中的操演之

家》，《外国文学研究》，2020 年第 4 期。

[10]杨卫东：《“做自己，还是不做自己”——奥齐克作品中的反偶像崇拜》，《外国文学动态研究》，2020 年第 2 期。

[11]李娜，田俊武：《论奥古斯特·威尔逊〈钢琴课〉中的鬼魂形象与黑人精神生态》，《解放军外国语学院学报》，2020 年第 4 期。

[12]沈非：《〈白噪音〉中的大学教育与知识生产》，《外国文学》，2020 年第 2 期。

[13]李思：《论德里罗〈人体艺术家〉中的身体书写》，《外国文学》，2020 年第 2 期。

[14]李晋：《作为“生命有机体”的文学创作与文学批评——〈地毯里的图案〉中叙述者的“聪明”》，《国外文学》，2020 年第 1 期。

[15]李晋：《叙事权威的建构——亨利·詹姆斯的〈天鹅绒手套〉与伊迪丝·华顿的〈天鹅绒耳套〉比较研究》，《外国文学研究》，2020 年第 1 期。

[16]杨惠芬：《沉默的交响：生命的悲感与悖论》，《文艺报》，2020 年 10 月 16 日。

[17]范思平：《神话、记忆与感受》，《中国艺术报》，2020 年 10 月 12 日。

[18]逯璐：《元戏剧视角下的〈马尔菲公爵夫人〉》，《外国文学》，2020 年第 1 期。

[19]徐嘉：《莎剧〈皆大欢喜〉的三重譬喻》，《国外文学》，2020 年第 2 期。

[20]胡振明：《〈格列佛游记〉——18 世纪英国讽刺与社会想象》，《复旦外国语言文学论丛》，2020 年第 1 期。

[21]胡玉明：《园林的政治——〈序曲〉中的中国园林插曲》，《国外文学》，2020 年第 4 期。

[22]黄淳：《秘术与理性——〈吉普赛学者〉的隐藏情节和隐藏主题》，国外文学，2020 年第 2 期。

[23]牟童：《从〈简·爱〉看维多利亚时代“健康的身体”》，《外国文学》，2020 年第 4 期。

[24]陈丽：《现代性的性别空间：空间视角下伍尔夫研究新著述评》，《外国文学》，2020 年第 4 期。

[25]许小凡：《“收缩是美德”？——由 T. S. 艾略特的晚期风格思考晚期现代主义》，《外国文学》，2020 年第 3 期。

[26]陈璟霞：《“绿色的英格兰”与风景画：风景和艺术的国家建构功能》，《外国文学》，2020 年第 1 期。

[27]萧莎：《暴力历史与文化叙述：2019 年英国文论研究回顾》，《外国文学动态研究》，2020 年第 5 期。

[28]高瑾：《语言功能与美学理论：朱光潜对罗斯金的误读》，《文学评论》，2020 年第 6 期。

[29]陈辉：《罗斯金的寓言之辩：以斯宾塞的“七罪”为例》，《外国文学》，2020 年第 6 期。

[30]乔修峰：《作为“远方”的风景：罗斯金与湖区铁路》，《外国文学评论》，2020 年第 3 期。

[31]傅浩：《预示重生的毁灭之象：〈再度降临〉解》，《外国文学》，2020 年第 6 期。

[32]陈红薇：《〈阿伦群岛〉：一个人类学诗学文本》，《国外文学》，2020 年第 4 期。

[33]陈丽：《新秀辈出，美美与共——2019 年爱尔兰文学回顾》，《外国文学动态研究》，2020 年第 4 期。

[34]周铭：《“反对腐败的呼喊”——论凯瑟琳·曼斯菲尔德作品中的“社会戏剧”》，《外国文学》，2020 年第 1 期。

[35]章文：《为成人而作的贝洛童话》，《国外文学》，2020 年第 1 期。

[36]王菁：《现实与回忆：〈从巴黎到耶路撒冷〉中的历史书写》，《外国文学》，2020 年第 5 期。

[37]刘晖：《文学社会学烛照下的巴尔扎克与〈人间喜剧〉——读恩格斯的巴尔扎克论》，《外国文学动态研究》，2020 年第 5 期。

[38]赵丹霞：《写作，终归是一件与人为善的事情——2019 年法国小说创作回顾》，《外国文学动态研究》，2020 年第 4 期。

[39]孙婷婷：《比利时法语文学中的“玄怪”倾向》，《外国文学动态研究》，2020 年第 6 期。

[40]于晓杰：《〈布吕赫的幽灵〉中的象征主义解析》，《法语国家与地区研究》，2020 年第 2 期。

[41]侯楠：《托马斯·欧文奇幻小说〈15. 12. 38〉中的空间》，《法语国家与地区研究》，2020 年第 1 期。

[42]苑宁：《菲利普·雅格泰的〈具象缺席的风景〉中的地中海空间》，《法语国家与地区研究》，2020 年第 1 期。

[43]彭晖：《论兰波对乌·塔姆西诗歌的影响》，《法语国家与地区研究》，2020 年第 4 期。

[44]史良：《虚构游戏中体验“真实的现实”——试论彼得·汉德克早期创作美学与真理观》，《同济大学学报》（社会科学版），2020 年第 2 期。

[45]李明明：《声音之戏——对彼得·汉德克〈呼救〉一剧的文本与剧场解读》，《同济大学学报》(社会科学版)，2020 年第 2 期。

[46]徐建华：《汉德克〈守门员面对罚点球时的焦虑〉中的语言批判主题》，《外国语文》，2020 年第 6 期。

[47]任卫东：《日常生活中的自我意识与坚守——彼得·汉德克的新主体性小说》，《同济大学学报》(社会科学版)，2020 年第 2 期。

[48]丁君君：《真实感知与神秘经验——论汉德克小说〈真实感知的时刻〉中的个体感知》，《外国文学》，2020 年第 4 期。

[49]李睿：《汉德克与老庄哲学——试析彼得·汉德克萨尔茨堡创作期作品中的道家哲学影响》，《外国文学动态研究》，2020 年第 2 期。

[50]刘冬瑶：《重复的多意性——论汉德克小说〈去往第九王国〉》，《外国语文》，2020 年第 6 期。

[51]王炳钧：《〈少年维特之烦恼〉中的媒介问题》，《外国文学研究》，2020 年第 5 期。

[52]谷裕：《歌德的欧洲及近代史思考——〈浮士德〉中的海盗、海洋自由与欧洲新秩序》，《外国文学评论》，2020 年第 1 期。

[53]史敏岳：《从学者讽刺传统到科学伦理危机——试析歌德〈浮士德〉中的瓦格纳形象》，《广东外语外贸大学学报》，2020 年第 3 期。

[54]邓深：《指涉现实、反思自身、诉诸道德——从维兰德小说〈金镜〉中的〈自然之子故事〉看 18 世纪下半叶的德语启蒙乌托邦文学》，《国外文学》，2020 年第 3 期。

[55]刘冬瑶：《重新定义健康——论尼采身体哲学中的疾病问题》，《外国文学》，2020 年第 1 期。

[56]孙纯：《主权暴力与赤裸生命：论本雅明的〈暴力批判〉》，《德语人文研究》，2020 年第 2 期。

[57]史良：《文学模仿论》，《德语人文研究》，2020 年第 1 期。

[58]周濛濛：《文化学关键词：日常》，《德语人文研究》，2020 年第 2 期。

[59]贾涵斐：《划向日常的闪电——论里尔克诗中的艺人呈现》，《德语人文研究》，2020 年第 2 期。

[60]徐建华：《孤独者的耻感：聚斯金德〈鸽子〉中的日常生活和感知》，《德语人文研究》，2020 年第 2 期。

[61]张舶航：《日常的逃逸——穆齐尔小说〈格里吉亚〉中的"另外状态"》，《德语人文研究》，2020 年第 1 期。

[62]何宁：《论争之年与"女性叙述的伟大时刻"——2019 年德语文学回顾》，《外国文学动态研究》，2020 年第 4 期。

[63]徐畅：《在历史中寻找历史本身——评基泽尔〈1918—1933 年德语文学史〉》，《外国文学》，2020 年第 6 期。

[64]成梦丹：《女性与服装——以埃尔弗里德·耶利内克〈杰基〉为例》，《德语人文研究》，2020 年第 2 期。

[65]张晓静：《诗与画——论安塞尔姆·基弗对巴赫曼与策兰诗歌作品的视觉重构》，《外国文学动态研究》，2020 年第 3 期。

[66]金美玲：《论艾特玛托夫的"星球思维"》，《俄罗斯文艺》，2020 年第 1 期。

[67]余丹：《论艾特玛托夫〈崩塌的山岳〉中的系统性生态思想》，《俄罗斯文艺》，2020 年第 1 期。

[68]余丹：《论艾特玛托夫小说的乌托邦与反乌托邦叙事》，《外国文学研究》，2020 年第 1 期。

[69]王晓宇：《灵魂与记忆——普拉东诺夫与艾特玛托夫小说中的中亚书写》，《外国文学研究》，2020 年第 5 期。

[70]梁坤：《俄蒙树木崇拜的多神教和萨满教渊源》，《外国文学研究》，2020 年第 1 期。

[71]于明清：《20 世纪俄语生态文学的三维构成》，《俄罗斯文艺》，2020 年第 1 期。

[72]郭靖媛，凌建侯：《"整体诗学"的特点及其学术贡献——论中国巴赫金研究的新成就》，《俄罗斯文艺》，2020 年第 4 期。

[73]万海松：《论巴赫金个性化的文学史观及其特点——以巴赫金〈俄国文学史讲座笔记〉为中心》，《外国文学动态研究》，2020 年第 6 期。

[74]文导微：《幽暗的西林——管窥中国纳博科夫翻译与研究领域的一点偏颇》，《俄罗斯文艺》，2020 年第 1 期。

[75]张建华：《我国的俄罗斯文学批评需要重建形式诗学——跟着纳博科夫读俄罗斯文学》，《外国文学》，2020 年第 4 期

[76]孔霞蔚：《回到神话，追问现实——2019 年度俄罗斯文学概观》，《外国文学动态研究》，2020 年第 4 期。

[77]张猛：《"真实的尺度"：近年来俄罗斯文学

创作的“非虚构”倾向》,《外国文学动态研究》,2020年第6期。

[78]孔俐颖:《在文学中构建人类命运共同体——试析维诺库罗夫小说〈黑龙之子〉》,《外国文学动态研究》,2020年第3期。

[79]侯玮红:《新现代主义——新世纪俄罗斯文学批评中的新概念》,《外国文学动态研究》,2020年第5期。

[80]徐乐:《契诃夫〈寄自西伯利亚〉:将西伯利亚“写入”俄罗斯》,《外国文学评论》,2020年第2期。

[81]李正荣:《论“复活”作为列夫·托尔斯泰的生死修辞》,《俄罗斯文艺》,2020年第4期。

[82]陈绮:《幸存者的写作——2019年意大利文学综论》,《外国文学动态研究》,2020年第4期。

[83]杨玲:《历史的轮回:2019年西班牙语文学概述》,《外国文学动态研究》,2020年第4期。

[84]蔡潇洁:《文学与哲学的交会——奥尔特加-加塞特〈堂吉诃德〉沉思录的文体问题》,《外国文学》,2020年2期。

[85]王渊:《海止于此,陆始于斯——论安图内斯对卡蒙斯的颠覆性重写与葡萄牙远航史观的重塑》,《外国文学动态研究》,2020年第6期。

[86]高兴:《故事背后,或者溢出的意义——浅谈托卡尔丘克》,《外国文学动态研究》,2020年第2期。

[87]邹卓凡:《契诃夫戏剧与易卜生戏剧比较研究》,《戏剧》(中央戏剧学院学报),2020年第5期。

[88]王遥:《〈皇帝与加利利人〉中的历史人物原型回溯》,《外国文学研究》,2020年第3期。

[89]颜荻:《欧里庇得斯的狄奥尼索斯——〈酒神的伴侣〉对“酒神入侵希腊”事件的文学解释》,《国外文学》,2020年第2期。

[90]彭磊:《赫拉克勒斯的选择——故事、图像及伦理》,《国外文学》,2020年第4期。

[91]刘淳:《从潘多拉的“盒子”到“游走”的子宫——古希腊人观念中的女性身体》,《国外文学》,2020年第4期。

[92]李会芹:《从性别话语权解读贺拉斯〈颂诗集〉诗四首》,《国外文学》,2020年第2期。

[93]高峰枫:《埃涅阿斯的暴怒》,《外国文学》,2020年第6期。

[94]王娅姝:《隐微、间性与世界主义——石黑一雄创作分析》,《文艺争鸣》,2020年第2期。

[95]李丹玲:《石黑一雄早期作品的声誉经济》,《外国文学》,2020年第1期。

[96]高华鑫:《1960年安保运动与大江健三郎的中国之行》,《外国文学评论》,2020年第2期。

[97]解璞:《夏目漱石初期作品中的面孔与镜子——以〈木屑录〉与〈伦敦消息〉为中心》,《国外文学》,2020年第2期。

[98]王志松:《2019年日本文学研究综述》,《日本学刊》,2020年第1期。

[99]卢茂君:《国家社会科学基金日本文学研究项目析论》,《日语学习与研究》,2020年第3期。

[100]郭丹阳:《朝鲜古代民间故事女性形象蕴含的社会文化属性及意义》,《文艺争鸣》,2020年第5期。

[101]何永波:《试析李齐贤诗词创作对中国民俗文化的接受与传播》,《东疆学刊》,2020年第3期。

[102]琴知雅:《朝鲜朝后期文人申纬的袁枚诗学接受研究》,《东疆学刊》,2020年第1期。

[103]漆永祥:《朝鲜朝使臣金堉〈哀江南赋〉探析》,《东疆学刊》,2020年第4期。

[104]池明宙:《印度古代文学中“女神为妻”婚姻模式嬗变研究》,《外国文学研究》,2020年第1期。

[105]张忞煜:《文学与历史的“互为语境”——达尔米亚〈虚构亦历史:现代北印度的长篇小说与城市〉评述》,《外国文学》,2020年第1期。

[106]曾琼:《近年印度主要文学奖项对印度国家形象的塑造》,《兰州大学学报》(社会科学版),2020年第6期。

[107]任宏智:《伊拉克战争悼歌的回响——评艾哈迈德·萨达维〈巴格达的弗兰肯斯坦〉》,《广东外语外贸大学学报》,2020年第1期。

[108]魏然:《“他加禄的哈姆雷特”的抉择:何塞·黎萨尔的去殖民与亚洲问题》,《外国文学评论》,2020年第1期。

[109]楼宇:《“一个都不能少”:拉美文学向针对女性的暴力说不》,《外国文学动态研究》,2020年第2期。

[110]樊星:《危机之下,文学何为?——2019年巴西文坛反思》,《外国文学动态研究》,2020年第4期。

[111]范晔：《从"应许之地"到"末日之城"——哥伦比亚当代文学中的两种"朝圣"故事变体》，《国外文学》，2020 年第 3 期。

[112]孟夏韵：《荷马·阿里德希斯神话生态小说解析》，《解放军外国语学院学报》，2020 年第 2 期。

[113]郑楠：《文化互化与美洲巴洛克：阿莱霍·卡彭铁尔〈柱之城〉中的城市常量与日常革命》，《外国文学评论》，2020 年第 4 期。

[114]宋志明：《索因卡〈反常的季节〉中的社会政治想象》，《外国文学研究》，2020 年第 4 期。

[115]宋志明：《权力和暴政的历史展演——索因卡"权力戏剧"评析》，《戏剧艺术》，2020 年第 2 期。

[116]宋志明：《非洲的"两种美学"——马克思主义在非洲文学中的一次论争》，《清华大学学报》（哲学社会科学版），2020 年第 2 期。

（北京市文艺学会供稿；执笔人：张洪亮）

新闻传播学

2020 年新冠肺炎疫情的全球蔓延与智能技术的快速迭代，使新闻传播学研究面临自然与技术的复杂现实与多维挑战，呈现出浓厚的反思与批判色彩，似乎已经进入了一个新的"否思"（Unthinking）阶段。[1] 2020 年的新闻传播学研究，在既有成就与问题的基础上，不断实现研究问题的聚焦，研究范式的转换，研究方法的精细，研究成果的创新，涌现出一批严谨扎实的理论与经验研究。

一、马克思主义新闻观与列宁新闻思想研究

马克思主义新闻观的研究注重立足原始经典资料，系统地发掘马克思在《新莱茵报》的办报实践，反思新的社会语境中的新闻观念。自 2018 年始的《新莱茵报》中文版的编译工作一直备受关注和期待。原版报纸是马克思办报的原始史料和基础文本。但由于语言、字体与翻译等障碍，中国现有关于《新莱茵报》的研究只能依据少量译文和其他二手材料，缺乏学理性和系统性。[2] 《新莱茵报》中文版的编译，对中国学界与业界的政治意义和学术意义不言而喻。[3]

有研究基于新闻时效视角，以全套原版《新莱茵报》为基础，考察马克思、恩格斯 1848—1849 年办报活动各方面新旧史料。发现《新莱茵报》的报道已经以"天/时"为时间单位，紧急新闻以"时/分"为时间单位，具有强烈的新闻时效意识与高效精干的工作秩序。[4] 有文章以唯物史观深入社会历史语境与思想脉络，对马克思的第一篇政论文《评普鲁士最近的书报检查令》进行"再解读"。[5] 这些研究对理解马克思主义新闻观与观照当下新闻实践具有重要的学术价值。

2020 年是列宁 150 周年诞辰，这一重要的时间节点为列宁办报活动与新闻思想研究提供非常重要的时间契机。十月革命前，中国人在关注俄国革命过程中"初识"列宁，为列宁主义在华初步传播奠定了舆论基础。[6] 在马克思主义新闻观的发展历程中，列宁是承上启下的重要人物之一，其新闻思想有显著特色，在与新闻有关的许多重要问题上都有富于创新性的见解。[7] 列宁新闻思想对于把握党的新闻事业的性质定位、坚持党性原则的新闻事业根本原则、坚持依靠群众办报的光荣传统、认清资产阶级新闻自由的阶级实质，以及建设社会主义新闻事业具有重要的现实意义。[8]

二、新闻学研究：观念、实践与范式转换

新冠肺炎疫情的全球传播，成为检验与反思新闻业的一个重要事件契机。2019 年底—2020 年 2 月，中国"新冠肺炎"事件传播中 20 个新闻热点事件大多由自媒体推动进入公众视野。多元主体介入新闻场域后，新闻边界日益模糊，新闻成为多元主体协作竞争的产物。[9] 数字媒体的兴起使用户得以绕开机构媒体自主发布"新闻"。在数字媒体环境下，私人的人际交流公共化，公共事件则有了用户个人书写版本。[10]

新闻真实与信任依然是学界讨论的核心话题。社交媒体时代受众的主体性地位逐渐突显，新闻真实性可以理解为一种"信任性真实"，即受众所相信的真实。"可视化"及"交朋友"策略是社交媒体时代形塑传授之间"人际信任"的重要路径。[11] 与信任相关的是透明性，在实践中，"是否应该透明"不是问题，"多大程度上透明"则是一个问题。有研究提出

适度透明的概念，分析了“适度”透明的4个标准：可信度标准、偏见标准、公共利益和最小伤害标准、用户体验标准。[12]

在新闻业发生剧烈变化的当下，各类新闻行动主体进行的多种多样的新闻创新实践已引起国内外新闻学者的普遍重视，形成一个颇为活跃但理论化程度尚显不足的研究领域。在此背景下，有研究者在近年来诸多新闻创新研究成果的基础上，试图理论化“新闻创新”这一概念。[13] 有文章结合澎湃新闻这一案例，探讨了新闻组织如何理解并在“转型”中部署时间上的创新。[14] 此类研究为“新闻创新”实践的理论化做出突破性贡献。

新闻学诞生于职业语境之中，并形成职业研究范式。信息技术引发了新闻领域的互联网革命，新闻生产活动逐渐从职业范式向社会范式转换。社会范式以网络化、关系化为基本视野，将新闻活动放置在人和社会等更为根本的层面进行审视，实现其价值关怀层面的“去职业化”。[15] 针对新闻业的“去职业化”，有学者对用户在其中的功能、地位变迁，以及以用户为中心的新闻生产传播主要环节的变革进行梳理，提出开启“用户新闻学”研究，旨在新传播格局下为新闻学开启另一扇门。[16]

三、传播学研究：疫情、病毒与物质性

新冠肺炎疫情所涉及或引发的一系列风险命题，已经逐渐溢出现代性诠释框架，也超越了传统的制度主义理论范畴，这促使我们重新反思和理解后新冠肺炎疫情时代的“新风险社会”。[17] 健康议题的不确定性不仅容易引发公众的焦虑、恐慌等负面情绪，还会导致不必要的过度反应。媒介关注可以直接强化公众感知疫情风险的不确定性；担忧情绪正向调节了媒介关注与风险感知、不确定性感知之间的关系。[18]

事实上，媒体注意力并不遵循流行病学的发展逻辑，而是时常受到关键事件的驱动和牵引，而每日新增病例数的变化则会引起公众注意力的波动。[19] 疫情暴露的全球健康不平等问题，引发学界开始反思由专家主导的健康传播项目的有效性和霸权支配问题。“文化中心路径”（CCA）从另类视角出发，生成了在边缘群体中进行健康传播研究的理论和实践方法，能够拓宽国内健康传播研究的发展方向。[20]

在最近一二十年，物质性（Materiality）研究成为多个人文学科与社会科学的重要研究领域。[21] 信息技术的发展使传播研究过于关注虚拟层面的媒介传输，却忽视了背后物理性的基础设施和政治经济景观。有文章以平台经济下的外卖送餐员及其电动车的使用为例，来论证媒介在何种程度上可以成为一种研究方法并展现传播的物质性特征。[22] 有学者从网页这一个案出发，探讨物质隐喻如何影响了数字时代我们对超文本文档的理解，借以深入反思作为数字物质性的物质隐喻与人类身体姿态（Gesture）的关系。[23]

计算科学的发展引发传播学的计算转向。在大数据的时代背景下，传播学、计算科学、网络科学等学科领域交叉孕育了一个新兴的研究取向或范式——“计算传播学”。[24] 计算传播学还处于起步阶段，面临研究理论、方法和实践等层面的发展困境。[25] 应以传播网络分析、传播文本挖掘、数据科学等为主要分析工具，大规模地收集并分析人类传播行为数据，挖掘人类传播行为背后的模式和法则，分析模式背后的生成机制与基本原理。[26]

四、新闻史研究：新史料、新视角与新范式

对于中国报刊史的研究传统，有研究者认为，中国报刊史的书写先后有两条路径，各有偏狭，一是革命史或政治史范式；二是“以新闻为本位”的主流叙事。该研究旨在开辟出以媒介之“通”为形态的第三条道路，即从人类学入手，考察作为一种生产力的报刊如何中介了人类的生存与交往，而新报刊史书写的就是“报刊使人与人、人与物、人与社会相遇、碰撞、改变和构成的关系形态史”。[27]

有学者考察“邮发合一”在上海逐渐确立的过程。发现邮政发行运作的诸种环节，使得围绕报纸发行的诸种关系——读者、报纸、邮局组织、国家权力等，持续性地以特定的方式连接和编织起来，从而提供着“全党办报”的物质设施和条件，以实现党报的功能和目标。[28] 另有学者研究大革命时期党的报刊发行网络，指出中央机关报发行网络将党报融入基层社会的学校、群众团体等制度化机构，促进党报与群众运动的连接，发挥党报的动员效力。[29]

清末民初，西学东渐，社会启蒙成为不少近代政治精英眼中的变革要务。[30] 近代以降，“缺乏常识”长期被视为国人通病。清廷立宪派在教育规划、书报出版等传播实践中实施了一场轰轰烈烈的输入常识行动，将“缺乏常识”化为一项制度性现实，为彼时各类启蒙实践奠定了知识论基础。[31] 有学者从《时局全图》开始，研究清末报刊漫画，指出民初报刊用漫画作为照见社会现实的“灯和镜”，实现了图像的“高调启蒙”，构成了中国视觉现代性的独特轨迹。[32]

基于认识论的准确性要求，传播的基本隐喻是视觉。新闻/媒介史的书写一直是以视觉/眼睛作为预设性的、不言自明的前提框架，这种书写方式会带来历史的遮蔽。有学者提出声音研究的可能路径来观察“听觉/声音”与社会的相互构成，试图打开媒介史的新视角。[33]“唱新闻”源于南宋临安的“说朝报”传统。从传播的视角审视，“唱新闻”不仅是民间曲艺，更是一种民间社会传统的“新闻”传播活动，具有较强的信息传播、政治讽喻和社会教化功能。[34]

五、视听传播研究：视觉、语言与社会治理

作为一种流行于互联网上的新型视听媒介，短视频的崛起在媒介史上具有革命性的意义，短视频媒介是“后文字时代”的一种平民媒介，它唤醒和激发了普通人的传播本能，促成了福柯所言的“无名者”的历史性出场。[35]以抖音为代表的短视频平台用算法将人与内容连接在一起，以独特的技术架构和内容呈现方式，为社会生活引入了新的可供性。[36]在融媒体时代，短视频新闻成为媒体新闻生产转型的重要途径。[37]

在视听内容呈现方面，从设备、空间、时间乃至行为，竖视频的观看方式正在成为主流。竖屏影像语言，是技术变革带来的视听语言发展与规范重构。视听语言的变化背后，蕴含着深层的技术力量与社会驱动。[38]网络直播中粉丝刷礼物作为一种新型虚拟礼物交换行为。从媒介人类学的意义看，这种互动性回赠在一定程度上弥补了人在现实社会中私密关系的不足，成为重构现代社会中陌生人关系的一种方式。[39]

互联网催生的视听新技术之外，由中央推动的县级融媒体中心战略，既是中国媒体融合工程的有机组成部分，更是国家治理体系和治理能力现代化建设在县域的重要一环。有学者从国家治理理论出发，引入“央地关系”的维度，研究了县级融媒体中心作为“县域治理技术装置”的添置过程。[40]从中国大陆的媒介制度史角度看，以广电为主要班底的县级融媒体建设可视作1983年“四级办台”体制确立以来，党和国家又一次针对县级媒体制度的顶层设计和全国性实践。[41]

六、传媒经济研究：广告、商业与数字经济

数字经济是继农业经济、工业经济之后的新经济形态。有研究通过对数字经济概念的变迁、定义的梳理、统计测算方法的比较和确认，来探讨数字经济更科学更合理的定义和测算方法。[42]有文章则以我国投入产出表为依据，分析中国传媒产业与其相关产业的关联度，发现我国传媒业对其他产业具有较广泛的波及效应，而传媒产业在国民经济中的地位和影响整体呈下降趋势。[43]

人工智能技术驱动商业模式创新，有学者从价值平台网络探讨了传媒业的商业模式创新路径：传媒组织智能定制平台、智能生产平台、智能分发平台与开放式协同创新平台，旨在实现连接型的价值创造流程再造和传媒业商业模式创新。[44]在技术和市场结构性转型所触发的媒介制度变迁背景下，传媒类行业协会组织在平衡国家的媒介治理和行业利益的制度化表达之间张力的过程中，获得了新的功能定位和诠释空间。[45]

在媒介组织经营层面，并购行为、并购商誉能提升企业绩效水平，高管持股减弱了并购行为及并购商誉对企业绩效水平的提升作用。监管部门应在适当鼓励传媒企业并购的同时防范非要约收购、现金收购的风险。[46]随着社交媒体时代的到来，社交媒体广告作为新兴广告形式正重构整个业态。有研究借鉴社会学“理想类型”的思路，提炼出社交媒体广告持正面态度的“中间群体”和对社交媒体广告持负面态度的“边缘群体”两种态度群体类型。[47]

七、新媒体研究：新媒介、新技术与新劳动

技术对推动中国传媒业的变革具有基础性作用。媒体将成为最早受益于5G技术的产业之一，5G有潜力真正改变媒体内容的生产和分发方式，移动网络将成为主要的视频分发渠道。[48]结合大数据、云计算和人工智能等相关技术，5G将从传输到内容、服务，对传媒产业的整个生态带来巨大改变。[49]从2G到5G时代，在思想观念上实现从以“传者为中心”转向以“用户为中心”。[50]

移动互联网的发展，“永久在线、永久连接”成为当代受众的新生活方式，也挑战了传统的受众与效果研究范式。[51]数字革命迅疾深入社会生活的各个层面，深入人的身体，成为社会的DNA和神经。数字化生存正蜕变为数字化生命（Digital Being），进而关乎一个终极问题：何以为人。[52]技术承载着人的价值观念，目前传媒业算法工程师的算法伦理水平整体处于模糊状态，有必要以伦理规制来提升传媒业算法工程师的算法伦理水平，促使其主动承担算法伦理责任。[53]

在算法具体应用层面，新闻客户端是民众获取健康信息的主要渠道，但学界对算法推荐的健康信息所塑造的健康知识环境关注度较低。研究发现算法的相关性存在偏见，其塑造的可见性使公众遭遇双重威

胁。[54] 有学者分析了算法偏见产生的技术逻辑，并从保障用户信息选择权和知情权出发，提出了一系列基于信息权利的算法伦理原则，包括自主性原则、公正性原则、最优化原则和透明性原则。[55]

平台垄断与劳动控制成为过去一年备受学界、业界与政府关注的问题。基于算法管理的平台外卖劳动，具有“时间内嵌”“情感劳动”“游戏化管理”等特征。数字劳动者与平台算法所建构的人与技术的关系，突显了中国数字劳动技术政治与底层叙事、算法依附与自我赋权之间的张力角逐。有研究以亚马逊土耳其机器人为案例分析对象，探究其运作机制和内嵌其中的劳动控制问题。深入剖析平台劳动者劳动过程受到普遍且隐蔽的控制，以及众包平台中不对等权利关系。[56]

在短视频平台上从事创意劳动成为当今中国越发常见的新现象。研究发现短视频创意劳动增进了劳动者的福祉与获得感。[57] 有学者认为中国语境下数字劳工理论发展应跳脱单一剥削框架，重视数字劳动者主体性构建过程。[58] 要立足具体的社会语境，从过程性角度考察其劳动状况，要充分把握互联网平台劳动“场景”中人与技术、劳动者与平台、劳动与社会的多重关系，要注重从平台主体的权力与责任视角提出治理路径。

注：

[1]苏涛，彭兰：《技术与人文：疫情危机下的数字化生存否思——2020年新媒体研究述评》，《国际新闻界》，2021年1月。

[2]陈力丹，夏琪：《论〈新莱茵报〉的中文编译》，《新闻大学》，2020年11月。

[3]陈力丹，杜渐，华潘，夏琪，孙曌闻：《编译〈新莱茵报〉的意义及第4号报纸中文版译文》，《辽宁大学学报（哲学社会科学版）》，2020年4月。

[4]夏琪：《“时间只允许我们报道最重要的和最突出的事件”——论〈新莱茵报〉的新闻时效》，《新闻与传播研究》，2020年1月。

[5]徐梦菡，李彬：《马克思早期新闻思想及其时代性——〈评普鲁士最近的书报检查令〉再解读》，《国际新闻界》，2020年9月。

[6]邓绍根，丁丽琼：《列宁主义在华初步传播及中国共产党新闻事业兴起》，《国际新闻界》，2020年4月。

[7]丁柏铨：《论列宁新闻思想的特色、内涵及启迪意义》，《现代传播（中国传媒大学学报）》，2020年7月。

[8]郑保卫：《论列宁新闻思想的历史贡献及当代价值——写在列宁诞辰150周年之际》，《国际新闻界》，2020年4月。

[9]蔡雯，凌昱：《从“新冠肺炎”热点传播看新闻边界的颠覆与重构》，《新闻与传播研究》，2020年7月。

[10]刘鹏：《“全世界都在说”：新冠疫情中的用户新闻生产研究》，《国际新闻界》，2020年9月。

[11]李唯嘉：《如何实现“信任性真实”：社交媒体时代的新闻生产实践——基于对25位媒体从业者的访谈》，《国际新闻界》，2020年4月。

[12]张超：《“后台”前置：新闻透明性的兴起、争议及其“适度”标准》，《国际新闻界》，2020年8月。

[13]王辰瑶：《新闻创新研究：概念、路径、使命》，《新闻与传播研究》，2020年3月。

[14]周睿鸣：《锚定常规：“转型”与新闻创新的时间性》，《新闻记者》，2020年2月。

[15]杨保军，李泓江：《新闻学的范式转换：从职业性到社会性》，《新闻与传播研究》，2020年8月。

[16]刘鹏：《用户新闻学：新传播格局下新闻学开启的另一扇门》，《新闻与传播研究》，2019年2月。

[17]刘涛：《从生产逻辑到生成范式：后新冠疫情时代的风险文化及其批评转向》，《新闻界》，2020年6月。

[18]马超：《媒介接触对传染病疫情不确定性感知的影响——风险感知的中介作用与情绪反应的调节作用》，《新闻记者》，2020年10月。

[19]钟智锦，周金连：《新冠疫情中的媒体与公众注意力研究》，《新闻记者》，2020年10月。

[20]曹昂：《健康意义、另类视角与本土情境——“文化中心路径”对健康传播学的批判与重构》，《新闻与传播研究》，2020年7月。

[21]曾国华：《媒介与传播物质性研究：理论渊源、研究路径与分支领域》，《国际新闻界》，2020年11月。

[22]孙萍：《媒介作为一种研究方法：传播、物质性与数字劳动》，《国际新闻界》，2020年11月。

[23]章戈浩：《网页隐喻与处理超文本的姿态》，《国际新闻界》，2020年11月。

[24]塔娜：《"计算传播学"的发展路径：概念、数据及研究领域》，《新闻与写作》，2020 年 5 月。

[25]巢乃鹏，黄文森：《范式转型与科学意识：计算传播学的新思考》，《新闻与写作》，2020 年 5 月。

[26]张伦：《计算传播学范式对传播效果研究的机遇与挑战》，《新闻与写作》，2020 年 5 月。

[27]黄旦：《报纸和报馆：考察中国报刊历史的视野——以戈公振和梁启超为例》，《学术月刊》，2020 年 10 月。

[28]詹佳如：《"邮发合一"：报纸的上海新"路"》，《新闻与传播研究》，2020 年 11 月。

[29]张朋：《"人身上的血脉"：大革命时期中共党报发行网络》，《新闻与传播研究》，2020 年 4 月。

[30]《国际新闻界》新闻学年度课题组：《2020 年中国的新闻学研究》，《国际新闻界》2021 年 1 月。

[31]操瑞青：《塑造国民智识：近代报刊"缺乏常识"话语的形成》，《新闻与传播研究》，2020 年 4 月。

[32]李培：《主体呈现与醒世觉述：清末民初报刊漫画的视觉现代性》，《新闻与传播研究》，2020 年 6 月。

[33]周叶飞，闫霄霄：《洗耳恭听：媒介史书写中的"声音"问题》，《新闻记者》，2020 年 3 月。

[34] 李东晓：《"唱新闻"：一种地方说唱曲艺的传播社会学研究》，《新闻与传播研究》，2020 年 8 月。

[35]潘祥辉：《"无名者"的出场：短视频媒介的历史社会学考察》，《国际新闻界》，2020 年 6 月。

[36]陈秋心，胡泳：《抖音观看情境下的用户自我认识研究》，《新闻大学》，2020 年 5 月。

[37]李青青，水学智：《短视频新闻生产转型：动因、问题与路径》，《现代传播(中国传媒大学学报)》，2020 年 11 月。

[38]陈欣钢，任毅立：《视听语言的破与立：从传统影像到竖视频》，《新闻与写作》，2020 年 12 月。

[39]孙信茹，甘庆超：《"熟悉的陌生人"：网络直播中刷礼物与私密关系研究》，《新闻记者》，2020 年 5 月。

[40]曾培伦，毛天婵：《技术装置"多棱镜"：国家治理视阈下的县级融媒体中心建设研究——基于 71 篇县级融媒体中心挂牌新闻的分析》，《新闻记者》，2020 年 6 月。

[41] 周逵，黄典林：《从大喇叭、四级办台到县级融媒体中心——中国基层媒体制度建构的历史分析》，《新闻记者》，2020 年 6 月。

[42]崔保国，刘金河：《论数字经济的定义与测算——兼论数字经济与数字传媒的关系》，《现代传播(中国传媒大学学报)》，2020 年 4 月。

[43]丁和根：《我国传媒产业关联及其演化趋势分析——基于投入产出表的实证研究》，《新闻与传播研究》，2020 年 11 月。

[44]李凤萍：《价值共创与协同创新：基于智媒时代价值平台网络的商业模式创新研究》，《新闻大学》，2020 年 3 月。

[45]周逵，黄典林，董晨宇：《国家与市场之间的"调和人"：传媒转型与治理中行业协会的角色功能》，《新闻与传播研究》，2020 年 12 月。

[46]梅楠，戴超：《传媒企业并购行为及商誉对绩效的影响》，《现代传播(中国传媒大学学报)》，2020 年 6 月。

[47]林升栋，宣长春：《"中间群体"vs"边缘群体"：群体特征对社交媒体广告态度的影响》，《新闻大学》，2020 年 4 月。

[48]胡泳：《所到之处皆媒介——5G 对媒体产业的影响分析》，《新闻记者》，2020 年 7 月。

[49]刘珊，黄升民：《5G 时代中国传媒产业的解构与重构》，《现代传播(中国传媒大学学报)》，2020 年 5 月。

[50]李良荣，辛艳艳：《从 2G 到 5G：技术驱动下的中国传媒业变革》，《新闻大学》，2020 年 7 月。

[51]周葆华：《永久在线、永久连接：移动互联网时代的生活方式及其影响因素》，《新闻大学》，2020 年 3 月。

[52]彭增军：《从人文到技术：新闻的量化转身》，《新闻记者》，2020 年 5 月。

[53]袁帆，严三九：《模糊的算法伦理水平——基于传媒业 269 名算法工程师的实证研究》，《新闻大学》，2020 年 5 月。

[54]聂静虹，宋甲子：《泛化与偏见：算法推荐与健康知识环境的构建研究——以今日头条为例》，《新闻与传播研究》，2020 年 9 月。

[55] 林爱珺，刘运红：《智能新闻信息分发中的算法偏见与伦理规制》，《新闻大学》，2020 年 1 月。

[56]姚建华：《在线众包平台的运作机制和劳动控制研究——以亚马逊土耳其机器人为例》，《新闻

大学》，2020 年 7 月。

［57］何威，曹书乐，丁妮，冯应谦：《工作、福祉与获得感：短视频平台上的创意劳动者研究》，《新闻与传播研究》，2020 年 6 月。

［58］夏冰青：《数字劳工的概念、学派与主体性问题——西方数字劳工理论发展述评》，《新闻记者》，2020 年 8 月。

（中国人民大学郭庆光、胡宏超供稿）

年度推荐论文和著作

论 文

1.《阐释与自证——心理学视域下的阐释本质》，张江，《哲学研究》，2020 年第 10 期。

2.《生产工艺学批判：人工智能引发文化哲学范式终极转型》，刘方喜，《学术月刊》，2020 年第 8 期。

3.《正经注疏合刻早期进程蠡测——以题名更易和内容构成为中心》，顾永新，《文史》，2020 年第 2 辑。

4.《宋两浙东路茶盐司刻八行本〈周礼疏〉传本考——兼论董康影印、影刻〈周礼疏〉卷四十八“虚构宋本”问题》，张丽娟，《文史》，2020 年第 1 辑。

5.《中国古代文学“生命意识”的传统与现代——以李白诗文研究为中心的讨论》，詹福瑞，《文学遗产》，2020 年第 5 期。

6.《创作中的“戏里人生”和生命里的“山野生灵”——罗银贤创作论》，钱理群，《中国现代文学研究丛刊》，2020 年第 12 期。

7.《京津冀文脉的历史涵养与“大京派”文学的时代建构》，刘勇，《当代文坛》，2020 年第 12 期。

8.《七个译本，两种形象：王维诗在美国》，洪越，《文学评论》，2020 年第 1 期。

9.《语言功能与美学理论：朱光潜对罗斯金的误读》，高瑾，《文学评论》，2020 年第 6 期。

著 作

1.《文学与美学的深度与宽度》，高建平，商务印书馆，2020 年。

2.《什么是概念史》，方维规，生活·读书·新知三联书店，2020 年。

3.《古典文献学经典导读》，漆永祥主编，北京联合出版公司，2020 年。

4.《中国赋学文献考（上、下册）》，踪凡，齐鲁书社，2020 年。

5.《简帛文献字词研究》，王贵元，中国社会科学出版社，2020 年。

6.《〈红楼梦〉的艺术生命》，吴组缃，北京出版社，2020 年。

7.《日本古代文学发生学研究》，严绍璗，北京大学出版社，2020 年。

8.《当代外国文学纪事（法国卷）》，杨国政，北京大学出版社，2020 年。

9.《理想世界及其裂隙：华兹华斯叙事诗研究》，秦立彦，北京大学出版社，2020 年。

10.《空间》，陈丽，外语教学与研究出版社，2020 年。

历 史 学

摘 要

2020年，北京地区的历史学者共发表学术论文、出版著作1400余种，进行国内外考古发掘近30项，组织展览近60场，共获得国家、教育部及北京市社科基金各类项目立项近150项，重大项目10项。戴逸的《戴逸文集》、王子今的《秦始皇直道考察与研究》、徐蓝的《英美军事战略同盟关系的形成与发展1919—1945》等12种著作获北京市第十六届哲学社会科学优秀成果奖一等奖、二等奖，河南巩义河洛镇双槐树遗址考古项目获2020年度全国十大考古发现。2020年度研究在选题上有很大的改变，回应时代需要越来越受到学者的关注；整体性、贯通性研究越来越受到学者的青睐；历史学研究服务国家战略的意识越来越强烈。

一、“四史”研究成果卓著

2020年1月8日，习近平总书记在“不忘初心、牢记使命”主题教育总结大会上的讲话在北京地区历史学界引起热烈反响。多家高校及研究机构的历史学科召开“四史”教育专题学习会议，组织“四史”教育专题讲座或报告会，设立研究专项，加大“四史”研究力度。

与“四史”学习同步，中共党史研究成为热点。出版和发表的作品既有整体性研究的专著，也有细致考证的文章。谢春涛在《中国共产党为什么能?》中，回答了为什么中国共产党能取得辉煌成就，为什么能不断战胜困境等15个重大问题。金冲及在《中共一大代表究竟是多少人》中考证，“代表是12人，参加会议的有15人”，在学界产生重大影响。欧阳哲生借助档案材料，澄清了对五四运动诸多历史细节上的误解。张太原《从思想发现历史——重寻“五四”以后的中国》试图寻找历史发展的脉络。李颖《文献中的百年党史》则选取100个重大事件，串联起中共百年奋斗历程。在建党100周年即将到来之际，关于中共一大、古田会议及长征等重大问题的研究继续深化。欧阳淞探讨了建党原则，即“维护党中央权威和集中统一领导”。于化民研究了多党合作与民主新政问题。石仲泉分析了古田会议与党的建设。黄少群探讨了古田会议的精神。张永分析了1932年北方会议与中共华北建军尝试。严立贤指出第四次反“围剿”前共产国际执行委员会是主张防御并支持毛泽东的。黄跃红探讨了长征中的宣传工作。张皓详细考察了1937年7月日军是如何有计划有准备地发动全面侵华战争的。卢毅、罗平汉批驳党史研究中的历史虚无主义。宋月红、王爱云在《中华人民共和国史研究的理论与方法》中梳理了国史研究的发展史、理论和范畴等。

二、考古发掘与研究进展快速

9月28日，中共中央政治局举行第二十三次集体学习，专门讨论中国考古最新发现及其意义。习近平总书记强调，要高度重视考古工作，努力建设中国特色、中国风格、中国气派的考古学，更好认识源远流长、博大精深的中华文明，为弘扬中华优秀传统文化、增强文化自信提供坚强支撑。他还对做好考古和历史研究工作提出4点要求：一是要继续探索未知、揭示本源，二是要做好考古成果的挖掘、整理、阐释工作，三是要搞好历史文化遗产保护工作，四是要加强考古能力建设和学科建设。国家文物局、中国历史研究院、中国社会科学院考古研究所、北京大学历史系、北京师范大学历史学院、首都师范大学历史文化学院等召开学习习近平总书记考古讲话专题会议，探讨全面推进考古学建设。

2020年，北京地区的考古工作紧紧围绕“一轴一城、两园三带、一区一中心”重点任务，开展考古调查428项，完成考古勘探工作217项，勘探面积1619万平方米；开展考古发掘工作105项，发掘面积9.6万平方米，其中主持或联合发掘汉长安城北宫一号遗址、隋唐洛阳城宫城玄武门遗址、河南巩义河洛镇双槐树遗址、辽上京皇城西山坡寺院遗址、新疆吉仁台沟口遗址、宁波慈城东门村遗址、内蒙古锡林郭勒盟苏尼特右旗吉呼郎图匈奴墓群、江西高安上湖旧石器遗址、中埃卢克索孟图神庙联合考古等京外、境外项目20多项，在首都考古和文物保护工作实践中均取得了新进展。学者们共发表各类与考古、文博和文保等相关的学术论文800余篇、著作20种（含论文集等），召开会议、论坛及培训等12次。举办“铭记伟大胜利 捍卫和平正义——纪念中国人民志愿军抗美援朝出国作战70周年主题展览”等53项。其中王思渝、杭侃的《观看之外——十三场博物馆展览的反思与对话》是国内首部以博物馆展览评论为主题的著作；刘庆柱的《不断裂的文明史：对中国国家认同的五千年考古学解读》全景式展现中华五千年不断裂文明，以及不同时期、不同族属建立的不同王朝，对中华民族一致的国家认同；北京大学考古文博学院、郑州市文物考古研究院的《登封方家沟遗址发掘报告》为完善该地区文化序列和揭示人类行为特点提供了宝贵资料；朱凤瀚主编的《海昏简牍初论》是对2015年7月在南昌西汉废帝刘贺墓发现的5200余枚竹简和170余版木牍的初步整理及研究成果，对于研究儒家学说及其经典文本的传播、演变有极高的学术价值。

三、中国特色的史学体系建设稳步推进

中国特色的史学体系建设离不开马克思主义的理论指导，因此马克思主义中国化及其在史学中的应用是关注重点。2020年既是恩格斯200周年诞辰，又是列宁150周年诞辰，中央党史和文献研究院会同中央党校（国家行政学院）、教育部联合举办系列研讨会。会议对于进一步推进马克思主义中国化具有积极作用，也出现了一批学术成果。张越、汪高鑫、周少川、王东平、周文玖等对郭沫若、艾思奇、范文澜、白寿彝、刘大年等马克思主义学家的史学成就及对中国历史学科体系建设的贡献进行了深入研究。谢辉元探讨了20世纪20—30年代中国马克思主义史学撰述的诞生过程，以及进化史观对其诞生的重要影响，指出李大钊与郭沫若分别是进化史观史学向马克思主义史学转折起点和终点上的关键性人物；1927—1937年是中国马克思主义史学发展的关键时期。杨凤城、付吉佐以《历史研究》杂志为中心，考察了1949—1966年马克思主义史学三大发展阶段的轨迹，展示史学与政治间的关系。《史学理论研究》2020年第六期组织了有关“唯物史观与近代历史人物的评价”圆桌会议，张海鹏、耿云志、郑师渠、于沛等就民国人物评价坚持唯物史观等问题进行讨论。于沛指出，当马克思主义面对严峻挑战时，史学家们要自觉坚守以唯物史观为指导，发挥史家主体性和自觉性，努力推动历史理论研究的进程。崔志海提出，对于中国近代史研究中的各种范式和理论，切忌盲目套用，应以唯物史观为指导，批判地加以吸收。此外，很多学者还对中国史、世界史学科的发展历程等进行了回顾、总结或展望。

充分借鉴外国历史及史学优秀元素，也是中国特色史学体系建设不可或缺的。刘家和指出，西方学界对中国文化结构认识存在偏见，认为中国没有理性，没有哲学。前辈中国学者多忽略了理性在中西文明中的作用。理性的爆发是轴心时代中西文明的共同特点，表现出来理性结构却不尽相同。逻辑理性主宰了西方的思维，历史理性引领了中国的思维。这种理性结构的不同是中西思维不同的根本原因所在。中西文明之别的关键就在于理性结构的不同，更深层次的原因则在于语言特点不同，这是中西文化不同之源头。钱乘旦指出，要更多思考亚洲古老文明的现代意义，花大力气研究亚洲文明，同时加强对国别区域研究，特别是欧洲研究的重视，多学科协同是未来学术创新的路径。张旭鹏分析了全球史研究在中国流行的原因，指出构建具有中国特色的全球史研究的意义在于“人们必须从地方性视角理解全球史”。

四、中华民族共同体越来越成为史学家研究的重点

为全面落实习近平总书记对《（新编）中国通史》纂修工程的重要指示精神，党中央决定正式启动《（新编）中国通史》的编纂工作。6月9日，由中共中央宣传部主办、中国历史研究院承办的《（新编）中国通史》纂修工程指导小组第一次工作会议暨第一次编委会议召开，中国社会科学院、北京师范大学、清华大学、故宫研究院等在京机构的古史学者分别承担各卷内容的编写工作。

铸牢中华民族共同体意识是本年的研究热点之一。晁福林指出，早在商代和西周时期就有“华”“夏”二字，周人自称“有夏”及夏的继承者，并高举夏的旗帜号令诸侯归附；春秋战国时期“华夏”指文化水平高的诸侯国，“中国”一词最早见于西周成王时青铜器《何尊》；魏晋时期，“中国”与“华夏”两词融合，后者逐渐演化为“中华”。清末近代以来各个民族、各个社会阶层的人们皆以“中华民族”这一称谓而自豪，这是各民族人民不断选择和认可的观念的结晶。郑大华指出，中国的民族成为一个“自觉”的民族实体，是在西方近代民族主义传入中国之后。“到了新文化运动时期，新的世界意识有了进一步发展。”他还分析了李大钊“民族自觉”思想的来源变化与具体内容，以及晚年孙中山“民族建国”思想中的“民族”问题。郑师渠指出，20 世纪初，梁启超首先在《论中国学术思想变迁之大势》中使用了“中华民族”一词，但其义与后来现代意义上的“中华民族”相去甚远。辛亥革命前后孙中山提出的“五族共和”虽然与现代意义上的“中华民族”相近，但后者并没有取而代之。李大钊的《新中华民族主义》赋予中华民族以深刻现代内涵，是中华民族由自在转变为自觉的鲜明标志。李大钊与孙中山先后都发出了“新中华民族主义”的呼声，这种主义已然站在了现代意义的“中华民族”概念上了。瞿林东指出，1935 年，中国共产党提出了建立抗日民族统一战线的策略方针。毛泽东指出，“建立广泛的民族革命统一战线”是党的基本策略任务。毛泽东在领导、建立、巩固抗日民族统一战线过程中，逐渐形成并发展了中华民族观，成为抗日民族统一战线的理论支撑和取得最后胜利的思想定力。毛泽东中华民族观具有丰富的内涵、深厚的根源、完整的理论体系和重要的历史意义，是新时代进一步凝聚、提升中华民族意识的思想基础。

五、疫情史研究开始为学界所重视

2020 年，突发新冠肺炎疫情蔓延全球，构成重大公共危机。从历史角度对人类历史上的疫情进行研究，成为一个热点。北京地区古史学界深入挖掘从殷商到明清数千年间古代中国防疫祛疾的历史经验，以多种形式为全民抗疫贡献史学工作者的智慧。4 月 22 日—6 月 4 日，在新型冠状病毒肆虐全球之际，首都师范大学历史学院推出“疾病与历史”系列在线讲座。《历史研究》编辑部组织学者围绕“国家治理视域下的疾疫与医疗”开展讨论。《中国史研究动态》编辑部线上采访了多位相关学者，回顾中国古代的瘟疫和灾害治理情况，总结经验吸取教训。还有学者探讨了远古殷商时期古人的疫病认知与防控，发表了中国古代有关瘟疫防治的制度与方法，梳理了清代北京的防疫卫生体系的发展历程。

更多的研究从世界史角度展开。赵秀荣指出，占星家试图通过“科学”来解释 16—17 世纪英格兰的疾病，占星医学填补了当时医疗市场的不足，并为时人提供了宗教之外纾解病痛和压力的渠道。刘黛军指出，19 世纪美国流行自然疗养观念，此时美国的肺结核疗养院采用自然疗法治疗患者，后来的主客观因素使得美国人对自然疗养观念发生转变，20 世纪 50 年代，肺结核疗养院最终退出了美国历史的舞台。王广坤指出，19 世纪医学统计学及其衍生学科的兴起不仅促进了医学发展，提升了医生与医疗的社会功用，更推动英国政府采纳有别于传统策略的施政纲领，使英国社会的公共卫生管理制度与济贫战略发生重大调整，为其建设福利国家提供了新的路径选择。徐佳星指出，1887 年英国护士官方注册运动是一场由淑女护士发起、在战争诱发下受到各方支持的、争取护理业职业地位得到官方认可的运动，医学的发展及公众对规范护士队伍的希冀是其中因素之一。施诚、倪娜指出，西方医学史研究存在偏见。有些论著缺乏可靠史料或罔顾历史事实把黑死病、美洲天花、梅毒和 1918 年大流感这几种传染病的起源地置于亚非拉国家和地区，如把欧洲的梅毒和美洲的天花的起源都归咎于非洲奴隶等。学界要加强中外医学史研究，同时也要加强中国医学史料的发掘和整理工作，把历史的真相告诉世界。

2020 年，北京地区的历史学研究取得了很大的成绩，也有很多值得关注的特点：

第一，学术研究与服务国家战略相结合。历史学科在实施国家文化战略的进程承担了重要任务。以中华民族探源工程、铸牢中华民族共同意识、新编中国通史、四史教育等重大课题为依托，相关领域新的成果不断出现。围绕党史的研究选题多样，涉及政治、经济、思想等多领域，贯穿中国共产党发展的各个时期，既有细节问题的论述，又有党史整体发展的专著。围绕学习落实习近平总书记关于考古学建设的重要讲话，考古学的学科建设和学术研究进入快速发展的轨道。

第二，中国特色历史学三大体系建设探索进步显著。一方面，史学界通过学术会议和专题论文等形式从理论上做了许多有益的研究，提出了一些很有价值的设想；另一方面，马克思主义史学在构建三大体系中的作用受到充分重视，尤其是马克思主义史学中国化的历程及重要史学家成为关注的重点。这些研究都为新时代三大体系建设提供了不可或缺的历史经验。

第三，学术研究与社会现实密切结合。新冠肺炎疫情在全球的暴发使得历史学工作者对国内外历史上的疫情及应对问题投入了极大的研究热情，积极承担相关课题，除了理论研究外，还通过线上线下讲座、咨询等形式为抗疫做出的积极贡献。面对百年未有之大变局，历史学工作者也在区域与重点国家、国际关系研究等领域投入很大的研究精力，尤其是在涉及国家安全等领域。

虽然研究视角更加开阔，选题更加多样，也不乏很有分量的成果和新增长点，但也存在一些不足之处，需要进一步加强。

第一，碎化现象突出。个案研究较多而综合研究不足，研究成果零散。一个突出的特点就是研究愈发走向精细化，随之而来导致的问题是专题系统的综合论著偏少，宏观理论研究相对不足。关于出土文献细化微观的具体考释成果层出不穷，而专题系统的综合研究则明显较少。

第二，学科交叉不够。学科交叉是历史学发展的一大趋势，在一些学科已经有较大进展，如中西交通史及民族史等，但在政治史、经济史、思想文化史、社会史等传统研究领域，还有很大的提升空间。

第三，贯通比较研究薄弱。在专化、细化、窄化的学术气氛下，贯通性理论指导下的深度研究少，比较视角的研究少，真正有深度的问题不多。需要进一步加强对唯物史观的研究，深化对历史发展统一性与多样性的认识，为史学创新提供坚实的理论基础。

第四，学术共同体建设有待提高。各高校及研究机构内部的交流仍有很大的提升空间，学术组织的作用发挥不够。应重视和强化北京史学会等学术共同体的组织和引领作用，通过组织重大问题集体攻关、跨学科研究和宏观研究，推进北京地区的世界史研究，为中国的发展汲取更多的历史智慧。

考 古 学

2020年度，习近平总书记“9·28”重要讲话成为中国考古学发展历程中的里程碑，讲话深刻阐明了中国考古工作的重大意义，赋予新时代考古学以新的使命，为中国考古事业的发展指明了方向。北京地区各相关机构和高校掀起“建设中国特色、中国风格、中国气派的考古学”的讨论热潮，极大地推动了中国考古学的发展。

一、考古调查发掘与文化遗产保护

在国家文物局的部署与指导下，2020年度由北京市文物研究所、中国社科院考古研究所、北京大学、中国国家博物馆、中国科学院古脊椎动物与古人类研究所、中国人民大学、北京师范大学、中央民族大学等单位在京内和京外主持或参与多项考古调查与发掘项目。

京内考古调查与发掘主要由北京市文物研究所负责主持实施。北京市文物研究所的考古工作紧紧围绕“一轴一城、两园三带、一区一中心”重点任务，开展考古调查428项，完成考古勘探工作217项，勘探面积1619万平方米；开展考古发掘工作105项，发掘面积9.6万平方米。

北京地区各研究机构、高校在国内其他地区开展众多考古调查及发掘项目，项目时间跨度包含史前至明清时期，项目内涵丰富，新发现层出不穷。[1] 在众多考古发掘项目中，河南淮阳平粮台城址、山西绛县西吴壁遗址、湖北随州枣树林春秋曾国贵族墓地和青海乌兰县泉沟壁画墓被评为“2019年度全国十大考古新发现”。水下考古也在有序开展，其中包括甲午沉舰遗址水下考古调查、西沙甘泉岛历史时期遗存的考古调查。

此外，与“一带一路”沿线国家和地区的合作效果理想。柬埔寨吴哥古迹的保护与研究、蒙古国科伦巴尔古塔保护工程、乌兹别克斯坦花剌子模州历史文化遗迹修复项目、中亚七河地区和河中地区的遗存研究等项目取得了重要成果。中—埃联合考古队对埃及卢克索孟图神庙遗址进行发掘，已探明建筑遗迹22座，均是砂岩材质的宗教礼仪性建筑。中—洪联合考古队对洪都拉斯科潘遗址3号大墓的发掘进一步丰富了科潘王国贵族的生活，向世界展示了更为清晰的玛雅文明。

中国考古工作者经过长期的考古发掘积累了丰富的发掘经验，为中国考古及开展国外考古发掘提供了有力的技术保障。目前考古调查发掘中科学技术手段日益普及，多学科参与已是大势所趋。如何充分利用现代科技手段提高考古发掘的效率与质量，如何普及考古遗存发掘过程中多学科参与，如何把其他学科的相关研究有效地运用于考古遗存的解读研究……这些应是目前中国考古工作者面临，需要尽快思考解决的问题。另外，相较于英国等欧美国家比较成熟的文化遗产保护研究，中国的文化遗产保护尚处于初级发展阶段，需要借鉴外国文化遗产研究成果，结合中国文化遗产的特点设计有针对性、高效适用的理论方法和手段措施。

二、博物馆建设、展览与研究

2020 年，新冠肺炎疫情对博物馆运营影响巨大，闭馆及限流等严重制约着博物馆展览的举办。为应对疫情，北京地区博物馆在积极筹备线下展览的同时，大力推出线上展览，努力弥补疫情对博物馆展览造成的冲击。故宫博物院、中国国家博物馆、首都博物馆等共举办线下展览近 60 项，在第十八届（2020 年度）全国博物馆十大陈列展览精品推介中，“丹宸永固——紫禁城建成六百年”获精品奖，“铭记伟大胜利　捍卫和平正义——纪念中国人民志愿军抗美援朝出国作战 70 周年主题展览”获特别奖，“1420：从南京到北京”和“中国货币通史陈列”获优胜奖。

此外，北京师范大学历史学院积极发挥服务社会职能，为和田博物馆策划“五星出东方利中国——和田历史文化陈列”。该展在第十八届（2020 年度）全国博物馆十大陈列展览精品推介活动中获精品奖。

整体而言，公众日益增长的文化消费数量、质量和多样化给中国博物馆带来巨大压力和挑战，博物馆从业人员的数量和文化素质亟待提高。针对目前畸形的娱乐文化消费和网红传播等挑战中，博物馆应冷静思考如何守住文化殿堂的身份，提升办展的水平，通过恰当的传播途径和方法对社会大众进行正确的引导，而不是迎合。另外，科技手段在博物馆展览中的合理应用也是今后博物馆应该注意的。

三、学术研究

据不完全统计，2020 年北京地区研究机构与学者共出版专著及论文集 20 部，发表各类学术文章 800 余篇，其中考古调查发掘简报 100 余篇、文化遗产研究 70 余篇、博物馆学研究成果 100 多篇，关于各时期墓葬、聚落、城址、建筑等方面的专题研究成果 100 余篇，考古学理论研究文章 10 余篇，考古学史研究文章近 10 篇，科技考古方向研究成果 130 余篇，其他如文化交流、宗教信仰、丝路研究等方面专题研究成果近 200 篇。这些研究成果涉及领域广泛，研究方法多样，但具有创新观点和研究理论、学术价值重大的研究成果偏少，以下研究成果值得特别介绍：

《光宅中原——拓跋至北魏的墓葬文化与社会演进（增订本）》是关于北魏墓葬文化的考古学研究著作，作者以开阔的视野，通过考古学路径，兼用多学科研究支撑，厘清从拓跋至北魏的历史脉络，把对拓跋鲜卑的考古学研究推向前所未有的新高度。[2]《海昏简牍初论》是对海昏侯刘贺墓发现简牍的初步整理和研究成果，证明海昏竹简基本属于古代书籍，对研究儒家学说及其经典文本的传布、演变有很高的学术价值。[3]《不断裂的文明史：对中国国家认同的五千年考古学解读》以考古学为基础，运用多学科综合研究法，采用回溯式写法，全景式展现中华五千年不断裂文明，以及不同王朝对中华民族一致的国家认同，是考古研究学术成果通俗化的成功尝试。[4]《秦封泥集存》属专题性著作，所收秦封泥上起战国晚期，少数延续到西汉，封泥品种最全、数量最多，解决了秦封泥研究分散问题，对秦职官和郡县构成、变化及秦的历史研究等产生重要影响。[5]

《新石器时代战争与早期中国文明演进》基于丰富的考古材料，对中国新石器时代考古学文化进行长时段考察分析，以宏阔而独特的视野对中国文明进化与战争的关系进行探讨，提出中国新石器时代战争和文明演进存在互为因果、相互促进的辩证关系的新观点，为中国早期文明的研究开辟了新思路。[6]《北京东胡林遗址植物遗存浮选结果及分析》对北京东胡林遗址植物遗存浮选结果进行分析、阐述，探讨其发现的意义和价值。浮选发现的“粟”“黍”是目前采用科学浮选法发现的年代最早的谷物籽粒，对研究中国北方旱作农业起源具有重要学术价值。文章还结合遗址周边微环境、出土遗迹、遗物推断东胡林当时的生业形态仍处在采集狩猎阶段，认为栽培作物可能出现在人类社会狩猎阶段。[7]《汝窑的考古资料释读及生产体制探讨》对学界集中讨论有关汝窑产品的问题进行论证，基本廓清了汝窑的生产面貌，并以北宋后期官营手工业向政府采购制度嬗变的史学视野，对宋代所谓“官窑”或贡御窑的生产方式提出更进一步的探讨。论文将手工业生产纳入整个社会文化史观察的宏观视域，在陶瓷考古研究中具有突破性。[8]

《西方考古学的关键概念：context 的含义分析》对西方考古学关键概念（Context）背景在不同理论语境中的具体含义及对中国考古学实践的重要作用进行了阐述，提倡中国考古学应拓展理论范式，优化整合不同范式所提炼的背景信息，深度发掘并完整公布考古材料的背景信息，将不同类型材料及其背景信息进行关联，多视角对同一批材料或同一问题进行反复阐释，以产生更具说服力的解释，更好地实现“透物见人”的目标。[9]《过程考古学的再思考——考古学理论建设的问题》概括了过程考古学的 4 点核心理论主张，强调引入人类学理论，发展演绎的推理和发展跨越从考古材料到人类行为鸿沟的中程理论，对中国考古学现阶段存在的诸多问题进行思考，强调考古学理论建设的重要性，认为过程考古学以科学推理为中心、综合运用3种推理逻辑的理论建设思路可以为中国考古学所借鉴。[10]

注：

［1］详情参见《北京地区2020年度考古学科发展报告》。

［2］倪润安：《光宅中原——拓跋至北魏的墓葬文化与社会演进（增订本）》，上海古籍出版社，2020年。

［3］朱凤瀚：《海昏简牍初论》，北京大学出版社，2020年。

［4］刘庆柱：《不断裂的文明史：对中国国家认同的五千年考古学解读》，四川人民出版社，2020年。

［5］刘瑞：《秦封泥集存》，中国社会科学出版社，2020年。

［6］韩建业：《新石器时代战争与早期中国文明演进》，《社会科学战线》，2020年第10期。

［7］赵志军，赵朝洪，郁金城，王涛，崔天兴，郭京宁：《北京东胡林遗址植物遗存浮选结果及分析》，《考古》，2020年第7期。

［8］秦大树：《汝窑的考古资料释读及生产体制探讨》，《华夏考古》，2020年第3期。

［9］刘岩：《西方考古学的关键概念：context的含义分析》，《东南文化》，2020年第1期。

［10］陈胜前，王红博：《过程考古学的再思考——考古学理论建设的问题》，《东南文化》，2020年第3期。

（北京市历史学会供稿；执笔人：单月英、庄艳丽）

史学理论与史学史

2020年，北京地区史学工作者在史学理论与史学史研究领域取得了丰硕成果。学者们对马克思主义史学、中外历史编纂学与历史书写、中外史学思想与理论、历史学学科建设，以及中外史家、史著诸问题进行了深入探讨。

一、马克思主义史学研究

一是马克思主义史家研究。2020年是著名马克思主义史家白寿彝先生逝世20周年，学者们对白寿彝与新中国建立初期中国马克思主义史学的关系、中国史学思想史的学术历程、古籍整理事业和历史文献学科建设的贡献、历史文学主张、推动民族史教育的努力和贡献、发掘史学民族传统及运用马克思主义上的独特价值，以及《史记》系列研究等展开研究。还就范文澜与“汉民族形成问题争论”、郭沫若对新中国成立后确立马克思主义史学主导地位的贡献、艾思奇与历史唯物主义教科书、刘大年对西方史学思想的认识和评论展开讨论。二是马克思主义史学在中国发展历程的研究。主要针对20世纪20年代—30年代中国马克思主义史学撰述的诞生过程、十年内战时期马克思主义史家的学术活动、新中国17年马克思主义史学发展过程等进行了讨论。三是马克思主义史学的具体运用和具体理论。《史学理论研究》2020年第六期组织了“唯物史观与近代历史人物的评价”圆桌会议。与会北京学者肯定历史人物研究需要坚持唯物史观做指导，即要坚持历史前进和历史发展的观点、历史联系的观点和阶级的观点[1]；肯定唯物辩证法对形成科学历史认识的作用，要具有“历史”的眼光，也要具有“辩证”的视角。[2]

二、历史编纂学与历史书写研究

一是中外历史编纂学研究。主要围绕历史编纂“通”与“断”的关系、郑樵《通志·昆虫草木略》的编纂成就和不足、吕祖谦发展与完善《左传》编年叙事法的贡献、狄奥尼修斯与修昔底德历史编纂思想的异同等做了论述。着重分析了中西历史编纂学的文化差异，认为中国历史编纂学浓厚的国家性，要求历史编纂尽可能容纳多重内容和组织形式多样化；西方历史编纂学的个性化，其历史编纂更加着眼于事件的过程和情节，而忽略对社会因素间关联性和整体性的考虑。[3]二是史料学研究。主要论述了简帛文献在深化、扩充对中国早期史学发展状况的认识价值，楚竹书对扩充战国史学研究的史料、思想和编纂、叙事等价值，《赵正书》对考察秦始皇晚期及汉初统治术的价值等。三是中外历史书写和叙事研究。包括对1949年以来历史书写中对洪秀全的评价、20世纪学者们对中国国家起源问题的不同历史书写方式、中国古代史学中历史“叙事”的发展演变、近20年来西方史学界中史学理论与历史书写间的关系、希腊人古史书写在现代希腊民族认同构建和演变中的作用、布罗代尔《地中海与菲利普二世时代的地中海世界》的历史叙事等。

三、中外史学思想与理论研究

一是中国史学思想研究。主要围绕中国传统史学的创新思维、通古今之变思想、通史家风、会通思想与通识意识、史学批评及其意义，以及先秦诸子天道观、魏晋南北朝史学正统之辨等问题展开了讨论。二是外国史学理论研究。主要围绕20世纪中后期以来西方史学理论的人文反思、近20年来西方史学理论的发展情况和秉持的不同立场、丹尼尔·斯迈尔的“深度历史”理论、修昔底德求真思想的特点等问题展开讨论。三是中外史学思想比较研究。有学者从理性结构出发比较中西思维的差异：西方思维以逻辑理性为主导，而缺乏历史理性；中国思维受历史理性支配，而没有派生出逻辑理性。根源在于对知识的二分法不同，西方的二分法是排他的除外法，中国的二分法是源自《周易》阴阳的二分法。[4]也有学者认为中西方史学界对通史之“通”有不同认识：西方之“通”以普世性为落脚点，强调“空间或精神性的整体”；中国之“通”着眼于时间的连续性。

四、历史学学科建设问题研究

一是历史学学科建设的综合考察。有学者系统回顾了中国考古学科、古代史学科、近代史学科、世界史学科、边疆史学科及史学理论与史学史学科这七大学科的发展情况，对相关成果、存在问题和未来发展做了论述。[5]学者们对构建新时代中国特色历史学学术体系、优秀史学遗产在当代的创造性转化和发展、当代中国史学应有的时代精神、中国历史学话语体系建设等问题展开讨论。二是历史学各分支学科的具体考察。主要对2019年度中国古代史学科和近代史学科的研究状况做了总结，对中国近代史学科话语体系做出讨论；对19世纪中期以来至新中国成立后世界史学科话语体系的构建、新中国成立以来世界史学术体系的构建、70年来世界上古史的研究历程及2019年世界史的研究概况做了讨论；对中国史学史的学科历史、学科特点、学科定位、学科重点领域、学科研究方法等，以及70年来西方历史哲学研究在中国的发展情况进行了论述。三是历史学新兴分支学科的考察。有学者认为全球史研究之所以会流行于中国，不仅因为全球史本身能为解析历史事件提供更为立体、丰富的视角，也离不开中国史学界的开放态度，以及中国视角对完善全球化理论的现实价值。[6]也有学者指出文化史的学科价值在于对民众的启蒙作用和对文化认同的构建作用，它具有“文化的社会史”、“社会的文化史”和“文化的文化史”3种研究视角。[7]

五、中外史家、史著研究

一是中国史家、史著研究，主要围绕司马迁《史记》的主要思想成就，吕祖谦《十七史详节》的史学思想，黄宗羲、万斯同、邵廷采、全祖望及邵晋涵、章学诚等为代表的清代浙东学派的学术思想特点，以及当代史家顾颉刚、陈垣、杨翼骧、刘家和等的学术特点、史学贡献与史学思想等展开讨论。二是外国史家、史著研究，主要围绕雅各布·布克哈特的史学思想特点、海登·怀特的治史路径、亨利·皮朗的地中海史研究及其史学思想与学术影响、雅克·勒高夫对“新传记”编纂体裁的思想论述和实践尝试、泰西阿斯的《波斯志》、环境史著作《大加速：1945年以来的人类世的环境史》等展开研究。

注：

[1]张海鹏：《唯物史观与民国历史人物评价思考》，《史学理论研究》，2020年第6期。

[2]于沛：《历史认识的辩证法阐释》，《陕西师范大学学报(哲学社会科学版)》，2020年1期。

[3]向燕南：《说历史编纂学：一个中西史学文化比较的立场》，《史学史研究》，2019年第3期。

[4]刘家和：《理性的结构：比较中西思维的根本异同》，《北京师范大学学报(社会科学版)》，2020年第3期。

[5]卜宪群：《新中国历史学研究70年》，中国社会科学出版社，2020年。

[6]张旭鹏：《全球史与民族叙事：中国特色的全球史何以可能》，《历史研究》，2020年第1期。

[7]张昭军：《文化史学是什么？——兼论新旧文化史学的内在一致性》，《史学史研究》，2020年第1期；《文化史研究的三种取向》，《史学月刊》，2020年第8期。

(北京市历史学会供稿：执笔人：汪高鑫、陈澄)

中国古代史

一、出土文献研究

重视出土文献的研究是北京地区古史研究的一贯特色。出土文献的整理工作是后续研究开展的基础，而协同合作的方式已成为近年来出土文献整理的流行趋势，从而确保所有研究者能尽快接触到最新史料。北京地区古史学界发挥科研优势，参与多项重要出土文献的合作整理工作，如山东博物馆、天津博物馆藏甲骨文的整理工作由中国社会科学院甲骨学殷商史研究中心领衔分别与两家博物馆合作承担。[1]备受关注的南昌西汉海昏侯刘贺墓出土简牍由北京大学出土文献研究所与江西省文物考古研究院合作展开整理研究。[2]长沙五一广场东汉简牍，以出土文献与中国古代文明研究协同创新中心为平台，由北京地区的中国文化遗产研究院、清华大学出土文献研究与保护中心和长沙市文物考古研究所、湖南大学岳麓书院等机构发挥各自特长合作开展。[3]本年度围绕出土文献的研究成果丰硕，从商周甲骨金文到战国秦汉魏晋简牍、出土墓志，再到黑水城文书，北京古史学界均有涉及，既有对新出土文献的考释分析，也有对旧材料的补苴拾遗。

二、多语种史料及墓志材料的研究

重视多语种史料及出土墓志材料的挖掘和利用，这尤其反映在中西交通史研究方向及民族史领域。一方面扩充了史料来源，另一方面拓宽了学术视野，促使相关研究走向深入。随着国家“一带一路”倡议构想的实施，丝绸之路、中西交通史的研究又趋热络。本年度中西交通史研究成果既涉及张骞通西域、丝绸之路上人员、物品的流动与传播等传统课题[4]，又有从中西交通的角度去透视王朝和亲政策、平定少数族裔叛乱等问题。[5]结合出土墓志资料，有学者全面梳理了魏晋南北朝到隋唐时期800多年间胡人墓志书写历程，以揭示胡人汉化的复杂过程。[6]还有学者根据新出墓志复原了唐贞观初年张弼出使西域30国的行程及相关史事。[7]有学者以蒙元宫廷中来自阿拉伯、波斯和中亚的占星家、天文学家为个案，揭示元代西域人如何融入蒙古民族与社会，从长时段展现“丝绸之路”沿线民族融合和不同文化交汇交融的历史细节。[8]在民族史领域，学者们充分挖掘吐鲁番出土古突厥语、中古伊朗与资料、满文、藏文等多语种史料，推进了对回鹘统治者名号演变、乾隆十四年朝鲜士兵杀人案、清廷与西藏地方精英合作等问题的认识。[9]

三、传统领域的研究

在传统研究领域，注重多学科研究方法的使用，突破政治史、经济史、思想文化史、社会史等单一研究视角的禁锢。比如关于两汉宫廷斗争，常见的思路是分析皇帝、文吏及外戚等不同势力集团的权力博弈，有学者则从考察皇帝、太后、皇后嫔妃与太子的居住情况及其联系这一角度揭示其对宫廷政治斗争的影响。[10]又如关于唐代女着男装这种社会现象，学界多从服装款式、穿着人群、出现原因等角度去探索。有学者别具匠心，从唐人对这一现象接受过程的演变来认识唐代社会的变迁。[11]还有学者利用陆游的诗篇为主要资料，分析其中的历史文化背景和乡村生活细节，集中揭示南宋时期浙东山阴、会稽地区的乡村社会。[12]对清代疫灾的研究，一般从医疗社会史视域入手，或以某一时期特定区域为中心展开讨论。有学者另辟蹊径从法律视角探究清代应对疫灾的奏报与防治机制，特别是官员的主体责任。[13]

四、史学研究服务社会需求

发扬知古鉴今、经世致用的优良史学传统，直面国家重大理论和现实需要开展研究。一方面，对党和国家提出的重大理论问题，从古史研究角度做出回应和探索。自习近平总书记在党的十九大报告中提出“铸牢中华民族共同体意识”的重要论断以来，北京地区古史学界在理论和实践层面做出诸多探讨。北京师范大学历史学院申报铸牢中华民族共同体意识研究培育基地获得批准。自2020年2月以来，克服疫情的不利影响，扎实推进各项工作。晁福林主持申报项目《天下一家：早期中国的族群融合与认同》，在多卷本《中华民族史》编纂方面开展史料搜集、整理与研究工作，并发表具有重要影响的研究成果。[14]为全面落实习近平总书记对《（新编）中国通史》纂修工程的重要指示精神，党中央决定正式启动《（新编）中国通史》的编纂工作。6月9日，由中共中央宣传部主办、中国历史研究院承办的《（新编）中国通史》纂修工程指导小组第一次工作会议暨第一次编委会议在中国历史研究院举行。北京师范大学、清华大学、故宫研究院等在京机构的古史学者分别承担各卷内容的编写工作。

另一方面，为应对重大社会公共危机积极贡献历史学者的智慧。2019 年末，突发新冠肺炎疫情蔓延全球，成为重大公共危机。2020 年北京地区古史学界积极发掘从殷商到明清数千年间古代中国防疫祛疾的历史经验，以多种形式为全民抗疫贡献史学工作者的智慧。《中国史研究动态》编辑部在疫情严重的 2 月线上采访了多位相关学者，回顾中国古代的瘟疫和灾害治理情况，总结经验吸取教训。[15]《历史研究》编辑部组织学者围绕“国家治理视域下的疾疫与医疗”开展讨论，以期察古鉴今、述往思来。如：有学者梳理甲骨卜辞，探讨了远古殷商时期古人的疫病认知与防控。[16]4 月 22 日—6 月 4 日，首都师范大学历史学院推出“疾病与历史”系列在线讲座，邀请中国古代史及考古学等领域的 10 位学者从不同角度分享不同时空背景下人类面临重大瘟疫的应对策略，为抗击疫情尽史学工作者的绵薄之力。

注：

［1］宋镇豪：《关于山东博物馆、天津博物馆所藏甲骨文的整理研究》，《甲骨文与殷商史》（新十辑），上海古籍出版社，2020 年。

［2］朱凤瀚：《西汉海昏侯刘贺墓出土竹简〈诗〉初探》，《文物》，2020 年第 6 期；陈侃理：《西汉海昏侯刘贺墓出土〈论语〉“曾皙言志”简初释》，《文物》，2020 年第 6 期；田天：《西汉海昏侯刘贺墓出土“礼仪简”述略》，《文物》，2020 年第 6 期。

［3］长沙市文物考古研究所，清华大学出土文献研究与保护中心，中国文化遗产研究院，湖南大学岳麓书院编：《长沙五一广场东汉简牍》（伍），中西书局，2020 年。

［4］孟宪实：《张骞的“不得要领”与丝绸之路的开通》，《西域研究》，2020 年第 4 期；荣新江：《汉唐文献对“丝绸之路”的记载》，见刘进宝主编：《丝路文明》第 5 辑，上海古籍出版社，2020 年；求芝蓉：《元代医籍中的西域药物“南乳香”考》，《西域研究》，2020 年第 2 期；王子今：《说“海枣”：有关丝绸之路的传说和史实》，《中华文化论坛》，2020 年第 3 期。

［5］刘宇辰：《西汉前期汉匈间和亲政治的衰落——对文帝十四年前后汉匈关系阶段性变化的分析》，《西域研究》，2020 年第 4 期；王子今：《赵充国击羌与丝绸之路交通保障》，《甘肃社会科学》，2020 年第 2 期。

［6］荣新江：《中古入华胡人墓志的书写》，《文献》，2020 年第 3 期。

［7］荣新江：《唐贞观初年张弼出使西域与丝路交通》，《北京大学学报》（哲学社会科学版），2020 年第 1 期。

［8］乌云毕力格：《丝路沿线的民族交融：占星家与乌珠穆沁部》，《历史研究》，2020 年第 1 期。

［9］付马：《西州回鹘统治者称号研究——年代、结构与特征》，《中央研究院历史语言研究所集刊》，2020 年第 91 本第 2 分；张心雨：《边禁之下：朝鲜金仁述越境杀人案探究》，《清史研究》，2020 年第 5 期；乌云毕力格：《乾隆皇帝与颇罗鼐家族——以西藏档案馆蒙古文档案为中心》，《中国藏学》，2020 年第 1 期。

［10］宋杰：《汉代宫廷居住研究》，科学出版社，2020 年。

［11］李志生：《唐人对女着男装为“服妖”说的接受史》，《唐史论丛》，2020 年第 2 期。

［12］包伟民：《陆游的乡村世界》，社会科学文献出版社，2020 年。

［13］林乾，陈丽：《法律视域下的清代疫灾奏报与防治》，《西南大学学报》（社会科学版），2020 年第 3 期。

［14］晁福林：《从“华夏”到“中华”——试论“中华民族”观念的渊源》，《史学史研究》，2020 年第 4 期；《先秦国家制度建构的理念与实践》，《历史研究》，2020 年第 3 期。

［15］中国史研究动态编辑部：《中国古代的瘟疫和灾害治理——相关学者访谈录》，《中国史研究动态》，2020 年第 3 期。

［16］宋镇豪：《商代的疫病认知与防控》，《历史研究》，2020 年第 2 期。

（北京市历史学会供稿；执笔人：仝卫敏、宋文汐）

中国近现代史

本年度中国近现代史的研究，政治、经济、思想、外交、民族关系方面的热点问题继续拓展，其趋势是视野下移，注重细节。其中，中共党史研究、思想史和社会史研究、抗日战争史研究、史学理论研究取得了突出进展。

一、政治史研究

清末民初和国民党政治研究继续深入，有清末立宪派与清政府的矛盾研究、清廷与地方的权力之争、国民党派系斗争问题。比如邹小站《开国会能否纾解“民气嚣张”与财政困窘——立宪派与清政府的分歧》[1] 深入挖掘立宪派与清廷的矛盾；顾建娣《太平天国运动后江南驻防的恢复与重建》展现中央与地方、满与汉的紧张关系[2]；梁馨蕾分析了抗战时期国民党党团矛盾[3]；等等。而政治史研究的突出成果是关于中共党史的研究。与“四史”学习同步，中共党史研究成为2020年的研究热点。围绕党史研究选题多样，贯串中国共产党发展的各个时期，既有整体发展的专著，又有细节问题研究。如：李颖的《文献中的百年党史》[4] 选取100个重大事件，串联起中共百年奋斗历程。金冲及的《星火的启示——革命根据地创建与发展》[5] 分析在危急关头中国共产党的摸索与实践。谢春涛在《中国共产党为什么能?》[6] 中，回答了为什么中国共产党能取得辉煌成就、为什么能不断战胜困境等15个重大问题。对于历史细节的研究继续深化，金冲及在《中共一大代表究竟是多少人》[7] 中指出“代表是12人，参加会议的有15人”，除一大代表外，还有包惠僧及共产国际派来的马林和尼克尔斯基。欧阳淞探讨了建党原则，即“维护党中央权威和集中统一领导”[8]。他在另一篇文章中又分析了蒋介石为什么要选择围攻中原解放区作为发动全面内战的起点[9]。欧阳淞探讨了建党原则，即“维护党中央权威和集中统一领导”[10]。严立贤基于俄罗斯国家档案，指出第四次反“围剿”前共产国际执行委员会是主张防御并支持毛泽东的[11]。

二、思想史和社会史研究

该领域成果包括五四运动的细节、马列主义毛泽东思想、近代民族观念，及郭嵩焘、康有为、梁启超、胡适的思想。比如黄乔生的《吾国吾民1919》[12]、罗志田的《本事与言说的纠缠——再论复调的“五四”》[13]、欧阳哲生的《作为“事件”的五四运动——从档案文献看北洋政府对五四运动的处置》[14]、郑大华的《中国近代民族主义话语下的“民族”、“种族”和“国族”》[15]《论晚年孙中山“民族建国”思想中的“民族”问题》[16]，以及罗志田的《知人与论世：郭嵩焘与近代中国的转折时代》[17]、茅海建的《戊戌时期康有为的“洪水说”“地顶说”“地运说”——兼论〈康子内外篇〉的写作与完成时间》[18] 等。

值得注意的是，在今年的研究中有学者将这个时期的社会史与思想史交织在一起，通过家庭、婚姻、妇女等一个个具体问题，展现清末民初的社会转型。比如赵妍杰在《家庭革命：清末民初读书人的憧憬》[19] 中考察了读书人看待家庭眼光的转变；在《去国去家：家庭在重构社会伦理中的地位》[20] 中指出“家庭渐渐成为各派人士最不喜欢的社会建制”；在《过渡时代的牺牲者：家庭革命洪流中的旧式妇女》[21] 中展现了旧式妇女或者失婚，或者自杀，或者被新式丈夫鄙夷的绝望生活；在《烦闷因家庭而生：“五四”前后家庭革命的一个情感面相》[22] 中探讨“五四”后新青年“不那么理性的情感面相”；等等。罗志田在《重访家庭革命：流通中的虚构与破坏中的建设》中[23] 则从“建设”的角度考察家庭革命，他认为运动“本是破坏与建设兼具的”。

三、外交史研究

中日、中英、中美、中俄、中荷关系虽都有成果，但主要集中于中日关系。除了日本破译清政府密电、近代日本留学生、日俄战争后日本对中国的侵略这些问题外，在纪念抗日战争暨世界反法西斯战争胜利75周年之际，抗战研究成果众多。这些成果既有档案汇编，又有细节考证。如：大型抗战史文献《中华民族抗日战争军事资料集》[24]、20卷本《日本帝国主义侵华档案资料选编》[25] 等。此外，还有臧运祜的《日本侵华战争的决策体制与政策》[26]，证实日本的侵华战争是“包括天皇与政府在内的日本最高统治集团的共同责任”。张皓的《1937年7月日军如何有计划有准备有步骤发动全面侵华战争》[27] 分析了日军是如何有计划有准备地发动全面侵华战争的。松野诚也、薛轶群的《日本陆军追击第五大队〈战斗详报〉所示毒气战之实态》[28] 呈现了毒气战的具体情况。这些研究多根据档案史料，以具体事件或人物为切入点，丰富了抗日战争的研究。

四、史学理论研究

每一个领域都有学者提出要重视史学研究的总结与反思，建立以唯物史观为指导的中国近代史研究体系，如朱浒指出清史研究更重要的是“与社会现实密切相关”[29]。《史学理论研究》专门约请了欧阳哲生、左玉河等5位学者，他们以唯物史观的基本原则为理论指导，从不同的视角审视民国学术发展状况[30]。张海鹏、耿云志、郑师渠、朱英等指出在中国近代人物评价问题上，必须以唯物史观为指导将其置于时代环境中做出实事求是的客观评价[31]。崔志海在《中国近代史研究范式与方法再检讨》[32] 中提出每一种范式都有一定的适用范围和生命周期，切忌盲目套用。

五、经济史和民族史研究

经济史集中于清末和新中国成立后的部分时期，如：朱浒的《百年清史研究史·经济史卷》[33] 总结了百余年来清代经济史研究的学术演变和研究范式。池翔的《向死谋生：民初奉天陵地森林的近代化转型及其纠纷》[34]、王大任的《嵌入性治理——近代东北商人群体与乡村基层社会》[35]、熊昌锟的《政府与市场作用视角下的近代外国银圆在华竞争研究》[36]、张学兵的《物资协作：中国计划经济时期的一种非正式经济运作形态》[37]、沈路涛的《社会主义市场经济体制纳入基本经济制度的深刻意蕴》[38] 等。但是，经济史研究存在一定的“碎片化”现象，许多空白亟待发掘，增强经济史研究的系统性是今后研究的努力方向。

民族史主要集中于西藏地区，比如关于西藏的中英较量、西藏和平解放等。有张皓的《1949—1951年印度对中国西藏和平解放谈判之干涉》[39]《1949—1951年印度针对中国对尼泊尔实施的“前进政策”研究》[40]《毛泽东与西藏和平解放的前前后后（1949—1952）》[41] 等。西藏以外地区民族问题研究依然需要加强。

注：

[1]邹小站：《开国会能否纾解“民气嚣张”与财政困窘——立宪派与清政府的分歧》，《晋阳学刊》，2020年第6期。

[2]顾建娣：《太平天国运动后江南驻防的恢复与重建》，《近代史研究》，2020年第3期。

[3]梁馨蕾：《抗战时期国民党党团关系再探——以贵州省为中心》，《民国档案》，2020年第2期。

[4]李颖：《文献中的百年党史》，学林出版社，2020年11月版。

[5]金冲及：《星火的启示——革命根据地创建与发展》，生活·读书·新知三联书店，2020年版。

[6]谢春涛：《中国共产党为什么能?》，新世界出版社，2020年版。

[7]金冲及：《中共一大代表究竟是多少人》，《中共党史研究》，2020年第5期。

[8]欧阳淞：《坚持和加强党的全面领导——建党原则论》，《中共党史研究》，2020年第5期。

[9]逄周，金冲及：《蒋介石为什么要选择围攻中原解放区作为发动全面内战的起点》，《党史博览》，2020年第4期。

[10]欧阳淞：《坚持和加强党的全面领导——建党原则论》，《中共党史研究》，2020年第5期。

[11]严立贤：《进攻战略还是防御战略？——中央苏区第四次反“围剿”前夕共产国际关于反“围剿”军事策略的主张及对毛泽东的支持》，《军事历史研究》，2020年第3期。

[12]黄乔生：《吾国吾民1919》，中央党校出版集团大有书局，2020年版。

[13]罗志田：《本事与言说的纠缠——再论复调的“五四”》，《中共党史研究》，2020年第6期。

[14]欧阳哲生：《作为“事件”的五四运动——从档案文献看北洋政府对五四运动的处置》，《中共党史研究》，2020年第1期。

[15]郑大华：《中国近代民族主义话语下的“民族”、“种族”和“国族”》，《史学月刊》，2020年第8期。

[16]郑大华：《论晚年孙中山“民族建国”思想中的“民族”问题》，《民族研究》，2020年第4期。

[17]罗志田：《知人与论世：郭嵩焘与近代中国的转折时代》，《四川大学学报》(哲学社会科学版)，2020年第6期。

[18]茅海建：《戊戌时期康有为的“洪水说”“地顶说”“地运说”——兼论〈康子内外篇〉的写作与完成时间》，《清史研究》，2020年第1期。

[19] 赵妍杰：《家庭革命：清末民初读书人的憧憬》，社会科学文献出版社，2020年版。

[20]赵妍杰：《去国去家：家庭在重构社会伦理

中的地位》,《清华大学学报》(哲学社会科学版),2020年第2期。

[21]赵妍杰:《过渡时代的牺牲者:家庭革命洪流中的旧式妇女》,《杭州师范大学学报》(社会科学版),2020年第6期。

[22]赵妍杰:《烦闷因家庭而生:“五四”前后家庭革命的一个情感面相》,《社会科学战线》,2020年第1期。

[23]罗志田:《重访家庭革命:流通中的虚构与破坏中的建设》,《社会科学战线》,2020年第1期。

[24]金以林,罗敏主编:《中华民族抗日战争军事资料集》,社会科学文献出版社,2020年版。

[25]中央档案馆,中国第二历史档案馆等编:《日本帝国主义侵华档案资料选编》,中华书局,2020年。

[26]臧运祜:《日本侵华战争的决策体制与政策》,《北京大学学报》(哲学社会科学版),2020年第5期。

[27]张皓:《1937年7月日军如何有计划有准备有步骤发动全面侵华战争》,《北京师范大学学报》(社会科学版),2020年第5期。

[28]松野诚也,薛轶群:《日本陆军迫击第五大队〈战斗详报〉所示毒气战之实态》,《抗日战争研究》,2020年第2期。

[29]朱浒:《时代变革与清史研究的成长契机》,《历史研究》,2020年第1期。

[30]欧阳哲生,左玉河,阎书钦,李帆,郑大华:《多维度视阈下的民国学术发展》,《史学理论研究》,2020年第1期。

[31]张海鹏,耿云志,郑师渠,朱英:《唯物史观与近代历史人物的评价》,《史学理论研究》,2020年第6期。

[32]崔志海:《中国近代史研究范式与方法再检讨》,《历史研究》,2020年第3期。

[33]朱浒:《百年清史研究史·经济史卷》,中国人民大学出版社,2020年版。

[34]池翔:《向死谋生:民初奉天陵地森林的近代化转型及其纠纷》,《求是学刊》,2020年第3期。

[35]王大任:《嵌入性治理——近代东北商人群体与乡村基层社会》,《中国经济史研究》,2020年第5期。

[36]熊昌锟:《政府与市场作用视角下的近代外国银圆在华竞争研究》,《中国经济史研究》,2020年第6期。

[37]张学兵:《物资协作:中国计划经济时期的一种非正式经济运作形态》,《中共党史研究》,2020年第5期。

[38]沈路涛:《社会主义市场经济体制纳入基本经济制度的深刻意蕴》,《中共党史研究》,2020年第3期。

[39]张皓:《1949—1951年印度对中国西藏和平解放谈判之干涉》,《江苏师范大学学报》(哲学社会科学版),2020年第3期。

[40]张皓:《1949—1951年印度针对中国对尼泊尔实施的“前进政策”研究》,《史林》,2020年第3期。

[41]张皓:《毛泽东与西藏和平解放的前前后后(1949—1952)》,《党的文献》,2020年第2期。

(北京市历史学会供稿;执笔人:张皓、王纯)

史学理论与外国史学史

一、史学理论研究

刘家和指出,古代西方的理性结构包括逻辑理性、自然理性、实践理性/道德理性、审美理性,但缺少历史理性,其理性结构以纯粹理性为主导,逻辑理性居于统治地位;中国的理性结构包括历史理性、自然理性、道德理性,有逻辑思想,但却未发展出逻辑理性,其中历史理性占有支配地位。理性结构的不同是中西思维不同的根本原因所在。西方文明中逻辑理性占主导和中国文明中历史理性占主导,其根本在于二分法的不同。中西的二分法之不同,其部分原因则可溯源于各自语言之不同。中西文化不同的源头在语言特点。[1]

于沛指出,“整体史观”是中国世界史学术体系的核心理论,对中国世界史学科建设有里程碑的开拓意义。中国世界史学术体系以唯物史观为理论基础,其基本特点是鲜明的民族精神、强烈的时代感和厚重的历史感。[2]邹兆辰指出，中国学者掌握着理论上的优势，对西方史学发展能够取其精华、去其糟粕，为建立中国自己的历史研究理论体系、话语体系寻求借鉴。[3]姜芃指出，后现代理论提出了一些相当尖锐的问题，并促使人们去思考、去解决这些问题。[4]汪晖指出，应当超越民族-国家叙事，在跨体系社会与跨社会体系的复杂关系中重构有关中国、区域和世界的知识是当代知识人的使命。[5]陈奉林指出，建立中外关系史学科学术体系与话语体系建设的主客观条件已经成熟，当务之急是对中国中外关系史的编纂体系、框架、主线、基本理论等进行理论升华，完成创造性的转化工作。[6]

刘文明指出，全球化和全球史促使帝国史研究出现了“全球转向”，全球史理论和方法在帝国史中的运用成为“新帝国史”的一个重要特征。跨文化的“他者叙事”成为全球史研究必不可少的史料和审视维度。[7]李永斌指出，基于商贸活动而进行的文明交流是公元前 8 世纪—前 6 世纪“地中海共同体”的基本特征。[8]张文涛指出，丹尼尔·斯迈尔的“深度历史”理论整合多学科知识、构建连贯性宏大历史叙事的努力值得称道，但一些主张不免失之粗糙，无法有效贯彻到系统性的历史著述中。[9]

二、外国史学史研究

吕厚量指出，泰西阿斯对东方世界的总体评价是褒贬结合、理性客观的，《波斯志》构成了古希腊波斯史叙述模式发展历程中的一个重要环节。[10]侯树栋指出，维杜金德在《撒克逊人史》中呈现出的政治世界是多重的、复合的，表现的是一个二元对立思维不相协调的政治世界。[11]

武海燕指出，对“皮朗命题”中有关伊斯兰教与基督教二元对立的中世纪早期地中海分裂性论断的反思，推动了新地中海史研究的发展。[12]成威华指出，布罗代尔的《地中海》的叙事结构、话语体系仍说明《地中海》亦属于叙事的范畴，拓展了叙事主义历史哲学的解释空间。[13]黄广连指出，雅克·勒高夫通过解构史料，在与社会环境的互动中解释和呈现“真实的”圣路易。[14]

孟广林、温灏雷指出，晚期中世纪英国政治史书写范式经历了“辉格范式”、“后麦克法兰”至“回归斯塔布斯”变化。在“整体”与“碎片”的历史书写范式的不断碰撞与博弈中，相关历史认识日益走向深入。[15]景德祥指出，兰克与普鲁士国家的合作关系，是在其史学研究得到了普鲁士政府的认可与支持之后才逐渐建立与发展起来的。[16]

三、中国的外国史学术史研究

多位学者对刘家和的史学思想、治史方法进行了专题研究。蒋重跃指出，刘家和先生治史的理论追求，表明中国学者完全可以在理论的高度上，与西方学界的大师级人物开展平等对话，从而把人类思想和学术事业推向前进。[17]王大庆指出，刘先生以回应黑格尔等西方学者的理性说为切入点，运用历史比较研究方法，提出了理性认识的途径多种多样且各文明之理性结构也存在明显差异的重要论断。[18]郭小凌指出，刘家和天赋过人，成就卓然，在语言文字、音韵文献等造诣极高，兼通文史哲等，这些使他在中外古史比较研究中取得不凡的成就。[19]于殿利指出，刘家和“学术报国”的治学思想，以及关爱民族、人类和自然的人文精神，对今天的学人具有启迪意义。[20]

晏绍祥指出，70 年来中国的世界上古史研究大体分为 3 个阶段：奠定基础时期(1949—1966)、恢复和发展时期(1976—2000)、繁荣时期(最近 20 年)。新中国建立后，世界史获得了与中国史并列的学科地位。改革开放给世界古代史研究带来了积极影响，林志纯发挥了关键作用。21 世纪的世界古代史研究进入繁荣时期，无论在数量上还是在质量上，都大有提升。[21]邹兆辰指出，历经耿淡如、张广智的努力，复旦大学历史系已经基本完成西方史学史学科体系的建设，形成本专业学人共同认可的学术理念、治学路径。[22]

注：

[1] 刘家和：《理性的结构：比较中西思维的根本异同》，《北京师范大学学报》(社会科学版)，2020 年第 3 期。

[2] 于沛，赫治清，陈锋，倪玉平：《“史学理论与方法研究”笔谈》，《史学集刊》，2020 年第 1 期。

[3] 邹兆辰：《四十年来中国学人对当代西方史学认知的深化》，《首都师范大学学报》(社会科学版)，2020 年第 1 期。

[4] 姜芃：《后现代时期是否一个新的时代》，《首都师范大学学报》(社会科学版)，2020 年第 1 期。

[5] 汪晖：《高句丽、蒙元史与跨体系社会的历史叙事》，《东南学术》，2020 年第 1 期。

[6] 陈奉林：《对中国中外关系史学科构建的一些思考》，《中华文化论坛》，2020 年第 2 期；《对东方国家崛起趋势下东亚史学科建设的总体构想》，《华中师范大学学报》(人文社会科学版)，2020 年第

2期。

[7] 刘文明：《历史学“全球转向”影响下的“新帝国史”》，《史学理论研究》，2020年第3期；《全球史研究中的“他者叙事”》，《首都师范大学学报》(社会科学版)，2020年第3期。

[8] 李永斌：《地中海共同体：古代文明交流研究的一种新范式》，《史学理论研究》，2020年第6期。

[9] 张文涛：《丹尼尔·斯迈尔与“深度历史”理论》，《世界历史》，2020年第3期。

[10] 吕厚量：《泰西阿斯〈波斯志〉的“东方主义”及其历史渊源》，《史学史研究》，2020年第3期。

[11] 侯树栋：《维杜金德〈撒克逊人史〉中的政治世界》，《北京师范大学学报》(社会科学版)，2020年第6期。

[12] 武海燕：《亨利·皮朗的史学思想与地中海史研究》，《史学理论研究》，2020年第1期。

[13] 成威华：《布罗代尔的地中海叙事诗学》，《史学月刊》，2020年第3期。

[14] 黄广连：《雅克·勒高夫对新传记的探索》，《史学史研究》，2020年第1期。

[15] 孟广林，温灏雷：《建构、突破与“回归”晚期中世纪英国政治史书写范式的流变》，《社会科学战线》，2020年第11期。

[16] 景德祥：《青年兰克与普鲁士国家》，《江海学刊》，2020年第2期。

[17] 蒋重跃：《刘家和先生治史的理论追求》，《古代文明》，2020年第1期。

[18] 王大庆：《谈刘家和先生对中西理性结构问题的思考——读〈史苑学步：史学与理论探研〉札记》，《古代文明》，2020年第1期。

[19] 郭小凌：《史学园林中的“一只极为珍稀的鸟”》，《古代文明》，2020年第1期。

[20] 于殿利：《通则透 透则明 明则智 智则用——刘家和先生治学思想与人文精神探微》，《古代文明》，2020年第3期。

[21] 晏绍祥：《70年来中国的世界上古史研究》，《古代文明》，2020年第4期。

[22] 邹兆辰：《从耿淡如到张广智——西方史学史学科建设的代际传承》，《史学理论与史学史学刊》，2020年第1期。

（北京市历史学会供稿；执笔人：刘林海、李玮璞）

世界上古中古史

一、古代近东文明研究

颜海英指出，通过埃及古王国大臣自传关于神秘仪式的记载、中王国和新王国对奥塞里斯秘仪的描述，结合墓葬文献《冥世之书》与考古发现的研究，再现了奥塞里斯秘仪的内容与象征意义。[1] 温静指出，从早王朝到古王国时期，古埃及国家的太阳神信仰经历了从萌芽到成熟的发展历程。太阳神、王权与以奥塞里斯为主的来世信仰这三大要素成为后世埃及神学体系的基础。[2]

国洪更指出，古巴比伦王国的正义敕令虽然主观上在于维护统治，但客观上有利于社会的稳定、发展，具有一定的进步性，其自身的局限性制约了实效的发挥。[3] 李政指出，赫梯帝国建立后，法制统治成为巩固帝国的重要举措。[4] 蒋家瑜指出，在多民族文化并存的状态下，赫梯人通过文化选择的方式逐渐形成了族群认同体系。[5]

二、古代希腊罗马研究

李永斌指出，希腊城邦兴起的根源仍然是古希腊社会本身的发展进程，殖民运动等外部因素只是加速了已有的发展方向。[6] 晏绍祥指出，叙拉古公民群体的突然形成，以及来自僭主的压力使得叙拉古的民主政治成为可能，新生的民主政治具有城邦民主的一般特征。[7] 张爱礼指出，德尔菲近邻同盟在公元前4世纪后期发行埃吉那制标准银币，降低交易成本是主因，旨在恢复宗教上的威望。[8] 崔丽娜指出，亚历山大型钱币的出现和传播使希腊化世界拥有了一种相对统一的货币体系，体现了新的希腊化认同，成为定义希腊化世界的标志。[9]

胡玉娟指出，古罗马的“天命”与朱庇特崇拜有关。罗马平民通过模仿贵族祭祀朱庇特、通过与贵族通婚、推动平民祭司等职业进入公共领域的方式，逐渐实现与贵族的宗教认同。使得“天命”从贵族手中转移到平民手中。[10] 张新刚指出，罗马政治传统和法律传统在中世纪注释法学派的传承与努力下，为现代人民主权观念与学说提供了最为重要的理论根源。[11] 徐进伟、徐晓旭指出，东罗马皇帝阿卡狄乌斯将其幼子提奥多西乌斯托付给宿敌萨珊波斯国王，不仅使东罗马帝国实现了平稳过渡，也对晚期古代基督教在东方的发展和东西方贸易交流产生了积极影响。[12]彭小瑜指出，基督教守贞理想和修道思想在古典晚期兴起，基督教一定程度上保留了社会批判观点和对底层的社会关注。社会史分析的方法有助于更为理性地认识修道传统，以及古代基督教的社会位置和社会意义。[13]

三、中外古史比较研究

刘家和的文集《古代中国与世界》再版，对古代世界主要文明地区的社会阶层与社会结构问题、中西思想的深层结构问题，以及古代文明发展的统一性与多样性等问题进行了深入研究。[14] 马克垚对汉代和罗马的战争与战略做了比较。他从战术、战略、军事政策等方面进行深入比较，指出罗马是扩张性的政权，以掠夺为主要目的，以战养战，战争是常态，和平是例外。中国则是统一性的政权，以和平为主要目的，战争是例外。[15]

四、中古政治与法律研究

李隆国指出，中古早期流行的 Sacra Respublica 形式来自拜占庭帝国对古代的沿袭，中古早期欧洲的政治发展道路是由古代罗马帝国向中古神圣的罗马帝国演化的过程，东西部欧洲在独立发展和互动中体现了这一时期政治神圣化的共同发展趋势。[16] 孙思萌指出，在拜占庭时期教、俗高层的文本书写和皇帝的军事实践中，基督教的影响表现为相信信仰在对外战争中发挥着规训武力与有限庇护的双重作用。[17]

五、中古社会与经济研究

王超华指出，中世纪晚期英格兰的契约保护原则在大量的法庭劳资诉讼中进一步发展，表现出法定性、平等性和普适性 3 个特征。[18] 吕昭指出，移民的流入及其对城市社会的融入构成了法国城市社会克服中世纪晚期危机的重要条件，推动了法国城市社会吸纳多元移民并在近代实现复兴，是中世纪法国城市社会自我更新与可持续发展的关键。[19] 徐浩指出，西欧在中世纪中晚期建立起以核心家庭和财产权利为依托的独立养老模式，而南欧非核心家庭和家长权为纽带的亲属养老模式不仅在中世纪晚期再现，还延续到早期现代。[20]

张国刚指出，不同的利益诉求，共同促进了陆路和海上丝绸之路的繁荣与发展，科技的进步扮演了不可或缺的重要角色。[21] 李光宗指出，7—15 世纪，沉香贸易将不同群体连接起来，组成一条跨文化贸易链，可以从沉香贸易中管窥一种物质的世界历史。[22]

六、中古思想与文化研究

付家慧指出，慈善作为补赎和代赎方式，其社会性体现在对社会的双重影响上，在鼓励慈善行为与社会救济的同时，也为教会的腐败提供了机会。[23] 孙中华指出，基督教会借助树木在基督教和异教象征意义上的相似性，对树木崇拜进行了改造，使两者融合，促进了基督教在英格兰的传播。[24] 刘林海在以比较研究的方法分析了宗教改革时期新教与公教的异同，揭示了宗教改革时期社会状况与历史发展的复杂性。[25] 吴愁指出，宗教改革时期，奥格斯堡实行兼容并包的宗教政策，构建了具有多元调和性质的“新教认同”，验证了宗教改革的“个性化”与“差异化”。[26]

周施廷指出，彼特拉克在经历青年、中年和老年的 3 场觉醒后，意识到自己需要摆脱过去与未来之纠缠，在新旧的断裂带中寻找突破时间限制的夹缝，让自己的作品在时间的洪流中保持永恒的鲜活。[27] 信美利指出，“德行”是尼科洛 · 马基雅维利政治思想的一个核心概念。君主按“德行”行事使行动符合时势就表现为好运。“德行”被君主推而广之，成为法律制度，在民众中间传播和固定，国家也就能长治久安。[28]

注：

［1］严海英：《神圣时空下的文化记忆：〈冥世之书〉与奥塞里斯秘仪》，《外国问题研究》，2020 年第 3 期。

［2］温静：《太阳、王权与来世——埃及古王国时期太阳神信仰的嬗变》，《世界历史》，2020 年第 6 期。

［3］国洪更：《古巴比伦王国的正义敕令探析》，《贵州社会科学》，2020 年第 6 期。

［4］李政：《论赫梯帝国的建立和巩固》，《古代文明》，2020 年第 4 期。

［5］蒋家瑜：《赫梯国王名字的演变及族群认同构建》，《世界民族》，2020 年第 1 期。

［6］李永斌：《殖民运动与希腊城邦的兴起》，《首都师范大学学报》（社会科学版），2020 年第 4 期。

［7］晏绍祥：《公元前 5 世纪中后期叙拉古的民主政治》，《首都师范大学学报》（社会科学版），2020

年第 4 期。

[8] 张爱礼：《论德尔菲近邻同盟铸币的原因》，《西华师范大学学报》（哲学社会科学版），2020 年第 3 期。

[9] 崔丽娜：《定义希腊化世界：亚历山大型钱币的出现和传播》，《全球史评论》，2020 年第 2 期。

[10] 胡玉娟：《从 auspicia patrum 到 auspicia plebeii——罗马共和早期平民与贵族的“天命”之争》，《北京师范大学学报》（社会科学版），2020 年第 2 期。

[11] 张新刚：《罗马公法与历史视域中的王权法（Lex Regia）——王权法与人民主权传统的再思考》，《同济大学学报》（社会科学版），2020 年第 2 期。

[12] 徐进伟，徐晓旭：《论东罗马帝国皇帝阿卡狄乌斯的“托孤”》，《史学集刊》，2020 年第 5 期。

[13] 彭小瑜：《杰罗姆书信的社会批判锋芒——古典晚期思想史研究一例》，《北京大学学报》（哲学社会科学版），2020 年第 5 期。

[14]刘家和：《古代中国与世界》，商务印书馆，2020 年。

[15] 马克垚：《汉朝与罗马：战争与战略的比较》，北京大学出版社，2020 年。

[16] 李隆国：《重建“神圣的罗马帝国”：中古早期欧洲的政治发展道路》，《历史研究》，2020 年第 2 期。

[17] 孙思萌：《拜占庭帝国官方意识形态中的对外战争观念》，《世界历史》，2020 年第 5 期。

[18] 王超华：《中世纪晚期英格兰劳动力市场中的契约保护原则》，《世界历史》，2020 年第 4 期。

[19] 吕昭：《中世纪晚期法国的城市移民与社会融合》，《世界历史》，2020 年第 3 期。

[20] 徐浩：《中世纪欧洲的老年群体与养老模式》，《经济社会史评论》，2020 年第 1 期。

[21] 张国刚：《传统丝绸之路的动力机制》，《国际汉学》，2020 年第 4 期。

[22] 李光宗：《古代印度洋航海贸易中的沉香——以 7~15 世纪阿拉伯舆地文献为中心》，《暨南史学》，2020 年第 2 期。

[23] 付家慧：《中世纪早期西欧的慈善与补赎文化——基于悔罪规则书文本的案例考察》，《史学月刊》，2020 年第 8 期。

[24] 孙中华：《“名”亡“实”存——基督教信仰与盎格鲁-撒克逊英格兰树木崇拜的融合》，《世界历史评论》，2020 年第 4 期。

[25] 刘林海：《宗教改革时期的新教与罗马公教研究》，中国社会科学出版社，2020 年。

[26] 吴愁：《宗教改革早期教派的多元化与奥格斯堡“新教认同”的构建》，《世界历史》，2020 年第 6 期。

[27] 周施廷：《自我的觉醒：彼特拉克与现代性》，《史学集刊》，2020 年第 2 期。

[28] 信美利：《马基雅维利政治思想中的“virtú”概念》，《浙江师范大学学报》（社会科学版），2020 年第 2 期。

（北京市历史学会供稿；执笔人：李玮璞、刘林海）

世界近现代史

2020 年，北京地区的世界近现代史研究继往开来，硕果纷呈，其学术探究既有传统领域的深入拓展，也有新兴领域的突破创新。学者们不仅在国别史、地区史、国际关系史、全球史、环境史等领域继续耕耘，还结合抗疫现实和国家发展需要，在医疗史、国别区域研究等新领域取得进展和突破，成果令人瞩目。

一、国别史研究

国别史研究以美国、英国、法国、俄罗斯、日本等大国为主，选题视野宽阔，成果相对集中。

美国史研究涉及政治、社会、环境、对外政策等多个方面，问题多元且具体。主要内容涉及美国“中央官僚国家”形成过程、国会委员会在美国对外决策中的重要地位[1]、二战初期“美国世纪”命题提出的历史背景和社会影响[2]和美国发展过程中的环境治理等方面。此外，有多位学者从移民女工待遇、西进运动和内战遗产等方面对美国的社会问题与身份认同进行了诠释。美国对外政策研究则重点围绕 20 世纪美国谋求世界霸权的历史，朝鲜战争对美国的心理冲击[3]、越南战争中“五角大楼文件”出台[4]和冷战中美国与拉美地区关系等专题展开。

英国史研究集中在近现代政党政治、社会变迁与社会问题等方面。学者论述了光荣革命后议会限制君主外交特权[5]和英属大西洋世界废奴的立法问题、工业革命后英国工人阶级的早期政治参与[6]及随之而来的贫富差距问题[7]、19 世纪大饥荒之后爱尔兰移民与英国城镇管理问题，以及涉及 18 世纪辉格党失势和保守党与工党长期对立问题等。此外，学者们还对近现代以来英国的贸易和关税问题与资本扩张问题进行了重点研究[8]。法国史研究的成果相对较少，主要集中在法国大革命与第一次世界大战等传统专题。学者们追踪了法国大革命研究动态和法国大革命研究的“个人体验和情感”转向[9]，以及以“停战车厢”为中心的法国贡比涅森林—战停战纪念地的建设过程等。

俄罗斯史研究主要围绕中国的俄国史研究、近代沙俄的君主专制，以及 20 世纪苏联史的重要问题展开探讨[10]。如：有学者从 16 世纪中后期的“伊凡四世出走事件”出发，论述了早期沙俄君主专制的形成发展，并指出沙俄向亚洲扩张使得俄国历史兼具东西方性[11]。对于苏俄及苏联建立后的历史，学者们重点研究了列宁与第三国际的建立，二战苏联粮食配给制及 1959 年尼克松和赫鲁晓夫的互访，以及中国-俄罗斯研究的史学史等多个方面[12]。

亚洲史方面，东亚地区一向是学者研究的重点。其中，日本史是重中之重，2020 年有多篇论文发表。内容涉及明治维新对近代日本国民国家形成的重要意义、日本天皇的战争责任、日本侵华政策决策、“大东亚共荣”的理论来源，以及战后地方史与中日历史共同认识等[13]。此外，学者们还关注了库尔德问题、奥斯曼帝国史、中国边疆问题及 20 世纪中叶印度在尼泊尔实行的“前进政策”等历史问题[14]。学术辑刊主要有《新世界史》(第四辑)。这一辑的《新世界史》重点关注了南亚地区的政治、经济、社会、文化等议题，反映了南亚研究的最新成果[15]。

二、国际关系史研究

国际关系史研究成果较为丰硕，其中既有从近 500 年以来的世界历史的发展过程出发，探讨人类命运共同体和“百年未有之大变局”的理论探讨，也有考察 20 世纪国际格局演变与大国关系的实证研究[16]。此外，还有不少围绕二战后中国对日占领、美国对冲绳的文化改造、中印边界战争前后美国对印度的政策，以及美国对华和对东南亚华人的文化冷战政策等专题研究[17]。在学术辑刊方面，首师大出版了《近现代国际关系史研究》的第十七、十八辑，同时创刊了《外交与军事历史评论》，从军事外交双重的新角度为国际关系史研究提供了新平台。《外交与军事历史评论》第一辑的主题围绕二战期间的国际关系展开[18]；最新的两辑《近现代国际关系史研究》则围绕冷战时期的东北亚关系、宣传与公共外交史等专题进行了学术研究。

三、环境史研究

环境史研究主要集中在殖民环境问题、环境治理和海洋环境史等方面。其中，比较突出的研究是：有学者聚焦英属印度的金鸡纳种植试验，揭示殖民帝国在全球物种传播和全球环境变迁方面的巨大作用，还有学者结合 1913 年的加拿大鲑鱼危机的解除和 1968 年美国阿拉斯加州石油管道建设，以及塞拉俱乐部参与回声公园运动的历史案例，说明了科学和环保组织在环境治理和环保方面发挥了巨大的作用。[19]此外，学者们认为海洋环境史是海洋史发展的新路径[20]，环境史与美国西部史研究的结合也对西部史的发展产生了重大影响。

四、全球史研究

全球史研究的成果主要集中在理论建构和个案研究两个方面，特别侧重中国民族叙述对全球史研究的意义[21]。学者们指出英帝国史研究的发展是历史“全球转向”的重要体现，跨文化的“他者叙事”是全球史研究中必不可少的研究视角，从中国历史出发的民族叙事将为全球史的发展做出重要贡献。[22]同时，学者们也对北美独立战争期间咖啡和茶的历史角色，桉树在中国的物种传播及足球运动的全球传播过程进行了研究。在学术辑刊方面，2020 年主要出版了《全球史评论》(第十八、十九辑)和《亚洲与世界》(第三辑)。前者围绕跨大西洋的欧美政治结盟和文化互动、全球史理论与方法、地中海世界的文化传播等进行了一系列的专题研究和学术讨论。后者则重点关注了东西文化交往、东亚间知识的环流、多元视角下的汉语研究等 3 个部分的内容。

五、医疗史研究

医疗史研究在全民防疫的背景下取得了较为长足的进展，体现了世界史学者对现实问题的高度关注。学者们从历史的角度重点就 16—17 世纪英格兰占星医学、19 世纪英国护士官方注册运动和医学统计学，以及美国肺结核疗养院发展史和 20 世纪初的美国殖民下菲律宾的助产士制度的变迁等问题进行了研究。其中，比较有创新性的是结合新冠肺炎政治污名化现象，对西方医疗史研究中的地区偏见进行了批评研究。[23]

六、国别区域研究

国别区域研究是近年来新兴的学术研究领域，也是世界近现代史研究新的学术增长点。2020年度，首都师范大学的文明区划研究中心出版了一系列巴尔干研究的著作，并创刊出版了国内第一本聚焦巴尔干的学术辑刊《巴尔干研究》[24]，大大推进了国内巴尔干研究的开展。其中比较重要的成果有中心首席专家马细谱的新著《南斯拉夫通史》，该书系统梳理了南斯拉夫的历史，是中国学术界巴尔干地区国别通史研究的最新力作[25]。中心学者还从历史的角度考察了斯洛文尼亚分离主义活动的宣传话语，指出二战后巴尔干地区国家独立过程中存在安全、民主和经济3种类型的动员宣传话语[26]；中心刊物《巴尔干研究》第一辑主要探讨了国际学术界关于“巴尔干”概念的学术争论。

注：

［1］张腾军：《国会委员会与美国对华决策研究》，世界知识出版社，2020年。

［2］王一哲：《亨利·卢斯“美国世纪”命题的提出及其影响》，《历史研究》，2020年第6期。

［3］孟庆龙：《火与冰：朝鲜战争对美国的心理冲击》，《军事历史》，2020年第5期。

［4］刘东明：《“五角大楼文件”与“五角大楼文件案”》，《北京师范大学学报》(社会科学版)，2020年第2期。

［5］胡莉：《光荣革命后英国君主外交特权的变革——以“瓜分条约事件”为中心》，《历史研究》，2020年第5期。

［6］钱乘旦：《工业革命与英国工人阶级》，南京出版社，2020年。

［7］郭家宏：《近代英国的贫富差距问题》，南京师范大学出版社，2020年。

［8］孙莹：《论19世纪末20世纪初英国贸易保护思想的发展和形成》，《学海》，2020年第3期。俞金尧：《资本扩张与近代欧洲的黑夜史》，《历史研究》，2020年第4期。

［9］庞冠群，查少琛：《体验革命：反思法国大革命的新路径》，《史学理论研究》，2020年第6期。

［10］张建华：《中国俄国史研究百年检视与思考》，《史学月刊》，2020第1期。

［11］刘雪野，王晓菊：《从伊凡四世“出走事件”看俄罗斯国家的政治博弈》，《安徽史学》，2020年第3期。

［12］张建华：《1959年尼克松与赫鲁晓夫互访及美国社会“苏联形象”的建构》，《上海师范大学学报》(哲学社会科学版)，2020年第6期。

［13］汪朝光，于铁军主编：《中日历史认识共同研究报告》，社会科学文献出版社，2020年。

［14］昝涛：《奥斯曼帝国晚期与现代土耳其官方关于“库尔德问题”话语的嬗变》，《阿拉伯世界研究》，2020年第6期。

［15］金永丽，宋丽萍主编：《新世界史》第4辑，社会科学文献出版社，2020年。

［16］徐蓝：《500年世界历史变迁与“百年未有之大变局”》，《世界历史》，2020年第6期。徐蓝：《20世纪国际格局的演变与大国关系互动研究》，世界知识出版社，2020年。

［17］翟韬：《美国对新中国宣传政策的演变(1949—1969)》，《世界历史》，2020年第6期；翟韬：《文化冷战与华侨华人：美国对东南亚华侨华人的宣传渗透》，《东南亚研究》2020年第1期。

［18］梁占军主编：《外交与军事历史评论》第1辑，世界知识出版社，2020年。

［19］仇振武，梅雪芹：《自然试验与“仁慈统治”：19世纪中后期英属印度金鸡纳种植业的兴衰探析》，《学术研究》，2020年第12期。

［20］包茂红：《从海洋史研究到海洋环境史研究》，《全球史评论》，2020年第2期。

［21］张旭鹏：《全球史与民族叙事：中国特色的全球史何以可能》，《历史研究》，2020年第1期。

［22］刘文明：《全球史研究中的“他者叙事”》，《首都师范大学学报》(社会科学版)，2020年第3期。

［23］施诚，倪娜：《西方学术界重大传染病起源地研究的歧见和偏见——以黑死病、美洲天花、梅毒和1918年大流感为例》，《清华大学学报》(哲学社会科学版)，2020年第6期。

［24］梁占军主编：《巴尔干研究》第1辑，世界知识出版社，2020年。

［25］马细谱：《南斯拉夫通史》，上海社会科学文献出版社，2020年。

［26］杨东：《斯洛文尼亚分离活动的宣传话语》，载于《巴尔干研究》第1辑，世界知识出版社，2020年。

(北京市历史学会供稿；执笔人：梁占军、武垚)

军　事　学

军　事　学

2020 年是恩格斯 200 周年诞辰，是中国人民解放军成立 93 周年，是中国人民抗日战争暨世界反法西斯战争胜利 75 周年，是中国人民志愿军抗美援朝出国作战 70 周年，同时也是中国军队参加联合国维和行动 30 周年。2020 年作为中国国防和军队现代化“三步走”战略安排第一步阶段性目标的实现之年，军事学在学科创新发展、学术研究进展、坚持问题导向与展望未来发展趋势等方面都呈现出闪光亮点。

一、军事历史研究新进展

军事历史的研究主要包括对军事史、战争史、军事思想史、军事学术史、军事技术史、武装力量建设史、军事制度史等的研究。随着世界新军事革命的兴起和不断推进，军事历史研究呈现出新的发展趋势：军事历史研究与国防和军队建设结合得将更加紧密；围绕国际政治和军事热点问题的研究在历史、现实与未来的结合上更加超前；军事历史研究的方法手段更加现代化，成果形式更加多样化；军事历史研究体系日趋完善，并逐步向区域化、全球化发展。军事学界主要围绕以下热点问题开展相关研究。

1. 中国人民解放军政治工作服务备战打仗历史回溯

中国人民解放军是在战火的洗礼中诞生和成长起来的，从诞生之日起中国人民解放军政治工作就立足于实战的需要，紧密配合军事工作，充分发挥政治工作生命线的引领带动作用，是中国人民解放军发展壮大、克敌制胜的重要法宝。一是用科学理论武装官兵，坚定为何而战的信仰；二是用组织力量凝聚官兵，解决听谁指挥的关键；三是用积极动员鼓舞官兵，激发敢打必胜的意志；四是用深入宣传赢得民心，夯实人民战争的基础；五是用有效方法瓦解敌军，取得攻心夺志的效果。[1]

2. 抗日战争胜利的宝贵经验

一是党的中流砥柱作用是抗战胜利关键。[2]二是全民族抗战是抗战胜利重要法宝。[3]三是以爱国主义为核心的伟大民族精神，是中国人民抗日战争胜利的决定因素。[4]四是战略战术水平高于对手，创造出一套敌人不适应的打法，真正做到了以己之长、攻敌之短。[5]五是抗战胜利开辟民族复兴光明前景，是近代以来中国抗击外敌入侵的第一次完全胜利。[6]

3. 抗美援朝创造了人类战争史上的奇迹

2020 年是中国人民志愿军抗美援朝出国作战 70 周年，党中央和毛主席做出出兵参战战略决策，是战略上藐视敌人和战术上重视敌人辩证统一的科学体现，是敢于斗争与善于斗争紧密结合的光辉典范。学习这场战争的战略决策、指挥艺术、后勤保障、战争动员等，从中汲取经验，观照现实，思考未来。[7]

4. 传承红色基因，汇聚强军伟力

红色基因，在党领导人民军队的伟大实践中造就，蕴含在中国人民解放军厚重而光辉的历史当中。贯穿其中的都是党对民族复兴、国家富强、人民幸福的不懈追求。红色基因是我们走向未来最宝贵的精神财富。传承红色基因是打赢未来战争的制胜密码。[8]新时代传承红色基因，要求我们站在确保人民军队血脉永续、根基永固、优势永存的高度，充分认清重大意义，加强体系推进、综合施策，把红色资源运用好，把红色基因传承好，培养一茬茬一代代合格的红色传人。[9]

二、军事思维研究新进展

思维作为时代的产物，一般说来，任何创新都是主体内在思维创新的外化结果。[10]军事思维，这种战略思维能力，不是一成不变的，而是随着外界客观因素的改变不断发展、不断转变的。为更好适应现代化新军事变革，在作战理论创新上赢得先知、优知、智知的优势，必须不断推进对军事思维的研究。

(一)转变思维理念，革新军事思维方式

1. 积极更新思维理念

紧跟信息网络时代的发展步伐，主动来一场头脑风暴和思维革命，建立与之相适应的用户思维、流量思维、简约思维、极致思维、平台思维、共享思维等思维方式。互联网思维的核心是用户思维，即“以用户为中心”，强调用户的参与感和个人体验。[11]

2. 作战设计是人类对未来作战的思维创造

当今时代，以隐形、精确制导为标志的物质因素进入稳定状态后，以大数据、云计算、物联网、脑科学为标志的思维因素影响力剧增，认知域与新兴技术交互融合，使得“运用之妙、存乎一心”的创造性思维场景化，人-机结合的作战设计模式应运而生。[12]

3. 人工智能对战争思维方式产生极大影响

人工智能将对战争思维方式和认知方式产生极大影响，思维和认知过程可用“0”“1”所形成的各种组合来描述，使得思维和认知从形式和内容上转化为计算。人工智能的出现，不但考验人类自身的知识结构，更考验着人类自身的思维范式。不管怎样理解，人工智能应用于战争，已经成为一个不可阻挡的趋势。[13]

(二)破除思维定式，推动军事思维转型

当战争形态进入信息化战争阶段，智能化武器在联合作战中崭露头角之际，战争样式、战场环境、作战方式、指挥手段等都发生了根本性变化。如果观念不突破，就很难发挥以作战理论拉动战争设计的作用，难以使战争准备追逐军事较量的前沿刀锋。

1. 塑造以反思进取为特征的思想观念

历史表明，环境、任务、条件变了，如果仍然抱着原有思维习惯，奉行主观主义、经验主义，不按客观规律办事，就不可能有新思路、新举措、新作为。理论现代化背后体现的是观念变革，要勇于破除思维定式、工作惯性和路径依赖，在变中求新、求进、求突破。为此，必须优先追求认知领域现代化，塑造以反思进取为特征的思想观念，为变革创新开辟道路。[14]

2. 大数据思维引领与系统思维、精确思维和前瞻思维

在未来的联合作战中，大数据思维将引领联合作战装备保障模式的新发展。大数据思维要求装备保障模式体现出基于体系保障的系统思维、基于数据模型的精确思维和基于科学预测的前瞻思维，能够依托大数据分析处理技术和结构模型。[15]

3. 智能思维是以智能化技术为基础的一种思维模式

智能思维正是对智能新的价值和意义的新认识，反映了智能时代对军事思维的“科技重塑”，成为适应战争形态演进的重要思维模式。一般说来，任何创新都是主体内在思维创新的外化结果。从作战理论创新来说，确立以智能赢得制胜优势的作战理念，探寻以智能释放作战效能的作战方式，正是以智能思维驱动创新的集中体现。[16]

(三)运用科学思维，解决现实问题

1. 运用科学思维方法推进战略预置

推进战略预置，需要运用科学思维方法，一是前瞻思维，增强战略预置的超前性。二是匹配思维，增强战略预置的针对性。三是系统思维，增强战略预置的整体性。[17]

2. 确立法治思维，坚守军事底线思维

深入推进依法治军、从严治军，前提是确立法治思维，如果法治思维无法确立，朝令夕改、长官意志、暗箱操作等人治方式就很难根除。[18]底线思维，就是客观地设定最低目标，立足最低点，争取最大期望值的一种积极的思维。军事手段始终是国家安全的保底手段，守住国家安全这个底线，是军事底线思维的第一要义。坚持军事底线思维，必须破除和平积弊，强化备战打仗导向。[19]

3. 提升指挥员战略思维能力

提升战略思维能力是指挥员能力素质培养的重要内容，需要通过长期的学习和实践积累来获得。一是学习哲学奠定辩证思维基础。掌握唯物辩证法的根本方法，奠定辩证思维基础。二是学习战争史培养指挥员战略思维能力。三是学习自然科学，科学思维建立在一定的自然科学基础之上。四是学习社会科学积累人文综合素养。人文综合素养也是衡量指挥员战略思维能力的一项重要指标。五是用实践检验强化战略思维能力，提升战略思维能力的目的和意义在于指导军事实践。[20]

三、机械化、信息化、智能化融合发展新进展

2020年八一建军节前夕，习近平在主持中共中央政治局就加强国防和军队现代化建设举行的第二十二次集体学习时，明确提出“加快机械化、信息化、智能化融合发展”。党的十九届五中全会对此进一步强调，并纳入“十四五”规划和2035年远景目标中加以部署落实。加快“三化”融合发展，赋予了国防和军队现代化新的时代内涵，为加快国防和军队现代化建设进一步指明了发展方向与发展路径，成为当前和今后一个阶段国防和军队建设的重要着力点。

加快“三化”融合发展，重点是加快智能化发展，要有强烈的机遇意识和紧迫感，不能等机械化、信息

化充分发展后，再按部就班推进智能化发展，而必须抓住科技革命机遇，采取超常措施推进智能化。加快“三化”融合发展，关键是推进科技创新，无论是作战平台、武器弹药等物理实体为代表的硬件，还是以作战数据、算法、模型等为核心的软件，无不需要强大的科技创新做支撑。科学技术是核心战斗力，是军事发展中最活跃、最具革命性的因素。加快“三化”融合发展，最重要的是强化人才支撑，从根本上说是智能力和前沿科技的挑战，特别是随着智能化深入发展，人与武器的关系必将重塑，对人的素质必然有跳跃式要求，未来战争中人的因素，将集中体现为人才因素，人才的强弱决定着发展的成败。我们要深入实施人才强军战略，突出强化联合作战指挥人才、新型作战力量人才、高层次科技创新人才、高水平战略管理人才等重点人才队伍建设。[21]

四、未来战争研究新进展

当今时代，信息技术飞速发展，信息化战争以一种新的战争形态已经登上人类的战争舞台。未来战争必定与新型装备和信息技术密不可分，今天具有颠覆性意义的智能化、信息化技术，很可能成为未来战争中的“新常态”。因此，注重研究未来战争是夺取信息化战争优势、形成未来战争胜势的首要前提。

(一)未来战争什么样

未来战争是信息化程度较高的联合作战，是军地联动、军民一体、前后方界限模糊的“混合战争”，是战略、战役、战术行动界限模糊，时间要素突显，发现即摧毁的“秒杀”行动。[22]智能化无人作战系统是未来战争装备发展新趋势。其核心在于瞄准未来战争“零伤亡”“全覆盖”“快响应”等要求，充分运用新理论、新材料、新工艺、新能源、新技术发展成果，在人机协同和自主行动两个方面不断取得突破，构建战略、战役、战术三级无人装备体系，规模化打造新型智能无人之师，实现无人作战系统的体系化协同作战。[23]

(二)未来战争的特点

作战形态从信息化战争向智能化战争加速演进。作战空间得到极大拓展，未来人类战争的战场必然是全域性的。未来战争的高度复杂性，要求从多个维度综合采取多种措施，从而灵活主动地进行战争。诸军兵种联合进行的战争将成为常态。

(三)赢得未来战争必须有前瞻思维

1. 谋于战前，计于胜前，下好“先手棋”

不能准确预见和把握未来战争，就不可能成为未来战争的制胜者。军队要为下一场战争做准备，必须有前瞻思维，谋于战前，计于胜前，以“未来并不在现在的延长线上”的理性思考超前筹划，按照“真正的战争，发生在战争之前”的博弈理论，以时不我待、只争朝夕的紧迫感抓紧研究未来战争的制胜机理，下好“先手棋”。[24]

2. 以超前的思维理念料敌在先

古人云：“先谋后事者昌，先事后谋者亡。”指挥员作为指挥决策者，临机应变、见招拆招固然必不可少，但这还远远不够，只有提前预见，紧跟变化，才能谋定克敌制胜之道。指挥员眼界格局不能只限于特情处突预案，还要把现代战争制胜机理研深悟透，把战法战术运用娴熟，眼睛始终盯住战场走势，扎实掌握战场信息，以超前的思维理念和全局观念来带动战场实践，时刻做到运筹帷幄、料敌在先，如此，在面对难局、险局、危局时，才能做到心中不慌、手里有招。[25]

3. 运用底线思维提前做好战争准备

未来战争的制胜者必须要有底线思维。坚持底线思维，必须紧绷备战打仗之弦，保持高度戒备状态，才能以“能战”来“止战”。[24]能战方能止战，准备打才可能不必打，越不能打越可能挨打，这是战争与和平的辩证法，也是推进军事训练面对挑战和变化，向更深领域、更高标尺迈进的力量源泉。全军上下把新时代军事战略思想立起来，把新时代军事战略方针立起来，把备战打仗指挥棒立起来，把抓备战打仗的责任担当立起来。

(四)赢得未来战争必须推进军事理论研究

1. “从实验室打响战争”的方式对未来战争反复预演

实现军事理论现代化，必须加强未来战争的预判和预演，对未来战场环境、战争对手、作战模式等各个环节做“提前触摸”。打赢未来战争，高度依赖现代化的军事理论做支撑。未来仗怎么打，我们的军事理论就怎么研究。善于设计战争。根据信息技术等特点和中国面临的风险挑战，要设计出适应中国人民解放军作战并且能够克敌制胜的战争方案，通过“从实验室打响战争”的方式对未来战争反复预演，以此掌握未来战争的主动权。[26]

2. 加快推进军事理论现代化进程，目的是校正未来战争的准星

实现中华民族伟大复兴，捍卫国家主权、安全、发展利益，需要有完整的现代化军事理论，必须要让

军事理论驱动和引领当下的练兵备战和未来的信息化作战。让理论为未来战争提高胜算，这是每一位军事理论研究者必须遵循的原则。[26]

3. 确立与战场实际相符合的作战方针是赢得未来战争的前提

未来作战，必须从实际出发，科学评估战场上敌我双方力量，选择适当作战方式，才能做到以少胜多、以弱胜强，要绝对杜绝情况不明决心大的决策出现。

4. 未来作战主要是应对混合型战争

未来作战，军事因素与政治、外交、经济和文化等因素已经融为一体，应加快构建一体化国家战略体系和能力，加快形成一体化联合作战能力，以应对混合型战争。[27]

5. 数据优势已成为打赢未来战争的重要优势

大数据是指无法在一定时间范围内用常规软件工具进行捕捉、管理和处理的数据集合，是需要新处理模式才能具有更强的决策力、洞察发现力和流程优化能力的海量、高增长率和多样化的信息资产。[28]

（五）赢得未来战争必须全力打造全军高端智库

要打造全军战略科研的高端智库，为军委决策提供更加专业精准的决策服务。打造本军兵种建设的高端智库，各军兵种院校要系统整合本军兵种战、建、训、管资源和数据，深入开展前瞻性、针对性、储备性政策研究。打造研战知敌的高端智库，紧盯作战任务、对手、环境深化作战问题研究，善于开展基于大数据、云计算的兵棋推演，为打赢制胜提供强大智力支撑。打造孕育催生新概念、新战法的高端智库，紧跟国际格局演变和军事发展研提具有中国人民解放军特色的新作战概念，打通试验、评估、完善、推出各链路，推动军事科研更好服务教学、服务部队、服务战斗力建设。[29]

注：

[1]魏希楠：《我军政治工作服务备战打仗历史回溯》，《中国军网 国防部网》，2020 年 4 月 16 日。

[2]许三飞，魏希楠：《党的中流砥柱作用是抗战胜利关键》，《解放军报》，2020 年 9 月 3 日。

[3]朱姝璇：《全民族抗战是抗战胜利重要法宝》，《解放军报》，2020 年 9 月 10 日。

[4] 孙海强，许炎：《伟大民族精神是抗战胜利决定因素》，《解放军报》，2020 年 8 月 27 日。

[5] 刘海涛：《善于创造一套对手不适应的打法——从抗战历史中汲取打赢智慧②》，《解放军报》，2020 年 8 月 26 日。

[6]付双龙：《抗战胜利开辟民族复兴光明前景》，《中国军网 国防部网》，2020 年 8 月 20 日。

[7]何雷：《高瞻远瞩的历史性决策》，《解放军报》，2020 年 9 月 29 日。

[8]苏敬装：《传承红色基因　汇聚复兴伟力》，《学习时报》，2020 年 3 月 23 日。

[9]凌胜银，韩飞，高梅勇：《深入推进红色基因代代传工程》，《解放军报》，2020 年 6 月 17 日。

[10]吴蕾 ，邓海冰：《增强联合作战筹划智能化应用》，《解放军报》，2020 年 9 月 24 日。

[11]胡世军：《增强网络时代思想政治教育质效》，《中国军网 国防部网》，2020 年 12 月 2 日 。

[12]刘玮琦：《信息化战争应有怎样的设计观》，《解放军报》，2020 年 8 月 23 日。

[13]魏继才：《人工智能对未来战争的深刻影响》，《学习时报》，2020 年 4 月 20 日。

[14] 刘小兵：《先进军事理论对引领国防和军队现代化至关重要——访国防大学国家安全学院教授郭凤海》，《光明日报》，2020 年 12 月 22 日。

[15]李长海，韩剑，朱昊：《大数据如何推进装备保障变革》，《解放军报》，2020 年 7 月 7 日。

[16]胡金锁，张胜满，杨裕强：《新型作战力量建设要牵住系统思维这个“牛鼻子”》，《中国军网 国防部网》，2020 年 4 月 7 日。

[17]吴奇，陈静：《科学推进战略预置》，《解放军报》，2020 年 12 月 17 日。

[18]李天，宋增吉：《善于运用法治思维推进工作》，《中国军网 国防部网》，2020 年 11 月 25 日。

[19]华建宝：《夯实军事底线思维的基石》，《中国军网 国防部网》，2020 年 6 月 30 日。

[20]郭强：《指挥员战略思维能力从哪里来》，《解放军报》，2020 年 7 月 14 日。

[21] 吴志忠：《加快机械化信息化智能化融合发展——学习贯彻党的十九届五中全会精神》，《中国新闻网》，2020 年 11 月 08 日。

[22]于云先，袁宗仪：《信息化战争应有怎样的动员观》，《解放军报》，2020 年 4 月 2 日。

[23]李明海等：《积极应对战争形态智能化挑战》，《中国指挥与控制学会》，2020 年 10 月 13 日。

[24]赵艳斌，梁智勇：《忧患者胜》，《解放军报》，2020 年 9 月 24 日。

[25]周宇鹏，冯邓亚：《练兵打仗要多想几个

“如果”》，《解放军报》，2020 年 9 月 29 日。

［26］张凤波：《以军事理论现代化校正未来战争准星》，《学习时报》，2020 年 11 月 23 日。

［27］潘金桥，张苗：《临汾战役：一场凝聚智慧的攻坚战》，《解放军报》，2020 年 12 月 10 日。

［28］白承森，沈寿林：《大数据为军事预测“添翼”》，《解放军报》，2020 年 8 月 25 日。

［29］田晓蔚：《担好培养练兵备战行家里手职责》，《解放军报》，2020 年 12 月 10 日。

（国防大学昝瑞礼供稿）

工商管理学

摘　要

经过多年发展，北京地区工商管理学科在一级学科及二级学科各方面均取得了重要成就。在京企业长期的管理经验积累，特别是近年来企业管理的创新实践，为北京地区工商管理学科的发展提供了新平台与新机遇。

一、工商管理学研究成果

1. 市场营销

市场营销的研究方向不断丰富和发展，在消费者决策、品牌管理、产品管理、营销战略等领域取得了丰硕的研究成果。在消费者决策方面，有学者指出，在新冠肺炎疫情背景下，公共服务广告可通过提供额外的统计信息来缓解人们的威胁感知，进而减少非理性的储备物资行为。相关研究提供了理解消费者行为的崭新理论视角：在公共健康和安全的背景下，消费者可以被“推”到预期的行为。此外，有学者从消费者认知角度为理解产品定价过程提供了新的理论视角。陈荣等指出，尽管已有的金融学文献认为现金支付会导致价格折扣，但研究发现，现金支付会促进消费者的心理意象过程，进而增加人们对金钱的渴望，并导致更高的销售价格。相关研究拓展了对消费者行为的理解。

2. 会计学

会计学研究方向不断发展完善，在财务会计、审计和管理会计等传统领域及企业创新等前沿热点问题的研究上都取得了丰富的研究成果。在审计研究方面，薛刚等发现披露关键审计事项可作为监督压力抑制企业管理层迎合分析师预测的行为，为监管者和政策制定者完善审计准则提供借鉴。在财务会计方面，北京地区会计学者深入挖掘中国经济体制下的企业盈余管理问题。李荣等指出，在“互联网+”的大背景下，互联网商业模式给了企业内部更大的盈余管理空间，增加了外部利益相关者的监督难度和监督成本，降低了上市公司盈余质量。在《政策不确定性、资源配置效率与企业高质量发展》一书中，陈德球等立足转轨经济背景，以企业的投资决策、税收激进、盈余管理和现金持有为研究对象，分析了现阶段政策不确定性对企业资本配置效率的影响，并找到了突破企业高质量发展关键约束的路径方法。

3. 组织行为与人力资源管理

近年来，组织行为与人力资源管理领域研究取得重要进展，在领导力、个人特质、团队行为、组织学习、组织创造力、人力资本、员工的个体与群体心理特征及行为等领域取得丰硕的研究成果。在创造力研究方面，金孟子等发现跨文化合作中出现的冲突是一把“双刃剑”，如何进行冲突管理至关重要。具体而言，跨文化任务冲突对男性组（男-男合作）的创造性合作有消极影响，但对女性组（女-女合作）的创造性合作有积极影响。相反，跨文化关系冲突总体上对创造性合作有消极影响，但这种消极影响在女性组比在男性组更明显。该研究拓展了创造力理论视角，拓展了对跨文化合作冲突管理的理解。

4. 战略管理

战略管理的研究方向不断创新和深化，在高管团队、公司治理和企业理论等传统领域，及中国制度环境下的中小企业发展、“大数据时代”的企业创新等前沿领域都取得了丰硕的研究成果。在企业理论方面，张闫龙等根据最优区分理论提出企业的行为既要考虑合法性又要追求区分性。该研究敏锐地抓住近年来中国企业普遍追求企业社会责任这一潮流，将企业社会责任行为分为广度和焦点两个维度。社会责任议题的广度确保企业的合法性，从而影响了证券分析师对企业的关注度；而强调社会责任行为的焦点则彰显企业的市场价值和区分性，从而影响了证券分析师对企业的评价。该项成果对中国企业社会责任活动的理论研究和管理实践都具有重要意义。除传统领域研究之外，北京地区战略学者高度关注本土新兴企业战略。例如，武亚军在《走向繁荣的战略选择：博雅塔下的思考与求索》一书中探讨了近20年来中国宏微观领域中改革与发展若干重要问题及企业战略选择。

二、工商管理学研究特点

在双一流学科建设背景下，针对构建中国特色工商管理学体系，学界的普遍共识是聚焦管理的时代性和中国化趋势，深入挖掘和提炼中国制度情境下的管理实践创新和理论整合，为新时代高质量发展提供有价值的本土管理学理论供给，推动构建中国管理学的国际话语权。据此，2020年北京地区工商管理学科的研究特点主要体现在研究对象及研究方法两个层面。

（一）研究对象

就研究对象而言，北京地区工商管理学者重点关注具有中国现实意义和前沿性的核心问题，针对中国本土的前沿热点问题开展深入研究，例如国有企业、计划生育与养老政策、绿色低碳、扶贫、乡村建设等话题，相关成果发表在海内外学术期刊上，具有很强的前瞻性和现实意义。

1. 国有企业相关问题

国有企业是中国国情背景下诞生的特有的研究话题，研究者们围绕国有企业发展、市场化与混合所有制改革、人力资源管理、国有资本管理、股权等话题展开研究。例如，刘超等围绕国有企业党组织与董事会“双向进入、交叉任职”这一重要的公司治理制度安排，重点考察了国有企业党组织治理对董事会决策过程的影响。该研究对于完善有中国特色的国有企业治理理论具有重要意义，为党组织如何在实践中发挥“把方向、管大局、保落实”的作用提供理论指导。

2. 人口结构与养老相关问题

随着中国人口结构正在发生深刻变化，退休、养老、医疗等制度安排成为本土学者关心的话题。例如，冯梦骐等发现如果仅考虑基本养老保险，在中国退休年龄范围内延迟退休确实会缩减养老金财富，但如果加入企业年金后，总养老金财富会随着退休年龄的提高而增加。该研究为延迟退休政策提供了理论建议。

3. 绿色低碳相关问题

中国在联合国大会上承诺，力争2030年前实现碳达峰、2060年前实现碳中和，实现“双碳”目标。2020年，北京双一流高校的许多工商管理领域学者围绕低碳绿色经济展开研究。例如，中国科学院大学等机构的学者发现技术变革和效率提高是碳排放强度降低的主要因素，而碳排放反弹效应降低了这些积极影响。该研究还提出了降低碳排放强度的具体、有针对性的政策建议。

4. 扶贫相关问题

自“精准扶贫”概念提出以来，政府运用科学有效的方法对扶贫对象实施精确识别、精确帮扶、精确管理。北京高校研究人员通过总结国家扶贫发展历程，对中国扶贫进行了总结和梳理。例如，雷明等在《中国扶贫》一书中系统分析了中国扶贫发展的工作机制和路径，提炼了中国扶贫发展的模式和经验。张海洋等指出，中国地方政府普遍利用财政扶贫资金设立的“风险补偿金”做担保，激励商业银行向贫困户发放扶贫贷款，但其中的道德风险问题不容忽视。如果存在道德风险，政府可通过适当增加杠杆比激励银行付出努力，即政府与市场在农户扶贫工作中的应强化协作机制。

5. 乡村建设相关问题

在全面建设社会主义现代化国家新征程中，中国对农村进行了经济、政治、文化和社会等方面的建设，以期最终实现建设社会主义新农村的目标。在此背景下，北京高校的研究人员探讨了许多与农村发展相关的问题，包括农村医疗保险、宅基地资产管理、乡村旅游、农产品贸易、农户信贷行为等。例如，张喜才通过对电商、批发市场、超市等城市带动贫困地区农产品销售的6种供应链模式进行分析，厘清了贫困地区农产品供应链建设中生产环节、产地物流环节、干线物流环节、城市配送环节4个关键节点，提出延伸供应链条、打造贫困地区到城市物流干线，建设冷链物流设施等政策建议。

（二）研究方法

就研究方法而言，大数据和机器学习方法日益引起学者关注。北京地区工商管理学者通过采用机器学习相关方法手段，对大数据和其他多来源的一手及二手数据进行深入分析，探讨了信息技术时代崭新的管理现象和实践。例如，陆瑶等首次采用机器学习算法中的 Boosting 回归树，全面考察了多维度高管特征对公司业绩的预测性。与此同时，学者们在充分借鉴吸收西方管理学的有益研究方法的基础上，更加重视定性研究方法在剖析和诠释中国独特管理现象中的作用。例如，李亮等在《管理案例研究：方法与应用》一书中详细梳理了从问题提出到数据收集，再到数据分析和论文写作的案例研究全过程。刘茜在《质性方法：在管理与营销研究中的应用》一书中聚焦中国企业和消费者尚未被理论化的特征和动态，介绍了如何采用阐释主义质性研究方法理解"中国现象"。

工商管理学

随着中国经济的蓬勃发展和中国企业在国际舞台上竞争力的提升，中国具有了一批世界级的企业，并逐步形成中国特色的管理理论和管理实践。根据《财富》2021 年世界 500 强的统计数据，中国世界 500 强企业增至 135 家，连续两年超过美国（122 家），成为全球拥有 500 强企业最多的国家。围绕着中国特色的管理学，东方管理理念等概念的讨论也越来越多。工商管理学科的诸多研究问题源于管理实践，从实践中提炼总结的管理理论和方法又能进一步指导着企业的管理实践活动。在"立足新发展阶段、构建新发展格局"的大背景下，加快构建高质量的中国特色工商管理学体系已迫在眉睫。在双一流学科建设背景下，北京地区工商管理学科建设着力于学科发展和学术创新，推动了中国工商管理理论发展和学术创新，解决了在京企业乃至全国企业管理实践活动中的实际问题和难题，助力北京在新发展格局中发挥更强的经济辐射作用。

一、学科研究进展

（一）组织行为与人力资源管理主要研究进展

近年来，组织行为与人力资源管理领域研究取得重要进展，人才队伍迅速扩大。该领域研究方向不断创新和深化，在领导力、个人特质、团队行为、组织学习、组织创造力、人力资本、员工的个体与群体心理特征及行为等取得丰硕的研究成果。2020 年，有相关研究成果发表在 *Academy of Management Journal*、*Journal of Management* 等国际权威学术期刊上。具体的研究进展举例如下：

1. 员工心理特征及工作场所行为相关研究逐渐系统深化

中国人民大学刘光建及其合作者[1] 运用元分析方法，系统地整合了心理所有权（Psychological ownership）的前因和结果。在过去 20 年发表的 141 项研究中，他们发现除控制（Control）、了解（Knowing）和投资（Investment）三类传统前因外，安全（Safety，即组织正义、信任、感知到组织支持和关系亲密性）是导致心理所有权的另一重要前因。此外，他们发现相较于组织承诺和组织认同，心理所有权在预测员工绩效表现和组织公民行为方面具有更强的递增效度。

北京师范大学王小华及其研究团队[2] 对社会支持（Social support）相关研究进行了深入梳理。通过对跨学科研究的知识和实证结果进行综述，他们总结出社会支持的主要特征及其在工作场所中的 4 种作用：积极作用"催化剂"、积极作用"增强器"、消极作用"缓冲器"和消极作用"加剧者"。他们指出为员工提供社会支持有利有弊，必须综合考虑社会支持、压力源及员工个人特质之间的匹配程度，再做出决策。

2. 领导力相关研究继续深化

北京师范大学钱婧及其合作者[3] 检验了授权型领导（Empowering leadership）对员工创造力和工作绩效的影响机制及其边界条件。他们发现授权型领导通过下属的主动担责行为（Taking charge）和谏言行为（Voice behavior），影响下属的工作绩效和创造力。但这种间接作用仅在领导者表现出较高水平的奖励遗漏（Leader reward omission）时才存在。该研究进一步丰富了对授权型领导有效性边界条件的理解，对未来研究及实践者都有重要的启示。

3. 创造力相关研究引人关注

北京大学金孟子及其合作者[4] 研究发现，发现跨文化合作中出现的冲突是一把"双刃剑"，如何进行冲突管理至关重要。具体而言，跨文化任务冲突对男性组（男-男合作）的创造性合作有消极影响，但对女性组（女-女合作）的创造性合作有积极影响。

相反，跨文化关系冲突总体上对创造性合作有消极影响，但这种消极影响在女性组比在男性组更明显。该研究拓展了创造力理论视角，拓展了对跨文化合作冲突管理的理解。

清华大学李宁及其研究团队[5] 分析了两种类型的团队成员——“明星员工”和“非明星员工”——在推动团队创造力方面的作用。他们发现当“明星员工”占据团队工作流的中心位置时，他/她既有可能直接对团队创造力产生积极影响，也可能通过降低其他“非明星员工”的学习活动间接损害团队创造力。此外，他们还发现团队协作可以缓解“明星员工”中心性对“非明星员工”学习行为的不利影响，进而缓冲其对团队创造力的消极作用。

（二）战略管理主要研究进展

战略管理的研究方向不断创新和深化，在高管团队、公司治理和企业理论等传统领域，及中国制度环境下的中小企业发展、“大数据时代”的企业创新等前沿领域都取得了丰硕的研究成果。相关研究成果发表在 *Academy of Management Journal*、*Administrative Science Quarterly*、*Journal of Management* 等国际权威学术期刊及《管理科学学报》《南开管理评论》等国内知名学术期刊上。

1. 高管及其团队相关研究视角多元

过渡时期新任 CEO（Chief Executive Officer）行为研究取得有国际影响力的重要进展。北京大学易希薇及其研究团队[6] 考察了新任 CEO 在过渡时期的社会影响行为。研究主要关注逢迎（Ingratiation）和自我推销（Self-promotion）两种社会影响策略。该研究首次使用自然语言处理等文本分析的方法来测量 CEO 的社会影响策略，并发现当新任 CEO 面临留任董事长的前任 CEO 时，可以采取逢迎的影响手段来管理与前任 CEO 的人际关系，降低自己早期解聘的风险；但当新任 CEO 面临股票市场的负面反应时，新任 CEO 需要采取自我推销而非逢迎的手段向资本市场强调自己的能力。他们的研究不仅补充了新任 CEO 如何主动控制早期解聘风险的研究缺口，也为未来 CEO 继任等领域的研究开辟了新的方向。

CEO 特质及行为研究取得了重要成果。清华大学陆瑶及其团队[7] 利用机器学习方法从一个更为全面的视角对中国的高管特征进行了研究，为公司高管聘任和激励机制设计等方面提供了有益的启发。此外，北京大学易希薇及其合作者[8] 发现，在媒体将 CEO 列为“最优秀的商业领袖”后，他们更有可能从事财务不当行为。他们提出，“最优秀的商业领袖”奖项在提升 CEO 对自身自我价值（Self-worth）的认知的同时，也增强了他们的心理特权感（Psychological entitlement），特别是打破规则的自由。他们通过考察中国上市公司的获奖 CEO 的行为，发现获奖的 CEO 在获奖后确实比获奖前更容易做出财务不当的行为。此外，当 CEO 薪酬过低或来自奖项稀少的特殊行业时，获得“最优秀的商业领袖”这一奖项对 CEO 做出财务不当行为的影响更大。

中国制度文化环境下的 CEO 战略决策研究取得突出成果。随着中国对外开放新格局的发展，中国企业在全球商业新常态下越来越多地收购国外企业，如何取得跨境并购的成功显得越发关键。北京大学朱虹及其研究团队[9] 重点考察了东道国个人主义-集体主义文化特征如何影响跨境并购。研究结果表明，东道国的文化会对收购方的跨境兼并绩效产生消极影响，但 CEO 可以通过文化管理来提升跨境并购的绩效。

2. 公司治理相关研究不断深入

北京大学张闫龙及其合作者[10] 探讨了如何理解新兴经济体的多样化公司治理实践。他们指出，公司治理实践的多样性应当视为创新过程的结果，即新兴市场的公司创造性地改善典型的最佳治理实践与特殊的制度或行业环境之间的一致性而带来的结果。新兴国家的公司通过利用当地嵌入型（Local embeddedness）和全球代理（Global agency），结合内部和外部公司治理系统的不同元素，创新其治理实践。他们的研究有利于帮助实践者更好地理解如何摆脱全球公司治理实践规则的束缚并实现当地治理实践创新。

北京大学谢绚丽及其研究团队[11] 基于制度理论，指出政府命令作为一种典型的强制性制度趋同压力（Coercive pressure），并不总是导致同质性的组织遵从（Organizational compliance）。由于政府命令受制于执行过程中的不确定性，这种制度趋同压力往往是“半强制性”（Semicoercive）的，进而造成组织遵从的异质性。具体而言，他们关注的是中国针对上市公司所制定的“增加独立董事”的公司治理改革措施。他们的研究不仅拓展了制度理论，也为政策制定者理解政府法规如何影响企业公司治理实践提供了有益视角。

3. 企业社会责任相关研究备受瞩目

北京大学张闫龙与合作者[12] 根据最优区分理论提出企业的行为既要考虑合法性又要追求区分性。该研究敏锐地抓住近年来中国企业普遍追求企业社会责任这一潮流，将企业社会责任行为分为广度和焦点两个维度。社会责任议题的广度确保企业的合法性，从而影响了证券分析师对企业的关注度；而强调社会责任行为的焦点则彰显企业的市场价值和区分性，从而影响了证券分析师对企业的评价。该项成果在理论层面推进了最优区分理论的实证研究进展，同时为企业社会责任研究领域提供了新的研究视角和测量方法。此外，该项成果对中国企业社会责任活动的理论研究和管理实践都具有重要意义。

4. 战略转型与制度变革相关研究不断丰富

以往的制度理论提出一个“悖论”：一方面，嵌入到某一情景中的行动者，由于缺乏接触新鲜想法的机会，往往难以实现改变；另一方面，未嵌入到某一情景的行动者，尽管有机会接触到新想法，也会发现“局外人”的外围地位导致他们同样难以改变现状。北京大学陈佳及其研究团队[13]探讨了“转化”(Transposition)，即将某种想法从一种情景应用到另一种情景，是如何推动制度变革的。他们认为参与者同时置身于不同的制度环境，并充分嵌入焦点领域，可以克服上述“悖论”。通过这种方式，行动者一方面具备看到新想法的潜力，另一方面也可以通过获得其他决策者的信任与支持顺利实施政策。他们利用2000—2012年中国上市公司的数据，发现具有海外相关经历的“海归”在公司董事会的存在显著提高了企业社会责任的参与（特别是企业捐赠）。

5. 新兴市场创新研究不断增加

清华大学李纪珍与合作者[14]发现“欺诈性公司”与“诚实公司”配置资源的方式有所不同。在创新相关的投资上，诚实公司追求技术上的重大创新，而欺诈性公司则更有可能在缺乏挑战性的创新领域进行小规模投资，进而追求表面上的创新而非实质性的创新。他们发现相对于诚实公司，欺诈性公司更有可能获得国家财政拨款；在获得拨款后，欺诈性公司招募新员工或产生重要发明的可能性更小。他们的研究对于理解新兴市场上的企业创新行为有重要的实践意义。

中国人民大学易靖韬、对外经济贸易大学洪俊杰及合作者[15]基于制度复杂理论，探讨了不同层级政府之间的联系如何影响新兴国家的创新能力和盈利能力。他们研究发现，由于不同层级政府在目标和资源上有所不同，隶属于上级政府可以提升企业的创新能力，而隶属于下级政府则可以有效提高企业的盈利能力。他们的研究有助于政策制定者更好地理解政府对企业创新的影响，以及如何有效地保护知识产权。

（三）市场营销主要研究进展

市场营销的研究方向不断丰富和发展，在消费者决策、品牌管理、产品管理、营销战略等领域取得了丰硕的研究成果。相关研究成果发表在 *Journal of Advertising*、*Journal of Product Innovation Management*、*Journal of Retailing* 及 *marketing Letters* 等国际权威学术期刊上。

1. 消费者决策研究不断深化

北京大学刘宏举与合作者[16]研究了直接面向消费者的广告对不同类型消费者的有效性。他们选取制药公司针对消费者投放的处方药广告，分析电视及平面广告对不同病情（较严重或较轻微）患者就医行为的影响。总体而言，相较于轻症和重症患者，直接面向消费者的广告会对新患病的患者产生更强烈的反应；印刷媒体上的直接投放广告会对新患病患者产生强烈影响，而电视上的直接投放广告会对轻症患者更有效。他们的研究对于致力于改善公共健康的政策制定者有借鉴意义，同时也为制药公司的广告策略提供了参考。

北京大学 Jooyoung Park 及其合作者[17]研究了新冠肺炎疫情背景下，公共服务广告如何改变人们面对疫情不确定性的威胁性感知。他们发现，相较于仅提供新冠肺炎病例关键信息（确诊病例及死亡病例），同时提供其他统计信息（流感确诊病例及治疗病例）能明显缓解人们的威胁感知，进而减少储备物资行为。他们的研究表明政策制定者可以通过影响人们对于威胁的感知，来引导人们的消费行为。这项研究提供了一个理解消费者行为的崭新视角：在公共健康和安全的背景下，消费者可以被“推”到预期的行为。

2. 产品相关研究不断丰富

清华大学陈荣与合作者[18]探讨了支付机制的差异，特别是现金与电子支付之间的差异，如何影响卖方的定价行为。根据已有的金融学相关文献，现金支付会导致价格折扣。但该研究表明，与电子支付相比，现金支付会促进心理意象过程，进而增加人们对金钱的渴望，并导致更高的销售价格。相关研究拓展了对消费者行为的理解。

中国人民大学庞隽及其研究团队[19]探讨了影响大规模定制网站的客户对产品独特性感知的因素。通过实验研究，他们考察了预期接受者（自己或亲密关系者）的影响。他们发现接受者的身份并没有影响产品设计结果，而只是影响了定制者对于产品独特性的主观感知。在为他人定制产品的情境中，礼物接受者往往比定制者更倾向于认为产品具有独特性，进而感激定制者的思虑体贴。

3. 营销战略研究不断发展

中国人民大学郭海及其研究团队[20]着眼数字革命时代崭新的商业模式和商业格局，探讨了初创的数字企业如何设计自身的商业模式。基于战略定位理论，他们整合了资源基础观和需求观，研究了商业模式设计中的战略导向对于初创的数字企业绩效的影响。他们发现技术导向和消费者导向都有利于创业公司的绩效。然而，对于初创的数字企业而言，在商业模式设计中寻求技术导向和消费者导向之间的平衡将适得其反。此外，在高度开放的技术环境中，消费者导向将带来更高的企业绩效，但在用户交互性高的环境中，这种积极效应将被减弱。他们的研究丰富了战略定位理论，也推动了商业模式设计的有关研究。

（四）会计学主要研究进展

会计学研究方向不断发展完善，在财务会计、审计和管理会计等传统领域，以及企业创新等前沿热点问题研究都取得了丰富的研究成果。相关研究成果发表在 *Abacus-A Journal of Accounting Finance and Business Studies*、*Accounting and Business Research*、*Journal of Accounting & Economics*、*Journal of Accounting and Public Policy*、*Journal of Accounting Research*、*Journal of Business Finance & Accounting* 等国际权威学术期刊及《会计研究》、《审计研究》等国内知名学术期刊上。

1. 财务会计研究

盈余管理问题引起持续关注。北京大学李荣与其研究团队[21]讨论了在“互联网+”的大背景下，企业实施互联网商业模式对盈余质量的影响。他们发现互联网商业模式给了内部人更大的盈余管理空间，显著降低了上市公司盈余质量；与此同时，互联网商业模式增加了企业组织结构和业务流程的复杂性，增加了外部利益相关者的监督难度和监督成本。

企业商誉的会计处理引发广泛讨论。北京交通大学谢纪刚与合作者[22]认为并购商誉是预期的合并主体内部协同效应的一部分，反映了购买收购方对合并主体未来业绩的预期；而并购后实际业绩与预期业绩的差额反映了并购价值在初始确认和后续计量两个时点的变动。他们据此提出商誉减值会计模式，以减少商誉后续计量中的主观性。

2. 审计研究

审计调整与审计质量仍是关注重点。学者们从企业、审计委员会、会计师事务所等不同主体入手，分析审计调整的前因及提升审计质量的途径。中央财经大学吴溪及其合作者[23]发现，审计项目团队成员曾参与被审计单位年审的次数越多，其本期参与的该项目越可能做出审计调整。他们的研究结果提供了审计项目组内部代理问题的证据，揭示了审计团队成员的胜任能力和受托责任对审计质量的影响。此外，北京大学吴联生及合作者[24]发现审计委员会-会计师事务所连锁关系能够促进审计委员会与会计师事务所之间的信息共享，提升审计调整概率，从而提高审计质量。北京邮电大学张宇扬与其研究团队[25]发现具有海外经历的 CEO 更倾向于引入高质量的外部审计，进而显著降低所在公司的关联交易水平。他们的研究为上市公司高管选聘及中国海外人才引进政策实施效果的评价提供了经验证据支持。

审计披露的重要事项引起广泛讨论。中国人民大学薛刚及其研究团队[26]从管理层行为的角度考察了披露关键审计事项对资本市场的影响。他们用新审计报告的过渡期设定，以实施新审计报告准则对分析师预测准确度的影响为切入点，发现了披露关键审计事项可作为监督压力抑制管理层迎合分析师预测的行为。尽管这种监督效应只能对管理层在薪酬激励较低和权力受到制衡的情境下发挥作用，且仅能对管理层在审计质量较低、利润操纵事项难以分辨的情境下发挥补充监督作用，这些结论仍为监管者和政策制定者完善审计准则提供借鉴。

3. 管理会计研究

优化企业决策仍是研究重点。北京邮电大学李鹤尊及中央财经大学孙健[27]考察了企业资源计划（ERP）系统对成本黏性的影响。他们发现实施 ERP 系统的企业成本黏性较低，且 ERP 系统对成本黏性的降低作用在内部信息环境较差、资产密集度较高、管理层乐观预期倾向较高，以及帝国构建动机较强的子样本中更为显著。结果表明 ERP 系统能在原有信息环境的基础上增加信息质量，并通过降低资源调整成本、抑制管理者乐观预期偏差，以及减少代理问题降低成本黏性。

4. 企业创新研究

随着创新发展、技术升级成为国家战略，企业深化改革、推动战略转型的步伐不断加快，企业创新已成为学界和业界的重要课题。会计学研究者从学科专业视角出发，结合当下的前沿热点问题，着重探讨了“如何提升企业创新能力”的问题。例如，中国人民大学吴武清与合作者[28] 研究发现，随着自主研发投入水平的提高，研发补助的边际效应先表现为不断减弱的挤出效应，再逆转体现为不断增强的挤入效应；企业内在创新动力与外部政治压力是研发补助逆转效应形成的可能路径。这些结论表明研发补助的挤入效应和挤出效应是同时存在的。他们的研究对于客观评价政府研发补助的政策实施效果、推动实现国家创新战略具有重要意义。

（五）运筹管理主要进展

运筹学基于数学模型、统计学和算法学等方法，着眼于数字经济时代的重大问题，从金融风险、定价、系统协同等角度为管理人员提供决策的科学依据。相关研究成果发表在《运筹与管理》等国内学术期刊上。

清华大学董辰珂[29] 采用倾向性分数匹配法对国内一家代表性的网络借贷平台的利率定价机制变化前后的交易行为进行了研究。她发现当平台收窄了利率区间且降低了合格借款人的审核通过率，违约率反而更高。结果显示，平台收窄利率区间，降低了贷款质量优劣的区分度，使得平台和投资人风险识别效率降低，未能达到平台运营优化的结果。她的研究为网络借贷利率定价机制的发展提供了重要参考。

中央财经大学宋砚秋及其研究团队[30] 发现现有的基于协调发展思想的协同度模型在实际应用时有严格的限制条件，极大限制了其适用范围。基于协同效应思想，他们构建了基于 k 熵的复杂系统协同度模型及量化方法。该方法考虑了序参量在系统某一时刻的发展趋势，能够在更大程度上反映系统的有序程度，弥补了现有研究的不足。研究发现，这一模型不仅能够有效找到子系统的序参量，而且可以方便地计算系统协同度并以此描述系统发展对重大事件的反映。

二、国内热点问题分析

在京高校的研究人员针对一些中国本土的热点话题开展了相关的研究，例如，扶贫、乡村建设、国有企业、计划生育与养老政策、绿色低碳等话题，相关成果发表在了海内外学术期刊上。

1. 扶贫的相关问题

在京双一流高校中发表的文献中有 33 篇与扶贫问题相关。例如，来自对外经济贸易大学的研究人员发表于《经济学（季刊）》的论文探讨了“精准扶贫中的金融杠杆：绩效和激励”的相关问题[31]。北京市属高校发表的文献中有 14 篇与扶贫问题相关。例如，来自首都经济贸易大学会计学院的研究人员发表于《理论月刊》的文章探讨了关于“精准扶贫政策落实跟踪审计”的相关话题[32]。总的来说，市属高校对于扶贫问题的关注程度较高，与扶贫相关文献占总发表文献数量的比重较大。

2. 乡村建设的相关问题

在社会主义制度下，中国对农村进行了经济、政治、文化和社会等方面的建设，以期最终实现把农村建设成为经济繁荣、设施完善、环境优美、文明和谐的社会主义新农村的目标。在此背景下，北京高校的研究人员探讨了许多与农村发展相关的问题，例如农村医疗保险、宅基地资产管理、乡村旅游、农产品贸易、农户信贷行为等。

在京双一流高校的研究人员共发表近百篇与农村发展相关的中文文献。如中国人民大学财政金融学院的研究人员发表于《管理评论》的文献探讨的话题是“新型农村合作医疗实际住院补偿比影响因素分析”[33]。北京市属高校的研究人员发表了近 20 篇与农村建设发展相关的中文文献。这些文献基本都受到了国家自然科学基金或者国家社会科学基金的支持，讨论了农产品、农村金融保险、农户及土地资产相关的问题。例如，来自北京石油化工学院经济与管理系的研究人员发表于《国际贸易问题》的研究探讨了“FDI 对中国农业企业创新溢出效应的分解”问题[34]。

英文文献方面，在京高校的学者在 2020 年发表了 6 篇与农村建设发展相关的文献，其中 2 篇文献中有作者来自北京市属高校。这 6 篇文献分别关注了农村保险、电子商务、乡村旅游和农产品这几个话题。

3. 国有企业的相关问题

国有企业，是指国务院和地方人民政府分别代表国家履行出资人职责的国有独资企业、国有独资公司及国有资本控股公司，包括中央和地方国有资产监督管理机构和其他部门所监管的企业本级及其逐级投资形成的企业。

国有企业是中国国情背景下诞生的特有的研究话题，研究者们一般围绕国有企业发展、市场化与混合所有制改革、人力资源管理、国有资本管理、股权等话题展开研究。在京双一流高校中发表的中文文献中有 20 篇与国有企业相关。例如来自中国人民大学的研究人员发表于《中国人力资源开发》期刊中的文章探讨了“国企内部管理人员向职业经理人转化的影响因素”[35]。北京市属高校中发表的中文文献中有 7 篇是与国有企业相关的研究。例如，首都经济贸易大学工商管理学院的研究人员发表于《管理世界》的论文探讨的话题是“国有企业党组织治理与董事会异议”[36]。在京双一流高校的研究人员发表的英文文献中也包含10余篇与国企（State-owned）相关的研究，例如，来自中国人民大学的研究人员发表于 *Journal of International Money and Finance* 的文献探讨了中国国有企业中利益集团理论的相关问题。

4. 计划生育与养老相关的研究

在京双一流高校中发表的中文文献中有60余篇与计划生育、退休、养老、医疗等话题相关。例如，来自对外经济贸易大学的研究人员发表于《经济与管理》期刊的一篇文献探讨了“延迟退休政策对养老金财富数量的影响”[37]。市属高校发表的中文文献中，有5篇与该话题相关。例如来自北京石油化工学院的研究人员发表于《商业研究》的文献探讨的是“降低养老保险费率是否会导致养老金收不抵支”[38]。

5. 绿色低碳问题

北京双一流高校的许多工商管理领域学者围绕低碳绿色经济展开了研究，如：来自中央民族大学管理学院的研究人员探讨了“环境规制、政府研发资助对绿色技术创新的影响”[39]。北京市属高校的师生也在这一领域发表了一系列的研究，例如，来自北京工业大学经济与管理学院的研究人员撰写的题为“基于京津冀协同发展的碳税与碳排放权交易协调应用机制设计”的文献发表于《经济体制改革》[40]。

三、关于学术研究现存问题的思考和建议

从北京工商管理学科的科研产出现状、研究资助格局、前沿研究领域及问题等方面看，其在2020年处于稳步发展阶段，取得了明显的进步。但是，与国际学术同行及其他成熟学科相比，北京工商管理学科在学科发展均衡性、对实践活动的指导性、社会影响力等方面存在不足，具体体现在如下方面：

1. 在不同类型高校中发展不平衡

在京双一流高校与北京市属高校的学科发展不平衡。具体表现在，大部分在京双一流高校重视基础学科，但应用学科，例如，旅游管理、物流管理等学科的发展较为薄弱，开设课程与文章发表较少。北京市属高校中，绝大部分学校的工商管理学科建设还有待进一步提升，英文发表的文献较少，中文高质量发表的文献也比较少。

2. 缺乏原创性的理论创新，没有形成中国特色管理理论

目前工商管理学科的研究范式基本沿用西方，以组织行为学为例，大部分论文都是采用理论背景、提出假设、检验假设的范式，这些研究范式都源于西方研究体系。在京高校的研究人员未来可以将研究范式与中国管理实践相结合，扎根本土，深入访谈总结，提出适应于中国社会的理论。另外，中国特色问题研究的英文发表较少，这导致本土的研究问题如国家的扶贫政策等，很少受到西方学界的关注。在京双一流高校的师生发表了少量的关于国有企业、农村建设、低碳发展等话题相关的英文研究，北京市属高校在这方面还需要加强。

3. 定性与定量研究发展不均衡

目前，在京高校师生发表的定性研究较少，许多论文标题都是以某年、某公司的数据为例，或关于某个话题的实证分析，由此可见，绝大部分学者的数据来源于现有的数据库或者自己的问卷调研。比较缺乏的是与研究对象的深入访谈交流，从多次的访谈中总结问题与解决方案。总的来说，旅游管理学科在这方面做得较好，许多作者深入到旅游景点、文化遗产当地进行访谈与调研，深入了解并且详细论述了研究目标的风土人情与文化。在后续发展中，在京高校研究者需要进一步学习定性研究方法，构建中国特色的管理理论。

4. 缺乏对中国管理实践的深入总结

中国作为世界第二大经济体正在稳步崛起，管理学界也应迅速跟进，推出一些中国特色的管理实践理论与案例，例如，华为公司任正非的灰度管理理论，京东方公司关于突破国际技术封锁、大力发展创新研发的管理案例等。除了案例之外，也应有一些关于中国管理实践的总结，例如，为什么一些公司可以在集体主义文化、社会主义制度下获得成功，这需要采用何种发展战略。

注：

[1] Zhang, Y., Liu, G., Zhang, L., Xu, S., & Cheung, M. W. -. (2021). Psychological ownership: A meta-analysis and comparison of multiple forms of attachment in the workplace. Journal of Management, 47(3), 745-770.

[2] Bavik, Y. L., Shaw, J. D., & Wang, X. H. (2020). Social support: Multidisciplinary review, synthesis, and future agenda. Academy of Management Annals, 14(2), 726-758.

[3] Zhang, X., Qian, J., Wang, B., & Chen, M. (2020). The role of reward omission in empowering

leadership and employee outcomes: A moderated mediation model. Human Resource Management Journal, 30 (2), 226-243.

[4] Chua, R., & Jin, M. (2020). Across the great divides: Gender dynamics influence how intercultural conflict helps or hurts creative collaboration. Academy of Management Journal, 63(3), 903-934.

[5] Li, Y., Li, N., Li, C., & Li, J. (2020). The boon and bane of creative "stars": A social network exploration of how and when team creativity is (and is not) driven by a star teammate. Academy of Management Journal, 63(2), 613-635.

[6] Yi, X., Zhang, Y. A., & Windsor, D. (2020). You are great and I am great (TOO): Examining newceos' social influence behaviors during leadership transition. Academy of Management Journal, 63 (5), 1508-1534.

[7] 陆瑶, 张叶青, 黎波, 赵浩宇:《高管个人特征与公司业绩——基于机器学习的经验证据》,《管理科学学报》, 2020, 2。

[8] Li, J., Shi, W., Connelly, B., Yi, X., & Qin, X. (2020). CEO awards and financial misconduct. Journal of Management, 0149206320921438.

[9] Zhu, H., Zhu, Q., & Ding, Z. (2020). The roles ofchinese CEOs in managing individualistic cultures in Cross - border mergers and acquisitions. Journal of Management Studies, 57(3), 664-697.

[10] Zhang, Y., Wang, H., & Zhou, X. (2020). Dare to be different? conformity versus differentiation in corporate social activities of Chinese firms and market responses. Academy of Management Journal, 63 (3), 717-742.

[11] Xie, X., Shen, W., & Zajac, E. J. (2020). When is a governmental mandate not a mandate? predicting organizational compliance under semicoercive conditions. Journal of Management, 14920632094857.

[12] Park, S. H., Zhang, Y., &Keister, L. A. (2020). governance innovations in emerging markets. Academy of Management Perspectives, 34(2), 226-239.

[13] Luo, J., Chen, J., & Chen, D. (2021). Coming back and giving back: transposition, institutional actors, and the paradox of peripheral influence. Administrative Science Quarterly, 66(1), 133-176.

[14] Wang, Y., Stuart, T., & Li, J. (2021). Fraud and innovation. Administrative Science Quarterly, 66(2), 267-297.

[15] Xie, X., Shen, W., & Zajac, E. J. (2020). When Is a Governmental Mandate not a Mandate? Predicting Organizational Compliance Under Semicoercive Conditions. Journal of Management, 0149206320948579.

[16] Liu, Q., Liu, H., &Kalwani, M. (2020). "See your doctor": the impact of direct-to-consumer advertising on patients with different affliction levels. Marketing Letters, 31(1), 37-48.

[17] Kim, J., Giroux, M., Gonzalez-Jimenez, H., Jang, S., Kim, S., Park, J., ... &Choi, Y. K. (2020). Nudging to reduce the perceived threat of coronavirus and stockpiling intention. Journal of Advertising, 49(5), 633-647.

[18] Xu, X., Chen, R., & Jiang, L. (2020). The influence of payment mechanisms on pricing: When mental imagery stimulates desire for money. Journal of Retailing, 96(2), 178-188.

[19] Yin, J., Wang, Y., Pang, J., & Wang, K. (2020). Customizing products for self versus close others: The effect of intended recipient on creator perceptions of product uniqueness. Marketing Letters, 31 (1), 73-87.

[20] Guo, H., Wang, C., Su, Z., & Wang, D. (2020). Technology push or market pull? strategic orientation in business model design and digital Start - up performance. The Journal of Product Innovation Management, 37(4), 352-372.

[21] 李荣, 王瑜, & 陆正飞:《互联网商业模式影响上市公司盈余质量吗——来自中国证券市场的经验证据》,《会计研究》, (10), 66-81。

[22] 谢纪刚, & 张秋生:《上市公司并购的价值构成与商誉减值会计新模式——兼论〈企业合并: 披露, 商誉与减值(讨论稿)〉》,《会计研究》, (12), 18-28。

[23] 吴溪, 徐艳丽, & 苏锡嘉:《不签署审计报告的审计团队成员影响审计质量吗?》,《审计研究》, 2020, (4), 58-67。

[24] 邢秋航, 韩晓梅, & 吴联生:《审计委员会-会计师事务所连锁关系与审计调整》,《会计研究》, 2020, (2), 179-190。

[25]张宇扬，许海晏，刘长翠，董丽萍：《高管海外经历，审计质量与上市公司关联交易》，《审计研究》，2020，（5），96-104。

[26]薛刚，王储，& 赵西卜：《谁更关心关键审计事项：管理层还是分析师》，《审计研究》，2020，（2），87-95。

[27]李鹤尊，孙健，& 安娜：《ERP 系统实施与企业成本黏性》，《会计研究》，（11），47-59。

[28]吴武清，赵越，田雅婧，& 苏子豪：《 研发补助的"挤入效应"与"挤出效应"并存吗？——基于重构研发投入数据的分位数回归分析》，《会计研究》，（8），108-126。

[29] 董辰珂：《网络借贷收窄利率定价区间的影响研究——基于倾向性分数匹配法》，《运筹与管理》，2020，29(1)，165-175。

[30] 宋砚秋，李慧嘉，王倩，& 李桂君：《基于 Kolmogorov 熵的系统协同效应度量方法及实证》，《运筹与管理》，2020，29(5)，189-197。

[31]张海洋，& 颜建晔：《精准扶贫中的金融杠杆：绩效和激励》，《经济学(季刊)》，（5），193-212。

[32]李晓冬，马元驹，南星恒，& 普天星：《精准扶贫政策落实跟踪审计：理论基础，实践困境与路径优化——基于审计结果公告文本分析的证据》，《理论月刊》(8)，51-63。

[33]张顺明，纪晨，王海潮：《新型农村合作医疗实际住院补偿比影响因素分析》，《管理评论》，2020，32(10)，24-35。

[34]韩嫣，& 武拉平：《FDI 对中国农业企业创新溢出效应的分解——基于吸收能力的门槛回归分析》，《国际贸易问题》，2020，（8），132-146。

[35]李育辉，王彬，韩雪，& 严卿：《国企内部管理人员向职业经理人转化的影响因素：基于 z 集团的案例研究》，《中国人力资源开发》2020，（10），126-138。

[36]柳学信，孔晓旭，& 王凯：《国有企业党组织治理与董事会异议——基于上市公司董事会决议投票的证据》，《管理世界》，2020，36(05)，136-153。

[37]冯梦骐，& 张释文：《延迟退休政策对养老金财富数量的影响》，《经济与管理》，2020，272(01)，77-82。

[38]王国洪，张君，& 杨翠迎：《降低养老保险费率会导致养老金收不抵支吗？——基于 2001—2015 年中国 31 个省级面板数据的分析》，《商业研究》，2020，（3），138-144。

[39] 郭捷，& 杨立成：《环境规制，政府研发资助对绿色技术创新的影响——基于中国内地省级层面数据的实证分析》，《科技进步与对策》，2020，494(10)，43-50。

[40] 刘建梅：《基于京津冀协同发展的碳税与碳排放权交易协调应用机制设计》，《经济体制改革》，2020，225(06)，73-80。

（工商管理学特约课题组供稿）

年度推荐论文和著作

论 文

1.《移动互联网是否带来行为偏误——来自网络借贷市场的新证据》，江嘉骏，刘玉珍，陈康，《经济研究》，2020 年第 6 期。

2.《互联网商业模式影响上市公司盈余质量吗——来自中国证券市场的经验证据》，李荣，王瑜，陆正飞，《会计研究》，2020 年第 10 期。

3.《国有企业党组织治理与董事会异议——基于上市公司董事会决议投票的证据》，柳学信，孔晓旭，王凯，《管理世界》，2020 年第 5 期。

4.《谁更关心关键审计事项：管理层还是分析师》，薛刚，王储，赵西卜，《审计研究》，2020 年第 2 期。

5.《商誉会计准则：政治过程，改革争议与我们的评论》，张为国，解学竟，《会计研究》，2020 年第 12 期。

6. Across the great divides：Gender dynamics influence how intercultural conflict helps or hurts creative collaboration. Chua，R.，& Jin，M.（2020）. Academy of Management Journal，63（3），903-934.

7. China´s Anti-Corruption campaign and financial reporting quality. Hope, O., Yue, H., & Zhong, Q. (2020). Contemporary Accounting Research, 37 (2), 1015-1043.

8. Stakeholder preservation or appropriation? the influence of target CSR on market reactions to acquisition announcements. Tong, L., Wang, H., & Xia, J. (2020). Academy of Management Journal, 63 (5), 1535-1560.

9. You are great and I am great (too): Examining new CEOs' social influence behaviors during leadership transition. Yi, X., Zhang, Y. A., & Windsor, D. (2020). Academy of Management Journal, 63 (5), 1508-1534.

10. Dare to be different? conformity versus differentiation in corporate social activities of chinese firms and market responses. Zhang, Y., Wang, H., & Zhou, X. (2020). Academy of Management Journal, 63 (3), 717-742.

著　作

1.《零售学》，白玉苓、陆亚新，机械工业出版社，2020年。

2.《政策不确定性、资源配置效率与企业高质量发展》，陈德球、陈运森、董志勇，中国人民大学出版社，2020年。

3.《企业选址的理论与方法》，陈剑、李蕙、陈金晓，清华大学出版社，2020年。

4.《数字化转型：数字人才与中国数字经济发展》，陈煜波、马晔风，中国社会科学出版社，2020年。

5.《中国扶贫》，雷明、李浩等，清华大学出版社，2020年。

6.《企业战略转型：机理、过程与实践》，唐孝文，清华大学出版社，2020年。

7.《管理案例研究：方法与应用》，李亮、刘洋、冯永春，北京大学出版社，2020年。

8.《质性方法：在管理与营销研究中的应用》，刘茜，清华大学出版社，2020年。

9.《危机共存：后红利时代的管理法则》，路江涌，机械工业出版社，2020年。

10.《走向繁荣的战略选择：博雅塔下的思考与求索》，武亚军，北京大学出版社，2020年。

艺术学理论

摘　要

2020年，在艺术学升级为学科门类10周年的历史契机下，北京地区艺术学理论学科积累下丰厚的学术成果。其中探讨学科建设发展诸问题的论文占据相当大比例，对于中西艺术理论的探讨、对当下艺术发展的反思也是本年度学术研究重要议题，对艺术学科的交叉融合研究仍然是关注的焦点。

一、聚焦10年经验与问题，热议新文科背景下前路

首先是艺术学理论发展10年历程的回顾。仲呈祥撰文回顾了亲历艺术学升级与艺术学理论学科设置的历程，展示了该学科成长为独立一级学科的必然性和重要性。王一川总结学科10年发展成就的同时，指出当下艺术学理论学科还存在主体性不足、学科核心领域突破性成果不够、学科核心课程体系虽已编制但尚待实施、学科国内国际承认度尚有欠缺等问题。王廷信则结合新时代机遇，描绘了艺术学理论学科的发展前景。

其次是在“新文科”建设语境中重新反思学科发展。艺术学理论的学科建设与学术发展在多大程度上顺应了“新文科”战略、取得了怎样的成效，又有哪些亟待解决的发展困境？这些问题也成为艺术学理论学科的关注焦点。其中周星从点、线、面3个层次，对这些新文科发展和艺术学科建设所面临的问题加以阐释。

最后是对往年学科发展的回望与总结。郭必恒撰文对2019年艺术学理论学科的热点现象进行了精准的总结概况，尤其是对艺术教育学、艺术管理学等交叉或应用学科的发展状况，以及艺术史学科发展中的困惑等进行了深入辨析。王廷信、李心峰等学者也撰文对2019年艺术学理论学科的整体发展状况展开深入观察与阐述。

二、会通中西艺术学理，探讨中国化发展路径

2020年，学者们持续关注中西方艺术理论、艺术史、艺术批评的相关理论与观念，涌现出富有启发性的学术成果，推动了艺术学理论学科之下诸二级学科的发展。

首先是对中国传统艺术理论的创新阐释。陈仕国与王廷信从命题的角度梳理了中国古代艺术接受理论中的接受心理、接受方法、接受思维与接受境界诸层次系统。彭锋则深入辨析中国传统与现代两种艺术批评模式的特质与构成。朱良志撰文挖掘了中国传统艺术哲学中“无量”这一观念。吴键比较了刘师培与李泽厚笔下两个现代中国的艺术史书写案例，描绘一般艺术史写作的中国范式的可能性。

其次是对西方艺术理论的深入探究。常培杰对本雅明的艺术批判观念展开了深入辨析，阐释了灵晕是美显现自身的介质。同时在其新著之中，对阿多诺的艺术批评观念进行了系统研究，指出现代美学的核心任务就是“拯救表象”，也就是拯救“具有整一表象的现代主义自律艺术”。孙晓霞以柏拉图“技艺”理论为核心，考察西方艺术学科的历史。朱青生对“艺术分类”这一重要问题进行了重新审视，指出其中“将理念作为维度”、“将方法作为维度”和“将结果作为维度”3种模式。张颖用新文化史的方法，对作为哲学理念、文艺风格、时尚潮流和文化团体的存在主义进行综合性研究。

最后是对艺术史二级学科的辨析与探源。王一川对此加以系统论述，指出中国艺术史学科的可能性来自两方面：艺术史学科制度建立本身，中国式门类艺术会通及古今学术会通传统。艺术史学科路径可以有门类艺术史、宽视角门类艺术史、观念艺术史、比较艺术史、跨门类综合艺术史等。中国艺术史学科可以由3个分支构成：艺术通史，跨门类、跨媒介或跨学科的艺术史，艺术史学。陈池瑜则将视角投向中国古代艺术史著述，从古代艺术史传统中发掘可供当前艺术史学科发展的资源。唐宏峰提出应当将艺术学理论学科下的艺术史理解为一个总体性时代条件之下的跨媒介间性联系体。李洋则指出艺术史研究可以有3个与门类艺术史不同的方向：第一是艺术史的历史；第二是作为图像史的艺术史；第三是艺术的感性体制及其历史变化。

三、关注艺术前沿热点，探究新媒体条件下艺理新变

2020年，突如其来的新冠肺炎疫情成为笼罩在艺术发展之上的巨大天幕。与此同时，随着媒介技术的快速迭代与媒介融合的不断深入，艺术发展面临着越来越显著的媒介化趋势。对当前复杂社会语境下艺术发展的种种问题展开思考，成为艺术学理论学科的重要任务。

首先，对疫情之下艺术、艺术学发展的思考成为2020年艺术学理论学科的显著议题。例如，胡智锋、陈寅聚焦传媒艺术在疫情期间的表现，认为在疫情的特殊时期下传媒艺术的媒介性功能得到进一步彰显，为疫情防控营造出良好的舆论氛围。王廷信指出持续较长时段的疫情及其让艺术家和受众养成的习惯，可能让线上网络空间成为主流形式的供需，并由此带来艺术创作方式、传播方式与接受方式的革命。

其次，对于艺术与媒介关系的讨论也是本年度重要学术话题。其中，王廷信指出媒介技术的演进直接推动了艺术创作媒介、文本媒介、传播媒介的变化，使得艺术的文本形态日趋丰富，艺术传播模式也由单向传播进入多向传播。肖庆认为新媒体艺术空间所具有的交互、沉浸、多感知性的艺术审美特质，扩充了人们观念中对空间意识的理解。李宁以“秦时明月”这一案例为例讨论了当前中国艺术生产中艺术受众群体的特性，并对艺术受众的参与性和分裂性两种面目进行了详细的阐述。

最后是对当下中国文艺发展情状的总结。如：中国文联推出的《2019年度中国艺术发展报告》，由郭必恒主编的《中国当代文艺动态及评论热点透析（2018—2019）》，由中国艺术研究院主编的《2019年度中国艺术发展研究报告》等，从不同的角度总结了2019年度中国艺术的发展状况。

四、拓展交叉学科研究，丰富观照艺术视角

2020年“交叉学科”正式成为中国第十四个学科门类。而艺术学理论学科是超越门类艺术的一般艺术学研究，本身具有强烈的跨学科特性，交叉学科或跨学科一直是学科领域中引人关注的议题。彭锋撰文直击热点，认为在倡导交叉学科研究的大环境下，现阶段的艺术学理论学科可以倡导诸门类艺术研究之间、门类艺术研究与一般艺术研究之间、艺术研究与艺术实践之间、艺术学科与非艺术学科之间的交叉研究，以期在此基础上形成某种超学科。

在艺术管理学方面，王一川认为，艺术管理的学科要素在于由艺术管理思想、艺术管理制度、艺术管理技能、艺术政策与法规、艺术节目制作与展演、艺术营销等组成的跨学科系统。当前需要深扎艺术管理专业的学科根基，吸纳以“心学”为代表的中国古典管理智慧。

在艺术人类学方面，安丽哲对艺术人类学与艺术社会学之间的学科归属、学科边界等问题进行分析探讨，认为二者的研究对象与研究方法仍然存在较大区别，研究边界是存在的，但不是必要的。李修建对“原始艺术”这一在西方艺术人类学发展中的核心概念进行了细致阐发，为理解西方艺术人类学的发展演进提供了清晰的路径。

在艺术社会学方面，常培杰总结了“艺术”社会学、艺术“社会学”与“艺术—社会”学这 3 种艺术社会学的研究范式，并认为艺术社会学不能舍弃“美学”，而要积极介入美学讨论，回答艺术本体问题。王一川在对中国古代艺术制度和国外艺术制度进行回顾与审视的基础上，进一步探寻了文艺高峰的生成与艺术制度之间的紧密关联。

在艺术教育学方面，2020 年北京师范大学艺术学理论学科推出了由郭必恒执笔领衔的“2019 年中国艺术教育年度报告”，对 2019 年中国不同层面的艺术教育发展状况给予了细致深入的梳理与阐述。王一川围绕着“人生艺术感涵濡”为中心对艺术教育的本质进行了深入开掘。

五、把脉学科发展短板，凝聚学科主体力量

2020 年，北京地区的艺术学理论学科取得丰硕成果，同全国其他省份艺术学理论学科相比，属于硕博士学位点数量最多、学术人才会聚最集中、学术成果最丰硕的重镇。但与其他学科门类相比，艺术学理论学科发展过程中有如下亟待正视、亟须完善的不足之处。

首先，学科主体性尚需进一步提升。艺术学理论学科中的成员绝大多数是携带其他不同的学科背景加入到这一学科共同体的，加之艺术学理论学科的综合性较强，这就导致来自原有学科的人士对其内涵、边界、任务、层次等都缺乏充分的认识，因而在教学实践和学术研究中仍然固守原有的学科路径。与此同时，对于各大院校尤其是专业性艺术院校来说，艺术学理论学科建设往往要服从或适应该院校的主流学科专业。由此导致不同院校的艺术学理论学科之间尚且缺乏较为充分自由的对话交流，尚未形成一个有强烈身份认同感、价值认同感的学术共同体。因此，北京地区艺术学理论学科的下一步发展尤其需要进一步提升学科主体性。北京各大院校的艺术学理论学科之间应当进一步完善沟通机制，在课程设置、人才培养、学术研究等方面进一步强化沟通交流，推动学术共同体凝聚力的提升。

其次，学科原创性成果有待扎实开拓。就目前来看，北京地区乃至全国的艺术学理论学科科研成果在数量上稳步快速发展，但仍然缺乏重量级的富有突破意义的理论成果。当前，艺术理论的研究仍处在哲学、美学、文艺学的“影响的焦虑”中，同时更为紧迫的是艺术史研究方面的匮乏。此处所谓的艺术史研究是指超越特殊艺术史或门类艺术史研究的一种一般艺术史或普遍艺术史研究。对此，艺术学理论学科学术成果的开拓还有赖于各大院校创造有利于研究者们尤其是青年学者自由成长的环境，以进一步激发他们的学术创造力。

最后，学科核心课程体系亟须有效实施。课程体系建设事关人才培养大计。综观 2020 年北京地区各院校艺术学理论学科的课程建设，其显著特征在于自主性很强，不同院校往往会根据人才培养目标、院校定位、师资情况等自主设置核心课程，但因此也容易流于自发性或散漫性。个别院校还存在以一套课程体系适应不同层次人才培养的做法，缺乏层次性。目前，艺术学理论学科的核心课程体系虽已编制，但尚待实施和检验，更有待于逐步调整和完善。

总而言之，既要满足艺术学理论学科的学科内涵、学科定位等方面的基本要求，也要适应不同院校人才培养层面的特色与需求。唯其如此，才能在夯实艺术学理论学科根基、构建学科共同体的同时，催生出和而不同、开放包容、蓬勃向上的学科发展景观。

艺术学理论

2020年适逢艺术学升级为独立学科门类的第十年，也是艺术学理论擢升一级学科的第十年。2020年，北京市艺术学理论学科的相关学术论文、学术著作产出能力突出，积淀下较为丰厚的学术成果。整体来看，在艺术学理论升级为一级学科10周年及“新文科”建设的语境下探讨学科建设成就、学科定位特性、学科体系结构、学科发展问题、学科未来走向等问题的论文仍占据相当大的比例。同时，对于中西艺术理论的探讨、对当下艺术发展的反思也是本年度学术研究中的重要议题。此外，艺术人类学、艺术社会学、艺术管理学、艺术教育学、文化产业学等艺术交叉学科的研究仍然是关注的焦点。这种多元纷繁的学术研究景象，演绎出艺术学理论学科不断探索与进取的学科风貌。

一、学科研究成果

（一）学术论文

1. 学科发展建设的探讨

自2011年升级为一级学科以来，艺术学理论学科在争议中探索学科的体系、边界与潜力，推动着学科力量不断发展壮大。在10周年的重要历史节点，许多学者撰文回顾学科发展历程、探讨学科未来前路，成为本年度学术研究中引人瞩目的现象。仲呈祥在《还原艺术学理论学科的设置初衷》一文中作为亲历者回顾了艺术学升门与艺术学理论学科设置的艰难往事，展示了该学科成长为独立的一级学科的必然性和重要性[1]。王一川的《十年树木初成林，尚待开放大气象——艺术学理论学科设立以来的回顾和展望》一文在总结艺术学理论学科10年发展成就的同时，指出学科目前还存在不足或待完善方面：“学科主体性不足，学科的核心领域的原创性或突破性成果不够，学科核心课程体系虽已编制但尚待实施，学科的国内国际承认度尚有欠缺。”[2] 王廷信的《时代机遇与艺术学理论学科前景》一文则从时代机遇的角度考察了艺术学理论学科的发展前景，认为国家对艺术研究的重视、艺术在国民生活中的地位、当下科技的飞速发展及中国特色艺术学理论建构这4个方面决定了艺术学理论是一个视野广阔、兼容并包、充满想象的学科。[3] 除此之外，代表性论文还有李心峰的《叩问初心　行稳致远——关于艺术学理论学科定位的思考》《未来会如何——艺术学理论学科展望》、王廷信的《艺术学理论学科的定位、存在问题和应对方法》、陈池瑜的《艺术学理论学科的定位与问题》等[4]。

除了从学科自身建设的角度展开探讨，一些研究者还结合“新文科”建设的语境进一步思考艺术学理论学科的发展。2018年8月以来，中共中央和教育部倡导发展“新工科、新医科、新农科、新文科”。“新文科”战略的提出已有两年有余，这期间艺术学理论学科的学科建设与学术发展在多大程度上及时顺应了“新文科”战略，取得了怎样的成效，又有哪些亟待解决的发展困境？这些问题也成为艺术学理论学科的关注焦点。例如，周星的《新文科视域：艺术学科发展点、线、面建设景观》认为可以围绕点、线、面3个层次来透视、把握新文科发展和艺术学科建设所面临的问题，“‘点’就是新文科聚焦点；‘线’就是艺术学科须臾不可离开的审美精神贯穿学科绵延不绝之线索；‘面’则是2020年众多任务云集叠加，从学科、专业、课程到教材等多个层次来透视艺术发展景观”[5]。这方面有代表性的文章还有周星与曹岩的《审美信仰与理论思辨：新文科建设背景下的艺术学理论学科建设思考》《思辨：“新文科”建设与艺术学科发展的宏观思考》、周星与董阳的《艺术学科与新文科建设关系的观念思考》等[6]。

除了从整体上阐释艺术学理论学科的发展，还有一些论文聚焦艺术学理论一级学科之下的艺术史、艺术理论、艺术批评、比较艺术学等二级学科领域，关注二级学科发展与建设。在二级学科中，艺术史向来是一个争议较多的学科，其学科定位、学科特性尤其是与其他门类艺术史之间的关联向来聚讼纷纭、分歧重重。自艺术学升级为学科门类以来，关于艺术史的讨论就一直持续不断。面对艺术史学科面临的种种质疑，王一川的《中国艺术史学科的可能性、路径及艺术史学》一文深入阐释了其学科存在与发展的可能性：“中国艺术史学科的可能性来自两方面：艺术史学科制度建立本身，中国式门类艺术会通及古今学术会通传统。艺术史学科路径可以有门类艺术史、宽视角门类艺术史、观念艺术史、比较艺术史、跨门类综合艺术史……中国艺术史学科可以由3个分支构成：

艺术通史，跨门类、跨媒介或跨学科的艺术史，艺术史学。”[7] 陈池瑜的《建构中国艺术史学学科》将视角投向中国古代艺术史著述，希望从古代艺术史传统中发掘可供当前艺术史学科发展的资源。在他看来，“必须将重心转移到建构具有中华民族特征的学术原则、艺术理论体系、艺术史观与方法上来。我们要通过对中国绘画史、书法史、陶瓷与工艺美术史、戏曲史、音乐史、诗史的丰富资料的研究，关注考古新发现的文物材料，参考中国哲学、美学与诗书画理论及乐论、曲论成果，分析新的艺术形式与思潮，在中国书史画史既有的基础上，开辟新路径，有步骤、有规划地推动中国现代形态的艺术史学理论的发展，建立中国艺术史学学科体系、原则、观念与方法”[8]。唐宏峰的《通向跨媒介间性艺术史》提出应当将艺术学理论学科下的艺术史理解为一个总体性时代条件之下的跨媒介间性联系体，“这样的历史叙述并不追求各门艺术历史发展的共同性、普遍性或一般性，而是描述某些艺术门类之间在特定社会历史条件下形成的关联，即用‘间性’取代‘普遍’和‘一般’”[9]。李洋的《艺术史及其三种可能——对艺术学理论学科的一种思考》一文则指出艺术史研究可以有 3 个与门类艺术史不同的方向：第一是艺术史的历史；第二是作为图像史的艺术史；第三是艺术的感性体制及其历史变化[10]。除了上述文章外，有代表性的论文还有王一川的《艺术史学科在中国的发生及特性》、朱青生的《中国艺术史概念的重新建构》《世界艺术史全球艺术史和外国艺术史》、孙晓霞的《复现古代知识场景，重构艺术学科架构——论艺术学科史研究的必要性》等[11]。

此外，还有一系列文章聚焦于比较艺术学的发展。彭吉象的《比较艺术学的学科定位与研究范围》一文尝试从比较艺术学的历史与现状出发，探讨比较艺术学的学科定位与研究范围。文章认为，作为艺术学理论下属的一个二级学科，比较艺术学的学科定位必须坚持以“比较”为核心，遵循“和而不同”和“美美与共”的原则。比较艺术学具体的比较领域可以包括 3 个方面：跨国家、跨民族、跨文化的艺术比较；跨学科、跨门类、跨视域的比较；跨艺术种类、跨艺术样式、跨艺术体裁的比较。此外，该文还总结了比较艺术学的 4 种研究方法：影响研究、平行研究、跨文化研究与艺术样式比较法。[12] 在《比较艺术学“跨文化研究”及其运用》一文中，彭吉象着重对“跨文化研究”方法进行深入阐释，并认为其对研究两种异质文化的文学艺术提供了有意义、可操作的方法[13]。此外，有代表性的文章还有彭吉象的《比较艺术学的“平行研究”及其方法运用》《比较艺术学的“影响研究”方法及其运用》《比较艺术学“类型研究”及方法》等[14]。

在 2020 年艺术学理论的学术研究中，一个不可或缺的组成部分是对往年学科发展的回望与总结。其中，郭必恒的《2019 年中国艺术学理论热点现象述评》对 2019 年艺术学理论学科的热点现象进行了精准的总结概况，尤其是对艺术教育学、艺术管理学等交叉或应用学科的发展状况及艺术史学科发展中的困惑等进行了深入辨析[15]。王廷信的《在充分展开的层面上深入开掘——2019 年度艺术学理论学科观察》、李心峰等的《2019 年艺术学理论学科发展报告》等文章也对 2019 年艺术学理论学科的整体发展状况展开了深入观察与阐述[16]。

2. 中西艺术理论、艺术史与艺术批评的阐发

2020 年，许多学者持续关注中西方艺术理论、艺术史、艺术批评中的相关理论、观念、概念、流派、个案等，涌现出许多富有启发性的学术成果。

首先引人注目的，是对中国传统艺术理论的创新开掘与阐发。习近平总书记在 2014 年 10 月 15 日的文艺座谈会重要讲话中提出“中华美学精神”的重要命题，他指出：“中华优秀传统文化中很多思想理念和道德规范，不论过去还是现在，都有其永不褪色的价值。我们要结合新的时代条件传承和弘扬中华优秀传统文化，传承和弘扬中华美学精神。”[17] 自此以来，对于中华美学精神、中国传统艺术理论的发掘成为艺术学理论学科中的热门议题。2020 年，许多文章从各个角度努力从历史和传统中打捞精华，赋予传统艺术理论以新的生机。例如，陈仕国与王廷信的《中国古代艺术接受理论的构建：基于命题的视角》一文从命题的角度梳理了中国古代艺术接受理论，总结出“夫乐有适”“心亦有适”的接受心理命题、“知人论世”“以意逆志”的接受方法命题、“以我观物”“以物观物”的接受思维命题，以及“澄怀味象”“神与物游”的接受境界命题构成的艺术接受模式。[18] 陈旭光的《论中国艺术学研究的“宗白华经验”》从艺道观与艺境论、主体论、作品本体维度、艺术接受 4 个维度对宗白华的艺术学思想进行了梳理，认为其艺术学研究对今天的艺术学建设具有重要的启示和借鉴价值。[19] 彭锋的《中国艺术批评的特点》一文将中国艺术批评分为传统与当代两个段落和

两种形态，并认为“受到关联思维的影响，中国传统艺术批评与政治和伦理评价密切相关，而且形成了艺术史、艺术理论与艺术批评三位一体的文本。进入现当代之后，中国艺术批评出现了政治批评、商业批评和学院批评相互竞争的发展态势”。[20] 朱良志的《论中国传统艺术哲学的“无量”观念》一文认为中国传统艺术哲学存在着一种“无量”的艺术观念，并从以物为量、大制不割、小中现大和一即一切4个方面对这一观念进行深入讨论[21]。吴键的《艺术史写作的中国范式——以刘师培〈中国美术学变迁论〉与李泽厚〈美的历程〉的对读为例》一文比较了中国现代的两个艺术史书写案例，并认为“倡言革命的刘师培，用以编制艺术史叙事的‘文质代变’模式，所预设的历史主体是群体性的汉民族共同体。而试图告别革命的李泽厚，用以结构艺术史叙事的‘内外更迭’模式，指向的是康德式的启蒙主体，并在其中调适着个体启蒙与历史传承之间的关系。二者的重要价值正彰显于对时代命题的呼应之中，而当下中国也呼唤着属于现今时代的新的艺术史典范之作”。[22] 除此之外，有代表性的文章还有袁济喜的《中国传统艺术精神的特质及创新性发展》、王廷信的《中华传统艺术当代传承的媒介路径》、朱良志的《大成若缺——中国传统艺术哲学中的“当下圆满”学说》等[23]。

在2020年西方艺术理论的研究中，既有对本雅明、黑格尔、谢林、苏珊·朗格等哲学家、美学家的艺术理论的重新探究，也有对西方艺术史中艺术分类问题、“技艺”理论等议题的阐发。其中，常培杰的《灵晕是美显现自身的介质——本雅明艺术批判观念探析》《“辩证意象”：前卫艺术的理想类型——本雅明后期艺术批评观念探析》等文章对本雅明的相关艺术思想展开了深入辨析[24]。孙晓霞的《柏拉图技艺理论的本质、内核、分类及艺术学启示》《“技艺”理论研究与西方艺术学科起点》从“技艺”概念出发考察西方艺术学科历史，梳理了“技艺”概念自身在不同历史时期的多重意涵，为重读现代艺术体系、认识西方艺术学科本质提供了一种路径。[25] 朱青生的《艺术作品分类问题》一文考察了艺术史中艺术作品分类问题上所采取的将理念作为维度、将方法作为维度和将结果作为维度3种模式，对“艺术分类”这一涉及艺术本体认识的重要问题进行了重新审视，并指出“艺术作品的分类问题是否可以作为学术课题，其本身就是个问题”。[26] 除此之外，有代表的文章还有先刚的《“建构”与“反思”——谢林和黑格尔艺术哲学的差异》、贾红雨的《黑格尔艺术哲学重述》、朱俐俐的《被重构的织物——苏珊·朗格关于感受的思想及其内在矛盾》等[27]。

3. 当前艺术发展状况的观照

2020年，突如其来的全球新冠肺炎疫情成为笼罩在艺术发展之上的巨大天幕。与此同时，随着媒介技术的快速迭代与媒介融合的不断深入，艺术发展面临着越来越显著的媒介化趋势。对当前复杂社会语境下艺术发展的种种问题展开思考，就成为艺术学理论学科的重要任务。

首先，对疫情之下艺术、艺术学发展的思考成为2020年艺术学理论学科的显著议题。例如，胡智锋、陈寅的《新冠肺炎疫情期间传媒艺术媒介性功能的彰显》一文聚焦传媒艺术在疫情期间的表现，认为在疫情的特殊时期下传媒艺术的媒介性功能相较其常规艺术性功能得到进一步彰显，为疫情防控营造出良好的舆论氛围，有效地凝聚起社会共识[28]。王廷信的《试论后疫情时代的艺术》指出持续较长时段的疫情及其让艺术家和受众养成的习惯可能让线上网络空间成为主流形式的供需，并由此带来艺术创作方式、艺术传播方式与艺术接受方式的革命[29]。除此之外，有代表性的文章还有吴彧弓的《疫情之下的“云艺术”观察记》、潘鲁生的《论防疫主题创作与艺术教育理念》等[30]。

其次，对于艺术与媒介关系的讨论也是本年度的重要学术话题。其中，王廷信的《媒介演进与艺术传播》一文深入讨论了媒介技术的演进与艺术传播之间的关系，认为媒介技术的演进直接推动了艺术创作媒介、文本媒介、传播媒介的变化，使得艺术的文本形态日趋丰富，艺术传播模式也由单向传播进入多向传播。[31] 肖庆的《新媒体艺术空间的审美特质》一文对当前新媒体艺术空间的特质展开了思辨，认为“新媒体艺术空间所具有的交互、沉浸、多感知性的艺术审美特质，扩充了人们观念中对空间意识的理解，影响到艺术的审美范畴，并正在对观众的艺术体验产生重要影响”。[32]

最后，还有一些文章对当前中国艺术场域中的许多新现象进行了多角度观察。例如，李宁的《跨媒介叙事中艺术受众的分裂与博弈——以“秦时明月”品牌为例》一文以“秦时明月”这一案例为例讨论了当前中国艺术生产中艺术受众群体的特性，并对艺术受众的参与性和分裂性两种面目进行了详细的阐述[33]。张苏秋的《艺术参与对个体主观幸福感的影响研究——基于中国综合社会调查（CGSS 2015）的经验证据》利用中国综合社会调查数据，通过量化研究的方法对当下艺术受众的接受状况进行了详细分析，并得出结论："个体参与艺术活动的主观幸福感将比不参与艺术活动显著提高，艺术会带来幸福。但在具体领域满意度上的影响存在差异，反映了相关艺术服务供给的不足。"[34]

4. 艺术交叉学科的研究

艺术学理论学科是超越门类艺术的一般艺术学研究，本身具有强烈的跨学科特性、综合性、宏观性。与此同时，由于尚为一门新兴学科，学科领域中的成员往往携带着美学、哲学、电影、电视、音乐、舞蹈、美术等不同学科背景。由此，交叉学科或跨学科一直是艺术学理论擢升为一级学科以来引人关注的议题。2020 年底，国务院学位委员会、教育部印发《国务院学位委员会　教育部关于设置"交叉学科"门类、"集成电路科学与工程"和"国家安全学"一级学科的通知》，"交叉学科"正式成为中国第十四个学科门类。这一重大举措是从国家层面在学科体制机制上给予交叉学科重要地位，也预示着艺术交叉学科所具备的广阔前景。彭锋的《交叉学科视野下的艺术理论》一文就直面艺术学理论学科定位与学科建设中的一些难题，指出现有学科之间的兼容困难，认为"在倡导交叉学科研究的大环境下，现阶段的艺术学理论学科可以倡导诸门类艺术研究之间、门类艺术研究与一般艺术研究之间、艺术研究与艺术实践之间、艺术学科与非艺术学科之间的交叉研究，以期在此基础上形成某种超学科"。[35] 2020 年，北京地区艺术学理论学科的学术研究中，对艺术管理学、艺术教育学、艺术人类学、艺术社会学等艺术交叉学科的探讨占据了相当大的体量。

在艺术管理学方面，王一川的《深扎艺术管理专业的学科根基——基于艺术学理论学科视角的观察》一文从艺术学理论学科的整体视角对艺术管理学科的定位、学科体系等进行了思考。文章认为，艺术管理的"研究对象在于艺术行业的体制及其管理思想、管理组织、管理方法、管理技能等过程的规律以及它们的具体应用实际操作过程，其学科要素在于由艺术管理思想、艺术管理制度、艺术管理技能、艺术政策与法规、艺术节目制作与展演、艺术营销等组成的跨学科系统。当前需要深扎艺术管理专业的学科根基，吸纳以'心学'为代表的中国古典管理智慧"。[36] 除此之外，有代表性的文章还有张璐与谢玉婷的《关于艺术管理学科的实践与反思——以北京大学生电影节为例》、沈森的《在艺术与社会的现场——21 世纪艺术管理留学的几个案例》等[37]。

在艺术人类学方面，安丽哲的《边界与融合——艺术人类学与艺术社会学学科建设与反思》一文对艺术学理论学科之下艺术人类学与艺术社会学这两个新兴的分支学科之间的学科归属、学科边界等问题进行了充分探讨。文章认为二者的研究对象与研究方法仍然存在较大区别，研究边界是存在的，但不是必要的。二者在艺术学领域的历史使命并不完全相同，艺术人类学以艺术史与艺术理论为主，而艺术社会学以艺术理论与艺术批评为主。[38] 李修建的《原始艺术：西方艺术人类学的核心范畴》一文对"原始艺术"这一在西方艺术人类学发展中的核心概念进行了细致阐发，在辨析这一概念内涵的基础上总结出西方学界形成的"进化论"和"传播论"、"文化相对论"、心理学与精神分析、功能主义、结构主义、符号学与后殖民主义等 7 种研究范式，为理解西方艺术人类学的发展演进提供了清晰的路径[39]。此外，王永健的《2019 年中国艺术人类学发表成果热点述评》、安丽哲的《2019 年中国艺术人类学学术活动热点述评》、李修建的《2019 年西方艺术人类学研究热点述评》等文章分别对国内外艺术人类学的发展动态进行了回顾与梳理[40]。

在艺术社会学方面，常培杰的《艺术社会学三型及其"本质"疑难》一文总结了"艺术"社会学、艺术"社会学"与"艺术—社会"学这 3 种艺术社会学的研究范式，并认为"艺术社会学不能舍弃'美学'，而要积极介入美学讨论，回答艺术本体问题，使得美学和艺术学不仅具有观念论维度，更具有坚实的社会基础"。[41] 王一川的《艺术制度与艺术高峰》一文在对中国古代艺术制度和国外艺术制度进行回顾与审视的基础上，对当代中国艺术制度进行了详细而全面的梳理，将其分为艺术显制度、艺术隐制度、艺术创作制度及一般社会制度 4 个层面。同时，该文着重分析了由艺术家自创制、艺术产业合创制、艺术社团流派合创制、艺术媒体编创制、主题委托创作制和网络互动合创制等构成的当代中国艺术创作制度，进一步探寻了文艺高峰的生成与艺术制度之间的紧密关联。[42] 除此之外，有代表性的研究成果还有闻翔的《艺术市场社会学的关键议题》、李嘉华的《历史唯物主义抑或庸俗唯物主义？——论〈技术复制时代的艺术作品〉的艺术社会学论点》、陈岸瑛的《从艺术史论角度看艺术社会学的潜能与限度》等。[43]

在艺术交叉学科中，艺术教育学方面的研究成果在2020年显得尤为丰硕。2018年8月，在给中央美术学院8位老教授的回信中，习近平总书记提出“要遵循美育特点，弘扬中华美育精神”。在同年9月召开的全国教育大会上，习近平总书记进一步强调，“要全面加强和改进学校美育，坚持以美育人、以文化人，提高学生审美和人文素养”。上述指示为艺术教育的进一步发展指明了方向，也使得艺术教育、美育成为当下艺术学理论学科中的热门议题。2020年，北京师范大学艺术学理论学科推出“2019年中国艺术教育年度报告”，报告共5篇，分别为郭必恒的《2019年中国艺术教育年度报告——高校篇》、张璐与孟竹的《2019年中国艺术教育年度报告——小学篇》、李红菊的《2019年中国艺术教育年度报告——学前篇》、吴键的《2019年中国艺术教育年度报告——中学篇》、李宁的《2019年中国艺术教育年度报告——成人篇》[44]。作为北京师范大学艺术学理论学科的学术品牌之一，该报告对2019年中国不同层面的艺术教育发展状况给予了细致深入的梳理与阐述。王一川的《以人生艺术感涵濡为中心——作为应用理论艺术学分支的艺术教育》一文对艺术教育的本质进行了深入开掘，指出：“艺术教育的实质在于人生艺术感涵濡，即以艺术品美感为中心的对整个人生过程的审美价值的直觉能力的养成过程。对艺术品的审美感受能力的涵濡，是人生艺术感涵濡的中心和基础，由此拓展到自然美感、社会美感、科技美感、宇宙美感等共通感的涵濡，共同组成人生艺术感的同心圆构造。艺术教育是以人生艺术感涵濡为中心的个体艺术美感的养成和拓展过程。”[45] 此外，有代表性的研究成果还有马菁汝与郎潇的《借鉴与整合：建构中国艺术教育体系刍议》、梁玖的《学科立场中的艺术教育概念》《艺术学理论中“艺术教育”研究者的三大首要任务》、王一川的《数字全球化时代的美育模型》、周星的《当下美育观念辨析与高校美育难题再认识》、李俊峰的《新文科背景下的艺术教育：从学科融合到价值实现》等[46]。

（二）学术著作

2020年，北京地区艺术学理论学科领域的学术著作数量并不多。不过，本年度新出版的个人独著、译作、研究报告等同样展现出艺术学理论学科稳定扎实的发展面貌。

在西方艺术理论的研究领域，本年度有代表性的成果为张颖的《存在主义时代的理论与艺术》（文化艺术出版社，2020年版）与常培杰的《拯救表象——阿多诺艺术批评观念研究》（人民出版社，2020年版）两本著作。张颖的著作运用新文化史的方法，对作为哲学理念、文艺风格、时尚潮流和文化团体的存在主义进行全方位、多声部的综合性研究。该书主体内容是对贾科梅蒂、加缪、萨特、梅洛-庞蒂、波伏娃等存在主义大家的代表性作品展开论述，同时该书不满足于对存在主义代表人物和代表作所做的个案分析，而是怀有更大的抱负，力图对整个“存在主义时代”做一番纵论，深入发掘存在主义的内在精髓。常培杰的著作对阿多诺的艺术批评观念进行了系统研究，该书指出现代美学的核心任务就是“拯救表象”，也就是拯救“具有整一表象的现代主义自律艺术”。在这本书中，作者因循阿多诺的思想逻辑，认为审美唯名论破坏了艺术的整一表象，使得艺术与非艺术/现实的边界发生混淆，艺术由此遭到现实的整合，以致陷入商品化消费或娱乐消遣的危机。此外，作为《国外艺术人类学读本》一书的续作，李修建的《国外艺术人类学读本续编》（中国文联出版社，2020年版）精选雷蒙德·弗思、罗伯特·莱顿、霍华德·墨菲等西方艺术人类学研究者的代表性论文11篇，对于国内艺术人类学界、艺术学界和美学界的相关研究具有重要的参考价值。

在中国艺术理论研究方面，有代表性的研究成果是方李莉的《“后非遗”时代与生态中国之路的思考》（文化艺术出版社，2020年版）、意娜的《文艺美学探赜》（中国社会科学出版社，2020年版）等著作。方李莉的著作是从2001年至今所写的一些有关非物质文化遗产保护的重要论文的合集。该书关注“‘后非遗’时代”语境，也就是侧重关注保护与创新的社会现象，尤其关注到20世纪90年代以来在全球范围内的非西方国家所出现的“民族文化”复兴的现象。同时，该书还对当代艺术返回生活现场、以艺术激活的手工艺复兴所带来“中国时尚”的潮流等现象给予了充分关注。意娜的著作则尝试把握藏族诗学与艺术理论中共享的美学通则，从藏族文学艺术史中的3个经典样板——经典文本之《诗镜》、视觉艺术之唐卡和口头史诗之《格萨尔》入手，剖析3种代表性的藏族文艺美学的特征和体系性建构，从而勾描藏族审美精神的核心特质和外在表征。

除了上述著作之外，本年度还有一些著作着力总结当下中国文艺发展情况。《2019年度中国艺术发展报告》（中国文联出版社，2020年版）作为中国文联推出的年度报告，分总论、分报告和大事记 3 部分对 2019 年中国艺术发展给予全景式总结。其中，总论重点盘点中国艺术行业年度发展状况，梳理年度中国艺术思潮，阐析中国年度重要艺术现象及存在问题，并提出下一年度中国艺术发展的趋势建议。分报告着重对各艺术门类年度发展状况、主要成就、存在问题、未来趋势建议等进行梳理和分析。由郭必恒主编的《中国当代文艺动态及评论热点透析（2018—2019）》（文化发展出版社，2020 年版）一书以动态性视角考察和研究当代文艺发展，构建了一个“热点作品—热点活动—热议聚焦—主要问题—理论动态”的分析框架，对 2018—2019 年度中国电视、电影、美术、音乐、舞蹈 5 个领域中的文艺现象进行了深入探索，描画出一幅相对清晰的文艺地图。由中国艺术研究院主编的《2019 年度中国艺术发展研究报告》（文化艺术出版社，2020 年版）则从马克思主义文艺理论、艺术学及其门类下各学科、6 个文化主题（包括中国文化、红学研究、文化发展战略、艺术人类学、非遗保护与传承、传记文学）三大板块的角度总结了 2019 年度中国艺术的发展状况，力图从历史和理论角度为当代中国文化艺术发展做宏观把脉。

二、学科发展问题

2020 年北京地区的艺术学理论学科在学位授权点发展、人才培养、学术研究、学术交流等学科建设方面都取得了丰硕成果，同全国其他省份艺术学理论学科相比，属于博士和硕士学位授权点数量最多、学术人才会聚最集中、学术成果最丰硕的重镇，其中，博士点数量为全国的约 1/3、硕士点数量接近全国的 1/4。但与其他人文学科和社会科学学位授权点相比，艺术学理论学科毕竟是独立发展刚满 10 年的带有筚路蓝缕特点的新生学科，发展过程中不免存在着许多亟待正视、亟须完善的不足之处。其中，学科主体性的欠缺、学科原创性成果的匮乏及学科核心课程体系实施的不足等，便是目前北京地区乃至全国艺术学理论学科发展所面临的共同问题。

（一）学科主体性尚需进一步提升

自艺术学理论学科升格为一级学科以来，伴随着对学科合法性质疑的同时，学科内部主体性的匮乏始终也是一大不容忽视的发展症结。艺术学理论学科中的成员绝大多数是携带其他不同的学科背景加入这一学科共同体的，既有来自哲学、文艺学、美学等的外部学科，也有艺术学内部的美术学、戏剧与影视学、音乐与舞蹈学、设计学等学科。加之艺术学理论学科的综合性较强，这就导致来自原有学科的人士对艺术学理论这一新生学科的学科内涵、学科边界、学科任务、学科层次等都缺乏充分的认识，因而在教学实践和学术研究中仍然固守原有的学科路径。与此同时，各大院校的艺术学理论学科建设往往要服从或适应于该院校的主流学科专业。尤其是对于专业性艺术院校来说，艺术学理论学科建设起到的更多是对其艺术专业的一种保障性、服务性功能。

相比其他综合性高校、师范类高校或研究机构的艺术学理论学科建设，北京电影学院、中央美术学院、中央戏剧学院、北京舞蹈学院、中国戏曲学院等几所专业艺术类院校的艺术学理论学科都带有明显的门类艺术倾向。其他院校的艺术学理论学科同样也或多或少地存在服从该院校发展定位与主流学科定位而忽视艺术学理论学科自身学科性质与学科规律的现象。由此导致的一个现象是，不同院校的艺术学理论学科之间缺乏较为充分自由的对话交流，尚未形成一个有强烈身份认同感、价值认同感的学术共同体。

因此，北京地区艺术学理论学科的下一步发展尤其需要进一步提升学科主体性。北京各大院校的艺术学理论学科之间应当进一步完善沟通机制，在课程设置、人才培养、学术研究等方面进一步强化沟通交流，推动学术共同体凝聚力的提升。同时，“可以通过经常的、形式多样的和持续的艺术学理论学科（大）讨论，让学术共同体全体成员涵养和增强学科自觉性，主动加以认同，进一步加深学科认知，进而愿意为本学科增强认同度和提升承认度而奋进，特别是在此新学科园地里甘于寂寞地深耕细作”[47]。由此，进一步增强学科成员对于学科的认同度，凝聚起强大的内生力量。

（二）学科原创性成果有待扎实开拓

对于一个学科而言，原创性、突破性研究成果的数量与质量是衡量学科建设成熟与否的一大指标。艺术学理论学科作为一门综合性、理论性学科，尤其需要在艺术理论、艺术史、艺术批评等领域形成一定数量的原创性成果，以此为学科发展奠定厚实的根基。但就目前来看，北京地区乃至全国的艺术学理论学科虽然在学术论文、学术著作的数量上稳步快速发展，但仍然缺乏重量级的富有突破意义的理论成果。

当前，艺术理论的研究仍处在哲学、美学、文艺学的“影响的焦虑”中，而更为紧迫的恐怕是艺术史研究方面的匮乏。此处所谓的艺术史研究，并非以往常常冠以“艺术史”之名的美术史研究，也并非电影史、音乐史、舞蹈史等其他门类艺术史研究，而是超越特殊艺术史或门类艺术史研究的一种一般艺术史或普遍艺术史研究。从上文梳理的学术研究成果来看，由于学科成员的学术研究旨趣、学术研究精力等方面的限制，跨门类、跨媒介的艺术史研究还较为匮乏。因此未来北京地区艺术学理论学科的发展需要在艺术理论、艺术史与艺术批评等核心领域取得有影响力的研究成果。学术研究需要研究者沉潜下来，秉持坚韧持久的治学精神，同时要不断开拓自我的学术视野，努力在跨学科、跨媒介的视域下观照艺术发展，真正地集中学术创造力去开拓和耕耘。艺术学理论学科学术成果的开拓还有赖于各大院校创造有利于研究者们尤其是青年学者自由成长的环境，以进一步激发他们的学术创造力。

（三）学科核心课程体系亟须有效实施

2020年北京各院校艺术学理论学科课程建设的显著特征在于自主性很强，不同院校往往会根据人才培养目标、院校定位、师资情况等自主设置核心课程，因此也容易流于自发性或散漫性。个别院校还存在以一套课程体系适应本科生、硕士研究生、博士研究生不同层次人才培养的做法，缺乏层次性。目前，艺术学理论学科的核心课程体系虽已编制，但尚待实施和检验，更有待于逐步调整和完善。

因此，未来北京地区艺术学理论学科要在根据所在院校不同发展定位保持一定自主性的基础上，积极有效地贯彻实施教育部发布的学科核心课程体系。一方面，积极实施艺术理论、艺术史和艺术批评构成的基础艺术学理论课程系列，夯实学科根基。另一方面，积极实施艺术管理、艺术教育、艺术遗产、艺术传播、艺术与文化创意等可选开课程构成的应用艺术学理论课程系列。总而言之，既要满足艺术学理论学科的学科内涵、学科定位等方面的基本要求，也要适应不同院校人才培养层面的特色与需求。唯其如此，才能在夯实艺术学理论学科根基、构建学科共同体的同时，催生出和而不同、开放包容、蓬勃向上的学科发展景观。

注：

[1] 仲呈祥：《还原艺术学理论学科的设置初衷》，《艺术教育》，2020(3)：6-9。

[2] 王一川：《十年树木初成林，尚待开放大气象——艺术学理论学科设立以来的回顾和展望》，《艺术百家》，2020(04)：37-41+122。

[3] 王廷信：《时代机遇与艺术学理论学科前景》，《艺术学研究》，2020(05)：8-11。

[4] 分别载于《艺术教育》2020年第8期、《艺术学研究》2020年第5期、《艺术教育》2020年第1期、《艺术教育》2020年第8期。

[5] 周星：《新文科视域：艺术学科发展点、线、面建设景观》，《艺术教育》，2020(12)：12-17。

[6] 分别载于《艺术百家》2020年第4期、《南京艺术学院学报(美术与设计)》2020年第6期、《艺术设计研究》2020年第3期。

[7] 王一川：《中国艺术史学科的可能性、路径及艺术史学》，《北京师范大学学报(社会科学版)》，2020(03)：42-49。

[8] 陈池瑜：《建构中国艺术史学学科》，《湖北美术学院学报》，2020(04)：5-10。

[9] 唐宏峰：《通向跨媒介间性艺术史》，《当代文坛》，2020(05)：148-153。

[10] 李洋：《艺术史及其三种可能——对艺术学理论学科的一种思考》，《文艺研究》，2020(11)：14-28。

[11] 分别载于《当代文坛》2020年第5期、《北京大学学报(哲学社会科学版)》2020年第2期、《美术观察》2021年第1期、《新疆艺术学院学报》2020年第1期。

[12] 彭吉象：《比较艺术学的学科定位与研究范围》，《艺术评论》，2020(01)：7-24。

[13] 彭吉象：《比较艺术学“跨文化研究”及其运用》，《艺术评论》，2020(10)：7-28。

[14] 分别载于《民族艺术研究》2020年第3期、《艺术百家》2020年第3期、《中外艺术研究》2020年第3期。

[15] 郭必恒：《2019年中国艺术学理论热点现象述评》，《民族艺术研究》，2020(2)：73-78。

[16] 分别载于《艺术评论》2020年第4期、《艺术百家》2020年第2期。

[17] 习近平：《在文艺工作座谈会上的讲话》，北京：人民出版社，2015：26。

[18] 陈仕国，王廷信：《中国古代艺术接受理论的构建：基于命题的视角》，《民族艺术研究》，2020(06)：111-117。

[19] 陈旭光：《论中国艺术学研究的“宗白华经验”》，《艺术学研究》，2020(02)：55-65。

[20] 彭锋：《中国艺术批评的特点》，《艺术评

论》，2020(04)：35-46。

[21] 朱良志：《论中国传统艺术哲学的“无量”观念》，《北京大学学报(哲学社会科学版)》，2020(05)：45-59。

[22] 吴键：《艺术史写作的中国范式———以刘师培〈中国美术学变迁论〉与李泽厚〈美的历程〉的对读为例》，《当代文坛》，2020(05)：142-147。

[23] 分别载于《中国文艺评论》2020 年第 7 期、《北京电影学院学报》2020 年第 11 期、《天津社会科学》2020 年第 2 期。

[24] 分别载于《外国文学》2020 年第 2 期、《文艺研究》2020 年第 9 期。

[25] 分别载于《艺术百家》2020 年第 4 期、《文艺争鸣》2020 年第 2 期。

[26] 朱青生：《艺术作品分类问题》，《艺术百家》，2021(01)：24-29+108。

[27] 分别载于《文艺研究》2020 年第 6 期、《哲学研究》2020 年第 2 期、《中南大学学报(社会科学版)》2020 年第 3 期。

[28] 胡智锋，陈寅：《新冠肺炎疫情期间传媒艺术媒介性功能的彰显》，《艺术评论》，2020(03)：7-19。

[29] 王廷信：《试论后疫情时代的艺术》，《艺术管理(中英文)》，2020(03)：9-11。

[30] 分别载于《美术观察》2020 年第 4 期、《山东艺术科学》2020 年第 4 期。

[31] 王廷信：《媒介演进与艺术传播》，《美育学刊》，2020(06)：52-59。

[32] 肖庆：《新媒体艺术空间的审美特质》，《中国高校社会科学》，2020(06)：146-152+157。

[33] 李宁：《跨媒介叙事中艺术受众的分裂与博弈——以“秦时明月”品牌为例》，《艺术教育》，2020(12)：121-124。

[34] 张苏秋：《艺术参与对个体主观幸福感的影响研究——基于中国综合社会调查(CGSS 2015)的经验证据》，《暨南学报(哲学社会科学版)》，2020(06)：121-132。

[35] 彭锋：《交叉学科视野下的艺术学理论》，《北京电影学院学报》，2021(01)：4-11。

[36] 王一川：《深扎艺术管理专业的学科根基——基于艺术学理论学科视角的观察》，《四川戏剧》，2020(10)：23-29。

[37] 分别载于《艺术教育》2020 年第 5 期、《美术观察》2020 年第 4 期。

[38] 安丽哲：《边界与融合——艺术人类学与艺术社会学学科建设与反思》，《艺术学研究(期刊)》，2020(01)：37-42。

[39] 李修建：《原始艺术：西方艺术人类学的核心范畴》，《民族艺术》，2020(05)：158-168。

[40] 分别载于《艺术教育》2020 年第 5 期、《美术观察》2020 年第 4 期。

[41] 常培杰：《艺术社会学三型及其“本质”疑难》，《艺术学研究》，2020(01)：16-20。

[42] 王一川：《艺术制度与艺术高峰》，《艺术评论》，2021(01)：8-27。

[43] 分别载于《江海学刊》2020 年第 6 期、《外国美学》2020 年第 1 期、《艺术学研究》2020 年第 1 期。

[44] 载于《艺术评论》2020 年第 5 期。

[45] 王一川：《以人生艺术感涵濡为中心——作为应用理论艺术学分支的艺术教育》，《美育学刊》，2020(01)：1-6。

[46] 分别载于《中国美术》2020 年第 2 期、《艺术教育》2020 年第 9 期、《美育学刊》2020 年第 5 期、《美育学刊》2020 年第 5 期、《美育学刊》2020 年第 5 期、《艺术教育》2020 年第 9 期。

[47] 王一川：《十年树木初成林，尚待开放大气象——艺术学理论学科设立以来的回顾和展望》，《艺术百家》，2020(04)：37-41+122。

（艺术学理论特约课题组供稿）

年度推荐论文和著作

论　文

1.《还原艺术学理论学科的设置初衷》，仲呈祥，《艺术教育》，2020 年第 3 期。

2.《中国艺术史学科的可能性、路径及艺术史学》，王一川，《北京师范大学学报(社会科学版)》，2020 年第 3 期。

3.《时代机遇与艺术学理论学科前景》，王廷信，《艺术学研究》，2020年第5期。

4.《中国艺术批评的特点》，彭锋，《艺术评论》，2020年第4期。

5.《交叉学科视野下的艺术学理论》，彭锋，《北京电影学院学报》，2021年第1期。

6.《建构中国艺术史学学科》，陈池瑜，《湖北美术学院学报》，2020年第4期。

7.《论中国传统艺术哲学的“无量”观念》，朱良志，《北京大学学报(哲学社会科学版)》，2020年第5期。

8.《“技艺”理论研究与西方艺术学科起点》，孙晓霞，《文艺争鸣》，2020年第2期。

9.《艺术史及其三种可能——对艺术学理论学科的一种思考》，李洋，《文艺研究》，2020年第11期。

10.《原始艺术：西方艺术人类学的核心范畴》，李修建，《民族艺术》，2020年第5期。

著 作

1.《存在主义时代的理论与艺术》，张颖，文化艺术出版社，2020年。

2.《拯救表象——阿多诺艺术批评观念研究》，常培杰，人民出版社，2020年。

3.《“后非遗”时代与生态中国之路的思考》，方李莉，文化艺术出版社，2020年。

4.《2019年度中国艺术发展报告》，中国文学艺术界联合会，中国文联出版社，2020年。

5.《中国当代文艺动态及评论热点透析(2018—2019)》，郭必恒，文化发展出版社，2020年。

6.《2019年度中国艺术发展研究报告》，中国艺术研究院，文化艺术出版社，2020年。

7.《国外艺术人类学读本续编》，李修建，中国文联出版社，2021年。

8.《文艺美学探赜》，意娜，中国社会科学出版社，2020年。

附：

2020年度中国十大学术热点

光明日报理论部 学术月刊编辑部 中国人民大学书报资料中心

热点1 习近平生态文明思想研究

入选理由：习近平生态文明思想是习近平新时代中国特色社会主义思想的重要组成部分，深刻回答了为什么建设生态文明、建设什么样的生态文明、怎样建设生态文明的重大理论和实践问题。2020年是“绿水青山就是金山银山”理念提出的15周年，这一年，围绕习近平生态文明思想的理论学术研究持续推进。1. 习近平生态文明思想的理论渊源研究。阐明了习近平生态文明思想是对马克思主义生态观的继承和发展，是对中华优秀传统文化中蕴含的生态伦理智慧的创造性转化和创新性发展，是以习近平同志为核心的党中央领导推进生态环境保护工作的经验认知和思考总结。2. 习近平生态文明思想的学理阐释。围绕“生态兴则文明兴”“人与自然是生命共同体”“绿水青山就是金山银山”“良好生态环境是最普惠的民生福祉”等重大理论命题，阐释习近平生态文明思想的科学内涵、内在逻辑和理论特征，厘清理论观点、制度设计与战略举措之间的整体性、互动性关系。3. 习近平生态文明思想指引下的实践探索研究。对党的十八大以来全国各地贯彻落实“绿水青山就是金山银山”理念的实践和制度创新，对习近平生态文明思想的全球治理意义进行了系统研究。

专家点评：党的十八大以来，以习近平同志为核心的党中央把生态文明建设作为统筹推进“五位一体”总体布局和协调推进“四个全面”战略布局的重要内容，开展了一系列根本性、开创性、长远性工作，形成了习近平生态文明思想。近年来，围绕这一重大理论创新成果的研究持续展开。2020年，学术理论界围绕习近平生态文明思想的理论渊源、形成发展过程、理论意涵、主要特征及其重大理论与实践意义等议题进行了多层面阐释，形成了许多高质量研究成果。面向未来，学术理论界一方面应基于我国环境人文社会科学过去 40 多年来取得的理论成果，继续对习近平生态文明思想进行更富学理性的研究阐释；另一方面，还应更加主动面向当代中国生态文明建设实践，归纳提炼践行与发展习近平生态文明思想的成功案例，并实现更有成效的国际传播交流。

（点评人：北京大学马克思主义学院教授郇庆治）

热点 2 马克思主义经典作家的理论贡献及当代价值

入选理由：2020 年是恩格斯 200 周年诞辰、列宁 150 周年诞辰。为了更好地继承恩格斯、列宁的思想遗产，推进理论创新和实践发展，学术理论界围绕恩格斯和列宁的思想历程、革命实践和对马克思主义理论的重要贡献等展开了深入探讨。1. 总结恩格斯、列宁在马克思主义发展史上的重要地位，尤其是在马克思主义理论体系形成和世界社会主义革命运动实践中的突出贡献。围绕恩格斯对马克思主义哲学、政治经济学、科学社会主义的重大贡献，列宁把马克思、恩格斯创立的科学理论体系推进到新阶段、形成列宁主义的理论创新进程，进行了充分探讨。2. 深入挖掘阐释恩格斯、列宁思想理论的当代价值。对恩格斯的自然辩证法思想、党建思想、工人阶级理论，对列宁的帝国主义理论、社会主义建设思想、党内民主建设思想进行了深入探讨。3. 总体评价恩格斯与马克思在思想理论上的密切联系，从学理上反驳“马恩对立论”等错误观点。

专家点评：2020 年，学术理论界对马克思主义经典作家的理论贡献及其当代价值的探讨，与纪念恩格斯、列宁的诞辰密切相关，并呈现出两个新特点。1. 将焦点聚集在恩格斯对马克思主义的独特贡献上。这得益于《马克思恩格斯全集》历史考证版（MEGA）等基础文献资料的出版，使对这一领域的实证研究更具资料支撑，也体现了近年来理论本身的发展需要，深化了我们对马克思主义的认识。2. 在新冠肺炎疫情全球大流行和世界百年未有之大变局深刻交织，不稳定不确定因素越来越多的背景下，学术理论界通过对列宁“国家与革命”及“社会主义观”的探讨，思考我国所面临的历史机遇和挑战，这种探讨是理论联系实际的典范。对上述问题的深化和提升，还需要在史料基础上，进入经典作家的思想内核和理论细节，即需要从哲学高度对经典作家的思想脉络和文本中所凝结的思想实质进行说明，这是今后学术理论界努力的方向。

（点评人：清华大学马克思恩格斯文献研究中心主任、人文学院教授韩立新）

热点 3 百年变局下的中国与世界

入选理由：当今世界正经历百年未有之大变局，新冠肺炎疫情全球大流行使这个大变局加速演进。我国正处于实现中华民族伟大复兴的关键时期，面临的机遇与挑战前所未有。这一年，学术理论界围绕百年变局下的中国与世界关系展开了广泛研讨。1. 深入研究了百年变局的科学内涵、具体表现与发生原理。认为百年变局是世界性的大发展、大调整、大转折等历史合力的产物，突出表现为新兴市场国家和发展中国家的崛起速度之快前所未有，新一轮科技革命和产业变革带来的新陈代谢和激烈竞争前所未有，全球治理体系与国际形势变化的不适应、不对称前所未有。2. 百年变局对中华民族伟大复兴的深远影响。当前中国正处于近代以来最好的发展时期，中华民族伟大复兴的战略全局与世界百年未有之大变局同步交织、相互激荡，中国外交面临一系列机遇与挑战。3. 习近平外交思想是面对新形势、新使命、新机遇，进一步开创中国特色大国外交新局面的重要遵循。人类命运共同体理念则为应对百年变局，推进全球治理体系变革提供了中国方案。

专家点评：如何积极应对百年未有之大变局，牢牢把握重要战略机遇期，为实现第二个百年奋斗目标打下坚实基础，是必须深入思考的重大战略议题。2020 年，学术理论界以中国与世界的互动为核心，以国家基石、地区支撑、全球视野为重心，从经济、政治、文化、社会、生态等层面，国际政治、世界经济、大国关系、地缘格局、中国外交、制度优势、科技革命等领域进行全面剖析，围绕百年变局的动力机制、形态演变、发展趋势及中国在百年变局中的机遇与挑战、责任与担当等，形成了蔚为大观的研究成果，为中国面向未来的战略谋划提供了重要参考。

（点评人：同济大学政治与国际关系学院/中国战略研究院院长、同济特聘教授门洪华）

热点 4 《民法典》阐释与适用

入选理由：《中华人民共和国民法典》（以下简称《民法典》）是新中国成立以来第一部以“法典”命名的法律，是在总结改革开放以来我国民事立法经验、司法实践成果和理论学说的基础上形成的新时代社会主义法治建设重大成果，在中国特色社会主义法律体系中具有重要地位，是一部固根本、稳预期、利长远的基础性法律。《民法典》于2020年审议通过后，学术理论界的研究重心由对民法总则、物权编、合同编、人格权编、婚姻家庭编、继承编、侵权责任编各编体例和制度规范的探讨，转移到推动对民法典的准确理解与规范适用上。1. 对《民法典》精神、立法原则进行价值论阐释；对条文、规定进行解释论阐释。2. 研讨《民法典》适用中可能产生的立改废释问题。聚焦统一民法法律适用标准，将立法阐释作为《民法典》规则补充、更新、解释、完善的重要手段，研究《民法典》与其他部门法的协调与对接，与公约、惯例的衔接问题。3. 司法机关对法律的解释和适用建设等。

专家点评：《民法典》系统整合了新中国成立70多年来长期实践形成的民事法律规范，汲取了中华民族五千年优秀法律文化，借鉴了人类法治文明建设有益成果，是一部体现我国社会主义性质、符合人民利益和愿望、顺应时代发展要求的《民法典》，是一部体现对生命健康、财产安全、交易便利、生活幸福、人格尊严等各方面权利平等保护的《民法典》，是一部具有鲜明中国特色、实践特色、时代特色的《民法典》。学术理论界在《民法典》颁布后，着重围绕《民法典》编纂的成功经验，《民法典》所确立的基本原则和法律规则的含义，《民法典》在立法技术上的创新与发展，以及如何不断总结实践经验、修改完善相关法律法规，如何以保证《民法典》有效实施作为行政决策、行政管理、行政监督的重要标尺规范行政许可等活动，如何及时完善相关司法解释使之同《民法典》及有关法律规定和精神保持一致等诸多问题，进行了全面深入研究，为实施《民法典》提供理论支撑。

（点评人：中国人民大学副校长、法学院教授王轶）

热点5　中华文化基因的历史探源

入选理由：中华文化基因关联着五千年中华文明的起源和发展脉络，是考古学界和历史学界共同关注的重要议题，相关研究在2020年取得了丰硕成果。1. 关于中华文明起源和特点的考古学实证与阐释，从不同角度揭示了中华文明的丰富内涵及其持续发展的动力源泉。2. 围绕国家和早期中国的概念、理论和研究方法等进行探讨。相关研究从政治共同体、文明共同体形成过程的角度丰富了关于早期中国的认识；指明考古与文献相结合的“二重证据法”和“多学科结合、多角度支持”的研究方法是探索夏商文明的必由之路，要用严格的科学程序与科学方法创立更加符合中国实际、在国际学术界具有强大话语权和影响力的社会演进理论。3. 发掘整理中华文化基因的史前渊源，在历史流变中阐发中华文化基因的构成和形成。既突出悠久农业史对中国文化、社会与思想的形塑作用，同时也深入研究区域文化、民族文化、外来文化等多种文化元素的相互作用和秦汉以来大一统政治格局之于中华文化基因构成的意义。

专家点评：文化自信是一个国家、一个民族发展中更基本、更深沉、更持久的力量，科学认识中华文化的渊源与意义是夯实文化自信的一个重要基础。在漫长发展过程中，中华文化形成了稳定的、独具特色的文化基因，并有力推动中华民族持续发展壮大。最近10多年来，有关中华文明的考古发现取得一系列关键性突破，良渚、石峁、陶寺及中原与山东地区古城的发现，极大改变了传统上对中华文明起源的认识，相关整合研究还在不断推进，有关中华文明形成的模式、阶段及特征的认识正在逐渐深入。考古学研究的科学路径扎根于实物材料研究，有助于建立起较为可靠的认识；人文研究路径则旨在追溯中华传统文化的渊源，探索中华文化基因的形成过程。这两条路径相互补充，构成了当代中国学术研究中一个生机勃勃的领域。

（点评人：中国人民大学历史学院教授陈胜前）

热点6　重大突发公共卫生事件的多学科研究

入选理由：2020年初暴发的新冠肺炎疫情，是百年一遇的健康危机，是联合国成立以来人类社会面临的最大考验，其影响将持续几十年。人类终将战胜疫情，但重大公共卫生突发事件对人类来说不会是最后一次。以疫情防控为切入点，学术理论界围绕重大突发公共卫生事件治理进行了多学科、跨学科研究。马克思主义理论学界围绕疫情防控的中国经验与中国方案、疫情防控彰显的中国制度优势与精神力量等进行研究；政治学界围绕疫情防控与国家治理、疫情影响下的世界格局变革、后疫情时代的全球治理体系重构等进行探讨；经济学界围绕疫情对全球经济的影响及挑战、后疫情时代经济发展的趋势与应对等开展讨论；法学界研讨了疫情防控举措的法治规范、环境健康风险与生物安全法治建设、劳动法治保障等议题；公共管理学界重点关注公共危机治理理论、治理各环节具体措施等话题；等等。此外，不同学科的学者围绕重大公共卫生事件的治理制度、治理能力、治理路径、治理体系、协同平台等进行了研究和对话。

专家点评：新冠肺炎疫情对世界各国的治理体系和治理能力提出了严峻考验。面向未来，我们需要放眼长远，着力从根本上完善重大突发公共卫生事件治理的制度设计，改进治理手段和方法，也需要把握和回应数字时代和数字技术对重大突发公共卫生事件防控带来的机遇和挑战，思考如何认识大数据和数据技术的工具属性，更好实现数据赋能，推进重大突发公共卫生事件的韧性治理、动态精准治理及常态化治理等问题。对于这些广泛的议题，一方面需要不同学科基于各自视角、概念和方法进行讨论；另一方面，在此过程中，势必形成政治学、经济学、法学、计算科学等各学科知识生产的交互、竞争与关联，从而促进整体知识的发展。当前，针对重大突发公共卫生事件的多学科及跨学科研究已经蓬勃发展，可以预期，这一研究领域的延续和拓展，必将促进新的交叉学科领域的产生。

（点评人：兰州大学副校长、教授沙勇忠）

热点 7　脱贫攻坚与乡村振兴

入选理由：2020 年是决胜全面建成小康社会、决战脱贫攻坚之年。新冠肺炎疫情对我国经济社会发展产生了巨大影响，也给打赢脱贫攻坚战带来新挑战。在党中央坚强领导下，全面建成小康社会取得伟大历史成果，千百年来中华民族孜孜以求的小康梦想即将实现，解决困扰中华民族几千年的绝对贫困问题取得历史性成就。完成脱贫攻坚目标任务后，我们的使命就是全面推进乡村振兴，这是“三农”工作重心的历史性转移。2020 年，学术理论界的相关研究主要聚焦以下内容：1. 脱贫攻坚的成就、国家扶贫政策效果、脱贫攻坚的制度优势等。2. 消灭绝对贫困后，脱贫成果的巩固、相对贫困标准的制定及解决相对贫困长效机制的构建等。3. 脱贫攻坚与乡村振兴的逻辑关系，二者有效衔接的实现路径、实践困境及体制机制构建等。4. 全面建成小康社会后乡村振兴的总体思路、存在的难点及乡村振兴的地方实践等。

专家点评：如期完成脱贫攻坚目标任务，是中国共产党领导中国人民创造的历史伟业。实施乡村振兴战略，是新时代“三农”工作的总抓手。2020 年，学术理论界围绕脱贫攻坚与乡村振兴，形成了诸多具有理论价值和现实意义的研究成果。1. 系统总结了新中国成立 70 余年来特别是党的十八大以来，中国共产党领导的减贫事业进程、举措及成效，阐释了脱贫攻坚的历史价值和世界意义。2. 前瞻分析了脱贫攻坚任务完成后，贫困状况的变化和相对贫困的表现，提出了脱贫攻坚与乡村振兴有效衔接的方法和路径。3. 研判了全面建成小康社会后“三农”发展面临的新形势和新问题，探讨全面实施乡村振兴战略、推进农业农村现代化的重点和难点。展望未来，应深刻把握乡村全面振兴的科学内涵和发展方向，积极探索巩固拓展脱贫攻坚成果同乡村振兴有效衔接的内生机制和典型模式，有力推动乡村全面振兴和脱贫地区加快发展。

（点评人：四川大学教授蒋永穆）

热点 8　张载思想的现代价值

入选理由：张载是宋代理学的开创者，其提出的“为天地立心，为生民立命，为往圣继绝学，为万世开太平”，不仅体现了理学的真精神，也阐明了知识分子的使命和担当，被后世推崇并广为传诵。2020 年是张载诞辰 1000 周年，学术理论界召开多场会议对其主要思想、经典著作及现代价值开展研究。1. 研究张载思想的核心观念及经典著作。围绕“气”“太虚”“太和”“天地之性”“德性之知”等命题和范畴展开，对《正蒙》《横渠易说》等经典著作进行了新阐释。2. 挖掘张载礼学思想的现代价值。张载之学“尊礼贵德”“以礼立教”，形成了独树一帜的礼学体系。学术理论界对张载礼学结构功能的学理系统进行了辨析，对礼在道德教化等方面的作用进行了阐述。3. 对张载生态伦理观及其现代意义的思考。学术理论界普遍认为张载的人与自然和谐观对于今天构建人与自然的新型关系具有启迪意义。4. 对张载教育思想及其现代价值的讨论。对张载思想中“成德为圣”的教育价值、“去疑求新”的创新教育、“因人才性”的教育方法、“以礼为先”的为师之道等进行了探讨。

专家点评：张载留给世人的思想遗产，具有特别突出的现代价值。1. “横渠四句”是北宋理学的根本精神，为传统中国社会夯实了文化根基，为开拓世代平安和谐提供了价值理念，在当今时代仍然为塑造中华民族精神发挥着积极作用。2. “天人合一”观念是中国天人之学的重要源头，既具有精神境界意义，也蕴含了古人对社会秩序和自然伦理的诉求，昭示今人只有经由不懈努力，才能在道德、社会和自然等领域趋近这一理想境界。3. “民胞物与”观念把一切人或物都看作宇宙大家庭的平等成员，针对仁爱差等观，“民胞物与”及“爱必兼爱”所彰显的仁爱平等观是儒家仁爱观的突破，对今天深刻理解平等价值观具有重要借鉴意义。

（点评人：陕西师范大学美学研究院首席专家林乐昌）

热点 9 图像学视域下的文学艺术研究

入选理由：伴随“读图时代”的来临，图像学在当今中国学术理论界受到越来越多关注。文学和艺术学领域的学者在历史图像与现代图像的相互参照、文本与视觉图像的互动融合、艺术图像与社会生活图像的跨界对比、科技制作的图像与现实艺术图像的比勘中开拓研究路径。2020 年，有关研究主要集中在 3 个方面：1. 探讨文学著作中的图文关系，从叙事学角度入手，通过对比文字和图像阐释作品表现上的异同，分析二者相互“借鉴”和“激发”的关系，探寻文学叙事与图像叙事的异同。2. 探究艺术作品的本质内容，从历史、社会、科技、心理等方面对流传下来的图像或现代科技手段复原影像进行多方位解读，挖掘作品更深刻含义，辨析作品意义的生成和变迁。3. 俭省图像研究路径对于文学发展的影响，围绕“对图言说”“以诗证图”“图文互证”等运用较为普遍的研究方法及其对诗歌、小说、神话等领域的影响进行了深入探讨。

专家点评：随着人们获取信息的方式从语言、文字更多转向图像，图像学与各学科深度融合。就文学研究而言，在叙事学、符号学和结构主义等理论的深度介入下，基于对语图分合互杂的共生状态的认识，以及对两者互仿、互文与转向等复杂关系的体知，既关注图像的社会性外缘，又重视其形式风格内里，学术理论界在神话与实物的对待互证，戏曲、小说文本与插图的时空交互和意义互补等方面都有新斩获。在艺术领域，结合敦煌壁画研究丝路音乐，结合少数民族传统图绘研究舞蹈等尝试，使音乐图像学与音乐文献学、考古学一起，成为音乐史研究新的增长点，图像园林史研究更是方兴未艾。当然，如何克服过度阐释，在合理运用镜像论、解构理论和互文理论的同时，积极汲取传统形神论、意境论等资源，以促成文艺图像化审美与传播等良性互动，从而建成真正的“文学图像论”，还有一段较长的路要走。

（点评人：复旦大学中文系教授汪涌豪）

热点 10 数字经济与发展新动能

入选理由：近年来，数字经济正在重塑世界经济版图，也为中国经济发展增添新动能。2020 年，学术理论界试图从多个面向和维度解读数字经济发展脉络，并构建研究框架。1. 数字经济定义、范畴、结构和测算的学理探索。在宏观层面讨论了数字经济在促进中国经济转型升级、推动高质量发展等方面发挥的作用；在中观层面讨论了数字经济与现代产业体系的关系，分析了数字经济带来的新业态；在微观层面分析了数字平台的技术特性和垄断特征、数字平台的劳动组织形式和就业模式等。2. 数字金融方面，讨论了数字金融推动实体经济发展、推动包容性增长及数字货币等。3. 数字经济的政府治理方面，讨论了数字经济统计、核算的理论和方法，数字经济支持政策，数字经济的反垄断等。4. 在全球数字经济发展层面，讨论了各国数字经济发展状况、全球数字贸易政策、全球数字化供应链等。

专家点评：党的十八大以来，党中央做出建设数字中国的战略决策，推进互联网、大数据、人工智能同实体经济深度融合，做大做强数字经济。党的十九届五中全会将发展数字经济作为“十四五”时期推动经济体系优化升级的重要内容。2020 年，学术理论界把这一议题寓于推动经济高质量发展总命题的逻辑框架，将数字经济推动技术与产业革命及其引致经济结构、产业体系、管理方式和商业模式的深刻变革视为转变经济发展方式、激发经济发展新动能的新机制；在研究方法和内容上形成了理论与实际、思辨与实证、宏观与微观、历史与发展、国际与国内等系统集成的学术景观。展望未来，应从两个方面深化研究：一是明晰数字经济的核心要义、理论基础，把握其发展规律；二是以赋能新发展格局为出发点，以产业化与数字化双向融合为突破口，深度剖析数字经济与实体经济发展新动能之间的互动关系和内在机理，推动数字产业化和产业数字化不断迈上新台阶，为数字经济与实体经济的高质量深度融合提供中国方案。

（点评人：山东财经大学教授綦好东）

（原载《光明日报》2021 年 1 月 15 日第 11 版）

2020 年理论学术研究观点要览

哲学篇

使坚持和发展马克思主义始终成为主旋律、最强音

社会主义意识形态、社会主义文化的旗帜和灵魂是马克思主义。我们党是马克思主义政党，我们国家是共产党领导的社会主义国家，我们建设的文化是社会主义文化，这就从根本上决定了任何时候都必须毫不动摇地坚持马克思主义。学者认为，要保持定力，把坚持马克思主义在意识形态领域指导地位的根本制度贯彻到文化建设全过程各领域，使坚持和发展马克思主义始终成为主旋律、最强音。习近平新时代中国特色社会主义思想是党和国家必须长期坚持的指导思想，要更加自觉地用以统领新时代文化建设，努力建设具有强大凝聚力和引领力的社会主义意识形态，促进全体人民在思想上、精神上紧紧团结在一起。学者认为，在新的历史起点上推进社会主义文化强国建设，就要坚守崇高的文化理想，更好担负起新的文化使命，加快建设与我国深厚文化底蕴和丰富文化资源相匹配、与新时代中国特色社会主义事业总体布局和战略布局相适应、与建设富强民主文明和谐美丽的社会主义现代化强国相承接的社会主义文化强国。

推动理论研究学理化、体系化

党的十九大以来，学界推动学习贯彻习近平新时代中国特色社会主义思想往深里走、往实里走、往心里走，不断进行理论武装方式方法的创新，特别是加强对习近平新时代中国特色社会主义思想阐释的创新，真正做到入脑入心，全面提高理论武装的针对性、精准性和成效持久性。有学者认为，当前我们党的实践创新和理论创新步伐加快，马克思主义中国化进程加速推进，习近平新时代中国特色社会主义思想不断丰富发展，形成了系统完备、体系严整的科学理论，成为指引中国、影响世界的伟大理论，学术理论界要紧紧跟随党的理论创新步伐，深入回答习近平新时代中国特色社会主义思想是什么、何以产生，关于这一思想学什么、怎么学、怎么用等问题，以学理明思想，用学术讲政治，通过扎实研究和创造性工作，推动习近平新时代中国特色社会主义思想更加深入人心，推动理论研究学理化、体系化，为继续发展当代中国马克思主义、21 世纪马克思主义提供理论支撑和智力支持。

社会主义制度是抵御风险挑战的最有力制度保证

2020 年是全面建成小康社会、实现第一个百年奋斗目标的收官之年。面对来势汹汹的疫情冲击和日趋复杂的外部环境，中国人民万众一心，众志成城，率先控制疫情，率先开展抗疫合作，率先复工复产，率先恢复经济增长。学者们认为，中国经受住了疫情"大考"，战"疫"成果显著，抗击新冠肺炎疫情斗争的实践再次证明，中国共产党是风雨来袭时中国人民最可靠的主心骨，我国社会主义制度是抵御风险挑战的最有力制度保证。学者们认为，党的十八大以来，我国采取了许多具有原创性、独特性的重大举措，组织实施了人类历史上规模最大、力度最强的脱贫攻坚战，经过 8 年持续奋斗，如期完成了新时代脱贫攻坚目标任务，现行标准下农村贫困人口全部脱贫，贫困县全部摘帽，消除了绝对贫困和区域性整体贫困，近 1 亿贫困人口实现脱贫，取得了令全世界刮目相看的重大胜利。脱贫攻坚的重大胜利，为实现第一个百年奋斗目标打下了坚实基础。我国决胜全面建成小康社会取得了决定性成就，全面建成小康社会胜利在望，中华民族伟大复兴向前迈出了新的一大步，社会主义中国以更加雄伟的身姿屹立于世界东方。

引领中国新发展阶段走深走实走稳

"十四五"开启全面建设社会主义现代化国家新征程，吹响了向第二个百年奋斗目标进军的号角。有学者认为，站在历史关口，我们要胸怀中华民族伟大复兴的战略全局和世界百年未有之大变局这两个大局，统筹好发展和安全两件大事，防范和化解影响我国现代化进程的各种风险，集中精力办好自己的事情。有学者认为，协调推进全面建设社会主义现代化国家、全面深化改革、全面依法治国、全面从严治党的战略布局，体现了我们党对发展阶段性特征认识的不断深入。学者们认为，我国将进入新发展阶段，这个新发展阶段就是全面建设社会主义现代化国家、向第二个百年奋斗目标进军的新阶段。我国将坚定不移贯彻创新、协调、绿色、开放、共享的新发展理念，朝着高质量发展方向坚定前行。我国将加快构建以国内大循环为主体、国内国际双循环相互促进的新发展格局。以新发展理念为指引，着力构建新发展格局，不仅将引领中国新发展阶段走深走实走稳，也将助力全球经济复苏，给世界带来更多机遇，是对习近平新时代中国特色社会主义思想的进一步丰富和发展。

（作者李建国为中国社会科学院马克思主义研究院研究员）

政治学篇

疫情防控促使人们反思究竟什么才是“好的政府”

2020年，世界经历了许多灾难，其中最严重的是新冠肺炎疫情。新冠肺炎疫情1月份暴发，当前，仍在世界范围内肆虐。国内外疫情的发展与政府治理效果的对比，让很多学者乃至普通人都反思甚多。疫情的防控暴露出各国政治中的不少问题，促使人们反思究竟什么才是“好的政府”。有研究者指出，尽管中国为世界赢得了抗击疫情的宝贵时间和经验，但美国等多个国家却陷入了感染人数激增的混乱局面。中外疫情防控形势形成鲜明对照，中国特色社会主义制度优势充分彰显。

中国在疫情防控中展现出来的制度优势令人关注。有研究者指出，从疫情防控情况看，在各国政府面临此次疫情“大考”形势的比较下，中国制度的特点得到了充分展现。疫情有效防控，生动体现出中国治理的4个显著特点，即集中性、协调性、持续性和高效性。从制度分析角度来看，中国的治理优势主要归功于3项重要制度：一是主要资源国家所有而生产过程实行市场化竞争的混合经济体制；二是中国共产党对国家事务实行全面领导的政治体制；三是以单一制为主体的国家结构制度和中央集权的行政体制。

美国选举乱象让世人深入思考美国政治、美国民主

2020年，新冠肺炎疫情让我们换一个角度观察美国政治。美国拥有世界上最强大的经济、最尖端的科学技术、最好的医疗条件，还有美国人自认为最优越的政治制度，但是美国疫情基本上是失控的，这让很多人很意外。有研究者指出，一段时间以来，人们多半被束缚在“西方内部‘民主’与外部世界‘专制’”的二分法政治叙事中理解政府与国际关系。许多教科书中宣扬的价值在疫情中消失了，取而代之的是政治家的虚伪、民众的分裂、政治的对抗、党派的掣肘、利益集团的制衡、中央和地方的失衡，等等。

2020年，美国种族骚乱和选举乱象让许多研究者深入思考美国政治与美国民主。美国选举落下帷幕，特朗普在糟糕的疫情防控表现下，仍然获得了超过7200万张普选票和232张选举人票，也让很多民意测验机构和研究人员大感意外。有研究者指出这背后的深层次原因是严重的分配不平等导致的族群分裂和政治极化。研究者指出美国日益严重的不平等造成的贫富失衡、阶层分化、社会不公、机会不等，不仅导致右翼保守主义兴起、民粹主义泛滥、身份政治崛起和政治信任危机，更使党派冲突白热化、精英立场极端化、意识形态两极化、大众文化冲突化、社会阶层分裂化趋势进一步加剧。

中国贫困治理丰富了“发展型国家”的内涵，为后发展国家走出“中等收入陷阱”提供了经验

贫困是制约一个国家发展的重要难题，其所引发的一系列社会问题是当今世界最尖锐的治理难题，因此，贫困不仅是经济问题，更是制度问题和国家治理问题。2020年是全面建成小康社会，实现第一个百年奋斗目标的关键一年，中国“脱贫攻坚成果举世瞩目，五千五百七十五万农村贫困人口实现脱贫”。

有研究者认为中国贫困治理丰富了“发展型国家”的内涵，为后发展国家走出“中等收入陷阱”提供了经验。中国的经验说明，要让人民摆脱贫穷的状况，就要不断破除既有的生产制度和分配制度对于人们权利和自由的限制；同时，还要建设国家防护性保障，为那些遭受灾难或其他突发性困难的人、收入在贫困线以下的人，以及老弱病残人士提供社会安全网。

2020年是中国脱贫攻坚的收官之年，经过几十年的努力，中国终于消灭了绝对贫困，进入到反贫困的新阶段也就是后扶贫时代。有研究者认为后扶贫时代的反贫困应当分类进行、分类治理，以专门的制度，通过专业的机构，通过专业的人员来回应不同人群的专门需要。后扶贫时代，要发挥社会主义制度的显著优势，迎接挑战，开拓创新，通过实现共同富裕让每个中国人过上更加美好的生活。

数字技术会不会变成全方位控制人类的“数字利维坦”

近年来，大数据和人工智能等数字技术对政府治理和政治学研究都产生了深远的影响。数字政府治理是一个跨学科的研究方向，政治学研究者主要关注技术进步对政治的影响、政府数据的开放、数据安全和隐私保护等。数字技术本应该成为人类追求幸福生活与个人自由的手段，但是，学者们也担心这种技术有可能变成全方位控制人类的“数字利维坦”。

扩大基础公共信息数据有序开放，建设国家数据

统一共享开放平台迫在眉睫。学者们普遍认为大数据时代，在数字经济规模持续迅猛增长的背景下，数据治理成为当下国际战略共识。研究者指出，政府部门积累了海量的公共数据，要开放这些数据，让那些拥有先进技术和服务经验的组织有机会对公共数据的价值进行挖掘，释放其价值，创造新的生产力。开放政府数据可以让更多机构和个人利用这些数据，共同参与社会治理过程。

要保障国家数据安全，加强个人信息保护。研究者普遍认为在 5G 技术支持下的大规模数据收集会更多地触及个人信息和隐私信息，容易给数据相关的主体带来潜在威胁。数据资产的利用和隐私保护之间如何达到平衡，是一个核心问题。

（作者张宁为北京大学国家治理研究院副研究员）

经济学篇

学者关注构建中国新开放政治经济学

2020 年 8 月 24 日，习近平总书记在经济社会领域专家座谈会上强调："推动形成以国内大循环为主体、国内国际双循环相互促进的新发展格局。这个新发展格局是根据我国发展阶段、环境、条件变化提出来的，是重塑我国国际合作和竞争新优势的战略抉择。"新发展格局重点在于创新，突破"卡脖子"技术，形成关键技术的国内产业链闭环，维护产业链的安全性，畅通国民经济循环；坚持供给侧结构性改革和需求侧管理，形成强大的国内市场；坚持深化改革开放，破除制约国内大循环和国内国际双循环畅通的制度、观念和利益障碍，加快构建高水平的开放型经济新体制。"双循环"新发展格局的提出具有鲜明的时代性。"双循环"展现了中国促进全球平衡发展、包容发展的价值观，也体现了中国对相互依存的世界经济的深度思考和精辟诠释，更是对全球生产力与生产关系变化了的深刻理解与运用。"双循环"是对马克思主义关于生产力与生产关系思想在开放体系下的创新发展和运用。以"双循环"构建中国新开放政治经济学已经成为中国经济理论迫切需要研究的重大课题。

"大而不能倒"是值得关注的问题

"大而不能倒"一直是经济理论和实践中关注的热点问题。大型金融机构依靠强大的资本，在经济和金融领域追逐资本利益，在形成"赢家通吃"获取垄断利润的同时，通过资本杠杆的扩张给宏观经济带来了潜在的重大风险。在 2020 年新冠肺炎疫情冲击下，依托互联网平台类的大型科技公司具备明显的技术抗疫优势，通过高杠杆，实行资本无序扩张，与民争利，给社会就业和稳定带来了不利影响。尤其是少数具备重要金融基础设施特征的科技公司，被称为新型"大而不能倒"的公司，其高杠杆导致了潜在的系统性金融风险。欧美也开启了对科技巨头反垄断的浪潮，拆分或者征收数字税已经提上日程。今年年底召开的中央经济工作会议提出要加强规制，提升监管能力，坚决反对垄断和不正当竞争行为，金融创新必须在宏观金融审慎监管的前提下进行。"强化反垄断和防止资本无序扩张"是 2021 年要抓好的重点任务之一，再次引发了市场对新型"大而不能倒"风险的热议。

现代货币理论存争议引经济理论界大讨论

现代货币理论的基本逻辑在多个方面挑战了主流观点。第一，现代货币理论认为财政支出可以先于财政收入，政府完全可以偿还以本国货币支付的债务，而不必担心会破产，而在主流理论中，政府是先有收入，后才有支出。第二，现代货币理论认为央行可以创造货币来为财政买单，实施财政赤字货币化；而主流观点认为央行应该独立于财政，央行具有独立性。第三，现代货币理论认为财政赤字不可怕。政府应使用财政政策实现充分就业，创造货币来为政府支出提供融资，只要没有明显的通胀风险，财政扩张和赤字政策就不用担心，并倡导央行实行永久零利率或接近零利率的隔夜利率，从而降低政府的融资成本。从 2020 年 3 月份开始，全球主要发达经济体用超级宽松的宏观政策去对冲疫情的负面冲击和金融市场的剧烈下挫。从现有出台的全球宏观政策来看，在财政政策和货币政策等方面都不同程度地耦合了现代货币理论的政策主张。2020 年发达经济体激进的宏观政策是否最终体现出是现代货币理论与政策的实践，是否会带来国际货币信用的下降，引起了经济理论界的大讨论。

零利率甚至负利率导致的流动性陷阱，引发学界关注

发达经济体超级宽松的货币政策带来的零利率甚至负利率颠覆了传统的资本生息理论，也颠覆了资产价格的估值体系。在零利率甚至负利率的条件下，传统的货币政策利率传递机制失效，进入流动性陷阱阶段。目前全球负利率债券政府债券数量高达 18 万亿美元，零利率和负利率条件下，央行只能靠其他非常规货币政策手段刺激经济，比如进一步的 QE、利率收益曲线管制等。一方面导致经济中货币量急剧增

长，另一方面扭曲了资产价格的估值体系。这是部分发达经济体，尤其是美国资本市场资产价格出现超级修复的核心原因。美国无风险资产极低的收益率，导致资产价格的贴现率中枢大幅度下移，降低了市场风险偏好，推高了资产价格。零利率甚至负利率导致的流动性陷阱引发了关于货币政策的有效性和资产估值体系重构的大讨论。

（作者王晋斌为中国人民大学经济学院党委常务副书记、国家发展与战略研究院研究员）

伦理学篇

理性分析疫情应对中暴露出的生命伦理、公共伦理问题

作为社会道德传播者、建设者和守护者的伦理学人，积极从人类社会的伦理规范和道德价值层面执笔发声，以高度的社会责任感加入抗击疫情的行动中，理性分析疫情应对中暴露出的生命伦理、公共伦理等问题。

生命伦理问题是新冠肺炎防控中最初也是最本源的问题。伦理学者首先对人类滥食野生动物进行了道德反思，认为滥食“野味”已经从人的“需求”范围，进入到无限膨胀的“欲求”程度，因此是不道德的。有学者指出，人类与野生动物共生共荣，应属“同类”，人类要负有道德责任，因此应遵循生态整体性、生态公正性及辩证生态主义的道德原则。

新冠病毒对人类生命的巨大威胁给人生选择及应对思维带来了重大挑战。对此，有学者提出，疫情之后应对生死进行反思，对失去的生命进行哀悼和缅怀，生者则应痛定思痛，向死而生。有学者对“尽一切可能挽救生命”的生命至上中国模式与群体免疫的经济优先西方模式进行了伦理辨析，认为中国模式依据实事，坚持科学；国家动员，整体推动；价值支持，有效控制；敬天爱人，尊道贵德；全球合作，命运与共。而群体免疫本身是个伪命题，违反人道主义和人权，是听天由命的传统、社会达尔文主义和马尔萨斯主义人口论的复活，是功利主义的精明算计，违反人性和基本道德。

在这场新冠病毒肆虐的重大突发公共卫生事件中，所有社会成员都被卷入其中，对其积极防控成为全体社会成员必须承担的公共伦理责任。有学者认为，为有效预防与遏止重大疫情的暴发与蔓延，在道德实践上，我们应当始终坚持野生动物禁食、生命安全至上、心理健康疏导、网络安全有序、法律应急兜底等应对原则。

此外，在抗疫取得重大战略成果后，伦理学者对后疫情时代的伦理与道德也进行了反思与重构。

反思伦理道德新发展

在中国改革开放和全球化的进程中，当代中国伦理道德在内容和形式上都出现了许多新的变化。有学者指出，这些变化既包括道德观念、道德行为方式、道德标准的变化，也包括对道德问题和伦理难题认识方式和角度的变化。伦理道德领域呈现出老传统与新传统、现代性与后现代性之间相互冲突、融合、激荡的局面。因此在新的时代，制定适应新的社会结构、新的国家治理体系的伦理道德文化发展战略，需要更新已有的理论框架，更改寻常的思维惯性，从现实出发，与各学科广泛交流对话，并把这一战略放在全球化进程中加以考虑。有学者从适应性看待道德的变化，认为道德是一种“隐秩序”，是一种嵌入性适应。道德适应以关心人的道德需求为第一要义，以寻找新的社会共同德性为目标，以形成统一的道德默契为关键，冀望寻求自我与他者的平衡点，使道德主体完成陌生人社会与熟人社会之间的身份转换和价值重建。有学者从“学科危机感”、伦理道德与文化的关系及新文明构建与文化自觉3方面来分析中国伦理学的危机与生机。面对新的变化，有学者则对伦理学的学科定位进行了反思，指出伦理学不仅是关于“道德”的学问，更是关于“情理”的学问。通情理，而后可以立规，有规而后人有可循，人有可循然后有德，人人有德然后社会有序，社会有序然后人群有和。

马克思主义伦理学研究积极回应时代重大关切

2020年，马克思主义伦理学研究逐步深化，学界对马克思主义伦理学研究体系的基本问题、核心问题和前沿问题等进行了积极探讨。有学者分析了中国马克思主义伦理学的独特性，指出马克思主义伦理学教学机构的创建和讲义、大纲、教材的编写独树一帜；对马克思主义伦理学学术导向、学术范式、学术线索的把握自成一脉；马克思主义伦理学话语立场、话语权力、话语力量的确证自成一格。有学者指出，从价值论切入马克思主义伦理学，揭示马克思主义伦理学的价值之维，书写“做中国伦理学”的价值方案，是开展中国马克思主义伦理学研究的重要思路。有学者认为，马克思主义伦理学内在地蕴含着3种书写方式：马克思主义伦理学发生史、西方马克思主义伦理学演变史和马克思主义伦理学问题史。前两种方式回归学术，后一种则面向问题。对于马克思主义伦

理学的特质，有学者指出主要在于以实践的方式把握世界、以中国传统文化为基石和以规范伦理学为主要内容。马克思主义伦理学应观察时代、解读时代、引领时代。对此，有学者从马克思主义深层次、大空间和长尺度的视角来把握时代的伦理问题，认为人类生存的基本矛盾没有变、人类的基本社会结构没有变、人类对积极价值和美好生活的向往没有变，并认为此视角有助于增强人们面临焦虑和恐慌时的定力与底气。

（作者龙倩为北京市委党校哲学与文化教研部讲师，郭清香为中国人民大学伦理学与道德建设研究中心副教授）

党史学篇

“四史”学习教育推动党史研究繁荣发展

习近平总书记关于“四史”学习教育的重要论述，为中共党史研究迈上新起点、开辟新境界提供了科学指导和根本遵循。有学者认为，贯通历史与现实，在宏阔的历史纵深与历史比较中分析、说明问题，是习近平新时代中国特色社会主义思想的一个鲜明理论品格。中共党史研究具有重要的资政育人功能。新时代研究和书写中共党史，需要在马克思主义指导下，在大历史观中看党史，运用辩证唯物主义与历史唯物主义研究党史，牢固把握党的历史主流与本质，从时代高度和长时段中把握“站起来、富起来、强起来”的3次伟大历史飞跃，辩证看待和评价改革开放前后两个历史时期，高度评价改革开放的历史地位与作用。党史是中国共产党的领导不断走向成熟的实践史，“四史”内容各有侧重，但整体讲的就是中国共产党为人民谋幸福、为民族谋复兴、为世界谋大同的实践史。有学者认为，“四史”中蕴藏着彻底的自我革命精神、独立自主的风骨、严字当头的禀赋、与时俱进的风貌及人类解放的情怀。有学者认为，党员干部学习“四史”，重在抓住本质、明晰主线，核心是把握要义，要以解决中国现实问题为导向，坚持唯物主义历史观和方法论，加强研读与思考的结合、理论与实践的互动、历史与未来的连通，不断提升学习和研究水平，在汲取历史智慧中坚定信仰、把握规律、走向未来。

党的历史评价成为重要研究主题

在迎接建党一百周年之际，关于党的历史评价问题成为党史研究的重要研究主题。有学者指出，《关于建国以来党的若干历史问题的决议》（以下简称《决议》）的起草，经历了筹备酝酿、明确方向和进一步完善3个阶段，着重分析和解决了新中国成立后32年党的历史的主流与本质、如何正确看待成就与错误、“文化大革命”发生的复杂社会历史原因等重大问题，科学评价了毛泽东同志的历史地位，对毛泽东思想做了科学界定，明确了党在新的历史时期的奋斗目标等。回顾历史，面向未来，必须尊重历史的客观性，本着对历史负责、对人民负责的态度坚持真理、修正错误，坚持实事求是、全面客观地评价历史人物，在总结历史中开辟未来。有学者认为，在改革开放初期，在党内外对新中国成立以来重大历史问题的认识存在严重分歧、错误思潮暗流涌动的背景下，《决议》对新中国成立后32年的历史和毛泽东的功过是非进行了实事求是、恰如其分的评价，有力地抵制了各种错误思潮，为推进改革开放扫除了障碍，并孕育了“中国特色社会主义道路的思想因子”，为改革开放指明了方向。《决议》的出台，成为开启改革开放的关键一环，其历史经验，值得认真总结和借鉴。

抗美援朝成为党史研究的热点议题

2020年是中国人民志愿军抗美援朝出国作战70周年，习近平总书记在纪念中国人民志愿军抗美援朝出国作战70周年大会上的讲话中深刻揭示了抗美援朝战争的伟大意义和深远影响，“抗美援朝”成为中共党史研究的热点议题。有学者从立国之战、地缘利益、精神不朽3方面论述了抗美援朝的伟大历史意义，用抗美援朝的历史分析了“全面而深刻地理解国家安全的概念与内涵”的问题。有学者指出，中国在当时国内困难经济形势下及与美国存在明显差距的情况下，中共中央决策出兵朝鲜的直接原因是朝鲜提出了请求，根本原因是维护中国的国家利益，军事准备的原因是党中央有战略预见地组建了东北边防军。有学者通过对相关“档案”援建和当时斯大林同毛泽东的来往电报（信）及我国同时期的相关档案资料一起梳理和分析，驳斥了一些学者的“中国是迫于斯大林的压力才出兵朝鲜”“抗美援朝战争是为苏联打的”等错误观点，证明中国出兵抗美援朝完全是自主决策。

“反封锁与反制裁”问题成为党史专家关注点

在全球抗疫斗争和中美贸易战局势背景下，“反封锁与反制裁”问题成为党史专家学者关注的一个重要侧面。有学者通过对新中国70多年来反封锁、反制裁、反干涉的斗争史梳理和分析，指出中国共产党、中国政府、中国人民是从不惹事也从不怕事的，是从不干涉别国内政也从不允许别国干涉内政的，是从不妄自尊大也从不卑躬屈膝的。对于西方某些不自量力的政客，很有必要提醒他们抽时间看一看新中国的历史，这或许会使他们从中悟出一个道理：中国人民是不好惹的，惹了是不好办的；中华民族已经迈上复兴大道，这是世界上任何力量也阻挡不住的。

“概念史”研究有新的进展

有学者指出“马克思主义史学中国化”这一概念难以成立，提出这一概念问题的价值在于如何反映和揭示“马克思主义史学”与“中国”“中国化”概念之间的历史与逻辑关系，同时在构建中国特色哲学社会科学中避免概念上的偏狭与混乱。一般说来，使用“中国马克思主义史学”“马克思主义中国史学”，或“中国化马克思主义的史学”“马克思主义中国化的史学”等一系列概念，指称马克思主义指导下的当代中国史学或中国当代史学，主题鲜明、概念清晰，是历史与逻辑相统一的，足以科学界定中国的马克思主义史学。中国马克思主义史学，根源于马克思主义，立足于中国特别是中国历史实际，放眼于世界社会主义和人类社会，坚持以辩证唯物主义和历史唯物主义的世界观和方法论为指导，科学地认识和研究中国历史与世界历史，创造性地转化、创新性地发展中国优秀传统史学，并在与国外史学特别是国外马克思主义史学交流互鉴中创建、推进和发展。有学者认为，用概念史方法系统考察“新民主主义”概念的来龙去脉应当成为中共党史和马克思主义中国化研究的重要内容。深化“新民主主义”概念史研究既需要方法上的创新与自觉，如综合运用并严格遵守概念史与话语分析规则；也需要在研究内容上有所深人，如注重“新民主主义”概念的意义转换、建构功能和文化史取径。

（作者宋月红、孙钦梅分别为中国社会科学院当代中国研究所副所长、研究员，中国社会科学院当代中国研究所助理研究员）

文化学篇

“社会主义文化强国”基本特征引热议

党的十九届五中全会明确将建设“文化强国”“国民素质和社会文明程度达到新高度，国家文化软实力显著增强”的文化战略目标纳入2035年远景目标之中，引发学界热议。有学者指出，这是党中央首次从国家规划层面提出了建成文化强国的具体时间表，开启了建成文化强国的新征程，具有极为深远的意义。“十四五”时期，我国将进入新发展阶段，必须把文化建设摆在更加突出的位置。

有学者认为，文化强国具有3个基本特征：具有高度文化素养的国民、发达的文化产业及强大的文化软实力；以此衡之，我们国家现在还只是文化大国，还不是文化强国。我们要努力提升中华文化的海外传播能力，特别是要加强哲学社会科学、文学艺术领域的国际话语权；不能把文化繁荣看成经济发展的必然结果，以为轻轻松松就能实现2035年建成文化强国的远景目标。最关键的是要保持战略定力，深化文化体制改革，提供良好的文化创造软硬件环境，不断推动思想创新、内容创新。

中华优秀传统文化转化发展受到持续关注

推动中华优秀传统文化的创造性转化、创新性发展，是新时代学术理论界的重大问题，在2020年仍然受到持续关注。有学者指出，推动中华优秀传统文化创造性转化、创新性发展，是人类文化传承与文化演进规律的内在要求，是新时代进行中国特色社会主义文化建设的应有之义。有学者认为，中华优秀传统文化是传统与现代、既有性与鲜活性、民族性与世界性等辩证统一的有机整体。我们既要反对片面夸大人的主观意志，把文化发展看成人类思维的先验结构或人的生命体验过程，也要反对把文化发展演进简单看成离开人的自发演进过程而否定人的主观能动性的观点。

故宫博物院举办的“丹宸永固——紫禁城建成六百年”大型展览，成为2020年中国文化界的一大盛事。有学者指出，紫禁城的建成不仅是国家意志的体现，也是不同地域、不同民族劳动人民智慧的结晶；它将“天人之际”“礼乐复合”的中国文化思想一以贯之地发扬光大，既体现出强烈的民族融合，亦有西学东渐的文化特质，是“有容乃大”文化胸怀的实物例证，是中华民族当之无愧的“大成之城”。这次展览贯彻落实了习近平总书记关于推动中华优秀传统文化的创造性转化、创新性发展等指示精神，推进了中华优秀传统文化的传播力度，加强了中华优秀传统文化传承教育。

学者探究中西文明背后文化差异

新冠肺炎疫情全球蔓延成为2020年最大的“黑天鹅”事件。有学者认为，中西方危机治理体系的深刻差异源于不同的文化逻辑即个体本位与共同体本位的差异。有学者认为，中国抗疫斗争实践的胜利，不仅得益于在国家治理体系和治理能力方面的综合优势，而且也跟中华优秀传统文化中的民本主义精神、家国情怀与家国一体的政治意识，以及道德哲学层面的超越意识息息相关。有学者从中西文化比较的宏阔视野，提出“两种文明根性塑造了两种不同的道路”：中华文明尚“合”，从地域上合、从民族上合、从语言上合，其间虽也有王朝更迭或游牧民族冲击造成的分离时期，但合的趋势占主流，造就了中华文明的集体主义根性和中国人对秩序的热爱；西方文明崇“分”，从地域上分、从民族上分、从语言上分，其间虽也有如罗马或基督教这样统一的努力，但分的趋势占据主流，最终归结为个人主义和对自由的崇尚。中西两者之间纯粹是路径的不同，无所谓高下优劣，“多元与矛盾并存，会为人类文明基因库留下更多种子”，为日后的文明升华留下更多的可能性；因此，矛盾与分歧不应成为中西文明交流的障碍，反而应该成为中西文明互鉴、未来可持续发展的基础。探索中西文明的文化基因，为当代的中西文明交流与互鉴溯源固本，这种深远的学术文化关怀引发了学界的广泛共鸣与进一步的讨论。

抗疫脱贫题材用爱与力量奏响时代最强音

2020 年影视文化产业在经历深受新冠肺炎疫情严重影响的寒冬之后，年中开始有序推进复工复产，推出了一大批反映抗疫与脱贫攻坚题材的主旋律作品。有学者认为，抗疫题材作品的创作意义旨在展示家国大义，彰显面对人类终极命题时的责任和担当；旨在展示强烈的集体意识，彰显疫情防控的人类命运共同体理念；旨在体现与民共情，彰显英雄主义的光荣灵魂。这些抗疫题材的影视作品成功反映了抗疫英雄们强烈的使命感和责任感，对弘扬主流意识形态、传播社会正能量、维护社会稳定起了重要的作用。而脱贫攻坚题材影视作品，镜头聚焦战斗在扶贫一线的干部群众，给作品加了“土”、添了“情”，给脱贫攻坚战添了把“火”，紧扣时代主题，营造了良好的文化舆论氛围。这些影视文化作品，用爱与力量奏响了时代的最强音。

（作者熊芳为西北政法大学文化艺术交流与文化产业中心主任、新闻传播学院讲师）

法学篇

法治理论和实践得到深化

2020 年 11 月 16—17 日，中央全面依法治国工作会议将习近平法治思想明确为全面依法治国的指导思想。有学者认为，这肯定了改革开放以来，我国在依法治国的历史和实践中所取得的巨大成就。当前国际国内形势复杂，以算法技术为代表的智能科技加速迭代，我国的法治建设正面临着百年未有之大变局。如何坚持法治的基本精神和内涵，同时又结合中国社会的发展阶段和特征，走出一条具有中国特色的社会主义法治道路，就变成了非常重要的时代课题。

新冠肺炎疫情暴发引发法学界讨论与反思

2020 年新冠肺炎疫情的暴发并在全球范围内的大流行，已经构成了全球范围的公共卫生危机和公共治理危机，影响深远，因此也在理论和实践层面引起了法学层面的深刻反思与讨论。有学者在法律与发展的视角下，提出构建以“健康发展权”为核心、以发展为导向的公共卫生制度体系，通过推进公共卫生治理的系统化、法治化、人性化和国际化，在技术、制度和主体 3 个层面，全面实现公共卫生治理现代化的“发展目标”。有学者指出，疫情防控并不仅仅是医药卫生问题，也是社会治理的整体性问题，应从健康中国战略、全面依法治国和国家治理体系和治理能力现代化的全局性高度，通过新冠肺炎疫情防控，推进中国卫生法和公共卫生体系、突发传染病事件应急管理体系的建构和完善。也有学者系统地梳理了人类公共卫生法制建设的历史演进过程，分析其背后隐含的价值基础和制度资源，得出我国公共卫生法亟待完成从“突发防控”向“常规建设”的范式转型的结论。此外，许多学者也对疫情中的隔离措施、健康码等行政手段和措施如何平衡疫情防控和个人权利保护等问题展开分析与探讨。

《民法典》推动民法学本土化和创新

2020 年 5 月 28 日，《中华人民共和国民法典》（以下简称《民法典》）审议通过，这是新中国成立以来第一部以“法典”命名的法律，是新时代我国社会主义法治建设的重大成果。学界对《民法典》讨论的重点也正式从应然层面的立法论转化为实然层面的适用论，围绕着《民法典》正式颁布实施后的各种重大事件和理论问题展开了系统和深入的讨论。有学者指出，应从保护私权与市场经济秩序的构建，激发市场主体的活力与创造力的角度理解《民法典》的制定与实施的意义，正确解释和适用《民法典》。也有学者从《民法典》体系化的角度，分析和探讨如何处理《民法典》适用中与宪法、行政法、刑法、经济法等其他法律部门的关系问题，以及《民法典》适用过程中自身的体系化问题。也有学者围绕数字科技和人工智能时代《民法典》在基础理论层面的创新做出了有益的探索。

新科技时代挑战激发法律理论的范式创新

2020 年，以人工智能、大数据、自动驾驶、数字技术等为代表的新科技以前所未有的广度和深度渗透到了人类社会生活之中，从而带来了人类社会关系形态的深刻变革，也对传统的法律形态和法律理论带来了全方位的挑战，从而引发了法学界前所未有的紧迫感和理论探讨的热情。有学者从社会秩序形态的角度回顾人类社会发展的历史，探讨人工智能等新技术所推动新秩序的特征与秩序治理的可能性，指出人类社会既有的法律秩序可以分成以土地为中心的农业社会法律秩序、以市场为中心的工商业社会法律秩序和以网络社会为中心的信息社会法律秩序，目前正在进入以算法为中心的智能社会的法律秩序，智能社会的法律秩序包含5个核心要素，即科学、人本、包容、普惠、共治，5个要素交融形成法理型社会秩序。也有学者围绕着信息革命和数字社会对国家治理体系和治理能力所带来的各种挑战，探索数字社会法治社会在原则和机制等方面转化的思路与可能性。大量的学者则围绕数字确权、数字社会中的隐私权保护、网络公共平台的法律规制、司法领域人工智能的运用及其限度、自动驾驶对侵权法、刑法和道路交通法所带来的冲击及应对等问题展开探讨和分析。

（作者泮伟江为北京航空航天大学法学院副院长）

新闻传播学篇

传播学研究多点发散

2020年新闻舆论工作面临新的风险和挑战，中国特色新闻学也在发展中不断遇到新问题，学界对此高度关注。有学者认为，中国特色新闻学的理论体系要坚持科学性与政治性的统一，理论性与实践性的统一，主体性与主体间性的统一。要建构以马克思主义新闻观为指导，基于中国历史文化与当代实践，具有全球视野的新闻理论体系。亦有学者认为加强中国特色新闻学科建设需要从历史观、价值观、认识论、方法论等层面予以足够的重视，在学科定位与人才培养等方面坚定不移地坚持以马克思主义新闻观为指导，并注重与当代传播特征与中国传播实践的结合。

传播学研究呈多点发散态势，范式革新等话题受到关注。基于数字传播引发的传播变革，有学者认为，数字传播学正在崛起，新范式的数字传播简略分为技术层、传播层和社会层，其中技术层的作用与功能大大提升。随着人工智能技术、可穿戴设备的出现和快速发展，身体与媒介的关系越来越紧密，在从离身走向具身的过程中，身体与技术的关系、身体的数据化、媒介技术的生存论、具身互动等成为研究热点。此外，传播学与社会学、政治学、管理学、经济学等学科交叉碰撞，可供性研究、圈层传播研究等丰富了传播学研究的视角。

政策引导媒体融合，媒体功能外延拓展

媒体融合一直是新闻传播研究的热点话题。在认识论层面，有学者认为，作为传媒业的一项“系统性工程”和“转基因工程”，加快推进媒体深度融合发展无疑具有现实意义和功能价值，任重而道远。在方法论层面，有学者认为，建立全媒体传播体系的关键点，首先是完善媒体融合发展的规划布局，不同媒体在整个体系中要明确各自定位，确定各自深度融合发展的方向。在国家治理现代化的视域下，媒体已成为多元治理主体之一。有学者认为，信息生产力对治国理政方式之变的推动作用和媒体变革对国家治理的“双刃剑”效应，决定了主流媒体在国家治理现代化中极为重要的定位：既是国家治理现代化的工作对象、重要内容，又是党和政府全面推动国家治理现代化所依靠的重要力量。此外，进入收尾阶段的县级融媒体中心如何在四级媒体体系化、多级化协同发展中发挥更为重要的作用，更好地参与社会治理、更好地服务于国家治理现代化进程，也引发诸多讨论。

“云录制”等全新采制方式引发对新闻传播技术等问题的思考

新冠肺炎疫情暴发后，媒体内容生产方式发生巨大变化，“云访谈”“云录制”等借助现代传播科技的全新采制方式，引发对新闻传播技术和人才培养等问题的思考。有学者认为，在“信息疫情”中，及时而透明的信息披露、专业的科学传播实践，以及不断开发对用户具有情感吸引力的新信息形式，是行之有效的策略。此外，后疫情时代“新风险社会”、新闻边界的重构与颠覆等问题也引起了学界的关注。疫情推动了直播电商的发展。直播电商不仅是营销模式，亦是传播活动。有学者认为，直播电商存在把关不严反噬主体公信、虚假信息诱导消费主义、内涵浅薄缺少价值引领等问题，需要以品牌传播提升内容品质，以场景传播优化消费体验，以培育主播打造意见领袖，以提升素养引导健康消费，以强化管理营造良好生态。针对媒体的直播电商实践，有学者认为，直播电商作为创新性业务，潜在收益高而风险也较大，要想深入探索该领域，就必须具备较强的市场化能力和构建容错的创新性文化和环境。

5G改变媒介生态，智能传播反思增多

5G时代，智能信息采集、撰写、推送、反馈和纠错，以及智能场景创造与再造等逐渐得到应用与推广。有学者认为，5G技术驱动下，互联网传播生态发生历史性变迁，主流意识形态的传播应实现应时而为、顺势而发，进一步拓宽主流价值观的传播渠道，提高互联网情境下党的传播声量。随着智能传播的应用场景越来越多，相关规制及伦理等问题引发深入思考。

对外传播面临的双重挑战受到关注

新冠肺炎疫情使得国际舆论场上的对抗与分化有所增加。有学者认为，我国对外传播面临着双重挑战：一方面是西方舆论对中国的“污名化”给传播效果提升带来的巨大压力，另一方面是跨文化融合传播中语言编码和技术编码的叠加难度。有学者认为，应保持战略定力，坚持守正创新，秉持人类命运共同体理念，推进各国团结合作；以文明交流互鉴为指引，推动中西文明平等对话；开展分众化差异化传播，广交朋友增进共识；创新理念机制，开创对外传播工作新局面。具体到主流媒体的对外传播实践，可以探索建立全媒体国际传播体系，优化中国话语的跨文化传播，细分全球舆论场开展精细化传播和深耕多语种国别传播。

（作者李舒为中国传媒大学传播研究院院长、教授）

（原载《北京日报》2020 年 12 月 28 日第 14、15 版）

2020 年理论视野中的热点问题

冲破疫情影响，中国复产复工有序有力推进

2020 年，是新中国历史上极不平凡的一年，也是世界史上极不平凡的一年。突如其来的新冠肺炎疫情，影响着人类发展进程，也重塑着世界政治经济秩序；十九届五中全会对 2035 年远景目标、对“十四五”时期经济社会发展做出了系统谋划和战略部署；我国贫困县全部脱贫摘帽，全面打赢脱贫攻坚战；新中国第一部法典——《中华人民共和国民法典》诞生……这里仅从我国理论学术界关心和热议较多的话题中选取几个方面，做简要梳理，以期为读者展现当今中国发展及世界变化的状态与趋势。

十九届五中全会召开：在历史交汇点上的一次重要会议

党的十九届五中全会于 2020 年 10 月 26—29 日在北京举行。全会听取和讨论了习近平总书记受中央政治局委托做的工作报告，审议通过了《中共中央关于制定国民经济和社会发展第十四个五年规划和二〇三五年远景目标的建议》（以下简称《建议》）。

学者认为，当前，我们正处在“两个一百年”奋斗目标的历史交汇点上，十九届五中全会是在历史交汇点上的一次重要会议。在中华民族伟大复兴的征程上，十九届五中全会成为一个承前启后、继往开来的时间节点。

学者认为，十九届五中全会审议通过的《建议》，对 2035 年远景目标、对“十四五”时期经济社会发展做出了系统谋划和战略部署，为中国的长远发展擘画了继续前进的新设计、新蓝图、新愿景，是一篇为开启全面建设社会主义现代化国家新征程奠定坚实基础的纲领性文件，充分体现了以习近平同志为核心的党中央高瞻远瞩的战略视野和强烈的历史担当。

学者认为，《建议》凝聚了全党全社会共识，是“十四五”时期党领导经济社会发展的行动纲领，是国家发展的宏伟蓝图，是政府履行职责的基本依据。“十四五”时期是中国开启全面建设社会主义现代化国家新征程，向第二个百年奋斗目标进军的第一个五年，需要贯彻新发展理念，构建新发展格局，迈向新发展阶段，为此，《建议》提出了一系列具有前瞻性、系统性、战略性的发展目标和重点任务。

学者认为，用中长期规划指导经济社会发展，是中国共产党治国理政的重要方式。实践证明，中国共产党在治国理政中实行的这一方式，具有显著的优越性。它既坚持了中国共产党的领导，又坚持了人民当家做主的原则；既符合广大人民群众的根本利益，又确保了规划（计划）的科学性、合理性；既满足了人民群众的现实利益和需要，又符合长远的发展目标和国家整体利益；既统筹了宏观全局，又突出了问题导向；既是在进行顶层设计，又坚持了问计于民；既体现了政府的宏观调控，又发挥了市场对资源配置的决定性作用。

防控新冠肺炎疫情：“中国之治”与“西方之乱”形成鲜明对比

新冠肺炎疫情是二战以来对世界产生影响最大的一次全球性公共卫生事件，对人类的生产生活造成重大冲击，改变着经济社会发展趋势，影响着人类发展进程，也正在重塑世界政治经济秩序。面对这场疫情“大考”，中国交出了一份经得起检视的“答卷”。在世界新冠肺炎疫情的防控中，“中国之治”与“西方之乱”形成鲜明对比，“东升西降”的发展态势进一步凸显。

以制度优势和治理效能有效应对风险挑战，在中国抗击疫情的实践中得到了充分确证。学者认为，面对来势汹汹的新冠肺炎疫情，以习近平同志为核心的党中央统筹全局、果断决策、运筹帷幄。在中国共产党领导下，全国上下打响抗击疫情的人民战争、总体战、阻击战，有力扭转了疫情局势，用一个多月时间初步遏制了疫情蔓延势头，用两个月左右时间将本土每日新增病例控制在个位数以内，用三个月左右时间取得了武汉保卫战、湖北保卫战的决定性成果，疫情防控阻击战取得重大战略成果，维护了人民生命安全和身体健康，为维护地区和世界公共卫生安全做出了重要贡献。这些成就的取得，充分彰显了我国制度优势和国家治理效能在应对风险挑战中的有效作用。

学者认为，新冠肺炎疫情发生以来，在以习近平同志为核心的党中央坚强领导下，中国人民上下同心、团结协作、顽强拼搏，打响了疫情防控的人民战争、总体战、阻击战，在抗击新冠肺炎疫情斗争中凝聚起伟大抗疫精神，主要体现在：守护生命、人民至上的为民精神，举国一致、众志成城的团结精神，舍生忘死、奋勇向前的牺牲精神，依靠科学、精准施策的求实精神，大爱无疆、共克时艰的互助精神，风雨同舟、命运与共的协作精神。

通过观察，学者认为，随着疫情的蔓延和扩散，一些西方国家治理乱象百出，感染人数不断攀升，失业率居高不下，大规模种族骚乱频发，社会撕裂和动荡日益加剧。为了给自己的抗疫不力脱责，一些西方政客忙于“甩锅”，炮制“中国责任论”“中国道歉论”“中国赔偿论”，质疑中国抗疫数据真实性，宣扬中国对外援助带有“地缘政治”目的。这些论调罔顾事实，肆意“污名化”中国。事实胜于雄辩，中国的抗疫成就是对这些负面舆论最有力的回击。

学者分析，新冠肺炎疫情揭示了西方社会弊端和全球治理短板，使全球化在短期面临变数，但是全球化的长期趋势不会轻易转变。此外，危机中孕育新机，新冠肺炎疫情有可能成为改变旧地缘政治的加速器，世界期待一个更公平的国际体系。

学者分析，疫情的防控暴露出世界政治中的不少问题，很有学术反思价值。这次疫情防控让世人直观地感受到各国治理能力的差异，尤其是欧美不少发达国家疫情上的失控让不少人感到很意外，按照颇为流行的政治理论，疫情在这些国家出现以后是本不应该失控的。究其原因，与疫情暴发同其国内对抗式制度走向极化的相互叠加，存在很大的关系。

贫困县全部脱贫摘帽：脱贫摘帽不是终点，而是新生活、新奋斗的起点

2020年是全面打赢脱贫攻坚战收官之年。11月23日，贵州宣布最后9个深度贫困县退出贫困县序列，标志着国务院扶贫办确定的全国832个贫困县全部脱贫摘帽。

学者认为，我们如期实现现行标准下农村贫困人口全部脱贫、贫困县全部摘帽，解决区域性整体贫困问题，在中华民族几千年发展历史上首次整体消除绝对贫困现象，这个伟大成就足以载入人类社会发展史册，向世界展现了我国国家制度和国家治理体系的显著优势。我国脱贫攻坚的成就不仅使贫困群众生活水平大幅提高，贫困地区面貌明显改善，而且也为全球减贫事业做出了重要贡献。

学者认为，2020年，中国所有的贫困县全部摘帽，这无疑是“人类历史上最伟大的事件之一”。中国是全球最早实现联合国千年发展目标中减贫目标的国家，先后让7亿多人口摆脱贫困，完成全世界70%以上的减贫任务。这在世界上没有哪个国家可以相比；如此大规模的减贫成就，世界上也没有哪个别的国家能够在这样短的时间里做得到。

学者认为，新中国成立以来，我们党带领全国人民持续向贫困宣战。党的十八大以来，以习近平同志为核心的党中央坚持推进精准扶贫、精准脱贫，不断拓展中国特色扶贫开发道路。坚持以人民为中心的发展思想，把解决贫困问题与社会主义本质和执政党使命联系在一起。习近平总书记强调，“消除贫困、改善民生、逐步实现共同富裕，是社会主义的本质要求，是我们党的重要使命”。正是因为有了这样的政治自觉和思想自觉，才为解决贫困问题形成了最大共识，汇聚了最多资源。

学者分析，脱贫攻坚，加强领导是根本、精准脱贫是要义、各方参与是合力、群众动力是基础。中国开展的脱贫攻坚战，从理论突破、贫困治理、制度创新、世界贡献等各个方面看，都取得了显著成就，在中华民族发展史、世界社会主义发展史、人类社会发展史上都具有广泛而深远的影响。

民法典表决通过：被称为“社会生活的百科全书”

2020年5月28日，十三届全国人大三次会议表决通过了《中华人民共和国民法典》，自 2021 年 1 月 1 日起施行。《中华人民共和国民法典》被称为“社会生活的百科全书”，是新中国第一部以法典命名的法律，在法律体系中居于基础性地位，也是市场经济的基本法。《中华人民共和国民法典》共 7 编 1260 条，各编依次为总则、物权、合同、人格权、婚姻家庭、继承、侵权责任，以及附则。

学者认为，我国民法典是民事权利保护的宣言书，是治国安邦、经世济民之重器。它的颁布在我国法治建设历史上具有里程碑意义，必将对我国法治国家、法治政府、法治社会建设带来更积极、更全面、更深远的影响，也为坚持和完善中国特色社会主义制度、推进国家治理体系和治理能力现代化、保障人民群众美好幸福生活提供充分的法律保障。

学者认为，能够被命名为法典的法律，大体有 3 个明显特征：一是该立法在国家法律体系中的地位十分重要；二是该立法体系庞大，法律制度规模大；三是立法者要突出该法的体系性，强调立法的逻辑和规律。民法典就符合这 3 个特征。从立法的重要性角度看，民法典的定名是对民法作为国家治理基本遵循和依靠的充分肯定。

学者认为，民法典在我国法律体系中的地位，仅次于宪法，因为从国家治理的角度看，民法是时时刻刻不可以缺少、人人不可以缺少的法律遵循。民法典出台后将为法官正确裁判案件提供统一的法律规范，便于法官找法、学法、用法，依法办事、公正高效办案。

纪念抗美援朝出国作战 70 周年：立国之战锻造伟大抗美援朝精神

2020 年 10 月 23 日，纪念中国人民志愿军抗美援朝出国作战 70 周年大会在北京人民大会堂隆重举行。抗美援朝战争不仅奏响了一曲曲可歌可泣的凯歌，而且锻造出伟大的抗美援朝精神。这种精神永远是中国人民的宝贵财富。

学者认为，在波澜壮阔的抗美援朝战争中，英雄的中国人民志愿军始终发扬祖国和人民利益高于一切，为了祖国和民族的尊严而奋不顾身的爱国主义精神，英勇顽强、舍生忘死的革命英雄主义精神，不畏艰难困苦、始终保持高昂士气的革命乐观主义精神，为完成祖国和人民赋予的使命、慷慨奉献自己一切的革命忠诚精神，为了人类和平与正义事业而奋斗的国际主义精神，锻造了伟大抗美援朝精神。伟大抗美援朝精神，是党和人民付出巨大代价、进行伟大斗争获得的宝贵精神财富，是民族风骨、民族力量、民族血性、民族智慧在战争中的结晶，是中华民族的爱国主义精神在抗美援朝战争中的锤炼与升华，已深深融入中华民族的血脉和灵魂。

学者认为，抗美援朝战争是在中国共产党领导下的一场独立自主的战争，是中华人民共和国的立国之战，打出了国威、军威，打出了中华人民共和国在世界上的大国地位，打出了中国人民解放军现代化建设的可喜局面和强固的国防，打出了伟大的抗美援朝精神。抗美援朝战争的胜利，维护了亚洲和世界和平，巩固了中国新生的人民政权，打破了美帝国主义不可战胜的神话，顶住了美国侵略扩张的势头，使中国的国际威望空前提高，极大地增强了中国人民的民族自信心、自豪感和极大的爱国热情，为中国赢得了相当长时期的和平建设环境。

构建双循环新发展格局：谋求更高质量的国内大循环、更高水平的国际循环

2020 年 5 月 14 日，中共中央政治局常委会会议首次提出“深化供给侧结构性改革，充分发挥我国超大规模市场优势和内需潜力，构建国内国际双循环相互促进的新发展格局”以来，双循环、新发展格局在多次重要会议中被提及，也成为学界热议的重要话题。

为什么要提出双循环新发展格局？学者认为，这反映了中国经济发展的变化，也符合经济发展的基本规律：经济规模越大，国内循环的比重越高；服务业比重越大，国内循环的比重越高。以国内大循环为主体，是对当前发展态势的清醒认识。

学者分析，“双循环”是对一个国家经济运行格局的客观描述。任何一个国家，只要有对外贸易，都会有“双循环”，不同之处在于以哪一种循环为主。党中央明确提出加快形成以国内大循环为主体、国内国际双循环相互促进的新发展格局。这给我们两个启示：一是我们将更加注重国内大循环，并将其作为国内经济持续发展的主要动力来源；二是在强调国内大循环的同时，要实现国内国际双循环相互促进，绝不是闭关锁国、主动脱钩，而是进一步扩大对外开放。简而言之，“双循环”就是谋求更高质量的国内大循环、更高水平的国际循环。

开展第七次全国人口普查：与每个公民的生活息息相关

第七次全国人口普查从 2020 年 11 月 1 日—12 月 10 日进行入户登记。人口普查主要调查人口和住户的基本情况，内容包括：姓名、居民身份证号码、性别、年龄、民族、受教育程度、行业、职业、迁移流动、婚姻生育、死亡、住房情况等。第七次全国人口普查是在中国特色社会主义进入新时代，我国人口发展进入关键期开展的一次重大国情国力调查。

学者认为，第七次全国人口普查不仅是推动经济高质量发展的内在要求，也是完善人口发展战略和政策体系，促进人口长期均衡发展的迫切需要。人口普查与每个公民的生活息息相关。全面查清中国人口数量、结构、分布等方面的最新情况，既是制定和完善未来收入、消费、教育、就业、养老、医疗、社会保障等政策措施的基础，也为教育和医疗机构布局、儿童和老年人服务设施建设、工商业服务网点分布、城乡道路建设等提供决策依据。

学者预测，这将是中国近 30 年来准确率最高的一次人口普查，社会各界抱有非常高的期待。一方面，通过电子化方式可以最大程度提升汇总查重、定位数据的准确率；另一方面，由于生育政策已全面放开二孩，以往因政策因素和主观因素导致的漏报、瞒报、误报情况，将有极大改善。

北京实施垃圾分类：侧重于源头的减量化、资源化

从 2020 年 5 月 1 日开始，新版《北京市生活垃圾管理条例》正式实施，对生活垃圾分类提出更高要求，将生活垃圾明确为厨余垃圾（绿色桶）、可回收物（蓝色桶）、有害垃圾（红色桶）和其他垃圾（黑色桶）4 类，颜色有所区分，易于分辨。12 月 1 日起，天津、大连也加入垃圾分类“朋友圈”。

学者认为，《北京市生活垃圾管理条例》侧重于从垃圾处理的末端向前端移动，侧重于源头的减量化、资源化，将垃圾分类从一个行业管理，转化为社会管理，并且强调自觉和强制相结合。老百姓垃圾分类是一个习惯养成的过程，要以自觉为主、强制为辅，循序渐进。居民垃圾分类的“环境素养”培养是最难的，要坚持不懈、久久为功。

学者调研后发现，“四分法”中的“其他垃圾”可以发挥“容错作用”，也就是说，如果居民无法十分精准地判别，可以将其置于其他垃圾中。这种做法可操作性高，也能减轻居民对垃圾分类的抵触心理。

学者认为，对于不太自觉的人，处罚是必需的。不过，仅经济处罚是不行的，因为处罚成本过大，涉及“谁监督”的问题，特别是居民区，不可能一对一监督。所以如何操作还值得探讨。

“进博会”举办：为提振全球经济增长注入新动能

2020 年 11 月 4 日，第三届中国国际进口博览会在上海开幕。经过前两届的成功举办，进博会成为在全球广受欢迎的贸易盛会。当下，新冠肺炎疫情仍在全球蔓延，世界经济饱受冲击，在此情形下，第三届进博会如期召开，是中国所需，更是世界之盼。

学者认为，第三届进博会在全球新冠肺炎疫情大流行背景下成功举办，释放出中国坚持开放共赢的积极信号，有助于为世界各地外贸企业提振信心，推动全球经济复苏。进博会为广大企业，尤其是中小企业，进入和拓展中国市场提供了便捷高效的方式，进一步提升中国市场的吸引力。

学者认为，进博会展示了中国坚持推进更高水平对外开放的决心，给后疫情时代全球经济复苏提供了新动力，有利于增强全球市场信心，改善经贸环境。进博会是跨国贸易史上的一项创新，已成为促进全球贸易的重要平台之一。

学者认为，进博会的成功举办展现了中国的疫情防控能力，彰显了中国坚定不移全面扩大对外开放的决心和中国推动国际经济合作、促进共同发展的努力，为提振全球经济增长注入新动能。

RCEP 签署：我国对外开放历史上的又一座里程碑

2020 年 11 月 15 日，在第四次区域全面经济伙伴关系协定领导人会议上，东盟十国及中国、日本、韩国、澳大利亚和新西兰 15 个国家正式签署《区域全面经济伙伴关系协定》（RCEP），由此标志着在经历了长达 8 年的漫长谈判之后，一个纵贯南北半球两个大洲，覆盖全球 22 亿人口，经济总量和贸易规模占到全球近 30%的全球最大自贸协定正式达成。

学者分析，作为我国近年来签署的最大规模的自由贸易协定，RCEP 无疑是我国对外开放历史上的又一座里程碑。尤其是在全球经济饱受疫情冲击，全球化前景日趋晦暗的背景下，相对于以往的各类双边与多边自由贸易协定，逆势而出的 RCEP 对于中国也具有了更为特别的意义。RCEP 是对冲逆全球化风潮的重要举措，是破局 TPP（CPTPP）挑战的突破口，是构建东亚自由贸易体制的迂回战略，可以为中国经济结构转型提供相对稳固的基本盘。

学者分析，对中国而言，RCEP 的最终签署是中国自 2016 年以来在经济外交领域特别是亚太区域经济外交领域所取得的战略性胜利，其意义堪比 2015

年亚投行外交的成功和人民币纳入特别提款权的货币篮子。它表明中国与亚太国家的经济合作关系将得到实质性强化，从而极大地对冲中美经贸摩擦和产业链转移的诸多压力。同时，作为亚太地区的一项重大经济联合，RCEP 以经济上最为活跃的亚太区域经济集团化为筹码，加速全球贸易力量的洗牌。

美国大选乱象：折射美国民主制度之殇

2020 年的美国总统大选，可谓乱象不断，其间不断传出舞弊、造假行为。民主党瞄准特朗普任命的邮政局长德乔伊拆除邮箱的举措，认为这是要增加民主党支持者邮寄选票的难度；特朗普则指控邮寄选票存在大规模舞弊行为，一再对选举结果不承认，并发起法律挑战。一场选举大秀，让外界看得“惊心动魄”。

学者认为，2020 年美国大选被视为美国历史上最尖锐和最分裂的选举之一，其胶着与反常所折射出的是过去 4 年，甚至更长时间以来美国政府的治理之乱。政治裂痕加大、新冠肺炎疫情失控、经济发展失衡正是治理之乱的主要表现。

学者观察认为，美国 2020 年大选的政治僵局令人印象深刻，但却不算意外。毕竟选举前夜，共和、民主两党就都已经做好指控大选不公的准备。一场大选，能够让执政党和在野党同时充满怀疑，证明支撑选举的政治制度出现了结构性问题。美国 2020 年的大选乱象，折射了美国民主制度之殇。今日美国大选的乱象，不仅仅来自当权者发出的噪声、街头被鼓噪的民众，更受其宪政体制的反民主倾向左右。

学者分析，美国的大选制度向来是其民主主义的代表，也是美国民众的骄傲，但是今年大选呈现出的乱象给了该国的民主重重一击。这场大选的两位候选人都在互相攻击，各自的政见和民意的需求都不见踪影，金钱的力量格外突出，民主的权威受到大幅削弱。不论谁当选，崇尚民主的美国民众或许已经是最大的输家。

（撰稿人：张记合）

（原载《北京日报》2020 年 12 月 28 日第 13 版）

· 科研课题 ·

概　　述

本栏目记述2020年度9个国家级社会科学研究项目（北京地区）立项结果，4个教育部社会科学研究项目（北京地区/在京高校）立项结果，7个北京市级单位在哲学社会科学研究领域通过评审获准立项的课题，内容涉及20多个学科及众多研究领域，包括重大项目、重点项目、一般项目、青年项目、后期资助项目等，这些信息反映了北京社会科学研究的概貌及2020年度社会科学研究的重点和特点。

2020年度国家社会科学基金项目立项名单（北京地区）

一、马列·科社

1. 重点项目

项目名称	负责人	工作单位	预期成果	完成时间
马克思早期代表性论著新探讨	林　锋	北京大学马克思主义学院	专著	2025. 7. 31
中国《资本论》研究史	刘新刚	北京理工大学马克思主义学院	专著	2024. 12. 31
党的十八大以来中国廉政治理方略研究	王传利	清华大学马克思主义学院	专著	2024. 8. 28
新中国成立以来社会主义意识形态建设的基本经验及启示研究	朱继东	中国社会科学院马克思主义研究院	专著、研究报告	2023. 3. 31
《共产党宣言》在世界的传播研究	张远航	中国共产党中央委员会党史和文献研究院	专著、其他	2023. 5. 31
中国之治的世界意义研究	陈江生	中央党校（国家行政学院）马克思主义学院	专著	2024. 3. 1

2. 一般项目

项目名称	负责人	工作单位	预期成果	完成时间
《共产党宣言》三个稿本的比较及其当代价值研究	王晓红	中央民族大学马克思主义学院	专著	2024. 3. 1
马克思“人民主体”的阶级性与历史性研究	袁富民	北京化工大学	专著	2025. 7. 1
新中国成立以来党和国家扶持人口较少民族发展政策研究	上官文慧	中央民族大学马克思主义学院	研究报告	2023. 6. 30
全球治理视域下的中非合作理论与实践研究	李小圣	对外经济贸易大学马克思主义学院	论文（集）	2023. 7. 31
马克思主义视域下“大健康”理念的理论与实践研究	张　维	清华大学马克思主义学院	专著	2023. 12. 31
马克思主义视域下的生态城市理论构建研究	王　妍	北京航空航天大学	专著	2024. 6. 30
改革开放以来农村土地制度改革的理论逻辑与基本经验研究	刘庆乐	中央财经大学	专著	2023. 6. 30
新时代中国共产党领导制度优势转化为国家治理效能研究	宫玉涛	中央民族大学马克思主义学院	专著	2023. 6. 30
社会主义核心价值观视域下的新时代劳模精神研究	彭维锋	中国劳动关系学院工会学院	专著	2024. 12. 26
国际社会对习近平人类命运共同体重要论述的认知及评价研究	王　淼	中央财经大学	专著	2024. 12. 31
新时代思想政治工作在防范化解高校重大风险中的作用研究	王维国	中国社会科学院大学	专著	2023. 12. 31
“西方之乱”与种族主义回潮问题研究	宋丽丹	中国社会科学院马克思主义研究院	专著	2023. 12. 30
习近平新时代中国特色社会主义思想方法论研究	杨玉成	中央党校（国家行政学院）哲学教研部	专著	2023. 12. 30
马克思主义使命型政党研究	李海青	中央党校（国家行政学院）马克思主义学院	专著	2023. 12. 30
全面推进依法治国进程中的公民道德建设研究	李志强	北方工业大学	专著、论文（集）	2023. 12. 31
新中国中国共产党思想政治工作制度研究	韩　华	首都师范大学马克思主义学院	专著	2023. 7. 1

3. 青年项目

项目名称	负责人	工作单位	预期成果	完成时间
MEGA2 与《资本论》第一卷最终版问题研究	王旭东	北京理工大学马克思主义学院	专著	2023. 12. 30
马克思、恩格斯经典著作对虚无主义的述评及其当代价值研究	杨　哲	北京林业大学	专著、其他	2023. 12. 31
恩格斯对马克思主义国家学说的原创性贡献及当代价值研究	刘娜娜	北京航空航天大学马克思主义学院	专著	2024. 12. 27

续表

项目名称	负责人	工作单位	预期成果	完成时间
改革开放以来中国共产党对外宣传话语的传承与创新研究	张　虹	北京理工大学马克思主义学院	论文（集）	2023. 2. 18
国际大变局视野下弘扬爱国主义精神研究	吴　倩	北京理工大学马克思主义学院	论文（集）	2023. 9. 30
中华优秀传统文化创造性转化和创新性发展的内在机理与实践机制研究	司明宇	北京化工大学	专著、论文（集）	2023. 4. 30
德国马克思学的《资本论》研究	王校楠	北京理工大学马克思主义学院	专著	2023. 12. 31
新时代中国特色社会主义价值认同研究	周昭成	求是杂志社	论文（集）	2023. 12. 31

二、党史·党建

1. 重点项目

项目名称	负责人	工作单位	预期成果	完成时间
中共党建基本理论问题研究	孙秀民	北京师范大学马克思主义学院	专著	2022. 12. 31
新民主主义革命时期中国共产党阶级分析问题研究	刘　辉	中国人民大学马克思主义学院	专著	2025. 4. 30

2. 一般项目

项目名称	负责人	工作单位	预期成果	完成时间
媒体融合背景下地方党刊在思想建党中的功能研究	张晓红	中国传媒大学	专著	2023. 6. 30
国家治理体系视野下的中国共产党行政督察专员公署制研究（1937—1949）	侯桂红	北京师范大学历史学院	专著	2023. 6. 30
新中国就业制度史研究	吴绮雯	北京理工大学马克思主义学院	专著	2024. 6. 30
十八大以来党史纪录片创作与传播路径提升研究	牛慧清	中国传媒大学	研究报告	2023. 8. 23
美国国家档案馆藏抗战时期中国共产党历史资源的收集整理与研究	董　佳	中国人民大学马克思主义学院	研究报告	2024. 12. 31
国有企业发展与改革口述历史搜集、整理与研究	邱　霞	中国社会科学院当代中国研究所	专著、研究报告	2023. 6. 30
一体推进不敢腐、不能腐、不想腐的体制机制和政策体系建设研究	王希鹏	中国纪检监察学院	专著	2022. 12. 30

3. 青年项目

项目名称	负责人	工作单位	预期成果	完成时间
马克思主义在中国早期传播的欧美渠道研究（1871—1927）	路　宽	北京大学马克思主义学院	研究报告	2025. 12. 31
新中国 70 年中共党史学科建设历程与经验研究	张亚东	中国农业大学马克思主义学院	专著	2024. 12. 31

续表

项目名称	负责人	工作单位	预期成果	完成时间
美国馆藏中共对外交往历史文献的整理与研究（1919—1949）	张牧云	清华大学马克思主义学院	译著、论文（集）	2023. 12. 31
新时代我国基层干部治理能力提升研究	马正立	中国社会科学院马克思主义研究院	专著、研究报告	2025. 4. 30
中国共产党纪律建设思想与实践历史研究	肖瑞宁	中国纪检监察学院	专著、研究报告	2023. 8. 31
把党的领导贯彻到党和国家机构履行职责全过程的机制研究	张　博	中央党校（国家行政学院）党建教研部	研究报告	2023. 6. 30
党内法规体系结构配置及运行效能研究	赵　娜	首都师范大学马克思主义学院	研究报告	2023. 12. 31

三、哲学

1. 重点项目

项目名称	负责人	工作单位	预期成果	完成时间
比较哲学视野下的性命论哲学研究	吴　飞	北京大学哲学系	专著	2025. 12. 30
井上哲次郎《东方哲学史》的缘起、理路与影响研究	林美茂	中国人民大学哲学院	专著	2024. 2. 10
习近平新时代中国特色社会主义思想的价值观研究	杨信礼	中央党校（国家行政学院）离退休干部局	专著	2023. 12. 31
中国特色社会主义制度优越性的哲学研究	辛　鸣	中央党校（国家行政学院）马克思主义学院	专著	2023. 12. 31

2. 一般项目

项目名称	负责人	工作单位	预期成果	完成时间
《资本论》及其手稿中的共产主义思想研究	刘　梅	中央民族大学哲学与宗教学学院	专著	2024. 6. 30
马克思恩格斯著作遗产的流传与初版文献整理、译介与研究	赵玉兰	中国人民大学马克思主义学院	专著、译著	2024. 12. 31
人与人工智能“价值共同体”理念构建中的算法价值与价值算法研究	阴昭晖	中国政法大学人文学院	专著	2023. 6. 30
“构建人类命运共同体”理念的哲学研究	文　兵	中国政法大学人文学院	专著	2024. 12. 31
牛顿科学方法论文献编译及研究	万兆元	北京师范大学哲学学院	译著	2023. 12. 31
科学治理视野中的科学辩护研究	王　娜	北京航空航天大学马克思主义学院	专著	2023. 12. 31
性别视角下中国近代科技文化研究	章梅芳	北京科技大学科技史与文化遗产研究院	专著	2023. 12. 31
文化圈视域下的中国少数民族哲学研究	宝贵贞	中央民族大学哲学与宗教学学院	专著	2023. 12. 31

续表

项目名称	负责人	工作单位	预期成果	完成时间
南宋理学家群体生活世界研究	汤元宋	中国人民大学国学院	专著	2025. 9. 30
德国唯心论在费希特、谢林和黑格尔哲学体系中的不同终结方案研究	先　刚	北京大学哲学系	专著、译著	2025. 7. 1
《弘明集》中的推理与论证模式研究	张立英	中央财经大学文化与传媒学院	专著	2025. 8. 30
意向性指称理论最新发展研究	王建芳	中国政法大学人文学院	论文（集）、译著	2024. 6. 30
中国应对全球突发疫情防控伦理核心价值的相关性研究	丛亚丽	北京大学医学人文学院	论文（集）、研究报告	2022. 12. 31
汉代公羊学之解释学研究	刘国民	中国社会科学院大学	专著	2024. 7. 10
当代俄罗斯欧亚主义思想的浪漫主义根源研究	祖春明	中国社会科学院哲学研究所	专著	2023. 3. 1
秦汉时期学术流变与中医理论的发生学研究	张宇鹏	中国中医科学院中医基础理论研究所	专著	2023. 12. 31
政治经济学批判与人的存在方式研究	黄志军	首都师范大学马克思主义学院	专著	2024. 6. 30

3. 青年项目

项目名称	负责人	工作单位	预期成果	完成时间
马克思历史意识及其当代价值研究	张　婷	北京林业大学	专著	2023. 6. 30
区块链的技术史与技术哲学研究	胡翌霖	清华大学	专著	2023. 9. 1
人工智能时代机器换人的伦理规约机制研究	张正清	北京航空航天大学马克思主义学院	论文（集）、研究报告	2023. 12. 31
大数据隐私经济的哲学研究	武　青	北京大学医学人文学院	专著	2023. 12. 31
清华简与战国“书”学研究	杨家刚	清华大学	专著	2023. 12. 31
庄子命运观的跨文化研究	袁　艾	清华大学	专著、论文（集）	2024. 10. 1
司马光疑孟思想研究	汪　楠	北京体育大学	专著	2023. 12. 15
现象学视域下的当代唯实论与唯名论之争研究	刘万瑚	北京师范大学	论文（集）	2022. 12. 30
基于关系语义的量子逻辑研究	钟盛阳	北京大学哲学系	论文（集）	2023. 12. 31
戴震思想与中国现代美学的发生	杨　宁	中国劳动关系学院文化传播学院	专著、研究报告	2023. 12. 31
马克思哲学变革与社会主义理论关系研究	韩　蒙	中国社会科学院哲学研究所	专著	2023. 9. 1
宋代《春秋》学研究	闫　云	中国社会科学院哲学研究所	专著	2025. 6. 30
柏拉图《蒂迈欧》与亚里士多德《论天》比较研究	刘未沫	中国社会科学院哲学研究所	专著	2023. 9. 30
《资本论》未完成部分的探佚研究	王　嘉	首都师范大学政法学院哲学系	论文（集）	2023. 12. 31
“尧舜禅让”观念研究	皮迷迷	首都师范大学政法学院	专著	2024. 10. 30

四、理论经济

1. 重点项目

项目名称	负责人	工作单位	预期成果	完成时间
促进与适应新能源大规模消纳视角下的电力市场设计与市场改革研究	宋　枫	中国人民大学应用经济学院	专著、其他	2023. 12. 31
新时代与新结构视角下引进外资与知识产权保护研究	郑飞虎	北京师范大学经济与工商管理学院	研究报告	2023. 12. 31
新形势下我国制造业转型升级路径与对策研究	王　勇	北京大学新结构经济学研究院	专著	2023. 12. 31
数字经济推动高质量发展的政治经济学研究	杨虎涛	中国社会科学院经济研究所	论文（集）	2023. 6. 30
国际经贸规则重构方向研究	竺彩华	商务部国际贸易经济合作研究院	专著、研究报告	2022. 12. 31
乡村振兴与新型城镇化的制度冲突与协调推进研究	黄　锟	中央党校（国家行政学院）马克思主义学院	论文（集）、研究报告	2022. 6. 30
移动支付对中国经济的影响研究	尹志超	首都经济贸易大学金融学院	专著	2023. 12. 31

2. 一般项目

项目名称	负责人	工作单位	预期成果	完成时间
马克思经济学在中国特色社会主义政治经济学理论体系构建中的指导作用研究	刘明远	中国人民大学经济学院	论文（集）、研究报告	2025. 2. 9
推进能源治理体系和治理能力现代化研究	林卫斌	北京师范大学经济与资源管理研究院	专著	2022. 3. 31
基于不同经济发展阶段的环境库兹涅茨曲线理论构建与模拟预测研究	颜建晔	北京大学国家发展研究院新结构经济学研究院	论文（集）	2023. 12. 31
全国统一大市场建设、资源配置效率与中国经济增长研究	陈　朴	中国人民大学经济学院	论文（集）	2023. 12. 30
新冠肺炎疫情下贸易摩擦对跨境电商的经济效应与对策研究	霍　达	中央财经大学	研究报告	2023. 6. 30
县域财政一般公共预算绩效管理的差别评价与驱动机制研究	张冬梅	中央民族大学经济学院	专著	2023. 12. 31
基于区块链嵌入的京津冀创新要素的整合机制与实现路径研究	陈红霞	中央财经大学	论文（集）	2023. 6. 30
汇率不确定性、短期资本流动与金融危机研究	赵留彦	北京大学经济学院	论文（集）	2023. 6. 30
金融发展的适度性与金融体系结构优化研究	陶春生	中央民族大学经济学院	专著	2023. 12. 31

续表

项目名称	负责人	工作单位	预期成果	完成时间
家庭教育投资不平衡的竞争性机制研究	许敏波	北京师范大学经济与工商管理学院	专著、论文（集）	2024. 6. 30
16 世纪—20 世纪初中国官绅阶层财富研究	云　妍	中国社会科学院近代史研究所	专著	2025. 9. 30
意大利货币循环学派研究	袁　辉	中央党校（国家行政学院）经济学教研部	专著	2023. 9. 30
新时代乡村振兴中农民组织化建设研究	刘学侠	中央党校（国家行政学院）报刊社	专著	2023. 7. 31

3. 青年项目

项目名称	负责人	工作单位	预期成果	完成时间
数字帝国主义的特征、掠夺方式及应对机制研究	刘皓琰	清华大学公共管理学院	专著	2023. 6. 30
新时代高质量就业的理论框架和影响路径研究	封世蓝	北京大学马克思主义学院	专著	2023. 6. 1
基于马克思主义利润率理论对全球经济长期停滞的理论与政策研究	孙小雨	中国社会科学院经济研究所	论文（集）	2023. 6. 30
创新转型背景下中国工业用地配置的时空特征、驱动机制与效应测度研究	周　麟	中国社会科学院工业经济研究所	专著	2023. 6. 30
消费与人力资本关联机制及其对创新效率影响研究	南　玉	中国社会科学院经济研究所	论文（集）、研究报告	2023. 6. 30
知识产权司法保护对 FDI 的影响及制度优化研究	王海成	国家发改委产业经济与技术经济研究所	研究报告	2023. 6. 30
文化贸易对 OFDI 的驱动机制、增长效果及中国策略研究	孙俊新	北京第二外国语学院	专著	2022. 12. 31
数字乡村背景下城乡信息融合战略耦合机理与机制创新研究	马　晨	北京市农林科学院	研究报告、其他	2023. 6. 30

五、应用经济

1. 重点项目

项目名称	负责人	工作单位	预期成果	完成时间
人工智能信息生产力模型的系统构建研究	张永林	北京师范大学统计学院	论文（集）、研究报告	2025. 12. 31
近代中国政府间事权与财权划分研究	马金华	中央财经大学	研究报告	2023. 12. 30
政府预决算视角下提升我国国家创新体系整体效能的财政体制与政策研究	姚东旻	中央财经大学	研究报告	2022. 12. 31
完善直接税制度并提高其比重研究	蒋　震	中国社会科学院财经战略研究院	专著、研究报告	2023. 6. 30
全球供应链重构及我国对策研究	何明珂	北京物资学院物流学院	专著、研究报告	2023. 6. 30

2. 一般项目

项目名称	负责人	工作单位	预期成果	完成时间
人工智能技术对就业的影响和对策研究	张艳华	中国劳动关系学院劳动关系与人力资源学院	专著	2023. 6. 30
小冰期对西藏制度变迁的影响研究	王海港	中央财经大学	论文（集）	2022. 7. 1
人工智能与出口贸易高质量发展研究	赵　勇	中国人民大学经济学院	论文（集）	2024. 6. 30
经济不确定性下地方隐性债务风险和金融风险交叉传染效应及传导机制研究	李　升	中央财经大学	研究报告	2023. 7. 1
相对贫困视角下财政支出的脱贫内生动力效应及长效机制研究	崔景华	对外经济贸易大学公共管理学院	专著、研究报告	2023. 12. 31
数字经济国际规则变化背景下的数据要素税收问题研究	谢波峰	中国人民大学财政金融学院	专著、论文（集）	2023. 2. 27
多层复杂网络视角下系统性重要金融机构的识别与监管研究	齐　明	中国石油大学（北京）经济管理学院	专著	2023. 12. 31
稳增长背景下我国利率传导机制改革和效果研究	郭红玉	对外经济贸易大学金融学院	论文（集）、研究报告	2023. 6. 30
自动化浪潮下零工经济的薪酬特性及其就业效应研究	魏　翔	中国社会科学院财经战略研究院	研究报告	2022. 2. 28
欠发达沿海城市发展的制约因素与突破路径研究	李恩平	中国社会科学院城市发展与环境研究所	研究报告	2023. 6. 30
发挥居民消费推动传统产业转型升级的基础性作用研究	张　昊	中国社会科学院财经战略研究院	论文（集）、研究报告	2023. 7. 31
人工智能发展对我国制造业就业的影响研究	崔　艳	中国劳动和社会保障科学研究院	专著、论文（集）	2023. 6. 30
京津冀及周边地区大气污染联防联控成本效益分析与机制创新研究	黄德生	生态环境部环境与经济政策研究中心	研究报告	2023. 6. 30
农村妇女参与电商经济的路径及赋权问题研究	顾　蕊	中国农业科学院农业信息研究所	研究报告	2023. 9. 30
京津冀城市群“区域治理一体化”模式构建与推进路径研究	徐晓明	中央党校（国家行政学院）科研部	研究报告	2022. 12. 31
新冠肺炎疫情影响下中美农业发展态势问题研究	刘艳梅	中央党校（国家行政学院）	研究报告	2022. 12. 30
基本公共服务视域下精准扶贫与乡村振兴有机衔接体制机制研究	蒲　实	中央党校（国家行政学院）报刊社	研究报告	2023. 6. 30
国有科技型企业股权激励与创新提升机制研究	粟立钟	北京工商大学商学院	研究报告	2022. 7. 1
我国特大城市突发公共事件脆弱性评估与应急管理对策研究	徐怀礼	北京联合大学商务学院	论文（集）、研究报告	2023. 12. 31
数字经济背景下平台企业滥用市场势力的理论与量化研究	易　芳	北京工商大学经济学院	研究报告	2022. 6. 30

续表

项目名称	负责人	工作单位	预期成果	完成时间
城乡融合背景下支持农民转型发展的普惠金融对策研究	傅巧灵	北京联合大学管理学院	论文（集）、研究报告	2023. 6. 30
新形势下零售商业模式创新路径研究	张　艳	北京联合大学应用科技学院	专著	2023. 12. 30
社会资本视角下中国对“一带一路”沿线国家投资风险及防范对策研究	赵家章	首都经济贸易大学经济学院	专著	2023. 6. 30
我国减税降费政策效果绩效评估与风险防范研究	李红霞	首都经济贸易大学财政税务学院	专著	2023. 6. 30
区域全面经济伙伴关系（RCEP）的税收协调问题研究	曹静韬	首都经济贸易大学财政税务学院	研究报告	2023. 6. 30
数字金融对中小企业技术创新的影响研究	谢雪燕	北京工商大学经济学院	研究报告	2023. 6. 30
中国外汇衍生品监管指数构建、监管效果及监管优化研究	赵　峰	北京工商大学经济学院	研究报告	2023. 7. 1

3. 青年项目

项目名称	负责人	工作单位	预期成果	完成时间
数字经济发展对就业总量、结构及质量的影响与提升机制研究	刘翠花	北京师范大学经济与工商管理学院	研究报告	2023. 6. 30
气候风险对农业经济的影响及利用金融市场应对气候风险研究	徐江旻	北京大学光华管理学院	论文（集）、研究报告	2022. 12. 31
“一带一路”倡议下的金融科技对外投资发展评价及策略优化研究	陈靖	中国农业大学经济管理学院	论文（集）、研究报告	2023. 12. 31
互联网大数据治税系统的征管效果及对税收营商环境的影响研究	孙鲲鹏	中央财经大学财政税务学院	论文（集）	2022. 12. 31
近几年减税降费政策效果评估研究	张凯强	中国社会科学院财经战略研究院	研究报告	2022. 12. 31
防范金融风险与稳定经济增长关系研究	王学凯	中国社会科学院财经战略研究院	专著	2022. 12. 31
城镇化进程中村庄的分化机制及振兴路径研究	何安华	农业农村部农村经济研究中心	论文（集）、研究报告	2022. 12. 31
农村人居环境质量的影响因素、价值评估及提升机制研究	张　斌	农业农村部农村经济研究中心	论文（集）、研究报告	2022. 12. 30
促进我国数字服务贸易创新发展的政策体系研究	王　拓	商务部国际贸易经济合作研究院	专著、研究报告	2022. 6. 30
韧性视域下生态优先和绿色发展的协同路径研究	薄　凡	中共北京市委党校	研究报告	2023. 6. 30
中期视角下推进预算领域国家治理体系和治理能力现代化研究	张　莉	首都经济贸易大学财政税务学院	研究报告	2023. 6. 30
新形势下资本市场双向开放对企业产品市场竞争力的影响研究	周　率	首都经济贸易大学金融学院	论文（集）、研究报告	2023. 6. 30

六、统计学

1. 一般项目

项目名称	负责人	工作单位	预期成果	完成时间
国民健康福祉的多维评价研究	王　瑜	中国人民大学	研究报告	2023. 7. 28
面向复杂金融数据的极端风险建模与应用研究	邓　露	中央财经大学	研究报告	2023. 12. 31
基于结构方程模型与因果推断算法估算我国宏观经济中的潜变量研究	杨　旭	北京交通大学经济管理学院	论文（集）	2023. 7. 30
中国经济高质量发展评价指标体系与实现路径研究	宋　洋	中国社会科学院中国社会科学评价研究院	研究报告	2023. 6. 30
中国数字经济测度与国际比较研究	张艳芳	中国社会科学院工业经济研究所	专著	2021. 12. 31
中国省际公共服务均等化效果统计监测及评估研究	李林君	首都经济贸易大学财政税务学院	研究报告	2023. 6. 30
区域协调发展与产业空间集聚效果测度与对策研究	刘　强	首都经济贸易大学	研究报告	2023. 6. 30
基于深度学习的非平衡大数据重抽样方法与应用研究	徐礼文	北方工业大学	论文（集）	2023. 12. 31

2. 青年项目

项目名称	负责人	工作单位	预期成果	完成时间
基于特征活动视角的数字经济卫星账户构建与应用研究	张美慧	清华大学经济管理学院	研究报告	2023. 6. 30
高质量发展背景下中国城市群碳排放网络研究	徐丽笑	北京师范大学环境学院	研究报告	2022. 6. 30
高质量发展背景下中国全要素生产率理论、测度与对策研究	王春云	北京师范大学社会发展与公共政策学院	研究报告	2022. 6. 30
大数据背景下我国基础教育质量统计监测研究	刘　浩	北京师范大学中国基础教育质量监测协同中心	研究报告	2023. 10. 10

七、政治学

1. 重点项目

项目名称	负责人	工作单位	预期成果	完成时间
政治学研究方法发展、演化与前沿探索研究	臧雷振	中国农业大学人文与发展学院	专著	2023. 12. 31
推进乡镇政府减负增效的体制机制研究	毛寿龙	中国人民大学公共管理学院	专著、论文（集）	2022. 12. 30
后现代主义价值革命与保守主义的兴起研究	丛日云	中国政法大学政治与公共管理学院	专著	2024. 12. 31
党的十八大以来政治思潮的演进及社会影响研究	王炳权	中国社会科学院政治学研究所	专著、研究报告	2023. 3. 30

续表

项目名称	负责人	工作单位	预期成果	完成时间
大国应对治理困境的措施及得失研究	王　欢	中国社会科学院美国研究所	专著、研究报告	2023. 12. 31
城乡基层治理创新机制研究	肖立辉	中央党校（国家行政学院）政治和法律教研部	论文（集）	2023. 4. 30

2. 一般项目

项目名称	负责人	工作单位	预期成果	完成时间
当代西方身份认同政治的思想谱系研究	霍伟岸	对外经济贸易大学国际关系学院	论文（集）	2023. 12. 31
大数据权力监督背景下民众反腐败效能感实证研究	李　莉	中国政法大学政治与公共管理学院	专著	2023. 12. 31
民主观念如何影响民主稳固研究	刘　瑜	清华大学社会科学学院政治学系	专著	2025. 5. 1
现当代国外国家理论跟踪研究	张长东	北京大学政府管理学院	译著、论文（集）	2023. 6. 30
我国政府部门预算参与和管理绩效作用机理的模型建构与实证检验研究	曹堂哲	中央财经大学政府管理学院	论文（集）	2023. 7. 1
社会心理服务体系嵌入基层精细化治理研究	王丽莉	中国政法大学政治与公共管理学院	研究报告、专著	2022. 4. 30
优化营商环境视域下的地方政府自贸区治理体系和治理能力推进路径研究	程波辉	对外经济贸易大学公共管理学院	论文（集）	2023. 12. 31
基于“风险—减缓”的县（区）域网络舆情综合治理研究	张　磊	中央党校（国家行政学院）应急管理培训中心	研究报告	2023. 3. 31
中国共产党民主集中制的优势和治理效能研究	李东明	首都师范大学政法学院	研究报告	2023. 6. 30
中国地方人大的会议体系及其运行机制研究	黄小钫	中共北京市委党校	专著	2025. 6. 30
我国城市农民工相对贫困多维识别及治理研究	程世勇	首都师范大学管理学院	专著	2022. 12. 20
我国专业化公务员队伍建设的现实成效及改革进路研究	潘　娜	首都经济贸易大学城市经济与公共管理学院	论文（集）、研究报告	2023. 6. 30
我国重大突发公共卫生事件联防联控中的地方政府间协同研究	刘　良	中共北京市委党校	研究报告	2023. 12. 1

3. 青年项目

项目名称	负责人	工作单位	预期成果	完成时间
基层社会矛盾形成机理及化解机制研究	彭莹莹	北京大学政府管理学院	研究报告	2024. 12. 31
社会公共利益达成机制的政治哲学研究	刘舒杨	北京大学政府管理学院	专著	2023. 12. 31
中国传统政治的逻辑演绎理路研究	宋清员	中国政法大学政治与公共管理学院	研究报告	2023. 12. 20
政党制度视域下的比较政治传播研究	苏　颖	中国传媒大学	论文（集）	2025. 6. 1
重大公共政策更新的系统动力研究	曲纵翔	中央民族大学管理学院	研究报告	2023. 12. 31

续表

项目名称	负责人	工作单位	预期成果	完成时间
区块链视角下健全网络空间监管体系的路径研究	李　乐	北京邮电大学经济管理学院	专著、研究报告	2023. 6. 30
香港政治亚文化对“一国两制”的影响及其整合路径研究	张　伟	北京大学马克思主义学院	研究报告	2023. 6. 18
推进党和国家机构职能优化协同高效运行改革研究	张　克	中央党校（国家行政学院）公共管理教研部	专著、研究报告	2022. 12. 1
大数据背景下地方政府回应性实证研究	李　锋	中央党校（国家行政学院）政治和法律教研部	研究报告	2023. 6. 30

八、法学

1. 重点项目

项目名称	负责人	工作单位	预期成果	完成时间
清朝经营西北边疆成败得失研究	苏亦工	清华大学法学院	专著、研究报告	2025. 9. 30
中国传统法理学研究	张中秋	中国政法大学法律史学研究院	专著	2023. 12. 30
防控突发公共卫生事件的刑法对策研究	刘志伟	北京师范大学刑事法律科学研究院	专著	2023. 6. 30
法定数字货币跨境流动法律问题研究	杨　东	中国人民大学法学院	专著、论文（集）	2024. 12. 31
平台经济灵活就业人员社会保险法律制度的构建研究	娄　宇	中国政法大学民商经济法学院	论文（集）、研究报告	2023. 12. 31

2. 一般项目

项目名称	负责人	工作单位	预期成果	完成时间
第三波法律全球化的范式变迁研究	余成峰	北京航空航天大学	专著	2024. 6. 30
全面贯彻落实民族区域自治法研究	王　瑛	中央民族大学法学院	专著	2023. 12. 31
基因科技视域下的尊严法理研究	郑玉双	中央财经大学	专著	2023. 6. 30
萨珊波斯与中古中国的比较法制史研究	赵　晶	中国政法大学	专著	2023. 6. 30
社会系统论视角下突发公共卫生事件的依法治理研究	郭　殊	北京师范大学法学院	论文（集）、研究报告	2025. 7. 1
中国教育法学总论体系构建研究	湛中乐	北京大学法学院	专著	2024. 12. 31
诈骗罪的构造及其展开研究	付立庆	中国人民大学法学院	专著	2022. 12. 31
诈骗罪中欺诈行为的归责根据研究	赵书鸿	北京师范大学刑事法律科学研究院	专著	2024. 10. 10
大数据背景下的庭审直播研究	唐应茂	北京大学法学院	论文（集）	2023. 12. 31
民事强制执行法基础理论研究	肖建国	中国人民大学法学院	专著	2025. 9. 30
诉之类型的体系化研究	刘哲玮	北京大学法学院	论文（集）	2024. 12. 31
刑事诉讼中未决羁押的权利救济机制研究	罗海敏	中国政法大学	专著	2023. 8. 31

续表

项目名称	负责人	工作单位	预期成果	完成时间
以对质为中心的刑事法庭调查规程研究	李奋飞	中国人民大学法学院	论文（集）	2023. 9. 30
《民法典》中的参照适用条款研究	王　雷	中国政法大学民商经济法学院	研究报告	2023. 6. 30
隐私权和个人信息保护制度的适用关系研究	谢远扬	中国政法大学	论文（集）、研究报告	2023. 12. 31
个人破产立法重大问题研究	徐阳光	中国人民大学法学院	研究报告	2023. 6. 30
新《证券法》背景下的证券监管执法优化研究	缪因知	中央财经大学	专著	2023. 7. 30
激励创新视野下我国知识产权批量诉讼的司法制度建构研究	施小雪	中国人民公安大学法学与犯罪学学院	专著、其他	2022. 12. 31
商标法与反不正当竞争法的制度协调研究	冯术杰	清华大学法学院	专著、论文（集）	2023. 12. 31
网络平台监管的算法问责制度构建研究	张凌寒	北京科技大学文法学院	研究报告、其他	2022. 12. 31
我国增值税构成要件的体系化构建与立法完善研究	翁武耀	中国政法大学民商经济法学院	专著	2023. 6. 30
"稳就业"背景下就业弹性与安全的法律平衡机制研究	肖　竹	中国劳动关系学院法学院	专著	2022. 12. 31
智能治理的法治规范与保障研究	周　辉	中国社会科学院法学研究所	研究报告	2022. 12. 31
新时代妇女权益保障立法的体系观与发展观研究	邓　丽	中国社会科学院法学研究所	研究报告	2023. 12. 1
执行异议之诉实体审查规则研究	王毓莹	最高人民法院	专著	2022. 10. 30
刑事执行立法研究	司绍寒	司法部预防犯罪研究所	专著、研究报告	2023. 12. 31
《民法典》时代夫妻股权司法裁判逻辑研究	赵　玉	国家检察官学院	专著	2023. 12. 30
国家财政资助的科技成果转化法律问题研究	顾　昕	国家知识产权局知识产权发展研究中心	专著、论文（集）	2022. 8. 31
环境影响评价制度与排污许可制度衔接的立法研究	贺　蓉	生态环境部环境与经济政策研究中心	研究报告	2022. 6. 30
我国无人机监管模式的公法建构研究	韩春晖	中央党校（国家行政学院）政治和法律教研部	专著、其他	2023. 6. 30
刑法明确性的影响因素及实现问题研究	高长见	中央党校（国家行政学院）政治和法律教研部	专著	2025. 7. 1
传统刑事责任和民事责任关系的反思及其重新界定研究	李会彬	北京市社会科学院	专著	2023. 9. 1
妨害疫情防控犯罪治理刑事政策的精准化研究	邵彦铭	北京联合大学应用文理学院	专著	2023. 5. 1
公共风险预防视角下公益诉讼基本理论与制度完善研究	相庆梅	北方工业大学	专著	2023. 6. 30
基于生态文明的生态环境刑法现代转型研究	张　苏	北京市社会科学院	专著	2023. 12. 31

3. 青年项目

项目名称	负责人	工作单位	预期成果	完成时间
欧洲中世纪的国家与主权理论研究	郭逸豪	中国政法大学法学院	专著、研究报告	2023. 12. 31
个人信息收集、处理行为合法性研究	王叶刚	中央财经大学	专著	2023. 12. 30
全球公共卫生治理困境与中国卫生法律对策研究	张　怡	清华大学法学院	论文（集）	2022. 12. 31
失信联合惩戒制度的法治困境及对策研究	彭　錞	北京大学法学院	专著	2024. 12. 31
党政合署背景下监察处置的内部治理功能与实现路径研究	宗婷婷	中国政法大学法律硕士学院	论文（集）、研究报告	2024. 1. 31
个人信息有序共享的刑民一体化保护研究	夏　伟	中国政法大学	专著	2023. 12. 31
民事执行法典化背景下对债权的执行制度研究	刘　颖	北京航空航天大学	论文（集）	2023. 8. 31
农村土地权利运行中行政行为的民法意义研究	吴昭军	中国人民大学法学院	论文（集）、研究报告	2025. 2. 10
损害赔偿法中的可预见性规则研究	王毅纯	北京交通大学法学院	专著	2023. 6. 30
儿童利益最大化视域下的性同意年龄制度研究	朱光星	中国政法大学	研究报告	2023. 6. 1
大规模小卫星星座的国际法规制及我国应对研究	杨　宽	北京理工大学法学院	研究报告	2022. 12. 30
海上平时军事活动的管辖权问题研究	李文杰	国际关系学院	专著、其他	2022. 6. 30
外商投资法与国际条约衔接机制研究	朱　颖	中国人民大学法学院	专著	2023. 6. 30
争议海域内活动诉诸《联合国海洋法公约》强制争端解决机制的国际法依据研究	廖雪霞	北京大学法学院	论文（集）	2023. 12. 31
自动化应用提升现代化治理的法律保障研究	唐林垚	中国社会科学院法学研究所	专著、研究报告	2023. 9. 30
出土文献所见秦及汉初刑制源流研究	黄　海	中国社会科学院法学研究所	论文（集）	2023. 12. 31
外商投资法实施机制研究	任宏达	中国社会科学院国际法研究所	专著、研究报告	2024. 12. 31
国际组织在国际海洋法律秩序演进中的功能研究	马金星	中国社会科学院国际法研究所	研究报告	2023. 6. 30

九、社会学

1. 重点项目

项目名称	负责人	工作单位	预期成果	完成时间
民族地区社会企业与社会治理现代化问题研究	时立荣	中央民族大学民族学与社会学学院	专著	2023. 12. 30

续表

项目名称	负责人	工作单位	预期成果	完成时间
我国困境儿童的多重伤害与社会支持体系研究	张会平	中国人民大学社会与人口学院	专著	2023. 8. 31
大变局视角下我国群团组织赋权结构扩展与发展机制研究	葛道顺	中国社会科学院社会发展战略研究院	专著	2022. 12. 31
养老服务中的人文关怀问题研究	青连斌	中央党校（国家行政学院）	研究报告	2023. 12. 30

2. 一般项目

项目名称	负责人	工作单位	预期成果	完成时间
生命历程视角下的观念形态变迁研究	高　勇	中国政法大学社会学院	研究报告	2022. 6. 30
我国儿童福利和儿童保护的话语体系建构及发展研究	乔东平	北京师范大学社会发展与公共政策学院	专著、研究报告	2023. 5. 30
人工智能促进社会性别平等研究	周旅军	中华女子学院	研究报告	2023. 9. 30
小农户融入多功能农业产业链的社会学研究	吴惠芳	中国农业大学人文与发展学院	研究报告	2023. 12. 31
农村留守儿童欺凌侵害的风险因素与干预研究	任　萍	北京师范大学中国基础教育质量监测协同创新中心	研究报告	2024. 1. 20
平台经济与平台用工关系研究	吴清军	中国人民大学劳动人事学院	研究报告	2024. 12. 30
新就业形态下工会组织与制度改革研究	吴建平	中国劳动关系学院社会工作学院	专著	2023. 8. 31
矛盾纠纷风险预警预测与治理能力现代化建设研究	李春华	中国人民公安大学治安与交通管理学院	专著、研究报告	2022. 12. 31
以资产建设推动反贫困政策转型接续研究	方　舒	中央财经大学	研究报告	2023. 12. 30
技术变迁与卡车司机的工作重塑研究	周　潇	中国劳动关系学院劳动关系与人力资源学院	研究报告	2023. 7. 1
健康生活方式的应激缓冲作用研究	甘怡群	北京大学心理与认知科学学院	研究报告	2023. 12. 31
社会阶层视角下的文化心理变迁机制研究	韦庆旺	中国人民大学心理学系	论文（集）	2025. 9. 30
单位体制的当代社会效应研究	王修晓	中央财经大学社会与心理学院	研究报告	2025. 12. 30
城市化进程中城市居民社会质量变迁研究	任莉颖	中国社会科学院社会学研究所	论文（集）、研究报告	2023. 6. 30
易地扶贫搬迁安置社区治理与空间再造研究	赵罗英	中国社会科学院民族学与人类学研究所	专著	2023. 3. 31
新冠肺炎疫情对内群体偏爱和外群体排斥的影响及机制研究	任孝鹏	中国科学院心理研究所	研究报告	2023. 12. 31
需求导向的家庭养老照料困境及其支持政策研究	龙玉其	首都师范大学管理学院	研究报告	2023. 6. 30
社会转型中的极端暴力事件及其治理机制研究	周锦章	首都师范大学政法学院社会学与社会工作系	专著	2023. 7. 1
共建共治共享理念下社会组织参与生态文明建设的机制研究	邢宇宙	北京工业大学	论文（集）	2023. 7. 1

3. 青年项目

项目名称	负责人	工作单位	预期成果	完成时间
乡村振兴背景下社区弹性的构建机制研究	呼占平	华北电力大学人文与社会科学学院	研究报告	2023. 6. 30
重大突发公共卫生事件中民众遵从行为的影响机制与促进策略研究	傅鑫媛	中央财经大学	论文（集）	2023. 12. 31
协同演化视野下山地乡村人居环境的人类学研究	刘超群	中国农业大学人文与发展学院	研究报告	2023. 12. 31
人工智能时代互联网平台非典型劳动形态研究	陈　龙	北京大学社会学系	研究报告	2022. 12. 30
现阶段我国城乡相对贫困标准制定研究	沈扬扬	北京师范大学经济与资源管理研究院	论文（集）、研究报告	2023. 6. 30
互联网金融风险的空间流动性与治理机制研究	程士强	中央财经大学社会与心理学院	研究报告	2023. 6. 10
新技术变革背景下工会参与劳动关系治理研究	杨　涛	清华大学人文与社会科学高等研究所	研究报告	2023. 1. 30
基于大数据方法的社会组织发展不平衡不充分问题研究	王　昊	中国农业大学人文与发展学院	研究报告	2023. 6. 30
社区基金会在基层社会治理新格局中的作用研究	原　珂	对外经济贸易大学国家对外开放研究院	研究报告、论文（集）	2022. 12. 30
基于晚期韦伯“国家社会学”的国家理论研究	陈　涛	中国社会科学院社会学研究所	专著	2024. 8. 30
士人与礼的社会学研究	王绍琛	中国社会科学院社会发展战略研究院	专著	2023. 4. 28
高压反腐下的基层群众廉洁感知生成机制与跟踪测量研究	于　琴	中国社会科学院社会学研究所	专著、研究报告	2023. 6. 30
比较视野下国际包容度城市建设的社会学研究	龚　顺	中国社会科学院社会学研究所	论文（集）	2022. 12. 31
城市化进程中的空间纠纷、家庭问题与基层治理研究	林　叶	中国社会科学院社会学研究所	论文（集）	2023. 8. 10
资本下乡的社会适应机制研究	徐宗阳	中国社会科学院社会学研究所	研究报告	2022. 12. 31
制度视角下中国科技治理体系和能力现代化研究	赵　超	中国科学院科技战略咨询研究院	研究报告	2023. 6. 30
公民道德建设与人体医疗产品捐献体系研究	孙璞玉	北京工业大学文法学部	研究报告	2023. 12. 15

十、人口学

1. 重点项目

项目名称	负责人	工作单位	预期成果	完成时间
低生育率背景下育龄家庭的生育机制与生育支持研究	宋　健	中国人民大学社会与人口学院	专著	2023. 12. 31
圈层结构理论视角下中心城市人口聚集特征与发展趋势研究	尹德挺	中共北京市委党校	专著	2023. 8. 30

2. 一般项目

项目名称	负责人	工作单位	预期成果	完成时间
新型城镇化进程中身份认同对农民工经济行为的影响研究	周战强	中央财经大学	论文（集）	2023. 6. 30
低生育率背景下人口迁移对育龄人群生育行为的影响研究	王振杰	北京大学人口研究所	研究报告	2022. 12. 31
京津冀人口空间结构演变趋势、动因及其对策研究	杨　卡	国际关系学院	研究报告	2023. 12. 31
残疾人融合发展评价及提升路径研究	孙计领	北京大学人口研究所	论文（集）	2022. 12. 31
动态系统视角下的中国家庭及其变动趋势研究	李　婷	中国人民大学社会与人口学院	研究报告	2023. 12. 31
全面两孩政策背景下二孩净效应估计研究	张翠玲	国家卫健委中国人口与发展研究中心	论文（集）、研究报告	2023. 6. 30
提升老年人家庭非正式照料供给能力研究	李晓晖	北京物资学院商学院	研究报告	2023. 12. 31

3. 青年项目

项目名称	负责人	工作单位	预期成果	完成时间
全程视野下人口负增长形态对经济增长影响及应对路径选择研究	李竞博	中国人民大学社会与人口学院	研究报告	2023. 6. 30
医养结合养老服务模式的治理体系研究	康　蕊	中国社会科学院经济研究所	专著、研究报告	2023. 6. 30
中国城市人口负增长对经济增长的影响及对策研究	刘厚莲	国家卫健委中国人口与发展研究中心	研究报告	2023. 6. 30
居家养老视域下正式照料对家庭照料的影响及政策创新研究	纪竞垚	国家发改委社会发展研究所	研究报告、其他	2022. 6. 30
多维贫困视角下留守儿童健康风险研究	史　毅	国家卫健委中国人口与发展研究中心	研究报告	2022. 12. 31
队列视域下老年健康服务需求的动态变化研究	高　瑗	首都经济贸易大学劳动经济学院	研究报告	2023. 6. 30
农村失能老年人家庭非正式照料及政策支持研究	张立龙	首都经济贸易大学劳动经济学院	研究报告	2023. 6. 30
中国老年人认知功能衰退轨迹异质性与社会干预策略研究	董亭月	中共北京市委党校	研究报告	2023. 9. 30

十一、民族学

1. 重点项目

项目名称	负责人	工作单位	预期成果	完成时间
北京地区出土的藏传佛教碑刻文献整理与研究	完麻加	中央民族大学藏学研究院	专著	2024. 12. 31
中国共产党推动民族团结的百年历程研究	张少春	中国社会科学院民族学与人类学研究所	专著	2022. 9. 30

续表

项目名称	负责人	工作单位	预期成果	完成时间
海外侨胞与铸牢中华民族共同体意识研究	曾少聪	中国社会科学院民族学与人类学研究所	专著	2022. 12. 30

2. 一般项目

项目名称	负责人	工作单位	预期成果	完成时间
东北少数民族姓氏文化流变与中华文化认同研究	吴　敏	中央民族大学民族学与社会学学院	研究报告	2023. 7. 1
国民政府时期西南少数民族的中华民族认同问题研究	伊利贵	中央民族大学新闻与传播学院	专著	2023. 7. 31
互联网时代西南边疆民族团结进步教育的创新路径研究	李珍晖	中国传媒大学	研究报告	2022. 12. 31
民族院校大学生中华民族共同体意识的知行状况与教育干预研究	杜　林	中央民族大学教育学院	专著	2023. 6. 30
少数民族健康促进与脱贫少数民族反贫困长效机制建设研究	丁　娥	中央民族大学中国少数民族研究中心	研究报告	2023. 12. 31
依法保障少数民族权益的中国经验研究	刘　玲	中国社会科学院民族学与人类学研究所	专著	2022. 12. 31
东欧和中亚部分国家反极端主义法及其借鉴研究	王文娟	中国社会科学院民族学与人类学研究所	译著、研究报告	2022. 12. 20
贡山独龙族怒族自治县贫困治理经验及其可持续发展研究	刘小珉	中国社会科学院民族学与人类学研究所	研究报告	2022. 12. 30
少数民族非物质文化在学校中传承与创新的人类学探究	陈学金	北京市社会科学院	研究报告	2023. 12. 31

3. 青年项目

项目名称	负责人	工作单位	预期成果	完成时间
藏传密教普巴金刚修法的传承与修习研究	李梦妍	清华大学人文与社会科学高等研究所	专著	2024. 5. 30
“一带一路”建设背景下民族院校少数民族大学生职业胜任力的培养机制研究	黄雨恒	清华大学教育研究院	专著、研究报告	2022. 9. 30
北部边疆牧区蒙古族灾害人类学研究	塔米尔	中国社会科学院中国边疆研究所	专著、其他	2023. 12. 1

十二、国际问题研究

1. 重点项目

项目名称	负责人	工作单位	预期成果	完成时间
新时代中国大国外交战略理论体系研究	苏　浩	外交学院外交学与外事管理系	专著	2023. 12. 31
新时代中俄全面战略协作伙伴关系研究	欧阳向英	中国社会科学院世界经济与政治研究所	专著	2023. 12. 22

续表

项目名称	负责人	工作单位	预期成果	完成时间
《中导条约》之后的国际核秩序研究	樊吉社	中央党校（国家行政学院）国际战略研究院	专著、研究报告	2023. 6. 30
美涉华舆情监测与舆论引导研究	白　鹭	中央党校（国家行政学院）	研究报告	2022. 3. 31

2. 一般项目

项目名称	负责人	工作单位	预期成果	完成时间
人类命运共同体思想对“中国学派”国际关系理论之贡献研究	赵　洋	对外经济贸易大学国际关系学院	论文（集）、研究报告	2022. 12. 31
人类命运共同体视角下的全球妇女发展研究	李英桃	北京外国语大学	专著	2024. 1. 31
非传统安全视域下主权国家边界安全新态势及我国的应对策略研究	王吉美	对外经济贸易大学英语学院	研究报告	2023. 12. 31
与“一带一路”有效对接的规避贸易摩擦原产地规则体系及我国对策研究	徐进亮	对外经济贸易大学	研究报告	2023. 9. 1
中国海外投资利益保护的国际规则治理研究	太　平	对外经济贸易大学国际经济研究院	专著	2023. 8. 31
全球价值链动态演进框架下两岸产业融合关系测度及深度合作研究	时保国	中央民族大学经济学院	研究报告	2022. 12. 31
“一带一路”能源合作推动全球能源治理的影响效应与转型路径研究	闫世刚	外交学院	专著	2023. 4. 30
欧盟国家养老金制度多支柱化改革的内在逻辑及启示研究	郭　鹏	中国劳动关系学院公共管理学院	论文（集）、研究报告	2023. 6. 30
中国对外商业航天发展面临的问题及其对策研究	仪名海	中国传媒大学	专著	2023. 6. 30
可持续发展视角下中美俄在北极的战略竞合研究	徐庆超	中国科学院大学	专著、论文（集）	2023. 7. 1
人工智能时代中美国际安全危机管控研究	高望来	外交学院国际关系研究所	专著、研究报告	2023. 6. 30
中国新移民与非洲工业化研究	许　亮	北京大学国际关系学院	专著	2023. 6. 30
美国国会涉华立法行为研究	石培培	中国社会科学院美国研究所	专著、研究报告	2022. 5. 1
内生及外源性危机对拉美国家的影响及其应对机制研究	张　勇	中国社会科学院拉丁美洲研究所	专著	2023. 12. 31
中亚安全形势及其对中国战略利益的挑战研究	苏　畅	中国社会科学院俄罗斯东欧中亚研究所	专著、研究报告	2022. 12. 30
“中日韩+”模式对亚洲区域经济合作的影响与我国的策略研究	杨宏恩	北京工商大学经济学院	研究报告	2023. 6. 30
中东难民问题治理研究	邢新宇	北京第二外国语学院政党外交学院	专著	2023. 7. 1

3. 青年项目

项目名称	负责人	工作单位	预期成果	完成时间
应用大数据技术预测全球突发重大危机事件引发的社会骚乱研究	陈　冲	清华大学社会科学学院	研究报告	2023. 6. 30
WTO 改革背景下产业补贴规则谈判的关键议题、现实影响及中国对策研究	李思奇	对外经济贸易大学中国世界贸易组织研究院	研究报告	2022. 12. 31
日本对"数字丝绸之路"的看法、诉求及中国对策研究	由凯宇	北京大学国际关系学院	研究报告、专著	2022. 8. 31
大变局下美国对外经济制裁模式及应对研究	吉菲菲	外交学院周恩来外交研究中心	研究报告	2023. 6. 30
新冠肺炎疫情与中缅经济走廊建设的风险管理研究	张伟玉	对外经济贸易大学	专著	2024. 12. 30
亚太中等强国的地区秩序观及其对中国角色的认知研究	刘若楠	对外经济贸易大学国际关系学院	论文（集）、研究报告	2023. 9. 30
美国欧亚大陆战略调整与共建"一带一路"面临的地缘风险挑战研究	莫盛凯	国际关系学院	专著、研究报告	2022. 12. 31
发展中国家地位问题的新进展与中国应对研究	沈　陈	中国社会科学院世界经济与政治研究所	专著	2023. 6. 30
中俄战略协作伙伴关系中的欧亚经济联盟因素研究	王晨星	中国社会科学院俄罗斯东欧中亚研究所	研究报告	2023. 4. 23
拉美现代右翼的演变及其对中拉关系的影响研究	李昊旻	中国社会科学院拉丁美洲研究所	专著	2023. 12. 30
粮食金融化对国际粮食安全的影响及我国对策研究	计　晗	中国农业科学院农业信息研究所	论文（集）、研究报告	2022. 12. 31
大国竞争背景下美国政治战新态势及其对我国影响与对策研究	唐　健	中央党校（国家行政学院）国际战略研究院	专著、研究报告	2023. 9. 1
"一带一路"跨区域合作视域下中非双边贸易效率及优化路径研究	武　岩	北京工商大学经济学院	研究报告	2023. 6. 30
应对气候风险我国天然气国际供应链安全战略研究	宋　扬	北京城市系统工程研究中心	研究报告、其他	2023. 6. 30

十三、中国历史

1. 重点项目

项目名称	负责人	工作单位	预期成果	完成时间
大兴安岭地区遗存古代多文种摩崖题记调查与研究	青格力	中国社会科学院历史研究所	专著	2023. 12. 30
两《唐书·五行志》释证与研究	游自勇	首都师范大学历史学院	专著	2025. 6. 30

2. 一般项目

项目名称	负责人	工作单位	预期成果	完成时间
《大慈恩寺三藏法师传》的回鹘文翻译、传播及影响研究	热孜娅·努日	中央民族大学中国少数民族语言文学学院	专著	2023. 12. 30

续表

项目名称	负责人	工作单位	预期成果	完成时间
新出简牍与秦汉县制研究	孙闻博	中国人民大学国学院	专著	2023. 6. 30
宋王朝形态研究	方诚峰	清华大学	专著	2023. 12. 31
中美民间科技交流的缘起、实践与叙事（1971—1979）	张　静	北京大学历史学系	专著	2024. 12. 31
清康熙朝陪都盛京宫苑修缮制度研究	崔　山	中国农业大学园艺学院	论文（集）、研究报告	2023. 12. 31
清华大学藏一坑甲骨研究	任会斌	中国社会科学院历史研究所	专著、研究报告	2024. 12. 30
汉代养老研究	赵　凯	中国社会科学院历史研究所	专著	2024. 12. 31
皇族与辽代社会研究	铁颜颜	中国社会科学院中国边疆研究所	专著	2024. 12. 31
清代北京房产契证研究	吴丽平	中国社会科学院中国社会科学出版社	专著	2023. 1. 30
晚清积谷与灾害治理研究	吴四伍	中国社会科学院历史研究所	研究报告	2025. 2. 20
藏东南历史地理与边界研究	刘　洁	中国社会科学院中国边疆研究所	专著	2023. 6. 30
中共早期领导人与中国马克思主义史学发展研究	张　杰	中国国家博物馆	专著	2023. 6. 30
《王祯农书》汇校与传播史研究	孙显斌	中国科学院自然科学史研究所	专著	2022. 12. 31
元明清藏文工巧明文献整理与研究	当增扎西	中国藏学研究中心	研究报告	2022. 12. 31
“中国农村派”与农村经济问题研究	何宛昱	中国国家博物馆	专著	2023. 6. 30
《新疆图志》编纂研究	史明文	首都师范大学历史学院	专著	2024. 8. 31
清代驻防城对新疆地区城市形态演变作用及其历史遗存研究	张　威	北京联合大学艺术学院	专著	2024. 6. 30

3. 青年项目

项目名称	负责人	工作单位	预期成果	完成时间
郭沫若的中国先秦社会学术思想研究	王舒琳	中国地质大学（北京）	专著	2023. 12. 30
礼学、政治与唐代郊庙礼制变迁研究	赵永磊	中国人民大学历史学院	专著	2024. 6. 30
清代群体性事件与官方治理研究	刘　晨	北京大学历史学系	专著	2024. 12. 31
明代边疆地区军民建置研究	蔡亚龙	中央民族大学历史文化学院	专著	2023. 12. 31
摩尼教中古伊朗语赞美诗在中亚和中国的创作研究	胡晓丹	北京大学	专著	2023. 7. 1
战国秦汉三国蜀道及其枢纽地区军事地理研究	于天宇	中国社会科学院历史研究所	专著	2024. 6. 30
唐朝交聘文书整理与研究	齐会君	中国社会科学院中国边疆研究所	专著	2022. 12. 31
丁未政潮与清末政局研究	张建斌	中国社会科学院历史理论研究所	专著	2022. 12. 31
抗日战争时期中国国民党国防最高委员会研究	张燚明	中国社会科学院近代史研究所	专著	2025. 6. 30
近代江南望族潘氏与苏州社会治理研究	张淑贤	中国社会科学院近代史研究所	专著	2024. 2. 1
近代西人游记与中国边疆史地知识建构研究	李稳稳	中国社会科学院近代史研究所	专著	2023. 12. 31

续表

项目名称	负责人	工作单位	预期成果	完成时间
晚清方濬师日记整理与研究	周天爽	中国国家博物馆	研究报告	2025. 6. 30
19世纪以来西方对中国古代算学著作的翻译、阐释与认识研究	周霄汉	中国科学院自然科学史研究所	专著、论文（集）	2024. 6. 30

十四、世界历史

1. 重点项目

项目名称	负责人	工作单位	预期成果	完成时间
英国全民健康管理体系构建研究（1836—1914）	王广坤	北京师范大学历史学院	专著	2025. 6. 30

2. 一般项目

项目名称	负责人	工作单位	预期成果	完成时间
中世纪法国纯洁派异端的历史与叙事研究（13—19世纪）	王文婧	中国人民大学历史学院	专著	2025. 2. 28
东正教会与希腊民族统一运动的互动关系研究（19世纪末—20世纪初）	陈莹雪	北京大学历史学系	研究报告	2025. 12. 31
孟德斯鸠启蒙思想中的自然、历史与政体研究	崇　明	北京大学历史学系	专著	2023. 12. 31
英格兰都铎晚期的君臣秩序与政权转型研究	杜宣莹	中国人民大学历史学院	专著	2024. 12. 31
英国警察与基层社会治理研究（1829—2000）	吴铁稳	中国人民公安大学法学与犯罪学学院	专著	2023. 12. 31
二战期间在华德裔犹太难民的文化生活研究	杨　梦	北京大学	专著	2024. 12. 31
中亚“新史学”的史学嬗变与意识形态重构研究（1991—2021）	侯艾君	中国社会科学院世界历史研究所	专著	2025. 10. 30
日本近代史学的形成研究	张艳茹	中国社会科学院世界历史研究所	专著	2024. 12. 31
南非城市化与社会稳定关系的历史考察（1945—1994）	杭　聪	中国社会科学院世界历史研究所	专著	2024. 12. 31
马克思世界历史理论与欧洲浪漫主义史学思想关系研究	王利红	北京联合大学马克思主义学院	专著	2024. 12. 31
近卫内阁与日本战争动员研究	殷志强	首都师范大学历史学院	专著	2023. 12. 31
文化冷战视野下的美国与香港、台湾关系研究（1949—1979）	翟　韬	首都师范大学历史学院	专著	2024. 6. 30

3. 青年项目

项目名称	负责人	工作单位	预期成果	完成时间
中世纪晚期的法国城市自治与危机应对研究	吕　昭	清华大学	论文（集）	2023. 12. 31

续表

项目名称	负责人	工作单位	预期成果	完成时间
基于营造文献的南亚中古居住文化研究	池明宙	北京科技大学科技史与文化遗产研究院	专著	2023. 12. 10
全球史视野下“岭南—南洋”区域经济研究（16—19世纪）	孙 琳	北京师范大学历史学院	论文（集）	2024. 12. 31
印度尼西亚民族解放运动中的左翼跨国网络研究	谢侃侃	北京大学	专著	2025. 6. 30
俄国保守主义政治思想研究（19世纪至今）	吕思聪	清华大学	专著	2025. 6. 30
意大利统一之后民族国家与治理体系建构研究（1870—1914）	信美利	中国社会科学院世界历史研究所	专著	2024. 6. 30

十五、考古学

1. 一般项目

项目名称	负责人	工作单位	预期成果	完成时间
嫩江中下游地区早期青铜冶金研究	李延祥	北京科技大学科技史与文化遗产研究院	研究报告	2023. 12. 31
人骨遗存压力指征与古人健康状况重建研究	何嘉宁	北京大学考古文博学院	研究报告	2023. 12. 31
唐宋变革视野下的洛阳城考古研究	韩建华	中国社会科学院考古研究所	专著	2024. 12. 30
考古遗址公园建设与发展策略研究	王刃余	中国社会科学院考古研究所	专著	2023. 12. 31
北京故宫慈宁宫遗址考古资料的整理与研究	徐华烽	故宫博物院	研究报告	2022. 12. 31
汉水中游史前磨制石器的生产和流通体系研究	黄可佳	北京联合大学	专著	2023. 6. 30

2. 青年项目

项目名称	负责人	工作单位	预期成果	完成时间
海南东南沿海史前文化与南岛语族考古	黄 超	中国社会科学院考古研究所	研究报告	2023. 9. 30
西天山地区植物考古视角下的生业模式动态变化研究	钟 华	中国社会科学院考古研究所	研究报告	2024. 6. 30
北朝隋唐五代墓葬出土神煞俑的考古学研究	卢亚辉	中国社会科学院考古研究所	研究报告	2023. 12. 31

十六、宗教学

1. 重点项目

项目名称	负责人	工作单位	预期成果	完成时间
天台宗与菩萨戒中国化研究	夏德美	中国社会科学院世界宗教研究所	专著	2025. 1. 1

2. 一般项目

项目名称	负责人	工作单位	预期成果	完成时间
宗教和灵性心理学的跨学科研究	方　文	北京大学社会学系	论文（集）	2022. 12. 31
伊斯兰激进主义与去极端化研究	丁　隆	对外经济贸易大学外语学院	专著、研究报告	2023. 12. 31
西北乡村宗教治理现状调查与“嵌入式”整体治理研究	狄鸿旭	中央民族大学马克思主义学院	研究报告	2023. 6. 30
日本新宗教运动对当前中日关系的影响研究	暴凤明	中国社会科学院社会科学文献出版社	专著	2023. 12. 31
东亚视域下的南北朝三论学发展与嬗变研究	蔡晓菁	中国国家博物馆	专著	2024. 12. 30

3. 青年项目

项目名称	负责人	工作单位	预期成果	完成时间
多语种阿育王文献研究	孟　瑜	中国人民大学国学院	论文（集）	2025. 7. 1
现代性视野中的南传佛教内观运动研究	雷晓丽	中国政法大学人文学院	专著	2024. 6. 30
中东萨拉菲主义运动的跨国比较研究	孙晓雯	中国人民大学哲学院	专著	2023. 9. 1
中国佛学知识体系演变史	范文丽	中国社会科学院哲学研究所	专著、其他	2025. 6. 30
伊本·西那灵魂学说的宗教影响研究	戚强飞	中国社会科学院西亚非洲研究所	专著	2022. 12. 31

十七、中国文学

1. 重点项目

项目名称	负责人	工作单位	预期成果	完成时间
康德《判断力批判》诠证	陈剑澜	中国人民大学文学院	专著	2025. 8. 31
中国古典诗歌声律统计分析与研究	李飞跃	清华大学	专著、电脑软件	2022. 12. 30
中国当代散文理论话语建构研究	王兆胜	中国社会科学院中国社会科学杂志社	专著	2023. 10. 1
六艺“象”论	王秀臣	中国社会科学院文学研究所	专著	2024. 12. 30

2. 一般项目

项目名称	负责人	工作单位	预期成果	完成时间
中国传统文论的现代转型与当代价值研究	周兴陆	北京大学中国语言文学系	专著	2024. 12. 31
楚汉梦幻艺术范式研究	陈　莉	中央民族大学文学院	专著	2023. 12. 31
宋代乐府诗的转型与《全宋乐府诗》汇编	罗　旻	北京航空航天大学	专著、其他	2023. 12. 31
现代“西北”旅行书写研究及文献整理（1912—1949）	杨天舒	中央民族大学文学院	专著	2023. 6. 30

续表

项目名称	负责人	工作单位	预期成果	完成时间
中国文学中的法国叙述与法国形象研究	张鸿声	中国传媒大学	专著	2023. 6. 1
汪曾祺写作与中国文章学传统关系研究	熊修雨	北京师范大学文学院	专著	2023. 12. 30
中国新时期文学在俄罗斯的传播与接受研究	郭景红	北京外国语大学国际中国文化研究院	专著	2024. 12. 31
新中国70年蒙古族文论史研究	吴哈斯塔娜	中央民族大学中国少数民族语言文学学院	专著	2024. 12. 30
楚系简帛文学文献的整理与研究	陈　瑶	中国社会科学院文学研究所	专著	2022. 12. 31
先秦—唐五代文学观念的历史建构研究	吴光兴	中国社会科学院文学研究所	专著	2024. 12. 31
少数民族文学与中华民族共同体认同研究	刘大先	中国社会科学院民族文学研究所	专著	2024. 12. 31
新中国70年少数民族民间文学学术史研究	毛巧晖	中国社会科学院民族文学研究所	专著	2025. 6. 30
藏族美学与文艺理论关键概念阐释	意　娜	中国社会科学院民族文学研究所	其他	2025. 12. 31
六朝譬喻文学研究	王红蕾	国家图书馆	专著	2022. 9. 1
西谛藏图谱文献整理和研究	颜　彦	国家图书馆	专著	2025. 2. 28
《盛京时报》文艺副刊史料整理、编目及研究（1906—1944）	王巨川	中国艺术研究院《传记文学》杂志社	专著	2023. 12. 31
北宋台谏与文学关系研究	张　贵	首都师范大学文学院	专著	2024. 7. 1
“武英殿聚珍版丛书”的版本综合对比研究	刘兵兵	北方工业大学	专著	2024. 12. 31

3. 青年项目

项目名称	负责人	工作单位	预期成果	完成时间
图像视域下的宋代文学阐释与传播研究	陈琳琳	北京大学艺术学院	专著	2023. 12. 31
清代近体诗律学研究	刘　洋	中国政法大学人文学院	专著	2024. 12. 31
明代理学文论研究	刘　洋	中国传媒大学	专著	2023. 12. 31
两汉《左传》传播与经典化研究	罗　静	北京外国语大学中国语言文学学院	专著	2025. 12. 31
文学视域下的戊戌维新文献整理与研究	宋　雪	北京大学中国语言文学系	专著	2024. 12. 31
“神”与中国文论的生命精神研究	孙盼盼	中国社会科学院外国文学研究所	专著	2023. 12. 31
日本江户时代中国集部典籍流传东瀛研究	朱　姗	中国社会科学院文学研究所	专著	2025. 7. 1

十八、外国文学

1. 重点项目

项目名称	负责人	工作单位	预期成果	完成时间
英国现代主义对中国古典文明的美学阐释研究	陶家俊	北京外国语大学科研处	专著	2025. 7. 31
当代西方戏剧中的神话重述与共同体研究	陈红薇	北京科技大学外国语学院	专著	2024. 12. 30

2. 一般项目

项目名称	负责人	工作单位	预期成果	完成时间
克尔凯郭尔基督教诗学研究	尚景建	中国人民公安大学马克思主义学院	专著	2024. 12. 31
当代英国文学批评范式转换研究	马海良	北京外国语大学	专著	2024. 12. 30
瓦尔特·米尼奥罗的后殖民理论研究	朱　峰	中国矿业大学（北京）文法学院	专著	2023. 12. 31
柳田国男民俗文学与日本神灵记忆的建构研究	孙　敏	国际关系学院	专著	2025. 6. 30
德语文学中的感知文化嬗变与美学自治研究	陈　敏	对外经济贸易大学	专著	2025. 6. 30
法国文学在中国的变异研究	冯　欣	北京师范大学文化创新与传播研究院	论文（集）	2025. 9. 30
技术伦理视域下的托马斯·品钦小说研究	张　艳	北京联合大学应用文理学院	专著	2023. 6. 30
文学伦理学批评视域下的美国南方“重农派文学运动”研究	吴瑾瑾	首都经济贸易大学外国语学院	专著	2024. 7. 1

3. 青年项目

项目名称	负责人	工作单位	预期成果	完成时间
英国中世纪晚期譬喻体诗歌研究	倪　云	北京大学	专著	2024. 12. 31
日本战后文艺批评中的左翼传统研究	高华鑫	中国社会科学院文学研究所	专著	2024. 12. 1

十九、语言学

1. 重点项目

项目名称	负责人	工作单位	预期成果	完成时间
基于新史学方法的古代翻译史重写研究	夏登山	北京外国语大学	专著	2023. 6. 30
北京方言地图集	卢小群	中央民族大学文学院	专著、工具书	2025. 12. 30
基于老年多模态语料库老年语言能力与语言障碍研究	顾曰国	北京外国语大学	论文（集）、其他	2023. 12. 1
融合型国际化高端外语人才培养的理论与实践研究	宁　琦	北京大学	专著、研究报告	2024. 12. 31

续表

项目名称	负责人	工作单位	预期成果	完成时间
汉语作为第二语言学习者阅读素养评价标准的构建与测评研究	王鸿滨	北京语言大学汉语国际教育研究院	研究报告、其他	2024.12.30
汉语元音感知线索研究	于水源	北京语言大学	论文（集）	2025.7.31
汉字与历代语文辞书的关系变化研究	储泽祥	中国社会科学院语言研究所	专著	2024.12.31
回鹘语和粟特语语法对比研究	木再帕尔	中国社会科学院民族学与人类学研究所	专著	2021.12.1
瑶语语音地理类型研究	龙国贻	中国社会科学院民族学与人类学研究所	专著	2022.12.28

2. 一般项目

项目名称	负责人	工作单位	预期成果	完成时间
情境植入层级建构下的汉英事态限定方式比较研究	王义娜	北京航空航天大学外国语学院	专著	2024.6.30
中国古代文论关键词英译与阐释研究	朱　源	中国人民大学外国语学院	专著	2024.12.31
语言接触视域下浙闽赣边界官话方言岛研究	黄晓东	北京语言大学语言科学院	专著	2024.6.1
西部民族地区国家通用语语用能力发展研究	任　伟	北京航空航天大学外国语学院	专著	2022.12.31
合任交际方视域下的陪同就诊会话分析研究	杨　子	北京科技大学外国语学院	专著	2023.12.31
中华传统文化传播的跨媒介叙事话语研究	王　彦	对外经济贸易大学英语学院	专著	2022.12.31
批评话语研究视角下中美官方话语互动研究	刘立华	北京交通大学语言与传播学院	专著	2023.6.1
基于动态语料库的重大突发事件对外话语策略研究	卫乃兴	北京航空航天大学外国语学院	专著	2024.12.31
汉语发展性语言障碍的语音加工缺陷及其深层机制研究	张林军	北京语言大学语言康复学院	专著、论文（集）	2025.7.31
面向多语—汉语平行语料库的加工、检索与数据分析联合平台建设	刘鼎甲	北京外国语大学	论文（集）、研究报告	2023.12.31
复合型国际化高端外语人才沟通能力测评研究	罗凯洲	北京外国语大学中国外语与教育研究中心	研究报告	2023.6.30
世界主要发达国家中文教育非政府组织的比较研究	王祖嫘	北京外国语大学中国语言文学学院	研究报告、其他	2022.12.31
基于语料库的学术汉语语言特征研究	汲传波	北京大学对外汉语教育学院	论文（集）	2023.12.31
智能化汉语语音学习平台的标准建设及应用	姜丽萍	北京语言大学汉语国际教育研究院	电脑软件、工具书	2022.12.31
上古汉语词标记语料库及应用系统构建研究	柯永红	北京师范大学文学院	研究报告、电脑软件	2023.5.31
中医词汇演变研究	宁　静	北京中医药大学	专著	2024.9.1

续表

项目名称	负责人	工作单位	预期成果	完成时间
基于“词库—构式”互动理论的复杂述谓结构自动分析研究	王璐璐	中国传媒大学	专著	2024. 6. 30
基于双语语料库的汉蒙虚词定量对比研究	雪　艳	中央民族大学中国少数民族语言文学学院	论文（集）、其他	2023. 12. 31
土家语的接触性演变及形成机制研究	田　静	中央民族大学中国少数民族语言文学学院	专著	2023. 12. 31
哈尼语地理语言学研究	李泽然	中央民族大学中国少数民族语言研究院	专著、工具书	2023. 12. 31
基于《现代汉语词典》的词汇计量研究	侯瑞芬	中国社会科学院语言研究所	研究报告	2025. 6. 30
地理语言学视角下的喜马拉雅周边语言研究	韦　韧	中国社会科学院民族学与人类学研究所	研究报告	2022. 12. 31

3. 青年项目

项目名称	负责人	工作单位	预期成果	完成时间
语义—语用接口上等级含义和预设的二语习得研究	冯　硕	北京大学	论文（集）	2023. 12. 31
“同化”与“顺应”认知策略的时序性与句法习得的螺旋式发展研究	李若凡	北京语言大学汉语国际教育学部预科教育学院	专著	2024. 9. 1
甲骨文对读材料的收集、整理与研究	吴丽婉	清华大学	专著、论文（集）	2023. 12. 30
中蒙俄蒙古语构词形态比较研究	凯　琳	北京外国语大学亚洲学院	专著	2024. 6. 30
僜人达让语句法结构研究	宗晓哲	中央民族大学中国少数民族语言文学学院	专著	2023. 6. 1
濒危方言乡话的文白异读系统比较研究	邓　婕	中国社会科学院语言研究所	专著	2025. 12. 31
汉语人体部位词的词汇类型学研究	胡　平	中国社会科学院语言研究所	专著、译著	2024. 12. 31
类型学视野下的濒危鄂伦春语形态句法研究	丛　珊	中国社会科学院民族学与人类学研究所	专著	2024. 2. 1
公共卫生事件风险沟通话语研究	戴新月	首都经济贸易大学文化与传播学院	论文（集）	2023. 6. 30
学术英语写作合作式教学模式研究	陈文婷	首都师范大学大学英语教研部	专著	2023. 12. 30

二十、新闻学与传播学

1. 重点项目

项目名称	负责人	工作单位	预期成果	完成时间
重大突发公共卫生事件社交媒体传播评价体系构建及公众政治认同研究	王锡苓	中国传媒大学	研究报告	2023. 8. 31
新时代中国共产党对外传播的理论逻辑与实践探索研究	刘小燕	中国人民大学新闻学院	专著	2024. 12. 30

2. 一般项目

项目名称	负责人	工作单位	预期成果	完成时间
移动传播时代我国中央级党报内容生产转型研究	陈 阳	中国人民大学新闻学院	论文（集）	2023. 12. 31
境外中国形象的网络重构与传播效果研究	苏林森	北京交通大学语言与传播学院	论文（集）、研究报告	2023. 12. 31
重大突发事件舆论传播中的网络负面情绪及其引导研究	祝兴平	中央财经大学	研究报告	2023. 8. 30
中国近代公共关系发展史研究	王晓乐	中央财经大学	专著	2023. 6. 1
科学传播与国家媒体形象创新塑造研究	张雅欣	中国传媒大学	专著、研究报告	2023. 8. 30
协同治理视角下互联网企业信息管理社会责任缺失与重塑研究	顾 洁	中国传媒大学	专著、论文（集）	2022. 12. 31
实践范式下我国卡车司机劳动媒介化研究	高传智	中国劳动关系学院文化传播学院	论文（集）、研究报告	2024. 8. 31
基于社会化媒体的在线知识传播效能与影响机制研究	张 伦	北京师范大学艺术与传媒学院数字媒体系	专著	2023. 6. 30
松—紧文化理论视角下第三人效果的作用及机制研究	付 佳	北京师范大学新闻传播学院	论文（集）	2024. 6. 30
智能手机对未成年人身心健康发展的影响及其协同共治机制研究	蒋俏蕾	清华大学新闻与传播学院	论文（集）、研究报告	2024. 12. 31
“数字丝绸之路”背景下中国互联网跨境发展的机制研究	苗伟山	中国社会科学院新闻与传播研究所	研究报告	2024. 7. 1
全媒体时代公共传播治理的理论创新研究	冯建华	中国社会科学院中国社会科学杂志社	专著	2022. 6. 30
新媒体技术条件下弱势群体表达的特点、机制与趋势研究	何 晶	中国社会科学院大学	论文（集）、研究报告	2022. 12. 31
新中国成立以来我国哲学社会科学期刊发展史研究	杨春兰	中国新闻出版研究院	专著	2024. 12. 20
国家形象战略视角下的国企海外形象传播体系构建研究	公克迪	北京工商大学传媒与设计学院	研究报告	2022. 8. 31
电影的再媒介化研究	赵 斌	北京电影学院	专著、研究报告	2023. 12. 31
中国广播百年发展史研究	王春美	北京联合大学	专著	2025. 8. 30
宋元时期宋人集部典籍的编纂、刊刻与出版研究	张 佩	北京印刷学院新闻出版学院	专著	2023. 6. 30
5G时代短视频生产与传播的网络安全引导体系研究	路 鹏	北京工商大学传媒与设计学院新闻系	专著	2023. 6. 30

3. 青年项目

项目名称	负责人	工作单位	预期成果	完成时间
全媒体语境下移动互联网视听内容建设创新路径研究	武 楠	中国传媒大学	专著	2022. 12. 31
健康老龄化背景下老年人群健康信息传播研究	刘 淼	北京师范大学	研究报告	2022. 12. 31

续表

项目名称	负责人	工作单位	预期成果	完成时间
粉丝文化视域下青少年的社会参与及其引导研究	胡岑岑	北京体育大学	研究报告	2022. 12. 31
大数据驱动下出版业高质量发展策略研究	陈雪丽	中国社会科学院新闻与传播研究所	专著	2023. 12. 31
计算技术范式下广告产业发展中的数据财产权研究	王　水	首都经济贸易大学文化与传播学院	专著	2023. 6. 30

二十一、图书馆·情报与文献学

1. 重点项目

项目名称	负责人	工作单位	预期成果	完成时间
北京大学图书馆藏未刊明代稿抄本整理与研究	李　云	北京大学图书馆	专著、电脑软件	2022. 12. 31
开放科学数据集统一发现的关键问题与平台构建研究	王继民	北京大学信息管理系	论文（集）、电脑软件	2023. 6. 30
明代宫廷图书史	马学良	国家图书馆	专著	2024. 12. 31

2. 一般项目

项目名称	负责人	工作单位	预期成果	完成时间
延安时期红色文献的整理与研究	宋姬芳	中国人民大学	专著、电脑软件	2024. 7. 31
儿童推荐书目的编制理论及方法研究	张慧丽	北京大学图书馆	专著	2023. 12. 31
面向人文研究的国家数字人文网络基础设施研究	张久珍	北京大学信息管理系	论文（集）、研究报告	2024. 12. 31
海内外现存北宋刻本的调查与研究	刘　蔷	清华大学图书馆	专著、论文（集）	2023. 6. 30
日本藏中国戏曲戏单海报的整理与研究	谷曙光	中国人民大学国学院	专著	2022. 12. 31
基于全文本分析的数据科学范式及其演化研究	黄文彬	北京大学信息管理系	研究报告	2023. 8. 31
大数据时代的中西医知识组织与知识图谱构建研究	李晓瑛	北京协和医学院	研究报告、电脑软件	2023. 12. 31
基于数据语义化的电子病历数据质量研究	吴义熔	北京师范大学人文和社会科学高等研究院	论文（集）、研究报告	2022. 12. 31
信息弱势群体电子公共服务利用障碍及援助机制研究	周庆山	北京大学信息管理系	研究报告	2023. 8. 31
在线健康社区用户画像构建及其参与行为影响机理研究	吕英杰	北京化工大学	论文（集）	2023. 6. 30
大型工程项目电子文件单轨制管理的理念与模型研究	张　宁	中国人民大学信息资源管理学院	研究报告	2022. 9. 30
新发现的仙居民间历史档案整理研究与数据库建设	梁继红	中国人民大学信息资源管理学院	研究报告、电脑软件	2023. 12. 30

续表

项目名称	负责人	工作单位	预期成果	完成时间
数字人文视域下的数字方志馆建设	王　超	中国社会科学院中国地方志指导小组办公室	研究报告	2023. 5. 1
融合多种知识组织体系的认知搜索模式研究	孙　坦	中国农业科学院农业信息研究所	研究报告、电脑软件	2023. 6. 30
藏文古籍藏版目录整理研究与数据库建设（藏文）	先　巴	中国民族图书馆	工具书	2023. 12. 31
科学家书札特藏资源挖掘与应用研究	马翠凤	中国地质图书馆	论文（集）、研究报告	2023. 12. 31

3. 青年项目

项目名称	负责人	工作单位	预期成果	完成时间
媒体融合环境下用户健康信息搜索行为模式研究	王彦妍	中国人民大学信息资源管理学院	论文（集）、研究报告	2023. 9. 30
主题级学科交叉性测度与学科交叉主题识别方法研究	逯万辉	中国社会科学院中国社会科学评价研究院	专著、电脑软件	2023. 12. 30
中国农业科技政策扩散及路径优化研究	梁晓贺	中国农业科学院农业信息研究所	研究报告、其他	2022. 12. 31
科技政策大数据语义分析方法与决策支持研究	马雨萌	中国科学院文献情报中心	论文（集）、研究报告	2023. 6. 30
移动互联视域下乡村公共文化服务可及性与实现路径研究	冯　献	北京市农林科学院	研究报告、专著	2022. 12. 31
基于知识图谱的领域知识结构构建方法研究	白林林	北京信息科技大学	论文（集）、研究报告	2023. 6. 30

二十二、体育学

1. 重点项目

项目名称	负责人	工作单位	预期成果	完成时间
基于计算机视觉的中国学生运动能力等级标准与测评系统研究	于素梅	中国教育科学研究院	专著、研究报告	2024. 6. 30
新时代中国特色竞技体育人才培养模式研究	刘　波	清华大学体育部	专著	2024. 5. 31

2. 一般项目

项目名称	负责人	工作单位	预期成果	完成时间
体育学期刊论文同行评议的实践困境和创新路径研究	于洪军	清华大学体育部	研究报告	2025. 12. 30
以空间站适应为导向的中国宇航员运动防护训练理论建构与实践应用研究	汪　毅	北京体育大学	研究报告	2024. 6. 30
新时代我国体育国际话语权提升策略研究	张晓义	北京体育大学	专著	2023. 12. 30

续表

项目名称	负责人	工作单位	预期成果	完成时间
数字经济背景下我国体育服务业与新媒体融合效果及融合创新研究	金雪涛	中国传媒大学	专著、研究报告	2022. 12. 31
高等教育现代化视域下促进大学生核心素养发展的体育课程建设研究	胡　惕	北京师范大学体育与运动学院	研究报告	2023. 12. 30
健康中国 2030 视域下促进幼儿动作发展和身心健康以及构建动作发展体系的研究	姜桂萍	北京师范大学体育与运动学院	专著、论文（集）	2023. 12. 31
“一带一路”倡议下我国武术文化交流与传播研究	李士英	北京体育大学	专著、研究报告	2023. 6. 30
民族体育非物质文化遗产近现代文献整理与数字化保护研究	张重喜	北京体育大学	研究报告	2022. 12. 30
全面强化我国学校体育工作的制度设计与改革路径研究	刘海元	首都体育学院	论文（集）、研究报告	2023. 12. 1
新时代我国校园篮球发展战略研究	陈　钧	首都体育学院	研究报告	2023. 5. 30
我国城市社区体育治理的践行困境与推进路径研究	汪　流	首都体育学院	研究报告	2023. 12. 30

3. 青年项目

项目名称	负责人	工作单位	预期成果	完成时间
冰雪体育场馆智慧化转型升级的国际经验与中国方案研究	刘花香	中国旅游研究院（文化和旅游部数据中心）	论文（集）、研究报告	2023. 12. 31

二十三、管理学

1. 重点项目

项目名称	负责人	工作单位	预期成果	完成时间
“双向”混合所有制改革中非控股股东治理机制对资本配置效率的影响研究	何　瑛	北京邮电大学经济管理学院	专著、研究报告	2023. 9. 1
我国超大城市国土空间详细规划治理体系和治理能力研究	殷成志	清华大学公共管理学院	专著	2023. 12. 31
中国关键核心技术突破路径研究	刘建丽	中国社会科学院工业经济研究所	研究报告	2023. 6. 30
面向世界一流的国有经济“五力”评价与提升研究	王　欣	中国社会科学院工业经济研究所	专著、研究报告	2022. 12. 31
新型举国体制下促进使命导向型重大创新的政府行为模式与边界研究	江　鸿	中国社会科学院工业经济研究所	专著、论文（集）	2023. 6. 30
加快建立基本养老保险全国统筹制度的改革路径研究	房连泉	中国社会科学院社会发展战略研究院	论文（集）、研究报告	2024. 6. 30
新时代中国营商环境评价体系研究	李志军	《管理世界》经济研究院有限责任公司	专著、研究报告	2022. 12. 30
农业绿色发展背景下促进多元主体种养结合的机制设计研究	金书秦	农业农村部农村经济研究中心	研究报告	2023. 6. 30

2. 一般项目

项目名称	负责人	工作单位	预期成果	完成时间
数字生态系统情境下产品架构成长的机理及模式研究	顾元勋	北京交通大学经济管理学院	专著、论文（集）	2023. 12. 31
税收情报交换协定及其对我国企业跨境避税的抑制作用研究	陈 宇	中央财经大学	论文（集）	2023. 10. 31
基于伦理视角的人工智能影响会计工作的路径、效果与会计职能转变研究	高锦萍	北京邮电大学经济管理学院	专著、论文（集）	2023. 7. 31
员工精神需求及组织“供给侧”机制研究	刘平青	北京理工大学管理与经济学院	研究报告	2022. 12. 30
灾难情境下启动道德身份对个体志愿服务与捐赠行为的影响研究	蒋 晶	中国人民大学商学院	论文（集）、研究报告	2023. 9. 30
数字化转型背景下非工作时间连通行为悖论与对策研究	郭 名	北京交通大学经济管理学院	研究报告	2023. 8. 31
农地流转行为及特征对我国现代粮食安全的影响路径与效应研究	廖媛红	中国农业大学经济管理学院	研究报告	2023. 12. 31
能源革命背景下省域风光发电消纳责任权重分配研究	刘 达	华北电力大学经济与管理学院	专著、论文（集）	2023. 12. 31
人工智能发展对就业影响的社会实验设计与应对政策研究	刘运辉	清华大学智库中心	研究报告	2022. 12. 31
新冠肺炎疫情冲击背景下失业保险逆周期调节机制研究	孙守纪	对外经济贸易大学保险学院	论文（集）、研究报告	2023. 12. 31
基于大数据循证的学校治理现代化研究	李凌艳	北京师范大学	论文（集）、研究报告	2023. 9. 30
大数据视角下聚焦网络热点的少数民族用户多维画像分析研究	王 辉	中央民族大学信息工程学院	论文（集）、研究报告	2023. 6. 30
涉众型经济犯罪受害人非理性信任行为与治理策略研究	李 辉	中国人民公安大学公安政治工作与管理学院	专著、研究报告	2022. 12. 31
基于委托代理理论的社会力量参与公立医院改革激励约束机制研究	邓 勇	北京中医药大学	研究报告	2022. 12. 31
区块链赋能视域下政务服务跨区域协同的机理与路径研究	易兰丽	北京邮电大学经济管理学院	研究报告	2022. 12. 31
平台企业数据垄断对中小企业创新的影响及治理机制研究	张 涵	中国科学院科技战略咨询研究院	专著	2023. 6. 30
地方政府隐性债务化解手段效果评估及管理创新研究	赵全厚	中国财政科学研究院	研究报告	2023. 12. 31
中国传统森林经营理念与方法研究	张德成	中国林业科学研究院	专著、论文（集）	2023. 12. 31
善治理念下农村建设用地市场化改革研究	王庆日	中国国土勘测规划院	专著、研究报告	2023. 7. 31
城乡基层社会治理共同体建设的经验、规律与机制设计研究	张乃仁	民政部社会福利与社会进步研究所	研究报告	2022. 6. 30
生态产品价值实现的路径和机制研究	李宏伟	中央党校（国家行政学院）	专著	2022. 12. 31
信用机制与志愿服务发展研究	胡仙芝	中央党校（国家行政学院）公共管理教研部	研究报告、论文（集）	2023. 12. 31

续表

项目名称	负责人	工作单位	预期成果	完成时间
政府数字化转型的创新机理与路径解析研究	刘密霞	中央党校（国家行政学院）电子政务研究	研究报告	2022. 12. 31
复杂网络环境下城乡结合部交通减堵机理与对策研究	张　军	首都经济贸易大学管理工程学院	论文（集）、电脑软件	2023. 7. 1
兼顾或有负债的地方政府债务限额的测算与分配研究	张金宝	北京第二外国语学院	论文（集）、研究报告	2022. 12. 31
突发事件下民营企业融资纾困与政策效应研究	王佳妮	首都经济贸易大学金融学院	研究报告	2023. 6. 30
杠杆监管对国有企业财务行为的影响机理研究	卿小权	首都经济贸易大学会计学院	论文（集）、研究报告	2023. 6. 30
人机共生视角下人工智能发展对劳动者心理与行为的影响机制及调适策略研究	朱晓妹	北京联合大学管理学院	研究报告、其他	2023. 12. 31
数字时代弱势员工群体工作重塑的结构、前因组态及动态效应的跨层次研究	苗仁涛	首都经济贸易大学劳动经济学院	论文（集）、研究报告	2023. 6. 30
基于“两山”转化路径的生态银行模式创新研究	崔　莉	北京第二外国语学院	论文（集）、研究报告	2023. 7. 31
猪瘟疫情冲击下中国生猪养殖户生产恢复力评估及政策优化研究	刘　芳	北京农学院	专著、研究报告	2023. 12. 30
数字政府建设进程中公共部门数字领导力、数字能力的体系建构与培育路径研究	杨旭华	首都经济贸易大学劳动经济学院	研究报告	2023. 6. 30

3. 青年项目

项目名称	负责人	工作单位	预期成果	完成时间
数字经济时代文化和旅游融合发展的机制创新与实现路径研究	徐金海	国家开放大学	论文（集）、研究报告	2022. 12. 31
公共危机中民众的自组织机制及其约束研究	龚志文	北京科技大学文法学院公共管理系	论文（集）	2023. 12. 31
中国社会组织参与官方发展援助体系建构研究	卢玮静	中国矿业大学（北京）文法学院	研究报告	2023. 6. 30
治理现代化视域下数字政府转型机制与路径研究	赵　娟	清华大学社会科学学院	研究报告	2022. 12. 31
国家森林城市高质量发展的影响机制、实际效果与管理对策研究	张英杰	北京林业大学	论文（集）、研究报告	2022. 12. 31
银行网络视角下的多重审慎监管规则评估与政策协调研究	熊婉婷	中国社会科学院世界经济与政治研究所	研究报告	2022. 12. 31
农业生产托管的理论探析、模式规范与政策优化研究	芦千文	中国社会科学院农村发展研究所	论文（集）、研究报告	2022. 12. 31
购买力视角下的区域收入差距与协调发展机制研究	闫　梅	中国社会科学院工业经济研究所	研究报告	2023. 6. 30

续表

项目名称	负责人	工作单位	预期成果	完成时间
宅基地制度改革对传统村落古民居活化利用的影响研究	曲　颂	中国农业科学院农业经济与发展研究所	研究报告	2022. 12. 31
绿色公司债券环境效益影响因素与提升路径研究	刘建梅	北京工业大学	专著、研究报告	2022. 12. 31
新业态职业伤害归责、风险评估及保障制度研究	毛艾琳	首都经济贸易大学劳动经济学院	研究报告	2023. 6. 30
中国省级数字政府公共价值评价及提升策略研究	王　鹏	北京市社会科学院	研究报告	2022. 7. 25

（全国哲学社会科学工作办公室供稿）

2020 年度国家社会科学基金重大项目立项名单（北京地区）

序号	课题名称	批准号	首席专家	责任单位
1	我国青少年网络舆情的大数据预警体系与引导机制研究	20&ZD012	骆正林	南京师范大学
2		20&ZD013	季为民	中国社会科学院新闻与传播研究所
3	中国共产党领导抗灾抗疫斗争的百年历程和宝贵经验研究	20&ZD019	赵朝峰	北京师范大学
4	创新实践与 21 世纪马克思主义哲学形态研究	20&ZD025	董振华	中共中央党校（国家行政学院）
5	自然辩证法中国化及当代创新研究	20&ZD043	刘孝廷	北京师范大学
6	改革开放以来中国发展道路的政治经济学理论创新与历史经验研究	20&ZD052	程恩富	中国社会科学院马克思主义研究院
7	国家治理视角下传统中国货币与财政关系研究（1368—1911）	20&ZD064	何　平	中国人民大学
8	东亚同文书院经济调查资料的整理与研究	20&ZD066	周建波	北京大学
9	国企混合所有制改革的实现路径选择研究	20&ZD073	肖红军	中国社会科学院工业经济研究所
10	新形势下我国科技创新治理体系现代化研究	20&ZD074	孙玉涛	大连理工大学
11		20&ZD075	吴金希	清华大学
12	大规模减税降费的效应评估与政策优化研究	20&ZD078	刘　蓉	西南财经大学
13		20&ZD079	陆　毅	清华大学
14	从制造向服务转型过程中二三产业统筹协调发展的重大问题研究	20&ZD087	郭克莎	华侨大学
15		20&ZD088	徐朝阳	对外经济贸易大学
16	中国特色自然资源资产产权制度体系研究	20&ZD090	姜广辉	北京师范大学

续表

序号	课题名称	批准号	首席专家	责任单位
17	加快推进生态环境治理体系和治理能力现代化研究	20&ZD091	钭晓东	宁波大学
18		20&ZD092	董战峰	生态环境部环境规划院
19	我国跨区域重大基础设施的空间效应研究	20&ZD099	王姣娥	中国科学院地理科学与资源研究所
20	负利率时代金融系统性风险的识别和防范研究	20&ZD101	谭小芬	中央财经大学
21		20&ZD102	朱小能	上海财经大学
22	经济双循环系统下的货币政策与财政政策协调配合研究	20&ZD104	张成思	中国人民大学
23	基于国土空间规划的土地发展权配置与转移政策工具研究	20&ZD107	田　莉	清华大学
24	贸易壁垒下突破性创新政策体系建构研究	20&ZD108	贺　俊	中国社会科学院工业经济研究所
25		20&ZD109	何凌云	暨南大学
26	基于大数据驱动的公共服务精准管理研究	20&ZD112	夏志强	四川大学
27		20&ZD113	王洛忠	北京师范大学
28	食品安全社会共治与跨界合作机制研究	20&ZD116	周　立	中国人民大学
29		20&ZD117	吴林海	江南大学
30	中国特色政策试点机制研究	20&ZD118	刘瑞明	中国人民大学
31	重大公共卫生事件对我国全球价值链分工地位的影响机制及对策研究	20&ZD119	李春顶	中国农业大学
32	中国西藏与南亚各国关系的历史、现状与未来研究	20&ZD144	张　云	中国藏学研究中心
33	印太战略下“东盟中心地位”重构与中国—东盟共建“海上丝绸之路”研究	20&ZD145	翟　崑	北京大学
34		20&ZD146	罗圣荣	云南大学
35	百年变局下的全球治理与“一带一路”关系研究	20&ZD147	张晓通	复旦大学
36		20&ZD148	史志钦	清华大学
37	基于大数据的我国青少年心理健康问题及其影响因素与脑机制研究	20&ZD153	罗跃嘉	北京师范大学
38	我国政府数据治理与利用能力研究	20&ZD161	安小米	中国人民大学
39	从脱贫攻坚到乡村振兴的有效衔接与转型研究	20&ZD163	叶敬忠	中国农业大学
40	乡村振兴背景下数字乡村发展的理论、实践与政策研究	20&ZD164	马九杰	中国人民大学
41	农业文化遗产保护与乡村可持续发展研究	20&ZD167	孙庆忠	中国农业大学

续表

序号	课题名称	批准号	首席专家	责任单位
42	中国少数民族人口迁移流动与民族互嵌格局形成研究	20&ZD171	高向东	华东师范大学
43		20&ZD172	段成荣	中国人民大学
44	高质量发展视域下中国人口均衡发展的理论建构与多维测度研究	20&ZD173	宋　健	中国人民大学
45	我国生物安全法治保障体系研究	20&ZD174	于文轩	中国政法大学
46	紧急状态的类型化和立法研究	20&ZD175	莫于川	中国人民大学
47	网络空间政策法规的翻译、研究与数据库建设	20&ZD179	支振锋	中国社会科学院法学研究所
48	黄河流域生态保护和高质量发展法律制度体系研究	20&ZD185	陈晓景	河南财经政法大学
49		20&ZD186	侯佳儒	中国政法大学
50	互联网交易制度和民事权利保护研究	20&ZD192	王洪亮	清华大学
51	我国催收行业监管与立法完善研究	20&ZD197	冯　辉	对外经济贸易大学
52	健全支持民营经济发展的刑事法治研究	20&ZD198	时延安	中国人民大学
53	国际私法视域下中国法域外适用的制度构建研究	20&ZD202	何其生	北京大学
54		20&ZD203	郭玉军	武汉大学
55	完善我国领事保护制度研究	20&ZD206	夏莉萍	外交学院
56	中国传统医学疫情防控史料搜集、整理与研究	20&ZD222	肖永芝	中国中医科学院中国医史文献研究所
57	当代重大传染病防治史研究及数据库建设	20&ZD224	张大庆	北京大学
58	清朝西北边疆经略史	20&ZD230	赵　珍	中国人民大学
59	中国考古学百年史（1921—2021）	20&ZD245	王　巍	中国社会科学院考古研究所
60	隋唐五代壁画墓与中古文化变迁研究	20&ZD249	李梅田	中国人民大学
61	中国人民大学藏唐代西域出土文献整理与研究	20&ZD250	孟宪实	中国人民大学
62	辽上京皇城遗址考古发掘资料的整理和综合研究	20&ZD251	董新林	中国社会科学院考古研究所
63	洹北商城发掘报告（1996—2007）	20&ZD256	唐际根	中国社会科学院考古研究所
64	山西沁水下川遗址 2014—2017 发掘报告与综合研究	20&ZD257	杜水生	北京师范大学
65	中国佛教方志研究与数据库建设（多卷本）	20&ZD260	曹刚华	中国人民大学
66	语录类文献整理与儒家话语体系建构及传承的研究	20&ZD265	于雪棠	北京师范大学
67	基于人工智能技术的东巴文机器释读研究	20&ZD279	毕晓君	中央民族大学
68	20 世纪中国文学学术话语体系的形成、建构与反思研究	20&ZD280	陈剑澜	中国人民大学
69	百年中国文学批评史研究的范式重构	20&ZD282	周兴陆	北京大学

续表

序号	课题名称	批准号	首席专家	责任单位
70	中外戏剧经典的跨文化阐释与传播研究	20&ZD283	陈戎女	北京语言大学
71	面向新疆义务教育的语言资源数据库建设及应用研究	20&ZD293	邢　欣	新疆大学
72		20&ZD294	贾　媛	中国社会科学院语言研究所
73	汉语自然口语对话的互动语言学研究	20&ZD295	方　梅	中国社会科学院语言研究所
74	基于汉语特征的多元语法理论探索（多卷本）	20&ZD297	施春宏	北京语言大学
75	近40年来两代大规模北京口语调查的多模态语料库建设及应用研究	20&ZD300	黄晓东	北京语言大学
76	佛典语言的中国化	20&ZD304	朱冠明	中国人民大学
77	清华大学藏战国竹简的价值挖掘与传承传播研究	20&ZD309	程　浩	清华大学
78	新时代孔子学院转型升级的策略、路径研究与支撑平台建设	20&ZD311	张　黎	北京语言大学
79	中国电影翻译通史	20&ZD313	金海娜	中国传媒大学
80	马克思主义新闻观中的列宁思想研究	20&ZD314	程曼丽	北京大学
81	传播主体多元化的群体传播对网络行为与社会关系的影响研究	20&ZD315	隋　岩	中国传媒大学
82	健全重大突发事件舆论引导机制与提升中国国际话语权研究	20&ZD319	李　彪	中国人民大学
83		20&ZD320	雷跃捷	湖南大学
84	百年中共党报党刊史（多卷本）	20&ZD325	林绪武	北京大学
85	百年中国播音史	20&ZD326	姚喜双	中国传媒大学
86	新中国公益广告发展史	20&ZD328	初广志	中国传媒大学
87	世界汉学家口述中文与中华文化国际传播史：图文音像数据库建构	20&ZD330	徐宝锋	北京语言大学
88	《刘国钧全集》编纂	20&ZD331	张久珍	北京大学
89	反兴奋剂法治体系及防控机制研究	20&ZD337	马宏俊	中国政法大学

（全国哲学社会科学工作办公室供稿）

2020年度国家社会科学基金冷门绝学研究专项学术团队项目立项名单（北京地区）

序号	学术团队名称	课题名称	批准号	首席专家	责任单位
1	中国社会科学院汉骨签研究团队	汉长安城未央宫出土骨签的整理、缀合与再研究	20VJXT001	刘庆柱	中国社会科学院考古研究所
2	中央音乐学院琴学研究团队	宋代琴学文献史料的整理、编纂与研究	20VJXT007	章华英	中央音乐学院

续表

序号	学术团队名称	课题名称	批准号	首席专家	责任单位
3	中央民族大学中华民族传统文化互鉴融通研究团队	蒙古族口头传统与蒙汉文化交融研究	20VJXT008	朝格吐	中央民族大学
4	中国社会科学院蒙古族文学研究团队	19—20世纪国外收藏多种失传记音符号记录蒙古语口头文学汇编、选译与研究	20VJXT010	纳　钦	中国社会科学院民族文学研究所
5	北京大学胡语文书研究团队	敦煌藏经洞及和田地区出土于阗语文书释读与研究	20VJXT013	段　晴	北京大学
6	中国文化遗产研究院敦煌与丝路研究团队	敦煌壁画外来图像文明属性研究	20VJXT014	葛承雍	中国文化遗产研究院
7	北京师范大学训诂学研究团队	中国训诂学的理论总结与现代转型	20VJXT015	王　宁	北京师范大学
8	中国社会科学院民族古文字文献研究团队	基于汉语通语与方言研究的番汉对音数据库建设	20VJXT016	孙伯君	中国社会科学院民族学与人类学研究所
9	中国第一历史档案馆满文文献研究团队	满文历史文献名词术语总汇	20VJXT017	吴元丰	中国第一历史档案馆
10	北京大学历史学研究团队	近出两周封国青铜器与铭文的综合研究	20VJXT019	朱凤瀚	北京大学

（全国哲学社会科学工作办公室供稿）

2020年度国家社会科学基金冷门绝学研究专项学者个人项目立项名单（北京地区）

序号	课题名称	批准号	项目负责人	责任单位
1	故宫博物院藏“乾隆四鉴”青铜器整理与研究	20VJXG001	陈鹏宇	故宫博物院
2	多语种档案文献与清代八旗蒙古研究	20VJXG010	哈斯巴根	中央民族大学
3	明代边海防地图整理与研究	20VJXG013	孙靖国	中国社会科学院历史研究所
4	赫梯历史铭文译注	20VJXG016	李　政	北京大学
5	丝路沿线早期砷铜冶金考古与文明互动	20VJXG018	罗武干	中国科学院大学
6	《大哀经》梵文写本释读与研究	20VJXG030	叶少勇	北京大学
7	《悉昙藏》整理与研究	20VJXG031	周广荣	中国社会科学院世界宗教研究所
8	《黄帝内经》运气理论之古天文历法研究	20VJXG033	贺　娟	北京中医药大学
9	中国国家图书馆藏敦煌社会经济文书的整理与研究	20VJXG035	陈丽萍	中国社会科学院历史研究所
10	藏文古文献《韦协》《柱间史》《底吾史记》文本标注与语法研究	20VJXG036	龙从军	中国社会科学院民族学与人类学研究所
11	皖派绝学中理必文献的发掘、整理与研究	20VJXG038	冯胜利	北京语言大学

续表

序号	课题名称	批准号	项目负责人	责任单位
12	汉字型白族古文字的书写符号系统研究	20VJXG041	王　锋	中国社会科学院民族学与人类学研究所
13	两周金文的义化、声化及分化研究	20VJXG042	陶曲勇	中国人民大学

（全国哲学社会科学工作办公室供稿）

2020 年度国家社会科学基金后期资助项目立项名单（北京地区）

序号	项目名称	负责人	工作单位	项目类别	所属学科
1	社会主义核心价值观的历史考证和形态演进	刘冠军	首都经济贸易大学	一般项目	马列·科社
2	马克思政治经济学批判中的经验性方法	高惠芳	北京联合大学	一般项目	马列·科社
3	马克思哲学话语革命与中国学术话语体系构建	刘　影	中国社会科学院马克思主义研究院	一般项目	马列·科社
4	汉初国家意识形态建构研究	侯新立	中国人民大学	一般项目	马列·科社
5	列宁党的政治建设思想研究	史为磊	中国社会科学院大学	一般项目	马列·科社
6	中国共产党 1950 年整风运动研究	方　涛	中国社会科学院马克思主义研究院	一般项目	党史·党建
7	“事件—状态”框架下的时体时态形式语义学研究	张文彦	中国消防救援学院	一般项目	哲学
8	法家政治原理研究	宋洪兵	中国人民大学	一般项目	哲学
9	《孝经》学发展史	刘增光	中国人民大学	一般项目	哲学
10	人工智能视域下的一阶动态逻辑与Agent 行为推理及其哲学反思	郝一江	中国社会科学院哲学研究所	一般项目	哲学
11	多元分配正义	李　石	中国人民大学	一般项目	哲学
12	马克思主义理论的当代建构	李　旸	北京大学	一般项目	哲学
13	比较优势演化与经济增长问题研究	伍业君	中共铁道党校	一般项目	理论经济
14	城乡福祉、空间均衡与城镇化方略	苏红键	中国社会科学院农村发展研究所	一般项目	理论经济
15	服务业改革的“中国模式”问题研究	李勇坚	中国社会科学院财经战略研究院	一般项目	应用经济
16	保险监管经济学	陈秉正	清华大学	一般项目	应用经济
17	乡村振兴中的金融本源及使命	吴　敏	中国建设银行	一般项目	应用经济
18	数字经济下的财税治理体系研究	赵　涛	中央财经大学	一般项目	应用经济
19	中国家庭微观调查数据的实证研究	吴　锟	北京物资学院	一般项目	应用经济
20	数字创意产业的就业问题研究	李嘉珊	北京第二外国语学院	一般项目	应用经济
21	国家治理框架下政府会计功能研究	张　军	北京物资学院	一般项目	应用经济
22	京津冀协同发展中的区块链与供应链金融应用研究	冯　科	北京大学	一般项目	应用经济

续表

序号	项目名称	负责人	工作单位	项目类别	所属学科
23	多人口随机死亡率建模与长寿风险量化管理研究	赵 明	首都经济贸易大学	一般项目	统计学
24	新时代统计创新与发展问题研究	陈全润	对外经济贸易大学	一般项目	统计学
25	福利国家的社会活力研究	安 超	民政部社会福利与社会进步研究所	一般项目	政治学
26	制度逻辑与基层治理研究	周少来	中国社会科学院政治学研究所	一般项目	政治学
27	税法方法贯通论	张世明	中国人民大学	重点项目	法学
28	同案同判的方法论研究	孙海波	中国政法大学	一般项目	法学
29	中德代理制度之比较研究	迟 颖	中国政法大学	一般项目	法学
30	民法典一般人格权条款研究	朱晓峰	中央财经大学	一般项目	法学
31	复合人格理论及其法律化研究	沈敏荣	首都经济贸易大学	一般项目	法学
32	互联网平台用工法律问题研究	王天玉	中国社会科学院法学研究所	一般项目	法学
33	反垄断法解释研究	江 山	对外经济贸易大学	一般项目	法学
34	信用卡合同中的金融消费者权益保护研究	张 尧	对外经济贸易大学	一般项目	法学
35	不当得利与民法方法论	李文涛	中国劳动关系学院	一般项目	法学
36	中国海商法问题研究	郭 瑜	北京大学	一般项目	法学
37	大陆法系框架下信义义务的法理研究	姜雪莲	北京理工大学	一般项目	法学
38	目标公司管理层信义义务研究	郑佳宁	中国政法大学	一般项目	法学
39	个人信息保护与数据治理研究	商希雪	中国政法大学	一般项目	法学
40	糖尿病病友组织的人类学研究	王剑利	中国社会科学院世界宗教研究所	一般项目	社会学
41	网络社会中的权力建构研究	宋辰婷	北京工业大学	一般项目	社会学
42	中国婚姻市场失衡的社会风险以及治理研究	李汉东	北京师范大学	一般项目	人口学
43	元代白云宗西夏文资料汇释与研究	孙伯君	中国社会科学院民族学与人类学研究所	重点项目	民族学
44	华人移民建筑中的社会与文化研究	罗 晶	中央美术学院	一般项目	民族学
45	满族和环太平洋文化关系研究	戴光宇	北京市社会科学院	一般项目	民族学
46	冷战后世界政治研究	张树华	中国社会科学院政治学研究所	重点项目	国际问题研究
47	大国关系“修昔底德陷阱”的理论解构与重塑研究	逯记选	国防大学政治学院	一般项目	国际问题研究
48	美国国家安全委员会与美国国际战略	杨 楠	中国社会科学院美国研究所	一般项目	国际问题研究
49	交战青岛——中国与1914年日德战争	李尧星	北京大学	一般项目	国际问题研究

续表

序号	项目名称	负责人	工作单位	项目类别	所属学科
50	冷战后美国的东南亚安全战略	王迎晖	国防大学国家安全学院	一般项目	国际问题研究
51	日本海洋战略及政策研究	吕耀东	中国社会科学院日本研究所	一般项目	国际问题研究
52	俄罗斯经济发展路径与政策演变（2000—2020）	郭晓琼	中国社会科学院俄罗斯东欧中亚研究所	一般项目	国际问题研究
53	秦汉社会经济史新探	石　洋	中国社会科学院历史研究所	一般项目	中国历史
54	元代北方文脉与儒学的演化	刘成群	北京邮电大学	一般项目	中国历史
55	清代土弁与贵州“新疆六厅”治理研究	卢树鑫	中国社会科学院近代史研究所	一般项目	中国历史
56	江永礼学研究	武　勇	中央民族大学	一般项目	中国历史
57	近代中国社会转型的环境影响与社会应对问题研究	李志英	北京师范大学	一般项目	中国历史
58	赵翼史学及其近代接受史研究	单　磊	北京师范大学	一般项目	中国历史
59	《教育杂志》与近代中国高等教育的探索历程（1909—1948）	张晓玮	故宫博物院	一般项目	中国历史
60	近代东北乡村的资源流通网络与乡村社会变迁研究	王大任	中国社会科学院经济研究所	一般项目	中国历史
61	宋代医疗福利制度研究	杜　菁	中国轻工业出版社有限公司	一般项目	中国历史
62	清代南书房初探	李　娜	中国社会科学院历史研究所	一般项目	中国历史
63	近代中国知识女性的文化谱系	高翔宇	中国政法大学	一般项目	中国历史
64	日本近代国家道路探索问题研究	邢雪艳	北京联合大学	一般项目	世界历史
65	近代日本军队精神教育研究	李庆辉	中国人民抗日战争纪念馆	一般项目	世界历史
66	11 世纪古藏文手抄本的整理与译解	德吉卓玛	中国藏学研究中心	重点项目	宗教学
67	基于梵汉藏文献的月称《明句论》译注与研究	王俊淇	中国人民大学	一般项目	宗教学
68	马克思主义文学理论研究	陆贵山	中国人民大学	重点项目	中国文学
69	《周易》文献学研究	顾永新	北京大学	重点项目	中国文学
70	清史馆文人群体研究	李思清	中国社会科学院文学研究所	重点项目	中国文学
71	当代西方美学“艺术”定义史研究	黄应全	首都师范大学	重点项目	中国文学
72	先锋文学与中国当代小说艺术研究	张晓峰	对外经济贸易大学	一般项目	中国文学
73	20 世纪 50 年代“美学大讨论”学案研究	李圣传	首都师范大学	一般项目	中国文学

续表

序号	项目名称	负责人	工作单位	项目类别	所属学科
74	美国左翼媒介文化理论的当代发展与核心论题	李昕揆	中国人民大学	一般项目	中国文学
75	明清笔记、小说与北京文化记忆研究	何卫国	中国艺术研究院	一般项目	中国文学
76	巴林《格斯尔》史诗社区传统研究	纳钦	中国社会科学院民族文学研究所	一般项目	中国文学
77	当代艺术体制中的戈达尔问题	陈奇佳	中国人民大学	一般项目	中国文学
78	吉皮乌斯创作主题研究	武晓霞	北京航空航天大学	一般项目	外国文学
79	学术期刊中的莎士比亚：外国文学、戏剧和电影期刊莎评研究（1949—2019）	徐　嘉	北京理工大学	一般项目	外国文学
80	弗吉尼亚·伍尔夫散文思想研究	黄重凤	北京航空航天大学	一般项目	外国文学
81	古注中的魏晋南北朝方言语词辑证	游　帅	北京语言大学	一般项目	语言学
82	《说文解字》经学渊源考论	孟　琢	北京师范大学	一般项目	语言学
83	基于树模型的《说文》小篆构形系统研究	胡佳佳	北京师范大学	一般项目	语言学
84	大数据时代动漫亚文化对青少年价值观的影响研究	刘　斌	北京师范大学	一般项目	新闻学与传播学
85	数字时代的群体传播与关系再造研究	崔　凯	中国政法大学	一般项目	新闻学与传播学
86	中医国际传播研究	张立平	北京中医药大学	一般项目	新闻学与传播学
87	媒介化医患冲突的建构机制与社会认知研究	刘双庆	中国政法大学	一般项目	新闻学与传播学
88	中国网络新世代的媒体社会学研究	吴炜华	中国传媒大学	一般项目	新闻学与传播学
89	互联网法律新思维与适用研究	李佳伦	北京大学	一般项目	新闻学与传播学
90	数字化时代世界性通讯社的权力体系研究	王润珏	中国传媒大学	一般项目	新闻学与传播学
91	当代中国纪录片发展研究	李　智	中国传媒大学	一般项目	新闻学与传播学
92	信息弱势人群能力提升研究	叶明睿	中国传媒大学	一般项目	新闻学与传播学
93	故纸寻踪——北京地区近现代中医方笺探赜	陈子杰	北京中医药大学	一般项目	图书馆、情报与文献学
94	中国边疆民族地区公共安全与应急管理研究	李俊清	中国劳动关系学院	重点项目	管理学
95	技术创新网络关系治理机制研究	刘晓燕	北京工业大学	一般项目	管理学
96	中国古代城市治理体系的变迁、特征及经验研究	陈松川	北京建筑大学	一般项目	管理学
97	中国生鲜农产品冷链物流断链困境及治理机制研究	张喜才	北京物资学院	一般项目	管理学
98	中国森林保险需求与供给模式研究	秦　涛	北京林业大学	一般项目	管理学

续表

序号	项目名称	负责人	工作单位	项目类别	所属学科
99	市场的历史和理论	温宏建	首都经济贸易大学	一般项目	管理学
100	银色经济与健康财富发展指数报告	杨燕绥	清华大学	一般项目	管理学
101	会计信息溢出与资源配置	郑　颖	中山大学	一般项目	管理学
102	水资源会计理论与实践研究	陈　波	北京物资学院	一般项目	管理学
103	高技术研究机构创新组织模式研究	陈光华	中国科学院科技战略咨询研究院	一般项目	管理学
104	新时代幸福教育理论与实证研究	孟万金	中国教育科学研究院	重点项目	教育学
105	时文在百年语文教育中的境遇与价值研究	陈　振	高等教育出版社有限公司	一般项目	教育学
106	政治与大学——政局动荡中的北京（平）高等教育研究（1927—1931）	赵国伟	中共北京市委教育工作委员会	一般项目	教育学
107	群众文化视阈下中国电视认同研究	周建新	中国传媒大学	一般项目	艺术学
108	行进在汇流的中途——数字文化范式中网络文艺的新实践与新美学	彭文祥	中国传媒大学	一般项目	艺术学
109	网络剧的艺术生产机制与类型研究	付李琢	中国传媒大学	一般项目	艺术学
110	音乐传播学导论	赵志安	中国传媒大学	一般项目	艺术学
111	路头戏音乐编创方式研究	袁　环	中国音乐学院	一般项目	艺术学
112	敦煌莫高窟第 85 窟研究	郑怡楠	故宫博物院	一般项目	艺术学
113	《习苦斋画絮》抄本校注与戴熙作品图像研究	梅雨恬	中国美术学院	一般项目	艺术学
114	构图艺术	郑光旭	中国艺术研究院	一般项目	艺术学
115	“潇湘八景”在日本绘画中的接受研究	程　茜	北京师范大学	一般项目	艺术学
116	宋画中的宋人服饰	谭　融	北京联合大学	一般项目	艺术学
117	中国白裤瑶粘膏防染工艺文化研究	贾京生	清华大学	一般项目	艺术学
118	鼓浪屿社区与建筑的历史及其遗产（20世纪中叶以前）	钱　毅	北方工业大学	一般项目	艺术学
119	消费空间的“三元装置”研究	韩　涛	中央美术学院	一般项目	艺术学
120	文化金融理论与实践	张苏秋	中国传媒大学	一般项目	艺术学
121	战争胜败的本质	姬宏斌	军事科学院	重点项目	军事学
122	中国核安全观问题研究	孙党恩	军事科学院	一般项目	军事学
123	开启正规化现代化建设新征程——20 世纪 50 年代我军改革若干问题研究	颜　慧	军事科学院	一般项目	军事学

（全国哲学社会科学工作办公室供稿）

2020年度国家社会科学基金优秀博士论文出版项目立项名单（北京地区）

序号	博士论文名称	姓名	工作单位
1	冲突与调适：抗战时期中国共产党统一战线的理论实践	夏　清	清华大学
2	3D打印产业全球创新网络特征、影响因素及绩效研究	白　旭	清华大学
3	非金融企业影子银行化的经济效应	韩　珣	北京第二外国语学院
4	准征收研究	王　玎	北京电子科技学院
5	生态损害法律责任规则实施路径的选择	程　玉	北京师范大学
6	认缴资本制下的股东出资义务研究	张其鉴	中央民族大学
7	政治修辞与美国对华政策的调整（1993—2018）	岳圣淞	中国社会科学院亚太与全球战略研究院
8	明代洪、永年间出版与文学关系研究	高虹飞	北京大学
9	中国古典小说在日本江户时期的流播	周健强	北京外国语大学
10	德里罗四部小说中的体育叙事研究	安　帅	中国科学院大学
11	认知差异机制下的中国国家形象建构研究：理论框架与实践方案	王梦宇	中国人民大学
12	创新、社会责任与中国产品海外形象关系研究	张思雪	北京化工大学
13	生育对女性劳动力市场表现的影响研究	张　琳	中国劳动关系学院
14	墨戏研究	谷疏博	中国传媒大学
15	民间汉字图形研究	潘镜如	中央美术学院

（全国哲学社会科学工作办公室供稿）

2020年度国家社会科学基金中华学术外译项目立项名单（北京地区）

序号	成果名称（中文）	项目主持人	项目主持人所在单位	责任出版单位	原著作者/编者	翻译文版	项目类别
1	哲学的希望	邵　炜	北京外国语大学	江苏人民出版社 浙江大学出版社	叶秀山	法文	重点项目
2	儒释道耶与中国文化	文　铮	北京外国语大学	外语教学与研究出版社	汤一介	意大利文	重点项目
3	朱子学提纲	章思英	北京外国语大学	外语教学与研究出版社	钱　穆	英文	重点项目
4	中国社会变迁（1949—2019）	张娅子	北京第二外国语学院	社会科学文献出版社	李友梅	法文	重点项目
5	中华民族多元一体格局	许小凡	北京外国语大学	外语教学与研究出版社	费孝通	英文	重点项目
6	中古医疗与外来文化	施　越	北京大学	北京大学出版社	陈　明	英文	重点项目

续表

序号	成果名称（中文）	项目主持人	项目主持人所在单位	责任出版单位	原著作者/编者	翻译文版	项目类别
7	中国文学中的世界性因素	杨稚梓	中国社会科学院外国文学研究所	复旦大学出版社	陈思和	德文	重点项目
8	名词和动词	石立珣	中国政法大学	商务印书馆	沈家煊	日文	重点项目
9	中国道路及其本源意义	吴　平	北京语言大学	中国社会科学出版社	韩庆祥	英文	一般项目
10	道家政治哲学发微	郑　开	北京大学	北京大学出版社	郑开	韩文	一般项目
11	儒学小史	闫梦梦	北京大学	上海人民出版社	干春松	英文	一般项目
12	中国哲学十五讲	秦晋楠	中国政法大学	北京大学出版社	杨立华	英文	一般项目
13	“大流行”经济学：应对疫情冲击与恢复经济增长	冷　慧	北京外国语大学	中国社会科学出版社	蔡　昉	德文	一般项目
14	资本主义的起源——比较经济史研究	沈　吉	北京大学	商务印书馆	厉以宁	英文	一般项目
15	中国货币史（上）	金　菁	中央财经大学	中国人民大学出版社	彭信威	英文	一般项目
16	从“文明标准”到“新文明标准”	刘　娟	北京师范大学	九州出版社	张小明	俄文	一般项目
17	古代中国的国家演化与国家治理	李学兵	北京第二外国语学院	社会科学文献出版社	徐　勇	英文	一般项目
18	中国古代司法制度	丛凤玲	中国政法大学	社会科学文献出版社	陈光中	俄文	一般项目
19	专利行政诉讼案件法律重述与评论	刘　丽	对外经济贸易大学	知识产权出版社	任晓兰	英文	一般项目
20	中国城市的阶层结构与社会网络（第二版）	周　薇	北京第二外国语学院	社会科学文献出版社	张文宏	法文	一般项目
21	中国社会变迁（1949—2019）	齐文东	北京第二外国语学院	社会科学文献出版社	李友梅	波斯文	一般项目
22	解读新时代中国外交理念	方圆圆	清华大学	五洲传播出版社	张清敏	英文	一般项目
23	宅兹中国：重建有关“中国”的历史论述	戴桂菊	北京外国语大学	中华书局	葛兆光	俄文	一般项目
24	藏族宗教史之实地研究	潘　丹	北京外国语大学	商务印书馆	李安宅	法文	一般项目
25	中国古代礼仪文明	崔鹤松	中央民族大学	中华书局	彭　林	韩文	一般项目
26	重塑中华：近代中国“中华民族”观念研究	齐晓峰	北京外国语大学	北京师范大学出版社	黄兴涛	韩文	一般项目
27	近代中国社会的新陈代谢	宋　刚	北京外国语大学	生活·读书·新知三联书店	陈旭麓	日文	一般项目
28	贞观政要集校	龚颖元	中国传媒大学	中华书局	吴　兢	土耳其文	一般项目
29	中华史纲	潘　灯	中国政法大学	社会科学文献出版社	蔡美彪	西班牙文	一般项目
30	中西交通史	于施洋	北京大学	浙江大学出版社	方　豪	西班牙文	一般项目

续表

序号	成果名称（中文）	项目主持人	项目主持人所在单位	责任出版单位	原著作者/编者	翻译文版	项目类别
31	大元史与新清史	沈卫荣	清华大学	上海古籍出版社	沈卫荣	英文	一般项目
32	二十世纪中国历史学	李莉文	北京外国语大学	社会科学文献出版社	王学典 陈 峰	英文	一般项目
33	近代中国社会的新陈代谢	付文慧	对外经济贸易大学	生活·读书·新知三联书店	陈旭麓	英文	一般项目
34	道教文化十五讲（第二版）	高 阳	清华大学	北京大学出版社	詹石窗	日文	一般项目
35	翻译论集（修订本）	杨 玲	北京第二外国语学院	商务印书馆	罗新璋 陈应年	日文	一般项目
36	汉语篇章语法研究	刘林军	北京语言大学	社会科学文献出版社	方 梅	英文	一般项目
37	简明汉语史（修订本）	任虎林	北京科技大学	商务印书馆	向 熹	英文	一般项目
38	改革开放以来中国形象的国际传播	刘 琛	北京外国语大学	北京大学出版社	刘琛	英文	一般项目
39	传播纵横：历史脉络与全球视野	赵如涵	中国传媒大学	社会科学文献出版社	李金铨	英文	一般项目
40	中国主流媒体融合创新研究	韩 霄	中国传媒大学	中国传媒大学出版社	段 鹏	英文	一般项目
41	中国古代图书史	李雪涛	北京外国语大学	社会科学文献出版社	陈 力	德文	一般项目
42	中国社会治理	刘学慧	北京第二外国语学院	中国人民大学出版社	童 星	德文	一般项目
43	从边缘迈向中心：中国高等教育国际化发展之路	古丽巴努木·克拜吐里	中央民族大学	华东师范大学出版社	李 梅	乌兹别克文	一般项目
44	学龄孤独症儿童教育评估指南	胡晓毅	北京师范大学	北京师范大学出版社	胡晓毅 刘艳虹	英文	一般项目
45	城市与环境研究	—	社会科学文献出版社	社会科学文献出版社	—	英文	期刊类
46	中国社会科学	—	中国社会科学杂志社	中国社会科学杂志社	—	英文	期刊类

（全国哲学社会科学工作办公室供稿）

2020年度国家社会科学基金艺术学重大项目立项名单（北京地区）

序号	中标选题研究方向	首席专家	责任单位
1	国家文化公园政策的国际比较研究	邹统钎	北京第二外国语学院
2	新时代文艺院团综合发展能力评价体系研究	雷喜宁	国家艺术基金管理中心
3	新中国文艺院团发展史研究	陶 诚	中国歌剧舞剧院

续表

序号	中标选题研究方向	首席专家	责任单位
4	中国艺术品市场发展研究	黄　隽	中国人民大学
5	中国设计智造协同创新模式研究	王　昀	中国美术学院
6	“一带一路”背景下的国家设计政策研究	许　平	中央美术学院
7	中国画学研究	高世名	中国美术学院
8	中国艺术文化传统在当代中国电影中的价值传承与创新发展研究	王海洲	北京电影学院
9	新时代中国动画艺术知识体系创新研究	黄心渊	中国传媒大学
10	新中国舞台美术发展研究	曹　林	中国戏曲学院

（全国艺术科学规划领导小组办公室供稿）

2020 年度国家社会科学基金艺术学项目立项名单（北京地区）

序号	项目编号	项目类别	批准号	项目名称	负责人	责任单位
1	2020AC02457	重点	20AC004	群体传播对网络叙事结构与文化思潮的影响研究	隋　岩	中国传媒大学
2	2020AD01577	重点	20AD005	中国传统音乐曲牌研究	傅利民	中国音乐学院
3	2020AA02122	一般	20BA015	艺术人类学视野下城市艺术区的景观生产与景观消费理论研究	王永健	中国艺术研究院
4	2020BC01893	一般	20BC032	中国影视数据管理体系研究	毛　琦	首都经济贸易大学
5	2020BC02300	一般	20BC034	想象力重构：数字技术语境下中国电影的创新路径研究	杨天东	中国电影艺术研究中心
6	2020BC02564	一般	20BC036	新时代主流影视剧的创作与传播创新研究	梁君健	清华大学
7	2020CC02466	一般	20BC040	人工智能对电影制作的影响及其应用价值研究——以动作捕捉为例	韩菲琳	北京电影学院
8	2020AC01996	一般	20BC044	中国演播艺术家与演播艺术发展研究	曾志华	中国传媒大学
9	2020BC00076	一般	20BC045	基于“互联网+”互动剧的新叙事模式研究	邱章红	北京大学
10	2020BC00685	一般	20BC046	VR 影像全景叙事机制及效果研究	周　雯	北京师范大学
11	2020BD01586	一般	20BD057	20 世纪上半叶古琴美学思想研究	苗建华	中央音乐学院
12	2020BD02109	一般	20BD060	当代俄罗斯著名作曲家的创作研究（1949—2019）	邵晓勇	首都师范大学
13	2020BD02788	一般	20BD061	中国传统音乐人工智能化记谱研究——以江南丝竹为例	章红艳	中央音乐学院

续表

序号	项目编号	项目类别	批准号	项目名称	负责人	责任单位
14	2020BD02428	一般	20BD064	新世纪中国当代中西混和编制室内乐创作研究	于　洋	中央民族大学
15	2020AE00205	一般	20BE074	“互联网+”视域下中国舞蹈艺术共享生态圈研究	田培培	首都师范大学
16	2020AF02013	一般	20BF082	中日近现代美术比较研究	赵云川	北京服装学院
17	2020BF01546	一般	20BF087	查士标与清初扬州画坛研究	任军伟	首都师范大学
18	2020BF04324	一般	20BF091	中国当代影像艺术的“中国叙事”研究	李笑男	中国人民大学
19	2020BF00637	一般	20BF096	清宫收藏藏传佛教罗汉唐卡研究	张长虹	故宫博物院
20	2020BF00639	一般	20BF098	德国柏林藏高昌壁画研究	刘　韬	首都师范大学
21	2020BG02526	一般	20BG108	皇权、秩序与文化认同：明代礼仪空间的价值与建构策略研究及图像呈现	梁　雯	清华大学
22	2020BG02574	一般	20BG109	西夏文献中的装饰图像研究	王艳云	北京印刷学院
23	2020BG04241	一般	20BG127	交互设计在文化遗产展示传播领域的应用研究	张　烈	清华大学
24	2020BH01116	一般	20BH151	京杭运河传统村落非物质文化遗产活态保护传承与旅游融合发展研究	时少华	北京联合大学
25	2020CA02056	青年	20CA160	重大突发事件中的社会参与式艺术实践与理论研究	张慧喆	中国传媒大学
26	2020CA01678	青年	20CA162	18世纪下半叶德国古典艺术理论和作品研究	贺　询	北京大学
27	2020CB02063	青年	20CB164	晚清民国京剧现代化研究	刘汭屿	中国传媒大学
28	2020CB03572	青年	20CB165	南方歌舞小戏的形态发生与谱系分类研究	王静波	中国艺术研究院
29	2020CC04482	青年	20CC169	身体影像溯源——论京剧对当代动作电影的美学影响	张雨蒙	中国文联电影艺术中心
30	2020CD05310	青年	20CD174	中国传统琴律学研究与文献整理	桑　坤	中国音乐学院
31	2020CE01898	青年	20CE177	初唐329窟敦煌壁画中伎乐飞天艺术形象的当代应用价值理论研究	赵　乔	北京舞蹈学院
32	2020CF00340	青年	20CF178	新中国革命历史画的创作生产研究	曾小凤	中央美术学院
33	2020CG00546	青年	20CG186	中国少数民族枫香染工艺比较研究	贾煜洲	北京服装学院

（全国艺术科学规划领导小组办公室供稿）

全国教育科学“十三五”规划 2020 年度课题立项名单（北京地区）

序号	课题名称	申报人姓名	工作单位	课题类别	预计完成时间
1	新时代爱国主义教育长效机制研究	冯秀军	中央财经大学	国家社会科学基金重大课题	2022. 7
2	职业教育类型特征及其与普通教育“双轨制”“双通制”体系构建研究	孙善学	北京电子科技职业学院	国家社会科学基金重大课题	2022. 7
3	新时代提升中国参与全球教育治理的能力及策略研究	王定华	北京外国语大学	国家社会科学基金重大课题	2022. 7
4	完善党对教育工作全面领导的制度研究	张志勇	北京师范大学	国家社会科学基金重点课题	2022. 7
5	新时代“五育”融合实践路径与评价改革研究	郝志军	中国教育科学研究院	国家社会科学基金重点课题	2022. 7
6	适应新课程改革和新高考改革的普通高中育人方式变革研究	杨银付	中国教育学会	国家社会科学基金重点课题	2022. 7
7	“十四五”期间我国高等教育发展目标与推进策略研究	张男星	中国教育科学研究院	国家社会科学基金重点课题	2022. 7
8	高校师范生具身师德学习路径建构：基于行为、心理和脑机制证据的研究	裴　淼	北京师范大学	国家社会科学基金一般课题	2023. 8
9	新时代高校理工科民族班人才培养模式研究	梁　芳	中央民族大学	国家社会科学基金一般课题	2023. 9
10	内地民族班师生的中华民族共同体意识认同与构建	张东辉	中国人民大学	国家社会科学基金一般课题	2022. 9
11	校外培训机构治理体制机制与模式优化研究	张　智	教育部学校规划建设发展中心	国家社会科学基金一般课题	2023. 7
12	世界一流教育智库组织模式和运行机制研究	姜朝晖	中国教育科学研究院	国家社会科学基金一般课题	2023. 6
13	“三区三州”深度贫困地区教育脱贫防返贫机制研究	赵建武	教育部民族教育发展中心	国家社会科学基金一般课题	2023. 12
14	我国青年技能型人才工匠精神的测度、劳动力市场回报与培养体系研究	李晓曼	首都经济贸易大学	国家社会科学基金一般课题	2023. 9
15	新时代内涵发展视角下我国教育资源配置的优化研究	成　刚	北京师范大学	国家社会科学基金一般课题	2022. 5
16	中国青年国际组织胜任力研究	张　宁	国家留学基金委	国家社会科学基金一般课题	2023. 8
17	德国、瑞士、奥地利职业教育与普通教育贯通性制度设计与实践模式的比较研究	孙　进	北京师范大学	国家社会科学基金一般课题	2023. 8

续表

序号	课题名称	申报人姓名	工作单位	课题类别	预计完成时间
18	面向生命共同体的自然联结理论建构和发展路径研究	黄　宇	北京师范大学	国家社会科学基金一般课题	2023.12
19	基于人机智能协同的精准学习干预研究	武法提	北京师范大学	国家社会科学基金一般课题	2023.12
20	基于系统论的职业院校在线教育体系、模式、评价研究	周　潜	清华大学	国家社会科学基金一般课题	2023.6
21	基于用户画像的高校教师混合教学建模及提升机制研究	黄　月	北京邮电大学	国家社会科学基金一般课题	2023.9
22	教师专业伦理形象构成性研究	朱晓宏	首都师范大学	国家社会科学基金一般课题	2023.12
23	农村普惠性学前教育质量与贫困儿童早期发展的追踪研究	潘月娟	北京师范大学	国家社会科学基金一般课题	2024.12
24	新时代中小学生劳动素养的评价标准研究	马毅飞	中国教育科学研究院	国家社会科学基金一般课题	2023.12
25	基于绘本教学的少数民族地区5~9岁儿童汉语语言能力发展研究	姚　颖	北京师范大学	国家社会科学基金一般课题	2023.12
26	特殊教育学校教育质量评价指标研究	杨希洁	中国教育科学研究院	国家社会科学基金一般课题	2024.9
27	构建校园欺凌综合治理体系的国际经验与中国方案研究	张　倩	首都师范大学	国家社会科学基金一般课题	2023.6
28	新时代教研员角色认同与建构研究	李文辉	课程教材研究所	国家社会科学基金一般课题	2023.6
29	后发新兴世界一流大学的建设路径与模式研究	饶燕婷	中国教育科学研究院	国家社会科学基金一般课题	2023.6
30	中国大学生社会经济地位测量	罗　燕	清华大学	国家社会科学基金一般课题	2023.1
31	“一带一路”国家来华留学生期望与就读体验的研究	王　超	北京工业大学	国家社会科学基金一般课题	2023.6
32	8省市高考综合改革实施的跟踪评估研究	王新凤	北京师范大学	国家社会科学基金一般课题	2023.6
33	教育机器人及其教学体系研究	赵建伟	中国矿业大学（北京）	国家社会科学基金一般课题	2023.12
34	2020年后高校倾斜性招生计划的公平成效评价和优化方案研究	崔　盛	中国人民大学	国家社会科学基金一般课题	2023.12
35	基于深度学习及大数据的放疗医师靶区勾画精细化自适应教学研究	刘志凯	中国医学科学院北京协和医学院临床学院	国家社会科学基金一般课题	2022.8
36	新时代五育融合视域下护理人才职业素养培育路径的研究	霍晓鹏	中国医学科学院北京协和医学院临床学院	国家社会科学基金一般课题	2023.8
37	住院医师规范化培训中针对公共卫生突发事件的虚拟仿真教学体系研究	张　晖	中国医学科学院北京协和医学院临床学院	国家社会科学基金一般课题	2023.8

续表

序号	课题名称	申报人姓名	工作单位	课题类别	预计完成时间
38	学前儿童运动强度评价方法及人工智能评价系统的研制与应用	罗冬梅	北京体育大学	国家社会科学基金一般课题	2022. 8
39	基础教育集团化办学中学校内部治理体系和治理能力建设研究	陆云泉	北京市第一〇一中学	国家社会科学基金一般课题	2024. 6
40	深度学习视域下的成人在线教育课程设计与应用研究	李　松	国家开放大学	国家社会科学基金一般课题	2023. 12
41	中国共产党教育系统干部培训的世纪历程与未来展望	闫　伟	国家教育行政学院	国家社会科学基金青年课题	2024. 3
42	贫困地区学前教育纳入基本公共服务体系的国际经验与本土实践	谭焱卿	北京师范大学联合国教科文组织国际农村教育研究与培训中心	国家社会科学基金青年课题	2020. 12
43	基础教育质量监测评价结果应用的循证模型与有效路径研究	李　刚	北京师范大学	国家社会科学基金青年课题	2023. 4
44	我国学生成长型心智模式发展现状与培养策略研究	董连春	中央民族大学	国家社会科学基金青年课题	2023. 6
45	县域学前教育普及普惠督导评估的实施效果研究	王　默	北京大学	国家社会科学基金青年课题	2023. 9
46	新时代中小学家校合作有效性评价体系构建与提升策略研究	梁丽婵	北京师范大学中国基础教育质量监测协同创新中心	国家社会科学基金青年课题	2023. 6
47	全球变革中我国高校哲学社会科学国际影响力提升策略研究	谢　梦	中国人民大学	国家社会科学基金青年课题	2023. 6
48	新时期民办高校学生权益同等性的保障研究	闫丽雯	中国教育科学研究院	国家社会科学基金青年课题	2022. 12
49	民族地区学前教研工作坊助力教育扶贫策略研究	线亚威	教育部民族教育发展中心	全国教育科学规划教育部重点课题	2023. 12
50	社区资本视角下农村教育精准扶贫现实路径研究	翟晓磊	课程教材研究所	全国教育科学规划教育部重点课题	2022. 9
51	人类命运共同体视阈下我国中小学国际理解教育课程体系建构研究	姜英敏	北京师范大学	全国教育科学规划教育部重点课题	2023. 9
52	社会主义核心价值观课程图谱研究	牛瑞雪	人民教育出版社	全国教育科学规划教育部重点课题	2023. 3
53	基于残疾学生就读经验的融合教育质量评价和提升路径研究	杜　媛	北京教育科学研究院	全国教育科学规划教育部重点课题	2023. 12
54	乡村学校的课程适应性调查研究	孟　璨	教育部基础教育课程教材发展中心	全国教育科学规划教育部重点课题	2022. 12
55	聋人大学生社会支持网络和社会融合的实证研究	高　蕾	北京联合大学	全国教育科学规划教育部重点课题	2023. 7
56	质量导向的医学高校学术表现评价研究	钟　华	中国医学科学院医学信息研究所	全国教育科学规划教育部重点课题	2023. 8

续表

序号	课题名称	申报人姓名	工作单位	课题类别	预计完成时间
57	民族高校教师国际化素养模型构建研究	张 莞	中央民族大学	全国教育科学规划教育部青年课题	2023.6
58	“双一流”建设背景下专业学位博士研究生培养质量研究——以教育博士专业学位为例	王 亮	北京大学	全国教育科学规划教育部青年课题	2022.6
59	强化聋生计算思维的教学模式研究	董雪燕	北京联合大学	全国教育科学规划教育部青年课题	2024.12
60	健康中国背景下大学生体育素养评价体系的建构与培养研究	于永晖	中国人民大学	全国教育科学规划教育部青年课题	2023.4
61	自闭症儿童社会交往障碍的表现及其教育策略研究	马莎莎	北京市健翔学校	全国教育科学规划教育部青年课题	2023.5
62	普通高中生命教育“大健康”课程群的构建研究	和 渊	中国人民大学附属中学	全国教育科学规划教育部青年课题	2022.6
63	培智学校基于孤独症儿童身心发展的分组课程实践	张 娜	北京市健翔学校	全国教育科学规划教育部青年课题	2022.9
64	中俄人文交流机制20年：新时代中俄教育合作交流提质升级路径研究	姜晓燕	中国教育科学研究院	全国教育科学规划教育部专项课题	2021.7

（全国教育科学规划领导小组办公室供稿）

2020年度教育部人文社会科学研究一般项目立项名单（在京高校）

序号	项目批准号	项目名称	学校名称	申请人	项目类别	学科门类
1	20YJC630093	变革情境下员工创业激情的驱动因素与激励策略研究：基于情感事件理论	北方工业大学	罗文豪	青年基金项目	管理学
2	20YJCZH066	基于CAS的产学研协同创新政策的响应机制研究	北方工业大学	李晨光	青年基金项目	交叉学科/综合研究
3	20YJA870014	基于深度学习的海量视频档案知识发现技术研究	北方工业大学	刘 志	规划基金项目	图书馆、情报与文献学
4	20YJC820038	监察法实施的理论逻辑与实践路径研究	北方工业大学	邵 晖	青年基金项目	法学
5	20YJA790018	京津冀经济—能源—排放系统优化与政策机制研究	北方工业大学	郭正权	规划基金项目	经济学
6	20YJC740025	认知语法视角下汉英主题结构的现实性与时空互动研究	北方工业大学	李银美	青年基金项目	语言学
7	20YJC630019	特大城市综合客运枢纽系统脆弱性涌现与干预机制研究	北方工业大学	段晓红	青年基金项目	管理学

续表

序号	项目批准号	项目名称	学校名称	申请人	项目类别	学科门类
8	20YJAZH101	中国乡土建筑营造技艺与匠作谱系及其当代变迁研究	北方工业大学	王新征	规划基金项目	交叉学科/综合研究
9	20YJA890024	大数据时代下“智慧+健康校园”的研究与构建	北京大学	吴　飞	规划基金项目	体育科学
10	20YJC770012	近代以来英国政治制度变迁中的“外交权”问题研究	北京大学	胡　莉	青年基金项目	历史学
11	20YJC820045	刑法罪量要素的理论建构与实务应用	北京大学	王华伟	青年基金项目	法学
12	20YJC630102	责任式创新视角下人工智能治理的开放机制研究	北京大学	梅　亮	青年基金项目	管理学
13	20YJC751028	政治空间维度下的北宋宦游文学研究	北京大学	王启玮	青年基金项目	中国文学
14	20YJC760039	中国歌剧基础数据库构建与研究	北京大学	李　鸿	青年基金项目	艺术学
15	20YJC760108	中国绘画中的“江南”观念及其美学精神	北京大学	吴　湘	青年基金项目	艺术学
16	20YJC740053	中国西班牙语专业本科生语言学习观念：基础阶段跟踪研究	北京大学	宋　扬	青年基金项目	语言学
17	20YJC880038	中外联合培养对博士生学术成长的影响及作用机制	北京大学	李澄锋	青年基金项目	教育学
18	20YJCGJW013	“一带一路”倡议在德国的传播困境及策略研究	北京第二外国语学院	邹　露	青年基金项目	国际问题研究
19	20YJC790169	非金融企业部门债务结构与经济增长：基于金融摩擦视角的研究	北京第二外国语学院	喻崇武	青年基金项目	经济学
20	20YJA630099	企业经济利益与社会责任的融合机制研究：社会嵌入性与企业意志性的共同驱动	北京第二外国语学院	周婷婷	规划基金项目	管理学
21	20YJC790040	政策不确定性、非金融企业影子银行化及其经济效应研究	北京第二外国语学院	韩　珣	青年基金项目	经济学
22	20YJC740002	中美上市公司管理层话语功能特征对资本市场反应的影响研究	北京第二外国语学院	部　寒	青年基金项目	语言学
23	20YJC860018	面向多元化场景体验的出版融合发展研究	北京电影学院	李　婧	青年基金项目	新闻学与传播学
24	20YJA760068	我国动画片民族性认知与呈现的历史变迁	北京电影学院	孙　平	规划基金项目	艺术学
25	20YJC760098	新中国 70 年广播播音史研究	北京电影学院	王秋硕	青年基金项目	艺术学
26	20YJA880056	大学教师流动与其学术绩效的实证研究	北京电子科技学院	吴培群	规划基金项目	教育学
27	20YJA630089	高管激励结构、风险承担与企业创新	北京工商大学	张宏亮	规划基金项目	管理学
28	20YJCZH229	面向食品安全舆情监控的微博谣言识别技术研究	北京工商大学	张青川	青年基金项目	交叉学科/综合研究
29	20YJC740060	医疗情境中临终和死亡叙事的隐喻研究	北京工商大学	王景云	青年基金项目	语言学

续表

序号	项目批准号	项目名称	学校名称	申请人	项目类别	学科门类
30	20YJC790033	政府干预与市场竞争良性联动下金融支持贫困县域经济可持续发展研究	北京工商大学	郭 娜	青年基金项目	经济学
31	20YJC790140	中美经贸摩擦对全球价值链重构的影响	北京工商大学	王欠欠	青年基金项目	经济学
32	20YJA760103	“四大名著”连环画、绘本创作与海外传播研究（1979—2019）	北京工业大学	张 雯	规划基金项目	艺术学
33	20YJA820022	北欧国家监狱行刑研究	北京工业大学	王 辉	规划基金项目	法学
34	20YJC880123	混合式教学中的探究社区模型重构与实践研究	北京工业大学	张 威	青年基金项目	教育学
35	20YJC760034	沿丝绸之路东传玻璃工艺的样式流变与创新设计研究	北京工业大学	黄 赛	青年基金项目	艺术学
36	20YJA630091	产品体验分享社区电子口碑生成及演化机理研究	北京航空航天大学	张明立	规划基金项目	管理学
37	20YJC190031	汉语发展阅读困难儿童的抑制控制干预研究：对阅读加工过程和阅读能力的综合考察	北京航空航天大学	赵丽波	青年基金项目	心理学
38	20YJC820046	民用无人机空域准入法律问题研究	北京航空航天大学	王锡柱	青年基金项目	法学
39	20YJC740087	英汉与格交替的多变量统计建模及交叉验证研究	北京航空航天大学	张 懂	青年基金项目	语言学
40	20YJA740011	中国英语能力等级量表不同水平学习者区别性语言特征研究	北京航空航天大学	高 霞	规划基金项目	语言学
41	20YJC630087	共生视角下高科技企业创新生态系统演化与治理研究	北京化工大学	刘锐剑	青年基金项目	管理学
42	20YJC790005	价格风险、融资约束与生猪养殖户生产调整行为研究	北京化工大学	曾雅婷	青年基金项目	经济学
43	20YJC760036	中国儿童动画叙事研究：儿童观念与对话呈现	北京化工大学	蒋莹莹	青年基金项目	艺术学
44	20YJA760002	基于古都五色系统的北京老城历史建筑色彩谱系赓续与保护研究	北京建筑大学	陈静勇	规划基金项目	艺术学
45	20YJCZH242	区域建筑综合能源—环境系统协同优化配置及调控管理研究	北京建筑大学	甄纪亮	青年基金项目	交叉学科/综合研究
46	20YJCZH041	虚拟现实环境中光色对人精神压力的影响研究	北京建筑大学	郝石盟	青年基金项目	交叉学科/综合研究
47	20YJC630121	多失效耦合下城市供水管网弹性测度及提升路径研究	北京交通大学	双 晴	青年基金项目	管理学
48	20YJCZH148	多源数据融合的北京学区空间现状评估与城市设计策略应对	北京交通大学	万 博	青年基金项目	交叉学科/综合研究
49	20YJA710031	基于意识形态主体行为方式的网络意识形态治理和建设研究	北京交通大学	孙夕龙	规划基金项目	马克思主义/思想政治教育
50	20YJA720008	绿色技术范式引领生态文明建设研究	北京交通大学	邬晓燕	规划基金项目	哲学

续表

序号	项目批准号	项目名称	学校名称	申请人	项目类别	学科门类
51	20YJCZH184	情绪与财务困境多层网络交互的金融传染研究	北京交通大学	肖　迪	青年基金项目	交叉学科/综合研究
52	20YJA790073	上市公司并购商誉的经济性质及其会计处理	北京交通大学	谢纪刚	规划基金项目	经济学
53	20YJC630162	同事信息分享对新员工组织社会化的影响研究	北京交通大学	武　文	青年基金项目	管理学
54	20YJC752002	犹太女性的历史主体性重建——20世纪美国犹太女作家的文学叙事研究	北京交通大学	陈　娴	青年基金项目	外国文学
55	20YJC790106	中国海外债权对企业“一带一路”投资的影响研究	北京交通大学	祁继鹏	青年基金项目	经济学
56	20YJC630225	企业社会网络对企业精准扶贫的影响研究——基于企业社会责任视角	北京科技大学	赵天骄	青年基金项目	管理学
57	20YJA630081	心理模拟的促成因素及其对在线评论感知有用性的影响研究	北京科技大学	姚　卿	规划基金项目	管理学
58	20YJC630214	在线医疗服务平台中的医患双边匹配机制研究	北京科技大学	张婷婷	青年基金项目	管理学
59	20YJC710030	中国精神融入高校思政课教学的路径研究	北京科技大学	李薇薇	青年基金项目	马克思主义/思想政治教育
60	20YJCZH083	德国媒体中的中国形象研究	北京理工大学	梁珊珊	青年基金项目	交叉学科/综合研究
61	20YJA820027	企业破产重整机制多元化研究	北京理工大学	张艳丽	规划基金项目	法学
62	20YJC630069	城市公共交通票价调节机制研究——基于群体出行决策复杂性的视角	北京联合大学	李雪岩	青年基金项目	管理学
63	20YJC630175	大数据驱动下电商平台供应链融资风险动态预警研究	北京联合大学	徐　鲲	青年基金项目	管理学
64	20YJA630045	海外并购型经营对冲与企业外汇风险暴露：机制、路径与后果	北京联合大学	刘方方	规划基金项目	管理学
65	20YJC880088	基于文本情感识别的教师教学问题智能诊断与改进研究	北京联合大学	王阿习	青年基金项目	教育学
66	20YJC760140	类型学视角下闽南民居建筑装饰形态分析	北京联合大学	郑慧铭	青年基金项目	艺术学
67	20YJC880120	美国高校教师职业失范行为的治理研究	北京联合大学	张奂奂	青年基金项目	教育学
68	20YJC870011	移动图书馆情境化知识服务策略研究	北京联合大学	叶莎莎	青年基金项目	图书馆、情报与文献学
69	20YJA760016	长三角圩田地区传统水环境景观生成和空间模式研究	北京林业大学	郭　巍	规划基金项目	艺术学
70	20YJA630051	国家级新区的设立对我国区域空间结构演化的影响与调控对策	北京林业大学	齐元静	规划基金项目	管理学
71	20YJA790059	我国森林保险精准扶贫效应评估与机制优化研究	北京林业大学	秦　涛	规划基金项目	经济学

续表

序号	项目批准号	项目名称	学校名称	申请人	项目类别	学科门类
72	20YJC630036	异质门槛视角下创新驱动产业绿色转型研究：路径特征、发展效率及影响机理	北京林业大学	侯　建	青年基金项目	管理学
73	20YJCZH114	中国古代月季、蔷薇、玫瑰文化起源及内涵研究	北京林业大学	罗　乐	青年基金项目	交叉学科/综合研究
74	20YJC751036	“十七年”时期中国科幻小说的本土特征与时代脉络研究	北京师范大学	肖　汉	青年基金项目	中国文学
75	20YJAZH010	“一带一路”战略对中国人口流动的影响研究	北京师范大学	陈清华	规划基金项目	交叉学科/综合研究
76	20YJC751044	《青年进步》（1917—1932）与新文化思潮关系研究	北京师范大学	翟　猛	青年基金项目	中国文学
77	20YJC860026	代际“媒介观”差异与演进机制研究	北京师范大学	曲　慧	青年基金项目	新闻学与传播学
78	20YJA740041	对话句法理论的发展及应用研究	北京师范大学	王德亮	规划基金项目	语言学
79	20YJA880026	高中语文传统文化名著专题教学实施策略	北京师范大学	李煜晖	规划基金项目	教育学
80	20YJC770048	汉唐间史书叙事的方法及其成就研究	北京师范大学	朱露川	青年基金项目	历史学
81	20YJA890036	基于大数据的中国学生生长发育敏感期演进规律与体育学业评价标准研究	北京师范大学	甄志平	规划基金项目	体育科学
82	20YJC880115	教育援建背景下跨省域教育集团化办学：援建路径、成效及保障机制研究	北京师范大学	叶菊艳	青年基金项目	教育学
83	20YJA790094	进口贸易对我国企业性别工资差距的影响研究	北京师范大学	赵春明	规划基金项目	经济学
84	20YJA760053	景观研究视域中的新中国电影	北京师范大学	路春艳	规划基金项目	艺术学
85	20YJC880015	留守儿童歧视知觉的形成机制及干预策略研究	北京师范大学	傅王倩	青年基金项目	教育学
86	20YJC790078	社会保险对劳动力成本的影响：行为激励及其分配效应	北京师范大学	刘　盼	青年基金项目	经济学
87	20YJC751034	宋代文体新变与文体形态研究	北京师范大学	邬志伟	青年基金项目	中国文学
88	20YJA890034	体育课堂教学反馈系统的构建与实践	北京师范大学	张吾龙	规划基金项目	体育科学
89	20YJC880002	我国中小学教师情绪、职业倦怠和劳动异化的关系研究	北京师范大学	曾国权	青年基金项目	教育学
90	20YJC890032	新时代我国区域体育产业高质量发展水平测度及提升路径研究	北京师范大学	许寒冰	青年基金项目	体育科学
91	20YJCZH017	虚拟现实环境中全视角视觉注意影响因素研究	北京师范大学	丁　妮	青年基金项目	交叉学科/综合研究
92	20YJA880083	学习障碍小学生心理健康问题影响因素的作用机制及对策研究	北京师范大学	张树东	规划基金项目	教育学

续表

序号	项目批准号	项目名称	学校名称	申请人	项目类别	学科门类
93	20YJA770017	一个生产大队的“财政制度”研究（1958—1982）	北京师范大学	张海荣	规划基金项目	历史学
94	20YJC710093	粤港澳大湾区视域下港澳青年国家认同培育维度与路径研究	北京师范大学	赵凤莲	青年基金项目	马克思主义/思想政治教育
95	20YJC710026	中国共产党思想政治教育疏导的经验研究	北京师范大学	郎　琦	青年基金项目	马克思主义/思想政治教育
96	20YJC880096	中小学社会主义核心价值观教育的现状调查与效果评价	北京师范大学	王　熙	青年基金项目	教育学
97	20YJC880134	中小学生课堂学习机会评价模型的构建与应用研究	北京师范大学	朱忠明	青年基金项目	教育学
98	20YJC890049	儿童运动技术教学中隐喻的作用及神经机制——以难美项目为例	北京体育大学	郑玮琦	青年基金项目	体育科学
99	20YJC740034	基于语料库的汉语二语课堂合作学习研究	北京体育大学	刘　路	青年基金项目	语言学
100	20YJAZH017	体育汉语词汇数据库建设与应用研究	北京体育大学	程　红	规划基金项目	交叉学科/综合研究
101	20YJC720002	谢良佐著作整理与研究	北京体育大学	陈石军	青年基金项目	哲学
102	20YJC880094	跨国主义视域下海归学生身份认同感与再融入模式研究	北京外国语大学	王苏阳	青年基金项目	教育学
103	20YJC740069	母语者和二语学习者形态复杂词加工机制的对比研究	北京外国语大学	吴兆红	青年基金项目	语言学
104	20YJA630035	去杠杆政策对民营企业融资决策的影响研究	北京外国语大学	李思飞	规划基金项目	管理学
105	20YJC880092	招生倾斜政策下一流大学弱势背景学生学业支持制度研究	北京外国语大学	王　俊	青年基金项目	教育学
106	20YJC760080	改革开放 40 年舞蹈争鸣文献整理与研究（1978—2018）	北京舞蹈学院	任文惠	青年基金项目	艺术学
107	20YJCZH200	随机多变环境下基于数据驱动的云资源自适应调度研究	北京物资学院	薛　菲	青年基金项目	交叉学科/综合研究
108	20YJC880079	高校信访法治化改革路径探析	北京信息科技大学	史三军	青年基金项目	教育学
109	20YJAZH129	基于大数据的上市公司舞弊风险画像与异常检测研究	北京信息科技大学	张　莉	规划基金项目	交叉学科/综合研究
110	20YJC630056	基于空间外溢与门槛效应的制造业绿色技术创新能力研究	北京信息科技大学	类　骁	青年基金项目	管理学
111	20YJC752017	欧茨悲剧小说的生存哲学思想研究	北京信息科技大学	王　丹	青年基金项目	外国文学
112	20YJAZH046	社会安全事件中信息传播分析预警与负向信息抑制策略研究	北京信息科技大学	康海燕	规划基金项目	交叉学科/综合研究
113	20YJAZH018	外语教育规划评估体系构建研究	北京信息科技大学	程京艳	规划基金项目	交叉学科/综合研究
114	20YJA710044	习近平总书记关于思想政治教育的重要论述及其理论贡献研究	北京信息科技大学	赵爱玲	规划基金项目	马克思主义/思想政治教育

续表

序号	项目批准号	项目名称	学校名称	申请人	项目类别	学科门类
115	20YJC860015	广播与民族国家想象——中国早期广播社会文化史（1923—1937）	北京印刷学院	李宝玉	青年基金项目	新闻学与传播学
116	20YJA760099	红色设计史研究（1921—1949）	北京印刷学院	张　彬	规划基金项目	艺术学
117	20YJC752023	艾伦·辛菲尔德的文化唯物论研究	北京邮电大学	袁　方	青年基金项目	外国文学
118	20YJC740077	基于汉英平行语料库的虚构运动事件类型学研究	北京邮电大学	杨京鹏	青年基金项目	语言学
119	20YJC630054	面向智能制造和MTO需求的多设备工作中心调度与优化方法研究	北京邮电大学	孔继利	青年基金项目	管理学
120	20YJCZH170	孤独症Gamma振荡异常与神经反馈脑调控康复研究	北京语言大学	王　瑶	青年基金项目	交叉学科/综合研究
121	20YJCZH223	基于互联网大数据的中国语言文化异域传播动态监测指数研究	北京语言大学	张　崇	青年基金项目	交叉学科/综合研究
122	20YJC740080	清华大学藏战国竹简文本来源问题综合研究	北京语言大学	杨蒙生	青年基金项目	语言学
123	20YJC740050	清末以来汉语报刊语词汇使用计量研究	北京语言大学	饶高琦	青年基金项目	语言学
124	20YJAZH110	外国留学生汉字学习的认知神经机制跟踪研究及预测模型构建	北京语言大学	邢红兵	规划基金项目	交叉学科/综合研究
125	20YJA740025	现代汉语方言农业词汇的语言地理学研究	北京语言大学	李润生	规划基金项目	语言学
126	20YJC740097	语言经验对加工汉语语篇结构的影响：来自行为和脑电的证据	北京语言大学	张秀平	青年基金项目	语言学
127	20YJA740032	韵律—结构—语义界面的汉语词法研究	北京语言大学	孟　凯	规划基金项目	语言学
128	20YJC710037	爱德华·苏贾的空间正义理论及其对我国城市化发展的启示研究	北京中医药大学	刘亚品	青年基金项目	马克思主义/思想政治教育
129	20YJAZH003	中外古本《千金要方》异文汇证与研究	北京中医药大学	曾　凤	规划基金项目	交叉学科/综合研究
130	20YJA790031	安全资产供需失衡视角下系统性金融风险的生成机理、识别与防控研究	对外经济贸易大学	黄晓薇	规划基金项目	经济学
131	20YJCZH228	大数据视角下基于网络信息反演的热点事件舆情分析及预警策略研究	对外经济贸易大学	张　琦	青年基金项目	交叉学科/综合研究
132	20YJA630100	降费背景下基本养老保险全国统筹的财政责任与实现机制研究	对外经济贸易大学	周志凯	规划基金项目	管理学
133	20YJA630075	零售商跨渠道整合的驱动机制和影响效果：基于开放系统理论的整合模型	对外经济贸易大学	薛佳奇	规划基金项目	管理学
134	20YJC790089	人口老龄化与居民部门高债务风险：影响机理与效应分析	对外经济贸易大学	刘哲希	青年基金项目	经济学

续表

序号	项目批准号	项目名称	学校名称	申请人	项目类别	学科门类
135	20YJA790017	商业车险费率市场化改革、交通事故与被保险人道德风险：基于信息不对称视角	对外经济贸易大学	郭锐欣	规划基金项目	经济学
136	20YJA740052	限时二语写作的影响因素及认知机制研究	对外经济贸易大学	杨颖莉	规划基金项目	语言学
137	20YJA840004	乡村振兴背景下的环境公正与健康公平	对外经济贸易大学	方黎明	规划基金项目	社会学
138	20YJCZH026	新时代农村地区教育阻断贫困代际传递的机制及对策研究	对外经济贸易大学	范静波	青年基金项目	交叉学科/综合研究
139	20YJA630080	中国企业的开放式创新：边界依赖，技术环境变迁与技术战略	对外经济贸易大学	杨震宁	规划基金项目	管理学
140	20YJC790150	资本市场对中国海外并购的影响：基于资源配置与价格信号双重视角的研究	对外经济贸易大学	谢红军	青年基金项目	经济学
141	20YJAZH138	高温天气环卫工人健康风险感知与劳动保护研究	华北电力大学	郑国忠	规划基金项目	交叉学科/综合研究
142	20YJCZH125	丝路文明视阈下的中国古毯资料补遗与整理研究	华北电力大学	庞　涛	青年基金项目	交叉学科/综合研究
143	20YJAZH108	Karl Jaspers 精神病理学的哲学研究	清华大学	肖　巍	规划基金项目	交叉学科/综合研究
144	20YJC630128	公众地震灾害认知与减灾意愿的宗教文化建构及其政策意蕴	清华大学	孙　磊	青年基金项目	管理学
145	20YJC630066	公众电子政务使用行为干预机制研究：基于实验方法	清华大学	李文娟	青年基金项目	管理学
146	20YJC880126	基于慕课学习平台的探究社区模型重构及分析应用研究	清华大学	张亦凝	青年基金项目	教育学
147	20YJC760102	物质的维度——20 世纪雕塑材料语言独立性研究	清华大学	王轶男	青年基金项目	艺术学
148	20YJA720001	休谟的概念理论研究	清华大学	Yun Pen Asher Jiang（蒋运鹏）	规划基金项目	哲学
149	20YJA880073	学术奖励还是维持生活："双一流"背景下博士生资助的价值与制度选择	清华大学	叶富贵	规划基金项目	教育学
150	20YJA790047	应对人口老龄化的女性劳动参与激励政策分析：理论、实证与模拟	清华大学	刘生龙	规划基金项目	经济学
151	20YJC630126	应急管理新体制下灾害风险跨部门协同治理机制研究——基于网络视角	清华大学	孙　典	青年基金项目	管理学
152	20YJC790167	长期风险模型中的消费跨期决策研究	首都经济贸易大学	易　祯	青年基金项目	经济学
153	20YJA790009	混改背景下企业环境行为的异化选择与微观机理研究	首都经济贸易大学	杜雯翠	规划基金项目	经济学

续表

序号	项目批准号	项目名称	学校名称	申请人	项目类别	学科门类
154	20YJC860039	人工智能对网络内容生产的影响及其治理研究	首都师范大学	翟秀凤	青年基金项目	新闻学与传播学
155	20YJC880064	托育服务机构质量对3岁以下婴幼儿发展的影响：从入托到入园的追踪研究	首都师范大学	罗　丽	青年基金项目	教育学
156	20YJC740030	现代日语汉语动词的语法功能研究	首都师范大学	刘　健	青年基金项目	语言学
157	20YJC880127	中国青少年STEM职业期望状况及影响因素研究	首都师范大学	张颖之	青年基金项目	教育学
158	20YJC880111	中小学卓越体育教师关键特质与职后培养路径研究	首都体育学院	燕　凌	青年基金项目	教育学
159	20YJC752005	“绝境”中的希望：德里达解构思想研究	外交学院	冯　洋	青年基金项目	外国文学
160	20YJC740063	中国神话在欧洲翻译史论（1689—1793）	外交学院	王　敏	青年基金项目	语言学
161	20YJA860013	1949—2019年《纽约时报》头版涉华报道的国家形象生成与话语传播机制研究	中国传媒大学	王晨燕	规划基金项目	新闻学与传播学
162	20YJAZH085	5G时代智能媒体产业变革与管理模式创新研究	中国传媒大学	任锦鸾	规划基金项目	交叉学科/综合研究
163	20YJC860031	乡村老年用户对自媒体健康信息的接受和反应研究	中国传媒大学	熊　皇	青年基金项目	新闻学与传播学
164	20YJC860030	智能化背景下中国传媒产业发展模式与路径研究：基于共生理论视角	中国传媒大学	王润珏	青年基金项目	新闻学与传播学
165	20YJA760064	中国电视剧改编史（1958—2018）	中国传媒大学	秦俊香	规划基金项目	艺术学
166	20YJC870015	多层科学文献网络的演化及应用研究	中国地质大学（北京）	周建林	青年基金项目	图书馆、情报与文献学
167	20YJC630217	面向人道物流网络的双层交互式鲁棒多准则群决策模型研究	中国地质大学（北京）	张文凯	青年基金项目	管理学
168	20YJC710033	全媒体时代意识形态领导权与话语权对比研究	中国科学院大学	刘秉鑫	青年基金项目	马克思主义/思想政治教育
169	20YJCZH087	大数据时代地缘环境系统时空格局演变与动力机制研究	中国矿业大学（北京）	林　刚	青年基金项目	交叉学科/综合研究
170	20YJC740068	新时代背景下的生态话语分析——以中外媒体“一带一路”报道为例	中国矿业大学（北京）	魏　榕	青年基金项目	语言学
171	20YJA752022	生态文明视域下的卡森海洋书写与蓝色批评研究	中国农业大学	钟　燕	规划基金项目	外国文学
172	20YJA880081	我国高校科研诚信教育现状及成效的实证研究	中国农业大学	张红伟	规划基金项目	教育学
173	20YJA630004	我国生鲜农产品零售业态演变机理研究	中国农业大学	陈红华	规划基金项目	管理学

续表

序号	项目批准号	项目名称	学校名称	申请人	项目类别	学科门类
174	20YJA630092	部门利益对政策制定与执行的影响：动机、资源与策略——以若干重要土地政策为例	中国人民大学	张清勇	规划基金项目	管理学
175	20YJA790086	高校科研向企业创新的溢出效应评估与影响机制研究	中国人民大学	张俊岩	规划基金项目	经济学
176	20YJC880036	高校哲学社会科学项目管理存在的问题与完善路径	中国人民大学	姜晓妍	青年基金项目	教育学
177	20YJA740013	汉语连动式“单一事件化”研究	中国人民大学	高增霞	规划基金项目	语言学
178	20YJA870003	基于数据科学的信息资源管理研究范式创新	中国人民大学	朝乐门	规划基金项目	图书馆、情报与文献学
179	20YJC760086	冷战与香港电影的历史叙述	中国人民大学	苏　涛	青年基金项目	艺术学
180	20YJCZH134	乡村振兴战略下我国重要农业文化遗产地农、文、旅融合发展研究	中国人民大学	苏明明	青年基金项目	交叉学科/综合研究
181	20YJA740051	英汉词汇多义衍生共性的社会认知研究	中国人民大学	许葵花	规划基金项目	语言学
182	20YJC760059	中国传统“腔化”语言在当代钢琴作品中的运用与体现	中国人民大学	刘　琉	青年基金项目	艺术学
183	20YJA820020	中国行政法学说史	中国人民大学	王贵松	规划基金项目	法学
184	20YJA710002	“香山精神”研究	中国人民公安大学	曹　英	规划基金项目	马克思主义/思想政治教育
185	20YJAGJW006	当代国际基督教生态与中国社会安全实证研究	中国人民公安大学	张纯琍	规划基金项目	国际问题研究
186	20YJAZH009	基于空间大数据的超大城市外来人口犯罪地理分析与精准治理对策研究——以北京市为例	中国人民公安大学	陈　鹏	规划基金项目	交叉学科/综合研究
187	20YJCZH187	恐怖主义网络动员与激进化进程研究	中国人民公安大学	谢晓专	青年基金项目	交叉学科/综合研究
188	20YJC820031	基本权利干预研究	中国社会科学院大学	柳建龙	青年基金项目	法学
189	20YJC770030	明代义民义官与乡村社会研究	中国社会科学院大学	向　静	青年基金项目	历史学
190	20YJCZH010	移动交友应用对成年早期随意性关系的影响机制研究	中国社会科学院大学	陈　爽	青年基金项目	交叉学科/综合研究
191	20YJCZH201	契约视角下矿权“圈而不探”困境解决机制研究	中国石油大学（北京）	薛　庆	青年基金项目	交叉学科/综合研究
192	20YJC760078	民国京剧批评研究	中国戏曲学院	任婷婷	青年基金项目	艺术学
193	20YJC752015	新中国成立70年戏曲文本英译和传播研究	中国戏曲学院	苏　凤	青年基金项目	外国文学
194	20YJAGJW001	“一带一路”背景下亚洲地区合作的发展演变趋势与中国方略	中国政法大学	耿协峰	规划基金项目	国际问题研究
195	20YJC820043	被害人权利保护视域下的亲告罪刑事政策研究	中国政法大学	涂欣筠	青年基金项目	法学

续表

序号	项目批准号	项目名称	学校名称	申请人	项目类别	学科门类
196	20YJC820063	德国网络犯罪防控机制的实效化路径研究	中国政法大学	张 婷	青年基金项目	法学
197	20YJC820060	缔约阶段信息风险的平衡与救济——以缔约过失与违约责任的竞合为视角	中国政法大学	于程远	青年基金项目	法学
198	20YJC820042	类案裁判的法理基础与运行机制研究	中国政法大学	孙海波	青年基金项目	法学
199	20YJA820010	粮食安全的农田保障制度构建研究	中国政法大学	李 蕊	规划基金项目	法学
200	20YJA820005	刑事电子数据规则的运行现状与理论反思	中国政法大学	褚福民	规划基金项目	法学
201	20YJC840037	激励视角下农村失能老人非正式照护模式研究	中华女子学院	杨 舒	青年基金项目	社会学
202	20YJCZH103	“高龄少子”背景下延迟退休与全面二孩政策的良性互动研究	中央财经大学	刘一伟	青年基金项目	交叉学科/综合研究
203	20YJC760013	城市文化消费空间提升及影响研究：以北京为例	中央财经大学	戴俊骋	青年基金项目	艺术学
204	20YJC790184	地方政府土地供给对实体经济的影响	中央财经大学	赵扶扬	青年基金项目	经济学
205	20YJC790018	非金融企业杠杆率与宏观经济政策	中央财经大学	董兵兵	青年基金项目	经济学
206	20YJA820025	国际投资仲裁的司法监督与保障研究	中央财经大学	肖 芳	规划基金项目	法学
207	20YJC790099	贸易自由化、创新政策与产业转型升级研究	中央财经大学	蒙 双	青年基金项目	经济学
208	20YJA630067	品牌标识的空间特征对消费者品牌评价的影响研究——基于认知隐喻的视角	中央财经大学	王 毅	规划基金项目	管理学
209	20YJC630101	柔性监管与上市公司环保投入——基于《绿色信贷指引》的研究	中央财经大学	马云飙	青年基金项目	管理学
210	20YJC630023	我国国际工程承包产业集群合作困境与治理研究	中央财经大学	高 然	青年基金项目	管理学
211	20YJC630016	政府背景客户能否改善资本市场认知——基于“供应链风险传递”与“政府扶持”双重视角	中央财经大学	窦 超	青年基金项目	管理学
212	20YJC790024	中国对“一带一路”国家的出口机遇识别与贸易促进策略研究	中央财经大学	符大海	青年基金项目	经济学
213	20YJC760143	《营造法式》小木作“积而为法”的应用与继承研究	中央美术学院	朱宁宁	青年基金项目	艺术学
214	20YJC740088	留学生汉语水平快速测试开发研究	中央民族大学	张海威	青年基金项目	语言学
215	20YJA760086	蒙古歌唱艺术的承传范式与现代性呈现研究	中央民族大学	乌云陶丽	规划基金项目	艺术学

续表

序号	项目批准号	项目名称	学校名称	申请人	项目类别	学科门类
216	20YJA740002	中古蒙古语情态传据系统的功能—类型学研究	中央民族大学	包满亮	规划基金项目	语言学
217	20YJA850001	中华民族共同体意识与博物馆叙事—展示体系研究	中央民族大学	雷虹霁	规划基金项目	民族学与文化学
218	20YJA850002	中越边境村规民约研究	中央民族大学	梁　琛	规划基金项目	民族学与文化学
219	20YJA760052	贝多芬《田园交响曲》手稿跨文化阐释研究	中央音乐学院	刘小龙	规划基金项目	艺术学

（高校社科管理中心供稿）

2020 年度教育部哲学社会科学研究重大课题攻关项目立项名单（在京高校）

序号	项目批准号	项目名称	学校	首席专家
1	20JZD002	习近平总书记的绿色发展理念研究	北京师范大学	韩　晶
2	20JZD020	数据法学的内容和体系研究	中国政法大学	李爱君
3	20JZD022	突破性创新科技政策体系研究	中国科学院大学	余　江
4	20JZD023	健康中国 2030 背景下的健康老龄化体系优化研究	中国人民大学	王晓军
5	20JZD032	新中国成立以来社会调查发展进程、经验与展望研究	北京大学	谢　宇
6	20JZD044	“一带一路”沿线国家汉语教育比较研究	北京语言大学	张宝钧
7	20JZD051	我国博士生招生和培养规模结构质量问题研究	中国人民大学	李立国
8	20JZD052	新时代学校体育美育改革发展研究	北京大学	安钰峰
9	20JZD054	新时代基础教育财政体制与结构研究	北京师范大学	王善迈

（高校社科管理中心供稿）

2020 年度教育部哲学社会科学研究后期资助项目（在京高校）

序号	项目批准号	学校	项目负责人	项目名称	学科门类	项目类别
1	20JHQ006	北京大学	胡少诚	早期北大的治理模式与实践研究（1898—1937）	历史学	重大项目
2	20JHQ007	首都经济贸易大学	尹志超	中国家庭流动性约束研究	经济学	重大项目
3	20JHQ009	中国政法大学	武长海	国际大宗商品现货与期货定价与监管比较研究	法学	重大项目
4	20JHQ010	中国政法大学	孙平华	国际人权话语中的中国声音研究	法学	重大项目

续表

序号	项目批准号	学校	项目负责人	项目名称	学科门类	项目类别
5	20JHQ011	中国传媒大学	段　鹏	媒介融合背景下广播电视发展策略研究	新闻学与传播学	重大项目
6	20JHQ019	北京理工大学	刘新刚	新时代高校思想政治理论课改革创新整体性研究	马克思主义/思想政治教育	一般项目
7	20JHQ020	中国地质大学（北京）	杨峻岭	当代中国大学生道德状况调查与分析研究	马克思主义/思想政治教育	一般项目
8	20JHQ023	中国人民大学	刘志洪	面向局限性的人之发展研究	马克思主义/思想政治教育	一般项目
9	20JHQ026	中国社会科学院大学	李　涛	《尼各马可伦理学》的翻译与注疏研究	哲学	一般项目
10	20JHQ032	中国人民大学	王建华	新中国七十年翻译活动社会学研究及数据库建设	语言学	一般项目
11	20JHQ033	北京语言大学	张美霞	语法化视野下的介词功能发展个案研究	语言学	一般项目
12	20JHQ043	北京联合大学	杨　柳	北朝墓志文学研究	中国文学	一般项目
13	20JHQ048	中国传媒大学	史博公	新中国抗战题材电影研究	艺术学	一般项目
14	20JHQ050	中央戏剧学院	陈　刚	中国演剧风格的思索与实践研究	艺术学	一般项目
15	20JHQ058	中央财经大学	哈战荣	“中英修约”史料整理与汇编研究（北洋政府时期）	历史学	一般项目
16	20JHQ061	中央财经大学	樊　勇	关税政策的经济学分析研究	经济学	一般项目
17	20JHQ063	北京交通大学	付婷婷	促进合作的实验经济学研究	经济学	一般项目
18	20JHQ069	北京师范大学	汪　波	大数据背景下制度反腐与数字反腐的联动研究	政治学	一般项目
19	20JHQ070	对外经济贸易大学	徐　凡	《尼克松传：人生》（译著）	政治学	一般项目
20	20JHQ071	中国政法大学	解志勇	行政法院建构研究	法学	一般项目
21	20JHQ074	中央财经大学	朱晓峰	家庭关系传承与变革中的民法问题研究	法学	一般项目
22	20JHQ075	对外经济贸易大学	陈正健	国际投资仲裁中的权力问题研究	法学	一般项目
23	20JHQ082	北京大学	王洪喆	溯源中国信息社会研究（1955—1984）	新闻学与传播学	一般项目
24	20JHQ083	中国人民大学	朝乐门	数据故事化的模型及其现实研究	图书馆、情报与文献学	一般项目
25	20JHQ099	北京师范大学	焦　豪	动态能力的多层次过程机制研究	管理学	一般项目

（高校社科管理中心供稿）

2020 年度北京市社会科学基金规划项目立项名单

序号	项目编号	项目名称	项目级别	申报学科	项目负责人	科研信誉保证单位
1	20ZDA01	《民法典》担保制度体系研究	重大项目	法学	高圣平	中国人民大学
2	20ZDA02	数据科技时代法学基本范畴的体系重构	重大项目	法学	雷　磊	中国政法大学
3	20ZDA26	习近平法治思想的原创性贡献研究	重大项目	法学	马怀德	中国政法大学
4	20FXA003	大数据侦查视野下的公民基本权利保护研究	重点项目	法学	郭　烁	北京交通大学
5	20FXA004	清代法制之腹边文化互动研究	重点项目	法学	苏亦工	清华大学
6	20FXA005	民法典网络侵权制度在知识产权领域的适用	重点项目	法学	万　勇	中国人民大学
7	20FXB006	常态化疫情防控中“稳外贸”的国际法规制研究	一般项目	法学	龚红柳	对外经济贸易大学
8	20FXB007	全球跨境数据治理与主权博弈	一般项目	法学	侯登华	北京科技大学
9	20FXB008	创新型权益与标识型权益二分框架下的知识产权损害赔偿体系化研究	一般项目	法学	蒋　舸	清华大学
10	20FXB009	个人生物识别信息的法律保护	一般项目	法学	吴文嫔	北京交通大学
11	20FXB010	职业打假的社会效应与司法政策研究——关于北京市相关裁判文书的数据挖掘和分析	一般项目	法学	熊丙万	中国人民大学
12	20FXB011	低碳能源法律制度研究	一般项目	法学	杨春桃	北京青年政治学院
13	20FXB012	地方安全生产标准化的法律规制	一般项目	法学	姚卫华	北京市科学技术研究院
14	20FXB013	劳动与社会保障法应对重大突发事件研究——以本次疫情中停工复工及其劳动争议为重点	一般项目	法学	赵红梅	中国政法大学
15	20FXC014	重返矫治：新矫治刑罚理论之呈现、内核、动因及影响研究	青年项目	法学	曹兴华	北京中医药大学
16	20FXC015	基于区块链技术的电子数据适用及保障体系研究	青年项目	法学	陈　磊	首都经济贸易大学
17	20FXC016	首都疾病预防控制组织法治体系建设研究	青年项目	法学	崔俊杰	首都师范大学
18	20FXC017	司法类案作为裁判说理依据的机制研究——以北京法院为个案	青年项目	法学	高　尚	中国政法大学
19	20FXC018	网络数据刑法的规范结构与罪名功能	青年项目	法学	郭旨龙	中国政法大学

续表

序号	项目编号	项目名称	项目级别	申报学科	项目负责人	科研信誉保证单位
20	20FXC019	反垄断法视野下的企业数据行为治理	青年项目	法学	焦海涛	中国政法大学
21	20FXC020	疫情防控视野下互联网医疗法律规制问题研究	青年项目	法学	李润生	北京中医药大学
22	20FXC021	民法典中概括条款的识别与适用	青年项目	法学	刘亚东	首都经济贸易大学
23	20FXC022	混改背景下北京市属国企公司治理法律问题研究	青年项目	法学	楼秋然	对外经济贸易大学
24	20FXC023	北京市重大突发事件应急物流管理的法律保障机制研究	青年项目	法学	彭　幸	北京物资学院
25	20FXC024	北京市金融领域腐败犯罪防治长效机制研究	青年项目	法学	商浩文	北京师范大学
26	20FXC025	区块链数字证券资产发行法律制度构建研究	青年项目	法学	王　淼	北京物资学院
27	20FXC026	北京市实施《保障中小企业款项支付条例》重难点问题研究	青年项目	法学	王　琦	北京航空航天大学
28	20FXC027	北京市药品犯罪刑事治理实证研究	青年项目	法学	张伟珂	中国人民公安大学
29	20FXC028	北京自动驾驶示范应用中的人工智能关键技术法律规制问题及对策研究	青年项目	法学	张溪瑨	中国人民公安大学
30	20FXC029	突发公共卫生事件信息公开法律规制的完善	青年项目	法学	赵惠妙	北京化工大学
31	20ZDA03	北京市高精尖产业知识产权证券化模式与机制研究	重大项目	管理学	鲍新中	北京联合大学
32	20ZDA04	推动绿色消费的制度体系与机制创新研究	重大项目	管理学	靳　敏	中国人民大学
33	20ZDA05	新时代北京党政领导干部应急管理能力研究	重大项目	管理学	叶　龙	北京交通大学
34	20ZDA27	到2035年建成社会主义文化强国研究——从提升中华文化影响力的视角	重大项目	管理学	贺耀敏	中国人民大学
35	20ZDA28	北京建设国际科技创新中心研究	重大项目	管理学	薛　澜	清华大学
36	20GLA001	基于“一核两翼”的政府环境治理投资与企业环保投资协同机制研究	重点项目	管理学	崔也光	首都经济贸易大学
37	20GLA002	基于数据分析的北京市企业宏观质量精准画像与预警	重点项目	管理学	葛新权	北京信息科技大学
38	20GLA003	疫情防控常态化下的超大城市治理政策成本-效益系统化评估	重点项目	管理学	刘　伦	北京大学

续表

序号	项目编号	项目名称	项目级别	申报学科	项目负责人	科研信誉保证单位
39	20GLA004	《北京市生活垃圾管理条例》对垃圾分类示范片区的影响和评价研究	重点项目	管理学	王朝华	北京市社会科学院
40	20GLA005	京津冀城市群国土空间治理推进绿色发展的机制与路径研究	重点项目	管理学	王德起	首都经济贸易大学
41	20GLA006	基于移动互联网的可交易电子路票高峰拥堵治理实地实验研究	重点项目	管理学	王雅璨	北京交通大学
42	20GLA007	基于“两山理论”的北京乡村旅游高质量发展研究	重点项目	管理学	张　波	北京联合大学
43	20GLA008	基于突发公共卫生事件的北京应急供应链脆弱性与防御机制研究	重点项目	管理学	赵　艳	首都经济贸易大学
44	20GLA073	北京产业数字化升级的微观实现机制研究	重点项目	管理学	焦　豪	北京师范大学
45	20GLA074	“十四五”时期推动企业可持续发展的政策体系研究	重点项目	管理学	柳学信	首都经济贸易大学
46	20GLA075	创新生态视角下北京建设国际科技创新中心研究	重点项目	管理学	张　凤	北京航空航天大学
47	20GLB013	基于“四个中心”功能定位的首都应急物资保障体系研究	一般项目	管理学	吴　非	北京物资学院
48	20GLB014	疫情防控常态化背景下北京基层社区韧性提升策略研究	一般项目	管理学	丁　锐	北京建筑大学
49	20GLB015	疫情冲击下的企业现金持有研究	一般项目	管理学	代冰彬	北京第二外国语学院
50	20GLB016	非首都功能疏解对北京及其新两翼资源环境承载力的影响与协同提升策略	一般项目	管理学	方　伟	中国地质大学（北京）
51	20GLB017	北京市公共地下空间安全与应急管理研究	一般项目	管理学	谷　炜	北京科技大学
52	20GLB018	京津冀区域网络型环境治理体系构建与运行机制研究	一般项目	管理学	李　梅	北京市科学技术研究院
53	20GLB019	中西医结合应对重大疫情的防治模式及应急管理机制研究	一般项目	管理学	李瑞锋	北京中医药大学
54	20GLB020	基于深度神经网络的首都突发事件人群异常行为辨识与应急管理研究	一般项目	管理学	李之红	北京建筑大学
55	20GLB021	首都鲜活农产品流通体系面临挑战与发展举措研究	一般项目	管理学	刘海龙	北京工商大学
56	20GLB022	北京市农产品批发市场与电商融合发展路径研究	一般项目	管理学	罗倩文	北京物资学院
57	20GLB023	北京市对区转移支付绩效评价与制度优化研究	一般项目	管理学	吕素香	北京工商大学

续表

序号	项目编号	项目名称	项目级别	申报学科	项目负责人	科研信誉保证单位
58	20GLB024	后疫情时期基于动态能力的北京市中小企业数字化转型研究	一般项目	管理学	马丽仪	北京联合大学
59	20GLB025	基于多源数据精细化分析的公共建筑节能设计导控策略研究	一般项目	管理学	那　威	北京建筑大学
60	20GLB026	“新基建”助力下北京智能物流末端配送体系与运作模式研究	一般项目	管理学	宋燕星	北京物资学院
61	20GLB027	促进北京市生态涵养区农村劳动力转移就业的政策效应评估研究	一般项目	管理学	汪　雯	北京林业大学
62	20GLB028	减量发展背景下北京现代服务业高质量发展机制与实现路径研究	一般项目	管理学	王传生	首都经济贸易大学
63	20GLB029	疫情环境下医疗废物处置资源智能调配策略研究	一般项目	管理学	王　艳	北京物资学院
64	20GLB030	京津冀协同推进绿色发展的战略研究：基于产业链的视角	一般项目	管理学	张江雪	北京师范大学
65	20GLB031	京郊农村村级财务管理问题研究	一般项目	管理学	张　宁	北京农学院
66	20GLB032	大数据背景下聚焦市民诉求的社区治理能力提升研究	一般项目	管理学	祝　歆	北京联合大学
67	20GLC033	协调联动视角下京津冀城市群绿色发展效率测度方法与提升路径研究	青年项目	管理学	常　远	中央财经大学
68	20GLC034	面向突发事件的首都高可靠性组织形成策略研究	青年项目	管理学	褚福磊	首都经济贸易大学
69	20GLC035	新时期京冀产业扶贫协作的模式优化与政策创新	青年项目	管理学	方　方	北京市社会科学院
70	20GLC036	健康北京建设视角下的居民可避免住院研究	青年项目	管理学	傅虹桥	北京大学
71	20GLC037	疫情防控常态化下北京城市整体治理模式创新研究	青年项目	管理学	黄衔鸣	首都经济贸易大学
72	20GLC038	疫后“减税政策”对北京中小企业价值形成的作用机制研究	青年项目	管理学	贾建宇	北京工商大学
73	20GLC039	基于疫情地图的城市可视化治理模式研判	青年项目	管理学	李光达	北京信息科技大学
74	20GLC040	区块链在北京市银行业重大风险防范体系中的应用研究	青年项目	管理学	刘佳佳	北京化工大学
75	20GLC041	减税降费与北京市企业内生动力共振机制研究	青年项目	管理学	鲁　昱	北京工商大学
76	20GLC042	基于消费者行为大数据的绿色消费激励政策研究	青年项目	管理学	栾　静	北京交通大学

续表

序号	项目编号	项目名称	项目级别	申报学科	项目负责人	科研信誉保证单位
77	20GLC043	北京市老旧小区改造中的利益相关者冲突分析与共赢策略研究	青年项目	管理学	马世昌	北京建筑大学
78	20GLC044	北京市重大突发公共危机应急社会动员转型路径研究	青年项目	管理学	南　锐	中国矿业大学（北京）
79	20GLC045	城市基层治理体系中多元主体互动的协调机制研究	青年项目	管理学	邱　倩	中共北京市委党校
80	20GLC046	贸易战背景下北京企业全球供应链集成风险管理对策研究	青年项目	管理学	任　龙	对外经济贸易大学
81	20GLC047	供给侧改革下北京市学前教育财政投入的质量效益评价及优化方案设计	青年项目	管理学	茹　玉	首都经济贸易大学
82	20GLC048	基于多源数据互证的北京市区域路网潮汐车道布局优化方法研究	青年项目	管理学	孙　煦	北京建筑大学
83	20GLC049	首都装配式建筑供应链韧性强化机制研究	青年项目	管理学	王朝静	北京交通大学
84	20GLC050	构建京津冀现代环境治理体系研究	青年项目	管理学	王　镝	北京大学
85	20GLC051	北京市充电桩区块链共享机制与支撑政策研究	青年项目	管理学	王　歌	华北电力大学
86	20GLC052	北京市应急工程设备的维修策略和备件库存联合优化研究	青年项目	管理学	王小越	北京工商大学
87	20GLC053	基于创新网络的北京智能制造产业技术扩散机制及政策研究	青年项目	管理学	王雅薇	北京物资学院
88	20GLC054	北京市碳排放权交易市场对企业绿色技术创新和竞争力的影响及对策研究	青年项目	管理学	魏亿钢	北京航空航天大学
89	20GLC055	大数据驱动下北京市科创企业机会主义减持预警及防范研究	青年项目	管理学	吴冬晓	北京联合大学
90	20GLC056	构建京津冀“多元共治”的环境治理体系：基于企业环境信息视角	青年项目	管理学	姚　盈	北京工业大学
91	20GLC057	企业绿色发展对冲协同机制研究	青年项目	管理学	翟　月	北京交通大学
92	20GLC058	北京市应急物资储备管理和调配机制研究	青年项目	管理学	张　静	北京邮电大学
93	20GLC059	基于深度学习的北京市空气质量预测及其调控策略研究	青年项目	管理学	张　蕾	北京建筑大学
94	20GLC060	治理现代化视角下北京市优化财政支出管理研究	青年项目	管理学	张　莉	首都经济贸易大学
95	20GLC061	文旅融合背景下非物质文化遗产保护、利用的平衡机制构建和发展路径研究	青年项目	管理学	张希月	北京石油化工学院

续表

序号	项目编号	项目名称	项目级别	申报学科	项目负责人	科研信誉保证单位
96	20GLC062	北京共享经济企业导入独立承包商用工方式的动力机制及其有效性研究	青年项目	管理学	张志朋	中国劳动关系学院
97	20GLC063	“接诉即办”改革背景下北京市社会治理模式与效果研究	青年项目	管理学	赵　娟	北京化工大学
98	20GLC064	基于时空大数据的京津冀景点即时推荐研究	青年项目	管理学	李　颖	北京第二外国语学院
99	20ZDA07	北京深化文化消费领域供给侧结构性改革研究	重大项目	经济学	贾秀清	中国传媒大学
100	20ZDA08	高铁对我国城市群经济空间结构影响研究	重大项目	经济学	欧国立	北京交通大学
101	20ZDA09	北京市流行病—社会—经济三方联结可计算一般均衡CGE综合评价模型的构建与应用	重大项目	经济学	潘浩然	北京师范大学
102	20ZDA10	中国突破关键核心技术创新的机制体制障碍与对策研究	重大项目	经济学	张　杰	中国人民大学
103	20ZDA29	构建以国内大循环为主体、国内国际双循环相互促进的新发展格局研究	重大项目	经济学	刘元春	中国人民大学
104	20ZDA30	北京加快构建更高水平开放型经济新体制研究	重大项目	经济学	王　强	对外经济贸易大学
105	20ZDA31	构建新发展格局与京津冀协同发展研究	重大项目	经济学	戴宏伟	中央财经大学
106	20JJA001	环首都贫困带乡村振兴推进减贫的机理、模式与对策研究	重点项目	经济学	丁琳琳	中国农业科学院农业经济与发展研究所
107	20JJA002	推动北京经济高质量发展的财税政策研究	重点项目	经济学	高凌江	北京第二外国语学院
108	20JJA003	全面建成小康社会后中国减贫战略研究	重点项目	经济学	孙久文	中国人民大学
109	20JJA004	北京高质量发展的产业结构转型及政策研究：基于结构性资源错配的视角	重点项目	经济学	王　韡	对外经济贸易大学
110	20JJA035	新发展阶段北京市促进共同富裕研究	重点项目	经济学	万海远	北京师范大学
111	20JJA036	“十四五”时期供需更高水平动态平衡实现路径研究	重点项目	经济学	王　军	首都经济贸易大学
112	20JJB005	大数据驱动下的北京市科技金融政策精准治理研究	一般项目	经济学	程　翔	北京联合大学
113	20JJB006	疫情防控常态化下北京市中小企业数字化转型的路径和绩效研究	一般项目	经济学	方明月	中国农业大学
114	20JJB007	北京科技型中小企业高质量发展与新三板创新金融支持研究	一般项目	经济学	何俊勇	北京第二外国语学院

续表

序号	项目编号	项目名称	项目级别	申报学科	项目负责人	科研信誉保证单位
115	20JJB008	数字经济发展中就业结构变化与职工培训	一般项目	经济学	纪雯雯	中国劳动关系学院
116	20JJB009	疫情背景下数字经济赋能京津冀企业高质量发展的作用机理与政策优化研究	一般项目	经济学	李　宾	北京化工大学
117	20JJB010	疫情防控常态化下数字经济驱动北京实体经济复兴研究	一般项目	经济学	李宏兵	北京邮电大学
118	20JJB011	提升北京全球创新资源配置能力研究	一般项目	经济学	李　虹	北京大学
119	20JJB012	北京退役军人保障的财政支持研究	一般项目	经济学	王沙骋	中央财经大学
120	20JJB013	构建推动高质量发展的北京经济布局研究	一般项目	经济学	席强敏	中国人民大学
121	20JJB014	数字普惠金融与京津冀家庭财富不平衡研究	一般项目	经济学	杨　阳	首都经济贸易大学
122	20JJB015	京津冀一体化与企业高质量发展	一般项目	经济学	袁　淳	中央财经大学
123	20JJC019	5G背景下技术要素驱动北京产业升级的机制实现和路径选择研究	青年项目	经济学	单丽曼	北京信息科技大学
124	20JJC020	科创板支持我国企业创新的路径研究与成效评估	青年项目	经济学	高　强	首都经济贸易大学
125	20JJC021	基于大数据的疫情对北京市经济的影响及对策研究	青年项目	经济学	姜婷凤	对外经济贸易大学
126	20JJC022	北京市人工智能发展、就业创造与收入分配研究	青年项目	经济学	姜　伟	中央民族大学
127	20JJC023	知识溢出与环境规制视阈下京津冀绿色创新效率协同提升路径研究	青年项目	经济学	类　骁	北京信息科技大学
128	20JJC024	知识产权保护对北京高精尖企业出口国内附加值影响研究	青年项目	经济学	李晓庆	北京物资学院
129	20JJC025	城市群一体化发展中企业优胜劣汰效应研究	青年项目	经济学	牛　毅	首都经济贸易大学
130	20JJC026	北京市服务业高水平开放与服务业制造化、服务业生产率的关联效应研究	青年项目	经济学	万　璐	北京林业大学
131	20JJC027	北京市地方政府财政风险问题研究——基于风险诱致与防范的视角	青年项目	经济学	王　涛	首都经济贸易大学
132	20JJC028	北京人口、交通与城市多维协调发展关系研究	青年项目	经济学	王雨飞	北京邮电大学
133	20JJC029	基于卫星账户的中国数字经济测度与应用研究	青年项目	经济学	武晓婷	北京物资学院

续表

序号	项目编号	项目名称	项目级别	申报学科	项目负责人	科研信誉保证单位
134	20JJC030	后疫情时代面向食品安全需求的北京市农产品批发市场转型升级研究	青年项目	经济学	杨　静	北京物资学院
135	20JYA001	我国在线教师教育体系建设研究	重点项目	教育学	宋　萑	北京师范大学
136	20JYA002	扩大对外开放背景下北京高等教育国际化能力体系建设研究	重点项目	教育学	王晓阳	首都师范大学
137	20JYA023	高职院校课程思政与思政课程统筹建设研究	重点项目	教育学	楚国清	北京电子科技职业学院
138	20JYA024	新发展格局下京津冀应用型人才协同培养机制研究	重点项目	教育学	陈志伟	中央民族大学
139	20JYB004	创客教育中创新思维发展与评价研究	一般项目	教育学	董黎明	北京开放大学
140	20JYB005	终身学习背景下北京市学分银行建设路径研究	一般项目	教育学	国兆亮	北京开放大学
141	20JYB006	“第三空间”理论视野下的师范生社会情感学习机制研究	一般项目	教育学	康晓伟	首都师范大学
142	20JYB007	基于教学学术效能的高校教师教学发展模式研究	一般项目	教育学	庞海芍	北京理工大学
143	20JYB008	全面二孩政策背景下北京市学龄前儿童同胞关系的调查研究	一般项目	教育学	苏　婧	北京教育科学研究院
144	20JYB009	国际化大都市中小学全球竞争力培养体系比较研究	一般项目	教育学	滕　珺	北京师范大学
145	20JYB010	国家与社会关系视野下家庭教育的公共议题化研究	一般项目	教育学	王　东	首都师范大学
146	20JYB011	新时代基于数字化无障碍学习的特殊教育教师ICT能力提升策略研究	一般项目	教育学	张俊玲	北京联合大学
147	20JYC013	基于多源数据融合的北京义务教育空间区划决策支持研究	青年项目	教育学	毕　波	北京林业大学
148	20JYC014	“双高计划”背景下高水平“双师型”教师胜任力评价体系研究	青年项目	教育学	李昱言	北京财贸职业学院
149	20JYC015	北京市属高校治理中的多重制度逻辑及其互动机制研究	青年项目	教育学	刘益东	国家教育行政学院
150	20JYC016	智能革命背景下首都高等教育治理研究	青年项目	教育学	薛新龙	对外经济贸易大学
151	20JYC017	人工智能大数据提升高校教学质量的实证研究	青年项目	教育学	杨　楠	北京教育科学研究院
152	20JYC018	新时代中小学教师科研素养的提升策略研究	青年项目	教育学	赵新亮	北京教育科学研究院

续表

序号	项目编号	项目名称	项目级别	申报学科	项目负责人	科研信誉保证单位
153	20JYC019	系统科学视域下首都青少年校外 STEM 项目质量评价与提升研究	青年项目	教育学	郑　浩	中国青少年研究中心
154	20KDA002	新时代党建引领“两新”组织参与北京市超大城市社会治理研究	重点项目	马列·科社·党建	李明伟	中共北京市委党校
155	20KDA003	马克思主义东方社会理论中印俄传播研究及当代启示	重点项目	马列·科社·党建	王聚芹	华北电力大学
156	20KDA004	京津冀红色文化资源融入高校思想政治教育研究	重点项目	马列·科社·党建	张　馨	北京化工大学
157	20KDB005	全球化时代西方马克思主义国家批判理论研究	一般项目	马列·科社·党建	马新颖	北京邮电大学
158	20KDB006	北京市党建引领社区自治的机制创新和实践路径研究	一般项目	马列·科社·党建	王世强	首都经济贸易大学
159	20KDB007	重大疫情防控中提升北京农村基层党组织治理能力研究	一般项目	马列·科社·党建	宗成峰	中国农业大学
160	20KDC008	新冠大流行以来西方左翼学者的资本主义批判研究	青年项目	马列·科社·党建	陈美灵	北京工商大学
161	20KDC009	新民主主义革命时期中国共产党组织体系建设的历程与经验研究	青年项目	马列·科社·党建	陈艳飞	北京工业大学
162	20KDC010	《资本论》的世界历史思想与构建人类命运共同体理念研究	青年项目	马列·科社·党建	付泽宇	对外经济贸易大学
163	20KDC011	恩格斯《自然辩证法》对马克思主义发展的贡献研究	青年项目	马列·科社·党建	黄传根	对外经济贸易大学
164	20KDC012	新时代北京高校意识形态安全风险及治理策略研究	青年项目	马列·科社·党建	李江静	清华大学
165	20KDC013	“共产党工人党国际会议”对中国共产党的评价	青年项目	马列·科社·党建	李晓寒	中共北京市委党校
166	20KDC014	中国特色社会主义制度话语体系建构研究	青年项目	马列·科社·党建	李永进	北京理工大学
167	20KDC015	《资本论》意识形态批判思想及其当代价值	青年项目	马列·科社·党建	荣　鑫	中国青年政治学院
168	20KDC016	马克思经典文献视域中的分配正义思想及其当代价值研究	青年项目	马列·科社·党建	宋珊珊	北京理工大学
169	20KDC017	建国以来中国共产党榜样文化建设研究	青年项目	马列·科社·党建	王丽娜	北京语言大学
170	20KDC018	马克思共同体思想的历史逻辑及其当代价值研究	青年项目	马列·科社·党建	王　田	中共北京市委党校
171	20KDC019	西方左翼学者对资本主义私有化的批判性研究	青年项目	马列·科社·党建	于国辉	北京科技大学

续表

序号	项目编号	项目名称	项目级别	申报学科	项目负责人	科研信誉保证单位
172	20KDC020	恩格斯对马克思主义正义理论的贡献研究	青年项目	马列·科社·党建	张　娜	北京工商大学
173	20KDC021	马克思恩格斯经典著作思想政治教育学阐释	青年项目	马列·科社·党建	钟启东	北京大学
174	20ZDA13	二战前后的巴尔干纷争与大国决策研究（1933—1947）	重大项目	历史学	梁占军	首都师范大学
175	20LSA001	新中国成立初期北京的疫病流行与防治研究（1949-1966）	重点项目	历史学	李自典	北京联合大学
176	20LSA002	北京西山文化景观的形成与演变研究	重点项目	历史学	王长松	北京大学
177	20LSA003	国家构建视域下的英国公共卫生体系建设及启示（1830—1948年）	重点项目	历史学	赵秀荣	中国人民大学
178	20LSB004	北京近代服饰文化专题研究	一般项目	历史学	宋卫忠	首都师范大学
179	20LSB005	北京城市历史建筑的保护策略研究——以近现代建筑遗产为例	一般项目	历史学	杨一帆	北京建筑大学
180	20LSB006	中世纪中晚期欧洲数学文化多样性研究	一般项目	历史学	郑方磊	清华大学
181	20LSB007	清代北京太医院医事编年整理与研究	一般项目	历史学	周云逸	北京中医药大学
182	20LSC009	明清北京与京津冀区域经济关系研究	青年项目	历史学	高福美	北京市社会科学院
183	20LSC010	民国北平儿童福利事业研究	青年项目	历史学	高翔宇	中国政法大学
184	20LSC011	北京庙宇金石史料与多民族关系发展研究	青年项目	历史学	关笑晶	北京市社会科学院
185	20LSC012	北京地区博物馆藏汉画像研究	青年项目	历史学	李重蓉	中国国家博物馆
186	20LSC013	辽金之际燕京文献钩沉：《亡辽录》辑佚与研究	青年项目	历史学	苗润博	北京大学
187	20LSC014	以遗产影响评估为线索的北京老城老旧建筑更新和改造方法研究	青年项目	历史学	任中琦	北京建筑大学
188	20LSC015	阿曼通史	青年项目	历史学	邵玉琢	北京语言大学
189	20LSC016	哈萨克斯坦近代历史研究	青年项目	历史学	施　越	北京大学
190	20LSC017	北京山区既有普速铁路闲置资源更新再利用策略研究	青年项目	历史学	王岳颐	北京交通大学
191	20LSC018	北京清代行宫文化遗产调查与研究	青年项目	历史学	项　旋	北京师范大学
192	20LSC019	北京中轴线承载的文明基因与文化认同研究	青年项目	历史学	谢伟铭	北京社会主义学院

续表

序号	项目编号	项目名称	项目级别	申报学科	项目负责人	科研信誉保证单位
193	20LSC020	京津冀地区旧石器晚期至新石器初期考古遗存综合研究	青年项目	历史学	仪明洁	中国人民大学
194	20ZDA32	实施积极应对人口老龄化国家战略研究	重大项目	社会·人口学	陆杰华	北京大学
195	20SRA001	应急体制改革背景下构建首都城市综合防灾减灾体系研究	重点项目	社会·人口学	王宏伟	中国人民大学
196	20SRA002	青年志愿者社会动员的服务学习路径研究	重点项目	社会·人口学	姚梅林	北京师范大学
197	20SRB003	京郊农村小农户与现代农业有机衔接的路径研究	一般项目	社会·人口学	陈义媛	中国农业大学
198	20SRB004	多元主体参与城市社区治理研究	一般项目	社会·人口学	曹飞廉	北京工业大学
199	20SRB005	情感治理视域下的城市社区治理路径研究	一般项目	社会·人口学	陈　晨	中国青少年研究中心
200	20SRB006	基层社区在突发事件防范与应对中的角色定位及能力建设研究	一般项目	社会·人口学	方　舒	中央财经大学
201	20SRB007	北京市农村互助型养老长效机制研究	一般项目	社会·人口学	韩振秋	北京社会管理职业学院（民政部培训中心）
202	20SRB008	疫情防控常态化下公众抑郁情绪中医情志干预机制与方案研究	一般项目	社会·人口学	孔军辉	北京中医药大学
203	20SRB009	中国大城市的婚姻变迁——以北京市为例	一般项目	社会·人口学	刘金菊	北京城市学院
204	20SRB010	健康冲击下北京市流动人口家庭消费行为及保险平滑机制研究	一般项目	社会·人口学	徐　昕	首都经济贸易大学
205	20SRB011	基于多主体利益博弈的北京市棕地再开发模式及其实现路径研究	一般项目	社会·人口学	岳晓燕	北京联合大学
206	20SRC012	乡村振兴背景下大都市远郊乡村人居环境治理研究	青年项目	社会·人口学	安永军	北京工业大学
207	20SRC013	低龄人口特征体质下滑迹象及对策研究	青年项目	社会·人口学	奥　登	北京联合大学
208	20SRC014	疫情防控常态化下北京市新业态从业者就业支持政策研究	青年项目	社会·人口学	昌　硕	中共北京市委党校
209	20SRC015	迁移决策对子女非认知能力发展的代际影响及机制研究	青年项目	社会·人口学	崔　颖	首都经济贸易大学
210	20SRC016	基于临终尊严的安宁疗护“优逝”照护模式研究	青年项目	社会·人口学	郭巧红	首都医科大学
211	20SRC017	乡村振兴战略下北京乡村社区弹性构建研究	青年项目	社会·人口学	呼占平	华北电力大学

续表

序号	项目编号	项目名称	项目级别	申报学科	项目负责人	科研信誉保证单位
212	20SRC018	北京市随迁老人的积极城市适应研究	青年项目	社会·人口学	金灿灿	北京林业大学
213	20SRC019	疫情防控常态化下互联网零工经济就业研究	青年项目	社会·人口学	张樹沁	中央财经大学
214	20SRC020	基于宫廷画与传统舆图视角的清代北京前门地区商业建筑的形象研究	青年项目	社会·人口学	梁　飞	北京城市学院
215	20SRC021	2020年后北京市相对贫困标准的制定与社会保障制度改革应对研究	青年项目	社会·人口学	刘桂莲	首都师范大学
216	20SRC022	灵活与非灵活就业流动人口经济行为差异的研究	青年项目	社会·人口学	刘婷婷	北京联合大学
217	20SRC023	党建引领与群众参与社区治理路径研究	青年项目	社会·人口学	卢尧选	北京市社会科学院
218	20SRC024	养老科技创新背景下老年群体数字融入助推路径研究	青年项目	社会·人口学	马　琪	北京航空航天大学
219	20SRC025	城乡儿童健康与认知发展差异及作用机制研究	青年项目	社会·人口学	沈　纪	首都师范大学
220	20SRC026	北京市职工医保个人账户制度优化与改革路径研究	青年项目	社会·人口学	宋占军	北京工商大学
221	20SRC027	社区社会组织参与社区环境治理研究	青年项目	社会·人口学	孙贝贝	北京农学院
222	20SRC028	社区场域多元主体参与城市社区治理研究	青年项目	社会·人口学	王海宇	北京航空航天大学
223	20SRC029	工作场景下平台型灵活就业人员健康问题的成因及应对研究	青年项目	社会·人口学	温　煦	北京联合大学
224	20ZDA15	北京地区左翼文学运动研究	重大项目	文学	王翠艳	中国劳动关系学院
225	20WXA001	“日本鲁迅学”谱系化研究与编年体论文资料汇编	重点项目	文学	陈朝辉	清华大学
226	20WXA002	近代日本的文化殖民对北京的影响	重点项目	文学	陈玲玲	北京市社会科学院
227	20WXB004	道光时期宫廷戏曲演出研究	一般项目	文学	王春晓	外交学院
228	20WXB005	19世纪和20世纪初美国小说中的帝国意识研究	一般项目	文学	胡江波	中国科学院大学
229	20WXB006	蒸汽朋克小说与后工业时代的科学想象及其启示	一般项目	文学	金　冰	对外经济贸易大学
230	20WXB007	印度尼西亚现当代民族主义文学视域中的印尼民族觉醒与民族解放运动	一般项目	文学	郄莉莎	北京大学
231	20WXB008	认知诗学与文学理解跨学科理论构建	一般项目	文学	张叶鸿	清华大学

续表

序号	项目编号	项目名称	项目级别	申报学科	项目负责人	科研信誉保证单位
232	20WXC010	维兰德小说中的 18 世纪启蒙话语研究	青年项目	文学	邓　深	清华大学
233	20WXC011	唐人幽燕之行及其诗歌与盛唐之音	青年项目	文学	林　静	北京语言大学
234	20WXC012	日本文学的核危机书写与命运共同体构建	青年项目	文学	王丽华	北京第二外国语学院
235	20WXC013	北京城市文化空间结构形态与功能表达研究	青年项目	文学	王淑娇	北京市社会科学院
236	20WXC014	13—19 世纪中期日本文学中的中国形象研究	青年项目	文学	张静宇	首都师范大学
237	20WXC015	生活景观与中国现当代文学中北京“市民社会”书写研究	青年项目	文学	赵　静	对外经济贸易大学
238	20ZDA17	北京城市传播与现代媒介变迁史	重大项目	新闻·传播学	李　煜	中国传媒大学
239	20XCA001	重大公共卫生事件中北京市信息发布、舆论传播及公众情绪引导研究	重点项目	新闻·传播学	蒋洪迅	中国人民大学
240	20XCA002	新时代中国贫困治理理念的国际传播研究	重点项目	新闻·传播学	陆佳怡	中国传媒大学
241	20XCA003	危机情境下 2022 北京冬奥会的国际传播对策研究	重点项目	新闻·传播学	魏　伟	北京外国语大学
242	20XCA004	社交媒体环境下虚假信息的传播与治理研究	重点项目	新闻·传播学	闫文捷	北京师范大学
243	20XCB007	重大突发事件中的网络舆情及其引导研究	一般项目	新闻·传播学	陈国战	首都师范大学
244	20XCB008	首都出版机构知识服务能力形成、测评及提升路径研究	一般项目	新闻·传播学	华宇虹	北京印刷学院
245	20XCB009	基于第三方内容审核服务的互联网内容生态治理体系构建研究	一般项目	新闻·传播学	黄孝章	北京印刷学院
246	20XCB010	基于北京实践的政府融媒体产品传播现状与影响研究	一般项目	新闻·传播学	贾哲敏	北京航空航天大学
247	20XCB011	传播生态社交化变革中首都传媒业融合转型研究	一般项目	新闻·传播学	罗　昶	北京工商大学
248	20XCB012	北京青少年社交媒体使用与意见表达研究	一般项目	新闻·传播学	徐敬宏	北京师范大学
249	20XCC015	社交机器人的虚假信息传播及算法治理研究	青年项目	新闻·传播学	韩　霄	中国传媒大学
250	20XCC016	可供性视角下短视频平台算法治理研究	青年项目	新闻·传播学	黄　淼	北京邮电大学
251	20XCC017	基于深度学习的虚假信息检测与用户识别研究	青年项目	新闻·传播学	刘　蕾	中央财经大学

续表

序号	项目编号	项目名称	项目级别	申报学科	项目负责人	科研信誉保证单位
252	20XCC018	后疫情时代首都大学生新媒介素养与科学信任研究	青年项目	新闻·传播学	蒲信竹	北方工业大学
253	20XCC019	中国互联网广告的制度安排研究	青年项目	新闻·传播学	孙美玲	中央财经大学
254	20XCC020	新时代高校图书馆知识服务模式创新与路径优化研究	青年项目	新闻·传播学	吴爱芝	北京大学
255	20XCC021	智能传播时代社会成员个体隐私权边界体系研究	青年项目	新闻·传播学	徐艺心	北京体育大学
256	20XCC022	文化科技融合背景下北京出版产业智能化转型策略研究	青年项目	新闻·传播学	杨　扬	北京航空航天大学
257	20XCC023	数据新闻发展现状与趋势研究：基于中外比较的视角	青年项目	新闻·传播学	赵如涵	中国传媒大学
258	20XCC024	网络舆情事件中社会协商的开展模式与有效性的评估研究	青年项目	新闻·传播学	赵小曼	中国人民大学
259	20ZDA18	北京艺术市场发展与艺术品产权交易研究	重大项目	艺术·体育学	刘双舟	中央财经大学
260	20ZDA19	新时代全民健身与全民健康深度融合理论与实践研究	重大项目	艺术·体育学	黄亚玲	北京体育大学
261	20YTA001	"一带一路"背景下中国武术精准传播创新路径研究	重点项目	艺术·体育学	丁传伟	首都体育学院
262	20YTA002	5G时代智能媒体与文艺创新发展研究	重点项目	艺术·体育学	贾云鹏	北京邮电大学
263	20YTA003	新媒介文艺批评研究	重点项目	艺术·体育学	彭文祥	中国传媒大学
264	20YTB006	跨文化艺术理论研究	一般项目	艺术·体育学	孙　晶	清华大学
265	20YTB007	北京冬奥会推动区域冰雪运动与生态旅游深度融合发展研究	一般项目	艺术·体育学	李越苹	首都体育学院
266	20YTB008	北京市全民健身与全民健康深度融合绩效评估研究	一般项目	艺术·体育学	梁金辉	首都体育学院
267	20YTB009	基于国家图书馆馆藏古籍《山海经》的IP形象研究与品牌设计开发	一般项目	艺术·体育学	刘　玲	北京印刷学院
268	20YTB010	三山五园景观装饰纹样研究	一般项目	艺术·体育学	裴朝军	北京联合大学
269	20YTB011	戏服纹样风格迁移艺术化生成与京剧服饰文化传播研究	一般项目	艺术·体育学	孙海燕	北方工业大学
270	20YTB012	深度融合视域下北京市社区居民健身服务体系内容构建研究	一般项目	艺术·体育学	孙　璞	北京师范大学
271	20YTB013	烫样传统技艺研究与复原	一般项目	艺术·体育学	王青春	清华大学

续表

序号	项目编号	项目名称	项目级别	申报学科	项目负责人	科研信誉保证单位
272	20YTB014	民国时期京剧名角形象建构研究	一般项目	艺术·体育学	王永恩	中国传媒大学
273	20YTB015	生态文明价值导向下的精造夏布服饰创新设计研究	一般项目	艺术·体育学	王　悦	清华大学
274	20YTB016	北京市残疾人健康促进的体医融合协同创新研究	一般项目	艺术·体育学	杨三军	中国矿业大学（北京）
275	20YTB017	中国纪录片国际合制与文化外交	一般项目	艺术·体育学	喻　溟	北京师范大学
276	20YTB018	京津冀地区老年人体育协同政策研究	一般项目	艺术·体育学	湛　冰	首都体育学院
277	20YTB019	新时代体教融合的逻辑起点、理念辨析与高校路径	一般项目	艺术·体育学	张　昊	北京工业大学
278	20YTB020	北京文化遗产的视觉形象设计与传播策略研究	一般项目	艺术·体育学	张洪海	北京理工大学
279	20YTB021	晚清民国时期北京地区琴学研究	一般项目	艺术·体育学	章华英	中央音乐学院
280	20YTB022	北京长城文化带背景下的乡村环境艺术研究	一般项目	艺术·体育学	朱　军	北京建筑大学
281	20YTC023	新时代北京河北梆子传统剧目挖掘与保护研究	青年项目	艺术·体育学	陈云升	中国戏曲学院
282	20YTC024	基于居民行为模型的北京市社区垃圾分类设施及服务设计研究	青年项目	艺术·体育学	何思倩	北京工商大学
283	20YTC025	政治动员与媒介表达："十七年"电影时期（1949—1966）北京劳动影像研究	青年项目	艺术·体育学	李啸洋	北京电影学院
284	20YTC026	基于环境教育理念的首都园艺驿站发展研究	青年项目	艺术·体育学	牛牧菁	中央美术学院
285	20YTC027	北京高密度社区儿童友好社区环境实践策略研究	青年项目	艺术·体育学	孙漪南	北京林业大学
286	20YTC028	故宫博物院藏伊卡特起绒织物研究	青年项目	艺术·体育学	王　可	北京服装学院
287	20YTC029	数字媒体技术对舞台表演创作的影响研究	青年项目	艺术·体育学	许　博	中国戏曲学院
288	20YTC030	故事与话语：基于传统文化观的中国动画电影叙事研究	青年项目	艺术·体育学	闫　晗	北京印刷学院
289	20YTC031	生活圈视角下北京市体育设施服务能力评估体系研究	青年项目	艺术·体育学	杨　震	北京建筑大学
290	20YTC032	新技术环境下交互电影叙事研究	青年项目	艺术·体育学	张　晗	首都师范大学
291	20YTC033	基于手稿等文献的黎英海音乐创作实践与理论成就研究	青年项目	艺术·体育学	张紫薇	中国音乐学院

续表

序号	项目编号	项目名称	项目级别	申报学科	项目负责人	科研信誉保证单位
292	20YTC034	功能训练视角下青少年健康服务运动模块构建	青年项目	艺术·体育学	周龙峰	首都体育学院
293	20ZDA20	多语接触与中介语演化机制	重大项目	语言学	陈保亚	北京大学
294	20ZDA21	面向自然语言处理的通用篇章语义计算模型研究	重大项目	语言学	李佐文	中国传媒大学
295	20YYA001	清华简古文字资料库建设与相关问题研究	重点项目	语言学	贾连翔	清华大学
296	20YYA002	“一带一路”语言服务便利度指数构建与测评	重点项目	语言学	王立非	北京语言大学
297	20YYB005	中国军事典籍英译的诠释及其影响研究	一般项目	语言学	王　琰	北京科技大学
298	20YYB006	基于统计模型的中国学习者英文体特征研究	一般项目	语言学	房印杰	北京邮电大学
299	20YYB007	学科英语研究的语法隐喻视角	一般项目	语言学	高彦梅	北京大学
300	20YYB008	中国抗疫故事在海外社交媒体上的传播效果与文本特征影响研究	一般项目	语言学	江进林	对外经济贸易大学
301	20YYB009	北京手语语言资源保护的理论、方法和技术研究	一般项目	语言学	吕会华	北京联合大学
302	20YYB010	中央文献中朝平行语料库的研制与应用	一般项目	语言学	齐晓峰	北京外国语大学
303	20YYB011	基于多源数据融合的藏文/维文网络舆情监测系统研究	一般项目	语言学	胥桂仙	中央民族大学
304	20YYB012	现代语言学视野下的上古汉语语态研究	一般项目	语言学	徐江胜	中国人民大学
305	20YYB013	语料库语言学史	一般项目	语言学	许家金	北京外国语大学
306	20YYB014	面向汉语国际教育的动词类型学研究	一般项目	语言学	玄　玥	北京语言大学
307	20YYB015	汉语典型问句的焦点、重音和逻辑语义研究	一般项目	语言学	袁　野	北京航空航天大学
308	20YYC016	面向神经网络机器翻译的日语连体修饰结构汉译模式研究	青年项目	语言学	谷文诗	北京航空航天大学
309	20YYC017	汉语图式性构式的扩展与省略研究	青年项目	语言学	胡　亚	首都师范大学
310	20YYC018	日藏汉文古字书图书寮本《类聚名义抄》综合研究	青年项目	语言学	李昕皓	北方工业大学
311	20YYC019	基于语料库的英美主流报刊媒体（2000—2019）中北京形象建构的批评话语分析	青年项目	语言学	李　翼	北京第二外国语学院
312	20YYC020	汉语句子加工的认知老化及其神经机制	青年项目	语言学	柳鑫淼	北京外国语大学

续表

序号	项目编号	项目名称	项目级别	申报学科	项目负责人	科研信誉保证单位
313	20YYC021	基于人工智能的汉语动名搭配内在语义组配机制研究	青年项目	语言学	汪梦翔	北京联合大学
314	20YYC022	北京方言语调实验研究及数据库建设	青年项目	语言学	王泉月	北京第二外国语学院
315	20YYC023	视觉和听觉信息对汉语学习者声调感知的影响研究	青年项目	语言学	魏岩军	北京语言大学
316	20YYC024	儒家乐典在英语世界的建构与传播	青年项目	语言学	武　越	中央音乐学院
317	20YYC025	商务英语通用语视角下谈判语用行为的经济性研究	青年项目	语言学	赵　燚	北京工业大学
318	20ZGA001	大变局时代西方民主危机与治理困境研究	重点项目	政治学·国际问题研究	庞金友	中国政法大学
319	20ZGB002	新时代中国特色新型政党关系研究	一般项目	政治学·国际问题研究	陈邓海	中国劳动关系学院
320	20ZGB003	“一带一路”投资合作的规则体系研究	一般项目	政治学·国际问题研究	李　锋	外交学院
321	20ZGB004	新冠肺炎疫情防控中话语空间的博弈与主流舆论引导研究	一般项目	政治学·国际问题研究	张震环	北京物资学院
322	20ZGC005	全过程民主的理论建构与运行机制研究	青年项目	政治学·国际问题研究	王　衡	中国人民大学
323	20ZGC006	新时代下“德法轴心”领导力变化及对中欧关系影响研究	青年项目	政治学·国际问题研究	陈　扬	北京第二外国语学院
324	20ZGC007	“后巴黎时代”北京城市气候外交的建构与优化研究	青年项目	政治学·国际问题研究	关孔文	北京航空航天大学
325	20ZGC008	突发公共卫生事件互联网政治生态与话语竞争研究	青年项目	政治学·国际问题研究	胡　悦	清华大学
326	20ZGC009	当前重大舆情的社会思潮根源及其引导手段研究	青年项目	政治学·国际问题研究	黄　晨	中国人民大学
327	20ZGC010	日本“印太”战略的生成、演变及发展趋势研究	青年项目	政治学·国际问题研究	乔　亮	对外经济贸易大学
328	20ZGC011	制度化视阈下的网络空间国际治理研究	青年项目	政治学·国际问题研究	王瑞平	北京第二外国语学院
329	20ZGC012	人工智能时代北京市“智慧抗疫”体系的协同构建机制研究	青年项目	政治学·国际问题研究	肖　洋	北京第二外国语学院
330	20ZGC013	大国战略竞争与东亚未来秩序的建构	青年项目	政治学·国际问题研究	胥慧颖	中共北京市委党校
331	20ZDA24	当代西方马克思主义对资本主义新形态的批判研究	重大项目	哲学	夏　莹	清华大学
332	20ZXA001	荀子心论思想研究	重点项目	哲学	孙　伟	北京市社会科学院
333	20ZXB002	明清时期中医哲学本体论思想研究	一般项目	哲学	谷建军	北京中医药大学

续表

序号	项目编号	项目名称	项目级别	申报学科	项目负责人	科研信誉保证单位
334	20ZXB003	中华美学精神的当代传承研究	一般项目	哲学	时胜勋	北京大学
335	20ZXB004	中华美学精神的影像表达研究	一般项目	哲学	徐　辉	中国传媒大学
336	20ZXB005	政治权力的道德基础问题研究	一般项目	哲学	杨伟清	中国人民大学
337	20ZXC006	《礼运》篇大同、小康与大顺理想社会研究	青年项目	哲学	盖立涛	华北电力大学
338	20ZXC007	理学政教意义问题研究	青年项目	哲学	顾家宁	北京航空航天大学
339	20ZXC008	性其情：玄学向理学的演进与转化	青年项目	哲学	李浩然	中央民族大学
340	20ZXC009	弗洛伊德精神分析思想文学本源研究	青年项目	哲学	徐　胤	中国人民大学
341	20ZXC010	人工智能伦理与社会治理的情境认知研究	青年项目	哲学	徐　源	北京理工大学
342	20ZXC011	疫情防控大数据应用与隐私权保护的科技伦理研究	青年项目	哲学	岳丽媛	北京科技大学
343	20ZXC012	后人类主义主体批判思想研究	青年项目	哲学	张　凯	北京市社会科学院

（北京市社科联、北京市社科规划办供稿）

2020年北京市社会科学基金决策咨询项目立项名单

序号	项目编号	项目名称	项目级别	申报专题	项目负责人	项目承担单位
1	20JCB001	中美贸易摩擦对北京企业海外投资的影响及应对研究	重点项目	疫情影响	陈汉文	对外经济贸易大学
2	20JCB002	新冠肺炎疫情对北京市中小微企业发展的影响及应对研究	重点项目	疫情影响	禹海波	北京工业大学
3	20JCB003	新冠肺炎疫情对北京市服务业扩大开放的影响及对策研究	重点项目	疫情影响	梁　鹏	北京工商大学
4	20JCB004	疫情防控背景下北京市村级卫生人力资源配置现状及对策研究	重点项目	疫情影响	曹文军	首都医科大学
5	20JCC005	后疫情时期基于大数据的北京市无人物流规划研究	一般项目	疫情影响	鲁晓春	北京交通大学
6	20JCC006	疫情背景下北京食品冷链安全保障对策研究	一般项目	疫情影响	温卫娟	北京物资学院
7	20JCC007	新冠疫情对北京参与“一带一路”建设的影响及对策研究	一般项目	疫情影响	吴　浩	北京外国语大学
8	20JCC008	外生冲击下北京市中小微企业发展的公共风险隐患与财政应急管理政策研究	一般项目	疫情影响	王子林	首都经济贸易大学
9	20JCC009	常态化下北京高校国际学生疫情防控长效机制研究	一般项目	疫情影响	谭　洁	北京交通大学

续表

序号	项目编号	项目名称	项目级别	申报专题	项目负责人	项目承担单位
10	20JCC010	疫情防控常态化下北京市提振消费的对策研究	一般项目	疫情影响	金星晔	中央财经大学
11	20JCA011	北京食品安全检测检验市场化战略研究	重大项目	首都城市治理	白军飞	中国农业大学
12	20JCB012	优化和完善北京食品安全风险管理机制研究	重点项目	首都城市治理	刘智勇	首都经济贸易大学
13	20JCB013	北京乡村治理实践研究	重点项目	首都城市治理	董景山	北京农学院
14	20JCB014	首都应急管理实践中风险沟通存在的问题与应对研究	重点项目	首都城市治理	徐建华	清华大学
15	20JCB015	《北京市生活垃圾管理条例》实施研究	重点项目	首都城市治理	彭志文	北京邮电大学
16	20JCC016	北京城市治理特色词汇多语种翻译研究	一般项目	首都城市治理	周　薇	北京第二外国语学院
17	20JCC017	北京市老旧小区生活垃圾分类治理机制研究	一般项目	首都城市治理	杨嘉莹	中共北京市委党校
18	20JCC018	北京智慧社区建设与空巢老人养老服务研究	一般项目	首都城市治理	朱　赫	北京工业大学
19	20JCC019	北京城市财政健康体检研究	一般项目	首都城市治理	颜　燕	首都经济贸易大学
20	20JCC020	北京城市治理监测评价指标体系研究	一般项目	首都城市治理	孟景伟	北京市统计局
21	20JCC021	运用区块链技术推进北京市政务数据共享研究	一般项目	首都城市治理	董雪璠	北京工业大学
22	20JCC022	协同治理视域下北京电商乳制品安全监管机制研究	一般项目	首都城市治理	王　琛	北京农学院
23	20JCC023	《北京市街道办事处条例》实施中“吹哨报到”工作机制及效果研究	一般项目	首都城市治理	魏文池	中国人民大学
24	20JCC024	宜居视角下北京高密度建成区治理策略研究	一般项目	首都城市治理	冀文彦	北京城市学院
25	20JCC025	“疫情大考”下北京市基层社区党组织作用发挥研究	一般项目	首都城市治理	张　静	北京航空航天大学
26	20JCC026	集团化办学背景下学校治理体系的理论与实践研究	一般项目	首都城市治理	侯龙龙	北京师范大学
27	20JCC027	面向突发事件的首都基层社区应急处置能力提升研究	一般项目	首都城市治理	刘晓栋	中国人民公安大学
28	20JCC028	推进北京市基层治理“未诉先办”机制研究	一般项目	首都城市治理	张李斌	中国人民公安大学
29	20JCC029	基于社区营造的北京老城社区公共空间有机更新机制研究	一般项目	首都城市治理	侯晓蕾	中央美术学院
30	20JCB030	中国法治政府发展报告（2021）	重点项目	首都城市治理	赵　鹏	中国政法大学

续表

序号	项目编号	项目名称	项目级别	申报专题	项目负责人	项目承担单位
31	20JCB031	中国城市管理报告—2021	重点项目	首都城市治理	刘承水	北京城市学院
32	20JCB032	平安北京建设发展报告—2021	重点项目	首都城市治理	王建新	中国人民公安大学
33	20JCB033	京津冀革命文物保护与红色旅游活化管理协同机制研究	重点项目	文化中心建设	王金伟	北京第二外国语学院
34	20JCB034	北京市文化与体育融合发展的实践路径与创新研究	重点项目	文化中心建设	王子朴	首都体育学院
35	20JCB035	提升北京文化品质研究	重点项目	文化中心建设	石　峰	北京师范大学
36	20JCB036	北京中轴线承载的中华优秀传统文化精髓研究	重点项目	文化中心建设	姜海军	北京师范大学
37	20JCB037	北京古戏台保护现状调研与活化研究	重点项目	文化中心建设	王　梅	北京舞蹈学院
38	20JCB038	北京推进媒体融合向纵深发展的体制机制研究	重点项目	文化中心建设	王　昕	中国传媒大学
39	20JCB039	供给侧结构性改革视域下首都公共文化服务示范区建设研究	重点项目	文化中心建设	金雪涛	中国传媒大学
40	20JCB040	首都大学生爱国主义教育长效机制研究	重点项目	文化中心建设	郑士鹏	北京交通大学
41	20JCB041	北京中轴线声景漫步规划研究	重点项目	文化中心建设	付晓东	中国音乐学院
42	20JCC042	北京老城居住院落保护更新机制研究	一般项目	文化中心建设	石　炀	北京建筑大学
43	20JCC043	完善北京历史文化名城范围内历史建筑保护的法治化路径研究	一般项目	文化中心建设	任　超	北京建筑大学
44	20JCC044	大数据背景下北京中轴线空间格局演化分析及申遗策略研究	一般项目	文化中心建设	倪维秋	北京市社会科学院
45	20JCC045	北京西山永定河文化带传统村落文化价值挖掘与活态传承研究	一般项目	文化中心建设	李雪妍	北京联合大学
46	20JCC046	突发公共事件背景下北京地区建筑遗产风险管理与防灾机制研究	一般项目	文化中心建设	周　华	北京联合大学
47	20JCC047	历史文化名城保护机制下明十三陵整体保护与文化传承研究	一般项目	文化中心建设	刘少华	北京联合大学
48	20JCC048	体育电影中的北京城市形象塑造研究	一般项目	文化中心建设	刘伽茵	北京电影学院
49	20JCC049	北京地区考古遗址活化利用研究	一般项目	文化中心建设	黄可佳	北京联合大学
50	20JCC050	北京历史文化资源的数字化传播研究	一般项目	文化中心建设	傅　予	中国人民大学
51	20JCC051	长城国家文化公园（北京段）建设研究	一般项目	文化中心建设	杨　悦	中国传媒大学

续表

序号	项目编号	项目名称	项目级别	申报专题	项目负责人	项目承担单位
52	20JCC052	首都公共文化服务示范区小微文化空间社会主义核心价值观提升研究	一般项目	文化中心建设	耿　波	中国传媒大学
53	20JCC053	纺织非遗视域下的北京高品质文化消费发展路径研究	一般项目	文化中心建设	姚　蕾	北京服装学院
54	20JCC054	北京市通州区重点镇域演艺功能区块建设研究	一般项目	文化中心建设	陈　楠	中国音乐学院
55	20JCB055	首都对外文化贸易研究报告 2021	重点项目	文化中心建设	李嘉珊	北京第二外国语学院
56	20JCA056	北京国际人才社区建设研究	重大项目	国际交往中心	徐　芳	首都经济贸易大学
57	20JCA057	北京国际交往中心功能建设的战略重点与策略研究	重大项目	国际交往中心	李小牧	北京第二外国语学院
58	20JCB058	北京国际争议解决中心建设研究	重点项目	国际交往中心	许军珂	外交学院
59	20JCB059	北京国际组织集聚区规划建设研究	重点项目	国际交往中心	刘铁娃	北京外国语大学
60	20JCC060	北京国际交往中心建设中的城市形象民间传播效果及提升路径研究	一般项目	国际交往中心	邵　云	北京第二外国语学院
61	20JCC061	北京市国际语言环境建设立法研究	一般项目	国际交往中心	王利红	北京联合大学
62	20JCC062	优化营商环境服务北京国际交往中心功能建设的策略研究	一般项目	国际交往中心	刘　霞	北京第二外国语学院
63	20JCB063	北京全国科技创新中心辐射力研究	重点项目	科技创新中心	沈映春	北京航空航天大学
64	20JCB064	北京科技与金融深度融合的创新发展及管理对策研究	重点项目	科技创新中心	闫相斌	北京科技大学
65	20JCC066	北京商务中心区与城市副中心商务区金融协同发展研究	一般项目	科技创新中心	王曼怡	首都经济贸易大学
66	20JCC068	北京全国科技创新中心辐射带动作用研究	一般项目	科技创新中心	孙瑜康	首都经济贸易大学
67	20JCC069	首都高校新校区建设与“三城一区”融合发展研究	一般项目	科技创新中心	吴瑞林	北京航空航天大学
68	20JCB070	北京城市副中心综合交通体系构建研究	重点项目	京津冀协同	谭克虎	北京交通大学
69	20JCB071	疏解非首都功能腾退空间统筹利用机制研究	重点项目	京津冀协同	刘贵利	北京联合大学
70	20JCB072	《北京市通州区与河北省三河、大厂、香河三县市协同发展规划》实施研究	重点项目	京津冀协同	张耀军	中国人民大学
71	20JCB073	京津冀城市群空间深度一体化模式与治理路径创新研究	重点项目	京津冀协同	赵鹏军	北京大学
72	20JCB074	新冠肺炎疫情影响下北京冬奥会促进京津冀协同发展研究	重点项目	京津冀协同	白宇飞	北京体育大学

续表

序号	项目编号	项目名称	项目级别	申报专题	项目负责人	项目承担单位
73	20JCC075	京津冀大运河国家文化公园协同发展研究	一般项目	京津冀协同	刘　益	北京印刷学院
74	20JCC076	京津冀轨道交通一体化协同发展体制机制创新研究	一般项目	京津冀协同	王　超	北京交通大学
75	20JCC077	北京冬奥会公共安全风险应对研究	一般项目	京津冀协同	鲁晶晶	中国人民公安大学
76	20JCC078	碳交易视角下京津冀地区碳配额分配方案的构建策略及其绩效评估	一般项目	京津冀协同	何威俊	北京科技大学
77	20JCC079	基于税收与税源背离的京津冀跨区域治理财税协调机制研究	一般项目	京津冀协同	韩　莉	中国社会科学院大学
78	20JCB080	京津冀发展报告（2021）——产业链与创新链融合发展研究	重点项目	京津冀协同	叶堂林	首都经济贸易大学
79	20JCB081	北京市夜间经济高质量发展研究	重点项目	经济高质量	吴丽云	北京第二外国语学院
80	20JCB082	北京市中医药健康旅游发展研究	重点项目	经济高质量	李朋波	北京第二外国语学院
81	20JCB083	北京优化能源结构对经济高质量发展的影响研究	重点项目	经济高质量	冯　梅	北京科技大学
82	20JCB084	北京冬奥会应用背景下5G与超高清产业发展研究	重点项目	经济高质量	李岭涛	北京体育大学
83	20JCC085	北京构建清洁低碳、安全高效的能源体系研究	一般项目	经济高质量	刘元欣	华北电力大学
84	20JCC086	“双循环”战略背景下北京零售业数字化转型研究	一般项目	经济高质量	王春娟	北京财贸职业学院
85	20JCC087	北京有效防范化解金融风险研究	一般项目	经济高质量	钟　凯	对外经济贸易大学
86	20JCC088	北京深化国有资本授权经营体制改革研究	一般项目	经济高质量	粟立钟	对外经济贸易大学
87	20JCC089	北京扩大夜间经济影响力和覆盖面的路径与措施研究	一般项目	经济高质量	高辰颖	中共北京市委党校
88	20JCC090	北京绿色发展水平测度与提升路径研究	一般项目	经济高质量	高志远	北京石油化工学院
89	20JCC091	北京市国有企业内部控制体系建设及优化研究	一般项目	经济高质量	杨　琳	北京石油化工学院
90	20JCC092	再制造视角下北京市快递包装逆向物流回收模式研究	一般项目	经济高质量	褚东亮	北京物资学院
91	20JCC093	不确定环境下北京市基础软件产业高质量发展的创新机制与路径研究	一般项目	经济高质量	薛　蕊	北京工业大学
92	20JCC094	北京市功能区定位下的税源建设研究	一般项目	经济高质量	包　健	首都经济贸易大学
93	20JCC095	北京建设人工智能产业发展高地的策略研究	一般项目	经济高质量	王刚波	北京理工大学
94	20JCC096	数字经济时代首都电子商务的创新发展研究	一般项目	经济高质量	谭　娟	北京工商大学
95	20JCB097	中央商务区产业蓝皮书（2021）——消费升级促进转型发展	重点项目	经济高质量	张　杰	首都经济贸易大学

续表

序号	项目编号	项目名称	项目级别	申报专题	项目负责人	项目承担单位
96	20JCB098	北京产业安全与发展研究报告—2021	重点项目	经济高质量	刘　燕	北京交通大学
97	20JCB099	中国企业海外发展报告—2021	重点项目	经济高质量	张新民	对外经济贸易大学
98	20JCB100	中国交通强国建设研究报告—2021	重点项目	经济高质量	林晓言	北京交通大学
99	20JCA101	新高考改革背景下北京普通高中育人方式变革研究	重大项目	民生七有五性	蔡　春	首都师范大学
100	20JCA102	北京市美丽乡村建设路径研究	重大项目	民生七有五性	苟天来	北京农学院
101	20JCA103	完善北京市社会矛盾纠纷预防调处化解综合机制研究	重大项目	民生七有五性	台运启	中国人民公安大学
102	20JCB104	北京市乡村教师“特岗计划”（2016—2020）政策评估	重点项目	民生七有五性	苏尚锋	首都师范大学
103	20JCB105	北京食用农产品质量安全综合评价指标体系构建和测算研究	重点项目	民生七有五性	韩　青	中国农业大学
104	20JCB106	大学生对邪教团体认知的心理影响因素研究	重点项目	民生七有五性	李　斌	北京联合大学
105	20JCB107	面向高技术企业的首都工科博士生就业现状及促进机制研究	重点项目	民生七有五性	刘贤伟	北京工业大学
106	20JCC108	北京市民用建筑节能潜力识别与可持续管理策略研究	一般项目	民生七有五性	张　斌	北京理工大学
107	20JCC109	北京构建共享低碳的出行体系研究	一般项目	民生七有五性	马宝龙	北京理工大学
108	20JCC110	面向乡村振兴的北京农村社区居家养老服务体系研究	一般项目	民生七有五性	董亭月	中共北京市委党校
109	20JCC111	北京市农村居家养老服务体系建设研究	一般项目	民生七有五性	杨　凡	中国人民大学
110	20JCC112	《北京市学前教育条例》修订研究	一般项目	民生七有五性	王春蕾	中国政法大学
111	20JCC113	北京市儿童福利立法必要性及重点问题研究	一般项目	民生七有五性	李　程	中国政法大学
112	20JCC114	应用共享经济理念完善北京市分级诊疗体系研究	一般项目	民生七有五性	鞠雪楠	中央财经大学
113	20JCC115	非首都功能疏解背景下北京义务教育学龄人口预测与教育资源需求研究	一般项目	民生七有五性	赵　冉	北京师范大学
114	20JCC116	北京市农村失能老人居家养老的社会支持研究	一般项目	民生七有五性	张　斐	中华女子学院
115	20JCB117	健康城市蓝皮书：北京健康城市建设研究报告（2021）	重点项目	民生七有五性	王鸿春	北京健康城市建设促进会
116	20JCB118	北京人口蓝皮书：北京人口发展研究报告（2021）	重点项目	民生七有五性	尹德挺	中共北京市委党校
117	20JCA120	北京城市公共艺术发展策略与运行机制研究	重大项目	文化中心	杨冬江	清华大学

（北京市社科联、北京市社科规划办供稿）

北京市教育委员会2021年度社会科学计划重点项目立项项目

序号	项目编号	项目名称	负责人	承担单位	研究类别	成果形式	启动时间	完成时间	合作单位
1	SZ202110005001	面向北京冬奥的突发流行病监测预警研究	张　文	北京工业大学	综合研究	研究报告、其他	2021.1.1	2023.12.1	无
2	SZ202110005002	在线教学中的学习状态智能感知与形成性评价研究	郑　鲲	北京工业大学	综合研究	专著、论文、其他	2021.1.1	2023.12.1	中国移动通信集团有限公司政企事业部教育行业拓展部
3	SZ202110009003	京作家具保护与可持续发展研究	王　湘	北方工业大学	应用研究	专著、研究报告、论文	2021.1.1	2023.12.1	无
4	SZ202110009004	交互界面视觉元素设计提升与效果评估研究	边　鹏	北方工业大学	应用研究	论文	2021.1.1	2023.12.1	北京交通大学、北京印刷学院
5	SZ202110011005	市属高校部门预算整体绩效管理问题研究	陈　轲	北京工商大学	应用研究	研究报告	2021.1.1	2022.12.1	中国人民大学
6	SZ202110011006	北京文旅融合效果测度、路径优化及模式选择研究	徐丹丹	北京工商大学	综合研究	研究报告	2021.1.1	2023.12.1	无
7	SZ202110012007	中国传统色色名与色度特性及其在时尚产业的应用研究	邓晓珍	北京服装学院	应用研究	专著、研究报告、论文	2021.1.1	2023.12.1	无
8	SZ202110016008	重大疫情下城市生活垃圾中的潜在病毒性/病毒性垃圾应急响应管控机制研究	李　颖	北京建筑大学	综合研究	研究报告、论文、其他	2021.1.1	2023.12.1	无
9	SZ202110025009	基于患者赋权的慢性病患者长处方用药安全管理策略研究	杜　娟	首都医科大学	应用研究	研究报告	2021.1.1	2023.12.1	北京朝阳区劲松社区卫生服务中心、北京朝阳区高碑店社区卫生服务中心

续表

序号	项目编号	项目名称	负责人	承担单位	研究类别	成果形式	启动时间	完成时间	合作单位
10	SZ202110028010	古代包装汉字书写中的伦理思想及其流变	夏　兵	首都师范大学	基础研究	专著	2021.1.1	2022.12.1	中国传媒大学书写文化研究中心
11	SZ202110028011	儒家道德哲学的当代价值研究——“境遇－差序伦理”	盛　珂	首都师范大学	基础研究	专著	2021.1.1	2023.12.1	中国人民大学哲学学院、首都师范大学马克思主义学院
12	SZ202110028012	舞蹈治疗对3～6岁自闭症儿童的干预效果研究	樊　星	首都师范大学	应用研究	专著、论文	2021.1.1	2023.12.1	无
13	SZ202110028013	情绪信念对青少年情绪调节的影响	张　钦	首都师范大学	基础研究	论文	2021.1.1	2023.12.1	无
14	SZ202110031014	1860年以来法国文学对北京的书写与想象	鲍叶宁	北京第二外国语学院	基础研究	专著	2021.1.1	2023.12.1	北京大学法国文化研究中心
15	SZ202110037015	北京应急物流管理新体系构建研究	陆　华	北京物资学院	应用研究	专著、研究报告、论文	2021.1.1	2023.12.1	国家发展和改革委员会综合运输研究所
16	SZ202110037016	北京市国有企业混合所有制改革中最优决策权配置研究	陈　霞	北京物资学院	应用研究	研究报告、论文	2021.1.1	2023.12.1	无
17	SZ202110038017	京津冀协同发展战略对区域人口分布的影响	黄宗晔	首都经济贸易大学	综合研究	研究报告、论文	2021.1.1	2023.12.1	无
18	SZ202110046018	音乐版权国际化交易研究	桑海波	中国音乐学院	基础研究	论文	2021.1.1	2023.12.1	无
19	SZ202110857019	借助VR技术重现北京大运河漕运仓储文化风貌的研究——以南新仓为例	杨学瑜	北京信息职业技术学院	应用研究	研究报告、论文、其他	2021.1.1	2023.12.1	北京市百货有限公司南新仓分公司、北京牡丹电子集团有限责任公司
20	SZ202111232020	央行数字货币（DCEP）重塑银行体系的经济效应研究	徐文彬	北京信息科技大学	应用研究	专著、论文	2021.1.1	2023.12.1	无

续表

序号	项目编号	项目名称	负责人	承担单位	研究类别	成果形式	启动时间	完成时间	合作单位
21	SZ202111417021	疫情背景下北京市中小服务企业数字化转型研究	李立威	北京联合大学	综合研究	论文	2021.1.1	2023.12.1	无
22	SZ202111417022	开放共享驱动的科学数据出版：动因、模式和途径	宋立荣	北京联合大学	基础研究	专著、论文	2021.1.1	2023.12.1	中国农业科学院农业信息研究所、中国科学院计算机网络信息中心
23	SZ202111626023	生命共同体的理论内涵与时代意义研究	张子荣	北京青年政治学院	基础研究	论文	2021.1.1	2023.12.1	中国人民大学马克思主义学院、北京大学马克思主义学院、首都师范大学政法学院
24	SZ202111626024	小学生家长教育焦虑的结构、影响因素及干预研究	田宏杰	北京青年政治学院	综合研究	研究报告	2021.1.1	2023.12.1	北京青少年教育与发展研究基地
25	SZ202111626025	北京青少年社交媒体使用与表达的研究	胡 嶬	北京青年政治学院	应用研究	研究报告	2021.1.1	2023.12.1	腾讯网总编室、新浪网微博事业部
26	SZ202114073026	北京数字经济发展对就业影响的机理与路径研究	魏中龙	北京经济管理职业学院	应用研究	研究报告、论文	2021.1.1	2023.10.1	北京工商大学、国家工业信息安全发展研究中心

（北京市教育委员会供稿）

北京市教育委员会2021年度社会科学计划一般项目立项项目

序号	项目编号	项目名称	承担单位	研究类别	负责人	成果形式	完成时间
1	SM202110005001	以“文化认同”为导向的首都高校来华留学生教育管理机制研究	北京工业大学	基础应用研究	邵 辉	研究报告、论文	2023.12

续表

序号	项目编号	项目名称	承担单位	研究类别	负责人	成果形式	完成时间
2	SM202110005002	新冠疫情下北京冬奥会志愿者招募渠道及方式的决策评价优化研究	北京工业大学	基础应用研究	倪晓茹	研究报告、论文	2023. 12
3	SM202110005003	基于景泰蓝工艺再设计的北京文创产品设计研究	北京工业大学	应用研究	郭子龙	论文	2023. 12
4	SM202110005004	首都公共文化传播的视听化与智能化研究	北京工业大学	基础应用研究	马　宁	研究报告、论文、其他	2023. 12
5	SM202110005005	中国现代玻璃艺术本土化美学体系构建研究	北京工业大学	基础研究	张　翀	专著	2023. 12
6	SM202110005006	突发公共卫生事件下中小微企业的破产退出与挽救机制研究	北京工业大学	应用研究	李　琳	研究报告、论文	2023. 12
7	SM202110005007	“双一流”背景下地方高水平大学绩效评价研究	北京工业大学	基础应用研究	陈　燕	研究报告、论文	2023. 12
8	SM202110005008	我国高等教育对居民幸福感的影响与实现路径研究——来自北京的证据	北京工业大学	基础应用研究	魏晓艳	研究报告、论文	2023. 12
9	SM202110005009	市属高校在线教学与传统教学效果比较研究	北京工业大学	基础应用研究	张　威	研究报告、论文	2023. 12
10	SM202110005010	“四个中心”视域下基于模因论的首都文化旅游外宣翻译研究	北京工业大学	应用研究	刘　倩	研究报告、论文	2023. 12
11	SM202110005011	突发公共卫生事件背景下的网络谣言快速自动甄别研究	北京工业大学	基础研究	罗　佳	论文	2023. 12
12	SM202110005012	北京新经济中养老科技产业发展研究	北京工业大学	基础应用研究	袁　菲	研究报告、论文	2023. 12
13	SM202110005013	全球供应链视角下新冠疫情对我国出口的影响效应研究与应对策略	北京工业大学	基础应用研究	张鹏杨	论文	2022. 12
14	SM202110005014	北京金融环境下居民资产选择与价格水平影响研究	北京工业大学	基础应用研究	张　琳	研究报告、论文	2023. 12
15	SM202110009001	中华传统美德创造性转化方法论研究	北方工业大学	基础研究	陆宽宽	论文	2023. 12
16	SM202110009002	“讲好‘北京故事’”与首都高校思政课协同共建机制研究	北方工业大学	基础研究	温　泉	研究报告、论文	2023. 4
17	SM202110009003	社会创新设计视角下北京长城文化带文旅 IP 开发转化研究	北方工业大学	基础研究	朱荔丽	研究报告、论文	2023. 5
18	SM202110009004	北京知识产权保护对外资营商环境影响研究	北方工业大学	应用研究	吴莉婧	论文	2023. 12
19	SM202110009005	日本平安时期辞书音义古写本引原本《玉篇》辑考	北方工业大学	基础研究	李昕皓	研究报告、论文	2023. 12

续表

序号	项目编号	项目名称	承担单位	研究类别	负责人	成果形式	完成时间
20	SM202110009006	北京市文创企业推动融合创新的组织内赋能机制研究	北方工业大学	基础应用研究	罗文豪	论文	2023. 12
21	SM202110009007	北京市劳动力成本上升对企业技术创新影响研究	北方工业大学	基础应用研究	林　芳	研究报告、论文	2023. 12
22	SM202110009008	北京市养老设施照明环境与老年人动态行为的耦合设计研究	北方工业大学	基础研究	温　芳	研究报告、论文、其他	2023. 12
23	SM202110011001	消费升级促进首都经济高质量发展研究	北京工商大学	应用研究	韦佳佳	研究报告、论文	2023. 12
24	SM202110011002	美国国家安全审查下中美投资争端解决的路径	北京工商大学	基础研究	刘　禹	论文	2023. 12
25	SM202110011003	民法典视域下社会企业的私法规制研究	北京工商大学	基础应用研究	袁　鹏	研究报告、论文	2023. 12
26	SM202110011004	大数据视域下马克思主义大众化传播供给质量提升研究	北京工商大学	基础应用研究	葛学彬	研究报告、论文	2023. 12
27	SM202110011005	道器变通哲学观下的京剧美育 OTO 设计策略研究	北京工商大学	应用研究	吕燕茹	研究报告、论文	2023. 12
28	SM202110011006	服务设计在首都社区文化建设中的应用研究	北京工商大学	应用研究	刘红菊	研究报告、论文	2023. 12
29	SM202110011007	人工智能与北京文化产业融合发展研究	北京工商大学	应用研究	赵　璇	研究报告、论文	2023. 12
30	SM202110011008	中国情境下服务行业污名化工作研究	北京工商大学	基础应用研究	傅瑶瑶	研究报告、论文	2023. 12
31	SM202110011009	数据资本对企业全要素生产率的影响机理研究	北京工商大学	基础研究	刘金钊	论文	2023. 12
32	SM202110011010	种群生态视域下首都中小企业协同绿色创新机理研究	北京工商大学	应用研究	刘贝妮	论文	2023. 12
33	SM202110011011	引导工商资本参与京郊农村集体经济发展的路径研究	北京工商大学	应用研究	胡凌啸	研究报告、论文	2023. 12
34	SM202110011012	新冠肺炎疫情的宏观经济效应及应对政策有效性研究	北京工商大学	应用研究	周梅芳	论文	2023. 12
35	SM202110011013	京津冀金融协同对产业布局的影响研究	北京工商大学	应用研究	董　捷	论文	2023. 12
36	SM202110012001	依托冬奥文化资源加强北京城市文化空间建设研究	北京服装学院	基础应用研究	刘柯瑾	专著、研究报告、论文	2023. 12
37	SM202110012002	中国少数民族枫香染工艺比较研究	北京服装学院	基础研究	贾煜洲	研究报告、论文	2023. 12
38	SM202110012003	鬏饰工艺的传承与设计应用研究	北京服装学院	应用研究	谢天晓	研究报告、论文、其他	2022. 12

续表

序号	项目编号	项目名称	承担单位	研究类别	负责人	成果形式	完成时间
39	SM202110012004	大数据环境下我国服装零售企业数据驱动型商业模式研究	北京服装学院	基础应用研究	王保鲁	研究报告、论文	2022. 12
40	SM202110015001	招牌对北京城市文化形象的建构及传播效果研究	北京印刷学院	基础应用研究	周　婷	研究报告、工具书、论文	2023. 12
41	SM202110015002	北京文化创意产业创新扩散与全产业链结构优化研究	北京印刷学院	应用研究	佟　东	研究报告、论文	2023. 12
42	SM202110015003	通过社交媒体消费者参与提升北京出版企业品牌资产路径研究	北京印刷学院	应用研究	孔晓春	研究报告、论文	2023. 12
43	SM202110015004	新时期专题博物馆特色文化 IP 的开发与应用模式研究——以国家典籍博物馆为例	北京印刷学院	基础应用研究	刘　玲	研究报告、论文、文创设计系列	2023. 12
44	SM202110016001	基于仪轨制度的外朝及皇城空间演变研究——以明清北京为例	北京建筑大学	基础研究	齐　莹	论文	2023. 12
45	SM202110017001	后疫情时代北京居民“作物营养强化食品”消费行为研究	北京石油化工学院	应用研究	刘贝贝	论文	2023. 12
46	SM202110017002	混合式教学设计下精准提高大学生体质的实验研究	北京石油化工学院	应用研究	于　丽	专著、研究报告、论文、其他	2023. 12
47	SM202110017003	新国门区域社区公共文化服务和居民文化自信的研究	北京石油化工学院	基础应用研究	张　君	研究报告、论文、其他	2023. 12
48	SM202110020001	北京乡村旅游业供需结构及优化路径研究——以生态涵养区重点村为例	北京农学院	应用研究	石　林	论文	2023. 12
49	SM202110020002	科创中心的国际比较和路径优化研究	北京农学院	基础研究	潘恩阳	研究报告、论文	2023. 12
50	SM202110025001	马克思卫生思想及其时代价值研究	首都医科大学	基础应用研究	焦光源	论文	2023. 12
51	SM202110025002	全科医疗中常见慢性疾病管理临床质量的核心评价指标构建和实证研究	首都医科大学	应用研究	金光辉	研究报告、论文	2023. 12
52	SM202110025003	基于循证实践的老年人基层医疗潜在不恰当处方证据的整理、转化与启示研究	首都医科大学	应用研究	黄亚芳	研究报告、论文	2023. 12
53	SM202110025004	失能老人整合性照护社区资源中心：政策研究、需求分析及方案构建	首都医科大学	应用研究	刘溢思	研究报告、论文	2023. 12

续表

序号	项目编号	项目名称	承担单位	研究类别	负责人	成果形式	完成时间
54	SM202110025005	信息化背景下护理人员心血管病防治核心能力评价体系的构建和实证研究	首都医科大学	基础应用研究	邓　颖	论文	2023. 12
55	SM202110025006	“互联网+”背景下医院-社区-家庭三元联动社区老年女性尿失禁管理模式的构建和验证	首都医科大学	应用研究	张明娜	论文	2023. 12
56	SM202110025007	叙事医学在医学生临床实习中的应用研究	首都医科大学	应用研究	孙咏莉	研究报告、论文、其他	2023. 12
57	SM202110028001	“海丝”视域下中国明清小说对东南亚戏剧的影响研究	首都师范大学	基础研究	任　和	研究报告、论文	2023. 12
58	SM202110028002	爱默生诗歌的诗哲一体化研究	首都师范大学	基础研究	齐聪聪	论文	2023. 12
59	SM202110028003	北京市中小学生英语阅读品格的发展现状与养成策略研究	首都师范大学	基础应用研究	敖娜仁图雅	研究报告、论文	2023. 12
60	SM202110028004	传统中国画颜料研究	首都师范大学	应用研究	任　艺	论文、其他	2023. 12
61	SM202110028005	中国古代诗词歌曲传播研究与实践	首都师范大学	基础应用研究	宋　静	论文	2023. 12
62	SM202110028006	“立德树人”根本任务下的中国传统诚信文化传承问题研究	首都师范大学	应用研究	武林杰	论文	2023. 12
63	SM202110028007	中国经济“脱实向虚”的倾向及危害研究	首都师范大学	基础研究	周　振	研究报告、论文	2023. 12
64	SM202110028008	阿甘本生命政治理论研究	首都师范大学	基础研究	崔　晨	论文	2023. 1
65	SM202110028009	德国高校智库运行管理机制分析	首都师范大学	基础研究	张晓宁	论文	2023. 12
66	SM202110028010	元小说的理论建构	首都师范大学	基础研究	吴湜珏珊	专著、论文	2023. 12
67	SM202110028011	奥尔特加-加塞特经典著作在中国的译介及其哲学思想研究	首都师范大学	基础研究	蔡潇洁	译著、论文	2023. 12
68	SM202110028012	公私法融合背景下的见义勇为法律保障研究	首都师范大学	基础应用研究	蒋　言	研究报告、论文	2023. 12
69	SM202110028013	物种的跨洋传播与生态经验互动：以桉树进入中国为中心（1890—1920）	首都师范大学	基础研究	乔　瑜	论文	2023. 12
70	SM202110028014	中国互动影视发展现状与开发策略研究	首都师范大学	基础应用研究	张　晗	论文	2023. 12
71	SM202110028015	庾信和六世纪文学	首都师范大学	基础研究	罗奕奕	论文	2023. 12

续表

序号	项目编号	项目名称	承担单位	研究类别	负责人	成果形式	完成时间
72	SM202110028016	北宋仁宗朝台谏及其活动与文学关系研究	首都师范大学	基础研究	张　贵	论文	2023. 12
73	SM202110028017	明清易代之际女性诗歌研究	首都师范大学	基础研究	朱　雯	论文	2023. 12
74	SM202110029001	习近平治国理政对马克思恩格斯国家职能思想的创新发展研究	首都体育学院	基础研究	李金花	研究报告、论文	2023. 12
75	SM202110031001	北京市电商企业跨境经营的“双重”空间网络演化机理及空间优化研究	北京第二外国语学院	基础应用研究	余金艳	研究报告、论文	2023. 12
76	SM202110031002	常态抗疫背景下北京旅游景区发展韧性评价及提升路径研究	北京第二外国语学院	应用研究	王　露	研究报告、论文	2023. 12
77	SM202110031003	基于口译教学语料库的视译“翻转课堂”口译质量评估研究	北京第二外国语学院	基础应用研究	高　渝	研究报告、论文、其他	2023. 12
78	SM202110031004	基于语料库的新冠肺炎疫情背景下英美主流报刊媒体中的北京形象研究	北京第二外国语学院	应用研究	李　翼	论文	2023. 12
79	SM202110037001	突发公共卫生事件中政府数据治理的法治化路径研究	北京物资学院	应用研究	王　淼	论文	2023. 12
80	SM202110037002	“一带一路”倡议、价值链重构与中国出口产品质量	北京物资学院	基础研究	张　静	研究报告、论文	2023. 12
81	SM202110037003	京津冀协同背景下创新要素流动与城市功能优化研究	北京物资学院	基础应用研究	李博雅	研究报告、论文	2023. 12
82	SM202110037004	北京市涉农中小企业“银行+保险+期货”新型融资模式设计及效果评价研究	北京物资学院	应用研究	刘　晨	研究报告、论文	2023. 12
83	SM202110037005	北京市家庭金融素养和投资行为实证研究	北京物资学院	应用研究	王　琎	研究报告、论文	2023. 12
84	SM202110037006	基于 5G 技术的北京航空“双枢纽”智慧货运系统研究	北京物资学院	应用研究	汪芸芳	研究报告、论文	2021. 12
85	SM202110037007	高质量发展背景下北京市经济转型驱动因素及政策效率研究	北京物资学院	应用研究	尹洁婷	研究报告、论文	2023. 12
86	SM202110037008	重大突发公共事件下基于数据驱动的供应链弹性测度、优化及成本控制问题研究	北京物资学院	基础应用研究	李小燕	研究报告、论文	2023. 12
87	SM202110037009	疫情背景下京津冀区域企业的并购行为研究：动因、溢价及经济后果	北京物资学院	应用研究	邹　燕	研究报告、论文	2023. 12

续表

序号	项目编号	项目名称	承担单位	研究类别	负责人	成果形式	完成时间
88	SM202110037010	行为视角下新时代企业家精神制度驱动因素及作用机理研究	北京物资学院	应用研究	赵爱莉	论文	2023. 12
89	SM202110038001	京津冀金融市场联动网络多尺度动力学特征与风险预测研究	首都经济贸易大学	应用研究	刘雪勇	论文	2023. 12
90	SM202110038002	基于社会认知框架的大学生英语课堂测评视频听力任务设计评价研究	首都经济贸易大学	应用研究	孙　桐	论文	2023. 12
91	SM202110038003	疫情冲击下北京市中小企业财务风险评估与政策应对研究	首都经济贸易大学	基础研究	王姝勋	研究报告、论文	2023. 12
92	SM202110038004	京津冀城市群绿色金融污染防治效应与政策协同创新研究	首都经济贸易大学	基础应用研究	徐新扩	研究报告、论文	2023. 12
93	SM202110038005	积极老龄化视角下北京市低龄老年人口劳动参与意愿与影响机制研究	首都经济贸易大学	基础应用研究	赵　明	研究报告、论文	2023. 12
94	SM202110038006	波动率风险溢价隐含的高频风险态度研究	首都经济贸易大学	基础研究	易　祯	研究报告、论文	2023. 12
95	SM202110038007	自贸区临时仲裁制度创新研究	首都经济贸易大学	基础研究	陈　磊	研究报告、论文	2023. 12
96	SM202110038008	北京市部门预算绩效评价指标体系优化研究	首都经济贸易大学	应用研究	张亦然	研究报告	2023. 12
97	SM202110038009	防疫应急状态下高质量教学管理模式研究	首都经济贸易大学	基础应用研究	刘经纬	研究报告、其他	2023. 12
98	SM202110038010	首都失能失智老人居家养老的社会支持研究	首都经济贸易大学	应用研究	高　瑗	研究报告、论文	2023. 12
99	SM202110038011	北京市房地产调控政策与企业投资结构“脱虚向实”研究	首都经济贸易大学	应用研究	徐　展	研究报告、论文	2023. 12
100	SM202110038012	北京市企业对“一带一路”沿线国家直接投资风险及防范研究	首都经济贸易大学	应用研究	赵家章	研究报告、论文	2023. 12
101	SM202110038013	数字化时代信息渠道发展对企业创新能力增强的促成机制研究	首都经济贸易大学	基础应用研究	赵　娟	专著、研究报告、论文	2023. 12
102	SM202110038014	京津冀协同发展战略与制造业全要素生产率研究	首都经济贸易大学	基础应用研究	董香书	论文	2023. 12
103	SM202110038015	北京市义务教育优质均衡对房地产价格影响研究	首都经济贸易大学	基础应用研究	张　昕	研究报告、论文	2023. 12
104	SM202110038016	校际教育资源均衡视域下北京市区优质中学集团化办学成效研究：以西城、东城、海淀为例	首都经济贸易大学	基础应用研究	崔高鹏	研究报告、论文	2023. 1

续表

序号	项目编号	项目名称	承担单位	研究类别	负责人	成果形式	完成时间
105	SM202110046001	中国钢琴作品中的织体修辞分析与表演研究	中国音乐学院	基础研究	杨　静	论文	2023. 11
106	SM202110050001	后疫情时代电影发行放映业的机制重构与模式创新研究	北京电影学院	应用研究	张　旭	专著、论文	2023. 12
107	SM202110050002	20 世纪 50—90 年代法国艺术与文化政策研究	北京电影学院	基础研究	刘　乐	专著、论文	2023. 12
108	SM202110051001	油米村阮可人东巴舞蹈的阐释学研究	北京舞蹈学院	基础研究	雷斯曼	研究报告、论文	2023. 12
109	SM202110051002	人工智能技术在芭蕾基训课中的运用与研究	北京舞蹈学院	基础应用研究	苑　媛	研究报告、论文	2022. 12
110	SM202110051003	社区舞蹈对中老年女性的生活质量影响研究	北京舞蹈学院	基础研究	薛晶晶	论文	2023. 12
111	SM202110051004	社交媒体环境下的数字剧场发展研究	北京舞蹈学院	基础应用研究	蔡雅娇	研究报告、论文	2023. 12
112	SM202110858001	神话视角下北京风物传说中的文化包容性研究	北京电子科技职业学院	基础研究	呼　和	研究报告、论文	2023. 12
113	SM202110858002	比较效应对青少年执行公平准则的影响研究	北京电子科技职业学院	基础研究	程雪梅	研究报告、论文	2023. 12
114	SM202111232001	企业违规收益影响下的绿色生产监管博弈研究	北京信息科技大学	应用研究	马艳红	论文	2023. 12
115	SM202111232002	人才流动与住房价格的互动机制研究	北京信息科技大学	基础应用研究	牟新娣	论文	2023. 12
116	SM202111232003	基于知识流动视角的北京科技成果转化机制及促进策略研究	北京信息科技大学	应用研究	单丽曼	研究报告、论文	2023. 12
117	SM202111232004	基于源头分类和资源利用的北京市生活垃圾多元共治格局构建研究	北京信息科技大学	基础研究	帖　明	研究报告、论文	2023. 12
118	SM202111232005	基于知识管理和认知科学的教学知识可视化技术及测度方法研究	北京信息科技大学	基础应用研究	李光达	研究报告、论文	2023. 12
119	SM202111232006	京津冀一体化市场环境对高科技企业创新发展影响研究	北京信息科技大学	基础研究	邢春玉	研究报告、论文	2023. 12
120	SM202111417001	首都高校思想政治类学生社团建设研究	北京联合大学	应用研究	何侃侃	研究报告、论文	2023. 12
121	SM202111417002	北京市科技创业孵化生态系统构建及评价研究	北京联合大学	基础研究	田雪姣	论文	2023. 12
122	SM202111417003	北京传统玩具研究	北京联合大学	基础研究	王　熠	专著	2023. 12

续表

序号	项目编号	项目名称	承担单位	研究类别	负责人	成果形式	完成时间
123	SM202111417004	基于盲文语料库的汉语盲文分词连写研究	北京联合大学	基础研究	耿　楠	研究报告、论文	2023.12
124	SM202111417005	竞争逻辑视角下企业绿色创新影响机制与激励对策研究	北京联合大学	基础应用研究	王　森	论文	2023.12
125	SM202111417006	大数据时代北京市制造企业项目群绿色调度管理与决策研究	北京联合大学	基础应用研究	李飞飞	专著、论文	2023.12
126	SM202111417007	影视旅游目的地利益相关者感知研究——以北京大观园为例	北京联合大学	应用研究	张晓宇	研究报告、论文	2023.12
127	SM202111417008	基于知识图谱的重大突发事件网络舆情风险管控策略研究	北京联合大学	基础应用研究	孙　洁	论文	2023.12
128	SM202111417009	生产性服务业开放对北京市制造业转型升级影响路径研究	北京联合大学	基础应用研究	张　昕	论文	2023.12
129	SM202111417010	走向卓越：循证视角下高校小学教育专业师范生教育实习评价标准建构研究	北京联合大学	基础研究	何　璇	论文	2023.12
130	SM202111417011	医患关系视角下北京市医疗纠纷预防机制研究	北京联合大学	基础研究	陈　琦	专著、论文	2023.12
131	SM202111417012	西周燕国陶器和原始瓷的科技考古研究	北京联合大学	基础研究	李文静	论文	2023.12
132	SM202111626001	北京国际交往中心建设视域下国际学生中华文化认同研究	北京青年政治学院	基础应用研究	冀　津	研究报告、论文	2023.12
133	SM202111626002	北京建设“国际交往中心”背景下青年志愿者跨文化能力研究	北京青年政治学院	应用研究	谢金艳	研究报告、论文	2023.12
134	SM202111626003	北京市党员“双报到”工作机制创新研究	北京青年政治学院	应用研究	杨峥威	研究报告、论文	2023.12
135	SM202111626004	突发公共事件下高职学生思想政治教育：功能发挥与体系建构	北京青年政治学院	基础应用研究	李　杨	研究报告、论文	2023.12
136	SM202112448001	新零售时代京郊蜂产品营销模式及策略研究	北京农业职业学院	应用研究	薛晓燕	研究报告、论文	2023.12
137	SM202114019001	国家治理体系现代化视域下警察协助研究	北京警察学院	基础研究	姚永贤	研究报告、论文	2023.12
138	SM202114019002	后疫情时代维护首都高校政治安全面临的风险挑战及对策研究	北京警察学院	应用研究	霍　锐	研究报告、论文	2022.12
139	SM202114073001	区块链金融赋能数字经济增长路径研究	北京经济管理职业学院	应用研究	吕　勇	研究报告、论文	2023.11

续表

序号	项目编号	项目名称	承担单位	研究类别	负责人	成果形式	完成时间
140	SM202114075001	基于现代学徒制的高职院校“课程思政”协同育人机制研究	北京劳动保障职业学院	基础应用研究	冯宝晶	论文	2022. 12
141	SM202150061001	学校、家庭、社会“三位一体”共育视角下的北京市幼儿园生态道德教育研究	北京教育学院	基础研究	肖楠楠	研究报告、论文	2023. 12
142	SM202151638001	“双高”背景下高职院校科研创新团队的激励有效性研究	北京财贸职业学院	应用研究	许宏超	研究报告、论文	2023. 12

（北京市教育委员会供稿）

2020 年北京市人大常委会调查研究课题

市人大常委会主任、副主任主持的市级重点调研课题

序号	题目	主持人	责任部门	负责人
1	以立法为龙头，创新北京人大工作机制研究	李　伟	研究室	崔新建
2	关于生态涵养区生态保护与绿色发展的立法调研报告	刘　伟	农村办公室	金树东
3	★北京核心区老城保护研究	庞丽娟	民进北京市委	
4	科技创新与司法创新的深度融合	闫傲霜	内务司法办公室	陈　永
5	★以生态涵养区建设为抓手，推进城乡融合发展	闫傲霜	致公党北京市委	
6	★贯彻落实北京城市总体规划，加快推动副中心高质量发展	闫傲霜	致公党北京市委	
7	北京市财政收入结构分析和建议	李颖津	财政经济办公室	张伯旭
8	代表履职档案问题研究	张　清	代表联络室	马曙光
9	社会组织在社会治理中的作用研究	侯君舒	社会委工作机构	丛骆骆

注：带★号题目为民主党派主委课题，由市委统战部统筹安排。

市人大常委会机关调研课题

序号	题目	责任部门	负责人
1	北京市涉农纠纷引发的社会冲突和基层社会治理	信访办公室	董立柱
2	医院安全秩序地方立法调研	内务司法办公室	陈　永
3	★关于我市大数据管理情况的调查研究	财政经济办公室	张伯旭
4	关于我市政府债务使用管理情况的调研	预算工作委员会	陈京朴
5	关于《中关村国家自主创新示范区条例》立法后评估的研究报告	教科文卫体办公室	郭广生
6	★《北京市住房租赁条例》立法可行性研究	城建环保办公室	冶　冰
7	关于乡村产业发展情况的调研报告	农村办公室	潘爱兵

续表

序号	题目	责任部门	负责人
8	制定《北京市国际语言环境建设促进条例》立法调研	民宗侨办公室	孙　杰
9	★关于制定《北京市居民委员会工作条例》的研究报告	社会委工作机构	丛骆骆
10	市人大常委会机关干部职工健康状况的调研报告	机关党委	栾淑彬

注：带★号题目为法规立项论证项目。 （北京市人大常委会供稿）

2020 年北京市调查研究重点课题

序号	题目	主持人	承担部门	预期成果
	一、市级领导调研课题			
1	以立法为龙头，创新北京人大工作机制研究	李　伟	市人大研究室	研究报告
2	关于政协委员联系群众的理念、实践路径及成效的调研	吉　林	市政协研究室	研究报告
3	关于进一步健全平安北京建设工作协调机制的研究	张延昆	市委政法委	研究报告
4	提高首都政法工作现代化水平	张延昆	市委政法委	研究报告
5	健全和完善文化经济政策，推进文化产业发展引领区建设研究	杜飞进	市委宣传部	研究报告
6	强化精准思维和风险意识，有效整治各类风险隐患背后的腐败问题和懒政问题研究	陈　雍	市纪委市监委	研究报告
7	新冠肺炎疫情防控对社区治理体系和治理能力建设的启示与思考	魏小东	市委组织部	研究报告
8	北京减量发展背景下的财源建设研究	崔述强	市政府研究室、市财政局、市税务局	研究报告
9	北京市平原区与生态涵养区结对协作发展研究	崔述强	市政府研究室、市发展改革委	研究报告
10	加强新时代民营经济统战工作研究	齐　静	市委统战部、市工商联	研究报告
11	疫情对首都教育的影响、对策及启示	王　宁	市委教育工委、市教委	研究报告
12	“新三板”市场改革研究	殷　勇	市金融监管局	研究报告
13	加强新时代首都国防后备力量建设，不断提升民兵队伍应急应战能力	张凡迪	北京卫戍区	研究报告
14	关于构建首都城市综合执法监管体系推动基层治理现代化的研究	张家明	市城管执法局	研究报告
15	关于生态涵养区生态保护与绿色发展的立法调研报告	刘　伟	市人大常委会农村办公室	研究报告
16	科技创新与司法创新的深度融合	闫傲霜	市人大常委会监察和司法办公室	研究报告
17	北京市财政收入结构分析和建议	李颖津	市人大常委会财政经济办公室	研究报告
18	代表履职档案问题研究	张　清	市人大常委会代表联络室	研究报告
19	社会组织在社会治理中的作用研究	侯君舒	市人大社建委工作机构	研究报告

续表

序号	题目	主持人	承担部门	预期成果
20	北京冬奥会风险应对研究	张建东	北京冬奥组委	研究报告
21	国家实验室承接建设与服务保障机制研究	隋振江	市科委	研究报告
22	新形势下本市公共卫生和重大传染病防控体系建设发展战略研究	卢　彦	市卫生健康委	研究报告
23	根治欠薪机制建设问题研究	卢　彦	市人力社会局	研究报告
24	以中轴线申遗推动老城整体保护与复兴	杨　斌	市文物局	研究报告
25	聚集于疫情常态化下北京文化和旅游消费活力激发研究	王　红	市文化和旅游局	研究报告
26	北京市“十四五”开放型经济研究	杨晋柏	市商务局	研究报告
27	首都公安大数据支撑疫情防控的实践与思考	亓延军	市公安局	研究报告
28	关于提升国际交往服务保障能力，推进国际交往中心功能建设的调研	杨艺文	市政协港澳台侨和外事委	研究报告
29	关于乡村精品旅游的调研	程　红	市政协提案委	研究报告
30	关于健全和完善文化经济政策，推进文化产业发展引领区建设的调研	牛青山	市政协教文卫体委	研究报告
31	关于北京市国民经济和社会发展“十四五”规划纲要编制的调研	林抚生	市政协经济委	研究报告
32	关于准确把握京郊人口变化趋势，科学推进新型城镇化建设的调研	林抚生	市政协农业和农村委	研究报告
33	关于提升金融服务科技创新能力，助推全国科技创新中心建设的调研	林抚生	市政协科技委	研究报告
34	依法妥善办理涉疫情案件，为疫情防控和经济社会发展提供有力司法保障的调研报告	寇　昉	市高级法院	研究报告
35	检察专业体系研究	敬大力	市人民检察院	研究报告
二、各民主党派市委主委调研课题				
1	服务业扩大开放综合试点政策框架下的北京数字贸易推动举措研究	王　红	民革北京市委	研究报告
2	加快发展5G、人工智能、集成电路、生物医药等战略性产业，培育首都经济发展新动能	司马红	民建北京市委	研究报告
3	关于以德树人导向下高校评估体系建设问题的研究	程　红	民盟北京市委	研究报告
4	北京核心区老城保护研究——以申请退租、共生院建设为例	庞丽娟	民进北京市委	研究报告
5	以生态涵养区建设为抓手，推进城乡融合发展	闫傲霜	致公党北京市委	研究报告
6	贯彻落实北京城市总体规划，加快推动副中心高质量发展	闫傲霜	致公党北京市委	研究报告
7	建立科学仪器产业园，促进高端仪器国产化	刘忠范	九三学社北京市委	研究报告
8	关于完善外卖餐饮业食品安全监管的调研	陈　军	台盟北京市委	研究报告

续表

序号	题目	主持人	承担部门	预期成果
三、部委办、各区调研课题				
1	关于加强生态涵养区建设，推进城乡融合发展，率先实现农业农村现代化的调研	高 华	市政协农业和农村委	研究报告
2	关于深化“吹哨报到”改革、完善“接诉即办”工作机制，健全首都社会治理新格局的调研	闫满成	市政协社法委	研究报告
3	关于我市宗教事务管理工作有关情况的调研	池维生	市政协民宗委	研究报告
4	关于深化高校巡视巡察成果运用的研究	郑吉春	市委教育工委	研究报告
5	北京中等收入群体研究	胡雪峰	市委改革办	研究报告
6	大城市党政机构职能体系比较研究	李世新	市委编办	研究报告
7	加强法制建设，优化涉台营商环境，推动台资企业进一步发展	黄塞溪	市台办	研究报告
8	推动落实机关党建工作责任制研究	吕和顺	市直机关工委	研究报告
9	党建引领老干部工作向基层延伸的实践与思考	张 革	市老干部局	研究报告
10	积极履行工会职责，参与基层社会治理	郑默杰	市总工会	研究报告
11	北京新兴青年群体调查	李军会	团市委	研究报告
12	北京市家庭教育状况与趋势调研	张雅君	市妇联	研究报告
13	北京市市郊铁路与城市融合发展的研究	谈绪祥	市发展改革委	研究报告
14	首都教育发展“十四五”规划前期研究	刘宇辉	市教委	研究报告
15	北京研发经济发展现状及对区域税收的贡献研究	许 强	市科委	研究报告
16	北京少数民族流动人口服务管理工作调研	钟百利	市民宗委	研究报告
17	首都城市安全规划专题调查研究	张 维	市规划自然资源委	研究报告
18	首都城市存量空间更新利用的政策瓶颈问题调查研究	张 维	市规划自然资源委	研究报告
19	北京住房专项规划指标体系研究	王 飞	市住房城乡建设委	研究报告
20	北京市住房租赁经营监管制度研究	王 飞	市住房城乡建设委	研究报告
21	街区更新背景下的城市道路公共服务设施集约化减量化研究	孙新军	市城市管理委	研究报告
22	促进巡游车网约车融合发展，推动出租行业改革	李先忠	市交通委	研究报告
23	首都公共卫生体系能力建设研究	雷海潮	市卫生健康委	研究报告
24	健康联合体发展策略研究	雷海潮	市卫生健康委	研究报告
25	“十四五”时期加强北京国际交往中心功能建设的思路与举措	熊九玲	市政府外办	研究报告
26	加快市属科技创新型企业市场化改革的研究	张贵林	市国资委	研究报告
27	深化市管企业改革重点举措研究	张贵林	市国资委	研究报告
28	新型冠状病毒肺炎防控给人民防空工作带来的启示	刘宝杰	市人防办	研究报告
29	北京组团式扶贫实践与探索研究——基于北京构建扶贫协作大格局的视角	马新明	市扶贫支援办	研究报告
30	北京市智能网联汽车产业商业模式开发研究	杨秀玲	市经济信息化局	研究报告

续表

序号	题目	主持人	承担部门	预期成果
31	基层社会治理改革创新研究	李万钧 陈建领	市民政局	研究报告
32	大城市养老服务体系建设研究	李万钧 李红兵	市民政局	研究报告
33	司法行政机关在重大突发事件应对中的作用研究	苗　林	市司法局	研究报告
34	财政支出及其结构研究	吴素芳	市财政局	研究报告
35	推动首都高质量发展背景下调动企业培训积极性问题研究	徐　熙	市人力社保局	研究报告
36	推进创建大气污染精细化治理示范区	陈　添	市生态环境局	研究报告
37	加强水资源全过程监管工作研究	潘安君	市水务局	研究报告
38	北京市“十四五”时期乡村振兴战略实施规划研究	李志军	市农业农村局	研究报告
39	北京市数字贸易发展研究	闫立刚	市商务局	研究报告
40	北京市退役军人基本情况调研分析	苗立峰	市退役军人事务局	研究报告
41	关于基层应急管理能力提升研究	张树森	市应急管理局	研究报告
42	“小个专”党建形势与对策研究	冀　岩	市场监管局	研究报告
43	强化政治担当，充分发挥“经济体检”作用路径研究	马兰霞	市审计局	研究报告
44	基于审计视角的回天地区基层治理问题研究	马兰霞	市审计局	研究报告
45	加强“北京新视听”集群建设，打造全球视听产业中心研究	杨　烁	市广播电视局	研究报告
46	建设智慧广电，完善现代化社会治理体系研究	杨　烁	市广播电视局	研究报告
47	北京文物活化利用路径探索	陈名杰	市文物局	研究报告
48	北京文博资源服务国际交往中心建设的作用研究	陈名杰	市文物局	研究报告
49	北京市落实体育强国战略研究	赵　文	市体育局	研究报告
50	产业链视角下北京集成电路产业发展对策研究	吴万标	市统计局	研究报告
51	北京城市南部地区产业布局研究	庞江倩	市统计局	研究报告
52	北京市园林绿化“十四五”发展战略研究	邓乃平	市园林绿化局	研究报告
53	加强首都金融治理和金融基础设施建设研究	霍学文	市金融监管局	研究报告
54	北京市机关事务工作“十四五”规划编制	赵根武	市机关事务管理局	研究报告
55	从税收视角看副中心建设	李亚民	市税务局	研究报告
56	专利代理机构和代理师评价机制和结果发布研究	杨东起	市知识产权局	研究报告
57	大数据知识产权保护与立法研究	杨东起	市知识产权局	研究报告
58	“十四五”时期中关村示范区建设和发展规划研究	翟立新	中关村管委	研究报告
59	京津冀世界级城市群背景下的超级产业集群研究	王少峰	开发区工委	研究报告
60	关于突出党建引领作用，动员群众广泛参与，提高城市治理能力的研究	夏林茂	东城区委研究室	研究报告

续表

序号	题目	主持人	承担部门	预期成果
61	疫情大考之后首都基层社会治理创新研究	金　晖	东城区政府研究室	研究报告
62	街区更新实施模式和政策机制研究	卢映川	西城区委区政府研究室	研究报告
63	老旧小区综合治理研究	孙　硕	西城区委区政府研究室	研究报告
64	朝阳区推动社区治理“三率”建设研究	王　灏	朝阳区委区政府研究室	研究报告
65	朝阳区立足国际化优势打造全球服务贸易高地路径研究	文　献	朝阳区委区政府研究室	研究报告
66	中关村科学城创新治理改革探索	于　军	海淀园管委会、海淀区委区政府研究室	研究报告
67	后疫情时代海淀经济高质量发展研究	曾劲	海淀区委区政府研究室	研究报告
68	减量发展背景下土地高效利用研究	徐贱云	丰台区委研究室	研究报告
69	关于服务保障冬奥筹办推动我区经济社会高质量发展的研究	常　卫	石景山区委区政府研究室	研究报告
70	关于打造新时代首都城市复兴新地标思路与路径的研究	李　新	石景山区委区政府研究室	研究报告
71	关于门头沟区推进京西产业转型升级示范区建设的实践探索和路径研究	张力兵	门头沟区委研究室、区委办公室	研究报告
72	关于新时代首都生态涵养区践行“两山”理论的实践与思考	付兆庚	门头沟区委研究室、区政府办公室	研究报告
73	真抓实干 善做善成 全力推动房山实现“厚积薄发”	陈　清	房山区委区政府研究室	研究报告
74	深度推进文旅融合发展 加快建设国际旅游休闲区	郭延红	房山区委区政府研究室	研究报告
75	把北京城市副中心建设成为新型城镇化示范区的思考	曾赞荣	通州区委区政府研究室	研究报告
76	北京城市副中心智慧城市构架与应用	赵　磊	通州区委区政府研究室	研究报告
77	顺义区消费领域开放发展策略研究	高　朋	顺义区委区政府研究室	研究报告
78	顺义区更高水平开放政策和制度研究——基于建设具有国际竞争力的自贸区开放型产业体系	孙军民	顺义区委区政府研究室	研究报告
79	基层党建引领乡村治理研究	周立云	大兴区委研究室	研究报告
80	关于中日国际合作产业园规划建设的调查研究	王有国	大兴区政府办公室	研究报告
81	关于深化拓展“回天有我”社会治理创新的实践探索	于长辉	昌平区委研究室、回天工作专班	研究报告
82	关于优化提升中关村生命科学园医药健康产业发展的对策研究	王合生	中关村生命科学园管委会	研究报告
83	以突破怀柔科学城建设为引领，加快推进区域功能要素融合发展的思考	戴彬彬	怀柔区委研究室	研究报告
84	平谷区以“双基建设”提升基层治理能力的实践与探索	王成国	平谷区委研究室	研究报告
85	平谷区加强科技创新驱动，助推农业产业绿色发展的实践与思考	吴小杰	平谷区政府办公室	研究报告
86	完善生态文明制度体系，推进生态环境治理体系和治理能力现代化	潘临珠	密云区委研究室	研究报告

续表

序号	题目	主持人	承担部门	预期成果
87	关于加强基层社会治理能力，推进乡村振兴战略的思考	龚宗元	密云区农业农村局	研究报告
88	关于党建引领基层治理创新的探索与思考——以旧县镇党员联系服务群众网格化工作模式为例	穆　鹏	延庆区委研究室	研究报告
89	关于以京张高铁开通为契机，深入推进国家全域旅游示范区建设的研究	于　波	延庆区政府发展研究中心	研究报告

（北京市委研究室供稿）

2020年度北京市习近平新时代中国特色社会主义思想研究中心立项课题

序号	项目名称	项目级别	项目申请人	所在单位	最终成果形式	课题编号
1	中国抗击新冠肺炎疫情的制度优势研究	重大项目	刘　军	北京大学研究基地	系列论文	20LLZZA001
2	习近平总书记关于统一战线重要论述研究	重大项目	何虎生	中国人民大学研究基地	系列论文	20LLZZA002
3	后脱贫攻坚时代中国巩固拓展脱贫攻坚成果的制度体系与实施模式研究	重大项目	李迎生	中国人民大学研究基地	系列论文	20LLSMA003
4	新发展阶段人民美好生活需要研究	重大项目	邱　吉	中国人民大学研究基地	研究报告	20LLMLA004
5	中国共产党领导社会建设的成就与历史经验研究	重大项目	朱汉国	北京师范大学研究基地	专著	20LLZZA005
6	习近平新时代中国特色社会主义思想的理论渊源及创新研究	重大项目	韩振峰	北京交通大学研究基地	系列论文	20LLZZA006
7	坚持和完善生态文明制度体系研究——基于“两山”理念、生态优先、价值转化的视角	重大项目	林智钦	对外经济贸易大学研究基地	研究报告	20LLYJA007
8	习近平总书记关于扶贫工作重要论述研究	重大项目	张丽君	中央民族大学研究基地	研究报告	20LLLJA008
9	习近平总书记关于防范化解重大风险重要论述研究	重大项目	袁振龙	北京市社会科学院研究基地	研究报告	20LLSMA009
10	世界社会主义500年重大问题研究	重大项目	闫志民	北京市社会科学院研究基地	专著	20LLZZA010
11	习近平生态文明思想在北京的生动实践及经验研究	重大项目	陆小成	北京市社会科学院研究基地	研究报告	20LLGLA011
12	全媒体时代构建主流舆论格局研究	重大项目	方　力	北京市科学技术研究院研究基地	研究报告	20LLWXA012
13	中国脱贫模式的成功经验及其对解决世界贫困问题的意义研究	重大项目	左　停	中国农业大学	专著	20LLGLA013

续表

序号	项目名称	项目级别	项目申请人	所在单位	最终成果形式	课题编号
14	中国共产党领导反贫困斗争历程和经验研究	重大项目	方凤玲	中国石油大学（北京）	专著	20LLLJA014
15	坚持和完善生态文明制度体系研究	重大项目	林　震	北京林业大学	专著	20LLZZA015
16	习近平总书记关于防范化解重大风险重要论述研究	重大项目	杨　海	华北电力大学	系列论文	20LLZZA016
17	以习近平新时代中国特色社会主义思想为指导　推动高校立德树人形成生动实践研究	重大项目	韩宪洲	北京联合大学	研究报告	20LLZZA017
18	社会主义协商民主的制度特点和优势研究	重大项目	徐永利	北京联合大学	专著	20LLZZA018
19	中国共产党百年制度治党的历史进程与基本经验研究	重点项目	王　峰	北京师范大学研究基地	研究报告	20LLZZB019
20	新时代中国国家治理中的法治文化理论与创新研究	重点项目	王曼倩	北京外国语大学研究基地	研究报告	20LLFXB020
21	新时代青少年爱国主义教育落细落小落实机制与策略研究	重点项目	蓝晓霞	北京交通大学研究基地	系列论文	20LLZZB021
22	新时代中国文艺形态发展研究	重点项目	张鸿声	中国传媒大学研究基地	专著	20LLWXB022
23	中国共产党领导中华民族伟大复兴的历史经验研究	重点项目	肖　翔	中央财经大学研究基地	专著	20LLZZB023
24	总体国家安全观融入高等教育研究	重点项目	李志强	中国政法大学研究基地	系列论文	20LLZZB024
25	习近平总书记关于人类命运共同体重要论述研究	重点项目	刘建萍	对外经济贸易大学研究基地	系列论文	20LLZZB025
26	坚持和完善共建共治共享的社会治理制度研究：基于民生问题的视角	重点项目	范黎波	对外经济贸易大学研究基地	系列论文	20LLGLB026
27	习近平总书记关于牢记初心使命重要论述研究	重点项目	岳凤兰	中央民族大学研究基地	系列论文	20LLZZB027
28	中国共产党自我革命的历史经验及启示研究	重点项目	阚和庆	北京工业大学研究基地	系列论文	20LLZZB028
29	新时代基层党建引领社会治理的内在机理及路径创新研究	重点项目	丁　云	北京工业大学研究基地	专著	20LLZZB029
30	新时代中国共产党党内政治文化建设的内在逻辑与实践路径研究	重点项目	郑文涛	首都师范大学研究基地	系列论文	20LLZZB030
31	习近平总书记关于“美好生活”重要论述的历史唯物主义阐释与创新发展研究	重点项目	王洪波	首都师范大学研究基地	研究报告	20LLZZB031
32	习近平总书记人民幸福观研究	重点项目	韩文乾	首都师范大学研究基地	专著	20LLZZB032
33	习近平总书记关于生命共同体重要论述研究	重点项目	李　劲	中共北京市委党校研究基地	研究报告	20LLZZB033

续表

序号	项目名称	项目级别	项目申请人	所在单位	最终成果形式	课题编号
34	全面建成小康社会后中国巩固拓展脱贫攻坚成果战略研究	重点项目	何　军	中共北京市委党校研究基地	系列论文	20LLYJB034
35	新时代人民代表大会制度优势转化为治理效能的机制建设研究	重点项目	黄小钫	中共北京市委党校研究基地	研究报告	20LLZZB035
36	坚持以社会主义核心价值观引领文化建设制度研究	重点项目	黄　杰	中共北京市委党校研究基地	研究报告	20LLZXB036
37	习近平总书记关于数字经济重要论述与实践路径研究	重点项目	邓丽姝	北京市社会科学院研究基地	研究报告	20LLYJB037
38	党建引领首都基层社会治理机制创新研究	重点项目	孙照红	北京市社会科学院研究基地	研究报告	20LLZZB038
39	新型举国体制推进科技创新治理现代化研究	重点项目	王　立	北京市科学技术研究院研究基地	研究报告	20LLGLB039
40	公共卫生领域战略科技力量及制度建设研究	重点项目	任晓刚	北京市科学技术研究院研究基地	研究报告	20LLGLB040
41	完善科技创新制度研究	重点项目	贾品荣	北京市科学技术研究院研究基地	研究报告	20LLGLB041
42	优化国家应急管理能力体系建设研究	重点项目	朱　伟	北京市科学技术研究院研究基地	研究报告	20LLGLB042
43	全面从严治党的百年制度探索与当代创新研究	重点项目	高春花	前线杂志社研究基地	专著	20LLZZB043
44	建设人与自然和谐共生的现代化研究	重点项目	樊良树	前线杂志社研究基地	系列论文	20LLMLB044
45	中华优秀传统文化融入大学生理想信念教育研究	重点项目	张红霞	北京科技大学	研究报告	20LLZZB045
46	治理主体视角下坚持和完善生态文明制度体系的路径研究	重点项目	李全喜	北京邮电大学	研究报告	20LLZZB046
47	习近平总书记关于乡村振兴重要论述的科学内涵与实施路径研究	重点项目	薛永基	北京林业大学	研究报告	20LLZZB047
48	“突发-应急”框架下中国抗击新冠肺炎疫情的制度优势研究	重点项目	骆小平	华北电力大学	专著	20LLZZB048
49	习近平总书记关于创新型社会建设重要论述的制度互补性理论研究	一般项目	蔡　芸	北京交通大学研究基地	研究报告	20LLGLC049
50	新时代高校意识形态风险防范机制研究	一般项目	王浩业	北京交通大学研究基地	研究报告	20LLZZC050
51	原创文化节目对中华优秀传统文化的创造性转化和创新性发展研究	一般项目	文卫华	北京交通大学研究基地	研究报告	20LLWXC051
52	新时代马克思主义传播特点和规律研究	一般项目	张　付	中国传媒大学研究基地	系列论文	20LLZZC052
53	“一带一路”的可持续发展机制研究：基于和平与经济的视角	一般项目	侯　娜	中央财经大学研究基地	专著	20LLYJC053
54	马克思主义视域下网络民粹主义的形成机理与治理路径研究	一般项目	吴韵曦	中国政法大学研究基地	研究报告	20LLZZC054

续表

序号	项目名称	项目级别	项目申请人	所在单位	最终成果形式	课题编号
55	中国抗击新冠肺炎疫情的制度优势研究：国际比较视角	一般项目	张伟玉	对外经济贸易大学研究基地	研究报告	20LLZZC055
56	习近平总书记关于社会主义现代化重要论述研究	一般项目	李宏伟	首都师范大学研究基地	研究报告	20LLZZC056
57	多元主体共建共治共享城市社区教育治理制度研究	一般项目	陈书洁	首都经济贸易大学研究基地	研究报告	20LLSMC057
58	新时代乡村振兴中乡村文化的保护与发展研究	一般项目	蔡　杨	中共北京市委党校研究基地	研究报告/系列论文	20LLZZC058
59	落实党的领导到城市社区治理的路径和实践探索研究	一般项目	杜　鹃	中共北京市委党校研究基地	研究报告	20LLSMC059
60	习近平总书记关于文化自信重要论述的原创性贡献研究	一般项目	于文博	前线杂志社研究基地	研究报告	20LLZZC060
61	习近平生态文明思想的原创性贡献研究	一般项目	周　杨	中国矿业大学（北京）	研究报告	20LLZZC061
62	建立不忘初心、牢记使命的制度研究	一般项目	宋修见	中央美术学院	专著	20LLZZC062
63	马克思主义关于世界历史的思想与习近平总书记关于人类命运共同体重要论述的内在逻辑研究	一般项目	李　岫	中央戏剧学院	研究报告	20LLZZC063
64	新中国成立以来中国共产党化解社会主要矛盾的基本历程和经验研究	一般项目	张廷广	北京理工大学	专著	20LLZZC064
65	习近平总书记关于办好北京冬奥会、促进冰雪运动发展重要论述研究	一般项目	刘　洋	北京体育大学	论文	20LLZZC065
66	“一带一路”背景下习近平总书记关于扶贫工作重要论述的对外传播力提升研究	一般项目	郭君平	中国农业科学院	研究报告	20LLGLC066
67	中国共产党红色基因传承研究	一般项目	朱建平	北方工业大学	系列论文	20LLZZC067
68	中国共产党百年来应对国际挑战的经验与启示研究	一般项目	石晓虎	北京第二外国语学院	研究报告	20LLZZC068
69	习近平总书记关于民生重要论述研究	一般项目	李　谧	北京第二外国语学院	专著	20LLZZC069
70	中国特色减贫道路的世界意义研究	一般项目	许　峰	北京联合大学	研究报告	20LLZZC070

（北京市社科联、北京市社科规划办供稿）

· 获奖成果 ·

概　述

本栏目记述北京地区部分高校、科研单位获国家、省部级哲学社会科学研究成果获奖情况；记述第十四届北京市优秀调查研究成果奖名单。获奖成果的记述，包括成果名称、主要作者、颁奖单位、成果形式、获奖等级等内容。这些信息反映出北京地区社会科学研究领域的最新成果和理论贡献。

第八届高等学校科学研究优秀成果奖（北京地区）

序号	成果名称	成果形式	学科类别	申报人	等级	单位
1	“碳政治”的生态帝国主义逻辑批判及其超越	论文	马克思主义理论	郇庆治	一等奖	北京大学
2	中国的价值观	著作	中国特色社会主义理论体系	韩　震	一等奖	北京师范大学
3	认清历史虚无主义思潮的真实用意	论文	思想政治教育	刘书林	一等奖	清华大学
4	社会主义荣辱观研究	著作	思想政治教育	吴潜涛	一等奖	清华大学
5	仁学本体论	著作	哲学	陈　来	一等奖	清华大学
6	中国哲学思潮发展史	著作	哲学	张立文	一等奖	中国人民大学
7	“宗教中国化”义理研究	著作	宗教学	张志刚	一等奖	北京大学
8	历史语言学方法论与汉语方言音韵史个案研究	著作	语言学	王洪君	一等奖	北京大学
9	汉字构形学导论	著作	语言学	王　宁	一等奖	北京师范大学
10	鲁迅与俄国	著作	中国文学	孙　郁	一等奖	中国人民大学

续表

序号	成果名称	成果形式	学科类别	申报人	等级	单位
11	论经典	著作	中国文学	詹福瑞	一等奖	首都师范大学
12	立论中国影视	著作	艺术学	胡智锋	一等奖	北京师范大学
13	可视的艺术史：从教堂到博物馆	著作	艺术学	李　军	一等奖	中央美术学院
14	先秦两汉艺术观念史（两卷本）	著作	艺术学	刘成纪	一等奖	北京师范大学
15	艺术公赏力	著作	艺术学	王一川	一等奖	北京大学
16	音乐百科全书	著作	艺术学	吴祖强	一等奖	中央音乐学院
17	子弹库帛书（上、下）	著作	历史学	李　零	一等奖	北京大学
18	英国通史（全6卷）	著作	历史学	钱乘旦	一等奖	北京大学
19	日本侵华决策史料丛编	著作	历史学	徐　勇	一等奖	北京大学
20	追迹三代	著作	考古学	孙庆伟	一等奖	北京大学
21	Endowment structures，industrial dynamics，and economic growth	论文	经济学	鞠建东	一等奖	清华大学
22	超越发展援助：在一个多极世界中重构发展合作新理念	著作	经济学	林毅夫	一等奖	北京大学
23	中国土地问题调查——土地权利的底层视角	著作	经济学	刘守英	一等奖	中国人民大学
24	经济增长与结构演进：中国新时期以来的经验	著作	经济学	刘　伟	一等奖	中国人民大学
25	家庭财富不平等会自我放大吗？——基于家庭财务杠杆的分析	论文	经济学	吴卫星	一等奖	对外经济贸易大学
26	国有企业分类改革的逻辑、路径与实施	著作	经济学	杨瑞龙	一等奖	中国人民大学
27	Roads，Railroads，and Decentralization of Chinese Cities	论文	经济学	张庆华	一等奖	北京大学
28	中央与地方事权划分的国别研究及启示	著作	政治学	王浦劬	一等奖	北京大学
29	中国法制史大辞典	著作	法学	蒲　坚	一等奖	北京大学
30	侵权责任法研究（第二版）（上、下卷）	著作	法学	王利明	一等奖	中国人民大学
31	中国少数民族法史通览	著作	法学	张晋藩	一等奖	中国政法大学
32	分配危机与经济法规制	著作	法学	张守文	一等奖	北京大学
33	当代中国的阶层结构分析	著作	社会学	李路路	一等奖	中国人民大学
34	人口迁移与族群交往：内蒙古赤峰调查	著作	社会学	马　戎	一等奖	北京大学
35	土地集体化与农村传统大家庭的结构转型	论文	社会学	王天夫	一等奖	清华大学
36	中国流动人口的社会融入研究	论文	人口学	杨菊华	一等奖	中国人民大学
37	1927—1950年中英两国关于西藏问题的较量与争论（上、下卷）	著作	民族学与文化学	张　皓	一等奖	北京师范大学

续表

序号	成果名称	成果形式	学科类别	申报人	等级	单位
38	中国公共关系史	著作	新闻学与传播学	胡百精	一等奖	中国人民大学
39	符号中国	著作	新闻学与传播学	隋　岩	一等奖	中国传媒大学
40	新闻观念论	著作	新闻学与传播学	杨保军	一等奖	中国人民大学
41	新闻传播的大数据时代	著作	新闻学与传播学	喻国明	一等奖	北京师范大学
42	中国信息资源产业发展与政策	著作	图书馆、情报与文献学	冯惠玲	一等奖	中国人民大学
43	中国学校研究	著作	教育学	顾明远	一等奖	北京师范大学
44	民办学校分类管理政策研究	著作	教育学	周海涛	一等奖	北京师范大学
45	中国体育发展方式改革研究	著作	体育学	杨　桦	一等奖	北京体育大学
46	中国政府统计问题研究	著作	统计学	许宪春	一等奖	清华大学
47	Regional Ambient Temperature is Associated with Human Personality	论文	心理学	王　垒	一等奖	北京大学
48	提升中国产品海外形象研究	著作	管理学	林汉川	一等奖	对外经济贸易大学
49	International Experience and FDI Location Choices of Chinese Firms: The Moderating Effects of Home Country Government Support and Host Country Institutions	论文	管理学	路江涌	一等奖	北京大学
50	Motivation of User-Generated Content: Social Connectedness Moderates the Effects of Monetary Rewards	论文	管理学	孙亚程	一等奖	清华大学
51	扶贫开发与区域发展——我国特困地区的贫困与扶贫策略研究	著作	管理学	汪三贵	一等奖	中国人民大学
52	Project Customization and the Supplier Revenue - Cost Dilemmas: The Critical Roles of Supplier-Customer Coordination	论文	管理学	王永贵	一等奖	对外经济贸易大学
53	科技全球化与中国发展	著作	管理学	薛　澜	一等奖	清华大学
54	土地整治规划设计研究	著作	管理学	严金明	一等奖	中国人民大学
55	基于变革管理视角对三十年来机构改革的审视	论文	管理学	周志忍	一等奖	北京大学
56	全球学导论	著作	交叉学科	蔡　拓	一等奖	中国政法大学
57	中华文化国际影响力调查研究	著作	交叉学科	关世杰	一等奖	北京大学
58	钓鱼岛列岛归属考：事实与法理	著作	交叉学科	刘江永	一等奖	清华大学
59	科学与人文新论	著作	交叉学科	孟建伟	一等奖	中国科学院大学
60	Geo-Architecture and Landscape in China's Geographic and Historic Context	著作	交叉学科	汪　芳	一等奖	北京大学
61	理性、自由与实践批判——两个世界的内在张力与历史理念的动力结构	著作	马克思主义理论	刘敬东	二等奖	清华大学

续表

序号	成果名称	成果形式	学科类别	申报人	等级	单位
62	马克思晚年的“人类学笔记”理论主题	论文	马克思主义理论	孙熙国	二等奖	北京大学
63	西方国家工人阶级意识问题研究	著作	马克思主义理论	童　晋	二等奖	对外经济贸易大学
64	东方社会发展模式比较研究：中、印、俄发展模式比较	著作	马克思主义理论	王聚芹	二等奖	华北电力大学
65	唯物史观视野中的生态文明	著作	马克思主义理论	张云飞	二等奖	中国人民大学
66	“一国两制”在香港、澳门的成功实践及其历史经验研究	著作	中国特色社会主义理论体系	齐鹏飞	二等奖	中国人民大学
67	论中国特色社会主义新时代	论文	中国特色社会主义理论体系	陶文昭	二等奖	中国人民大学
68	制度自信：中国特色社会主义制度研究	著作	中国特色社会主义理论体系	肖贵清	二等奖	清华大学
69	中国共产党治国理政之道——坚持依法治国与以德治国相结合	著作	思想政治教育	戴木才	二等奖	清华大学
70	探索思想政治教育发展的内生动力	著作	思想政治教育	冯　刚	二等奖	北京师范大学
71	大学生村官成长成才机制研究	著作	思想政治教育	马抗美	二等奖	中国政法大学
72	中国社会核心价值观的变迁	论文	思想政治教育	邱　吉	二等奖	中国人民大学
73	悖论研究	著作	哲学	陈　波	二等奖	北京大学
74	启蒙的第三要义：《判断力批判》中的启蒙思想	论文	哲学	韩水法	二等奖	北京大学
75	心灵的形式化及其挑战：认知科学的哲学	著作	哲学	李建会	二等奖	北京师范大学
76	自然社会：自然法与现代道德世界的形成	著作	哲学	李　猛	二等奖	北京大学
77	Logical dynamics of belief change in the community	论文	哲学	刘奋荣	二等奖	清华大学
78	基础研究与国家目标——以北京正负电子对撞机为例的分析	著作	哲学	尚智丛	二等奖	中国科学院大学
79	什么是科学	著作	哲学	吴国盛	二等奖	清华大学
80	改变世界的哲学现实观	论文	哲学	夏　莹	二等奖	清华大学
81	重建中的反思：重新理解历史唯物主义	著作	哲学	杨　耕	二等奖	北京师范大学
82	《资本论》的哲学	著作	哲学	仰海峰	二等奖	北京大学
83	中国艺术批评通史	著作	哲学	叶　朗	二等奖	北京大学
84	近代中国宗教文化史研究	著作	宗教学	何建明	二等奖	中国人民大学
85	出土文献与早期道教	著作	宗教学	姜守诚	二等奖	中国人民大学
86	清代全真道历史新探	著作	宗教学	尹志华	二等奖	中央民族大学

续表

序号	成果名称	成果形式	学科类别	申报人	等级	单位
87	古代维吾尔语赞美诗和描写性韵文的语文学研究	著作	语言学	阿不都热西提·亚库甫	二等奖	中央民族大学
88	20 世纪中国语言学方法论研究	著作	语言学	陈保亚	二等奖	北京大学
89	当代俄语现状研究	著作	语言学	褚　敏	二等奖	北京大学
90	新世纪英汉大词典（缩印本）	著作	语言学	胡壮麟	二等奖	北京大学
91	A Dynamic Glottal Model through High-speed Imaging	论文	语言学	孔江平	二等奖	北京大学
92	清华简《系年》文字考释与构形研究	著作	语言学	李守奎	二等奖	清华大学
93	绍兴方言研究	著作	语言学	王福堂	二等奖	北京大学
94	第二语言学习者汉语声调范畴习得与模拟研究	著作	语言学	王建勤	二等奖	北京语言大学
95	汉语越南语关系语素历史层次分析	著作	语言学	咸蔓雪	二等奖	北京大学
96	Cognition-based Studies on Chinese Grammar	著作	语言学	袁毓林	二等奖	北京大学
97	基于语料库的外国人汉语句式习得研究	著作	语言学	张宝林	二等奖	北京语言大学
98	虚拟词语空间理论与汉语知识表达研究	著作	语言学	郑艳群	二等奖	北京语言大学
99	制礼作乐与西周文献的生成	著作	中国文学	过常宝	二等奖	北京师范大学
100	中国现代文学编年史（1895—1949）	著作	中国文学	刘　勇	二等奖	北京师范大学
101	唐诗近体源流	著作	中国文学	钱志熙	二等奖	北京大学
102	临水的纳蕤思：中国现代派诗歌的艺术母题	著作	中国文学	吴晓东	二等奖	北京大学
103	杜甫集校注	著作	中国文学	谢思炜	二等奖	清华大学
104	上博简《孔子诗论》“颂”论及其诗学史意义	论文	中国文学	徐正英	二等奖	中国人民大学
105	莫友芝全集	著作	中国文学	张　剑	二等奖	北京大学
106	法兰克福学派内外：知识分子与大众文化	著作	中国文学	赵　勇	二等奖	北京师范大学
107	徽商与明清文学	著作	中国文学	朱万曙	二等奖	中国人民大学
108	印度佛教神话：书写与流传	著作	外国文学	陈　明	二等奖	北京大学
109	20 世纪德国文学思想论稿	著作	外国文学	方维规	二等奖	北京师范大学
110	二十世纪法国先锋文学理论和批评的“文本”概念研究	著作	外国文学	钱　翰	二等奖	北京师范大学
111	新中国 60 年外国文学研究	著作	外国文学	申　丹	二等奖	北京大学
112	启蒙与建构：策·达木丁苏伦蒙古文学研究	著作	外国文学	王　浩	二等奖	北京大学
113	六朝画论研究	著作	艺术学	陈传席	二等奖	中国人民大学

续表

序号	成果名称	成果形式	学科类别	申报人	等级	单位
114	汉字的诱惑	著作	艺术学	陈　楠	二等奖	清华大学
115	艺术的本体与维度	著作	艺术学	陈旭光	二等奖	北京大学
116	20 世纪中国戏剧史（上、下）	著作	艺术学	傅　谨	二等奖	中国戏曲学院
117	银皮书：2013 中国电影国际传播年度报告	著作	艺术学	黄会林	二等奖	北京师范大学
118	数理、仿生造型设计方法	著作	艺术学	金剑平	二等奖	清华大学
119	公路电影：现代性、类型与文化价值观	著作	艺术学	李　彬	二等奖	北京电影学院
120	大数据背景下的信息与交互设计的变革与发展	论文	艺术学	鲁晓波	二等奖	清华大学
121	满映：殖民主义电影政治与美学的魅影	著作	艺术学	逄增玉	二等奖	中国传媒大学
122	艺术学通论	著作	艺术学	彭　锋	二等奖	北京大学
123	走向雪域高原——青藏高原音乐考察研究	著作	艺术学	田联韬	二等奖	中央音乐学院
124	音乐的结构与功能：结构主义的音乐美学探讨	著作	艺术学	王次炤	二等奖	中央音乐学院
125	想象中国：二十世纪八十年代中国电影研究	著作	艺术学	王海洲	二等奖	北京电影学院
126	景观中的艺术	著作	艺术学	翁剑青	二等奖	北京大学
127	中国南传佛教音乐文化研究	著作	艺术学	杨民康	二等奖	中央音乐学院
128	Chinese Traditional Instrumental Music	著作	艺术学	张伯瑜	二等奖	中央音乐学院
129	中国油画五百年	著作	艺术学	赵　力	二等奖	中央美术学院
130	贵州苗族侗族女性传统服饰传承研究	著作	艺术学	周　梦	二等奖	中央民族大学
131	重塑中华：近代中国“中华民族”观念研究	著作	历史学	黄兴涛	二等奖	中国人民大学
132	Customs Duties in the Qing Dynasty, ca. 1644-1911	著作	历史学	倪玉平	二等奖	清华大学
133	瞿林东文集（10 卷本）	著作	历史学	瞿林东	二等奖	北京师范大学
134	踌躇的霸权：美国崛起后的身份困惑与秩序追求（1913—1945）	著作	历史学	王立新	二等奖	北京大学
135	秦汉称谓研究	著作	历史学	王子今	二等奖	中国人民大学
136	从爵本位到官本位：秦汉官僚品位结构研究（增补本）	著作	历史学	阎步克	二等奖	北京大学
137	中国科举制度通史（五卷本）	著作	历史学	张希清	二等奖	北京大学
138	历史视野下的中华民族精神	著作	历史学	郑师渠	二等奖	北京师范大学
139	早期中国——中国文化圈的形成和发展	著作	考古学	韩建业	二等奖	中国人民大学

续表

序号	成果名称	成果形式	学科类别	申报人	等级	单位
140	公允价值计量与金融市场风险	著作	经济学	曾雪云	二等奖	北京邮电大学
141	Firm - specific Exchange Rate Shocks and Employment Adjustment：Evidence from China	论文	经济学	戴　觅	二等奖	北京师范大学
142	寻找供给侧结构性改革的理论源头	论文	经济学	方福前	二等奖	中国人民大学
143	养老金制度精算设计及动态投资策略研究	著作	经济学	高建伟	二等奖	华北电力大学
144	我国国家资产负债表与自然资源资产负债表的编制与运用初探——以SNA2008和SEEA2012为线索的分析	论文	经济学	耿建新	二等奖	中国人民大学
145	医保政策精准扶贫效果研究——基于URBMI试点评估入户调查数据	论文	经济学	黄　薇	二等奖	对外经济贸易大学
146	Hayek，Local Information，and Commanding Heights：Decentralizing State-Owned Enterprises in China	论文	经济学	黄张凯	二等奖	清华大学
147	2014中国劳动力市场发展报告——迈向高收入国家进程中的工作时间	著作	经济学	赖德胜	二等奖	北京师范大学
148	Linear Theory of Fixed Capital and China′s Economy：Marx，Sraffa and Okishio	著作	经济学	李帮喜	二等奖	清华大学
149	中国经济的未来之路：德国模式的中国借鉴	著作	经济学	李稻葵	二等奖	清华大学
150	互联网搜索服务的性质与其市场供给方式初探——基于新市场财政学的分析	论文	经济学	李俊生	二等奖	中央财经大学
151	Global value chain perspective of US - China trade and employment	论文	经济学	林桂军	二等奖	对外经济贸易大学
152	农业劳动力转移与中国经济发展	著作	经济学	刘晓光	二等奖	中国人民大学
153	Speculation Spillovers	论文	经济学	刘玉珍	二等奖	北京大学
154	Identifying FDI spillovers	论文	经济学	陆　毅	二等奖	清华大学
155	谁更过度负债：国有还是非国有企业？	论文	经济学	陆正飞	二等奖	北京大学
156	融资歧视、市场扭曲与利润迷失——兼议虚拟经济对实体经济的影响	论文	经济学	罗来军	二等奖	中国人民大学
157	从市场扭曲看政府扩张：基于财政的视角	论文	经济学	吕冰洋	二等奖	中国人民大学
158	农户究竟需要多大的农地经营规模？——农地经营规模决策图谱研究	论文	经济学	倪国华	二等奖	北京工商大学
159	Financial Development and Innovation：CrossCountry Evidence	论文	经济学	田　轩	二等奖	清华大学
160	能源效率提升的新视角——基于市场分割的检验	论文	经济学	魏　楚	二等奖	中国人民大学

续表

序号	成果名称	成果形式	学科类别	申报人	等级	单位
161	Impact of High－speed Railon China´s Big Three Airlines	论文	经济学	杨杭军	二等奖	对外经济贸易大学
162	进口自由化与企业利润率	论文	经济学	余淼杰	二等奖	北京大学
163	中国通货膨胀动态形成机制的多重逻辑	著作	经济学	张成思	二等奖	中国人民大学
164	全球价值链下中国本土企业的创新效应	论文	经济学	张　杰	二等奖	中国人民大学
165	From “Made in China” to “Innovated in China　”： Necessity， Prospect， and Challenges	论文	经济学	张晓波	二等奖	北京大学
166	法律制度与会计规则——关于会计理论的反思	著作	经济学	周　华	二等奖	中国人民大学
167	中古时期寺院经济兴衰的经济学分析	论文	经济学	周建波	二等奖	北京大学
168	总贸易核算法：官方贸易统计与全球价值链的度量	论文	经济学	祝坤福	二等奖	对外经济贸易大学
169	当代民粹主义的两极化趋势及其制度根源	论文	政治学	林　红	二等奖	中国人民大学
170	社会资本与国家治理	著作	政治学	燕继荣	二等奖	北京大学
171	区域大气污染治理中的政策工具：我国的实践历程与优化选择	论文	政治学	赵新峰	二等奖	首都师范大学
172	中国参与国际气候治理的法律立场和策略：以气候正义为视角	论文	法学	曹明德	二等奖	中国政法大学
173	认罪认罚从宽制度研究	论文	法学	陈卫东	二等奖	中国人民大学
174	1954 年宪法制定过程	著作	法学	韩大元	二等奖	中国人民大学
175	国际商事仲裁司法审查中的公共政策	论文	法学	何其生	二等奖	北京大学
176	习近平全球治理与国际法治思想研究	论文	法学	黄　进	二等奖	中国政法大学
177	中国社区矫正立法专题研究	著作	法学	刘志伟	二等奖	北京师范大学
178	国家监察体制改革的重要意义和主要任务	论文	法学	马怀德	二等奖	中国政法大学
179	数据的法律属性及其民法定位	论文	法学	梅夏英	二等奖	对外经济贸易大学
180	财产权宪法化与近代中国社会本位立法	论文	法学	聂　鑫	二等奖	清华大学
181	国际贸易投资规则的再构建及中国的因应	论文	法学	石静霞	二等奖	对外经济贸易大学
182	19 世纪德国“学说汇纂”体系的形成与发展——基于欧陆近代法学知识谱系的考察	论文	法学	舒国滢	二等奖	中国政法大学
183	刑事诉讼法律移植研究	著作	法学	汪海燕	二等奖	中国政法大学
184	政府信息公开中的公共利益衡量	论文	法学	王敬波	二等奖	中国政法大学

续表

序号	成果名称	成果形式	学科类别	申报人	等级	单位
185	法的中国性	著作	法学	王人博	二等奖	中国政法大学
186	互联网金融的法律规制——基于信息工具的视角	论文	法学	杨　东	二等奖	中国人民大学
187	中国证据法治发展的轨迹：1978—2014	著作	法学	张保生	二等奖	中国政法大学
188	法益保护与比例原则	论文	法学	张明楷	二等奖	清华大学
189	从隐私到个人信息：利益再衡量的理论与制度安排	论文	法学	张新宝	二等奖	中国人民大学
190	民法典的编纂与商事立法	论文	法学	赵旭东	二等奖	中国政法大学
191	转型时期刑法立法的思路与方法	论文	法学	周光权	二等奖	清华大学
192	社会领域的公民互信与组织构成：提升合法性和应变力的过程	著作	社会学	高丙中	二等奖	北京大学
193	后乡土中国	著作	社会学	陆益龙	二等奖	中国人民大学
194	从数字鸿沟到红利差异——互联网资本的视角	论文	社会学	邱泽奇	二等奖	北京大学
195	双重强制——乡村留守中的性别排斥与不平等	著作	社会学	叶敬忠	二等奖	中国农业大学
196	农民上楼与资本下乡：城镇化的社会学研究	论文	社会学	周飞舟	二等奖	北京大学
197	清醒认识中国低生育率风险	论文	人口学	郭志刚	二等奖	北京大学
198	现阶段中国的总和生育率究竟是多少？——来自户籍登记数据的新证据	论文	人口学	翟振武	二等奖	中国人民大学
199	城市文化与国家治理：当代中国城市建设理论内涵与发展模式建构	著作	民族学与文化学	皇甫晓涛	二等奖	北京交通大学
200	跨区域社会体系：以环南中国海区域为中心的丝绸之路研究	论文	民族学与文化学	麻国庆	二等奖	中央民族大学
201	三江源地区生态移民的社会适应与社区文化重建研究	论文	民族学与文化学	祁进玉	二等奖	中央民族大学
202	中国特色马克思主义民族理论的新发展——习近平民族工作思想解读	论文	民族学与文化学	乌小花	二等奖	中央民族大学
203	中国乡村调查——农村居民媒体接触与消费行为研究	著作	新闻学与传播学	陈　刚	二等奖	北京大学
204	未来传媒生态：消失的边界与重构的版图	论文	新闻学与传播学	彭　兰	二等奖	清华大学
205	作为政治的传播：中国新闻传播解释史	著作	新闻学与传播学	赵云泽	二等奖	中国人民大学
206	中国阅读通史	著作	图书馆、情报与文献学	王余光	二等奖	北京大学
207	未完成的转型：高等教育影响力与学生发展	著作	教育学	鲍　威	二等奖	北京大学
208	学位授权审核机制改革与我国研究生教育治理路径的调整	论文	教育学	陈洪捷	二等奖	北京大学

续表

序号	成果名称	成果形式	学科类别	申报人	等级	单位
209	带领学生进入历史："两次倒转"教学机制的理论意义	论文	教育学	郭　华	二等奖	北京师范大学
210	中国教育史	著作	教育学	郭齐家	二等奖	北京师范大学
211	学校改革，价值几何——基于北京市义务教育综合改革的"学区房"溢价估计	论文	教育学	哈　巍	二等奖	北京大学
212	迎接数字大学：纵论远程、混合与在线学习——翻译、解读与研究	著作	教育学	韩锡斌	二等奖	清华大学
213	"后4%时代"的教育经费应该投向何处？——基于跨国数据的实证研究	论文	教育学	胡咏梅	二等奖	北京师范大学
214	中国研究生教育的规模结构与经济增长	著作	教育学	李立国	二等奖	中国人民大学
215	博士后制度的国际比较	著作	教育学	刘宝存	二等奖	北京师范大学
216	为每个学生提供适合的教育：何以不可能或何以可能——基于课程的教育功能的分析	论文	教育学	马健生	二等奖	北京师范大学
217	高校毕业生就业问题与对策研究	著作	教育学	闵维方	二等奖	北京大学
218	"零距离"教师教育——全日制教育专业硕士培养的探索	论文	教育学	宁　虹	二等奖	首都师范大学
219	大学的改革	著作	教育学	钱颖一	二等奖	清华大学
220	新中国中小学教科书图文史（六卷）	著作	教育学	石　鸥	二等奖	首都师范大学
221	基于学生核心素养的化学学科能力研究	著作	教育学	王　磊	二等奖	北京师范大学
222	高等教育监测评估理论与方法	著作	教育学	王战军	二等奖	北京理工大学
223	我国研究生教育结构调整问题研究	著作	教育学	袁本涛	二等奖	清华大学
224	经济新常态与高校毕业生就业特点——基于2015年全国高校毕业生抽样调查数据的实证分析	论文	教育学	岳昌君	二等奖	北京大学
225	大学的适切性	著作	教育学	周光礼	二等奖	中国人民大学
226	欧美体育社会学研究图景	著作	体育学	仇　军	二等奖	清华大学
227	北京奥运文化遗产保护性开发研究	著作	体育学	骆秉全	二等奖	首都体育学院
228	卷首看时局：中国学校体育时局分析	著作	体育学	王子朴	二等奖	首都体育学院
229	两种运动干预方案对小学生执行功能影响的追踪研究	论文	体育学	殷恒婵	二等奖	北京师范大学
230	扩展的自然资源核算——以自然资源资产负债表为重点	论文	统计学	高敏雪	二等奖	中国人民大学
231	国家统计数据质量管理研究	著作	统计学	邱　东	二等奖	北京师范大学
232	经济社会公共数据空间标准化与空间统计应用研究	著作	统计学	赵彦云	二等奖	中国人民大学

续表

序号	成果名称	成果形式	学科类别	申报人	等级	单位
233	灾后中小学生心理疏导研究	著作	心理学	林崇德	二等奖	北京师范大学
234	金丝猴的社会（第 2 版）	著作	心理学	苏彦捷	二等奖	北京大学
235	Regional Gray Matter Volume is Associated with Trait Modesty：Evidence from Voxel-based Morphometry	论文	心理学	吴艳红	二等奖	北京大学
236	社会转型：社会心理学的立场	著作	心理学	俞国良	二等奖	中国人民大学
237	企业创新生态系统论	著作	管理学	陈　劲	二等奖	清华大学
238	Extracting Representative Information on Intra-Organizational Blogging Platforms	论文	管理学	郭迅华	二等奖	清华大学
239	腐败测量	著作	管理学	过　勇	二等奖	清华大学
240	Corporate Governance in China：A Modern Perspective	论文	管理学	姜付秀	二等奖	中国人民大学
241	政府质量、公司治理结构与投资决策——基于世界银行企业调查数据的经验研究	论文	管理学	焦　豪	二等奖	北京师范大学
242	中国农机购置补贴政策评估与优化研究	著作	管理学	孔祥智	二等奖	中国人民大学
243	Task Success Based on Contingency Fit of Managerial Culture and Embeddedness	论文	管理学	马　力	二等奖	北京大学
244	基于博弈论和 CGE 模型的碳税政策研究	著作	管理学	乔　晗	二等奖	中国科学院大学
245	Supply Chain Optimization in Transformation and Upgrading of Enterprises：The Ories and Methodology	著作	管理学	邵　婧	二等奖	对外经济贸易大学
246	Carbon emissions tradings cheme exploration in China：Amulti - agent - based model	论文	管理学	汤　铃	二等奖	北京化工大学
247	Is It New? Personal and Contextual Influences on Perceptions of Novelty and Creativity	论文	管理学	王小晔	二等奖	清华大学
248	Enterprise Risk Management in Finance	著作	管理学	吴德胜	二等奖	中国科学院大学
249	Creating Public Value and Institutional Innovations Across Boundaries：An Integrative Process of Participation，Legitimation，and Implementation	论文	管理学	杨开峰	二等奖	中国人民大学
250	Do Political Connections Buffer Firms from or Bind Firms to the Government? A Study of Corporate Charitable Donations of Chinese Firms	论文	管理学	张建君	二等奖	北京大学
251	Paradoxical Leader Behaviors in People Management：Antecedents and Consequences	论文	管理学	张　燕	二等奖	北京大学

续表

序号	成果名称	成果形式	学科类别	申报人	等级	单位
252	目标动力学——动机与人格的自组织原理	著作	管理学	章　凯	二等奖	中国人民大学
253	中国外资政策有效性研究	著作	管理学	章文光	二等奖	北京师范大学
254	Contract Analysis and Design for Supply Chains with Stochastic Demand	著作	管理学	赵映雪	二等奖	对外经济贸易大学
255	Recognizing "Me" Benefits "We": Investigating the Positive Spillover Effects of Formal Individual Recognition in Teams	论文	管理学	郑晓明	二等奖	清华大学
256	政府间关系视角下的社会政策扩散——以城市低保制度为例（1993—1999）	论文	管理学	朱旭峰	二等奖	清华大学
257	两岸政治关系定位研究	著作	港澳台问题研究	王英津	二等奖	中国人民大学
258	普京政治经济学	著作	国际问题研究	关雪凌	二等奖	中国人民大学
259	超主权国际货币的构建：国际货币制度的改革	著作	国际问题研究	李　翀	二等奖	北京师范大学
260	国家的选择——国际制度、国内政治与国家自主性	著作	国际问题研究	田　野	二等奖	中国人民大学
261	小国与国际关系	著作	国际问题研究	韦　民	二等奖	北京大学
262	傅斯年文集（七卷）	著作	交叉学科	欧阳哲生	二等奖	北京大学
263	中国长城志·建筑	著作	交叉学科	汤羽扬	二等奖	北京建筑大学
264	中国能源报告（2016）：能源市场研究	著作	交叉学科	魏一鸣	二等奖	北京理工大学
265	延迟退休、内生出生率与经济增长	论文	交叉学科	严成樑	二等奖	中央财经大学
266	人的发展价值取向的总体性	论文	马克思主义理论	陈新夏	三等奖	首都师范大学
267	历史唯物主义生成路径研究	著作	马克思主义理论	李成旺	三等奖	清华大学
268	中国共产党历史分期理论与实践研究	著作	马克思主义理论	张世飞	三等奖	中国人民大学
269	供给侧结构性改革的理论逻辑及实施路径	著作	中国特色社会主义理论体系	郭　杰	三等奖	中国人民大学
270	中国农业现代化与农民	著作	中国特色社会主义理论体系	刘彦随	三等奖	北京师范大学
271	经济转型时期我国城乡居民收入差距问题研究	著作	中国特色社会主义理论体系	孙永强	三等奖	北京师范大学
272	中国高校辅导员工作史论	著作	思想政治教育	周良书	三等奖	北京师范大学
273	近年出土黄老思想文献研究	著作	哲学	曹　峰	三等奖	中国人民大学
274	何为良好生活：行之于途而应于心	著作	哲学	陈嘉映	三等奖	首都师范大学
275	周易溯源与早期易学考论	著作	哲学	丁四新	三等奖	清华大学
276	美国佛教：亚洲佛教在西方社会的传播与转型	著作	宗教学	李四龙	三等奖	北京大学

续表

序号	成果名称	成果形式	学科类别	申报人	等级	单位
277	藏语卫藏方言研究	著作	语言学	瞿霭堂	三等奖	中国人民大学
278	英汉致使句论元结构的对比研究	著作	语言学	熊仲儒	三等奖	北京语言大学
279	汉文化经典外译：理论与实践	著作	语言学	徐　珺	三等奖	对外经济贸易大学
280	蒙汉目连救母故事比较研究	著作	中国文学	陈岗龙	三等奖	北京大学
281	乡土中国、现代主义与世界性——对八十年代以来乡土叙事转向的反思	论文	中国文学	陈晓明	三等奖	北京大学
282	文学史二十讲	著作	中国文学	程光炜	三等奖	中国人民大学
283	六朝声律与唐诗体格	著作	中国文学	杜晓勤	三等奖	北京大学
284	“恋爱”之发生与现代文学观念变迁	论文	中国文学	杨联芬	三等奖	中国人民大学
285	时代境遇中的马克思主义批评理论	论文	中国文学	张永清	三等奖	中国人民大学
286	《鼎峙春秋》研究	著作	艺术学	李小红	三等奖	中国戏曲学院
287	“超越性”在中国当代艺术界的缺失	论文	艺术学	刘立彬	三等奖	中央美术学院
288	中国电视节目创新研究	著作	艺术学	杨乘虎	三等奖	北京师范大学
289	唯拓展方能超越——主题性美术创作的内涵范畴及其未来机遇	论文	艺术学	于　洋	三等奖	中央美术学院
290	入世后中国电影产业检视：一个全球化的视角	著作	艺术学	张　燕	三等奖	北京师范大学
291	汉代外来文明研究	著作	历史学	石云涛	三等奖	北京外国语大学
292	利率管制与总需求结构失衡	论文	经济学	陈彦斌	三等奖	中国人民大学
293	Market Segmentation and Differential Reactions of Local and Foreign Investors to Analyst Recommendations	论文	经济学	贾春新	三等奖	北京大学
294	第三次工业革命与工业智能化	论文	经济学	贾根良	三等奖	中国人民大学
295	中国住房抵押贷款拖欠风险研究	论文	经济学	况伟大	三等奖	中国人民大学
296	农民工与城镇流动人口经济状况分析	著作	经济学	李　实	三等奖	北京师范大学
297	A New Approach to Bayesian hypothesis Testing	论文	经济学	李　勇	三等奖	中国人民大学
298	中外跨国公司发展史（上、下卷）	著作	经济学	卢进勇	三等奖	对外经济贸易大学
299	Domestic Content in China's Exports and Its Distribution by Firm Ownership	论文	经济学	马　弘	三等奖	清华大学
300	中国转基因作物经济效益可持续性研究：以抗虫棉为例	著作	经济学	乔方彬	三等奖	中央财经大学
301	股市危机——历史与逻辑	著作	经济学	吴晓求	三等奖	中国人民大学
302	Public Education Spending and Private Substitution in Urban China	论文	经济学	袁　诚	三等奖	北京大学

续表

序号	成果名称	成果形式	学科类别	申报人	等级	单位
303	Happiness in the air: How does a dirty sky affect mental health and subjective well-being?	论文	经济学	张 欣	三等奖	北京师范大学
304	Rational Housing Bubble	论文	经济学	赵 波	三等奖	北京大学
305	地方政府合作研究	著作	政治学	潘小娟	三等奖	中国政法大学
306	观念的民主与实践的民主：比较历史视野下的民主与国家治理	著作	政治学	杨光斌	三等奖	中国人民大学
307	事实行为的基础理论研究	著作	法学	常鹏翱	三等奖	北京大学
308	法制“镂之金石”传统与明清碑禁体系	著作	法学	李雪梅	三等奖	中国政法大学
309	中国民法典编纂：观念、愿景与思路	论文	法学	薛 军	三等奖	北京大学
310	社会冲突、国家治理与“群体性事件”概念的演生	论文	社会学	冯仕政	三等奖	中国人民大学
311	通向集体之路：一项关于文化观念和制度形成的个案研究	著作	社会学	卢晖临	三等奖	北京大学
312	城镇双职工家庭夫妻合作型家务劳动模式——基于2010年中国第三期妇女地位调查	论文	社会学	佟 新	三等奖	北京大学
313	中国人口生育意愿变迁：1980—2011	论文	人口学	侯佳伟	三等奖	中央财经大学
314	和谐社会视域下中国家庭发展	著作	人口学	宋 健	三等奖	中国人民大学
315	构建中国特色新闻学：何以可能与何以可为	论文	新闻学与传播学	胡 钰	三等奖	清华大学
316	中国网络教育政策变迁——从现代远程教育试点到MOOC	著作	教育学	郭文革	三等奖	北京大学
317	The Implementation of the Inclusive Education in Beijing: Exorcizing the Haunting Specter of Meritocracy	著作	教育学	余 凯	三等奖	北京师范大学
318	互联网心理学：新心理与行为研究的兴起	著作	心理学	雷 雳	三等奖	中国人民大学
319	能源系统集成建模：政策驱动下的低碳转型	著作	管理学	段宏波	三等奖	中国科学院大学
320	China must protect high-quality arable land	论文	管理学	孔祥斌	三等奖	中国农业大学
321	论社会治理体系创新的战略路径	论文	管理学	蓝志勇	三等奖	清华大学
322	Anenergy-efficient scheduling and speed control approach for metrorail operations	论文	管理学	李 想	三等奖	北京化工大学
323	土地发展权、空间管制与规划协同	论文	管理学	林 坚	三等奖	北京大学
324	安全保障型城市的评价指标体系与评价系统	著作	管理学	翁文国	三等奖	清华大学
325	Repetitive Project Scheduling: Theory and Methods	著作	管理学	张立辉	三等奖	华北电力大学

续表

序号	成果名称	成果形式	学科类别	申报人	等级	单位
326	香港法院适用中国宪法问题研究	论文	港澳台问题研究	王振民	三等奖	清华大学
327	文化产业供给侧改革研究：理论与案例	著作	交叉学科	齐　骥	三等奖	中国传媒大学
328	Impact of Environmental Regulations on the Efficiency and CO_2 Emissions of Power Plants in China	论文	交叉学科	赵晓丽	三等奖	中国石油大学（北京）
329	中国特色全国碳排放权交易市场总体方案研究	咨询服务报告	经济学	张希良	一等奖	清华大学
330	高校马克思主义理论学科发展报告（2013）	咨询服务报告	马克思主义理论	艾四林	二等奖	清华大学
331	习近平社会治理思想研究	咨询服务报告	中国特色社会主义理论体系	魏礼群	二等奖	北京师范大学
332	扩大我国油气战略储备研究	咨询服务报告	经济学	董秀成	二等奖	对外经济贸易大学
333	中国建设汽车强国的差距分析与发展战略	咨询服务报告	经济学	赵福全	二等奖	清华大学
334	2015—2017 年中国就业市场景气报告	咨询服务报告	经济学	中国人民大学中国就业研究所	二等奖	中国人民大学
335	新《环境保护法》实施情况评估报告	咨询服务报告	法学	王灿发	二等奖	中国政法大学
336	法治政府蓝皮书：中国法治政府评估报告（2016）	咨询服务报告	法学	中国法治政府评估报告课题组	二等奖	中国政法大学
337	国家传播治理与网络舆论系列研究报告	咨询服务报告	新闻学与传播学	王维佳	二等奖	北京大学
338	高等理科教育本科改革调研总报告（上、下册）	咨询服务报告	教育学	高等理科教育改革调研组	二等奖	北京大学
339	国家义务教育质量监测方案论证报告	咨询服务报告	教育学	辛　涛	二等奖	北京师范大学
340	内地与香港科技合作与交流战略研究报告	咨询服务报告	管理学	苏　竣	二等奖	清华大学
341	国家基本公共文化服务保障标准研究	咨询服务报告	管理学	杨永恒	二等奖	清华大学
342	国际秩序的演变与未来	咨询服务报告	国际问题研究	王缉思	二等奖	北京大学
343	当代中国新的社会阶层研究报告	咨询服务报告	交叉学科	廉　思	二等奖	对外经济贸易大学
344	美国的三代“中国通”	咨询服务报告	交叉学科	王莉丽	二等奖	中国人民大学

续表

序号	成果名称	成果形式	学科类别	申报人	等级	单位
345	关注南疆社会心态疏解公众“隐性不满”	咨询服务报告	管理学	曹　峰	三等奖	清华大学
346	科技服务业发展研究	咨询服务报告	管理学	科技服务业发展研究课题组	三等奖	北京交通大学
347	保障性住房建设项目管理业务规范	咨询服务报告	管理学	任　旭	三等奖	北京交通大学
348	能源生产和消费革命战略实施方案研究	咨询服务报告	交叉学科	张　奇	三等奖	中国石油大学（北京）
349	火枪与账簿：早期经济全球化时代的中国与东亚世界	普及读物	历史学	李伯重	普及读物奖	北京大学
350	《资治通鉴》与家国兴衰	普及读物	历史学	张国刚	普及读物奖	清华大学
351	甲骨文与中国上古文明	普及读物	考古学	龙国富	普及读物奖	中国人民大学
352	经济低碳化	普及读物	经济学	厉以宁	普及读物奖	北京大学
353	《资本论》简说	普及读物	经济学	卫兴华	普及读物奖	中国人民大学
354	读懂孩子——心理学家实用教子宝典（6~12岁）	普及读物	心理学	边玉芳	普及读物奖	北京师范大学
355	节日之旅	普及读物	教育学	李　敏	普及读物奖	首都师范大学
356	珍爱生命——小学生性健康教育读本（一年级—六年级上、下册）	普及读物	教育学	刘文利	普及读物奖	北京师范大学
357	重估马克思早期六部著作的价值与地位	著作	马克思主义理论	林　锋	青年奖	北京大学
358	善治之道：当代中国社会治理创新的伦理路径研究	著作	中国特色社会主义理论体系	王维国	青年奖	中国社会科学院大学
359	大道之行：中国共产党与中国社会主义	普及读物	中国特色社会主义理论体系	鄢一龙	青年奖	清华大学
360	思想政治教育生态分析引论	著作	思想政治教育	杨增崇	青年奖	北京师范大学
361	高校网络思想政治教育发展与创新研究	著作	思想政治教育	张　瑜	青年奖	清华大学
362	他乡有夫子——西方《孟子》研究与儒家伦理建构	著作	哲学	韩振华	青年奖	北京外国语大学
363	Der sensus communis bei Kant. Zwischen Erkenntnis, Moralitaet und Schoenheit	著作	哲学	周黄正蜜	青年奖	北京师范大学
364	中古道教类书与道教思想	著作	宗教学	程乐松	青年奖	北京大学
365	生成词库理论与汉语事件强迫现象研究	著作	语言学	宋作艳	青年奖	北京师范大学

续表

序号	成果名称	成果形式	学科类别	申报人	等级	单位
366	释甲骨文中的“阩”字	论文	语言学	王子杨	青年奖	首都师范大学
367	中国古典诗歌平仄律的形成与嬗变	论文	中国文学	李飞跃	青年奖	清华大学
368	政教存续与文教转型——近代学术史上的张之洞学人圈	著作	中国文学	陆　胤	青年奖	北京大学
369	启蒙旗帜下的反启蒙行动——《狂人日记》叙述形式中显现的意图谬误	论文	中国文学	于小植	青年奖	北京语言大学
370	鹦鹉夜谭：印度鹦鹉故事的文本与流传研究	著作	外国文学	潘　珊	青年奖	中国政法大学
371	《伊利汗中国科技珍宝书》校注	著作	外国文学	时　光	青年奖	北京大学
372	梨园文献与优伶演剧——京剧昆曲文献史料考论	著作	艺术学	谷曙光	青年奖	中国人民大学
373	昆曲曲牌曲腔关系研究——以昆曲南曲商调曲牌为例	著作	艺术学	蒯卫华	青年奖	北京师范大学
374	现代设计伦理思想史	著作	艺术学	周　博	青年奖	中央美术学院
375	从西学东渐到书学转型	著作	艺术学	祝　帅	青年奖	北京大学
376	科举改制与最后的进士	著作	历史学	韩　策	青年奖	北京大学
377	皇权不下县？——清代县辖政区与基层社会治理	著作	历史学	胡　恒	青年奖	中国人民大学
378	族群意识与历史书写——中国现代历史叙述模式的形成及其在清末的实践	著作	历史学	姜　萌	青年奖	中国人民大学
379	走马楼吴简采集簿书整理与研究	著作	历史学	凌文超	青年奖	北京师范大学
380	Asset Pricing When Traders Sell Extreme Winners and Losers	论文	经济学	安　砾	青年奖	清华大学
381	Short-and Long-Run Business Conditions and Expected Returns	论文	经济学	刘　琦	青年奖	北京大学
382	收入不平等与公共政策	著作	经济学	万海远	青年奖	北京师范大学
383	Dynamic pricing in the presence of individual learning	论文	经济学	翁　翕	青年奖	北京大学
384	Efficient GMM estimation of spatial dynamic panel data models with fixed effects	论文	经济学	虞吉海	青年奖	北京大学
385	Fundamental Analysis and the Cross-Section of Stock Returns: A Data-Mining Approach	论文	经济学	郑凌凌	青年奖	中国人民大学
386	专家学者参与型治理：荒漠化及其他集体行动困境问题解决的新模型	著作	政治学	杨立华	青年奖	北京大学
387	对民事判决书结构与说理的重塑	论文	法学	曹志勋	青年奖	北京大学
388	国际私法条约解释的路径依赖与方法展开	论文	法学	杜焕芳	青年奖	中国人民大学
389	公序良俗原则与诚实信用原则的区分	论文	法学	于　飞	青年奖	中国政法大学

续表

序号	成果名称	成果形式	学科类别	申报人	等级	单位
390	刑法体系的合宪性调控——以“李斯特鸿沟”为视角	论文	法学	张　翔	青年奖	中国人民大学
391	分利秩序与基层治理内卷化：资源输入背景下的乡村治理逻辑	论文	社会学	陈　锋	青年奖	北京工业大学
392	资本下乡与村庄的再造	论文	社会学	焦长权	青年奖	北京师范大学
393	人口转变的中国道路	著作	人口学	杨　凡	青年奖	中国人民大学
394	重访灰色地带：传播研究史的书写与记忆	著作	新闻学与传播学	刘海龙	青年奖	中国人民大学
395	社区传播论：新媒体赋权下的居民社区沟通机制	著作	新闻学与传播学	王　斌	青年奖	中国人民大学
396	Identifying Children with Autism Spectrum Disorder Based on Their Face Processing Abnormality：A Machine Learning Framework	论文	心理学	易　莉	青年奖	北京大学
397	Trust Development in Globally Distributed Collaboration：A Case of U. S. and Chinese Mixed Teams	论文	管理学	程絮森	青年奖	对外经济贸易大学
398	地区差异、企业投资与经济增长质量	论文	管理学	郝　颖	青年奖	北京师范大学
399	Sunny，Rainy，and Cloudy with a Chance of Mobile Effectiveness	论文	管理学	李晨溪	青年奖	北京航空航天大学
400	Managing the Unexpected：Sense-Making in the Chinese Emergency Management System	论文	管理学	吕孝礼	青年奖	清华大学
401	The Maximizing Mind-set	论文	管理学	马京晶	青年奖	北京大学
402	Performance Feedback，Government Goal-Setting，and Aspiration Level Adaptation：Evidence from Chinese Provinces	论文	管理学	马　亮	青年奖	中国人民大学
403	Industry-Level Analysis of Information Technology Return and Risk：What Explains the Variation?	论文	管理学	任　菲	青年奖	北京大学
404	Mobility of Top Marketing and Sales Executives in Business-to-Business Markets：ASocial Network Perspective	论文	管理学	王　锐	青年奖	北京大学
405	Networked Public：Social Media and Social Change in Contemporary China	著作	交叉学科	何　威	青年奖	北京师范大学
406	中国古代金属建筑研究	著作	交叉学科	张剑葳	青年奖	北京大学
407	均等下的不公——城镇居民基本医疗保险受益公平性的理论与实证研究	论文	交叉学科	周　钦	青年奖	对外经济贸易大学

（北京市教育委员会供稿）

第十四届北京市优秀调查研究成果奖

序号	成果名称	主要作者	颁奖单位	成果形式	获奖等级
1	“回天有我”大型社区治理研究	刘占兴、王文水、郑红君、张士功、盛继洪、张燕、于晓静、张侃、梅家伟、王云锋、李小环	中共北京市委、北京市人民政府	调研报告	一等奖
2	关于本市院前急救工作现状及若干问题的调研报告	郑鹏、黄波、高亚飞、陈阳	中共北京市委、北京市人民政府	调研报告	一等奖
3	关于打造具有国际影响力的消费枢纽城市的调研报告	柯文进、范和香、徐学才	中共北京市委、北京市人民政府	调研报告	一等奖
4	北京市“七有”“五性”监测指标体系研究	蒋力歌、庞江倩、陈明、刘陆芳、王倩、李歌诗	中共北京市委、北京市人民政府	调研报告	一等奖
5	党建引领物业管理有关问题的研究	胡雪峰、胡晓丹、翟志杰、王室儒	中共北京市委、北京市人民政府	调研报告	一等奖
6	关于统筹老城保护和民生改善的研究	夏林茂、于锋池、周慧萍	中共北京市委、北京市人民政府	调研报告	一等奖
7	朝阳区流动人口变动特征及管理服务措施研究	文献、刘亚晖、周庆逸、王影、于超芳、齐明珠	中共北京市委、北京市人民政府	调研报告	一等奖
8	党领导基层社会治理机制研究——以北京市“党建引领‘街乡吹哨、部门报到’”改革为例	张革、李琰、陈闯	中共北京市委、北京市人民政府	调研报告	一等奖
9	《北京市促进科技成果转化条例》立法调研报告	许强、杨仁全、董齐超、刘利、王海芸、肖尤丹、王涵、曹爱红、涂平	中共北京市委、北京市人民政府	调研报告	一等奖
10	海淀区“吹哨报到”改革引领基层治理的实践与探索	于军、王世松、李德平、陈钰炜	中共北京市委、北京市人民政府	调研报告	一等奖
11	北京市优化营商环境第三方评估报告	王报换、唐宁	中共北京市委、北京市人民政府	调研报告	一等奖
12	北京市快线（市郊铁路）发展思路研究	荣朝和	中共北京市委、北京市人民政府	调研报告	一等奖
13	深入推进疏解整治促提升　提高城市治理能力和水平	李富生、芦先国	中共北京市委、北京市人民政府	调研报告	一等奖
14	北京西直门综合交通枢纽地区交通承载力分析	唐鑫、刘小敏	中共北京市委、北京市人民政府	调研报告	一等奖
15	关于基层法院深化诉源治理工作的调研	龚浩鸣、程立武、陈洁	中共北京市委、北京市人民政府	调研报告	一等奖
16	北京市公厕建设与运维成本情况的调研分析报告	李国军、周雪印、刘国辉、宁信臣	中共北京市委、北京市人民政府	调研报告	一等奖

续表

序号	成果名称	主要作者	颁奖单位	成果形式	获奖等级
17	关于建设京津冀世界级城市群森林生态体系研究	邓乃平、王军、张晓冰、武军、李骥、袁定昌	中共北京市委、北京市人民政府	调研报告	一等奖
18	深化背街小巷环境整治提升的调查与思考	孙新军、邹焱星、堵锡忠、闫剑峰、武斌、任玉霞、李娟	中共北京市委、北京市人民政府	调研报告	一等奖
19	统筹推进新首钢地区城市更新管理机制相关研究	王英建、张德明、蔡春雷、张安邦、席康、姜洪雷、袁钟楚、李晓波	中共北京市委、北京市人民政府	调研报告	一等奖
20	提升新时代机关基层党组织组织力研究	吕和顺、夏树军、徐斌、林伟华、霍光、宋国斌、张军锋、赵环宇	中共北京市委、北京市人民政府	调研报告	一等奖
21	城市复兴视角下的街区更新问题研究	刘占兴、王文水、付承伟、易良琪、卓杰、职嘉男	中共北京市委、北京市人民政府	调研报告	二等奖
22	关于强化街道在城市治理中的基础地位、构建具有首都特点的超大城市治理体系若干问题的思考与建议	闫满成、欧阳彤、董明慧、刘仕博、边健	中共北京市委、北京市人民政府	调研报告	二等奖
23	北京城市活力及对策研究	盛继洪、鹿春江、李好	中共北京市委、北京市人民政府	调研报告	二等奖
24	基于北京超大城市治理体系的规划治理改革研究	张维、石晓冬、叶裕民、刘俊兰、张磊、杨明、甘霖、王吉力、王亮、燕彦、王洁晶	中共北京市委、北京市人民政府	调研报告	二等奖
25	在实施乡村振兴战略中谋划好城乡融合发展的“首都篇”——关于建立健全首都城乡融合发展体制机制和政策体系的调研报告	金树东、潘爱兵、蒋晓辉	中共北京市委、北京市人民政府	调研报告	二等奖
26	关于物业管理矛盾化解机制的研究报告——以A小区物业管理合同纠纷案的法治分析为例	鲁为、牛晓锐、王启亮、张心悦	中共北京市委、北京市人民政府	调研报告	二等奖
27	北京市产业工人队伍建设状况调研	韩世春、徐岩、赵靖芝、彭波	中共北京市委、北京市人民政府	调研报告	二等奖
28	推进北京“留白增绿”工作的思考	邓乃平、王军、武军、袁定昌、郭腾飞	中共北京市委、北京市人民政府	调研报告	二等奖
29	关于2020年后北京面临的挑战及相应对策研究	王颖捷、宋世胜、田杰、张苗、刘碧寒、刘作丽	中共北京市委、北京市人民政府	调研报告	二等奖
30	北京市优化营商环境重点领域改革思路和路径研究	戴颖、陈黛、张九山、褚芳铭、马莹、吕征、李富达	中共北京市委、北京市人民政府	调研报告	二等奖
31	国外特大城市新城发展历程与治理经验借鉴	施卫良、沈金箴、王凯、张莉、周亚杰、郑来柱、施索、付彬、殷小勇、刘松雪、张轰	中共北京市委、北京市人民政府	调研报告	二等奖
32	推进首都乡村振兴战略“百村千户”调研	曹四发、张英洪、王丽红、李婷婷	中共北京市委、北京市人民政府	调研报告	二等奖
33	加强财源建设，做大我市财政收入蛋糕	吴素芳、聂锋杰、梅月华、李子姮、周梦泉	中共北京市委、北京市人民政府	调研报告	二等奖

续表

序号	成果名称	主要作者	颁奖单位	成果形式	获奖等级
34	探索"街区更新"模式，推动核心区治理体系完善和治理能力提升	刁琳琳	中共北京市委、北京市人民政府	调研报告	二等奖
35	监察体制改革背景下职务犯罪调查工作机制研究	王向明	中共北京市委、北京市人民政府	调研报告	二等奖
36	"回天有我　众手共治"——在回龙观天通苑地区打造党建引领、多方参与、居民共治大型社区治理样本的实践探索	于长辉、昌平区"回天有我"大型社区问题研究课题组成员	中共北京市委、北京市人民政府	调研报告	二等奖
37	高质量推进北京市实体书店建设发展研究	王野霏、满向伟	中共北京市委、北京市人民政府	调研报告	二等奖
38	农业农村大数据实践应用研究	李志军、马荣才、李理、张军、王大山、范宏、于峰、付蓉、张宇、刘新、王一罡、张倩、谭雅蓉、平阳、李刚	中共北京市委、北京市人民政府	调研报告	二等奖
39	打击全能神等邪教犯罪法律适用问题研究	庄伟、邢永杰、甄卓、崔可成、张杨杨、闫芳	中共北京市委、北京市人民政府	调研报告	二等奖
40	破解社会资本参与养老服务障碍的对策建议	马小红、闫萍、李诗洋、宋忠惠、郑澜	中共北京市委、北京市人民政府	调研报告	二等奖
41	中关村科学城科技创新与场景应用模型研究	曾劲、王世松、李怀舒	中共北京市委、北京市人民政府	调研报告	二等奖
42	提升北京城市人才竞争力对策研究	桂生、张洪温、王选华	中共北京市委、北京市人民政府	调研报告	二等奖
43	关于落实新版北京城市总体规划推进石景山区绿色发展重大问题研究	常卫、迟志禹、田丽媛、王珅珅	中共北京市委、北京市人民政府	调研报告	二等奖
44	关于开展形式主义、官僚主义问题专题调研的报告	杨逸铮、杨玉香、张锐	中共北京市委、北京市人民政府	调研报告	二等奖
45	各类功能区（开发区）管理体制研究	李世新、顾清、段建忠	中共北京市委、北京市人民政府	调研报告	二等奖
46	首都大学生信教问题调研	熊卓、郭文杰、张秀峰、王赢、王磊、徐洪业、何侃侃	中共北京市委、北京市人民政府	调研报告	二等奖
47	关于进一步加强和改进首都高校维稳安保工作的调研报告	潘绪宏、张成格、张庆鑫、张龙	中共北京市委、北京市人民政府	调研报告	二等奖
48	北京市"七有""五性"综合评价体系研究	李万钧、陈建领、唐志华、俞金铭、朱娟等	中共北京市委、北京市人民政府	调研报告	二等奖
49	发展和规范北京住房租赁市场若干重点问题研究	王飞、倪娜、刘琳、朱永、王翠青	中共北京市委、北京市人民政府	调研报告	二等奖
50	西城区以党建引领"吹哨报到"改革为牵引　推动基层治理体系和治理能力现代化的实践与思考	卢映川、侯丙振、刘青、黄爱莉、王春光、肖林、史云桐、李振刚、向静林	中共北京市委、北京市人民政府	调研报告	二等奖

续表

序号	成果名称	主要作者	颁奖单位	成果形式	获奖等级
51	北京消费发展规律、特点及增长潜力研究	庞江倩、朱燕南、杨爽、那娜	中共北京市委、北京市人民政府	调研报告	三等奖
52	北京市产业工人队伍思想状况调研	赵丽君、徐闻、张鹏、龙城、宋濛	中共北京市委、北京市人民政府	调研报告	三等奖
53	北京市农村宅基地调查报告	苏卫东、侯书江、王铁群	中共北京市委、北京市人民政府	调研报告	三等奖
54	防范接诉即办工作中基层政府“消极治理”风险的对策建议	鄯爱红、孔祥利	中共北京市委、北京市人民政府	调研报告	三等奖
55	关于推进城市副中心建设的财政政策研究	吴素芳、张宏宇、丁霞、张义彬、桂光	中共北京市委、北京市人民政府	调研报告	三等奖
56	北京农产品冷链物流发展及安全问题研究	张喜才	中共北京市委、北京市人民政府	调研报告	三等奖
57	疏解整治促提升研究	尹稚、卢庆强、潘芳、龙茂乾、王海蒙、扈茗、李婉、梁玲燕、钟奕纯、欧阳鹏	中共北京市委、北京市人民政府	调研报告	三等奖
58	北京市院前医疗急救服务现状、问题及对策研究	刘玉芳、胡姮、张琦、李鑫鑫	中共北京市委、北京市人民政府	调研报告	三等奖
59	关于不断完善绿色交通出行体系的研究	周正宇、杨新苗	中共北京市委、北京市人民政府	调研报告	三等奖
60	新时代养老服务发展中政府、市场、社会的关系和边界研究	李万钧、房莉杰、余翰林、李树丛、崔筱婵等	中共北京市委、北京市人民政府	调研报告	三等奖
61	北京市绩效成本预算改革研究	吴素芳、韩杰、王华伟、聂锋杰、姚春红、秦征、李红娜、齐有波、李婷、董树菲、孟涛	中共北京市委、北京市人民政府	调研报告	三等奖
62	以政策系统化、服务标准化为抓手推进居家社区养老服务体系建设	黄石松、杨华、方德英	中共北京市委、北京市人民政府	调研报告	三等奖
63	日本诺奖计划对北京加强基础研究打造世界科学中心的启示	许强、张微、倪文龙、杨仁全、龚维幂、黎晓东、刘彦锋、张东玲、杨海丽、刘芸、张庆文、王艳辉	中共北京市委、北京市人民政府	调研报告	三等奖
64	规范市属国企混合所有制改革研究	张贵林、白隽滢、陈峰、邓如厅、韩志涛	中共北京市委、北京市人民政府	调研报告	三等奖
65	北京市生活垃圾管理情况民意调查分析	黄强、向建华、樊斌、史昊、黄静、郭栋	中共北京市委、北京市人民政府	调研报告	三等奖
66	促进顺义承接“三城”创新成果机制研究	孙军民、张晓晖	中共北京市委、北京市人民政府	调研报告	三等奖
67	关于运用法治思维法治方式加强舆情司法应对的调研	吴在存、伍涛、陈实、王玲芳、宁韬、曾巧艺、马相桐、张春城、陈博闻	中共北京市委、北京市人民政府	调研报告	三等奖
68	适应新就业形态发展　促进更高质量和更充分就业	徐熙、周立今、陈东、张涛、王子巍、齐振家、李庚申、赵金望、关萌、王凯、李晓静	中共北京市委、北京市人民政府	调研报告	三等奖

续表

序号	成果名称	主要作者	颁奖单位	成果形式	获奖等级
69	首都文化 2035 对策研究报告	孔建华、谭一鸣、郑芳芳、谢玉璇、杨涛源	中共北京市委、北京市人民政府	调研报告	三等奖
70	坚持总体国家安全观做好新时代首都安全工作的思考	潘绪宏、韩维勇、焦国林、王云	中共北京市委、北京市人民政府	调研报告	三等奖
71	朝阳区提升城市文化品质实践研究	王灏、李淑环、叶建宁、孟宏伟、李彤童、武睿、林林	中共北京市委、北京市人民政府	调研报告	三等奖
72	高校院所科技成果在中关村国家自主创新示范区转化落地的调研报告	翁啟文、闫颖、罗虎	中共北京市委、北京市人民政府	调研报告	三等奖
73	落实北京新版总规　提升核心区发展品质	金晖、吴笛、郭海儒	中共北京市委、北京市人民政府	调研报告	三等奖
74	顺义区推进港城融合的实践与思考	高朋、李伟	中共北京市委、北京市人民政府	调研报告	三等奖
75	大国首都非首都功能疏解及其集中承载地选择的比较研究——来自日本东京和法国巴黎的例证	仇保兴、卢克宇、闫晋波	中共北京市委、北京市人民政府	调研报告	三等奖
76	统筹解决老旧小区问题健全完善城市基层治理研究	李新、迟志禹、李月萍、王涛	中共北京市委、北京市人民政府	调研报告	三等奖
77	解决快递物流全流程难题　促进行业规范、健康、高质量发展	李春荣、赵彧、李宇、潘幸兴	中共北京市委、北京市人民政府	调研报告	三等奖
78	以首善标准做好新时代北京人大工作思考和建议——对各省级人大常委会工作的分析研究报告	崔新建、刁伟	中共北京市委、北京市人民政府	调研报告	三等奖
79	北京市建筑垃圾再生产品推广使用政策研究	冯可梁、邢晶明、向振宇、陈超、韦寒波	中共北京市委、北京市人民政府	调研报告	三等奖
80	构建首都城市运行管理精治共治法治体系研究	孙新军、堵锡忠、陆军、武斌、李娟	中共北京市委、北京市人民政府	调研报告	三等奖
81	推进影视剧精品创作全环节提升推动首都文化高质量发展	杨烁、王志、刘华阳、夏超	中共北京市委、北京市人民政府	调研报告	三等奖
82	关于在市政协进一步坚持党的领导加强党的建设的调研	陈煦、王新尚	中共北京市委、北京市人民政府	调研报告	三等奖
83	北京城乡社区治理调查研究	李晓壮、李升、石秀印、陈锋	中共北京市委、北京市人民政府	调研报告	三等奖
84	中国网球公开赛的发展现状、与上海网球大师赛的对比分析及未来产业发展设想	郭海峰、刘立君、宋健、朱文婕	中共北京市委、北京市人民政府	调研报告	三等奖
85	《高校党建工作标准》课题调研报告	郑吉春、李丽辉、谭振康、杨飞、史立伟	中共北京市委、北京市人民政府	调研报告	三等奖
86	北京市免费婚前医学检查参与意愿调查	市妇联课题组	中共北京市委、北京市人民政府	调研报告	三等奖
87	找准问题　精准扶持　推动文化走出去提质增效	杨烁、王志、刘华阳、夏超	中共北京市委、北京市人民政府	调研报告	三等奖

续表

序号	成果名称	主要作者	颁奖单位	成果形式	获奖等级
88	北京市知识产权服务贸易情况调查及政策建议研究	杨东起、李钟、李春玲、王德道、李倩、于莹、高永懿	中共北京市委、北京市人民政府	调研报告	三等奖
89	关于门头沟区以精品民宿为突破带动文旅体验产业发展的战略思考与研究	张力兵、夏名君、杨紫欣、张进雁	中共北京市委、北京市人民政府	调研报告	三等奖
90	完善法律监督体系研究	甄贞、梁景明	中共北京市委、北京市人民政府	调研报告	三等奖
91	京津冀协同发展中的税收协调问题研究	沈永奇、崔国静	中共北京市委、北京市人民政府	调研报告	三等奖
92	落实“二十字要求”推进全市扬尘管控精细化的实践与思考	陈添、李立新、王爱平	中共北京市委、北京市人民政府	调研报告	三等奖
93	关于打造践行习近平生态文明思想典范之区的研究报告	潘临珠、周荪文、陈冬梅、文方芳	中共北京市委、北京市人民政府	调研报告	三等奖
94	政府投资监管体系研究	马兰霞、姜雪萍、鲍军	中共北京市委、北京市人民政府	调研报告	三等奖
95	坚持首善标准　推动首都高质量发展——关于推动首都高质量发展标准体系建设情况的报告	冀岩、姚娉、李永华、刘雪涛、张楠迪扬、黄石松	中共北京市委、北京市人民政府	调研报告	三等奖
96	关于加强我市森林火灾救援能力建设调研报告	张树森、唐明明、高云飞	中共北京市委、北京市人民政府	调研报告	三等奖
97	关于发挥国际会都品牌优势推动我区会议会展和休闲旅游业融合发展的思考	綫佳鑫、谷全玉、李元元	中共北京市委、北京市人民政府	调研报告	三等奖
98	北京服务业外资准入负面清单探索研究	闫立刚、刘梅英、吴中南、蓝庆新、沈晓军、窦凯、王颖、张焕	中共北京市委、北京市人民政府	调研报告	三等奖
99	认清责任　体现担当　在坚持和完善中国特色社会主义制度推进国家治理体系和治理能力现代化中发挥建设性作用	苗林、高鹏、吴春信	中共北京市委、北京市人民政府	调研报告	三等奖
100	加强党的全面领导之房山实践	陈清、王建星、李德龙、张伟	中共北京市委、北京市人民政府	调研报告	三等奖

（北京市委研究室供稿）

· 学术活动 ·

概　述

本栏目记述2020年度北京地区哲学社会科学各大学科的重要学术活动简况。重要学术活动包括国内和国际理论研讨会、纪念座谈会、学术年会、学术论坛、学术报告会、学术讲座以及调查研究、社科普及活动等。简况包括活动主题、主协办单位、参与单位、主要出席人员、主要观点、主要成果等内容。

马克思主义　哲学

首届马克思主义与新时代中国对外开放新年论坛

1月5日，首届马克思主义与新时代中国对外开放新年论坛在对外经济贸易大学举行。论坛由北京市习近平新时代中国特色社会主义思想研究中心与对外经济贸易大学共同举办，市习近平新时代中国特色社会主义思想研究中心、对外经济贸易大学研究基地承办，主题是“中国之制与中国之治”。北京市社科联党组书记、北京市社科规划办主任、研究中心常务副主任张淼，对外经济贸易大学党委书记蒋庆哲在论坛开幕式上致辞。王伟光、于洪君、李君如、章百家、白庚胜、顾海良、夏文斌做主旨报告。论坛同时举办院长主任论坛、中青年学者论坛。来自全国各高校师生、社科理论单位、新闻媒体等100余人参加论坛。

（北京市习近平新时代中国特色社会主义思想研究中心、对外经济贸易大学供稿）

《强国之道》《中国制度守正创新之道》出版座谈会

1月8日，由吉林人民出版社与教育部人文社会科学重点研究基地、北京大学中国特色社会主义理论体系研究中心和北京大学马克思主义学院联合承办的《强国之道》《中国制度守正创新之道》出版座谈会在北京大学举行。来自北京大学、清华大学、中共中央党校（国家行政学院）等高校的专家学者参加座谈会。北京大学哲学系教授王东所著的《强国之道》和北京大学马克思主义学院教授孙来斌所著的《中国制度守正创新之道》均由吉林人民出版社出版。与会专家表示，《强国之道》一书从中华民族迎来了站起来、富起来到强起来的伟大飞跃入手，深入剖析了中国特色社会主义的强国之道，体现了历史逻辑、理论逻辑和实践逻辑的统一；《中国制度守正创新之道》一书深入论述了中国的改革开放何以能够行稳致远，中国特色社会主义制度何以永葆生机活力。《中国制度守正创新之道》全书以历史、现实、未来相结合的研究方法，从中国制度的生长逻辑、基本内涵、独特优势、重大价值等方面阐明中国制度守正创新之道。与会专家强调，学术界要继续坚持马克思主义的指导地位，继承发扬走出书斋做学问的研究风格和科学严谨的治学态度。哲学社会科学工作者要紧紧围绕举旗帜、聚民心、育新人、兴文化、展形象的使命任务，深刻解读新中国成立以来发生历史性变革所蕴藏的内在逻辑，讲清楚历史性成就背后的中国特色社会主义道路、理论、制度、文化优势，更好用中国理论解读中国实践，为新时代贡献更多精品力作。

（参见《光明日报》2020 年 1 月 15 日 第 6 版）

张世英与当代中国比较哲学研讨会 6 月 20—21 日，张世英与当代中国比较哲学研讨会在线上举行。2020 年恰逢北京大学哲学系张世英教授百岁寿诞，武汉大学哲学学院与北京大学哲学系共同主办本次会议，一是向百岁哲人的创造性思想和卓越学术成就以及笔耕不辍、诲人不倦的精神致敬；二是聚集学术界对比较哲学感兴趣的专家学者，共同探讨当代中国比较哲学及其发展前景。来自北京大学、武汉大学、中国社会科学院、清华大学、中国人民大学、北京外国语大学、复旦大学、中山大学、湖北大学、东华理工大学、澳门大学、香港中文大学的 23 位专家学者参加会议。会议开幕式上，张世英通过短视频寄语本次会议“和而不同，万有相通”，北京大学副校长王博、武汉大学哲学学院院长吴根友同致开幕词，两位教授介绍了张世英先生的学术生涯，并分别阐述了比较哲学在整个人类文明视野下的展开问题以及深度全球化中比较哲学与中国哲学研究的前景。

（北京市哲学会供稿）

全国高等中医药院校马克思主义理论学科建设与发展研讨会 6 月 27 日，由北京中医药大学马克思主义学院、黑龙江中医药大学马克思主义学院联合主办的全国高等中医药院校马克思主义理论学科建设与发展研讨会采用线上形式召开，并面向全国同步直播，特邀专家、学者以及全国高等中医药院校马克思主义学院院长、书记、学科负责人、思政课教师参加研讨会，主会议室 200 余人参会。会议以“中医药院校马克思主义理论学科建设与创新发展”为主题，会议开幕式由北京中医药大学马克思主义学院党支部书记王良滨主持，北京中医药大学党委副书记靳琦等在研讨会上致辞。

（北京中医药大学供稿）

2020 年国际共产主义运动形势研讨会 7 月 18 日，由中国社会科学院马克思主义研究院和社会科学文献出版社共同主办的《国际共产主义运动发展报告（2019—2020）》新书发布暨“2020 年国际共产主义运动形势研讨会”以线上视频会议形式召开。中国社会科学院党组成员、当代中国研究所所长、马克思主义研究院院长、国际共运黄皮书主编姜辉在会上致辞。社会科学文献出版社总编辑杨群代表出版方发布新书信息。会议由中国社会科学院马克思主义研究院副院长辛向阳研究员主持。

《国际共产主义运动发展报告（2019—2020）》聚焦 21 世纪国际共运和世界社会主义的许多重大理论和现实问题。立足中华民族伟大复兴战略全局与世界百年未有之大变局下，研究分析全局性、前瞻性、战略性重大问题。中国社会科学院原副院长、世界社会主义中心主任李慎明就《疫情后的世界格局、中国面临的战略机遇与挑战及应对》做主旨发言。国际共运黄皮书编委会专家指导委员会的 6 名专家先后发言，其中中共中央对外联络部研究员柴尚金的发言题目是《全球抗疫与世界社会主义发展新格局》；中共中央党校教授胡振良的发言题目是《从“主义”角度深化全球抗疫及其发展的认识》；北京外国语大学马克思主义学院院长林建华发言题目是《疫情视域下世界社会主义的历史进程及其阶段性特征》。此外，还有来自中国人民大学等 10 多所高校的专家学者、国际共运黄皮书编委会指导专家组成员和课题组成员等国际共运研究领域共计 130 多名专家学者参会。中国社会科学院马克思主义研究院国际共产主义运动研究部主任、国际共运黄皮书主编潘金娥研究员主持研讨会。

（中国社会科学院供稿）

全球抗疫时代的中国对外开放与人类命运共同体论坛 7 月 23 日，北京市习近平新时代中国特色社会主义思想研究中心与对外经济贸易大学联合举办的全球抗疫时代的中国对外开放与人类命运共同体论坛以线上会议方式举办。论坛由对外经济贸易大学研究基地、马克思主义学院、国家（北京）对外开放研究院承办，对外经济贸易大学英语学院协办。中联部原副部长于洪君做主旨演讲，对外经济贸易大学校长夏文斌、原中央党史研究室副主任李忠杰、中国社会科学院大学教授邓纯东等专家学者做学术报告。北京市社科联党组书记、北京市社科规划办主任、研究中心常务副主任张淼出席并致辞。在主题报告环节中，专家学者围绕“后疫情时代推进中国对外开放”和“后疫情时代的中外人文交流与人类命运共同体”主题进行探讨。北京社科联机关干部、其他高校马克思主义学院教师和对外经济贸易大学马克思主义学院、英语学院师生近300人参加线上论坛。

（北京市习近平新时代中国特色社会主义思想研究中心、对外经济贸易大学供稿）

习近平新时代中国特色社会主义思想对发展马克思主义的原创性贡献理论研讨会　7月27日，首都师范大学召开“习近平新时代中国特色社会主义思想对发展马克思主义的原创性贡献”理论研讨会。新华社原副社长路建平，中宣部理论局、中共北京市委宣传部等部门领导和专家学者与会。“习近平新时代中国特色社会主义思想对发展马克思主义的原创性贡献”课题组首席专家、首都师范大学党委书记郑萼出席并主持会议。北京市习近平新时代中国特色社会主义思想研究中心、首都师范大学研究基地执行主任黄延敏介绍了学校在“习近平新时代中国特色社会主义思想对发展马克思主义的原创性贡献”研究中取得的进展、存在的不足以及进一步深化研究的思路。路建平结合马克思主义中国化的演进历程，深入阐释了“原创性贡献”的科学内涵，明确提出要准确把握马克思主义中国化进程中的理论与实践互动关系，深入研究马克思主义中国化的最新理论成果。与会专家在马克思主义理论传承、理论与实践关系等方面进行交流。

（首都师范大学供稿）

新时代背景下恩格斯研究暨纪念恩格斯诞辰200周年学术研讨会　8月1—2日，由北京师范大学主办的新时代背景下恩格斯研究暨纪念恩格斯诞辰200周年学术研讨会以线上会议的方式举行，来自中国社会科学院、北京大学、中国人民大学、北京师范大学、清华大学、浙江大学、武汉大学、中山大学等全国10余所高校、科研机构的30多名从事恩格斯研究的专家学者和400多位师生参加会议。会议围绕恩格斯早期的共产主义思想和国民经济学研究及其与马克思在历史唯物主义上的“殊途同归”关系，关于恩格斯的《自然辩证法》《反杜林论》《费尔巴哈论》等著作的文献编辑、文本结构、基本思想的解读，恩格斯关于所有制、农民问题及其对资产阶级自由平等的分析和契约论的批判等，进行了广泛而深入的讨论。

（北京市哲学会供稿）

纪念列宁诞辰150周年理论研讨会　8月21日，由中央党史和文献研究院牵头承办，中央党校（国家行政学院）、中央党史和文献研究院、教育部、中国社会科学院联合举办的纪念列宁诞辰150周年理论研讨会，在北京召开。中央党史和文献研究院院长曲青山，中央党校（国家行政学院）副校（院）长谢春涛，教育部副部长翁铁慧，中国社会科学院党组成员、当代中国研究所所长姜辉出席会议并讲话。中央编译局原局长韦建桦、教育部社会科学委员会副主任顾海良、北京大学教授王东、中国人民大学教授安启念等做交流发言。研讨会由中央党史和文献研究院院务委员柴方国主持，中央党史和文献研究院学术和编审委员会主任陈理及来自中央宣传部、中央党校（国家行政学院）、中央党史和文献研究院、教育部、中国社会科学院、军事科学院的专家学者，人民出版社、重庆出版集团的代表约50人参加研讨会。与会代表围绕列宁关于党的建设的思想、列宁对马克思主义的发展和创新、列宁对社会主义道路和建设的探索及其启示、列宁的人格风范、列宁对马克思主义政治经济学的重要贡献、列宁的东方社会发展理论、列宁的帝国主义论与构建人类命运共同体等主题进行探讨。

（参见《光明日报》2020年8月22日第2版）

清华大学马克思主义学院求真论坛　8月29日，清华大学马克思主义学院求真论坛本学期首场讲座在线上举行。复旦大学历史学系教授马建标应邀做题为“英美‘特殊关系’与现代世界体系的形成（1898—1922）”的讲座。讲座由马克思主义学院教授欧阳军喜主持。国防大学国家安全学院副院长唐永胜、浙江师范大学历史系教授赵志辉、北京大学历史学系副教授张静、马克思主义学院助理教授张牧云作为与谈人参与主题研讨。马建标在讲座中阐述了现代世界体系的概念，论述了近代世界体系与现代世界体系的区别以及英美“特殊关系”的特定时代内涵，分析了英美“特殊关系”的“条约化”与现代世界体系的形成存在的关联。来自清华大学、北京大学、中国人民大学、复旦大学等高校近300名师生参加讲座。

（清华大学供稿）

第七届中国社会科学院毛泽东思想论坛 8月29日，由中国社会科学院马克思主义理论学科建设和理论研究工程领导小组主办、马克思主义研究院承办的第七届中国社会科学院毛泽东思想论坛在北京举行。论坛主题聚焦“毛泽东思想与中华民族伟大复兴”。来自中国社会科学院、中央党史和文献研究院、中央党校（国家行政学院）、军事科学院、毛主席纪念堂管理局、韶山毛泽东同志纪念馆、韶山毛泽东图书馆、中国国家博物馆、北京大学、清华大学、中国人民大学等50余个单位的90余名专家学者参加论坛。

中国社会科学院党组成员、当代中国研究所所长、马克思主义研究院院长姜辉出席论坛并做题为“深入研究毛泽东思想为实现中华民族伟大复兴贡献力量”的讲话。中国社会科学院原党组副书记、副院长、世界社会主义研究中心主任李慎明的发言题目是“毛主席关于战争与和平思想的当代意义”。中国社会科学院马克思主义研究院副院长辛向阳在开幕式上致辞，并做题为“毛泽东抗战时期的时空辩证法及其当代价值”的主题发言。中国社会科学院近代史研究所党委书记金民卿的发言题目是“毛主席对中华民族伟大复兴的重大贡献”；中共中央党校教授许全兴的发言题目是“毛泽东精神与中华民族伟大复兴”；中央党史和文献研究院对外合作交流局局长杨明伟的发言题目是“毛主席提出思想路线问题的本意”；中国人民大学周新城教授的发言题目是“关于毛主席对社会主义的探索”；清华大学习近平新时代中国特色社会主义思想研究院副院长肖贵清教授的发言题目是“毛主席社会主义社会的矛盾观及其当代价值”。中国社会科学院马克思主义研究院马克思主义中国化研究部主任刘志明研究员主持论坛开幕式，并做题为“毛主席关于社会主义革命道路的基本思想”的主题发言。

（中国社会科学院供稿）

第三期中日哲学论坛 8月29—30日，清华大学马克思恩格斯文献研究中心、清华大学人文学院哲学系联合多位日方资深学者以“黑格尔与马克思”为主题，以线上会议形式举办第三期中日哲学论坛。论坛围绕主观性批判与客观性重建、市民社会与现代个人、国家与自由、实践与辩证法、世界历史与东方社会等经典问题展开讨论，在国际化的学术平台上深入探讨了两位思想家的理论渊源及其当代影响。本次论坛会期两天，共分9个时段。来自一桥大学、驹泽大学、京都大学、法政大学、柏林自由大学和中共中央党校（国家行政学院）、北京师范大学、中国政法大学、中国社会科学院政治学研究所、首都师范大学、北京科技大学、北京林业大学、对外经济贸易大学、清华大学等多所高校与研究机构的20余位学者参加论坛。会议对每位报告人都安排了评论人。中日双方与会学者围绕着黑格尔与马克思思想中的重要问题以及二者之间的关系进行了卓有成效的严肃讨论，进一步深化了对相关问题的理解。

（北京市哲学会供稿）

第三届中国青年哲学论坛 9月19日，中国社会科学院哲学研究所主办的“第三届中国青年哲学论坛”在北京举行。来自全国高校、科研院所、企事业单位等机构的近百位青年学者参加论坛。论坛以线上会议形式举办，主题为“疫情下哲学的回应与思考”，旨在从哲学高度反思这次疫情，通过青年的思想角度，结合人类文明与智慧的精华，重新审视人与自然的关系、现代性的进程与危机、经济全球化及其生产流通方式、道德与生命伦理、生态文明、智能革命、人类命运共同体等重大问题，使人文精神照亮疫情危机的重重阴影。中国社会科学院哲学所党委书记王立胜、中国社会科学院哲学所所长张志强等分别在会上致辞。

（中国社会科学院供稿）

第一届实践哲学论坛 9月20日，由中国社会科学院大学哲学院承办的第一届实践哲学论坛以线上形式举办。中国社会科学院大学、中国社会科学院哲学研究所西方哲学史研究室、现代外国哲学研究室与天津社会科学院伦理学研究所暨《道德与文明》杂志社等对论坛的举办给予支持，来自全国有关高校和科研院所的46名学者参加论坛。参会者以“实践哲学的基本问题”为主题，就实践哲学领域的相关问题做专题报告并展开讨论。近200名学者、学生旁听论坛。

（中国社会科学院大学供稿）

守正创新马克思主义理论——程恩富学术思想研讨会 9月22日，守正创新马克思主义理论——程恩富学术思想研讨会在中国社会科学院举行。中国社会科学院党组成员、当代中国研究所所长、马克思主义研究院院长姜辉研究员出席并致辞，马克思主义研究院副院长辛向阳研究员主持会议。来自北京大学、清华大学、北京师范大学和中国社会科学院等单位的专家学者 40 余人出席研讨会。教育部社会科学发展研究中心原主任田心铭、首都经贸大学原校长文魁和资深教授丁冰、北京师范大学当代经济理论研究中心主任白暴力、清华大学马克思主义学院副院长肖贵清、北京大学马克思主义学院副院长宋朝龙、对外经贸大学中国经济发展研究中心主任郭飞、北京外国语大学教授田辰山、中国社会科学院研究生院原副院长李成勋、世界历史所原所长张顺洪、近代史所原党委书记周溯源、哲学研究所副所长冯颜利等知名学者在会上发言。与会专家围绕程恩富教授的著书立说、教书育人、参政议政、国际化开拓、科研管理和学术团体建设等方面进行研讨，普遍认为程恩富教授为守正创新马克思主义特别是政治经济学做出特殊贡献。

（中国社会科学院供稿）

习近平新闻工作重要论述研讨会　9 月 28—30 日，中国传媒大学新闻学院与中国传媒大学党报党刊研究中心联合主办的习近平新闻工作重要论述研讨会在线上举办。来自人民日报社、新华社、中央广播电视总台、北京日报社等 4 家媒体与北京大学、清华大学、复旦大学、中国社会科学院等 12 所高校及科研院所的 20 余位专家学者与会。中国传媒大学新闻学院党委书记、党报党刊研究中心主任、教授陈作平代表主办单位致辞。陈作平，中国传媒大学新闻学院教授郎劲松，党报党刊研究中心副主任、教授金梦玉先后主持会议。

与会专家就习近平新闻工作重要论述的理论内涵与理论源流展开探讨，对习近平新闻工作重要论述的现实意义与时代价值做出分析，围绕习近平新闻工作重要论述的践行路径与践行案例进行交流。中国传媒大学师生共计 200 余人参与研讨会。《新闻与写作》杂志 2020 年第 12 期刊发本次研讨会综述。

（中国传媒大学供稿）

学习习近平总书记扶贫工作重要论述研讨会　10 月 12 日，中央宣传部、国务院扶贫办在北京联合召开学习习近平总书记扶贫工作重要论述研讨会。中央和国家机关有关负责人、全国扶贫领域专家学者、优秀论文作者代表、新闻媒体代表共 110 余人参加研讨会。国务院扶贫办党组书记、主任刘永富主持研讨会并讲话。中央党史和文献研究院学术和编审委员会主任陈理，人民日报社副总编辑赵嘉鸣，国家发展改革委副秘书长郭兰峰，云南省人民政府副省长陈舜，贵州省政协副主席、毕节市委书记周建琨，财政部、人力资源和社会保障部有关负责人，四川省广元市委，陕西省平利县委主要负责人，以及中国人民大学经济学院、重庆市涪陵区社科联的两名优秀征文作者做交流发言。中央和国家机关有关负责人、全国扶贫领域专家学者、优秀论文作者代表、新闻媒体代表共 110 余人参加研讨会。

（参见《光明日报》2020 年 10 月 13 日 第 3 版）

“两弹一星”精神高层论坛　10 月 17 日，由青海省委宣传部、北京师范大学共同主办的“两弹一星”精神研究院第一届理事会成立大会暨首届“两弹一星”精神高层论坛在北京师范大学举行。政府部门及央企相关负责人、国内多所高校及研究机构专家、思政课教师和各界代表近 100 人参加。14 位“两弹一星”事业亲历者和专家学者围绕“两弹一星”精神的历史背景和现实意义、新时代思想政治教育、弘扬“两弹一星”精神等主题进行学术主旨报告，在“两弹一星”伟大事业的奋斗中，广大研制工作者培育和发扬“热爱祖国、无私奉献，自力更生、艰苦奋斗，大力协同、勇于登攀”的“两弹一星”精神。在论坛上，与会专家学者表示，要进一步发掘“两弹一星”精神的思想政治教育资源，引导师生厚植爱国情怀，把爱国情、强国志、报国行自觉融入中国特色社会主义伟大事业中。

（参见《人民日报》2020 年 10 月 22 日第 12 版）

第二十五届中国现象学年会　10 月 17—18 日，由中国现象学专业委员会、首都师范大学政法学院主办，首都师范大学教育学院协办的第二十五届中国现象学年会在北京召开。会议主题为“现象学与我们的生活世界”。大会共设立 5 个分会场，其中包括现象学教育学分论坛。大会共组织 27 组 103 个专题报告。首都师范大学校长孟繁华在开幕式上致辞。北京大学哲学系教授靳希平代表中国现象学专业委员会秘书长发言。本届年会共设 3 场主题报告。中国现代外国哲学学会副会长、浙江大学文科资深教授、浙江大学现象学与心性思想研究中心主任倪梁康，中山大学哲学系教授张伟，浙江大学哲学系主任、现象学与心性思想研究中心副主任王俊做报告。各分会场有“胡塞尔现象学”等传统主题讨论和“现象学与分析哲学”等学科前沿专题和跨学科论坛。

（首都师范大学供稿）

第五届全国近代哲学会议 10月17—18日，中国政法大学人文学院哲学系暨中国政法大学政治哲学与法哲学交叉学科建设团队主办的第五届全国近代哲学会议在北京举办。本次会议共有来自全国高校、科研机构的20余位学者参会。在10月17日上午的开幕式上，中国政法大学人文学院教授张浩军与中国人民大学哲学院教授聂敏里分别致辞。张浩军重点介绍了中国政法大学哲学系的发展历程和本次会议的主题；聂敏里重点介绍了全国近代哲学会议的形式和历史，以及近代哲学研究的现状和自己对近代哲学的理解。学者们围绕着加尔文、马基雅弗利、霍布斯、维柯、休谟、洛克、笛卡尔、斯宾诺莎、德勒兹、黑格尔、谢林、卢梭、康德等哲学家展开讨论。

（北京市哲学会供稿）

《自然辩证法》与现代科学技术学术论坛 10月17日，由首都师范大学政法学院哲学系与《自然辩证法通讯》杂志社联合主办的"《自然辩证法》与现代科学技术"学术论坛在北京举办。来自中国科学院、中国社会科学院、北京大学、中国人民大学、北京师范大学、复旦大学、武汉大学、华东师范大学、南开大学、吉林大学、南京大学、山西大学、首都师范大学等单位的30多位专家学者以线上和线下相结合的方式参加会议。与会专家学者围绕恩格斯《自然辩证法》与现代科学技术、自然科学与人文科学有机结合等重要议题展开广泛研讨，论述了"两科"联盟、恩格斯《自然辩证法》的哲学意义和人文高度，肯定了恩格斯对马克思主义哲学的伟大贡献，强调了恩格斯无可争议的马克思主义创始人及卓越的阐述者地位。

（北京市哲学会供稿）

第二届全国高校课程思政高端论坛 10月31日，由教育部高校思想政治工作创新发展中心（北京航空航天大学）主办的第二届全国高校课程思政高端论坛在北京航空航天大学举行。来自全国高校的一线教师及期刊主编、媒体记者共60余人参加论坛。北京航空航天大学党委副书记程波、工业和信息化部人事教育司副司长李冠宇和北京市委教育工委副书记狄涛出席会议并致辞。与会专家围绕"思政课程与课程思政融合发展的实践与思考""专业院校课程思政改革心得""大国'战疫'：如何讲好全球疫情防控形势下的思政课"等问题进行主题发言。来自理、工、农、医、文等不同学科的专家学者以"汶川抗震建筑的力学原理与激发对生命的敬畏之心""医学的专业素养与医者仁心职业伦理的培养""航空航天技术攻关与厚植空天报国情怀"等教学设计为载体，充分展示了课程思政建设精品项目和优秀成果的学校特色、学科特色。与会专家还就课程思政建设的理念、原则、方式、方法展开交流和研讨。

（北京航空航天大学供稿）

首都理论界学习贯彻党的十九届五中全会精神座谈会 11月10日，由中共北京市委宣传部、经济日报社、北京市习近平新时代中国特色社会主义思想研究中心、北京市社科联共同举办的首都理论界学习贯彻党的十九届五中全会精神座谈会在北京市委召开。中共北京市委常委、宣传部部长、研究中心主任杜飞进出席并讲话，经济日报社社长、总编辑郑庆东致辞。与会专家就学习贯彻党的十九届五中全会精神的心得体会进行发言。首都高校和社科研究机构专家学者代表、市习近平新时代中国特色社会主义思想研究中心研究基地负责人、市属社科理论单位负责人以及新闻媒体代表80余人参加。

（北京市习近平新时代中国特色社会主义思想研究中心供稿）

第三届21世纪马克思主义论坛 11月13日，第三届21世纪马克思主义论坛在中国人民大学举办。21世纪马克思主义论坛由教育部习近平新时代中国特色社会主义思想研究中心、北京大学习近平新时代中国特色社会主义思想研究院、清华大学习近平新时代中国特色社会主义思想研究院、中国人民大学习近平新时代中国特色社会主义思想研究院共同发起。本届论坛由中国人民大学习近平新时代中国特色社会主义思想研究院、中国特色社会主义理论体系研究中心承办。

论坛主题为"全面建成小康社会与开启现代化国家新征程"。中央马克思主义理论研究和建设工程咨询委员、原中共中央党史研究室主任欧阳淞，中央马克思主义理论研究和建设工程咨询委员、中国社会科学院党组成员、当代中国研究所所长、马克思主义研究院院长、习近平新时代中国特色社会主义思想研究中心执行主任姜辉，中央马克思主义理论研究和建设工程咨询委员，教育部习近平新时代中国特色社会主义思想研究中心副主任兼秘书长、教育部高等学校社会科学发展研究中心主任王炳林，中国人民大学党委副书记郑水泉等出席会议。

（中国人民大学供稿）

新文科视域中的哲学与文化论坛　11月15日，北京航空航天大学人文与社会科学高等研究院成立10周年暨“新文科视域中的哲学与文化”论坛在北京航空航天大学召开。来自首都高校和中央党校的10余名专家学者，围绕新文科建设发展、智能时代的哲学创新、中华优秀传统文化及其当代转化、新文科视域中的文理交融、科学技术哲学与伦理、文化自信与当代文化构建、通识教育与人才培养等议题进行研讨交流。与会专家表示，面对这个日趋复杂的大变革时代，哲学社会科学既面临严峻挑战，同时也面临着重大的发展机遇。本次论坛聚焦“新文科视域中的哲学与文化”主题，对于深化新文科的认知、促进哲学与文化学科领域发展，推动中国特色哲学社会科学学科体系、学术体系、话语体系的建设，具有积极意义。

（北京航空航天大学供稿）

恩格斯思想与21世纪马克思主义——纪念恩格斯诞辰200周年学术研讨会　11月15日，北京大学马克思主义学院和华中师范大学出版社在北京大学共同举办“恩格斯思想与21世纪马克思主义——纪念恩格斯诞辰200周年学术研讨暨《永远的恩格斯》新书出版”研讨会。学者们认为《永远的恩格斯》以充分的论证和翔实的史料证明了恩格斯在共同创立马克思主义的过程中做出的卓越贡献。

（北京市科学社会主义学会供稿）

首都当代中国马克思主义论坛·2020　11月17日，由中共北京市委宣传部、北京市习近平新时代中国特色社会主义思想研究中心、北京市中国特色社会主义理论体系研究中心、北京市社科联等单位共同举办的“首都当代中国马克思主义论坛·2020”在中国人民大学召开。论坛主题为“21世纪马克思主义的理论创新与时代价值”。北京市政协副主席、北京市社科联主席牛青山主持开幕式，中国人民大学党委书记靳诺致辞，市委常委、宣传部部长、研究中心主任杜飞进做主旨发言。李君如、冯俊、黄泰岩、夏文斌、秦宣5位专家先后发言，从不同角度阐释了习近平新时代中国特色社会主义思想对马克思主义的理论创新和时代价值。部分在京全国习近平新时代中国特色社会主义思想研究机构代表，北京市习近平新时代中国特色社会主义思想研究中心研究基地代表，北京大学、清华大学、中国人民大学、北京师范大学等高校师生以及新闻媒体记者150余人参加论坛。

（北京市习近平新时代中国特色社会主义思想研究中心、中国人民大学供稿）

“恩格斯与马克思主义：纪念恩格斯诞辰200周年”学术研讨会　11月21日，由北京航空航天大学马克思主义学院主办的“恩格斯与马克思主义：纪念恩格斯诞辰200周年学术研讨会”在北京航空航天大学举行。北京航空航天大学副校长张广、北京市委教育工委宣教处处长寇红江出席会议并致辞。在主题发言和编研论坛环节，各位专家学者以线上、线下相结合的方式围绕恩格斯的思想体系与恩格斯晚年思想的独特性、恩格斯对马克思主义的独创性贡献、恩格斯思想的文本考证与当代价值、自然辩证法与恩格斯的科学精神等进行研讨，并就党报党刊、学术期刊的选题方向、问题意识、写作规范、语言表达等问题进行分享与交流。来自知名高校院所、期刊媒体的专家学者和师生代表等近百人参加会议。

（北京航空航天大学供稿）

第十二届中国特色社会主义论坛暨中国马克思主义论坛2020　11月21日，由中央党校（国家行政学院）科研部、马克思主义学院、培训部、国际合作部与中国马克思主义研究基金会共同举办的第十二届中国特色社会主义论坛暨中国马克思主义论坛2020在中央党校（国家行政学院）举办。本次论坛围绕纪念恩格斯诞辰200周年展开，主题为“恩格斯的思想及当代价值”。来自全国党校、高校、社科院系统的专家学者，《人民日报》《光明日报》《学习时报》等媒体代表，中央党校（国家行政学院）副教育长、副秘书长，各直属单位有关负责人和教研人员代表，中国马克思主义研究基金会顾问、理事长、秘书长、理事等，共120多人参加论坛交流。与会代表围绕“恩格斯与马克思主义理论”“恩格斯思想的当代价值”“习近平新时代中国特色社会主义思想开辟了马克思主义新境界”等分议题进行交流。英国马克思恩格斯人文交流学会、英国索尔福德大学有关负责人做视频发言。

（参见《人民日报》2020年11月29日第2版）

第二届全国高校马克思主义发展史学科论坛暨纪念恩格斯诞辰200周年学术研讨会 11月21日，由北京大学马克思主义学院和四川大学马克思主义学院联合主办第二届全国高校马克思主义发展史学科论坛暨纪念恩格斯诞辰200周年学术研讨会。会议在征集论文的基础上编辑出版了大型学术文集《恩格斯思想的历史与现实》。

（北京市哲学会供稿）

纪念恩格斯诞辰200周年理论研讨会 11月26日，在恩格斯诞辰200周年之际，由中央党史和文献研究院牵头承办，中央党校（国家行政学院）、中央党史和文献研究院、教育部、中国社会科学院联合举办的“纪念恩格斯诞辰200周年理论研讨会”在北京召开。中央党史和文献研究院院长曲青山，中央党校（国家行政学院）副校（院）长甄占民，中国社会科学院党组成员、当代中国研究所所长姜辉出席会议并讲话。中央编译局原局长韦建桦、教育部社会科学委员会副主任顾海良、教育部社会科学司司长刘贵芹、中国社会科学院马克思主义研究院党委书记辛向阳、中国马克思主义研究基金会秘书长薛伟江、军事科学院军队政治工作研究院首席专家张树德以及中国人民大学马克思主义学院教授刘建军做交流发言。研讨会由中央党史和文献研究院院务委员柴方国主持。

与会代表围绕传承和弘扬恩格斯崇高科学精神、学习恩格斯的马克思主义观、学习恩格斯的精神风范感悟真理力量、恩格斯对政治经济学的研究及其当代意义、恩格斯的党建思想及其当代价值、学习恩格斯的军事科学思想、恩格斯对马克思的科学评价及其当代启示等主题进行研讨。

（参见《光明日报》2020年11月27日 第3版）

“十四五”规划与中国发展学术研讨会 11月27日，由中国社会科学院国家高端智库主办、国际合作局承办的“十四五”规划与中国发展学术研讨会在北京召开。中国社会科学院院长、党组书记谢伏瞻出席会议并以“进入新发展阶段，构建新发展格局”为题做主旨演讲，中国社会科学院副院长、党组成员蔡昉，原副院长、社会政法学部主任李培林等做专题发言。中国社会科学院副院长、党组成员高翔主持会议。

中国社会科学院世界经济与政治研究所所长张宇燕，经济研究所所长黄群慧，农村发展研究所所长魏后凯，生态文明研究所所长张永生，工业经济研究所党委书记、副所长李雪松等先后发言。学者们普遍认为，中国发展仍然处于重要战略机遇期，具有多方面优势和条件；同时，中国发展内外环境正在发生深刻复杂变化，面临新形势下的新挑战。十九届五中全会作为一次具有全局性、历史性意义的重要会议，回应时代新变化，反映人民新期待，为“十四五”时期乃至更长时期中国的发展明确了指导方针、主要目标、重点任务、重大举措。

（中国社会科学院供稿）

第四届新时代思想政治教育与铸牢中华民族共同体意识论坛 11月28日，由北京高校中国特色社会主义理论研究协同创新中心（中央民族大学）、中央民族大学马克思主义学院和杭州电子科技大学马克思主义学院联合主办的第四届新时代思想政治教育与铸牢中华民族共同体意识论坛开幕。论坛采取线上与线下相结合的模式，分设北京、杭州两个主会场和6个云端分会场。中央民族大学党委副书记邹吉忠、杭州电子科技大学副校长吕金海出席开幕式并致辞。来自中央民族大学、苏州大学、北京理工大学、杭州电子科技大学、首都师范大学、昆明理工大学、北方民族大学、西北民族大学、北京工商大学、《中国人民大学复印报刊资料》编辑部、《江苏大学学报（社会科学版）》编辑部等24名专家学者做主旨发言。

（中央民族大学供稿）

北京论坛（2020） 12月3日，北京大学举办的北京论坛（2020）在北京大学开幕。论坛以“文明的和谐与共同繁荣——疫情重袭下的全球化新挑战和新机遇”为主题，邀请全球知名人士和学者聚焦后疫情时代的全球发展，通过线上线下结合的方式举行。论坛下设8个分论坛，从全球健康、生态文明、数字人文、技术变革等方面聚焦后疫情时代的全球发展，着力探讨如何在应对大变局带来的严峻挑战的同时，避免走向封闭、对抗及零和博弈，抓住变革中的历史机遇，探索人类发展的光明之路，在构建人类命运共同体的理念下，从多角度、多领域寻找各国间的合作共赢、文明互鉴之道，描绘文明的和谐与共同繁荣的美好未来。

（北京大学供稿）

学习贯彻习近平法治思想理论研讨会 12月3日，中央党校（国家行政学院）习近平新时代中国特色社会主义思想研究中心、北京大学习近平新时代中国特色社会主义思想研究院、《光明日报》社理论部共同主办的学习贯彻习近平法治思想理论研讨会在北京召开。与会专家学者围绕习近平法治思想的核心要义、精神实质、深刻内涵、实践要求等进行研讨和交流。中央党校（国家行政学院）分管日常工作的副校（院）长何毅亭、北京大学党委书记邱水平、《光明日报》社总编辑张政等出席会议并致辞。

中国法学会学术委员会主任张文显，中国社会科学院学部委员、法学研究所原所长李林，中国法学会副会长、中国国际法学会会长、中国政法大学全面依法治国研究院教授黄进，中国政法大学校长马怀德，中央党校（国家行政学院）政法教研部主任周佑勇，中国人民大学副校长兼法学院院长王轶，北京大学国家法治战略研究院执行院长强世功先后发言。中央党校（国家行政学院）副校（院）长甄占民主持研讨会，《光明日报》社副总编辑赵建国出席研讨会。

（参见《光明日报》2020 年 12 月 4 日第 3 版）

中国共产党与中华民族伟大复兴学术研讨会　12 月 5 日，由北京交通大学马克思主义学院、北京市习近平新时代中国特色社会主义思想研究中心北京交通大学研究基地、中国马克思主义与文化发展研究院主办，《山东社会科学》编辑部、《中国特色社会主义研究》编辑部协办的中国共产党与中华民族伟大复兴学术研讨会在北京召开。来自教育部高等学校社会科学发展研究中心、中国社会科学院、清华大学、北京大学、中国大学、中央民族大学、北京市委党校等高校院所和研究机构的近百名学者，以及《中共中央党校学报》、《中国社会科学报》、光明网和中央编译出版社、人民出版社等多家期刊和媒体代表参加会议。北京交通大学党委副书记、纪委书记郭海出席会议并致辞。与会专家围绕研究阐释习近平新时代中国特色社会主义思想、中国共产党的辉煌历史和丰功伟绩、中华民族伟大复兴的波澜壮阔进程、中国共产党的初心和使命、中国共产党的革命精神、十九届五中全会精神、全面建设社会主义现代化国家的战略部署、“四史”学习的主要精神和重要意义等进行主题发言和研讨。

（北京交通大学供稿）

建党 100 周年与中国特色社会主义道路学术研讨会　12 月 5 日，建党 100 周年与中国特色社会主义道路学术研讨会在北京工业大学举行。会议由北京市习近平新时代中国特色社会主义思想研究中心主办、北京工业大学马克思主义学院北京高校中国特色社会主义理论协同创新中心（北京工业大学）承办。研讨会采用线上和线下相结合的方式进行，共 104 人参会。

教育部高校社会科学研究中心主任王炳林，中国社会科学院马克思主义研究院党委书记、副院长辛向阳，中国人民大学马克思主义学院教授、教育部长江学者特聘教授刘建军等做学术报告。

（北京工业大学供稿）

学习贯彻党的十九届五中全会精神高端论坛　12 月 5 日，由北京市社会科学院和中国马克思主义哲学史学会中国特色社会主义理论研究分会共同主办、以“开启社会主义现代化国家建设新征程”为主题的学习贯彻党的十九届五中全会精神高端论坛在北京市海淀区委党校举办。北京市习近平新时代中国特色社会主义思想研究中心北京市社会科学院基地、北京马克思主义理论研究与传播基地和中共北京市海淀区委党校承办。中央党校原副校长李君如做主旨发言，北京市社会科学院党组书记唐立军在论坛上致辞。中国特色社会主义理论研究会执行会长、中央党校（国家行政学院）教授薛广洲，对外经济贸易大学校长夏文斌，天津大学马克思主义学院院长颜晓峰，中国人民大学马克思主义学院教授侯衍社，北京市社会科学院经济所所长杨松，中央党校（国家行政学院）领导科学教研室主任路杰，中国社会科学院习近平新时代中国特色社会主义思想研究部主任陈志刚，中国农业大学马克思主义学院教授李明，中央党校（国家行政学院）马克思主义学院教授王虎学等做主题发言。各位专家学者聚焦论坛主题，从深刻把握社会主义现代化的基本特征、中国现代化建设的宝贵经验、首都率先基本实现现代化的经济基础及战略意义、中国式现代化及其规律性思考、高质量发展的辩证思考等方面畅谈体会、发表观点。

（北京市社会科学院供稿）

第三届马克思主义与法治中国全国学术研讨会暨恩格斯思想研究高端论坛　12 月 12 日，第三届马克思主义与法治中国全国学术研讨会暨恩格斯思想研究高端论坛在中国政法大学召开。本次会议由中国政法大学主办，中国政法大学马克思主义学院、北京高校中国特色社会主义理论研究协同创新中心（中国政法大学）和北京市习近平新时代中国特色社会主义思想研究中心中国政法大学基地承办。会议采取线上和线下相结合的方式进行，来自高等院校、科研机构、重要学刊的近百位专家学者及《人民日报》、新华社、《光明日报》、中国教育电视台、法制网等多家媒体代表参加会议。中国政法大学党委副书记、马克思主义学院院长高浣月主持开幕式。她表示，“马克思主义与法治中国”学术研讨会作为学界同人交流互鉴的平台，旨在促进马克思主义理论和全面依法治国战略的有机融合，发展特色学术共同体和生力军。此次论坛力求多方位呈现学术观点、进一步推动法治中国的理论和实践的创新发展。

（中国政法大学供稿）

新冠疫情以来网络思想政治教育与网络意识形态安全领域新态势学术研讨会 12月13日，由北京高校中国特色社会主义理论协同创新中心（中国政法大学）、中国政法大学马克思主义学院、网络思想政治教育研究中心联合发起的“新冠疫情以来网络思想政治教育与网络意识形态安全领域新态势学术研讨会”以线上形式召开。来自中国社会科学院、清华大学、中国农业大学、上海交通大学、华东师范大学、苏州大学、南京师范大学、西南大学等20多家京内外高校和科研院所的近百位专家学者以及来自《毛泽东邓小平理论研究》《思想教育研究》《国家教育行政学院学报》等期刊代表参会，共同探讨新冠疫情以来网络意识形态安全领域的新态势。

（中国政法大学供稿）

中共北京市党校系统学习贯彻党的十九届五中全会精神理论研讨会 12月18日，北京市党校（行政学院）系统学习贯彻党的十九届五中全会精神理论研讨会暨科研工作会在北京市委党校（行政学院）举办。中央党校（国家行政学院）科研部主任林振义、科研部协作处处长向忠顺；北京市委党校（行政学院）常务副校（院）长王民忠，副校（院）长韩久根、袁吉富，校委委员杨静出席。研讨会围绕“做好十四五时期科研工作，推进新阶段全市党校系统科研工作高质量发展”这一主题展开研讨交流。全市党校系统170余位代表参加会议。

（北京市委党校供稿）

新发展阶段与21世纪马克思主义理论创新论坛 12月18日，由中共北京市委宣传部、北京市习近平新时代中国特色社会主义思想研究中心、中央民族大学联合举办的新发展阶段与21世纪马克思主义理论创新论坛在中央民族大学举办。中共北京市委常委、宣传部部长、研究中心主任杜飞进出席并讲话，北京市社科联副主席、北京市社科规划办副主任崔占辉出席。中央民族大学党委副书记、校长郭广生，党委副书记邹吉忠分别主持开幕式和主旨报告。市习近平新时代中国特色社会主义思想研究中心研究基地相关领域专家学者，中央民族大学相关单位负责人、专家学者、师生代表等近百人参加活动。与会专家学者围绕深入推进党的十九届五中全会精神的学习贯彻和研究阐释进行探讨。

（北京市习近平新时代中国特色社会主义思想研究中心、中央民族大学供稿）

工程咨询与工程哲学高端论坛 12月19日，中国自然辩证法研究会工程哲学专业委员会联合中国工程院工程管理学部和中国国际工程咨询公司，在北京举办首届工程咨询与工程哲学高端论坛。该论坛力图在中国工程哲学与工程咨询实践活动之间搭建紧密联结的桥梁纽带，以发挥工程哲学研究成果对工程咨询高质量发展的现实指导作用为宗旨，通过对中国丰富多彩的工程咨询创新实践活动进行哲学层面的提炼总结和系统阐释，提升中国工程哲学研究成果的实践应用价值。9位中国工程院院士、6位全国勘察设计大师，40余位部级领导及资深权威专家，400余位工程规划设计咨询专业人士出席论坛，近20万人次通过“中咨研究”公众号论坛直播专栏在线观看论坛。

（北京市哲学会供稿）

第六届国学与大学德育论坛暨第四届问道玉渊潭学术论坛 12月26日，第六届国学与大学德育论坛暨第四届问道玉渊潭学术论坛以线上视频会议形式召开。论坛由国际儒学联合会教育传播普及委员会、中国实学研究会、北京工商大学马克思主义学院联合主办，中国社会科学院马克思主义研究院马克思主义中国化研究部、中国无神论学会、北京高校中国特色社会主义理论研究协同创新中心协办。来自国际儒学联合会、中国实学研究会、中国无神论学会、北京市习近平新时代中国特色社会主义思想研究中心、中国社会科学院、北京大学、中国人民大学、中国政法大学、北京航空航天大学、北京化工大学、中国矿业大学、山东大学、上海师范大学等多家京内外高校和科研院所的近百位专家学者参会。论坛围绕“中国故事”“立德树人”“进课堂”“中华文化的内容与影响”等方面展开。

（北京工商大学供稿）

第二届清华逻辑、语言和意义——语言和逻辑中的单调性国际研讨会　12 月 17—20 日，由清华大学-阿姆斯特丹大学逻辑联合研究中心组织的第二届“清华逻辑、语言和意义——语言和逻辑中的单调性”国际研讨会在线召开。来自美国、瑞典、荷兰、新加坡、韩国以及中国台湾等国家和地区的专家学者，以及中国社会科学院、北京大学、复旦大学等兄弟院校的师生百余人跨越不同的时区和地区共同参与了为期 4 天的会议。开幕式上，清华大学逻辑学中心主任、人文学院哲学系教授刘奋荣和外文系助理教授刘明明分别介绍了逻辑学和语言学在清华的学术传统和发展。本次会议共安排了 5 场特邀报告和 22 场常规报告。会议通过征集论文的形式，在所有的投稿中经匿名评审，录用 22 篇会议论文或摘要。会议的常规报告和特邀报告均来自语言学、逻辑学、数学和计算机科学等不同学科，带来了真正意义上的跨学科交流，丰富了单调性问题研究的视角和观点。闭幕式上，清华大学金岳霖讲席教授魏达格致闭幕词。会议论文集《逻辑和语言的单调性》由斯普林格出版社出版。

（北京市逻辑学会供稿）

课程思政交流会暨同心圆虚拟教研室成立仪式　12 月 30 日，由北京外国语大学党委组织部、脱贫攻坚办公室、专用英语学院“双带头人”教师党支部书记工作室主办，新疆大学、西藏民族大学、中国石油大学（北京）克拉玛依校区、大理大学协办的课程思政交流会暨同心圆虚拟教研室成立仪式在线上举行。北京外国语大学党委常委、副校长贾文键，新疆大学党委常委、副校长贾振红，中国石油大学（北京）克拉玛依校区管委会副主任肖磊，大理大学党委副书记杨韶春等出席并致辞。此次交流会深入贯彻落实教育部《高等学校课程思政建设指导纲要》精神，探索在新时代下“知识传授与价值引领相结合”的有效路径，实现与思想政治理论课同向同行，全员参与共绘育人同心圆。来自 5 所高校的教师代表在线上进行说课展示，专家现场点评，200 余人在线参加活动。说课课程涵盖大学英语听、说、读、写、译等多种类型，内容涉及 5 所高校本科生、硕士生的课程思政实践。与会专家结合说课内容，对新时代外语课程思政的原则理念、方法路径、效果评估、重点难点进行讨论，为说课案例提供了具体可行的建议。

（北京外国语大学供稿）

政治学　社会学

第二届中国特色政党外交创新研究论坛　4 月 10 日，北京第二外国语学院主办，北京第二外国语学院思想教育研究院、政党外交学院、科研处、研究生院、政党政治与政党外交研究院联合承办的第二届中国特色政党外交创新研究论坛“中国共产党百年对外交往的成就、经验与启示”在北京第二外国语学院举行。研讨会以线下、线上相结合的方式召开，来自中联部研究室与当代世界研究中心、中国社会科学院、清华大学、中国人民大学等 20 家单位的近 30 位专家学者参加，政党外交学院部分师生听会。中国国际交流协会副会长、中联部原副部长艾平，北京第二外国语学院副校长程维，北京第二外国语学院英语学院院长武光军和国内外专家学者围绕“百年国外共产党发展”“中国共产党百年对外交往的成就”“中国共产党百年对外交往的经验与启示”等主题进行研讨。

（北京第二外国语学院供稿）

第五届首都治理论坛　4 月 18 日，中国人民大学首都战略与发展研究院主办的第五届首都治理论坛——“疫情防控常态化下的超大城市治理”在北京召开。会议围绕疫情防控常态化下的超大城市治理相关问题进行了多角度的深入研讨。来自中国人民大学、清华大学、中共中央党校（国家行政学院）、浙江大学、上海交通大学、厦门大学、南开大学、暨南大学、香港科技大学、深圳大学等院校的专家学者发表了演讲。

（北京市政治学行政学学会供稿）

非常状态下的生命政治反思网络学术活动　4月29—30日，由北京师范大学北京文化发展研究院举办的“非常状态下的生命政治反思”网络学术活动。来自北京大学、清华大学、中国人民大学、中国社会科学院、复旦大学等院校的学界名家，围绕“生命政治”这一核心问题展开探讨。学者指出，此次疫情的冲击必然引发人们对既有价值观和生活方式的批判性反思与探索性重构。需求侧的消费态度、价值追求改变或成为未来趋势。有学者将疾病纳入政治范畴进行思考，实际上是对正义、秩序、权力等传统政治问题的重要补充。有学者探讨了“防疫常态化”所产生的现实影响及对生命政治理论的冲击。学者还认为，风险全球化可能使人的生命意识走向两极，一是促进“类生命”意识的觉醒，进一步推动全球化。二是激发“族群生命”意识的生长，形成逆全球化的效应。还有学者强调，通过对疫情的回望和反思，“生命政治”应该以现代文明为取向，以最本真的个体生命为基础。

（参见《北京日报》2020年5月18日第13版）

疫情背景下的世界政党政治走向和政党外交研讨会　6月12日，中共中央对外联络部世界政党研究所举行疫情背景下的世界政党政治走向和政党外交网络视频研讨会。来自中央党校（国家行政学院）、《光明日报》社、中国社会科学院、中央社会主义学院、北京大学、清华大学、中国人民大学、复旦大学等单位的领导和国内世界政党政治和政党外交领域专家学者围绕“世界政党政治新变化、新发展”“政党外交新形态、新特点”等议题进行交流。此次研讨会标志着中共中央对外联络部世界政党研究所正式成立并开始运行。

（参见《光明日报》2020年6月29日第16版）

第六届首都治理论坛　6月21日，由中国人民大学首都发展与战略院、国家发展与战略研究院、智能社会治理研究中心联合主办第六届首都治理论坛——“超大城市治理的数字化转型”在北京召开。本次论坛通过新浪、凤凰、中国网、百度、新京报、搜狐、中国知网等主流网站进行直播，全网累计近130万人次收看。

（北京市政治学行政学学会供稿）

“十四五”时期京津冀协同发展重大问题与发展路径选择专家研讨会　8月21日，北京大学首都发展研究院联合京津冀协同发展联合创新中心、中国区域科学协会共同主办的“十四五”时期京津冀协同发展重大问题与发展路径选择专家研讨会在线上召开。本次研讨会聚焦首都在新的形势和挑战下，探讨“十四五”时期如何加快以北京为核心的世界级城市群建设，京津冀协同发展形势和战略途径，攻坚非首都核心功能疏解，推动首都一核两翼发展等一系列热点问题。

（北京市政治学行政学学会供稿）

纪念钱端升先生诞辰120周年学术研讨会　9月19日，北京大学政府管理学院、北京大学中国政治学研究中心联合清华大学政治学系共同举办纪念钱端升先生诞辰120周年学术研讨会。会议旨在学习和继承老一代政治学者的治学精神，重新审视中国政治学的学术传统与学术能力，推进当代中国政治学的发展。开幕式由北京大学政府管理学院学术委员会主任金安平主持。北京大学政府管理学院院长、中国政治学研究中心主任俞可平做题为“既要讲政治，也要讲政治科学”的开幕演讲。开幕式上，钱端升的次子钱仲兴做《心中的父亲》一文的分享。

北京大学政府管理学院常务副院长燕继荣以“薪火相传：政治学者的初心使命”为题做会议总结发言，提出要以纪念钱先生120周年诞辰为契机，开启一个学术研究的新模式，对“北大之精神”重要部分的前辈学者的学术思想和学术成果进行系统梳理和总结，在教学研究中加以阐释，真正做到“薪火相传”。

（北京大学供稿）

数字政府的法治建设学术研讨会　10月9日，“数字政府的法治建设”学术研讨会在清华大学举行。本次研讨会围绕“数字政府的法治建设”主题深入交流，探讨了数字政府建设及数据治理的关键问题，并探索了数字政府的法治建设路径，为“十四五”时期我国全面推进数字政府建设、提升国家治理体系和治理能力现代化提供重要参考。

（北京市政治学行政学学会供稿）

北京市社会学学会2020年学术前沿论坛　2020年10月10日，“服务脱贫攻坚与乡村振兴的社会学——北京市社会学学会2020年学术前沿论坛”在中国农业大学召开。研讨会的重要议题包括：国务院扶贫办扶贫发展中心主任黄承伟研究员的“全面脱贫与乡村振兴有效衔接的理论议题”，北京市社会学会会长、中国社会科学院社会发展战略研究院院长张翼的“民生保障与特大城市社会治理”，中央民族大学副校长、民族学与社会学学院院长麻国庆的“民族地区的脱贫攻坚与乡村振兴”，中国社会科学院副所长王春光的“扶贫文化与乡村振兴”，北京大学社会学系主任周飞舟的“乡村伦理与乡村脱贫”，北京师范大学社会学系主任董磊明的“乡村场域中社区型治理与技术型治理的整合机制”，中国人民大学社会与人口学院院长冯仕政的“社会分层与新时代社会建设”，中国社会科学院大学政法学院副院长陈涛的“乡村的社会性基础建设问题”，中国农业大学人文与发展学院院长叶敬忠的“产业扶贫的整体性理解与多元化实践”，等等。

（北京市社会学学会供稿）

首届发展中国家国家治理高端智库论坛　10 月 16 日，由中央党校（国家行政学院）与联合国经济和社会事务部联合举办的首届发展中国家国家治理高端智库论坛在北京召开。论坛以“反贫困的中国经验——加强公共机构在消除贫困和实现可持续发展方面的作用”为主题，采用线下论坛和线上会议结合方式进行。来自国内外智库机构的专家学者以及部分发展中国家官员，围绕中国在反贫困方面所取得巨大成就和经验启示，发展中国家如何在消除贫困以及实现可持续发展方面更好发挥公共机构的作用等议题开展研讨。

与会专家认为，中国共产党和中国政府始终是世界减贫事业的积极倡导者和有力推动者，中国成为世界上减贫人口最多和率先完成联合国千年发展目标的发展中国家。中国式扶贫之路为发展中国家结合自身国情，根据各自发展阶段和发展模式探索减贫之路提供了有益参考和借鉴。国际社会应深化减贫领域国际交流与合作，共创人类可持续发展的美好未来。

（参见《人民日报》2020 年 10 月 17 日第 3 版）

第十四届北京中青年社科理论人才“百人工程”学者论坛　10 月 17 日，由中共北京市委宣传部，北京市社科联、北京市社科规划办，北京市习近平新时代中国特色社会主义思想研究中心主办的第十四届北京中青年社科理论人才“百人工程”学者论坛在京举办。论坛主题是“国家治理体系与治理能力现代化：理论创新与北京实践”。中共北京市委宣传部副部长刘军胜致辞。中国人民大学国家发展与战略研究院教授刘瑞明、北京大学光华管理学院社会研究中心研究员於嘉、对外经济贸易大学国际商学院教授陈德球、北京师范大学政府管理学院副教授王磊、清华大学社会科学学院副教授孟天广、首都经济贸易大学行政管理系副教授潘娜、首都师范大学政法学院助理教授崔俊杰、北方工业大学信息学院教授宋威，分别就国家治理体系类型、北京城市治理现代化、首都城市治理空间化、法治化和信息化等重要议题进行主题发言。中央民族大学副校长、民族学与社会学学院院长、北京市社会学学会副会长麻国庆和北方工业大学文法学院院长、北京市政府法制研究会副会长刘泽军进行点评。相关高校的“百人工程”学者、北京市习近平新时代中国特色社会主义思想研究中心研究基地代表、部分青年学者及媒体 100 余人参加。

（北京市社科联、北京市社科规划办供稿）

中国政治学会成立 40 周年暨“政府治理能力现代化”前沿论坛　10 月 18 日，由中国政治学会主办，北京航空航天大学公共管理学院、北京市政治学行政学学会承办的中国政治学会成立 40 周年暨“政府治理能力现代化”前沿论坛在北京航空航天大学召开。北京航空航天大学党委副书记赵罡，北京市政治学行政学学会会长、中央党校（国家行政学院）政治和法律教研部教授范文，中国政治学会常务副会长、中国社会科学院政治学研究所所长张树华出席会议并先后致辞。来自首都高校和中国社会科学院、中国科学院、中央党校的近 20 名专家学者，围绕国家和政府治理能力现代化前沿问题、数字政府发展与治理、基层治理与社会创新、风险与应急管理、城市规划与文化治理等议题进行研讨交流。北航人文社会科学学院（公共管理学院）院长蔡劲松主持论坛开幕式。中国政治学会副会长、清华大学马克思主义学院教授韩冬雪做论坛会议总结。

（北京航空航天大学供稿）

纪念台湾光复 75 周年学术研讨会　10 月 22 日，纪念台湾光复 75 周年学术研讨会在北京举行。研讨会由中国社会科学院院长谢伏瞻主持。两岸与会代表围绕“纪念台湾光复、推进祖国统一”的主题进行研讨。全国政协副主席、台盟中央主席苏辉，台湾新党荣誉主席郁慕明等 12 位代表发言。中央有关部门、有关民主党派和人民团体负责人，台湾省籍全国人大代表、涉台专家学者、首都各界代表和台湾同胞共100余人参加研讨会。

（参见《人民日报》2020年10月23日第1、第3版）

新时代农村基层党建高端论坛 10月23日，中国农业大学马克思主义学院举办新时代农村基层党建高端论坛。中组部原副部长、原中央党史研究室主任欧阳淞出席论坛并做主旨报告。中国农业大学党委副书记宁秋娅出席论坛并致辞，中国农业大学马克思主义学院党总支书记卢兆彤和院长张晖主持论坛。来自中央党校、北京联合大学、怀柔区委组织部的专家学者们和《人民日报》、《光明日报》、《中国教育报》、中国教育电视台等新闻媒体记者，学校党委宣传部、科研院以及马克思主义学院的全体师生参加论坛。

会议分为主旨报告和主题发言两个环节。欧阳淞做“关于农村基层党组织建设的几个问题”的主旨报告。在会议主题发言环节，中央党校研究室教授曾业松，北京市怀柔区委常委、组织部部长张闯，北京联合大学马克思主义学院教授韩强，中国农业大学马克思主义学院教授李明分别围绕“加强基层党建，增强党的基层领导力”“探索三位一体模式，全面提升基层党组织组织力”“完善基层党组织领导体制的思考”“党的根基在基层，强基固本促振兴”做阐释。

（中国农业大学供稿）

2020·学术前沿论坛——美好生活：全面小康实现与社会治理创新 10月24日，由北京市社科联、北京市社科规划办，北京师范大学联合主办，北京文化发展研究院承办的2020·学术前沿论坛——美好生活：全面小康实现与社会治理创新，在北京师范大学举办。北京市政协副主席、北京市社科联主席牛青山，北京市委宣传部副部长刘军胜，北京市社科联党组书记、常务副主席张淼，北京师范大学副校长、教授周作宇，北京市社科联党组成员、副主席崔占辉等出席论坛。中央党校（国家行政学院）副教育长、教授卓泽渊，中国人民大学副校长、教授刘元春，中国社会科学院学部委员、中国边疆研究所所长、研究员邢广程，浙江大学文科资深教授李实，北京大学城市治理研究院研究员孙宽平以及中国科学院心理研究所副所长、研究员陈雪峰6位专家学者聚焦论坛主题，从法治与社会治理、双循环新发展格局、决胜脱贫攻坚、全面实现小康以及城市精细化管理等不同角度做交流发言。来自北京大学、中国人民大学、国家行政学院、中国社会科学院、北京师范大学等单位的专家学者、师生代表及各大新闻媒体120余人参加论坛。

在此前后，由北京市社会学学会、北京市历史学会、北京市科学社会主义学会等承办的15场“2020·学术前沿论坛”分论坛先后举办。

（北京市社科联、北京市社科规划办供稿）

第一届社会风险评估与治理学术研讨会 10月24—25日，中国应急管理学会社会风险评估与治理工作委员会主办的第一届社会风险评估与治理学术研讨会在北京举行。会议深入学习贯彻习近平总书记重要讲话精神，研究社会风险评估与治理的重大理论、实践问题，交流学术成果和工作经验，探讨社会风险评估科学化、专业化、法治化、社会化、智能化的途径，促进该领域的研究、实践、交流与合作。

（北京市政治学行政学学会供稿）

第七届政治传播与社会发展论坛 10月31日，第七届政治传播与社会发展论坛暨第四届“政治与传播”研究生论坛在线上召开。本届论坛由中国社会科学院大学主办，主题为“计算科学、政治传播与国家治理”，系统探讨在大数据条件下把握公众心理、实施有效政治沟通、推进国家治理能力现代化的进路和方法。来自海内外20余所科研院校、新闻媒体的50余位专家学者和博士、硕士研究生参加论坛。围绕大数据时代的政策传播与政治治理、社会行动中的网络政治传播、政治传播基础理论等议题展开探讨。

（中国社会科学院大学供稿）

中国减贫经验学术研讨会暨“精准扶贫精准脱贫百村调研丛书”发布会 11月10日，由中国社会科学院主办的中国减贫经验学术研讨会暨“精准扶贫精准脱贫百村调研丛书”发布会在北京举行。中国社会科学院院长谢伏瞻出席大会并讲话，中国社会科学院原副院长李培林做总结讲话。中国社会科学院农村发展研究所所长魏后凯、中国社会科学院社会学研究所所长陈光金、社会科学文献出版社原社长谢寿光作为“丛书”研创及出版代表发布报告。黑龙江省社会科学院副院长王爱丽、中国社会科学院农村发展研究所研究员檀学文、中国社会科学院边疆研究所副研究员罗静作为子课题报告作者代表发言。福建省宁德市委宣传部原副部长王绍据、安徽省利辛县永顺村第一书记孙皆安作为调研地代表发言。

“精准扶贫精准脱贫百村调研丛书”是中国社会科学院组织实施的国情调研特大项目——“精准扶贫精准脱贫百村调研”的项目成果。该项目计划立项104项子课题，紧密围绕党中央脱贫攻坚重大战略部署，对全国范围内兼具代表性和典型性的104个贫困村开展深度调研，从村庄扶贫、脱贫实践中总结当前精准扶贫和精准脱贫经验，为脱贫攻坚事业可持续发展提供经验和政策借鉴。

（中国社会科学院供稿）

学习贯彻党的十九届五中全会精神，聚焦推进党建引领首都社区治理高端论坛　11月15日，北京市党的建设研究会与北京工业大学联合主办“学习贯彻党的十九届五中全会精神，聚焦推进党建引领首都社区治理”高端论坛。来自政府部门、高等学校、科研院所和基层一线的党政干部、专家学者、实务工作者以及北京工业大学文法学部师生200余人参加论坛。论坛以“总结疫情防控中党建引领社区治理经验，推进首都社区治理现代化”为主题。

论坛还设置以“党建引领、疫情防控与社会动员”和“党建引领、疫情防控与社区建设”为主题的2个分论坛，就疫情防控常态化背景下党建引领的社区动员机制与社区治理模式、社区治理中的协同合作与基层组织建设，以及老旧小区综合改造和垃圾分类等专题展开交流研讨，来自北京大学、中央财经大学、对外经贸大学、北京工业大学、北京社会科学院、北京市委党校、北京市党建研究所等12位专家学者，以及6名一线的街居干部和社会组织负责人进行演讲与点评。

（北京工业大学供稿）

第十届中国社会治理论坛　11月15日，由北京师范大学国家高端智库中国教育与社会发展研究院和中共中央党校（国家行政学院）国家高端智库联合主办的第十届“中国社会治理论坛”在北京举行。论坛以“全面建成小康社会与推进社会治理现代化”为主题，以习近平新时代中国特色社会主义思想为指导，贯彻落实党的十九届五中全会精神，总结全面建成小康社会的社会治理伟大成就，研讨新发展阶段社会治理现代化建设面临的新课题、新要求、新任务。

（北京市政治学行政学学会供稿）

第十一届世界社会主义论坛　11月17日，中国社会科学院主办的第十一届世界社会主义论坛暨《世界社会主义黄皮书》“世界社会主义小丛书”发布会以线上与线下相结合的方式举行。论坛的主题为“中国共产党百年与百年大变局”。会议还发布了由当代中国出版社出版发行的《世界社会主义黄皮书（2019—2020）——且听低谷新潮声（之十六）》和《居安思危·世界社会主义小丛书》第六辑。论坛由中国社会科学院世界社会主义研究中心、马克思主义研究院、习近平新时代中国特色社会主义思想研究中心等单位承办。来自中国社会科学院、中国社会科学院大学（中国社会科学院研究生院）、中共中央党校（国家行政学院）、北京大学、清华大学、中国人民大学等单位的40余位专家学者参加论坛。

（中国社会科学院供稿）

第四届国家治理研究智库高端论坛　11月18日，中国社会科学院社会政法学部、国家治理研究智库联合主办，中国社会科学院政治学研究所、国家治理研究智库秘书处承办，国家治理研究智库政治发展研究部、中国社会科学院大学政府管理学院协办的第四届国家治理研究智库高端论坛（2020年）在北京召开。论坛主题是“学习贯彻党的十九届五中全会精神暨推进国家治理体系和治理能力现代化”。中国社会科学院副院长、党组成员高培勇在开幕式上致辞，国家治理研究智库理事长李培林、中国社会科学院科研局局长马援致辞并进行大会发言。来自中国社会科学院各职能局、社会政法学部各研究所以及相关单位的100多位领导、专家学者参加会议。

（中国社会科学院供稿）

“十四五”规划与党的青年工作研讨会　11月21日，由共青团中央中国特色社会主义理论体系研究中心主办、中央团校承办的“‘十四五’规划与党的青年工作——学习贯彻党的十九届五中全会精神”研讨会在中央团校举行。团中央书记处书记徐晓在开幕式上发表主旨讲话，并为共青团与青年工作高端智库学术委员会专家颁发了聘书。中央团校党委书记、共青团中央中国特色社会主义理论体系研究中心执委会主任倪邦文主持开幕式。13名来自高校、科研机构、团校系统的专家学者做主题发言。团中央直属机关相关部门、直属单位负责人，《光明日报》《中国教育报》媒体人员、中央团校师生学员代表100余人参加会议。

与会专家围绕阐释好五中全会部署与广大青少年的密切关系，阐释好当代中国青年面临成长发展、建功立业的难得历史机遇，阐释好五中全会对共青团组织的时代要求等进行主题发言和研讨。

（中央团校供稿）

庆祝新时期中国政治学恢复重建40周年暨《新时代中国政治学学术发展》新书发布会 11月28日，北京大学国家治理研究院、北京大学政府管理学院和北京大学国际关系学院联合举办“庆祝新时期中国政治学恢复重建40周年暨《新时代中国政治学学术发展》新书发布会”。北京大学校长郝平出席开幕式。开幕式采取线上线下相结合的方式进行，与会人员就新时期中国政治学恢复重建的历程、新时代中国特色政治学学科体系建设、学术体系建设和话语体系建设等问题进行讨论。会议发布了《新时代中国政治学学术发展》这一系统总结、回顾新时代中国政治学发展状况的新书。

（北京大学供稿）

庆祝中国政治学会成立40周年暨新时代中国政治学发展学术研讨会 12月5日，中国政治学会主办的庆祝中国政治学会成立40周年暨新时代中国政治学发展学术研讨会在北京召开。全国政协副主席辜胜阻、中国社会科学院院长谢伏瞻出席大会并致辞。中国社会科学院副院长、党组成员高培勇，中联部原副部长周力，中信改革发展研究基金会理事长孔丹出席会议。中国政治学会会长、中国社会科学院原副院长李慎明做主旨报告，中国政治学会原会长、中国社会科学院原副院长汝信发来贺信，中国政治学界前辈学者夏书章、孙关宏、曹沛霖以视频方式向学会成立40周年表示祝贺。与会者认为，中国政治学会成立40年来，团结凝聚广大政治学者，为推动中国政治学繁荣发展做出积极贡献。面对中华民族伟大复兴战略全局和世界百年未有之大变局，政治学者要树立强烈的责任感、使命感，深入学习贯彻习近平新时代中国特色社会主义思想，认真学习领会党的十九届五中全会精神，深入研究坚持和发展中国特色社会主义进程中的重大理论和实践问题，推出更多植根中国大地的原创性学术成果，积极推进中国特色政治学学科体系、学术体系、话语体系建设，为推进国家治理体系和治理能力现代化提供坚实理论支撑和智力支持，为全面建设社会主义现代化国家做出应有贡献。

（参见《人民日报》2020年12月7日第6版）

人大政治学论坛2020暨首届历史政治学年会 12月6日，中国政治学会、中国人民大学国际关系学院主办的人大政治学论坛2020暨首届历史政治学年会在北京召开。在主旨演讲环节，中国社会科学院、中国人民大学、北京大学、复旦大学、吉林大学、浙江大学、云南大学的知名专家学者进行发言。在分论坛环节，来自全国多所高校和科研机构的近百名学者，分别围绕历史政治学与国家理论、“大一统”：理论与历史、当代中国国家建构与治理、古代中国的国家、民族与边疆、现代中国的政党、国家与社会等主题进行交流。

（参见《人民日报》2020年12月31日第9版）

第九届中国行政改革论坛 12月6日，由中国行政体制改革研究会主办的第九届中国行政改革论坛——“深化行政体制改革：新时代新阶段政府治理现代化”论坛在北京召开。本次论坛从学习贯彻党的十九届五中全会精神、推进理论创新、探讨改革实策、交流实践经验4个维度，对新发展阶段深化行政体制改革的思路和主要任务进行了深入研讨。

（北京市政治学行政学学会供稿）

人类减贫经验国际论坛 12月14—15日，人类减贫经验国际论坛举行。本次论坛以“推进全球减贫事业 构建人类命运共同体”为主题，来自60多个国家和地区以及20多个国际组织的200余位政界、学界、新闻界和企业界代表线上线下参会，围绕加强减贫经验交流与合作，深入探讨，达成广泛共识。

12月15日，论坛分别举办了“中国扶贫经验对话”“国际减贫理论与实践”“金融支持国际减贫事业发展”“国际减贫媒体交流”等4场线上分专题研讨会。论坛发布了《人类减贫经验国际论坛共识》、《中国脱贫攻坚》专题纪录片多语种版、《中国减贫成就、经验和国际合作》主题研究报告等务实成果。

本次论坛由中央宣传部、国务院扶贫办主办，中央广电总台、中国社会科学院、国家开发银行、中国国际扶贫中心承办，当代中国与世界研究院、全球化智库参与。

（参见《人民日报》2020年12月16日第3版）

新时代国企党建研讨会　12 月 27 日，由中国社会科学院经济研究所、社会科学文献出版社、新华社中国经济信息社主办，中国企业管理研究会企业党建研究院承办的《国有企业党建蓝皮书：国有企业党建发展报告（2020）》发布会暨新时代国企党建研讨会在北京召开。中国社会科学院经济研究所所长黄群慧，新华社中国经济信息社党委常委、纪委书记王天文等致辞。中国企业管理研究会企业党建研究院院长赵卫星以“夯实基层党建推动企业党建与改革发展深度融合”为题对《蓝皮书》总报告进行解读。中央党校学习时报社副社长胡敏、中国企业管理研究会企业党建研究院首席专家陈凯龙等专家学者就如何加强国企基层党建发言，国家开发投资集团有限公司等企业党务工作者就各自党建实践经验进行交流。

（中国社会科学院供稿）

经济学

产业数字化与金融科技研讨会　1 月 7 日，中国社会科学院中小企业研究中心在中国社会科学院举办产业数字化与金融科技研讨会。来自政府部门、高校、科研机构以及企业等近 30 位专家学者就工业互联网、产业数字化、金融科技等重大发展议题展开讨论。会议由中国社会科学院工业经济研究所罗仲伟研究员主持。

参会人员认为，工业互联网通过人、机、物的全面互联，实现了全要素、全产业链、全价值链的整合，将会对传统的生产、管理和服务方式产生深刻的影响，成为国际制造业竞争的制高点。工业互联网的竞争核心是网络、平台和安全三大体系构成的产业生态竞争。中国应该在提升创新能力、促进工业互联网应用以及营造良好发展环境等方面加大政策支持力度，构建完善的竞争性的政策支持框架，促进工业互联网的发展。在产业数字化和数字产业化方面，与会专家认为产业数字化和数字产业化在概念和政策体系方面存在明显的差异。在金融科技方面，与会专家认为消费金融数据是未来经济发展的重要生产要素之一，在宏观经济分析、消费者行为分析以及金融风险防控等方面具有巨大的潜在应用价值，但是如何在保护数据安全和更大发挥数据价值中寻求平衡是未来政策的重要着力点。

（中国社会科学院供稿）

国家金融创新与稳定 30 人论坛　1 月 9 日，国家金融创新与稳定 30 人论坛“区块链国际合作专家交流会”在对外经济贸易大学召开。英国纽卡斯尔商学院教授、英国大学可持续领导力学院院士、英国议会跨党派区块链专家组成员熊榆与来自对外经济贸易大学国际发展合作学院、国家金融创新与稳定 30 人论坛、中国金融学会、中国移动等单位的专家、学者和知名企业代表 20 多人参会，就区块链技术国际前沿发展、国内区块链应用与实践、英国区块链规范发展情况和中英区块链合作前景进行交流。会议由对外经济贸易大学国际发展合作学院院长、中国国际贸易学会会长金旭主持。与会专家分享并探讨了区块链技术在金融、通信、石油石化、知识产权及专利、政府治理等重要领域的应用和实践以及加强中英区块链技术合作等议题。

（对外经济贸易大学供稿）

第二十四届中国资本市场论坛　1 月 11 日，第二十四届（2020 年度）中国资本市场论坛在中国人民大学举办。论坛主题是“中国金融开放与资本市场发展”。中国人民大学副校长刘元春做开幕致辞，国融证券股份有限公司董事长侯守法代表主办方致辞。在论坛主题演讲环节，国家发改委副主任兼国家统计局局长宁吉喆，中国证监会副主席阎庆民，中国上市公司协会会长宋志平，中国社会科学院副院长、学部委员高培勇分别做主题演讲。吴晓球发布主题报告《中国金融开放：模式、基础条件和市场效应评估》。

论坛由中国人民大学中国资本市场研究院、国融证券股份有限公司和中国人民大学重阳金融研究院共同主办，教育部社会科学司特别指导，中国人民大学财政金融学院、中国人民大学商学院、鑫苑（中国）置业有限公司特别支持。来自中央国家机关、高校、研究机构等相关单位负责人和专家学者，以及证券公司、基金公司、上市公司嘉宾和媒体记者等 500 余人与会。

（中国人民大学供稿）

第三届中国发展经济高峰论坛　1月12日，由《经济研究》杂志社、对外经济贸易大学国际经济贸易学院主办的“第三届中国经济发展高层论坛”在对外经济贸易大学隆重召开。中国社会科学院副院长、党组成员高培勇，国务院发展研究中心副主任、党组成员隆国强，南京大学原党委书记洪银兴，中国社会科学院经济所所长、《经济研究》主编黄群慧，南开大学原党委副书记、副校长逄锦聚，中国国际经济交流中心总经济师、国务院研究室综合司原司长陈文玲，中国社会科学院经济所原所长裴长洪，中国社会科学院工经所所长史丹，国家发改委中国宏观经济研究院副院长毕吉耀等专家学者，以及校内教师和学生代表共计近200余人参加会议。对外经济贸易大学党委书记蒋庆哲在开幕式中代表学校致辞。与会人员就当前宏观形势与走势发表自己的看法。

（对外经济贸易大学供稿）

《中国财政可持续发展报告2019》发布会暨学术研讨会　1月15日，由中国社会科学院财经战略研究院主办、中国时代经济出版社协办的“《中国财政可持续发展报告2019》发布会暨学术研讨会”在北京举行。中国社会科学院副院长、学部委员蔡昉研究员出席会议并致辞，中国时代经济出版社社长吴兆军代表出版方致辞。报告副主编汪德华研究员代表课题组发布《中国财政可持续发展报告2019》。国家审计署审计科研所姜江华所长，中国财政科学研究院贾康研究员，中央党校经济学部副主任许正中教授，中国财政科学研究院副院长傅志华研究员，中央财经大学李俊生教授，北京大学经济学院平新乔教授，南开大学经济学院马蔡琛教授等专家学者出席研讨会，对中国财政可持续问题发表相关观点。

（中国社会科学院供稿）

疫情对财政经济冲击影响以及财政政策如何积极作为视频会　3月6日，国务院发展研究中心宏观经济研究部和中国财政学会联合举办“疫情对财政经济冲击影响以及财政政策如何积极作为”视频会。中国财政科学研究院院长、中国财政学会副会长兼秘书长刘尚希主持会议，来自国务院发展研究中心、中国社会科学院、国家发改委、河北省财政厅、中国人民大学、南开大学、京东数字科技、阿里研究院等单位的40余名专家学者参加会议。国务院发展研究中心副主任隆国强、中国社会科学院副院长高培勇、山东大学校长樊丽明等10多位专家围绕新冠肺炎疫情研判、抗击新冠肺炎疫情的财政政策、疫情防范与财政改革、疫情对中国和世界经济形势的影响以及疫情对中国财政经济形势的冲击及对策等交流观点，对当前形势进行分析，提出政策建议。

（国务院发展研究中心供稿）

“新宏观前线：大数据下的复工复产观察与经济政策”座谈会　3月8日，国务院发展研究中心宏观经济研究部组织召开“新宏观前线：大数据下的复工复产观察与经济政策”视频座谈会，邀请国内知名经济学家、互联网企业负责人、地方政府代表和行业机构代表分别就当前复工复产形势和经济政策进行座谈。宏观部部长陈昌盛、东莞市副市长刘炜、清华大学经管学院院长白重恩、蚂蚁金服集团研究院执行院长李振华、上海钢联副总裁夏晓坤、中国人民大学副校长刘元春、美团副总裁兼美团研究院院长来有为、中国指数研究院常务副院长黄瑜、中国汽车工业协会副秘书长叶盛基、宏观部副部长许伟做主旨发言，宏观部副部长冯俏彬主持座谈会，国家相关部委、各地方政府和发展研究中心代表以及中心各部门研究人员近200余人参加会议。

（国务院发展研究中心供稿）

新型冠状病毒肺炎疫情对财税经济影响及财税政策选择研讨会　3月13日，中央财经大学主办的“新型冠状病毒肺炎疫情对财税经济影响及财税政策选择”研讨会在线上召开。江西财经大学党委书记、教授王乔，中国财政科学研究院副院长白景明，南京审计大学副校长裴育，中央财经大学财政税务学院院长白彦峰，湖北经济学院财政与公共管理学院院长蔡红英，辽宁大学地方财政研究院院长王振宇，中财-中证鹏元地方财政投融资研究所执行所长温来成，江西财经大学财税与公共管理学院院长李春根等，围绕国际疫情发展引发的国际油价、金融市场波动，对国内经济的影响及中国财政税收应对策略，分别进行主题发言及探讨。来自全国高校、科研院所等60余名师生代表参会。

（中央财经大学供稿）

新基建与中国经济新动能在线研讨会　4 月 10 日，中国发展研究基金会举办新基建与中国经济新动能在线研讨会。国家工业和信息化部原部长、中国工业经济联合会会长李毅中，中国发展研究基金会副理事长、全国政协经济委员会副主任刘世锦，工业和信息化部信息技术发展司一级巡视员李颖，京东集团副总裁、京东数字科技首席经济学家沈建光，深圳市原副市长唐杰，国务院发展研究中心产业经济部部长赵昌文，财政部综合司原司长王光坤，福建省人民政府发展研究中心主任陈秋平，中国信息通信研究院总工程师胡坚波，广州市大湾区办常务副主任、市发展改革委副主任陈建荣，武汉市发展改革委副主任刘新华等政府有关部门负责人和专家学者参加会议并交流发言。中央汇金公司原总经理谢平，中国人民银行、银保监会、国家发展改革委等部门代表参加会议。研讨会由中国发展研究基金会秘书长方晋主持，副秘书长俞建拖做点评和总结，副秘书长陈国堂、程会强参加会议。

（国务院发展研究中心供稿）

中国抗疫做法国际交流会　4 月 17 日，中国国际发展知识中心联合泛美开发银行、中国国家卫健委人才交流中心举办中国抗疫知识平台全球首场中国抗疫做法国际交流会。拉丁美洲和加勒比海地区诸国以及拉加地区之外的澳大利亚、新加坡、韩国、法国、德国和西班牙等国家代表近 500 人在线参会。

国务院发展研究中心和泛美开发银行主要负责人向会议致口信。中国国际发展知识中心常务副主任贡森、澳大利亚新南威尔士大学社会政策研究中心教授李秉勤代表国际知识中心专家团队，介绍中国抗疫思路、主要做法和启示。中国国家卫健委人才交流中心主任张俊华介绍了中国推动全球抗疫合作的举措。与会代表通过线上评论、连线提问等方式，在互动讨论环节提出了近百个问题。中国疾病与预防控制中心流行病学首席专家吴尊友，浙江大学医学院附属邵逸夫医院江山分院常务副院长、浙江省援湖北荆门市医疗队 ICU 主任周建仓以及中国中医科学院广安门医院呼吸科主任李光熙，回答了与会代表有关疾病防控、诊疗和中西医结合治疗等方面的问题。

（国务院发展研究中心供稿）

新冠肺炎疫情对中国及全球经济的影响及应对讲座　4 月 20 日，外交学院举办“新冠疫情对中国及全球经济的影响及应对”线上学术讲座，主讲人是来自德国哥廷根大学农业经济与农村发展系的教授于晓华，两名特约嘉宾分别是来自中国社会科学院经济研究所研究员张磊和北京师范大学经管学院教授魏浩。

于晓华认为，目前疫情在欧美已经进入平台期，非洲和南亚等发展中国家虽然卫生防疫条件较差，但这些国家人口结构偏年轻化，而年轻人感染后的症状较轻。各国由于医疗条件和检测能力的差异，疫情的发展呈现波浪式传播。他认为，新冠肺炎疫情后欧元区的财政赤字可能会进一步加大，现有的全球价值链可能面临破裂和重组，全球化可能加剧退潮。对中国而言，疫情过后面临的国际经济政治环境可能会更加复杂，一定要有底线思维。张磊从全球化的收缩和调整动态过程分析了中国发展的战略机遇期的变化，认为中国需要在深化改革、加强社会保障、培育多层次资本市场、完善产权保护、提升政府管理能力等方面下功夫。魏浩从国际贸易的角度分析了当前中国经济尤其是外资外贸企业面临的困境。

（外交学院供稿）

新冠肺炎疫情下中东欧地区中国企业应对策略座谈会　4 月 23 日，中国国际商会双边合作部与中国社会科学院中国–中东欧国家智库交流与合作网络、中国进出口银行“一带一路”金融研究院（上海）共同举办新冠肺炎疫情下中东欧地区中国企业应对策略在线座谈会。会议围绕新冠肺炎疫情下中国企业在海外经营面临的主要问题及困难，创新性工作方式方法，政府和金融机构提供哪些长期支持等议题进行探讨和交流。中国国际商会双边合作部部长吴蒙、中国进出口银行“一带一路”金融研究院（上海）主任李晓炜、贸促会驻波兰代表处副总代表郭培东分别在会上发言。

中国社会科学院中国–中东欧国家智库交流与合作网络秘书长、专家指导委员会执行主任刘作奎博士主持会议。来自中远海运、中国国际医药卫生有限公司、中国路桥工程有限责任公司、中国中铁股份有限公司、中国葛洲坝集团国际工程有限公司、中国出口信用保险公司、华为技术有限公司、TCL、华大集团、盈科律师事务所等企业代表参会。

（中国社会科学院供稿）

清华经管学院 2020 校友论坛　4 月 25 日，在清华大学 109 周年校庆、清华大学经济管理学院 36 周年院庆之际，《清华管理评论》、经管学院高管教育中心、校友发展中心联合举办“清华经管学院2020校友论坛”。论坛主题为“助力新经济，探寻中国经济未来发展新动能”。多位国内著名学者及优秀企业家，共同探讨面对新的不确定性可能带来的挑战，探寻中国经济未来发展的新动能。

中国工程院原副院长、中国工程院院士邬贺铨，清华大学经管学院经济系教授刘玲玲，清华大学经管学院副院长、经管学院人工智能与管理研究中心主任徐心，全球移动通信协会高级顾问、中国移动原董事长王建宙，中国信息通信科技集团有限公司党委书记、董事长童国华，经管学院创新创业与战略系教授、清华大学技术创新研究中心主任、《清华管理评论》执行主编陈劲分别以“数字基础设施引领新基建”“新基建与协调发展”“金融科技：垄断式创新”“大力加快5G网络建设”“科技创新与新经济”为主题进行演讲。

（清华大学供稿）

农村发展论坛 4月30日，中国社会科学院农村发展研究所2020年度第一次农村发展论坛以网络形式举行。来自中国社会科学院农村发展研究所等单位的100余名学者和学生参加论坛。中国社会科学院农村发展研究所党委书记杜志雄研究员主持论坛。论坛的主讲人是中国社会科学院农村发展研究所土地经济研究室主任郜亮亮，主题报告题目是“中国种植类家庭农场的土地是如何形成和使用的?”与会学者还就研究中涉及的家庭农场适度规模的评判、农户经营规模与其收入之间的关系、农场主个体特征差异、小农调查抽样方法、家庭农场与社会化服务之间的关系、理想经营规模与未来打算间的悖论等问题进行交流和探讨。

（中国社会科学院供稿）

政府投资与REITs发展研讨会 5月10日，中央财经大学主办“政府投资与REITs发展”线上研讨会。中央财经大学副校长、教授马海涛致辞，国家发改委投资研究所体制政策研究室主任、研究员吴亚平，澳大利亚维多利亚大学研究员黎永强，天职（北京）国际工程项目管理有限公司副总裁罗桂连，天津金融资产交易所总裁丁化美等进行主题发言。

来自国家发改委投资研究所体制政策研究室、财政部政策研究室、天津金融资产交易所、天职（北京）国际工程项目管理有限公司、澳大利亚维多利亚大学、中证鹏元资信评估股份有限公司、中财-中证鹏元地方财政投融资研究所、《中国财经报》编辑部、《中国财政》编辑部以及我校金融学院和财政税务学院师生共计90余人，围绕新经济形势下，政府投资与回报、政府投资边界与投资效率、财政政策与货币政策协调、国有资产产权法律法规等问题进行交流与探讨。

（中央财经大学供稿）

马洪同志政策研究实践回顾座谈会 5月15日，中国发展研究基金会举办“马洪同志政策研究实践回顾”座谈会。2020年是国务院发展研究中心名誉主任、中国发展研究基金会的首任会长、中国第一代经济学家马洪诞辰100周年。全国政协人口资源环境委员主任、中国发展研究基金会理事长李伟出席会议并致辞，国务院发展研究中心党组书记马建堂做主旨发言。全国政协经济委员会副主任、中国发展研究基金会副理事长刘世锦，中国发展研究基金会副理事长卢迈，秘书长方晋，副秘书长、党总支书记陈国堂，副秘书长程会强、俞建拖出席座谈会。

座谈会由中国发展研究基金会秘书长方晋主持。国务院发展研究中心原党组书记、副主任陈清泰，国务院发展研究中心副主任张军扩，国务院发展研究中心原副主任陆百甫，国务院发展研究中心原副主任鲁志强，全国人大常委、国务院发展研究中心创新发展研究部原部长吕薇以及与马洪生前共事过的中心各部所老领导、同事及其亲属等30余人参会。

（国务院发展研究中心供稿）

中国农村经济形势分析与预测研讨会 5月18日，由中国社会科学院农村发展研究所、社会科学文献出版社和中国社会科学院城乡发展一体化智库共同主办的中国农村经济形势分析与预测研讨会暨《农村绿皮书（2019—2020）》发布会以网络视频会议形式召开。中国社会科学院副院长蔡昉、社会科学文献出版社社长谢寿光、国务院发展研究中心农村部部长叶兴庆、农业农村部农村经济研究中心原主任宋洪远、国家统计局农村社会经济调查司原司长黄秉信、国家发改委产业经济与技术经济研究所副所长姜长云、中国人民大学农村发展研究所所长孔祥智、中国农业大学经济管理学院教授郭沛等领导和专家以及《农村绿皮书（2019—2020）》编撰人员约160人参加会议。

《农村绿皮书（2019—2020）》发布会由中国社

会科学院农村发展研究所所长魏后凯主持。蔡昉致辞。研究员李国祥代表课题组发布《农村绿皮书（2019—2020）》的研究成果，对2019年中国农业农村经济运行形势及对2020年可能产生的影响进行总结，并对2020年值得关注的粮食安全、生猪稳产保供、进出口贸易及农民收入等问题进行展望。

（中国社会科学院供稿）

财政赤字货币化研讨会　6月6日，中央财经大学财政税务学院主办财政赤字货币化线上研讨会。中央财经大学副校长马海涛致辞，全国人大代表、国家开发银行安徽省分行行长于丕涛，国家金融与发展实验室副主任、对外经贸大学金融学院研究员殷剑峰，中央财经大学学术委员会主任委员李俊生，中国财政科学研究院原副院长、研究员白景明，中国人民大学财政金融学院教授郭庆旺，国务院发展研究中心宏观经济研究部副部长冯俏彬，中国社会科学院大学副校长张斌，浙江财经大学副校长李永友，上海财经大学公共经济与管理学院副院长付文林等分别进行主题发言。来自全国高校、科研院所120余名专家学者就财政赤字货币化问题进行交流与探讨。

（中央财经大学供稿）

“疫情·经济对策·国家治理”专题研讨会　6月8日，中央财经大学财经研究院、北京财经研究基地主办的“疫情·经济对策·国家治理”专题研讨会在线召开。中央财经大学财经研究院院长、北京财经研究基地首席专家林光彬，北京大学经济学院院长董志勇，中国人民大学应用经济学院院长郑新业，教育部高校社科发展研究中心汪立峰等分别就“完善国家治理体系、提高国家治理能力”“疫情对中国制造业的影响及应对”“疫情背景下的人力资本建设”“新冠疫情对脱贫攻坚的影响”等话题进行发言。来自北京大学、中国人民大学、教育部高校社科发展研究中心、台盟中央研究室的近百名专家学者就“疫情对经济的影响与对策”“疫情下国家治理的政策选择”主题展开讨论。

（中央财经大学供稿）

中国经济50人论坛　6月16日，中国经济50人论坛线上专题研讨会在北京举行。论坛以“六保”面临的挑战与对策为主题，由论坛学术委员会成员白重恩主持。蔡昉、汪同三等论坛成员从企业视角、国际视角、居民视角和宏观政策和要素市场改革等角度，围绕会议主题发表意见和建议。十几位参会专家学者就上述问题进行分析解读。

中国社会科学院副院长蔡昉提出要综合施策保就业。中国社会科学院学部委员汪同三认为，收入分配是一个重要的启动点，抓住收入分配就抓住了当前关键。国务院参事汤敏认为，要开拓人均月收入千元的6亿人大市场。北京大学国家发展研究院院长姚洋提出要一石二鸟促消费。全国政协常委、中国财政部原部长楼继伟认为要力戒形式主义、官僚主义。全国政协常委、经济委员会副主任杨伟民提出要加强财政货币政策与结构性政策的协同。中国社会科学院经济研究所副所长张晓晶认为“六保”要坚持底线思维。国家税务总局原副局长许善达认为要推动高科技重资产企业发展。清华大学五道口金融学院理事长、中国人民银行原副行长吴晓灵认为要寻找纾困政策的切入点。国家金融与发展实验室理事长、中国社会科学院学部委员李扬认为小微企业融资问题需要制度解决。清华大学经济管理学院院长白重恩认为要精准施策，高效保市场主体。北京大学国家发展研究院副院长黄益平认为政策重点要逐渐转向重建。国务院参事、当代经济学基金会理事长夏斌提出支持中小微企业的两项操作性建议。清华大学公共管理学院院长江小涓提出注重发挥龙头企业作用提高政策效能。中国经济体制改革研究会副会长樊纲认为要做足预判，做好准备。国务院发展研究中心原副主任王一鸣认为全球供应链会进一步缩短，中国产业链面临两大挑战。

（中国社会科学院供稿）

《2020年世界能源投资》报告发布会　6月22日，国际能源署（IEA）、中央财经大学绿色金融研究院（IIGF）联合举办IEA－IIGF研讨会暨国际能源署《2020年世界能源投资》报告线上发布会。中央财经大学绿色金融研究院院长王遥，国际能源署能源供应和投资前景部主任Tim Gould分别致辞，来自国际能源署、中国能源研究会、中国投资协会、金风科技股份有限公司、中国新能源电力投融资联盟、亚洲基础设施投资银行的专家受邀参会。

《2020年世界能源投资》报告指出：2020年新冠肺炎疫情导致全球能源投资历史上最大幅度的下跌，跌幅达到20%；世界能源投资的债务融资重心逐渐向可持续项目移动，政府研发支出也逐年增加，其中80%集中于低碳技术领域。与会专家认为：中国的可再生能源投资比重增加，在能源转型中取得了重大成就，中国能源投资领域持续看好。

（中央财经大学供稿）

支持制造业发展政策体系建设线上座谈会 6月23日，中国社会科学院工业经济研究所召开支持制造业发展政策体系建设线上座谈会。中国社会科学院工业经济研究所所长史丹主持会议并做总结讲话。来自北京、上海、天津、广东、山东、江苏、安徽的26家企业代表参加座谈会，安徽省铜陵市经济与信息化局等地方工业主管部门领导出席座谈会。24位企业家代表，结合企业自身实际情况，从多个方面就制造业企业生存和发展面临的突出困难、政府的帮扶政策的落实情况、对政府支持制造业发展的政策期待等议题进行交流。

中国企业联合会、天津滨海-中关村科技园管委会、安徽省铜陵市经济与信息化局、江苏省江阴市工业与信息化局、国厚资产管理股份有限公司对座谈会给予支持。中国社会科学院工业经济研究所联络处处长李鹏飞、企业管理研究室主任肖红军、工业发展研究室主任邓洲、产业融合研究室副研究员张航燕参加座谈会。

（中国社会科学院供稿）

北京科技创新中心与金融人才培养研讨会 6月27日，由中央财经大学金融学院联合北京市金融类双培项目合作院校举办的2020年北京科技创新中心与金融人才培养线上研讨会举办。来自北京第二外国语学院、北京工商大学、首都经济贸易大学、北京物资学院、北京服装学院等60余名专家学者，共同探讨北京科技创新中心建设和金融科技专业人才培养的有关话题。

中央财经大学副校长、北京学院院长孙国辉，北京市教委高教处处长刘霄，北京市地方金融监督管理局金融科技处处长柳阳，中国人民银行广州清算中心副总经理张留禄，北京工商大学经济学院金融学科带头人杨德勇，北京金融科技研究院秘书长张世强，北京金控集团北京小微企业金融综合服务有限公司总经理刘军，首都经济贸易大学金融学院院长尹志超，中央财经大学教授、北京学院常务副院长林政，北京第二外国语学院经济学院院长刘大可，中央财经大学金融学院院长李建军、副院长王辉教授等进行演讲。

（中央财经大学供稿）

“十四五”时期中国地方政府债券市场发展研讨会 6月27日，中央财经大学主办“十四五”时期中国地方政府债券市场发展线上研讨会。中央财经大学副校长马海涛发表致辞，财政部政府债务研究和评估中心主任王克冰、中国财政科学研究院金融研究中心主任赵全厚、南开大学经济学院郭玉清、中财-中证鹏元地方财政投融资研究所执行所长温来成、天津金融资产交易所总裁丁化美、北京市人大预算工作委员会副主任刘星等分别进行主题发言。来自财政部政府债务研究和评估中心、北京市人大预算工作委员会、中国财政科学研究院、天津金融资产交易所、国融兴华投资管理集团有限公司、中国国际经济咨询有限公司、中国财经报、中证鹏元资信评估股份有限公司、中财-中证鹏元地方财政投融资研究所、南开大学、青岛理工大学等单位100余名专家学者参会。

（中央财经大学供稿）

2020疫情下的世界经济变局研讨会 7月3日，由对外经济贸易大学国际经济研究院主办的“2020疫情下的世界经济变局”研讨会在线上举行。研讨会围绕与“疫情下的世界经济变局”有关的研究成果与最新研究趋势展开，对外经济贸易大学教授林桂军，南开大学哲学社会科学部部长、经济学院院长盛斌，中国人民大学经济学院党委常务副书记兼副院长王晋斌，中央财经大学国际经济与贸易学院院长张晓涛，中国贸促会研究院国际投资研究部主任刘英奎，中国商务出版社社长、中商智库执行理事长郭周明等专家出席论坛。对外经贸大学国际经济研究院院长桑百川出席会议并致辞。对此领域感兴趣的学者、高校师生及研究院全体人员参与观看会议直播并进行线上研讨。

林桂军、王晋斌、张晓涛、刘英奎、郭周明分别以“中美脱钩的内容与对策”“疫情冲击下的全球金融大变局”“长期趋势与短期冲击下的国际生产体系变局”“疫情对我国产业链的影响与对策建议”“新冠疫情对世界和中国经贸发展的影响”为题做主旨发言。

（对外经济贸易大学供稿）

第二届中国公共财政前沿学术研讨会 7月3—4日，由清华大学中国财政税收研究所、清华大学经济管理学院共同举办的第二届中国公共财政前沿学术研讨会在线举办。《经济研究》编辑部作为学术支持单位，旨在打造海内外公共财政领域学者间交流与合作的高端学术平台。国内外 800 余位经济学者、政府官员、媒体记者和在校学生参会。北京大学光华管理学院副院长、工商管理研究所所长周黎安，中国财政学会副会长、中国人民大学财政金融学院前院长郭庆旺，中国国际税收研究会常务副秘书长、国税局收入规划核算司原司长杨元伟的报告题目分别为《公共基础设施与包容性发展》《中国财政学独创理论的挖掘》《税收制度评价的难点及前景》。来自中央财经大学、华中科技大学、北京大学、中南财经政法大学等科研院校的经济学者介绍了 9 篇最新论文成果，涉及多个兼具理论深度和政策意义的重大课题，内容包括：税负对经济增长和企业投资的影响、税制安排与经济结构变化、税收征管与企业融资、财政压力与地方债务、最优税率与收入分配、财政补贴与企业创新等。

（清华大学供稿）

新冠肺炎疫情下的中国—东盟减贫合作工作组视频会议　7 月 9 日，中国—东盟思想库网络（NACT）“新冠肺炎疫情下的中国—东盟减贫合作”工作组视频会议召开。会议由中国外交学院和老挝外交学院联合主办。来自中国和东盟的减贫专家、NACT 国家协调员机构等近 30 位代表出席会议。中国外交学院院长徐坚与老挝外交学院院长麦·萨雅望（Mai Sayavongs）出席会议并致开幕词。

与会专家围绕“新冠肺炎疫情与减贫”“电子商务与减贫最佳案例”“可持续农业发展与减贫”等议题进行研讨。与会专家一致认为，本次疫情中，中国与东盟国家密切配合，为国际抗疫合作树立了典范。地区国家应确立“以人民为中心”的疫情应对方式与发展理念，加强对经济基础设施和人力资本的投入，重视“三农”问题与贫困问题的关联，促进社区、企业、国际发展合作伙伴等多元行为体对减贫事业的参与并形成合力，拓展新型经济业态，尤其是以“2020 中国—东盟数字经济合作年”为契机，利用数字经济平台为贫困人口提供更多创业与就业机会。

（外交学院供稿）

新冠肺炎疫情冲击与宏观政策应对国际学术研讨会　7 月 16 日，由中国社会科学院金融研究所、野村综合研究所和国家金融与发展实验室联合主办，国家金融与发展实验室金融法律与金融监管研究基地承办的“新冠疫情冲击与宏观政策应对”国际学术研讨会在线召开。来自日本银行、日本金融厅、野村综合研究所、国务院发展研究中心、京东集团、中国社会科学院世界经济与政治研究所等中日专家与会，就新冠疫情冲击、金融市场风险及宏观政策应对等相关问题进行交流。

野村综合研究所研究理事桑津浩太郎以及中国社会科学院金融研究所党委书记、国家金融与发展实验室副主任胡滨研究员为会议致辞。野村综合研究所首席经济学家辜朝明以疫情重创下的世界经济与今后的政策应对为主题发表演讲。中国社会科学院金融研究所郑联盛副研究员、程炼研究员和胡滨研究员分别就金融市场风险与政策应对、中国经济的冲击与政策应对、疫情冲击下的中小银行改革与发展等做主题发言。日本银行国际局局长福本智之，日本金融厅总务课长兼中国区负责人柴田聪，日本银行国际局参事役竹内淳以及国务院发展研究中心金融研究所副所长陈道富研究员，京东集团副总裁、京东数字科技集团首席经济学家沈建光博士，中国社会科学院世界经济与政治研究所国际投资研究室主任张明研究员等针对新冠肺炎疫情对中国、日本以及全球经济金融的影响和政策应对等展开讨论。

（中国社会科学院供稿）

2020 智能决策与大数据应用国际会议　7 月 28 日，北京信息科技大学、北京科技人才研究会主办，北京大学、北京拓尔思信息技术股份有限公司、国家超级计算济南中心和山东新媒体研究院协办的“2020 智能决策与大数据应用国际会议”在北京信息科技大学召开。来自北京理工大学、合肥工业大学、加拿大温莎大学、北京信息科技大学经济管理学院和社会各界超过 150 位教授和学者参会。会议由北京信息科技大学陈昕副校长致辞，合肥工业大学杨善林院士做主席，北京信息科技大学经济管理学院曲立院长主持，聚焦于大数据背景下智能决策与系统基础理论研究与发展、关键技术在知识管理、互联网经济、社会治理、循环经济、数字文化等领域的发展现状及其行业应用问题，通过特邀专家演讲、专题讲座和分论坛讨论的方式，就智能决策和大数据应用方面的前沿研究进行研讨和交流。

（北京信息科技大学供稿）

国际抗疫合作与提振世界经济国际智库云论坛　7 月 29 日，由中国社会科学院、中国日报社主办的

“国际抗疫合作与提振世界经济”国际智库云论坛在中国历史研究院举行。论坛由中国社会科学院国家全球战略智库、世界经济与政治研究所、国际合作局和中国日报社中国观察智库承办。

中国社会科学院院长谢伏瞻，中国日报社总编辑周树春发表致辞。来自中国、俄罗斯、日本、意大利、沙特、巴基斯坦的6位专家学者通过视频连线发表主题演讲，就深化国际合作、构建人类卫生健康共同体、维护经济全球化、促进世界经济发展进行交流。联合国前副秘书长、联合国亚太经济社会理事会前执行秘书沙姆沙德·阿赫塔尔，中国社会科学院学部委员余永定，沙特阿卜杜拉国王石油研究中心副主席法赫德·阿勒·图尔基，俄罗斯科学院普里马科夫世界经济和国际关系研究所副所长、亚太研究中心主任亚历山大·罗曼诺夫，亚洲开发银行研究所前所长、东北亚经济研究所主任河合正弘，意大利国际政治研究所欧洲和全球治理中心研究主任安东尼奥·维拉弗兰卡也在会上发言。云论坛还发布了《抗击新冠肺炎（COVID－19）疫情与改善全球卫生治理》报告。

（中国社会科学院供稿）

后疫情时代中国农业风险管理及应对策略研讨会 7月30日，中国社会科学院农村发展研究所在线举办后疫情时代中国农业风险管理及应对策略研讨会。来自中国社会科学院、国务院研究室、国务院发展研究中心、国家发改委、农业农村部、四川省社会科学院、湖南师范大学等科研机构与高校的近50名学者与会，探讨新冠肺炎疫情对中国农业发展带来的冲击及未来应对风险的策略。与会专家结合当前形势同时着眼于“十四五”和未来15年农业发展的背景、目标和任务，对粮食安全、供应链建设、市场价格波动以及农业生态等风险管控进行讨论，提出了有价值的意见和建议。本次会议是中国社会科学院创新工程关于农业重大风险问题研究常态化系列研讨会之一。

（中国社会科学院供稿）

新冠肺炎与全球经济秩序视频国际研讨会 7月，由上海国际问题研究院、中国社会科学院国家全球战略智库/中国社会科学院世界经济与政治研究所、美国国际战略研究中心（CSIS）联合主办的国际研讨会“新冠肺炎与全球经济秩序”在线上召开。会议主要聚焦“中美卫生与经济合作”、“新冠肺炎疫情、债务及国际金融体制的作用”以及“新冠肺炎疫情与全球贸易体制”3个主题。

7月7日，“中美卫生与经济合作”主题研讨会召开，会议讨论了新冠肺炎疫情对全球经济的影响以及中美在应对疫情方面合作的可能性。7月15日，“债务和国际金融机构”主题研讨会召开，会议讨论了新冠肺炎疫情冲击对全球主权债务可持续性的影响以及应对债务危机风险的多边合作可能。7月21日，“新冠肺炎疫情与全球贸易体制”主题研讨会召开，会议讨论了新冠肺炎疫情对美国总统大选、全球贸易和供应链的影响以及中美在全球政策应对方面合作的可能性。

（中国社会科学院供稿）

第二届金台青年学者论坛暨中国工业经济学会青年杯评奖活动 8月10日，第二届金台青年学者论坛暨中国工业经济学会青年杯提名奖评奖活动在首都经济贸易大学举行。此次活动由中国工业经济学会主办，由首经贸杂志总社、中国产业经济研究院承办，由《中国工业经济》《经济管理》《中国经济学人》《经济与管理研究》《首都经济贸易大学学报》等多个编辑部共同协办。活动采用线上形式，首都经济贸易大学党委常委、副校长王永贵参加活动并致辞。

中国社会科学院工业经济研究所所长、中国工业经济学会理事长史丹，中国社会科学院财经战略研究院院长、国家“万人计划”哲社科领军人才何德旭，《管理世界》杂志社总编辑尚增健，中国社会科学院工业经济研究所副所长、《中国工业经济》副主编张其仔等专家学者，以及来自全国各地的高校和科研机构的青年学者900余人参与活动。会议分为开幕式、论文宣讲及专家审议、提名奖颁奖3个部分。活动评选10篇论文获得“中国工业经济学会青年杯”提名奖。本年度活动共收到投稿论文100余篇，直接参与本次线上活动的学者945人次。

（首都经济贸易大学供稿）

《中国农村发展报告2020》发布会暨“十四五”时期中国农村发展高层论坛 8月17日，中国社会科学院农村发展研究所、中国社会科学出版社在北京联合举办《中国农村发展报告2020》发布会暨“十四五”时期中国农村发展高层论坛。《中国农村发展报告2020》包括1个主报告，及综合篇、经济篇、社会篇、生态环境篇4篇19个专题研究报告。《中国农村发展报告 2020》主要观点如下："十四五"时期中国农村发展形势将呈现新特点；补短板、调结构、抓改革、强治理，促进乡村全面振兴；农村发展水平继续稳步提高；形成因地制宜的农户增收长效机制，深入推进农业供给侧结构性改革；优化乡村产业区域布局和产业结构，探索多种类型农村集体经济实现形式；增强新农人职业荣誉感，加强基层党组织服务能力；全面推进生态宜居乡村建设，推动农业绿色发展。

（中国社会科学院供稿）

中国国外农业经济研究会第八次会员代表大会暨 2020 年学术研讨会　8 月 18 日，由中国国外农业经济研究会、中国社会科学院农村发展研究所、安徽农业大学共同主办，安徽农业大学经济管理学院承办的中国国外农业经济研究会第八次会员代表大会暨 2020 年学术研讨会举行。会议采取线上视频为主，线下现场会议为辅的方式在北京、合肥两地举行，分别设主会场（中国社会科学院农村发展研究所）和分会场（安徽农业大学经济管理学院），主会场为会员代表大会，分会场为平行论坛。会议主题为"后小康社会的农业农村发展——国际经验与转型方向"，300 多名来自中国社会科学院、中国农业科学院、清华大学、人民大学等近 80 所国内外大学及研究机构的专家学者参加会议。

中国社会科学院农村发展研究所所长魏后凯做题为"'十四五'时期中国农村发展战略"的主旨报告。在 6 个平行论坛上，32 位专家学者围绕"高收入国家农业农村政策转变和比较""'十四五'及面向 2035 年的中国农业农村发展""食物与健康经济发展趋势""可持续脱贫与贫困治理转型""国际经贸及其挑战"等主题汇报了自己的学术论文，18 位专家学者进行点评，近 300 位专家学者参与研讨。

（中国社会科学院供稿）

中国生态环境保护大数据中心建设路径、模式及应用研讨会　8 月 29 日，由中国社会科学院数量经济与技术经济研究所主办，中国林业生态发展促进会生态发展研究院协办的中国生态环境保护大数据中心建设路径、模式及应用学术研讨会在北京召开。来自国家信息中心、中国社会科学院、北京第二外国语学院、北京理工大学等单位的 20 余位相关专家、学者参加研讨会。

研讨会旨在研究中国生态环境保护大数据中心建设路径、模式，对国家经济社会发展的全局性、前瞻性、战略性意义探讨，以期提出专题对策建议，助力国家生态治理与创新战略的顺利开展。会议探讨了生态环境保护大数据中心建设路径、模式、方法等问题，秉承发挥多学科的综合优势，分享了大数据在文旅、环保等领域如何服务发展等最新研究成果。

（中国社会科学院供稿）

第十四届国际服务贸易论坛　9 月 7 日，由北京第二外国语学院、中国国际贸易学会共同主办，中国国际贸易学会服务贸易专业委员会、中国服务贸易研究院、首都国际交往中心研究院承办的第十四届国际服务贸易论坛在北京国家会议中心举办。中国国际贸易学会会长金旭，北京第二外国语学院党委书记、首都国际交往中心研究院院长顾晓园，中国奥委会名誉主席、首都国际交往中心研究院名誉院长刘鹏，商务部服务贸易和商贸服务业司副巡视员王惠英，匈牙利驻华大使馆文化参赞、匈牙利国家文化中心主任宋妮雅，北京市社科联党组书记、常务副主席、市社科规划办主任张淼等参会并致辞。会议发布了《国际服务贸易评论（2020 年第一辑）》、蓝皮书《中国国际文化贸易发展报告 2020》、《首都文化贸易发展报告 2020》以及著作《数字创意产业对全球就业的贡献》等研究成果。

（北京第二外国语学院供稿）

《京津冀发展报告（2020）：区域协同治理》信息发布会　9 月 10 日，由首都经济贸易大学和社会科学文献出版社共同举办的《京津冀发展报告（2020）：区域协同治理》信息发布会在社会科学文献出版社举行。北京市社科联党组成员、副主席、市社科规划办副主任荣大力，校党委副书记徐芳，社会科学文献出版社社长谢寿光，社会科学文献出版社经管分社社长恽薇，首经贸特大城市经济社会发展研究院执行副院长叶堂林、副院长蒋三庚，以及来自京津冀三地的部分领导、专家和皮书研创团队等出席会议。中国人民大学区域与城市经济研究所所长、全国经济地理研究会会长孙久文就"京津冀协同发展的实施效果、约束条件与未来展望"进行主旨演讲。

（首都经济贸易大学供稿）

联合国 2030 年可持续发展目标与中国减贫经验线上研讨会　9 月 16 日，在联合国成立 75 周年之际，

"联合国2030年可持续发展目标与中国减贫经验"线上研讨会举行。研讨会由中央广播电视总台CGTN智库主办，联合美国卡特中心、德国席勒研究所、比利时中欧数字协会、法国桥智库、南非国际事务研究所、俄罗斯文明对话研究所、罗高寿俄中关系分析中心共同举办。来自39个国家和地区的约140位前政要、国际组织和智库代表，结合中国和全球减贫实践经验，就推进人类可持续发展的目标路径展开讨论。中共中央政治局委员、中宣部部长黄坤明在北京主会场做视频致辞。与会中外人士认为，突如其来的新冠肺炎疫情已成为人类共同面临的重大危机，成为全球减贫事业最现实、最紧迫的挑战。人们更加清晰地认识到，面对疫情等全球性挑战，国际社会应秉持人类命运共同体理念，坚持多边主义，加大国际合作力度，共同捍卫全球公共卫生体系、守护人类生命健康；应充分发挥政府、市场和国际组织在减贫事业中的作用，加大民生领域投入，深化减贫领域国际合作，共创全人类可持续发展的未来。

（参见《光明日报》2020年9月17日 第4版）

2020年中德物流论坛 9月19日，北京物资学院主办的校庆系列活动——2020年中德物流论坛在北京物资学院举行。论坛采用线上演讲加线下参会模式。线上邀请了德国巴登符腾堡合作州立大学、德国维尔茨堡-施维因福特应用科技大学、西克德国公司以及天津睿博龙物流股份有限公司等专家学者及负责人参会。北京物资学院领导及近百名名师生线下参会。

论坛围绕"新冠肺炎疫情下的数字化转型与变化管理""建立智慧供应链框架""后疫情时代与气候变化抗争""在中国建立中心仓储的机遇与挑战""从物流角度看AI对供应链金融的影响"等主题展开讨论，对后疫情时代具有针对性的物流及供应链课题进行探讨，为国内国际物流和供应链的发展新动向及如何畅通国内国际双循环提供了新的视角和思路。

（北京物资学院供稿）

疫情背景下的中欧经济与合作国际研讨会 9月22日，由中国社会科学院主办，中国社会科学院欧洲研究所、中国-中东欧研究院联合承办的疫情背景下的中欧经济与合作国际研讨会在线上召开。会议开幕式由中国社会科学院欧洲研究所所长吴白乙主持，中国社会科学院院长谢伏瞻，欧洲大学研究院校长雷诺·德乌斯，德国经济顾问委员会前主席、德国莱布尼茨经济研究所所长克里斯托弗·施密特，中国社会科学院国际学部主任周弘研究员先后致辞。

学术研讨会分为两节，主题分别是"疫情背景下的中国和欧洲经济""疫情背景下的中欧经济合作"。第一节由中国社会科学院欧洲研究所副所长陈新研究员主持，第二节由中国社会科学院欧洲研究所欧洲经济研究室副主任孙彦红副研究员主持。与会代表普遍认为，在全球经济因新冠肺炎疫情陷入严重衰退的困难时刻，中欧加强经济合作不仅有利于各自快速恢复经济，而且在很大程度上决定着世界经济的未来。中欧未来应秉持开放合作的原则，通过沟通磋商促进经济合作，特别是在相互投资、数字经济和绿色经济等领域，双方可着力深挖合作空间。

（中国社会科学院供稿）

第六届全球智库峰会 9月23日，由中国国际经济交流中心主办的第六届全球智库峰会以线上形式举行。来自中国社会科学院、国务院发展研究中心、商务部研究院、中国与全球化智库、欧盟布鲁盖尔研究所、英国国际战略研究所及俄罗斯、巴基斯坦、美国等20多个国家和地区的前政要、国际组织负责人、智库代表等约200人与会。中共中央政治局委员、中宣部部长黄坤明在北京主会场做视频致辞。本届峰会设置了3个专题演讲会，会议议题分别是"全球治理机制变革""世界经济发展新引擎""全球供应链新格局和新合作"。

（参见《光明日报》2020年9月25日 第4版）

构建节约型餐饮服务长效机制研讨会 9月25日，由中国社会科学院服务局、财经战略研究院主办的"新时代·新思想·新作为——2020年构建节约型餐饮服务长效机制研讨会"在中国社会科学院举行。会议由中央国家机关爱卫办指导，中国烹饪协会支持，国管局机关服务局、中国社会科学院国家机关运行保障研究中心、中国社会科学院爱国卫生运动委员会协办，中国社会科学院服务局服务保障中心、中国社会科学财经战略研究院服务经济与餐饮产业研究中心、中国烹饪协会团餐委员会具体承办。来自中国社会科学院的专家学者以及中央国家机关各部门、各单位机关事务管理部门有关负责人140余人参加会议。

中国社会科学院服务局局长崔向阳，国家机关事务管理局机关服务局局长王兰芬，中央国家机关爱卫办主任李凯，中国社会科学院财经战略研究院院长何德旭出席会议并致辞。在主题发言环节，与会专家围绕机关后勤保障标准化、打造绿色节约型餐饮、构建制止餐饮浪费长效机制、机关节约型餐饮保障服务供应等问题分别发言，进行交流。

（中国社会科学院供稿）

新一代信息基础设施与新基建高质量投资研讨会　9月27日，中国社会科学院中小企业研究中心在中国社会科学院举办“新一代信息基础设施与新基建高质量投资”研讨会。会议邀请了相关政府部门、产业界、智库研究机构等领域的专家，以推动新基建高质量发展，更有效支撑网络强国建设为主题展开讨论和交流。

与会专家认为，“十四五”时期，经济形态将从工业经济进一步加速向数字经济转变，以新一代信息基础设施为数字化的引擎，应适度超前布局。但与此同时，5G、F5G、人工智能等新一代信息基础设施也具有技术和商业模式不成熟、投资盈利模式不清晰、数据安全风险高、底层技术受制于人等问题，因此，以信息技术为核心的新基建应建立不同于传统基建的建设模式。首先，统筹推进各类新基建建设，构建新基建产业生态。5G、F5G、卫星通信、人工智能等都是新基建的重要内容，应统筹推进，防止出现结构性短板，同时要统筹硬件和软件，底层技术和上层应用的垂直部署。其次，要准确定位政府和市场的关系，构建“政府引导、市场主导”的良性投资格局。再次，以光、5G等中国具有领先优势的根技术为抓手，形成全面领先的生态优势。

（中国社会科学院供稿）

丝路国际智库网络2020视频年会　9月29日，丝路国际智库网络（SiLKS）2020视频年会在北京召开。会议由国务院发展研究中心指导，联合国贸发会议和国际关系与可持续发展中心支持，SiLKS秘书处主办。国务院发展研究中心党组书记马建堂出席会议、致辞并做总结发言，国务院发展研究中心党组成员、办公厅主任余斌主持开幕式，外交部国际经济司司长王小龙参加会议并致辞，来自国务院发展研究中心、外交部，联合国开发计划署、联合国工发组织、经合组织发展中心等国际组织，俄罗斯科学院、哈萨克斯坦世界经济与政治研究所、印尼战略与国际问题研究中心、肯尼亚非洲经济研究联盟、秘鲁国家战略规划中心、南南合作金融中心等智库，以及英国48家集团俱乐部、爱立信、苏伊士环境集团等跨国企业共38家中外机构负责人参会。

本次年会以“巩固多边主义机制，深化全球伙伴关系，推动后疫情时代高质量共建‘一带一路’”为主题。会议发布《SiLKS 2020视频年会联合倡议》。与会代表认为，当前世界经济遭受疫情和逆全球化的双重挑战，加强国际智库间合作对各国战胜疫情、促进全球经济复苏和落实《联合国2030年可持续发展议程》、推动经济全球化、完善全球经济治理体系具有重要意义，后疫情时代SiLKS在坚持多边主义、促进互信、团结合作等方面将发挥国际智库网络更加重要的作用，应围绕促进经济复苏、推进“一带一路”倡议与相关区域次区域机制对接、推动全球经济社会环境可持续发展等议题开展合作研究和交流研讨、加强国际传播，助力后疫情时代推进高质量共建“一带一路”。

（国务院发展研究中心供稿）

国家治理与财政绩效管理研讨会　10月11日，由首都经济贸易大学财政税务学院与《财政研究》编辑部联合主办的2020年“国家治理与财政绩效管理”研讨会在首都经济贸易大学举行，会议采用线上、线下结合的方式同步进行。首经贸副校长王传生、中央财经大学副校长马海涛出席活动并致辞。中国社会科学院财经战略研究院副院长杨志勇、中国人民大学财政金融学院副院长贾俊雪、中南财经政法大学财政税务学院教授王金秀、南开大学经济学院教授马蔡琛、中国财政科学研究院宏观经济研究中心主任石英华做主旨演讲。与会专家围绕国家治理与财政绩效管理问题交流经验，分享成果。

（首都经济贸易大学供稿）

中央财经大学绿色金融国际研究院2020年会　10月11日，中央财经大学绿色金融国际研究院2020年会在北京举办。中央财经大学副校长史建平，联合国开发计划署可持续发展影响力指导委员会委员、社会价值投资联盟主席、国际公益学院董事会主席、绿色金融国际研究院高级顾问马蔚华，天风证券股份有限公司总裁、中国证券业协会绿色证券委员会主任、绿色金融国际研究院执行理事长王琳晶致辞。清华大学金融与发展研究中心主任、中国人民银行货币政策委员会委员、中国金融学会绿色金融专业委员会主任、绿金院学术委员会联合主席马骏视频致辞。国家发展和改革委员会财政金融和信用建设司司长陈洪宛，财政部政府和社会资本合作中心主任焦小平，生态环境部应对气候变化司司长李高，联合国开发计划署（UNDP）驻华代表白雅婷（Beate Trankmann），中国证监会中证金融研究院副院长马险峰做主旨演讲。

来自各部委，国内外学术机构、金融机构、国际机构以及大型央企的代表出席活动，共同论道国内外绿色金融最新进展及趋势。会议期间，研究院发布《中国能源金融研究报告2020-中国光伏产业发展及投融资》《中国绿色债券市场发展报告2020》《中国上市银行可持续发展分析2020》等多个研究报告。

（中央财经大学供稿）

改革思维与改革方法研讨会　10月12日，由中国国际经济交流中心举办的“改革思维与改革方法”研讨会在北京举行。9位改革、发展等领域的专家学者就“聚焦高科技领域改革思维和方法”“金融改革的原则与方法”等议题，对如何运用改革思维和办法构建新发展格局等话题进行讨论。国家开发银行研究院高级专家曹红辉，中国国际经济交流中心常务副理事长、执行局主任张晓强，中国（海南）改革发展研究院院长迟福林，国家发改委原副秘书长范恒山，中国经济体制改革研究会原会长宋晓梧，北京大学国家发展研究院长江学者特聘教授刘国恩等参加研讨。

（参见《人民日报》2020年10月15日 第7版）

第十届亚洲研究论坛　10月14日，第十届亚洲研究论坛“RCEP与世界贸易体系：机遇与前景”召开。论坛采用了线上+线下的形式举行。来自韩国、澳大利亚、新加坡、越南、印度尼西亚等国的资深专家以及中国社会科学院的多位学者，围绕着“RCEP与区域合作”“RCEP与世界贸易体系”等议题展开讨论。

中国社会科学院副院长高翔、韩国崔钟贤学术院院长朴仁国、澳大利亚国立大学克劳福德公共政策学院经济学荣誉教授彼特·德赖斯代尔等专家学者出席并讲话。中国社会科学院学部委员、世界经济与政治研究所所长张宇燕致闭幕词。会议详细论述进一步推进RCEP的机遇与挑战，深入探讨亚太区域经济一体化的发展路径，为世界贸易体系的改革和亚太地区的共同繁荣提供了真知灼见和有益的政策建议。

（中国社会科学院供稿）

数字经济赋能高质量发展暨北京工商大学70周年校庆高端学术论坛　10月18日，数字经济赋能高质量发展暨北京工商大学70周年校庆高端学术论坛在北京工商大学举行。中国城镇化促进会常务副主席、中央政策研究室原副主任郑新立，国务院参事、中国国际经济交流中心副理事长、财政部原副部长朱光耀，第十三届全国人民代表大会农业与农村委员会副主任委员、中国社会科学院副院长蔡昉出席论坛。北京工商大学党委书记黄先开，校长、中国工程院院士孙宝国出席论坛，副校长贾英民主持论坛开幕式。中国政策科学研究会、工信部、中国社会科学院、中国信息通信研究院、《经济日报》社、《比较》杂志社、阿里巴巴集团、京东方科技集团等单位的专家、学者、企业家校友围绕数字化转型、高质量发展等主题展开研讨和对话。北京工商大学师生代表等500余人参加论坛。

（北京工商大学供稿）

中国物流论坛　10月19日，北京物资学院建校40周年之际特别举办2020中国物流论坛，主题为“物流时空对话”。中国物流与采购联合会副会长贺登才、北京物资学院校长刘军教授、相关企业及学校师生近百人参加论坛。在此次论坛上，北京物资学院与北京盛世华人供应链管理有限公司、万纬物流（深圳市万科物流管理有限公司）、北自所（北京）科技发展有限公司、中国物流与采购联合会冷链物流专业委员会、中国物流与采购联合会大宗商品交易市场流通分会、中国物流与采购联合会公路货运分会6家知名企业和行业协会举行校企合作签约仪式。论坛围绕“中国物流发展”的主题，针对中国物流的发展现状、中国物流发展中存在的问题以及未来的发展方向和趋势展开讨论。

（北京物资学院供稿）

第十五届京商论坛暨第七届北京国际商贸中心研究基地学术论坛　10月21日，北京财贸职业学院主办的第十五届京商论坛暨第七届北京国际商贸中心研究基地学术论坛举办。中国商业经济学会会长马龙龙，中国商业史学会会长王茹芹，北京商业经济学会会长王成荣，北京市社科联党组成员、副主席、北京市社科规划办副主任荣大力，北京教科院副院长桑锦龙等政府、企业、学界等各界人员210余人，以及北京财贸职业学院200余位教师参会，翠微、吴裕泰、超市发、红桥等多家商业企业选派管理团队莅临学习交流。北京市商务局局长闫立刚做主旨报告，特邀国家发改委服务业咨询委员会委员、中华全国商业信息中心原主任王耀，中国社科评价研究院院长荆林波，盛景网联高级合伙人、富基创始人颜艳春，腾讯研究院高级研究员闫德利，京东大数据研究院首席数据官刘晖，北京联合大学教授张艳等多位行业大咖和知名学者做主题演讲。北京财贸职业学院5位教师代表在会上分享了学校专业研究成果。

（北京财贸职业学院供稿）

2020 金融街论坛年会　10月21—23日，以“全球变局下的金融合作与变革”为主题的2020金融街论坛年会在北京召开。论坛围绕“全球变局下的金融合作与变革”的主题，与会人员共话金融高质量发展。本届金融街论坛年会由北京市人民政府、中国人民银行、新华社、中国银保监会、中国证监会和国家外汇管理局共同主办。年会围绕“金融合作与变革”“金融服务与发展”“金融开放与市场”“金融科技与创新”举行平行论坛。

清华大学五道口金融学院为论坛年会的唯一学术支持单位，并承办其中“全球经济变局与未来”“后疫情时期的经济恢复与重建”两场平行论坛议题及“金融助力科创中心建设”闭门研讨会。

（清华大学供稿）

中国国际发展知识中心交流对话沙龙暨中国民营企业发展对话会　10月22日，中国国际发展知识中心交流对话沙龙暨中国民营企业发展对话会在北京举行。国务院发展研究中心党组书记、中国国际发展知识中心主任马建堂出席，亚布力中国企业家论坛主席田源出席对话会并做总结发言。本次对话会旨在通过中国代表性民营企业的现身说法，有针对性地消除国际上对中国发展成就存在的相关误解。第一财经研究院院长杨燕青主持对话会，联想集团副总裁阿不力克木·阿不力米提、中国飞鹤有限公司副总裁魏静和广东华铁通达高铁装备股份有限公司副董事长王承卫分别介绍企业发展历程、分享经验，部分驻华使领馆、在华多双边机构代表和专家学者参与讨论。

（国务院发展研究中心供稿）

双循环与新发展格局研讨会　10月22日，由对外经济贸易大学国家开放研究院、中国开放经济与国际科技合作战略研究中心（教育部战略研究培育基地）、国际经济研究院和万里智库联合主办的双循环与新发展格局研讨会在对外经济贸易大学召开。来自中央党校、对外经济贸易大学、南开大学、同济大学、国务院发展研究中心、国家发改委对外经济研究所、中国社会科学院、全国工商联、中国国际贸易学会、中国WTO研究会、察哈尔学会、品牌中国战略规划院、民生银行、民生银行研究院等的60多名专家学者出席会议，会议采取线上与线下相结合的方式。

与会者认为，面对复杂的外部环境和经济社会发展形势，构建国内国际双循环相互促进的新发展格局，是当前中国经济高质量发展的现实选择。应积极发挥市场决定性作用，促进国内经济循环，建设更高水平开放型经济新体制，深化国际合作，更加积极利用全球资源、全球市场，强化全球化运作本领，推动完善全球经济大循环。

（对外经济贸易大学供稿）

第四届中国定制经济高峰论坛　10月22—24日，2020第四届中国定制经济高峰论坛以线上形式召开。论坛主题为“文化消费与可持续发展”，主办方为北京服装学院中国生活方式设计研究院、中国商业经济学会定制经济分会和北京工艺美术学会。本届论坛包括校长学术论坛、艺术大师讲座和名企圆桌峰会三大板块。从专业角度剖析当前形势下行业发展态势，围绕企业合作文化交流，实时分享技艺产业化与艺术文化，以学术分享和产业交流展现文化消费与可持续发展现状。论坛邀请高校校长、艺术大师、行业专家，在引领、创新和实践中开展深度思想碰撞，多角度探讨解读定制经济带来的生活方式的变化和新的商业模式的快速发展。

（北京服装学院供稿）

2020年中日物流论坛　10月24日，北京物资学院校庆系列活动——2020年中日物流论坛在北京物资学院举行。论坛由北京物资学院主办，采取线上演讲+线下参会模式。论坛邀请日本流通经济大学流通与物流系统专业的3名教授，日通国际物流（中国）有限公司网络事业本部总经理兼陆运事业开发部长、日通国际物流（中国）有限公司东亚地区事业支援本部人力资源中心总经理担任线上嘉宾。北京物资学院物流学院领导及近百名师生线下参会。本次论坛对后疫情时代物流需求、物流企业、消费者物流、铁路物流、航空物流等物流问题进行探讨，也为国内和国际物流的发展新动向及如何畅通国内国际双循环提供了新的视角和思路。

（北京物资学院供稿）

《经济研究》创刊65周年·《经济学动态》创刊60周年学术研讨会　10月24日，由中国社会科学院经济研究所主办，经济研究杂志社和经济学动态杂志社承办，中国社会科学出版社协办的“后疫情时期的经济高质量发展：面向2025年的中国经济——《经济研究》创刊65周年·《经济学动态》创刊60周年学术研讨会”在北京举办。

会议以线下线上结合、同步进行的方式举行，200余位各界人士参会。

第一单元中国社会科学院副院长、学部委员蔡昉，中国社会科学院副院长、学部委员高培勇，中国社会科学院经济研究所原所长、学部委员张卓元，中国社会科学院经济研究所原副所长冒天启先后发言。

第二单元中国社会科学院经济研究所党委副书记、副所长朱恒鹏主持，国务院发展研究中心党组书记、副主任马建堂，国家高端智库中国（深圳）综合开发研究院院长樊纲，中国人民大学校长刘伟先后发表主旨演讲。

第三单元圆桌论坛，中国宏观经济研究院教授常修泽，清华大学中国经济思想与实践研究院院长李稻葵，中国社会科学院经济研究所原所长裴长洪，中国社会科学院农村发展研究所所长魏后凯，中国社会科学院人口与劳动经济研究所所长张车伟，中国社会科学院金融研究所所长张晓晶，中国社会科学院农村发展研究所原所长、学部委员张晓山先后发言。

第四单元圆桌论坛以“中国特色经济学的知识体系与学科发展”为主题，南京大学长江三角洲经济社会发展研究中心主任范从来，北京大学社会科学部部长龚六堂，中央民族大学原校长黄泰岩，中山大学副校长李善民，中国社会科学院工业经济研究所原所长、学部委员吕政，南开大学原副校长佟家栋，中央财经大学校长王瑶琪先后发言。

第五单元由“习近平新时代中国特色社会主义经济思想研究”“‘十四五’时期中国经济高质量发展”“后疫情时期的世界经济展望与发展战略”“建设现代化经济体系的理论及重大问题”“数字经济与人工智能的经济学前沿问题”“经济增长潜力、新动能的理论和政策”“收入分配与共享发展”“期刊匿名审稿人座谈会”“期刊同人座谈会”“期刊老干部座谈会”10个主题论坛组成。

（中国社会科学院供稿）

“中国企业创新与发展：数字赋能与网络创新”学术研讨会　10月25日，中国企业创新与发展：数字赋能与网络创新学术研讨会在对外经济贸易大学召开。会议以线上形式举办，由对外经济贸易大学主办、对外经济贸易大学国际商学院承办，支持单位为管理世界杂志社、经济与管理研究杂志社和技术经济杂志社。数字创新、网络研究领域的优秀国内外学者参会，线上参会人数近100人。会议开幕式由对外经济贸易大学国际商学院副院长邢小强主持，对外经济贸易大学党委书记蒋庆哲致辞。会议研讨主题为：在严峻的国际市场环境下，中国企业寻求新的发展模式，数字技术和网络创新推动中国企业创新与发展的积极作用。研讨会分为上午和下午两场，主题分别是“数字赋能与创新”和“数字化建设与能力”。

（对外经济贸易大学供稿）

第十四届中国经济增长与周期高峰论坛（2020）　10月31日，第十四届中国经济增长与周期高峰论坛（2020）暨中国城市生活质量指数发布会在首都经济贸易大学举行。论坛主题为“包容性增长与宏观稳定”，由中国社会科学院经济研究所、首都经济贸易大学经济学院、云南财经大学经济学院等单位联合主办，由经济研究杂志社、经济学动态杂志社、首都经济贸易大学经济学院、云南财经大学经济学院等单位承办。来自中国社会科学院、国务院发展研究中心、中国人民大学、南京大学、北京师范大学、云南财经大学、北京工商大学、北京物资学院等国内多所高校、研究机构的百余名专家学者通过线上、线下的形式参加会议。会议围绕中国经济如何实现包容性增长、新发展格局如何形成、内循环如何实现等现阶段中国经济社会发展的重要问题展开讨论。

中国社会科学院经济研究所研究员张自然以“中国经济增长报告2020：面向2035年的高质量发展”为题发布宏观经济蓝皮书《中国经济增长报告（2019—2020）》。首都经济贸易大学经济学院副院长赵家章以“健康医疗稳中有升，消费信心有待提振”为题，发布2020年中国城市生活质量指数。南京大学商学院院长沈坤荣做题为“‘十四五’时期以构建新发展格局为主轴　推动经济高质量发展”的主题演讲。国务院发展研究中心研究员刘培林做题为“新发展格局：疑问与体会”的主题演讲。云南财经大学首席教授、经济学院院长陈昆亭做题为“从‘大分流’到‘大合流’：长期经济增长问题思考”的主题演讲。中国人民大学国家经济学教材建设重点研究基地执行主任陈彦斌做题为“宏观政策三策合一应对中国经济增长困境”的主题演讲。中国人民大学经济学院教授杨瑞龙做题为“切实疏通内循环的‘堵点’”的主题演讲。

“包容性增长与科技创新”“包容性增长与货币政策”“包容性增长与企业发展”“包容性增长与劳动力市场”“包容性增长与国家治理”“包容性增长与金融发展”“包容性增长与可持续发展”共7个分论坛同时在线上进行。

（中国社会科学院供稿）

2020技术创新与战略管理秋季论坛　10月31日，2020技术创新与战略管理秋季论坛在北京召开。论坛由中国社会科学院技术创新与战略管理研究中心主办，主题为技术创新驱动“双循环”稳保经济新发展大局。

与会人员围绕论坛主题，紧密结合当前国际、国内形势，就技术创新在体制机制、模式路径、国内外先进经验及实践探索展开交流。来自中国社会科学院、国家发改委、水利部发展研究中心、中国农村技术开发中心、中国长城研究院、北京交通大学、北京工业大学等单位的专家学者以及部分企业代表30余人出席会议。

（中国社会科学院供稿）

新时代税收改革与发展学术研讨会　10月31日，由首都经济贸易大学、中央财经大学、《经济研究》杂志社、国家税务总局税务干部学院联合主办的“新时代税收改革与发展”学术研讨会在国家税务总局税务干部学院召开。来自首都经济贸易大学、中央财经大学、复旦大学、浙江大学、南开大学、西南财经大学、东北财经大学、江西财经大学等国内多所高校和国家税务总局科研所、《中国税务》杂志社以及各地税务部门的50余位专家学者应邀参会。国家税务总局税务干部学院领导、教学科研部门教师、在校参训的全国税务系统中青年处级领导干部调训班全体学员参会。

国家税务总局税务干部学院院长曾光辉，中央财经大学副校长马海涛，《经济研究》杂志社副主任谢谦，东北财经大学马国强教授，《中国税务》杂志社总编辑李万甫，上海财经大学胡怡建教授，国家税务总局税务干部学院副院长辛连珠、张景华研究员，浙江大学经济学院副院长方红生与首都经济贸易大学校长助理樊勇先后进行主旨发言。樊勇做题为《第三方信息报告制度（CRS）、税收遵从与国际税收竞争》的主题报告。

（首都经济贸易大学供稿）

第十七届中国金融学年会　10月31日—11月1日，由首都经济贸易大学和中国金融学年会理事会联合主办、首都经济贸易大学金融学院承办的第十七届中国金融学年会在首都经济贸易大学召开。会议采用“线下+线上”相结合的方式进行。中国金融学年会理事、各主要财经高校经济金融学院院长、资深教授、知名期刊主编共130余人参加线下主论坛。线上会议共收到全球各地论文投稿641篇，其中287篇与会交流。线上会议设有平行分会场70场，近400位经济金融学者参与线上论文汇报、点评，在线观看视频直播总人数61075人。

中国金融学会年会秘书长、厦门大学管理学院特聘教授郑振龙基于疫情引发对资产定价、市场情绪产生的极端冲击，提出了对金融创新、金融安全的思考和看法。十三届全国政协常委、经济委员会主任尚福林、清华大学国家金融研究院院长、IMF前副总裁朱民围绕中国金融发展做主旨演讲，2013年诺贝尔经济学奖获得者、芝加哥大学教授拉尔斯·彼得·汉森就“投资者信念的稳健识别”做主旨演讲。

（首都经济贸易大学供稿）

面向未来的税收征管学术研讨会　11月4日，“面向未来的税收征管学术研讨暨成果发布会”在中国社会科学院财经战略研究院举行。研讨会邀请中国税务学会、北京大学、中国政法大学、武汉大学、首都经济贸易大学、北京金诚同达律师事务所、上海左券律师事务所、金杜（上海）律师事务所等专家、学者参与，涵盖经济学、法学及实务界等领域。

中国社会科学院财经战略研究院副研究员、中国社会科学院（财政税收研究中心）财税法案例研究中心主任滕祥志担任主讲嘉宾，介绍税收征管修改的具体建议。与会嘉宾原扬州税务学院院长暨中国税务学会第四学部召集人涂龙力、北京大学法学院教授刘剑文、中国政法大学民商经济法学院教授施正文、中国人民大学法学院教授朱大旗、新疆大学法学院院长暨武汉大学法学院教授熊伟、首都经济贸易大学法学院教授周序中、北京金诚同达律师事务所高级合伙人律师王朝晖、上海左券律师事务所高级合伙人律师严锡忠、金杜（上海）律师事务所合伙人律师叶永青等分别从不同角度围绕会议主题进行学术研讨。

（中国社会科学院供稿）

经济双循环发展格局下木材产业转型升级高端研讨会 11月8日，由北京林业大学经济管理学院、中国林业产业联合会、中国林产工业协会主办，国家林业和草原局“一带一路”林草经贸国际合作中心、国家林业和草原局木材安全国家创新联盟、中国林业经济学会林产品贸易专业委员会协办的“经济双循环发展格局下木材产业转型升级高端研讨会暨《2020涉林上市公司综合业绩分析报告》发布会”在北京举办。来自国家林业和草原局、国家发改委、国务院发展研究中心、中国社会科学院、中国林业产业联合会、中国林产工业协会、中国林业科学研究院、北京林业大学经管学院等单位的专家学者，以及多家新闻媒体通过现场会议和直播平台参与本次发布会。会议包括开幕式、主旨报告和专家主题研讨3个环节，多位专家学者围绕经济双循环新发展格局、木材产业发展方向与趋势、木材产业发展政策、涉林企业发展路径等主题展开交流分享和深度解读。

（北京林业大学供稿）

首届国有经济研究峰会 11月11日，中国社会科学院和国务院国资委在京签署战略合作框架协议，联合成立中国社会科学院国有经济研究智库，举办首届国有经济研究峰会。中国社会科学院院长谢伏瞻和国务院国资委主任、党委书记郝鹏出席会议并讲话，中国社会科学院副院长、党组成员高培勇主持成立仪式，国务院国资委副主任翁杰明、秘书长彭华岗出席会议。中国社会科学院、国务院国资委和部分中央企业、地方国资委、行业协会130余人参加会议。

中国社会科学院经济研究所所长、国有经济研究智库理事、学术委员会执行委员、管理委员会主任黄群慧出席会议并做学术演讲。国务院国资委副主任翁杰明和中国社会科学院经济研究所所长黄群慧，中国人民大学校务委员会副主任杨瑞龙，中国政法大学商学院院长刘纪鹏，中国石油天然气集团有限公司董事长、党组书记戴厚良，中国国际工程咨询有限公司董事长、党委书记王安，中国企业改革与发展研究会会长宋志平，先后做主旨发言。彭华岗主持峰会并发布2019年度优秀课题成果和2020—2021年度重点课题。

（中国社会科学院供稿）

中国发展高层论坛2020年年会 11月11—13日，由国务院发展研究中心主办、中国发展研究基金会承办的中国发展高层论坛2020年年会在北京举行。中共中央政治局常委、国务院副总理韩正出席开幕式并致辞。本届论坛主席、国务院发展研究中心党组书记马建堂致欢迎词，本届论坛外方主席、IBM公司董事长罗睿兰致辞。全国政协人口资源环境委员会主任、中国发展研究基金会理事长李伟主持开幕式。

论坛包括“‘十四五’规划框架与2035年远景目标”“全球合作共抗疫情”“打造韧性金融体系”“构建国内国际双循环相互促进的新发展格局”“变局中的技术创新与合作”等专题单元。论坛采取线上线下同步举行，围绕“后疫情时代经济复苏与国际合作”这一主题，来自中国政府有关部门的领导、全球商界领袖、国际组织代表以及知名中外学者进行探讨。

（国务院发展研究中心供稿）

第四届区域金融与金融科技发展论坛 11月13日，北京工商大学经济学院与北京工商大学区域金融工程研究中心举行第四届区域金融与金融科技发展论坛暨北京工商大学数字金融研究中心成立大会。会议分为开幕式、主旨演讲、圆桌论坛、导师聘任与师生互动4个环节。北京工商大学金融学科带头人杨德勇和数字金融中心主任张正平为中心成立揭牌。张正平从数字金融（金融科技）冲击下金融业的巨变、数字金融（金融科技）人才市场的供求矛盾、兄弟院校数字金融（金融科技）人才培养的变革和成立数字金融（金融科技）研究中心应对挑战4个方面阐述成立数字金融（金融科技）研究中心的意义。

（北京工商大学供稿）

“亚洲经济自由化、全球价值链和‘一带一路’建设”国际学术研讨会 11月13—14日，中央财经大学国际经济与贸易学院与澳大利亚阿德莱德大学国际贸易研究所联合举办主题为“亚洲经济自由化、全球价值链和‘一带一路’建设”的国际学术研讨会。

中央财经大学国际经济与贸易学院院长张晓涛，阿德莱德大学国际贸易研究所所长 Draper 教授分别致辞。来自中央财经大学会场、阿德莱德大学会场、新疆财经大学会场以及线上参与的国内外专家学者近 200 人，围绕国际专利合作、全球价值链嵌入、中国企业出口及对“一带一路”国家投资等问题进行交流和探讨。

（中央财经大学供稿）

“T20 与智库合作：北京和利雅德”双边视频研讨会　11 月 17 日，中国社会科学院世界经济与政治研究所、中国社会科学院国家全球战略智库邀请 2020 年 T20 主办智库——沙特阿拉伯阿卜杜拉国王石油研究中心（KAPSARC）举办“T20 与智库合作：北京和利雅德”双边视频研讨会。

会议是 2020 年 G20 的配套活动，中国社会科学院世界经济与政治研究所所长、国家全球战略智库首席专家张宇燕，沙特阿拉伯阿卜杜拉国王石油研究中心主席 Adam Sieminski 分别致辞。双方就气候变化、循环碳经济、全球治理及未来进一步的合作等问题进行交流。

（中国社会科学院供稿）

中越经贸投资合作线上研讨会　11 月 17 日，国务院发展研究中心、中共中央对外联络部、越共中央经济部、越共中央对外部联合举办“后疫情时代中越经贸投资合作线上研讨会”，这是双方建立合作关系以来第一次线上视频会议。国务院发展研究中心党组书记马建堂、越共中央经济部常务副部长高德发出席会议并在开幕式致辞，中共中央对外联络部副部长王亚军、越共中央对外部副部长阮孟强出席会议并致闭幕词，越南农业与农村发展部副部长黎国营、中国驻越南大使熊波、越南驻华大使范星梅出席会议，来自国务院发展研究中心、中共中央对外联络部、农业农村部，越共中央经济部、越南工贸部、农业与农村发展部、计划投资部的代表参会。双方围绕“加强中越经贸投资特别是农产品贸易合作”和“后疫情时代全球产业链分工下的中越合作”等议题进行交流。

（国务院发展研究中心供稿）

第四届中国新三板年度风云榜暨资本市场深化改革论坛　11 月 18 日，由北京工商大学商学院与中国中小企业协会、中国投资协会联合主办的第四届中国新三板年度风云榜暨资本市场深化改革论坛在北京举行。论坛由商学院投资者保护研究中心、证券资讯频道《聚焦新三板》、中华创投家同学会、长三角资本市场服务基地、中国资本市场 50 人论坛、广东股权交易中心联合协办，北京华财会计股份有限公司承办。全国股转公司市场发展部总监孟浩、中国中小企业协会专职副会长马彬、中国证监会北京证监局原副局长姚万义等领导出席论坛并发言。

本次论坛设北京主会场，上海和广州分会场，采用三地会场线下现场参与、线上连线、在线直播多种方式联合举行。三地监管部门、股转公司、投资机构、服务机构、挂牌企业、行业协会、科研院所等机构到场人员近 500 人，当日线上直播观看量超过 5 万人次。会议分别以“新征程、新担当、新价值、新财富——多层次资本市场的机遇与挑战”和“完善公司治理规则体系，赋能中小企业高质量发展”为主题举办圆桌论坛，并通过连线上海、广州分会场进行实时交流互动。新三板相关投资机构、研究机构、经济学家、财经媒体等专家人士就中国多层次资本市场、新三板治理、投资者保护、中小企业融资及高质量发展等焦点问题展开巅峰对话。本次会议同时发布中国新三板公司投资者保护指数 2020 和中国上市公司投资者保护指数 2020。

（北京工商大学供稿）

国有企业改革与发展论坛　11 月 21 日，国有企业改革与发展论坛在清华大学经济管理学院举办。论坛由清华大学经济管理学院主办，《管理世界》《经济学报》提供学术支持，清华大学中国现代国有企业研究院、北京水木现代国有企业研究院和清华大学国有资产管理研究院共同承办。北京市国资委一级巡视员翟贤军，清华大学经济管理学院院长、清华大学中国现代国有企业研究院院长白重恩，《管理世界》杂志社社长李志军，中国企业改革与发展研究会副会长周放生，中国石油化工集团原董事长、党组书记傅成玉，以及来自清华大学、北京大学、中国社会科学院等 10 余所高校院所的 30 余位青年学者参加论坛。分论坛环节中，与会的专家学者分别就“国有企业与经济发展”“国有企业混合所有制改革”“国有企业治理与管理”“国有资本与资本市场”4 个主题进行讨论和交流。论坛采用线上与线下相结合的形式召开，共计 400 余人参加。

（清华大学供稿）

第十二届中国经济前瞻专题论坛 11月21日，由国务院发展研究中心、中国扶贫基金会共同指导，中国经济时报社、国研经济研究院主办的第十二届中国经济前瞻论坛专题论坛——2020金融扶贫及创新峰会在北京举行。国务院发展研究中心党组成员、副主任（正部长级）王安顺出席开幕式并致辞，全国政协常委、人口资源环境委员会主任李伟，中国扶贫基金会理事长郑文凯分别做主旨演讲，国务院发展研究中心党组成员余斌主持开幕式。

在“金融扶贫及创新互动论坛”上，国务院发展研究中心金融所原所长张承惠，中国人民银行办公厅原副主任肖乾珠，国家发改委产业经济与技术经济研究所副所长姜长云，肇庆农商银行党委书记、董事长黄东奇就金融扶贫模式与创新探索进行探讨。峰会发布《2020中国农村金融扶贫及创新调研报告》以及金融高质量发展及精准扶贫创新案例等。共有来自各省、区、市百余家农商银行、农信联社代表近200人参加本次峰会。

（国务院发展研究中心供稿）

中国国际金融30人论坛（二届）研讨会 11月21日，由中国国际金融30人论坛与对外经济贸易大学联合主办、中国社会科学院世界经济与政治研究所国际金融中心协办的第二届研讨会在对外经济贸易大学举行。来自学界、业界的知名专家学者和对外经济贸易大学师生100余人参加会议。对外经济贸易大学副校长吴卫星主持开幕式。

本次研讨会的主题是“全球金融治理：机遇与挑战”。对外经济贸易大学校长夏文斌，十三届全国政协常委、经济委员会主任、原中国银监会主席尚福林出席开幕式并致辞。中国社会科学院学部委员、上海发展研究基金会学术委员会主席余永定先生通过远程视频就“双循环与中国国际收支头寸”做主旨演讲。与会人员就“全球金融治理现状：特征和问题”、“多边主义和多元储备体系：前景和途径”和“我国金融开放：意义和风险”3个议题进行交流和研讨。

（对外经济贸易大学供稿）

中国社会科学院产业与区域发展智库论坛暨学习贯彻十九届五中全会精神研讨会 11月21日，中国社会科学院工业经济研究所产业与区域发展智库主办的“中国社会科学院产业与区域发展智库论坛暨学习贯彻十九届五中全会精神研讨会”在北京举行。中国社会科学院党组成员、当代中国研究所所长姜辉，中国社会科学院工业经济研究所所长史丹出席会议并致辞。

中国企业联合会常务副会长兼理事长朱宏任、中国国际经济交流中心副理事长王一鸣分别发表主旨演讲。工业和信息化部运行监测协调局副局长鲁成军、科学技术部成果转化与区域司副司长黄圣彪、北京市社会科学院副院长赵弘、中国人民大学经济学院党委书记兼院长刘守英、北京大学经济学院副院长张辉等分别发表主题演讲。

（中国社会科学院供稿）

第八届运输与时空经济论坛国际会议 11月21—22日，北京交通大学经济管理学院主办，首都高端智库“北京交通大学北京综合交通发展研究院”、中国铁道学会、中国技术经济学会、中国公路学会、北京市哲学社会科学北京交通发展研究基地合办，国家社科重大项目、高德地图协办的第八届“运输与时空经济论坛”国际会议在北京召开，主题为“后疫情时代交通运输与经济社会高质量发展”。中国工程院院士、原铁道部部长傅志寰，交通运输部科学研究院副院长、总工程师王先进，中国公路学会副理事长兼秘书长刘文杰，北京交通委员会交通综合治理处副处长周天，北京交通大学人文社会科处长毕颖，北京交通大学经济管理学院院长张秋生、教授荣朝和、赵坚、林晓言、欧国立等出席会议。

北京公交集团、中国科学院地理科学与资源研究所、北京市地铁运营有限公司、哈啰出行、中外运长航集团、首都机场集团、铁道经济规划研究院、高德地图等单位约130位与会专家和学者围绕疫情背景下的城市群地区高速公路出行模式与经济社会空间组织、共享单车出行、城市交通发展、民航业发展等进行主题发言和研讨。

（北京交通大学供稿）

中国财政投融资2020年会 11月22日，中央财经大学主办的“中国财政投融资2020年会”在北京举行。中央财经大学副校长马海涛，中证鹏元资信评估股份有限公司董事长张剑文，中国财政学会投融资研究专业委员会主任王朝才分别致辞。中国社会科学院副院长高培勇、国家发展和改革委员会财政金融司司长陈洪宛、中国宏观经济研究院研究员杨萍、北京市发展和改革委员会投资处处长李晓涛、济邦咨询公司董事长张燎、国务院发展研究中心宏观部副部长冯俏彬、中国社会科学院财经战略研究院副院长杨志勇、中国财政科学院金融研究中心主任赵全厚、中国人民大学公共管理学院教授许光建、首都经济贸易大学财税学院院长李红霞等进行主题演讲。

来自国家发改委、国务院发展研究中心、北京发改委、中国社会科学院、中国宏观经济研究院、中国财政科学研究院、中国财政学会、中国人民大学、中央财经大学、东北财经大学、首都经济贸易大学、中证鹏元资信评估股份有限公司、《财政研究》编辑部等的专家学者共80余人参加年会。

（中央财经大学供稿）

拜登上台与中美及中欧经贸关系发展研讨会　11月22日，由教育部战略研究（培育）基地-对外经济贸易大学中国开放经济与国际科技合作战略研究中心主办的“拜登上台与中美及中欧经贸关系发展研讨会”在对外经济贸易大学召开。

中国WTO研究会副会长霍建国研究员、中央党校经济学部副主任许正中、中国现代国际关系研究院副院长冯仲平、国务院发展研究中心对外经济研究部二级巡视员胡江云、国家发改委对外经济研究所所长叶辅靖、中国现代国际关系研究院院长助理及美国研究所所长王鸿刚等20名专家学者和企业家出席了会议。会议围绕拜登入主白宫后的变与不变、拜登主义、拜登经济学、拜登中国观与国际观、拜登上台后对中美及中欧贸易关系的影响及对策等问题进行讨论。

（对外经济贸易大学供稿）

中韩产业论坛　11月24日，中国社会科学院工业经济研究所主持召开主题为“后疫情时代产业环境变化和中韩产业合作”的中韩产业论坛。中国社会科学院工业经济研究所所长史丹、韩国产业研究院首席代表朴载坤等专家学者10余人在工业经济研究所出席会议。韩国产业研究院代表在韩国世宗市通过视频会议的形式参会。

中国社会科学院工业经济研究所所长史丹和韩国产业研究院张志祥院长分别致辞。韩国产业研究院高级研究员金啓焕报告的题目为“亚洲价值链重组和中韩合作”。中国社会科学院工业经济研究所研究员贺俊报告的题目为“面向‘制造强国’的中国制造业战略调整及中韩合作”，副研究员邓洲报告的题目为“疫情下中国制造业发展趋势和中韩合作展望”。韩国产业研究院东北亚产业室室长金东洙报告的题目为“数字经济时代中韩竞争和合作”。

（中国社会科学院供稿）

2020年气候变化绿皮书发布会暨绿色低碳发展高峰论坛　11月27日，由中国社会科学院生态文明研究所、中国气象局国家气候中心和社会科学文献出版社共同主办的“2020年气候变化绿皮书发布会暨绿色低碳发展高峰论坛”在北京召开。会上发布中国社会科学院-中国气象局气候变化经济学模拟联合实验室组织编写的第十二部气候变化绿皮书——《应对气候变化报告2020：提升气候行动力》。绿皮书编写团队、编辑团队，特邀嘉宾以及来自中央电视台、《光明日报》、中新社、中国国际广播电台、《科技日报》、央广网等20多家媒体代表共50余人参加会议。

绿皮书发布会由中国社会科学院生态文明研究所张永生所长主持。中国社会科学院副院长蔡昉代表绿皮书联合主编谢伏瞻院长到会祝贺并致辞。中国气象局宇如聪副局长代表绿皮书联合主编刘雅鸣局长在会上致辞。绿皮书副主编中国社会科学院生态文明研究所研究员陈迎、国家气候中心副主任巢清尘概括介绍了绿皮书的主要内容。绿色低碳发展高峰论坛由国家气候中心宋连春主任主持。会议还就气候变化经济学学科建设、低碳技术发展潜力以及如何推动国际气候治理合作等问题展开交流和讨论。

（中国社会科学院供稿）

第三届应用经济学高端前沿论坛　11月27—28日，由对外经济贸易大学国际经济贸易学院和中国工业经济杂志社、中国工业经济学会国际市场与投资专业委员会联合主办的第三届应用经济学高端前沿论坛暨“新发展格局下中国应用经济学的使命与任务”研讨会在北京召开。中国社会科学院副院长、党组成员蔡昉，中国社会科学院工业经济研究所所长、《中国工业经济》主编史丹，中国社会科学院工业经济研究所副所长、《中国工业经济》副主编张其仔，对外经济贸易大学副校长王强、王敬波出席会议。中国人民大学应用经济学院院长郑新业及对外经济贸易大学科研处、国际经济贸易学院领导出席现场开幕式。武汉大学经济与管理学院院长宋敏以及来自全国高等院校和科研院所的1000余位专家学者线上参加开幕式及专题论坛。

主题演讲环节，蔡昉、史丹、王强、宋敏、郑新业分别做题为“应用经济学研究如何体现以人民为中心”“以推动新型工业化打牢实体经济基础”“中国产业经济学发展与展望”“政府环境规制能促进企业绿色创新吗?”“授人以鱼还是授人以渔?——基于贫困人口微观追踪数据的研究”的主题演讲。共举行11个线上平行分论坛，讨论聚焦“精准扶贫”“制度性交易成本”“数字金融”“生态经济”等多个经济学前沿领域。

（对外经济贸易大学供稿）

第十八届金融系统工程与风险管理年会 11月27—29日，由中国系统工程学会金融系统工程专业委员会、对外经济贸易大学、新疆财经大学共同主办，对外经济贸易大学金融学院与新疆财经大学金融学院联合承办的“第十八届金融系统工程与风险管理年会”在北京举行。来自全国各高校和研究机构的著名专家、知名学者、师生300余人参加年会。本次年会荣誉主席、中国科学院大学经济与管理学院院长汪寿阳，本次年会荣誉主席、天津大学管理与经济学部教授张维，中国系统工程学会理事长杨晓光，国家自然科学基金委员会管理科学部副主任刘作仪，对外经济贸易大学党委常委、副校长吴卫星，金融系统工程专业委员会首创委员黎建强，本次年会主席、中国系统工程学会金融系统工程专业委员会主任熊熊教授等出席年会。

年会共设5场大会报告、15场特邀报告、2个圆桌论坛、28场分组报告，围绕金融科技、金融创新与区块链、数字货币、大数据与互联网金融、计算金融、资产定价、家庭金融、行为金融、公司金融、金融风险管理、资产证券化、市场微观结构、投资组合管理和新冠肺炎疫情等公共卫生事件的应对、治理及对金融市场的影响、金融工程人才培养、高水平期刊发表等议题和主题展开。汪寿阳、张维、杨晓光、刘作仪、吴卫星分别做“再谈金融系统工程”“社交媒体和资本市场”“债券市场、政府影响与市场化改革”“科学基金改革与管理科学部资助工作”“The Chinese Collectibles Bubble”5个大会报告。年会评选出22篇优秀论文。

（对外经济贸易大学供稿）

2020技术创新与战略管理新基建论坛 11月28日，“2020技术创新与战略管理新基建论坛”在北京召开。论坛由中国社会科学院数量经济与技术经济研究所代管的中国社会科学院技术创新与战略管理研究中心主办。论坛主题是“新基建畅通双循环，助力新时期高质量发展”。来自中国社会科学院、国家信息中心、华北电力大学、中国科学院、东北财经大学等单位的20余位专家、学者以及部分企业代表出席会议。论坛由中国社会科学院数量经济与技术经济研究所大数据与经济模型研究室主任、中心副主任李群主持。与会专家、学者围绕新基建的概念、特征、模式，以及推进过程中遇到的问题和未来前景等内容展开探讨。

（中国社会科学院供稿）

“全球化、数字化与国际税收改革”国际研讨会 11月28日，由中央财经大学财政税务学院主办的“全球化、数字化与国际税收改革”国际研讨会举办。中央财经大学副校长马海涛，国家税务总局国际司司长蒙玉英与会致辞。来自英国牛津大学、美国杜克大学、美国纽约大学、加拿大约克大学、英国兰卡斯特大学、荷兰莱顿大学、维也纳经济大学、复旦大学、厦门大学等国内外20余位国际税收专家学者围绕国际税收变革迷局，全球化、数字化与国际税收治理，国际税收的挑战与未来等展开讨论。与会学者充分肯定了在全球化与数字化背景下开展国际税收规则讨论对于促进国际税收治理与国际合作的重要意义。

（中央财经大学供稿）

RCEP与亚太经济合作国际会议 11月28日，中国社会科学院世界经济与政治研究所、中国社会科学院国家全球战略智库与辽宁大学联合举办“RCEP与亚太经济合作国际会议”。会议由辽宁大学国际经济政治学院与中国社会科学院世界经济与政治研究所国际贸易研究室共同承办。研讨会采取远程会议的方式，辽宁大学校长潘一山、中国社会科学院世界经济与政治研究所副所长冯维江出席开幕式并致辞。

会议设有“RCEP与世界贸易体系”“RCEP与亚太区域合作”“RCEP与中国经济发展”3个议题，分别由中国社会科学院世界经济与政治研究所《世界经济》编辑部主任毛日昇、中国社会科学院世界经济与政治研究所国际金融中心主任高海红和辽宁大学国际经济政治学院院长刘文革主持讨论。来自中国社会科学院、辽宁大学、南开大学、中国人民大学、中央财经大学、中国农业大学、澳门科技大学，及美国布兰迪斯大学、美国伊利诺伊州立大学、韩国国际经济政策研究所、日本亚洲经济研究所、澳大利亚阿德莱德大学、日本拓殖大学等科研机构的 20 余位国内外知名专家学者参会。众多国内外院校师生以在线方式参与讨论交流，参会人数 300 余人。

（中国社会科学院供稿）

第五届中英发展论坛 12 月 1—2 日，由国务院发展研究中心与英国外交、联邦事务及发展部联合主办，中国国际发展知识中心承办的第五届“中英发展论坛——新冠肺炎疫情应对与经济韧性复苏”在线上举行。来自中国和英国政府部门、研究机构的 50 余名高级官员和知名学者出席论坛，就支持发展中国家应对疫情的全球举措、各国应对疫情的经验与启示、可持续发展理念主导的经济复苏、全球经济复苏和有韧性的经济体系 4 个议题进行研讨。

国务院发展研究中心副主任、中国国际发展知识中心第一副主任张来明出席论坛开幕式并致辞，全国政协经济委员会副主任、国务院发展研究中心原副主任刘世锦就可持续发展理念主导的经济复苏议题做主旨演讲，中国国际发展知识中心常务副主任贡森主持各国应对疫情的经验与启示议题的讨论并做论坛总结发言。英国驻华大使吴若兰，英国外交、联邦事务及发展部印太局局长珍妮·贝茨，英国外交、联邦事务及发展部首席科学顾问夏洛特·华兹，牛津大学布拉瓦尼克政府学院院长林奈莉，英国国际发展研究院院长梅丽莎·利奇等英国政府官员和知名学者出席论坛并发言。中国社会科学院学部委员余永定、清华大学苏世民书院院长薛澜、中国疾控中心流行病学首席专家吴尊友、北京大学中国卫生经济研究中心主任刘国恩、清华大学理学院院长宫鹏、北京大学国际关系学院副院长张海滨出席论坛并发言。来自外交部、财政部、商务部、国家卫建委等部委的代表在线参加论坛研讨。

（国务院发展研究中心供稿）

新时代学术期刊创新发展研讨会暨《经济思想史学刊》办刊座谈会 12 月 3 日，由中国社会科学院经济研究所主办的新时代学术期刊创新发展研讨会暨《经济思想史学刊》办刊座谈会在北京举行。会议旨在贯彻落实党的十九届五中全会精神和《中共中央关于制定国民经济和社会发展第十四个五年规划和二〇三五年远景目标的建议》要求，集中围绕推动新时代学术期刊创新与高质量发展和办好《经济思想史学刊》进行交流与探讨。中国社会科学院经济研究所所长黄群慧在会上致辞。中国社会科学院经济研究所副所长胡乐明主持会议并发言。中国社会科学院期刊主管部门、出版社和《财贸经济》、《城市与环境研究》、《金融评论》、《经济学动态》、《经济学家茶座》、《经济研究》、《世界经济》、《数量经济与技术经济》、《中国工业经济》、《中国经济史研究》、《中国经济学人》（英文版）11 种经济学学术期刊的代表出席座谈会。

（中国社会科学院供稿）

“十四五”时期全球与中国经济展望与对策研讨会 12 月 3 日，《国际经济评论》编辑部、中国世界经济学会联合组织“‘十四五’时期全球与中国经济展望与对策”研讨会。与会学者围绕全球经济和中国经济的重大关注问题，从新冠肺炎疫情的宏微观影响，疫情后的全球经济前景、“十四五”时期中国经济的政策重点等诸多方面进行研讨。

中国社会科学院世界经济与政治研究所所长、中国世界经济学会会长张宇燕致辞。中金公司董事总经理黄海洲以“全球疫情退却，全球经济复苏，中美市场联动”为题发言。中银国际证券总裁助理、首席经济学家徐高的发言围绕“疫情下半场、全球再循环”的主题展开。中国社会科学院工业经济研究所党委书记、副所长，中国社会科学院宏观经济研究中心主任李雪松围绕“‘十四五’时期中国经济展望与对策”发言。安信证券首席经济学家高善文分析了新冠肺炎疫情冲击对微观经济主体行为选择的 3 个影响机制。长江证券首席经济学家伍戈主要从“经济修复的后劲：整体风险提示以及 2021 年经济的波动性”的角度发言。圆桌讨论环节中，中国社会科学院世界经济与政治研究所党委书记、《国际经济评论》主编、中国世界经济学会秘书长姚枝仲，中国社会科学院世界经济与政治研究所国际投资研究室副主任高凌云，粤开证券研究院副院长、首席宏观研究员罗志恒等发言。

（中国社会科学院供稿）

第五届“一带一路”中巴科技与经济合作论坛 12 月 3 日，在中国科学技术协会、巴基斯坦科技部、中国驻巴基斯坦大使馆、巴基斯坦驻华大使馆的支持下，北京工商大学联合北京市科学技术协会、巴基斯坦科学基金会、巴基斯坦科技信息中心在北京举办第五届“一带一路”中巴科技与经济合作学术论坛。北京工商大学党委书记黄先开、巴基斯坦驻中国大使馆副大使阿曼德·法洛克、中国科协国际联络部副部长王庆林、北京市科学技术协会副主席刘晓勘、巴基斯坦科学基金会国际联络部部长阿森·弗洛兹出席论坛。市科协国际联络部、北京科学中心、北京科普发展中心、北京青少年科技中心、北京科学教育馆协会相关负责人，来自中国科技馆、北科院等合作单位代表，以及巴基斯坦驻中国大使馆科技和教育官员、使馆学校高中师生等60余人参加活动。

论坛上倡议发起中巴经济走廊科学传播合作网络，旨在构建中巴科学传播交流的信息共享平台、公益互助平台、学术交流平台和民心相通平台，推动中巴经济走廊建设高质量发展。作为合作网络的首发项目，北京科学中心及其“具象数学展”以“云端”方式走进巴基斯坦，向线上参会的巴基斯坦代表们进行导览和展示。

（北京工商大学供稿）

第九届期货与衍生品国际学术会议 12月4—5日，由北京航空航天大学、复旦大学主办，珠海复旦创新研究院承办的第九届期货与衍生品国际学术会议在线上召开。开幕式由珠海复旦创新研究院金融创新发展中心首席科学家、北京航空航天大学经济管理学院教授韩立岩主持。珠海复旦创新研究院执行院长、复旦大学微电子学院教授王俊宇，以及珠海复旦创新研究院金融创新发展中心主任、复旦大学斯坦福中国金融科技与安全研究院执行院长刘庆富分别致欢迎词。来自剑桥大学贾吉商学院、亚利桑那州立大学、坦普尔大学福克斯商学院、弗吉尼亚大学的专家做主题演讲。会议共举行12场次的分论坛，对遴选出的40余篇优秀论文进行研讨。来自40多所国内外高校及研究机构、期货行业的有关专家、学者、专业人士近200人参会。

（北京航空航天大学供稿）

中国应用经济学年会（2020） 12月4—5日，由中国人民大学主办的中国应用经济学年会（2020）在北京召开。年会主题是“‘十四五’时期中国经济”，围绕应用经济学科研究重点及发展方向、开放大国经济、经济高质量发展与财税体制改革、经济新格局与金融发展、数字经济与产业新业态等一系列重要问题展开研讨。中国人民大学财政金融学院、应用经济学院承办。国家发展和改革委员会副主任兼国家统计局局长、党组书记宁吉喆，教育部原副部长、中国职业技术教育学会会长鲁昕，中国社会科学院副院长、学部委员高培勇，中国人民大学副校长刘元春，中国人民大学原副校长、一级教授吴晓球，中南财经政法大学校长杨灿明，西南财经大学校长卓志，浙江财经大学校长钟晓敏，以及部分第七届、第八届应用经济学学科评议组成员，全国高校应用经济学学术带头人与青年学者代表，中国人民大学师生、业界专家和媒体等参加会议。

（中国人民大学供稿）

2021年中国经济形势分析与预测研讨会 12月5日，中国社会科学院中国经济社会综合集成与预测研究中心（中国社会科学院数量经济与技术经济研究所代管）主办的“2021年中国经济形势分析与预测”研讨会在北京召开。研讨会主题是“新形势下2021年中国宏观经济分析”。来自中国社会科学院、国务院发展研究中心、商务部研究院、中国财政科学研究院、国家税务总局、中国PMI分析小组、中国国际电子商务中心、国家信息中心、东北财经大学、武汉大学等单位的50余位专家学者出席会议。部分专家学者以线上形式参加会议。

中国社会科学院数量经济与技术经济研究所所长李平研究员致开幕词。中国社会科学院数量经济与技术经济研究所经济预测分析研究室主任娄峰研究员做题为《2021年中国宏观经济形势分析及预测》主题报告。国务院发展研究中心研究员李泊溪，商务部研究院研究员金柏松，中国财政科学研究院宏观经济研究中心主任石英华，国家税务总局研究所学术委员会副主任付广军，中国国际电子商务中心研究部负责人、高级经济师刘艳芳，中国PMI分析小组、中采咨询公司负责人于颖，国家信息中心中经网高级经济师郭路，武汉大学中国新民营经济研究中心主任罗知，东北财经大学经济学院教授陈磊分别在会上发言。

（中国社会科学院供稿）

第十届中国商贸流通企业发展论坛 12月5日，北京物资学院主办的“第十届中国商贸流通企业发展论坛暨数智化连锁经营高峰会”在北京召开。中国连锁经营协会副秘书长郭玉金、全国高校大数据人工联盟副理事长及新商科专委会秘书长王一民、北京苏宁易购人力资源总监郝蓉、勺子课堂创始人兼CEO宋宣、北京工商大学原副校长谢志华、中央财经大学中国互联网经济研究院院长孙宝文、清华大学教授肖勇波、北京联合大学教授张艳、济南大学教授王光玲、王府井集团全渠道总经理杜涛、郑州鹏宇特钢有限公司总经理彭鑫、北京中储华通商贸有限公司总经理郎艳霞、百世集团销售经理邵宝华、翠微百货牡丹园店书记潘玉明、北京康友为网络科技创始人罗中孝、北京爱特茂商业发展有限公司运营总监聂尧、北京中琅供应链管理有限公司总经理吴雷、北京能源集团有限责任公司董事张能鲲，以及北京物资学院副校长翁心刚、刘永胜及相关师生百余人参加会议。

论坛以数智化连锁经营为主题，对数智化背景下的商贸流通企业连锁经营模式、人才培养、转型路径等内容进行探讨。与会人员以各自企业为案例，分享了家电、餐饮、实体零售、百货等数智化经营转型的经验与观点。

（北京物资学院供稿）

第十二届中国人力资本指数发布暨人力资本国际研讨会　12 月 5 日，第十二届中国人力资本指数发布暨人力资本国际研讨会在中央财经大学召开。会上发布中英文版《中国人力资本报告 2020》，公布中国最新人力资本估算结果，这是中国人力资本指数报告连续第十二年发布。《中国人力资本报告 2020》引入国家统计局、高校和社会调查部门等公布的最新数据对所有计算进行更新、调整及改进，形成了 1985—2018 年中国国家层面和省级层面（包括香港特别行政区和台湾地区）分城乡人力资本的多种度量指标，提供了最新的、更准确的人力资本估算结果。

（中央财经大学供稿）

第四届区块链技术与应用研讨会　12 月 6 日，由北京工业大学区块链研究中心、北京链平方科技有限公司、北京工业大学经济与管理学院、北京现代制造业发展研究基地、北京工业大学应用数理学院、北京工业大学信息学部、北京科学与工程计算研究院、北京工业大学教育基金会联合主办的北京工业大学第四届区块链技术与应用研讨会在北京举办。

香港中文大学（深圳）讲座教授赵建良，第三世界科学院院士、中国科学院大学研究员汪寿阳，教育部“长江学者”特聘教授、中国人民大学教授杨东，中国科学院大学教授魏先华，国家杰出青年科学基金获得者、北京化工大学教授余乐安，国家杰出青年科学基金获得者、国防科技大学教授吕欣，苏州科技大学教授程郁琨，北京链平方科技有限公司 CEO 周淼等出席研讨会，百余位高校师生和业内人士参会。会议主题围绕“双循环背景下的数字经济新理论、新方法和新应用”展开。

（北京工业大学供稿）

第九届汇率与国际货币联合研讨会　12 月 6 日，由日本经济产业研究所、中国社会科学院世界经济与政治研究所和横滨国立大学亚洲经济社会研究中心共同举办的第九届“汇率与国际货币”联合研讨会在北京和线上同步举行。

与会者共宣讲和讨论了 6 篇论文，主题分别为：基于针对日本中小企业的问卷调查，分析企业出口经验对计价货币选择的影响；针对越南成为中国第四大出口目的国这一事实，从贸易摩擦、竞争和互补视角开展成因分析；基于彭博日度高频数据分析疫情期间的主要货币汇率决定因素；从人口流动视角对汇率波动因素这一传统命题展开创新分析；基于日本企业海外子公司调研数据分析日企选择出口计价货币的特征与成因；中国出口和进口层面的汇率价格传递分析。

（中国社会科学院供稿）

财经战略年会 2020　12 月 8 日，中国社会科学院财经战略研究院主办的“财经战略年会 2020”在北京举办。会议以“面向‘十四五’的中国经济”为主题，旨在深入贯彻落实党的十九届五中全会精神、总结“十三五”以来财经领域改革成就与经验、谋划“十四五”中国财经发展战略、展望 2035 年中国经济远景目标，为国民经济特别是财经领域改革和发展做出应有的贡献。

会上，中国社会科学院财经战略研究院院长何德旭研究员致辞。中国社会科学院副院长、党组成员、学部委员蔡昉和商务部原副部长张志刚就不断扩大中等收入群体、增强消费等重要议题发表主旨演讲。中国社会科学院经济研究所所长黄群慧，中国人民大学教授杨瑞龙，北京大学国发院院长姚洋，中国社会科学院世界社保中心主任郑秉文，东方证券首席经济学家邵宇、何德旭分别就新发展格局、畅通国内循环、高质量对外开放、养老体制改革和金融体制改革等问题做主旨演讲，并提出未来改革的目标和路径。

会议设 3 个分论坛，来自国务院研究室、商务部、中国人民银行、国家发展研究中心、中国财政科学研究院、国家税务总局税收科学研究所、审计署审计科研所、中国国际经济交流中心、国家发改委产业经济与技术经济研究所、中国物流信息中心、北京大学、中国人民大学、北京师范大学、中央财经大学、北京第二外国语学院和美团研究院的专家学者就“十四五”时期财政金融、服务经济与城市发展和对外贸易相关主题进行研讨。

（中国社会科学院供稿）

平台经济反垄断学术研讨沙龙　12月9日，由社会科学文献出版社、首都国际服务贸易与文化贸易研究基地、北二外中国服务贸易研究院、对外经济贸易大学区域国别研究院中德经贸文化中心联合举办的平台经济反垄断学术研讨沙龙暨《不安的变革——数字时代的市场竞争与大众福利》新书发布会在北京第二外国语学院举行。学术沙龙采用线下与线上相结合的方式，德国专家线上参加研讨。

社会科学文献出版社社长王利民、北京第二外国语学院副校长李小牧出席并致辞。德国反垄断委员会成员曼海姆、欧洲经济研究中心院长阿希姆·瓦姆巴赫作为新书作者发表题为“数字化对社会市场经济的挑战”的演讲。国务院反垄断委员会专家咨询组前成员、中国社会科学院法学研究所研究员王晓晔、德国反垄断委员会主席于尔根·库林等专家围绕数字经济时代的竞争政策，从科技平台企业网络效应及影响、平台经济与监管的边界、欧盟对平台经济监管的借鉴意义和数字时代的就业等方面分别进行发言。

（北京第二外国语学院供稿）

京津冀金融研究联盟2020年会暨第七届中国金融风险高层论坛　12月10日，由京津冀金融研究联盟、首都经济贸易大学金融学院主办的京津冀金融研究联盟2020年会暨第七届中国金融风险高层论坛在首都经济贸易大学召开。本次会议旨在聚焦京津冀金融研究热点问题，深入探索京津冀金融领域协同发展之道，以此促进京津冀地区高校之间的交流与合作，服务国家智库建设。首都经济贸易大学副校长王永贵出席会议并致辞。

北京财贸职业学院教授杨宜、通州区区长助理林巍、北京工商大学教授杨德勇、河北金融学院教授郭净、北京师范大学教授胡海峰发表主旨演讲。圆桌会议就京津冀金融方面的问题进行讨论。中国人民大学、中央财经大学、中国石油大学、北京师范大学、北京工商大学、北京联合大学、北京物资学院、北京石油化工学院、天津财经大学、河北大学、河北金融学院等单位专家学者，首都经济贸易大学相关单位领导和师生代表参加会议。

（首都经济贸易大学供稿）

中国百所大学经济学院院长论坛　12月11日，北京大学经济学院举办第三届中国百所大学经济学院院长论坛。论坛围绕“新发展阶段，新发展理念，新发展格局——经济学创新与发展”的核心主题，共同探讨新时代下经济学的创新与发展。论坛采取线下主会场与线上视频会议并行的形式。

北京大学新结构经济学研究院院长、北京大学南南合作与发展学院院长、北京大学国家发展研究院名誉院长林毅夫，中国经济体制改革研究会副会长、中国（深圳）综合开发研究院院长樊纲，奥园集团有限公司党委书记、总裁、全国工商管理专业学位研究生教指委委员郭梓宁出席论坛并做主旨演讲。来自全国136所经济学院校的169位校长、院长参加云端对话，3场圆桌论坛和8个平行分论坛。

（北京大学供稿）

央行数字货币与数字社会发展国际学术研讨会　12月12日，由中国社会科学院金融研究所、野村综合研究所和国家金融与发展实验室联合主办，国家金融与发展实验室金融法律与金融监管研究基地承办的“央行数字货币与数字社会发展”国际学术研讨会在线召开。来自中国人民银行、日本银行、东京大学、京都大学、罗汉堂、京东数科、滴滴金融、瑞穗银行等中日专家与会，共同就央行数字货币的创新实践、社会应用及其潜在影响等相关问题进行交流。

中国社会科学院国际合作局副局长廖凡和野村综合研究所研究理事桑津浩太郎为会议致辞。中国人民银行研究局局长王信和日本银行决济机构局参事役别所昌树分别做“央行数字货币：必要性与影响”和“日本央行关于央行数字货币的行动方针”的主旨发言。在“央行数字货币及其社会应用”的研讨中，罗汉堂资深专家邱明、野村综研未来创新中心制度战略室长梅屋真一郎、中国社会科学院金融研究所金融科技研究室主任尹振涛等就央行数字货币等参与圆桌研讨。在“数字货币为数字社会发展带来的变化及展望”研讨环节中，东京大学福田慎一、中国社会科学院程炼分别做主题发言。

（中国社会科学院供稿）

第十九届WTO与中国学术年会　12月12日，由中国世界贸易组织研究会和对外经济贸易大学中国WTO研究院共同主办的第十九届WTO与中国学术年会在北京举行。本届年会以“美国政府更替、中美博弈变局与WTO改革前景”为主题，就美国大选尘埃落定后的政策选择、中美贸易摩擦走向研判、WTO改革前景等重大问题展开交流和讨论。

中国WTO研究会会长崇泉、商务部欧洲司原司长孙永福、原中国驻美国大使馆商务公参田德友、中国WTO研究会副会长霍建国、商务部世贸司前司长洪晓东、中国国际贸易学会学术委员会副主任李永、清华大学法学院教授杨国华、中国人民大学重阳金融研究院执行院长王文、中国人民大学教授李巍等几十位专家学者出席年会。对外经济贸易大学教授薛荣久和中国WTO研究会会长崇泉发表主题演讲。年会共设4个议题，分别是“拜登政府的对华政策研判”、“拜登政府的贸易政策研判”、“WTO改革中的中美分歧”和“美国因素与中国的双边和区域合作前景”。

（对外经济贸易大学供稿）

第九届全球能源安全智库论坛　12月14日，由中国社会科学院学部主席团、中国社会科学院数量经济与技术经济研究所联合主办的第九届全球能源安全智库论坛在北京召开。来自国际能源宪章、美国能源安全理事会、全球安全研究所、伦敦能源俱乐部等国际国内智库和能源行业的专家参加会议。会议就中国碳中和目标下的能源系统设计与路径选择、国际能源地缘政治的新变化展开研讨。会议采取线上、线下形式同步进行。

机械工业部原部长何光远，中国科学院副院长、中国科学院院士张涛，中国能源研究会副理事长吴吟，中国科学院院士、中国科学院大连化学物理研究所研究员李灿等专家表示，碳中和的宏伟愿景和近期目标对中国能源转型发展意义重大，科技界和产业界应共同发力科技研发和产业化，携手构建清洁低碳、安全高效能源体系。论坛期间，中国社会科学院数量经济与技术经济研究所发布报告《碳中和前景下的能源转型：选择与路径——2030年碳达峰与2060年碳中和目标的未来能源系统》。

（中国社会科学院供稿）

第九届亚太经济与金融论坛　12月18日，由中央财经大学主办，双威大学杰弗里·萨克斯可持续发展中心、第一财经研究院和普华永道中国协办的第九届亚太经济与金融论坛在北京举办。论坛主题是“后疫情时期全球经济的恢复与结构性变化”，采取线上会议形式。

中央财经大学校长王瑶琪与会致辞，中国人民银行原行长戴相龙，加州大学伯克利分校教授巴里·埃森格林，中国社会科学院学部委员余永定，国家外汇管理局副局长陆磊分别做主旨演讲。来自美国、英国、日本、韩国、马来西亚和中国的30多位演讲和主持嘉宾参加论坛，围绕后疫情时期全球经济的恢复与金融风险、扩大金融开放与人民币国际化、后疫情时期的国际经济格局展望及影响等议题开展交流与讨论。

（中央财经大学供稿）

中俄战略关系中的能源合作研讨会　12月19日，由对外经济贸易大学国家对外开放研究院、中国开放经济与国际科技合作战略研究中心（教育部战略研究培育基地）联合主办的“中俄战略关系中的能源合作（内部）研讨会”在对外经济贸易大学召开。会议中心议题为中俄能源合作：现状、问题及展望。对外经济贸易大学副校长吴卫星出席会议。参会专家学者及对外经济贸易大学师生共30余人。

国务院发展研究中心欧亚社会发展研究所研究员、中国开放经济与国际科技合作战略研究中心研究员秦宣仁做《“中俄战略关系中的油气合作”——至关重要》的主题发言，新华社资深苏俄问题专家盛世良、自然资源部油气发展中心李富兵重点围绕中俄关系、能源国际合作进行发言；中国开放经济与国际科技合作战略研究中心助理研究员金夷做《“俄罗斯油气战略中的中国元素”——不可或缺》的主题发言，国务院发展研究中心欧亚所研究员佟刚、外交部国际问题研究院研究员夏义善重点围绕中俄能源合作与战略布局发言。首都图书馆副研究员、中国开放经济与国际科技合作战略研究中心特约副研究员王岩玮做《“中俄合作开发北极航道”——战略意义深远》的主题发言。

（对外经济贸易大学供稿）

首届战略与防务经济学术年会　12月19—20日，由中央财经大学国防经济与管理研究院、北京理工大学国民经济动员教育培训中心与中国技术经济学会国防技术经济分会主办的首届战略与防务经济学术年会在北京举行。年会主题为“百年未有之大变局下的战略与防务经济学研究”，议题包括战略安全理论与实践、国防经济学理论与前沿、国防经济学实践与方法、国家安全经济研究、国民经济动员研究、国防工业研究、国防采办研究、国防经费研究、国防金融研究、一体化国家战略体系和能力研究、国防动员经济分析、超常供给理论研究等诸多领域。

来自军事科学院、国防大学、国防科技大学、陆军研究院、空军研究院、武警部队研究院、陆军勤务学院、空军勤务学院、武警后勤学院、北京大学、中国人民大学、对外经济贸易大学、北京理工大学等的军地学者代表，以及来自中国国防金融学会、中国社会经济系统分析研究会、中国技术经济学会、远望智库等全国性学术组织的百余名专家学者出席会议。

（中央财经大学供稿）

“经济学中国学派：域观范式”学术研讨会 12月20日，经济学管理学中国学派研究60人论坛主办，中央民族大学管理学院、郑州大学商学院承办的“经济学中国学派：域观范式”学术研讨会（2020）在中央民族大学举办。中央民族大学党委常委、副校长王丽萍，中国社会科学院学部委员、郑州大学商学院院长金碚出席并致辞。来自中国社会科学院、北京大学、北京交通大学、山东大学、郑州大学、中央民族大学、《管理世界》杂志社、经济管理出版社等单位的专家学者参会。参会人员从各自领域、视角探讨了域观经济学、扩大了域观经济学视野，提出经济学范式新的方向。

（中央民族大学供稿）

2020年中美物流教育与研究论坛 12月20日，北京物资学院建校40周年校庆系列活动——2020年中美物流教育与研究论坛以线上会议形式举办。论坛邀请中美物流联合会会长Richard Gluck，中美物流联合会执行董事Chung Tam，中美物流联合会专家Tim Schneider、Martin Dresner、Tony Cragg、Mehmet Yacin担任演讲嘉宾。北京物资学院领导及近百名师生参加论坛。论坛围绕“美国物流管理体制研究及经验借鉴”“欧洲物流管理体制研究及经验借鉴”“全球供应链管理人才培养的要素——来自世界银行”“技术与供应链战略”“加速数字供应链的转型”“有意义的供应链数字化”等主题展开。论坛对后疫情时代物流管理体制、物流人才培养、物流数字化等问题进行探讨，为国内国际物流的发展新动向及如何畅通国内国际双循环提供了新的视角和思路。

（北京物资学院供稿）

《中国住房发展报告（2020—2021）》发布研讨会 12月21日，由中国社会科学院财经战略研究院、新华社经济参考报社、中国社会科学出版社共同主办，凤凰网财经研究院协办的《中国住房发展报告（2020—2021）》共同发布及研讨会在北京举行。新华社经济参考报社党委书记、总编辑张超文，中国社会科学出版社总编辑魏长宝和凤凰网财经研究院院长刘杉分别致辞，中国社会科学院财经战略研究院院长何德旭做致辞暨主旨演讲。中国社会科学院财经战略研究院院长助理、《中国住房发展报告》主编倪鹏飞对《中国住房发展报告（2020—2021）》的研究成果做总体介绍。课题组成员高广春、李超、姜雪梅、郭宏宇、刘伟、彭旭辉等分别做专题发言。中国人民大学国家发展研究院房地产研究中心主任况伟大、南开大学经济学院教授周京奎对报告做点评发言。

《中国住房发展报告（2020—2021）——楼市调控：迎来曙光再出发》继续使用团队原创的分析框架和预测模型，在评述2019—2020年住房及相关市场走势的基础上，预测了2021年住房及相关市场的发展变化；通过构建华房住房指数体系，量化评估了住房市场各关键领域的发展状况；剖析了住房市场及其相关领域协调健康发展所面临的主要问题与挑战，针对性地提出相关政策建议。

（中国社会科学院供稿）

《中国财政可持续发展报告2020》发布研讨会 12月22日，由中国社会科学院财经战略研究院主办、中国时代经济出版社协办的《中国财政可持续发展报告2020》发布会暨学术研讨会在北京举行。中国社会科学院副院长、学部委员高培勇教授出席会议并致辞，中国时代经济出版社社长吴兆军代表出版方致辞。报告共分12章，论述了税制及税收收入可持续问题、土地财政可持续问题、政府债务可持续问题、社会保障可持续问题、公共危机应急体系可持续问题、审计监督对于财政可持续的保障与促进问题以及开放视角下财政可持续的问题等7个方面的内容。华夏新供给经济学研究院院长、中国财政科学研究院研究员贾康，中国社会科学院金融研究所所长张晓晶，中央财经大学副校长马海涛，北京大学经济学院教授平新乔，中国人民大学财政金融学院副院长贾俊雪等专家学者出席研讨会，并分别围绕中国财政可持续问题发表演讲。

（中国社会科学院供稿）

“深入学习贯彻五中全会精神，深化推动经济高质量发展”高端论坛　12 月 22 日，由中央党校（国家行政学院）高端智库、科研部、经济学教研部与北京市社会科学院共同主办的“深入学习贯彻五中全会精神，深化推动经济高质量发展高端论坛”在北京举行。十二届全国政协副主席马培华，中央党校（国家行政学院）副（院）校长李毅，中央党校（国家行政学院）经济学教研部主任韩保江，北京市委宣传部副部长刘军胜，北京市社会科学院党组书记唐立军，中央党校（国家行政学院）经济学教研部副主任王小广、曹立、张青、许正中，北京市社会科学院副院长鲁亚、赵弘等出席会议。来自中央部委、科研院所、高等院校等单位专家学者 120 余人参加会议。

会上，马培华致辞并做主旨发言，李毅、刘军胜分别致辞，唐立军做总结发言。与会专家学者一致认为，要以习近平新时代中国特色社会主义思想为指导，齐心协力，乘势而上，不断推进理论创新，为推进经济高质量发展，开启全面建设社会主义现代化国家新征程贡献智慧力量。

（北京市社会科学院供稿）

2020 中国金融科技创新国际论坛　12 月 24 日，由北京市地方金融监督管理局和北京市石景山区人民政府指导，中央财经大学主办的“2020 中国金融科技创新国际论坛”在北京举办。论坛主题是“推进科技与金融深度融合，构建‘双循环’新发展格局”，围绕新型金融业务发展、科技赋能传统金融、金融服务实体经济、防范新型金融风险以及金融产业园区建设等问题进行探讨。2014 年诺贝尔经济学奖得主让·梯若尔围绕央行数字货币发表演讲，国家金融与发展实验室理事长李扬，保监会原副主席魏迎宁，中国银行原行长李礼辉，北京大学国家发展研究院副院长黄益平，中国银行业协会首席经济学家巴曙松教授等专家学者就数字经济新形势下，保险科技创新与普惠、双循环新发展格局构建、数字金融创新等主题发表主旨演讲。来自北京市金融局、石景山区政府和中央财经大学领导、金融机构和企业集团代表、金融领域知名专家学者等 200 余人出席论坛。

（中央财经大学供稿）

第六届贸易强国论坛暨双循环新发展格局下服务贸易扩大开放高峰论坛　12 月 26 日，由北京工商大学主办，经济学院贸易经济系和北京市哲学社会科学首都流通业研究基地承办，香港冯氏集团利丰研究中心协办的第六届贸易强国论坛暨双循环新发展格局下服务贸易扩大开放高峰论坛通过线上、线下相结合的方式举办。来自国家发改委、北京市商务局、北京市通州区、中国贸促会、山东财经大学、香港冯氏集团等政府部门、企事业单位的 13 位专家做主题发言。来自相关院校及北京工商大学的师生 200 余人参加此次会议。北京工商大学党委书记黄先开致开幕词。

（北京工商大学供稿）

垃圾焚烧发电行业达标排放研讨会　12 月 30 日，由中国社会科学院环境与发展研究中心（中国社会科学院数量经济与技术经济研究所代管）组织的《垃圾焚烧发电行业专项整治效果评估报告》发布会暨垃圾焚烧发电行业达标排放研讨会在北京召开。中国社会科学院环境与发展研究中心主任张友国致辞，副主任李玉红从环境效果、社会效果、经济效果 3 个方面介绍了“十三五”期间垃圾焚烧发电行业专项整治评估结果，并对垃圾焚烧发电行业环境监管模式进行评价，对“十四五”期间深入打好污染防治攻坚战提出了相应的对策建议。

与会专家充分肯定《垃圾焚烧发电行业专项整治效果评估报告》，并从政策评估意义、政策内容、政策效果、社会影响等方面进行点评，指出垃圾焚烧行业目前尚存在的标准不完善、技术待突破、执行有薄弱环节、信息公开不完全等问题，对“十四五”期间继续推进垃圾焚烧行业达标排放、建设美丽中国提出了建议。

（中国社会科学院供稿）

法学

法治政府建设评估专家座谈会 1月5日，由中国社会科学院法学研究所主办，中国社会科学院法学研究所宪法行政法研究室、中国社会科学院“全面建成小康社会进程中的行政法治建设”创新项目组、中国法学会行政法学研究会政府规制专业委员会承办的法治政府建设评估专家座谈会在北京举行。来自全国人大常委会、最高人民法院、司法部、中国法学会、中央党校、北京大学、清华大学、中国人民大学、中国政法大学、中国社会科学院等单位的领导及专家学者就法治政府建设评估的重大理论与实践问题展开研讨与论证。

研讨会开幕式上，司法部原党组成员（副部长级）、中国法学会副会长甘藏春，中国社会科学院学部委员、法学研究所所长、中国法学会副会长陈甦研究员，中国政法大学校长、中国法学会行政法学研究会会长马怀德教授分别致辞。司法部政府法制研究中心副主任李富成、中南财经政法大学教授方世荣等发言。

（中国社会科学院供稿）

《行政处罚法》修改热点问题学术研讨会 1月9日，由北京师范大学法学院主办的“《行政处罚法》修改热点问题”学术研讨会在北京师范大学举行。会议围绕“没收违法所得”条款、“一事不再罚”条款、“没有主观过错是否给予行政处罚”、“行政处罚程序无效的情形”等主题展开，与会学者探讨了《行政处罚法》修改中争议较多的热点难点问题，对推动《行政处罚法》修订稳步前进积极予以回应。

（北京市法学会供稿）

律师50人论坛成立大会暨首届论坛 1月10日，律师50人论坛成立大会暨首届论坛在北京召开。中国社会科学院法学研究所国际法研究所联合党委书记陈国平、中国社会科学院法学研究所所长陈甦致辞，中国社会科学院国际法研究所所长莫纪宏主持会议。

论坛以公益性、学术性为原则，以开展法律政策讲座、组织行业管理问题研讨沙龙等形式为主。WTO上诉机构前主席、清华大学国际争端解决研究院院长张月姣做主旨演讲。与会代表以习近平新时代全面依法治国新理念新思想新战略为指导，围绕律师在构建国家治理体系和治理能力现代化的作用、中国律师“走出去”的机遇与挑战、加强国际交流实现合作共赢3个专题进行交流。

（中国社会科学院供稿）

个人信息保护立法问题研讨会 1月11日，由中国社会科学院文化法制研究中心、中国互联网协会个人信息保护工作委员会主办的“个人信息保护立法问题研讨会”在中国社会科学院召开。会议集中围绕个人信息保护立法问题进行研讨。中国社会科学院法学所副所长、研究员、文化法制研究中心主任、中国互联网协会个人信息保护工作委员会主任周汉华代表主办方致辞。中国社会科学院文化法制研究中心副秘书长、研究员刘灿华介绍个人信息保护相关立法背景，中国社会科学院法学所副所长、研究员、文化法制研究中心主任、中国互联网协会个人信息保护工作委员会主任周汉华就“个人信息保护的法律定位”做主旨发言。

会议代表发言环节，中国移动信安中心项目经理何瑛、中国电信网络和信息安全管理部项目经理国强、华为技术有限公司律师张瑶、阿里巴巴集团法律研究中心副主任顾伟等围绕会议主题进行发言。中国互联网协会副秘书长裴玮、中国社会科学院文化法制研究中心副秘书长吴峻研究员、腾讯数据安全部安全专家陈慧慧、腾讯安全管理部法律专家孙海鸣在自由讨论环节进行讨论。

（中国社会科学院供稿）

《中华人民共和国仲裁法》修订重大课题研讨会 1月11日，由中国政法大学仲裁研究院举办的《中华人民共和国仲裁法》修订重大课题“仲裁立法体例相关重大问题交流研讨会”在中国政法大学举行。全国人大常委会法工委民法室副巡视员段京连、监察和司法委员会司法室副处长许灿、最高人民法院民事审判第四庭副庭长高晓力、司法部公共法律服务管理局仲裁处处长石海与副处长刘世虎等国家机关特邀嘉宾参会。中国国际经济贸易仲裁委员会，中国海事仲裁委员会，武汉、北京、西安、石家庄、哈尔滨等10余家仲裁机构代表，与来自中国银行业协会、中国建设工程造价管理协会、北京市司法局、北京市律师协会等实务部门代表，北京市法学会及相关科研机构专家代表，以及法制日报社和人民法院新闻传媒总社两家法治媒体代表应邀参会。中国政法大学副校长时建中出席研讨会并致辞。

（中国政法大学供稿）

民法典编纂与国家治理体系和治理能力现代化研讨会　1月18日，由中国法学会民法学研究会主办，中国人民大学法学院和中国人民大学民商事法律科学研究中心承办的“民法典编纂与国家治理体系和治理能力现代化研讨会”在中国人民大学法学院成功举行，与会的专家学者分别就民法典是人民群众美好幸福生活的重要保障、破解合同僵局制度也体现治理能力、民法典人格权编对人格权发展的贡献等做主题发言。

（北京市法学会供稿）

“依法防疫　维护国家生物安全”网络视频会议　4月15日，中国第五个全民国家安全教育日到来之日，中国社会科学院法学研究所、国际法研究所与中共北京市东城区委、区政府联合举办主题为“依法防疫　维护国家生物安全”网络视频会议。会议由中国社会科学院法学研究所、国际法研究所法治战略研究部，中国社会科学院法学研究所法治宣传教育与公法研究中心和北京市法学会立法学研究会承办，国内外20余位知名学者、实务界专家，以及境外华侨和国际友人代表参加，主会场设在中国社会科学院法学研究所，多数与会者以视频会议方式参会。

中国社会科学院国际法研究所所长莫纪宏和北京市东城区人民政府副区长薛国强在开幕式上致辞。在主题研讨中，嘉宾们围绕维护国家生物安全在贯彻落实“总体国家安全观”中的重要意义、构建维护国家生物安全法律法规体系的重要理论与实践问题、依法防疫对于科学防疫的法治保障作用、防疫国际合作与海外中国公民合法权益的保护等议题进行交流。

第一单元研讨主题为“维护国家生物安全在贯彻落实‘总体国家安全观’中的重要意义”，第二单元研讨主题为“构建维护国家生物安全法律法规体系的重要理论与实践问题”，第三单元研讨主题为“依法防疫对于科学防疫的法治保障作用”。

（中国社会科学院供稿）

科技赋能对仲裁的机遇与挑战社科仲裁圆桌会议　4月24日，第六届社科仲裁圆桌会议——科技赋能对仲裁的机遇与挑战在线上召开。会议由中国社会科学院国际法研究所、上海国际经济贸易仲裁委员会（上海国际仲裁中心）主办。来自中国社会科学院国际法研究所、中国信息通信研究院云计算与大数据研究所、法制网、中国仲裁法学研究会、上海国际经济贸易仲裁委员会、上海市高级人民法院、广州互联网法院、国际商会、上海市大数据社会应用研究会、对外经贸大学、通商律师事务所、北京知仲科技有限公司等理论与实务部门的专家参加会议。

中国社会科学院国际法研究所所长莫纪宏和上海国际经济贸易仲裁委员会副主任、秘书长马屹分别致开幕词。中国信息通信研究院云计算与大数据研究所所长何宝宏做题为“区块链的理想与现实”的主旨演讲。第一单元主题为仲裁庭审模式的革新与挑战，对外经贸大学国际商法研究所所长沈四宝、中国仲裁法学研究会常务副秘书长陈建、国际商会北亚地区仲裁与ADR主任范铭超、上海国际经济贸易仲裁委员会研究信息部副部长徐之和等发言。第二单元的主题为大数据在争议解决中的运用与展望，上海市高级人民法院的审管办主任、高级法官罗健豪，广州互联网法院综合审判三庭庭长赖广鑫，上海市大数据社会应用研究会会长、上海交通大学凯原法学院教授杨力，北京知仲科技有限公司总经理张天纬分别就自己的研究领域做发言。

（中国社会科学院供稿）

新冠肺炎疫情下的国际投资仲裁问题社科仲裁圆桌会议　5月8日，第七届社科仲裁圆桌会议——新冠肺炎疫情下的国际投资仲裁问题在线上召开。会议由中国社会科学院国际法研究所、中国国际经济贸易仲裁委员会主办。来自商务部条约法律司、中国仲裁法学研究会、北京大学、中山大学、北京环中律师事务所、环球律师事务所、中伦律师事务所、美国德杰律师事务所等理论与实务部门的专家参加研讨会。

中国社会科学院国际法研究所所长莫纪宏致开幕词。中国国际经济贸易仲裁委员会党委书记、副秘书长李虎也在会上致辞。第一单元主题为疫情下国际投资争端易发类型及仲裁管辖的可能性，美国德杰律师事务所中国部执行合伙人陶景洲、环球律师事务所合伙人任清、中伦律师事务所合伙人孙巍、中山大学法学院副教授梁丹妮分别就自己的研究领域发言。第二单元主题为投资者启动投资仲裁的路径及东道国的抗辩与应对，国际解决投资争端中心仲裁员、WTO 上诉机构前主席张月姣，商务部条约法律司二级调研员孙昭，北京市环中律师事务所主任王雪华，北京大学能源法律政策研究基地副主任张利宾分别就自己的研究领域发言。

（中国社会科学院供稿）

北京疫情防控常态化政府法治建设研讨会 5 月 12 日，由北京政府法治研究会、北京市法学会行政法学研究会等单位共同主办的北京疫情防控常态化政府法治建设研讨会在北京召开。会议同时评选并公布了“共抗疫情、法治同行”优秀论文建言评选结果。3 月 1 日—4 月 30 日，北京市法学会行政法学研究会联合北京政府法制研究会等 10 多家单位开展了“共抗疫情、法治同行”主题建言征集、论文评选、法治荐读活动。活动共收集到各类征文 500 余篇。与会专家共评选出获奖论文和建言上百篇。部分获奖作品将汇集成册通过各大平台向社会发布、收录中国知网，并上报市领导供决策参考。与会专家就北京疫情防控常态化的政府法治建设进行座谈研讨，从完善城市治理体系和社区基层治理体系、推动经济社会秩序恢复和有序复工复产、北京疫情防控的成功经验和做法总结等不同角度建言献策。

（北京市法学会供稿）

民法典时代的行政法回应学术研讨会 5 月 26 日，由中国法学会行政法学研究会和中国政法大学法治政府研究院主办的“民法典时代的行政法回应”学术研讨会在线上成功举办。与会者从“如何认识民法典中的行政法规定”、“行政法如何回应民法典的要求”以及“民法典的制定带给我们的启发”3 个要点展开，一致认为民法典的制定实施是中国法治建设领域的一件大事，对法治建设的各个领域都会产生重大影响，行政法应深刻地认识这个意义，并积极地回应民法典产生的时代要求。

（北京市法学会供稿）

法治蓝皮书发布暨 2020 年中国法院信息化研讨会 6 月 3 日，中国社会科学院法学研究所、社会科学文献出版社联合主办的《法治蓝皮书：中国法院信息化发展报告 No. 4（2020）》发布暨 2020 年中国法院信息化研讨会以线下与线上相结合的方式举行。来自最高人民法院、全国各地法院、社会科学文献出版社数十家单位的嘉宾，以及清华大学、中国政法大学、中国社会科学院法学研究所的专家学者参加发布会。

中国社会科学院学部委员、法学研究所所长、研究员陈甦，社会科学文献出版社社长、研究员谢寿光以及最高人民法院信息中心主任许建峰发表致辞。中国社会科学院法学研究所法治国情室主任研究员、《法治蓝皮书》执行主编吕艳滨介绍 2019 年中国法院信息化发展情况并对 2020 年发展提出建议。北京市高级人民法院党组成员、副院长靳学军，广东省高级人民法院二级巡视员刘国喜，四川省高级人民法院党组成员、副院长张能，江苏省南通市中级人民法院党组书记、院长曹忠明分别围绕“打造首都法院一站式多元解纷机制全力疏解百姓心结深入推进司法为民”、“以数据为中心构建大数据管理与服务平台”、“创新电子诉讼服务共享智慧法院精彩”以及“抓住机遇 开拓创新 在更高的起点上推动智慧法院建设新发展”等主题进行发布。

（中国社会科学院供稿）

《美墨加协定》劳工标准研讨会 6 月 6 日，中国社会科学院国际法研究所主办的《美墨加协定》劳工标准研讨会在中国社会科学院举行。来自北京大学、中国人民大学、对外经济贸易大学、中央财经大学、中国劳动关系学院、中国政法大学、中国劳动和社会保障科学研究院的专家参加研讨会。

研讨会共分为 4 个单元。第一单元的主题为《美墨加协定》劳工标准，中国社会科学院国际法研究所副研究员李西霞、北京大学法学院副教授陈一峰、北京大学法学院助理教授阎天、中国社会科学院国际法研究所助理研究员孙南翔对其进行解读。第二单元的主题为贸易或投资协定中的劳工标准，中国社会科学院国际法研究所国际公法研究室主任蒋小红、中国劳动关系学院法学院教授林燕玲从学术和政策层面对其进行探讨。第三单元的主题为中国劳动法的涉外适用，中央财经大学法学院教授兼中国劳动关系学院法学院院长沈建峰、中国政法大学社会法学博士研究生罗凯天发言。第四单元为评论发言，中国人民大学劳动人事学院教授常凯，中国法学会国际经济法研究会副会长，对外经济贸易大学法学院教授左海聪，中国社会法研究会副会长兼秘书长、北京大学法学院教授叶静漪发言。

（中国社会科学院供稿）

一体推进“三不”制度建设与法治保障研讨会　6月8日，中国社会科学院国际法研究所、深圳市光明区纪委监委联合主办的“一体推进‘三不’制度建设与法治保障”研讨会召开。会议以线上、线下相结合的方式举行，来自中国社会科学院、中山大学、暨南大学以及深圳市光明区纪委监委等单位的专家学者围绕“三不”制度建设及其意义、“三不”制度建设的法治保障等问题展开研讨。

第一单元的研讨主题为“三不”制度建设及其意义，中国社会科学院法学所国际法所法治战略研究部主任李忠以“借鉴经济人理论重构‘三不’制度”为题发言，中国社会科学院法学所生态法室主任刘洪岩研究员以“俄罗斯的法治反腐：路径与做法”为题发言，中国社会科学院法学所宪法行政法室副主任李霞副研究员以“‘三不’制度建设及其意义”为题发言，深圳市光明区纪委监委委员陈英良以“实现‘一体’推进的难点与思考”为题发言。

第二单元的研讨主题是“三不”制度建设的法治保障，中国社会科学院法学所网络信息法室主任翟国强研究员以“一体推进‘三不腐’系统工程”为题发言，中山大学廉政与治理研究中心执行主任倪星教授以“运动其表，制度其里——关于中国廉政治理经验的思考”为题发言，中国社会科学院国际法所研究员刘小妹以“反腐长效机制与权力法治化”为题发言，中山大学副教授朱琳以“‘三不’制度的特点和构建”为题发言。

（中国社会科学院供稿）

新冠肺炎疫情索赔中的法律问题研讨会　6月18日，中国社会科学院国际法研究所主办的2020年第二季度国际法热点问题研讨会“新冠肺炎疫情索赔中的法律问题”以视频方式举行。外交部条法司申钦民处长，商务部外贸司副处长王立新，中国政法大学教授霍政欣，北京师范大学副教授廖诗评，盈科律师事务所全球董事会主席梅向荣，盈科国际创始合伙人、全球董事会执行主席杨琳，中国社会科学院国际法研究所副研究员李庆明等。30余位专家学者参会研讨。

（中国社会科学院供稿）

新冠肺炎疫情防控背景下的公平竞争审查和合法性审核研讨会　6月20日，由中国社会科学院国际法研究所主办、中国社会科学院国际法研究所竞争法中心承办的“新冠肺炎疫情防控背景下的公平竞争审查和合法性审核”研讨会在线上举行。会议由中国社会科学院国际法研究所竞争法中心主任王晓晔主持。来自中国人民大学、香港岭南大学、北京工商大学、北京理工大学、上海大学、日本KDDI综合研究所、中国社会科学院大学等高校和单位的20多位专家学者参加研讨会。

中国社会科学院国际法研究所所长莫纪宏、中国社会科学院国际法研究所竞争法中心副主任文学国分别致开幕词。会议第一单元中国人民大学法学院《法学家》杂志编辑姚海放、中国社会科学院国际法研究所国际私法研究室副主任李庆明担任评论人，香港岭南大学教授林平、中国社会科学院大学竞争法研究中心执行主任谭袁、中国社会科学院大学竞争法研究中心执行主任韩伟、北京工商大学法学院刺森、北京理工大学珠海学院陈丹舟做专题报告。会议第二单元，日本KDDI综合研究所研究员王威驷、中国社会科学院国际法研究所图书馆副馆长刘小妹、中国社会科学院法学研究所国情法治国情调查研究室副主任王小梅、中国社会科学院国际法研究所国际经济法研究所助理研究员孙南翔、中国社会科学院国际法研究所国际经济法研究室副主任黄晋做专题报告。

（中国社会科学院供稿）

“比例原则在疫情防控中的人权保障作用”国际网络研讨会　6月20日，由中国人权研究会指导、中国人民大学人权研究中心主办的“比例原则在疫情防控中的人权保障作用”国际网络研讨会召开。此次会议是中国人权研究会指导的“全球疫情防控与人权保障”系列国际研讨会的第六场。会议采取国内国外全部线上、英文中文同传切换的形式，并特设中国—美国和中国—欧亚两个分会场，为不同国家和地区人权领域的专家学者提供更加灵活和兼容的议程安排。来自中国、美国、英国、澳大利亚、德国、意大利、新加坡、尼泊尔等国近40名人权领域专家学者分享各国疫情防控经验，特别围绕如何在疫情防控措施和人权保障之间寻求合理平衡以及后疫情时代的人权挑战展开深入研讨，并达成了相应共识。

（北京市法学会供稿）

首届奕朔圆桌会议　6月28日，由中国社会科学院国际法研究所、广州互联网法院、中国信息通信研究院云计算与大数据研究所共同发起并组织的“首届奕朔圆桌会议——电子证据的司法实践”在线上召开。

来自中国社会科学院、中国信息通信研究院云计算与大数据研究所、广州互联网法院、中国人民大学、上海国际经济贸易仲裁委员会/上海国际仲裁中心、腾讯、蚂蚁集团、网易、奇安信集团、广州华多网络科技有限公司以及北京市中伦（广州）律师事务所的理论与实务部门专家参加专题研讨。广州互联网法院副院长田绘致开幕词。第一单元的主题为互联网产业与电子证据，第二单元的主题为区块链存证与纠纷解决。

（中国社会科学院供稿）

《网络法治蓝皮书》发布会系列暨数据安全立法研讨会 7月4日，《网络法治蓝皮书》编辑部与360安全科技股份有限公司法务中心联合举办的《网络法治蓝皮书——中国网络法治发展报告（2019）》发布会系列暨数据安全立法研讨会以视频会议形式召开。《网络法治蓝皮书》联合主编、中国社会科学院法学研究所研究员支振锋主持研讨会。360集团法务中心总监孙艳玲在研讨会上致辞。南京邮电大学信息产业发展战略研究院院长王春晖以“构建我国数据安全生态治理体系是数据安全法立法的核心”为主题发言。对外经济贸易大学数字经济与法律创新研究中心执行主任许可，上海交通大学法学院数据法律研究中心执行主任何渊，网信办等四部委App违法违规收集使用个人信息专项治理工作组副组长、北京理工大学法学院副教授洪延青，中国信息通信研究院互联网法律研究中心主任方禹，中央财经大学数字经济与法治研究中心执行主任刘权，华为集团首席隐私官罗明，中国信息通信研究院互联网法律研究中心研究员贾宝国，京东法律研究院秘书长严少敏等先后就自己的研究领域发言。

（中国社会科学院供稿）

第七届中国婚姻家事法实务论坛 8月29日，由中国法学会婚姻家庭法学研究会、中国人民大学法学院主办，中华全国律师协会婚姻家庭法专业委员会、北京市法学会妇女法学研究会、中国人民大学法学院婚姻家庭法研究所承办，上海埃孚欧律师事务所、北京天驰君泰律师事务所协办的第七届中国婚姻家事法实务论坛在京召开。与会专家学者与实务界人士围绕“民法典婚姻家庭编、继承编实施中的重点难点问题”“家事审判程序实务问题”这两大主题进行了深入研讨并达成了诸多共识。

（北京市法学会供稿）

“明理讲坛·民法典实施”系列讲座第一讲 9月4日，由清华大学法学院主办，法学院研究生会承办的“明理讲坛·民法典实施”系列讲座第一讲举办，讲座以线上会议与线上直播的方式向社会公众开放。讲座由法学院副教授汪洋主持，清华大学法学院院长申卫星致辞，中国人民大学常务副校长、长江学者特聘教授、中国法学会副会长、中国民法学研究会会长王利明主讲。王利明的讲座以“民法典人格权编的亮点与适用”为题，围绕民法典人格权编的创新、亮点和适用等方面展开。本场讲座共有各高校法学院师生、校友，法律界人士等500余人参与。

（清华大学供稿）

《新加坡调解公约》生效后中国商事调解发展研讨会 9月12日，《联合国关于调解所产生的国际和解协议公约》（又称《新加坡调解公约》）生效之际，中国社会科学院国际法研究所和北京多元调解发展促进会共同主办的《新加坡调解公约》生效后中国商事调解发展研讨会暨第八届社科仲裁圆桌会议在北京召开。中国仲裁法学研究会、中国贸促会/中国国际商会调解中心作为联合单位支持会议。来自法院、律所、调解机构、高校和媒体的相关人员参加会议，围绕《新加坡调解公约》生效后中国商事调解的发展和法律对接等议题展开研讨。

联合国国际贸易法委员会秘书长安娜·乔宾·布莱特（Anna Joubin-Bret）对研讨会进行视频致辞。中国社会科学院法学研究所与国际法研究所联合党委书记陈国平、北京多元调解发展促进会会长翟晶敏、中国仲裁法学研究会常务副秘书长陈建、中国贸促会/中国国际商会调解中心副主席蔡晨风女士在开幕式上致辞。会议设“《新加坡调解公约》对中国商事仲裁的影响”“中国商事调解制度与《新加坡调解公约》的衔接”2个议题。

（中国社会科学院供稿）

美国域外管辖和制裁措施的分析与应对学术研讨会 9月20日，北京工商大学法学院主办的“美国域外管辖和制裁措施的分析与应对”学术研讨会在线上召开。中国政法大学、浙江工商大学、北京师范大学、司法部国际合作局、外交学院、北京交通大学等50余位专家学者就应对美国域外管辖和制裁措施开展研讨和交流。北京工商大学法学院副院长俞亮主持研讨会。中国政法大学教授孔庆江指出，国家安全审查的内涵还较为模糊，且在实践中有日益泛化的倾向。浙江工商大学宋杰教授指出，域外管辖措施包括程序层面和实体层面，且涵盖民事、刑事、行政等各个领域。北京师范大学教授廖诗平认为，应构建区域性或国际性的安全审查规则，运用法律武器从技术上来解决外国国家域外管辖和制裁问题。司法部国际合作局冯光以在中美关系大背景下的立法、执法及司法问题进行主题发言。外交学院副教授王佳针对美国经济制裁的 4 种可能救济途径进行主题发言。

（北京工商大学供稿）

环境与贸易研讨会　9 月 25—26 日，中国法学会环境资源法学研究会国际环境法专业委员会 2020 年会暨环境与贸易研讨会通过线下、线上相结合的方式成功召开，其中线下会场设于清华大学。本次研讨会在中国法学会、外交部条约法律司、环境部国际合作司的共同指导下，由国际环境法专委会主办，清华大学环境学院和巴塞尔公约亚太区域中心共同承办，武汉大学环境法研究所和清华大学环境资源能源法研究中心协办。来自清华大学、武汉大学等高校近百名师生参会。会议主要就“环境与贸易的国际法理论”“化学品与废物国际环境公约的晚近发展”“生物多样性公约及其跨境贸易控制机制”“气候变化公约的实施与贸易管控”4 个单元展开广泛研讨，取得了可喜的研究成果。

（北京市法学会供稿）

新就业形态劳动者法律保障学术研讨会　9 月 26 日，由中国社会科学院法学研究所主办、中国社会法学研究会作为会议指导的“新就业形态劳动者法律保障”学术研讨会在中国社会科学院举办。会议以线上与线下相结合的方式召开。来自中国社会科学院、中国法学会、北京大学、清华大学、中国人民大学、中国政法大学、中央财经大学、首都经济贸易大学、中国劳动关系学院等高校和科研院所的专家，来自北京市第二中级人民法院、北京市海淀区人民法院的法官，以及来自金杜律师事务所、美团法律政策研究院等实务界代表参加会议。

中国法学会副会长兼秘书长、中国社会法学研究会会长张鸣起，中国社会科学院法学研究所国际法研究所联合党委书记陈国平在开幕式上致辞。第一单元主题为“新就业形态对劳动法的挑战与应对”。第二单元主题为“数字经济劳动者的法律保障”。第三单元主题为“新就业形态劳动者社会保险制度建构与司法保护”。第四单元主题为“新就业形态具体类型的法律调整及发展趋势”。

（中国社会科学院供稿）

移动源污染防治法律机制研讨会　9 月 27 日，由中国环境科学学会环境法分会主办、中国政法大学环境资源法研究和服务中心承办、中国政法大学检察公益诉讼研究基地协办、自然资源保护协会北京代表处支持的“移动源污染防治法律机制”研讨会在北京举办。来自中国人民大学、中国政法大学等高校的专家学者，来自山西生态环境厅、阳光时代律师事务所等实务部门的专家，以及来自自然之友、美国环保协会等环保组织的公益人参加研讨会。研讨会分为 3 个议题：移动源污染的技术和标准、移动源污染防治的政策和立法、移动源污染的多方共治。

（北京市法学会供稿）

第三届 21 世纪世界百所著名大学法学院院长论坛　10 月 2 日，中国人民大学主办的第三届“21 世纪世界百所著名大学法学院院长论坛”在北京举办。来自牛津大学、耶鲁大学等国外大学法学院和国内法学院校的院（校）长与专家学者将通过线上、线下相结合的方式，围绕文明转型时期的法学教育等进行交流。中央政治局委员、全国人大常委会副委员长王晨在论坛上发表视频致辞。

王晨强调，新冠肺炎疫情发生以来，中国坚持在法治轨道上统筹推进疫情防控和经济社会发展，抗疫斗争取得重大战略成果，这充分体现了中国精神和中国担当，也是中国为维护全球公共卫生安全所做的贡献。王晨指出，中国开放的大门不会关闭，只会越开越大。我们坚定不移走中国特色社会主义法治道路，愿与世界各国法学界人士一道，加强互学互鉴，广泛开展在法学教育、法学研究和法律实务等领域的交流合作，围绕强化公共卫生法治保障、全球治理体系变革、法治人才培养等重大课题，深入研讨，分享经验，为促进法治交流、推动构建人类命运共同体贡献力量。

（参见《人民日报》2020 年 10 月 3 日第 4 版）

民法典时代的中国传统民事规则与当代实践学术年会　10 月 10 日，北京市法学会中国法律文化研究会第三次会员大会暨 2020 年学术年会以线上和线下相结合的方式召开。会议主题是“民法典时代的中国传统民事规则与当代实践”。中央财经大学法学院教授黄震在会上做了《合会的法典化与民法典编纂》主题发言，中国社会科学院法学所教授张生、北京师范大学法学院教授柴荣、国家法官学院教授王立分别做了《近代民法体系的建构：法典及其解释》《中华优秀法文化与民法典》《民法典·传统法律文化·社会主义核心价值观》的主旨发言。中国人民大学法学院教授马小红指出，本会在武树臣教授创会之初就形成了讲平等、重学术的优良传统，并且希望研究会在今后能继续坚持以学术为本的宗旨，为法律文化研究提供更好的思想交流平台。

（北京市法学会供稿）

民法典担保制度的解释与适用研讨会 10月10日，由中国人民大学法学院、最高人民法院民事审判第二庭、中国法学会民法研究会、中国人民大学民商事法律科学研究中心联合主办的民法典担保制度的解释与适用研讨会在中国人民大学举办。最高人民法院审判委员会副部级专职委员刘贵祥介绍了最高人民法院清理、制定相关司法解释的背景和进展，与会专家对担保法的制度和争议问题进行了探讨，并提出了对司法解释初稿所提出的改进建议。

（北京市法学会供稿）

法硕教育国际研讨会 10月10—11日，由中国政法大学法律硕士学院主办的法硕教育国际研讨会举办。研讨会是中国政法大学法律硕士院庆15周年的系列重要活动之一，以线上方式进行，会议工作语言为中文、英文以及日文。来自国内外高校和实务部门的代表共80余人参加会议。研讨会分为法学院院长论坛、实践教学论坛以及法律职业伦理教学论坛3个部分。与会人员围绕法硕教育改革及体制机制创新分享了自己的观点。

（中国政法大学供稿）

检察公益诉讼管辖问题研讨会 10月13日，由中国政法大学检察公益诉讼研究基地主办，中国政法大学法治政府研究院、西北政法大学检察公益诉讼研究中心、郑州大学检察公益诉讼研究院、江苏省灌南县人民检察院协办的“检察公益诉讼管辖问题”研讨会在中国政法大学举办。理论界与实务界对“检察公益诉讼管辖问题”展开讨论，为中国公益诉讼管辖制度发展完善指明方向。

（北京市法学会供稿）

第三届海事法治圆桌会议暨海事刑事审判研讨会 10月14日，由中国社会科学院国际法研究所和宁波海事法院共同主办，最高人民法院“一带一路”司法研究基地、最高人民法院国际海事司法浙江基地和中国社会科学院海洋法治研究中心联合承办的第三届海事法治圆桌会议暨海事刑事审判研讨会举办。会议以线上、线下相结合的方式，在北京会场和宁波会场连线举行。来自最高人民法院、最高人民检察院、全国人大法工委、中国社会科学院、交通运输部水运科学研究院、中国人民大学、宁波大学、中国人民武装警察部队海警学院等学术机构和实务部门的专家学者参会。

中国社会科学院法学研究所、国际法研究所联合党委书记陈国平，宁波海事法院党组书记、院长张宏伟致开幕词。“实务体验”阶段，宁波海事法院海事庭庭长吴胜顺介绍了海事刑事审判的基本情况，以及实体和程序上面临的主要问题和困难。“理论分析”和“互动环节”阶段研讨，宁波大学法学院教授赵微以“海事犯罪刑法立法若干问题”为题做发言，中国政法大学诉讼法学研究院院长熊秋红对世界各国专门法院管辖刑事案件的概况以及普通法院和专门法院的关系模式做介绍，中国社会科学院海洋法治研究中心副主任兼秘书长、国际法研究所副研究员罗欢欣以“海洋界限与争议海域的司法维权问题”做发言。

（中国社会科学院供稿）

“数字经济时代：跨境贸易规制与在线纠纷解决”国际研讨会 10月15—16日，由中华人民共和国商务部和联合国国际贸易法委员会（UNCITRAL）联合主办，中国社会科学院国际法研究所和中国仲裁法学研究会共同承办的“数字经济时代：跨境贸易规制与在线纠纷解决”国际研讨会在北京举办。会议以线上、线下相结合的方式召开，线下会议地点设在中国社会科学院国际法研究所，并同步进行线上会议直播。中外专家围绕“数字经济背景下的跨境贸易规制创新与挑战”和“数字经济背景下的在线纠纷解决”等议题进行专业研讨。

（中国社会科学院供稿）

中国环境司法2019年《绿皮书》《白皮书》见面会 10月16日，由最高人民法院环境资源司法研究中心和清华大学环境资源与能源法研究中心主办，中国政法大学民商经济法学院环境资源法研究所、“中国环境司法发展研究”课题组承办的中国环境司法 2019 年《绿皮书》《白皮书》见面会在北京举行。来自最高人民法院、法律出版社、江苏省高级人民法院等机关，以及清华大学、中国政法大学、中南财经政法大学等高校的 50 余名理论和实务专家、学者参加见面会。

会议就“环境侵权案件的整体回溯与规则检讨”“环境行政诉讼的争议类型与审查实质”“污染环境罪的发案样态与趋势研判”“环境刑事附带民事公益诉讼的实践检视与制度完善”“长江流域环境司法的现状、问题与应对方案”5 项主题进行了热烈探讨与交流。

（北京市法学会供稿）

第八届中国政法大学法律与精神医学论坛 10 月 17 日，第八届中国政法大学法律与精神医学论坛举办。研讨会采取视频会议的方式进行。本届论坛以“性自我防卫能力评定中的疑难问题”为主题，邀请《精神障碍者性自我防卫能力评定指南》（SF/T 0071-2020）的起草人员对文件进行解读，同时邀请相关学者、鉴定人、司法办案人员、律师等 10 余人围绕该主题进行研讨。北京市的精神病司法鉴定机构和鉴定人以及部分外省市的精神病司法鉴定人共计 100 余人旁听研讨。中国政法大学证据科学研究院院长王旭在致辞中指出本届论坛的研讨价值以及多学科研究的必要性。

（中国政法大学供稿）

企业合规与公司犯罪治理国际研讨会 10 月 17 日，“第九届当代刑法国际论坛——企业合规与公司犯罪治理国际研讨会”在北京师范大学举行。本次会议采取线上线下同步进行的方式开展，来自全国各地的专家学者、法律实务工作者、企业家和日本、韩国、匈牙利等国的专家学者近百人，就企业合规与公司犯罪治理问题展开研讨。

（北京市法学会供稿）

“政府、市场与法律：营商环境的法治化”《法学研究》论坛 10 月 17—18 日，由《法学研究》编辑部主办、南昌大学法学院承办的 2020 年《法学研究》论坛“政府、市场与法律：营商环境的法治化”举办。会议采取线上与线下相结合的方式进行。会议开幕式由《法学研究》副主编张广兴主持，《法学研究》陈甦主编和南昌大学法学院杨峰院长分别致辞。论坛从众多来稿中挑选 12 位作者做主题报告，并为每个主题报告邀请两位专家担任评议人。主题报告人和评议人从国际税法、国际经济法、行政法、民商法、经济法、刑法等多个学科和角度，为营商环境的法治化建言献策。

（中国社会科学院供稿）

贯彻民法典绿色条款司法实践与理论研讨会 10 月 23 日，由最高人民法院环境资源审判庭、中国法学会环境资源法学研究会、《法律适用》编辑部共同举办的贯彻民法典绿色条款司法实践与理论研讨会在国家法官学院举行。来自最高人民法院、国家法官学院等机关，以及清华大学、中国人民大学等高校的 20 余名理论和实务专家、学者参加。会议的主题研讨共分为 3 个阶段，与谈人分别就“民法典绿色原则与环境资源司法”“民法典分编绿色条款在司法实践中的贯彻落实”“环境侵权惩罚性赔偿”等内容进行交流与研讨。

（北京市法学会供稿）

第十一届中国破产法论坛 10 月 24—25 日，由中国人民大学法学院、中国人民大学破产法研究中心、中国国际贸易促进委员会法律事务部、北京破产法庭、北京市破产法学会共同主办的第十一届中国破产法论坛在北京召开。论坛围绕“破产审判府院联动与营商环境”、“管理人制度与信息化建设”、“债务人财产与债权保障”、“重整程序与困境拯救”、“个人破产立法问题”以及“合并破产与跨境破产”等主题进行讨论与交流。

（北京市法学会供稿）

个人信息保护立法意见征求会 10 月 21 日，全国人大常委会公布《个人信息保护法（草案）》并公开征求意见。当天晚上，中国社会科学院法学所和中国法学会网络与信息法学研究会组织召开个人信息保护立法研讨会，邀请立法机关、有关部门和学术界的专家学者就《个人信息保护法（草案）》交流研讨。会议由中国社会科学院文化法制研究中心、中国社会科学院法学所网络与信息法研究室和“网络强国与法治创新”创新工程项目组承办。开幕式上，中国社会科学院法学所副所长、文化法制研究中心主任、中国法学会网络与信息法学研究会负责人周汉华研究员和全国人大法工委经济法室副主任杨合庆发表致辞。

清华大学法学院院长、中国法学会网络与信息法学研究会副会长申卫星，北京航空航天大学法学院院长、中国法学会网络与信息法学研究会副会长龙卫球等做主题发言。全国人大法工委经济法室处长高飞等参与自由讨论。

（中国社会科学院供稿）

中国社会科学院刑法学重点学科暨创新工程论坛（2020） 10月24—25日，由中国社会科学院法学研究所主办、刑法研究室承办的中国社会科学院刑法学重点学科暨创新工程论坛（2020）在北京举行。研讨会主题为刑事法治的新课题。来自中国社会科学院、北京大学、清华大学、中国人民大学、中国政法大学、北京师范大学、中国人民公安大学、北京航空航天大学、中央民族大学、对外经济贸易大学、北方工业大学、北京联合大学等高校、科研院所，以及全国人大常委会法工委、最高人民法院、最高人民检察院、公安部、司法部、浙江省人民检察院等司法实务部门和阿里巴巴、蚂蚁金服、北京利商律师事务所等单位的近百名专家学者参加会议。

会议围绕“《刑法修正案十一（草案）》研讨”“疫情防控背景下的刑事治理”“疫情防控与刑法适用”“新型网络犯罪的刑法规制”“大数据、人工智能与刑法”“刑民及行刑关系的交叉与边界”“刑事一体化与立体刑法学”等议题进行研讨。中国社会科学院国际法研究所原所长、中国刑法学研究会常务副会长陈泽宪研究员，最高人民法院姜伟副院长，最高人民检察院陈国庆副检察长，北京大学法学院储槐植教授先后致开幕词并做主旨发言。

（中国社会科学院供稿）

监察法与刑事诉讼法关系问题研讨会 10月25日，国家“2011计划”司法文明协同创新中心与中国政法大学诉讼法学研究院主办的“监察法与刑事诉讼法关系问题”研讨会在北京召开。研讨会由中国政法大学终身教授陈光中召集，来自国家检察官学院、中国政法大学和实务部门的专家学者以及在校学生30余人参加会议。中国政法大学教授陈光中在开幕式上致辞。研讨会共分为2个单元，就监察法与刑事诉讼法衔接中的难点问题进行研讨。

（中国政法大学供稿）

第四届法律史学青年论坛 10月31日，中国政法大学法律史学研究院主办的第四届法律史学青年论坛——“法律史学的理论、视域和方法”学术研讨会在北京举办。论坛依托线上技术，结合发言评议与自由讨论，实现了研讨高效、办会节约的预期效果。

研讨会围绕“法律史学的理论、视域和方法”的主旨，聚焦“法律传统与学科方法”、“传统法制考辨”、“近现代法制变迁研究”以及“法律文化与国家治理研究”4个主题，以14篇论文报告探讨了法律史学跨学科的理论特色与研究进路。来自中国政法大学、中国社会科学院、清华大学、中国人民大学、中南财经政法大学、武汉大学、南京大学、中山大学、中国海洋大学、华中师范大学、西北政法大学等16所高校和研究机构的青年学者在线发言评议，百余名专家参加论坛。

（中国政法大学供稿）

国际法中的管辖权问题学术研讨会 10月31日，外交学院国际法系主办的中国国际法学会成立40周年系列活动之“国际法中的管辖权问题”学术研讨会暨《国际法学刊》创刊会和“全球健康与全球治理”英文网站开通会在外交学院举办。中国国际法学会会长黄进、外交学院副院长孙吉胜、外交部条法司副司长胡斌及世界知识出版社副社长汪琴等有关领导及国内专家学者参加会议。

孙吉胜在致辞中全面总结了学刊创刊以来取得的进步，指出在错综复杂的国际大背景下“全球健康与全球治理”网站开通所具有的重要意义。黄进回顾了学会40年的发展历程，总结了近年来学会工作成就，展望了学会未来的方向。胡斌回顾了外交部与中国国际法学会和外交学院合作的过往，肯定了外交学院为服务大国外交所做的工作以及学刊创办与网站开通所具有的重要价值。

（外交学院供稿）

法治模式下的反腐败追逃追赃国际合作论坛 11月6日，法治模式下的反腐败追逃追赃国际合作论坛在北京师范大学举行。来自国内外的专家学者围绕“刑事缺席审判与正当程序”“违法所得的没收与处置”“引渡合作及其替代措施”“企业的反腐败合规建设”等问题进行研讨。

（北京市法学会供稿）

中国国际法学会成立 40 周年纪念大会　11 月 7 日，中国国际法学会、中国政法大学、外交学院、北京理工大学、北京外国语大学联合主办，北京外国语大学法学院和北京理工大学法学院承办的中国国际法学会成立 40 周年纪念大会在北京举行。中国国际法学会会长黄进指出，40 年来，中国国际法学会始终与共和国同呼吸共命运，密切联系和团结广大国际法工作者，坚持理论联系实际，深入开展国际法研究和国内外学术交流，努力培养国际化人才，积极服务国家对外战略和外交实践，广泛参与涉外立法、执法和司法活动，为建设社会主义法治国家、推进全球治理与国际法治做出重要贡献。当下站在新的历史起点上，中国国际法学会将把握正确前进方向，旗帜鲜明坚持党的领导，坚持用习近平新时代中国特色社会主义思想指导国际法教学、研究和实践，力争在国际法理论、思想、理念、制度和文化层面做出更多原创性贡献。

（北京市法学会供稿）

面向高质量发展的知识产权制度建设研讨会　11 月 7—8 日，中国社会科学院知识产权中心和中国知识产权培训中心主办的“面向高质量发展的知识产权制度建设”研讨会在北京举行。来自全国人大常委会法工委、最高人民法院、国家知识产权局、国家版权局、北京知识产权法院、清华大学、中国人民大学、复旦大学、中国政法大学、中南财经政法大学、同济大学等国家机关和科研院校的专家学者和实务工作者 100 余人通过线上与线下相结合的形式参会。

（中国社会科学院供稿）

个人信息保护立法创新专题研讨会　11 月 8 日，北京航空航天大学法学院、工信部工业和信息化法治战略与管理重点实验室、网信办/教育部北航网络空间国际治理研究基地、北京科技创新中心研究基地、中国科协-北航科技组织与公共政策研究院联合主办的个人信息保护立法创新专题研讨会在北京召开。来自中央网信办政策法规局、中国人民大学、清华大学等 190 余位领导和专家学者出席会议。

会议分为 5 个研讨单元，与会专家学者围绕《个人信息保护法》制定以及《个人信息保护法》设计有关的重点、难点问题，并结合相关法律法规以及与全世界已有之个人信息保护秩序接轨问题进行探讨，回应了如何对现行个人信息保护法律规范进行整合、修订与完善，期待未来我国个人信息保护法律法规成为兼具国际性与地域性、具有中国特色的个人信息保护准则。

（北京航空航天大学供稿）

价格歧视、算法歧视和大数据杀熟讨论会　11 月 12 日，由中国社会科学院国际法研究所主办，中国社会科学院国际法研究所竞争法研究中心承办的“价格歧视、算法歧视和大数据杀熟”讨论会同时在线上和线下举行。来自北京师范大学、北京理工大学、武汉大学、华东政法大学、北京工商大学、上海大学、日本 KDDI 综合研究所、中国社会科学院大学等高校和单位的近 20 位专家学者参加讨论会。

（中国社会科学院供稿）

中国法治国际论坛（2020）　11 月 13 日，由中国法学会主办的中国法治国际论坛（2020）在北京召开。论坛以“新冠肺炎疫情背景下的国际法治合作”为主题，来自中国、俄罗斯、巴西等 18 个国家和相关国际组织的代表主要通过视频方式进行探讨。论坛发布《中国法治国际论坛北京宣言》。

中共中央政治局委员、全国人大常委会副委员长、中国法学会会长王晨出席论坛，宣读习近平主席致信并发表主旨演讲。王晨指出，习近平主席致信中国法治国际论坛，充分体现了中国政府对加强国际法治合作、促进世界经济复苏、推动共建“一带一路”的真诚愿望，充分彰显了中方愿同各方一道营造良好法治营商环境、共同应对全球性挑战、建设开放型经济的坚定决心。王晨强调，中国法治国际论坛 2019 年举办以来，“一带一路”法治合作硕果累累。加强法治交流合作，切实发挥法治在共建“一带一路”中稳预期、化纠纷、利长远的保障作用，营造稳定、公平、透明的法治营商环境，对于促进经济全球化朝着更加开放、包容、普惠、平衡、共赢的方向发展具有重要作用。希望各国法学法律界人士加强交流、凝聚共识，建立健全多元化纠纷解决机制，积极利用信息化手段，推进国际商事争端预防与解决，深化公共卫生国际法治合作，构建公正合理的国际治理体系，为早日战胜疫情、建设人类命运共同体贡献法治力量。

（摘自《人民日报》2020 年 11 月 14 日第 2 版）

智能社会治理学术研讨会　11 月 14 日，中国人民大学刑事法律科学研究中心、中国人民大学智能社会治理研究中心主办的“智能社会治理学术研讨会”在北京召开。本次研讨会由中国人民大学刑事法律科学研究中心、中国人民大学智能社会治理研究中心主办，理论界、实务界专家围绕智能社会的前瞻观察、智能社会的科技治理、智能社会的法律治理、科技与法律的协同共治4个议题进行了交流讨论。

（北京市法学会供稿）

“AI时代的商品打假：刑事制度与机制的法律创新”主题研讨会 11月15日，“AI时代的商品打假：刑事制度与机制的法律创新”主题研讨会在北京举行，研讨会由中国人民大学刑事法律科学研究中心主办。专家学者、专业人士围绕智能时代的商品打假、证据认定、法律适用等问题进行了研讨。

（北京市法学会供稿）

2020年北京金融法治建设研讨会 11月21日，由北京市西城区人民法院，中国社会科学院法学研究所、国际法研究所与北京金融街服务局共同主办的“2020年北京金融法治建设研讨会”在北京举行。研讨会以“规范交易　多元治理　普惠金融背景下的纠纷化解”为主题，来自金融监管机关、金融业界、学术机构、高校的领导、专家，以及来自北京法院的领导、法官代表及媒体记者100余人参加会议。

研讨会前签署《关于建立金融纠纷诉源治理与多元化解的合作协议》。主题研讨环节，来自一行两会、中国海事仲裁委员会、中国社会科学院、北京三级法院、北京金融街服务局、北京金融消费纠纷调解委员会的领导及专家学者围绕“金融普惠与变革”“金融创新与治理”“金融纠纷与化解”三大议题，从行业监管、司法实践、科技创新等多维度讨论了普惠金融背景下面临的新问题，提出了金融创新治理的新举措和金融纠纷化解的新思路。

（中国社会科学院供稿）

第三届中国食品安全法治论坛（2020） 11月22日，中国人民大学食品安全治理协同创新中心、中国法学会食品安全法治研究中心、中国人民大学市场监管法治研究基地联合主办的第三届中国食品安全法治论坛（2020）在北京召开。论坛以“后疫情时代食品安全法治治理创新”为主题，就当前食品安全法治治理的新形势展开对话、交流。来自最高人民检察院、国家卫健委、国家市场监督管理总局、海关总署、国家食品安全风险评估中心、地方食品安全监管部门、司法机关、高校及科研机构、行业协会、企业等领导和专家学者以及新闻媒体代表参与论坛。

论坛发布《疫情防控·食品安全治理创新十大亮点》，从立法、政策、科学等10个维度，总结回顾了疫情新常态下食品安全法治治理的创新举措。专题研讨分为两个分会场同时进行，第一分会场主题为“后疫情时代食品安全法治建设与食品产业协调发展”，第二分会场主题为“疫情防控与食品安全‘放管服’改革创新实践”。

（中国人民大学供稿）

中国社会科学论坛（2020）暨新冠疫情与“一带一路”倡议国际法治论坛 11月26—27日，中国社会科学院主办、中国社会科学院国际法研究所承办、中国社会科学院法学研究所法治宣传教育与公法研究中心和盈科律师事务所共同协办的中国社会科学论坛（2020）暨“新冠疫情与‘一带一路’倡议国际法治论坛”在北京举办。论坛以线上、线下相结合的方式召开。与会人员围绕“新冠疫情与国际经贸法律秩序”和“‘一带一路’倡议与国际法治”等议题进行研讨。

中国社会科学院学部委员、法学研究所所长陈甦研究员，中国社会科学院国际法研究所所长莫纪宏研究员，吉林大学法学院院长何志鹏，盈科律师事务所盈科国际创始合伙人、全球董事会执行主任杨琳在开幕式上致辞。第一单元的研讨主题为“新冠疫情对国际经贸法律秩序的影响”。第二单元的研讨主题为“应对新冠疫情的国内经贸法律机制”。第三单元的研讨主题为中国企业在“一带一路”沿线国的法律风险及应对。第四单元的研讨主题为“‘一带一路’经贸法律合作的方向与前景”。

（中国社会科学院供稿）

人工智能与法律学术研讨会 11月28日，中国政法大学智能法律与营商环境研究中心、中国政法大学法律硕士学院共同举办的中国政法大学法律硕士学院15周年院庆系列活动“人工智能与法律”学术研讨会举办。来自实务界和国内知名高校的专家学者及师生代表40余人参加会议。

研讨会聚焦人工智能与法律主题，共分为两个单元。第一单元的研讨主题是“人工智能与社会治理”，最高人民检察院检察技术信息研究中心副主任贺德银、公安部第一研究所物联网部/大数据中心副主任李胜广、北京大学法学院副院长薛军、南方都市报个人信息保护研究中心研究员冯群星做主题报告。第二单元的研讨主题是“人工智能与权益保护”，中国政法大学网络法研究院副院长王立梅、北京航空航天大学法学院副院长周学峰、中国人民大学法学院未来法治研究院副院长丁晓东、中国政法大学法律硕士学院副院长刘智慧、百度公共政策研究院执行院长张丽君、中国政法大学智能法律与营商环境研究中心执行主任韩文生做报告。

（中国政法大学供稿）

重大公共卫生事件与法治：比较法视角学术研讨会　11 月 28 日，中国政法大学比较法学研究院与北京市法学会比较法学研究会主办的“重大公共卫生事件与法治：比较法视角学术研讨会”暨北京市法学会比较法学研究会 2020 年年会在中国政法大学召开。会议采用线上与线下结合的方式，来自全国各地高校的 20 余位专家学者围绕会议的多个议题展开交流。

北京市法学会比较法学研究会会长、中国政法大学比较法学研究院院长解志勇以“后疫情时代比较法的使命”为题做主旨发言。解志勇认为，当前中国法治建设要以习近平法治思想为指导，服务于依法治国方略与健康中国战略，认识到后疫情时代以及信息时代社会面临的新挑战；他指出，未来法治建设要放眼世界，为建设美丽健康中国提供法治保障；解志勇进一步呼吁比较法同人们发挥学科优势，立足中国，放眼世界，吸收外国法治中健康法治建设的优秀成果，摒弃不符合文明和历史发展方向的法治文化糟粕，讲好中国法治故事，形成中国气派、中国风格的话语体系。

（中国政法大学供稿）

中国法律的传统与创造性转化学术研讨会　11 月 28 日，中国政法大学法律史学研究院主办的“中国法律的传统与创造性转化”学术研讨会在北京举办。会议采取线上与线下相结合的形式，围绕“中国法律的传统与创造性转化”的主旨，聚焦“法律传统与思想文化”“传统法制与司法实践”“近现代法制变迁”等多个主题，探讨法律史学的理论特色、研究进路与现代化过程中的创造性转化和创新性发展等问题。来自中国政法大学、中国社会科学院、北京大学、清华大学、中国人民大学、北京师范大学等 38 所高校或研究机构的 160 余名专家学者参会，提交学术论文 57 篇。会上 19 位学者进行主题发言或专题报告，13 位专家进行学术评议。

（中国政法大学供稿）

中国政法大学互联网治理研究中心成立大会暨互联网平台跨境治理与数字正义研讨会　11 月 28 日，中国政法大学互联网治理研究中心成立大会暨互联网平台跨境治理与数字正义研讨会在中国政法大学举办。本次活动作为中国政法大学法律硕士学院 15 周年院庆系列活动之一，旨在响应贯彻习近平法治思想和中央全面依法治国工作会议精神，面向信息技术迅猛发展的互联网时代治理之需求。安理律师事务所主任王清友围绕“律师能为互联网法治做什么”的主题，表示律师是互联网法治的建设者，与互联网企业共同成长并参与到互联网法治建设，参与制定规则；律师同时是互联网法治的实践者，是互联网法治的受益者，数字化经济为律师提供了一片蓝海。

中国政法大学互联网治理研究中心由中国政法大学法律硕士学院、北京互联网法院、北京华宇元典信息服务有限公司发起成立，共有字节跳动、小米科技、京东数科、北京市安理律师事务所、长安公证处等会员单位 20 余家。

（中国政法大学供稿）

卫生健康法治建设学术研讨会　11 月 29 日，中国社会科学院法学研究所、国际法研究所主办，中国社会科学院法学所国际法所法治战略研究部承办的第四届沙滩智库论坛“卫生健康法治建设”学术研讨会在北京召开。来自全国人大教科文卫委员会、人民日报社、中国社会科学院、中国社会科学出版社、中国医学科学院北京协和医学院、北京大学法学院、北京大学第一医院、北京医院、北京市第六医院、北京市委党校、北京市信访矛盾分析研究中心等部门和单位的 30 多名专家学者参加会议。

全国人大教科文卫委员会人口卫生室主任丁巍、中国社会科学院国际法研究所所长莫纪宏研究员在开幕式上致辞。第一单元的主题是医疗卫生管理体制改革，第二单元的主题是公共卫生防疫体系建设的法治保障，第三单元的主题是分级诊疗体系建设中的法律问题。

（中国社会科学院供稿）

行政处罚的数字治理学术研讨会 12月1日，由中国政法大学检察公益诉讼研究基地主办的“行政处罚的数字治理”学术研讨会在中国政法大学举行。与会学者剖析了数字政府的优势，并从行政处罚的设定、行政处罚程序、行政处罚证据以及半自动化决策、算法监管等角度，提出了针对《行政处罚法（修订草案二次审议稿）》的诸多修改意见。

（北京市法学会供稿）

国际刑法中的跨国有组织犯罪问题研讨会 12月5日，中国社会科学院国际法研究所主办、中国社会科学院国际法研究所国际刑法研究中心承办的“国际刑法中的跨国有组织犯罪问题”研讨会在中国社会科学院举办。来自中国社会科学院、中国政法大学、北京师范大学、中国人民大学、中国应用法学研究所、北京外国语大学和宁波市中级人民法院等科研院所和实务部门的专家学者围绕“跨国有组织犯罪的基本法律框架”和“跨国有组织犯罪的立法与实践”等议题进行研讨。

国际宪法学协会名誉主席、中国社会科学院国际法研究所所长莫纪宏，国际刑法学会中国分会副主席、中国社会科学院国际法研究所陈泽宪研究员在开幕式上致辞。第一单元的研讨主题为“跨国有组织犯罪的基本法律框架”，第二单元的研讨主题为“跨国有组织犯罪的立法与实践”。

（中国社会科学院供稿）

校外培训与在线教育治理法治化研讨会 12月5日，由中国政法大学法治政府研究院、北京教育法治研究基地主办，中国政法大学教育法研究中心、未成年人事务治理与法律研究基地承办的“校外培训与在线教育治理法治化研讨会”在京召开。会议聚焦于校外培训和在线教育的勃兴对教育治理法治化提出的新挑战，推进教育行业与法学界的沟通对话，共同探讨校外培训和在线教育可持续发展的法律对策。

（北京市法学会供稿）

劳工标准与原产地规则研讨会 12月5日，中国社会科学院国际法研究所主办的《美墨加协定》劳工标准与原产地规则研讨会在中国社会科学院举办。来自北京大学、中国人民大学、中国政法大学、中国劳动关系学院、南开大学、北京外国语大学、中国社会科学院法学所和拉丁美洲研究所的专家参加研讨会。中国社会科学院国际法研究所所长莫纪宏致开幕词，法学所国际法所联合党委书记陈国平做会议总结，中国社会科学院国际法研究所李西霞副研究员主持会议。

第一单元的主题为国际劳工组织废除强迫劳动公约及其在中国和美国的立法与实践，第二单元的主题为国际劳工组织集体谈判公约及其在中国和美国的立法与实践，第三单元的主题为“美墨加协定”原产地规则劳工标准。

（中国社会科学院供稿）

法学研究中的中国与西方研讨会 12月5—6日，由中国政法大学《政法论坛》编辑部、河南财经政法大学联合主办的“法学研究中的中国与西方”学术研讨会在郑州举办。来自教育部和北京大学、中国人民大学、武汉大学、中国政法大学、河南财经政法大学等10余所高校，《法学研究》《中国法学》《中外法学》《法学家》《法学评论》《法学》《法商研究》《法律科学》《法治日报》，以及北京大学出版社、中国知网、北大法律信息网等期刊管理部门领导、编辑、专家学者代表出席研讨会。

开幕式由《政法论坛》主编王人博主持，教育部社科司教学与出版处处长田敬诚、河南财经政法大学党委副书记华小鹏、中国政法大学科研处处长栗峥发表会议致辞。研讨会分为4个单元展开，与会代表围绕法学研究如何面对中西知识生产、中国法学研究学术体系的建构以及法学期刊评价机制等内容进行研讨。

（中国政法大学供稿）

法治政府蓝皮书发布暨“十四五”时期法治政府建设展望学术研讨会 12月6日，由中国政法大学法治政府研究院主办的“《法治政府蓝皮书：中国法治政府评估报告（2020）》发布会暨‘十四五’时期法治政府建设展望”学术研讨会在中国政法大学召开，报告通过对2014—2019年间“百城评估”数据的对比分析，提出6年来地方法治政府建设取得的成就、面临挑战与未来法治政府建设的展望。对于法治政府建设的重点，《报告》提出，要完善行政法律体系，推动行政法的法典化。

（北京市法学会供稿）

第十一届全球化时代犯罪与刑法国际论坛 12月12—13日，第十一届全球化时代犯罪与刑法国际论坛在北京召开。本届论坛主题是“金融犯罪、洗钱及资产追回”，与会的国内外专家学者在两天的研讨中就金融犯罪、洗钱、资产追回及国际的反腐合作展开深入交流。中国、美国、俄罗斯、德国、意大利、印度、西班牙、阿根廷、玻利维亚、塞尔维亚、波黑、北马其顿、肯尼亚等13个国家的代表共50余名专家和学者在线参加论坛。本届论坛讨论并表决通过《关于打击金融犯罪、洗钱犯罪以及进行资产追回和国际反腐败合作的决议》。

（北京市法学会供稿）

金融税法高峰论坛　12月13日，北京工商大学法学院和北京大学财经法研究中心联合主办，北京工商大学财税法研究中心和海南华宜财经研究院承办、国富浩华（北京）税务师事务所有限公司和明税律师事务所协办的“第二届金融税法高峰论坛”在北京举行，主题为“资本市场新交易模式的课税规则现状与前瞻”。来自国家税务总局、中国法学会财税法学研究会、湖南省财税法学研究会、武汉大学、中山大学、中国农业大学、中南大学、中国社会科学院、北京工商大学、首都经贸大学等单位的60名专家学者、实务界人士出席论坛，围绕“资本市场新交易模式的课税规则现状与前瞻”和“股权交易的涉税难题”的主题进行研讨。

（北京工商大学供稿）

2020年度中国反腐败法治高端论坛　12月14日，“2020年度中国反腐败法治高端论坛”在北京举行。本届论坛由中国法学会提供支持，中国刑法学研究会主办，北京师范大学刑事法律科学研究院承办。本届论坛的主题为“反腐败法治热点难点问题研究”，专家学者就“反腐败法治的基本理念与制度设计”“反腐败法治的中国问题”“反腐败法治的国际问题”进行交流研讨。

（北京市法学会供稿）

“创新在竞争法分析中的角色”研讨暨新书发布会　12月19日，由中国社会科学院国际法研究所主办、中国社会科学院国际法研究所竞争法研究中心承办的“创新在竞争法分析中的角色”研讨会暨新书发布会同时在线上和线下举行。来自国务院发展研究中心、清华大学、中国人民大学、中国政法大学、中国社会科学院大学、南开大学、山东大学、上海交通大学、武汉大学、中国信息通信研究院、日本KDDI综合研究所、中伦律师事务所和腾讯公司等高校与机构近30位专家学者参加会议。研讨会分为“竞争法分析中的创新考量”“创新与管制：竞争法与竞争政策面临的挑战”“竞争法与知识产权法——创新发挥作用、平台经济——十字路口的创新与竞争法”3个单元。

（中国社会科学院供稿）

第十届首都金融财税法论坛　12月19日，“北京市法学会金融与财税法学研究会2020年年会暨第十届首都金融财税法论坛”在北京联合大学召开。北京市法学会金融与财税法学研究会会长杨宜和北京市法学会金融与财税法学研究会名誉会长、中国财税法学研究会名誉会长刘隆亨出席本次论坛并致辞。来自司法部、北京大学、中国政法大学、中央财经大学、德恒律师事务所、中国电子财务有限责任公司等法律实务界、企业界的专家学者和《纳税人报》、《中国经营报》等媒体的记者共60余人线上线下参加论坛。本次论坛以“十三五”时期金融、财政、税法评析为主题，分析当今中国金融与财税法制面临的新问题和新形势。

（北京市法学会供稿）

首届国际航空航天法治论坛　12月20日，中国政法大学航空与空间法研究中心联合国际法学院、国际私法研究所、中国政法大学“一带一路”国际争议解决机制创新和制度构建创新团队举办的首届国际航空航天法治论坛举行。论坛通过线上平台举行，聚焦于“疫情下航空法的变革与应对”。来自国际民航组织、中国民用航空局、中国法学会航空法学研究会、中国民用航空局国际合作服务中心、中国海事仲裁委员会、中国政法大学、中国民航大学、北京航空法学会和各法律实务部门的百余名专家、学者和学生参会。论坛分为“国家对民用航空的规制权问题”“疫情下国际民用航空旅客权益保护问题”“疫情下国际民用航空业的融资问题”“疫情下国际民用航空争议解决问题”4个议题。

（中国政法大学供稿）

第九届在鸣行政法治论坛　12月22日，中国政法大学法律硕士学院、北京在明律师事务所联合主办的第九届在鸣行政法治论坛暨“行政法理论与实践热点问题”研讨会在北京举办。研讨会上，行政法界专家、知名学者、实务人员、执业律师，就《中华人民共和国行政复议法》的修改、全面赔偿原则在司法实践中的问题与挑战、紧急状态立法和拟制行政审批与优化营商环境的关系等多个行政法热点问题展开交流研讨。北京在明律师事务所主任杨在明、中国政法大学法律硕士学院院长许身健、中国政法大学法学院行政法学研究所所长罗智敏、中国政法大学法治政府研究院副院长赵鹏致辞。

（中国政法大学供稿）

2020网络安全思享峰会 12月24日，2020网络安全思享峰会在北京举行。本次峰会由中国犯罪学学会、中国人民大学刑事法律科学研究中心与腾讯公司安全战略研究部联合主办，围绕中国互联网在高速发展中日益严峻的网络安全问题，分设七大议题：网络犯罪的刑事规制、个人信息保护与数据安全、互联网企业与网络平台刑事合规、互联网金融反洗钱治理、未成年人网络保护、人工智能与产业安全、云服务责任边界。

（北京市法学会供稿）

《民法典评注》新书发布暨法典评注文化研讨会 12月26日，中国社会科学院法学所与私法研究中心主办、北京市天同律师事务所与无讼网络科技（北京）有限公司协办的《民法典评注》新书发布会暨法典评注文化研讨会在北京召开。来自全国人大常委会法制工作委员会、最高人民检察院、司法部、中国证监会、北京大学、中国政法大学、中国社会科学院法学所等单位的专家学者，《人民日报》、《光明日报》、央视网等媒体人士，以及北京市天同律师事务所、京师律师事务所等实务工作者参加研讨会。

（中国社会科学院供稿）

中国对外投资国家安全审查法律风险及应对研讨会 12月26日，中国社会科学院国际法研究所主办的“中国对外投资国家安全审查法律风险及应对”研讨会在北京举办。来自中国社会科学院法学研究所、国际法研究所、世界经济与政治研究所、欧洲研究所、中国政法大学的学者以及来自实务部门、律师事务所的代表参加研讨会。

开幕式由中国社会科学院国际法研究所国际公法研究室主任蒋小红研究员主持。中国社会科学院国际法研究所所长莫纪宏做题为“构建以《国家安全法》为核心的国家安全法律体系”的主旨发言。中国社会科学院国际法研究所国际公法研究室主任蒋小红、中国社会科学院世界经济与政治研究所潘圆圆、天达共和律师事务所合伙人张梅英、中国政法大学国际法学院院长孔庆江、中国社会科学院欧洲所研究员程卫东、中国社会科学院国际法研究所国际经济法研究室主任刘敬东进行主题发言。

（中国社会科学院供稿）

宅基地三权分置不动产登记理论、立法和实践研讨会 12月26日，北京城市学院主办的“宅基地三权分置不动产登记理论、立法和实践研讨会”在北京召开。来自自然资源部、自然资源部不动产登记中心、北京市规划和自然资源委员会、北京市不动产登记事务中心、象山县自然资源和规划局、北京大学、中国人民大学、北京城市学院、《改革内参》编辑部、《中国不动产》编辑部等单位的20余名领导和专家出席会议。

会议由北京城市学院众城智库院长吴春岐主持，与会领导和专家从理论、管理、实践、媒体等不同视角就宅基地三权分置不动产登记的地方探索、理论难题、解决之策进行主题发言。象山县自然资源和规划局党组书记、局长杨梓良介绍了浙江省象山县在宅基地三权分置改革及不动产登记工作中所做出的有益探索和经验。

（北京城市学院供稿）

实现“十四五”规划和二〇三五年远景目标的经济法治学术年会 12月27日，实现“十四五”规划和二〇三五年远景目标的经济法治学术年会研讨会暨北京市经济法学会2020年年会在中国人民大学举行。来自中国人民大学、北京大学、清华大学、中国政法大学等京内外数十所高等院校、科研院所的百余名嘉宾，通过线上或线下方式参加了会议。研讨会分两个单元进行主题发言。第一单元中国人民大学法学院教授徐孟洲、中央党校政法教研部教授王勇、北京大学法学院教授叶姗、中央党校政法教研部教授王伟、中国国际经济关系学会金融安全研究中心研究员马志毅分别以“国家发展规划法在宏观经济治理体系中的地位”“以习近平法治思想引领经济新发展”“完善宏观经济治理的经济法治进路”“市场监管机制的法治逻辑”“建立健全金融安全法律制度”为题进行主题发言。第二单元中国政法大学民商经济法学院教授刘继峰、中国人民大学法学院教授孟雁北、清华大学法学院教授汤欣、北方工业大学文法学院教授王斐民、中国政法大学民商经济法学院教授李蕊分别围绕“数据垄断立法模式初探”“经济法视野下的欧盟《数字市场法》”“瑞幸咖啡案与新证券法下的域外适用条款”“贸易金融区块链平台的法治保障”“中国粮食安全法治保障理路研究”等主题进行发言。

（北京市法学会供稿）

软法与疫情防控理论研讨会　12 月 28 日，软法与疫情防控理论研讨会暨中国行为法学会软法研究分会 2020 年年会在线上召开。会议围绕“疫情防控与软法治理”和“疫情防控的法治方案”两大单元主题展开研讨，与会学者就疫情期间软法在国家治理方式和社会形态发生大变革背景下发挥的作用价值交换看法，进行了交流。

（北京市法学会供稿）

第二届新型法治智库论坛　12 月 30 日，由中国社会科学院法学研究所、天津市法学会和天津社会科学院联合举办的第二届“新型法治智库论坛”，在北京、天津和线上同步举行。中国社会科学院学部委员、副院长高培勇，天津市委常委、政法委书记、依法治市办主任、天津市法学会会长赵飞，天津社会科学院党组书记、院长靳方华，中国社会科学院学部委员、法学研究所所长陈甦等领导出席论坛并分别致辞。天津市法学会党组书记、专职副会长于浩明，天津市法学会党组成员、研究部主任赵慧敏等领导出席论坛。来自国内社会科学院系统、法学会系统等 26 家单位百余位专家学者和新闻媒体代表参与论坛。

论坛还举办了中国社会科学院法学研究所与天津社会科学院战略合作签约以及中国社会科学院法学研究所法治指数（天津）协同创新基地揭牌仪式，发布《法治蓝皮书 2020 · 中国地方法治发展报告 No. 6》。

（中国社会科学院供稿）

历史学（含中共历史、中外史、考古）

“学习贯彻习近平总书记贺信精神　开创新时代中国史学繁荣发展新局面”座谈会　1 月 2 日，在习近平总书记致信祝贺中国历史研究院成立一周年之际，中国历史研究院组织召开“学习贯彻习近平总书记贺信精神　开创新时代中国史学繁荣发展新局面”座谈会。中国社会科学院副院长、党组成员兼中国历史研究院院长、党委书记高翔出席会议并讲话。中国历史研究院领导、院属研究所领导和科研代表参加座谈会。

高翔强调，建设新时代中国史学，要以习近平新时代中国特色社会主义思想为旗帜和灵魂，坚持用历史唯物主义的观点分析问题、看待问题、解决问题；要以服务于中华民族伟大复兴为宗旨，着力发挥历史科学的经世致用功能，围绕党和国家工作大局，主动回应时代召唤，启动一系列具有重大理论和实践意义的研究课题，在服务现实中寻找新的学术生长点；要加强学科深度融合，联合攻关，打破学科壁垒，推动学科对话和融合，以多学科的视角审视人类文明成长历程；要构建具有鲜明中国特色的学科体系、学术体系、话语体系，打造史学研究的中国学派，形成具有中国特色的学术话语、研究范式，推出体现中国思想、中国精神、中国风格的鸿篇巨制。

（中国社会科学院供稿）

《中华人民共和国经济与社会发展研究丛书（1949—2018）》出版座谈会　1 月 8 日，由当代中国研究所、华中科技大学出版社联合举办的《中华人民共和国经济与社会发展研究丛书（1949—2018）》出版座谈会在北京召开。该丛书由中国社会科学院当代中国研究所副所长武力担任主编，作为国家出版基金资助项目和“十三五”国家重点图书出版规划项目，由华中科技大学出版社出版发行。丛书共 14 册，分别为《中国经济体制演变研究》（李扬、武力著）、《中国对外贸易发展研究》（陈争平、郭旭红著）、《中国乡村发展研究》（郑有贵著）、《中国水利工程建设研究》（王瑞芳著）、《中国财政改革与发展研究》（赵云旗著）、《中国金融业发展研究》（兰日旭著）、《中国农村扶贫开发研究》（王爱云著）、《中国交通业发展研究》（彤新春著）、《中国区域经济发展研究》（段娟著）、《中国社会治理演变研究》（吴超著）、《中国工业经济发展研究》（肖翔、董香书著）、《中国国防工业发展研究》（申晓勇著）、《中国旅游业发展研究》（郭旭红著）、《中国医疗事业发展研究》（郁辉著），集中展示了中华人民共和国成立以来经济社会发展所取得的伟大成就。与会专家学者，围绕该丛书的主要内容、特点以及新中国经济社会发展的重大成就、历史经验等进行交流研讨。

（中国社会科学院供稿）

“王阳明与马丁·路德——早期近代东西方的思想突围与历史分途”对谈会 1月21日，中国历史研究院古代史研究所明史研究室、世界历史研究所全球史研究室联合举办的“王阳明与马丁·路德——早期近代东西方的思想突围与历史分途对谈会”在北京召开。中国历史研究院副院长李国强、古代史研究所所长卜宪群、世界历史研究所副所长饶望京，以及来自古代史研究所、世界历史研究所和其他相关学术机构的学者共30余人参加对谈会。对谈会由研究员赵现海、景德祥分别担任主讲人。

（中国社会科学院供稿）

纪念伟大卫国战争暨世界反法西斯战争胜利75周年线上研讨会 5月7日，由中国社会科学院中国历史研究院和俄罗斯历史协会共同主办的“纪念伟大卫国战争暨世界反法西斯战争胜利75周年”线上研讨会在北京和莫斯科两地同时举行。中国社会科学院院长谢伏瞻，中国社会科学院副院长、中国历史研究院院长高翔，中国驻俄罗斯大使张汉晖，俄罗斯历史协会主席纳雷什金，俄罗斯驻华大使杰尼索夫，莫斯科国际关系学院院长托尔古诺夫等出席会议并通过视频致辞发言。

来自中俄两国的历史学专家学者做线上交流发言，围绕世界反法西斯战争胜利的历史意义、卫国战争对世界反法西斯做出的重要贡献、在世界反法西斯战争中的国际合作、维护战后确立的国际秩序的重要性，以及深化中俄新时代全面战略协作伙伴关系等议题展开研讨对话。

（中国社会科学院供稿）

纪念陈云同志诞辰115周年座谈会 6月13日，中国社会科学院和中华人民共和国国史学会陈云与当代中国研究中心在北京联合召开纪念陈云同志诞辰115周年座谈会。陈云长子、“陈云与当代中国”研究中心顾问、第十二届全国政协副主席陈元出席会议。国家安全部原部长许永跃，国防大学原副政委李殿仁，中华人民共和国国史学会副会长、原中央文献研究室常务副主任杨胜群，陈云的亲属和生前老部下的后人，陈云与当代中国研究中心常务理事、理事，以及其他有关人士、媒体记者也出席了会议。

（中国社会科学院供稿）

二战史观比较研究研讨会 6月24日，为纪念二战胜利75周年，外交学院国际关系研究所举办“二战史观比较研究”线上研讨会。外交学院副院长王帆出席会议并致辞。王帆指出二战史观不仅是学术问题，也是重大的国际政治现实问题，关系到如何认识战后世界秩序合法性和不少国际政治现实问题的法理基础。来自武汉大学、首都师范大学、中国人民大学、清华大学、中央党校、中国社会科学院和外交学院的专家做专题发言。会议比较了主要国家二战史观的差异，强调维护二战胜利成果、维护世界公平正义的重要性，并探讨了二战史观与国际政治现实问题的关系。

（外交学院供稿）

大力推进五四运动和五四精神研究学术研讨会 7月22日，2019年度马克思主义理论研究和建设工程重大项目、国家社科基金重大项目“五四运动的历史意义和时代价值研究”课题组在中央团校举办“大力推进五四运动和五四精神研究”学术研讨会。课题负责人、团中央中特中心执委会主任、校党委书记倪邦文主持会议。来自中央团校、中国青少年研究中心、共青团中央青运史档案馆、北京大学、山东大学、北京航空航天大学、北京化工大学等单位的学者30余人参加研讨会。与会专家学者围绕五四运动的历史意义和时代价值进行探讨。

（中央团校供稿）

沉沦与复兴之变奏——鸦片战争爆发180周年学术座谈会 7月3日，中国历史研究院主办、中国历史研究院近代史研究所承办的“沉沦与复兴之变奏——鸦片战争爆发180周年”学术座谈会在北京召开。来自中国历史研究院、北京大学、清华大学、中国人民大学、北京师范大学等单位的30余位专家学者参加。

中国社会科学院副院长、中国历史研究院院长高翔在座谈会上指出，举办此次学术座谈会是要以鸦片战争为视点，前后贯通研究中国历史，考察世界未有之大变局；同时还要横向研究近代中国与世界的历史交错，考察近代中西关系的历史脉络，从历史中汲取智慧，为把握现实、开创未来提供有益借鉴，并在服务中华民族伟大复兴中，不断开拓研究视野，提升研究水平，书写新时代中国史学繁荣发展的新篇章。

座谈会围绕“鸦片战争与中国惊世变局”和“鸦片战争与近代中西关系”2 个议题展开。中国历史研究院世界历史研究所汪朝光研究员、北京师范大学历史文化学院教授李帆、清华大学历史系教授戚学民、中国历史研究院近代史研究所研究员卞修跃、中国人民大学历史学院教授黄兴涛、中国历史研究院近代史研究所研究员李细珠、中国历史研究院历史理论研究所研究员左玉河、中国历史研究院近代史研究所研究员崔志海先后做主题发言。

（参见《光明日报》2020 年 7 月 27 日第 14 版）

学习“四史”暨《改革开放 40 年：历程与经验》出版座谈会　7 月 31 日，当代中国研究所、当代出版社、当代中国研究所新中国历史经验研究中心联合举办的学习“四史”暨《改革开放 40 年：历程与经验》出版座谈会以视频会议的形式召开。中国国家博物馆馆长王春法，中国社会科学院党组成员、当代中国研究所所长姜辉，中国社会科学院科研局局长马援，当代中国研究所副所长李正华，当代中国研究所原副所长武力等专家学者 20 余人参加会议，并围绕党史、新中国史、改革开放史、社会主义发展史学习教育活动与《改革开放 40 年：历程与经验》一书的内容、作用和意义做主题发言。中央党史和文献研究院副院长魏海生，国家档案局原局长李明华，向会议提交书面发言。

《改革开放 40 年：历程与经验》旨在讲述改革开放历程，总结经验，并进行有益的思考和探索，内容包括中国特色社会主义理论形成与发展、党的建设、政治体制改革、法治建设、对外经济开放、国企改革、农村改革发展与扶贫开发、城镇就业与劳动力转移、生态文明建设、文化建设、意识形态工作、社会治理、国防科技、军队建设、“一国两制”与和平统一、外交等，展现了 1978—2018 年中国共产党团结和带领中国人民进行改革开放的波澜壮阔历程以及政治、经济、文化、社会、生态文明等各领域的发展与变迁。与会专家认为，该书的出版具有重要现实意义。

（中国社会科学院供稿）

全国主要史学研究与教学机构年度重大成果发布会（2019—2020）　8 月 2 日，由中国社会科学院中国历史研究院主办的全国主要史学研究与教学机构年度重大成果发布会（2019—2020）在北京召开。中国历史研究院副院长李国强，中国历史研究院古代史研究所所长卜宪群，中国历史研究院考古研究所夏商周考古研究室主任徐良高，中国社会科学院当代中国研究所原副所长武力，中国历史研究院近代史研究所所长王建朗，吉林省社会科学院院长、党组书记王颖，首都师范大学荣誉资深教授徐蓝等专家学者出席会议，并分别对发布成果总体情况及各重要成果进行介绍。

发布会现场发布了中国历史研究院重大课题“习近平论历史科学”阶段性成果、《洛阳盆地中东部先秦时期遗址 1997—2007 年区域系统调查报告》《中华人民共和国简史（1949—2019）》，以及“中国人民抗日战争暨世界反法西斯战争胜利 75 周年”专题成果《中国抗日战争史》《中华民族抗日战争军事资料集》《近代日本对华调查档案资料丛刊（第一至三辑）》《英美军事战略同盟关系的形成与发展》等重大成果。现场还集中展示了从联席会议成员单位推荐或征集的 13 项重要学术成果，包括《巴蜀符号集成》、《绘园所藏甲骨》、《新西兰华侨华人史》、《民国社会生活史》、《科技革命与国家现代化研究丛书（精装版）》、《中西文化关系通史》、《近代青海考察记与调查资料汇编》、《百年南开日本研究文库》、《中国历史地理十讲》、《李顿调查团档案文献集》、《中国会馆志资料集成》（第二辑）、《楚地出土战国简册合集》（第三、第四辑）、《腾冲契约文书资料整理与汇编》，涵盖考古学、中国史、世界史 3 个史学一级学科。

（参见《光明日报》2020 年 8 月 3 日第 14 版）

新时代中国非洲史研究与编纂学术研讨会暨青年史家论坛　8 月 17 日，中国非洲史研究会主办、中国社会科学院世界历史研究所非洲史研究室承办的“新时代中国非洲史研究与编纂学术研讨会暨青年史家论坛”在北京召开。来自中国社会科学院世界历史研究所、中国非洲研究院、上海社会科学院、北京大学、北京师范大学、复旦大学等科研院所和高校的学者，以及中国国际问题研究基金会的学者近 80 人参加会议研讨。会议采取线上、线下相结合的方式召开。

中国社会科学院世界历史研究所所长汪朝光研究

员、中国非洲研究院常务副院长李新烽研究员、中国非洲史研究会会长李安山教授分别在开幕式上致辞。中国社会科学院世界历史研究所党委书记、副所长罗文东研究员主持了开幕式。会议分为3个单元展开研讨，议题分别为“非洲历史研究与编撰”“非洲历史建构与学派”“非洲历史实证与考订”。

（中国社会科学院供稿）

纪念中国人民抗日战争暨世界反法西斯战争胜利75周年学术研讨会 8月28—29日，由中国历史研究院主办、中国历史研究院近代史研究所承办、中国抗日战争史学会和中国社会科学院中日历史研究中心协办的“纪念中国人民抗日战争暨世界反法西斯战争胜利75周年学术研讨会”在北京召开。来自国内知名高校和科研机构的专家学者100余人参会。会议的主题是“抗日战争与中华民族复兴及国际秩序重建”。

中国社会科学院副院长、中国历史研究院院长高翔在会上致辞。河北师范大学党委书记戴建兵、陕西师范大学教授黄正林、上海师范大学教授苏智良、中国历史研究院世界历史研究所所长汪朝光、中国历史研究院近代史研究所研究员李学通，分别以“战争、农业生产与军民动员”“抗战时期陕甘宁边区的动员问题研究” “侵华日军慰安所的类型与数量分析”“抗日战争的比较视角与现代意义”“抗日战争时期的科技人才动员”为题做主题报告。与会学者还就中国人民抗日战争时期的政治、经济、军事、外交、思想、社会、文化、教育等领域以及战后遗留问题等展开研讨。

（中国社会科学院供稿）

全国地方志系统“两全目标”推进工作调度会暨全国地方志“一体两翼”工程成果发布会 8月31日，由中国地方志指导小组主办的全国地方志系统“两全目标”推进工作调度会暨全国地方志“一体两翼”工程成果发布会在北京召开。北京、天津、河北、内蒙古、辽宁、吉林、上海、江苏、浙江、江西、重庆11省（区、市）地方志工作机构主要负责人在会上做“两全目标”推进情况交流。全国地方志“一体两翼”工程6名优秀成果作者介绍了成果和经验。会议采取视频直播的形式，首次设立分会场，其他省级地方志工作机构主要负责人、分管领导和各省级地方志工作机构业务部门负责人以及“一体两翼”工程联络员、撰稿人近200人在各地分会场参会。

中国地方志指导小组秘书长、中国地方志指导小组办公室主任冀祥德通报全国地方志系统“两全目标”工作推进情况。中国地方志指导小组办公室副主任邱新立发布全国地方志“一体两翼”工程2019—2020年成果。中国社会科学院副院长、中国历史研究院院长、中国地方志指导小组常务副组长高翔指出，全国地方志系统当前和今后一个时期的首要政治任务，就是要深入学习贯彻习近平新时代中国特色社会主义思想，认真落实习近平总书记关于史志工作的重要论述精神，在新的时代背景和任务要求下，充分发挥自身优势，完成“两全目标”，精心谋划并扎实推进《中国扶贫志》《中国全面小康志》编纂工作，用志书这种载体形式，全面、系统、客观地记录好脱贫攻坚和全面建成小康社会的伟大历史进程，为中国特色社会主义新时代增光添彩。同时立足新时代，不断开拓奋进，持续推动方志文化创造性转化、创新性发展。

（参见《光明日报》2020年9月28日第14版）

纪念中国人民抗日战争暨世界反法西斯战争胜利75周年线上研讨会 9月1日，中国社会科学院中国历史研究院与俄罗斯历史协会联合举办“以史为鉴·珍爱和平·共创未来——纪念中国人民抗日战争暨世界反法西斯战争胜利75周年”线上研讨会。中国社会科学院院长谢伏瞻，中国社会科学院副院长、中国历史研究院院长高翔，中国驻俄罗斯大使张汉晖，俄罗斯历史协会主席纳雷什金，俄罗斯驻华大使杰尼索夫以及来自中国和俄罗斯历史学界近20位专家学者通过视频连线出席研讨会。

与会专家围绕中国人民抗日战争暨世界反法西斯战争的进程及历史意义，共同维护战后国际秩序，中俄加强全面战略协作、携手共促世界和平与发展等议题展开研讨。大家一致认为，当今世界正处于百年未有之大变局，作为世界反法西斯战争主要战胜国，中俄肩负着维护世界和平、推动人类发展的特殊使命。在当前国际形势下，中俄学者共同总结历史经验、汲取历史智慧，对推动中俄两国友好合作深入发展，建设相互尊重、公平正义、合作共赢的新型国际关系具有重要意义。

（参见《光明日报》2020年9月16日第11版）

纪念中国人民抗日战争胜利75周年暨《口述抗战》出版座谈会 9月1日，“纪念中国人民抗日战争胜利75周年暨《口述抗战》出版座谈会”在中央党史和文献研究院举行。中央党史和文献研究院副院长魏海生出席会议并讲话。来自中央党校（国家行政学院）、中国社会科学院、军事科学院、中国人民抗日战争纪念馆的专家学者参加会议。

《口述抗战》由中央党史和文献研究院院长曲青山担任编委会主任，中央党史和文献研究院副院长魏海生、原中央党史研究室副主任高永中担任主编，中共党史出版社出版。全书共6册，收入回忆抗日战争权威文章240多篇约300万字。与会者认为，中国人民抗日战争暨世界反法西斯战争胜利75周年之际，中央党史和文献研究院组织力量，编辑出版《口述抗战》一书，从亲历者的角度，生动鲜活地再现了中国共产党领导中国军民进行抗战的艰难而辉煌的历史，以大量史料回答了中国抗日战争的伟大意义、中国抗日战争在世界反法西斯战争中的重要地位、中国共产党的中流砥柱作用是中国抗日战争胜利的关键等重大问题，对推进全党学习党史、弘扬伟大抗战精神、继承和发扬革命传统具有重要意义。

（参见《北京日报》2020年9月3日第3版）

《中国抗日战争史》《中华民族抗日战争军事资料集》出版座谈会　9月2日，由中国社会科学院中国历史研究院近代史研究所、社会科学文献出版社主办的《中国抗日战争史》《中华民族抗日战争军事资料集》出版座谈会在北京召开。中共中央党史和文献研究院研究员章百家、中国社会科学院中国历史研究院副院长兼科研管理部主任杨艳秋、中国社会科学院中国历史研究院近代史研究所所长王建朗和社会科学文献出版社社长谢寿光出席并发表讲话。中国社会科学院中国历史研究院世界史研究所所长汪朝光和近代史研究所研究员罗敏作为作者代表发言。来自中国社会科学院中国历史研究院、北京大学、北京师范大学、首都师范大学等高校和科研机构的知名专家学者及媒体记者共20余人参会。

中共中央党史和文献研究院研究员章百家，北京师范大学历史学院教授朱汉国，北京大学历史学系教授徐勇，北京大学历史学系教授臧运祜，首都师范大学历史学院教授史桂芳，中国历史研究院近代史研究所研究员李学通，中国历史研究院近代史研究所研究员、《抗日战争研究》主编高士华，中国历史研究院近代史研究所研究员、副所长金以林等就这两部著作的学术意义及如何进一步推进抗战史研究展开讨论。

（中国社会科学院供稿）

拉美史研究前沿问题学术研讨会　9月5日，中国拉丁美洲史研究会主办、中国社会科学院世界历史研究所承办的“拉美史研究前沿问题”学术研讨会以云端会议形式召开。来自中国社会科学院、中国现代国际关系研究院、北京大学、南开大学、浙江大学等科研机构和高校的90余位研究人员与高校师生参加会议。会议主要内容有：前沿问题研究成果的分享、对拉美国家及地区的整体认识及思考、对拉美史其他重要问题的探讨。与会学者还围绕拉美史研究的现实意义、拉美国家民族构建问题、美国因素在中拉合作中造成的实质性影响、民法典的社会控制功能等问题进行讨论。

（中国社会科学院供稿）

中国苏联东欧史研究会2020年学术年会　9月19—20日，中国苏联东欧史研究会和中国社会科学院世界历史研究所联合主办的中国苏联东欧史研究会2020年学术年会在北京召开。会议采用实体会议和云会议相结合的方式进行，来自全国高校和科研单位的20余位学者做学术报告，线上和线下共有近百名学者和在读博士生参加会议。

会议开幕式在中国历史研究院举行，中国社会科学院世界历史研究所党委书记罗文东，中国苏联东欧史研究会会长、中国社会科学院俄罗斯东欧中亚研究所张盛发研究员致辞。2020年是学会成立35周年，中国社会科学院世界历史研究所原副所长陈之骅受邀做主旨报告。中国社会科学院世界历史研究所原所长吴恩远研究员做题为《俄罗斯学界关于俄罗斯历史重大问题的讨论》的主旨报告。中国社会科学院学部委员、中国社会科学院中国边疆研究所所长邢广程研究员做题为《运用辩证唯物主义和历史唯物主义研究苏联问题》的主旨报告。中国社会科学院俄罗斯东欧中亚研究所所长孙壮志研究员做题为《反法西斯战争胜利对中俄参与全球治理的启示》的主旨报告。张盛发研究员做题为《列宁与共产国际的建立》的主旨报告。

（中国社会科学院供稿）

当代中国研究所成立30周年暨新时代当代中国史研究高端论坛　9月23—24日，中国社会科学院当代中国研究所主办的“当代中国研究所成立30周年暨新时代当代中国史研究高端论坛”在北京召开。第十届全国人大常委会副委员长顾秀莲，中国社会科学院院长谢伏瞻，中国社会科学院副院长、党组副书记王京清等出席开幕式。中国社会科学院党组成员、当代中国研究所所长姜辉主持开幕式。

与会专家学者在发言和讨论中围绕会议主题，就学习贯彻习近平总书记关于党史新中国史的重要论述，以及新时代更好履行“修史、资政、育人、护国”职责进行交流研讨。与会人员表示，当代中国史研究具有很强的政治性，坚持正确的政治方向、学术导向和价值取向至关重要。加强国史研究，必须掌握和运用唯物史观，坚持党性和科学性的统一，提高政治站位，增强理论武装，用党的创新理论指导研究工作。

（中国社会科学院供稿）

欧洲与欧洲史研究学术研讨会 9月24日，中国社会科学院欧美近现代史优势学科主办的“欧洲与欧洲史研究”学术研讨会在北京召开。来自中国社会科学院、北京大学、清华大学、中国人民大学、北京师范大学、复旦大学等科研院所和高校的近40位欧洲史学者，围绕如何认识和理解欧洲、当前我国欧洲史研究的现状等议题展开探讨。

与会学者认为，在欧洲历史的演进中，经过长期丰富而复杂的演化，欧洲文明终于发展成为现代文明，并成为现代文明的领跑者，极大地影响了当今世界的历史进程。研究欧洲的历史和现状，对认识和理解世界格局及其演变，尤其是在世界正经历百年未有之大变局的当下，具有十分重要的理论意义和现实意义。

如何提升中国欧洲史研究水平，是本次会议讨论的一个焦点。与会学者指出，我们要补足欧洲一些国家和地区的研究空缺；打破欧洲史研究中的国别壁垒，探索跨国别的整体欧洲史研究路径，清晰展现欧洲文明整体发展进程；用新材料、新视角、新方法研究传统史学，使传统史学焕发出新的生命力；采用跨学科方法对史学新领域进行研究时，不能背离史学求真的学科特质。此外，还应整合科研力量，重视对年轻学者的培养，确保欧洲国别史和整体欧洲史研究能够齐头并进、相辅相成。

在欧洲史教学和研究中，如何突破欧洲中心论的桎梏，是本次会议探讨的另一个重点。与会学者认为，我们在从事教学和研究的过程中，要努力克服欧洲中心论的倾向，以马克思主义唯物史观为指导，以中国学者的眼光认识欧洲文明的发展过程和特征，建构具有中国特色的欧洲史学术体系、话语体系。

（参见《光明日报》2020年10月26日第14版）

中华文化与历史思想学术研讨会 10月23—25日，由中国社会科学院历史理论研究所历史思潮研究室与古代史研究所古代文化史研究室联合主办的“中华文化与历史思想”学术研讨会在北京召开。来自中国社会科学院历史研究院、南开大学、北京师范大学、山东大学、中国人民大学、四川大学、中国国家博物馆、中央民族大学等全国10余所高等院校及研究机构的40余位专家学者参会。

研讨会围绕中华文化与历史兴衰、中国文化思想与历代社会治理、中华文化视野下的历史观念、中国史学理论与历史理论专题、华夏文明的包容性与内外文化交流、中国社会文化思潮与史学思潮等议题展开交流与讨论。20余位专家学者做主题报告，30余位学者参与点评。

（中国社会科学院供稿）

第五届北庭学研讨会暨北庭故城考古40周年纪念活动 10月24—25日，第五届北庭学研讨会暨北庭故城考古40周年纪念活动在北京举办。会议由中国社会科学院、国家文物局、中国历史研究院指导，中国社会科学院考古研究所、新疆维吾尔自治区社会科学院、新疆维吾尔自治区文博院、新疆维吾尔自治区文物局、新疆昌吉州人民政府主办，中国社会科学院考古研究所边疆民族考古研究室、新疆昌吉州文学艺术界联合会、吉木萨尔县人民政府承办。会议以“北庭与丝绸之路”为主题，从古代城市与丝绸之路、北庭故城考古40年、北庭历史与边疆治理、丝绸之路的考古发现及研究、北庭故城及大遗址的保护开发与利用等方面进行学术交流和研讨。

来自中国社会科学院考古研究所、中国文化遗产研究院、中国建筑设计研究院、新疆维吾尔自治区社会科学院、新疆文物考古研究所等科研机构和单位，北京大学、清华大学、中国人民大学等高校的70多位专家学者出席会议。

（中国社会科学院供稿）

林甘泉史学研究理论与方法座谈会 10月25日，时逢林甘泉先生逝世3周年纪念日，由中国社会科学院古代史研究所秦汉史研究室、郭沫若纪念馆、中国国学研究与交流中心、中国秦汉史研究会、中国郭沫若研究会、中国历史研究院海外中国历史文献研究中心联合举办的“求真务实——林甘泉史学研究理论与方法座谈会”在北京召开。来自中国社会科学院、中央党史和文献研究院、中国人民大学、北京师范大学、郭沫若纪念馆等10余家单位的70余人参加座谈会。与会代表深切缅怀林甘泉先生的生前事迹，全面总结林甘泉先生的史学研究理论与方法，并对他的学术成就和他在推动历史学科发展与建设方面做出的重要贡献予以高度评价。

（中国社会科学院供稿）

庆祝中共北京早期组织成立100周年学术座谈会 10月31日，北京市委党史研究室、北京市地方志办公室和北京市中共党史学会共同举办的“回望京华百年　传承红色基因”——庆祝中共北京早期组织成立100周年学术座谈会在北京召开。北京市中共党史学会副会长、清华大学马克思主义学院教授肖贵清及学会理事监事30余人参加。与会人员围绕中共早期组织的成立、中国共产党与全面建成小康社会、党的十九届五中全会精神学习贯彻等议题进行研讨交流。

（北京市委党史研究室供稿）

首届全球文明史研讨会　10月31日，中国社会科学院历史理论研究所中外文明比较研究室、中国社会科学院史学理论研究中心主办的首届全球文明史研讨会——中外文明比较视野中的现代化研究在中国历史研究院召开。来自中国社会科学院历史理论研究所、世界历史研究所、北京大学、吉林大学、首都师范大学、天津师范大学等单位的专家学者围绕中外文明比较视野中的现代化研究展开研讨。研讨会采取了线下会场与线上视频会议相结合的方式。

（中国社会科学院供稿）

战争与文明学术研讨会　11月6—7日，中国国际文化书院主办的“战争与文明”学术研讨会在中国历史研究院世界史所召开。来自历史学、法学、经济学、国际政治学等领域的数十位专家学者分别围绕战争的起源、战争形态的演变、战争与文明的关系、战争在历史上的地位和作用以及世界百年未有之大变局下的战争认识等问题展开讨论。中国社会科学院、清华大学、中国人民大学、复旦大学、北京师范大学、吉林大学、对外经济贸易大学、首都师范大学等高校和科研院所的40余名专家学者参加会议。

（中国社会科学院供稿）

中国历史学话语体系建设学术研讨会　11月6—8日，中国历史研究院中国历史学学科体系学术体系话语体系研究中心（以下简称“研究中心”）和历史理论研究所综合处主办的“中国历史学话语体系建设”学术研讨会在中国历史研究院召开。来自中国社会科学院、北京大学、北京师范大学、中国人民大学、山东大学等高校科研院所的30余位专家学者与会，围绕中国历史学话语体系建设展开交流和研讨。

会议开幕式由研究中心主任、历史理论研究所研究员张顺洪主持，历史理论研究所党委书记、研究员张冠梓致辞。研究中心理事长、北京师范大学教授郑师渠，研究中心副理事长、山东大学教授顾銮斋等。与会学者就中国历史学“三大体系”的内涵、中西史学对话、研究中心未来规划与发展方向等进行讨论。

（中国社会科学院供稿）

太平洋与太平洋国家史研究现状与未来学术研讨会 11月8日，由中国社会科学院世界历史研究所太平洋与太平洋国家史研究室主办的“太平洋与太平洋国家史研究现状与未来学术研讨会”在北京召开。

在主旨报告环节，中国亚太学会大洋洲研究分会会长、华东师范大学教授汪诗明认为太平洋史研究无论从整体视角还是区域视角还是国别视角都有许多值得探究的议题，中国学者在书写太平洋史时应突出更多的中国元素。中国太平洋学会太平洋岛国研究分会会长、聊城大学太平洋岛国研究中心主任陈德正认为太平洋史的研究不能就事论事，应注重多学科和交叉学科的学科平台和智库平台建设，考虑国家战略的需求。《中国社会科学院研究生院学报》执行主编王华认为太平洋与太平洋国家史研究应具备3个“整体视野”：一是与太平洋研究有关的人的整合；二是研究内容和路径的整合；三是人才梯队的培养和建设方面的整合。

在嘉宾发言环节，相关专家分别以“关于加强太平洋与太平洋国家史研究的思考和建议”“全球史视角下的太平洋史研究中的几个问题”“澳大利亚族群问题研究的思考”“区域国别学科建设——太平洋国家”“太平洋岛国研究的视角与价值”“太平洋地区研究：经世致用的视角”“太平洋史研究的新视角与新议题”为题发言。

（中国社会科学院供稿）

《当代中国敦煌学研究（1949—2019）》新书发布暨出版座谈会 11月15日，《当代中国敦煌学研究（1949—2019）》新书发布暨出版座谈会在中国社会科学出版社举行。该书主要作者、首都师范大学燕京人文讲席教授、中国敦煌吐鲁番学会名誉会长郝春文，中国社会科学院科研局局长马援参加会议并发言。

北京大学教授、中国敦煌吐鲁番学会会长荣新江，北京大学东方学研究院院长、中国敦煌吐鲁番学会顾问、原常务理事王邦维，中国社会科学院经济研究所研究员、中国经济史学会会长魏明孔，敦煌研究院副院长、研究员、中国敦煌吐鲁番学会原副会长张先堂等。与会学者一致认为，《当代中国敦煌学研究（1949—2019）》的出版是贯彻落实习近平总书记视察敦煌研究院重要讲话的成果，对于我们加快构建哲学社会科学“三大体系”建设，坚定文化自信，推进社会主义文化强国的建设，具有重要的现实意义。

（中国社会科学院供稿）

“一带一路”史专家研讨会 11月17日，中国社会科学院世界历史研究所“一带一路”史研究室主办的“一带一路”史专家研讨会在中国历史研究院举行。

中国社会科学院世界历史研究所研究员于沛的发言题目是《“一带一路”研究：历史学理论和文献准备刍议》。中国社会科学院俄罗斯东欧中亚研究所研究员李永全对史学研究在“一带一路”建设中的作用进行解读。中国社会科学院世界历史研究所研究员马细谱分析了“一带一路”史研究的两个重要方向，即聚焦重点国家或地区以及选取重要专题。国际关系学院教授林利民的发言题目是“‘一带一路’：中国‘走出去’构想的艰难探索”。中国非洲研究院研究员刘乃亚深入剖析了“一带一路”与中非关系。中国社会科学院大学教授王华从整体视野、海洋视角、中国立场的3个层面对推进海上丝绸之路史研究提出建议。世界知识出版社资深编辑范景峰探讨了英属印度土地制度对中缅经济走廊建设及“一带一路”建设的影响。国家发改委国际合作中心专家毛克疾认为“一带一路”是跨时代的，是外交、学术、政治、经济资源的再聚焦。中国非洲研究院专家马文琤主要阐述中国在中东地区推进“一带一路”设想遇到的挑战与对策。

（中国社会科学院供稿）

《清华大学藏战国竹简（拾）》成果发布会 11月20日，《清华大学藏战国竹简（拾）》成果发布会召开，新整理出的5种8篇竹简包括《四告》4篇、《四时》、《司岁》、《行称》和《病方》，都是前所未见的佚文。此次成果中最重要的当数《四告》，这是自《尹诰》《说命》《摄命》等篇之后又一次整理发布的书类文献。其余4篇中，《四时》记述的星象术语、运行变化自成体系，《司岁》是目前所见最早的记载太岁12岁名的文献，《行称》是目前所知首篇专述一月内政事宜忌的先秦时令类文献，均为数术类文献；《病方》则是迄今所见抄成年代最早的方技类文献。个个简于2008年入藏清华大学，整理报告已出版10辑。

（参见《光明日报》2020年11月22日第8版）

“恩格斯、列宁与世界社会主义的发展”学术前沿论坛 11月21日，由北京市社会科学界联合会主办，北京市国际共运史学会承办的“恩格斯、列宁与世界社会主义的发展”学术前沿论坛暨北京市国际共运史学会成立40周年年会在中国人民大学举办。来自北京市社会科学界联合会、中国社会科学院、中共中央党校（国家行政学院）、中共中央党史和文献研究院、北京大学、中国人民大学、中央民族大学、中国政法大学等首都高校和科研机构的30余名专家学者参加会议。

（北京市国际共运史学会供稿）

中国工人历史与现状研究会2020年年会暨纪念中华全国总工会成立95周年学术研讨会 11月28日，由中国工人历史与现状研究会主办、中国劳动关系学院马克思主义学院承办的中国工人历史与现状研究会2020年年会暨纪念中华全国总工会成立95周年学术研讨会在中国劳动关系学院举行。本届年会的主题是“新时代、新征程、新作为——纪念中华全国总工会成立95周年”。来自中国中共党史学会、北京大学、中国人民大学、北京师范大学等高校和科研院所的专家学者，以及全国总工会、北京市总工会、江西省总工会等工会系统工作人员100余人出席会议。

中国中共党史学会副会长李忠杰、中国工人历史与现状研究会会长、中国劳动关系学院党委书记刘向兵致辞。大会主题报告环节，李忠杰围绕学习贯彻党的十九届五中全会精神做专题辅导报告；全国总工会研究室副主任陶志勇以“习近平新时代劳动观的理论内涵和实践要义”做报告；中国人民大学中共党史党建研究院副院长何虎生就中国工人运动史的研究和学习融入“四史”学习进行思考；中国工人历史与现状研究会名誉会长王永玺以“关于中国工会——不忘初心、牢记使命、追梦奋进新时代主题教育”为题做了分享；上海工会管理职业学院副教授张桂华介绍了上海工会组织 70 年来的变迁；《中国劳动关系学院学报》原总编辑赵健杰讨论了“关于劳模研究的方法论问题——兼论工人阶级与劳模之间的关系”问题。分论坛环节，与会代表围绕“中国工会 95 年的辉煌历程、经验和启示”“中国工会优良传统在新时代的传承和弘扬”“新时代中国工会的新征程、新使命、新作为”等问题进行发言交流。

（中国劳动关系学院供稿）

第五届古代材料研究专题研讨会　11 月 28 日，北京科技大学科技史与文化遗产研究院主办的第五届“古代材料研究专题研讨会”在京举办。中国社会科学院考古研究所、北京大学、中国科学技术大学、中国科学院大学、复旦大学、西北大学以及主办单位的近百名学者现场参会，另有百余名观众通过线上直播平台参与会议的研讨。本届会议的主题为“古代材料研究——从田野到实验室”，参会学者围绕手工业考古、古陶瓷、冶金考古、考古残留物分析等议题进行了学术讲座，并通过圆桌论坛的方式展开研讨。

（北京科技大学供稿）

构建具有中国特色的史学理论体系工作研讨会　11 月 28—29 日，中国社会科学院史学理论研究中心 2020 年度工作会议在北京召开。会议的主题为“如何构建具有中国特色的史学理论体系”。来自中国社会科学院历史理论研究院、北京大学、中国人民大学、北京师范大学、首都师范大学、天津师范大学、东北师范大学、华南师范大学、上海财经大学、商务印书馆等多家高校和科研单位的 30 余位专家学者参加会议。学者们围绕会议主题做报告，并就构建唯物史观新的解释体系、历史理论研究的回归、史学理论与史学史的关系等问题展开研讨。

在学术报告环节，天津师范大学教授庞卓恒做题为《新文科建设精神建设以唯物史观为中心的历史学理论学科》的报告；北京师范大学教授陈其泰做题为“恢宏的中国历史激发我们理论创造的热情”的报告；中国社会科学院世界历史研究所研究员于沛做题为“构建有中国特色的史学理论体系：基于唯物史观与中国传统史学的思考”的报告；北京师范大学教授张越做题为“建立中国特色史学理论需要有创新意识——从林甘泉先生史学理论研究说起”的报告；中国社会科学院历史理论所研究员左玉河做题为“历史解释学：为何与何为”的报告；北京大学教授包茂红做题为“从海洋史研究到海洋环境史研究”的报告；首都师范大学教授刘文明做题为“中国的全球史研究：回顾与思考”的报告；北京师范大学教授董立河做题为“西方史学理论与中国特色史学理论体系的构建”的报告；中国社会科学院世界历史研究所研究员姜芃做题为“雅典的民主”的报告；中国社会科学院世界历史研究所王旭东研究员做题为“信息史学视角：历史信息模态演进催生 21 世纪新史学”的报告；华南师范大学教授张淑一做题为《出土文献研究中的“默证”问题》的报告；中国社会科学院历史理论研究所研究员张旭鹏做题为“历史理论的回归：对当前西方史学中一种理论动向的反思”的报告；中国人民大学教授杨祥银做题为“韦廉士大医生红色补丸的全球之旅：一种方法论的思考”的报告；中国社会科学院历史理论研究所研究员董欣洁做题为“新时代史学理论研究的话语”的报告；首都师范大学教授孙岳做题为“大历史的反思与进路”的报告；中国社会科学院历史理论研究所研究员吴英做题为“构建具有中国特色的史学理论体系应当解决的四个问题”的报告。

（中国社会科学院供稿）

当代中国史研究京师论坛——2020 年年会　12 月 5—6 日，北京师范大学历史学院主持召开“当代中国史研究京师论坛——2020 年年会”。论坛主题为“中国共产党领导新中国建设的成就与历史经验”。来自中共中央党校（国家行政学院）、中共中央党史和文献研究院、中国社会科学院、中国科学院、教育部高等学校社会科学发展研究中心、北京师范大学、北京大学、清华大学、中国人民大学、南开大学、浙江大学、四川大学、华东师范大学等 60 余所高校和科研机构的 110 余名专家学者参加了此次论坛。

中央党校（国家行政学院）副校（院）长何毅

亭、北京师范大学校长董奇，中国人民大学历史学院院长黄兴涛，北京师范大学历史学院院长张皓等代表各方致辞。教育部高等学校社会科学发展研究中心主任王炳林、原中央党史研究室郑谦研究员、北京师范大学历史学院朱汉国教授、中国社会科学院当代中国研究所社会史研究室主任李文、中央党校（国家行政学院）中共党史教研部副主任张太原等分别围绕“当代中国史研究的原则和方法”“研读‘中国共产党历史’第二卷的几点体会”“从职工保险到全民保险：当代中国社会保险制度的历史考察”“以五年规划引领发展是我国的制度特色和制度优势”“理想追求和历史变动中的新民主主义社会构建及终止”等主题做大会报告。本次论坛设立“当代中国的经济与社会”“当代中国的政治、制度与对外关系”“当代中国的思想与文化”“当代中国的社会、环境与女性”、博士生专场等分论坛及圆桌讨论等环节。

（参见《光明日报》2020年12月23日第15版）

文明起源研究相关问题讨论会　12月16日，中国社会科学院历史学部主办的“文明起源研究相关问题讨论会”在中国历史研究院举行。来自中国社会科学院考古研究所、中国社会科学院古代史研究所、中国社会科学院世界史研究所、中国国家博物馆、陕西省考古研究院、湖南省文物考古研究所、北京大学、北京师范大学、中国人民大学、浙江大学、山东大学、武汉大学、天津师范大学、重庆师范大学、安徽大学、湖北大学、河北师范大学、华南师范大学等10余家科研单位和高校的40余位学者参加会议。会议围绕凌家滩遗址、良渚遗址、石家河遗址、陶寺遗址、石峁遗址和芦山峁遗址的重要考古发现进行报告和交流，并进一步对文明起源相关问题进行探讨。

（中国社会科学院供稿）

中国都城考古新进展国际学术研讨会　12月19—20日，为推动中、日、韩3国古代都城考古学研究，促进三方学术交流与合作，由中国社会科学院考古研究所和日本东北学院大学亚洲流域文化研究所联合组织、中国社会科学院考古研究所主办的“中国都城考古新进展——汉魏洛阳城和邺城考古新进展及日韩古代都城的发掘与比较研究”国际学术研讨会在线上召开。来自中国、日本、韩国的近20位专家学者出席会议并发言，另有来自3国各高等科研院所和高校的50余位学者及研究生旁听会议。

会议首先由日本东北学院大学教授谷口满做开幕致辞。中国社会科学院考古研究所朱岩石研究员以《中国古代都城考古的发现与研究》为题做大会基调报告。中国社会科学院考古研究所郭晓涛和何利群副研究员分别以《汉魏洛阳城遗址北魏宫城考古新进展及其意义》《近年来邺城考古的主要发现与收获——以核桃园北齐大庄严寺的勘探与发掘为中心》为题介绍了两地最新考古成果。韩国公州教育大学教授李炳镐就《百济和新罗都城的考古学研究》，日本三重大学教授小泽毅就《古代宫都的考古学研究——到藤原京成立》进行了交流。

（中国社会科学院供稿）

当代中国外交史学术研讨会　12月23日，中国社会科学院当代中国研究所主办的《中华人民共和国外交史（1949—2019）》（第二版）出版座谈会暨当代中国外交史学术研讨会在北京举行。

与会专家学者认为，《中华人民共和国外交史（1949—2019）》以历史唯物主义为指导，立足权威史料，全面回顾了新中国外交战略、外交政策及实践历程，深刻总结了新中国维护国家主权、国家安全、发展利益所取得的显著成就及经验启示，是新时代关于新中国外交史研究的重要成果。当今世界正经历百年未有之大变局，中国进入新发展阶段。该书的出版，不仅为读者学习、把握当代中国外交史基本知识和发展脉络提供了参考，也为构建当代中国外交史学科体系、学术体系、话语体系发挥了积极作用，为中国更好地应对当前和未来国际环境的不确定性提供了借鉴。与会学者还就外交史研究的学科建设、档案史料等问题进行讨论。

（中国社会科学院供稿）

中国社会科学院创新工程2020年度重大成果发布会　12月24日，由中国社会科学院主办、院科研局承办的中国社会科学院创新工程2020年度重大成果发布会在北京召开。会议发布的重大成果共25部，涉及马克思主义经典与马克思主义中国化研究、中国特色社会主义重大理论与实践问题研究、传统文化与人文基础研究、国际问题研究等诸多领域，中国社会科学院古代史研究所孙晓研究员主持的《今注本二十四史》入选2020年度重大成果。

《今注本二十四史》项目启动于1994年，项目总编纂为古代史研究所的张政烺先生，执行总编纂为研究员赖长扬、孙晓员，国内 20 多所高校、科研机构的 300 余位学者参与编纂，旨在通过校勘和注释，形成一套能够代表当代学术水准、为学术研究者及普通阅史者提供助益的二十四史权威版本。该成果以“史家注史”为原则，为 24 部正史全部做注释，这在正史整理研究历史上尚属首次。本次发布的《今注本二十四史》首批 7 种，包括今注本《三国志》《宋书》《南齐书》《梁书》《隋书》《北史》《金史》，共 98 册。

（中国社会科学院供稿）

第二届中国边疆考古论坛　12 月 24 日，中国社会科学院考古研究所主办，中国社会科学院考古研究所边疆考古研究室、中国社会科学院考古研究所边疆考古研究中心、新疆维吾尔自治区文物考古研究所承办的第二届“中国边疆考古论坛”在中国历史研究院召开。来自中国社会科学院考古研究所、故宫博物院、黑龙江省文物考古研究所、吉林省文物考古研究所、中国人民大学、北京科技大学、北京师范大学等 10 余家科研单位和高校的 40 余位学者。围绕边疆考古新发现与收获、区域间交流与互动、科技考古、城市考古、礼制建筑等方面在线上、线下进行交流与探讨。

（中国社会科学院供稿）

《日本侵华战争军事密档·最高决策》新书发布暨出版座谈会　12 月 28 日，《日本侵华战争军事密档·最高决策》新书发布暨出版座谈会在中国人民抗日战争纪念馆举行。该资料集共 45 册，1000 余万字，由线装书局出版。该资料集所搜集的日本最高决策部门的绝密（部分机密）档案，以无可争辩的事实，全面揭示了日本侵华战争的罪恶历史，为进一步深入研究日本侵华战争、中国人民抗日战争和第二次世界大战提供了难得的第一手资料。

线装书局出版社总经理王利明，中国社会科学院近代史研究所研究员、中国抗日战争史学会会长王建朗，北京市委党史研究室原主任、北京中国抗日战争史研究会会长谢荫明，中国驻日本大使馆前外交官、中国中日关系史学会副会长吕小庆，北京大学历史系教授、东北亚研究所原所长、中国日本史学会名誉会长宋成有，军事科学院原战略研究部研究员、中国第二次世界大战史研究会原秘书长彭训厚等参与发言交流。

（中国社会科学院供稿）

民族学　宗教学

首届世界宗教热点研究论坛　6 月 29 日，由中国社会科学院世界宗教研究所和中国宗教学会主办，中国社会科学院世界宗教研究所数字人文宗教与宗教舆情研究室承办的首届世界宗教热点研究论坛“新冠疫情下的世界宗教”视频会议召开。来自中国社会科学院、北京大学、中国人民大学、中央民族大学、复旦大学、南京大学等机构的专家学者，围绕“新冠疫情下的世界宗教态势”“瘟疫与宗教史”“推进宗教治理能力现代化”等主题进行讨论。

会议的主要内容有 3 个方面：一是应对全球风险中的宗教风险，中国社会科学院世界宗教研究所所长郑筱筠做主旨发言，上海社会科学院宗教研究所副研究员黄海波、华东政法大学教授李峰、中国社会科学院世界宗教研究所数字人文宗教与宗教舆情研究室副主任李华伟等就此内容发言。二是疫情是对宗教组织的一次检验，四川大学道教与宗教文化研究所所长盖建民、中国社会科学院世界宗教研究所道教与民间宗教研究室副主任李志鸿、复旦大学社会学系教授范丽珠、中国社会科学院世界宗教研究所副研究员黄奎、中国社会科学院世界宗教研究所伊斯兰教研究室主任李林等就此内容发言。三是新冠疫情下的互联网宗教。华东师范大学教授李向平、中国社会科学院世界宗教研究所副编审袁朝晖、北京第二外国语大学中东学院院长副教授侯宇翔等就此内容发言。

（中国社会科学院供稿）

中国少数民族史诗录音磁带数字化工作研讨会　7 月 1 日，中国少数民族史诗录音磁带数字化工作研讨会在线召开。会议由中国社会科学院登峰战略优势学科“中国史诗学”和国家社科基金重大项目“中国少数民族口头传统专题数据库建设：口头传统元数据标准建设”主办，中国社会科学院民族文学研究所民族文学数据与网络研究室和中国音网承办。中国社会科学院学部委员、民族文学所所长朝戈金研究员，民族文学所副所长斯钦巴图，民族文学所研究员巴莫曲布嫫、王宪昭，文化和旅游部民族民间文艺发展中心原主任、山东大学儒学高等研究院教授李松，中国科学院计算机网络信息中心研究员胡良霖，中国音网CEO兼主编魏小石，北京中研世纪科技有限公司（中研网）总工程师李刚等20余位专家学者与会。

与会人员主要围绕4个方面的议题做出重点研讨：一是中国少数民族史诗录音磁带数字化工作的重要性、工作预期目标以及对样本磁带的数字化质量评测；二是如何确立口头传统专业建档的数字化标准，尤其是母语表达的内容描述和编目服务；三是结合国内模拟资源数字化实践和优秀案例，探讨数字共同体成长与科际合作方式；四是结合世界范围的工作案例，探讨阿尔泰语系口头遗产的数字化存储、修复与呈现模式。

（中国社会科学院供稿）

边疆民族地区治理体系和治理能力现代化云端论坛 7月31日，中国社会科学院中国边疆研究所与云南省社会科学院、中国（昆明）南亚东南亚研究院主办的“边疆民族地区治理体系和治理能力现代化”云端论坛举办。来自北京、昆明、成都、西安等地的近百余名专家学者，线上、线下相结合，深刻总结新中国成立以来边疆民族地区治理经验，积极为推进新时代边疆民族地区的治理体系和治理能力现代化建言献策。

论坛分为主旨演讲、专家交流两个阶段展开。中国社会科学院学部委员、中国边疆研究所所长邢广程研究员做了题为《对中国边疆治理体系和治理能力现代化的几点认识》的主旨演讲。云南省社会科学院、中国（昆明）南亚东南亚研究院党组书记、院长何祖坤研究员做了题为《边疆治理的根本遵循——学习习近平总书记关于边疆治理的重要论述》的主旨演讲。《中国边疆史地研究》编辑部主任李大龙、中国社会科学院世界宗教研究所所长郑筱筠等8位专家学者先后发言。专家们从新时代边疆民族地区治理的新形势、新任务出发，围绕完善边疆治理顶层设计、加强依法治边、实现边疆稳定和谐、探索具有中国特色边疆民族地区治理体系、印度治理绩效评估等议题，发表学术观点，为推进边疆民族地区治理体系和治理能力现代化提出具有建设性的相关建议。

（中国社会科学院供稿）

第六届民族研究青年论坛 8月22日，第六届民族研究青年论坛由中国社会科学院民族学与人类学研究所铸牢中华民族共同体意识研究基地主办，青年工作组承办，陕西师范大学中国西部边疆研究院、云南民族大学云南省民族研究所（民族学与历史学学院）合办，采用北京、西安、昆明3个会场线上线下结合的方式进行。来自中国社会科学院民族学与人类学研究所、中国人民大学、北京师范大学、中央民族大学、复旦大学等高校和科研院所的82位参会代表进行研讨，近200位学界同人线上参与。论坛主题为“铸牢中华民族共同体意识的历史、理论与实践”。

中国社会科学院民族学与人类学研究所所长王延中致开幕词。4位主旨发言人分别从民族理论、民族语言学、民族史学和人类学的视角围绕主题展开论述。与会青年学者分别围绕“铸牢中华民族共同体意识的理论基础”“铸牢中华民族共同体意识的实践经验”“中华民族共同体与语言多样性”“民族历史研究与铸牢中华民族共同体意识”“交往交流交融视角下的民族社会文化变迁”“铸牢国家——民族认同的国外经验”6个议题进行讨论。论坛报名并提交论文或摘要的共125人，69篇参会论文通过评审，68篇论文在论坛上正式宣读。

（中国社会科学院供稿）

第四届喜马拉雅区域研究国际研讨会 8月28日，由中国社会科学院西藏智库和民族学与人类学研究所主办、中国社会科学院民族学与人类学研究所藏学与西藏发展研究室承办的第四届喜马拉雅区域研究国际研讨会在北京中国历史研究院举行。论坛以“风险与合作”为主题，邀请中外专家围绕当前喜马拉雅区域乃至全球范围内的新冠疫情等人类面临的重大风险与挑战进行学术研讨。来自美国、英国、印度、挪威、尼泊尔、日本等国以及中国香港、台湾地区的专家通过线上线下结合的形式参加了会议。

中国社会科学院国际合作局局长王镭，中国社会科学院西藏智库副理事长、民族学与人类学研究所所长王延中，中国社会科学院当代西藏研究学者王剑峰，四川大学教授杨明洪，中国社会科学院边疆研究所副所长孙宏年，西南政法大学教授吴喜，西藏大学教授久毛措，日本东京大学教授名和克郎，云南大学教授李志农等进行主题发言。

（中国社会科学院供稿）

落实中央第七次西藏工作座谈会精神研讨会　9月7日，中国社会科学院中国边疆研究所以“新时代西藏治理”为主题召开学术座谈会。来自中共中央党校（国家行政学院）、中国藏学研究中心、西藏自治区政府驻京办、北京师范大学历史学院，以及中国社会科学院马克思主义研究院、世界历史所、历史理论所等多家单位16名专家学者参会。

中国边疆研究所党委书记刘晖春、所长邢广程在会上分别致辞。学者们一致表示，中央第七次西藏工作座谈会是对西藏工作的重大战略部署，西藏迎来重大发展机遇。要坚持以习近平新时代中国特色社会主义思想为指导，积极消化吸收座谈会精神，加快研究西藏的历史与现实问题，努力为党中央治藏稳藏建言献策。

（中国社会科学院供稿）

第二届世界宗教热点研究论坛　9月12日，中国社会科学院世界宗教研究所主办、中国社会科学院世界宗教研究所数字人文宗教与宗教舆情研究室承办的“第二届世界宗教热点研究论坛‘欧美宗教热点与秩序’”在线上召开。来自中国社会科学院、北京大学、中国人民大学、复旦大学、四川大学、华东师范大学、深圳大学、上海社会科学院等单位的20余位学者参加会议。

中国社会科学院世界宗教研究所所长郑筱筠研究员在开幕式上致辞。中国社会科学院美国研究所袁征副所长做题为“新冠疫情、美国大选与中美关系”的主旨发言。20余位学者围绕“‘压舱石’与‘周期性’的终结——国际秩序互动视角下的中美关系”“美国是如何处理所谓邪教问题的?”“第五次大觉醒？特朗普政府与美国基督教福音派”“静谧与喧嚣：泰卜里厄·哲玛提宣教团体及其争议”“美国国际宗教自由委员会对我国宗教信仰自由状况的歪曲与批判（1998—2020）”“宗教自由与美国法律霸权：话语、规范与权力的全球建构”“美梵关系及其对当今美国国际关系及宗教事务的影响”“欧洲右翼民粹主义崛起与欧洲的未来——以宗教问题为中心”“美国新兴宗教引发的公众反应、政府反应与学界的介入”“欧美学界对宗教与健康之关系的探讨刍议”等议题进行分组发言与讨论。

（中国社会科学院供稿）

第三届“一带一路”与亚洲佛教文化论坛　9月13日，第三届“一带一路”与亚洲佛教文化论坛在北京召开。论坛由中国社会科学院世界宗教研究所、中国宗教学会主办，中国社会科学院世界宗教研究所宗教艺术研究室、中国社会科学院世界宗教研究所马克思主义宗教观研究室承办，北京天坛艺术馆协办。来自清华大学、中国人民大学、中国科学院、中国佛教协会、北京市佛教协会、陕西省佛教协会以及中国社会科学院等国内高等院校、科研单位、佛教界的50余名代表参加研讨会。

会议开幕式由中国社会科学院世界宗教研究所研究员唐晓峰主持。中国社会科学院世界宗教研究所所长郑筱筠致开幕词。陕西省佛教协会副会长仁钦扎木苏向各位学者介绍了内蒙古佛教界对“一带一路”建设和民族团结、爱国爱教所做出的贡献。中国宗教学会曹中建副会长阐释了“佛教中国化”的路径和佛教对于中国文化、哲学、艺术、民族团结等诸多方面的深远影响。嘉木扬·凯朝代表会议承办方进行总结发言。

（中国社会科学院供稿）

第二届全国宗教学博士后论坛　9月16日，中国社会科学院主办，中国社会科学院博士后管理委员会、中国社会科学院世界宗教研究所承办的第二届全国宗教学博士后论坛在线上举行。论坛的主题为“宗教学的传承与创新”。

中国社会科学院世界宗教研究所所长郑筱筠和中国社会科学院人事教育局副局长、中国社会科学院博士后管委会秘书长李晓琳出席开幕式并致辞。论坛邀请16位博士后合作导师参加，采取“双导师点评”的方式进行学术点评。全国50多名博士后研究人员、在读博士生报名参加论坛，经过专家评审，来自北京大学、清华大学、中国人民大学、中央民族大学、中国社会科学院世界宗教研究所等博士后流动站的24位博士后进行会议发言。论坛发言分为6组，议题多元，涉及佛教、道教、民间信仰、基督教等传统研究领域，但整体上紧密围绕“宗教学传承与创新”这一主题，在研究者的学科背景、研究内容、理论方法、话语体系等各方面都凸显跨界性与创新性。

（中国社会科学院供稿）

新时代党的治疆方略研究暨“学习贯彻第三次中央新疆工作座谈会精神”研讨会 10月12日，中国社会科学院新疆智库、中国边疆研究所主办的“新时代党的治疆方略研究暨学习贯彻第三次中央新疆工作座谈会精神”研讨会在北京召开。中国社会科学院副院长、党组副书记、新疆智库理事长王京清出席会议并讲话。来自中共中央宣传部、中共中央统一战线工作部、中央党史和文献研究院、中国社会科学院、中央民族大学、中国现代国际关系研究院等单位的10位专家学者发言。中国社会科学院新疆智库专家、在京高校和科研机构的100余名学者与会。

与会学者表示，习近平总书记的重要讲话科学回答了新形势下新疆治理的一系列重大理论和实践问题，为贯彻新时代党的治疆方略提供了重要遵循，为掌握新疆工作的主导权、主动权、话语权提供了重要思路，也为学术界深入开展新疆历史和现实问题研究点明了题目、指出了方向。要紧密结合各领域的学术研究，深入阐释习近平总书记关于新疆工作的一系列重要思想、重要观点和重要论断，为推动新时代党的治疆方略不断深入人心、更好指导实践，发挥哲学社会科学工作者不可替代的重要作用。

（中国社会科学院供稿）

第二届互联网+宗教舆情论坛 10月18日，第二届互联网+宗教舆情论坛在线上召开。论坛由中国宗教学会、中国社会科学院世界宗教研究所、中国社会科学院邪教问题研究中心和福建省民族与宗教研究所联合主办，中国社会科学院世界宗教研究所数字人文宗教与宗教舆情研究室承办。中国社会科学院世界宗教研究所所长郑筱筠致开幕词。

来自中央统战部、中国社会科学院、北京大学、南京大学、上海国际问题研究院等高等院校、科研单位及政府相关部门的20余名代表参会研讨。

在论坛主旨报告环节，与会专家分别以“大数据时代的网络空间安全与宗教治理”“‘心’与‘芯’的较量——人工智能时代的新宗教”“宗教舆情的类别、特征及其社会治理”“全国宗教活动场所‘互联网+’应用程度报告——以佛教为例”为题进行学术报告。在分组论坛上，与会学者围绕“网络与个人宗教身份的建构”“全球互联网治理的理念与方法”“‘互联网宗教’与国家安全的关联性探讨——以受众与传播效果理论为视角的分析”“微信群空间对宗教趣缘群体内部关系影响探讨”“网络新媒体与当代台湾基督教的发展处境”“媒介化与中介：互联网与神圣性之关系的人类学研究进路”“地方宗教中的数字化发展趋势：以台湾新北市为核心的考察”“公私合作在互联网宗教数字治理中应用的文献综述”“事实性基础数据在宗教舆情中的应用初探”等议题进行分组发言与交流讨论。

（中国社会科学院供稿）

民族地区脱贫攻坚与决胜全面小康国际学术研讨会 10月25日，由中国社会科学院学部主席团主办、中国社会科学院民族学与人类学研究所承办的中国社会科学论坛（2020）——“民族地区脱贫攻坚与决胜全面小康”国际学术研讨会及《中国民族发展报告（2020）》皮书发布会在北京举行。会议采取线下与线上相结合的方式进行。来自美国、加拿大、瑞典等8个国家的10位学者，以及国内20余位专家就民族地区脱贫攻坚与决胜全面小康这一主题进行讨论。中国社会科学院国际合作局局长王镭出席会议并致辞。

中国社会科学院民族学与人类学研究所所长王延中研究员在会上致辞。作为“民族发展蓝皮书”《中国民族发展报告（2020）——民族地区决胜全面小康》的主编，王延中介绍了蓝皮书研究“三区三州”脱贫攻坚的实践进程与成效的主要内容，分别总结了较为详尽的脱贫攻坚做法、经验和遇到的困难及问题，并基于此在宏观政策、政府和个体层面提出相应的对策建议。

（中国社会科学院供稿）

铸牢中华民族共同体意识学术研讨会 10月28日，中国社会科学院民族学与人类学研究所主办、《民族研究》编辑部承办的“铸牢中华民族共同体意识”学术研讨会暨《民族研究》编委会2020年度工作会议在北京召开。来自中国社会科学院、中央民族大学、北京师范大学、中国藏学研究中心、上海国际问题研究院、中山大学、四川大学、云南大学、滇西科技师范学院等科研院所和高校的专家学者和嘉宾40余人参加会议。

中国社会科学院民族学与人类学研究所党委书记赵天晓主持开幕式。中国社会科学院民族学与人类学研究所所长、《民族研究》主编王延中研究员致辞。研讨会上，中国社会科学院学部委员郝时远、中央民族大学教授杨圣敏等编委先后发言。发言围绕铸牢中华民族共同体意识、构建各民族共有精神家园、促进中华民族的历史认同、新中国成立之初中华民族的新社会和新国家建设以及中华民族共同体理论如何发展和升华等重大理论和现实问题展开，就兴边富民、民族交融、藏族农村人居环境建设项目、藏传佛教的中国化、中文“民族”概念的英译及国际化、世界民族研究的理论与实践等有关问题进行阐释交流，就如何科学地看待新时期民族问题，即针对民族研究的知识论方法论创新发展等进行探讨。

（中国社会科学院供稿）

中国社会科学院民族文学研究所成立40周年暨学科建设座谈会　10月30日，中国社会科学院民族文学研究所成立40周年暨学科建设座谈会在北京举行。中国社会科学院院长谢伏瞻出席会议，副院长、党组副书记王京清出席会议并代表院党组讲话。中央纪委国家监委驻中国社会科学院纪检监察组组长、党组成员杨笑山，中国社会科学院秘书长、党组成员赵奇，全国人大民族委员会副主任委员、国家民族事务委员会原副主任丹珠昂奔出席会议。

中国社会科学院学部委员、民族文学研究所所长朝戈金在致辞中回顾了民族文学研究所发展历程，介绍了研究所在“三大体系”建设方面所取得的成就，明确了研究所“十四五”时期重点课题等研究方向和工作思路。来自文化和旅游部、中国民间文艺家协会、中央民族大学、民族文学杂志社，以及内蒙古等地的嘉宾和中国社会科学院各职能局及研究所领导、民族文学研究所离退休老同志、在职职工百余人参加会议。

（中国社会科学院供稿）

宗教与女性价值观研究学术研讨会　11月13日，中国社会科学院世界宗教研究所和中国社会科学院妇女/性别研究中心联合主办的“宗教与女性价值观研究”学术研讨会在线上召开。来自中国社会科学院、中国藏学研究中心、天津社会科学院、云南省社会科学院、青海社会科学院、山西省社会科学院、西南民族大学、杭州师范大学、长沙理工大学、同济大学、暨南大学、中央民族大学等科研单位的30余名专家学者参加研讨会。

中国社会科学院世界宗教研究所所长郑筱筠在开幕式上致辞。会议围绕“多元化的宗教与女性价值观”“佛教与女性价值观”“民族、宗教与女性价值观”“基督教、伊斯兰教与女性价值观”“儒、道教与女性价值观”“民间信仰与女性价值观”6个专题展开研讨。

（中国社会科学院供稿）

巴哈伊文化习俗与节日学术研讨会　11月28日，由中国社会科学院世界宗教研究所、中国宗教学会、中国社会科学院世界宗教研究所巴哈伊研究中心、中国宗教学会宗教人类学专业委员会联合主办的“巴哈伊文化习俗与节日”学术研讨会在北京举行。来自中国社会科学院世界宗教研究所、国务院发展研究中心、清华大学、中国人民大学、北京师范大学、中央民族大学、恒源祥及擘雅研究院等单位的40余名专家学者出席研讨会。

中国社会科学院学部委员、世界宗教研究所巴哈伊研究中心主任、中国宗教学会会长卓新平，中国宗教学会副会长、擘雅集团董事长刘瑞旗，清华大学教授、巴哈伊洲际顾问麦泰伦出席会议并致辞。香港大学教授、全球文明研究中心主任宗树人，澳门大学教授、巴哈伊澳门总会主席江绍发发来视频致辞。会议共分为4场，上午2场主要探讨儒教、佛教、道教，以及基督教、伊斯兰教与印度教的文化习俗和节日，下午2场专注探讨巴哈伊文化习俗和节日。

（中国社会科学院供稿）

第六届宗教人类学学术论坛暨第六届宗教人类学工作坊　12月5日，中国社会科学院世界宗教研究所、华东师范大学人类学研究所、南京大学人类学研究所、中国宗教学会宗教人类学专业委员会及中国人类学民族学研究会宗教人类学专业委员会联合主办的第六届宗教人类学学术论坛暨第六届宗教人类学工作坊在线上举行。会议主题为“山川与隐逸/修行与空间”，是在马克思主义宗教观的指导下，学术界围绕“修行人类学”相关议题展开的进一步探讨与审视。

中国社会科学院世界宗教研究所陈进国研究员、华东师范大学教授黄剑波、南京大学教授杨德睿分别在开幕式上致辞。第一组报告由杨德睿主持并评议，浙江大学梁永佳、同济大学陈晋、中国社会科学院梁恒豪分别做题为《不积：隐逸作为社会理论》《“神秘的互渗”：列维-布留尔的人类学遗产》《从石到鱼：基督和自性的心理学隐喻》的报告。第二组报告由中国农业大学李耕主持，厦门大学冯莎、张志培做题为《中国当代艺术中的山水景观：从张克纯和郝量的艺术实践谈起》的发言，中国人民大学张奕凡探讨作为精神家园的阿尔莫拉与一代宗师辨喜之间的不解之缘。厦门大学龚浩群主持第三组报告，徐榕榕介绍在（新）传统主义运动和民族主义运动的社会背景下，都市中产阶级女性如何在这两股潮流的影响下，想象自己的身份和身体，进而在国学实践中修行身心，又达成了怎样的身份和文化认同；清华大学陶金做题为《露坛与神居：宁波保国寺仪式空间中的两个身体》的报告。最后一组报告由兰州大学王建新主持，厦门大学李晋的报告题为《“密地”——藏传佛教世界的隐逸、地景与史观》，中国社会科学院李想做题为《大乘佛教“净土”观念的来源与构建》的发言。

（中国社会科学院供稿）

中国多民族作家叙事话语体系建设学术座谈会 12月8日，中国社会科学院民族文学研究所主办，作家文学研究室、《民族文学研究》编辑部、中国少数民族文化与语言文字研究中心承办的“中国多民族作家叙事话语体系建设”学术座谈会在北京召开。中国社会科学院民族文学研究所所长、中国社会科学院学部委员、文哲学部主任朝戈金致辞，民族文学研究所党委书记李进峰做总结发言。来自北京大学、北京师范大学、南开大学、中国社会科学院、中国作家协会等数十位专家学者，就中国各民族文学关系、少数民族文学学科建设、民族交流与融合以及中国多民族文学经典与双语创作、少数民族生态文学、女性文学等问题展开讨论。

与会学者认为，中国多民族文学交融发展的历史，造就了一批又一批优秀的民族作家，他们创作的文学作品，对加强多元一体的中华民族文化认同起到了至关重要的作用。在研究经典作家的同时，要自觉树立多元一体的历史观、文化观、国家观，着力塑造各民族共享的中华文化与共同体认同。

（中国社会科学院供稿）

第五届“一带一路”与西部发展研讨会 12月12日，北京大学中国社会与发展研究中心、北京大学铸牢中华民族共同体意识研究基地和新疆师范大学历史与社会学院主办，中央民族大学民族学与社会学学院中心协办的第五届“一带一路”与西部发展研讨会在北京大学举办。出席会议的代表包括北京大学、中央民族大学、新疆师范大学、新疆大学、新疆财经大学、新疆社会科学院和陕西师范大学等11所高等院校和科研院所的40余名师生。开幕式之后，进行4个专题研讨环节，主题分别为“边疆与历史”“文化与认同”“扶贫与发展”“文化艺术与社会”。

（北京大学供稿）

第二届中国兴边富民论坛 12月12日，由中国少数民族经济研究会主办、中央民族大学经济学院和中国兴边富民战略研究院承办的第二届中国兴边富民论坛、中国少数民族经济研究会年会（2020）暨新时代西部大开发与民族地区经济社会发展主题研讨会在北京举办。第十一届全国政协委员、国务院西部地区开发领导小组办公室原副主任曹玉书，国家民委教育科技司司长田联刚，民族团结杂志社党委书记、社长张庆安，中央民族大学党委副书记、校长郭广生等领导和专家学者出席，来自北京大学、山东大学、国家发改委国际交流合作中心、中国社会科学院、中央民族大学等高校和科研机构以及《中央民族大学学报（哲学社会科学版）》《中国特色社会主义研究》等学术期刊的150余位专家学者参会。研讨会设有6场平行论坛，以及学术期刊圆桌论坛等。

（中央民族大学供稿）

城市科学

第二届生态文明建设中的跨学科研究与教育研讨会 1月4日，北京林业大学外语学院和外国文学与生态文化研究中心主办的“第二届生态文明建设中的跨学科研究与教育研讨会”在北京召开。北京林业大学、国家林业和草原局、江南大学等单位50余位专家学者聚焦“国家公园建设”，开展研讨和交流。中国工程院院士、全国著名林业专家沈国舫教授，北京林业大学副校长李雄、北京林业大学外语学院院长史宝辉、党委书记段克勤出席会议。与会专家和学者围绕生态文明建设、自然文学与国家公园的文化构建、生态文化体系建设等多个方面进行主题发言和研讨。

（北京林业大学供稿）

新时代的城市治理高端论坛　1月5日，中国人民大学公共治理研究院和中国人民大学首都发展与战略研究院联合主办的新时代的城市治理高端论坛在北京举办。中国人民大学党委副书记郑水泉，中国人民大学原党委书记、公共治理研究院院长程天权出席会议并致辞。中国人民大学公共管理学院党委书记、公共治理研究院副院长李家福，首都发展与战略研究院副院长、公共管理学院教授李文钊，与来自国家发改委、中共中央党校（国家行政学院）、中国人民大学、首都经济贸易大学、中国社会科学院大学等科研院所的多位专家学者、师生以及在京媒体共40余人参加论坛。

在接续进行的两场主旨演讲中，专家学者从市场治理体系和治理能力现代化、超大城市治理、大都市边缘区治理、行政执法体制改革、城市管理学科建设、城市环卫服务、城市治理研究、城市社会治理共同体建设、城市文化与城市生命力、“接诉即办”等视角就新时代城市治理的突出问题进行探讨。

（中国人民大学供稿）

服务北京“四个中心”建设与经济发展研讨会　4月17日，中央财经大学主办的“服务北京‘四个中心’建设与经济发展”研讨会在线召开。中央财经大学副校长、教授马海，北京市人大预算工委副主任刘星分别致辞。来自北京市人大、北京市财政局、中央财经大学等多家单位的专家学者基于财政投融资的视角，从投融资工具的选择、地方债券发行、规范发展PPP及人才培养和引进等方面，多方位探讨了如何支持北京“四个中心”建设，履行首都职责，为国家发展和民族复兴做出更大贡献；如何推进北京数字经济高质量发展，加强数字平台治理和社会大数据治理，深入推进财税治理体系和治理能力现代化建设等议题。

（中央财经大学供稿）

城市与风险治理论坛　6月20日，北京市社会科学院联合北京市党的建设研究会、北京文化发展研究院共同举办“城市与风险治理”论坛。北京文化发展研究院执行院长沈湘平主持开幕式，北京市社会科学院党组书记唐立军和北京市委党建研究所所长王大广代表主办单位分别致辞。来自中央党校（国家行政学院）、中央党史和文献研究室、中国社会科学院、北京大学、清华大学、中国人民大学、商务印书馆、中国体制改革研究会等高校及机构的几十名国内外学者围绕主题进行研讨。论坛聚焦城市发展中的风险治理问题，力图发挥学科交叉优势，汇集各方智慧，为推进城市风险防范和化解研究、提高中国城市风险治理水平做出贡献。

（北京市社会科学院供稿）

疫情下的经济全球化走势与中国应对研讨会　6月28日，由北京林业大学经济管理学院、国家林业和草原局“一带一路”林草经贸国际合作中心主办，商务部研究院国际服务贸易研究所、对外经济贸易大学经济贸易政策研究中心、社会科学文献出版社协办的《践行“一带一路”倡议：中国的探索与北京的定位》新书发布会暨疫情下的经济全球化走势与中国应对研讨会在线举办。

来自中国社会科学院、商务部研究院、社会科学文献出版社、中国人民大学、对外经济贸易大学、中央财经大学、北京林业大学等单位的特邀嘉宾及校内外师生，10余家新闻媒体共300余人通过线上会议室和直播平台参与本次发布会。随着2020年新冠疫情“蝴蝶效应”持续发酵，发达国家制造业回流、贸易摩擦等逆全球化趋势升温，全球三链的脆弱性和全球治理体系短板将进一步呈现，全球化进程相应面临诸多考验。多位专家学者围绕后疫情时代，用发展的眼光来看待全球化问题践行“一带一路”倡议，打造政治互信、经济融合、文化包容的利益共同体、命运共同体和责任共同体展开研讨。

（北京林业大学供稿）

“智联全球　慧创未来”京津冀国际科技成果应用场景大会　9月6日，北京市科学技术研究院、京津冀科研院所联盟主办的“智联全球 慧创未来”京津冀国际科技成果应用场景大会——京津冀国际科技成果应用场景峰会采取现场和线上形式进行。大会以“国际技术转移赋能京津冀应用场景合作共建”为主题。来自中国、日本、德国、新加坡、挪威等多个国家10余位专家围绕国际科技成果转化应用进行广泛交流。80余名国内外科技人员、专家学者、政府官员、企业代表和媒体记者到会参与，324人参加线上会议。

本次会议是“智联全球　慧创未来”京津冀国

际科技成果应用场景大会启动会议。大会由1场启动会议和3场京津冀国际科技成果推介专场活动组成，专场活动围绕绿色技术、智能制造、生物医药等前沿科技领域开展。通过集中展现最新科技创新成果、新业态、新模式，聚集国际优质项目，以场景驱动技术创新，传播最新政策和产业信息，共享新理念、新技术、新方案，为推动京津冀协同发展搭建国内外科技交流合作与服务贸易平台。

（北京市科学技术研究院供稿）

2020中关村论坛全球科技创新智库论坛 9月19日，由北京市科学技术研究院、中国科学技术发展战略研究院、中国科学院科技战略咨询研究院、中国科协创新战略研究院、清华大学国家治理与全球治理研究院、中国互联网新闻中心、千龙智库主办，北京科技战略决策咨询中心（北科智库）、北京对外科学技术交流中心承办的2020中关村论坛全球科技创新智库论坛在北京召开。论坛以“汇聚全球智慧，引领科技创新：全球高端智库之声”为主题，邀请国内外知名专家学者进行主旨报告与高端对话。来自中国、美国、英国、俄罗斯、德国、日本、以色列、奥地利、塞尔维亚9个国家的科研机构、知名大学、国际组织的专家和负责人，围绕“全球科技创新发展趋势”“全球产业协作与智慧经济”“‘一带一路’与国际科技合作”“科技创新与现代城市治理”四大主题展开研讨。80余名国内外专家学者、政府官员和媒体记者参加论坛。北京市科学技术研究院倡议，联合国内外知名大学、研究机构、民间智库单位共同发起中关村全球高端智库联盟。智库联盟以“汇聚全球智识，服务创新发展”为宗旨，以全球智慧推动构建人类命运共同体为愿景。共有来自中国、美国、日本、塞尔维亚、新加坡、以色列等国家的19家智库单位加入智库联盟。

（北京市科学技术研究院供稿）

北京两界联席会议高峰论坛（2020） 10月31日，北京市社会科学界联合会和北京市科学技术协会联合主办，清华大学公共管理学院和清华大学应急管理研究基地承办的第十八届北京两界联席会议高峰论坛在北京举办。论坛以“人工智能：风险治理与应急管理变革”为主题。北京市社会科学界联合会党组书记、常务副主席张淼，北京市科学技术协会党组书记马林，北京市社会科学界联合会党组成员、副主席崔占辉，北京市科学技术协会党组成员、副主席田文等领导出席论坛。两界学会代表、清华大学师生和新闻媒体代表等200余人现场或线上参加论坛。

论坛分为两场圆桌对话。第一场圆桌对话的主题为“人工智能与超大城市应急管理现代化”，第二场圆桌对话的主题为“风险善治与国家应急管理体系现代化”。与会专家学者、相关企业界代表，从各自的专业角度、研究领域分享了人工智能在各个领域的运用情况、目前存在的治理风险以及未来应急管理面临的新挑战和新机遇。

（北京市社科联、北京市社科规划办供稿）

北京城市副中心绿色发展论坛（2020） 10月20日，北京城市副中心党工委管委会和通州区委区政府主办，北投集团承办的北京城市副中心绿色发展论坛（2020）在北京召开。论坛以“绿色发展、产城共融，建设魅力副中心”为主题，邀请多方权威专家学者通过主旨演讲、圆桌对话、专题研讨等形式，介绍生态文明建设、新发展格局、城市公共卫生安全等领域的前沿理论和研究成果，并联系副中心实际和制定“十四五”规划需要，提出建设性对策建议，为城市副中心绿色高质量发展建言献策。来自国家级研究机构、国内著名高校、知名企业、中央和市属媒体、北三县有关领导、副中心重点建设单位和代表等200余人参加本次论坛。

北京市副市长、北京城市副中心党工委书记隋振江表示，本届论坛体现了副中心贯彻落实新发展理念的鲜明态度，契合了副中心制定“十四五”规划的现实需求。北京城市副中心高度重视在规划体系中突出绿色发展理念，把绿色发展作为规划的重要元素，明确提出具体指标要求。论坛上，与会专家学者一致认为，北京城市副中心的规划建设要立足多河富水的自然禀赋，处理好水与城、蓝与绿的关系，着力打造“一心、一环、两带、两区”大尺度绿色空间格局，着力巩固污染防治攻坚战成效，筑牢副中心发展的生态基底，有效增强副中心的资源环境承载力。

（参见《光明日报》2020年10月21日第10版）

中国城市百人论坛2020年会 10月25日，中国社会科学院、中国科学院、中国工程院联合主办，中国社会科学院财经战略研究院承办的中国城市百人论坛2020年会在北京召开。年会主题为“迈向‘十四五’的城市中国：人文、智慧和生态”。中国社会科学院院长、党组书记谢伏瞻，中国工程院院长、党组书记李晓红，中国科学院副院长高鸿钧出席会议并致辞。中国城市百人论坛成员、国内高校及科研院所城市领域专家学者约150人参加年会。

（中国社会科学院供稿）

第五届京津冀无形资产与科技创新智库联盟高峰论坛　11月7日，第五届京津冀无形资产与科技创新智库联盟高峰论坛在北京召开，会议通过线上、线下相结合的形式进行，围绕无形资产与高质量发展这一主题进行研讨。首都经济贸易大学副校长孙昊哲、中国会计学会常务副秘书长周守华、智库联盟代表鲍新中教授出席并致开幕词。来自首都经济贸易大学、天津财经大学、北京工业大学、北京工商大学、北京联合大学、北方工业大学、北京物资学院、北京信息科技大学、北京石油化工学院、北京印刷学院、天津工业大学、天津城建大学、唐山学院等高校的学者，以及《管理世界》、《经济管理》、《会计研究》、《经济与管理研究》、《中国会计报》、经济科学出版社、经济管理出版社等期刊和出版社的代表参加论坛。

（首都经济贸易大学供稿）

“北京社科”智库2020系列皮书、集刊、论丛发布暨学术研讨会　11月16日，北京市社会科学院与社会科学文献出版社共同主办的“北京社科”智库2020系列皮书、集刊、论丛发布暨学术研讨会在社会科学文献出版社举办。北京市社会科学院党组书记唐立军、社会科学文献出版社社长王利民出席会议并致辞，北京市社会科学院副院长杨奎、社会科学文献出版社皮书分社社长邓泳红等出席会议。首都经济贸易大学原校长文魁、清华大学文化产业研究院副院长张铮等作为点评专家出席会议。“北京社科”智库系列皮书、集刊、论丛编委会成员、北京市社会科学院和社会科学文献出版社有关部门负责人、中央和北京市媒体记者共70余人参加会议。

2020年，北京市社会科学院组织编撰出版《中国区域经济发展报告（2019—2020）》等7本系列皮书，《马克思主义中国化》第十辑等集刊2部，《外国问题研究论丛》第八辑等论丛4部。聚焦一年来习近平新时代中国特色社会主义思想在京华大地的生动实践，聚焦首都改革发展重大战略问题和重点、难点，聚焦中国区域经济发展总体形势和中国城乡社区治理情况，系统梳理展示国家及北京市在经济、文化、社会、公共服务、基层治理等方面发展取得的重要成就，依托北京市社会科学院扎实的学术体系与学科基础，在不同领域提出专业性、建设性、针对性、可行性政策建议，既是对“十三五”收官成果的重要展示，也是对“十四五”开局的具体展望。

（北京市社会科学院供稿）

第十五届中国城镇水务大会和城市发展与规划大会　11月17日，以“补水污染治理短板，促健康美丽城乡建设”和“韧性宜居·健康活力”为主题的第十五届中国城镇水务发展国际研讨会与新技术设备博览会和2020（第十五届）城市发展与规划大会在杭州同期召开。城市群系统演化与可持续发展的决策模拟北京市重点实验室与首都经济贸易大学特大城市研究院参会并共同承办第十二分论坛“智慧城市与城市未来”。

首都经济贸易大学特大城市经济社会发展研究院执行副院长叶堂林以及全国部分省、区（市）住建厅、自然资源厅、水利厅、生态环境厅等城镇水务和城市规划工作的有关负责人、全国水环境治理和城市规划的专家学者、先进企业代表等，共计3000多人参加大会。大会于18日设置39个分会场，其中第十二分论坛“智慧城市与城市未来”邀请了中国城市科学研究会数字工程研究中心、同济大学、首都经济贸易大学、中国航天科工集团航天三院体系对抗与智能信息系统总体部、北京比格大数据有限公司、京东城市等学界及业界近10位专家学者出席论坛并做发言。本论坛就数据安全、智慧应用、理论方法与实现等问题展开讨论，回应现场观众的提问，集中展示大数据、人工智能、5G科技、平台建设等方面的最新理念、成果与解决方案，最后段霞教授就本次论坛做总结发言，并对实验室借助论坛如何在共有知识体系建构基础上推进政产学研各界融合，推动智慧城市领域的研究进行展望。

（首都经济贸易大学供稿）

首届北京市情论坛（2020）　11月27日，首届北京市情论坛（2020）在北京市委党校举办。北京市委党校常务副校（院）长王民忠、中央党校图书和文化馆馆长于军、北京市统计局副局长夏沁芳、副校（院）长袁吉富和校委委员杨静出席论坛。

来自北京市统计局、北京市发改委、北京师范大学、北京市社会科学院、中国青年政治学院、我校和北京市党校系统80余位专家学者以“推动北京高质量发展”为主题，围绕“北京经济发展与生态文明建设”“北京社会建设”“北京疫情应对与社会治理”“北京文化建设及综合研究”等方面，对当前北京经济社会形势以及推动北京高质量发展中的关键问题进行研讨。

（北京市委党校供稿）

“十四五”城郊发展研讨会暨中国城郊经济研究会2020年年会 12月6日，中国城郊经济研究会、中国社会科学院农村发展研究所联合主办的“十四五”城郊发展研讨会暨中国城郊经济研究会2020年年会在中国社会科学院农村发展研究所召开。中国城郊经济研究会会长、农村发展研究所所长魏后凯出席会议并做主旨报告，农村发展研究所党委书记杜志雄、副所长黄超峰、副所长苑鹏出席会议，叶裕民、刘守英、安树伟、孔凡斌等研究会副会长、研究会秘书长张海鹏及20余位常务理事、专委会负责人出席会议，来自中国社会科学院、中国人民大学、首都经贸大学、浙江农林大学等单位的专家学者、教师、学生以及研究会会员参加会议。

会议围绕“十四五”城郊发展，在乡村振兴战略和新型城镇化战略大背景下，对中国城郊发展问题进行理论探讨，就未来城郊发展思路、乡村振兴、城乡融合、新型城镇化、制度改革等领域展开交流，并展望了2035年城郊发展远景与路径，对未来城郊理论研究和实践发展具有一定的理论和现实意义。

（中国社会科学院供稿）

第二届首都高质量发展研讨会 12月20日，由北京市科学技术研究院、北京工业大学主办的第二届首都高质量发展研讨会在北京举办。研讨会由北京市习近平新时代中国特色社会主义思想研究中心北科院研究基地、北京科技战略决策咨询中心、北京科学学研究中心等7家单位承办。大会发布了《北京高质量发展指数报告·2020》。

（北京市科学技术研究院供稿）

“京科情——育新机　开新局”创新驱动论坛 12月25日，由北京市科学技术研究院主办，北京市科学技术情报研究所、北京科学技术情报学会承办，北京科技经济信息联合中心协办的“京科情·育新机　开新局——创新驱动论坛”暨2020年北京科学技术情报学会年会召开。此次论坛旨在深入探讨新时期、新阶段、新格局下科技情报事业如何更好地服务“育新机　开新局”，更好地服务创新驱动战略实施；旨在联合首都丰富的科技情报信息资源，探索建立科技情报服务政产学研的有效机制，打造支撑北京科技创新中心建设情报生态，助力国家和地方创新发展。

（北京市科学技术研究院供稿）

第三届首都社会安全论坛 12月27日，由中国人民公安大学首都社会安全研究基地、社科文献出版社、中国发展战略学研究会公共安全战略专委会共同主办的“平安北京建设发展报告（2020）”发布会暨第三届首都社会安全论坛在中国人民公安大学召开。校党委副书记、校长曹诗权出席并致辞，校党委委员、副校长汪勇主持会议，中国社会科学院国家高端智库副理事长王灵桂，中国发展战略学研究会理事长潘教峰，北京市社科联副主席、北京市社科规划办副主任荣大力，社科文献出版社副主编蔡继辉，北京市委政法委研究室王然分别致辞。来自中国发展战略学研究会、北京市委政法委、北京市教委、北京市公安局、北京市互联网法院、在京高校、科研院所等单位的50余名专家学者参加会议。与会专家和学者围绕新时代国家安全发展、首都社会安全、平安中国建设等内容进行主题发言和研讨。

（中国人民公安大学首都社会安全研究基地供稿）

语言学　文学

2020中青年语言学者沙龙 1月12日，中国社会科学院语言研究所、北京语言大学、商务印书馆联合主办的“2020中青年语言学者沙龙”在商务印书馆举行。沙龙的议题为“语言学与中华民族共同体、人类命运共同体的构建”。来自中国社会科学院、教育部语言文字应用管理司、教育部语言文字应用研究所、北京大学、清华大学、北京语言大学、中国人民大学、北京师范大学、南开大学、天津师范大学、武汉大学、厦门大学，以及语言文字应用研究中青年学者协同创新联盟等机构的80余位专家学者出席会议，在京高校的部分研究生列席会议。

商务印书馆总经理于殿利代表主办方致辞，并以“文字：人类共同的精神家园”为题，追溯了文字从图画到象形，再到楔形、音节文字的演变历程。北京语言大学语言资源高精尖创新中心主任李宇明做“语言规划与两个‘共同体’的构建”主题发言。中国社会科学院人类学与民族学研究所原副所长黄行、中国人民大学重阳金融研究院执行院长王文分别做题为“语言与中华民族共同体的构建”“百国归来看人类命运共同体”的主题发言。北京大学教授陆俭明认为，语言学应该而且可以为构建“人类命运共同体”做出贡献，“人类命运共同体”的构建需要语言铺路，需要语言作为打开沟通之门的钥匙，作为促进文明交流互鉴的纽带。

（中国社会科学院供稿）

翻译史上的中外文化交流云端座谈会　7月22日，《外语教学与研究》编辑部和历史学院共同主办的“翻译史上的中外文化交流”云端座谈会以线上形式举行。来自北京大学、上海外国语大学、四川大学、日本关西大学和北京外国语大学的10余位专家学者与会，200多名各地高校教师和研究生旁听会议。《外语教学与研究》主编王克非、历史学院院长李雪涛共同主持。王克非介绍了会议缘起，并从国家现代化和改革开放视角论述了翻译对于人类发展和文明互鉴的重要价值。与会专家学者先后介绍了国内的翻译状况，阐述了翻译对思想文化的激发、塑造和推动作用。会议下半场，与会专家主要从不同语种的角度进行讨论。李雪涛做会议总结，他从理论、修史、激励后学3个方面指出要汲取国外优秀理论，深化专门研究，认识翻译价值。

（北京外国语大学供稿）

阐释学原理的理解与应用学术研讨会　8月14日，中国社会科学杂志社、广东外语外贸大学阐释学研究院共同主办的“阐释学原理的理解与应用”学术研讨会在线举行。来自中国社会科学院、清华大学、北京师范大学、山东大学和广东外语外贸大学等单位的专家学者，就阐释学原理、阐释学应用、阐释学与其他学科形成交叉研究的可能性等议题进行讨论，并形成了兼具基础性和前沿性的学术成果。中国社会科学院大学教授张江、山东大学教授傅永军、北京师范大学教授刘成纪、清华大学教授李义天在会上做了学术报告。

（中国社会科学院供稿）

第二届 Talmy 语义学会议　8月15—16日，“第二届 Talmy 语义学会议”通过线上会议和直播方式举行。会议由北京航空航天大学外国语学院、中国认知语言学国际论坛组委会、国际期刊 *Cognitive Semantics* 编辑部主办，四川外国语大学语言脑科学研究中心“语言认知研究小组”协办。来自纽约州立大学、加州大学、渥太华大学、首尔大学、西班牙科尔多瓦大学、马来西亚博特拉大学、香港中文大学、澳门科技大学、北京大学、北京师范大学、中国人民大学、中国社会科学院、中国科学院大学、上海大学、复旦大学、浙江大学等高校的500多位学者及硕博士研究生共襄此次云端盛会。北京航空航天大学教授李福印致开幕词。远在美国的 Leonard Talmy 教授特地发来邮件对会议表示祝贺。本次会议集中研讨了 Talmy 认知语义学理论新前沿、共时与历时研究新视角、跨语言研究新发现、语料库与实验研究新方法，

（北京航空航天大学供稿）

中国—中东欧国家出版联盟“人文经典互译与文明互鉴”论坛　8月25日，北京外国语大学、中国—中东欧国家出版联盟主办，外语教学与研究出版社、中国文化译研网承办的中国—中东欧国家出版联盟“人文经典互译与文明互鉴”论坛在外研社举办。来自国内外出版界、翻译界、学术界近300人参加论坛。北京外国语大学党委常委、副校长袁军在开幕式上致辞。

外研社总编辑、中国—中东欧国家出版联盟理事长徐建中在致辞中介绍了联盟成立两年来在推动中外出版社沟通信息、分享经验、版权合作方面的主要成果，特别是2019年中国与中东欧多个国家以建交70周年为契机举办了丰富多样的出版交流和产业研讨。欧洲语言文化学院院长赵刚以“中东欧国家文学翻译——使命与情怀”为主题发言。中国作家协会副主席、书记处书记吉狄马加，外交部中国—中东欧国家

合作事务特别代表霍玉珍，新闻出版署进出口管理局合作交流处处长钱树人，中国出版协会副理事长、国际版协执行委员李朋义等，以及来自国内多个出版社的中方人员出席论坛。来自中东欧国家多个领域的外方人员通过网络连线的方式参与论坛。各位中外专家围绕“文明互鉴：出版业的使命与责任”和“翻译家：文化交流的摆渡人”进行专题发言并展开探讨。

（北京外国语大学供稿）

文化翻译高层论坛 10月16日，北京服装学院语言文化学院主办的“文化翻译高层论坛”在北京服装学院举办。北京服装学院党委书记周志军应邀出席。来自全国不同院校的11位专家分别从语言、文学、艺术、电影、图画、服饰、时尚、语料库等多角度聚焦文化翻译，先后在线上论坛做专题发言。线上线下学界同人和朋友，与会人数有200余人。论坛主要采用线上进行。论坛总主持由语言文化学院院长张慧琴教授担任，学院11位教师分别担任每位嘉宾的学术主持。

（北京服装学院供稿）

改革开放40年文学理论的成就与收获学术研讨会 10月18日，由中国社会科学院文学研究所主办的2019年度国家社科基金重大项目“改革开放40年文学理论学术史研究与文献整理”开题报告会暨“40年文学理论的成就与收获”学术研讨会在北京举行。来自中国社会科学院、中国人民大学、北京师范大学、中共中央党校、南京大学、浙江大学、山东大学、首都师范大学、东北师范大学、天津师范大学、西南大学、北京联合大学等文艺学学科领域的专家学者、项目子课题负责人和项目组成员出席会议。

中国社会科学院文学研究所副所长丁国旗研究员担任首席专家，他就重大项目的缘起和意义、基本框架、子课题的任务和内容予以介绍。该选题以“改革开放40年”与“文学理论学术史”为两大关键词，由“基础理论学术史研究”“马克思主义文论发展史研究”“西方文论接受史研究”“古代文论学术史研究”4个具体学科领域子课题和“文学理论学术史料整理研究”，共5个子课题共同构成。北京师范大学教授李春青、中国社会科学院研究员彭亚非等发言。

（中国社会科学院供稿）

外国文学学术史研究学术研讨会 10月27日，中国社会科学院外国文学研究所《外国文学动态研究》编辑部、“外国文学学术史研究工程”创新项目组与译林出版社合作主办的“外国文学学术史研究”学术研讨会在北京召开。来自中国社会科学院、北京大学、华东师范大学、武汉大学、中华女子学院、译林出版社等国内多所高校、科研院所及出版机构的专家学者参加会议。会议就参与“外国文学学术史研究工程”二十载的心路历程、研究实践、理论方法等问题展开深入探讨。《外国文学动态研究》主编苏玲主持会议，中国社会科学院外国文学研究所副所长程巍、译林出版社总编辑袁楠出席会议并致辞。学术史项目的总策划人和总主持人、中国社会科学院外国文学研究所所长陈众议做主旨发言。参与学术史研究项目多位学者结合自己的研究课题做专题发言。

（中国社会科学院供稿）

外国语言文学学科视域下的国别与区域研究专题论坛 11月17日，北京第二外国语学院外国语言文学高精尖学科主办的“外国语言文学学科视域下的国别与区域研究专题论坛”以线上会议的形式举行。教育部国别与区域研究工作秘书处主任、北京语言大学中东学院院长罗林，战略支援部队信息工程大学外语学科领域专家组组长、国别与区域研究中心主任钟智翔，中国联合国教科文组织全国委员会咨询专家、原中国驻法国公使衔教育参赞马燕生，中国人民大学-圣彼得堡国立大学研究中心副主任王宪举，高校国别和区域研究工作秘书处研究员、北京外国语大学教授孙晓萌，南开大学日本研究院副院长张玉来，北京第二外国语学院中东学院院长侯宇翔，北京第二外国语学院欧洲学院副院长许传华出席会议。与会专家学者围绕“外国语言文学学科视域下的国别与区域研究”等主题进行发言和研讨。

（北京第二外国语学院供稿）

《冯至译文全集》首发式 11月18日，在冯至先生诞辰115周年之际，中国社会科学院外文所在北京举办《冯至译文全集》（四卷本）首发式。来自文学界、外国文学研究界、出版界的专家学者和冯至先生的亲朋故旧出席首发式。

《冯至译文全集》第一卷收录冯至翻译的歌德、荷尔德林、海涅、尼采、格奥尔格、里尔克、布莱希特等人的诗作及民歌；第二卷收录里尔克的《给一个青年诗人的十封信》和席勒的《审美教育书简》（与范大灿合译）；卷三为歌德的长篇小说《维廉·麦斯特的学习时代》（与夫人姚可崑合译）；卷四收录冯至翻译的《歌德年谱》《哈尔茨山游记》《远方的歌声》及集外译文7篇。中国社会科学院学部委员、外文所研究员陈众议，中国作家协会副主席李敬泽，北京大学德语系教授黄燎宇，冯至先生的关门弟子、中国社会科学院外文所研究员李永平，德语文学研究者、翻译家高中甫、李士勋，中央戏剧学院教授、翻译家罗念生之子罗锦鳞等参加首发式。

（中国社会科学院供稿）

北京市语言学会第十四届学术年会暨2020年学术前沿论坛　11月21日，由北京市社科联、北京市社科规划办主办，中央民族大学中国语言文学学部协办、北京市语言学会和中央民族大学中国少数民族语言文学学院承办的“北京市语言学会第十四届学术年会暨2020年学术前沿论坛”在中央民族大学举办。论坛主题为语言与国家治理能力建设，旨在推进语言治理现代化，服务国家治理能力现代化建设。中央民族大学党委常委、副校长、中国语言文学学部主任石亚洲和北京市语言学会理事长、北京语言大学副校长张旺喜出席开幕式并分别致辞。北京市社科联、北京市社科规划办学会部主任孙武权，北京市语言学会副理事长、北京大学教授郭锐，北京市语言学会副理事长、中国社会科学院语言研究所赵长才，北京市语言学会秘书长、北京语言大学教授邢红兵和北京市语言学会副秘书长关辛秋，以及北京市内14所高校和研究机构的教师、科研人员、硕士博士研究生共计170余人参加年会。

论坛共收到论文提要160余篇，根据论文主题设立14个分会场，内容涉及古代汉语与汉语史研究、方言研究、少数民族语言研究、汉语词汇语法研究、语言认知与功能研究、语言习得、语言对比、汉语教学、语言服务等9个研究方向。部分研究者考察了语言如何服务社会，研究了新冠肺炎疫情下的语言服务问题。

（中央民族大学供稿）

王伯祥与《史记》学术座谈会　11月27日，中国社会科学院文学研究所古代文学优势学科特举办古代室主办的“三老”纪念系列活动第一场“王伯祥与《史记》学术座谈会暨王伯祥先生130周年诞辰纪念会”在北京举行。会议采用线下、线上相结合的形式进行，来自中国社会科学院文学研究所、南京师范大学、陕西师范大学、广东外语外贸大学、北京语言大学、中国社会科学院大学等科研院所、高校及王伯祥先生家属等70余人参加纪念活动。

中国社会科学院学部委员、文学研究所所长刘跃进致辞。座谈会特邀嘉宾总结了王伯祥先生《史记》研究的学术成就。南京师范大学文学院教授赵生群从校勘、注释两方面指出，王伯祥先生的《史记选》选目精当，鉴赏深刻，校注准确详密，是以研究的态度在做普及性工作。广东外语外贸大学教授陈桐生从《史记选》的生命力出发，认为“真积力久，厚积薄发”与“严肃认真，一丝不苟”是其具有长久学术生命力的两个重要原因，纪念王伯祥先生就是要学习他的科学态度和一丝不苟的精神。《王伯祥日记》整理者、北京语言大学教授张廷银认为，王伯祥先生编撰《史记选》认真与科学的态度，对古籍整理工作有很大的指导意义。

（中国社会科学院供稿）

第二十一次现代汉语语法学术讨论会暨纪念朱德熙先生百年诞辰国际学术视频讨论会　12月5—6日，第二十一次现代汉语语法学术讨论会暨纪念朱德熙先生百年诞辰国际学术视频讨论会在北京大学以在线视频方式举行。会议由中国社会科学院语言研究所句法语义室、《中国语文》编辑部、北京大学中国语言文学系、北京大学中国语言学研究中心主办，北京语言大学、商务印书馆协办。来自中国大陆和港澳地区以及韩国、日本的100多位学者围绕“朱德熙语法学思想研究”“构式的形式及其语义解读”“信息结构与句法结构”等专题报告了自己的研究成果，并进行讨论和交流。

中国社会科学院语言研究所所长张伯江教授致开幕词。北京大学中文系党委书记贺桂梅回顾了朱德熙先生对汉语语法研究的贡献，特别是朱先生和吕叔湘先生的交往，以及二老对现代汉语语法学术讨论会的大力支持，高度评价了朱德熙先生的学术思想、爱国思想和服务社会的精神。朱德熙先生的后人朱襄女士以视频形式发表了深情的怀念文章。会议共设20场大会报告。中国社会科学院学部委员、语言研究所前所长沈家煊和现任所长张伯江分别做了报告。

（中国社会科学院供稿）

俞平伯《唐宋词选释》及词学成就暨俞平伯先生120周年诞辰纪念会　12月9日，中国社会科学院文学研究所古代文学优势学科特举办古代室主办的“三老”纪念系列活动第二场“俞平伯《唐宋词选释》及词学成就暨俞平伯先生120周年诞辰纪念会”在北京举办。中国社会科学院学部委员、文学研究所所长刘跃进研究员做题为“《王伯祥日记》中的俞平伯先生”的致辞。

会议特别邀请澳门大学教授施议对做题为“做学问的笨与巧以及言诗的资格与写诗的条件——俞平伯《唐宋词选释》学习心得”的主题报告。中国社会科学院文学研究所研究员夏薇就俞平伯先生在红学方面的贡献做简要评述。中国社会科学院文学研究所青年学者朱姗对21世纪以来的俞平伯研究做概要汇报。中国社会科学院文学研究所古代文学研究室研究员郑永晓主持会议。会议采用线下线上相结合的形式进行，来自中国社会科学院文学研究所、澳门大学、中国社会科学院大学等科研院所、高校及俞平伯先生亲属等100余人参加纪念活动。

（中国社会科学院供稿）

重读《宋诗选注》暨钱锺书先生110周年诞辰纪念会　12月9日，中国社会科学院文学研究所古代文学优势学科主办的“三老”纪念活动的第三场——“重读《宋诗选注》暨钱锺书先生110周年诞辰纪念会”在北京举办。会议采用线下、线上相结合的形式，来自中国社会科学院文学研究所、外国文学研究所、科研局以及北京大学、中国社会科学院大学、人民文学出版社等科研院所、高校和出版机构的300余人参加纪念活动。

中国社会科学院学部委员、文学研究所所长刘跃进致辞。会议特邀北京大学中文系教授张鸣做主题为“重读《宋诗选注》”的讲演。中国社会科学院文学研究所研究员刘宁回忆了初读《宋诗选注》时的印象。中国社会科学院文学研究所研究员吴光兴做总结发言。

（中国社会科学院供稿）

高级汉语翻译人才培养主题研讨会　12月16日，北京外国语大学与教育部中外语言交流合作中心联合主办的“高级汉语翻译人才培养主题研讨会”在线上举行。此次会议是“2020年国际中文教育交流周”系列活动，由北京外国语大学高级翻译学院院长任文教授主持。来自北京外国语大学、上海外国语大学、广东外语外贸大学、北京语言大学、大连外国语大学、美国明德大学蒙特雷语言与翻译学院、西班牙巴塞罗那自治大学、法国跨文化管理与传播学院、意大利米兰大学、俄罗斯国立人文大学、白俄罗斯国立技术大学等国内外12所知名高校的翻译学院、外语学院、孔子学院的负责人，以及中国图书进出口（集团）有限公司、中华文化译研网等单位的代表近40余人参会。与会专家学者深入探讨如何培养通晓汉语和中华文化，同时熟练掌握汉外翻译技能的高层次、应用型国际翻译人才，就高级汉语翻译人才的学历培养、密集型教学、网上培训、短期来华研修、中外合作培养的模式和方案建言献策，为教育部中外语言交流合作中心高端国际汉语翻译人才项目的形成和落地提供建设性参考。

（北京外国语大学供稿）

《丁声树文集》出版座谈会　12月28日，中国社会科学院辞书编纂研究中心在中国社会科学院语言研究所举行《丁声树文集》出版座谈会。语言研究所党委书记、辞书中心主任陈文学主持会议。语言研究所所长张伯江致辞；曾在丁声树先生身边工作过的柳凤运、张振兴、张惠英、张聿忠、董琨、林连通等，亲属代表丁声俊在会上发言。中国辞书学会秘书长、商务印书馆原总编辑周洪波，语言研究所纪委书记、副所长李爱军等出席会议。商务印书馆党委书记、执行董事顾青在线致辞；商务印书馆副总编辑余桂林、《丁声树文集》责编段濛濛和语言研究所全体人员参加视频会议。

国家语委原副主任兼秘书长、语言文字应用研究所原所长陈章太，《中国语文》原主编、中国语言学会原会长侯精一，南京大学教授、中国音韵学研究会前会长鲁国尧，语言研究所原分党组书记熊正辉，语言研究所原副所长、《方言》杂志原主编贺巍，语言研究所原副所长、词典编辑室原主任晁继周等做书面发言。《现代汉语词典》第一版责编、商务印书馆柳凤运，方言研究室原主任张振兴，曾在中国语文社工作的海南师范大学教授张惠英，曾在词典编辑室工作的信息情报研究院研究员张聿忠，语言研究所原副所长董琨，中国语文社编辑部原主任林连通，亲属代表丁声俊等分别就丁声树先生的学术思想、学术成就和高尚人品发言。

（中国社会科学院供稿）

文化艺术（含民俗）

“数字场景下的学术出版与营销”中国学术出版年会　1月7日，社会科学文献出版社、中国新闻出版研究院和百道网联合主办的第十届中国学术出版年会暨社会科学文献出版社经销商大会在北京举行。中国出版协会常务副理事长邬书林，中国社会科学院科研局局长马援，社会科学文献出版社社长谢寿光，北京大学中国社会与发展研究中心主任邱泽奇，中国教育电视台总编辑胡正荣，武汉大学信息资源研究中心副主任王晓光，中央党校（国家行政学院）创新工程首席专家、北京观恒文化发展研究院院长祁述裕，中国驻汉堡前总领事杨惠群，上海大学社会学院教授张海东，新译科技 CEO 田亮与万圣书园总经理刘苏里等出席会议并发表演讲。

谢寿光以“学术出版十年回顾与未来展望”为主题发表开幕演讲。邬书林做题为“学术出版要跟上信息技术进步的步伐”的主旨演讲。邱泽奇发表题为“重塑研究能力：数据、智能与学术创造”的主题演讲。中国教育电视台总编辑胡正荣发表题为“媒体融合与学术大脑”的演讲。武汉大学信息资源研究中心副主任王晓光做题为“面向数字人文的智慧数据建设”的主题演讲。祁述裕以“中国文化产业的特点和趋势”为题发表主题演讲。

（中国社会科学院供稿）

“走进当代——可持续性发展的非遗”巡展（北京站）　1月11日，“走进当代——可持续性发展的非遗”巡展（北京站）在清华大学美术学院开幕。展览以体现传统工艺类中国非物质文化遗产走进生活、融合当代艺术、实现自身可持续发展为主题，集合、展示了由19对非遗传承人与设计师或当代艺术家倾情合作的作品。作品工艺涵盖10余项非遗项目。

清华大学美术学院院长鲁晓波、副院长赵超，清华大学美术学院当代艺术研究所所长张敢、国家非遗展示保护基地专家委员会主任马盛德等出席开幕仪式。鲁晓波、本次展览的学术顾问张敢和马盛德、展览总策展人观唐美术馆馆长于向溟为展览开幕致辞。赵超为本次展览中两两合作的非遗传承人与当代艺术家颁发捐赠证书。开幕仪式还邀请了探索和践行传统文化和非遗创新的3位先驱者：意大利斯宾内利宫修复学院主席阿曼努埃勒·阿莫迪博士、著名高级定制设计师劳伦斯·许、自由型星创始人史焱，他们分别从非物质文化遗产管理、中国传统文化的设计创新、艺术与公益跨界3个方向做主题演讲。接下来，举行了以“非遗的可持续发展”为主题的两场论坛。嘉宾们分享了各自对于可持续发展的理解，并谈到了从国际政策、艺术教育和社会需求及责任方面实现非遗可持续发展的感想和经验。

（清华大学供稿）

纪念荀慧生诞辰120周年暨荀派表演艺术传承发展学术研讨会　1月12日，中国戏曲学院与北京市荀派艺术研究会共同举办的纪念荀慧生诞辰120周年暨荀风毓骨：京剧荀派表演艺术的传承发展学术研讨会在中国戏曲学院召开。研讨会上，各位专家学者和艺术家紧紧围绕“荀风毓骨”这一主题，探讨孙毓敏对荀派艺术的继承与发展，结合具体剧目，从不同的视角，对孙毓敏70年的艺术生涯予以回顾总结，对她在表演风格特色、人物形象塑造、剧目创新创造等方面所做的努力给予充分肯定。

（中国戏曲学院供稿）

首届“明德治艺”影视艺术创新交流会　1月16日，由中国传媒大学戏剧影视学院、中国电视艺术交流协会视听传播专业委员会联合主办，影视前哨承办的2019年度网络视听“新力量”榜单推选暨首届“明德治艺”影视艺术创新交流会在北京召开。来自网络视听行业主管部门、学界、业界嘉宾参会，对过去一年网络视听业进行盘点，就网络视听领域的管理政策、精品创作、传播模式、行业发展等话题分享创作与实践经验，推进协同创新。

国家广播电视总局中国电视艺术委员会副秘书长易凯，中国文艺评论家协会主席、中国电视艺术交流协会名誉会长仲呈祥，中国传媒大学戏剧影视学院院长兼艺术学部副学部长关玲，中国电视艺术交流协会会长、中国电视艺术委员会评奖活动部主任李海明，以及2019年度网络视听“新力量”榜单推委会专家团，与平台代表、制作方代表出席活动。

（中国传媒大学供稿）

后疫情时代广告行业发展及专业教育创新云端研讨会 4月12日，中国传媒大学广告学院主办的“后疫情时代广告行业发展及专业教育创新云端研讨会”在线上平台举行。中国传媒大学学术委员会副主任、广告学院院长丁俊杰教授、中国广告协会会长张国华出席并致辞。北京大学、中国人民大学、武汉大学、华南理工大学、厦门大学、暨南大学、北京信息科技大学等高校的广告学界专家，蓝标集团、利欧集团、腾讯、快手、欢网科技、云南中烟等企业的广告业界专家参加本次研讨会。参会人员围绕“双万”计划背景下广告学专业发展、“十四五”时期数字营销行业发展及人才需求、智能融媒体运营人才需求、网络与新媒体专业和视觉传达设计专业教学之变等议题展开探讨与交流。

（中国传媒大学供稿）

新境况下中国文艺评论积极面对现实创作与评价认知研讨会 2020年5月15日，北京师范大学艺术学理论学科参与承办的“新境况下中国文艺评论积极面对现实创作与评价认知”研讨会于线上举办。本次会议上，胡智锋、周安华、范志忠、周星、郭必恒、戴清、陈晓云等专家学者围绕“数字媒介时代的经典建构问题”“创作和受众两端平衡下的文艺评论”“中国当下的文艺现状”等诸多议题展开了充分的探讨。此次会议在哔哩哔哩网站同步直播，网络观看人次达到10万以上。《光明日报》《中国艺术报》等主流媒体都进行了报道。

（北京师范大学供稿）

后疫情中国文化产业高质量发展研讨会 6月6日，中央财经大学文化与传媒学院与清华大学文化创意发展研究院联合主办的“后疫情中国文化产业高质量发展”研讨会暨中国文化产业高质量发展指数（2019）正式版发布会在北京举行。

中央财经大学教授魏鹏举在会上发布了中国文化产业高质量发展指数（2019），该指数由中央财经大学、北京文投大数据有限公司及新华网股份有限公司共同研发，旨在为文化产业研究积累素材，推进文化产业及相关领域的发展。来自中央党校、清华大学、中国人民大学、西藏大学、北京市统计局的专家学者及企业界代表，一致认为文化产业高质量发展是建设文化强国目标、增强文化创造活力、实现社会效益与经济效益有机统一的必要条件和基础保障。

（中央财经大学供稿）

第五届北京电影学院艺术学论坛 9月5—7日，第五届北京电影学院艺术学论坛在云端举行，本次论坛围绕“艺术的旅行”这一主题，突破了以往以“关键词陈述”方式进行具体学术主题设置的传统模式，试图聚焦艺术的超越性、流动性与无限活力，以串连起散落在艺术领域中的点点星光，为多元融合的时代背景下艺术学学科建设与发展增添新的思考角度。本次论坛邀请了王一川、周宪、牛宏宝、彭锋、吴琼等19位国内艺术研究领域的资深学者进行特约主题演讲，近50位来自各高校、研究机构与各个领域的中青年学者围绕艺术学学科在不同研究领域的多元化存在状况展开深度讨论。

（北京电影学院供稿）

2020网络空间治理与互联网企业发展研讨会 9月11日，中国传媒大学媒介与公共事务研究院与微鲤科技有限公司联合举办“2020网络空间治理与互联网企业发展”研讨会在国家广告产业园召开。中央网信办、北京市委网信办相关领导出席，研究院专家刘笑盈教授、政府新媒体实验室主任侯锷博士、副院长郤颖波等参加会议。会议旨在通过研讨交流，增强企业的网络空间治理意识，探讨全媒体时代下的企业发展方向与发展策略，如何在危机中寻觅发展机遇，助力企业品牌建设，从而加快企业发展。会上，20余位业内人士、专家学者与互联网企业公关、品牌维护等部门负责人参与研讨。

（中国传媒大学供稿）

第三届北京（国际）麋鹿文化大会 9月20日，适逢麋鹿回归35周年，北京市大兴区在麋鹿苑召开第三届北京（国际）麋鹿文化大会。大会以“鹿力同兴·文产共融”为主题。本届大会作为全国文化中心建设的重要内容，旨在以麋鹿文化发展为契机，兴传统文化、兴文创产业、兴生态旅游、兴创新科技，赋能多元产业，推动实体经济发展。会上，正式发起成立“大兴麋鹿文创联盟”，这是全球首个以麋鹿文创为核心的联盟，标志着麋鹿在产业化推动方面有了新平台。后续该联盟将通过组织研讨交流活动、推出文创产品等形式，打造麋鹿文创品牌。大会举办麋鹿回归35周年百项成就展览，以时间为序，向公众系统展示35年来围绕麋鹿开展的物种保护、栖息地生态建设、科学研究与文化建设的100项重要成果，全面展现麋鹿保护和研究的历史。

（北京市科学技术研究院供稿）

2020中国大运河文化带京杭对话活动 9月23日，北京市人民政府新闻办公室、浙江省人民政府新闻办公室、杭州市人民政府等共同主办的2020中国大运河文化带京杭对话活动在北京开幕。活动以“运河上的京杭对话，共建共享新未来”为主题。

开幕式上，北京市委宣传部部长杜飞进说，北京城市副中心“一带、一轴、多组团”的空间结构，使千年运河北方起点的特有气象呼之欲出，令人耳目一新。要立足大运河所孕育的物质财富、精神财富，理解以文化为引领的深层内涵，结合“十四五”规划研究编制，用大运河文化雕琢城镇空间，塑造精神家园。浙江省委宣传部部长朱国贤说，要以传世工程的标准和要求，全力建设好杭州大运河国家文化公园、京杭大运河博物院和绍兴浙东运河博物馆等文化主题项目，努力将大运河浙江段打造成为国际影响广泛、遗产保护有效、功能价值突出、生态环境优越的大运河华彩段。活动组委会向全社会发出倡议，从加强运河保护、传承运河文化、用好运河财富、推动国际交流、带动全民参与5个方面，号召全社会共同参与到大运河文化带的保护、传承和利用中来。

（参见《光明日报》2020年9月24日 第9版）

第七届中国大运河智库论坛 9月24日，北京物资学院、中国大运河智库联盟共同主办的第七届中国大运河智库论坛在北京物资学院召开。论坛的主题为“北京市大运河文化带建设暨大运河智库观察家观察员2020秋季报告会”。来自政府机关、科研院所、各大高校以及新闻媒体、学术期刊等多家单位、百余名代表参加论坛。

论坛就长三角一体化背景的江苏大运河文化带建设、京津冀大运河文化带建设的启示、打造大运河文化带核心区的滑县实践、北京城市副中心建设需要注意的问题、大运河文化带立法态势等多个方面做专题报告。在大运河文化带智库成果发布会上，北京物资学院发布主题为“‘十四五’时期大运河国家文化公园建设的政策协同”“双循环条件下北京市大运河文化带建设的着力点”“‘十四五’时期北京市大运河文化带建设前瞻”等3项智库成果。

（北京物资学院供稿）

第六届中韩人文学论坛 9月25—26日，中国社会科学院与韩国教育部、韩国研究财团共同主办的第六届“中韩人文学论坛”——“人文价值的再发现及新诠释”在北京和首尔连线召开。中国社会科学院副院长、党组成员、中国历史研究院党委书记、院长高翔，韩国教育部副部长朴栢范，韩国研究财团理事长卢贞惠出席开幕式并致辞。来自两国的近百位人文学专家学者，就中韩在文学、历史、哲学、语言、文化等领域的交流互鉴、传承创新、合作发展进行研讨。

论坛是中韩人文学交流领域在新冠肺炎疫情发生后举办的首个重要研讨会。两国学者在会上表示，疫情给人类带来新挑战，给人文学提出新课题，当前正是人文学发挥重要而独特作用的时刻。我们必须以人为本，摒弃种族、国家和政治偏见，从人文学视角深入思考如何推动构建人类命运共同体。

（中国社会科学院供稿）

“北京中轴线内涵挖掘与文脉传承”第二十二次北京学学术年会 9月25—26日，“北京中轴线内涵挖掘与文脉传承”第二十二次北京学学术年会在北京联合大学举办。本次会议由北京市文物局指导，北京联合大学北京学研究基地主办，首都博物馆合办，北京联合大学学报编辑部、北京史研究会、江西科技师范大学《地方文化研究》编辑部协办线上、线下同步进行，来自60多个单位的100多位专家学者现场参加会议，线上共130多人同时参会。北京市文物局局长陈名杰、北京联合大学校长李学伟做大会致辞。

与会专家围绕“北京中轴线内涵挖掘和文脉传承”会议主题展开研讨，内容涉及北京中轴线的文化内涵、发展演变、形态功能、价值地位、保护发展，北京中轴线非物质文化遗产的保护和传承，北京中轴线申遗的路径和意义，中西城市中轴线的比较，北京历史文化名城保护，北京老城整体保护，生态文明教育，文旅融合等多个领域。大会报告分3场举行，先后有13位专家学者做报告。

（北京联合大学供稿）

北京服装学院“新时尚、新科技、新动能”高峰论坛 10月17日，北京服装学院第十六届“科学·

艺术·时尚”节“新时尚、新科技、新动能”高峰论坛在北京服装学院召开。论坛旨在营造多元文化碰撞的学术交流氛围，邀请相关研究领域的专家学者与会，共同探索中国纺织服装产业数字化升级路径，研究如何创新实现与数字化、大数据等新技术的有机结合；探讨后疫情下时尚企业的新零售的发展策略，将挑战转化增长新动力；重新定义后疫情下的新时尚新风貌，深入挖掘内需市场，推动创新模式发展问题等，以优化时尚产业链，并推动时尚产业的发展与创新。

学术专家、行业协会代表以及相关企业代表和师生参加论坛。北京服装学院副校长仲丛生为论坛致辞，5名来自各领域的专家将进行主题演讲，北京服装学院商学院院长赵洪珊与到会的3名嘉宾开展“新时尚、新科技、新动能”对话交流。

（北京服装学院供稿）

第三届敦煌服饰文化论坛　10月18日，第三届敦煌服饰文化论坛在北京服装学院举办。此次活动由北京服装学院主办，敦煌服饰文化研究暨创新设计中心承办，中国纺织出版社有限公司和华服志网站支持。本次论坛旨在促进国内外敦煌服饰领域的学术研究，弘扬敦煌石窟的艺术魅力，传播和发扬优秀的中国传统服饰文化。北京服装学院校长贾荣林、中国纺织出版社有限公司总经理董清松、北京服装学院宣传部部长苏小玲出席论坛；敦煌研究院院长赵声良、北京大学教授朱玉麒、敦煌研究院副研究员赵燕林等发表专题讲座。论坛采用线上同步直播形式，250余人参加讲座，并与主讲嘉宾积极互动交流。

（北京服装学院供稿）

第七届三山五园研究院学术研讨会　10月18日，“三山五园历史记忆与文化使命”第七届三山五园研究院学术研讨会在北京举办。研讨会由中共海淀区委宣传部、北京联合大学联合主办，北京联合大学三山五园研究院、北京联合大学应用文理学院和海淀区文化发展促进中心承办，北京市哲学社会科学北京学研究基地、北京城市规划学会三山五园研究中心协办。来自北京市文物局、海淀区政府、颐和园管理处、圆明园管理处、香山公园、北京大学、中国人民大学等的专家学者共计百余人参会。与会学者围绕三山五园的历史文化内涵发掘与全国文化中心建设、国家文物保护利用示范区建设、文化遗产数字化与可视化再现以及罹劫160周年历史研究等专题进行交流研讨。

北京市文物局党组书记、局长陈名杰，北京联合大学党委副书记王爱军致辞；中共海淀区委宣传部副部长、海淀区文化和旅游局局长陈静，北京城市规划学会三山五园研究中心主任贺艳，中国人民大学清史研究所教授何瑜，中央美术学院文化遗产系主任陈捷，北京联合大学应用文理学院历史文博系副系主任李扬和海淀区档案馆副馆长张超做主题发言。本次会议举行了《三山五园研究》集刊第一辑的出版发布，集刊作为三山五园研究的学术交流平台，每年出版两辑，展示成果、追踪动态、分享观点、贡献智慧。

（北京联合大学供稿）

第九届中国休闲体育·北京论坛　10月18日，第九届中国休闲体育·北京论坛在首都体育学院召开。本次论坛在线上举办。共有来自全国高校或研究机构等108个单位的300余名专家学者、师生参会。首都体育学院党委书记何明致欢迎词。本次会议的主题是“体育旅游与健康”，包含大会报告和专题报告等环节。

在大会报告环节，与会专家围绕《新冠疫情和旅游发展》《“体旅融合”的实践路径与发展走向》《智力运动打造智慧旅游城市亮点》《体育旅游反脆弱生存与高质量发展》进行报告。在专题环节，与会学者们围绕“体育旅游人才培养”进行探讨。

（首都体育学院供稿）

紫禁城建成600年座谈会　10月19日，紫禁城建成600年暨故宫博物院成立95周年座谈会在故宫博物院召开。文化和旅游部党组书记、部长胡和平，部党组成员、国家文物局局长刘玉珠，部党组成员、故宫博物院院长王旭东出席活动并致辞。中央和国家有关部门、北京市委，以及部分高等院校、研究机构、相关单位负责人和代表，专家学者，社会各界参加座谈会。

胡和平指出，紫禁城建成600年暨故宫博物院成立95周年，是全国文化遗产和博物馆领域的一件盛事。保护好紫禁城、建设好故宫博物院，是事关坚定文化自信、保护传承文明的重要使命、重大任务。刘玉珠表示，故宫博物院是著名博物馆、文物保护单位与世界文化遗产之地，在古建筑保护、文物管理、陈列展览、学术科研、公共服务等方面起着重要示范作用，对传承弘扬中华优秀传统文化、满足广大民众精神文化需求、提升国家软实力意义重大。王旭东表示，故宫博物院要明确新时代办院指导思想，推动“平安故宫”“数字故宫”“学术故宫”“活力故宫”建设，肩负起保护、传承、弘扬中华优秀传统文化的神圣使命。

（参见《人民日报》2020年10月22日第12版）

中央文史研究馆“中华文化大讲堂”　10月24日，中央文史研究馆推出的国家级精品项目“中华文化大讲堂”在北京启动。“中华文化大讲堂”系列活动以研究中华文明、推广中华文化为核心目标，历时两年筹备，邀请130余位文史研究馆馆员、特约研究员和馆外特邀专家参与，以名师讲座、大家论坛、展览雅集、艺术创作等丰富形态，为大众奉上国之精粹。中央文史研究馆特约研究员、故宫博物院故宫学院院长、中国文物学会会长单霁翔开讲第一课“中华文脉与文化自信”。作为曾经的“故宫掌门人”，他说自己已经转为“中华传统文化的看门人”。单霁翔从中国1985年加入《保护世界文化和自然遗产公约》，1987年成功申请了包括长城、敦煌莫高窟等在内的6项世界遗产讲起，回顾了一次次文化遗产的抢救行动，阐述了这个过程中，全社会对文化遗产保护态度的转变。

（参见《光明日报》2020年10月25日 第4版）

第五届京台学者共研会　10月24日，北京联合大学台湾研究院与北京中山文化交流协会、台湾丝路文化协会、中央民族大学、中国政法大学联合举办的第五届京台学者共研会在北京召开。会议主题为“弘扬抗战精神，携手民族复兴——纪念抗战胜利暨台湾光复75周年”。民革北京市委专职副主委、北京中山文化交流协会会长罗瀛致辞，中国社会科学院学部委员、中国史学会前会长张海鹏做主旨发言，台盟市委秘书长陈伟及有关单位领导和京台两地专家学者50余人参加研讨交流活动。

与会专家学者分别从政治、法律、历史、文学、两岸关系等角度分享研究成果。在北京高校和研究院所任教的台湾教师结合各自在京求学发展经历，展现两岸同根同源、走近走好的必然性。台湾大学、东海大学、世新大学、中国文化大学、中山大学等多名岛内高校学者也通过视频与会，阐述共同弘扬抗战精神对于排除干扰、促进两岸关系和平发展的重要意义。

（北京联合大学供稿）

媒介视域下的艺术变迁学术年会　10月24—25日，2020年中国艺术学理论学会年会在中国传媒大学召开，本次会议主题为“媒介视域下的艺术变迁”。会议由中国艺术学理论学会和中国文艺评论家协会联合主办，中国传媒大学艺术研究院、中国文联文艺评论中心承办，来自全国各地的艺术学界专家、学者300余人参加了这次艺术学理论学科的年度盛会。本次艺术学理论年会共分“媒介变革与艺术历史的演进”“媒介变革对艺术观念的影响”“媒介变革与艺术创作和批评”“媒介变革与艺术传播和消费”4组议题。会议聚焦当前媒介融合时代媒介技术快速迭代、艺术与媒介紧密缠绕的景观，力图深刻阐释媒介变革与艺术史、艺术观念、艺术创作与批评、艺术传播与消费等艺术学理论重要议题的关系，探寻新的媒介语境下艺术学理论发展的路径。

（中国传媒大学供稿）

“事关未来：讨论中国电视剧”学术研讨会　10月31日，由清华大学新雅书院主办的“事关未来：讨论中国电视剧”学术研讨会在清华大学举办。会议邀请社会学、法学、哲学、历史学、文学等多个领域的学者与电视剧业内的编剧、导演共同研讨，以期突破学界和行业的界限，收获共识与思考。

会议的第一场为“主题发言”，北京大学教授戴锦华与电视剧业内的重量级编导刘江、全勇先、宋方金进行对话，整体讨论电视剧在中国社会价值转型中的功能角色，以及目前的行业态势和主要问题。第二场“历史”关注电视剧中的历史叙述及其文化功能。华东师范大学教授罗岗、北京大学副教授章永乐、首都师范大学教授江湄发言，讨论“中国革命叙事的‘顶层’与‘基座’：《人间正道是沧桑》和《亮剑》的辩证结构”“‘潜伏’与‘为人民服务’”“《清平乐》与当代历史剧的文化功能”。第三场“新编”，北京大学教授贺桂梅、中国社会科学院研究员贺方婴、作家李云雷以“金庸和武侠剧”“隐身于《琅琊榜》中的革命伦理”“‘中国故事’与电视剧的未来”为题做发言。第四场“社会”，围绕涉案剧、悬疑剧等展开，关注中国电视剧对社会现实的反映与呈现，三联书店副总编辑舒炜、北京大学研究员张慧瑜、中国人民大学讲师娄林、中国政法大学副教授王楠以“涉案剧的人情世故：从《破冰行动》谈起”“裸体化的政治：谈悬疑剧”“正义如何实现：谈《沉默的真相》”

“惊悚的生活：谈谈几部国产犯罪剧”为题做发言。第五场“未来”，北京大学教授吴靖、北京大学助理教授左亦鲁、《上海书评》编辑丁雄飞发言，讨论“《长安十二时辰》与文化工业问题”“新媒介和形式下的法律与文艺”“电视剧和时间：Serial、Series 和 Seriality”。最后环节为圆桌讨论。

（清华大学供稿）

BDA 舞蹈论坛（2020） 11 月 1—3 日，北京舞蹈学院主办的“BDA 舞蹈论坛（2020）”在北京举办。论坛主题为“疫情·人类命运·舞蹈”。中国舞蹈家协会主席冯双白，中国舞蹈家协会分党组书记罗斌，中央音乐学院党委书记赵旻，中国音乐学院院长王黎光，文化部艺术司、科技司原司长于平，驻英使馆教育参赞夏建辉，新西兰奥克兰大学舞蹈系主任、联合国教科文组织舞蹈支持社会融合主席拉尔夫·巴克，美国加州大学洛杉矶分校世界艺术与文化和舞蹈系特聘教授苏珊·雷·福斯特，日本神奈川大学-国际日本学部教授、民俗学专家周星，英国伦敦当代舞蹈学院舞蹈系主任丽思·尤特豪芬等进行线上与线下交流。北京舞蹈学院党委书记巴图、院长郭磊、党委副书记刘岚、副院长邓佑玲，以及院学术委员会委员、顾问、老教授代表，各院系领导、师生共同参加开幕式。开幕式线上观看总人数达 150.3 万人次。

分论坛采用视频会议的方式，围绕“舞蹈在构建人类命运共同体中可以发挥什么作用”等 17 个议题展开研讨。其中有 126 位国内发言嘉宾以及来自 20 个国家和地区的 53 位外籍嘉宾和 3 位中国港澳台地区嘉宾参会，23106 人次线上观摩会议。

（北京舞蹈学院供稿）

首届明德艺术论坛 11 月 6—7 日，首届“明德艺术论坛”在中国人民大学举办。此次论坛是对教育部《新文科建设宣言》的及时响应，旨在以跨学科、大视野为学术导向，着重关注艺术管理学科建设、音乐表演理论本土话语建构、学院艺术跨界融合趋向等命题，以多维视角探讨艺术实践、理论研究、学科建设等问题，以全面推进高校艺术学科发展，推动新文科背景下艺术学科研讨与交流的新常态，构筑艺术理论与创作实践互动共促的新平台。中国人民大学党委副书记、纪委书记吴付来代表学校在开幕式上致辞。

中国人民大学艺术学院作为发起与主办方，邀请清华大学、北京师范大学、中国传媒大学、中央美术学院、中央音乐学院、中国音乐学院、上海戏剧学院、中央财经大学、西南大学、首都师范大学等国内数十名高校知名专家学者参与现场讨论。同时，论坛还通过在线方式，邀请了英国剑桥大学、澳大利亚新南威尔士大学等国外知名高校的学者实时互动。专家学者从自身研究领域出发，结合国内外艺术发展动向，共同探讨了新文科背景下艺术学科建设的新视域、新路径、新方法。

（中国人民大学供稿）

北京论坛（2020）健康传播分论坛 11 月 7 日，北京论坛（2020）健康传播分论坛暨第三届“医疗、人文与媒介：‘健康中国’与健康传播国际研讨会”在北京大学举行。论坛采用线上、线下相结合的模式，来自清华大学、中国人民大学、浙江大学、美国约翰斯·霍普金斯大学、美国德州农工大学、荷兰阿姆斯特丹大学、新西兰梅西大学、新加坡南洋理工大学等国内 31 家高校和科研单位以及国外 14 家高校的学者参与。主论坛下设 5 个分会场，议题覆盖“公共卫生危机传播与风险交流”“健康教育与健康促进”“健康传播与社会”“媒介与健康传播”“医患沟通及传播干预”等多个方面。

（北京大学供稿）

第六届中国民族影视高层论坛 11 月 7 日，第六届中国民族影视高层论坛在中央民族大学开幕。本届论坛系中国高校影视学会民族影视专业委员会、中国人类学民族学研究会民族影视与影视人类学专业委员会的联合年会，由中国高校影视学会国际影视传播专业委员会和北方民族大学文学与新闻传播学院协办，中央民族大学新闻与传播学院、中国高校影视学会民族影视创研中心、中央民族大学影视人类学中心、中国民族影视研究中心承办。来自全国 70 多所高校、研究院所、传媒机构的近百位专家学者、导演、制作人在现场参会，还有近 60 位学者通过线上参会。

论坛以“对话与超越”为主题，在主题发言外，设“民族影视国际传播研究”“民族影视与人类学研究”“新时代民族影视研究与创作”3 个专题论坛，聚焦民族影视与影视人类学，基于影视学、民族学、传播学、社会学、人类学、文化学等学科理论展开对话与交流。论坛期间还设有 2 场民族影视及影视人类学作品展映和导演工作坊。旨在通过多学科对话与交流，进一步推动民族影视与影视人类学的研究与创作。

（中央民族大学供稿）

首届大运河非遗论坛　11 月 14 日，首届大运河非遗论坛在北京联合大学举办。本次论坛以“融会贯通南北对话”为主题，由北京联合大学艺术学院（北京非物质文化遗产学院）联合中共北京市西城区委宣传部、北京市西城区文化和旅游局、中国美术学院手工艺学院、杭州师范大学音乐学院、中国戏曲学院戏曲研究所、清华大学美术学院工艺美术系、北京工艺美术行业发展促进中心共同主办，论坛得到北京非物质文化遗产保护中心及《北京联合大学学报（人文社会科学版）》《民族艺术研究》《中国艺术》《民艺》《工艺北京》等重要期刊的学术支持。

作为 2020 年北京大运河文化节系列活动之一，本次论坛旨在探索建立大运河沿线非遗交流对话机制，搭建南北非遗融合创新发展平台，聚集大运河非遗智力资源，为中国非物质文化遗产的研究、传承与传播做积极探索，以促使全社会共同参与文化遗产保护和传承的良好氛围的形成。来自北京市、区有关机关、行业、企业和 30 余所高校的领导、学者和研究生出席论坛。北京联合大学校长李学伟教授，北京市政协副秘书长、民盟北京市委专职副主委宋慰祖，中国工艺美术学会理事长才大颖，西城区文化和旅游局党组书记、局长靳真出席。

（北京联合大学供稿）

首届富连成戏曲国际青年学者论坛　11 月 15 日，北京外国语大学艺术研究院与中国艺术研究院戏曲研究所联合主办，艺术研究院富连成研究中心和《戏曲研究》编辑部共同承办的首届“富连成戏曲国际青年学者论坛”在北京举办。中国戏曲学院原副院长钮骠，中国戏曲学院原副院长贯涌，中国戏曲学院党委书记龚裕，中国艺术研究院戏曲研究所所长王馗，中国戏曲学院原院长助理刘坚，中国艺术研究院戏曲研究所原副所长刘文峰，《戏曲研究》执行主编谢雍君等出席论坛。来自中国戏曲学院、中国艺术研究院、北京大学、中国人民大学、中国传媒大学、中央戏剧学院等多所高校、科研机构和戏曲院团的近百位学者参加论坛。此次论坛为纪念徽班进京 230 周年，深入挖掘“京剧第一科班”富连成社的历史贡献与影响而举办，共设立富连成与戏曲科班教育研究、富连成科班与京剧史、富连成艺术家访谈录、富连成文献研究、富连成与京剧传承发展 5 个征稿方向，征集近 50 篇来自海内外学术论文。论坛现场宣布一、二、三等奖得主以及特殊贡献奖获得者。

（北京外国语大学供稿）

奥林匹克教育及冰雪运动进校园示范研讨会　11 月 20 日，首都体育学院《体育教学》编辑部主办，国家社科重大委托项目“北京 2022 年冬奥会和冬残奥会遗产助力国家发展战略研究”总课题组、首都体育学院奥林匹克研究中心协办的奥林匹克教育及冰雪运动进校园示范研讨会在北京举办。首都体育学院副校长、研究员谢军，北京市中小学生奥林匹克教育工作小组办公室主任左伟，首都体育学院奥林匹克研究中心教授裴东光及其团队，北京市朝阳区教研员孙卫华以及首都体育学院《体育教学》编辑部全体人员参加会议。

与会人员观摩了学校奥林匹克教育成果展示，学生们在操场上展示了冰雪运动开展情况。在研讨会环节，加拿大伦敦西安大略大学国际奥林匹克研究中心创始人、教授鲍勃·巴尼和主任安吉拉·施耐德进行线上致辞。多位专家围绕奥林匹克教育进行研讨。本次活动由北京市中小学生奥林匹克教育工作小组办公室指导，还得到了菁体育网络平台的大力支持。全国有近 2 万人次通过菁体育观看在线直播。

（首都体育学院供稿）

全国出版学学科建设与人才培养研讨会　11 月 20—22 日，由高等学校出版专业教学指导委员会主办，北京印刷学院、北京文化产业与出版传媒研究基地承办的“全国出版学学科建设与人才培养”研讨会在北京召开。高等学校出版专业教指委委员、各高校出版专业的专家学者、出版业界专家、媒体代表等近 100 人参会，共商出版学学科建设发展。与会嘉宾达成一致共识：在新的历史方位下，出版学一级学科建设势在必行，只有将出版学的地位上升到新的高度，才能够解决数字媒介时代知识产业所面临的复杂问题。在党中央的高度重视下，要加强政产学研各界的合作，充分发挥主观能动性，将出版学成功建设为一级学科。

（北京印刷学院供稿）

北京诗词学会燕京诗派研讨会　11 月 24 日，北京诗词学会主办、京麓书院协办的“北京诗词学会燕京诗派”研讨会在京麓书院举行。中华诗词学会常务副会长范诗银、国务院参事室中华诗词学会研究院理论部主任莫真宝、中华诗词学会散曲工委副主任南广勋、解放军红叶诗社副社长兼《红叶》杂志执行主编卢冷夫、著名诗词评论家雷海基等特邀嘉宾和北京诗词学会领导及工作人员共计20人出席会议，围绕燕京诗派历史渊源、传承发展、风格特征、内容特点等方面进行探讨。北京诗词学会会长李福祥主持会议。

（北京诗词学会供稿）

《新中国地方中草药文献研究（1949—1979年）》新书发布暨专家研讨会　11月29日，由北京科学技术出版社和广东科技出版社合作出版的《新中国地方中草药文献研究（1949—1979年）》新书发布暨专家研讨会召开。《新中国地方中草药文献研究（1949—1979年）》共13卷，280册，包含492部中草药文献和一部《1949—1979年中国地方中草药发展史研究》，书影总计18万余幅。首次将中华人民共和国成立后前30年的中医药重大成就进行系统性总结，是中国中医药学术成果的集中展示。

（北京市科学技术研究院供稿）

第六届老年服务科学与创新国际论坛　11月19—20日，北京市科学技术研究院主办、北京城市系统工程研究中心等承办的第六届老年服务科学与创新国际论坛举办。论坛采用线上方式举办，近千人在线注册参加大会，累计1万余人次观看。论坛的主题是“新冠疫情与新科技周期背景下的智慧健康养老”，目的是交流新冠疫情与新科技周期背景下世界各国智慧健康养老的最新进展及模式。来自英国、荷兰、巴西、西班牙、澳大利亚、俄罗斯、日本、印度和中国的科研院所、高等院校、政府部门及企业的近50位专家学者就全球智慧健康养老创新相关议题做主题发言。

（北京市科学技术研究院供稿）

北京影视艺术研究基地学术周　12月2—11日，北京影视艺术研究基地主办的“北京影视艺术研究基地学术周”系列活动在北京电影学院举办。来自产业、科研、高校、出版等影视相关行业的领导、学者及行业优秀人才就“京津冀一体化进程中的电影高地建设”“新消费时代下的跨媒体电影营销”“北京国际电影节与首都核心功能建设”“北京中轴线文脉影像化传承与传播”“中国科幻电影发展策略与核心价值建构”“青年影视人才现状与电影产业发展”等方面的研究成果进行分享，分别从城市、影像、传播、科技及人才5个维度，突出了具有相关政策咨询研究成果的前瞻性、针对性、储备性。活动得到了北京市社科联、北京市社科规划办，北京市教委的指导和支持。

中国电影家协会副主席、原中影股份董事长喇培康，美国电影协会大中华区总裁、亚太区副总裁冯伟，北京电影学院副书记、副校长胡智锋教授，国家一级导演邹伟，阿里影业灯塔研究院院长牧晨，华谊兄弟电影副总经理杨磊等数十位专家学者出席会议。

（北京电影学院供稿）

新中国戏曲教育70年学术研讨会　12月5日，中国戏曲学院召开新中国戏曲教育70年学术研讨会。中国戏曲学院领导和近百名专家、学者出席本次研讨会。中国戏曲学院副院长冉常建以“新中国戏曲教育70年的若干认识与思考”为题做主题发言。来自全国各地的上百名专家线上参与交流。

下设戏曲教育研讨会、戏曲导演研讨会、戏曲音乐研讨会和中国传统文化的当代价值学术会议4个分会场。戏曲教育分会场由中国戏曲学院承办，围绕戏曲人才培养、戏曲科学研究与创作、服务社会、文化传承与创新以及国际文化交流合作等几个方面进行研讨，旨在全面总结戏曲教育70年来的智慧经验。戏曲导演分会场由中国导演学会承办，来自全国20余位专家、学者、青年导演从各自角度做了论述。戏曲音乐分会场由中国戏曲音乐学会承办，围绕“如何推动、完善戏曲音乐学科建设和高等院校戏曲音乐人才培养体系”进行研讨。中国传统文化的当代价值学术会议以弘扬中华优秀传统文化，坚定文化自信推动艺术教育再上新台阶为主题，总结提炼新中国戏曲教育经验，挖掘戏曲德育资源，构建专业课课程育人，探讨中华优秀传统文化与社会主义核心价值观等议题。

（中国戏曲学院供稿）

传统舞蹈文化的当代实践性研究学术年会　12月7日，北京舞蹈学院科研处、民族舞蹈文化研究基地主办的2020年民族舞蹈文化研究基地年会暨“传统舞蹈文化的当代实践性研究”研讨会，在北京舞蹈学院举办。来自海内外百余名专家学者和师生通过线下和线上方式参会。会议围绕传统舞蹈文化的当代实践性研究展开研讨。北京舞蹈学院副院长、民族舞蹈文化研究基地负责人邓佑玲以“保存、复建、重构、创作：传统舞蹈实践发展的几种样式”为题，从传统舞蹈文化的范畴与内涵、舞台化实践样式和价值定位3个方面进行阐释。文化部民族民间文艺发展中心原主任李松以“秩序与仪式——民间舞蹈传统的制度性基础”为题进行发言。

（北京舞蹈学院供稿）

“新时代新文科”全国艺术类学科建设研讨会　12月8日，由清华大学美术学院主办、中国装饰杂志社承办的“新时代新文科：全国艺术类学科建设研讨会”在清华大学美术学院召开，会议实况在央视频和雅昌艺术网同步直播。本次学术研讨会以“新时代新文科”为主题，教育部相关领导、艺术类高等学校专业教学指导委员会的专家，以及国内艺术类高校的教育工作者，围绕如何构建具有中国特色的艺术学教育发展道路，如何搭建中国特色的文科人才培养体系、如何打造具有世界引领性的中国艺术学科新格局等问题，展开研讨与交流。清华大学副校长彭刚、教育部高等教育司人文社科教育处处长张庆国出席开幕式并致辞。

清华大学美术学院副院长、《装饰》杂志主编方晓风主持研讨环节，教育部高等学校美术学类专业教学指导委员会主任委员、中国美术学院教授许江等进行主旨发言。主旨发言环节由美术学院副院长赵超主持，教育部高等学校设计学类专业教学指导委员会副主任委员、中国美术学院教授宋建明等发言。研讨对谈环节，教育部高等学校设计学类专业教学指导委员会委员、四川美术学院副院长段胜峰等就《新文科建设宣言》内容、跨学科融合发展、产学研理论与实践的结合、信息技术赋能文科教育、文化自信传承与创新等话题发表见解，展开讨论与互动。

（清华大学供稿）

中国民营企业公益传播现状及发展圆桌论坛　12月11日，中国传媒大学媒介与公共事务研究院在中传国际交流中心举办“中国民营企业公益传播现状及发展”圆桌论坛。来自国家卫生健康委扶贫办、中共中央党校、中民救助研究院，以及来自高校、媒体和企业的各界代表，就扶贫领域公益传播策略、以基金会为主体的公益慈善事业发展和公益传播活动事宜进行研讨。

（中国传媒大学供稿）

第二届民族艺术教育创新发展高峰论坛　12月11—12日，“一带一路”民族艺术教育联盟理事会会议暨第二届民族艺术教育创新发展高峰论坛在北京召开。会议采取线上、线下相结合的方式，以“一带一路”战略背景下民族艺术教育创新发展为主题，来自全国各地的民族艺术教育联盟理事代表以及线上观众参加本次会议。会议开幕式由“一带一路”民族艺术教育联盟秘书长、中央民族大学音乐学院院长包爱军主持。“一带一路”民族艺术教育联盟理事长、中央音乐学院院长俞峰教授与中央民族大学党委常委、副校长石亚洲教授分别致辞。

会议期间联盟理事单位代表做了7场主旨报告，分别围绕过去一年学校在民族艺术教育创新发展工作中已经取得的成果和正面临的新思路、新问题进行总结、反思和探讨。此外，论坛围绕“民族艺术学理论与学科建设”“民族艺术创新与城市艺术建设”“一带一路民族艺术教育研究”设3个分论坛展开交流和研讨。

（中央民族大学供稿）

第二十二届齐越朗诵艺术节学术论坛　12月12日，中国高等院校影视学会播音主持专业委员会2020年年会暨第二十二届齐越朗诵艺术节学术论坛在中国传媒大学举办。会议暨论坛以“见证声音记录历史的力量——纪念人民广播80年”为主题，由教育部、国家语言文字工作委员会主管，教育部关心下一代工作委员会、语言文字应用管理司指导，中宣部“学习强国”学习平台支持，中国传媒大学主办，中国传媒大学播音主持艺术学院承办。

中国传媒大学党委副书记姜绪范出席会议并致辞，播音主持艺术学院党委书记郑维林、副院长李洪岩、喻梅，42家理事单位，47家会员单位，75所兄弟院校的师生参会。会议采用线下会场与网络会议相结合的方式进行。主论坛由中国传媒大学党委副书记姜绪范致辞，中央广播电视总台葛兰、铁城、黎江、赵健，中国传媒大学王璐分别做主题发言。此外，还开展期刊论坛、教师论坛、硕博研究生论坛等分论坛。

（中国传媒大学供稿）

第三届中斯冰雪论坛 12月16日，首都体育学院与卢布尔雅那大学共同承办的第三届中斯冰雪论坛在首都体育学院举办。论坛采用线上和线下的方式同时进行。斯洛文尼亚教育科学体育部部长、斯洛文尼亚奥委会主席、斯洛文尼亚卢布尔雅那大学校长及体育学院院长在线上发表讲话。国家体育总局副局长李颖川、斯洛文尼亚驻华大使苏岚、北京冬奥组委副秘书长徐志军及北京市教委一级巡视员黄侃参加线下论坛并致辞。首都体育学院党委书记何明在致辞中介绍了学校的发展情况，就全面服务北京2022年冬奥会及世界一流体育大学建设等方面进行说明。论坛的主题为“科技助力冬季运动普及与发展”，多位专家围绕主题进行专题报告，相关专业学者围绕主题进行墙报交流。

“中斯冰雪论坛”源于2018年首都体育学院与斯洛文尼亚卢布尔雅那大学签署的《中国首都体育学院与斯洛文尼亚卢布尔雅那大学学术与科学合作总协议》。该协议纳入第七次中国—中东欧国家领导人会晤成果清单，是2018年中东欧16+1峰会的中斯两国教育领域重要成果。

（首都体育学院供稿）

“茶境”国际茶文化线上学术交流会 12月19—21日，清华大学主办的“茶境”国际茶文化线上学术交流会在北京举办。本届“茶境”采用线下与线上相结合的形式，向全世界直播开放。开幕式由清华大学美术学院陶瓷艺术设计系副教授尹航主持，美术学院党委副书记吴琼致欢迎词。来自日本、韩国、土耳其、肯尼亚、德国以及国内各高校、研究机构的40余位专家学者和艺术家受邀参加开幕式并分别在线上进行介绍与交流。论坛举办期间，共有世界各地近20位专家学者发表演讲，以“茶文化”为媒介，研究探讨传统工艺文化，沟通世界各国文化艺术的学术研究以及艺术创作成果。“茶境”——国际茶文化线上学术交流会发起人、美术学院教授郑宁做总结发言。参与活动人数达数百人。

（清华大学供稿）

疫情下的智慧中医健康维护学术研讨会 12月26日，由中国中医药信息学会生命质量研究分会主办、北京中医药大学管理学院和中国中医科学院中医临床基础医学研究所共同承办的中国中医药信息学会生命质量研究分会2020年学术年会采用线下与线上相结合方式召开。研讨会线下会场设在北京，主题为“疫情下的智慧中医健康维护”。中国中医药信息学会副会长兼秘书长徐皖生、中华中医药学会名誉主委孙涛、中国中医科学院首席研究员刘保延、中国中医科学院研究员何丽云、中国中医药信息学会生命质量分会会长、北京中医药大学教授朱燕波出席会议。

北京中医药大学、中国中医科学院、中日友好医院、山东大学、南京中医药大学、中央美术学院、云南中医药大学、山东第一医科大学等200余位专家学者围绕“疫情下生命质量提升策略”“后疫情时代的艾灸应用”“疫情防控背景下智慧中医大健康管理服务现状及趋势”“疫情下青少年心理健康与积极调整”等议题进行主题发言和研讨。

（北京中医药大学供稿）

2020第二届网络视听“新力量”推荐交流暨“守正创新”影视艺术创新交流会 12月28日，中国传媒大学戏剧影视学院、中国电视艺术交流协会主办，中国电视艺术交流协会影视艺术专业委员会、影视前哨承办的2020第二届网络视听“新力量”推荐交流暨“守正创新”影视艺术创新交流会在北京举办。来自网络视听行业主管部门、学界、业界嘉宾等参会，就网络视听领域的管理政策、精品创作、传播模式、行业发展等话题分享创作与实践经验。

本届网络视听“新力量”推荐交流会旨在对2020年优秀网络视听内容和优秀播出机构进行盘点推介。主办单位同步举办“守正创新”影视艺术创新交流会，邀请活跃在网络视听领域一线的专家学者、平台方和制作方代表共同探析网络视听行业的发展特点和市场动向，梳理创新模式，总结制播经验。此次交流会分为两大论坛，包括“网络影视精品化、类型化、可持续发展”和“网络综艺与青年文化引领”。

（中国传媒大学供稿）

管理学（含人才学、信息学）

中国劳动关系研究 70 年专题研讨会　1 月 11 日，中国劳动关系学院召开“中国劳动关系研究 70 年”专题研讨会。中国劳动关系学院党委书记刘向兵，首都经济贸易大学劳动经济学院院长冯喜良，中国人民大学劳动人事学院劳动关系研究所所长常凯等出席会议。相关部门负责人参加会议。

会上，中国劳动关系学院劳动关系与人力资源学院院长闻效仪介绍了研究团队前期完成的《劳动关系学研究 70 年回顾与展望》的研究背景、学术观点和基本框架。刘向兵在总结发言中指出：此次研讨会的意义超出了对《劳动关系学研究 70 年回顾与展望》一文的讨论，中国劳动关系学院在中国特色劳动关系研究和劳动关系学构建方面责任重大，要从把握我国劳动关系学科建设制高点的高度推进劳动关系研究。

（中国劳动关系学院供稿）

第十四届中国公司治理论坛　1 月 11 日，北京师范大学经济与工商管理学院、北京师范大学公司治理与企业发展研究中心和中国管理科学学会联合主办的第十四届中国公司治理论坛——中国企业高质量发展峰会暨《中国上市公司治理分类指数报告 No. 18（2019）》发布会在北京举行。国家工商行政管理总局原副局长、中华商标协会原会长李建中，国务院国资委研究中心原主任、中国产权协会董事分会会长楚序平，国务院发展研究中心市场研究员、经济研究所原所长任兴洲，社会科学文献出版社副总编辑蔡继辉，北京师范大学经济与工商管理学院院长戚聿东，中国管理科学学会副会长兼秘书长张晓东，中国社会科学院经济研究所教授剧锦文，中国人民大学财政金融学院教授郑志刚，美国纳斯达克亚洲区前董事总经理徐光勋，北京师范大学公司治理与企业发展研究中心主任、教授高明华等专家出席会议。

蔡继辉首先对《中国上市公司治理分类指数报告 No. 18（2019）》的出版表示祝贺。高明华发布了《中国上市公司治理分类指数报告 No. 18（2019）》。该报告对 2018 年 3490 家中国上市公司的治理水平进行全面评价，涵盖 6 类公司治理指数，分别是中小投资者权益保护指数、董事会治理指数、企业家能力指数、财务治理指数、自愿性信息披露指数和高管薪酬指数。

（北京师范大学供稿）

疫情防控中的工会与劳动关系专题研讨视频会议　3 月 5 日，中国劳动关系学院召开“疫情防控中的工会与劳动关系”专题研讨视频会议。中国劳动关系学院党委书记刘向兵，党委常委燕晓飞、杨冬梅、姜颖出席会议，相关部门负责人和教师等 19 人参加会议。

与会人员围绕疫情防控中的劳动关系与工会领域相关问题进行讨论交流。杨冬梅提出，充分发挥网上工会在疫情防控中的重大作用，应把网上工会与“智慧工会”建设联系起来，作为工会的一项重要工作推进。针对疫情结束和生产生活恢复正常后可能面临的劳动争议集中呈现问题，姜颖认为，首要应从现有的“法律工具箱”中寻找解决办法，如相关法律不能完全适用，则需修改完善现有法律。杨思斌认为，应尽快出台疫情防控期间劳动关系处理的“指引”，加快劳动法制变革，实现劳动关系领域的“良法善治”和劳动关系治理的现代化。戴文宪提出，中国的疫情防控表现出 10 个方面的阶段性变化和三大趋势与走向，正确分析和把握这些变化、趋势与走向，并据此及时调整疫情防控的政策措施是当前工会急需关注和解决的重大问题。沈建峰指出，应前瞻性地关注“后疫情时代”的劳动关系协调问题，要高度重视和解决好疫情结束复工复产后不同类型职工的劳动纠纷和权益保护问题。李杏果、赵明霏、王侃、宋艳慧结合疫情防控工作，分别从公共危机治理、产业工人队伍建设改革、国际疫情防控中的中国劳动关系以及共享员工的劳动关系处理等角度出发，阐述观点提出对策建议。

（中国劳动关系学院供稿）

首届企业管理哲学与组织生态论坛　9 月 26 日，中国人民大学商学院主办、企业管理哲学与组织生态研究中心（MPOE）承办的首届企业管理哲学与组织生态论坛暨李占祥管理哲学优秀论文奖颁奖仪式召开。论坛以“哲学 · 科学 · 实践”为主题，致力于推动企业家、管理学家和哲学家的跨界协作。中国人民大学校长刘伟、中国人民大学商学院院长毛基业、《管理世界》杂志社社长李志军、李占祥教授弟子代表沈炳熙、宝茂集团 CEO 张释元、中国人民大学商学院副院长邓子梁、MPOE 主任王凤彬和副主任秦志华、中国企业管理研究会会长黄速建、《管理评论》副主编乔晗、《管理学报》编辑部副主任郭恺等专家学者参加会议。论坛得到《管理世界》、《管理评论》、《中国软科学》、《管理学报》、中国企业管理研究会、中国人民大学哲学系、海尔集团和宝茂集团的支持。来自国内外的 50 多名学者和企业家与会，一批科研教学工作者和管理者线上参会。

（中国人民大学供稿）

真实问题导向的管理学与工经所管理学科发展研讨会 10 月 13 日，中国社会科学工业经济研究所在中国社会科学院举办“真实问题导向的管理学与工经所管理学科发展”研讨会。来自中国人民大学、北京大学光华管理学院、清华大学经管学院、北京师范大学经管学院、对外经贸大学国际商学院等各领域的专家，就战略管理、组织管理、技术创新、会计学、人力资源管理、组织行为等相关管理学学科如何开展现实问题导向的高水平管理学学术研究、管理学学术研究如何与智库研究更好结合等问题分享了观点和建议。

（中国社会科学院供稿）

第二届中国青年管理学者论坛·工商管理论坛 10 月 18 日，第二届中国青年管理学者论坛·工商管理论坛在北京召开，会议由《管理世界》《经济与管理研究》《技术经济》支持，首都经济贸易大学主办、首都经济贸易大学工商管理学院承办。会议采取线上与线下相结合的方式，中国社会科学院、北京大学、南开大学、南京大学等国内高校和科研机构的专家学者，以及国内各高校师生共计 700 余人参加会议。首都经济贸易大学副校长王永贵参加开幕式并致辞。与会专家围绕后疫情时代中国经济发展、应急管理、消费者购买决策等方面做主题报告。

（首都经济贸易大学供稿）

清华大学公共管理学院成立 20 周年暨公共管理学科建设回顾与展望论坛 10 月 24 日，清华大学公共管理学院成立 20 周年暨公共管理学科建设回顾与展望论坛在清华大学举行。周年活动后，清华大学公共管理学院举办公共管理学科建设回顾与展望论坛。公共管理学院副院长朱旭峰主持论坛，薛澜以“中国公共管理学科建设与展望”为主题做报告。大会举办两场圆桌论坛，与会专家分别围绕“公共管理学科建设 20 年”和“公共管理学科未来发展”两场主题进行探讨。此外，专家们围绕公共管理人才培养（本科生与学术研究生）、公共管理人才培养（公共管理专业学位）、公共管理学科定位与师资建设、公共管理重大理论前沿与公共治理问题等主题进行 4 个平行分论坛的主题研讨，对中国公共管理学科建设开展进一步研讨。

（清华大学供稿）

中国公司治理 50 人论坛成立暨首届主题论坛 10 月 31 日，北京师范大学公司治理与企业发展研究中心、北京师范大学经济与工商管理学院主办的“‘中国公司治理 50 人论坛’成立暨首届主题论坛”在北京举办。会上，“中国公司治理 50 人论坛”宣布成立。与会的 50 余位专家、学者和企业家通过线上线下相结合的形式，围绕“中国公司治理体系和治理能力现代化”“上市公司高质量发展”“建设公司治理高端智库”3 个议题展开讨论。论坛是由政界、学术界和企业界 50 余位公司治理专家发起设立的非营利性的公司治理专业性高端智库平台。

（北京师范大学供稿）

“聚焦提质增效，强化精细管控”经济管理论坛 11 月 6 日，世界中医药学会联合会中医药管理研究专业委员会主办的“聚焦提质增效，强化精细管控”经济管理论坛在北京召开。国家中医药管理局规划财务司副司长李强、清华大学万科公共卫生与健康学院常务副院长梁万年、中国卫生经济学会卫生财会分会会长王洁、原世界中医药学会联合会中医药管理研究专委会会长房耘耘、世界中医药学会联合会中医药管理研究专委会名誉顾问樊俊芝、世界中医药学会联合会中医药管理研究专委会会长程薇出席论坛活动。

论坛采用线上与线下相结合的方式，线下 130 人参会，线上直播平台访问量突破 1.1 万人次，传播范围覆盖全国 30 个省、直辖市、自治区。本次论坛聚集业内知名管理专家、领军人物，旨在助力中医药的传承和创新发展，推进中医医院向精细化管理、高质量发展模式转变。

（北京中医药大学供稿）

清华大学公共管理学院全球学术顾问委员会 2020 年会议　11 月 7 日，清华大学公共管理学院全球学术顾问委员会 2020 年会议在清华大学举行。第十三届全国人大常委会副委员长、民盟中央主席丁仲礼，国务委员兼外交部部长王毅，第十三届全国政协副主席、致公党中央主席、中国科学技术协会主席万钢，第十二届全国政协副主席、博鳌亚洲论坛副理事长、学术顾问委员会中方主席周小川，第十三届全国政协常委、外事委员会主任楼继伟，中国社会科学院院长、党组书记、学部主席团主席谢伏瞻，清华大学党委书记、校务委员会主任陈旭等出席会议。清华大学校长邱勇通过视频致辞。学术顾问委员会年度外方主席、布鲁金斯学会名誉主席、亚洲协会董事会联席理事长、巴里克黄金公司董事长约翰·桑顿（John L. Thornton）等学术顾问委员在线参会。开幕式上，王毅发表题为“弘扬多边主义，应对全球挑战”的讲话。

（清华大学供稿）

北京新农村建设研究基地 2020 年度学术论坛　11 月 17 日，北京农学院主办，北京农学院经济管理学院、文法与城乡发展学院承办的北京新农村建设研究基地 2020 年度学术论坛在北京农学院召开。国务院参事、中国农业大学教授何秀荣，中国人民大学农业与农村发展学院教授唐忠，华南农业大学国家农业制度与发展研究院教授罗必良分别做专题报告。来自农林经济管理领域学者、政府和企事业单位有关管理人员、研究生等 500 余人通过线上、线下方式参会。北京农学院党委书记杨军出席会议并致辞。与会专家和学者围绕后小康社会农民增收难题与破解途径、农村集体所有制的演变与走势、增长转型与农业发展等乡村振兴有关内容进行主题发言和研讨。

（北京农学院供稿）

第十一届哈博·高校（经管）博士学术论坛　11 月 18—19 日，第十一届“哈博·高校（经管）博士学术论坛”在首都经济贸易大学召开，论坛采取线上与线下相结合的方式，来自北京大学、清华大学、中国人民大学、首经贸等国内高校、科研机构的专家学者和国内外高校博士生共计 600 余人参加论坛。

主论坛上，首都经济贸易大学教授尹志超、北京大学教授张志学、中国科学院大学教授余江、中国人民大学教授聂辉华分别分享题为《移动支付如何改变中国家庭?》《现象、概念、实践》《数字化背景下创新管理研究的新机遇与挑战思考》《朝向一个最优政企关系力理论》的主题报告。来自全国 38 所高校的 64 名博士生分别在区域经济学、企业管理、产业经济、国际经济、国民经济、会计学、劳动经济、财政税务、金融学、统计与数量经济、管理科学与工程、法律经济等 12 个分论坛宣讲论文成果。闭幕式上，《管理世界》杂志社社长李志军分享了题为《研究中国问题，讲好中国故事》的报告。

（首都经济贸易大学供稿）

全国农业综合行政执法改革与实践研讨会　11 月 28 日，北京农学院主办，北京农学院文法与城乡发展学院、乡村治理研究中心承办，北京市法学会法理学研究会、北京市法学会农村法治研究会协办的全国农业综合行政执法改革与实践研讨会在北京农学院召开。来自农业农村部、北京市农业农村局、北京市法学会农村法治研究会、北京市法学会法理学研究会、中国政法大学、对外经贸大学、首都经济贸易大学、北京工商大学、北方工业大学等高校的专家学者和全国各地农业综合行政执法大队的领导、代表在线上参与本次会议。研讨会采用线上与线下相结合的方式同步展开，会议由北京农学院文法与城乡发展学院院长韩芳主持。

（北京农学院供稿）

北京大学治理现代化论坛（2020）暨中国应急管理和政策分析年会　12 月 5 日，北京大学政府管理学院与公共卫生学院在北京大学中关新园联合举办北京大学治理现代化论坛（2020）暨中国应急管理和政策分析年会。北京大学党委副书记、副校长陈宝剑，应急管理部风险监测和综合减灾司原副司长尹光辉，北京大学政府管理学院院长俞可平、常务副院长燕继荣出席会议。兄弟高校以及研究机构的学者与师生者齐聚北京大学或线上论坛，就应急管理学科建设、理论发展与政策实践的相关问题进行探讨。

（北京大学供稿）

第七届科学监管与监管科学论坛　12 月 5 日，首都经济贸易大学主办，中国行政管理杂志社、中国市场监督管理报社、中国市场监管研究期刊社协办，首都经济贸易大学城市经济与公共管理学院、工商行政与市场监管研究所承办的第七届科学监管与监管科学论坛在首都经济贸易大学举办。论坛以“新时代的市场监管：最佳实践、理论进路与学科建设”为主题，围绕新时代市场监管的相关重大问题进行交流。来自政府部门、高校、科研机构的100多位专家学者和研究生参加会议。论坛顾问、东北大学原副校长娄成武在致辞中就市场监管领域的重大问题、举办市场监管论坛的重要意义等问题进行交流。论坛采用线上和线下结合的形式举办。教育部“长江学者”奖励计划特聘教授、首都经济贸易大学副校长王永贵出席论坛并代表学校致辞。

（首都经济贸易大学供稿）

2020公司治理高端论坛＆中国上市公司治理评价研讨会　12月5日，对外经济贸易大学国际商学院、南开大学中国公司治理研究院和中国企业改革与发展研究会共同主办的2020公司治理高端论坛与中国上市公司治理评价研讨会暨对外经济贸易大学公司治理研究院揭牌仪式在北京召开。研讨会得到中国管理现代化研究公司治理专业委员会、“一带一路”沿线中国企业海外治理风险学科创新引智基地的支持。来自国务院发展研究中心、中国社会科学院、中国上市公司协会、国务院国资委研究中心、清华大学、北京大学、中国人民大学、南开大学、南京大学、厦门大学、对外经济贸易大学、澳门大学、日内瓦大学、中国神华能源股份有限公司等机构的领导、专家学者，《管理世界》《经济研究》等期刊的主编、副主编以及企业界人士等200余位嘉宾现场出席会议，对中国上市公司的治理问题建言献策。数万名观众线上参与活动。

对外经济贸易大学校长夏文斌、《管理世界》杂志社社长李志军、中国神华股份有限公司董事会秘书黄清和南开大学党委常委、宣传部部长梁琪出席开幕式并致辞。随后，对外经济贸易大学公司治理研究院揭牌仪式举行。新成立的公司治理研究院与教育部人文社科重点研究基地“南开大学中国公司治理研究院”、海南省人文社科重点研究基地“海南省公司治理研究院”组成学术联盟，有效整合各方公司治理相关领域的研究人员和力量、搭建广泛的学术研究合作平台，针对中国上市公司和海南自由贸易区（港）的治理实践开展系列研究。

（对外经济贸易大学供稿）

教育学　心理学

中美教育政策论坛　1月5日，北京师范大学中国教育政策研究院举办中美教育政策论坛。美国乔治梅森大学教授、教育与人类发展学院院长马克·金斯堡，美国马里兰大学教授、家庭科学系原系主任伊莱恩·安德森，北京师范大学中国教育政策研究院教授张志勇，教育学部教授袁桂林，以及中国教育政策研究院的相关专家参加论坛。

马克·金斯堡做题为“促进教育卓越、公平和效率——美国的经验教训和范例”演讲。薛二勇围绕新作进行专题分享。伊莱恩·安德森分享了“评估政策影响的方法和策略”。袁桂林指出，教育政策要更关注人，以人为中心进行政策设计。张志勇同马克·金斯堡与伊莱恩·安德森围绕中美两国的教师学历准入水平、家庭教育公共服务体系等问题进行对比探究，并就未来的合作事宜进行研讨交流。

（北京师范大学供稿）

“十四五”教师队伍建设规划与一流教师教育学科建设专题研讨会　1月12日，“十四五”教师队伍建设规划与一流教师教育学科建设专题研讨会在北京师范大学召开。教育部教师工作司司长任友群出席会议并做专题报告，教育部普通高校人文社会科学重点研究基地北京师范大学教师教育研究中心主任朱旭东及常务副主任李琼、教育部特殊教育教师培养教学指导委员会主任委员顾定倩及北京师范大学教师教育研究中心各分中心负责人等代表参加会议。会议由中心副主任宋萑主持。任友群做《深化教师教育改革，提升教育教学水平》的专题报告，北京师范大学教师教育研究中心与会人员针对地方教师教育发展的经验与问题进行交流。

（北京师范大学供稿）

中国建筑教育改革研讨会　5月9日，北京城市学院和中国勘察设计协会传统建筑分会联合主办的中国建筑教育改革研讨会在北京召开。来自北京建筑大学、北京工业大学、天津大学、南阳理工学院、廊坊师范学院、北京市古代建筑设计研究所有限公司、中国建材工业出版社、北京燕都中式建筑文化研究院、中国建筑设计研究院有限公司等高校和企事业单位的专家、学者出席会议。北京城市学院副校长温宗勇、城市建设学部主任孟媛等参加研讨。

北京市规划与自然资源委员会宣教中心主任刘俊兰致辞，北京历史文化名城保护学术委员会专家马炳坚阐述举办本次研讨会的目的及意义。与会专家学者围绕“如何建立新的中国建筑教育体系”“中国建筑教育体系改革的方法”“中国建筑教育体系改革模式”“中国建筑学教材选用及师资队伍建设”等主题，进行主旨发言和交流研讨。北京城市学院城市建设学部建筑学专业教师梁飞以“中国建筑教育体系改革的方法与模式”为题，介绍了北京城市学院建筑学专业的办学历史、发展历程、学科特色与方向。

（北京城市学院供稿）

疫情下职业教育发展讨论会　5月15日，中国发展研究基金会“赢未来”企业联盟预备会暨疫情下职业教育发展讨论会在线上举办。会议旨在服务中国职业教育发展，推动产教深度融合，推进各方交流合作，助力疫情后“保就业”，为国家相关决策提供实证依据。会议由中国发展研究基金会儿童发展中心执行主任赵晨主持，中国发展研究基金会秘书长方晋，中国职业技术教育学会会长、教育部原副部长鲁昕致辞。博世苏州、IBM、戴姆勒大中华区投资有限公司、Visa公司、徐工集团、美团大学、德国国际合作机构等企业及机构代表，广州市信息工程职业学校、广州市商贸职业学校、赫章县中等职业学校、四川省东坡中等职业技术学校等“中等职业教育赢未来计划”试点学校代表参与讨论。教育部职成司相关处室领导，中国职业技术教育学会、中国就业培训技术指导中心代表及多家企业代表参加会议。

鲁昕强调，面临数字时代和疫情，企业加速数字化转型十分重要。保就业是稳发展的第一要务，要完成巩固传统产业优势、强化优势产业领先地位、抓紧布局战略性新兴产业3个任务。未来应培养有扎实理论基础、扎实新技术结构、扎实技能的学生，实现“学生赢未来”。方晋表示，中国职业教育在产教融合方面有很大的发展空间，把企业力量更好、更深入地整合到职业教育发展中，对中国、对当下来说非常重要。企业、机构及学校代表围绕企业人才需求、校企合作重点难点、数字时代的挑战、疫情对职业教育的影响、校企应对措施等问题进行讨论。

（国务院发展研究中心供稿）

全国中小学线上积极学习研讨会　5月20日，以“培育积极情感，赋能学习系统”为主题的全国中小学线上积极学习研讨会在北京召开。研讨会由清华大学社会科学学院联合北京市海淀区教育委员会、中国心理学会积极心理学专业委员会共同主办，北京心聆教育科技有限公司承办。大会采用现场会议与线上直播相结合的形式，总计收看约50万人次。会上，共有13名教育界专家、中小学校长、教师代表围绕研讨会主题，就积极情感在线上学习中的促进作用、多方共建学习保障体系、网络自律、积极学习系统优化、自主学习与时间管理、积极情感与健康生活、亲子关系与家校沟通等层面进行分享和交流。会议通过情景再现的方式呈现学校、家庭和社会都关注的自主学习与时间管理、积极情感与健康生活、亲子关系与家校沟通等重点问题，邀请教育领域专家、中小学校长、教师及家长开展多方对话，探讨解决对策。

（清华大学供稿）

积极天性与AI合家欢发展研究课题研讨会　6月3日，清华大学社会科学学院心理学系主办、恒信东方协办的“积极天性与AI合家欢发展研究课题”研讨会在北京召开。会议围绕“积极天性与AI合家欢应用发展研究”主题，聚焦后疫情时代两会精神下的中国学前教育现状，政府领导、专家学者、教育机构代表等从多个维度探讨积极天性在中国学前教育领域的应用实践。中国儿童中心党委委员杨彩霞，教育部装备研究与发展中心研究员何建闽，教育部学校规划建设发展中心研究与数据处副处长张智，中国宋庆龄基金会理事、宋庆龄基金会机关实验幼儿园理事长姜敏等嘉宾，以及主办方和协办方相关研究与应用人员出席本次会议。全国2000多家幼儿园园长通过在线会议直播也参与本次会议，并与专家学者交流互动。

清华大学社科学院院长、心理学系主任彭凯平，恒信东方董事长孟宪民，中国儿童中心主任苑立新等出席并致辞。彭凯平在致辞中从文化发展、教育发展和人民发展需求阐释了课题研究应用的目标和本次座谈会的主题，并表达了对积极心理学和儿童积极天性培养计划的未来期望。孟宪民表示，积极天性与AI合家欢发展研究课题将心理学实践应用到幼儿教育教学活动中，培养儿童社会化能力，引导父母更注重孩子的积极天性培养，重构家庭关系，打造家庭梦之队。苑立新介绍了中国儿童中心的发展和职能，并表示欢迎课题组后期有更多研究应用与中国儿童中心的研究应用相结合。研讨会上，积极天性与AI合家欢发展研究课题组成员贾新超、王洋从积极心理学的教育理念出发，分别解析了课题理论模型搭建、研究实践与成果输出模式。

（清华大学供稿）

“疫情下的教育治理：问题聚焦与政策应对”学术研讨会　7月18日，首都师范大学与中国教育学会教育政策与法律研究分会共同举办“疫情下的教育治理：问题聚焦与政策应对”线上学术研讨会。全国政协、教育部等机构，以及北京大学、清华大学等高校的20余位专家学者，全国各地300余名研究人员、一线校长和教师以及研究生共聚云端展开研讨。

首都师范大学校长孟繁华、中国教育学会秘书长杨银付分别致辞。北京市教委政策研究与法规工作处处长王艳霞在开幕式上致辞。会议分4个单元进行。首都师范大学教授劳凯声等人围绕“疫情应对与教育治理理论创新”进行主题发言。华东师范大学范国睿教授等人围绕“疫情应对与教育治理体系重建”进行主题发言。清华大学教授于安、教育部教育发展研究中心马陆亭研究员、厦门大学教授李艳霞围绕“疫情应对与高等教育治理能力提升”进行主题发言。首都师范大学教授张爽、田汉族，副教授王东代表首都师范大学教育政策与法律研究团队汇报了针对北京市在疫情防控期间教育治理的研究与反思。北京师范大学教授余雅风、北京外国语大学教授姚金菊等参与主持和与谈环节，进行点评和发言。

（首都师范大学供稿）

“新时代劳动教育的理论与实践”学术研讨暨新书发布会　8月28日，由北京师范大学教育学部、北京师范大学出版集团联合举办的“新时代劳动教育的理论与实践”学术研讨暨《劳动教育论要》新书发布会在北京召开。教育部教材局局长田慧生、北京师范大学副校长涂清云等专家参加现场会议或线上研讨。

与会领导、专家对《劳动教育论要：现实畸变与起点回归》的出版表示热烈祝贺，一致肯定该书对劳动教育基本理论探究具有重要时代价值，认为著作的出版是北京师范大学教育学人、北京师范大学出版社对新时代教育实践重大关切、迫切需求的及时回应。会议围绕新时代劳动教育的若干重大议题展开讨论。

（北京师范大学供稿）

首都师范大学教育学部成立仪式暨“新时代教师教育改革的挑战与回应”论坛　9月25日，首都师范大学教育学部成立仪式暨“新时代教师教育改革的挑战与回应”学术论坛在北京举办。教育部教师工作司副司长宋磊等人，北京师范大学、华东师范大学等近20所师范院校、清华大学、北京大学等近10所综合大学友好学校代表等共150人出席仪式和论坛。仪式和论坛线上线下同时进行，近14万人在线收看。

首都师范大学教育学部成立仪式结束后，举办“新时代教师教育改革的挑战与回应”学术论坛。教育专家顾明远、钟秉林、华东师范大学教授荀渊等做主旨发言。东北师范大学教授吕立杰、华中师范大学教授雷万鹏等进行讨论。在此期间，“构建中国特色教科书学的理与路”“新时代卓越教师贯通培养的探索与思考”等5个分论坛同步举办，近300位专家学者参加。

（首都师范大学供稿）

重温人文主义、人文学科与大学教育学术论坛　10月17日，北京科技大学外国语学院与《国外文学》杂志联合举办的“重温人文主义、人文学科与大学教育”学术论坛举行。论坛采用线上与线下相结合的方式举办，《国外文学》主编、北京大学教授刘锋，北京科技大学外国语学院院长陈红薇，中国社会科学院教授陈众，北京大学教授刘意青、谷裕，南京大学教授杨金才，复旦大学教授王升远，上海外国语大学教授李维屏，北京科技大学教授梁晓晖，首都师范大学教授易晓明等出席论坛并做专家主旨发言。全国7000余名师生在线上参会，英语、德语、日语等文学专家围绕人文主义传统与中西方文化传统的深层脉络，中外文学研究对当下人文学科与大学教育的意义、人文教育与科技教育的关系等议题展开研讨。

（北京科技大学供稿）

后疫情时代的高等教育论坛　10月30日，北京外国语大学国际教育学院第三届高层专家论坛在北京外国语大学举办。论坛主题为“后疫情时代的高等教育”。来自中国教育学会、中国高等教育学会、北京大学、清华大学、中国人民大学、北京师范大学、复旦大学、浙江大学、北京航空航天大学、北京开放大学、中国教育科学研究院、北京教育科学研究院、教育部职业技术教育研究所等高校和科研机构的18名专家学者、媒体代表以及国际教育学院全体师生参加论坛。论坛开幕式由北京外国语大学特聘教授、国际教育学院院长秦惠民主持。与会专家学者就“学生创新能力及其培养”“后疫情时代我国高等教育国际化向何处去”“后疫情时代高等教育需要关注的几个问题”“后疫情时代的教育治理”等议题展开发言。

（北京外国语大学供稿）

第二届全国小学德育专业化暨课程思政与教师发展学术会议　10月31日，首都师范大学初等教育学院联合高等教育出版社主办的第二届全国小学德育专业化暨课程思政与教师发展学术会议在首都师范大学、首都师范大学附属小学及线上平台同步召开。会议以“小学德育专业化：课程思政与教师发展”为主题展开，包括主论坛、分论坛及学术沙龙3个部分。首都师范大学副校长杨志成、北京师范大学教育学部教授檀传宝等人以及部分全国大中小学一线教师和德育工作者参加会议。

杨志成致开幕词，并在主论坛做题为“贯彻习近平总书记关于德育工作的重要论述”的报告。檀传宝阐明为什么教师要实现德育专业化这一时代命题。刘慧就学科德育是“渗透”还是“体现”这一问题提出具体建议。顾瑾玉分析现阶段一线教师德育专业化存在的问题。李敏阐述了小学教师德育素养的基本要素。会议举办4个分论坛，分别就小学“道德与法治”课程与教学、学科德育理论与实践、德育工作与学校管理、师范生德育素养培养展开学术交流与讨论。学术沙龙围绕“情感教育与小学德育”主题，致敬中国著名教育家朱小蔓，并开展关于情感教育与小学德育研究与实践的探讨活动。

（首都师范大学供稿）

北京大学教育学科重建40年纪念仪式暨“世界变局与教育未来”学术论坛　11月2日，北京大学教育学科重建40年纪念仪式暨“世界变局与教育未来”学术论坛在北京大学举办。北京大学教育学科肇始于1902年的京师大学堂师范馆，奠基于1924年教育学系的成立。1980年，北京大学成立高等教育研究室，教育学科得以恢复重建。40年来，北大教育学科培养了大批优秀教育人才，产出了大量优秀学术成果，为助力教育事业科学发展做出重要贡献。与会学者表示，面对百年未有之大变局，教育学科在未来国家教育事业发展中的支撑性和引领性作用将更加显著。教育学科建设应聚焦国家教育改革发展中的基础性、全局性和前沿性重大问题，实事求是、勇于创新，不断提高人才培养、科学研究和服务国家教育事业高质量发展的水平和能力，推动构建服务全民终身学习的现代教育体系。

（参见《人民日报》2020年11月3日第7版）

叶圣陶先生语文吟诵教育思想学术研讨会暨吟诵教学法学术研讨会　11月7—8日，叶圣陶先生语文吟诵教育思想学术研讨会暨吟诵教学法学术研讨会在北京举办。研讨会由首都师范大学文学院联合中国语文报刊协会、叶圣陶研究会、中华诗词学会、中华诗词研究院以及中国教育电视台《教育新观察》栏目举办。研讨会主要围绕“叶圣陶先生语文吟诵教育思想”“吟诵教学法规范”“吟诵教学法实验项目”“高等院校吟诵课程建设”“中华文统与古代文学”5个主题展开研讨。

首都师范大学党委书记郑萼致欢迎词。中华诗词学会常务副会长范诗银、《中华诗词》杂志责任编辑胡彭等专家学者，以及来自全国数十所高校的吟诵课程负责人、近百名语文教研员、吟诵实验学校校长和吟诵教学骨干教师们参加会议并发言。参加会议的还有《小学语文》《语文世界》等期刊，《人民日报》《光明日报》等媒体。叶圣陶之孙叶永和也出席会议并发表感言。

（首都师范大学供稿）

第二届家庭教育发展论坛　11月13日—12月4日，中国关心下一代工作委员会、教育部关心下一代工作委员会指导，中国下一代教育基金会主办的“家校协同　立德树人”第二届家庭教育发展论坛在中国传媒大学举办。本届家庭教育发展论坛以“共同成长”为主题，论坛邀请中国人民公安大学教授王大伟、中国家长教育研究所所长齐大辉、中国青少年研究中心家庭教育首席专家孙云晓、北京协和医学院副研究员杨霞等专家学者，从青少年安全防护、家庭心理教育、科学健康育儿、不同年龄阶段家庭教育等方面开展讲座，从理论和实践层面探讨新时代我国家庭教育工作的创新和发展路径，实现有理论支撑、有模式可循、有方法落地，促使家长、学校、社会共同肩负起责任，与孩子们共同成长，一起为孩子创建平安健康的生活学习环境。

（中国传媒大学供稿）

第八届海峡两岸暨港澳台地区教科书学术论坛　11月20—22日，由首都师范大学中国基础教育教材研究院、中国基础教育教科书研究与评价中心、教育学部主办的“第八届海峡两岸暨港澳地区教科书学术论坛”在北京召开。来自教育部课程教材研究所、北京师范大学、华东师范大学等近60所高校、科研机构的专家学者，港澳台地区、新加坡和日本的嘉宾，以及《中国教育学刊》《中国教育报》等教育研究领域的学术期刊和相关媒体代表160余人参加论坛。论坛采取线下、线上相结合的方式举办。

首都师范大学校长孟繁华致辞。教育部基础教育课程教材发展中心副主任、教育部课程教材研究所副所长莫景祺讲话。首都师范大学中国基础教育教材研究院院长、教育学部主任石鸥致辞。论坛以“构建中国特色教科书学的理与路”为主题。来自内地的部分专家学者在会议现场做主题报告，台湾、香港等地的与会专家通过在线视频的方式分享自己的研究成果。论坛共有“教科书学构建的理论基础研究”“教科书学构建的实践路径探索”等5个分会场。

（首都师范大学供稿）

人因工程与认知科学视野下的新文科研究高端论坛　11月21日，人因工程与认知科学视野下的新文科研究高端论坛在北京第二外国语学院举行。论坛主题为“聚焦人工智能与教育深度融合，探讨交叉学科视野下的新文科”，来自心理学/认知科学、语言研究、人工智能领域的8位专家出席论坛，从理论探索与实践应用两方面，做学术分享和前沿报告。论坛采用线上、线下相结合的方式，共计100余名师生参加。

北京第二外国语学院副校长李小牧，北京市科学技术协会副主席刘晓堪，北京大学心理与认知科学学院院长、机器感知与智能教育部重点实验室副主任方方，中国心理语言学专业委员会副会长、北京师范大学心理学院博导陈宝国，北京市政府外事办公室信息中心主任姜伟，中国“数据科学50人”成员丁磊，阿里巴巴达摩院机器翻译首席科学家、语言智能实验室资深算法专家骆卫华，中国科学院心理所研究员杜忆，南京师范大学特聘教授、中国认知语言学研究会秘书长兼副会长张辉，中国阅读教学与研究专业委员会副会长、北京外国语大学人工智能与人类语言重点实验室多语言脑科学研究中心主任、北京外国语大学教授范琳出席开幕式并发言。

（北京第二外国语学院供稿）

首届国际中文教育发展智库论坛　11月22日，北京语言大学主办的首届国际中文教育发展智库论坛在北京语言大学召开。来自中国、美国、日本、韩国、西班牙、加拿大、澳大利亚、马来西亚、迪拜、埃及和泰国等10多个国家和地区的1000余位专家学者、中文教育企业家及高校师生，以现场和线上的方式参加论坛。本次论坛旨在探讨“大变局背景下国际中文教育发展战略、路径与趋势”。北京语言大学校长刘利出席会议并致辞，与会专家和学者围绕国际语言传播机构的使命与人类价值、国际中文教育的前沿问题、大变局背景下全球中文教育发展战略调整思考、全球孔子学院发展指数构建、构建现代国际中文教育体系的几点认识、新时代国际中文教育的转型向度及因应对策、国际中文教育转型时期学科发展的困境与出路、人工智能等高科技助力国际中文教学等问题进行主题发言和探讨。

（北京语言大学供稿）

2020年全国地学高等教育校长论坛　12月5日，中国地质大学（北京）主办的2020年全国地学高等教育校长论坛在北京举办。论坛以“新形势下的地学高等教育”为主题，探索、研讨在目前百年未有之大变局中，如何培养适应乃至引领这一重大变局的优秀地学人才。

中国高等教育学会副会长张大良，中国地质大学（北京）党委书记马俊杰、校长孙友宏，中国地质大学（武汉）校长王焰新，中国科学院院士赵鹏大、王成善等出席论坛。论坛开幕式由中国地质大学（北京）副校长刘大锰主持。马俊杰致欢迎词，他在讲话中阐释了校长对于一所高校的重要性，分析了召开此次地学高等教育校长论坛的重要意义和引领作用。地质教育研究分会会长、中国科学院院士王成善以技术革命、中国崛起、全球变化的时代特征为切入点，深刻论述了地学高等教育人才培养面临的挑战，对如何培养国际化人才以及建设世界一流大学所需要的地学人才等问题进行阐述。

（中国地质大学供稿）

中国人民大学人文奥运研究中心20周年暨“奥林匹克教育与参与”研讨会　12月5日，“我们与奥运一起走过”——中国人民大学人文奥运研究中心20周年暨奥林匹克教育与参与研讨会举办。会上，中国人民大学冬奥文化宣讲团正式成立，《疫情影响下的全国冰雪运动参与和消费报告》发布，“北京记忆·冰嬉大典”网站正式启动。北京冬奥组委文化活动部部长赵卫，《光明日报》教育部主任田延辉，北京奥运会城市发展促进会副秘书长、北京奥运城市发展促进中心副主任高云超，京津冀冰雪教育联盟理事长、河北张家口宣化二中校长孙永青等校外嘉宾，中国人民大学党委副书记、纪委书记吴付来，中国人民大学原常务副校长、人文奥运研究中心主任冯惠玲等出席活动。中国人民大学人文奥运研究中心教师、研究员与冬奥文化宣讲团师生代表参加活动。

（中国人民大学供稿）

《新时代大学生劳动教育》新书发布会暨专业教育与劳动教育融合发展研讨会　12月6日，中国劳动关系学院和机械工业出版社主办的《新时代大学生劳动教育》新书发布会暨专业教育与劳动教育融合发展研讨会在中国劳动关系学院举办。中国劳动关系学院党委书记刘向兵，机械工业出版社副社长林松，北京印刷学院校长罗学科，中国劳动关系学院副校长刘丽红、党委常委姜颖出席会议，来自北京大学、中国人民大学、首都经济贸易大学、首都师范大学、北京工商大学等高校的10多位专家学者和中国劳动关系学院劳模学生代表参加会议。

刘向兵在致辞中介绍了学校学科设置情况、劳动教育理论研究与实践探索的成绩，强调了劳动教育对高校育人的独特作用。他指出，中国劳动关系学院正逐步形成并巩固“有正确精神指引、有深厚理论基础、有扎实推进举措的知行合一派、行动建构派”的劳动教育战略定位、劳动教育引领地位。

（中国劳动关系学院供稿）

中国公共关系发展大会教育扶贫分论坛　12月8日，2020中国公共关系发展大会教育扶贫分论坛在中国传媒大学举办。分论坛由中国公共关系协会主办，中国公共关系协会教育培训委员会、企事业公共关系委员会、新技术委员会联合承办，研究院和中国外文局、中国报道杂志社协办。分论坛以“教育扶贫的中国实践”为主题，设置嘉宾主题演讲、扶智故事分享会和自由研讨3个环节，采取线上和线下会议相结合的方式举行，来自有关部委，中国公共关系协会专业委员会委员，高校、智库的专家学者和企事业单位新闻宣传系统主要负责人参加会议。中国公共关系协会常务副会长、秘书长王大平代表协会致辞。会上，嘉宾分享了各自在教育扶贫工作中的创新理念和实践经验，并就教育扶贫工作的新思路、新模式进行专题研讨。

（中国传媒大学供稿）

2020年首都教育论坛　12月11日，首都师范大学主办，首都师范大学教育学部、北京基础教育研究基地等机构承办的2020年首都教育论坛在北京举办。论坛以“聚焦基础教育，推进高质量发展”为主题，来自各高校的专家学者，北京市名校长工程、名校长工作室的校长，首都师范大学附属学校共同体的干部、教师共150余人参与论坛，14000余人在线观看直播。

首都师范大学校长孟繁华致欢迎词。教育部基础教育司副司长俞伟跃致辞。北京市委教育工委副书记李奕发表讲话，就加强党对教育工作的全面领导谈了3点看法。俞伟跃及北京开放大学校长褚宏启等做主旨报告。中国教科院副院长于发友等嘉宾学者参与对话环节。共举办3个平行论坛，分别由首都师范大学教师教育学院承办的分论坛“高中课程与教学的高质量发展”、由首都师范大学初等教育学院承办的分论坛“大小协同培养卓越小学教师模式探索”和由首都师范大学学前教育学院承办的分论坛“家园社协同与高质量学前教育体系建设”。

（首都师范大学供稿）

新阶段、新理念、新格局教育发展战略学术研讨会　12月20日，《清华大学教育研究》举办的新阶段、新理念、新格局教育发展战略学术研讨会在清华大学召开。与会专家主要围绕新阶段中国高等教育内涵式发展，建设具有时代特征的高等教育人才培养体系与模式，构建服务全民学习的终身教育体系，统筹完善职业技术教育发展，加快产学研协同创新和深度融合，推动人工智能时代的教育创新，注重中国特色的教育科学研究和话语体系建设，以及如何促进高层次国际人才流动等进行研讨。

大家一致认为，中国正面临百年未有之大变局，在复杂多变的社会政治经济环境下，高等教育要把握新阶段、树立新理念、服务新格局，坚持改革开放，不断创新发展，服务国家战略。专家们充分肯定了《清华大学教育研究》办刊成就，提出了中肯的建议，认为应进一步发挥指导实践的功能，服务教育改革发展和政府管理决策，注重期刊品牌和定位特色，强调学术性批判与反思，注重建设科学研究的话语体系，举办优秀论文论坛以扶持中青年学者。石中英在总结发言中感谢各位专家学者提出的建议与意见。他表示，本次研讨会的召开对于做好清华大学教育研究院“十四五”发展规划和建设清华大学教育学科具有重要意义，并强调了在中国教育改革发展的关键阶段构建高质量教育体系的重要价值。

（清华大学供稿）

教育、女性与可持续发展论坛2020之“教育扶贫与女性发展”研讨会　12月22日，中国教育国际交流协会、中国人民大学主办，教育、女性与可持续发展专家委员会，中国人民大学国际交流处、教育学院承办的教育、女性与可持续发展论坛2020——“教育扶贫与女性发展”专题研讨会在中国人民大学举办。研讨会旨在纪念1995年世界妇女大会召开25周年，凝聚研究力量，凝练中国教育扶贫、助力女性发展经验的学术表达。中国教育国际交流协会会长刘利民，中国人民大学党委书记靳诺，法国驻华大使罗梁，中国青少年发展基金会党委书记、理事长郭美荐等出席本次论坛。参加本次论坛的还有来自政府、学界和公益组织的代表及中国人民大学的百余位师生。

（中国人民大学供稿）

第十届教育法治论坛　12月27日，北京外国语大学中外教育法研究中心主办的第十届教育法治论坛在线上举办。论坛主题为《中华人民共和国教师法》（以下简称《教师法》）修改与教育强国建设。北京外国语大学法学院、国际教育学院和外研社全国青少年普法网的部分教师和研究生参加论坛。北京外国语大学党委书记王定华致开幕词。论坛分为4个主旨发言环节，第一环节与会专家学者围绕《教师法》，就教师法律制度的完善展开探讨。第二环节专家学者就高校教师管理工作进行发言和探讨。第三环节专家学者就立法共性、《教师法》修改方面提出建议。第四环节专家学者就教师研修、教师法律地位、外籍教师聘用和管理中的法律问题展开研讨。

（北京外国语大学供稿）

综合（含新闻、国际关系、社会学、其他）

日本与中日关系形势研讨会　1月7日，中国社会科学院日本研究所主办、中日社会文化研究中心承办的日本与中日关系形势研讨暨程永华大使演讲会在北京召开。来自中国人民大学、中国国际问题研究所、军事科学院、国防大学、日本企业（中国）研究院等单位和日本所的专家学者及日本研究系研究生60余人出席会议。中国社会科学院日本研究所党委书记刘玉宏致辞。

研讨会分为“当前日本政治经济形势”“当前日本外交安全形势”“当前中日关系与领导人出访”3个单元。中国驻日前大使程永华应邀出席会议，发表“中日关系与日本问题研究”的专题演讲。在演讲会互动环节，与会专家就全球史观下的中日历史研究、中日相互认知不对称、新时代背景下如何落实中日“十点共识”、日本的朝鲜半岛政策、日本的国家战略定位、安倍晋三的执政风格等问题展开交流 。

（中国社会科学院供稿）

中澳关系走向高端论坛　1月9日，《澳大利亚蓝皮书：澳大利亚发展报告（2018—2019）》与《澳大利亚研究（第三辑）》发布会暨“中澳关系走向”高端论坛在北京外国语大学举行。发布会由北京外国语大学与社会科学文献出版社主办，英语学院澳大利亚研究中心承办，中国亚太学会澳大利亚分会、北京外国语大学区域与全球治理高等研究院协办。外交部、教育部、中联部等政府机关，贸促会、中国国际商会等机构，中国社会科学院、中国国际经济交流中心、中国国际问题研究院、商务部研究院等研究机构的代表参加发布会。

（北京外国语大学供稿）

变化中的大国与非洲关系学术研讨会　1月10日中国非洲研究院举办“变化中的大国与非洲关系”学术研讨会。来自中国国际问题研究院、中国人民大学、华中师范大学、吉林大学以及中国社会科学院国际学部、欧洲研究所、拉丁美洲研究所、马克思主义研究院、中国非洲研究院的20余位专家学者出席会议。中国非洲研究院常务副院长李新烽，中国社会科学院学部委员、国际学部主任周弘出席会议并致辞。中国非洲研究院副院长、中国社会科学院西亚非洲研究所党委书记郭红出席研讨会。

第一时段研讨，与会专家分别以“大国在非洲博弈的新态势”“‘印太战略’背景下的美国对非政策：变与不变”“欧盟对非政策调整与走向”“马克龙的非洲政策”“意大利对非政策调整和趋势”“澳大利亚对非洲政策的演变及其价值取向”为题发言。第二时段研讨，与会专家分别以“大国重新竞逐非洲及对中非合作的影响”“日本对非合作的战略意涵”“韩国对非政策的调整与趋向”“印度莫迪政府的对非政策”“区域主义视角下的土耳其对非战略研究”“海湾国家对非援助”“巴西与非洲关系：特点及新动向”“古巴与非洲国家的关系”为题发言。

（中国社会科学院供稿）

中国非洲研究院首场“大使讲坛”　1月14日，中国非洲研究院邀请中国政府中东问题特使翟隽大使做首场“大使讲坛”——“非洲当前形势和我们的应对之策”。来自外交部非洲司、中国亚非学会、中国中东学会以及中国非洲研究院的官员、专家及学者近百人出席讲座。中国非洲研究院常务副院长李新烽主持讲坛。在演讲中，翟隽从当前非洲总体形势、热点问题、中国在当今复杂局势下面临的对非工作的机遇和挑战，以及2020年中国对非工作考量等4个方面展开讲座。

（中国社会科学院供稿）

疫情下的国际关系系列研讨会　3—4月，北京大学国际关系学院举办“疫情下的国际关系”系列研讨会。

3月29日，研讨会围绕“疫情对国际关系的影响”“疫情下的中国外交”“当今全球治理的不足和改进之道”“疫情对国际关系研究的议程、范式和方法的冲击和影响”等主题展开讨论。国际关系学院院长唐士其等40余名教师参加研讨会。

4月18日，北京大学国际关系学院与中华预防医学会全球卫生分会联合举办“疫情下的国际关系-新冠肺炎疫情下的全球卫生治理”研讨会。来自传染病防治、公共卫生、全球卫生治理、国际危机管控和国际关系及全球治理等领域的近20名专家学者围绕如何把握新冠肺炎疫情的发展趋势和改革全球卫生治理体系等重大课题展开研讨。

（北京大学供稿）

中非学界学习贯彻习近平主席致中国非洲研究院成立贺信一周年视频座谈会　4月9日，在中国非洲研究院成立一周年之际，中非学界学习贯彻习近平主席致中国非洲研究院成立贺信一周年视频座谈会举办。会议有两大议程：一是学习贯彻习近平主席致中国非洲研究院成立贺信精神；二是《中国非洲学刊》创刊号发布会。

中国社会科学院副院长、中国非洲研究院院长蔡昉出席座谈会，发表题为“胸怀两个大局　发展中非关系”的致辞，并为《中国非洲学刊》创刊号揭幕。社会科学文献出版社社长谢寿光出席座谈会，与蔡昉一起为《中国非洲学刊》创刊号揭幕。中国非洲研究院副院长郭红、王林聪，赞比亚大学孔子学院赞方院长、“一带一路”联合研究中心主任桑德·恩加兰德，云南大学国际关系研究院党委书记、非洲研究中心研究员张永宏，南非中非交通战略研究所研究员王于晨，上海师范大学非洲研究中心主任张忠祥，尼日利亚拉各斯大学孔子学院阿代特罗·班沃博士，中国非洲研究院国际关系室副主任刘中伟等中非专家学者代表，中国非洲研究院全体同事和离退休人员，中国社会科学院研究生院西亚非洲系的全体同学，以及社会科学文献出版社相关部门负责人，共90余人通过视频参加座谈会。

（中国社会科学院供稿）

《中亚黄皮书：中亚国家发展报告（2020）》发布会　4月10日，《中亚黄皮书：中亚国家发展报告（2020）》由中国社会科学院俄罗斯东欧中亚研究所、中国社会科学院上海合作组织研究中心与社会科学文献出版社共同发布。

《中亚黄皮书：中亚国家发展报告（2020）》由6部分组成，即总报告、地区形势、地区专题、中亚与世界、中国与中亚、国别形势。报告认为，2019年中亚形势总体保持稳定，但是中亚国家的差异性进一步拉大。经济转型一直是中亚国家面临的首要任务，各国出台一系列保民生、促发展的经济政策。然而，受国际经济形势影响，中亚国家国内多年积累的经济问题没有得到有效解决，经济下行压力依然存在，债务风险上升，民生问题突出。中亚国家安全形势总体可控，但不稳定因素依然活跃，中亚安全形势不容乐观。对外关系发展迅速，中亚国家间关系持续改善、互动频繁；积极发展与世界大国和地区大国的关系，在国际格局深刻演变下积极寻求创新合作新动力。

（中国社会科学院供稿）

新冠疫情冲击与新时代中日关系学术研讨会 4月11日，中国社会科学院日本研究所等国内专事日本研究的7家单位共同参与的“新冠疫情冲击与新时代中日关系”学术研讨会举办。会议以线上会议形式举办。来自中国社会科学院日本研究所、南开大学日本研究院、复旦大学日本研究中心、天津社会科学院日本研究所、河北大学日本研究所、辽宁大学日本研究所、东北师范大学日本研究所的30余名专家在会上发言，超过100名研究人员、政策专家及媒体人士参与会议。

与会专家从应对疫情带来的国际变局与外部影响、推动建构契合新时代要求的中日关系这一目标出发，围绕疫情对日本政治、经济、社会及对外关系的影响，日本抗疫抗灾、应急管理等社会治理措施机制及经验教训，疫情背景下中日关系的发展动向与合作路径等议题进行讨论。

（中国社会科学院供稿）

北京大学抗疫资料汇编（阿拉伯文版）发布会 5月6日，北京大学连线阿拉伯国家驻华使领馆举办《抗击新冠疫情资料汇编（阿拉伯文版）》视频发布会。资料汇编包括中国国家卫健委印发的《新型冠状病毒肺炎防控方案》（第一至六版）、《新型冠状病毒肺炎诊疗方案》（第七版）等重要防控和治疗专业指导性文献。阿拉伯国家驻华使节团团长、沙特阿拉伯王国驻华大使图尔基·艾勒马迪等十一国驻华大使，阿拉伯联盟驻华代表处主任马哈穆德·艾勒艾敏和其他8个阿拉伯国家驻华使馆外交官共20位嘉宾通过视频连线参会。第十、第十一届全国人大常委会副委员长，第十二届全国政协副主席，中国科学技术协会名誉主席韩启德，北京大学校长郝平，教育部国际合作与交流司司长、港澳台事务办公室主任刘锦，北京大学常务副校长詹启敏与党委宣传部、医学部、外国语学院、国际合作部等校内相关单位教师在现场参加会议。北京大学外国语学院宁琦院长介绍了有关文献资料的翻译情况。

（北京大学供稿）

新冠疫情下的中东国家对华舆情视频研讨会 5月20日，“新冠疫情下的中东国家对华舆情”视频研讨会举办。研讨会由中国社会科学院西亚非洲研究所院优势学科“当代中东研究”、院重点学科“大国与中东关系”、中国社会科学院海湾研究中心、北京语言大学“北京市高精尖学科国别区域学建设平台”联合主办。

来自外交部、中国社会科学院西亚非洲研究所、中国现代国际关系研究院、北京大学、北京外国语大学、对外经济贸易大学、《光明日报》等单位的专家学者和相关人士共计30余人参加研讨会。与会者围绕中东国家对华舆情的动态、发展、特点、影响等问题进行研讨，研讨主题包括“中东国家对华舆情动向及特点”“中东国家对华舆情发展趋势、影响及对策”，共有14位与会者发言。中国社会科学院西亚非洲研究所副所长、中国非洲研究院副院长王林聪出席研讨会并致辞。前中国政府中东问题特使吴思科、中国政府叙利亚问题特使解晓岩、外交部中阿合作论坛事务大使李成文、太和智库高级研究员吴毅宏、北京语言大学国别和区域研究院院长罗林先做主旨发言。

（中国社会科学院供稿）

全球疫情背景下的中俄蒙经济走廊建设视频会议 5月21日，中国社会科学院—俄罗斯远东联邦大学中国研究中心召开议题为“全球疫情背景下的中俄蒙经济走廊建设”视频会议。俄罗斯科学院远东研究所研究员B. 彼得罗夫斯克，远东联邦大学区域和国际研究学院副院长A. 卢金，中国社会科学院俄欧亚所副所长、中国社会科学院—俄罗斯远东联邦大学中国研究中心主任柴瑜，外交学院副院长高飞，中国国际问题研究院欧亚研究所所长李自国，中国现代国际关系研究院欧亚研究所副所长李东，内蒙古社会科学院“一带一路”研究所所长范丽君做主题发言。

与会学者普遍认为，新冠肺炎疫情推动国际政治经济秩序加快重构，地区和世界形势将发生深刻演变。从中俄蒙三国层面看，一方面，由于疫情所造成的经济下滑的影响，使得各个国家的财政收入，特别是蒙古和俄罗斯财政收入大大减少，用于合作的资源有限。另一方面，经济的地区化诉求上升，为合作提供了便利条件。中俄蒙经济走廊不可避免遭到疫情的影响，但是目前有望成为世界上率先克服新冠肺炎疫情的东北亚或将成为启动新一轮区域经济一体化的次地区，而中俄蒙经济走廊建设将是其主要的实现平台之一。疫情虽然使资金、技术、人员受限，进而推迟延缓了中蒙许多合作项目。但这次疫情给中俄蒙三国都留下合作的空间，三国边境地区未来合作的内容将会更加丰富。

（中国社会科学院供稿）

2020 清华财经新闻论坛　6 月 5 日，清华大学新闻与传播学院经济传播研究中心主办的 2020 清华财经新闻论坛在线上举办。论坛主题为“新冠疫情下的国际媒体应对与经济新闻报道”。来自国家外文局、中国国际电视台（CGTN）、彭博新闻社、FT 中文网、日本经济新闻社和美国国家公共电台等机构的近 10 位中外媒体专家，与来自中国人民大学、中央财经大学、上海财经大学等高校的学者，以及 10000 余名观众进行线上对话。论坛在线传播获得近 40 万次的播放量与 2 万余次点赞。

论坛分设两个议题：新冠疫情下的媒介组织管理以及国际媒体对全球供应链议题的报道。来自国内外高校的学者与业界专家从国际传播与财经新闻报道的角度，围绕新闻教学与实践展开分享与讨论。清华大学文化创意发展研究院副院长、传媒经济管理研究中心主任崔保国对论坛进行总结。他认为，随着疫情的发展，供应链问题将与贸易战、金融体系等问题交织在一起，成为媒体未来应当长期关注的重点议题。他提出，针对财经新闻教育，结合技术发展和数据应用的新趋势，在今后的课程应多方位融合跨学科发展思路，培养出更专业的新闻传播人才。

（清华大学供稿）

新冠肺炎疫情下的中澳关系网络研讨会　6 月 6 日，由北京外国语大学英语学院澳大利亚研究中心主办的“新冠肺炎疫情下的中澳关系”网络研讨会举办。来自北京大学、现代国际关系研究院、华东师范大学、中山大学、悉尼大学、墨尔本大学、新南威尔士大学以及北京外国语大学澳大利亚研究中心等 13 所中澳大学和研究机构的专家学者做专题发言。北京外国语大学副校长、中国澳大利亚研究会会长孙有中在开幕式上讲话。中澳两国学者围绕“疫情防控与应对”“疫情与在澳华人”“中澳关系新变化”“澳对华政策调整及走向”4 个专题，结合各自的研究领域做发言和讨论。与会专家学者认为，中澳两国在疫情防控和疫情后经济复苏方面有很大的合作空间，在澳华人在两国关系中也起到了积极作用。由于国际局势的变化，中澳关系进入了新的发展阶段，两国需要加强对话沟通，谨慎管控争议，争取合作共赢的局面。

（北京外国语大学供稿）

大国趋势研讨会第二期：中美发展定位思考　6 月 10 日，中国社会科学院和平发展研究所与国际金融论坛研究院联合举办大国趋势研讨会第二期：中美发展定位思考。中央党校（国家行政学院）经济学部副主任、研究员王小广，北京大学国际关系学院、南南合作与发展学院教授查道炯，清华大学国际战略发展研究所所长、教授楚树龙，中国国际问题研究院世界经济研究所所长、研究员姜跃春，中国现代国际关系研究院经济所前所长、研究员陈凤英，国际金融论坛学术委员陈炳才等专家学者参加讨论，中国社会科学院和平发展研究所所长廖峥嵘主持会议。会议主要围绕美国崛起的经验、美国如何打压竞争对手、世界经济增长中心会否转移、未来会否有中美之外的其他大国崛起、中美在百年大变局中的发展定位等问题展开讨论。

（中国社会科学院供稿）

2020 世界和平论坛特别视频会议　6 月 16—17 日，清华大学主办、中国人民外交学会协办的 2020 世界和平论坛特别视频会议召开。会议以线上形式进行，并进行中英文直播。会议主题为“后疫情时代：中国与世界”。来自多个国家的前政要及智库负责人针对当今世界人类所面临的新安全挑战进行讨论，提出建设性应对方案。清华大学校长、世界和平论坛主席邱勇院士出席论坛并致开幕词。清华大学副校长彭刚主持开幕式。美国亚洲协会政策研究院院长、澳大利亚前总理陆克文，泰国前副总理素拉杰，韩国前外交通商部部长金星焕，清华大学战略与安全研究中心主任傅莹，印度前国家安全顾问、印度前外交秘书梅农，清华大学副校长杨斌等出席论坛。与会者就推动国际社会安全合作、构建人类卫生健康共同体达成广泛共识。

世界和平论坛的核心价值在于提供前瞻性的国际安全预判及可能的安全合作建议，多种形式的讨论为与会者提供了表达不同观点和建议的平台。本次特别会议设4场分组讨论，涵盖疫情危机后的世界秩序、后疫情时代的人工智能、疫情危机后的亚太安全和后疫情时代的中美关系等主题。

（清华大学供稿）

第二届全国金砖国家政党、外交与合作研究论坛 6月20日，北京第二外国语学院主办的第二届全国金砖国家政党、外交与合作研究论坛——“疫情后世界·第四次工业革命与外交变革”在线上举办。论坛由北京第二外国语学院政党外交学院、科研处及政党政治与政党外交研究院联合承办，中联部原副部长、中国国际交流协会副会长艾平，中联部、外交部、国务院发展研究中心、中国社会科学院、北京大学、复旦大学、当代世界杂志社等单位专家学者及学生共30余人参会。与会学者从政治、经济、外交、安全、科技、国际传播等多维角度畅谈第四次工业革命对中国外交可能带来的影响，并对国际形势新变化下的金砖国家合作提出针对性看法和建议。

（北京第二外国语学院供稿）

中阿智库学者对话会 6月30日，中国人民对外友好协会、中国阿拉伯友好协会与阿拉伯中国友好协会联合会共同主办，北京第二外国语学院承办的“中阿智库学者视频对话会”在北京举办。中国人民对外友好协会会长林松添、副会长林怡、北京第二外国语学院校长计金标、中国阿拉伯友好协会副会长周烈出席大会并致辞。

来自中国和阿拉伯国家的近20名知名智库和学界代表出席，围绕疫情期间的中阿合作展开讨论。会议还发出《中国和阿拉伯智库学者关于团结合作抗疫，携手推动构建人类命运共同体的共同倡议》。号召中阿双方充分发挥智库学者的学术优势，积极开展文明对话，巩固中阿民间友好，维护多边主义，反对种族歧视和意识形态偏见，坚定捍卫国际公平正义，为携手构建中阿命运共同体贡献民间智慧和力量，为维护世界和平与共同繁荣做出新贡献。

（北京第二外国语学院供稿）

习近平主席在中非团结抗疫特别峰会上主旨讲话国际学术研讨会 6月30日，中国非洲研究院主办的“习近平主席在中非团结抗疫特别峰会上主旨讲话”国际学术研讨会在线上举办。中国社会科学院副院长高翔，非洲社会科学研究发展理事会前副会长、喀麦隆雅温得第一大学教授恩科洛·福埃分别在研讨会开幕式上致辞。来自中国传媒大学、武汉大学、中国非洲研究院的专家学者和中国社会科学院大学非洲研究专业的学生，以及埃塞俄比亚、喀麦隆、肯尼亚、卢旺达、赞比亚、津巴布韦等非洲国家的大学教授、智库学者、媒体从业者和在华留学生等共计80余人出席研讨会。

研讨会旨在加强中非学者的交流互鉴，为确保疫情当前的中非关系的可持续发展，以及中非共建“一带一路”，提供必要的智力支持。研讨会相关议题为中非团结抗疫特别峰会的意义和影响、疫情下中非共建“一带一路”的机遇与挑战、如何贯彻落实习近平主席在中非团结抗疫特别峰会上主旨讲话精神。与会专家分别做题为“中非团结抗疫特别峰会：构筑中非命运共同体新篇章”“从中非卫生健康共同体到更加紧密的中非命运共同体”“中非团结抗疫彰显中非紧密关系”“‘一带一路’倡议对疫情后非洲国家复苏的重要性”“如何学习贯彻习近平主席在中非团结抗疫特别峰会上主旨讲话”的发言。

（中国社会科学院供稿）

中俄联合智库报告发布会 7月2日，中国社会科学院与俄罗斯国际事务委员会共同主办的中俄联合智库报告发布会在线举办。会议就当前推动中俄全面战略协作伙伴关系相关问题进行学术研讨，并发布一年一度的联合智库报告。中国社会科学院院长谢伏瞻、俄罗斯国际事务委员会主席伊戈尔·伊万诺夫、中国驻俄罗斯大使张汉晖、俄罗斯驻华大使安德烈·杰尼索夫在开幕式上分别致辞。来自中国社会科学院俄罗斯东欧中亚研究所、俄罗斯国际事务委员的专家学者分别就中俄全面战略协作伙伴关系的实质与内涵、“一带一路”与欧亚经济联盟的对接等重大问题发言。

（中国社会科学院供稿）

中国社会科学院第四期国际问题青年论坛 7月8日，中国社会科学院科研局、国际研究学部联合主办，世界经济与政治研究所承办的第四期中国社会科学院国际问题青年论坛在北京召开。中国社会科学院院长、党组书记谢伏瞻出席并发表讲话。

与会专家分别以“中美战略博弈与国际秩序重构”“中俄关系与国际秩序”“新冠肺炎疫情对美国对华战略的影响”为题发言。与会青年学者围绕“疫情常态化形势下的国际秩序重构”“中美竞争关系”“疫情防控常态化与中美竞争加剧背景下其他国家博弈与战略选择”“中国的战略应对与选择”4个议题展开讨论。

（中国社会科学院供稿）

新冠疫情下中国与中东合作：传统友谊与共创未来线上论坛　7月11日，中国社会科学院国家高端智库、中国非洲研究院、阿拉伯联合酋长国沙迦大学主办，上海外国语大学、北京语言大学协办的“新冠疫情下中国与中东合作：传统友谊与共创未来”线上论坛举行。中国社会科学院院长、中国社会科学院学部主席团主席、中国社会科学院国家高端智库理事长谢伏瞻，阿拉伯联合酋长国沙迦大学校长哈米德·纳米伊先后在论坛开幕式上致辞。沙特阿拉伯费萨尔国王伊斯兰研究中心主席图尔基·费萨尔亲王，中国政府中东问题特使、中国外交部前副部长翟隽，埃及前总理伊萨姆·沙拉夫，中国外交部中阿合作论坛事务大使李成文，巴勒斯坦前驻华大使、阿拉伯信息交流中心（驻京）主任穆斯塔法·萨法日尼，中国前中东问题特使吴思科，中国前中东问题特使宫小生出席了开幕式并先后做主旨演讲。参加论坛的来自中国和中东国家的政要、专家、学者、媒体人士等共计80余人。

论坛主题为中国与中东国家的抗疫合作、后疫情时代的中国与中东合作展望，相关议题为“疫情暴发后中国与中东国家相互支持与合作体现出的人类命运共同体理念及启示”“中国与中东国家在抗击新冠疫情及重启经济社会方面的政策与经验”“政府、企业、非政府组织和个人在抗击新冠疫情合作中扮演的新角色和发挥的积极作用”“新冠疫情对中国与中东关系的影响及回应”“后疫情时代的中国与中东国家友好合作以及推进‘一带一路’建设”。

（中国社会科学院供稿）

中国全球化愿景专家视频研讨会　7月15日，国际金融论坛研究院与中国社会科学院和平发展研究所共同举办“中国全球化愿景”专家视频研讨会。会议围绕中国全球化愿景及其实现机制、途径、制度、机构等进行讨论。前驻委内瑞拉、古巴等国大使张拓，中国社会科学院和平发展研究所所长廖峥嵘，中国社会科学院美国研究所研究员、原副所长李文，上海大学拉美研究中心主任、中国拉美学会顾问江时学，国务院发展中心宏观部二级巡视员、研究员张俊伟，北京大学国际关系学院、南南合作与发展学院教授查道炯，中国银行首席研究员、跨境金融50人论坛学术委员会秘书长宗良，商务部国际贸易经济合作研究院学术委员会副主任、区域及合作研究中心主任、西亚非洲研究所所长张建平等出席研讨会。

（中国社会科学院供稿）

《中国新媒体发展报告 No. 11（2020）》发布暨新媒体发展研讨会　7月22日，中国社会科学院新闻与传播研究所和社会科学文献出版社共同主办的《中国新媒体发展报告 No. 11（2020）》发布暨新媒体发展研讨会在北京举办。研讨会采取线上与线下相结合的方式，主题为“5G领航　智能中国”。中国社会科学院副院长、党组成员高培勇，中央网信办网络新闻信息传播局副局长张勇，中国社会科学院科研局局长马援，社会科学文献出版社社长谢寿光出席并致辞。中国社会科学院新闻与传播研究所所长唐绪军做主题报告。来自中国社会科学院大学、清华大学、中国人民大学、上海大学、光明日报、人民网、北京电视台等单位的专家学者出席发布会。在研讨会上，专家学者们就新媒体蓝皮书内容及中国新媒体发展情况进行研讨。

《中国新媒体发展报告 No. 11（2020）》是由中国社会科学院新闻与传播研究所主持编撰的关于新媒体发展的最新年度报告，分为总报告、热点篇、调查篇、传播篇和产业篇5个部分，全面分析中国新媒体发展状况，解读新媒体发展趋势，总结新媒体发展问题，探析新媒体的深刻影响。

（中国社会科学院供稿）

《上海合作组织黄皮书：上海合作组织发展报告（2020）》发布会　7月29日，中国社会科学院俄罗斯东欧中亚研究所、中国社会科学院上海合作组织研究中心和社会科学文献出版社在北京共同发布《上海合作组织黄皮书：上海合作组织发展报告（2020）》。来自中国社会科学院、国务院发展研究中心、商务部国际贸易经济合作研究院、上海合作组织研究中心等研究机构的专家学者就上海合作组织2019年发展议程给予多视角、全领域的解读。中国社会科学院俄罗斯东欧中亚研究所所长孙壮志、社会科学文献出版社社长谢寿光、中国社会科学院民族文学研究所党委书记李进峰分别致辞。

《上海合作组织黄皮书：上海合作组织发展报告（2020）》指出，2020年，各成员国将继续弘扬“上海精神”，深化地区合作，积极参与全球治理，在地区与全球层面就涉及成员国核心利益等有关问题发出“上合声音”，提供“上合方案”，成员国共同打造“四个典范”，努力构建命运共同体。

（中国社会科学院供稿）

《俄罗斯黄皮书：俄罗斯发展报告（2020）》发布会 7月29日，中国社会科学院俄罗斯东欧中亚研究所、中国社会科学院俄罗斯研究中心和社会科学文献出版社在京共同发布《俄罗斯黄皮书：俄罗斯发展报告（2020）》。

中国社会科学院俄罗斯东欧中亚研究所所长孙壮志、社会科学文献出版社社长谢寿光出席本次发布会并致辞。《俄罗斯黄皮书：俄罗斯发展报告（2020）》由总论、政治、经济、外交、中俄关系5个部分组成，共有24篇文章，全方位多角度地论述2019年俄罗斯各方面的发展概况及需要关注的问题，反映2019年俄罗斯政治、经济、外交领域及中俄关系中的新情况、新变化和新特点。

（中国社会科学院供稿）

国际抗疫合作与提振世界经济云论坛 7月29日，中国社会科学院、中国日报社共同主办的“国际抗疫合作与提振世界经济”云论坛在北京举办。中国社会科学院院长谢伏瞻、中国日报社社长兼总编辑周树春出席论坛并致辞。来自中国、俄罗斯、意大利、日本、沙特、巴基斯坦等国重要智库负责人和知名专家学者参加论坛。论坛围绕全球经济未来走势与提振路径、国际抗疫合作与宏观经济协调、后疫情时代全球经济治理体系构建等议题研讨交流，共谋重振经济社会发展之策。

（中国社会科学院供稿）

第三届非洲讲坛：非洲公共卫生安全 7月30日，中国非洲研究院主办的第三届非洲讲坛：非洲公共卫生安全在线举办。会议主讲人分别为非洲疾病预防控制中心主任约翰·肯格桑、中国派驻非洲疾控中心高级专家王晓春。中国非洲研究院常务副院长、中国社会科学院西亚非洲研究所所长李新烽主持会议。出席会议的还有南非—中国交通合作中心主任、南非比陀中非交通战略研究所首席研究员王于晨，南非比勒陀利亚大学教授、南非工程院院士 James Maina，南非中国科技教育协会常务副会长兼秘书长 Jan Grundling 及协会理事 Steynberg 女士，华中师范大学肯尼亚留学生夏瑞福，中国非洲研究院研究人员，中国社会科学院西亚非洲研究系研究生，以及《中国社会科学报》《人民日报》的媒体人士等共计60余人。与会专家学者就疫情数据统计标准、具体抗疫举措、疫情对中非关系带来的机遇和挑战，以及埃塞俄比亚、马里等非洲国家的疫情现状等进行交流。

（中国社会科学院供稿）

疫情下日本及中日关系形势学术研讨会 8月4日，中国社会科学院日本研究所主办、中国社会科学院日本政治研究中心承办的“疫情下日本及中日关系形势”学术研讨会在线上召开。来自国家自然资源部海洋发展战略研究所、北京大学、南开大学、中国现代国际关系研究院、解放军战略支援部队信息工程大学等所外专家与本所专家约50人参加研讨会。与会专家就如何认识上述形势并推动疫情下及“后疫情时代”的中日关系实现可持续发展，展开学术研讨。

会议分为疫情冲击下的日本、日本对华政策动向、中日关系“危”与“机”3个议题进行研讨。自由讨论环节与会专家就逆全球化和经济区域化、中日关系前景、日美关系、日本政权走向等问题进行研讨。

（中国社会科学院供稿）

区域国别研究期刊选题与学科建设学术研讨会 8月5日，《西亚非洲》编辑部和《中国非洲学刊》编辑部共同主办的“区域国别研究期刊选题与学科建设”学术研讨会以线上与线下方式同时举办。研讨会主会场设在北京。中国社会科学院西亚非洲研究所所长、中国非洲研究院常务副院长李新烽在开幕式上致辞。中国社会科学院西亚非洲研究所副所长、中国非洲研究院副院长王林聪对研讨会进行总结。参加研讨会的专家学者共计80余人。

（中国社会科学院供稿）

阿以问题新动向及其影响学术研讨会 8月20日，“阿以问题新动向及其影响”学术研讨会在北京举办。研讨会由中国中东学会、中国社会科学院海湾研究中心和中国社会科学院西亚非洲研究所共同主办，中国社会科学院登峰战略“当代中东研究”课题组、中国社会科学院西亚非洲研究所“中东热点问题研究”项目组、西亚非洲研究所“大国与中东关系”项目组、西亚非洲研究所“中国与中东国家经贸及能源关系”项目组共同承办。来自中国外交部、中国现代国际关系研究院、中国国际问题研究院、北京大学、对外经济贸易大学、宁夏大学、浙江外国语学院、太和智库和中国社会科学院西亚非洲研究所等相关单位的专家学者 30 余人参加研讨会。

与会专家围绕“以色列与阿联酋关系走向正常化的动因和影响”“各方对以色列与阿联酋关系正常化的态度和立场”“阿以问题的新变化、未来走向”等议题进行研讨。

（中国社会科学院供稿）

中国非洲研究院第二届“大使讲坛”　8 月 27 日，中国非洲研究院第二届“大使讲坛”举办。讲坛以线下与线上相结合的方式举办，主会场设在北京。塞内加尔驻华大使马杜 · 恩迪亚耶应邀在讲坛主会场发表主旨演讲。讲坛主题为“中非合作论坛二十年——回顾与展望”。中国非洲研究院副院长、中国社会科学院西亚非洲研究所副所长王林聪出席讲坛。来自中国非洲研究院、中国国际问题研究院、上海国际问题研究院等研究机构的 80 余位专家学者在线上和线下参加讲坛。在互动环节中，与会专家就中非关系重要性、中非关系面临的机遇与挑战、第八届中非合作论坛议题设置，以及中国与塞内加尔之间友好合作关系等问题进行交流。

（中国社会科学院供稿）

当代伊斯兰世界发展的战略动向与趋势学术研讨会　8 月 28 日，“当代伊斯兰世界发展的战略动向与趋势”学术研讨会以线下与线上方式举办。研讨会主会场设在北京。中国社会科学院西亚非洲研究所副所长王林聪研究员出席研讨会并致辞。研讨会由中国社会科学院西亚非洲研究所中东发展与治理研究中心联合中国社会科学院“登峰战略”优势学科“当代中东研究”、重点学科“大国与中东关系”和创新项目“中国对中东战略”共同主办，并得到中国社会科学院西亚非洲研究所科研处的协助。会议围绕“当代伊斯兰世界发展战略趋向”“国际大变局下伊斯兰世界面临的挑战与机遇”“中国与伊斯兰世界的关系发展”等议题进行研讨。来自中国社会科学院、中国国际问题研究院、中国现代国际关系研究院、中国人民大学、中央民族大学、北京外国语大学、对外经贸大学、上海外国语大学、浙江外国语学院等单位的专家学者共计 30 余人参会。

（中国社会科学院供稿）

“新冠疫情与全球治理”惠园论坛　8 月 28 日，由对外经济贸易大学国际关系学院、华中师范大学政治与国际关系学院、暨南大学国际关系学院/华侨华人研究院、兰州大学政治与国际关系学院、同济大学政治与国际关系学院联合主办的“新冠疫情与国际关系”系列研讨会之“新冠疫情与全球治理”惠园论坛在线上举办。论坛由对外经济贸易大学国际关系学院承办，暨南大学国际关系学院/华侨华人研究院协办。

论坛围绕“新冠疫情与全球治理”主题，并设置 4 个分议题单元展开研讨。来自中联部、北京大学国际关系学院、华中师范大学政治与国际关系学院、暨南大学国际关系学院/华侨华人研究院、兰州大学政治与国际关系学院、同济大学政治与国际关系学院、对外经济贸易大学国际关系学院等 90 余名专家学者和师生与会。对外经济贸易大学国际关系学院副院长王波主持会议开幕式，对外经济贸易大学国际关系学院院长戴长征代表承办方致开幕词。

（对外经济贸易大学供稿）

美国安全、技术壁垒与华为国际化发展研讨会　9 月 3 日，对外经济贸易大学国家对外开放研究院、教育部战略研究（培育）基地-对外经济贸易大学中国开放经济与国际科技合作战略研究中心和中国-欧盟经济合作研究中心在北京华为会展中心联合主办美国安全、技术壁垒与华为国际化发展研讨会。专家团首先到华为北京会展中心进行参观调研，观看了华为在 5G 时代的智能城市、智能医疗等领域最新产品的应用和解决方案，体验了华为公司的最新产品。研讨会上，华为方代表企业沟通部总监于芳就华为发展历程、未来展望做主旨演讲，中央党校经济部副主任许正中、国务院发展研究中心国际技术经济研究所产业安全研究中心主任滕飞、中国 WTO 研究会副会长霍建国、中国欧洲学会会长周弘、商务部欧洲司原司长孙永福、商务部国际贸易与经济合作研究院研究员李志鹏分别发表主旨讲话，双方就当前华为面对美国技术封杀升级，如何进行全球产业链、供应链、价值链、金融链战略调整及重构、深化中欧合作与华为在欧洲的合作共赢战略等方面进行研讨并交换意见。

（对外经济贸易大学供稿）

《日本经济蓝皮书（2020）》发布会暨日本经济形势学术研讨会 9月10日，《日本经济蓝皮书（2020）》发布会暨日本经济形势学术研讨会在北京举办。《日本经济蓝皮书》由全国日本经济学会、中国社会科学院日本研究所和社会科学文献出版社合作推出，是国内唯一一部分析日本经济与中日经贸关系的“皮书”，自2008年出版以来备受各界好评。《日本经济蓝皮书（2020）》以“中美贸易摩擦背景下的日本经济”为主题，设有《总报告》《热点追踪》《中美贸易摩擦的影响》《全球大变局背景下的日本经济》《应对老龄化社会》《日本康养产业发展》等栏目，着重分析了中美贸易摩擦对中日经贸关系影响，同时探讨日本在应对老龄化社会及发展康养产业方面的经验。

中国社会科学院日本研究所党委书记刘玉宏、中国社会科学院科研局局长马援以及社会科学文献出版社总编辑杨群出席会议并致辞。在学术讨论环节，与会专家就日本经济形势与中日经贸关系等问题展开讨论。中国社会科学院日本研究所研究员、《日本经济蓝皮书》主编张季风，商务部亚洲司原司长吕克俭以及日本贸易振兴机构北京事务所经济信息部部长藤原智生发表主题演讲。

（中国社会科学院供稿）

疫情下的日本内外形势与中日关系国际学术研讨会 9月17日，由中国社会科学院日本研究所与日本庆应义塾大学综合政策学部暨SFC研究所联合主办、日本国际论坛协办的“疫情下的日本内外形势与中日关系”中日线上国际学术研讨会召开。会议由中国社会科学院日本研究所日本政治研究中心和日本经济研究中心联合SFC研究所日本研究平台共同承办，来自日本庆应义塾大学、北京大学、中国人民大学、上海外国语大学、南开大学及其他有关单位的数十位专家与中国社会科学院日本研究所研究人员共聚线上，围绕“后疫情时代的中日关系”“日本政治与‘后安倍时代’”“美国大选与日美关系”“日本国家安全战略调整”“国际变局下的日本外交”5个议题，展开学术交流和讨论。

中国社会科学院日本研究所所长杨伯江出席会议并致辞。全国政协委员、中国社会科学院日本研究所高洪研究员和庆应义塾大学法学部教授小岛华津子，庆应义塾大学综合政策学部教授清水唯一郎，中国社会科学院日本研究所研究员张伯玉，北京大学国际关系学院副院长归永涛，庆应义塾大学综合政策学部教授中山俊宏、神保谦、细谷雄一，上海外国语大学教授廉德瑰等发言。

（中国社会科学院供稿）

首届西亚非洲国家治理论坛 9月18日，中国社会科学院西亚非洲研究所政治研究室、中国社会科学院西亚非洲研究所中东发展与治理研究中心、中国—非洲总商会联合举办的首届“西亚非洲国家治理论坛”在北京召开。中国驻卢旺达和厄立特里亚前大使舒展、中联部当代世界研究中心研究员钟伟云等出席会议。中国社会科学院西亚非洲研究所副所长、中国非洲研究院副院长王林聪，中国—非洲总商会副会长蓝海涛分别在开幕式上致辞。来自外交部、中联部、中国国际问题研究院、北京大学、清华大学等近20家单位的50余名专家学者参加会议。

与会专家分别就非洲政党与治理、深化中非减贫治理合作的路径、部落与国家的竞逐与博弈——索马里国家建构困境中的部落问题、土耳其国家治理的历史经验及问题、中美博弈对“一带一路”沿线阿拉伯国家的影响等议题做主旨演讲。在4个时段研讨中，共有22位学者围绕西亚非洲国家在国家治理方面的特点、西亚非洲国家治理面临的问题与挑战、西亚非洲国家推进国家治理现代化的实践与路径、中国与西亚非洲的国家治理合作、新冠肺炎疫情与西亚非洲国家治理能力建设等议题进行发言。

（中国社会科学院供稿）

北京冬奥会和冬残奥会志愿服务可持续发展论坛 9月21日，北京冬奥组委、中央文明办、中国社会科学院、中国志愿服务联合会在北京冬奥会开幕倒计时500天之际共同举办“双奥之城 志愿有我”北京冬奥会和冬残奥会志愿服务可持续发展论坛。

众多专家学者在论坛上进行发言探讨，会议共识指出，北京作为世界上首座“双奥之城”，有责任、有能力给举办城市和全国留下可以传承的志愿服务遗产，从而推动中国志愿服务事业的可持续发展。针对北京冬奥会志愿服务工作面临的冰雪运动服务保障经验相对不足、两地三赛区办赛及新冠肺炎疫情防控常态化等新挑战，与会专家从多角度建言献策。论坛上还发布了由北京冬奥组委、中央文明办、共青团中央、教育部、国家体育总局、中国残联和中国志愿者联合会7家单位共同发起的《广泛开展迎冬奥志愿服务活动倡议书》。

（参见《光明日报》2020年9月22日 第9版）

新时代文明实践志愿服务研讨会暨《中国志愿服务研究》首刊仪式　9月24日，中央文明办三局、中国社会科学院社会发展战略研究院与中国志愿服务研究中心共同举办新时代文明实践志愿服务研讨会暨《中国志愿服务研究》首刊仪式。中共中央宣传部副部长傅华、中国社会科学院副院长高培勇出席活动。

会议指出，志愿服务是党和国家事业的重要组成部分，新时代文明实践中心建设为中国特色志愿服务提供了广阔舞台。要加强文明实践志愿服务研究，把握志愿服务的特色和规律，推动构建中国特色志愿服务理论研究，为推进新时代文明实践中心建设、发展志愿服务贡献智慧和力量。《中国志愿服务研究》为开展志愿服务理论研究搭建了平台，应当成为我国文明实践志愿服务研究的理论高地。要坚持正确的办刊思想、求实的办刊理念和开放的办刊态度，充分发挥学术交流讨论平台作用，推动志愿服务研究不断结出累累硕果。

（参见《光明日报》2020年9月26日 第2版）

当前亚太海上安全形势与中日关系学术研讨会　9月26日，中国社会科学院日本研究所主办的“当前亚太海上安全形势与中日关系”学术讨论会召开。来自海洋战略研究所、北京大学、中国海洋大学的专家学者及相关部委代表与中国社会科学院日本研究所研究人员就当前亚太海上安全形势及未来中日关系发展等议题展开交流和讨论。中国社会科学院日本研究所所长杨伯江出席并主持会议。

（中国社会科学院供稿）

中国国际发展知识中心宣布设立5周年座谈会　9月26日，中国国际发展知识中心宣布设立5周年座谈会在北京举办。国务院发展研究中心党组书记、中国国际发展知识中心主任马建堂出席座谈会并发表主旨演讲。座谈会为期一天，以“变局中的中国与世界”为主题，主要围绕“落实习近平主席重要指示开展积极探索”“有关中国发展的国际交流之道之策”“有关中国发展的国际交流经验和建议”“国际发展合作”“中国落实2030年可持续发展议程进展报告”等议题开展交流。

国务院发展研究中心党组成员、副主任王安顺（正部长级）出席座谈会并致辞，主持“有关中国发展的国际交流之道之策”环节；国务院发展研究中心党组成员、办公厅主任余斌出席座谈会并主持“有关中国发展的国际交流经验和建议”环节。来自中国政府部门、驻华多双边机构、企事业单位和研究机构的100余位代表参加会议。

（国务院发展研究中心供稿）

首届“一带一路”绿色发展大会　9月26日，由中国人民大学和中国国际文化交流中心共同主办、中国人民大学国家发展与战略研究院和中国国际文化交流中心“一带一路”绿色发展研究院具体承办的首届“一带一路”绿色发展大会在人民日报社召开。大会由中宣部国际联络局、科技部国际合作司、国家能源局国际合作司、国家发展和改革委员会国际合作中心、生态环境部“一带一路”绿色发展国际联盟等联合指导，主题为“绿色文明互鉴：开启共建绿色‘一带一路’高质量国际合作新征程”，于9月28日由人民网、人民视频全程播出。

大会邀请了45个国家50多家机构代表参会和发言，十三届全国政协委员，交通运输部原党组成员、原副部长，中国国际文化交流中心副理事长、中国航海学会理事长何建中和中国人民大学副校长胡百精共同致欢迎词。十三届全国政协委员，教育部原党组成员、原副部长，中央新疆办原副主任，中国职业技术教育学会会长鲁昕与联合国亚太经社会副执行秘书卡伟·扎赫迪和日本前首相鸠山由纪夫共同致开幕词。

（中国人民大学供稿）

第三届中国国际关系女学人论坛暨妇女·和平·安全高端学术研讨会　9月26日，北京外国语大学国际关系学院、国际关系学院《国际安全研究》编辑部、中国农业大学国际发展与全球农业学院、中国妇女网和中国国际关系女学人论坛秘书处联合主办的第三届中国国际关系女学人论坛暨妇女·和平·安全高端学术研讨会采用线下和线上结合的形式举办。主会场设在北京外国语大学，大会开幕仪式、主旨演讲以及闭幕仪式均在线下进行，同步进行线上直播；大会所设10个分论坛全部采用线上研讨。北京外国语大学党委常委、副校长贾文键，国际关系学院校长陶坚、全国妇联妇女研究所所长杜洁、中国农业大学国际合作与交流处处长冯伟哲致开幕词。来自70多所高校、科研院所、政府机构的200余名专家学者参加研讨会，围绕国际安全与中国外交、全球公共卫生安全治理与国际合作、妇女发展与人类命运共同体、"一带一路"与国际发展、联合国安理会妇女、和平与安全议程5个议题展开研讨。外交学院副院长孙吉胜教授主持主旨发言。国际关系学院《国际安全研究》主编谭秀英主持"展望·世界和平安全与性别平等"高端对话，多位专家学者围绕这一主题展开对话。

（北京外国语大学供稿）

"从平成到令和：日本的发展历程与未来展望"学术年会 9月27日，中华日本学会2020年年会暨"从平成到令和：日本的发展历程与未来展望"学术研讨会在北京召开。会议由中华日本学会主办，中国社会科学院日本研究所、中国人民大学国际关系学院承办。中日友好协会常务副会长、中国驻日前大使程永华出席学术研讨会开幕式并做主旨演讲。中国人民大学副校长顾涛、中国社会科学院日本研究所党委书记刘玉宏出席开幕式并致辞。

复旦大学日本研究中心主任胡令远、东北师范大学副校长韩东育、中国人民大学国际关系学院副院长黄大慧分别做题为"平成回望与日本研究的逻辑起点""关于两种'日本学'的问题""东亚视域下的中日关系：回顾与展望"的学术演讲。会议设置分科会环节，学者们在政治外交安全（一）、政治外交安全（二）、经济社会、历史文化4个分科会中进行交流和讨论。来自中国社会科学院、北京大学、中国人民大学、中国现代国际关系研究院、清华大学、国务院发展研究中心企业研究所等大学和研究机构的近百位专家学者出席年会。

（中国社会科学院供稿）

"中国与欧洲应对新冠肺炎疫情的特点、效果及影响"研讨会 9月28日，由中国社会科学院世界经济与政治研究所/国家全球战略智库主办，世界经济与政治研究所国际战略研究室与《世界经济与政治》编辑部联合承办的主题为"中国与欧洲应对新冠肺炎疫情的特点、效果及影响"研讨会举办。研讨会以线下与线上的方式举行。

研讨会分为两节。第一节的主题为欧洲应对新冠肺炎疫情的特点与挑战。中国国际问题研究院欧洲研究所所长崔洪建研究员做题为"欧洲防疫形势特点及中欧比较"的发言；中国社会科学院欧洲所国别研究室彭姝祎研究员从法国社会与经济艰难平衡的视角探讨法国对新冠疫情的应对；中国社会科学院欧洲所欧洲政治研究室杨解朴副研究员分析了德国的抗疫举措及其在欧盟中的角色；中国社会科学院欧洲研究所中东欧研究室副主任鞠维伟助理研究员对中东欧国家抗疫中的"得"与"失"进行分析。

第二节的主题为中国应对新冠肺炎疫情的理念与实践。北京市疾病预防控制中心副主任庞星火结合亲身工作经历分享了北京新冠肺炎疫情的防控成就、实践与经验；北京市地坛医院感染中心主任医师蒋荣猛基于他在武汉、新疆、云南等地多次一线经历分享了他对当前新冠肺炎防治策略的认识；中国传媒大学国际关系研究所教授孙英春以新冠疫情亲历者的身份，分享了他本人与新冠疫情做斗争的心路历程与挑战；中国社会科学院世经政所创新工程首席研究员薛力结合自己的医学知识，从调查数据的视角分析了新冠病毒毒性的变化与流行趋势。

（中国社会科学院供稿）

第四届中国"一带一路"博士论坛 9月30日，"一带一路"智库合作联盟、北京第二外国语学院、中国社会科学杂志社共同主办，中联部当代世界研究中心、中国"一带一路"战略研究院、"一带一路"数据分析与决策支持北京市重点实验室、桂林电子科技大学与国家科技图书文献中心共同承办的"第四届中国'一带一路'博士论坛"在北京举办。论坛主题为"后疫情时代的高质量共建'一带一路'"。北京第二外国语学院校党委副书记、校长计金标，中联部当代世界研究中心主任、"一带一路"智库合作联盟秘书长金鑫，中国社会科学杂志社副总编辑吕薇洲，北京市社会科学界联合会党组书记张淼，北京第二外国语学院副校长程维，当代世界研究中心战略研究处处长李鼎鑫，北京师范大学"一带一路"学院执行院长胡必亮，香港中文大学讲席教授艾春，CCG全球化智库理事长、国务院参事王辉耀，华中科技大学国家治理研究院院长欧阳康，外交部中国-中东欧事务特别代表霍玉珍，中国社会科学院《国际经济评论》编辑部主任王碧珺，北京第二外国语学院中国“一带一路”战略研究院执行院长梁昊光等出席会议。

与会专家和学者聚焦全球经济疫后恢复，围绕高质量共建“一带一路”展开宽视角、多交叉、有前瞻、重务实的探讨，分别做主题发言和研讨。

（北京第二外国语学院供稿）

“中国和东盟未来劳动力：挑战与应对”工作组视频会　9月30日，中国外交学院和印度尼西亚卡查玛达大学联合主办的中国—东盟思想库网络（NACT）“中国和东盟未来劳动力：挑战与应对”工作组视频会议召开。中国和东盟十国相关领域专家出席会议。外交学院亚洲研究所杨悦副所长与卡查玛达大学社会与政治学院副院长波比·苏李亚宁·维南特致开幕词。各国代表分享了本国应对劳动力变革的策略并就如何推进地区合作展开讨论。与会专家一致认为，在现有合作基础上，中国与东盟国家应做好顶层设计、协调国家战略、改善地区数字基础设施、培育地区数字经济人才，一方面积极运用大数据、人工智能等颠覆性技术实现农业、制造业和服务业等全领域转型上升，另一方面通过不断提升各国的人力资本和发展有效的社会安全保障体系以实现具有韧性、包容性并以人民为中心的劳动力发展模式。

（外交学院供稿）

全球能源新态势与地缘政治大变局研讨会　10月12日，中国社会科学院世界经济与政治研究所/国家全球战略智库主办，世界经济政治研究所国际战略研究室、世界能源研究室与《世界经济与政治》编辑部联合承办的“全球能源新态势与地缘政治大变局”研讨会在北京举办。来自国家能源局、中石油、中石化、中海油、中国人民大学、西北大学、中国社会科学院的20余位专家学者参加会议。会议围绕“全球能源发展新态势与后疫情时代的国家能源安全战略”和“能源安全与地缘政治互动下的国际政治经济变局”两个主题进行研讨。

中国社会科学院世经政所研究员薛力在开幕式上致辞。在“全球能源发展新态势与后疫情时代的国家能源安全战略”的主题研讨环节，国家能源局国际司副司长魏晓威、中海油前首席能源研究员陈卫东、中石化经济技术研究院副院长余皎、中石油专家王海燕等发言。在“能源安全与地缘政治互动下的国际政治经济变局”的主题讨论环节，中国人民大学国际关系学院国家战略与发展研究院副院长许勤华、中国社会科学院美国所美国经济研究室副主任罗振兴、西北大学中东研究所王晋、中国社会科学院亚太院副研究员富景筠、国家全球战略智库国际政治研究部主任赵海分别发言。

（中国社会科学院供稿）

推进数字平台管理区域合作工作组视频会　10月12日，中国外交学院和菲律宾外交学院联合主办中国—东盟思想库网络（NACT）“推进数字平台管理区域合作：新常态对东盟和中国的影响及未来发展”工作组视频会议。来自中国和东盟十国相关领域专家约30人出席会议。外交学院副院长高飞教授与菲律宾外交学院院长斯来斯特·文泽·巴莱博致开幕词。

会议旨在促进各国在数字平台管理领域的交流与合作，为新冠肺炎疫情暴发以来的新常态下推进中国和东盟数字经济发展出谋划策。与会专家一致认为，在现有合作基础上，中国和东盟国家应抓住机遇、化解风险，将数字经济和数字平台管理打造成为中国—东盟合作中最具活力的增长点。一方面，双方应实现“数字一带一路”建设与《东盟互联互通总体规划2025》的有效对接，进一步加强本地区信息通信基础设施建设，在“硬件”方面为数字经济发展保驾护航。另一方面，双方应通过大力发展数字教育、努力完善与电子商务发展有关的法律法规、探索建立合理的利益再分配政策和机制，为数字经济发展提供有力的制度保障。

（外交学院供稿）

第四届非洲讲坛　10月13日，第四届非洲讲坛以线下与线上相结合的方式举行。讲坛主会场设在北京。主题为“南非应用新技术抗击新冠肺炎疫情”。来自中非双方相关院校和研究机构的专家学者等共计80余人参加讲坛。“非洲讲坛”是中国非洲研究院承接的外交部中非联合研究交流计划项目的重点项目之一，是中国非洲研究院的品牌项目。

本届非洲讲坛共分3讲。第一讲主讲人是南部非洲-中国科技教育协会常务副会长、南非-中国交通合作中心顾问Jan Grundling，演讲题目为《新冠疫情暴发后数字技术在南非高等教育和科研现代化发展中的挑战和影响》。第二讲主讲人是南非比勒陀利亚大学教授、南非工程院院士（学部委员）Kevin Wall，南非 ERWAT 技术服务处科学家、南部非洲-中国科技教育协会理事 Nico van Blerk，演讲题目为《南非为应对新冠疫情严控城市废水的举措》。第三讲主讲人是中非交通战略研究所首席研究员、南非-中国交通合作中心主任王于晨，演讲题目为《智慧交通和大数据技术在南非和非洲抗击新冠疫情的作用》。

在互动环节，中国非洲研究院学者魏敏、刘乃亚、王凤等，就数字教育是否会取代学校教育、中国与南非开展智慧农业合作的可能性，以及两国成功抗疫的经验比较等问题进行研讨和交流。

（中国社会科学院供稿）

第四届中墨研讨会　10月13日，中国社会科学院、墨西哥学院、墨西哥国立自治大学共同主办的第四届中墨研讨会以视频连线方式召开。研讨会主题为“抗击新冠肺炎疫情：共享经验、共迎挑战”。中国社会科学院副院长高翔、中国驻墨西哥大使祝青桥、墨西哥学院院长西尔维娅·吉奥尔古丽、墨西哥国立自治大学校长恩里克·格劳厄、墨西哥驻华大使何塞·路易斯·贝尔纳尔出席开幕式并致辞。

（中国社会科学院供稿）

《日本蓝皮书（2020）》发布暨日本形势研讨会　10月15日，《日本蓝皮书（2020）》发布会暨日本形势研讨会在北京举办。《日本蓝皮书（2020）》由中华日本学会、中国社会科学院日本研究所和社会科学文献出版社合作推出。中国社会科学院日本研究所、科研局、社科文献出版社、中华日本学会及中外媒体约80人出席会议。

中国社会科学院科研局副局长郭建宏，中华日本学会会长、全国政协委员高洪、社科文献出版社总编辑杨群在会上致辞。中国社会科学院日本研究所副所长、皮书副主编吴怀中向与会专家学者及新闻媒体介绍了本年度蓝皮书主要内容。中国社会科学院日本研究所所长、皮书主编杨伯江做“改元之年的日本与‘新时代中日关系’构建”的主题报告。在学术研讨环节，中华日本学会会长、全国政协委员高洪，中国社会科学院日本研究所外交研究室主任、研究员吕耀东，中国社会科学院日本研究所副所长、研究员吴怀中，辽宁大学日本研究所教授、全国日本经济学会副秘书长崔岩，南开大学日本研究院副院长、教授张玉来等分别就蓝皮书各自所撰写部分进行讨论，并从不同角度对当前日本内外政策动向以及未来形势发展趋向进行探讨和展望。

（中国社会科学院供稿）

第三届北京交通大学学科特色发展高端论坛　10月17日，北京交通大学语言与传播学院、北京交通大学乌拉圭研究中心主办的“交通强国背景下学科发展与国别区域研究：理念与方法——暨第三届北京交通大学学科特色发展高端论坛”在北京举办。论坛旨在探讨在“交通强国”和“新文科”建设的背景之下，外语学科和传播学科如何与国别区域研究形成深度互动，构建跨语言、跨国别、跨领域的人才培养和学科发展格局。北京交通大学党委副书记文海涛、高校国别和区域研究工作秘书处主任罗林分别致辞。

来自外交学院、北京外国语大学、中国社会科学院、南京信息工程大学、北京第二外国语学院等院校和印尼中国高速铁路有限公司等企业的专家学者，围绕中国特色大国外交与中国国际话语权的提升、“一带一路”区域国别研究中的国际话语权构建、“新文科”建设与国别区域研究人才培养、外国文学与国别区域的交叉研究、国别与区域研究及中国铁路“走出去”、区域研究和知识生产：政治、科学和学科、“一带一路”与交通行业融合等议题进行报告。北京第二外国语学院联合国教科文组织研究中心、阿拉伯研究中心和北京交通大学乌拉圭研究中心就各中心的建设路径与成绩进行经验交流。

（北京交通大学供稿）

后疫情时代中韩新经济合作国际学术研讨会　10月19日，中国社会科学院与韩国产业研究院主办的“后疫情时代中韩新经济合作”国际学术研讨会在北京举办，韩国产业研究院学者通过视频方式参会。中国社会科学院亚太与全球战略研究院院长李向阳和韩国产业研究院副院长金英寿分别致开幕词。会议分为两个议程，第一议程专家就“后疫情时代探索通过中韩合作进军 CLMV 市场方案”“东北亚安全局势演变视角下的区域合作”进行发言。第二议程，专家就“后疫情时代中韩第三方市场合作的机遇与挑战”“后疫情时代数字经济的崛起与中韩第三国合作方案”进行发言。研讨会围绕后疫情时代中韩新经济合作的路径、中韩第三方市场合作的方式、新形势下中韩开展合作的前景等议题进行研讨，对于未来如何更好推动中韩深化第三方市场合作提出了建议。

（中国社会科学院供稿）

疫情下中非共建“一带一路”面临的机遇与挑战研讨会　10月20日，中国非洲研究院特约研究员聘任大会暨“疫情下中非共建‘一带一路’面临的机遇与挑战”研讨会以线下与线上相结合的方式举办。聘任大会和研讨会主会场设在北京。中国社会科学院副院长、中国非洲研究院院长蔡昉出席并致辞。中国非洲研究院副院长郭红、中国非洲研究院副院长王林聪出席聘任大会和研讨会。

这次被聘任的特约研究员一共14名。他们是中国非洲研究院首批聘任的特约研究员，包括已退休中国驻非洲国家前大使、中国非洲学界的知名学者、中国主流媒体驻非洲国家前记者等。研讨会上与会者认为，一方面，新冠肺炎疫情给非洲带来“持久、可怕的后果”，使非洲国家的偿债压力倍增。欧洲和美国采取闭关锁国的抗疫措施危及非洲的纺织品和服装出口，以及旅游业等。另一方面，中非合作在此形势下仍然呈现出它的生命力和勃勃生机。要确立“一带一路”建设是中非合作的主题，调整中非经贸合作思路和做法，加强非洲次区域的研究。加强与非洲国家研究机构和智库的合作交流，对重点非洲国家的研究精细化。

（中国社会科学院供稿）

全球性问题与中东学术年会　10月24日，中国中东学会和中国社会科学院西亚非洲研究所主办的2020年中国中东学会年会暨“全球性问题与中东”学术研讨会在北京举办。中国政府中东问题特使翟隽出席研讨会并做主旨报告。出席研讨会的还有中国中东学会会长、中国社会科学院西亚非洲研究所原所长杨光、中国社会科学院西亚非洲研究所所长李新烽、中国社会科学院西亚非洲研究所党委书记郭红及中国中东学会9位副会长。研讨会开幕式上杨光和李新烽先后致辞。

研讨会分大会主旨报告、大会主题发言和分组讨论3个环节。中国政府中东问题特使翟隽以《中东形势和中国中东外交》为题做主旨报告。大会主题发言环节，6位专家发言题目分别是《中东地区格局中阿拉伯世界的弱化》《美国力量的隐退与地区强国的扩张》《中东极端主义意识形态政治功能的影响与应对》《全球性问题对中东政治发展的影响》《低油价时代中东经济秩序的变动》《中东国家和平利用核能的现状与中国的核能外交》。研讨会分论坛环节共分4个小组，主题分别是“世界格局变化与中东局势”“中东和平与中国和中东国家关系”“中东国家建构与治理问题”“中东地区‘反恐’和‘去极端化’问题”。共有50余位专家先后发言。

（中国社会科学院供稿）

2020年中外新闻传播学院院长会议　10月24日，中国人民大学新闻学院、中国人民大学新闻与社会发展中心主办，中国高等教育学会新闻学与传播学专业委员会协办的2020年中外新闻传播学院院长会议在中国人民大学以线上和线下结合的形式举办。会议以“瞭望与关怀：全球疫情背景下的新闻传播”为主题，邀请国内外多所新闻传播院校的院长、专家学者展开交流研讨，当天会议还同步进行网络直播，2000余人在线观看。本届会议分为3场圆桌会议，主题为“疫情期间的高等教育：坚守与改变”“疫情期间的新闻伦理：程序与原则”“疫情期间的新闻实践：速度与关怀”。

（中国人民大学供稿）

东亚文化交流与互鉴研讨会　10月24日，由北京第二外国语学院东亚文化研究中心主办的“东亚文化交流与互鉴”研讨会以线上与线下同步进行的方式在北京第二外国语学院举行。北京第二外国语学院副校长程维、中日韩三国合作秘书处副秘书长曹静、人民中国杂志社副社长王汉平出席会议并致辞。教育部、中国社会科学院、中国现代国际关系研究院、中央电视台、新华社、对外经济贸易大学、北京第二外国语学院等相关领域的近10位专家学者围绕“东亚文化交流与互鉴”交流发言。

（北京第二外国语学院供稿）

“中国与联合国——纪念联合国成立75周年”学术研讨会　10月24日，外交学院外交学与外事管理系承办的“中国与联合国——纪念联合国成立75周年”于联合国日在线上举办。来自联合国粮农组织、全面禁止核试验条约组织、清华大学、复旦大学、北京外国语大学、北京语言大学、四川外国语大学、中国国际问题研究院等单位及外交学院的20余位专家学者参会。

外交学院副院长孙吉胜教授致开幕词。与会学者一致认为，联合国是战后国际秩序的核心，其运行的基础是多边主义，国际合作是联合国运行的重要因素，联合国在缓和地区冲突、维护世界总体和平，促进世界发展和人类总体进步方面有重要作用，但联合国需要各国共同合作才能够更好发挥作用，联合国应该进行改革，提高自身运行效率。在百年大变局下，中国应坚定不移地维护以联合国为中心的国际规则和国际机制，为维护世界和平与发展，发挥更加积极的作用。

（外交学院供稿）

“中国区域和国别研究的问题、理论与方法”研讨会 10月25日，中国中东学会和中国社会科学院西亚非洲研究所联合主办的中国中东学会青年论坛暨“中东区域和国别研究的问题、理论与方法”研讨会在北京举办。中国中东学会副会长兼秘书长、中国社会科学院西亚非洲研究所副所长王林聪在开幕式上致辞。来自全国各地的80余位青年学者出席研讨会。

研讨会分为大会主旨报告和分论坛研讨两个环节。在大会主旨报告环节，中国中东学会副会长、西北大学教授黄民兴和北京外国语大学教授孙晓萌分别以《伊斯兰教与近现代中东地区民族国家建构》和《“新文科”建设与国别区域研究：理论与实践》为题做主旨报告。分论坛研讨环节分为3个平行小组，分议题是“区域和国别研究的新理论和新方法”“新冠疫情影响下中东新变化及研究视角”“转型时期中东社会现象和社会问题”“中东社会年轻化问题与中东发展”“数字经济与中东国家的发展前景”。共有近50位青年学者发言。

（中国社会科学院供稿）

《中国与拉美：软实力视域下的人文交流》新书发布暨研讨会 10月27日，中国社会科学院拉丁美洲研究所社会文化研究室、中国外文局朝华出版社、中国外文局当代中国与世界研究院在北京联合举办《中国与拉美：软实力视域下的人文交流》新书发布会暨研讨会。来自外交部、中国外文局、外交学院、北京外国语大学、新华社、北京语言大学、首都师范大学、北京师范大学、中国国际问题研究院拉丁美洲和加勒比研究所、西南科技大学拉美研究中心、北京中拉文化交流中心等机构的专家与学者、高校教师、媒体记者以及对外传播机构的代表40余人出席活动。

《中国与拉美：软实力视域下的人文交流》一书是中国社会科学院创新工程项目“中国在拉美的软实力战略构建研究”的最新研究成果，由中国外文局朝华出版社出版，并得到中国外文局当代中国与世界研究院的大力支持。本次研讨会旨在系统总结中国和拉美国家的文明交流互鉴成果，同时面向后疫情时代如何提升中国在拉美的形象，增进中拉民心相通展开研讨。“中国在拉美的软实力战略构建研究”创新项目首席研究员张凡、中国社会科学院拉丁美洲研究所副所长袁东振、中国外文局朝华出版社社长汪涛、中国外文局当代中国与世界研究院副院长孙明分别在新书发布式上致辞。

（中国社会科学院供稿）

疫情下国际形势与中日关系国际学术研讨会 10月27日，由中国社会科学院学部主席团主办、中国社会科学院日本研究所承办、日本贸易振兴机构（JETRO）亚洲经济研究所作为日方窗口单位参与的中国社会科学论坛——“疫情下国际形势与中日关系”国际学术研讨会在北京召开。会议采取线下与线上相结合的方式，日方嘉宾在东京日本贸易振兴机构（JETRO）本部会场通过视频连线参加会议，来自中日两国的学者及智库、媒体代表共计60余人出席会议。

中国前国务委员戴秉国、日本前首相福田康夫、中国社会科学院院长谢伏瞻、日本贸易振兴机构（JETRO）亚洲经济研究所所长深尾京司出席开幕式并致辞。中国社会科学院世界经济与政治研究所所长张宇燕、日本国驻中国前大使宫本雄二、中国社会科学院日本研究所所长杨伯江、东京大学社会科学研究所教授丸川知雄分别做题为“疫情下的国际形势与中日关系”“后疫情时代的日中经济合作”“以中日合作增加世界形势的确定性”“出口管制与日美中关系”的学术演讲。

与会中日两国学者先后围绕“新冠疫情后世界经济与全球价值链的变化”“中日创新合作的可能性”“中日社会发展领域的合作”进行了3个单元的综合讨论。中国社会科学院日本研究所副所长吴怀中、日本贸易振兴机构（JETRO）亚洲经济研究所田中修做会议总结，日本贸易振兴机构（JETRO）亚洲经济研究所理事北川浩伸、中国社会科学院日本研究所所长杨伯江做闭幕致辞。

（中国社会科学院供稿）

第九届中拉学术高层论坛暨“新冠疫情后的世界”学术研讨会 10月27日、30日，中国社会科学杂志社、中国社会科学院拉丁美洲美洲研究所、巴西圣保罗州立大学、智利安德烈斯·贝略大学、阿根廷科尔多瓦国立大学、智利圣地亚哥大学联合主办，拉丁美洲美洲研究所和圣地亚哥大学承办的“第九届中拉学术高层论坛暨新冠疫情后的世界学术研讨会”通过网络召开。来自中国、巴西、智利、阿根廷、秘鲁、墨西哥等国100多名学者及官员参加会议。论坛的主题是“新冠疫情后的世界”，4个单元分别讨论了“新冠疫情后的国际体系”“中国与拉美合作的新途径：新冠疫情及其教训”“新冠疫情期间价值链的成功、错误和教训”，以及“新冠疫情对科学和技术发展的长期影响”。

（中国社会科学院供稿）

中国非洲研究院第四届“大使讲坛”　10月29日，中国非洲研究院举办第四届“大使论坛”。中国政府非洲事务特别代表许镜湖大使发表题为“中非合作论坛二十年发展历程和展望”的主题报告。中国非洲研究院副院长、中国社会科学院西亚非洲研究所副所长王林聪主持讲坛。中国非洲研究院副院长、中国社会科学院西亚非洲研究所党委书记郭红出席讲坛。来自北京大学、北京外国语大学、北京语言大学、北京师范大学、对外经济贸易大学、外交学院、国际关系学院、商务部国际贸易经济合作研究院、中非工业合作发展论坛秘书处、中国社会科学院世界历史研究所、中国社会科学院世界宗教研究所等单位的80余位专家学者出席讲坛。

在互动阶段，许镜湖大使回答了北京大学非洲研究中心主任刘海方、中国非洲研究院《中国非洲学刊》编辑部主任吴传华关于中国对非疫苗合作、中国政府非洲事务特别代表工作机制和中非论坛项目评估机制等方面的问题。

（中国社会科学院供稿）

加拿大研究前沿暨中加关系学术研讨会　10月29日，由中国社会科学院加拿大研究中心主办的加拿大研究前沿暨中加关系学术研讨会在世界历史研究所召开。来自中国社会科学院大学、南开大学、北京外国语大学等高校和中国社会科学院世界历史研究所、民族学与人类学研究所、国际法研究所、世界经济与政治研究所等科研机构的20余位专家学者出席研讨会。

中国社会科学院加拿大研究中心主任、世界历史研究所党委书记、副所长罗文东研究员在开幕式上致辞。中国社会科学院加拿大研究中心副主任、《世界历史》编辑部主任徐再荣研究员做“魁北克问题与加拿大联邦制改革”的主旨报告。北京外国语大学加拿大研究中心主任刘琛以“中加人文教育交流：现在和未来”为题发言。

与会专家做“中国的美国史研究和加拿大史研究：共同的主题、迥异的现状”“新冠疫情影响下的加拿大族群关系”“加强对加拿大环境史的研究”“加拿大法律研究对中国法律发展的意义”“加拿大研究的兴起与发展：多国比较的视野”“加拿大对华政策中的美国因素”“中加关系中的海洋问题”专题发言。相关专家就“中加交流合作的历程和经验”“加拿大海洋治理的两难处境”“加拿大在印度支那国际监察委员会中的角色”等问题发言。

（中国社会科学院供稿）

第三届日本研究青年学者论坛　10月31日，中国社会科学院日本研究所日本学刊杂志社主办的第三届“日本研究青年学者论坛”在北京举办。会议采取线上与线下相结合的方式，来自中国人民大学、南开大学、武汉大学、山东大学、北京语言大学以及中国社会科学院等单位的50余位专家与青年学者与会。

中国社会科学院日本研究所所长杨伯江研究员在会上致辞。论坛共收到来自国内外高校、科研机构青年学人的数十篇论文，最终有6篇论文入选。会议分为“政治外交类议题”“经济类议题”“社会文化文学类议题”3个单元，分别由专业评审组评审委员对入选论文进行点评。

（中国社会科学院供稿）

第八届丝路学论坛　10月30日—11月1日，高校国别和区域研究工作秘书处、上海外国语大学丝路战略研究所主办，社会科学文献出版社、新疆师范大学历史与社会学院协办的第八届丝路学论坛在社会科学文献出版社召开。来自各部门、高校与科研机构的多名领导和学者参会，上海外国语大学丝路学团队在论坛上发布三大标志性成果。

开幕式上，前外交部副部长杨福昌，中共中央对外联络部当代世界研究中心高级研究员、原中联部研究室副主任周余云，上海外国语大学党委书记姜锋分别致辞。大会发言阶段，中国人民大学重阳金融研究院执行院长、中美人文交流研究中心执行主任王文，中国社会科学院俄欧亚研究所所长、上合组织研究中心秘书长孙壮志，清华大学国际传播研究中心主任李希光，分别围绕“一带一路”评估与展望、俄罗斯与欧亚问题、避开白令海峡的勒纳河之路等议题进行大会发言。论坛设两大分论坛，主题分别为“丝路学研究”和“中国西部周边研究”。学者专家围绕丝路学研究的理论与方法、中国西部周边地区历史与现实研究等展开研讨。

（中国社会科学院供稿）

后疫情时期的日本经济与中日经济关系学术研讨会 11月1日，全国日本经济学会主办、中国社会科学院日本研究所承办的全国日本经济学会2020年年会暨“后疫情时期的日本经济与中日经济关系”学术研讨会在北京召开。全国人大常务委员会委员、全国人大财经委员会副主任委员、全国日本经济学会会长尹中卿与中国社会科学院日本研究所所长杨伯江分别在开幕式上致辞。中国国际经济交流中心副理事长、商务部原副部长魏建国做特别讲演。

学术报告环节，全国日本经济学会常务副会长张季风、日本驻华使馆经济公使田中英治、中国驻日使馆原商务公使吕克俭、AGC株式会社执行董事与中国总代表上田敏裕、日本贸易振兴机构北京事务所经济信息部部长藤原智生、中共北京市大兴区委常委与常务副区长高念东先后发言。会议设立两个分科会，学者们围绕后疫情时期的日本经济与社会、后疫情时期的中日经贸合作与区域经济合作等重点、热点问题展开探讨。来自中国社会科学院、国务院发展研究中心、商务部经贸研究院、中国国际问题研究院、北京大学、中国人民大学等50余家研究机构和高校的百余名专家学者出席会议。大会还讨论并表决通过《全国日本经济学会章程修订案》。

（中国社会科学院供稿）

中非智库论坛第九届会议 11月5日，中方后续执行委员会秘书处主办，中国非洲研究院承办，浙江师范大学非洲研究院、中国国际问题研究院、北京大学非洲研究中心协办的中非智库论坛第九届会议以线下与线上相结合的方式举行。会议开幕式主场地设在北京。外交部部长助理邓励，中国非洲研究院国际顾问委员会非方主席、莫桑比克前总统希萨诺，中国社会科学院副院长蔡昉，非洲驻华外交使团团长、喀麦隆驻华大使姆帕纳出席会议开幕式，并先后致辞。来自中国和31个非洲国家的专家学者、政府官员和媒体从业人员等共计200余人出席开幕式。会议主题为“中非合作论坛20周年：回顾与展望”，下设5个分议题：“中非团结抗疫与公共卫生安全”“‘一带一路’与非洲大陆自贸区建设”“中非合作应对气候变化挑战”“非洲发展与中非减贫合作”“和平共处五项原则与新时代中非关系”。

（中国社会科学院供稿）

美国大选后的亚太局势与中美关系学术研讨会 11月6日，外交学院国际关系研究所、吉林大学国家发展与安全研究院、外交学院国际安全研究中心、吉林大学公共外交学院联合主办的“美国大选后的亚太局势与中美关系”学术研讨会通过线上与线下相结合的方式举办。来自国防大学、北京大学、中国人民大学、南开大学、北京外国语大学、中国社会科学院、中国国际问题研究院等相关单位的20余位专家参会研讨。

会议开幕式上，外交学院副院长王帆和吉林大学副校长边铁分别致辞。会议第一节的主题为美国大选后的中美关系与地区局势，第二节的主题为美国大选后的内政走向与对华政策，第三节的主题是美国大选后的亚太区域合作，第四节的主题是美国大选后的亚太安全局势。与会专家围绕对大选后美国内政与外交的可能变化、亚太局势的变与不变、中美关系的走向与前景等内容展开研讨，有助于前瞻研判和战略把握未来一个时期的亚太局势变化和中美关系走向。

（外交学院供稿）

大变局下的经济外交学术年会 11月7日，中国国际关系学会经济外交研究分会、外交学院国际经济学院和经济外交研究中心共同主办的中国国际关系学会经济外交研究分会第七届年会暨“大变局下的经济外交”学术研讨会在外交学院举办。来自清华大学、中国人民大学、复旦大学、武汉大学、对外经济贸易大学、外交学院、中央党校（国家行政学院）、首都经济贸易大学、上海对外经贸大学、上海行政学院、暨南大学、重庆大学、东南大学等国内13所高等院校，国务院发展研究中心、中国非洲研究院、中国国际问题研究院、商务部国际贸易经济合作研究院、国家发改委国际合作中心华夏研究院、中国人民大学重阳金融研究院、黑龙江省社会科学院等6家科研机构，全球能源互联网发展合作组织等非政府组织，以及《国际贸易》《国际经济合作》等期刊的专家学者及在校生共计 80 余人通过线上、线下同步的方式参加会议。

与会专家围绕“大国博弈背景下的经济外交”“新发展格局下的中国经济外交”“新冠疫情下的中国经济外交”“新形势下的经济外交实践”等议题进行讨论，总结中国和全球经济秩序和治理体系的新形势，共同研讨、推进中国特色大国经济外交的理论和政策研究。

（外交学院供稿）

“北阁对话”第七届年会　11 月 9—10 日，北京大学国际战略研究院主办的“北阁对话”第七届年会以视频会议方式举办。“北阁对话”每年邀请具有丰富政治经验、深厚学术修养和广阔战略视野的国内外前政要及知名专家莅临北京大学，共同探讨国际形势和世界政治的前景。本届年会主题为“美国大选后的全球趋势与中美战略关系”，重点探讨美国大选后的全球趋势、亚洲与中美战略竞争。澳大利亚前总理陆克文、美国哈佛大学教授约瑟夫·奈、英国前外交大臣大卫·米利班德等 13 位国外嘉宾和 12 位中国专家学者应邀出席，中国原国务委员戴秉国全程出席会议并做主旨发言。

与会者一致认为，随着 2020 年美国大选结果尘埃落定，中美战略竞争形势仍然严峻，但中美关系的合作机会也在增加。应该鼓励切实的想法和行动，遏制中美关系的螺旋式下滑，建立稳定的国际秩序。在世界形势日益动荡的情况下，应当积极构建多边主义合作框架，推动公平、互惠、开放、基于共同规则的自由贸易体制的发展，同时加强各方在应对气候变化、全球卫生等人类面临的共同挑战方面的合作。

（北京大学供稿）

拉美国家的腐败与社会治理学术研讨会　11 月 10 日，中国社会科学院拉美政治学科、政治创新项目组和马克思主义理论与拉美政治研究室举办“拉美国家的腐败与社会治理”学术研讨会暨《拉美国家腐败治理的经验教训研究》新书发布会。《拉美国家腐败治理的经验教训研究》是政治创新项目组“拉美国家发展道路与治理经验比较研究”项目的最新研究成果。会议由拉丁美洲研究所副所长、政治创新项目组首席研究员袁东振做大会致辞，并邀请中国现代国际关系研究院院长特别助理、金砖国家暨 G20 研究中心主任吴洪英研究员，国务院发展研究中心研究员、《人民日报》高级记者吴志华，以及上海大学拉美研究中心主任江时学研究员 3 位嘉宾做主题发言。在会议的讨论环节，与会专家围绕如何比较拉美和中国的治理经验进行讨论。

（中国社会科学院供稿）

“欧洲形势与对外关系”学术研讨暨《欧洲蓝皮书》发布会　11 月 14 日，由中国社会科学院欧洲研究所主办的“欧洲形势与对外关系”学术研讨会暨《欧洲蓝皮书》发布会在北京召开。研讨会由中国社会科学院创新工程“欧洲模式比较”模块、“变化中的欧洲对外关系”模块、“大国研究”模块承办，中国欧洲学会欧洲政治研究分会、马克思主义与欧洲文明研究中心、中国社会科学院登峰战略中欧关系优势学科协办。来自中国社会科学院、中国国际问题研究院、中国现代国际关系研究院、上海国际问题研究院、上海社会科学院、复旦大学、同济大学、对外经济贸易大学、社科文献出版社等国内知名高校和科研机构代表 80 余人参加会议。

在开幕式上，中国社会科学院欧洲研究所副所长田德文表示，在新冠疫情的背景下，欧洲形势发生了重大变化，欧洲一体化受到英国脱欧的影响，美国大选后欧美关系还会出现新的变化，对未来世界格局的形势也会产生非常深远的影响。针对美国大选后的欧美关系走向，中国社会科学院欧洲研究所所长吴白乙做报告。在学术研讨阶段，同济大学德国研究中心主任郑春荣就欧洲绿色新政发表了观点。复旦大学欧洲问题研究中心主任丁纯提出中欧产业差距的问题。针对欧洲对外关系，外交学院欧洲研究中心主任赵怀普、中国现代国际关系研究院欧洲所副所长王朔、中国国际问题研究院欧洲研究所副所长金玲先后发言。关于欧洲发展战略问题，上海国际问题研究院欧洲研究中心主任张迎红、上海国际问题研究院研究员叶江发言。在中国与中东欧国家关系方面，同济大学政治与国际关系学院教授宋黎磊，四川外国语大学教授吴兵等多位学者就“匈牙利东向战略”、中国—中东欧国家地方合作、中东欧营商法治环境、中东欧媒体制度以及波兰、塞尔维亚等国大选后新情况等议题发表观点。会上发布《欧洲蓝皮书（2019—2020）》。

（中国社会科学院供稿）

新冠疫情下的西班牙（欧洲）与中西关系线上研讨会　11 月 16 日，中国社会科学院欧洲研究所、中国社会科学院西班牙研究中心联合举办新冠疫情下的西班牙（欧洲）与中西关系线上研讨会，来自中国社会科学院、清华大学、北京大学、中国国际问题研究院、同济大学、北京第二外国语大学、对外经贸大学、四川大学、上海国际问题研究院、中山大学、对外经贸大学等国内高校和智库从欧洲（西班牙）问题研究的专家学者共计60余人参加研讨会。与会代表围绕“新冠疫情下的世界格局与中欧关系”“新形势下的中国与南欧国家关系”“西班牙国内政局与宪法变革”“西班牙共产党的政治主张”“疫情时代下西班牙与中国的商贸双循环”等专题进行研讨。

（中国社会科学院供稿）

《新闻与传播研究》2020年增刊发布暨学术研讨会 11月17日，中国社会科学院新闻与传播研究所主办，上海大学新闻传播学院协办的《新闻与传播研究》2020年增刊发布暨学术研讨会在中国社会科学院举行。研讨会主题为“《新莱茵报》的编译与研究”。中国社会科学院党组成员、当代中国研究所所长、马克思主义研究院院长姜辉出席会议并致辞。中宣部新闻局副局长赵旭雯应邀出席会议。《新莱茵报》由马克思和恩格斯创办，1848年6月1日—1849年5月19日在德国科隆出版，被誉为世界上最早的马克思主义报纸，是马克思主义新闻观的第一次完整实践。此前，《新莱茵报》9/10的内容没有翻译成中文且几乎没有中国人根据原版进行过研究。历经3年时间，以中国人民大学荣誉一级教授陈力丹为首的《新莱茵报》编译团队取得初步的编译研究成果。成果以增刊形式在《新闻与传播研究》上首发。

来自中央媒体研究机构和高校的20余位专家学者、《新莱茵报》编译团队代表、部分期刊主编等以线下与线上相结合的方式出席会议。与会代表就《新莱茵报》的编译出版、马克思主义新闻观教育等议题进行研讨。专家们一致认为，中国当前的马克思主义新闻观教育，一方面要致敬经典，在新的历史条件下不断学习和研读马克思主义经典原著；另一方面要结合中国特色，做到理论与实践相结合、历史与现实相结合，不断增强马克思主义新闻观对中国当前新闻传播事业的解释力与指导力。

（中国社会科学院供稿）

第十四届国际问题研究青年学者论坛 11月21日，由北京外国语大学国际关系学院主办的第十四届国际问题研究青年学者论坛在线上举行。论坛主题为“后疫情时代的国际关系”，共设4个分论坛，来自国内多家高校和科研机构的50余名专家学者参会。“后疫情时代的中国对外关系”分论坛上，与会学者围绕后疫情时代的中美关系与大国博弈、中国与东南亚安全关系、中国与南欧五国关系、中缅命运共同体建设、中国对非援助新模式、中国“一带一路”建设高质量发展新路径等问题展开讨论。

（北京外国语大学供稿）

中美竞争时代中国国际政治理论的研究议程研讨会 11月21日，中国社会科学院世界经济与政治研究所/国家全球战略智库主办、国际政治理论研究室承办的“中美竞争时代中国国际政治理论的研究议程”研讨会在北京举办。来自中国社会科学院、清华大学、复旦大学、中国人民大学、外交学院、上海交通大学、南京大学和广东外语外贸大学的知名学者参加研讨会。中国社会科学院世经政所所长、国家全球战略智库首席专家张宇燕出席会议并致开幕词。

会议设有主旨发言、专题研讨和自由讨论等环节，参会学者围绕“中国国际关系理论的创新路径”“国际政治的思想、秩序与规范”“大国竞争的安全维度”“大国竞争的战略、政治与经济维度”等议题展开讨论。会议采用“线下会议+线上问答”相结合的形式，会前共收到1600余份线上参会申请，最终来自20多个国家和地区的1300多位国际关系、国际政治专业学者和学生受邀线上听会并在自由讨论环节与参会学者提问互动。研讨会网络直播当日累计观看人数近3万人。

（中国社会科学院供稿）

《非洲黄皮书：非洲发展报告（2019—2020）》发布会 11月24日，中国社会科学院西亚非洲研究所（中国非洲研究院）和社会科学文献出版社主办的《非洲黄皮书：非洲发展报告（2019—2020）》发布会在北京召开。本年度《非洲发展报告》的部分作者、相关政府职能部门和在京非洲学界代表及10多家新闻媒体的记者，共计约50人与会。

中国社会科学院西亚非洲研究所副所长、中国非洲研究院副院长王林聪和社会科学文献出版社总编辑杨群出席发布会并致辞。出席发布会的还有本年度《非洲发展报告》主要编创人员詹世明副研究员等。本年度《非洲发展报告》的4位撰稿人：中非发展基金研究发展部总经理郝睿介绍当前非洲经济形势和中非经贸合作走势；中国现代国际关系研究院非洲研究所副所长黎文涛副研究员介绍了非洲政治、安全形势及其走势；中国社会科学院西亚非洲研究所姚桂梅研究员介绍非洲经济形势及其走势；中国社会科学院西亚非洲研究所刘中伟副研究员介绍非洲国际关系的特点及其走势。中国外交部非洲司大使舒展、中央党校国际战略研究院教授罗建波先后就本年度《非洲发展报告》发表评论。

（中国社会科学院供稿）

国际青年工作暨中土青年工作研讨会 11 月 24 日，中央团校与土耳其正义与发展党青年团在线上举办第三期国际青年工作研讨会暨中土青年工作研讨会。会议主题为“国家治理中的青年参与”，近 30 名两国青年代表参会。中央团校（中国青年政治学院）党委副书记、常务副校长陆玉林出席会议并致辞，土耳其正义与发展党青年团外事局主席江格兹汗·根格尔提交书面致辞。中国青年政治学院马克思主义学院副院长刘长军教授做主题报告，马克思主义学院副教授付康、土耳其正义与发展党青年团外事局副主席苏阿依·阿切卡林、团中央国际联络部亚非处干部单其悦分别发言。

（中国青年政治学院供稿）

巴尔干研究与人才培养国际研讨会 11 月 24—25 日，教育部国别和区域研究备案中心和北京外国语大学巴尔干研究中心主办的巴尔干研究与人才培养国际研讨会在北京外国语大学举办。会议采用线上与线下相结合的方式，来自中国、保加利亚、希腊、德国、英国、美国的 10 余名巴尔干研究领域专家和学者，以就巴尔干研究本体、巴尔干研究前沿成果和人才培养等进行探讨。国外专家学者对各自国家的巴尔干研究发展情况进行分析，分享关于区域研究的经验和判断。国内专家学者对中国巴尔干研究的历史形势、现有成果、困难挑战和未来展望进行分析。他们提出，面对复杂的巴尔干问题，在研究实践中，应关注多元研究理论的宏观思考模式，采取跨学科的方法路径。

（北京外国语大学供稿）

拜登时期中美关系前瞻学术研讨会 11 月 26 日，中国社会科学院世界经济与政治研究所/国家全球战略智库《国际经济评论》编辑部、中国世界经济学会联合组织“拜登时期中美关系前瞻”学术研讨会。与会学者就拜登时期美国政策走向、中美关系前景等问题展开研讨。

中国社会科学院世界经济与政治研究所党委书记、中国世界经济学会秘书长姚枝仲研究员代表会议主办方致辞。中国社会科学院美国研究所所长倪峰、中国现代国际关系研究院副院长傅梦孜、清华大学国际关系研究院常务副院长孙学峰、国防大学国家安全学院副院长唐永胜、北京大学国际政治经济研究中心主任王勇、中国社会科学院国家全球战略智库国际政治研究部主任赵海分别在会上发言。

（中国社会科学院供稿）

第八届联合国教科文组织媒介与女性教席论坛 11 月 27 日，中国传媒大学和中华女子学院共同主办的第八届联合国教科文组织媒介与女性教席论坛在北京举办。来自加拿大、南苏丹、坦桑尼亚、中国 4 个国家的专家学者和媒介人士齐聚一堂，就“媒介·女性·发展”的主题进行探讨。国务院妇儿工委、中央广播电视总台、复旦大学、北京师范大学、中山大学、中国社科院、中华女子学院、中国传媒大学等 10 余个机构的近百名专家学者参与论坛。

（中国传媒大学供稿）

2020 年中国南亚学会年会暨学术研讨会 11 月 27—29 日，2020 年中国南亚学会年会暨学术研讨会在北京举办。年会由中国南亚学会主办，中国社会科学院亚太与全球战略研究院承办，中国社会科学院南亚研究中心协办。年会的主题为“百年大变局背景下的中国与南亚”。

在开幕式上，中国社会科学院亚太与全球战略研究院院长李向阳研究员做主旨发言。研究员孙士海、驻巴基斯坦前大使陆树林等 10 位专家学者做大会发言，围绕南亚学科建设及学科热点问题进行研讨。大会之后进行分专题研讨，共分为南亚国际关系、边界与地区安全、南亚政党与政治、经济与文化 4 个专题进行讨论和发言。

（中国社会科学院供稿）

“十四五”规划和中欧合作新机遇学术研讨会 12 月 2 日，中欧—中东欧研究院国际学术委员会年度会议暨“十四五规划和中欧合作新机遇”学术研讨会在线举行。中国社会科学院副院长、中欧—中东欧研究院国际学术委员会主任蔡昉，中国社会科学院欧洲研究所原所长、中国-中东欧研究院国际学术委员会副主任黄平，中国社会科学院欧洲研究所副所长、中国-中东欧研究院执行院长兼总经理陈新，华沙大学欧洲中心教授高山仁，匈牙利科学院世界经济研究所高级研究员安德拉什·伊诺泰，卢布尔雅那大学经济与商务学院院长米特卡·特卡齐齐，捷克科学院全球研究中心主任兼高级研究员赫鲁贝克·马利克，中国社会科学院欧洲所教授孔田平及中国-中东欧研究院的非常驻研究人员和工作人员参加会议。

蔡昉就中国的《国民经济和社会发展第十四个五年规划（2021—2025）与2035年远景》做主题演讲。陈新做2020年中国-中东欧研究院的年度报告。黄平、高山仁、安德拉什·伊诺泰、米特卡·特卡齐齐、赫鲁贝克·马利克、孔田平6名学术委员会委员分别发表讲话。中国-中东欧研究院的非常驻研究人员就各种问题与委员们进行交流。

（中国社会科学院供稿）

首届中国非洲研究年会暨“新冠疫情下的非洲形势及走势”学术研讨会　12月5日，首届中国非洲研究年会和中国非洲研究院第五届大使讲坛在北京举办。会议由中国亚非学会、中国非洲研究院和中国国际问题研究基金会非洲研究中心联合举办，会议分为3个阶段：第一个阶段为首届中国非洲研究年会开幕式及中国非洲研究院第五届大使讲坛，第二个阶段为中国非洲研究年会专家论坛，第三个阶段为大会总结和闭幕式。

外交部非洲司司长、中非合作论坛后续行动委员会秘书长吴鹏在中国非洲研究院第五届大使讲坛上发表“非洲形势和中非关系”主旨演讲。中国亚非学会前会长、首任中国政府非洲事务特别代表刘贵今，中国亚非学会会长张宏明，中国国际问题研究基金会非洲研究中心主任、中国驻厄立特里亚和卢旺达前大使舒展，中国非洲研究院副院长郭红、王林聪，中国亚非学会部分领导以及来自全国各地相关院校和机构的专家学者参加会议。专家论坛围绕着“新冠疫情下的非洲形势及走势”，共设6个分论坛，其中设有两个非洲研究青年论坛。研讨议题为非洲国际关系的变化与新特点、中非共建“一带一路”与减贫合作和新时代的中国非洲研究等。

（中国社会科学院供稿）

平台、技术与传播国际研讨会　12月7日，中国社会科学院新闻与传播研究所主办的“平台、技术与传播国际研讨会”在北京举办。中国社会科学院新闻与传播研究所所长唐绪军做会议开幕致辞。会议由中国社会科学院新闻与传播研究所副所长、教授方勇主持。会议同时在学术志平台同步直播，当日直播参与人数累计达3000余人次。

来自新闻学、传播学、社会学、政治学等学科的教师和学生围绕劳动与工作、技术与治理、媒介使用与消费及性别议题进行主题分享。新加坡国立大学邱林川教授和墨尔本皇家理工大学教授于海青做主旨发言。中国社会科学院大学新闻传播学院特聘教授卜卫、中国人民大学新闻学院副教授陈阳做专题点评。

（中国社会科学院供稿）

中日韩思想库网络第五次国家协调员会议暨2020年年会　12月8日，韩国国立外交院主办的中日韩思想库网络（NTCT）第五次国家协调员会议暨2020年年会以视频会议形式召开。来自日本国际关系论坛、中国外交学院、中日韩合作秘书处的代表出席会议。韩国国立外交安保院院长吴姈姝大使、日本国际关系论坛理事长渡边兰、中日韩合作秘书处秘书长道上尚史等20余位专家学者出席会议。外交学院亚洲研究所所长郭延军代表中方参会并致开幕词。

各方围绕中日韩思想库网络（NTCT）的运行机制、进展与问题、未来发展方向等重要事项达成多项共识。其一，各方强调三国合作的重要性，重申通过中日韩思想库网络推动三国合作的意愿。其二，三国国家协调单位和中日韩合作秘书处代表讨论了关于《NTCT 1号备忘录》的修改问题，该备忘录于2019年第四次国家协调员会议讨论并通过。其三，三方同意2021年实质性地启动联合研究工作组，并就工作组组织形式、研究内容、经费来源、时间安排等达成基本共识。来自三国高校、研究机构、政府部门的专家围绕三国公共卫生合作、经济合作以及地区安全等议题展开讨论。

（外交学院供稿）

美国大选后的大国关系与周边形势学术研讨会　12月8日，中国社会科学院亚太与全球战略研究院主办的“美国大选后的大国关系与周边形势”学术研讨会在北京召开。会议由亚太与全球战略研究院大国关系研究室承办、山东青年政治学院外国语学院协办，来自北京、山东、广东、云南、吉林等地科研院所的20多位专家学者参会。

中国社会科学院亚太与全球战略研究院党委书记张国春做书面致辞。山东青年政治学院外国语学院党总支书记范红伟在学术研讨会上致辞。会议第一环节主要就“美国大选后的大国关系”进行研讨，来自中国社会科学院信息院、中国社会科学院亚太与全球战略研究院、新华社参考智库、新华社瞭望周刊社、华南理工大学公共政策研究院、延边大学国际政治系和山东青年政治学院外国语学院的专家和学者就美国大选后的中美关系、中日关系和中美印关系等话题进行讨论。会议第二环节重点探讨“美国大选后的周边形势”，来自中国社会科学院、新华社参编部、中国现代国际关系研究院美国研究所、中国人民大学国际关系学院、云南大学政府管理学院、延边大学国际政治系、广东外语外贸大学广东国际战略研究院、山东政法学院的学者就美国大选后中国与周边小国的关系、中南半岛形势、东南亚局势、美澳关系、中东局势、中欧关系、中美经济形势等话题进行交流。

（中国社会科学院供稿）

日本内政外交与亚太地区形势学术研讨会　12 月 9 日，中国社会科学院日本研究所主办、中国社会科学院日本研究所日本政治研究中心和中日关系研究中心承办、中国社会科学院登峰战略日本政治优势学科协办的“日本内政外交与亚太地区形势”学术研讨会召开。会议采用线上与线下相结合的形式。来自中国社会科学院、中国人民大学、南开大学等单位的专家们围绕会议主题展开讨论。

日本研究所所长杨伯江研究员在会议开幕式上致辞。第一个议题为“菅义伟政权的内外政策”，中国社会科学院近代史研究所研究员汪婉、南开大学日本研究院副院长张玉来、中国社会科学院日本研究所研究员张伯玉等发言。第二个议题为“中美日三边关系与亚太地区形势”，中国社会科学院亚太与全球战略研究院研究员钟飞腾，中国社会科学院日本研究所研究员张勇、孟晓旭研究员等发言。第三个议题为“中日关系新的机遇和挑战”，中国人民大学教授国际关系学院副院长黄大慧、天津社会科学院《东北亚学刊》总编马兰、中国社会科学院日本研究所副研究员张晓磊等发言。

（中国社会科学院供稿）

新冠肺炎疫情中的国际形势与中国外交国际形势研讨会　12 月 10 日，中国社会科学院世界经济与政治研究所、中国社会科学院国家全球战略智库主办，中国社会科学院世界经济与政治研究所《世界经济与政治》编辑部、中国社会科学院大学国际关系学院承办的国际形势研讨会在北京举办。围绕“新冠肺炎疫情中的国际形势与中国外交”的主题，与会专家就疫情大背景下的大国外交、国际秩序、全球治理、中美关系等当前国际热点话题进行探讨，旨在通过学术交流，及时总结经验，研判国际环境的变化趋势以及新形势下中国外交的目标与任务。

中国社会科学院学部委员、世界经济与政治研究所所长、国家全球战略智库首席专家、《世界经济与政治》主编、中国社会科学院大学国际关系学院院长张宇燕做开幕致辞。来自中国社会科学院、北京大学、清华大学、中国人民大学、北京外国语大学、中国政法大学等国内高校及学术科研机构的 20 多位知名专家学者出席研讨会。专家学者们探讨了新冠肺炎疫情对世界形势的深刻影响。疫情冲击全球经济，改变国际关系格局，也为中国外交增加了新的内容。专家们一致认为，中国外交在应对疫情的特殊背景下，取得了积极成效，同时也面临着新的挑战。

（中国社会科学院供稿）

北京地区高校国际关系学院学科建设研讨会　12 月 10 日，中国社会科学院世界经济与政治研究所/国家全球战略智库主办、《世界经济与政治》编辑部和中国社会科学院大学国际关系学院承办的北京地区高校国际关系学院学科建设研讨会在中国社会科学院大学举办。来自中国社会科学院、清华大学、北京大学、中国人民大学、北京外国语大学、对外经济贸易大学、北京第二外国语学院、中国政法大学等科研机构和高校的专家学者围绕科教融合、学科建设、教师培训和学生培养等问题展开讨论。

（中国社会科学院供稿）

《中国—中东欧国家合作进展与评估报告（2012—2020）》新书发布会　12 月 11 日，由中国—中东欧国家合作秘书处、中国—中东欧国家智库交流与合作网络、中国社会科学院欧洲研究所联合主办的《中国—中东欧国家合作进展与评估报告（2012—2020）》新书发布会在北京召开。外交部副部长秦刚，外交部欧洲司司长王鲁彤、副司长卢山，中国—中东欧国家合作事务特别代表霍玉珍，中国社会科学院欧洲所所长吴白乙，中东欧 17 国驻华大使或代表出席会议，来自外交部、中东欧国家驻华使馆、中国社会科学院科研局、中国社会科学院国际合作局等国内外嘉宾50余人参加会议。

会上中国社会科学院欧洲研究所所长吴白乙对新书做了介绍，强调该书是在国际学界首次创新性地对“17+1合作”的8年历程进行总结和评估。秦刚高度评价由中国社会科学院承办的智库中国—中东欧国家智库交流与合作网络过去几年在智库交流上所做的贡献。保加利亚驻华大使格里戈尔·波罗扎诺夫在发言中认为，本书包含国别研究，采用国际关系、外交学、政治学方法论进行分析，不但回顾了中国—中东欧合作走过的历程，更为未来合作规划出重点。疫情带来的危机进一步凸显了国际经济中国家间相互依存的关系，中国经济为推动世界疫后经济复苏发挥重大作用。

（中国社会科学院供稿）

2020年大选后美国内外政策趋势和中美关系走向学术研讨会 12月12日，中华美国学会、中国社会科学院美国研究所主办，全国哲学社会科学工作办公室资助的“2020年大选后美国内外政策趋势和中美关系走向”学术研讨会在北京召开。来自中国国际问题研究院、中国现代国际关系研究院、国务院发展研究中心、中央党校、北京大学、复旦大学、外交学院、南京大学等30余家机构近百名学者和专家参加会议。

中华美国学会会长、中国社会科学院美国研究所所长倪峰在会上致辞。北京大学教授王缉思进行主旨发言。中国社会科学院荣誉学部委员陶文钊以“重建中美关系势在必行”为题发言。中国现代国际关系研究院研究员崔立如、北京大学教授贾庆国、复旦大学教授吴心伯以及外交学院教授王帆先后发言，对新时期美国面临的问题及中美关系的发展走势提出自己的观点。北京外国语大学教授谢韬、国际关系学院教授达巍、上海财经大学教授李超民和中国人民大学副教授刁大明也在大会上发言，分别从政治、经济和外交的视角分析了美国大选及未来拜登政府的内外政策趋向。与会学者分组进行专题学术研讨。多位学者以2020年美国大选为切入点，从司法体系、民调偏差、美国选举史等方面，对美国政治及演变的逻辑进行探讨；还有学者研判美国印太战略、南海、朝鲜半岛及美台关系等多个议题，系统分析美国对外战略或外交政策，并对我外交工作建言献策；还有学者基于美国近年来“多重社会分裂”的特质，重点分析美国在发展援助、经济合作、能源、气候及网络安全等政策领域的发展走势。

（中国社会科学院供稿）

2020年《日本文论》及《日本学刊》增刊发布会

12月12日，“2020年《日本文论》及《日本学刊》增刊发布会”在北京举行。来自中国社会科学院、北京大学、中国人民大学、北京语言大学、北京外国语大学、北京第二外国语学院、北京化工大学等多家机构的专家学者参加会议。中国社会科学院日本研究所副所长吴怀中研究员在会上致辞。

会议分为“2019年度日本研究优秀论文发布会”“《日本文论》新刊推介”“互动讨论”3个环节。全国政协委员、中国社会科学院日本研究所研究员、《日本学刊》代主编高洪出席会议并对“2019年度日本优秀论文”评选情况及《日本学刊》2020年增刊编辑情况做了说明。中国知网评价中心副主任张义川就“2019年度日本研究优秀论文”的数据来源情况进行说明。学会代表就学刊增刊优秀论文评选和各自文章情况进行阐述。《日本文论》的作者代表北京外国语大学教授周维宏等对所发文章的观点做了介绍。《日本文论》的编委代表中国社会科学院世界史研究所研究员汤重南等就《日本文论》今后的发展方向、选稿组稿、编辑工作提出意见。

（中国社会科学院供稿）

人民共和国党报论坛第十七届（2020）年会 12月12日，中国传媒大学党报党刊研究中心、中国传媒大学新闻学院和河北大学新闻传播学院联合主办，传媒大学教育基金会协办的人民共和国党报论坛第十七届（2020）年会在中国传媒大学举办。年会主题为“激越2020，党媒责任担当”。本届年会采取线上、线下结合的方式，来自《人民日报》、新华社、中央电视台、《光明日报》等25家主流媒体的领导、专家和编辑记者，与中国传媒大学、河北大学、天津师范大学、南开大学、重庆大学等15所高校师生以及相关科研机构、学术期刊的专家学者百余人与会。

与会人员阐述了重大突发公共事件中党媒的责任担当；总结了党媒脱贫攻坚报道的实践经验；并针对媒体融合发展、马克思主义新闻观等问题进行交流。中国传媒大学党委书记、校长廖祥忠代表学校致辞，人民日报社副总编辑、中国传媒大学博士生导师赵嘉鸣和北京日报社党组书记、社长赵靖云做开幕式主旨演讲。

（中国传媒大学供稿）

北京论坛（2020）国际关系分论坛　12 月 12—13 日，北京大学国际关系学院以线上与线下相结合的形式举办北京论坛（2020）国际关系分论坛。分论坛以“动荡世界中的国际公共政策”为主题，围绕 4 个主要议题——“全球治理：挑战、机遇与响应”“国际组织与国际公共政策的演变”“国际气候政策的演变与改革”“国际公共卫生政策的演变与改革”展开探讨，来自国际组织和知名高校的 24 位中外专家学者针对议题展开讨论。来自海内外高校的 200 余名大学生及社会各界人士在线参与。参会人员就全球治理面临的挑战和机遇、国际组织与国际公共政策的演变、国际气候政策的演变与改革、国际公共卫生政策的演变与改革等重大课题进行探索和思考，达成诸多共识。

（北京大学供稿）

应用新闻传播论坛暨中国应用新闻传播十大创新案例颁奖会　12 月 12—13 日，中国新闻史学会应用新闻传播学研究委员会主办、中央民族大学新闻与传播学院承办的 2020 年应用新闻传播论坛暨中国应用新闻传播十大创新案例颁奖会在中央民族大学举办。来自全国 60 余所高校、科研院所、传媒机构的近百位学界与业界专家共同探讨媒介融合背景下传媒改革创新的机遇与路径。中央民族大学党委副书记邹吉忠，中国新闻史学会会长、中国人民大学新闻学院副院长王润泽，中央民族大学新闻与传播学院特聘院长张昆出席开幕式并致辞。中央广播电视总台重大事件融合报道、新华社武汉前方报道组抗击新冠肺炎疫情报道、湖北日报融媒体中心、湖北广电“长江云”、“四川观察”抖音号、新浪移动客户端、南方周末内容付费探索、三联生活周刊原创数字内容产品、快手直播电商助农、“丁香医生”获选 2020 中国应用新闻传播十大创新案例。

论坛还围绕“平台社会中的应用新闻传播创新”这一主题展开“新范式：媒介转型与融合实践”“新路径：技术变革与传播策略”“新生态：平台社会与数字生存”3 场学术研讨活动及 3 场学子论坛。

（中央民族大学供稿）

中国经验与国际传播视野下的政府新闻发布学术研讨会　12 月 18 日，北京第二外国语学院主办，首都对外文化传播研究院、北京对外文化传播研究基地、首都国际交往中心研究院、首都国际服务贸易与文化贸易研究基地承办的“中国经验与国际传播视野下的政府新闻发布”学术研讨会在北京举办。来自中宣部、国家卫健委，以及北京、天津、重庆等地的宣传部门负责人和政府新闻发言人，高校院所的专家学者和研究生近百人参加，共同探讨在国际环境与新媒体语境下，如何进一步完善突发公共卫生事件的新闻发布制度、发言人制度和时代新发展，提高政府危机治理能力、增强政府公信力的有效路径。

北京第二外国语学院党委书记顾晓园，中宣部对外新闻局副局长寿小丽，国家卫健委宣传司副司长米锋，北京市委宣传部副部长、北京市人民政府新闻办主任徐和建，天津市委宣传部副部长、天津市人民政府新闻办主任石刚，中国传媒大学国际新闻所所长刘笑盈，清华大学新闻与传播学院副院长周庆安，中国海洋石油集团有限公司原党组副书记武广齐等专家学者分别在会议中发表主题演讲。国际关系学院副校长郭惠民主持研讨会的“新媒体时代政府形象的国际传播”主题论坛环节。

（北京第二外国语学院供稿）

中国人民大学国际关系学院 70 周年庆典暨“中国与世界政治”学术研讨会　12 月 19 日，中国人民大学国际关系学院 70 周年庆典暨“中国与世界政治”学术研讨会在北京举办。原国务委员戴秉国，中央统战部副部长、国务院侨办主任潘岳，全国政协常委、港澳台侨委员会副主任裘援平出席活动。来自北京大学、清华大学、复旦大学、中国社会科学院大学、南开大学、吉林大学、南京大学、中国政法大学、武汉大学等 20 余所国内高校相关院系以及中共中央党校（国家行政学院）、中国社会科学院和中国现代国际关系研究院等多家研究机构的学者参加庆典开幕式和学术研讨会。来自剑桥大学、牛津大学、耶鲁大学、杜克大学、加州大学圣迭戈分校和东京大学等 20 余所海外高校的著名学者通过视频的形式向中国人民大学国际关系学院 70 周年庆典及本次学术研讨会的举办表示祝贺。

学术研讨会环节在“学科的挑战与未来”“战略评估”“院友理事论坛”3 个分会场同步进行，与会学者分别就政治学与国际关系学科的挑战与未来、美国新政府的战略调整与应对、后疫情时代的国际格局演变、学院发展等主题进行探讨，为学科发展出谋划策，为国家发展建言资政。

（中国人民大学供稿）

“守正创新：转型社会中的传媒经济”学术年会 12月19日，中国新闻史学会传媒经济与管理研究委员会主办、北京师范大学新闻传播学院承办的2020中国新闻史学会传媒经济与管理研究委员会学术年会在北京师范大学召开。年会主题为守正创新：转型社会中的传媒经济。70余位传媒学界与业界与会嘉宾就传媒经济的新逻辑、新问题、新业态、新理论、新路径、新模式等进行交流探讨。

（北京师范大学供稿）

第三届“一带一路”旅游线上国际研讨会 12月21日，丝绸之路国际旅游大学与北京第二外国语学院联合举办的第三届“一带一路”旅游线上国际研讨会召开。乌兹别克斯坦副总理阿齐兹·阿卜杜哈基莫夫，乌兹别克斯坦高等教育部部长、科技创新发展部部长、撒马尔罕州副省长，联合国开发署驻乌兹别克斯坦代表，北京第二外国语学院校长计金标，以及澳大利亚、印度、哈萨克斯坦等国家学者参加研讨会。乌兹别克斯坦高等教育部部长、技术与创新部部长、撒马尔罕省副省长、联合国发展署驻乌办公室主任等先后致辞对“一带一路”文化和旅游合作、联合抗疫等发表建议。中国、乌兹别克斯坦、澳大利亚、印度、哈萨克斯坦等国家的专家学者参加研讨会并分别就“一带一路”文化、旅游、语言、遗产保护、合作抗疫等发表主旨演讲。北京第二外国语学院教授张耀军、中山大学教授张朝枝、桂林旅游学院教授张显春、澳门旅游学院博士杨晶晶等发表主题演讲。

（北京第二外国语学院供稿）

“中非合作论坛二十年”第五届非洲讲坛 12月23日，中国非洲研究院举办的第五届非洲讲坛采用线下与线上相结合的方式举行。讲坛主会场设在北京。讲坛主题为“中非合作论坛二十年”，邀请两位非洲学者做主题演讲。非洲政策研究所所长彼得·卡戈万加的演讲题目为“打破陷阱：中非合作论坛和非洲的全球公共品供给”，非洲之角经济和社会政策研究所所长阿里·伊萨·阿卜迪的演讲题目为“论中非合作论坛机制和‘一带一路’倡议背景下中国与非洲之角的合作”。来自中非双方高等院校和研究机构的专家学者等60余人参加讲坛。

中国非洲研究院常务副院长、中国社会科学院西亚非洲研究所所长李新烽主持讲坛并致辞。在互动环节，中国非洲研究院相关人员就非洲民众对中非合作的态度、埃塞俄比亚局势、中非关系、非洲新冠肺炎疫情和疫苗等问题，与主讲人进行研讨和交流。

（中国社会科学院供稿）

2021年中东形势走向及前瞻线上研讨会 12月29日，中国社会科学院西亚非洲研究所、社会科学文献出版社、中国社会科学院海湾研究中心联合主办的“2021年中东形势走向及前瞻”研讨会采用线下与线上相结合的方式举办，主场设在中国社会科学院。来自外交部、中国国际问题研究院、现代国际关系研究院、对外经济贸易大学、宁夏大学、中国社会科学院美国研究所、中国社会科学院西亚非洲研究所、新华社等相关政府部门、重要智库、高等院校、新闻媒体约50名专家学者参加研讨会。中国社会科学院西亚非洲研究所副所长王林聪致辞并主持研讨会。

围绕2021年中东局势及热点问题走势、美国新政府的中东战略变化及应对、新时代推进中国与中东国家深入合作等重要议题，与会专家和学者展开讨论。中国中东问题前特使吴思科、中国叙利亚问题特使解晓岩、中国外交部中阿合作论坛事务大使李成文等先后发言。

（中国社会科学院供稿）

中东黄皮书发布会 12月29日，由中国社会科学院西亚非洲研究所（中国非洲研究院）、社会科学文献出版社和中国社会科学院海湾研究中心主办的中东黄皮书《中东发展报告（2019—2020）：中东剧变的反思和前瞻》发布会以线上和线下相结合的方式举办。线下会场设在中国社会科学院。中国中东问题前特使吴思科、中国叙利亚问题特使解晓岩、中国外交部中阿合作论坛事务大使李成文以及在京中东研究领域专家、社会科学文献出版社领导、《中东发展报告（2019—2020）：中东剧变的反思和前瞻》作者以及新闻媒体记者等50余人出席发布会。

中国社会科学院西亚非洲研究所所长、中国非洲研究院常务副院长李新烽和社会科学文献出版社总编辑杨群出席发布会并分别致辞。中国社会科学院西亚非洲研究所 4 位撰稿人分别介绍中东政治安全形势及走势、中东经济形势及走势、中东剧变及走势、海湾国家变化及走势。中国中东问题前特使吴思科、宁夏大学中国阿拉伯研究院院长李绍先发表评论。

（中国社会科学院供稿）

拉美黄皮书发布会暨当前拉美形势研讨会　12 月 29 日，由中国社会科学院拉丁美洲研究所和社会科学文献出版社共同主办的拉美黄皮书《拉丁美洲和加勒比发展报告（2019—2020）》发布会暨当前拉美形势研讨会在北京举办。中国社会科学院拉丁美洲研究所副所长、《拉丁美洲和加勒比发展报告（2019—2020）》主编袁东振研究员致辞，所长柴瑜做会议总结发言。来自党政机关、科研院所和新闻媒体 70 余人参加会议。在总结 2020 年拉美地区整体形势时，中国社会科学院拉丁美洲研究所岳云霞以“再陷失去的十年”为题做报告，方旭飞、张勇、郭存海、谌园庭分别发言。

（中国社会科学院供稿）

中阿贸易促进线上系列培训研讨会　12 月，北京外国语大学区域与全球治理高等研究院、阿根廷生产发展部企业家和中小企业司、中国工商银行阿根廷基金会、阿根廷国立圣马丁大学联合举办中阿贸易促进线上系列培训研讨会。本次培训由阿根廷生产发展部企业家和中小企业司发起，旨在帮助和支持阿根廷中小企业与中国开展贸易往来。线上参会企业家 400 余人。中阿两国专家学者就中国的经济发展、生产结构转型，中阿双边经贸合作和“一带一路”倡议，中国文化与商业谈判礼仪，儒家文化及其在商业交往中的体现和影响，中国的城市状况和市场特点，中国工商银行对阿企业的金融支持工具等内容进行讲授。

（北京外国语大学供稿）

·大　事　记·

2020 年

1 月

3 日　中国政法大学城市发展与治理研究院成立，主要任务是响应国家治理体系和治理能力现代化的重大战略需求，转变城市发展方式，完善城市治理体系，提高城市治理能力，努力建成城市未来发展和治理的研究智库，推动公共管理学科及其交叉学科发展，培养高层次国家治理人才和城市管理人才，服务于国家经济社会发展。

（中国政法大学供稿）

4 日　北京市社科联、北京市社科规划办，北京史研究会和首都图书馆共同举办“乡土课堂”2020 年开讲仪式暨新闻发布会，北京市社科联、北京市社科规划办二级巡视员袁方出席并致辞。

（北京市社科联、北京市社科规划办供稿）

是日　数字伦理前沿论坛（2020）在中国传媒大学召开。其间中国科技新闻学会二级分会数字传播伦理专业委员会揭牌，并举办数字伦理研究国际学术工作坊和圆桌论坛等系列活动。

（中国传媒大学供稿）

6 日　由北京外国语学院俄语学院主办的《欧亚人文研究》首发式在北京举行。《欧亚人文研究》的前身是《俄语学习》杂志，其更名和首发标志着杂志向综合性、研究型学术刊物的转型。《欧亚人文研究》将定期以期刊为阵地举办高端论坛，在区域国别研究的大背景下填充相关领域的空白，发挥新的作用。

（北京外国语大学供稿）

7 日　北京印刷学院与新华书店总店战略合作签约仪式在北京举办，双方在产学研成果市场化运营、文创研发与推广、科技应用、国际化合作、行业智库建设、人才培养和联合党建等方面开展深入交流与合作。

（北京印刷学院供稿）

11 日　中国人民大学举行习近平总书记关于青年工作的重要思想研讨会暨新时代中国青年发展研究中心揭牌仪式。中国人民大学党委书记靳诺，中国人民大学荣誉一级教授郑沧萍，共青团中央维护青少年权益部部长王锋，共青团中央社会联络部副部长李骥，中国青少年研究中心常务副主任、《中国青年研究》杂志主编刘俊彦，中国人民大学党委副书记郑水泉、副校长杜鹏等出席活动。

（中国人民大学供稿）

是日　中国企业管理研究会主办，北京工业大学经济与管理学院承办的中国企业管理研究会“新兴技术未来分析与管理专业委员会”成立暨学术报告会在北京工业大学举行。来自清华大学、中国科学院科技战略咨询研究院、北京航空航天大学等 69 所高校、研究机构和企业的专家学者 140 余人参加会议。中国企业管理研究会会长黄速建、理事长黄群慧应邀出席会议并做学术报告。大会选出会长、副会长、秘书长、副秘书长，常务理事 22 人，理事 66 人。学术报告会环节，黄速建、黄群慧分别做“竞争中性视域下国有企业改革再构想”“‘十四五’如何深化中国工业进程”的学术报告。黄鲁成报告国际新兴技术未来分析与管理研究现状及展望，并阐述了专委会发展构想。

（北京工业大学供稿）

15 日　中央民族大学经济学院、中国人民大学中国经济改革与发展研究院、辽宁大学东北振兴研究中心、经济科学出版社、中国兴边富民战略研究院和中国人民大学中国民营企业研究中心联合举办的“2019 中国经济研究热点排名”发布会在中央民族大学举行。来自媒体、高校等单位的专家学者和师生共 140 余人参加发布会。2019 年中国经济研究前十大热点分别是经济增长与发展、自主创新、三农、资本市场、收入分配与收入差距、产业结构与产业政策、对外贸易与贸易政策、公共经济（含公共管理）、区域经济、马克思主义经济学及其中国化。

（中央民族大学供稿）

18 日　中国人民大学数字治理及数字经济研究中心启动仪式暨第八次数字经济基础设施研讨会在北京举办。中国人民大学数字治理及数字经济研究中心揭牌成立，并举行顾问委员、学术委员等聘书授予仪式与国家发改委重大研究课题圆桌论坛。中国人民大学副校长吴晓球出席会议。

（中国人民大学供稿）

是日　中国社会科学院数量经济与技术经济研究所“创新与发展”学术研讨会暨建所 40 周年庆祝大会在北京举行。全国政协副主席辜胜阻，中国社会科学院院长、党组书记谢伏瞻，中国社会科学院副院长、党组成员蔡昉，国务院发展研究中心原副主任孙晓郁，中国科学院原党组副书记方新，国家博物馆馆长王春法，中国社会科学院学部委员、经济学部主任、国家金融与发展实验室理事长李扬，中国工程院原副院长邬贺铨等专家学者出席会议。

（中国社会科学院供稿）

19 日　第八届高等学校科学研究优秀成果奖（人文社会科学）奖励委员会办公室（教育部社会科学司）发布关于第八届高等学校科学研究优秀成果奖（人文社会科学）评选结果的公示。北京大学 103 项成果获奖，其中一等奖 19 项、二等奖 53 项、三等奖 13 项；普及读物奖 2 项、青年成果奖 16 项；一等奖数、二等奖数和青年成果奖数均位列高校第一。

（北京大学供稿）

是月　北京市习近平新时代中国特色社会主义思想研究中心策划组织、研究中心特聘专家张峰的通俗理论读物《直面时代之问：读懂新时代中国特色社会主义》由北京联合出版公司出版发行。

（北京市习近平新时代中国特色社会主义思想研究中心供稿）

是月　国家药品监督管理局批准北京工商大学成为首批化妆品监管科学研究基地。北京工商大学紧密结合化妆品新技术、新业态的发展趋势，以“创新、质量、效率、体系、能力”为主题，通过一系列创新工作，加快化妆品监管新制度、新工具、新标准、新方法的建立，助力化妆品治理体系和治理能力的现代化，保护公众健康。

（北京工商大学供稿）

2 月

20 日　中央统战部、中央宣传部、教育部、国家民委联合发文，公布入选国家铸牢中华民族共同体意识研究基地名单，中央民族大学铸牢中华民族共同体意识研究院入选。铸牢中华民族共同体意识研究基地是由中央四部委联合设立，依托有关“双一流”高校和具有相关学科一级博士学位授权点的民族高校及党校、科研院所建设的重要民族研究机构，是服务决策、学术创新、培养人才的国家级科研创新平台。

（中央民族大学供稿）

3 月

9 日　北京大学新型冠状病毒感染的肺炎防控攻关专项课题（人文社科类）立项结果正式公布。本次课题申报期限内，北京大学社会科学部共收到来自全校 34 家单位的 120 项申报材料。经专家评审，共立项 55 项，其中重点项目 9 项、一般项目 46 项。立项课题涉及公共卫生、应急管理、舆情引导、法治建设、心理疏导、人文思考、经济影响、涉外形势等领域。

（北京大学供稿）

13 日　北京市习近平新时代中国特色社会主义思想研究中心研究基地 2019 年工作总结暨 2020 年工作部署会议以视频会议形式召开。主会场设在北京日报社，设中共北京市委宣传部，北京市社科联、北京市社科规划办，北京市社会科学院，前线杂志社 4 个分会场。市委常委、宣传部部长、研究中心主任杜飞进出席会议并讲话。研究基地负责人及联系人，优秀研究员和优秀工作者代表，研究中心秘书处工作人员 60 余人参加会议。

（北京市习近平新时代中国特色社会主义思想研究中心供稿）

16 日　北京师范大学智慧学习研究院联席院长黄荣怀、刘德建带领学术团队完成的《弹性教学手册：中国“停课不停学”的经验》在联合国教科文组织教育信息技术研究所官方网站发布。该手册围绕通信平台、学习工具、数字资源、教学组织、学习方式、支持服务及政企校协同等7个核心要素展开，阐述“弹性教学”概念，总结疫情期间中国教育面临的困境、积累的经验，并给出实用性的建议。

（北京师范大学供稿）

31日　中国人民大学人文社会科学学术成果评价研究中心和书报资料中心联合研制的“2019年度复印报刊资料转载指数排名”和《复印报刊资料重要转载来源作者（2019版）》2项成果发布。在“2019年度复印报刊资料转载指数排名”中，共有571种人文社科期刊、316家教学科研机构和172家高校所属机构上榜。在人文社科综合期刊综合指数排行榜中，《中国社会科学》《学术月刊》《探索与争鸣》位列前3名；在高校总排名中，中国人民大学、北京大学、武汉大学位列前3名；在社科院、社科联综合指数排名中，处在前3位的是中国社会科学院、上海社会科学院和四川省社会科学院。

（参见《人民日报》2020年4月3日第12版）

4月

1日　北京建筑大学、北京市文物局共同签署《战略合作协议》，共建北京长城文化研究院。北京长城文化研究院作为北京建筑大学北京未来城市设计高精尖创新中心二级研究机构，围绕北京市长城文化带建设、长城保护利用及相关任务开展战略研究合作。

（北京建筑大学供稿）

2日　清华大学万科公共卫生与健康学院正式成立。学院由清华大学和万科集团共建，万科集团将企业股资产管理中心的全部资产、2亿股万科股票一次性捐赠给清华大学教育基金会，用于设立“清华大学万科公共卫生与健康学科发展专项基金”，在科研创新、奖励科研成果和引进人才等方面提供持续支持。

（参见《人民日报》2020年4月3日第14版）

21日　首都体育学院成立体医融合创新中心，郭建军任主任。该中心系首都体育学院直属的非营利性学术研究机构，主要任务是服务于健康中国和全民健身国家战略，开展体育与医疗融合领域的创新研究和应用实践，推动“体医融合+”产业发展。

（首都体育学院供稿）

是月　为纪念伟大的无产阶级革命家、思想家列宁诞辰150周年，中央党史和文献研究院编纂的《列宁画传》（纪念版）由重庆出版社出版发行。该书通过图文并茂的形式，立体生动地反映列宁的生平业绩、理论贡献和崇高风范，对于推动广大干部群众深入学习贯彻习近平新时代中国特色社会主义思想，增强学习马克思主义经典著作的自觉性，坚定马克思主义科学信仰、共产主义远大理想和中国特色社会主义共同理想，具有积极意义。

（参见《人民日报》2020年4月30日第2版）

5月

4日　“疫情重袭后的全球治理”理论研讨会在北京大学举办。北京大学党委书记邱水平、校长郝平、副校长王博出席。来自国际社会及北大各院系的专家从人类命运共同体的高度出发，围绕疫情下全球治理的政治、经济、军事、公共卫生、青年等话题进行理论探讨。

（北京大学供稿）

5日　北京大学考古文博学院与河南省文物考古研究院联合发掘的河南淮阳平粮台城址、与湖北省文物考古研究所等单位合作发掘的湖北随州枣树林春秋曾国贵族墓地分别入选“2019年度全国十大考古新发现”。自1990年国家文物局开始评选年度十大考古发现以来，北京大学参与的重要考古发现已达34项，居全国高校首位。

（北京大学供稿）

6日　北京市科委公布首批高精尖产业技能提升培训机构目录，首都体育学院在“医药健康”和“人工智能”两个产业方向双双入围，是北京高校中唯一一家同时入选两批高精尖产业技能提升培训机构目录的高校。

（首都体育学院供稿）

13日　中国社会科学院与社会科学文献出版社共同发布《中国社会科学院国际形势报告（2020）》《中国对外关系（1978—2018）》。在主题为全球疫情背景下的国际形势与中国外交研讨会上，与会学者围绕全球各地区疫情形势与防控举措、疫情影响下的世界政治经济形势、疫情影响下的全球格局演变与中国外交策略、疫情影响下的全球治理与中国参与议题展开交流与研讨。

（中国社会科学院供稿）

17日　国家主席习近平给北京科技大学全体巴基斯坦留学生回信，对各国优秀青年来华学习深造表示欢迎，鼓励他们多同中国青年交流，同世界各国青年一道，携手为促进民心相通、推动构建人类命运共同体贡献力量。北京科技大学有巴基斯坦留学生 52 人，其中 49 人为博士、硕士研究生。他们给习近平主席写信讲述了在中国留学的经历和感受，对学校在新冠肺炎疫情暴发后给予的关心帮助表示感谢，表达了学成后投身“一带一路”建设、为增进中巴友谊做贡献的愿望。

（北京科技大学供稿）

21 日、28 日　北京市社科联、北京市社科规划办组织开展大运河北京段实地调研踏勘活动，先后到白浮泉、万寿寺、广源闸、庆丰闸、燃灯塔、八里桥等大运河文化遗址和通州区博物馆、张家湾博物馆考察学习。《大运河文化辞典》总主编段柄仁，北京市社科联党组书记、北京市社科规划办主任张淼参加调研。

（北京市社科联、北京市社科规划办供稿）

29 日　新疆维吾尔自治区党委副书记、区政府主席雪克来提・扎克尔一行访问北京大学，双方开展座谈并签署《新疆维吾尔自治区人民政府 北京大学丝绸之路考古与文化遗产工作合作备忘录》。北京大学考古文博学院在丝绸之路研究方面积淀深厚，与新疆也有着密切的合作传统。新疆维吾尔自治区作为“一带一路”研究的核心地带，考古资料丰硕、研究力量强大，双方签署合作备忘录具有战略意义。

（北京大学供稿）

6 月

9 日　《（新编）中国通史》纂修工程指导小组第一次工作会议在中国历史研究院召开。中共中央政治局委员、中央书记处书记、中央宣传部部长黄坤明出席会议并发表讲话。中央宣传部常务副部长王晓晖传达习近平总书记和王沪宁关于《（新编）中国通史》纂修工程的重要指示批示精神。中国社会科学院院长、党组书记谢伏瞻主持会议并宣读《（新编）中国通史》纂修工程指导小组成员名单和编委会委员名单。中国社会科学院副院长、党组成员，中国历史研究院院长、党委书记高翔汇报《（新编）中国通史》纂修工程准备情况。

（中国社会科学院供稿）

17 日　“后疫情时代的‘一带一路’建设”学术研讨会暨《“一带一路”大百科》新书云发布会在多个平台同步直播，中国人民大学校长刘伟等近 20 位中外专家学者参会研讨。

（中国人民大学供稿）

18 日　中国发展研究基金会和百度公司在北京联合发布《新基建，新机遇：中国智能经济发展白皮书》（以下简称《白皮书》）的精华版本；12 月 15 日，《白皮书》的完整版正式发布。这是国内首个全方位构建智能经济新时代版图的《白皮书》，整体篇幅近 6 万字，全面介绍了数字经济大背景下，以人工智能技术作为核心推动力的智能经济建设成果与前景，深刻剖析了智能经济对经济社会的重构与影响，并为如何加快中国智能经济发展提出八大建设性建议。

（国务院发展研究中心供稿）

30 日　《大运河文化辞典》编纂工作推进会在北京召开。《大运河文化辞典》总主编段柄仁出席会议。北京市社科联党组书记、北京市社科规划办主任张淼，《大运河文化辞典》副主编蔡蕃，北京市社科联副主席李翠玲，中国传媒大学文化产业管理学院院长范周，北京联合出版公司总经理张金龙，北京市社科联、中国传媒大学，北京联合出版公司相关专家学者和工作人员 30 余人参加会议。

（北京市社科联、北京市社科规划办供稿）

是月　北京市习近平新时代中国特色社会主义思想研究中心组织编写、研究中心特聘专家邵景均主编的通俗理论读物《纪检监察工作热点九讲》由人民东方出版传媒东方出版社出版发行。

（北京市习近平新时代中国特色社会主义思想研究中心供稿）

7 月

6 日　中国人民大学举行明德书院、明理书院成立揭牌仪式，中国人民大学党委书记靳诺，校长刘伟，常务副校长王利明，副校长贺耀敏、杜鹏，党委副书记齐鹏飞出席仪式。仪式由王利明主持。靳诺、贺耀敏、齐鹏飞、王子今为明德书院揭牌，刘伟、王利明、杜鹏、杜小勇为明理书院揭牌。

（中国人民大学供稿）

13 日　北京建筑大学科学技术发展研究院、国际化发展研究院、文化发展研究院成立。3 个新型机构将按照“新、高、实”的要求和定位不断创新发展，更好地服务国家城乡建设事业发展和首都“四个中心”建设。

（北京建筑大学供稿）

14 日　中国政法大学文化娱乐法治研究中心成立，主要任务是开展娱乐法应用研究，提供相关立法和法律咨询服务。针对国家和地方层面的文娱法治建设需求，组建以专家顾问团队为核心力量的文化娱乐立法咨询团队，深度参与中央及地方人大、政府部门的文化娱乐领域的立法咨询工作，协助立法和行政机关进行法律草案的调研、起草、研讨以及相关法律法规的修改工作。

（中国政法大学供稿）

是日　中国政法大学食品药品法治研究中心成立。中心主要任务是对中国食品药品法治建设突出理论和实践问题进行深入研究，向有关部门建言献策；配合有关部门进行食品药品立法工作，为相关立法提供起草、修改、咨询、论证等法律服务工作；开展相关课题研究，对食品药品领域的信用体系建设、追溯体系建设、强化监管制度等重点问题进行专门研究。

（中国政法大学供稿）

16日　北京科技大学与北京市文物局举行共建协议签约暨北京市文物局重点科研基地（北京科技大学）揭牌仪式。北京市文物局党组书记、局长陈名杰，副局长向德春，北京科技大学党委书记武贵龙、副校长臧勇出席签约仪式。

（北京科技大学供稿）

是日　北京外国语大学承办的韩国外国语大学孔子学院举行“示范孔子学院”揭牌仪式。中国驻韩国大使邢海明、中国驻韩使馆教育参赞力洪、韩国外国语大学校长金仁喆、韩国孔子学院联席会会长金铉哲、中日韩秘书处副秘书长姜度好出席揭牌仪式并致辞。中国国际中文教育基金会副理事长、秘书长赵灵山与北京外国语大学校长杨丹分别发送祝贺视频。

（北京外国语大学供稿）

17日　首都经济贸易大学、第一创业证券股份有限公司、盈富泰克创业投资有限公司等机构联合发起成立的首都经济贸易大学中国ESG研究院举行揭牌仪式。研究院旨在系统研究并推动ESG研究成果在实践中转化，推广并践行ESG理念，助力新时代经济高质量发展。

（首都经济贸易大学供稿）

18日　北京市习近平新时代中国特色社会主义思想研究中心建设座谈会以视频会议形式召开。市委常委、宣传部部长、研究中心主任杜飞进出席会议并讲话。市委教育工委副书记狄涛，北京市社科联党组书记、北京市社科规划办主任、研究中心常务副主任张淼，北京市社科联党组成员、北京市社科规划办副主任崔占辉，北京市社科联副主席、研究中心执行副主任李翠玲，以及各研究基地负责人、联系人，研究中心秘书处工作人员50余人参加会议。

（北京市习近平新时代中国特色社会主义思想研究中心供稿）

20日　习近平外交思想研究中心成立仪式在北京举行。习近平外交思想研究中心由外交部依托中国国际问题研究院设立，旨在统筹全国研究资源，全面、系统、深入开展习近平外交思想的研究、阐释和宣介，对习近平外交思想进行原本性、理论性、实践性、传播性、政策性和专题性研究，发挥习近平外交思想对外交实践的指导作用，服务新时代中国特色大国外交理论建设、体制机制建设和能力建设，为开创新时代中国特色大国外交做出积极贡献。

（参见《光明日报》2020年7月21日第3版）

是日　中国科学院哲学研究所在中国科学院大学揭牌。中国科学院哲学研究所以哲学家和科学家共同关切的重大问题为研究导向，致力于探讨现代科学的哲学基础和当代科技前沿中的哲学问题，以及与科技发展密切关联的价值、文化和制度问题。研究所下设5个研究中心，包括逻辑学与数学哲学中心、物质科学哲学中心、生命科学哲学中心、智能与认知科学哲学中心，以及科学与价值研究中心。设立战略咨询委员会、学术委员会和所务委员会。

（参见《光明日报》2020年9月25日第5版）

是日　《思想教育研究》编辑部、人民网公开课主办，北京科技大学马克思主义学院、北京理工大学马克思主义学院、东北师范大学马克思主义学院协办的“数字马院”联盟成立大会在北京科技大学举办。会议采用现场+直播连线结合方式进行，来自全国近300所高校的马克思主义学院院长、思政部负责人、一线教师参会。“数字马院”围绕开放式、协作型、数字化发展方向，遵循公益服务、精准服务、整合创新、共建共享、循序渐进的设计理念，初步构建了教师应用、学生应用、管理服务三大平台。

（北京科技大学供稿）

30日　北京大学中国政治学研究中心主持编撰的《政治通鉴》新书发布会暨“通鉴视野下的政治科学”研讨会举行。北京大学校领导郝平、于鸿君，来自多所高校和科研机构的专家学者出席发布会。《政治通鉴》是一项大型政治学基础研究工程，被列入北京大学“双一流”专项资助计划。本次发布会呈现的是《政治通鉴》第一卷。《政治通鉴》初步计划以多卷本系列出版物的形式呈现，每一卷都包括古今中外的政治经典、基本政治制度、重要政治人物、代表性政治理论和重大政治事件 5 个部分的主体内容。

（北京大学供稿）

是日　中国社会科学院大学与退役军人事务部思想政治和权益维护司共建中国社会科学院大学退役军人思想政治和权益维护研究中心签约暨揭牌仪式在退役军人事务部举行。

（中国社会科学院大学供稿）

31 日　中国人民大学新闻学院举办国家治理与舆论生态建设论坛（2020）暨中国人民大学国家治理与舆论生态研究院成立仪式。论坛邀请多位新闻传播研究领域的专家学者就国家治理与舆论生态建设等议题，以及研究院建设发展等展开交流和研讨。

（中国人民大学供稿）

是月　中国传媒大学高教传播与舆情监测研究中心研制的《中国高等教育舆情报告（2019）》由中国传媒大学出版社出版。7 月 17 日，《2019 年高等教育舆情报告发布》一文刊登于《人民日报》文化版，报道介绍了舆情报告技术方法以及专题分布，并围绕报告中关注度最高的专题、舆情月度峰值、舆情地域分布等方面进行了概述。舆情报告一经发布，即获得媒体和社会的高度关注。舆情报告出版后，《人民日报》、中国社会科学网、光明网、新浪网等各大新闻媒体平台均予以报道转载，产生较大反响。

（中国传媒大学供稿）

是月　对外经济贸易大学发布《对外经济贸易大学科研经费管理办法（2020 年修订）》《对外经济贸易大学横向科研项目管理办法（试行）》，进一步贯彻落实党和国家“放管服”改革举措，扩大科研管理更大自主权。

（对外经济贸易大学供稿）

是月　由中国政法大学倡议，以中国当代著名政治学家、法学家和教育学家钱端升先生名义设立的全国性法学研究奖项第八届钱端升法学研究成果奖相关工作启动。通过钱端升法学研究成果奖网站、北京社科网、《法制日报》、机要交换等多种途径面向社会发布通知公告。

（中国政法大学供稿）

是月　《大运河文化辞典 · 北京卷》正式出版。作为北京市推进大运河文化带建设的重要成果，《大运河文化辞典 · 北京卷》在 2020 年中国大运河文化带京杭对话活动、2020 年大运河文化保护传承利用工作省部际联席会议上展示。

（北京市社科联、北京市社科规划办供稿）

8 月

1 日　中华美国学会第八届会员大会在北京召开。大会采用线下和线上相结合的方式举办。来自中国国际问题研究院、中国现代国际关系研究院、中国科学技术发展战略研究院、国务院发展研究中心世界发展研究所等 60 多家理事单位的 110 余位专家学者出席会议。

（中国社会科学院供稿）

3 日　北京语言大学成立国家应急语言服务团筹建工作秘书处。秘书处是国家语委为深入推进《国家中长期语言文字事业改革和发展规划纲要》等相关工作任务的落实而筹建的，是北京语言大学的实体机构，挂靠语言资源高精尖创新中心。

（北京语言大学供稿）

11 日　北京市社会科学界联合会第七次代表大会开幕。市委书记蔡奇寄语新一届市社科联领导集体和首都广大社科工作者，坚持以习近平新时代中国特色社会主义思想为指导，增强“四个意识”、坚定“四个自信”、做到“两个维护”，始终胸怀“两个大局”，牢记初心使命，更好地观察解读时代、推进理论创新、促进学术繁荣、发挥资政作用，奋力书写首都哲学社会科学繁荣发展的新篇章。会议选举产生了北京市社科联新一届委员会、常委会、主席团，市政协副主席牛青山当选为新一届北京市社科联主席。

（北京市社科联、北京市社科规划办供稿）

13 日　北京外国语大学在对口扶贫县鹤庆援建的“北京外国语大学歆鹤外语教育平台”正式投入使用。“歆”“鹤”二字，分别取自学校教育扶贫项目“歆语工程”及鹤庆县名，旨在突出北京外国语大学学科优势，树立帮扶品牌，推动鹤庆教育事业兴旺发展。

（北京外国语大学供稿）

是日　首经贸中国 ESG 研究院理事会成立。研究院召开第一届理事会第一次会议，选举第一创业证券股份有限公司党委书记、监事会主席钱龙海当选理事长，校友会副会长、秘书长赵喜玲当选副理事长。理事会决定聘请全国政协经济委员会主任尚福林、阿里巴巴集团首席财务官兼战略投资部负责人武卫担任专家顾问，任命工商管理学院院长柳学信为执行院长。

（首都经济贸易大学供稿）

21 日　2020 年度北京市级文化产业园区授牌活动在北京举办。北京印刷学院文化创意产业园获评 2020 年度北京市级文化产业园区。

（北京印刷学院供稿）

23 日　中国科学技术交流中心主办、北京国际科技服务中心有限公司承办的“一带一路”科普交流周在北京天文馆开幕。展示形式以线上结合线下为主，9 个“一带一路”沿线国家的科普场馆、科研机构、科学中心的展项参展，共设 10 个展区，引进 120 余个展项，其中线上展项 76 项、线下展项 47 项。包括“一带一路”科普展、“云上科普”表演秀与科普视频等系列体验式活动，展期共 7 天。

（北京市科学技术研究院供稿）

25 日　北京交通大学雄安数字交通创新中心在雄安新区揭牌。北京交通大学雄安数字交通创新中心是第一个落地雄安新区的北京重点高校创新平台。雄安新区将与北京交通大学以该平台建设为契机，开展深入合作，共同探索人才培育、科学研究、工程实践与高校发展深度结合的创新之路。

（北京交通大学供稿）

28 日　北京时尚控股有限责任公司与北京印刷学院战略合作签约仪式在北京印刷学院举行。双方将在共建“北京时尚产业学院”、共建“北京时尚品牌设计中心”、升级“‘北京时尚杯’北京文化创意大赛大学生初创赛”等方面展开深度合作。

（北京印刷学院供稿）

8 月 31 日—9 月 1 日　北京市社科联党组书记、北京市社科规划办主任张淼率队赴江苏省开展大运河文化实地考察调研。张淼一行与江苏凤凰科学技术出版社《中国运河志》编辑部、大运河文化带建设研究院扬州分院、世界运河历史文化城市合作组织秘书处等单位专家学者进行交流座谈，并到邗沟、扬州古运河等历史遗迹和中国大运河博物馆进行实地踏勘。《大运河文化辞典》京外 7 省市分卷编纂人员等参加调研。

（北京市社科联、北京市社科规划办供稿）

9 月

14 日　教育部职业教育与成人教育司发布《关于公布首批职业院校校长培训基地遴选结果的通知》，中国人民大学入选教育部首批职业院校校长培训基地。

（中国人民大学供稿）

是日　中国社会科学院大学院系调整暨科教融合工作座谈会在北京举行。中国社会科学院法学研究所、文学研究所、哲学研究所等 11 个研究所的所长或党委书记出任新组建的科教融合学院院长，若干位学部委员和二级研究员将受聘特聘教授，数百位研究人员将成为大学的岗位教师。

（中国社会科学院供稿）

24 日　市委宣传部，市科委，市扶贫支援办，市科协，市社科联、市社科规划办，西城区委、区政府等单位联合举办的“2020 北京社会科学普及周暨西城区第九届社会科学普及周”开幕。本届科普周首次以线上形式举办，主题为“推进文明实践 决胜全面小康”。科普周直播启动式上，北京市政协副主席、北京市社科联主席牛青山致辞并宣布活动开幕。

（北京市社科联、北京市社科规划办供稿）

是日　第二十一次全国皮书年会（2020）在云南昆明召开。共计 419 种皮书参与评选，经过初评、复评、资格审核等环节，共评选出第十一届优秀皮书奖一等奖 10 项。其中，首都经济贸易大学《京津冀蓝皮书（2019）：打造创新驱动经济增长新引擎》一书获第十一届优秀皮书奖一等奖。

（首都经济贸易大学供稿）

26 日　在第二十七届北京国际图书博览会上，山东教育出版社和罗马尼亚欧洲思想出版社联合举办“丝路书香工程”项目《中外文学交流史·中国-中东欧卷》罗马尼亚文版新书云端发布会。该书由北京外国语大学教授丁超主撰，上海外国语大学教授宋炳辉合著，罗马尼亚文版由布加勒斯特大学中文系副教授穆古列翻译，欧洲思想出版社 2020 年 9 月出版。《中外文学交流史》共 17 卷，由南京大学教授钱林森和厦门大学教授周宁任总主编，2016 年出版后先后获得第六届中华优秀出版物图书奖、第四届中国出版政府奖图书奖等。

（北京外国语大学供稿）

27 日　北京外国语大学国际组织胜任力发展中心成立仪式暨高端论坛在外研社举行。北京外国语大学党委书记王定华、教育部国际合作与交流司司长刘锦、教育部中外人文交流中心主任杜柯伟、人力资源和社会保障部国际合作司副司长马何祖、国家留学基金管理委员会副秘书长张宁、北京市政协港澳台侨和外事委员会主任赵会民、联合国国际劳工组织首任性别平等局局长张幼云出席成立仪式，并为中心揭牌。

（北京外国语大学供稿）

28—29 日　中国社会科学院古代史研究所清史研究室、《清史论丛》编辑部主办的“砥砺四十年　奋进新时代——纪念《清史论丛》创刊四十周年学术座谈会”在北京举行。中国社会科学院副院长、党组成员兼中国历史研究院院长、党委书记高翔，故宫博物院原副院长、国家清史编纂委员会副主任朱诚如，中国人民大学历史学院常务副院长、清史研究所所长朱浒等出席开幕式。

（中国社会科学院供稿）

29 日　中国社会科学院大学 2020 年开学典礼暨科教融合学院成立大会在北京举行。中国社会科学院院长、党组书记谢伏瞻，副院长、党组副书记、中国社会科学院大学党委书记王京清，副院长、党组成员高培勇出席会议。中国社会科学院大学组建成立哲学院、经济学院、法学院、国际关系学院、马克思主义学院等 12 个科教融合学院。

（中国社会科学院供稿）

是日　中国非洲研究院、中国社会科学出版社共同主办，全国政协中非友好小组支持的中国脱贫攻坚调研报告新书发布会暨中非减贫合作与发展研讨会以线上与线下相结合的方式举行。来自全国有关院校和研究机构的专家学者等共计 60 余人参加活动。该套中国脱贫攻坚调研报告包括《中国的脱贫之道》《湘西篇》《临沧篇》《延安篇》《恩施州利川篇》《定西篇》《喀什篇》《秦巴山区篇》《临夏篇》《盐池篇》《通辽篇》《黔东南州岑巩篇》等，中英文版总计 24 本，同时发布。

（中国社会科学院供稿）

是日　深化新时代教育评价改革专家座谈会暨中国人民大学评价研究中心揭牌仪式在中国人民大学举行。中国人民大学校长刘伟，中国高等教育学会第六届会长瞿振元，中国人民大学副校长刘元春、党委副书记齐鹏飞以及 10 余位教育评价领域的专家出席仪式。活动第一单元由刘元春主持，第二单元由瞿振元主持。

（中国人民大学供稿）

是月　北京科技大学传统金属工艺传承基地获批 2020 年全国普通高校中华优秀传统文化传承基地，全国共获批 26 个基地。该基地主要开展铜镜制作、宝剑锻制、錾刻、镏金、银饰锻制、花丝镶嵌、乌铜走银、青铜器修复等传统手工技艺等研究。

（北京科技大学供稿）

是月　首都经济贸易大学特大城市经济社会发展研究协同创新中心获批省部共建协同创新中心。省部共建协同创新中心由省、部共同支持建设、运行，依托高校是中心建设主体，协同各方承担国家、区域、行业重大任务。

（首都经济贸易大学供稿）

是月　北京舞蹈学院获批“全国普通高校中华优秀传统文化传承基地”，传承项目“民族民间舞蹈”。基地由北京舞蹈学院中国民族民间舞系牵头，联合党委宣传部等多部门，立足于北京舞蹈学院全国引领性的民族民间舞教学与传承资源，向社会各界以及国内外传播中国丰富的民族民间舞蹈。

（北京舞蹈学院供稿）

10 月

3 日　中国人文社会科学论坛 2020 暨“中国人民大学命名组建七十周年”学术研讨会在中国人民大学举办。研讨会的主题为“培养担当民族复兴大任的时代新人”。北京师范大学原校长、中国教育学会原会长钟秉林，北京理工大学党委书记赵长禄，中央民族大学校长郭广生，首都师范大学校长孟繁华，中央音乐学院党委书记赵旻，延安大学党委书记张金锁，北京外国语大学副校长贾文建，中央美术学院党委副书记王晓琳，中央戏剧学院党委副书记、纪委书记葛秀珍，北京航空航天大学党委副书记程波，延安大学副校长杨伟宏；教育部高等教育教学评估中心原副主任、北京理工大学研究生教育研究中心主任王战军等校外嘉宾与会。

（中国人民大学供稿）

13 日　乌兹别克斯坦“旅游奉献者”徽章授予仪式在塔什干举行，北京第二外国语学院校长助理、中国文化和旅游产业研究院院长邹统钎因其在合作共建“丝绸之路”国际旅游大学中的特殊贡献获颁“旅游奉献者”徽章。“丝绸之路”国际旅游大学是根据 2018 年乌兹别克斯坦总统令创建的新型旅游大学，是“一带一路”中乌国家合作项目。2018 年青岛上合峰会习近平主席与乌兹别克斯坦总统米尔济约耶夫总统就共建丝绸之路国际旅游大学达成原则性共识。北京第二外国语学院承担创建任务，是学校服务国家“一带一路”、北京建设国际交往中心、旅游教育国际输出的一项重要工作。

（北京第二外国语学院供稿）

18 日　教育部人文社会科学重点研究基地中国人民大学伦理学与道德建设研究中心主办的第二届国

杰论坛教育伦理学专场暨中小学德育研究所成立仪式在中国人民大学举办。十届全国人大常委会副委员长、中国关心下一代工作委员会主任顾秀莲，十二届全国人大常委会副委员长张宝文，中国人民大学党委书记靳诺，教育部教材局局长、教育部课程教材研究所所长、教育部基础教育课程教材发展中心主任田慧生，国家教育咨询委员会委员、中国教育学会名誉会长、教育部社会科学委员会副主任、北京师范大学教授顾明远，中国人民大学党委副书记、纪委书记吴付来，中国伦理学会会长、清华大学教授万俊人，清华大学高校德育研究中心副主任吴潜涛出席活动并讲话。来自各高校科研院所、中小学校、新闻媒体等相关单位的60余位嘉宾参会。

（中国人民大学供稿）

10月中旬—11月中旬　市委党史研究室、市地方志办组织全市党史地方志系统，开展以“回望京华百年 传承红色基因——庆祝中国共产党北京早期组织成立100周年”为主题的史志宣传月活动，通过举办专题讲座、推送史志故事等形式，扩大史志影响力，引导大家知史爱党、知史爱国、知史爱京。

（市委党史研究室、市地方志办供稿）

23日　北京外国语大学欧洲语言文化学院和中东欧研究中心共同研编的《中国与中东欧国家高校合作指南》在“第21届中国国际教育年会-2020中国国际教育研讨会”框架下举行的“中国与中东欧国家高等教育合作研讨会”上发布。《中国与中东欧国家高校合作指南》是2020年中国教育国际交流协会特别委托项目的成果，共分为5个部分，分别为“中国与中东欧国家高校合作策略研究”、“中国与中东欧国家合作相关政策文件”、“中国与中东欧国家高校联合会成员高校合作现状”、“中东欧17国的基本国情及各国高等教育发展概况”以及“附录”，旨在为“17+1合作”框架下中国与中东欧国家高校之间的交流与合作提供指导和支持。

（北京外国语大学供稿）

24日　中国社会科学院经济研究所和中国社会科学出版社在北京共同发布新书《中国经济报告(2020)：大变局下的高质量发展》。全书共4部分，包括总论与上、中、下3篇，分别围绕后疫情时期中国经济高质量发展，趋势与结构、问题与政策、历史与制度进行分析。

（中国社会科学院供稿）

28日　中国人民大学习近平新时代中国特色社会主义思想研究院新时代中国特色社会主义教育研究中心成立仪式暨习近平总书记教育“九个坚持”重要论述学术研讨会举办。中心旨在进一步推进中国人民大学习近平新时代中国特色社会主义思想的研究，进一步深化习近平总书记关于教育重要论述的研究，进一步增强新时代中国马克思主义教育理论的研究，进一步开拓新时代中国特色社会主义教育理论与实践重大问题的研究。中国人民大学党委书记靳诺、副书记郑水泉等出席会议。来自全国多所高校教育学院负责人、相关领域专家学者、部分学术期刊编辑和多位媒体代表、中国人民大学教育学院部分师生参加。

（中国人民大学供稿）

30日　第二十届中国社会科学院吕叔湘语言学奖评奖工作结束。共评出一等奖两项：吴伟军（贵州师范大学）的专著《贵州晴隆长流喇叭苗人话》；张定（中国社会科学院语言研究所）的专著《汉语多功能语言形式的语义图视角》。二等奖四项：范晓蕾（北京大学）的论文《基于汉语方言的惯常范畴研究》和《“差一点”的语义特征及其句法后果——兼谈否定、反预期、时体的关联》；盛益民（复旦大学）的论文《宋室南渡和临安官话对吴语的影响——若干词汇、语法的例证》；完权（中国社会科学院语言研究所）的专著《“的”的性质与功能》；邬可晶（复旦大学）的论文《上古汉语中本来是否存在语气词“只”的问题的再检讨——以出土文献所见辞例和字形为中心》和《说古文字里旧释“陶”之字》。

（中国社会科学院供稿）

是日　中国社会科学院民族文学研究所成立40周年暨学科建设座谈会在北京举行。中国社会科学院院长、党组书记谢伏瞻出席会议，副院长、党组副书记王京清出席会议并代表院党组讲话。中央纪委国家监委驻中国社会科学院纪检监察组组长、党组成员杨笑山，中国社会科学院秘书长、党组成员赵奇，全国人大民族委员会副主任委员、国家民族事务委员会原副主任丹珠昂奔出席会议。来自文化和旅游部、中国作家协会、中国民间文艺家协会、中央民族大学以及内蒙古等地的嘉宾和院属各职能局及研究所领导、民族文学研究所离退休老同志代表、在职职工、研究生代表等100余人参加会议。

（中国社会科学院供稿）

31日　北京中医药大学国家中医药发展与战略研究院、北京金匮中医药文化发展基金会、社会科学文献出版社共同主办，北京中医药文化传播重点研究室、北京中医药大学中医药文化研究与传播中心协办的《中医文化蓝皮书——中国中医药文化发展报告（2020）》发布会在北京举办。北京市中医管理局副局长罗增刚、北京中医药大学校长徐安龙、成都中医药大学校长余曙光等在发布会上致辞，中国工程院院士张伯礼通过视频致辞，强调“中医药文化和中国传统文化是中国取得抗疫成功的精神法宝”。

（北京中医药大学供稿）

是月 中国社科院文学研究所网络文学研究室在北京成立。网络文学研究室将聚焦对网络文学及相关文学现象做文学、文化及理论方面的勘察，整合文艺学、当代文学研究、文化研究、媒介研究、数字人文研究等多学科资源，坚持追踪、关注中国当下网络文学发展进程，综合研究并构建符合网络文学发展特点的前沿理论和评价体系。

（参见《光明日报》2020 年 10 月 18 日第 1 版）

是月 中共中央办公厅印发《关于进一步加强法学会建设的意见》，要求加强法学会建设，团结和带领广大法学法律工作者，自觉做中国特色社会主义法治道路的践行者、社会主义法治国家的建设者、中国特色社会主义法治理论的发展者、德才兼备的社会主义法治人才的培养者，在全面依法治国新征程中展现新担当、实现新作为。

（参见《光明日报》2020 年 10 月 20 日第 1 版）

是月 首都医科大学以“共享精彩发展，共创美好未来”为主题，举办纪念建校 60 周年系列活动，包括开幕式、医学科学高峰论坛、医学人才培养高峰论坛、文艺晚会、医学新技术新产品及成果转化展、校友座谈会等。制作学校宣传片、更新学校建设发展成就展、编印纪念建校 60 周年文集《首医轶事——小故事大道理》、出版了《首都医科大学学报》和《医学教育管理》校庆专刊、进行校园环境专项美化和提升，系统总结建校 60 年主要成就和办学经验。

（首都医科大学供稿）

是月 第二十一届“安子介国际贸易研究奖”评选工作启动。经过通信评审、会议评审及公示公告等程序，最终评选出优秀著作奖 11 部，其中优秀著作一等奖空缺，优秀著作二等奖 1 部，优秀著作三等奖 10 部；优秀论文奖 20 篇，其中优秀论文一等奖空缺，优秀论文二等奖 4 篇，优秀论文三等奖 16 篇；学术鼓励奖 9 名。

（对外经济贸易大学供稿）

11 月

1 日 “社科小普带你看大运河文化带”系列科普动漫短片亮相中国国家博物馆“舟楫千里——大运河文化展”。

（北京市社科联、北京市社科规划办供稿）

6 日 北京市科委公布第二批高精尖产业技能提升培训机构目录。首都体育学院在“医药健康”和“人工智能”两个产业双双入围，是北京高校中唯一一家同时入选两批高精尖产业技能提升培训机构目录的高校。

（首都体育学院供稿）

7 日 清华大学公共管理学院全球学术顾问委员会会议召开。国务委员兼外长王毅出席并致辞。王毅表示，新冠肺炎疫情发生以来的现实一再证明，人类社会是一个命运共同体，多边主义是人间正道，加强和完善全球治理势在必行。王毅指出，习近平主席在联合国成立 75 周年系列高级别会议上，旗帜鲜明地表达了中国将坚定奉行多边主义、坚定走和平发展道路、坚定推动构建人类命运共同体等原则立场，提出了应对全球性挑战、促进世界共同发展等一系列重大主张和举措。中方认为，践行共商共建共享是基本原则，维护国际法则秩序是重要基石，坚持开放融通是正确方向，树立共同体意识是必由之路。王毅强调，中国将继续高举和平、发展、合作、共赢的旗帜，继续积极参与国际抗疫合作。中国加快构建以国内大循环为主体、国内国际双循环相互促进的新发展格局，为中国经济和世界经济不断注入新的动力。

（参见《人民日报》2020 年 11 月 8 日第 3 版）

是日 中国国际法学会成立 40 周年纪念大会暨 2020 学术年会在北京开幕。会议为期两天，主题为“大变局下的新使命：国际法在国家治理和全球治理中的作用”。来自全国高校、科研机构和相关实务部门的与会代表围绕国家治理体系及治理能力现代化与国际法、全球治理体系变革与国际法、全球公共卫生与国际法三大主要议题展开研讨。

（参见《人民日报》2020 年 11 月 8 日第 3 版）

10 日 以“建设多层次养老保障体系护航未来银色梦”为主题的 2020 中国居民退休准备指数调研报告发布会在北京举行。发布会由清华大学经济管理学院中国保险与风险管理研究中心和同方全球人寿保险有限公司共同举办。会上发布《2020 中国居民退休准备指数调研报告》。发布会揭晓了 2020 年中国居民退休准备指数——6.23，相对于2017年的6.31与2018年的6.65有所偏低，但与2019年的6.15相比略有回升。报告显示，在“退休准备充分度”和“退休计划完善度”方面较去年有所提升，而在“财务规划认知水平”方面有所下滑，其他方面相差不大。

（清华大学供稿）

11日　中国社会科学院和国务院国资委在北京签署战略合作框架协议，联合成立中国社会科学院国有经济研究智库，举办首届国有经济研究峰会。中国社会科学院院长、党组书记谢伏瞻和国务院国资委主任、党委书记郝鹏出席会议并讲话，中国社会科学院副院长、党组成员高培勇主持成立仪式，国务院国资委副主任翁杰明、秘书长彭华岗参加会议。中国社会科学院、国务院国资委和部分中央企业、地方国资委、行业协会130余人参加会议。

（中国社会科学院供稿）

12日　“回顾与展望”——纪念建校70周年发展论坛在北京市委党校举办。北京市委党校常务副校长王民忠讲话，副校长韩久根主持，校委班子成员出席，离退休老同志代表、教师代表、基层党校代表和教务处、科研处、决策咨询部负责人分别发言。各分校、16区党校主要负责人，离退休老同志和研究生代表、全体教职工参加论坛。

（北京市委党校供稿）

15日　中国农业大学全球食物经济与政策研究院启动会在北京召开。农业与农村工作委员会主任陈锡文，商务部副部长、民盟中央常委钱克明，中国农业大学党委书记姜沛民，中国农业大学校长孙其信出席会议。研究院将会以食物、经济与政策为关键词，就重塑全球和中国农业食物系统以达全民健康可持续发展、研判全球与中国农业食物系统重大风险、一带一路、南南合作中的双赢路径等多个方面开展研究，并通过人才培训、旗舰报告、决策咨询等形式，把研究院建设成具有国际视野、中国风范的智库与创新型人才培养基地。

（中国农业大学供稿）

是日　京南大学联盟第四次联席会议暨“京南大学联盟成立四周年回顾展”在北京印刷学院举行。会上，举行北京政法职业学院入盟仪式及轮值主席交接仪式，北京石油化工学院成为新一届轮值理事长单位。“京南大学联盟成立四周年回顾展”同期举行，展览设“疫情防控篇”“事业发展篇”“服务大兴篇”“大兴兴业篇”4个篇章，回顾了京南大学联盟成立四周年以来自觉肩负服务区域发展的重要使命，发挥教育、科技、文化、人才资源优势，在文化创意、科技创新和高端服务等方面取得的发展成绩。

（北京印刷学院供稿）

16日　中央民族大学新闻与传播学院特聘院长聘任仪式暨中央民族大学新闻与传播学院、华中科技大学新闻与信息传播学院共建仪式在中央民族大学举行。校党委副书记、校长郭广生，校党委副书记邹吉忠出席仪式。

（中央民族大学供稿）

是日　中国非洲研究院与中国常驻联合国教科文组织代表团举行视频会议。联合国教科文非洲优先合作关系推进局局长杜越、中国教科文组织全国委员会秘书长秦昌威和中国常驻联合国教科文组织代表团参赞遇晓萍等人先后发言。双方就新形势下如何发挥联合国教科文组织与以中国非洲研究院为代表的中国非洲学界智库的作用，推动非洲在教育、科学、文化等领域的发展，促进中非在这些领域的合作，进行研讨。

（中国社会科学院供稿）

17日　以“《新莱茵报》的编译与研究”为主题的《新闻与传播研究》2020年增刊发布暨学术研讨会在北京举行。中国社会科学院党组成员、当代中国研究所所长、马克思主义研究院院长姜辉出席会议并致辞，中宣部新闻局负责人应邀出席会议。

（中国社会科学院供稿）

19日　国家统计局—北京大学数据开发中心签约暨揭牌仪式在北京大学举行。北京大学校长郝平，国家发展改革委副主任兼国家统计局局长、党组书记宁吉喆出席仪式。根据协议，国家统计局与北京大学将合作共建“国家统计局—北京大学数据开发中心”，挂靠光华管理学院，以数据研发和数据服务职能为核心，同时负责建设微观数据实验室及日常管理，为高校或科研机构人员申请、使用微观调查数据提供服务。

（北京大学供稿）

22日　厉以宁教授90周岁华诞文集发布会暨从教65周年活动在北京大学举行。经济学家、北京大学兼职教授辜胜阻，北京大学党委书记邱水平，民盟中央专职副主席张平出席活动并致辞。北京大学光华管理学院通过历史亲历者的回忆和讲述，回溯厉以宁教授在教书育人、资政建言和参政议政等方面的贡献，集结成《兼容并蓄终宽阔：厉以宁社会实践纪实》一书；以学者们的评述和解读为主线，全面介绍厉以宁学术领域的各个方向，形成《一生治学当如此：厉以宁经济理论述评》，回顾厉以宁作为中国经济改革的亲历者和参与者，为国家发展所做出的突出贡献，勉励后学不断前行。

（北京大学供稿）

24 日　中国社会科学院学者文库揭牌仪式在北京举行。中国社会科学院院长、党组书记谢伏瞻，副院长、党组副书记王京清出席，共同为学者文库揭牌。谢伏瞻向为学者文库赠送图书的单位和专家学者颁发收藏证书。王京清在揭牌仪式上讲话。

（中国社会科学院供稿）

是日　“建设中国特色、中国风格、中国气派的考古学”座谈会暨国家文物局—北京大学战略合作签约仪式在北京大学举行。国家文物局局长刘玉珠，北京大学党委书记邱水平、校长郝平出席仪式并讲话，相关省市自治区文物部门、高校、科研院所和博物馆负责人，北京大学相关职能部门与师生代表出席。顾玉才、张平文代表国家文物局和北京大学签署战略合作协议。根据协议，双方将携手建设中华文明国家文物基因库，通过真实文物展现中华文明历史进程。

（北京大学供稿）

27 日　“新一代信息科技与应急管理研讨会”暨北京邮电大学应急管理学院揭牌仪式在北京邮电大学学生活动中心举办。北京邮电大学将依托学科和专业优势，致力于打造以 5G 技术、人工智能、云计算、物联网为主要特色的应急管理学院，打造集人才培养、科技研发、成果转化、社会服务及国际合作“五位一体”的应急安全产教融合大平台，在应急管理学院和应急管理学科建设中推进学科深度交叉，走出信息科技加公共管理的特色发展道路。

（北京邮电大学供稿）

是日　2020 年国家重点研发计划“科技冬奥”重点专项“冰雪运动推广普及关键技术产品研发及示范”项目启动会暨实施论证会在首都体育学院举行。中国 21 世纪议程管理中心、北京市科委冬奥专班、北京冬奥组委科技部领导，以及项目组成员和项目参与单位代表等 60 余人参加会议。项目负责人首都体育学院副校长谢军进行项目汇报。专家表示，项目成果将对冰雪运动场地器材研发和青少年冰雪运动普及具有重要意义，对科技与体育相互助力发展产生积极作用。

（首都体育学院供稿）

29 日　中国人民大学习近平新时代中国特色社会主义思想研究院习近平法治思想研究中心成立。该中心是综合性全国重点大学中成立的第一家习近平法治思想研究中心，旨在统筹各方面研究资源，全面、系统、深入开展习近平法治思想的研究、阐释和宣介，对习近平法治思想进行原本性、理论性、实践性、传播性、政策性和专题性研究，发挥习近平法治思想对全面依法治国工作的指导作用，服务全面建设社会主义现代化国家，为实现中华民族伟大复兴的奋斗目标做出积极贡献。

（中国人民大学供稿）

是月　为纪念伟大的无产阶级革命家、思想家，马克思主义创始人之一、马克思的亲密战友恩格斯诞辰 200 周年，中央党史和文献研究院编纂的《恩格斯画传》（恩格斯诞辰 200 周年纪念版）由重庆出版社出版发行。该书以文为经，以图为纬，通过图文并茂的形式，全面而立体地反映恩格斯的生平业绩、理论贡献和崇高风范，对于推动广大干部群众深入学习贯彻习近平新时代中国特色社会主义思想，增强学习马克思主义经典著作的自觉性，坚定马克思主义科学信仰、共产主义远大理想和中国特色社会主义共同理想，具有积极意义。

（参见《光明日报》2020 年 11 月 28 日第 3 版）

是月　经联合国教科文组织批准，中国传媒大学的联合国教科文组织“媒介与女性”教席再次延期至 2023 年 9 月。联合国教科文组织高等教育部门主任彼得·威尔斯给中国传媒大学党委书记、校长廖祥忠发来公函，感谢中国传媒大学对教席工作的大力支持，对过去的 4 年间，“媒介与女性”教席在研究领域、教学领域、培训领域以及国际合作领域等方面取得的丰富成果给予了高度评价。他指出，教席圆满实现了教席协议中规定的工作目标，包括承担以中国妇女状况为主题的国家研究项目、翻译联合国教科文组织出版物，以及开展国家人才培养基地项目——“一带一路”杰出女性领导力培训课程等。

（中国传媒大学供稿）

是月　中央民族大学图书馆和民族文化宫中国民族图书馆联合主办、中央民族大学图书馆承办的“铸牢中华民族共同体意识——中华民族英雄史诗文献展”在中央民族大学举办。展览突出了中央民族大学图书馆馆藏特色，以藏族、蒙古族等民族英雄史诗《格萨（斯）尔》、柯尔克孜族英雄史诗《玛纳斯》及蒙古族英雄史诗《江格尔》三大英雄史诗为主，同时展出维吾尔族《乌古斯传》、哈萨克族《库布兰德》、彝族《支格阿鲁》、苗族《亚鲁王》、壮族《莫一大王》、纳西族《黑白战争》、傣族《厘俸》、羌族《羌戈大战》等多部英雄史诗及传承人资料。

（中央民族大学供稿）

12 月

1 日 中国社会科学院财经战略研究院主办的“中国社会科学院财经战略研究院成果发布会：《中国县域经济发展报告（2020）》暨全国百强县案例报告”在北京举行。会议正式对外发布由中国社会科学院财经战略研究院县域经济课题组完成的《中国县域经济发展报告（2020）》。

（中国社会科学院供稿）

1—3 日 2020 年泰山国际新闻出版合作大会暨新闻出版小镇建设发布会在山东泰安举办。北京印刷学院泰安研究院和教学实践基地在会上揭牌。

（北京印刷学院供稿）

3 日 清华大学经济管理学院顾问委员会 2020 年会议通过视频连线方式召开。会议指出当前中国高等教育已进入普及化阶段，正在分类建设一流大学和一流学科，提升高等教育质量。希望各位委员继续发挥桥梁纽带作用，对中国教育改革提出有针对性咨询建议，深入参与合作办学、联合研究、联合人才培养，推动中外人文交流，为增进各国人民福祉、推动构建人类命运共同体做出更大贡献。

（参见《人民日报》2020 年 12 月 5 日第 4 版）

是日 中国人民大学国学院承办的国际文化交流学术联盟成立大会暨新时代国际文化交流研讨会在中国人民大学举行。国际文化交流学术联盟由中国人民大学发起，23 家高等院校、研究机构加入，中国人民大学党委书记靳诺当选联盟理事长。中国人民大学党委书记靳诺，副校长杜鹏，原副校长贺耀敏，中央民族大学副校长宋敏，吉林大学副校长赵宏伟，厦门大学副校长杨斌，武汉大学副校长李斐，华东师范大学副校长周傲英，山东大学副校长吴臻，四川大学副校长姚乐野，西安交通大学副校长席光，云南大学常务副校长李晨阳，暨南大学党委副书记夏泉，中央财经大学校长助理李涛出席会议。北京大学、北京师范大学等单位代表参会。中宣部、教育部相关负责人出席成立大会。来自北京大学、中国人民大学、故宫博物院、中国藏学研究中心、中国文化遗产研究院等高等院校、研究机构的百余名师生参会。

（中国人民大学供稿）

是日 由中央民族大学图书馆主办、中央民族大学文学院《红楼梦》研学基地联办的“铸牢中华民族共同体意识——《红楼梦》版本文献展”在中央民族大学开展。本次展览展出了《国初钞本原本红楼梦》（1920）、《增评补图石头记》一百二十卷卷首一卷（1834）、《增评加批金玉缘图说》一百二十回首一卷（1906）等清代时期珍贵古籍，《红楼梦》甲戌本、庚辰本、戚序本、梦稿本（又称杨藏本）、程甲本、己卯本、舒序本、蒙古王府本和程乙本等古抄本的影印本，以及人民文学出版社出版 1957—2018 年的众多排印本。还有红学专家曹立波教授自藏的《绣像红楼梦》（程甲本）影印本，以及《红楼梦》多语种特色译本。

（中央民族大学供稿）

7 日 北京市科学技术研究院与北京工商大学、北京市科学技术协会、巴基斯坦科学基金会、巴基斯坦科技信息中心共同倡议发起“中巴经济走廊科学传播合作网络”。启动仪式在第五届“一带一路”中巴科技与经济合作论坛上举办。合作网络主要目标是构建中巴科学传播交流的信息共享平台、公益互助平台、学术交流平台和民心相通平台。凝心聚力，共创中巴科技合作的品牌活动，推动中巴经济走廊建设高质量发展。倡议提出：成员组织间互通信息，共享经验；互学互鉴、互帮互助，开展科学传播领域的图书捐赠、资源共享、志愿授课等公益活动；交流互访、举办研修班、开展研讨等多种形式促进中巴科学传播交流；凝聚民间组织力量，支持中巴经济走廊建设，促进科技人文交流。

（北京市科学技术研究院供稿）

8 日 《英国发展报告（2019—2020）》发布会暨“脱欧与新冠肺炎疫情双重挑战下的英国”学术研讨会在北京外国语大学举行。会议采取线上、线下相结合的方式进行。活动由北京外国语大学和社会科学文献出版社、中国社会科学院欧洲研究所、中国欧洲学会英国研究分会共同主办，北京外国语大学英语学院英国研究中心、爱尔兰研究中心、区域与全球治理高等研究院与《欧洲研究》编辑部承办。

（北京外国语大学供稿）

是日 中国社会科学院财经战略研究院、中国社会科学院旅游研究中心及社会科学文献出版社在北京发布《休闲绿皮书：2019—2020 年中国休闲发展报告》。会议以“新发展格局下的国民休闲”为主题，邀请来自文化与旅游部、中国社会科学院、中国旅游协会休闲度假分会、腾讯 CDC、美团美景学院、快手研究院等机构的专家学者围绕该书主要议题进行发布和研讨。《休闲绿皮书：2019—2020 年中国休闲发展报告》，是中国社会科学院旅游研究中心组织编撰的第八本休闲发展年度报告，围绕“新发展格局下的国民休闲”这一主题，通过 2 篇总报告和 13 篇专题报告，对 2019—2020 年中国休闲发展进行透视和前瞻。

（中国社会科学院供稿）

10 日　中国政法大学第九届本科生创新论坛颁奖典礼暨高端学术论坛在中国政法大学举行。中国政法大学终身教授应松年、教授加科技有限公司副总裁于志敏女士出席并为获奖者颁奖，100 余名同学在现场、数百名观众在线上参与了典礼与论坛。高端学术论坛以“新时代行政法的发展与行政法法典化”为主题展开研讨，法学院行政法研究所所长罗智敏教授主持论坛。

（中国政法大学供稿）

12 日　中国音乐学院“五院一地”——中国音乐理论研究院、中国乐派研究院、中国声乐艺术研究院、中国音乐学院研究生院、中国音乐学院教育学院和中国音乐研究基地成立。中国音乐理论研究院将作为中国音乐文化发展的“智库”中心，承担国家文化建设的重大理论研究与规划，关注中国音乐教育体系的历史与未来等重大命题。中国乐派研究院则侧重传承中国音乐的艺术血统。中国声乐艺术研究院将带动中国器乐、中国音乐创作、中国音乐理论、中国音乐教育的全面发展，服务中国乃至全球音乐文化发展。中国音乐学院研究生院是该校学科项目研究及培养的重要承载机构。中国音乐学院教育学院则秉承培养“独秀艺术之巅，绽放百姓人家”的未来音乐传承者的教育理念，是学校服务社会音乐发展的重要举措。中国音乐研究基地将作为该校科研整合平台，成为全国音乐研究的重要基地，是科研成果重要的产出机构。

（参见《北京日报》2020 年 12 月 13 日第 2 版）

是日　在中共北京市委宣传部指导下，由中国传媒大学虎牙电竞研究中心发起的“第三届中国电竞产业发展与数字媒体艺术人才培养”高峰论坛和首届北京（国际）大学生电竞节颁奖盛典在北京市京演·民族文化宫举行。作为电竞节主体活动之一，本届高峰论坛以“中国电子竞技产业发展与数字媒体艺术人才培养”为主题，会聚中国电竞产业各路精英，以培养电竞专业人才、推进中国电竞产业蓬勃发展为使命，聚焦电竞及其相关产业发展研究，探究数字媒体艺术专业人才培养，为中国电竞产业标准化、职业化进程奠定学术理论基础。

（中国传媒大学供稿）

14 日　中国社会科学院科研局、工业经济研究所、宏观经济研究中心和社会科学文献出版社共同举办的“2021 年《经济蓝皮书》发布暨中国经济形势报告会”在北京举行。中国社会科学院副院长、党组成员蔡昉做主旨演讲。中国社会科学院工业经济研究所党委书记、副所长李雪松介绍了蓝皮书主要观点。

（中国社会科学院供稿）

15 日　2020 年深化新时代学校思想政治理论课改革创新现场推进会在北京召开。北京市将“习近平新时代中国特色社会主义思想概论”课纳入北京高校 2020 级全体本科新生培养方案，定为必修课，共 32～36 学时，计 2 个学分。全市 57 所高校中，已有 38 所高校在本学期开设，其他 19 所将在下学期如期开设。本市还针对课程组织 14 名国内顶级专家研究设计教学方案，组织知名专家讲授市级网络示范课，指导高校多模式开设课程，实现分类指导；并开展市级师资专题培训班，为教学提供有力支撑。

（参见《北京日报》2020 年 12 月 17 日第 1 版）

16 日　中国社会科学院财经战略研究院、中国社会科学出版社主办，华夏时报协办的“中国社会科学院财经战略研究院成果发布会：《中国城市营销发展报告（2020）》”在北京举行。会议正式对外发布由中国社会科学院财经战略研究院中国城市营销发展报告课题组完成的《中国城市营销发展报告（2020）：构筑城市品牌韧性》。

（中国社会科学院供稿）

17 日　中国人民大学体育产业研究院（正定）在河北体育学院正定新校区揭牌。研究院旨在深入推进和落实河北省政府与中国人民大学全面深化合作协议，紧密围绕京津冀协同发展、雄安新区规划建设、北京冬奥会筹办等重大国家战略，充分发挥中国人民大学学科优势、智力优势与人才优势，重点谋划和研究“主办冬奥会背景下的冰雪运动参与和消费、京津冀体育协同发展、雄安新区体育创新综合体、崇礼国际冰雪小镇”等重大项目，为河北省体育改革与发展的重大理论和现实问题提供战略咨询。

（中国人民大学供稿）

18 日　《傅雷的法兰西青年岁月》展览开幕式在北京大学外国语学院举办。北京大学常务副校长詹启敏出席开幕式并致辞。法国驻华使馆高等教育、科研与创新参赞高嘉友、外国语学院院长宁琦分别致辞。展览分为5个部分：《初到法国》《青年之家》《进人艺术圈》《从巴黎到罗马》《舍农索邮轮：一段中法友谊的佳话》。全面讲述了1928—1931年，傅雷先生在法国、比利时、瑞士、意大利，以及在回国的邮轮上的经历。

（北京大学供稿）

是日　中国传媒大学国重大楼启用仪式在中国传媒大学举行。国重大楼的正式启用，标志着中国传媒大学国重实验室进入快速建设阶段。国重大楼启用仪式后，举行中国传媒大学、媒体融合与传播国家重点实验室与合作单位签约及合作共建的科研机构揭牌仪式，并举办媒体融合与传播国家重点实验室学术委员会年度会议暨未来建设研讨会。

（中国传媒大学供稿）

是日　中国传媒大学媒体融合与传播国家重点实验室主办的“媒体融合与传播”高端学术论坛计算传播学分论坛在中国传媒大学举行。论坛在线同步直播，3000余名来自海内外的专家学者、高校师生、业界人士参加线上会议。

（中国传媒大学供稿）

是日　“媒体融合与传播”高端学术论坛——5G视音频分论坛在中国传媒大学中传讲堂举行。本论坛由“媒体融合与传播”国家重点实验室（中国传媒大学）主办，信息与通信工程学院、数据科学与智能媒体学院共同承办。本次论坛的举办旨在向业界和社会传播最新的学术思想和技术动态，对促进媒体深度融合发展、加快媒体融合基础理论与技术应用创新研究起到推动作用。

（中国传媒大学供稿）

是日　北京林业大学马克思主义学院获批“北京市第二批重点建设马克思主义学院”。北京林业大学马克思主义学院于2016年1月22日成立，坚持“政治建院、教学立院、学科强院、人才兴院、特色办院”思路理念，努力培养一批具有深厚马克思主义理论功底、在学科领域有影响力的名师大家、骨干教师，打造一批具有思想性、理论性和亲和力、针对性的思政课“金课”和“最美课堂”，产出一批有前瞻性、指导性的高质量理论和实践研究成果，基本建成具有行业特色的马克思主义理论一流人才教学基地、一流理论研究学术高地和一流理论宣传思想阵地，不断巩固马克思主义在意识形态领域的指导地位。

（北京林业大学供稿）

是日　首都体育学院北京酷佩体育文化中心申报的北京市园区类博士后科研工作站分站获得北京市人力资源和社会保障局批准。首都体育学院人事处处长张凡代表首都体育学院于北京博士后工作助力“两区”建设推进会暨新设站单位授牌仪式上领取牌匾。博士后工作站分站的设立，是首都体育学院办学层次和办学水平提高的体现，也是学校培养人才、吸纳人才的有力举措。

（首都体育学院供稿）

19日　首届“俄中文学外交翻译奖”颁奖典礼首都师范大学举行，俄罗斯驻华大使杰尼索夫，中国作家协会副主席、全国人大常委、著名诗人吉狄马加，中华人民共和国教育部前副部长、中国教育国际交流协会会长刘利民，首都师范大学党委书记郑萼、校长孟繁华，首都师范大学北京斯拉夫研究中心首席专家刘文飞，外国语学院党委书记李灵和院长王宗琥出席典礼，全校近百名师生参加活动。“俄中文学外交翻译奖”由俄罗斯联邦出版与大众传媒署翻译研究院与首都师大北京斯拉夫研究中心于2019年联合设立。

（首都师范大学供稿）

是日　北京外国语大学国际商学院主办的全球科技创新促进研究中心成立仪式暨学术论坛在北京外国语大学举行。全球科技创新促进研究中心立足全球化视野和新发展格局，充分发挥北外多语种多区域多文化资源优势，汇聚国内外交叉学科知名学者与产业界资源，围绕语言科技、信息科技、材料科技、工业科技等四大重点领域，开展学术研究与智库建设、科技交流和创新资源对接等工作。

（北京外国语大学供稿）

是日　光明日报社和南京大学共同主办的2020新型智库治理暨思想理论传播高峰论坛在南京召开，会上发布了CTTI智库报告、CTTI来源智库增补名单、CTTI来源智库年度精品与优秀成果。北京科技大学的“北京企业低碳运营战略研究基地”和“科学技术与文明研究中心”入选CTTI来源智库增补名单。

（北京科技大学供稿）

21日　历时13天的2021年度国家出版基金项目评审工作会议结束。来自全国的300余名学术专家、出版专家、财务专家，对申报的1500多个项目的内容导向、学术价值、出版价值、资助金额进行评议，遴选出一批深入宣传阐释党的创新理论，弘扬社会主义核心价值观的优秀项目；一批展现当代中国发展变化，宣传脱贫攻坚、抗疫精神的出版项目；一批聚焦国家经济社会发展中的重大问题、关键问题，进行实践总结和理论探索的理论著作；一批反映自然科学和工程技术各领域最新研究成果项目、代表了中国科技领域重大创新成就的学术精品；一批促进中华优秀传统文化创造性转化、创新性发展的优秀项目。

（参见《光明日报》2020 年 12 月 23 日第 9 版）

22 日　在北京市劳动模范、先进工作者和人民满意的公务员表彰大会上，首都经济贸易大学国家税收法律研究基地被授予北京市模范集体荣誉称号。该基地由首都经济贸易大学联合全国人大、最高人民法院、国家税务总局共同创立的研究机构。2017 年 12 月，该基地被北京市教委、北京市规划办共同批准为“北京市哲学社会科学研究基地”。

（首都经济贸易大学供稿）

22 日、24 日　北京大学分别召开新工科与人文学科、新工科与社会科学进一步交叉融合发展专家座谈会。会议就如何通过交叉融合促进新工科和人文学科、社会科学的发展进行交流，并进一步明确了“新工科”和“新文科”的发展思路，在综合人才培养、联合科学研究和合作机制保障等方面形成一系列共识并提出可行性建议。

（北京大学供稿）

23 日　北京印刷学院第十八届雅昌教育奖颁奖仪式在北京印刷学院举行。北京印刷学院“雅昌印刷教学奖”基金于 1999 年 10 月设立，旨在表彰在教学、科研及教育管理领域做出突出贡献和取得突破性成果的在职教工。2017 年，增设教育奖基金 100 万元。截至目前，共有 165 位在教学、科研及教育管理领域做出突出贡献和取得突破性成果的老师获此殊荣，其中 12 人获得“雅昌教育特别奖”。

（北京印刷学院供稿）

25 日　根据《北京市教育委员会关于公布 2020 年度北京市高等学校教学名师奖获奖名单的通知》，经学校推荐、评审专家组评议、评审委员会投票、市教委审核并公示，首经贸法学院教授张世君获第十六届北京市高等学校教学名师奖，劳动经济学院教授范围获第四届北京市高等学校青年教学名师奖。

（首都经济贸易大学供稿）

是日　北京市教育委员会公布 2020 年度北京市高等学校教学名师奖获奖名单，中国人民大学法学院教授莫于川和财政金融学院教授王芳获第十六届北京市高等学校教学名师奖，理学院物理学系教授张威和新闻学院教授黄河获第四届北京市高等学校青年教学名师奖。

（中国人民大学供稿）

26 日　国家广播电视总局指导，中国传媒大学主办、中国纪录片研究中心承办、中国传媒大学电视学院支持的第十届“光影纪年”——中国纪录片学院奖颁奖典礼在北京落幕。本届中国纪录片学院奖以“真实高于月亮”为主题，通过纪录片这一媒介，以期唤起人们对于真实价值和纪录片社会功能的关注和思考。典礼现场对学院奖 10 年历程进行了盘点，并设置了“一束光：致敬纪录精神”“抗疫影像巡礼”等特别环节，致敬纪录片人。

（中国传媒大学供稿）

是日　中国戏曲学院和中国国家博物馆联合举办的“薪火相传——中国戏曲学院建校暨新中国戏曲教育 70 年成就展”在中国国家博物馆开展。此次展览持续约两个月，以“薪火相传”为主题，在“前言”和“结语”之间，贯穿了“荣膺使命”“守正创新”“立德树人”“春华秋实”4 个篇章，围绕戏曲教育“出人、出戏”的累累硕果及重大事件的历史记录展开，通过文物、档案、实物、图片、图表、视频等综合形式，展示出新中国戏曲教育 70 年来的历史进程和辉煌成就。

（中国戏曲学院供稿）

26—27 日　北京大学铸牢中华民族共同体意识研究基地揭牌仪式暨第一次专家会议在北京大学举行。中央统战部、国家民委和北京大学社科部共同为基地揭牌，来自全国各地的 26 位基地专职、兼职研究员出席。之后举行“基地”第一次专家工作会议，对 2020 年基地工作进行总结，对 2021 年度专家个人研究计划及基地工作计划进行讨论。

（北京大学供稿）

27 日　中国人民公安大学首都社会安全研究基地正式发布《平安中国蓝皮书：平安北京建设发展报告（2020）》，本次发布的报告是平安中国蓝皮书系列第三部蓝皮书。报告显示，平安北京建设发展评估（2020）总得分为 86.66 分，处于“优秀”等级。与 2019 年度相比，总得分提升 1.8%，体现了平安北京建设稳中有进的态势，特别是在新冠肺炎疫情影响下仍能取得如此佳绩，值得充分肯定。

（中国人民公安大学供稿）

28日 中国传媒大学新媒体研究院全网发布《移动互联网时代下，Z世代人群获取新闻资讯习惯研究报告》。本报告聚焦Z世代人群，全面梳理在移动互联网时代下新闻资讯行业的发展趋势，深入调查Z世代人群获取新闻资讯的主要方式，并对获取的新闻资讯内容进行分析，进而总结Z世代人群获取新闻资讯的习惯，有助于移动新闻资讯行业了解网民中占比最大用户群的新闻媒介接触习惯，从而制定、优化平台发展策略，以赢得Z世代人群中更多用户的青睐。

（中国传媒大学供稿）

是日 海淀区爱国主义教育工作总结会暨海淀区爱国主义教育基地授牌仪式在中关村国家自主创新示范展示中心召开。中国劳动关系学院校史馆获“海淀区爱国主义教育基地”称号。

（中国劳动关系学院供稿）

30日 由教育部中外人文交流中心与北京科技大学共建的矿业与钢铁行业中外人文交流研究院签约暨揭牌仪式在北京举行。教育部中外人文交流中心主任杜柯伟、副主任杨晓春、重大项目与活动处处长唐云，学校党委书记武贵龙、校长杨仁树、副校长吴爱祥，以及学校相关职能部门、学院的负责人出席仪式。研究院将依托学校优势学科，围绕矿业与钢铁行业特点与企业发展需求，打造集学术研究、决策咨询、技术服务、人才培训、人文交流和文化传承为一体的新平台，促进政府、高校、企业三方交流合作，共同将其建设成为矿业与钢铁行业人文交流研究的交流平台和高端智库。

（北京科技大学供稿）

是月 北京市习近平新时代中国特色社会主义思想研究中心组织编写、研究中心特聘专家邵景均合作编著的理论著作《新时代中国共产党反腐败理论创新与发展》由中共中央党校出版社出版发行。

（北京市习近平新时代中国特色社会主义思想研究中心供稿）

是月 北京大学公众健康与重大疫情防控战略研究中心成立。中心定位为国家级高端智库，将致力于为政府提供公共卫生决策的科技支撑，为提高中国应对突发重大公共卫生事件的能力和水平提供智力支持，同时大力培养复合型、创新型公共卫生专业人才，探索高水平应用型公共卫生人才的培养。该中心是北京大学的实体学术机构，实行主任负责制，并设立科学顾问委员会、学术委员会和管理委员会。中心主任由北京大学博雅特聘教授、国际欧亚科学院院士、英国皇家医学院公共卫生学院最高荣誉院士李立明担任；北京大学前沿交叉学科研究院院长、中国科学院院士韩启德为中心学术委员会主任；北京大学常务副校长、医学部主任、中国工程院院士詹启敏为中心管理委员会主任；北京大学校长郝平为中心科学顾问委员会主任。

（参见《北京日报》2020年12月17日第9版）

· 附　　录 ·

概　述

本栏目记述2020年北京地区38所高等院校、研究机构、党校等哲学社会科学研究基本情况统计，包括研究人员情况、课题研究情况和研究成果情况。

北京地区社科研究单位（部分）2020年哲学社会科学研究基本情况统计表

北京大学2020年度哲学社会科学研究基本情况统计表

学科门类	研究人员情况（人）						课题研究情况（项）				研究成果情况（部/篇）		
	合计	教授	副教授	讲师	助教	初级	合计	基础研究	应用研究	其他	出版著作	发表论文	获奖成果（省部级及以上）
合计	1527	594	559	327	47	0	2036	887	1148	1	310	2915	94
管理学	100	41	30	27	2	0	412	76	336	0	37	502	11
马克思主义	29	17	8	3	1	0	75	44	31	0	23	229	3
哲学	66	37	19	5	5	0	55	51	4	0	17	61	4
逻辑学	5	3	1	0	1	0	0	0	0	0	0	0	0
宗教学	13	9	2	1	1	0	10	9	1	0	1	15	3
语言学	168	40	83	43	2	0	30	22	8	1	34	139	8
中国文学	71	41	27	3	0	0	78	66	12	0	44	206	8
外国文学	149	38	58	51	2	0	51	50	1	0	22	110	4
艺术学	35	25	6	4	0	0	48	24	24	0	12	154	4
历史学	94	50	25	12	7	0	61	49	12	0	43	236	8
考古学	58	25	22	11	0	0	148	105	43	0	18	158	2

续表

学科门类	研究人员情况（人）						课题研究情况（项）				研究成果情况（部/篇）		
	合计	教授	副教授	讲师	助教	初级	合计	基础研究	应用研究	其他	出版著作	发表论文	获奖成果（省部级及以上）
经济学	200	74	70	45	11	0	297	67	230	0	0	1	13
政治学	81	28	32	21	0	0	135	106	29	0	6	54	2
法学	107	52	30	24	1	0	205	57	148	0	40	346	6
社会学	64	33	17	13	1	0	134	47	87	0	0	169	6
民族学	1	0	1	0	0	0	5	1	4	0	1	10	0
新闻学与传播学	29	12	12	3	2	0	73	34	39	0	1	128	4
图书馆、情报、文献学	144	35	54	48	7	0	41	38	3	0	8	164	1
教育学	44	21	21	2	0	0	150	29	121	0	1	217	7
统计学	9	3	5	1	0	0	3	0	3	0	0	0	0
心理学	6	2	3	1	0	0	2	0	2	0	0	0	0
体育学	54	8	33	9	4	0	23	12	10	1	2	16	0

（北京大学供稿）

中国人民大学2020年度哲学社会科学研究基本情况统计表

学科门类	研究人员情况（人）						课题研究情况（项）				研究成果情况（部/篇）		
	合计	教授	副教授	讲师	助教	初级	合计	基础研究	应用研究	其他	出版著作	发表论文	获奖成果（省部级及以上）
合计	1565	729	612	224	0	0	6872	2073	4743	56	406	3554	90
管理学	232	102	90	40	0	0	1385	318	1048	19	66	611	11
马克思主义	33	18	13	2	0	0	223	141	82	0	13	218	5
哲学	78	47	22	9	0	0	167	113	54	0	32	187	2
宗教学	14	9	4	1	0	0	38	19	19	0	4	52	2
语言学	83	21	39	23	0	0	81	55	26	0	17	50	1
中国文学	85	43	29	13	0	0	133	100	33	0	26	127	6
艺术学	36	8	20	8	0	0	46	27	19	0	13	71	2
历史学	90	47	30	13	0	0	216	137	79	0	42	169	4
考古学	14	5	6	3	0	0	164	101	63	0	10	40	2
经济学	362	196	135	31	0	0	1927	373	1541	13	66	769	22
政治学	65	37	24	4	0	0	199	81	118	0	9	73	2
法学	132	66	53	13	0	0	656	184	464	8	44	302	7
社会学	62	29	32	1	0	0	565	156	398	11	19	205	8
民族学与文化学	0	0	0	0	0	0	1	1	0	0	0	4	0

续表

学科门类	研究人员情况（人）						课题研究情况（项）				研究成果情况（部/篇）		
	合计	教授	副教授	讲师	助教	初级	合计	基础研究	应用研究	其他	出版著作	发表论文	获奖成果（省部级及以上）
新闻学与传播学	58	28	24	6	0	0	273	58	215	0	26	211	6
图书馆、情报、文献学	79	23	29	27	0	0	225	67	158	0	7	141	3
教育学	62	23	19	20	0	0	223	60	163	0	4	77	3
统计学	37	19	14	4	0	0	273	49	219	5	3	79	2
心理学	17	6	9	2	0	0	40	15	25	0	3	147	2
体育学	26	2	20	4	0	0	37	18	19	0	2	21	0

（中国人民大学供稿）

北京交通大学 2020 年度哲学社会科学研究基本情况统计表

学科门类	研究人员情况（人）						课题研究情况（项）				研究成果情况（部/篇）		
	合计	教授	副教授	讲师	助教	初级	合计	基础研究	应用研究	其他	出版著作	发表论文	获奖成果（省部级及以上）
合计	979	186	352	418	23	0	1533	1533	930	0	40	309	3
管理学	358	92	123	130	13	0	689	253	436	0	8	74	1
马克思主义	31	7	10	13	1	0	83	69	14	0	6	57	0
哲学	11	2	6	2	1	0	4	4	0	0	3	8	0
语言学	122	12	54	56	0	0	24	16	8	0	0	0	0
中国文学	3	0	2	0	1	0	4	1	3	0	1	0	0
外国文学	13	3	3	7	0	0	6	6	0	0	0	0	0
艺术学	86	11	30	45	0	0	173	56	117	0	2	8	0
历史学	3	1	2	0	0	0	1	0	1	0	0	0	0
经济学	139	31	50	58	0	0	295	103	192	0	9	85	1
政治学	16	2	8	6	0	0	12	6	6	0	1	0	0
法学	49	8	16	21	4	0	63	21	42	0	5	25	0
社会学	7	2	2	3	0	0	89	21	68	0	5	50	0
民族学	1	0	1	0	0	0	3	2	1	0	0	0	0
新闻学与传播学	22	1	11	10	0	0	49	22	27	0	0	0	1
图书馆、情报、文献学	41	2	9	29	1	0	5	3	2	0	0	0	0
教育学	22	7	8	6	1	0	16	9	7	0	0	2	0
统计学	7	2	1	3	1	0	5	4	1	0	0	0	0
心理学	12	2	2	8	0	0	7	3	4	0	0	0	0

续表

学科门类	研究人员情况（人）						课题研究情况（项）				研究成果情况（部/篇）		
	合计	教授	副教授	讲师	助教	初级	合计	基础研究	应用研究	其他	出版著作	发表论文	获奖成果（省部级及以上）
体育学	36	1	14	21	0	0	5	4	1	0	0	0	0

（北京交通大学供稿）

北京工业大学2020年度哲学社会科学研究基本情况统计表

学科门类	研究人员情况（人）						课题研究情况（项）				研究成果情况（部/篇）		
	合计	教授	副教授	讲师	助教	初级	合计	基础研究	应用研究	其他	出版著作	发表论文	获奖成果（省部级及以上）
合计	679	73	242	344	10	10	598	125	473	0	44	486	1
管理学	121	17	46	51	3	4	184	39	145	0	7	150	0
马克思主义	53	7	22	24	0	0	19	13	6	0	4	37	0
哲学	1	0	0	1	0	0	5	5	0	0	0	0	0
语言学	104	0	33	71	0	0	9	5	4	0	4	2	0
中国文学	5	0	3	2	0	0	6	3	3	0	0	15	0
艺术学	131	15	41	74	1	0	97	13	84	0	13	57	0
经济学	66	14	28	21	0	3	101	14	87	0	3	118	0
政治学	0	0	0	0	0	0	0	0	0	0	0	1	0
法学	26	2	7	15	2	0	18	4	14	0	2	3	0
社会学	43	7	20	14	0	2	92	15	77	0	1	34	1
民族学	0	0	0	0	0	0	0	0	0	0	0	0	0
新闻学与传播学	10	0	4	6	0	0	4	0	4	0	0	0	0
图书馆、情报、文献学	40	1	7	29	3	0	5	2	3	0	0	1	0
教育学	27	4	10	12	0	1	51	11	40	0	4	37	0
统计学	7	2	3	2	0	0	4	1	3	0	0	22	0
心理学	2	1	0	1	0	0	2	0	2	0	1	1	0
体育学	43	3	18	21	1	0	1	0	1	0	1	8	0

（北京工业大学供稿）

北京科技大学2020年度哲学社会科学研究基本情况统计表

学科门类	研究人员情况（人）						课题研究情况（项）				研究成果情况（部/篇）		
	合计	教授	副教授	讲师	助教	初级	合计	基础研究	应用研究	其他	出版著作	发表论文	获奖成果（省部级及以上）
管理学	96	23	37	32	4	0	240	161	75	4	5	36	1

续表

学科门类	研究人员情况（人）						课题研究情况（项）				研究成果情况（部/篇）		
	合计	教授	副教授	讲师	助教	初级	合计	基础研究	应用研究	其他	出版著作	发表论文	获奖成果（省部级及以上）
马克思主义	37	5	18	14	0	0	94	58	36	0	2	26	0
哲学	10	1	8	1	0	0	24	21	3	0	1	2	0
逻辑学	0	0	0	0	0	0	0	0	0	0	0	1	0
语言学	88	11	30	46	1	0	35	33	2	0	2	12	0
中国文学	3	0	3	0	0	0	2	2	0	0	0	1	0
外国文学	22	3	7	12	0	0	8	8	0	0	3	7	0
艺术学	22	1	6	15	0	0	10	4	5	1	0	0	0
历史学	8	1	3	4	0	0	28	28	0	0	0	5	0
考古学	23	6	5	12	0	0	120	57	63	0	0	27	0
经济学	60	14	26	20	0	0	130	85	45	0	3	18	0
政治学	3	1	0	2	0	0	30	18	12	0	0	0	0
法学	33	6	13	12	2	0	51	13	38	0	0	1	0
社会学	15	2	6	7	0	0	80	45	33	2	0	14	0
民族学	1	0	0	1	0	0	0	0	0	0	0	0	0
图书馆、情报、文献学	21	1	6	14	0	0	5	3	2	0	0	0	0
教育学	12	1	0	9	2	0	64	43	21	0	1	3	0
统计学	1	0	1	0	0	0	5	3	2	0	0	0	0
心理学	2	0	1	1	0	0	4	3	1	0	0	4	0
体育学	37	4	15	15	3	0	5	2	3	0	0	0	0

（北京科技大学供稿）

北京化工大学 2020 年度哲学社会科学研究基本情况统计表

学科门类	研究人员情况（人）						课题研究情况（项）				研究成果情况（部/篇）		
	合计	教授	副教授	讲师	助教	初级	合计	基础研究	应用研究	其他	出版著作	发表论文	获奖成果（省部级及以上）
管理学	105	22	34	44	5	0	106	37	69	0	0	58	2
马克思主义	18	5	5	7	1	0	25	18	7	0	5	29	1
哲学	19	2	2	15	0	0	3	2	1	0	0	5	0
语言学	62	1	16	44	1	0	1	1	0	0	1	5	0
中国文学	9	1	3	5	0	0	1	0	1	0	0	0	0
艺术学	14	1	4	7	2	0	0	0	0	0	0	0	0
经济学	26	5	6	14	1	0	19	11	8	0	0	5	0
法学	31	4	11	16	0	0	24	15	9	0	2	20	0

续表

学科门类	研究人员情况（人）						课题研究情况（项）				研究成果情况（部/篇）		
	合计	教授	副教授	讲师	助教	初级	合计	基础研究	应用研究	其他	出版著作	发表论文	获奖成果（省部级及以上）
图书馆、情报、文献学	25	2	5	18	0	0	7	0	7	0	0	2	0
教育学	51	3	18	28	2	0	25	10	15	0	1	5	0
心理学	4	0	2	2	0	0	0	0	0	0	0	3	0
体育学	31	0	10	19	2	0	4	1	3	0	0	18	0

（北京化工大学供稿）

北京工商大学2020年度哲学社会科学研究基本情况统计表

学科门类	研究人员情况（人）						课题研究情况（项）				研究成果情况（部/篇）		
	合计	教授	副教授	讲师	助教	初级	合计	基础研究	应用研究	其他	出版著作	发表论文	获奖成果（省部级及以上）
合计	739	98	271	338	32	0	63	11	52	0	42	577	2
管理学	174	30	65	71	8	0	22	5	17	0	15	173	0
马克思主义	34	3	14	17	0	0	3	3	0	0	4	72	0
哲学	6	0	1	5	0	0	0	0	0	0	1	3	0
语言学	73	3	23	44	3	0	1	0	1	0	1	63	0
中国文学	5	0	5	0	0	0	0	0	0	0	0	4	0
外国文学	13	0	3	7	3	0	0	0	0	0	0	9	0
艺术学	51	2	16	29	4	0	1	0	1	0	1	28	0
历史学	4	0	1	3	0	0	0	0	0	0	0	1	0
经济学	205	47	78	77	3	0	21	1	20	0	10	136	2
政治学	6	0	2	4	0	0	0	0	0	0	3	0	0
法学	58	7	23	26	2	0	5	0	5	0	0	38	0
社会学	3	0	1	2	0	0	1	0	1	0	0	1	0
民族学	1	0	0	1	0	0	0	0	0	0	0	1	0
新闻学与传播学	30	4	13	12	1	0	6	0	6	0	2	12	0
图书馆、情报、文献学	32	0	5	25	2	0	0	0	0	0	0	1	0
教育学	7	1	4	2	0	0	0	0	0	0	5	22	0
统计学	2	0	2	0	0	0	1	0	1	0	0	4	0
体育学	35	1	15	13	6	0	2	2	0	0	0	8	0

（北京工商大学供稿）

北京邮电大学 2020 年度哲学社会科学研究基本情况统计表

学科门类	研究人员情况（人）						课题研究情况（项）				研究成果情况（部/篇）		
	合计	教授	副教授	讲师	助教	初级	合计	基础研究	应用研究	其他	出版著作	发表论文	获奖成果（省部级及以上）
合计	433	67	165	196	5	0	33	5	28	0	83	147	1
管理学	140	33	57	50	0	0	11	0	11	0	29	53	1
马克思主义	10	2	3	5	0	0	5	1	4	0	1	6	0
哲学	10	3	2	5	0	0	0	0	0	0	0	1	0
语言学	59	9	29	20	1	0	2	1	1	0	13	17	0
中国文学	9	0	0	9	0	0	0	0	0	0	15	6	0
外国文学	9	1	1	7	0	0	1	1	0	0	7	0	0
艺术学	24	1	6	17	0	0	4	0	4	0	5	22	0
历史学	4	1	2	1	0	0	1	1	0	0	0	0	0
经济学	23	4	9	10	0	0	3	0	3	0	3	10	0
政治学	3	0	1	2	0	0	2	0	2	0	0	0	0
法学	33	3	10	20	0	0	0	0	0	0	4	1	0
社会学	6	1	2	3	0	0	0	0	0	0	1	0	0
民族学	10	0	1	9	0	0	0	0	0	0	0	0	0
新闻学与传播学	28	5	13	10	0	0	1	0	1	0	3	8	0
图书馆、情报、文献学	17	1	9	7	0	0	0	0	0	0	0	3	0
教育学	25	3	13	8	1	0	2	1	1	0	0	15	0
统计学	0	0	0	0	0	0	1	0	1	0	0	5	0
心理学	1	0	0	1	0	0	0	0	0	0	1	0	0
体育学	22	0	7	12	3	0	0	0	0	0	1	0	0

（北京邮电大学供稿）

北京印刷学院 2020 年度哲学社会科学研究基本情况统计表

学科门类	研究人员情况（人）						课题研究情况（项）				研究成果情况（部/篇）		
	合计	教授	副教授	讲师	助教	初级	合计	基础研究	应用研究	其他	出版著作	发表论文	获奖成果（省部级及以上）
合计	388	46	131	193	18	0	267	64	203	0	30	175	1
管理学	54	9	16	25	4	0	47	5	42	0	6	41	0
马克思主义	15	0	5	9	1	0	0	0	0	0	0	2	0
哲学	6	0	5	1	0	0	0	0	0	0	0	0	0
语言学	37	2	13	19	3	0	1	1	0	0	0	2	0
中国文学	12	0	6	6	0	0	4	3	1	0	1	2	0

续表

学科门类	研究人员情况（人）						课题研究情况（项）				研究成果情况（部/篇）		
	合计	教授	副教授	讲师	助教	初级	合计	基础研究	应用研究	其他	出版著作	发表论文	获奖成果（省部级及以上）
外国文学	10	2	0	7	1	0	0	0	0	0	0	0	0
艺术学	117	13	39	59	6	0	99	23	76	0	8	36	0
历史学	5	1	3	1	0	0	2	2	0	0	1	2	0
经济学	12	0	4	8	0	0	9	1	8	0	2	9	0
政治学	3	0	2	1	0	0	1	0	1	0	0	0	0
法学	6	1	1	4	0	0	1	0	1	0	0	1	0
社会学	3	0	0	3	0	0	1	1	0	0	0	0	0
新闻学与传播学	60	15	21	22	2	0	91	25	66	0	11	72	1
图书馆、情报、文献学	15	1	3	11	0	0	5	2	3	0	0	2	0
教育学	7	0	2	4	1	0	1	1	0	0	1	4	0
统计学	3	1	0	2	0	0	0	0	0	0	0	0	0
体育学	23	1	11	11	0	0	5	0	5	0	0	2	0

（北京印刷学院供稿）

北京建筑大学2020年度哲学社会科学研究基本情况统计表

学科门类	研究人员情况（人）						课题研究情况（项）				研究成果情况（部/篇）		
	合计	教授	副教授	讲师	助教	初级	合计	基础研究	应用研究	其他	出版著作	发表论文	获奖成果（省部级及以上）
合计	253	28	90	122	11	2	15	2	11	2	13	175	1
管理学	56	5	23	23	4	1	9	1	6	2	5	4	0
马克思主义	17	8	4	4	1	0	0	0	0	0	0	4	0
哲学	12	3	5	4	0	0	0	0	0	0	0	0	0
语言学	37	2	10	25	0	0	0	0	0	0	0	1	0
外国文学	1	0	1	0	0	0	0	0	0	0	0	0	0
艺术学	13	1	8	4	0	0	2	0	2	0	4	47	1
历史学	1	0	0	1	0	0	2	0	2	0	3	6	0
经济学	16	5	4	8	3	1	0	0	0	0	0	29	0
政治学	4	0	3	1	0	0	0	0	0	0	0	0	0
法学	26	3	6	15	2	0	1	0	1	0	0	10	0
社会学	11	0	4	7	0	0	0	0	0	0	1	70	0
图书馆、情报、文献学	11	0	8	3	0	0	0	0	0	0	0	0	0

续表

学科门类	研究人员情况（人）						课题研究情况（项）				研究成果情况（部/篇）		
	合计	教授	副教授	讲师	助教	初级	合计	基础研究	应用研究	其他	出版著作	发表论文	获奖成果（省部级及以上）
教育学	16	0	4	11	1	0	0	0	0	0	0	2	0
统计学	1	1	0	0	0	0	1	1	0	0	0	0	0
心理学	4	0	1	3	0	0	0	0	0	0	0	1	0
体育学	22	0	9	13	0	0	0	0	0	0	0	0	0

（北京建筑大学供稿）

中国农业大学 2020 年度哲学社会科学研究基本情况统计表

学科门类	研究人员情况（人）						课题研究情况（项）				研究成果情况（部/篇）		
	合计	教授	副教授	讲师	助教	初级	合计	基础研究	应用研究	其他	出版著作	发表论文	获奖成果（省部级及以上）
合计	406	85	184	115	22	0	1227	266	961	0	44	747	2
管理学	89	24	34	19	12	0	594	95	499	0	22	293	1
马克思主义	22	3	8	11	0	0	68	42	26	0	4	90	0
哲学	5	0	5	0	0	0	3	2	1	0	0	0	0
语言学	33	4	18	10	1	0	5	3	2	0	0	3	0
中国文学	1	0	1	0	0	0	1	1	0	0	0	1	0
外国文学	6	0	2	4	0	0	1	1	0	0	0	3	0
艺术学	5	0	2	3	0	0	3	0	3	0	0	0	0
历史学	3	0	3	0	0	0	5	2	3	0	0	2	0
经济学	84	30	37	15	2	0	292	50	242	0	14	230	0
政治学	5	1	2	2	0	0	6	4	2	0	0	0	0
法学	23	2	16	4	1	0	50	8	42	0	0	16	0
社会学	50	12	19	17	2	0	118	23	95	0	4	75	1
民族学	0	0	0	0	0	0	2	1	1	0	0	0	0
新闻学与传播学	15	2	9	4	0	0	13	4	9	0	0	13	0
图书馆、情报、文献学	38	4	15	17	2	0	41	18	23	0	0	16	0
教育学	9	1	3	5	0	0	15	7	8	0	0	2	0
统计学	0	0	0	0	0	0	5	4	1	0	0	0	0
心理学	1	0	1	0	0	0	0	0	0	0	0	0	0
体育学	17	2	9	4	2	0	5	1	4	0	0	3	0

（中国农业大学供稿）

北京农学院 2020 年度哲学社会科学研究基本情况统计表

学科门类	研究人员情况（人）						课题研究情况（项）				研究成果情况（部/篇）		
	合计	教授	副教授	讲师	助教	初级	合计	基础研究	应用研究	其他	出版著作	发表论文	获奖成果（省部级及以上）
合计	114	30	57	27	0	0	46	9	37	0	9	139	0
管理学	73	23	38	12	0	0	40	8	32	0	8	113	0
马克思主义	20	2	13	5	0	0	1	0	1	0	0	4	0
法学	12	4	3	5	0	0	2	0	2	0	1	5	0
社会学	9	1	3	5	0	0	3	1	2	0	0	17	0

（北京农学院供稿）

北京林业大学 2020 年度哲学社会科学研究基本情况统计表

学科门类	研究人员情况（人）						课题研究情况（项）				研究成果情况（部/篇）		
	合计	教授	副教授	讲师	助教	初级	合计	基础研究	应用研究	其他	出版著作	发表论文	获奖成果（省部级及以上）
合计	444	78	226	137	2	1	385	96	289	0	20	318	0
管理学	116	21	47	47	1	0	207	42	165	0	2	62	0
马克思主义	55	13	25	17	0	0	56	35	21	0	3	40	0
语言学	49	4	32	12	1	0	1	0	1	0	2	32	0
外国文学	25	3	11	11	0	0	0	0	0	0	3	14	0
艺术学	53	8	32	13	0	0	5	1	4	0	0	0	0
经济学	73	15	33	25	0	0	88	11	77	0	2	97	0
法学	16	3	10	3	0	0	5	2	3	0	1	11	0
统计学	7	1	5	1	0	0	15	2	13	0	0	0	0
心理学	18	5	9	4	0	0	8	3	5	0	7	41	0
体育学	32	5	22	4	0	1	0	0	0	0	0	21	0

（北京林业大学供稿）

北京中医药大学 2020 年度哲学社会科学研究基本情况统计表

学科门类	研究人员情况（人）						课题研究情况（项）				研究成果情况（部/篇）		
	合计	教授	副教授	讲师	助教	初级	合计	基础研究	应用研究	其他	出版著作	发表论文	获奖成果（省部级及以上）
合计	145	28	70	43	4	0	95	38	57	0	19	290	0
管理学	51	12	32	7	0	0	34	5	29	0	7	93	0
马克思主义	13	3	5	5	0	0	6	6	0	0	2	9	0
哲学	1	1	0	0	0	0	0	0	0	0	1	3	0
语言学	44	5	17	21	1	0	26	6	20	0	1	80	0

续表

学科门类	研究人员情况（人）						课题研究情况（项）				研究成果情况（部/篇）		
	合计	教授	副教授	讲师	助教	初级	合计	基础研究	应用研究	其他	出版著作	发表论文	获奖成果（省部级及以上）
历史学	1	0	1	0	0	0	1	1	0	0	0	1	0
法学	14	1	8	5	0	0	7	1	6	0	2	26	0
图书馆、情报、文献学	17	6	6	5	0	0	21	19	2	0	6	78	0
教育学	4	0	1	0	3	0	0	0	0	0	0	0	0

（北京中医药大学供稿）

首都医科大学 2020 年度哲学社会科学研究基本情况统计表

学科门类	研究人员情况（人）						课题研究情况（项）				研究成果情况（部/篇）		
	合计	教授	副教授	讲师	助教	初级	合计	基础研究	应用研究	其他	出版著作	发表论文	获奖成果（省部级及以上）
合计	231	29	84	95	23	0	188	41	147	0	14	81	0
管理学	53	14	17	17	5	0	83	8	75	0	2	14	0
马克思主义	19	3	10	6	0	0	22	13	9	0	3	19	0
哲学	8	0	5	3	0	0	9	4	5	0	0	9	0
语言学	41	2	11	24	4	0	4	2	2	0	5	4	0
中国文学	2	0	1	1	0	0	4	4	0	0	0	0	0
艺术学	3	0	2	1	0	0	0	0	0	0	0	1	0
历史学	5	1	3	1	0	0	3	3	0	0	0	3	0
经济学	4	0	3	1	0	0	4	0	4	0	0	0	0
政治学	0	0	0	0	0	0	1	0	1	0	0	1	0
法学	18	0	9	9	0	0	16	2	14	0	4	11	0
社会学	18	3	5	8	2	0	21	2	19	0	0	12	0
图书馆、情报、文献学	27	2	6	12	7	0	7	3	4	0	0	3	0
教育学	9	1	4	3	1	0	7	0	7	0	0	3	0
统计学	1	0	1	0	0	0	1	0	1	0	0	0	0
心理学	4	1	1	2	0	0	5	0	5	0	0	0	0
体育学	19	2	6	7	4	0	1	0	1	0	0	1	0

（首都医科大学供稿）

北京师范大学2020年度哲学社会科学研究基本情况统计表

学科门类	研究人员情况（人）						课题研究情况（项）				研究成果情况（部/篇）		
	合计	教授	副教授	讲师	助教	初级	合计	基础研究	应用研究	其他	出版著作	发表论文	获奖成果（省部级及以上）
合计	1287	458	453	375	1	0	4715	2867	1844	4	341	3019	60
管理学	80	30	28	22	0	0	461	298	163	0	17	192	3
马克思主义	33	15	15	3	0	0	117	104	13	0	5	50	7
哲学	44	22	9	13	0	0	115	101	14	0	18	109	3
逻辑学	2	0	1	1	0	0	1	1	0	0	0	0	0
宗教学	3	2	1	0	0	0	5	5	0	0	1	3	0
语言学	103	27	43	33	0	0	148	84	64	0	22	129	2
中国文学	69	30	23	16	0	0	143	118	25	0	37	136	3
外国文学	27	6	13	8	0	0	19	19	0	0	2	47	2
艺术学	88	27	28	33	0	0	200	139	60	1	36	314	6
历史学	74	33	23	18	0	0	155	140	15	0	25	206	3
考古学	5	2	3	0	0	0	16	16	0	0	0	12	0
经济学	94	33	31	30	0	0	336	186	148	2	16	209	11
政治学	17	7	7	3	0	0	34	28	6	0	0	9	0
法学	95	39	30	26	0	0	361	209	152	0	25	202	1
社会学	44	16	16	12	0	0	145	102	43	0	13	125	2
民族学	5	1	1	3	0	0	25	18	7	0	10	10	2
新闻学与传播学	26	10	5	11	0	0	98	59	39	0	5	110	1
图书馆、情报、文献学	18	4	8	6	0	0	41	22	19	0	3	69	0
教育学	278	88	102	88	0	0	1678	915	762	1	80	660	10
统计学	19	5	11	3	0	0	81	70	11	0	1	75	1
心理学	107	45	33	29	0	0	460	186	274	0	21	286	2
体育学	56	16	22	17	1	0	76	47	29	0	4	66	1

（北京师范大学供稿）

首都师范大学2020年度哲学社会科学研究基本情况统计表

学科门类	研究人员情况（人）						课题研究情况（项）				研究成果情况（部/篇）		
	合计	教授	副教授	讲师	助教	初级	合计	基础研究	应用研究	其他	出版著作	发表论文	获奖成果（省部级及以上）
合计	1189	231	470	462	26	0	997	659	338	0	99	545	8
管理学	44	7	22	15	0	0	39	11	28	0	1	21	1
马克思主义	36	3	16	13	4	0	44	36	8	0	5	28	0

续表

学科门类	研究人员情况（人）						课题研究情况（项）				研究成果情况（部/篇）		
	合计	教授	副教授	讲师	助教	初级	合计	基础研究	应用研究	其他	出版著作	发表论文	获奖成果（省部级及以上）
哲学	41	14	12	14	1	0	40	34	6	0	1	22	2
宗教学	1	0	1	0	0	0	1	0	1	0	0	0	0
语言学	209	17	77	113	2	0	96	68	28	0	4	39	1
中国文学	89	29	35	25	0	0	126	109	17	0	19	55	1
外国文学	60	14	14	32	0	0	19	17	2	0	0	19	0
艺术学	188	36	79	66	7	0	81	55	26	0	8	52	0
历史学	83	32	24	25	2	0	130	107	23	0	22	76	0
考古学	10	4	2	4	0	0	30	20	10	0	2	21	0
经济学	21	1	14	5	1	0	17	8	9	0	0	1	0
政治学	22	6	8	8	0	0	24	16	8	0	1	5	0
法学	31	5	11	15	0	0	38	21	17	0	3	16	0
社会学	15	2	9	4	0	0	29	10	19	0	0	3	0
新闻学与传播学	9	2	4	3	0	0	11	8	3	0	0	6	0
图书馆、情报、文献学	45	2	20	20	3	0	7	7	0	0	0	5	0
教育学	201	42	92	65	2	0	232	117	115	0	32	112	3
统计学	2	0	0	1	1	0	0	0	0	0	0	0	0
心理学	50	14	21	15	0	0	29	15	14	0	0	63	0
体育学	32	1	9	19	3	0	4	0	4	0	1	1	0

（首都师范大学供稿）

北京外国语大学 2020 年度哲学社会科学研究基本情况统计表

学科门类	研究人员情况（人）						课题研究情况（项）				研究成果情况（部/篇）		
	合计	教授	副教授	讲师	助教	初级	合计	基础研究	应用研究	其他	出版著作	发表论文	获奖成果（省部级及以上）
合计	900	158	275	440	27	0	743	672	71	0	43	727	2
管理学	59	6	10	36	7	0	68	61	7	0	3	70	0
马克思主义	15	2	5	7	1	0	20	19	1	0	0	13	0
哲学	7	0	3	4	0	0	11	11	0	0	0	2	0
语言学	392	62	136	183	11	0	202	181	21	0	13	190	0
中国文学	33	7	11	15	0	0	26	24	2	0	2	40	2
外国文学	135	34	35	59	7	0	80	79	1	0	9	120	0
艺术学	10	1	1	8	0	0	9	7	2	0	2	7	0

续表

学科门类	研究人员情况（人）						课题研究情况（项）				研究成果情况（部/篇）		
	合计	教授	副教授	讲师	助教	初级	合计	基础研究	应用研究	其他	出版著作	发表论文	获奖成果（省部级及以上）
历史学	17	2	5	10	0	0	32	30	2	0	3	47	0
经济学	37	6	10	20	1	0	34	23	11	0	1	27	0
政治学	45	14	11	20	0	0	65	60	5	0	2	56	0
法学	29	5	13	11	0	0	53	48	5	0	1	36	0
社会学	12	3	2	7	0	0	5	4	1	0	0	6	0
民族学	7	3	4	0	0	0	28	24	4	0	1	5	0
新闻学与传播学	22	8	3	11	0	0	42	40	2	0	0	60	0
图书馆、情报、文献学	34	2	7	25	0	0	8	8	0	0	0	5	0
教育学	30	3	9	18	0	0	58	51	7	0	6	43	0
体育学	16	0	10	6	0	0	2	2	0	0	0	0	0

（北京外国语大学供稿）

北京第二外国语学院2020年度哲学社会科学研究基本情况统计表

学科门类	研究人员情况（人）						课题研究情况（项）				研究成果情况（部/篇）		
	合计	教授	副教授	讲师	助教	初级	合计	基础研究	应用研究	其他	出版著作	发表论文	获奖成果（省部级及以上）
合计	1192	165	555	407	62	3	1050	165	849	1	67	349	6
管理学	245	32	106	96	9	2	291	9	281	1	12	83	5
马克思主义	38	7	17	13	1	0	23	11	12	0	1	9	0
哲学	16	3	7	5	1	0	10	3	7	0	2	9	0
语言学	315	46	150	105	14	0	226	61	165	0	16	55	1
中国文学	47	14	15	17	1	0	48	15	33	0	0	0	0
外国文学	130	18	65	38	8	1	80	21	59	0	13	48	0
艺术学	3	1	0	2	0	0	4	0	4	0	1	4	0
历史学	7	3	0	3	1	0	7	2	5	0	0	1	0
经济学	171	20	90	57	4	0	160	3	157	0	5	44	0
政治学	52	2	29	12	9	0	54	16	38	0	3	28	0
法学	57	11	30	12	4	0	54	13	41	0	0	7	0
社会学	5	0	3	2	0	0	5	3	2	0	2	9	0
新闻学与传播学	52	4	26	17	5	0	22	2	20	0	4	12	0
图书馆、情报、文献学	3	0	1	2	0	0	3	0	3	0	0	9	0

续表

学科门类	研究人员情况（人）						课题研究情况（项）				研究成果情况（部/篇）		
	合计	教授	副教授	讲师	助教	初级	合计	基础研究	应用研究	其他	出版著作	发表论文	获奖成果（省部级及以上）
教育学	33	3	10	16	4	0	22	6	16	0	2	26	0
统计学	5	1	2	2	0	0	3	0	3	0	0	0	0
体育学	13	0	4	8	1	0	3	0	3	0	3	4	0

（北京第二外国语学院供稿）

北京语言大学 2020 年度哲学社会科学研究基本情况统计表

学科门类	研究人员情况（人）						课题研究情况（项）				研究成果情况（部/篇）		
	合计	教授	副教授	讲师	助教	初级	合计	基础研究	应用研究	其他	出版著作	发表论文	获奖成果（省部级及以上）
合计	867	163	254	392	48	10	697	607	90	0	70	522	5
管理学	57	8	19	21	6	3	58	42	16	0	0	62	0
马克思主义	7	3	2	1	1	0	11	11	0	0	0	13	0
哲学	10	6	1	3	0	0	2	1	1	0	0	1	0
语言学	490	90	141	238	18	3	326	292	34	0	32	142	3
中国文学	72	24	23	22	2	1	90	76	14	0	17	82	1
外国文学	35	9	10	15	1	0	33	33	0	0	5	32	1
艺术学	21	4	5	9	3	0	14	14	0	0	5	14	0
历史学	7	0	4	3	0	0	5	5	0	0	0	0	0
经济学	39	10	13	9	6	1	52	46	6	0	4	23	0
政治学	18	4	4	8	2	0	35	33	2	0	0	12	0
法学	10	1	2	5	2	0	0	0	0	0	1	0	0
社会学	4	0	2	2	0	0	0	0	0	0	0	0	0
民族学	1	0	1	0	0	0	1	1	0	0	0	0	0
新闻学与传播学	9	1	4	3	1	0	8	6	2	0	0	5	0
图书馆、情报、文献学	16	0	10	2	4	0	4	4	0	0	0	9	0
教育学	44	0	7	33	2	2	56	41	15	0	6	119	0
统计学	4	1	1	2	0	0	0	0	0	0	0	0	0
心理学	11	2	1	8	0	0	0	0	0	0	0	3	0
体育学	12	0	4	8	0	0	2	2	0	0	0	5	0

（北京语言大学供稿）

中国传媒大学2020年度哲学社会科学研究基本情况统计表

学科门类	研究人员情况（人）						课题研究情况（项）				研究成果情况（部/篇）		
	合计	教授	副教授	讲师	助教	初级	合计	基础研究	应用研究	其他	出版著作	发表论文	获奖成果（省部级及以上）
管理学	159	30	43	81	2	3	243	73	155	15	5	38	1
马克思主义	61	11	19	30	1	0	87	32	51	4	1	13	0
哲学	4	1	2	1	0	0	4	2	2	0	2	8	0
语言学	106	17	39	44	6	0	187	56	131	0	14	40	0
中国文学	136	24	40	66	5	1	158	79	79	0	17	98	0
外国文学	22	1	5	15	0	1	5	3	2	0	0	0	0
艺术学	489	99	158	214	14	4	1046	317	723	6	63	469	2
历史学	17	3	7	6	1	0	18	5	13	0	0	1	0
经济学	86	21	33	31	1	0	119	18	101	0	1	17	0
政治学	39	8	10	18	1	2	36	19	17	0	3	28	0
法学	23	2	8	12	1	0	35	13	22	0	1	16	0
民族学与文化学	15	2	5	7	1	0	14	6	8	0	0	3	0
社会学	28	6	12	10	0	0	38	7	31	0	0	9	0
新闻学与传播学	759	174	229	329	23	4	2789	632	2152	5	71	556	5
图书馆、情报、文献学	18	6	6	6	0	0	16	8	8	0	0	1	0
教育学	182	27	55	89	8	3	188	54	134	0	3	25	0
统计学	6	3	0	2	1	0	3	0	3	0	0	6	0
心理学	2	1	0	0	1	0	1	1	0	0	0	0	0
体育学	13	3	1	9	0	0	10	5	5	0	0	4	0

（中国传媒大学供稿）

中央财经大学2020年度哲学社会科学研究基本情况统计表

学科门类	研究人员情况（人）						课题研究情况（项）				研究成果情况（部/篇）		
	合计	教授	副教授	讲师	助教	初级	合计	基础研究	应用研究	其他	出版著作	发表论文	获奖成果（省部级及以上）
合计	1207	293	451	436	27	0	2439	418	2021	0	101	980	8
管理学	279	69	97	104	9	0	656	90	566	0	22	234	0
马克思主义	26	9	9	8	0	0	56	30	26	0	2	34	0
哲学	8	2	1	5	0	0	6	4	2	0	0	3	0
逻辑学	4	1	3	0	0	0	0	0	0	0	0	0	0
语言学	51	5	23	22	1	0	9	2	7	0	1	7	0

续表

学科门类	研究人员情况（人）						课题研究情况（项）				研究成果情况（部/篇）		
	合计	教授	副教授	讲师	助教	初级	合计	基础研究	应用研究	其他	出版著作	发表论文	获奖成果（省部级及以上）
中国文学	15	5	1	9	0	0	10	7	3	0	3	24	0
外国文学	15	2	6	7	0	0	2	2	0	0	3	5	0
艺术学	17	1	4	12	0	0	4	0	4	0	1	14	0
历史学	7	2	2	3	0	0	7	6	1	0	2	2	0
考古学	0	0	0	0	0	0	0	0	0	0	0	0	0
经济学	490	141	182	161	6	0	1109	137	972	0	42	362	6
政治学	12	0	6	6	0	0	0	0	0	0	0	0	0
法学	81	17	37	26	1	0	342	83	259	0	19	95	1
社会学	28	12	11	4	1	0	57	14	43	0	0	29	1
民族学	7	4	2	1	0	0	42	6	36	0	1	3	0
新闻学与传播学	18	3	8	7	0	0	12	2	10	0	3	15	0
图书馆、情报、文献学	14	3	0	11	0	0	0	0	0	0	0	0	0
教育学	41	4	6	24	7	0	108	29	79	0	2	140	0
统计学	32	6	14	11	1	0	0	0	0	0	0	0	0
心理学	25	2	14	8	1	0	19	6	13	0	0	13	0
体育学	37	5	25	7	0	0	0	0	0	0	0	0	0

（中央财经大学供稿）

对外经济贸易大学 2020 年度哲学社会科学研究基本情况统计表

学科门类	研究人员情况（人）						课题研究情况（项）				研究成果情况（部/篇）		
	合计	教授	副教授	讲师	助教	初级	合计	基础研究	应用研究	其他	出版著作	发表论文	获奖成果（省部级及以上）
合计	1078	245	325	425	82	1	1287	343	944	0	96	1200	37
管理学	240	46	57	106	30	1	347	87	260	0	22	274	6
马克思主义	74	9	8	31	26	0	54	30	24	0	3	55	1
语言学	155	23	62	60	10	0	80	47	33	0	17	53	1
中国文学	21	4	11	6	0	0	10	10	0	0	5	27	0
外国文学	38	5	16	14	3	0	22	19	3	0	4	12	0
经济学	339	111	97	125	6	0	523	73	450	0	24	502	26
政治学	40	11	14	14	1	0	29	12	17	0	6	41	0
法学	74	27	18	29	0	0	114	33	81	0	5	70	3
社会学	2	0	1	1	0	0	10	1	9	0	1	32	0

续表

学科门类	研究人员情况（人）						课题研究情况（项）				研究成果情况（部/篇）		
	合计	教授	副教授	讲师	助教	初级	合计	基础研究	应用研究	其他	出版著作	发表论文	获奖成果（省部级及以上）
新闻学与传播学	9	0	5	3	1	0	19	7	12	0	2	6	0
图书馆、情报、文献学	18	1	5	11	1	0	2	0	2	0	1	4	0
教育学	12	2	2	7	1	0	25	7	18	0	4	49	0
统计学	33	6	19	8	0	0	46	13	33	0	1	62	0
体育学	23	0	10	10	3	0	5	3	2	0	1	2	0

（对外经济贸易大学供稿）

北京物资学院 2020 年度哲学社会科学研究基本情况统计表

学科门类	研究人员情况（人）						课题研究情况（项）				研究成果情况（部/篇）		
	合计	教授	副教授	讲师	助教	初级	合计	基础研究	应用研究	其他	出版著作	发表论文	获奖成果（省部级及以上）
合计	327	63	124	124	10	6	72	9	63	0	36	306	2
管理学	156	36	60	53	3	4	45	6	39	0	14	129	1
马克思主义	18	5	4	9	0	0	2	1	1	0	0	0	0
哲学	3	0	0	3	0	0	0	0	0	0	1	7	0
语言学	3	0	0	3	0	0	3	1	2	0	3	15	0
中国文学	0	0	0	0	0	0	0	0	0	0	4	3	0
历史学	3	0	1	2	0	0	0	0	0	0	1	1	0
经济学	81	16	31	30	3	1	14	0	14	0	10	98	1
法学	22	2	10	9	1	0	6	1	5	0	3	26	0
社会学	2	0	1	1	0	0	0	0	0	0	0	1	0
教育学	8	0	4	3	0	1	1	0	1	0	0	10	0
统计学	7	2	3	2	0	0	1	0	1	0	0	7	0
心理学	2	0	1	1	0	0	0	0	0	0	0	0	0
体育学	22	2	9	8	3	0	0	0	0	0	0	6	0

（北京物资学院供稿）

首都经济贸易大学 2020 年度哲学社会科学研究基本情况统计表

学科门类	研究人员情况（人）						课题研究情况（项）				研究成果情况（部/篇）		
	合计	教授	副教授	讲师	助教	初级	合计	基础研究	应用研究	其他	出版著作	发表论文	获奖成果（省部级及以上）
合计	852	172	331	339	9	1	355	31	321	3	118	805	11

续表

学科门类	研究人员情况（人）						课题研究情况（项）				研究成果情况（部/篇）		
	合计	教授	副教授	讲师	助教	初级	合计	基础研究	应用研究	其他	出版著作	发表论文	获奖成果（省部级及以上）
管理学	253	64	99	87	2	1	116	10	106	0	35	248	3
马克思主义	36	8	19	9	0	0	5	3	2	0	8	32	1
哲学	2	2	0	0	0	0	0	0	0	0	0	2	0
语言学	22	0	5	17	0	0	1	0	0	1	1	6	0
中国文学	7	4	2	1	0	0	0	0	0	0	2	6	0
外国文学	56	4	18	29	5	0	3	2	1	0	13	43	0
艺术学	8	0	3	3	2	0	1	1	0	0	0	6	0
经济学	268	55	113	100	0	0	194	1	193	0	41	270	4
政治学	0	0	0	0	0	0	0	0	0	0	0	0	0
法学	50	11	19	20	0	0	14	5	9	0	8	77	1
社会学	17	5	6	6	0	0	3	0	3	0	2	22	0
新闻学与传播学	17	4	7	6	0	0	6	1	3	2	0	17	0
教育学	18	0	5	13	0	0	1	0	1	0	0	2	0
统计学	70	11	26	33	0	0	11	8	3	0	6	51	0
体育学	28	4	9	15	0	0	0	0	0	0	2	23	2

（首都经济贸易大学供稿）

中国人民公安大学首都社会安全研究基地 2020 年度哲学社会科学研究基本情况统计表

学科门类	研究人员情况（人）						课题研究情况（项）				研究成果情况（部/篇）		
	合计	教授	副教授	讲师	助教	初级	合计	基础研究	应用研究	其他	出版著作	发表论文	获奖成果（省部级及以上）
公安学	63	30	30	3	0	0	12	7	5	0	1	20	2

（中国人民公安大学首都社会安全研究基地供稿）

北京舞蹈学院 2020 年度哲学社会科学研究基本情况统计表

学科门类	研究人员情况（人）						课题研究情况（项）				研究成果情况（部/篇）		
	合计	教授	副教授	讲师	助教	初级	合计	基础研究	应用研究	其他	出版著作	发表论文	获奖成果（省部级及以上）
合计	251	59	89	97	6	0	220	204	16	0	16	183	0
哲学	1	0	0	1	0	0	0	0	0	0	0	0	0
中国文学	5	3	1	1	0	0	0	0	0	0	0	0	0
外国文学	5	0	1	4	0	0	0	0	0	0	0	0	0

续表

学科门类	研究人员情况（人）						课题研究情况（项）				研究成果情况（部/篇）		
	合计	教授	副教授	讲师	助教	初级	合计	基础研究	应用研究	其他	出版著作	发表论文	获奖成果（省部级及以上）
艺术学	223	52	81	86	4	0	220	204	16	0	16	183	0
历史学	3	2	0	1	0	0	0	0	0	0	0	0	0
法学	5	2	2	1	0	0	0	0	0	0	0	0	0
教育学	9	0	4	3	2	0	0	0	0	0	0	0	0

（北京舞蹈学院供稿）

中央民族大学2020年度哲学社会科学研究基本情况统计表

学科门类	研究人员情况（人）						课题研究情况（项）				研究成果情况（部/篇）		
	合计	教授	副教授	讲师	助教	初级	合计	基础研究	应用研究	其他	出版著作	发表论文	获奖成果（省部级及以上）
合计	887	237	275	357	18	0	302	173	125	4	82	792	15
管理学	50	20	16	14	0	0	23	6	17	0	2	72	1
马克思主义	20	6	4	10	0	0	7	7	0	0	3	31	0
哲学	28	8	7	13	0	0	6	6	0	0	2	24	0
宗教学	12	4	2	6	0	0	7	3	4	0	0	12	1
语言学	139	34	41	62	2	0	41	33	8	0	17	68	0
中国文学	56	17	15	24	0	0	25	24	1	0	11	89	1
外国文学	34	7	12	15	0	0	2	2	0	0	0	25	0
艺术学	177	29	53	83	12	0	27	11	15	1	12	45	1
历史学	36	14	8	14	0	0	10	9	1	0	4	43	0
考古学	11	1	3	7	0	0	18	8	10	0	2	7	0
经济学	62	20	25	17	0	0	23	4	18	1	3	57	2
政治学	12	4	2	6	0	0	2	1	1	0	0	3	0
法学	60	14	26	20	0	0	23	12	10	1	7	46	0
社会学	41	13	14	14	0	0	11	3	8	0	1	81	3
民族学	51	21	16	14	0	0	44	31	13	0	11	102	6
新闻学与传播学	22	4	6	12	0	0	3	1	2	0	0	15	0
图书馆、情报、文献学	0	0	0	0	0	0	3	2	1		1	11	0
教育学	27	10	10	7	0	0	21	7	13	1	2	47	0
统计学	11	2	7	2	0	0	5	2	3	0	0	7	0
心理学	2	1	0	1	0	0	0	0	0	0	1	3	0
体育学	36	8	8	16	4	0	1	1	0	0	3	4	0

（中央民族大学供稿）

中国政法大学2020年度哲学社会科学研究基本情况统计表

学科门类	研究人员情况（人）						课题研究情况（项）				研究成果情况（部/篇）		
	合计	教授	副教授	讲师	助教	初级	合计	基础研究	应用研究	其他	出版著作	发表论文	获奖成果（省部级及以上）
合计	966	309	361	283	11	2	3583	429	3154	0	127	967	18
管理学	43	13	11	19	0	0	172	10	162	0	6	40	0
马克思主义	28	5	11	12	0	0	94	25	69	0	2	42	1
哲学	37	17	12	8	0	0	50	29	21	0	2	28	0
逻辑学	0	0	0	0	0	0	0	0	0	0	0	0	0
宗教学	5	2	1	2	0	0	13	7	6	0	0	3	0
语言学	95	16	42	35	1	1	114	15	99	0	3	20	0
中国文学	15	2	5	8	0	0	14	9	5	0	6	22	1
外国文学	7	2	1	3	1	0	8	3	5	0	0	5	0
艺术学	11	3	4	4	0	0	12	3	9	0	0	0	0
历史学	22	2	10	10	0	0	33	18	15	0	5	27	0
考古学	0	0	0	0	0	0	1	1	0	0	0	0	0
经济学	53	16	23	14	0	0	114	14	100	0	4	23	0
政治学	56	22	21	13	0	0	127	26	101	0	7	59	2
法学	482	193	176	113	0	0	2602	240	2362	0	90	612	14
社会学	23	5	10	8	0	0	51	17	34	0	0	31	0
民族学	0	0	0	0	0	0	0	0	0	0	0	2	0
新闻学与传播学	30	7	11	11	1	0	128	9	119	0	1	30	0
图书馆、情报、文献学	29	1	6	15	7	0	6	1	5	0	0	1	0
教育学	5	0	3	2	0	0	37	2	35	0	0	14	0
统计学	0	0	0	0	0	0	4	0	4	0	0	1	0
体育学	25	3	14	6	1	1	3	0	3	0	1	7	0

（中国政法大学供稿）

华北电力大学2020年度哲学社会科学研究基本情况统计表

学科门类	研究人员情况（人）						课题研究情况（项）				研究成果情况（部/篇）		
	合计	教授	副教授	讲师	助教	初级	合计	基础研究	应用研究	其他	出版著作	发表论文	获奖成果（省部级及以上）
合计	385	72	134	162	17	0	140	62	78	0	24	326	3
管理学	107	31	46	28	2	0	65	23	42	0	10	159	1
马克思主义	38	9	11	16	2	0	16	12	4	0	0	15	1
哲学	6	0	1	5	0	0	3	1	2	0	0	5	0

续表

学科门类	研究人员情况（人）						课题研究情况（项）				研究成果情况（部/篇）		
	合计	教授	副教授	讲师	助教	初级	合计	基础研究	应用研究	其他	出版著作	发表论文	获奖成果（省部级及以上）
语言学	65	3	18	40	4	0	7	3	4	0	0	31	0
中国文学	6	1	3	2	0	0	2	2	0	0	3	5	0
外国文学	3	0	1	2	0	0	0	0	0	0	5	14	0
艺术学	7	0	1	6	0	0	2	1	1	0	0	4	0
历史学	0	0	0	0	0	0	0	0	0	0	0	6	0
经济学	63	14	20	29	0	0	11	5	6	0	1	38	1
政治学	2	0	2	0	0	0	3	2	1	0	0	0	0
法学	29	7	12	8	2	0	12	6	6	0	4	18	0
社会学	2	1	1	0	0	0	6	1	5	0	0	0	0
民族学	1	0	0	1	0	0	1	1	0	0	0	0	0
新闻学与传播学	7	0	4	3	0	0	0	0	0	0	0	0	0
图书馆、情报、文献学	10	2	3	5	0	0	3	1	2	0	0	0	0
教育学	9	1	4	3	1	0	7	3	4	0	1	22	0
体育学	30	3	7	14	6	0	2	1	1	0	0	9	0

（华北电力大学供稿）

北京信息科技大学2020年度哲学社会科学研究基本情况统计表

学科门类	研究人员情况（人）						课题研究情况（项）				研究成果情况（部/篇）		
	合计	教授	副教授	讲师	助教	初级	合计	基础研究	应用研究	其他	出版著作	发表论文	获奖成果（省部级及以上）
管理学	129	19	50	50	9	1	405	295	109	1	9	79	0
马克思主义	7	1	5	0	1	0	8	5	3	0	3	35	0
哲学	11	3	1	6	0	1	1	1	0	0	0	1	0
逻辑学	0	0	0	0	0	0	0	0	0	0	0	0	0
宗教学	0	0	0	0	0	0	0	0	0	0	0	0	0
语言学	67	0	24	42	1	0	14	11	3	0	0	17	0
中国文学	6	0	2	3	0	1	2	1	1	0	1	2	0
外国文学	22	1	8	9	3	1	0	0	0	0	1	4	0
艺术学	11	0	5	6	0	0	2	0	2	0	3	6	0
历史学	9	1	4	4	0	0	0	0	0	0	0	2	0
考古学	0	0	0	0	0	0	0	0	0	0	0	0	0
经济学	29	6	11	11	0	1	15	4	11	0	2	11	0

续表

学科门类	研究人员情况（人）						课题研究情况（项）				研究成果情况（部/篇）		
	合计	教授	副教授	讲师	助教	初级	合计	基础研究	应用研究	其他	出版著作	发表论文	获奖成果（省部级及以上）
政治学	11	3	3	5	0	0	1	1	0	0	0	0	0
法学	20	0	9	10	1	0	4	1	3	0	0	2	0
社会学	8	1	1	6	0	0	6	5	1	0	0	2	0
民族学与文化学	1	0	0	1	0	0	0	0	0	0	0	2	0
新闻学与传播学	10	2	3	4	1	0	5	3	2	0	0	9	0
图书馆、情报、文献学	32	0	5	27	0	0	1	1	0	0	0	2	0

（北京信息科技大学供稿）

北京联合大学 2020 年度哲学社会科学研究基本情况统计表

学科门类	研究人员情况（人）						课题研究情况（项）				研究成果情况（部/篇）		
	合计	教授	副教授	讲师	助教	初级	合计	基础研究	应用研究	其他	出版著作	发表论文	获奖成果（省部级及以上）
管理学	273	27	78	149	19	0	420	65	355	0	12	158	0
马克思主义	79	6	20	44	9	0	129	65	64	0	6	59	0
哲学	21	2	5	12	2	0	7	5	2	0	0	1	0
宗教学	1	0	0	1	0	0	10	3	7	0	0	2	0
语言学	219	9	44	140	26	0	47	23	24	0	0	35	0
中国文学	29	2	8	18	1	0	23	20	3	0	1	22	0
外国文学	16	1	3	11	1	0	8	5	3	0	0	0	0
艺术学	184	15	43	108	18	0	134	42	92	0	5	45	0
历史学	41	4	14	20	3	0	54	29	25	0	0	34	0
考古学	17	5	1	10	1	0	124	93	31	0	0	16	0
经济学	128	12	39	69	8	0	165	36	129	0	2	57	0
政治学	14	3	2	5	4	0	31	7	24	0	2	30	0
法学	49	6	12	24	7	0	24	11	13	0	3	16	0
社会学	13	0	2	10	1	0	24	5	19	0	0	1	0
民族学与文化学	1	0	1	0	0	0	1	0	1	0	0	1	0
新闻学与传播学	28	2	9	16	1	0	33	6	27	0	0	38	0
图书馆、情报、文献学	43	2	13	25	3	0	29	5	24	0	0	27	0

续表

学科门类	研究人员情况（人）						课题研究情况（项）				研究成果情况（部/篇）		
	合计	教授	副教授	讲师	助教	初级	合计	基础研究	应用研究	其他	出版著作	发表论文	获奖成果（省部级及以上）
教育学	164	10	33	99	22	0	505	228	277	0	4	89	0
统计学	5	0	1	4	0	0	4	0	4	0	1	3	0
心理学	6	0	3	2	1	0	3	3	0	0	0	0	0
体育学	59	2	20	28	9	0	10	2	8	0	0	17	0

（北京联合大学供稿）

中国劳动关系学院2020年度哲学社会科学研究基本情况统计表

学科门类	研究人员情况（人）						课题研究情况（项）				研究成果情况（部/篇）		
	合计	教授	副教授	讲师	助教	初级	合计	基础研究	应用研究	其他	出版著作	发表论文	获奖成果（省部级及以上）
合计	426	38	91	242	51	4	247	149	98	0	13	370	0
管理学	90	6	17	53	14	0	69	42	27	0	6	114	0
马克思主义	12	1	4	5	2	0	2	1	1	0	3	33	0
哲学	6	4	1	1	0	0	2	2	0	0	0	8	0
宗教学	1	0	0	1	0	0	0	0	0	0	0	0	0
语言学	41	2	5	30	4	0	6	5	1	0	0	4	0
中国文学	14	3	1	8	2	0	7	5	2	0	0	7	0
外国文学	3	1	0	2	0	0	0	0	0	0	0	4	0
艺术学	18	0	3	12	3	0	0	0	0	0	0	9	0
历史学	9	1	3	4	1	0	0	0	0	0	0	2	0
考古学	1	0	0	1	0	0	0	0	0	0	0	0	0
经济学	50	6	15	24	5	0	25	23	2	0	0	10	0
政治学	12	1	1	10	0	0	4	2	2	0	0	7	0
法学	41	7	11	21	2	0	19	8	11	0	0	15	0
社会学	42	3	9	20	7	3	80	35	45	0	3	87	0
民族学	0	0	0	0	0	0	1	0	1	0	0	12	0
新闻学与传播学	15	0	4	10	1	0	14	13	1	0	0	17	0
图书馆、情报、文献学	5	0	1	3	1	0	0	0	0	0	1	7	0
教育学	19	0	3	10	5	1	17	13	4	0	0	28	0
统计学	27	3	10	13	1	0	0	0	0	0	0	1	0
心理学	5	0	1	4	0	0	1	0	1	0	0	0	0
体育学	15	0	2	10	3	0	0	0	0	0	0	5	0

（中国劳动关系学院供稿）

中央团校（中国青年政治学院）2020 年度哲学社会科学研究基本情况统计表

学科门类	研究人员情况（人）						课题研究情况（项）				研究成果情况（部/篇）		
	合计	教授	副教授	讲师	助教	初级	合计	基础研究	应用研究	其他	出版著作	发表论文	获奖成果（省部级及以上）
合计	86	19	36	31	0	0	21	5	16	0	4	37	0
管理学	2	0	1	1	0	0	0	0	0	0	0	2	0
马克思主义	19	4	11	4	0	0	7	3	4	0	2	17	0
哲学	6	2	2	2	0	0	0	0	0	0	0	0	0
宗教学	1	0	1	0	0	0	0	0	0	0	0	0	0
语言学	1	1	0	0	0	0	0	0	0	0	0	0	0
中国文学	1	1	0	0	0	0	1	1	0	0	0	0	0
外国文学	1	0	1	0	0	0	0	0	0	0	0	0	0
历史学	1	1	0	0	0	0	0	0	0	0	0	1	0
经济学	2	1	0	1	0	0	2	0	2	0	0	1	0
政治学	4	1	1	2	0	0	4	1	3	0	0	4	0
法学	4	2	2	0	0	0	1	0	1	0	0	7	0
社会学	27	5	13	9	0	0	2	0	2	0	1	0	0
新闻学与传播学	2	0	0	2	0	0	2	0	2	0	0	0	0
图书馆、情报、文献学	9	1	2	6	0	0	0	0	0	0	0	2	0
教育学	5	0	2	3	0	0	2	0	2	0	1	3	0
体育学	1	0	0	1	0	0	0	0	0	0	0	0	0

［中央团校（中国青年政治学院）供稿］

北京青年政治学院 2020 年度哲学社会科学研究基本情况统计表

学科门类	研究人员情况（人）						课题研究情况（项）				研究成果情况（部/篇）		
	合计	教授	副教授	讲师	助教	初级	合计	基础研究	应用研究	其他	出版著作	发表论文	获奖成果（省部级及以上）
合计	217	14	65	108	15	15	84	19	65	0	30	103	0
管理学	39	3	12	21	3	0	11	0	11	0	2	10	0
马克思主义	8	0	3	1	4	0	11	3	8	0	1	11	0
哲学	11	2	2	5	1	1	4	3	1	0	0	3	0
语言学	16	0	5	11	0	0	1	0	1	0	14	6	0
中国文学	13	3	4	5	0	1	9	5	4	0	1	10	0
外国文学	1	0	0	1	0	0	0	0	0	0	0	0	0
艺术学	22	1	8	10	2	1	6	2	4	0	1	7	0
历史学	4	0	2	2	0	0	3	3	0	0	1	1	0

续表

学科门类	研究人员情况（人）						课题研究情况（项）				研究成果情况（部/篇）		
	合计	教授	副教授	讲师	助教	初级	合计	基础研究	应用研究	其他	出版著作	发表论文	获奖成果（省部级及以上）
经济学	18	0	3	15	0	0	1	0	1	0	1	4	0
政治学	6	0	1	3	0	2	2	0	2	0	0	0	0
法学	27	1	10	11	3	2	4	2	2	0	2	8	0
社会学	12	2	1	7	0	2	9	0	9	0	0	15	0
新闻学与传播学	4	1	3	0	0	0	3	0	3	0	0	2	0
图书馆、情报、文献学	2	0	1	1	0	0	0	0	0	0	0	0	0
教育学	26	1	9	11	2	3	20	1	19	0	4	20	0
心理学	1	0	1	0	0	0	0	0	0	0	2	3	0
体育学	7	0	0	4	0	3	0	0	0	0	1	3	0

（北京青年政治学院供稿）

中共北京市委党校（北京行政学院）2020年度哲学社会科学研究基本情况统计表

学科门类	研究人员情况（人）						课题研究情况（项）				研究成果情况（部/篇）		
	合计	教授	副教授	讲师	助教	初级	合计	基础研究	应用研究	其他	出版著作	发表论文	获奖成果（省部级及以上）
合计	165	33	64	68	0	0	26	6	20	0	11	307	0
管理学	25	5	12	8	0	0	4	0	4	0	1	47	0
马克思主义	25	4	14	7	0	0	3	2	1	0	1	61	0
哲学	16	3	6	7	0	0	2	2	0	0	2	20	0
外国文学	7	1	5	1	0	0	0	0	0	0	0	0	0
历史学	1	1	0	0	0	0	0	0	0	0	0	7	0
经济学	21	6	9	6	0	0	3	0	3	0	1	46	0
政治学	13	2	5	6	0	0	7	2	5	0	2	39	0
法学	15	5	3	7	0	0	0	0	0	0	0	15	0
社会学	19	5	7	7	0	0	7	0	7	0	3	48	0
新闻学与传播学	1	0	1	0	0	0	0	0	0	0	0	1	0
图书馆、情报、文献学	22	1	2	19	0	0	0	0	0	0	1	23	0

［中共北京市委党校（北京行政学院）供稿］

中国社会科学院大学 2020 年度哲学社会科学研究基本情况统计表

学科门类	研究人员情况（人）						课题研究情况（项）				研究成果情况（部/篇）		
	合计	教授	副教授	讲师	助教	初级	合计	基础研究	应用研究	其他	出版著作	发表论文	获奖成果（省部级及以上）
管理学	33	4	10	18	0	1	61	54	7	0	5	33	1
马克思主义	9	0	6	2	0	1	30	30	0	0	1	9	1
哲学	7	0	2	2	3	0	7	7	0	0	0	8	0
语言学	25	5	9	11	0	0	16	16	0	0	1	15	0
中国文学	30	5	11	12	0	0	30	30	0	0	1	13	0
外国文学	8	0	5	3	0	0	2	2	0	0	0	0	0
艺术学	2	0	0	2	0	0	0	0	0	0	0	8	0
历史学	6	1	4	1	0	0	9	9	0	0	2	8	0
考古学	0	0	0	0	0	0	0	0	0	0	0	0	0
经济学	35	11	13	11	0	0	74	57	17	0	7	37	0
政治学	10	2	2	5	0	1	29	26	3	0	0	15	0
法学	41	12	21	7	0	0	64	50	14	0	4	53	0
社会学	14	3	5	6	0	0	23	16	7	0	1	13	0
民族学与文化学	0	0	0	0	0	0	0	0	0	0	0	0	0
新闻学与传播学	29	6	11	12	0	0	49	46	3	0	2	20	0
图书馆、情报、文献学	6	0	1	5	0	0	3	3	0	0	1	6	0
教育学	2	2	0	0	0	0	12	12	0	0	1	19	0
体育学	11	0	5	6	0	0	8	8	0	0	0	11	0

（中国社会科学院大学供稿）

北京市社会科学院 2020 年度哲学社会科学研究基本情况统计表

学科门类	研究人员情况（人）						课题研究情况（项）				研究成果情况（部/篇）		
	合计	教授	副教授	讲师	助教	初级	合计	基础研究	应用研究	其他	出版著作	发表论文	获奖成果（省部级及以上）
合计	155	26	64	65	0	0	136	53	83	0	34	499	8
文化所	13	3	6	4	0	0	14	3	11	0	3	40	0
历史所	17	5	6	6	0	0	13	11	2	0	3	52	0
哲学所	10	2	3	5	0	0	6	6	0	0	1	19	1
经济所	18	3	8	7	0	0	19	1	18	0	4	51	1
科社所	9	1	6	2	0	0	7	4	3	0	1	32	2
社会学所	12	1	4	7	0	0	6	3	3	0	3	42	1

续表

学科门类	研究人员情况（人）						课题研究情况（项）				研究成果情况（部/篇）		
	合计	教授	副教授	讲师	助教	初级	合计	基础研究	应用研究	其他	出版著作	发表论文	获奖成果（省部级及以上）
城市所	11	1	7	3	0	0	11	10	1	0	2	30	0
外国所	10	1	3	6	0	0	8	7	1	0	1	39	1
满学所	9	1	1	7	0	0	6	0	6	0	5	14	1
管理所	13	1	9	3	0	0	14	1	13	0	1	42	0
综治所	12	4	4	4	0	0	11	3	8	0	3	39	0
市情调研中心	11	1	3	7	0	0	14	2	12	0	2	52	1
法学所	6	1	3	2	0	0	3	1	2	0	3	38	0
传媒所	4	1	1	2	0	0	4	1	3	0	2	9	0

（北京市社会科学院供稿）

· 索　　引 ·

1. 本索引为主题词索引，又称内容分析索引。主题词（标目）以《北京社会科学年鉴 2021》正文中出现的文章名称、学科名称、科研课题名称、获奖成果名称、机构名称、会议名称、活动名称等为主。

2. 本索引按汉语拼音音序排列。以汉字打头主题词按首字的音序、音调依次排列，音序相同时，则以第二个字排序。以阿拉伯数字和英文字母开头的排在索引的最前面。

3. 本索引的文字部分为主题词，主题词之后的阿拉伯数字表示所在正文中的页码（地址项）。主题词后有多个页码的，表示该主题词均在这些位置出现。

4. 特载、大事记、附录、正文中的表格、前插图片等内容不在索引范围内。

阿拉伯数字

英文字母

A

B

C

D

E

F

G

H

M

N

O

P

Q

R

S

T

W

X

Y

Z